Hintergründe & Infos

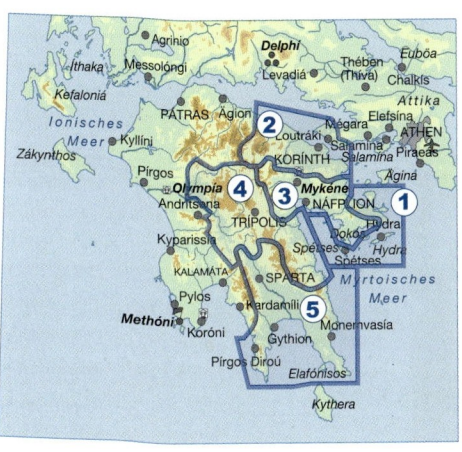

①	**Saronische Inseln**
②	**Korinthía**
③	**Argolís**
④	**Arkadien**
⑤	**Lakonien Máni**
⑥	**Messenien**
⑦	**Élis**
⑧	**Achaía**

UNTERWEGS MIT HANS-PETER SIEBENHAAR

„Stell dir vor, ganze Dörfer aus steinernen Burgtürmen. Bis vor wenigen Jahren herrschte dort noch das Gesetz der Blutrache", fabulierte einer meiner damals engsten Freunde. „Direkt aus dem Meer steigt ein kahles, wildes Gebirge mit schneebedeckten Bergen so hoch wie die Alpen", fuhr er fort. An diesem bleigrauen Januartag im Jahr 1985 lauschte ich andächtig seinen scheinbar unglaublichen Reiseerlebnissen im Erlanger Studenten-Café „Brasil".

Er redete von Höhlenlabyrinthen, die er per Boot erkundete, berichtete von gastfreundlichen Einheimischen und von Exkursionen auf den Spuren Homers zu weltberühmten Ausgrabungsstätten. Er redete über den Peloponnes.

Ich war fasziniert. Wenige Tage später traf ich mich an gleicher Stelle mit Michael Müller, Freund und Verleger. Es brauchte keine zwei fränkischen Kellerbiere, bis wir uns einig waren: Ich schreibe ein Buch zur Insel des Pelops. Es sollte das fünfte Buch in dem damals noch jungen Verlag werden.

Wenige Monate später recherchierte ich auf dem Peloponnes. Und die südgriechische Halbinsel war noch schöner und faszinierender, als es mein Freund geschildert hatte. Ich hatte mich in den Peloponnes verliebt – für immer.

Seit über einem Vierteljahrhundert bereise ich nun den Peloponnes. Zehntausende von Kilometern habe ich seitdem zwischen Korínth und Kalamáta, zwischen Monemvasiá und Náfplion, zwischen Pýlos und Pátras zurückgelegt, habe Lebensfrohe, Pioniere, Dickköpfe, Melancholiker und Schlitzohren getroffen. Wer sich öffnet für Land und Leute, wird auf dem Peloponnes wunderbare Reiseerlebnisse haben. Daran hat sich bis heute nichts verändert. Die Magie lebt.

Text und Recherche: Dr. Hans-Peter Siebenhaar **Aktualisierung:** Thomas Prager, Elisabeth Stockinger **Lektorat:** Jochen Grashäuser, Sabine Senftleben **Redaktion:** Ute Fuchs **Layout:** Heike Wurthmann **Karten:** Theresa Flenger, Judit Ladik, Hans-Joachim Bode, Frederieke Westerheide, Rolf Kastner **Fotos:** siehe S. 11 **Grafik** S.12/13, 14/15: Johannes Blendinger **Covergestaltung:** Karl Serwotka **Covermotive:** oben: Blick auf Váthia, unten: Hafen von Gýthion; gegenüberliegende Seite: Fischerhafen von Ermióni

13. KOMPLETT ÜBERARBEITETE UND AKTUALISIERTE AUFLAGE 2018

PELOPONNES

HANS-PETER SIEBENHAAR

Peloponnes – Die Vorschau   16

Peloponnes – Hintergründe & Infos   20

Geografie   23

Klima   24

Pflanzenwelt   25

Tierwelt   29

Geschichte   32

Anreise   67

Unterwegs auf dem Peloponnes   71

Mit dem eigenen Fahrzeug	71	Mietwagen	80
Mit dem Bus	78	Taxis	82
Mit der Bahn	79	Fährverbindungen	82
Mit dem Fahrrad	79	Trampen	83

Übernachten   85

Hotels und Pensionen	86	Jugendherbergen	90
Privatzimmer	89	Camping	90
Ferienwohnungen/-häuser	89		

Essen und Trinken   92

Die Lokale	93	Brot	98
Vorspeisen	94	Obst	98
Hauptgerichte	95	Frühstück	99
Nachspeisen/Süßes	98	Getränke	99
Käse	98		

Wissenswertes von A bis Z   102

Antiquitäten	102	Ausweispapiere	105
Apotheken	102	Baden	105
Archäologische Stätten	103	Diplomatische Vertretungen	106
Ärztliche Versorgung	103	Ermäßigungen	107

Feiertage/Feste	107	Notruf	117
Fotografieren	110	Öffnungszeiten	117
Geld	110	Post	117
Handeln	111	Sport	118
Haustiere	111	Sprache	122
Heilbäder	112	Strom	122
Information	113	Telefonieren	122
Kartenmaterial	113	Touristenpolizei	123
Kinder	114	Wasser	123
Kiosk	114	Zeit	124
Klöster	114	Zeitungen	124
Komboloí	115	Zoll	124
Literatur	115		

Peloponnes – Reiseziele 126

Saronische Inseln 128

Póros 129

Hýdra 138

Spétses 152

Korinthía 162

Der Kanal von Korínth	163	Kiáto	187
Loutráki	166	Sikyon	187
Ísthmia	170	Xylókastro	189
Kenchriaé	171	Stymphalischer See	190
Korínth	172	Dervéni	193
Neu-Korínth	172	Ausflug ins Hinterland	194
Alt-Korínth	175	Antikes Nemea	197
Antikes Korínth	176	Neméa	202
Akrokorinth	184	Kleones	203
Lechaion	186	Phlius	203
		Titáni	203

Argolís 204

Mykéne	205	Midéa	218
Heraion	216	Dendra	218
Agía Triáda/Chónika	218	Árgos	219

Das antike Árgos	222	Kórfos	268
Mýli und das antike Lerna	226	Halbinsel Méthana	269
Tiryns	227	Vathí	271
Náfplion (Náuplia)	232	Troizen/Trizína	271
Tolón/Toló	247	Galatás	276
Drépano/Íria	251	Ermióni	277
Arkadikó	254	Kósta	279
Ligourió	254	Portochéli	280
Epídauros	255	Kiláda	282
Paleá Epídauros	263	Dídyma	283
Nea Epídauros	266		

Arkadien _____ 284

Ástros/Parálio Ástros	285	Orchomenos/Levídi	310
Kloster Loukós	289	Vytína	314
Tíros	290	Langádia	316
Leonídion	293	Dimitsána	318
Trípolis	300	Kloster Emialón	320
Tegea	305	Stémnitsa	322
Über die Kinoúria-Bergdörfer nach Spárta	306	Karítena	326
Mantineia	308	Megalópoli	328

Lakonien _____ 332

Sparta	333	Pellana	353
Mystrá/Mystrás	342	Wandern im Taýgetos-Gebirge	353
Meneláeon	352	Gýthion/Githio	354
Amyklae	352	Mavrovoúni	359
Vaphion	352	Agéranos	362

Der südöstliche „Finger" _____ 363

Alternativroute an der Ostküste	364	Nördlich von Neápoli – die Westküste	383
Monemvasiá	365	Talebene des Eurótas	384
Neápoli	375	Geráki	384
Insel Elafónisos	381		

Máni _____ 386

Die Türme der Máni	389	Kardamíli	391
Éxo Máni (Äußere Máni/Messenien)	390	Proástio	397
		Exochóri	397

Stoúpa	398
Ágios Nikólaos	401
Von Ágios Nikólaos nach Areópolis	402
Plátsa/Nomítsis	403
Thalámes	404
Von Thalámes nach Liméni	404
Messa Máni (Innere Máni)	408
Areópolis	408
Die Höhlen von Pírgos Diroú	410
Von Pírgos Diroú zum Kap Matapan	413
Váthia	416
Die Ostküste	420

Messenien ___ 422

Kalamáta	423
Messene	432
Androúsa	437
Petalídi	438
Koróni	440
Finikoúnda	444
Methóni	449
Die Inousses-Inselgruppe	452
Pýlos (Navaríno)	454
Palast des Nestor	465
Chóra	469
Marathópoli	469
Kyparissía	472
Peristeria	473

Élis ___ 474

Olympía	475
Andrítsena	500
Vassae	502

Die Küste von Élis ___ 506

Zacháro	507
Kaiáphas	512
Pírgos	513
Katákolon	514
Skafídia	516
Paloúki/Kouroúta	516
Das antike Élis	517
Kyllíni	518
Kyllíni-Hafen	518
Loutrá Kyllíni	521
Arkoúdi	524
Glýpha	524
Vartholomió	525

Achaía ___ 526

Pátras	528
Ríon	541
Westliche Achaía	544
Kalógria	544
Die Küste um Káto Achaía	546
Östliche Achaía und das Landesinnere	547
Ägion/Égio	547
Eleónas	548
Diakoftó (Diakoptó)	549
Kloster Méga Spíleon	551
Kalávryta	554
Kloster Agía Lávra	558
Ausflüge von Kalávryta	559

Etwas Griechisch ___ 562

Register ___ 580

Kartenverzeichnis

Peloponnes – westlicher Teil _____ vordere Umschlagklappe

Peloponnes – östlicher Teil _____ hintere Umschlagklappe

Achaía	529	Monemvasiá	369
Argolís	206/207	Mykéne	209
Árgos, antikes	223	Mykéne, Burg	213
Árgos, Heraíon	216/217	Náfplion	234/235
Arkadien	286/287	Olympía	484/485
Élis	479	Palast des Nestor	467
Epídauros	258/259	Pátras	534/535
Griechische Säulenordnung	39	Pírgos Diroú, Höhlen	411
Hýdra	144/145	Póros	133
Kalamáta	429	Pýlos	475
Korínth-Stadt	173	Saronische Inseln	131
Korínth, antikes	178/179	Sikyon	187
Korinthía	165	Sparta	339
Lakonien	335	Spétses	155
Máni	389	Tiryns	229
Messene	435	Trípolis	303
Messenien	425	Troizen/Trizína	273
Mystrás	346/347		

Zeichenerklärung für die Karten und Pläne

 Mit dem grünen Blatt haben unsere Autoren Betriebe hervorgehoben, die sich bemühen, regionalen und nachhaltig erzeugten Produkten den Vorzug zu geben.

Alles im Kasten

Erdbebengebiet Peloponnes	23
Hymne auf das grüne Gold	26
Waldbrände: Die geplante Katastrophe	29
Neun Millionen Schafe	30
Religion	31
Die Linear-B-Schrift	33
Der Trojanische Krieg	34
Polis – Lebensform und architektonischer Stadtaufbau	38
Spartanisch!	40
Anfänge antiker Demokratie	41
Scherbengericht	41
Überraschender Sieg der Athener	42
Verrat und süße Rache	43
Die Akropolis	45
Der blutige Olympionike	50
Straßennamen in Griechenland	54
Das Hakenkreuz auf der Akropolis	57
Musik	66
Volkstänze	84
Retsina und Kokkinéli – geharzte Weine	100
Ostern – ein „Bombenfest"	108
„Epsilon Tessera" – Fernwanderweg E4 Peloponnes	121
Deutschlandbild	125
Leonhard Cohens Lieblingstaverne	146
Historisches Museum und Marinemuseum: Das Herz des Freiheitskämpfers Miaoulis	150
Laskarina Bouboulina – ein Leben für die Freiheit	158
Wandern auf dem Inselberg Profitis Ilias	161
Historisch-folkloristisches Museum	172
Auf Beutefeldzug im Museum	183
Wandern am Killíni	189
Die Taten des Herakles	192
Software für die Antike	199
Nemea: Rotweine für Herkules	201
Nemeische Spiele: keine Medaillen, aber viel Spaß	202
Heinrich Schliemann archäologischer Abenteurer oder Genie?	208
Die Ausgrabungsgeschichte von Dendra	219
Eine Liaison mit Folgen	228
Ein Bayer in Griechenland – König Otto I.	240
Pfeifenmacher George Stefanou in Gianouléika	254
Die Rache des Hades	256
Theaterfestival von Epídauros	257
Kloster Agnúndos	267
Ausflug auf den „Vulcano"	270
Die Rache des Theseus	272
Wandern im Párnon-Gebirge	290
Tsakonisch – eine alte dorische Sprache	294
Kloster Ag. Varsón	304
Mythologie	306
Kloster Panagía Kernítsis	316
Kulturelles Bollwerk	318
Zátouna – Exilort von Mikis Theodorakis	321
Das goldene Handwerk von Stémnitsa	322
Wanderung im Lousíos-Tal zu den Klöstern Prodrómou und Filosófou	325
Theodora von Vásta	331
Spartanisch und lakonisch	334

Der Wiederaufbau Spartas durch König Ludwig I.	336
Der Nabel der byzantinischen Welt auf dem Peloponnes	345
Biohof Karababas – Olivenöl und mehr	357
Caretta caretta (Unechte Karettschildkröte) – urige Wanderer zwischen Land und Wasser	360
Ein Traum von Leben und Brot – der Dichter Jannis Ritsos	366
Archäologische Sammlung	372
Ein Quadratzentimeter pro Tag	373
Honig und Salz – Leben und Essen in der Máni	387
Männerehre, Mutterglück	388
Sir Patrick Leigh Fermor – der Entdecker der Máni	392
Nikos Kazantzakis und sein Alexis Sorbas	401
Morea – Ölmühle in Thalámes	405
Die Kirchen der Máni	414
Kap Matapan – Weg zum „Ende der Welt"	418
Das Erdbeben	424
Unterwasserarchäologie-Museum im Neo Kástro	459
Costa Navaríno: eine luxuriöse Landschaftszerstörung?	462
Die Ausgrabung des Nestor-Palastes	465
Olympía und die Spiele der Neuzeit	476
Räuberische Goldsuche im Olympía-Museum	477
Ist Olympía viel älter?	478
Die Olympischen Spiele der Antike	480
Die Nike des Paionios	494
Von Asche und Kohle – der Feuersturm von 2007	497
Antiker Kannibalismus auf dem Gipfel des Lykaion?	500
Der „Bienenkorb" aus Andrítsena	501
Apollon-Tempel von Vassae	503

„Sugar Town" und „Verbrannte Erde"	510
Der Traum von Tibor: Pantopoleio Museio	511
Der griechische Traum – vom Bootsmann zum Milliardär	515
Surreale Betonwanne für Viehzüchter	519
Sonnenlos und Mondlos	520
Der heilende Schlamm von Loutrá Kyllíni	522
Die Jahrhundert-Brücke	528
Von Fähren und Flüchtlingen	530
George A. Papandreou – ein Leben für die Demokratie	532
Pátras – das Köln Griechenlands	539
Römisches Odeon	541
Weingut Achaía Clauss: schwarze Augen – schwarzer Wein	542
Helike und das Geheimnis einer verschwundenen Stadt der Antike	548
Odontotos – die Zahnradbahn von Diakoftó nach Kalávryta	551
Wanderung zu den Wasserfällen des Styx	552
Das Massaker von Kalávryta	556
Höhle der Seen	560

Was haben Sie entdeckt? Haben Sie *den* Strand gefunden, eine freundliche Taverne weitab vom Trubel, ein nettes Hotel mit Atmosphäre, einen schönen Wanderweg? Wenn Sie Ergänzungen, Verbesserungen oder neue Informationen zum Buch haben, lassen Sie es uns bitte wissen!

Schreiben Sie an: Hans-Peter Siebenhaar, Stichwort „Peloponnes"
c/o Michael Müller Verlag GmbH | Gerberei 19, D – 91054 Erlangen
hans-peter.siebenhaar@michael-mueller-verlag.de

Vielen Dank!

„Mein Dank gilt den vielen Leserbriefschreibern. Ihre Tipps, Kritik und Wünsche helfen, das Buch noch besser werden zu lassen."

(Hans-Peter Siebenhaar)

„Danke auch an Dominik Treiber, Uli Winter und Kim Buchholz für ihre zahlreichen Tipps sowie Tim Dombrowski und Stefan Trettler für die Unterstützung bei der Recherche."

(Thomas Prager)

Fotonachweis

Alle Fotos von Andreas Neumeier außer: Thomas Prager: S. 164, 166, 195, 211, 226, 265, 282, 288, 302, 338, 343, 376, 397, 398, 428, 455, 466, 469, 478, 506, 531, 540, 555 | Hans-Peter Siebenhaar: S. 10; 24, 28, 38, 85, 89, 120, 122, 390, 393, 395, 409, 432, 437, 441, 474, 544 | Sven Talaron: S. 491

Wohin auf dem Ost-Peloponnes?

① Saronische Inseln → S. 128
Die Inselgruppe zwischen Athen und der südgriechischen Halbinsel, das Sprungbrett zum Peloponnes, ist ein äußerst vielfältiges Archipel: Hýdra ist ein schroffes, baumloses Eiland mit stolzen Kapitänshäusern und schicken Hotels und Tavernen; Spétses besticht mit einer lieblichen Pinienlandschaft und malerischen Stränden; und auf Póros, nur durch einen schmalen Kanal vom Peloponnes getrennt, dominieren kubische weiße Häuser wie auf den Kykladen.

② Korinthía → S. 162
Die Region im Norden des Peloponnes ist seit Jahrtausenden Durchgangsstation; nur durch einen schmalen Kanal ist sie vom griechischen Festland getrennt. Schon in der Antike war die Stadt Korínth Verkehrsknotenpunkt zwischen Europa und Asien, und daran hat sich bis heute nichts geändert. Vor allem Geschichtsinteressierte kommen in dieser Region auf ihre Kosten: Antike Stätten wie Korínth und Neméa sowie die Ruinen von Akrokorinth sind ein Highlight jeder Peloponnes-Reise. Auch Sandstrände gibt es in der lieblichen Küstenlandschaft genug. Ein besonderer Anziehungspunkt ist der Bade- und Kurort Loutráki mit regem Nachtleben.

③ Argolís → S. 204
Nirgendwo gibt es mehr antike Stätten als in der Argolís, dem Daumen der peloponnesischen Hand: die eindrucksvollen Burgen von Mykéne und Tiryns, das spektakuläre Theater von Epídauros oder die weitläufigen Ausgrabungsstätten des quirligen Städtchens Árgos. Náfplion, mit seinen engen Gassen, weitläufigen Plätzen und geschichtsträchtigen Häusern, ist ein idealer Ausgangspunkt, um die Argolís zu erkunden. Hoch über dem Strand thront die mächtige Palamídi-Festung auf einem schroffen Felsen. Badefreunde lockt das im Sommer viel besuchte Tolón mit seinem großen Sandstrand an.

④ Arkadien → S. 284

Der Mythos des goldenen Arkadien ist bis heute übermächtig, die Region von vielen Dichtern hoch gepriesen. Tatsächlich ist die Region ein kahles, verkarstetes Bergland im Herzen des Peloponnes, an dessen Rand mächtige Bergketten den Zugang zum Meer versperren. Die Heimat des Hirtengottes Pan besteht weitgehend aus schroffen Bergen, kargen Weiden, leeren Dörfern und verlassenen Schlachtorten. Ausgedehnte Bergwälder im Ménalon-Masssiv, stille, geschichtsträchtige Orte wie Dimitsána und Stémnitsa sowie interessante Klöster machen Arkadien aber zu einem spannenden Ziel für Individualisten, die auf Strände verzichten können.

⑤ Lakonien → S. 332
Máni → S. 386

Lakonien gehört zu den reizvollsten Regionen des Peloponnes. Die Ebene des Eurótas mit Sparta als Mittelpunkt liegt zwischen zwei alpinen Gebirgsketten, dem fast 2000 m hohen Párnon-Gebirge im Osten und dem über 2400 m hohen Táygetos-Gebirge im Westen. Highlight ist Monemvasiá, ein halbverlassenes mittelalterliches Städtchen mit engen Gassen und malerischen Herbergen. Zu Lakonien gehört auch die zauberhafte Máni, eine trockene, raue Küstenlandschaft mit hohen Wohntürmen, aber nur wenigen Stränden. Badefreunde kommen jedoch auf der Insel Elafónisos mit dem malerischen Símos-Strand auf ihre Kosten.

Wohin auf dem West-Peloponnes?

⑥ Messenien → S. 422

Der westliche Finger des Peloponnes mit seinen fruchtbaren Küstenlandschaften und Ebenen ist ein wohlhabender Landstrich. Unbestrittenes Zentrum ist Kalamáta, die zweitgrößte Stadt des Peloponnes, die sich in den vergangenen Jahren herausgeputzt hat. Die meisten Gäste zieht es aber in die malerischen Küstenstädtchen Koróni, Pýlos und Methóni sowie in den Badeort Finikoúnda, wo lange Sandstrände locken. Archäologische Highlights sind das antike Messene mit seinen beeindruckenden Stadtmauern sowie der Palast des Nestor bei Chóra.

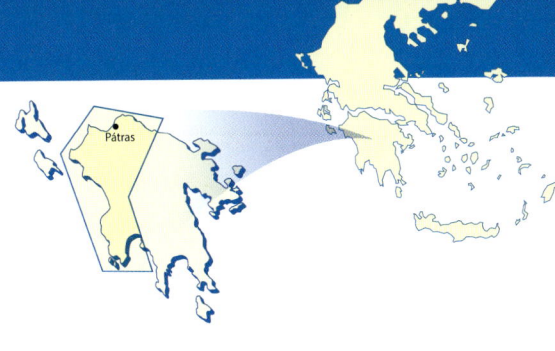

⑦ Élis → S. 474

An dieser Region, ganz im Westen des Peloponnes, kommt niemand vorbei: Das malerisch gelegene Olympía im hügeligen Alphiós-Tal ist ein Muss jeder Reise durch Südgriechenland. Und die Landschaft in der Nordwestspitze des Peloponnes hat noch mehr zu bieten: Die Halbinsel Kyllíni besitzt traumhafte, dünenartige Sandstrände. Zu den beiden ionischen Inseln Kefaloniá und Zákynthos ist es von hier aus nur ein Katzensprung. Individualisten zieht es in das malerische Bergdorf Andrítsena. Von dort sind es nur wenige Kilometer zum hervorragend erhaltenen Apollon-Tempel von Vassae.

⑧ Achaía → S. 526

Der Landstrich im Norden des Peloponnes mit der Hafenstadt Pátras als Zentrum wird intensiv landwirtschaftlich genutzt und ist dicht besiedelt. Der Tourismus spielt hier eine Nebenrolle. Im bergigen Hinterland, das im Winter zum Skifahren einlädt, gibt es noch unverfälschtes Landleben zu entdecken. Besonders reizvoll, nicht nur für Eisenbahnfreunde, ist ein Ausflug mit der Bergbahn vom Badeort Diakoftó durch das enge Vouraikos-Tal zum Bergstädtchen Kalávryta. Und dank der spektakulären Brücke von Ríon nach Antírion lässt sich außerdem das Heiligtum Delphí bequem im Rahmen eines Tagesausflugs erkunden.

Peloponnes: Die Vorschau

Die Landschaft

Auf dem Peloponnes sind die Berge nie weit. Ob im Norden zwischen Pátras und Korínth das *Kyllíni-Massiv* oder das bis zu 2407 m hohe *Taýgetos-Gebirge* zwischen Kalamáta und Spárta. Nur nach Westen hin flacht die hügelige Landschaft ab. Die schmalen Küstenstreifen, die weiten Ebenen *Messeniens* und *Lakoniens* und das Schwemmland von *Pírgos* sind die fruchtbarsten Gegenden des Peloponnes. Der Peloponnes ähnelt einer nach Süden ausgestreckten Hand mit einem Daumen und drei Fingern. Die Halbinsel, durch eine schmale Landenge, den Isthmus von Korínth, vom Festland getrennt, ist von drei Meeren umspült. Ihre Landschaft ist extrem vielfältig, sie reicht von türkisblauen Lagunen, breiten Sandstränden und weitläufigen Olivenhainen über wüstenähnliche Küstenstreifen und alpine Gebirge. Baden, Wandern, Entdecken – der Peloponnes bietet für jeden lohnende Ziele.

Die Strände

Der Peloponnes ist eine ideale Landschaft für Ferien am Strand. Die *Dünenlandschaft von Kyllíni* im Westen zählt zu den schönsten Stränden Griechenlands. Auch die breiten Sandstrände von der Insel Elafónisos bei Neápolis halten den Vergleich mit manchem tropischen Paradies statt. Wer eher Steilküsten liebt, ist im Osten bei dem Landstädtchen *Leonídion* gut aufgehoben. Landschaftlich reizvoll zeigt sich auch die *Nordküste* zwischen Korínth und Pátras. Ihre Strände sind für stressgeplagte Athener beliebte Wochenend-Ausflugsziele. Der wenige Kilometer breite Küstenstreifen am Fuß der steilen peloponnesischen Berge weist allerdings eine dichte Besiedelung auf. Wie die Perlen einer Kette reihen sich die Hafenorte aneinander. Vor allem im *Südwesten* gibt es idyllische Strände, die in ihrem Versteck zwischen den Felsen jedoch meist schwer

„Baden, wandern, entdecken"

zugänglich und gleich gar nicht mit dem Auto erreichbar sind. In der *Máni* finden sich nur wenige Strände. Die meisten davon sind Kiesstrände wie bei *Kardamíli*, *Ítylon*, *Geroliménas* und *Marmári*. Nur in *Stoúpa* gibt es größere Sandstrände, die leider im Hochsommer überlaufen sind.

Kultur und Geschichte

In keiner anderen griechischen Region konzentriert sich so viel Geschichte und Kultur: antike Ausgrabungsstätten, byzantinische Kirchen und mittelalterliche Wohnburgen. Für Kulturreisende ist die südgriechische Halbinsel der Höhepunkt jeder Griechenlandreise. Hier befinden sich die Hochburgen antiker Kultur wie beispielsweise *Olympía*, die Geburtsstätte der Olympischen Idee; *Mykene*, die schroffe Burg von Agamemnon und Klytämnestra; *Mystrás*, die verwinkelte Ruinenstadt bei Spárta; *Epídauros*, das historisch so bedeutsame Heiligtum mit dem am besten erhaltenen griechischen Theater. Die Aufzählung berühmter Namen ließe sich lange fortsetzen. Doch auch die vielen kleinen und kleinsten Fundorte, die im Buch aufgeführt werden, sind sehenswert.

Die Klöster

Das in den Felsen versteckte, einmalig gelegene Kloster *Prodrómou* und das benachbarte Kloster *Filosófou*, die „Philosophenschule", wo während der türkischen Besatzungszeit passiver Widerstand geleistet wurde, zählen zu den schönsten Klöstern auf dem Peloponnes. Überhaupt begegnet man gerade in den Klöstern der Halbinsel immer wieder intensiv der Geschichte des Landes: Sei es das Kloster *Méga Spíleon*, in dem deutsche Soldaten im Dezember 1943 ein schreckliches Massaker verübten, oder das nur wenige Kilometer davon entfernte Kloster *Agía*

Peloponnes: Die Vorschau

Lávra, in dem sich am 25. März 1821 die Freiheitskämpfer versammelten – der Widerstand gegen die Unterdrückung ist gerade an diesen Orten sehr präsent. Ein kleines Idyll ist das Kloster *Monoi Loukos* bei Ástros, ganz im Gegensatz zu dem an einer schroffen Felswand klebenden Kloster *Elonís* bei Leonídion. Im arkadischen Bergland beeindrucken die beiden abgelegenen Nonnenklöster *Pan. Kernítsis* und *Emialón*; landschaftlich wunderschön gelegen ist auch das Kloster *Taxiarchis* in einem Tal bei Ágion.

Die Inseln

Die Saronischen Inseln, zwischen dem „Peloponnes-Daumen" und Athen gelegen, sind nicht nur ein beliebtes Ziel der Hauptstädter, sondern auch eine lohnende Ausflugsmöglichkeit für Peloponnes-Urlauber. *Póros* mit seiner hübschen, weiß getünchten Inselhauptstadt ist nur wenige Hundert Meter vom Festland entfernt. *Hýdra*, der lang gestreckte, karge Felsklotz mit seinem exklusiven Ambiente, ist die griechische Version von Sylt. *Spétses*, die waldreiche Badeinsel, ist vor allem bei Familien beliebt. Die Saronischen Inseln können als Tagestrip besichtigt werden, denn die Verbindung mit dem Peloponnes ist gut.

Bei den vor der Nordwestspitze des Peloponnes liegenden Ionischen Inseln – Íthaka, Kefaloniá, Zákynthos – ist das anders: Die ungünstigen Fährverbindungen machen in der Regel eine Übernachtung notwendig. Lediglich das touristisch stärker erschlossene Zákynthos wird relativ häufig angefahren.

Geschichten über Geschichten

Wenn Steine sprechen könnten! Der Peloponnes hat Geschichten über Geschichten zu erzählen. Die Halbinsel spielte bereits in *mykenischer Zeit* eine wichtige Rolle. Bedeutende Orte waren

„Menschenleere Buchten und verträumte Dörfer"

damals Mykene, das benachbarte Tiryns oder Pylos im Südwesten, während in klassischer Zeit die Handelsstadt Korinth, Argos in der Bucht der Argolís und das legendäre Sparta im Eurótastal (Lakónien) eine herausragende Stellung innehatten. 146 v. Chr. war es mit der politischen Selbstständigkeit vorbei, die Römer degradierten die Halbinsel zur Provinz des Imperium Romanum. Der Peloponnes versank in der politischen Bedeutungslosigkeit. Die späteren Herren – Byzantiner, Türken und Venezianer – beuteten Land und Leute meist rücksichtslos aus. Immer wieder kam es zu blutigen Aufständen, zuletzt gegen die Türken (1821), die den *griechischen Freiheitskampf* auslösten. Der letzte Überfall ausländischer Mächte auf Griechenland liegt noch nicht allzu lange zurück. In jüngerer Zeit waren es die faschistischen Truppen Deutschlands und Italiens, unter denen die Bevölkerung im Zweiten Weltkrieg zu leiden hatte.

Der oder die Peloponnes?

Peloponnes heißt „Pelops-Insel" oder „Insel des Pelops" und ist benannt nach dem mythischen König Pelops, der einst einen großen Teil der südgriechischen Halbinsel beherrscht haben soll. Grammatikalisch korrekt wäre es, über *die* Peloponnes zu sprechen, jedoch hat sich *der* Peloponnes durchgesetzt, und das soll hier auch weitgehend beibehalten werden. Die berühmteste Darstellung von Pelops, dem Sohn des Königs Tantalos, ist am Ostgiebel des Zeustempels von Olympía zu sehen: Pelops tritt zum Wagenrennen gegen König Oinomaos an, um im Falle seines Sieges die Hand von dessen Tochter Hippodameia erhalten. Den Sieg erringt Pelops jedoch nicht durch sein Können, sondern durch Bestechung von Myrtilos, des Wagenlenkers des Oinomaos. Heute erinnert in Olympía das Pelopion an den Namensgeber der Halbinsel.

Parade der (Marmor-)Metropoliten von Kalamáta

Hintergründe & Infos

Geografie	→ S. 23	Unterwegs	
Klima	→ S. 24	auf dem Peloponnes	→ S. 71
Pflanzenwelt	→ S. 25	Übernachten	→ S. 85
Tierwelt	→ S. 29	Essen und Trinken	→ S. 92
Geschichte	→ S. 32	Wissenswertes von A bis Z	→ S. 102
Anreise	→ S. 67		

Peloponnes – auf einen Blick

- **Gesamtfläche:** 21.439 km² (etwa so groß wie Hessen). Die maximale Entfernung beträgt von Westen nach Osten 255 km, von Norden nach Süden 245 km.
- **Höchster Berg:** Profítis Elías, Taÿgetosgebirge, 2407 m.
- **Gesamtbevölkerung:** Nach Angaben der griechischen Statistikbehörde 578.00 Einwohner (2017).
- **Bevölkerungsdichte:** 46 Einwohner/km² (in Gesamtgriechenland sind es 79 pro km²).
- **Verwaltungssitz:** Pátras (größte Stadt des Peloponnes mit 215.000 Einwohnern).
- **Verwaltungsbezirke (Nomoi):** *Argolis* (um Náfplion), *Arkadien* (um Trípolis), *Lakonien* (um Spárta), *Messenien* (um Kalamáta), *Elis* (um Pirgos), *Achaia* (um Pátras), *Korinthia* (um Korínth).
- **Bevölkerung:** 65 % der Bevölkerung leben in Dörfern, 12 % in Städten unter 10.000 und 23 % in Städten über 10.000 Einwohnern

Geografie

Der Peloponnes ist der südlichste, am weitesten ins Mittelmeer vorgeschobene Teil der Balkanhalbinsel. Er wird im Westen vom Ionischen Meer und im Osten von der Ägäis begrenzt.

Der Peloponnes war einst eine Insel. Im Verlauf der Erdgeschichte hat sich diese Situation wieder verändert. Das einstige Morea ist heute durch einen 6 km langen Kanal, der durch die Landenge bei Korínth gebaut wurde, von Mittelgriechenland abgetrennt. Von Nord nach Süd ziehen sich geologisch relativ junge Faltengebirge, die sich auf dem Peloponnes aufspalten und das Landschaftsbild prägen. Typisch für das gebirgige, schwer zugängliche Arkadien im Zentralpeloponnes sind die oberirdisch abflusslosen Becken. Hier entstanden verlandete Seen wie der *Stymphalische See* sowie die Binnenbecken um *Trípolis* und *Megalópolis*.

Das Relief des Peloponnes ist von einem geschlossenen, über 2000 m hohen Bergmassiv im Norden und drei nach Süden reichenden Gebirgszügen geprägt. Um das zentrale Bergland gruppieren sich die verschiedenen Küstenlandschaften. Umrahmt wird der Peloponnes vom Golf von Pátras und Golf von Korínth im Nordwesten, vom Saronischen und Argolischen Golf im Nordosten und vom Lakonischen und Messenischen Golf im Süden.

Erdbebengebiet Peloponnes

Fast jeden Tag bebt irgendwo in Griechenland die Erde, und am häufigsten geschieht dies in der Gegend um den Golf von Korínth. Griechenland zählt neben Italien zu den am meisten erdbebengefährdeten Ländern Europas. Durch die langsame Nord-Verschiebung der afrikanischen und saudiarabischen Gesteinsplatte kommt es immer wieder zu starken Spannungen, die sich – gerade im südlichen und südöstlichen Mittelmeerraum – durch Erdbeben entladen.

Das stärkste Erdbeben in Griechenland wurde seit Einführung der Richter-Skala 1938 in der Nordägäis 1968 mit einem Wert von 7,0 gemessen; insgesamt starben seit 1953 (verheerendes Beben auf den Ionischen Inseln mit 455 Toten) bei Beben über 700 Menschen in ganz Griechenland. Ein größeres Erdbeben ereignete sich im September 1999 in der Region Attika; Seebeben erschütterten Ende November 1999 das Ionische Meer und den Saronischen Golf, ohne jedoch Schäden anzurichten. Zuletzt bebte die Erde mit 6,5 am 8. Juni 2008 mit Epizentrum bei Pátras und forderte zwei Todesopfer durch herabfallende Dachteile. Glücklicherweise liegen die Epizentren der Beben oftmals in unbesiedelten Gegenden oder im Meer, sodass meist nur ein leichtes „Zittern" der Erde zu spüren ist und katastrophale Folgen ausbleiben.

Traumstrände selbst in der Hochsaison

Klima

Milde Winter und heiße Sommer kennzeichnen das mediterrane Klima des Peloponnes. An der Küste klettern die Temperaturen im Sommer mühelos über 30 Grad Celsius. Einheimische klagen aufgrund der Klimaveränderungen über immer längere Trockenperioden.

Wie im übrigen Griechenland kann man sich auf den strahlend blauen Himmel zwischen Mai und September verlassen. Als Reisezeit empfehlen sich besonders April und Mai, wenn der Peloponnes sich in wunderschönen Farben zeigt und es überall blüht und grünt. In der Regel ist es dann relativ warm, auch wenn es dazwischen immer wieder durchaus kalte Tage gibt. Außerdem bleibt es länger hell; die Wassertemperaturen werden empfindliche Naturen jedoch abschrecken (durchschnittliche Wassertemperatur im April 16 °C, nur von Juni bis Oktober über 20 °C). Lediglich im bergigen Landesinneren kann es noch zu längeren Regenfällen kommen. Wirklich zuverlässig und sommerlich warm ist es allerdings erst ab Anfang Mai. Oft hält dann der Sommer von einem Tag auf den anderen Einzug. Im Mai kostet auch ein Sprung in das inzwischen 18 °C „warme" Mittelmeer nicht mehr allzu große Überwindung.

Eine angenehme Reisezeit sind auch September und Oktober. Die Lufttemperaturen sind ähnlich wie im Frühling, jedoch liegen die Wassertemperaturen höher. Das Land ist in grau-braune Töne getaucht, Felder und Gärten sind von der monatelangen Dürre gezeichnet. Das Klima ist jedoch regional unterschiedlich. Während im Oktober in den Dörfern Hocharkadiens bereits geheizt wird, kann man in Pýlos noch baden.

	Monate	Tageshöchsttemperaturen	Tagestiefsttemperaturen
Blüte- und Reifezeit	März bis Mai	18–22 °C	10–14 °C
Trockenzeit	Juni bis Oktober	26–32 °C	18–22 °C
Regenzeit	November bis Februar	13–15 °C	4–10 °C

Ähnlich verhält es sich mit dem Niederschlag auf dem Peloponnes. Achaía und Élis, also der Westpeloponnes, sind ausreichend mit Regen versorgt, hohe Wassermengen verzeichnet das gebirgige Arkadien, hingegen gehört die Argolís zu den trockensten Regionen Griechenlands. Die regenreichsten Monate auf dem Peloponnes sind von November bis Februar. In einem verhältnismäßig strengen Winter kann sich das trostlose Einheitsgrau mit weißen Flecken in den Bergen auch schon mal bis März, im schlimmsten Fall sogar bis Anfang/Mitte April hinziehen.

Während man in Westeuropa von vier Jahreszeiten spricht, ist das auf Griechenland nicht so leicht übertragbar. Es scheint vielmehr eine Beschränkung auf drei Jahreszeiten angebracht:

Pflanzenwelt

Im Frühjahr verwandelt sich die Landschaft in ein Blumenmeer Roter Mohn, wilde Orchideen, Lilien und Primeln setzen dann Farbtupfer. Doch schnell sorgen die langen, heißen Sonnentage dafür, dass der Boden austrocknet und es mit der Pracht bald vorüber ist. Im Sommer und Herbst herrschen Braun-, Grau- und Gelbtöne vor, im Winter bestimmen die immergrünen Pflanzen die Landschaft.

Farbenfroh: Bougainvillea

Ausgedehnte Waldgebiete gibt es nur noch wenige. Wo sich früher riesige Zypressen-, Zedern- oder Kiefernwälder ausbreiteten, kommt heute der nackte, verkarstete Fels zum Vorschein. Vor allem die Ebenen des Peloponnes sind gesprenkelt von einem unübersehbaren Meer silbrig-grüner Olivenbäume, dazwischen Platanen, Zypressen, wuchernde Macchia. Wie im übrigen Griechenland sind noch heute die Folgen eines rücksichtslosen Raubbaus an den Wäldern sichtbar, nur noch 13 % der Fläche sind bewaldet. Das ökologische Problem entstand bereits in der Antike. Unmengen von Holz wurden zum Bau der Schiffe benötigt, doch an Wiederaufforstung dachte damals niemand. Zahlreiche Waldbrände – in jedem Sommer zu beobachten – gaben den Wäldern der Halbinsel den Rest.

Die auffälligsten Pflanzen

Eukalyptusbäume: mächtige, hoch gewachsene Stämme mit dichter Laubkrone. Sie wurden überall dort angepflanzt, wo der Boden einen hohen Feuchtigkeitsgrad aufweist, da sie Wasser in großen Mengen speichern können.

Hymne auf das grüne Gold

Wenn die letzten Touristen Ende September Griechenland verlassen haben, ist die große Schlacht vorbei. Falsch: Dann beginnt sie erst! Wenn Luxusschlitten und Wohnwagen abgezogen sind, beherrschen hier wieder Traktoren das Bild auf den Straßen. Alles, was Räder bzw. Beine hat, wird eingesetzt. Selbst der altersschwache Esel, der im Sommer in der macchia-bewachsenen Wildnis hinter dem Haus steht, wird mit Körben aufgerüstet und muss antreten. Dann, wenn im November die Olivenernte beginnt, „die große Schlacht", wie sie die Einheimischen nennen.

Die Ortschaften sind verlassen, die Strandpromenaden wieder zu schmalen Uferstraßen geworden. „Gekämpft" wird oberhalb des Dorfes, in den Olivenhainen, die sich über ganze Landstriche erstrecken können, voneinander abgetrennt durch ein Gewirr von trockenen Steinmauern, undurchschaubar für den Fremden – der Bauer kennt jeden einzelnen seiner Bäume. Scheinbar undurchdringliche Wälder aus Ölbäumen, knorrige, dem Wind trotzende verdreht verknotete Stämme, die schier aus dem Fels der steilen Berghänge und canyonartigen Schluchten wachsen; silbrig glänzend, immergrün, auch wenn es im Sommer monatelang nicht regnet oder die Temperaturen im Winter die Null-Grad-Grenze unterschreiten.

Olivenernte in der Máni, dort, wo sie für den Bewohner vielleicht den noch höchsten Stellenwert hat – nicht zuletzt aus finanziellen Gründen. Da blinken zwischen den Bäumen dreibeinige Leitern hervor – auch sie meist im obligatorischen Hellblau gestrichen, da rascheln die zig Quadratmeter großen Folien, die unter den Bäumen ausgebreitet die kleine Frucht, die hier so viel bedeutet, auffangen. Mit grobzahnigen Rechen werden die Oliven von den Ästen gestreift, mit Stöcken herabgeschlagen, in Säcke verpackt und zu den bereitstehenden Gefährten geschleppt. Jeder arbeitet mit, die Großfamilien treten geschlossen an, vom Kindergarten- bis ins Greisenalter, alle helfen zusammen. Wer zur Erntezeit einen festen Beruf ausübt, erscheint nach Dienstschluss – einen Feierabend gibt es nicht. Schulkinder nehmen sich „Urlaub", Wehrpflichtige werden vom Militärdienst freigestellt und selbst die orthodoxe Kirche erweist sich als unorthodox großzügig, wenn am Sonntag die Glocken schweigen, weil auch der Pope ein paar üppige Bäume sein Eigen nennt. Immerhin, glaubt man der griechischen Mythologie, war die Olive ein göttliches Geschenk – eine offensichtlich ausreichende Entschuldigung für den Gemeindehirten. Pallas Athene höchstpersönlich war es nämlich, die den Griechen in einem Wettstreit mit Poseidon um die später nach ihr benannte Landeshauptstadt den Ölbaum schenkte.

Und noch heute hat das Olivenöl hier einen hohen Stellenwert: Wenn unsereins das Gemüse im Wasser gart, kocht es der Grieche in Öl, der Salat wird nicht mit Sonnenblumenöl angemacht, sondern mit dem der Oliven getränkt und als Brotaufstrich ist das Öl kein Butterersatz, sondern die bevorzugte Alternative.

Beinahe jeder, der in der Máni lebt, dort, wo es das angeblich beste Olivenöl Griechenlands gibt, hat seine eigenen Ölbäume. „Tante-Eleni-Ladenbesitzer" schließen ihre Geschäfte und pflücken, Tavernen öffnen – wenn überhaupt – erst nach Sonnenuntergang, und wer im Sommer ein Hotel betreibt, steht um die Jahreswende im Olivenhain. Letzteres schafft Probleme für den Wintertouristen, macht aber

Jahrhundertealte Olivenbäume sind typisch für den Peloponnes

einen Aufenthalt möglicherweise gerade erst reizvoll. Man wird nicht mehr auf der Straße angesprochen, ins Hotel gezerrt oder ins Restaurant gezwungen. Im Gegenteil. Hier gibt es im Winter keine Touristen. Die wenigen, die doch da sind, gelten als Besucher – ein großer Unterschied.

Die Ernte ist ein gesellschaftliches Ereignis, das Pressen der Frucht archaisch. Ununterbrochen drehen sich die mannshohen Steinräder der Mühlen und zermahlen die je nach Reifegrad noch grünen oder schon schwarz-violett schimmernden Oliven zu einem Brei, der dann zwischen unzähligen Schichten geflochtener Matten gepresst wird. Das Öl, jetzt noch schmuddelig braun-grau, wird anschließend mit Wasser vermischt und gewaschen, bevor es langsam giftgrün aus der Zentrifuge herausläuft.

Bei der ersten Pressung des eigenen Öls will jeder dabei sein: ein Stück frisches Weißbrot in der Hand, mit von der Erntearbeit noch verschwitztem Gesicht, gespannt auf die ersten Tropfen des „grünen Goldes". Eine kleine Kostprobe wird gleich in der Colaflasche mit nach Hause genommen.

Und wer sich richtig auf dieses Öl einlässt, wird den Enthusiasmus der Griechen verstehen. „Universell einsetzbar" würde man wohl am besten auf das Etikett einer Flasche solchen Öls schreiben: nicht nur in Mengen über den Tomatensalat, als Brotaufstrich, zum Senken des Cholesterinspiegels oder als Handcreme. Noch vor einigen Jahrzehnten war Olivenöl, unterschiedlich temperiert und mit wechselnden Konzentrationen von Oregano versetzt, ein Allheilmittel (bevor es von Aspirin abgelöst wurde). Nur als profanes Schmiermittel versagt es. Scharniere und Gelenke würden rosten.

Korinthen, Agave und Walnussbaum

Platanen: hohe, ausladende Laubbäume, meist an feuchten Standorten. Sie erreichen ein hohes Alter. Typischer Baum an Dorfplätzen.

Feigenbäume: große, ausladende Bäume, die in der Phrygana, aber auch in Dörfern zu finden sind. Die Früchte sind im Spätsommer reif.

Johannisbrotbäume: immergrüne Laubbäume mit lederartigen Blättern und schwarzen, länglichen Früchten, die als Tierfutter, zur Papierherstellung und für medizinische Zwecke verwendet werden.

Oleander: uralte Kulturpflanze, blüht leuchtend rosa im Juni, hauptsächlich an Wegrändern und ausgetrockneten Bachläufen.

Agaven: kakteenartige Pflanze mit markantem, meterhohem Blütenstand; blüht im Juni.

Zitronen- und Orangenbäume: in der fruchtbaren Ebene von Spárta und an der Nordküste zwischen Korínth und Pátras anzutreffen, wo man kilometerweit an den dunkelgrünen Hainen vorbeifährt.

Kastanien: vor allem in Hocharkadien zu finden. Die großen, stachligen Früchte sind im September und Oktober zu sehen.

Nur noch an den Nordhängen der großen Gebirgszüge des Taýgetos und Párnon gedeihen üppige Wälder, hauptsächlich *Aleppokiefern*, deren Harz dem Retsina sein Aroma verleiht, sowie Kermes- und Steineichen. Inzwischen hat sich in den ehemaligen Waldgebieten eine verarmte Ersatzgesellschaft, die anspruchslose *Macchia*, ausgebreitet. Vor allem in der Máni, in Lakonien und in der Argolís sind die Böden so schlecht, dass nur sie überlebt. Das bis zu 4 m hohe, undurchdringliche Gestrüpp besteht vornehmlich aus Myrte, Lorbeer, Christusdorn, Erdbeerbaum und Terebinthe.

Überall wachsen natürlich *Olivenbäume* mit ihren knorrigen, wettergegerbten Stämmen. Die Produktion von Olivenöl bildet heute den Haupterwerbszweig der Landwirtschaft auf dem Peloponnes.

> ### Waldbrände: Die geplante Katastrophe
>
> Die Schäden sind verheerend, die Motive meist kurzsichtig und zur Besitzerweiterung gedacht. Die Rede ist von Waldbränden, die Griechenland immer wieder heimsuchen und nach Angaben der örtlichen Feuerwehren in den meisten aller Fälle auf Brandstiftung zurückzuführen sind.
>
> Das Problem liegt in einem Gesetz bzw. dessen Lücke: Zwei Drittel der griechischen Staatsfläche ist ausgewiesenes „Waldland", das weder bebaut noch beweidet werden darf. Ist es jedoch erst einmal abgebrannt, sind die strengen Forstbestimmungen aufgehoben und für den Nutznießer zwei Fliegen mit einer Klappe geschlagen: Das abgebrannte Land darf bebaut oder mit Nutzpflanzen (z. B. Olivenbäumen) kultiviert werden und nebenbei wird die Grundstücksgrenze unauffällig um ein paar Meter erweitert. Denn in Griechenland gibt es noch nicht überall ein Kataster. Auftraggeber zur Brandstiftung sind nach Angaben der Feuerwehr vermutlich Bauspekulanten, die an dem einen oder anderen – noch – bewaldeten Hang in attraktiver Panoramalage fette Beute wittern. Hinzu kommt, dass Vorsätzlichkeit in fast keinem Fall nachweisbar ist und fahrlässige Brandstiftung in Hellas lediglich mit relativ milden Geldstrafen geahndet wird.
>
> Besonders fatal ist jedoch, dass der geplante kleine Brand hinterm Haus durch den unvorhersehbaren Wind oftmals völlig außer Kontrolle gerät und sehr große – auch kultivierte – Gebiete verwüstet. Bis ein neues Gesetz erlassen wird, bleiben katastrophale Waldbrände in Griechenland wohl eine traurige Gewohnheit.

Tierwelt

Die Griechen sind leidenschaftliche Jäger. Nicht nur deshalb steht es schlecht um die Artenvielfalt auf dem Peloponnes.

Größere Tierarten wie Reh, Hase, Fuchs oder Wildschwein wird man nur sehr selten zu Gesicht bekommen und auch der einst gefürchtete Wolf hat sich längst aus dem arkadischen Bergland verabschiedet; Isegrim tritt nur noch vereinzelt in den Wäldern und Gebirgen im Norden Griechenlands auf. Häufiger sind verschiedenste Vogelarten auf dem Peloponnes, wenn auch die einstige Storchenpopulation in Südgriechenland erheblich dezimiert wurde. Viele seltene Vogelarten rasten im Frühjahr und Herbst auf ihrem Zug nach Süden oder Norden auf der Halbinsel. Berühmt sind die Wachteln in der Máni. Sie werden zu Tausenden geschossen und wandern in die Bäuche der Gourmets.

Noch häufig vertreten sind Schlangen, Schildkröten und Eidechsen, auf die man immer wieder trifft. Vor den legendären *Skorpionen* braucht man wenig Angst zu haben. Während unserer Recherchen hörten wir nie von einem Skorpionstich. Die Tiere halten sich tagsüber an dunklen und kühlen Stellen auf, beispielsweise unter Steinen, lassen sich nachts jedoch gerne von hellen Lichtquellen anlocken (Lagerfeuer), um es sich z. B. in einem herumliegenden Schuh bequem zu machen. In solchen Fällen gilt: Vorsicht beim Anziehen!

Auf zwei Tierarten trifft man überall auf dem Peloponnes: *Ziegen* und *Zikaden*. Anspruchslosigkeit und die verschiedenen Nutzungsmöglichkeiten machen die Ziege zum Haustier Nr. 1. Ziegen sind Pflanzenfresser, die selbst auf den kargsten Böden noch Nahrung finden. Ihre Milch verarbeitet man meist zu wohlschmeckendem Käse; Fell und Fleisch können ebenfalls verwertet werden. Kein Wunder, dass das Tier in keinem griechischen Haushalt auf dem Land fehlt. Eher ein akustisches als visuelles Erlebnis bieten die Millionen von Zikaden. Im Sommer produzieren sie einen Lärm, der typisch für ganz Griechenland ist. Die Männchen haben am ersten Hinterleibsring eine durch Rippen gestützte Cuticulaplatte, an die von innen die Sehne eines Singmuskels anliegt, mit dem diese nur etwa 6–8 cm großen, beige-grauen Insekten ihr markantes Zirpen erzeugen. Wenn dieses Konzert im Herbst endlich verstummt ist, wirkt die Stille beinahe schon unheimlich.

Neun Millionen Schafe

... weiden in ganz Griechenland – und das bei nur zehn Millionen Einwohnern! Fast jedem Griechen also sein eigenes Schaf, statistisch gesehen zumindest.

Die griechischen Weidegründe sind rar geworden und immer größere Distanzen müssen zurückgelegt werden, damit die Herden satt werden.

Schäfer in Arkadien

Schon in der Antike war das (Halb)-Nomadentum der Schäfer Tradition: In den kalten Monaten werden die niederen Gegenden des Landes im wahrsten Sinne des Wortes abgegrast, zum „Almauftrieb" in die Bergregionen müssen alljährlich im Frühjahr große Strecken überwunden werden. Doch hier hat mittlerweile der Fortschritt Einzug gehalten: Was früher eine wochenlange Wanderung erforderte, wird heute vielerorts von Viehtransportern übernommen.

Wichtigste Erzeugnisse aus der Schafzucht sind der berühmte Feta-Käse und das wohlschmeckende, meist deftig zubereitete Lammfleisch – in Griechenland hat es einen ähnlichen Stellenwert wie das Schweinefleisch in unseren Gefilden.

Fische findet man allerorts auf den Speisekarten. Das täuscht einen Fischreichtum vor, den es schon lange nicht mehr gibt. Die ergiebigsten Fanggründe liegen um die Insel Kýthera. Ansonsten steht es eher schlecht: Dynamitfischen und zu engmaschige Netze (darin bleiben auch Jungfische vor dem Erreichen des fortpflanzungsfähigen Alters hängen) haben dazu beigetragen, dass der Bestand so dezimiert und Fisch beinahe schon eine Delikatesse ist. Die wichtigsten Arten sind Meerbrassen, Barben, Seezungen, Meeräschen. Besondere Spezialitäten sind Calamari (Tintenfische), Hummer, Langusten und Garnelen. Die peloponnesischen Fischer kehren häufig mit nicht einmal halbvollen Netzen zurück. Um ihre Existenz zu sichern, wagen sich andere bis an die afrikanische Küste vor. So ist es nicht verwunderlich, dass wir hinter einer Taverne haufenweise Tintenfischbüchsen aus Kalifornien entdeckten.

Religion

Griechenland ist einer der 41 von 193 Staaten in der Welt, in denen eine Staatsreligion verankert ist. Mit 93 % gehört der größte Teil der Bevölkerung dem Griechisch-Orthodoxen Glauben an. Daneben leben in Griechenland noch etwa 500.000 Moslems, 120.000 Katholiken, 30.000 Protestanten, ca. 5.000 Juden und etwa die gleiche Anzahl Armenier. Seit jeher besteht eine enge Verflechtung zwischen Staat und Religion. Dabei schlug sich die Orthodoxe Kirche oft auf die Seite der Mächtigen, besonders in Krisensituationen. Beispielsweise unterstützte sie die Militärdiktatur von 1967–74 und wendete sich 1992 gemeinsam mit der Regierung gegen die Anerkennung des slawischen Mazedoniens. Das ist auch logisch, denn der Staat ist gesetzlich verpflichtet, für das Wohlergehen der Kirche zu sorgen. Die Popen und andere Kirchenleute beziehen ihr Gehalt vom Staat.

„Orthodoxie oder Tod" – Wahlspruch im Kloster Koróni

Die Orthodoxe Kirche entwickelte sich aus den Kirchen, die die Beschlüsse der Konzile von Nizza im Jahre 325, Ephesus (431) und Chalkedon (451) annahmen und sich so gegenüber anderen Kirchen als „rechtgläubig" verstanden. Neben dieser theologischen Unterscheidung folgte erst im Jahr 1054 die kirchenrechtliche Differenzierung, indem diese Kirchen, dem Beispiel Konstantinopels folgend, die Gemeinschaft mit Rom aufkündigten.

Zur Orthodoxen Kirche gehören heute die Patriarchate von Konstantinopel, Alexandria, Antiochia und Jerusalem, die Kirchen von Georgien, Zypern, vom Berge Sinai, von Moskau und ganz Russland, Rumänien, Serbien, Bulgarien und Griechenland sowie die orthodoxen Kirchen von Polen, Finnland, den USA, der Tschechischen Republik und der Slowakei. Die Gesamtzahl der orthodoxen Christen schätzt man auf über 90 Millionen.

Die Antike ist auf dem Peloponnes nie weit

Geschichte

Die Anfänge

Griechenlands Geschichte ist geprägt von seiner geografischen Lage. An der Südostecke Europas erstrecken sich die „Finger" des Peloponnes weit ins Mittelmeer gegen Kreta und Ägypten und die unzähligen Inseln der Ägäis bilden eine bizarre Brücke zum kleinasiatischen Festland. Kein Wunder, dass die ersten Hochkulturen Europas in Griechenland wurzelten.

Die Geschichte Griechenlands beginnt im Meer. Es war *Kreta*, wo sich ab dem 3. Jt. v. Chr. durch die Verschmelzung kleinasiatischer Einwandererströme mit den bereits dort ansässigen Bevölkerungsgruppen eine überlegene bronzezeitliche Kultur herausbildete. Durch seine Nähe zu den Pharaonen Ägyptens und den sumerischen, assyrischen und neubabylonischen Reichen Mesopotamiens war diese Landschaft dafür geradezu prädestiniert. Die *Minoer,* wie sie später genannt wurden, errichteten glanzvolle Paläste, schufen leuchtende Fresken voller Lebensfreude, hämmerten kunstvollen Goldschmuck und wohnten in blühenden Städten, während auf dem Festland noch einfache agrarische Strukturen vorherrschten.

Jahrhundertelang lebten die Minoer ohne ernst zu nehmende Feinde auf ihrer gänzlich unbefestigten (!) Mittelmeerinsel. Ausgerüstet mit einer gewaltigen Flotte trieben sie Handel und kontrollierten sowohl die Küsten des Festlands als auch die Inseln in der Ägäis.

Ab etwa 1900 v. Chr. rollte die erste Einwanderungswelle indogermanischer Stämme aus dem Norden über das griechische Festland und den Peloponnes. Die nicht indogermanischen Urbewohner, die *Pelasger*, wurden verdrängt, bzw. es vollzog sich eine Verschmelzung. Diese Frühgriechen, die sich später als *Achäer* und *Ionier* bezeichneten, ließen sich aber auch von der höheren Zivilisationsstufe der Minoer beeinflussen und übernahmen vieles von der überlegenen Inselkultur.

Am Ende dieser Assimilation stand um 1600 v. Chr. die *mykenische Kultur,* deren Spuren noch heute für archäologische Superlative sorgen. Fast überall auf dem Peloponnes, in Attika und Thessalien finden sich Relikte mykenischer Besiedlung; unübertroffen sind jedoch die gewaltigen Festungsanlagen *Pylos, Tiryns* und *Mykene.* Im Gegensatz zur minoischen stand die mykenische Kultur ganz und gar im Zeichen des Kriegswesens. Zahlreiche Waffenfunde und massiv ummauerte Stützpunkte zeichnen ein deutliches Bild.

Dennoch führte die *späthelladische Epoche* der Mykener zu einem kulturellen Höhepunkt. Der Einfluss der minoischen Kultur Kretas ist dabei unleugbar; die Wandgemälde der Palastburgen, die Tektonik der Wand- und Vasendekoration, selbst die Bewaffnung der mykenischen Krieger mit Brustpanzer, Beinschienen, Helm, achteckigem Schild, Schwert und langer Lanze zeugen von minoischen Vorbildern.

Die Linear-B-Schrift

Den Kretern verdanken die Achäer auch die wahrscheinlich bedeutendste Leistung einer Hochkultur – die Schrift. Erstmalig wurden die Zeichen der Linear-B-Schrift bei Ausgrabungen auf dem Peloponnes und in Kreta um die vorletzte Jahrhundertwende entdeckt.

Länger als 50 Jahre blieben sie eines der anscheinend unlösbaren Rätsel der Archäologie – bis der Engländer *Michael Ventris* eine sensationelle Entdeckung machte. Ventris, von Beruf Architekt und im Zweiten Weltkrieg Dechiffrierer in der Armee, betrieb die Altphilologie nur als Hobby. Aber gerade wegen seiner unkonventionellen Methoden konnte er 1953 beweisen, dass die sog. Linear-B-Schrift nichts anderes als eine frühe griechische Sprache festhielt! Sie ist im Gegensatz zum klassischen Altgriechisch, das zur Gruppe der Buchstabenschriften gehört, eine Silbenschrift, die allerdings ihren Benutzern wohl nur zu Verwaltungszwecken diente.

Helden und Mythen

Kunde aus vorgeschichtlichen Zeiten geben neben den zahllosen Ausgrabungsfunden viele rätselhafte Mythen, die Jahrhunderte lang mündlich überliefert und erst viel später, im Zeitalter Homers (8. Jh. v. Chr.), niedergeschrieben wurden.

In den Tragödien der großen griechischen Dramatiker *Aischylos, Sophokles* und *Euripides* begegnet man diesen Gestalten aus der Mythologie wieder, die die Epen des blinden Sängers *Homer* bevölkern. Seine *Ilias* berichtet vom zehnjährigen Krieg der Achäer gegen jene Griechen, die sich an den Küsten Kleinasiens um die Stadt *Troja* niedergelassen hatten. Und was der Dichter metaphorisch in die Geschichte des trojanischen Prinzen *Paris* umsetzt, der sich für die Gaben einer der Göttinnen Hera, Athene oder Aphrodite entscheiden soll, war um 1200 v. Chr. grausame Wirklichkeit,

Der Trojanische Krieg

Die Kriegsvorbereitung soll zehn Jahre beansprucht haben. Neben dem geprellten Menelaos versammelten sich die Helden Nestor, Odysseus, Ajax und Achill im Hafen von Aulis in Böotien und wählten Agamemnon zu ihrem Heerführer. Nach Tagen der Überfahrt erreichten die Achäer die Küste Kleinasiens und errichteten ein großes Kriegslager vier Wegstunden von Troja entfernt. Noch bevor die Arbeiten am Lager beendet waren, erfolgte der Angriff eines trojanischen Heeres, geführt von Hektor, dem Sohn des Königs Priamos. Doch es gelang den Achäern nach erbittertem Kampf, die Angreifer in die Stadt zurückzudrängen.

Jahr um Jahr tobte der Krieg, ohne dass ein Gegner den Sieg davontrug. Inzwischen beteiligten sich auch entfernte Völker wie die Amazonen unter Königin Penthesilea, und die Flotte der Achäer brandschatzte die Küste Asiens. Vom Olymp herab betrachteten die Götter den unerbittlichen Streit und griffen wiederholt zugunsten ihrer Schützlinge ein. Hera und Athene standen auf Seiten der Achäer; Apollon, Aphrodite und Ares unterstützten die Trojaner. Als Hektor vom Speer des Achill niedergestreckt wurde, schien das Schicksal der belagerten Stadt beinahe besiegelt, obwohl bald darauf der unverwundbare Achill seinerseits einem Pfeil von Paris, den der Gott Apollon gelenkt hatte, zum Opfer fiel.

Im zehnten Jahr des Krieges, beide Parteien waren längst des Kampfes müde, ersann Odysseus die entscheidende List. Die Achäer zogen zum Schein ab und hinterließen am Strand ein riesiges Holzpferd, in dem sich die tapfersten Krieger verborgen hatten. Die Trojaner, erleichtert über diese Entwicklung und hocherfreut über das „Geschenk", schickten sich an, das Pferd in die Stadt hineinzuziehen, aber das Stadttor war zu klein. Trotz der Warnung der Seherin Kassandra rissen sie das Hindernis kurzerhand ein, um die vermeintliche Weihegabe der abgezogenen Feinde auf die Burg bringen zu können. Die Achäer aber kehrten in der Nacht zurück, vereinten sich mit den aus dem Bauch des Trojanischen Pferdes gestiegenen Helden, und Troja, das sich zehn Jahre unermüdlich gewehrt hatte, ging in einer Nacht durch Mord, Flammen und Plünderung unter. Nur wenigen gelang mit Aeneas die Flucht aus der brennenden Stadt; sie sollten nach langer Irrfahrt in Italien eine neue Heimat finden und ihre Nachkommen wurden die späteren Gründer Roms – so erzählt es jedenfalls die Sage.

Die heimkehrenden Achäer ereilte aber zum Teil ein kaum besseres Schicksal als die Besiegten. Agamemnon, der Führer der Griechen, starb durch die Hand seiner Gemahlin Klytämnestra und ihres Liebhabers Aigisthos; Orest rächte seinen Vater, den König von Mykene, wurde dabei aber zum Muttermörder.

Die größten Abenteuer erwarteten jedoch Odysseus – noch einmal irrte er zehn Jahre durch das Mittelmeer, bis ihm Poseidon und Äolos, die Götter über Wellen und Wind, die Heimkehr nach Ithaka erlaubten. Dort empfing ihn nach zwanzig Jahren des Wartens die treue Penelope, umschwärmt von einer Schar von Anbetern, die Odysseus mit tödlichen Pfeilen niederstreckte, bis ihm die Göttin Athene mahnend zurief: *„Nun halte ein und ruhe vom allverderbenden Kriege."* (Homer) denn die Städte des Peloponnes und seiner einstigen Kolonien in Kleinasien lagen tatsächlich im Krieg miteinander. Nur ging es nicht um die schöne Helena, die Gemahlin des Griechenkönigs Menelaos, die Paris als Lohn der Aphrodite nach Troja führte, sondern um die Vorherrschaft in der Ägäis, um Handelsvorteile und Absatzmärkte, wie Homer in seinem Epos andeutete. Dass sein Werk nicht nur literarische Qualität, sondern auch historische Wahrheit besaß, konnte *Heinrich Schliemann* 1870 beweisen, als es ihm gelang, nach den Versen der Ilias das versunkene Troja wieder zu entdecken!

Mythologische Gestalten von A bis Z

Achill: auch Achilles oder Achilleus; bekannt durch seine Heldentaten während des Trojanischen Krieges. Durch ein Bad im Styx war er unverwundbar, ausgenommen seine Ferse (Achillesferse). Achill wurde von Paris durch einen Pfeil in die Ferse getötet, den Gott Apollon gelenkt hatte.

Agamemnon: sagenhafter König von Mykene; er führte die Griechen in den Krieg gegen Troja. Nach seiner Rückkehr wurde er heimtückisch von seiner Ehefrau Klytämnestra und ihrem Geliebten Aigisthos ermordet.

Aphrodite: bei den Römern Venus genannt; Göttin der Schönheit, Liebe und Fruchtbarkeit.

Apollon: Gott des Lichtes, der Musik und Dichtkunst, Sohn des Zeus und der Leto (Göttin des Lichtes).

Ares: bei den Römern Mars genannt, Sohn von Zeus und Hera; Kriegsgott.

Artemis: Göttin der Jagd, Tochter von Zeus und Leto, Zwillingsschwester von Apollon; bei den Römern trägt sie den Namen Diana.

Asklepios: auch Äskulap genannt; Gott der Heilkunst, Sohn des Apollon. In der Nähe von Epídauros geboren.

Athena: auch unter Athene, **Pallas** Athene oder bei den Römern als Minerva bekannt; Göttin der Künste, der Wissenschaften und der intelligenten Kriegsführung, Schutzgöttin der Stadt Athen. Soll aus dem Haupt des Zeus entsprungen sein und war seine Lieblingstochter.

Demeter: Göttin der Fruchtbarkeit, „Mutter Erde"; Tochter von Kronos und Rhea und somit Schwester des Zeus.

Dionysos: Gott des Weines und der Trunkenheit, Sohn von Zeus und Semele. Aus seinem Kult entwickelte sich das griechische Theater.

Hades: auch Pluto genannt; Gott der Unterwelt, Sohn des Kronos und Bruder des Zeus.

Helena: Ihretwegen brach der Trojanische Krieg aus. Frau des Menelaos, die mit ihrem Geliebten, dem Prinzen Paris von Troja, nach Kleinasien durchbrannte.

Hera: Ehefrau von Zeus, Göttin der Ehe.

Herakles: von riesiger Gestalt und mit übermenschlichen Kräften ausgestattet; der „Superman" der griechischen Mythologie. König Eurystheus aus Tiryns erlegte ihm zwölf schwere Aufgaben auf, die er alle lösen konnte.

Hermes: Götterbote, auch Gott des Handels und der Diebe, Gott auf dem Olymp; bei den Römern Merkur genannt.

Iphigenie: Tochter des Agamemnon und der Klytämnestra.

Kassandra: Tochter des trojanischen Königs Priamos, Seherin. Agamemnon brachte sie nach Mykene; als Sklavin ließ Klytämnestra sie töten.

Kentauren: Fabelwesen, halb Mensch, halb Pferd.

Klytämnestra: Ehefrau des Agamemnon; zusammen mit ihrem Geliebten tötete sie ihren Mann nach der Rückkehr aus Troja.

Kronos: Herrscher der Titanen, Vater des Zeus, der Hera, der Demeter, des Poseidon und des Hades.

Kyklopen: meist einäugige Riesen, die nach ihrer Befreiung durch Zeus seine Diener wurden.

Lerna: Die neunköpfige Schlange lebte bei einer gleichnamigen Quelle in der Argolís. Sie wurde von Herakles getötet.

Menelaos: König von Sparta, Gemahl von Helena, Bruder von Agamemnon, Teilnehmer des Troja-Feldzuges.

Geschichte

Odysseus: legendärer König von Ithaka; in der Antike für seine Klugheit und seinen Listenreichtum berühmt. Er ließ das „Trojanische Pferd" bauen, mit dessen Hilfe die Stadt Troja endlich erobert werden konnte. Homer schildert seine abenteuerliche Heimfahrt in dem legendären Epos, der Odyssee.

Orest: Sohn aus der Ehe Agamemnon-Klytämnestra. Der Bruder von Elektra und Iphigenie rächt den Tod seines Vaters und wird wegen Muttermord von den Erynnien verfolgt.

Paris: Sohn des trojanischen Königs Priamos; in der Mythologie galt er als unglaublich gut aussehend, aber auch als „unmännlich".

Pelops: Sohn des Königs Tantalos und Namensgeber des Peloponnes. Das Wagenrennen zwischen Pelops und dem König Oinomaos ist am Ostgiebel des Zeustempel von Olympía dargestellt.

Persephone: Tochter der Demeter, Göttin der Unterwelt und Gattin des Hades.

Perseus: König von Mykene und Tiryns, Sohn des Zeus und der Danae. Er tötete Medusa und befreite seine Frau Andromeda aus der Gewalt der Seeschlangen.

Rhea: Tochter von Uranos (Titan) und dessen Mutter Gaia (Erde). Gattin von Kronos, mit dem sie sechs göttliche Kinder hatte: Zeus, Poseidon, Hades, Hera, Demeter und Hestia. Göttermutter.

Styx: der Fluss der Unterwelt, benannt nach der Tochter des Okeanos. Styx (= „Grausen") ist die Mutter der Siegesgöttin Nike.

Sisyphos: mythologischer Gründer von Korinth; wegen seiner Intelligenz unter den Göttern gefürchtet. Als Strafe für einen Verrat an Zeus musste er unaufhörlich einen Stein auf einen Hügel hinaufrollen, der ihm kurz vor dem Gipfel entglitt und wieder hinunterrollte, die „Sisyphos-Arbeit".

Theseus: Sohn des Königs Ägeus bzw. des Gottes Poseidon, athenischer Held. Im Labyrinth von Knossos auf Kreta tötete er mit Hilfe der Ariadne den Minotaurus.

Titanen: Göttergeschlecht, das von Zeus und seinen Geschwistern besiegt und in den Tartaros gestürzt wurde.

Zeus: bei den Römern Jupiter genannt, Sohn des Kronos und der Rhea, höchster Gott des Olymp. Sowohl die Erde als auch der Himmel waren seiner Herrschaft unterworfen.

Die Versammlung der Götter in Delphi

Die dorische Wanderung

Nicht lange nach dem Trojanischen Krieg war auch das Ende der spätbronzezeitlichen Kultur der Achäer gekommen. Von Mitteleuropa aus nahm die Völkerwanderung ihren Ausgang und wirkte sich bis auf die südliche Balkanhalbinsel aus.

Zwischen 1250 und 1150 v. Chr. kamen als *Dorer* bezeichnete Völkerschaften von Norden nach Griechenland. Sie waren weitläufig mit den übrigen Griechenstämmen verwandt. Schrift, achäische Kunst und Städtebau waren ihnen unbekannt, doch verschafften ihnen ihre Eisenwaffen gegenüber den mykenischen Streitern einen entscheidenden Vorteil. Auch die gewaltigen Zyklopenmauern der mykenischen Burgen konnten den Dorern auf Dauer keinen Widerstand bieten und auf dem Peloponnes gerieten die Landschaften Argolis, Lakonien und Messenien schnell unter ihren Einfluss. Nur Arkadien im Inneren der Halbinsel bot durch seine Unzugänglichkeit den weichenden Achäern noch vorübergehend Zuflucht.

Die großen Wanderungen und die folgenden Jahrhunderte gingen als „dunkles Zeitalter" in die Geschichte Griechenlands ein. Der Grund dafür ist die Schriftlosigkeit der Epoche, sodass sich alle Erkenntnisse auf die Funde der Archäologen stützen bzw. auf die Vermutungen später lebender Chronisten. Im 8. Jh. v. Chr. schließlich übernahmen die Griechen das phönizische *Konsonantenalphabet*, fügten ihm fünf Vokale hinzu und hatten so eine für ihre Sprache taugliche Lautschrift gewonnen. Sie war zudem relativ problemlos erlernbar, sodass keine Berufsschreiber wie im Orient benötigt wurden.

Schnörkellos – dorische Säulen im antiken Korinth

Zu den ersten Leistungen der neuen Schrift zählte die Fixierung der Mythen und Epen, die jahrhundertelang allein durch mündliche Überlieferung weitergegeben worden waren. Auch die „Ilias" und „Odyssee" von *Homer* erhielten ihre endgültige Form durch die Niederschrift im 8. Jh. v. Chr. Sie beschreiben mykenische Helden in griechischer Sprache mit phönizischen Buchstaben und wahrscheinlich ägyptischem Papyrus und gewannen für den griechischen Sprachraum die Bedeutung wie etwa Luthers Bibelübersetzung für die Deutschen. Homer, ihr Dichter, bleibt jedoch eine sagenhafte Gestalt, deren tatsächliche Existenz wohl niemals mit Sicherheit nachgewiesen werden kann.

Antikes Meisterwerk: ein korinthisches Kapitell

Polis – Lebensform und architektonischer Stadtaufbau

Die bedeutendste Schöpfung der Adelszeit war die Polis, ein **Stadtstaat** mit überschaubaren Grenzen und Bürgerschaften, beherrscht durch eine politisch überragende Stadt – eine Erscheinungsform, die der engen, zerklüfteten griechischen Landschaft Rechnung trug. Entstanden aus dem Schutzbedürfnis der Landbevölkerung und oft im Zuge der Besiedlung mykenischer Burgen, meinte der Begriff „Polis" eine gesellschaftliche Organisationsform: Die Versammlung der freien Bürger, die lediglich etwa ein Drittel der Bevölkerung ausmachten, bestimmte in gemeinsamer Beratung die Politik. Es war übrigens eine geschlossene Männergesellschaft, die Frauen blieben in den häuslichen Bereich verbannt. Als in späterer Zeit die Bevölkerung durch Fremde und Sklaven beträchtlich anwuchs, denen jedoch gleichfalls jedes Mitspracherecht verwehrt blieb, offenbarte sich diese Regierungsform in zunehmendem Maße als Herrschaft einer Minderheit.

Die griechische Polis entwickelte sich zur Zeit der dorischen Einwanderung (11.–9. Jh. v. Chr.) und hatte bis 27 v. Chr. Bestand. Sie ging aus ersten Ansiedlungen hervor, die aus Verteidigungsgründen auf Hügeln angelegt waren. Die Oberstadt – Akropolis – diente als Fluchtburg und war von einer Mauer umgeben, innerhalb derer die Menschen wohnten. Ihre **Befestigungsmauern** wiesen verschiedene Formen auf:

Rohe polygonale Mauer: große, unbehauene Steinblöcke wie z. B. in Mykene.

Pelasgische Mauer: unregelmäßige, kaum bearbeitete Steine wie in Tiryns.

Polygonale Mauer: unregelmäßige, behauene Steine, die genau aufeinander passen.

Trapezoide Mauer: bearbeitete Steine von etwa gleicher Größe.

Hellenische Mauer: regelmäßige, etwa viereckige Steine, die gleichmäßig in Schichten angeordnet wurden wie in Messene.

Die öffentlichen Gebäude der Polis konzentrierten sich um die **Agora**, den Marktplatz, das Zentrum der Stadt. Hier fanden Volksversammlungen, Wahlen,

Gerichtsverhandlungen etc. statt; hier trafen sich die Bürger zum Plausch und die Händler mit ihren Marktbuden nutzten den Platz als Verkaufsfläche. Zu den Gebäuden der Agora gehörten:

Bouleuterion Rathaus.

Gymnasion Eine Art Turnhalle für gymnastische Übungen, oft Geräte-, Wasch- und Trainingsräume.

Tholos Rundes Gebäude für vorwiegend religiöse Zwecke.

Metroon „Tempel der großen Mutter" wurde als Archiv benutzt.

Stoa Säulenhalle, ein- oder zweigeschossig.

Odeion Gebäude für kulturelle Veranstaltungen.

Stadion Rechteckige Laufbahn mit Zuschauerreihen, Austragungsort für Wettkämpfe. Das mit 192 m längste Stadion Griechenlands stand in Olympia.

Theater: Meist an Berghängen gelegen, die steinernen Sitzreihen für die Zuschauer steigen allmählich an; bestes Beispiel Epídauros. Das Theater bestand aus *Orchestra* (runder Tanzplatz), *Skene* (Podest für Kulissen), *Proskenion* (längliche Bühne zwischen Skene und Orchestra, *Paradoi* (Eingänge für den Chor) und *Cavea* (Zuschauerreihen im Halbrund).

Tempel Der Tempel ist in drei Bereiche geteilt: *Pronaos* (Vorhalle), *Cella* (Hauptraum) und *Opisthodom* (Hinterraum). Die Griechen betrachteten den Tempel als Wohnung der Götter. Der Altar war Mittelpunkt der Verehrung. Manche Heiligtümer hatten monumentale Säuleneingänge oder es schlossen sich Stoen an, in denen die Priester wohnten. Bei Tempeln mit hohem Besucherzustrom gab es auch Marktbuden. Dort konnten die Pilger Weihegeschenke kaufen.

Die Vorhalle (*Pronaos*) war durch eine Säulenreihe begrenzt, der Raum in der Regel nach Osten ausgerichtet.

In der *Cella*, dem Hauptraum, also dem „Wohnzimmer" des Gottes, stand meist seine Statue.

Der hintere Raum (*Opisthodom*) wurde als Schatzkammer oder Aufbewahrungsort für Opfergaben benutzt.

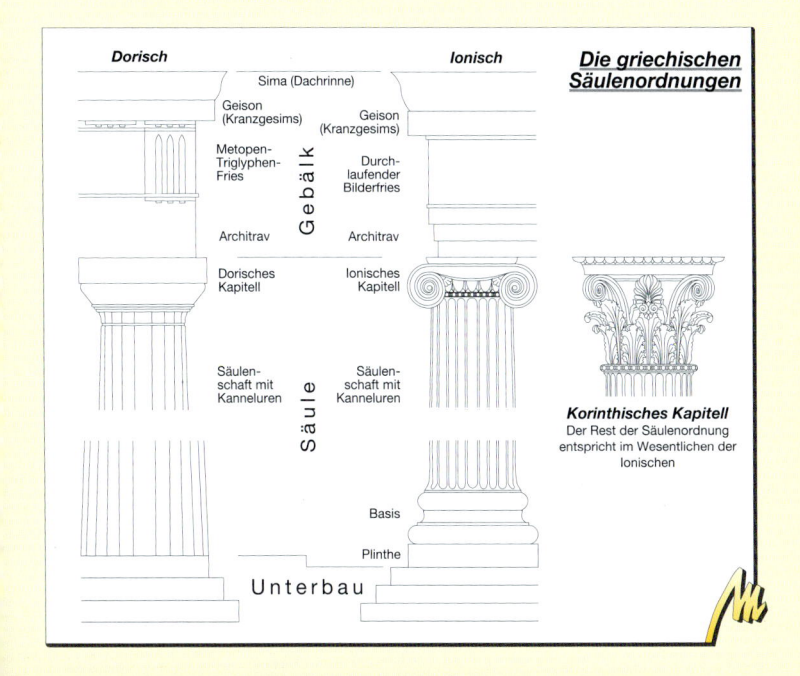

Die griechischen Säulenordnungen

Dorisch
- Sima (Dachrinne)
- Geison (Kranzgesims)
- Metopen-Triglyphen-Fries
- Architrav
- Dorisches Kapitell
- Säulenschaft mit Kanneluren

Ionisch
- Geison (Kranzgesims)
- Durchlaufender Bilderfries
- Architrav
- Ionisches Kapitell
- Säulenschaft mit Kanneluren
- Basis
- Plinthe

Gebälk / Säule / Unterbau

Korinthisches Kapitell
Der Rest der Säulenordnung entspricht im Wesentlichen der Ionischen

Sparta und Athen – Beginn eines Machtkampfes

Auch auf dem Peloponnes nahmen im 8. Jh. v. Chr. bedeutende Entwicklungen ihren Anfang. Fünf bäuerliche Siedlungen im Eurótas-Tal, gegründet von dorischen Einwanderern, hatten sich zu einer staatlichen Gemeinschaft zusammengeschlossen und durch den Gesetzgeber „Lykurg" eine verbindliche Ordnung geschaffen.

Das Militär bildete von Anfang an die Überlebensgrundlage des jungen Staates, weshalb Lykurg die Landbesitzer zu einer Kriegerkaste umfunktionierte, die sich nach der neu gegründeten Stadt *Sparta* als *Spartiaten* bezeichneten.

> ### Spartanisch!
> Schwarze Suppe aus Wildschweinblut und -fleisch, ein hartes Lager auf Stroh oder Schilf, strengster militärischer Drill und Leibesübungen wie Laufen, Ringen und Speerwerfen – so sah für die Söhne der etwa 300 Spartiatenfamilien der Alltag aus. Ab frühester Jugend lebten sie in männlichen Gemeinschaften, um mit zwanzig Jahren in den Heeresverband einzutreten.

Ihre Aufgabe war allein das Militärwesen; für den Unterhalt hatten die unterworfenen *Heloten* als *Staatssklaven* zu sorgen. Sie, die eigentlichen Ernährer, mussten zwar die Felder der Spartiaten bestellen, waren jedoch völlig rechtlos. Die dritte Klasse des spartanischen Gesellschaftssystems bildeten die *Periöken* (Umwohner). Obwohl auch sie nicht zu den Vollbürgern gehörten, war ihre Lage besser. Sie bewirtschafteten frei die Äcker an den Hängen des Taýgetos-Gebirges, hatten aber im Kriegsfall Hilfstruppen zu stellen.

Die kaum 2000 bestens trainierten und „spartanisch" erzogenen Berufssoldaten genügten zusammen mit der neuen Kriegsstrategie, der *Phalanx*, um in zwei langen Kriegen das benachbarte *Messenien* zu unterwerfen. Damit besaß der aristokratische Militärstaat, der sein Herrschaftssystem fast unverändert bis ins 4. Jh. v. Chr. behalten sollte, das größte Territorium in ganz Griechenland. Der Konflikt mit einer anderen südgriechischen Großmacht, der Polis *Athen*, war damit schon vorgezeichnet.

Isoliert von den dorischen Einwanderern hatte sich auf der Halbinsel Attika eine *achäische Bevölkerung* behauptet, deren zwölf Städte sich bald zu einem *Stadtstaat* mit Athen als Hauptstadt vereinten. Dem Geschick seiner Kaufleute und den attischen Handwerkern und Künstlern verdankte die Stadt ihren wachsenden Wohlstand und Einfluss. Wirtschaftlich und kulturell entwickelte sich die Stadt rasch zu einem der Mittelpunkte der griechischen Welt und zu einer Handelsmacht ersten Ranges.

Ende des 7. Jh. gerieten immer mehr Bauern durch die Einführung der Geldwirtschaft in materielle Not. Die Abgaben an die Grundherren, die seit alters her in Naturalien geleistet wurden, mussten von nun an mit Geld bezahlt werden. Dieser Wandel trieb viele Bauern in die Verschuldung. Wer seine Schulden nicht begleichen konnte, endete in der Schuldsklaverei, d. h. er wurde von seinem Gläubiger wie eine Ware als Sklave verkauft. Dieser Zustand hatte innenpolitische Unruhen in Attika zur Folge, die sich bis zum Bürgerkrieg zu steigern drohten.

Sparta und Athen – Beginn eines Machtkampfes 41

Anfänge antiker Demokratie

Regiert wurden die Athener von einer adeligen Oberschicht, die im sog. *Areopag,* einer Art Fürstentag, das verfassungsrechtliche Herrschaftsinstrument besaß. Die Angehörigen des Adels besaßen auch einen Großteil von Grund und Boden und hielten den Handel unter ihrer Kontrolle. Reichere Handwerker und Kaufleute emanzipierten sich aber auch in Athen von der Weltanschauung und der politischen Macht des Landadels – ein wichtiger Ausgangsfaktor für die Entstehung der Demokratie.

In dieser Situation leitete *Solon*, der Archon (oberster gewählter Beamter) des Jahres 595/594 v. Chr., Reformen ein, die Schuldsklaverei wurde abgeschafft und die verschuldeten Bauern kehrten auf ihre Felder und in ihre Bürgerrechte zurück. Doch eine dauerhafte Beruhigung Athens musste über diese Maßnahmen hinausgehen; die Struktur des Staates musste den veränderten sozialen und wirtschaftlichen Bedingungen angepasst werden. Solon schuf das Volksgericht der *Heliaia,* das dem einzelnen Bürger das Recht der Anklageerhebung einräumte. Eine Volksversammlung wählte den *Rat der Vierhundert,* der Kontrollfunktion über die Volksversammlung besaß, ihre Tagesordnung festsetzte und Beschlüsse vorbereitete.

Diese Verfassung stieß in Athen vor allem bei den Angehörigen der ersten Klasse, deren Privilegien sie einschränkte, auf Ablehnung. So ist es nicht verwunderlich, dass nach Solons Amtsniederlegung 594 v. Chr. der Kampf zwischen Adel und mittelständischer Handwerker- und Bauernschaft erneut ausbrach. Zu nutzen wusste dies eine dritte Gruppe: die unzufriedenen Kleinbauern Attikas. Ihrem adeligen Führer *Peisistratos* gelang 560 v. Chr. der Staatsstreich und die Errichtung einer *Tyrannis* in Athen. Peisistratos' Verdienste sicherten diese Tyrannis über seinen Tod (528 v. Chr.) hinaus. Im Exil lebende attische Adelsfamilien jedoch gingen im Bündnis mit Sparta gegen die Tyrannen vor. So wurde *Hipparchos,* ein Sohn des Peisistratos, ermordet.

Scherbengericht

Eine der populärsten Einrichtungen der athenischen Demokratie war das Scherbengericht, der sog. *Ostrakismos,* ein wirksames politisches Instrument, um die Alleinherrschaft eines Mannes zu verhindern. Es genügte für den Sturz eines Politikers, wenn 6000 Bürger in der Volksversammlung für seine Verbannung stimmten, indem sie seinen Namen auf Tontäfelchen (Tonscherben) schrieben (!).

Nach einem Zwischenspiel Spartas, das die Vorherrschaft der Aristokratie wiederherzustellen versuchte, gelangte *Kleisthenes* an die Spitze des attischen Stadtstaates und setzte die demokratische, mittelständische Politik Solons fort. Dabei hatte auch der Begriff „Demokratie" seine Geburtsstunde, geht er doch auf die kleisthenische Gliederung Athens in *Demen,* die kleinsten politischen Zellen der Stadt, zurück.

Zu dieser Zeit entstehen in der Athener Polis zwei Prinzipien moderner Demokratien: das Recht, in der Volksversammlung die Stimme zu erheben, und die unbedingte Gleichheit vor dem Gesetz. Unbeteiligt an der politischen Macht blieben jedoch weiterhin Frauen, Sklaven und Fremde („Barbaren"). Athen war nun gegen Ende des 6. Jh. neben Sparta zu einer griechischen Großmacht aufgestiegen und die Stärke beider sollte noch bis zum Äußersten gemessen werden.

Das Zeitalter der Perserkriege

Fast ein halbes Jahrtausend lagen die Griechen weitab von den Einflusssphären der vorderasiatischen Großreiche der Assyrer und Neubabylonier. Beide Reiche beschränkten ihre Eroberungszüge auf die Räume der alten Hochkulturen Mesopotamiens, der Phönizier und Ägypter. Mit Ausnahme der Etrusker und Karthager im westlichen Mittelmeer und der Phönizier im östlichen Teil des Binnenmeeres kannten die Griechen keine äußeren Feinde.

Mitte des 6. Jh. änderte sich diese Situation. Der Perserkönig *Kyros* hatte vom Gebiet des heutigen Iran aus begonnen, ein Großreich zu erobern. In alle Richtungen drangen die Perser vor, erreichten im Osten des Indus, zerschlugen das neubabylonische Reich Nebukadnezars und unterwarfen im äußersten Westen Lydiens König *Krösus*. Damit wurde auch das Griechentum erstmals in die Auseinandersetzungen mit einem asiatischen Großreich einbezogen, denn die griechischen Städte

Überraschender Sieg der Athener

Um 490 v. Chr. bereiteten die Perser ein gewagtes Unternehmen vor, das sich, gemessen an den technischen und wirtschaftlichen Möglichkeiten der Zeit, durchaus mit der alliierten Landung in der Normandie während des Zweiten Weltkriegs vergleichen lässt.

An der ionischen Küste sammelte der Befehlshaber *Datis* eine gewaltige Flotte: 600 Schiffe, die ein Heer von etwa 20.000 Soldaten und 1000 Pferden transportierten. Das Ziel: Athen und Eretria. Für die bedrohten Städte schien es fast aussichtslos, auf die Solidarität der Griechen zu hoffen, nur Sparta stellte seine Hilfe in Aussicht. Sich dem griechischen Festland nähernd, eroberten die Perser eine Insel nach der anderen. Sie erreichten Euböa, nahmen Eretria rasch ein und verschleppten die Bewohner der Stadt, wie angedroht, als Sklaven.

Nun sollte Athen an die Reihe kommen; in der Strandebene von *Marathon* entließ die Flotte der Invasoren das persische Heer. *Miltiades*, der Feldherr der Athener, überzeugte seine Landsleute, dass man dem Feind in offener Feldschlacht entgegentreten müsse, auch wenn die Truppen der Spartaner noch ausblieben. So zog Athens Bürgerheer, 10.000 Hopliten, nach Marathon und siegte über ein Elitekorps des Großkönigs, das sich zwar noch auf die Schiffe zurückziehen konnte, am Strand aber über 6000 Gefallene zurückließ, während Athen kaum 200 Tote zu beklagen hatte. Die anrückenden Spartaner konnten nur noch das Schlachtfeld besichtigen und dem Sieger gratulieren. Noch hatten die Kräfte eines Stadtstaates ausgereicht, die Perser abzuwehren.

Verrat und süße Rache

Drei Tage lang versuchte die gewaltige Übermacht der Perser vergeblich, den Engpass der Thermopylen zu durchbrechen, bis der Grieche Ephialtes im Lager des Großkönigs erschien und ihnen einen Fußweg über das Gebirge zeigte, auf dem man die Stellung der Griechen umgehen konnte.

Als der Feind im Rücken der Verteidiger erschien, beschloss Leonidas, mit seinen Spartanern bis zum letzten Mann Widerstand zu leisten, um wenigstens den Rückzug der restlichen griechischen Verbände zu decken. Leonidas und seine dreihundert Krieger fielen. Ungehindert drangen die Angreifer nun nach Attika und Athen vor, doch sie fanden die Stadt verlassen. Frauen, Kinder und Alte hatte man auf die nahe Insel Salamis evakuiert; die waffenfähigen Männer machten die Schiffe klar und erwarteten den Feind zwischen Salamis und der attischen Küste.

Ebenso deutlich, wie Athens Bürger ihre Stadt am Horizont brennen sahen, konnten sie auch die sich anbahnende Seeschlacht direkt vor ihren Augen verfolgen. Die 310 Griechenschiffe, davon allein 180 aus Athen, waren der Perserflotte zahlenmäßig zwar deutlich unterlegen, doch die Kenntnis der Gewässer sowie die Enge des Sunds gereichten den Hellenen zum Vorteil. Von einer Vorhöhe des Aigaleos musste Xerxes die vernichtende Niederlage seiner riesigen Seestreitmacht ansehen.

Symbol spartanischer Militärmacht: Leonidas-Denkmal in Sparta

Kleinasiens gelangten ebenfalls bald unter die Herrschaft von Kyros, wenn auch das griechische Festland und die Inseln zunächst noch sicher waren.

Der offene Konflikt zwischen dem orientalischen Großreich und der okzidentalen Welt der griechischen Stadtstaaten rückte jedoch immer näher: Den Persern stand durch die Unterwerfung der phönizischen Seefahrerstädte bald eine beachtliche Flotte zur Verfügung.

In den ionischen Städten Kleinasiens kam es zu den ersten größeren militärischen Auseinandersetzungen. Die Ionier stürzten sich auf die persischen Besatzungstruppen, töteten oder vertrieben sie. Doch die Aktion fand im Mutterland nur wenig Unterstützung und 494 v. Chr. fiel mit *Milet* das Zentrum des Aufstands. Die Perser deportierten die Bevölkerung und ähnlich verfuhren sie auch mit den Einwohnern der in der Folge eroberten Inseln Rhodos, Chios, Lesbos und Tenedos.

Nach dem Tod von Großkönig Dareios nahm sein Sohn *Xerxes* die ehrgeizigen Eroberungspläne der Perser wieder auf und bereitete einen neuen Feldzug gegen Griechenland vor, diesmal zu Lande. Der Archon *Themistokles* wurde in Athen der Motor des griechischen Widerstands und forderte vor allem den Bau von Kriegsschiffen des neuen Typs der *Trieren*, bei denen die Ruderer auf jeder Seite in drei Reihen gestaffelt waren. Nach langen Diskussionen stimmte die Volksversammlung dem Bau von 200 Schiffen zu. Doch während Xerxes 481 v. Chr. ein Heer von über 100.000 Mann in *Kilikien* (Südosten der kleinasiatischen Halbinsel) zusammengezogen hatte, waren die Griechen untereinander noch immer uneins.

480 v. Chr. überquerten die Perser den Hellespont (Dardanellen) und betraten in Thrakien europäischen Boden. Zur Überwindung der Meerenge hatte Xerxes eine Pontonbrücke errichten lassen, die jedoch durch schwere Stürme zerstört wurde. Trotzdem ging der Vormarsch des Heeres voran, während die Flotte in Küstennähe folgte.

Ohne Gegenwehr gaben die verbündeten Griechen Makedonien und Thessalien preis und beschlossen, die Verteidigung dort zu wagen, wo sich die griechische Halbinsel zwischen Ambrakischem und Malischem Golf verengt. An der Südküste des Malischen Golfs, wo Gebirge und Meer nur der etwa 50 m breite Durchlass der *Thermopylen* trennt, bereitete sich Spartas König *Leonidas* mit 300 Spartanern und Truppen der Verbündeten, insgesamt etwa 7000 Mann, auf die Schlacht vor.

Die Eroberung Griechenlands war gescheitert. Im folgenden Jahr unternahmen die Perser einen letzten Versuch, Griechenland zu unterwerfen. Sie drangen wieder über die Thermopylen vor, verwüsteten Attika zum zweiten Mal. Doch bei Plataä siegten die verbündeten Stadtstaaten erneut; die Perser hatten ausgespielt.

Glanzzeit der griechischen Polis

Die persische Bedrohung war endgültig gebannt, und während die verbündeten Stadtstaaten die Inseln der Ägäis, den Hellespont und die Küstenstädte Kleinasiens zurückgewannen, kam es bereits zu Spannungen.

Kaum hatten die Athener begonnen, ihre zerstörte Stadt wieder aufzubauen und dabei gleich mit einem großzügigen Wall zu umgeben, rief das den Protest Spartas hervor. Doch Themistokles setzte den Mauerbau durch und erreichte zudem, dass Athen seinen Kriegshafen auf die Halbinsel *Piräus* verlegte, die ebenfalls befestigt wurde. All dies geschah in der Überlegung, die Zukunft der Stadt als Seemacht zu suchen und ein Gegengewicht zur Landstreitmacht Sparta zu schaffen.

Das politische Instrument für Athens kommende Vorherrschaft in der Ägäis war eine Fortentwicklung des Bundes, der einst gegen die Perser geschlossen worden war: der *Delisch-Attische Seebund*. Bezeichnend ist die Tatsache, dass die erste Militärmacht Griechenlands, nämlich Sparta, von dieser Allianz ausgeschlossen blieb.

Die Geschichte wurde nun für die folgenden knapp hundert Jahre vom Konflikt zwischen Athen und Sparta bestimmt. Militärische Auseinandersetzungen mit wechselndem Erfolg prägten die Zeit unmittelbar nach den Perserkriegen, eine Entwicklung, die beide Seiten wirtschaftlich und kräftemäßig auszehrte. So wuchs in beiden Lagern die Friedensbereitschaft, die 446/45 zu einem auf dreißig Jahre gültigen Friedensvertrag führte. Und tatsächlich war Griechenland Frieden beschieden, wenn er auch nur 14 Jahre dauern sollte.

Philosophie und Dichtung standen in dieser kurzen Periode des Friedens in Blüte, das Theater wurde neben der Volksversammlung die bedeutendste Stätte gesellschaftlichen Lebens. Die Tragödiendichter *Aischylos*, *Sophokles* und *Euripides* sowie der Komödienschreiber *Aristophanes* wetteiferten um die Gunst des Publikums. Athen, das sich zur zweiten Großmacht neben Sparta aufgeschwungen hatte, bildete gegen Ende des Perikleischen Zeitalters das geistige und kulturelle Zentrum Griechenlands.

Die Akropolis

Das Wahrzeichen von Athen erhielt sein heutiges Erscheinungsbild in dieser Zeit. Iktinos spielte hierbei als Architekt neben Kallikrates eine bedeutende Rolle. Ein beachtliches Merkmal des Parthenons ist der Einsatz von Kuvarturen, jenen ganz leichten, kaum wahrnehmbaren Krümmungen, die den gesamten Bau durchdringen. Iktinos war sich bewusst, dass solch geringe Abweichungen dem Auge großes Wohlgefallen bereiteten. Im Inneren des Parthenons stand die prächtige Statue der Athene, die Phidias, der berühmteste Bildhauer und Architekt Griechenlands (von ihm stammte auch die Zeusstatue in Olympia), geschaffen hatte. Für den Bau des Parthenons wurde weißer Marmor aus den Steinbrüchen des Pentelikon-Gebirges herangeschafft, außerdem importierte man Erz, Elfenbein, Eben- und Zypressenholz aus dem ganzen Mittelmeerraum. So entstand zunächst der Parthenon, der Tempel der jungfräulichen Göttin Athene. In den Jahren 437–431 folgte die Fertigstellung der Propyläen, des Erechtheions und des Niketempels.

Von Sklaven und Bürgern

Das Gesellschaftssystem in den Stadtstaaten des antiken Griechenlands beruhte auf der Einteilung in freie Bürger und rechtlose Sklaven. Letztere, als Barbaren bezeichnet, bildeten die anonyme „Masse", die die Lasten der Gesellschaft zu tragen hatte.

Die sog. Barbaren kamen aus dem ganzen Mittelmeer- und Schwarzmeerraum, wobei die Thraker den größten Anteil stellten und Herodot über sie schreibt, dass sie ihre Kinder als Sklaven an die Griechen verkauften. Die Versklavung von Griechen, zur Zeit Solons noch übliche Praxis, wurde jedoch ab Ende des 5. Jh. missbilligt. Beschäftigt waren die Sklaven in der Landwirtschaft, im Handwerk und, besonders im athenischen Stadtstaat, in den Silberbergwerken von Laurion, die einen unendlichen Bedarf an Arbeitskräften hatten. Die Sklaverei stellte eine elementare Voraussetzung für das Funktionieren der attischen Demokratie dar; sie gab den *Landbewohnern* die Möglichkeit, ihre politischen Rechte auszuüben, und den Aristokraten die Mittel, ein luxuriöses Leben zu führen und sich auf die Kontrolle der öffentlichen Angelegenheiten zu konzentrieren. Die dritte Gruppe der attischen Gesellschaft bildeten die *Metöken*. Ihr Status definiert sich durch ihre nichtathenische Geburt: Sie waren zugewandert und daher keine Vollbürger, beteiligten sich dennoch am Heeresaufgebot und waren im Handwerk und Kleinhandel tätig.

Die oben beschriebene Sozialordnung Athens, die in ähnlicher Weise auch für Städte wie Korinth, Argos, Sikyon und viele andere galt, traf nicht auf Sparta zu. Dort herrschte immer noch das von Lykurg gegründete System, das 80 % der einheimischen Bevölkerung, die Heloten, zu völlig recht- und besitzlosen Staatssklaven degradierte. Auf diese Weise blieb Sparta, das im Gegensatz zu Athen nie Handelsmacht gewesen war, unabhängig von teuren Sklavenimporten, die die Staatskasse erheblich belastet hätten. Trotz der verschiedenen Gesellschaftssysteme war beiden griechischen Großmächten eigen, dass ihre Ordnung zu Lasten eines Großteils der Bevölkerung ging.

Der Peloponnesische Krieg

Der Frieden, der dreißig Jahre dauern sollte, hielt kaum halb so lange: Nach 14 Jahren befanden sich die beiden griechischen Großmächte zusammen mit ihren jeweiligen Verbündeten wieder im Kampf.

Athen war zur führenden Hegemonialmacht aufgestiegen. Die Dynamik der demokratischen Polis beunruhigte die traditionellen Militärmächte des Peloponnes. Korinth fürchtete die Handelsmacht Athen und Sparta sah seine Führungsrolle in der griechischen Welt gefährdet. Bald waren Furcht und Neid so weit gediehen, dass sich die Mitglieder des Peloponnesischen Bundes zum militärischen Vorgehen gegen Athen entschlossen. Spartas König führte die peloponnesischen Kontingente nach Attika. Doch dort warteten sie vergeblich auf eine offene Feldschlacht; sie fanden das Land menschenleer. Athen hatte der Bevölkerung und Vorräte aller Art dem Schutz der „Langen Mauern" anvertraut, die für die primitiven Belagerungsgeräte des Feindes ein unüberwindliches Hindernis darstellten. Über das Meer war nicht nur Athens Versorgung auf Dauer sichergestellt, die attische Flotte konnte auch ungehindert im Rücken des Gegners operieren. Während Spartas Hopliten Attika plündernd durchzogen, suchten die Athener die messenische Küste heim. Ein langer, verlustreicher Krieg deutete sich so schon in dieser unterschiedlichen Strategie an, die keine Möglichkeit einer schnellen Entscheidung in sich trug.

Der Krieg zog sich ins zehnte Jahr, doch keiner der Feldherren – weder der Spartaner *Brasidas*, noch Athens Strategen *Kleon* und *Nikias* – wusste einen Ausweg aus dieser Zermürbungstaktik. Nachdem inzwischen auf beiden Seiten die Hauptkriegstreiber in einer einzigen Schlacht gefallen waren, bot sich den kriegsmüden Rivalen die Chance, zu einer neuen Friedensordnung. Dass diese nicht eintrat, lag vor allem an *Alkibiades*, einem fähigen Feldherrn und Neffen des Perikles, der die Polis Athen verließ und zu ihrem Erzfeind überwechselte. Seine militärischen Aktivitäten führten 413 v. Chr. zur bisher schwersten Niederlage in der Geschichte Athens: 200 Schiffe und Tausende von Menschen waren verloren – aber es kam noch schlimmer.

Unter seinem Einfluss zerfiel der Attische Seebund; *Chios*, *Erythrai*, *Klazomenai* und *Milet* wandten sich von Athen ab. Alkibiades scheute sich auch nicht, mit dem Erzrivalen der griechischen Welt, den Persern, über Unterstützung beim Aufbau einer peloponnesischen Flotte zu verhandeln. Der Preis für persisches Geld und phönizische Schiffe war die Freiheit der kleinasiatischen Griechen, die Sparta dem persischen Großkönig überließ. 406 v. Chr. schließlich schlugen die Spartaner die Reste der athenischen Flotte vernichtend. Athen hatte fast alles verloren, es musste die Langen Mauern niederreißen und seine Flotte auf zwölf Schiffe beschränken. Nach beinahe dreißigjährigem Krieg gab es nur noch eine griechische Großmacht – Sparta.

Spartas Vorherrschaft

Der Militärstaat Sparta, der erstmals nicht nur das Festland, sondern auch die Ägäis kontrollierte, konzentrierte sich nach dem Peloponnesischen Krieg wieder auf gesamtgriechische Belange und führte ab 396 v. Chr. einen Feldzug gegen die eben noch verbündeten Perser.

Doch im Mutterland wuchs das Misstrauen gegen Spartas Regiment. *Korinth*, *Argos* und *Theben* entschlossen sich 394 v. Chr., ermutigt durch persisches Geld, zum Aufstand, dem sich auch das geschlagene Athen zugesellte. Die Verbündeten hatten Sparta jedoch unterschätzt; der Peloponnesische Bund hielt weiter loyal zu seiner Führungsmacht. Allein Athen gelang es, in bescheidener Form an die alte Größe anzuknüpfen und einen Teil des einstigen Seereiches wiederherzustellen. Vorerst jedoch behielt Sparta seine Vormachtstellung. Hellas wurde in zehn Bezirke eingeteilt, davon sieben auf dem Peloponnes, zwei in Mittelgriechenland und einer im Norden. Jeder hatte tausend Bewaffnete zu stellen oder ersatzweise Ablösesummen an Sparta zu zahlen.

375 v. Chr. kam es – von Athen unterstützt – zum offenen Aufstand der *Thebaner*. Erstmals unterlag ein spartanisches Heer, was auf ganz Hellas wie ein Signal wirkte. Athen ergriff wieder die Initiative und rief den *Zweiten Seebund* ins Leben, dem 70 Staaten unter athenischer Führung angehört haben sollen. Spartas Position geriet weiter ins Wanken, und obwohl die Spartaner 10.000 Hopliten bei *Leuktra* in die Schlacht führten, unterlagen sie den Thebanern, deren Feldherr *Epaminondas* eine neue, überlegene Strategie besaß. Die Niederlage war vollständig – von 700 Spartiaten fielen 400, darunter ihr König (371 v. Chr.).

Leuktra bedeutete für Sparta mehr als eine verlorene Schlacht – ein einziger Tag offenbarte, wie ausgehöhlt der spartanische Staat seit Langem war. Nach dem Aderlass von Leuktra zählte die Eliteschicht der Spartiaten nur noch tausend Köpfe und damit ließ sich das System der Unterdrückung weder im Innern noch nach außen aufrecht erhalten. Zum ersten Mal seit Jahrhunderten drangen Feinde auf dem Landweg nach Lakonien vor, und wenn auch Sparta selbst unversehrt blieb, so wurde doch Messenien von seiner Herrschaft befreit und gelangte zu eigener Staatlichkeit. Theben hatte sich durch diese Erfolge kurzzeitig zur führenden Militärmacht Griechenlands aufgeschwungen, doch blieb auch dieser Wandel bei den anhaltenden Zwistigkeiten der griechischen Polis Episode: Griechenland hatte Mitte des 4. Jh. v. Chr. die Chancen verspielt, seine politische Autonomie zu bewahren. Für unsagbar lange Zeit sollte es Ziel von Eroberungsfeldzügen sein.

Das Makedonische Großreich

Nördlich von Thessalien erstreckte sich seit alters her der Siedlungsraum der Makedonen, eines Bauern- und Hirtenvolk, dessen Sprache dem Griechischen nah verwandt war.

An der Spitze der makedonischen Gesellschaft stand ein König, dem der Landadel als Reiterverband und die Bauernschaft als Fußvolk Heeresdienst leisteten. Durch die Unterstützung der griechischen Sache während der Perserkriege hatten sich die männlichen Mitglieder des makedonischen Königshauses das Privileg erworben, an

Alexander der Große

Perserkönig Dareius

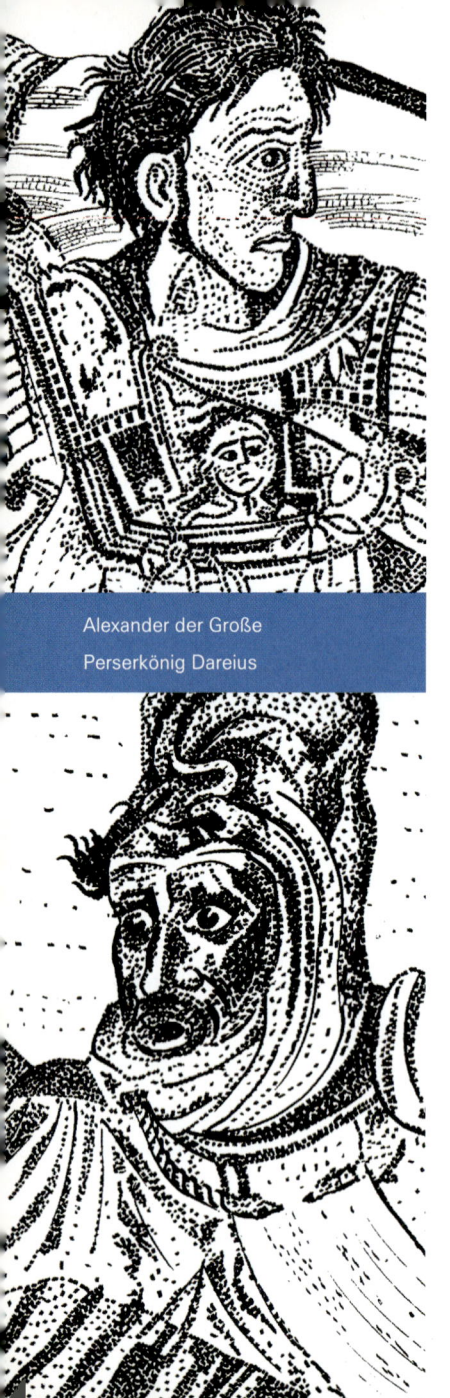

den alle vier Jahre stattfindenden Spielen in „Olympia" teilzunehmen. Die Griechen bezeichneten das Volk der Makedonen dennoch weiterhin als „Barbaren".

359 v. Chr. war in Makedonien König *Philipp II.* auf den Thron gelangt. Sein Heer gestaltete er nach griechischem Vorbild und stattete es mit gewaltigen Belagerungsmaschinen aus – es galt als schlagkräftigste Armee der damaligen Welt.

Nachdem Makedonien seine Stellung auf dem südlichen Balkan gefestigt hatte, konzentrierte es sich auf Griechenland. Nichts gereichte ihm dabei zu größerem Nutzen als die Uneinigkeit der Hellenen selbst. In Athen lagen zwei Parteien im offenen Streit: Die eine erwartete Unterstützung vom Makedonenkönig, die andere, geführt von *Demosthenes*, dem bekanntesten Redner seiner Zeit, sah die Freiheit durch den nördlichen Nachbarn bedroht. 338 v. Chr. kam es bei *Chaironeia* zur Entscheidungsschlacht mit den Makedonen; die verbündeten Poleis unterlagen der gut trainierten Bauernphalanx und der Kavallerie König Philipps II. Während Theben hart bestraft wurde, kam Athen – allein dank seiner großen Vergangenheit – relativ glimpflich davon.

Philipps Pläne aber gingen weiter: In Korinth versammelte er Vertreter aller griechischen Staaten und ließ sich zum obersten Feldherrn des *Korinthischen Bundes* gegen die Perser wählen. Doch zu einem Feldzug kam es nicht: Philipp II. fiel 336 v. Chr. einem Mordanschlag zum Opfer. Sein Erbe übernahm sein zwanzigjähriger Sohn *Alexander*.

Alexander der Große, aus dem sein Lehrer *Aristoteles* einen begeisterten Anhänger der griechische Kunst und Philosophie gemacht hatte, setzte die Vorbereitungen für den Perserfeldzug fort. Sein Hintergedanke dabei war, die griechische Kultur zu verbreiten und die Welt unter der Führung Makedoniens zu vereinigen. Nachdem er einen weiteren Aufstand Athens und Thebens niedergeschlagen hatte, überschritt Alexander 334 v. Chr. mit einem Heer von ca. 40.000 Mann den Hellespont (Dardanellen) Richtung Persien. 333 v. Chr. kam es bei *Issos* („3, 3, 3: bei Issos Keilerei") zur entscheidenden Schlacht gegen die Perser unter ihrem König *Dareius*. In den folgenden Jahren eroberte Alexander in rascher Folge Ägypten, das gesamte persische Großreich mit seinen Hauptstädten Babylon und Susa, um sich schließlich nach Indien zu wenden und 326 v. Chr. den Indus zu überschreiten. Nachdem auch hier seine Macht mit einem Sieg über den indischen König Poros gesichert war, kehrte er nach Babylon zurück. Dort starb er 323 v. Chr. überraschend während der Vorbereitung eines neuen Feldzugs.

Obwohl der Ruhm Alexanders des Großen hauptsächlich auf seinen militärischen Leistungen basierte, konnte er auch auf dem wirtschaftlichen Sektor beachtliche Erfolge für sich verbuchen. So fasste er zum Beispiel sein Herrschaftsgebiet zu einem einzigen zusammenhängenden Wirtschaftsraum zusammen. Er führte ein einheitliches Münzsystem ein, ließ das persische Straßennetz ausbauen und gründete weit über 50 Städte, darunter 16 *Alexandrias* (das Bekannteste davon in Ägypten). Daneben förderte er die Landwirtschaft durch Bewässerungssysteme und neue Anbaumethoden.

Griechenland in römischer Zeit (146 v. Chr. bis 395 n. Chr.)

Alexander der Große war 323 v. Chr. gestorben, ohne einen Erben zu hinterlassen. So teilten seine Feldherren, die sich als seine Nachfolger (Diadochen) fühlten, das Weltreich untereinander auf.

Es entstanden drei Königreiche: *Syrien* unter den *Seleukiden*, *Ägypten* unter den *Ptolemäern* und *Makedonien* unter den *Antigoniden*, zu deren Herrschaftsgebiet auch Griechenland und der Peloponnes zählten. Einst Ausgangspunkt der geschichtlichen Entwicklung, war Griechenland mittlerweile nur mehr Operationsfeld der Großmächte geworden. Die Bedrohten sahen bei ihren bescheidenen Kräften schließlich nur einen Ausweg – Rom, die Vormacht des westlichen Mittelmeeres, musste in die Auseinandersetzung eingreifen! *Pergamon*, *Rhodos* und *Athen* wurden beim Senat in Rom vorstellig, und obwohl die römische Republik nach dem langen Ringen mit *Karthago* kriegsmüde war, kam es doch zu einer militärischen Intervention im Osten. Unterstützt durch das Königreich Pergamon und den Achäischen Bund traten die Römer *Philipp V.* von Makedonien erfolgreich entgegen: Makedonien wurde in seine Grenzen des frühen 4. Jh. zurückgeworfen.

Begeistert feierte man die Römer als Befreier Griechenlands, doch die Freude währte nicht lange. Drei Jahrzehnte später, nach einem kurzen Krieg gegen Makedonien, wurde das makedonische Königreich aufgelöst und zusammen mit Illyrien und Epirus als *Provinz Macedonia* in das römische Verwaltungssystem eingegliedert. Auch die Griechen spürten nun die harte Hand Roms. Wegen mangelnder Unterstützung des Waffengangs gegen Makedonien musste der Achäische Bund tausend Geiseln stellen, die nach Italien verschleppt wurden. Mit den griechischen Geiseln zog auch die hellenistische Kultur in Italien ein. Kunst und Literatur zeigten deutlich griechischen Einfluss; in den reichen römischen Patrizierfamilien galt es als schick, einen griechischen Hauslehrer zu haben, und in der Kaiserzeit war es üblich, Bildungsreisen nach Griechenland zu unternehmen, was regelrecht zu einer ersten „Touristenwelle" führte.

Die griechische Kultur wurde nun – unfreiwillig – bis weit in die römische Zeit wegweisend für die abendländische Welt, während Griechenland selbst zur politischen Ohnmacht verurteilt war.

Der Senat statuierte ein Exempel. Korinth, Hauptstadt des Achäischen Bundes, wurde seiner Kunstschätze beraubt, geplündert und niedergebrannt. Alle griechischen Staatenbündnisse wurden aufgelöst und die Städte dem römischen Prätor der Provinz Macedonia unterstellt; nur Sparta und Athen erhielten den Status gleichberechtigter Bündnispartner. Griechenland war 146 v. Chr. vollständig zur Provinz eines Großreiches degradiert.

Von kurzen Episoden wiederaufflammender Rebellion abgesehen, herrschte nun Frieden in der „Provinz", gestört höchstens durch Roms Bürgerkriege oder seine Beamten und Statthalter, deren unersättliche Steuerforderungen langsam, aber sicher zur Verelendung der Bevölkerung führten.

Das Ende der alten Götterwelt – Ideale von Zeus, Apollon und Poseidon, Verehrung von Hera, Athene und Aphrodite – deutete sich bereits kurz nach der Wende zur nachchristlichen Zeitrechnung an. In vielen griechischen Städten entstanden *christliche Gemeinden; Paulus* predigte in den Jahren 51/52 in den hohen Schulen von Athen und Korinth und der Apostel *Andreas*, Bruder des Petrus, starb in Pátras den Märtyrertod.

Hier liegen die Wurzeln einer Religiosität, die unter der Herrschaft von *Byzanz*, der östlichen Metropole des unüberschaubar gewordenen Römischen Imperiums, zur Einheit von Staat und Kirche führte und die 400 Jahre islamische Türkenherrschaft nahezu unbeschadet überstand.

Das Römische Reich kränkelte seit Ende des 2. Jh. n. Chr. Die ständigen Kriege gegen die Germanen im Norden und die Parther im Osten höhlten das Imperium aus. Um den Gefahrenzonen näher zu sein, verlegte Kaiser Konstantin im Jahr 330 die Hauptstadt des Reiches von Rom an den Bosporus und nannte sie nach seinem Namen *Konstantinopel*. Diese Maßnahme leitete eine Entwicklung ein, die mit der Teilung des Reiches in eine *west-* und eine *oströmische Hälfte* endgültigen Charakter erhielt. Mit Kaiser Theodosius starb 395 der letzte Herrscher über das gesamte Imperium.

Der blutige Olympionike

Der Ruhm seiner Vergangenheit, von dem Hellas bis heute zehrt, führte auch manchen römischen Kaiser, wie den berüchtigten *Nero*, in den Osten. In Olympia und Delphi trat er zum Wettstreit als Sänger und Dichter an und ließ sich feiern. Als ihm in Korinth der Siegerkranz trotzig verwehrt wurde, ließ Nero seine Konkurrenten und das Preisrichterkollegium kurzerhand enthaupten.

Nero kam jedoch nicht allein als größenwahnsinniger Sportler und Künstler, er kam – wie viele Kaiser nach ihm auch – als Bauherr. Sein ehrgeizigstes Projekt, ein Kanal, der den Isthmus an seiner engsten Stelle bei Korinth durchschneiden sollte, wurde jedoch erst im 19. Jh. verwirklicht.

Unter byzantinischer Herrschaft (395 bis 1446)

Das Oströmische Reich, das bald den Namen seiner Hauptstadt Byzanz trug, war der alleinige Erbe des römischen Imperiums. Im 6. und 7. Jh. geriet Byzanz aus zwei Richtungen unter Druck von außen: Aus dem Norden drängten Bulgaren und Awaren auf die Balkanhalbinsel und im Osten war in den Arabern ein gefährlicher Gegner erwachsen.

Um die gigantischen militärischen Anstrengungen weiterhin aufrechterhalten zu können, führte das Byzantinische Reich eine Verfassungsreform durch, die auch das Zivilleben weitgehend in das Militärwesen einbezog. Das Reich gliederte sich fortan in sog. *Themata*, Verwaltungsbezirke, deren oberster Zivilbeamter zugleich höchster regionaler Militärbefehlshaber war.

Auch der Peloponnes bildete ein selbstständiges „Thema" mit der Hauptstadt Korinth, das unter Caesar von italischen Siedlern wieder aufgebaut worden war. Den neuen Wohlstand verdankte Korinth einem Geheimnis der Chinesen, das in nachrömischer Zeit ins Abendland gelangt war – der Seidenproduktion. Einen ähnlichen Aufschwung auf der Halbinsel erlebten auch Pátras, Argos, Nauplia (Nafplion) und Monemvasía, denen der Export von Seide und Wein zu neuer Blüte verhalf. Daneben waren von den etwa 40 Städten des Peloponnes noch Lakedaimonia (auf den Ruinen des antiken Sparta), Arcadia, Methoni, Koroni, Kalamata und Navarino von Bedeutung.

Das 7. und 8. Jh. war die Zeit der großen *Slawenwanderung* auf die Balkanhalbinsel, die auch den Peloponnes erreichte und die Bevölkerungszusammensetzung grundlegend veränderte. Die Slawen siedelten sich vor allem in Gebieten an, die durch eine Pestepidemie entvölkert waren. Schnell wurden sie christianisiert und verschmolzen mit der ortsansässigen Bevölkerung. Seit dieser Zeit trug der Peloponnes den Namen *Morea*, der bis ins 19. Jh. gebräuchlich blieb.

Die Franken auf dem Peloponnes

Die Franken kamen als Eroberer im Zeichen des Kreuzes. 1202 waren es vor allem französische Ritter unter Führung von Bonifatius von Montferrat und Balduin von Flandern, die dem Aufruf von Papst Innozenz III. zum Kreuzzug folgten.

1204 wurde Byzanz von den abendländischen Rittern erobert und geplündert. Guillaume de Champlitte, Graf der Champagne, und Geoffroy de Villehardouin rückten auf den Peloponnes vor, wo nur einige Städte, vor allem Monemvasía, erfolgreich Widerstand leisteten. Die Ritter des hohen französischen Adels aus Lothringen und der Champagne – auch aus Deutschland war einer dabei: ein Graf von Katzenellnbogen – gewannen so ihre Lehen in Élis, Achaía, Arkadien und Messenien. Die Herren des „Neu-Frankenlands" bauten sich Burgen über den Tälern und unterwarfen die griechischen Archonten (die höchsten Beamten) und Bauern. Papst Innozenz III. segnete die gewaltsame Landnahme nachträglich ab und erkannte Guillaume de Champlitte als Fürst von Achaía an. Nach dessen Tod nahm *Geoffroy de Villehardouin* diese Stellung ein, während Argos und Nafplion als Lehen an Othon de la Roche gingen und Methoni und Koroni den Venezianern überlassen wurden.

Geoffroy II. vollendete die militärische Eroberung der Halbinsel durch die Belagerung der Seestadt Monemvasia, die drei Jahre allen Anstrengungen der Franken widerstand und nur durch Hunger und Durst bezwungen werden konnte. 1245 starb Geoffroy und überließ seinem Bruder Guillaume die Herrschaft über Morea. Um das zerklüftete, kriegerische Land dauerhaft mit einer winzigen Zahl fränkischer Ritter unter Kontrolle halten zu können, errichteten die Eroberer weitere Zwingburgen. Am Westhang des Taýgetos-Gebirges trotzen noch heute die Festungen der Máni: Leutron thront über Messenien und die größte, Sparta überragend, ist Mystrás.

1346 starb mit Robert von Tarent der letzte Fürst und Besitzer Achaías. In Morea teilten sich Byzantiner, vereinzelte Franken und die ersten Türken die Herrschaft.

Unter der Herrschaft des Halbmondes (1446 bis 1821)

Die Gefahr durch die Türken deutete sich für die Griechen schon längere Zeit an. So ließ der Despot von Mystras im Jahre 1443 die Befestigungsanlagen von Examli vervollständigen, die mit 153 Wehrtürmen am Isthmus von Korinth den Zugang zum Peloponnes versperrten.

Doch die Türken ließen sich nicht aufhalten. Am 29. Mai 1453 eroberten sie Byzanz. Dessen letzter Kaiser Konstantin XII. fand den Tod im Straßenkampf und über der Stadt, die von nun an Istanbul hieß, wehte der Halbmond.

Dem Peloponnes erging es kaum anders. 1458 führten die Türken einen Feldzug gegen die Halbinsel. Der Sultan unterwarf den gesamten Peloponnes und ließ seinen Sohn Turahan Omar als Statthalter zurück. Nur Korinth hielt den Angreifern länger stand und Mystras blieb zunächst verschont. Griechenland und der Peloponnes waren nun *Sandschak* (Provinz) der Sultane. Verwaltung und Grundbesitz gingen in die Hände der Türken über, die das Griechentum überall zurückzudrängen suchten. Nur eine Macht in Europa unternahm in den folgenden Jahrhunderten Anstrengungen, den Osmanen ihre Eroberungen wieder zu entreißen – die *Republik Venedig*.

Schon 1463 kam es gegen die neuen Herren von Morea zum Krieg, in dem Venedig in den Städten *Lakedaimonia*, *Arkadia*, *Monemvasía*, *Korínth*, *Pátras* und vor allem bei der Halbinsel *Máni* Unterstützung fand. 16 Jahre lang schwelte ein Kleinkrieg. Die Venezianer belagerten das inzwischen auch türkische Mystras ohne Erfolg. Als schließlich die beiden Festungen Passava und Zarnata, die den Zugang zur Máni bewachten, an den islamischen Gegner verloren gingen, erfolgte die Kapitulation, und die aufständischen Peloponnesier blieben sich selbst überlassen.

Dörfer wie Burgen: die Máni

Regiert wurde der Peloponnes in dieser Zeit vom *Pascha der Morea*, der seinen Sitz in Methoni hatte. Er verteilte das Land, das man den Griechen genommen hatte, als *Siamats* oder *Timars* an die Türken. Durch diese „Soldatenlehen" wurden die neuen Besitzer zum Kriegsdienst verpflichtet. Die Griechen waren vom öffentlichen Leben und von den Staatsdiensten ausgeschlossen und konnten höchstens als Abtrünnige oder Knechte daran Anteil nehmen. In umgekehrter Weise lässt sich sagen, dass die Griechen ihrerseits bewusst die Isolation wählten; sie wollten mit den Moslems keine gemeinsame Sache machen und sie hatten das Glück, dass ihre Eigenart toleriert wurde.

Die Manioten hatten eine antitürkische Allianz, zusammengesetzt aus den Herzögen der Toskana und Savoyens, der Republiken Venedig und Genua u. a., dazu genutzt, sich abermals zu erheben. Sie drangen bis nach Mystras vor und entrissen den Türken für kurze Zeit die Stadt. Doch der Aufstand fand keine Unterstützung und wurde blutig niedergeschlagen. Im Jahre 1684, kurz nach der Niederlage der Türken vor Wien, sah Venedig wieder einen geeigneten Zeitpunkt zum Krieg gegen das Osmanische Reich gekommen. General *Francesco Morosini* rüstete zum Feldzug, den die Manioten unterstützten. Nicht nur die Máni, sondern der ganze Peloponnes wurde von der Türkenherrschaft befreit und nach Kriegsende (1699) bildete der Peloponnes das *Königreich Morea* unter venezianischer Regie.

Doch die Befreiung war nicht von Dauer. Noch einmal meldeten sich die Türken in Südgriechenland zu Wort; 1714 eroberten sie den Peloponnes nochmals für mehr als hundert Jahre. Die Sieger übten schreckliche Rache; unter den Christen richteten die Türken ein grausames Gemetzel an und die Manioten wurden gezwungen, ihre wehrhaften Burgen dem Erdboden gleichzumachen. Für mehr als ein halbes Jahrhundert herrschte Friedhofsruhe im Land. Neue Hoffnungen richteten sich im 18. Jh. auf Russland. Die Zarin Katharina kämpfte an der Moldau und in der Walachei gegen das Osmanische Reich mit dem Ziel, den Türken die Meerengen zwischen Europa und Kleinasien zu entreißen. Russland bedurfte daher kaum der Überredung, um 1769 eine erneute antitürkische Rebellion auf dem Peloponnes anzuzetteln. Es war der Aufstand der *Kleften*, der „Spitzbuben" – so genannt, weil sie sich während ihres Partisanenkriegs mit Raubüberfällen die nötige Nahrung beschafften. Doch die Kleften scheiterten, teils an ihrer Uneinigkeit, teils an der geringen Unterstützung durch die Zarin.

Die Befreiung von der Türkenherrschaft

Die Französische Revolution mit ihren Idealen ebnete auch den Griechen den Weg zur Erhebung gegen die Türken. Die national-liberalen Ideen, die von Frankreich ausgingen, fanden ihren ersten politischen Niederschlag in der 1815 gegründeten Republik der Ionischen Inseln.

Dass diese Republik Wirklichkeit wurde, offenbart den Grund der Zerrüttung des Osmanischen Reiches zu dieser Zeit. In Achaía und auf der Mani kam es zu bewaffneten Auseinandersetzungen; im März 1821 verkündete der Erzbischof von Pátras den Beginn des Aufstandes. *Theodor Kolokotronis*, von seinen Landsleuten liebevoll nur der „Alte von Morea" genannt, und *Petros Michalis* führten die Griechen in ihren letzten Freiheitskampf gegen die Osmanen. Tripolitzá, die einzig übrig gebliebene Residenz eines türkischen Paschas auf dem Peloponnes, fiel nach der Belagerung. In Epídauros bildete sich eine Nationalversammlung.

Straßennamen in Griechenland

Oft erinnern die Namen griechischer Straßen an den Freiheitskampf gegen die Türken. Auf dem ganzen Peloponnes, besonders aber in den Straßen von Náfplion, auf Spétses und auf Hýdra begegnet man den Namen der Helden, die besondere Verdienste im Aufstand gegen die Osmanen errungen haben.

Kolokotronis-Straße: Theodoros Kolokotronis, der „Alte von Morea", war militärischer Anführer im Freiheitskampf gegen die osmanischen Unterdrücker.

Miaouli-Straße und *Kanari-Straße:* Die beiden Hydrioten Andreas Miaulis und Konstantinos Kanaris führten als Admirale die Flotte gegen die Osmanen an und errangen ihren ersten Sieg 1822 vor der Insel Spétses.

Pinotse-Straße: Sie erinnert an den hydriotischen Revolutionär Stavrianos Pinotsis, Vater der legendären Laskarina Bouboulina. Pinotsis starb in türkischer Gefangenschaft in Konstantinopel.

Bouboulina-Straße: „Die Bouboulina", Heldin des griechischen Freiheitskampfes, führte die Flotte der Aufständischen bei der Schiffsblockade des besetzten Náfplion. Sie selbst hatte das Kommando über das berühmte Schiff „Agamemnon".

25.-Martiou-Straße: Am 25. März 1821 rief Germanos, der damalige Bischof von Pátras, unter einer Platane im Hof des *Klosters Agía Lávra* (bei Kalávryta) zum Aufstand gegen die Türken auf. Der 25. März ist in Griechenland Staatsfeiertag.

Doch noch gaben sich die Türken nicht endgültig geschlagen; die schrecklichsten Jahre des Krieges begannen erst noch. Der osmanische Sultan rief seinen ägyptischen Vasallen zu Hilfe, der europäisch gedrillte und bewaffnete Truppen auf den Peloponnes entsandte. Hier tobte der Krieg nun mit unglaublicher Grausamkeit; Kommandoeinheiten brannten die Dörfer und Klöster nieder und ermordeten oder versklavten die Bevölkerung. So brutal die Griechen auch zuvor bei der Eroberung von Tripolitzá gegen die Türken vorgegangen waren, dieser Gegner übertraf alles bisher Dagewesene. Ohne das Eingreifen anderer Großmächte wären die Griechen wohl kaum als Sieger aus diesem Krieg hervorgegangen.

Als das Osmanische Reich die „Friedensinitiativen" Englands, Frankreichs und Russlands missachtete, beorderten die drei Staaten eine Flotte ins östliche Mittelmeer. Der Sultan zeigte sich unbeeindruckt und setzte seine Vernichtungsstrategie gegen die Griechen fort, woraufhin die europäischen Alliierten die türkisch-ägyptische Flotte im Oktober 1827 im Hafen von Navaríno einschlossen und größtenteils versenkten.

Das Grab des maniatischen Freiheitskämpfers Petros Michalis

Die griechische Monarchie

Das türkische Joch hatten die Griechen des Peloponnes abgeschüttelt, aber die politische Zukunft blieb ungewiss. Anarchie drohte dem kaum befreiten Land durch den Streit der Familienclans. Die Großmächte dachten ihrerseits auch nicht daran, das soeben gewonnene Heft so schnell wieder aus der Hand zu geben, und so war es ihr Beschluss, der aus Griechenland ein Königreich mit einem ausländischen Souverän machte.

Der Sohn Ludwigs I. von Bayern und Onkel des späteren Märchenkönigs Ludwig II., *Prinz Otto*, gerade siebzehnjährig, wurde erster König der Hellenen. Am 18. Februar 1832 bestieg der Bayer den griechischen Thron; seine Residenz verlegte „Otto von Nafplion" bald darauf nach Athen. In der neuen griechischen Metropole entwickelte sich wie überall sonst im Land eine Bautätigkeit, wie man sie schon lange nicht mehr erlebt hatte. Eine Verfassung jedoch verwehrte der König seinen Untertanen, bis revoltierende Offiziere ihm diese 1843 abtrotzten.

1862 war es mit der bayerischen Königsherrlichkeit unter griechischem Himmel zu Ende; Offiziere der Garnison in Náfplion putschten und Otto musste das Land verlassen. Seine Nachfolge auf dem griechischen Thron übernahm der ebenfalls siebzehnjährige dänische *Prinz Georg* – ein weiterer Ausländer. Doch waren ihm größere politische Erfolge beschieden als seinem Vorgänger. Unter seiner Herrschaft erfolgte der Anschluss

1893 erbaut – der Kanal von Korínth

der Ionischen Inseln (1864) und Thessaliens (1881) sowie auf wirtschaftlichem Gebiet der Bau des *Kanals von Korinth* (1893). Als Gewinn aus den Balkankriegen gegen die Türken (1912/13) erhielt Griechenland Epirus und Makedonien und erreichte dadurch fast schon seine heutigen Grenzen. Auch die Inseln der Ägäis und Kreta fielen in dieser Zeit an Griechenland. Trotz dieser Erfolge konnte auch Georg I. die wichtigsten innenpolitischen Probleme – hauptsächlich wirtschaftlicher Natur – nicht lösen. 1913 fiel er während einer Reise in Thessaloniki einem Attentat zum Opfer. Sein Sohn *Konstantin* wurde König.

Die zweite Hälfte des 19. Jh. stand im Zeichen wirtschaftlicher Veränderungen. 1869 fuhr die *erste Eisenbahn* zwischen Piräus und Athen und in den folgenden

Jahren wurde auch Attika durch das neue Verkehrsmittel an die Hauptstadt angeschlossen, eine Maßnahme, die nicht zuletzt zum explosionsartigen Anwachsen der Bevölkerung Athens führte. Im Jahr 1893 wurde ein wahres Jahrhundertbauwerk vollendet, an dem sich einst schon Nero versucht hatte: Seither durchschneidet der *Kanal von Korinth* die schmale Landenge des Isthmus und macht den Peloponnes zur größten Insel Griechenlands. Heute ist der Kanal längst zu schmal für die Schifffahrt, aber seine verflossene Bedeutung für die Entwicklung des Handels ist nicht zu unterschätzen.

Griechenland im Zeitalter der Weltkriege

Der Kreter Eleftherios Venizelos, bereits 1910 von Georg I. zum Ministerpräsidenten berufen, spielt während der nächsten zwanzig Jahre die entscheidende Rolle in der griechischen Politik.

Innenpolitisch versucht er, Griechenland nach westeuropäischen Maßstäben zu ordnen. Ein neues Steuer- und Schulsystem sowie die Einführung von Gewerkschaften sind Versuche, die dringenden sozialen Probleme des Landes zu lösen; der wichtigste Punkt jedoch ist die Bodenverteilung. Die *Orthodoxe Kirche*, der wichtigste Landeigentümer Griechenlands bis dahin, und die Großgrundbesitzer der türkischen Besatzungszeit werden im großen Umfang enteignet und die Ländereien an besitzlose Landarbeiter und Kleinbauern verteilt – eine Maßnahme, der es Griechenland verdankt, dass heute nur etwa 200 der fast eine Million zählenden Landwirtschaftsbetriebe eine Größe von 100 ha übersteigen.

Das Massaker der Deutschen in Kalávryta ist unvergessen

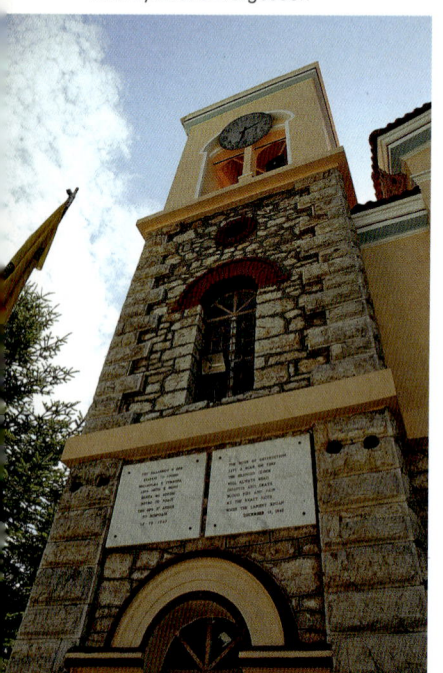

Außenpolitisch schwebt Venizelos eine Wiederherstellung des „Großgriechischen Reiches" vor. 1917 zwingt er an der Spitze einer Gegenregierung *Konstantin I.* zum Abdanken. Nach erfolgreichem Krieg auf Seiten der Entente muss er aber 1920 eine Wahlniederlage hinnehmen und Konstantin kann aus dem Exil zurückkehren. Der König setzt den von Venizelos begonnenen *Krieg gegen die Türken* fort. Er endet 1922 mit einer vernichtenden Niederlage. Über eine Million Griechen müssen aus ihrer kleinasiatischen Heimat fliehen, Hunderttausende kommen um; Konstantin muss abdanken. *Georg II.* besteigt den Thron, tritt aber bereits im Jahr darauf wieder zurück. 1923 gelingt Venizelos in den *Völkerbundverhandlungen in Lausanne* ein gewaltiger Bevölkerungsaustausch: Alle kleinasiatischen Griechen dürfen sich in ihrem Mutterland ansiedeln, im Gegenzug werden alle bis dahin in Griechenland lebenden Türken in die Türkei ausgesiedelt.

Die Weltwirtschaftskrise von 1929/30 macht sich auch im Agrarstaat Griechenland bemerkbar. Die für den Export angelegte Produktion von Korinthen, Wein und Tabak ist auf dem Weltmarkt fast unverkäuflich. Außerdem schaffen eine hohe Staatsverschuldung und das Heer der Flüchtlinge fast unlösbare wirtschaftliche und soziale Probleme. Nicht zuletzt aufgrund dieser Schwierigkeiten kommt es in Griechenland wie beinahe überall im Europa der 30er-Jahre zum Erstarken der politischen Rechten. Dies äußert sich zunächst in der Rückkehr Georgs II. aus dem Londoner Exil (1935) und – noch im gleichen Jahr – errichtet General *Ioannis Metaxas* mit Zustimmung des Königs eine Militärdiktatur. Metaxas übernimmt das Amt des Ministerpräsidenten, lässt Parlament und Parteien auflösen; politische Gegner wandern ohne ordentliches Gerichtsverfahren in die Gefängnisse und Arbeitslager.

Das Hakenkreuz auf der Akropolis

Am 28. Oktober 1940 stellt der italienische Diktator *Benito Mussolini*, der etwa 125.000 Soldaten an der albanischen Grenze stationiert hat, der griechischen Regierung ein Ultimatum, in dem er die Abtretung der Stadt Ioannina und der Küste von Epirus fordert. Metaxas beantwortet das Ultimatum mit einem Wort: „ochi" – nein. Der 28. Oktober, der *Ochi-Tag*, ist seitdem Nationalfeiertag der Hellenen.

Die Offensive der Italiener scheitert überraschend im Winter 1940/41 am erbitterten Widerstand der Griechen, die den Feind bis weit nach Albanien zurückdrängen. Doch am 6. April eröffnet die deutsche Wehrmacht den Feldzug gegen Griechenland und am 27. April weht die Flagge der Nazis auf der Akropolis.

Dreieinhalb Jahre lang müssen die Griechen das gleiche Schicksal wie alle von der deutschen Kriegsmaschinerie eroberten Gebiete tragen. Allein im Winter 1941/42 verhungern und erfrieren nach dem Ausbleiben der Getreideimporte über 300.000 Menschen. Von den 80.000 Juden Thessaloníkis, die nach Polen deportiert werden, überleben gerade 6000. Auf dem Peloponnes stoßen die Deutschen jedoch auf den Widerstand der Partisanen und eröffnen eine schreckliche Gleichung – für einen getöteten deutschen Soldaten müssen hundert Griechen ihr Leben lassen. 4000 Männer, Frauen und Kinder fallen vor allem den Exekutionskommandos der SS zum Opfer.

Das erschreckendste Beispiel dieser „Rechnung" liefert das Bergdorf *Kalávryta* auf dem Peloponnes. Als Vergeltung für einen Partisanenüberfall auf deutsche Soldaten machen die Besatzer am 13. Dezember 1943 das Dorf dem Erdboden gleich. Alle männlichen Bewohner – es sind über 1200 – werden auf einem Hügel zusammengetrieben und anschließend in einem kleinen Talkessel jeweils in Fünfergruppen durch MG-Salven hingeschlachtet. Die Frauen und Kinder sind in dem brennenden Schulhaus eingesperrt, doch einer der Soldaten zerschlägt mit dem Gewehrkolben die Hintertür des Hauses und rettet so die Gefangenen. Er wird tags darauf standrechtlich erschossen. Eine Gedenkstätte mit einem 12 m hohen, weißen Kreuz erinnert bis heute an das Massaker der Deutschen.

Der griechische Bürgerkrieg

Im November 1944 war der griechische „Außenposten" von den Deutschen nicht mehr zu halten und der Rückzug begann. Für die Griechen brachte dies aber noch keineswegs den Frieden. Die Rivalität unter den Verbänden der Widerstandskämpfer und der Exilregierung war groß.

Die populärste der Partisanengruppen war die 1941 gegründete *Nationale Befreiungsfront* (EAM), die in der *Nationalen Befreiungsarmee* (ELAS) einen paramilitärischen Ableger besaß und in ihren besten Zeiten 50.000 Mitglieder zählte. Anfangs wurde die EAM von England unterstützt, doch als Kommunisten in der Befreiungsfront an Einfluss gewannen, zogen die Briten ihre Hilfsleistungen zurück. Sie förderten statt dessen die nur 17.000 Mitglieder zählende rivalisierende *Griechische Republikanische Liga* (EDES), deren Führung sich hauptsächlich aus königstreuen Offizieren der griechischen Armee rekrutierte.

Beim Abzug der Deutschen kontrollierte die EAM schon Dreiviertel des Landes mit dem Ziel, die Gesellschaft in ihrem Sinne zu verändern. Dies bedeutete aber den Bürgerkrieg gegen die EDES-Anhänger, die Engländer und die reguläre griechische Armee. Allein in Athen dauerten die Straßenkämpfe vier Wochen, bis es der von England unterstützten EDES gelang, die Kommunisten aus der Hauptstadt zu drängen. Aber in den Bergen ging der Krieg weiter und er war längst kein rein griechisches Problem mehr: Hier ging es um die Frage, wo Griechenland in Europa, dessen Teilung in zwei Lager sich abzeichnete, zukünftig stehen würde, bei den Westalliierten oder bei der Sowjetunion. Obwohl sich die EAM im Verlauf der Kampfhandlungen immer stärker der Sowjetunion zuwandte, wurde der Bürgerkrieg aufgrund englischer und amerikanischer Unterstützung zugunsten der Regierungstruppen entschieden – der Preis war mit 100.000 Toten hoch bezahlt.

Griechenland nach 1945

Der Bürgerkrieg zwischen linken Partisanen und monarchieorientierten Regierungstruppen war noch nicht entschieden, da traten die Griechen im März 1946 zum ersten Mal wieder an die Wahlurnen – sie votierten für die Monarchie.

Nach fünfjähriger Abwesenheit im englischen Exil kehrte König Georg II. zurück nach Griechenland. Die politischen Verhältnisse im Land waren höchst verworren, die Wirtschaft lag nach acht Jahren Besatzung und Krieg am Boden. Hinzu kam, dass sich der anbahnende *Kalte Krieg* der Großmächte sogar auf die griechische Innenpolitik auswirkte. Die USA, die England als Schutzmacht abgelöst hatten, bevorzugten in der Auseinandersetzung zwischen Royalisten und Anhängern der Republik natürlich die weiter rechts stehenden Königstreuen. Liberale Tendenzen waren unerwünscht. Griechenland sollte fester in die westliche Gemeinschaft integriert werden, was aus dem *NATO-Beitritt* 1952 und dem Gesetz über ausländisches Kapital resultierte: Steuererleichterungen öffneten Griechenland den Zugang zum internationalen Kapitalmarkt; Amerikaner, Briten, Franzosen und Deutsche investierten vor allem in die Industrieanlagen zur Rohstoffverarbeitung, Raffinerien, Asbestfabriken und Aluminiumhütten.

Während die ausländischen Fabriken florierten, machten die griechischen Kleinbetriebe kaum Fortschritte. Hier fehlte das Kapital, um die notwendigen Investitionen, beispielsweise die Erneuerung des Maschinenparks, vorzunehmen. Die Staatsmittel flossen auf jeden Fall nur sehr zäh in diese Richtung. Die Armee war der teure Zögling der Regierung; sie verschlang – verglichen mit den anderen NATO-Staaten – fast den doppelten Anteil vom Staatshaushalt.

Die 50er-Jahre waren die Zeit des Premierministers *Konstantin Karamanlis*, der das Amt bis 1963 ausübte. Die wirtschaftlichen Probleme Griechenlands bekam er trotz seiner langen Regierungszeit nicht in den Griff. *Georgios Papandreou* war sein bedeutendster Gegner. Er verfolgte eine Politik gegen die amerikanische Einmischung in Griechenland und strebte eine Dezentralisierung der Verwaltung an. 1963 und 1964 zeigte dieser Kurs Erfolg – Papandreou gewann die Wahlen. Die neue Regierung setzte sofort ein umfangreiches Reformprogramm in Gang. Darüber hinaus wurde eine Amnestie für politische Häftlinge erlassen; die Arbeitslager und Gefängnisse, die seit der Diktatur Metaxas bestanden, leerten sich.

Doch Papandreou stolperte über zwei politische Krisen: zum einen der *Zypernkonflikt* mit der Türkei, zum anderen seine Auseinandersetzungen mit der *Armee*. Als der Ministerpräsident versuchte, unliebsame Offiziere zu entlassen, kam es zum Eklat mit dem Verteidigungsminister, der von Konstantin II. Rückendeckung erhielt und Papandreou zum Rücktritt zwang. Statt wie erwartet nun Neuwahlen anzusetzen, stützte der König kaum regierungsfähige Minderheitskabinette. Mehrheiten kamen nicht mehr auf parlamentarische Weise zustande, sondern wurden gekauft. Die Korruption hatte Hochkonjunktur – die Demokratie schaufelte sich ihr eigenes Grab. Zu den angekündigten Wahlen im Mai 1967, für die eine Mehrheit der Linken erwartet wurde, kam es nicht mehr. Am 21. April 1967 führte ein Militärputsch zur Machtübernahme der konservativen Obristen.

Die Diktatur der Panzer

In der Nacht zum 21. April 1967 rollten Panzer nach Athen, Soldaten besetzten die Regierungsgebäude und Rundfunkanstalten und nahmen alle linksverdächtigen Personen fest, derer sie habhaft werden konnten, darunter die Führer der Zentrumsunion, der Vereinigten Demokratischen Linken sowie konservative Politiker wie den amtierenden Ministerpräsidenten Kanellopoulus.

Bei den Initiatoren handelte es sich um eine Gruppe von Offizieren der mittleren Dienstgrade um Oberst *Georgios Papadopoulos*, die den Putsch mit einer erstaunlich geringen Zahl Eingeweihter – kaum mehr als 300 Offiziere – durchführten. Gegenüber der Öffentlichkeit in In- und Ausland sowie den Medien traten die Obristen als „Retter der Demokratie" auf, die den endlosen Parteienhader schlichten wollten. In Wahrheit bestand ihr Regime aus Terror, Unterdrückung und Gewalt. Eine Verhaftungswelle rollte über das Land und schon nach wenigen Tagen füllten 10.000 Menschen die Internierungslager. Jede nur denkbare Opposition wurde verboten, insbesondere die Presse und die Parteien. Es folgten die Gewerkschaften, der Beamtenapparat und die Schriftsteller – 210 Autoren wurden verboten, darunter die antiken Theaterdichter Aischylos und Aristophanes. Nicht besser erging es dem Komponisten *Mikis Theodorakis*, der nicht nur die Ächtung seiner Werke, sondern auch Haft und Folter ertragen musste.

Geschichte

Eine äußerst schlechte Figur gab König Konstantin II. ab, als er bereits am Tag des Putsches die Ernennungsurkunden der neuen Militärregierung unterschrieb. Dadurch verscherzte sich Konstantin endgültig die Sympathien seiner Landsleute; in seinem Namen wurde nun verhaftet, gefoltert, verurteilt und vollstreckt. Selbst ein „Gegenputsch" des Königs, dilettantisch geplant, konnte das Ansehen der Monarchie nicht retten. Am 14. Dezember 1967 floh Konstantin mit seiner Familie nach Italien.

Im Juli 1973 versetzte der Obrist Papadopoulos der Monarchie den Todesstoß, indem er über eine Verfassungsreform abstimmen ließ, die Griechenland zur Republik erklärte, mit ihm als Staatspräsident an der Spitze. Im Ausland rief das neue Regime unterschiedliche Reaktionen hervor. Die europäischen Mitgliedsstaaten der NATO und die Europäische Gemeinschaft verurteilten den Staatsstreich und die ständige Verletzung der Menschenrechte; man setzte die griechische Administration unter so starken Druck, dass sie sich aus dem Europarat zurückzog.

Das Verhältnis der USA zur Militärdiktatur gestaltete sich zwiespältig. Bis heute ist nicht geklärt, inwieweit die CIA am Putsch beteiligt oder zumindest darüber informiert war. Es lässt sich nicht leugnen, dass angesichts eines drohenden Wahlsieges der griechischen Linken der Staatsstreich in Washington mit einer gewissen Erleichterung aufgenommen wurde. Zwar stellte die amerikanische Regierung die Lieferung schwerer Waffen an Griechenland vorerst ein und ermahnte die Militärs, unverzüglich zur Demokratie zurückzukehren, doch war die Forderung fast stets von Gesten des Verständnisses und der Rücksichtnahme begleitet.

Die internationalen Konzerne des Westens hatten sich an der Ächtung der Junta nie beteiligt, sondern nutzten die günstigen Bedingungen und tätigten enorme Investitionen, vor allem im Schiffsbau und Tourismus. Deuteten die Urlauberzahlen 1968 noch einen leichten Rückgang an, so überstiegen sie im folgenden Jahr alle vorhergehenden. Von den erwirtschafteten Gewinnen blieb nur der geringste Anteil bei den Griechen; der Löwenanteil des Kapitals floss wieder ins Ausland.

Auflehnung bei den Griechen gegen die Junta regte sich nur vereinzelt. Neben Mikis Theodorakis leisteten vor allem die Schauspielerin und spätere Kulturministerin *Melina Mercouri* und die Sängerin *Maria Farantouri* geistigen und politischen Widerstand. Radikaler wehrte sich der junge Offizier *Alekos Panagoulis*. Im August 1968 verübte er ein Bombenattentat auf Papadopoulos. Der Anschlag scheiterte, Panagoulis wurde gefasst, in grausamster Weise gefoltert und von einem Militärgericht zum Tode verurteilt. Kurz vor der Vollstreckung wurde das Urteil in lebenslänglich abgewandelt; fünf Jahre saß er im Gefängnis von Boiati in einer kaum 6 qm großen Zelle bis zu seiner Begnadigung im Jahr 1973.

Symbol des Widerstandskampfes: Mikis Theodorakis

Zum größten Unruhestifter hatten sich Anfang der 70er-Jahre die Studenten entwickelt, die in Streiks und Protestkundgebungen die Junta immer wieder angriffen. Im November 1973 kam es zu Unruhen, die ursprünglich von Studenten getragen wurden, aber auch auf Schüler und Arbeiter übergriffen. Als die Studenten einen Piratensender ins Leben riefen und über Rundfunk zum Widerstand aufforderten, ließ Papadopoulos am 17. November die Panzer rollen. Bilanz des staatlichen Gewaltakts: mindestens 50 Tote und 200 Verletzte. Für Papadopoulos wurden diese Ereignisse zum Stolperstein: Seine Anhänger ließen ihn fallen, die Macht übernahm der berüchtigte Geheimdienstchef *Dimitrios Ionnidis*. Schon während der ersten Zypernkrise 1964 war Ionnidis ein eifriger Verfechter der *Enosis*, des Anschlusses Zyperns an Griechenland. Jetzt als Regierungschef unterstützte er den griechischen Zyprioten Nikos Sampson, einen als Türkenhasser bekannten Partisanen, gegen Erzbischof *Makarios*, der gewissermaßen das Präsidentenamt ausübte. Ein Attentat auf Makarios scheiterte. Dennoch ernannten die Obristen Sampson zum neuen Staatschef, der sogleich Ausschreitungen gegen die türkische Minderheit anordnete.

Er ist heute nicht gerne in Griechenland gesehen: Ex-König Konstantin II.

Die Antwort der Türkei war eindeutig. Am 20. Juli 1974 landeten türkische Truppen in Zypern, was Ionnidis zur totalen Mobilmachung gegen den NATO-Verbündeten veranlasste. Doch hier verweigerten ihm die Armeeführung und die USA endgültig die Gefolgschaft und zwangen ihn zum Rücktritt.

Nach der Junta: „Es lebe die Demokratie"

Der ehemalige Premierminister Konstantin Karamanlis kehrt nach dem Sturz der Obristen nach Griechenland zurück, setzt die Junta-Verfassung außer Kraft und lässt für den November 1974 Neuwahlen ansetzen – die ersten freien Wahlen seit 1964.

Er selbst stellt sich mit der inzwischen gegründeten Neuen Demokratie (ND) zur Wahl, eine konservative Partei mit liberalen Elementen, die mit 54,5 % der Stimmen die absolute Mehrheit erhält. Zweitstärkste Kraft ist die Zentrumsunion, die aber in den nächsten Jahren stark an Bedeutung verliert, zugunsten der von Andreas Papandreou neu gegründeten Partei der *Panhellenischen Sozialistischen Bewegung* (PASOK). Vorerst erzielt sie in den ersten Wahlen nur 13,6 %. Daneben existieren noch drei kommunistische Parteien, deren Stimmenanteil zusammengerechnet etwa konstant bei 10 % liegt.

Zunächst gilt es über die Frage der Monarchie zu entscheiden, denn die von Papadopoulos durchgeführte Abstimmung wird für null und nichtig erklärt. Aber auch in der freien Wahl entscheiden sich die Griechen gegen die Monarchie. Die 1975 verabschiedete Verfassung weist vor allem dem Amt des Staatspräsidenten große Machtbefugnisse zu, durchaus vergleichbar mit denen des französischen Regierungschefs. Das höchste Amt der von ihm gestalteten Verfassung bekleidet Karamanlis 1980 selbst, als er vom Premierminister zum Staatspräsidenten avanciert.

Die Regierungsjahre des „griechischen Adenauers" sind durch uneingeschränkte Westorientierung geprägt, was sich am Beitrittsbeschluss Griechenlands in die Europäische Gemeinschaft und dem Verbleib im NATO-Bündnis ablesen lässt. Wahrscheinlich blieb der griechischen Außenpolitik hier auch kein größerer Spielraum, denn die einzige Alternative zu Karamanlis nach 1974 hieß Militärdiktatur. Mit dem Wechsel ins Präsidentenamt deutet sich ein Wandel der innenpolitischen Kräfteverhältnisse an, denn die PASOK von *Andreas Papandreou* gewinnt mit ihrem Programm *„Hellas, für immer raus aus der NATO"* und der Forderung nach Verstaatlichung der wichtigsten Industriebetriebe wachsende Zustimmung in der griechischen Öffentlichkeit. Die Wahlen vom Oktober 1981 liefern den Beweis: Mit 48 % der Stimmen wird die PASOK die stärkste Partei in allen Regionen Griechenlands und Papandreou wird erster sozialistischer Ministerpräsident seines Landes. Vom NATO-Austritt ist freilich nach dem Wahlsieg nicht mehr die Rede, wie auch die 1981 vollzogene Aufnahme in die Europäische Gemeinschaft nicht mehr in Zweifel gezogen wird. Trotzdem bleibt Papandreou ein unbequemer Bündnispartner, der nicht selten einen Oppositionskurs zu seinen EG- und NATO-Kollegen verfolgt. Innenpolitisch setzt sich Papandreou für demokratische Reformen ein. Beispielsweise senkt er das Wahlalter auf 18 Jahre, führt die Zivilehe ein (was eine heftige Kontroverse mit der Kirche auslöst) und verbessert das Familienrecht, indem er den Frauen ein gleichberechtigtes Mitsprache- und Entscheidungsrecht einräumt. Der Person Andreas Papandreous verdankt die PASOK 1985 die Wiederholung ihres Wahlsiegs von 1981 – wenn auch mit einem geringeren Stimmenanteil.

Jahrelang profitiert die PASOK vom Charisma und der Ausstrahlung ihres Parteigründers Andreas Papandreou. Ende 1988 ist jedoch das Ansehen der Partei und des Ministerpräsidenten auf dem Tiefpunkt angelangt. Es sind nicht nur die wirtschaftliche Misere und die katastrophale Finanzlage des Staates, sondern kleine und größere Skandale des Parteipatriarchen, die das Missfallen des Volkes hervorrufen. Im Sommer 1989 verliert die PASOK die Mehrheit. Da es keiner Partei gelingt, eine Regierungsbildung durchzusetzen (so weigern sich die Kommunisten, weiterhin mit Papandreou zu koalieren), werden Neuwahlen angesetzt, die im November 1989 das Ende einer fast zehnjährigen sozialistischen Regierung besiegeln.

1990 kommt die konservative Nea Dimokratia nach mehreren Wahlgängen mit äußerst knapper Mehrheit an die Macht. Griechischer Ministerpräsident wird der Kreter *Konstantin Mitsotakis.* Die angestrebten Reformen, um der Bürokratie, Staatsverschuldung und wirtschaftlichen Rezession Herr zu werden, geraten jedoch bald ins Stocken. Im Oktober 1993 gelingt der PASOK bei den Parlamentswahlen die *Anagenisis*, die Wiedergeburt. Die Sozialisten erobern unter ihrem alten, gesundheitlich angeschlagenen Führer Andreas Papandreou die absolute Mehrheit. Mit 171 von 300 Abgeordneten ziehen sie in das Vouli, das Athener Parlament, ein. Die Griechen verzeihen Mitsotakis und seiner konservativen Nea Dimokratia das rigorose Sparprogramm nicht. Volkstribun Papan-dreou steht vor einem schwierigen Neuanfang, denn die wirtschafts- und außenpolitischen Probleme Griechenlands sind größer denn je. Nach nur wenig mehr als zwei Jahren Regierung muss Papandreou aus gesundheitlichen Gründen das Ruder weitergeben: Ende 1995 tritt er zurück, im Juni 1996 verstirbt der 77-Jährige nach schwerer Krankheit.

Die Nachfolge tritt der 60-jährige Sozialist *Kostas Simitis* an, er bekleidete im Kabinett Papandreou das Amt des Handels- und Technologieministers. Dem Wirtschaftswissenschaftler, der die deutsche Sprache beherrscht, wurde in den Jahren des Obristenregimes in der Bundesrepublik Asyl gewährt. Das Ergebnis der im September 1996 durchgeführten, um ein Jahr vorgezogenen Neuwahlen bestärken Simitis und seine Politik: die PASOK erhält mit 162 von 300 Sitzen im Parlament die Mehrheit; Simitis' europäischer Sparkurs wird von den Wählern bestätigt, gleichzeitig aber von den Gewerkschaften mit Protesten und Streiks beantwortet. Ende 1998 billigt das griechische Parlament einen rigorosen Sparhaushalt für das folgende Jahr, der dem Land 2001 den Beitritt zur EU-Währungsunion ermöglichen soll. (Dass Griechenland zur Erfüllung der Kriterien für den Beitritt zur Eurozone anscheinend nicht alle Statistiken auf den Tisch gelegt hatte, wird erst 2004 bekannt.)

1999 zeichnet sich eine Annäherung im gespannten Verhältnis zwischen Griechenland und der Türkei ab, unter spezifischen Bedingungen plädiert Griechenland erstmals für die Aufnahme der Türkei in die EU. Bei den schweren Erdbeben in der Türkei im Sommer und Herbst 1999 unterstützen griechische Hilfsorganisationen den ehemals so ungeliebten Nachbarn bei der Bergung der Opfer und leisten humanitäre Hilfe.

Griechenland setzt auf die europäische Karte

Griechenland hatte in den 90er-Jahren und zu Beginn des 21. Jh. – trotz seines wirtschaftlichen Rückstands – großes Selbstbewusstsein entwickelt. Wichtigster Schritt war die Aufnahme in die Währungsunion zum 1. Januar 2002.

Unter größten Anstrengungen gelang es der Regierung unter dem sozialistischen Premier Kostas Simitis, offiziell die Kriterien für die Einführung des Euros zu erfüllen. Die Bilanz war allerdings nicht ganz korrekt, wie sich Jahre später herausstellte. Angespornt durch die Euro-Einführung, brachte der Sozialist Simitis sein Land erfolgreich auf Modernisierungskurs. Ein wichtiger Meilenstein auf dem Weg zu einem neuen Griechenland waren die Olympischen Spiele 2004 in Athen. Nach dem Bau des weitläufigen Flughafens Spata bei Athen waren die Milliardeninvestitionen für die Spiele die größte Infrastrukturmaßnahme in Griechenland in diesem Jahrzehnt. Doch andere Reformen blieben stecken. Die Bürokratie, die Ineffizienz der Staatsbetriebe und der Schlendrian in den Finanzbehörden konnten nicht beseitigt werden. Dennoch gelang es dem Modernisierer Simitis, einige Projekte voranzutreiben. So wurden einige staatliche Unternehmen privatisiert, das Gemeindewesen neu geordnet und die Bedeutung der Regionen gestärkt.

Doch die sozialistische Regierung modernisiert nicht nur nach innen, sondern auch nach außen. Seit Jahren betreibt Athen eine Entspannungspolitik mit seinem bisher ungeliebten Nachbarn Türkei. Was viele Beobachter vor Jahren noch für unmöglich gehalten haben, ist mittlerweile Realität: Griechenland unterstützt die Bewerbung der Türkei um die Aufnahme in die Europäische Union. Größtes Hindernis in den problematischen Beziehungen ist das geteilte Zypern. Doch auch in das komplizierte Verhältnis zwischen dem griechischen Süd- und dem von den Türken besetzten Nordteil kam 2002 und 2003 Bewegungen. Durch den Beitritt des Südteils in die EU wächst der Druck auf Ankara, eine dauerhafte, friedliche Lösung für die geteilte Mittelmeerinsel zu finden.

Griechenland setzt ganz auf die europäische Karte. Dies wurde auch deutlich durch die Übernahme der EU-Ratspräsidentschaft im ersten Halbjahr 2003. Simitis trieb in dieser Zeit die geplante Aufnahme von acht mittel- und osteuropäischen Staaten voran. Höhepunkt war die Unterzeichnung der Beitrittsverträge in Athen am 16. April 2003. Damit wurde in der griechischen Hauptstadt die Rückkehr der ehemaligen Ostblock-Staaten nach Europa unumkehrbar besiegelt. Die von Simitis geförderte Erweiterung hat für Griechenland große Vorteile. Seit dem Beitritt Bulgariens in die EU im Jahr 2007 besitzt das Land erstmals eine gemeinsame Grenze mit einem Mitgliedsland. Die wirtschaftliche Integration Osteuropas bietet vor allem griechischen Unternehmen auf Grund ihrer Handelstraditionen große Wachstumschancen.

Griechenland am Rand des wirtschaftlichen Abgrunds

Griechenland ist heute der kranke Mann Europas. In einem beispiellosen wirtschaftlichen Niedergang hat sich das Land an den Rand des Staatsbankrotts manövriert. Nur Milliardenhilfen aus Brüssel können Hellas vor dem ökonomischen Zusammenbruch bewahren.

Die wirtschaftlichen Schwierigkeiten zeichneten sich bereits seit vielen Jahren ab Bereits die Regierung unter dem konservativen Ministerpräsident Kostas Karamanlis hatte es nicht vermocht, das Land vor einer tiefen Wirtschaftskrise zu bewahren. Die Misswirtschaft und die Korruption wuchsen unter seiner Führung.

Bei den Bürgen hatten er und seine konservative Partei jegliches Vertrauen verspielt. Auslöser der tagelangen Unruhen war der Tod eines 15 Jahre alten Jugendlichen durch eine Polizeikugel am 6. Dezember 2008. Die Gewalt der Polizeibehörden brachte das Fass zum Überlaufen. Bei den schweren Unruhen wurden rund 600 Geschäfte verwüstet. Insbesondere die Banken traf die Wut. 180 Bankfilialen wurden demoliert, teils auch niedergebrannt.

Sein Nachfolger *Giorgos Andrea Papandreou* startete mit viel Vorschusslorbeeren. Doch den Politiker der sozialistischen PASOK gelang es nicht, tief greifende Reformen schnell genug voranzutreiben. Papandreou war der erste Politiker, der im Oktober 2009 auf die gefährliche Staatsverschuldung hinwies. Die Wirtschafts- und Finanzkrise hatte Griechenland voll erfasst. Die EU drängte Griechenland zu raschen Reformen. Doch Papandreou und seine Regierung konnten die Hoffnungen nicht erfüllen. Er konnte weder seine harte Sparpolitik komplett durchsetzen, noch gelang es ihm, die hohen Staatsausgaben drastisch zu senken und die weit verbreitete Korruption effektiv zu bekämpfen. Das Ergebnis: das Vertrauen in Griechenland sank. Das Land konnte sich nur noch mit der Hilfe der EU ökonomisch über Wasser halten. Im November 2011 war es so weit: Papandreou gab auf und machte den Weg frei für den politisch unabhängigen Finanzexperten Loukas Papadimos, ehemaliger Vizepräsident der Europäischen Zentralbank, der ein Allparteien-Kabinett, vorwiegend besetzt mit undogmatischen Technokraten, führte.

Schon vor den Parlamentswahlen im Juni 2012 kam es aus Enttäuschung und Protest über die Austeritätspolitik zu einer starken Aufsplitterung der Parteienlandschaft. Nur ein Zweckbündnis zwischen der konservativen Néa Dimokratía und der PASOK hievte nach den Wahlen die etablierten Parteien noch einmal in die Regierungsposition, Ministerpräsident wurde der frühere Wirtschafts- und Außenminister Andonis Samaras. Die Koalition radikaler Linker (Syriza) ging überraschend als zweitstärkste Partei hervor.

Griechenland am Rand des wirtschaftlichen Abgrunds

Bei den vorgezogenen Parlamentswahlen 2015 wendete sich das Blatt endgültig. Während die Néa Dimokratía (27,81 %; 2012: 29,66 %) sich fast schadlos halten konnte, wurde die PASOK (4,68 %; 2012: 12,28 %) von den Wählern empfindlich abgestraft, die Koalition radikaler Linker (Syriza) unter ihrem wortgewandten Vorsitzenden Alexis Tsipras wurde mit 36,34 % stärkste Partei, drittstärkste Kraft gar die rechtsradikale „Goldene Morgenröte" (Chrysi Avgi, 6,28 %). Die Syriza bildete daraufhin mit der rechtspopulistischen Partei ANEL eine Koalitionsregierung.

Mit dem Wahlversprechen, die Bedingungen für die Finanzhilfen der EU im Falle eines Wahlsieges für null und nichtig zu erklären, stieß der neue Ministerpräsident Alexis Tsipras bei breiten Teilen der Wähler auf Gehör. Zahlreiche europäische Politiker drohten, den Verbleib Griechenlands in der Eurozone auf den Prüfstand zu stellen. Tsipras und sein schillernder Finanzminister Yanis Varoufakis lieferten sich schon kurz nach der Wahl einen Schlagabtausch mit der Euro-Gruppe, mit dem Ziel, die von der vorherigen Regierung ausgehandelten Reformauflagen für Hilfsmilliarden neu zu verhandeln. Doch die Finanzminister der Geldgeberstaaten blieben hart und stellten der neuen griechischen Regierung im Februar 2015 ein Ultimatum. In letzter Minute lenkte die griechische Regierung ein und verhinderte mit einem Antrag in Brüssel auf neue Kredithilfen die drohende Staatspleite. Nach markigen Sprüchen gegenüber der Euro-Gruppe hatte sich Syriza in Europa unbeliebt gemacht und auch die eigenen Wähler waren nach der „Kompromissnacht von Brüssel" in der Realität angekommen. Im August 2015 einigte sich die Regierung mit der EU auf ein weiteres Rettungspaket und damit verbundene Sparmaßnahmen. Im September 2015 rief Tsipras erneut zu Neuwahlen auf, bei denen seine Partei mit 35,46 % die Führung verteidigen konnte und daraufhin die Koalitionsregierung mit ANEL fortsetzte.

Aufgrund der Erholung in der Eurozone findet auch Griechenland nach vielen schweren Jahren allmählich aus der Wirtschaftskrise, die seit 2008 das Land gebeutelt hat. Insbesondere der boomende Tourismus sorgt gerade in ländlichen Gegenden wie dem Peloponnes für eine Entspannung in der Wirtschaft. Griechenland profitiert derzeit von der schwierigen politischen Lage des Nachbarlandes Türkei. Zuletzt konnte das Land einen neuen Rekord an Touristen verbuchen. „Jedes Jahr brechen wir neue Rekorde", freute sich Premierminister Alexis Tsipras. Der Tourismus hat im Jahr 2017 nach Schätzungen rund 14 Milliarden Euro von ausländischen Touristen in die Kassen des Landes gespült.

Kein Geld für neue Verkehrsschilder

Musik

Die Musik spielt seit jeher eine große Rolle im kulturellen Leben Griechenlands und besitzt eine lange Tradition. Schon auf antiken Vasen sind Tänzer, Flöten- und Lautenspieler abgebildet. Man sagt, dass die Zeusmutter *Rhea* höchstpersönlich die Tanzfiguren ausgewählt habe. Nahezu jede Region Griechenlands, auch die Inseln, hat zum Teil über Jahrhunderte überlieferte Tanz- und Musikformen. Es wird unterschieden zwischen den ruhigen, beschaulichen *Sirtos-Tänzen* (Reigentänzen) und den wilden, ungestümen *Pidiktos-Tänzen*. Die ländlichen Volkslieder, die *Dimotika*, haben ihre Wurzeln in der Antike, in Byzanz – westliche und östliche Nachbarn spielen gleichermaßen hinein.

Erst Anfang des 20. Jh. entstand als Gegenstück zur ländlichen Volksmusik eine ausgesprochen städtische Musik. Die *Rembetika-Lieder* haben ihren Ursprung in den Armenvierteln der Großstädte. Mittellose Zuwanderer, oft Flüchtlinge oder Landbewoh ner, die sich eine neue Existenz aufbauen wollten, entwickelten ihre eigene Musik, eine Musik der Außenseiter, die ihrer Wut, Hoffnungslosigkeit und Verzweiflung Ausdruck verleihen. Vor allem der starke Zustrom kleinasiatischer Flüchtlinge nach dem verlorenen Krieg gegen die Türkei 1922 brachte neue Stilelemente. Rembetiko-Musik wurde immer häufiger in Cafés gespielt; zwischen 1924 und 1940 lauschte man in Athen vor allem den Klängen der Smyrna-Schule (mit orientalischem Einfluss), bei denen eine Sängerin oder ein Sänger von einem kleinen Orchester begleitet wurde. Neben der Geige und dem *Santouri* (Hackbrett) wurden nun auch Gitarren, Ziehharmonikas und Pianos eingebaut; die Rembetikas waren salonfähig geworden.

Mitte der 50er-Jahre schob sich die Bouzouki, ein Lauteninstrument, in den Vordergrund – aus der Rembetiko- wurde Bouzouki-Musik. Großen Anteil an deren Erfolg hatte dabei *Manolis Chiotis*. Er fügte der bis dahin dreisaitigen Bouzouki eine vierte Saite hinzu und erweiterte damit die Möglichkeiten des Instrumentes wesentlich. Die Bouzouki klingt nicht ganz so orientalisch wie ihr türkisches Gegenstück, die *Saz*, trotzdem fremdartig genug. In den Tonleitern werden – anders als im westeuropäischen Notensystem – mehrere Halbtonschritte hintereinander verwendet. Bouzouki-Musik, das heißt meistens auch Tanz. Vor allem in Orten mit hohem Touristenaufkommen, aber durchaus auch in abgelegenen Dörfern, wird zu vorgerückter Stunde das Tanzbein geschwungen. Rasch werden die Tische beiseite geschoben, die ersten Tänzer betreten den Raum, und keine zehn Minuten später ist das ganze Lokal auf den Beinen.

Manos Hatzidakis und Mikis Theodorakis sind die Begründer des populären Kunstliedes (*Entechno*), bei dem sich traditionelle Rembetiko- und Volksmusikelemente mit westlichen Liedern und Chansons treffen und damit auch den Weg zur griechischen Popmusik einleiten. Der international bekanntere griechische Komponist und Liedermacher ist heute sicher *Mikis Theodorakis*, der (nicht zuletzt durch seine Filmmusik zum Kultfilm *Alexis Sorbas*) auch in Westeuropa eine große Fangemeinde hat. Wegen seines antifaschistischen Engagements lebte er während der Militärdiktatur im Ausland, seine Lieder waren verboten. Er schrieb ein neues Kapitel griechischer Musikgeschichte, indem er Elemente der Volksmusik, der byzantinischen Kirchenmusik und der Rembetika mit klassischer Musik mitteleuropäischen Ursprungs verschmolz.

Athen ist das Verkehrsdrehkreuz für den Peloponnes

Anreise

Bei der Anreise zum Peloponnes hat man die Qual der Wahl: Fliegen ist die schnellste und bequemste Variante. Wer den Landweg – als Selbst- oder Bahnfahrer, mit oder ohne Schiffspassage – bevorzugt, muss wesentlich mehr Zeit einplanen, kann aber den ein oder anderen lohnenswerten Zwischenstopp einlegen.

Fliegen mit und ohne Pauschalpaket

Ob Pauschal- oder Nur-Flug-Angebot – den Peloponnes haben fast alle großen Reiseveranstalter im Programm, und man wird sowohl im Reisebüro als auch im Internet schnell etwas Passendes finden. Das Angebot an **Pauschalreisen** ist groß: Die häufigste Variante ist der Flug mit Unterkunft, meist in einem großen Badehotel an der Küste oder auf den Inseln, aber auch zunehmend abseits des Rummels in kleinen Badeorten, einfachen Pensionen und Apartments. Daneben gibt es allerlei Spezialangebote wie Rund-, Studien- oder Aktivreisen. Der größte Griechenland-Veranstalter ist Attika-Reisen (www.attika.de), weitere Anbieter finden Sie unter der Rubrik „Pauschalangebote".

Am einfachsten erreicht man den Peloponnes mit einem rund dreistündigen **Direktflug**. Nach Áraxos (35 km von Pátras entfernt) und Kalamata fliegen (normalerweise von Mai bis Oktober) z. B. Condor von Düsseldorf, Frankfurt/M. und München bzw. Austrian Airlines von Wien. Nur nach Áraxos fliegt TUIfly von Frankfurt, Düsseldorf, Hannover, Stuttgart und München. Aegean Airlines startet von München nach Kalamata (Details → bei den jeweiligen Ortskapiteln.) Zum Peloponnes günstig liegt auch der Flughafen von Zákynthos (Flüge z. B. mit Condor, Austrian Airlines). Er ist nur eine Fährstunde entfernt und deshalb als Zielflughafen durchaus in Erwägung zu ziehen. Kefaloniá wird ebenfalls international angeflogen und hat eine gute Fähranbindung nach Pátras.

Eine weitere Alternative für Peloponnes-Reisende ist Athen, wofür es zweifelsohne das größte Flugangebot gibt, sowohl bei Linien- als auch Charterflügen. Von den großen Flughäfen in Deutschland, Österreich und der Schweiz fliegen z. B. Aegean Airlines, Austrian Airlines, Easyjet, Germanwings, Lufthansa und Swiss nach Athen. Wer von Athen auf die Ionischen Inseln, nach Kalamata oder Kythera möchte, nimmt einen Flug von Olympic Air, Sky Express oder Aegean Airlines. Nach Áraxos gibt es übrigens keine innergriechischen Flugverbindungen.

Flugpreise Die Tarife für die Flüge schwanken je nach Saison und Abflughafen, meist liegen sie bei **Charterflügen** zwischen 300 und 400 €. Man kann zum richtigen Zeitpunkt und mit etwas Glück aber auch schon für 120 € ein Ticket ergattern.

Linienflüge sind teurer, haben aber den Vorteil, dass man recht kurzfristig buchen kann und die Tickets ein Jahr lang gültig sind (Chartertickets max. sechs bis acht Wochen). Interessant sind v. a. die Sonderangebote der Liniengesellschaften.

Innergriechische Flugverbindungen zählen zu den günstigsten in ganz Europa (Athen – Kalamata ab 26 €, Athen – Kythera ab 80 €). Innergriechische Flüge können in jedem deutschen IATA-Reisebüro gebucht werden. Keine innergriechischen Flüge nach Áraxos!

Frühzeitiges Buchen und Preisvergleiche sind unbedingt ratsam! Nur-Flug-Angebote sind gerade bei den Chartergesellschaften direkt am günstigsten, man kann aber auch über die Vermittler von Pauschalangeboten buchen (s. u.). Flugpreise lassen sich unter www.swoodoo.de, www.momondo.de, www.billig-flieger-vergleich.und www.reise-preise.de vergleichen.

Fluggesellschaften Aegean Airlines, ✆ 069/2385630, http://de.aegeanair.com.

Austrian Airlines, ✆ 0043/517661000, www.austrian.com.

Eurowings, ✆ 0180/6320320 (0,20 € pro Anruf. aus dem deutschen Festnetz), www.eurowings.com.

Laudamotion, www.laudamotion.com

Easyjet, ✆ 01805/666000 (8–20 Uhr für 0,14 €/Min. aus dem dt. Festnetz), www.easyjet.com.

Lufthansa, ✆ 01805/805805 (0,14 € pro Min., tägl. 24 Std.), www.lufthansa.com.

Olympic Air, außerhalb Griechenlands ✆ 0030/2103550500, aus dem griechischen Festnetz ✆ 8018010101, www.olympicair.com.

Sky Express, ✆ 0030/2810223800, www.skyexpress.gr.

Swiss International Airlines, ✆ 0041/848700700, www.swiss.com.

TUIfly, ✆ 0180/6000120 (0,20 € pro Anruf aus dem dt. Festnetz), www.tuifly.com.

Pauschalangebote Angebote erstellen neben **Attika-Reisen** (www.attika.de) beispielsweise TUI (www.tui.de), Travel Overland (✆ 089/272766314, www.travel-overland.de), www.holidaycheck.de, www.ltur.de, www.opodo.de und natürlich jedes Reisebüro.

Last-Minute-Flüge Die attraktivsten Angebote werden jeweils für die nächsten 14 Tage gehandelt. Wer darauf spekuliert, muss also flexibel sein, denn am nächsten Tag kann es schon losgehen. Informationen gibt's im Reisebüro oder im Internet.

Fly & Drive Hin- und Rückflug sowie die Bereitstellung eines Leihwagens (am Flughafen). Eine gute Möglichkeit, den Peloponnes individuell zu erkunden. Eine Woche ab etwa 500 € pro Person in der Hauptsaison. Fly & Drive ist auch in Kombination mit einer Hotelbuchung möglich und wird von den meisten großen Reiseveranstaltern angeboten.

Selbstfahren ohne oder mit Fährpassage

Mit dem Auto zum Peloponnes zu fahren, lohnt sich eigentlich nur bei längeren Aufenthalten.

Der **Landweg** durch Österreich, Slowenien, Kroatien, Serbien und Mazedonien über den legendären, inzwischen teilweise modernisierten „Autoput" ist zwar nicht mehr so gefährlich, an der Streckenlänge hat sich aber freilich nichts geändert! Für die ca. 2000 km lange Route von München nach Patras rechnet der ADAC ca. 23 Std. Fahrtzeit. Die meisten Leser bewältigten die Fahrt als „Marathon" mit Fah-

Selbstfahren ohne oder mit Fährpassage

rerwechsel, um Übernachtungen auf unbekanntem Terrain zu vermeiden oder um die Grenzstaus tagsüber zu umgehen. Wer doch lieber längere Pausen macht oder sogar auf dem Weg übernachtet, muss dementsprechend mit einem Zeitaufwand von zwei bis zweieinhalb Tagen rechnen. Zu den Spritkosten kommen noch die Kosten für Vignetten von ca. 70 € – die Bezahlung ist überall problemlos mit Kreditkarte möglich. Ein ähnliches Wagnis ist auch der immense Umweg über Ungarn, Rumänien und Bulgarien (u. a. mit gefürchteten Schlaglochpisten). Die aktuellsten Informationen über die jeweiligen Reisebedingungen durch Slowenien, Kroatien, Serbien und Mazedonien erfahren Sie bei den Reisebüros und Automobilclubs.

Bequemer als über den Autoput ist die Anreise über Italien mit anschließender **Fährpassage**. Peloponnes-Reisende setzen von Venedig (ab München 560 km), Ancona (800 km), Bari (1280 km) oder Brindisi (1380 km) nach Patras über. Neben den Spritkosten muss man Autobahngebühren einkalkulieren: Je nach Route und Distanz benötigt man eine Autobahnvignette für Österreich (10 Tage 9 €, 2 Monate 26,20 €, Jahresvignette 87,30 €) bzw. für die Schweiz (Jahresvignette 35 €). Hinzu kommen ggf. die Maut für die Brennerautobahn (9 €) sowie die Autobahngebühren in Italien. Deren Höhe hängt vom Reiseziel ab, so kostet z. B. die Strecke von Brenner nach Venedig etwa 20 €. Wer längere Warteschlangen an den Mautstation vermeiden möchte, besorgt sich die magnetische *Viacard* (erhältlich im Wert von 25 €, 50 € und 75 € bei den Automobilclubs, an Grenzübergängen und großen Raststätten) und darf dann die Extraspur für Kartenzahler nutzen (vielerorts kann man dort aber auch einfach mit EC- oder Kreditkarte zahlen).

Für die **Überfahrt nach Patras** braucht man von Venedig ca. 35 Stunden, von Ancona ca. 21 bzw. 24, von Bari 18 und von Brindisi rund 17 Stunden. Wer bei der Unterbringung an Bord Wert auf ein Minimum an Komfort legt, sollte sich rechtzeitig um die Reservierung einer Kabine, einer Liege in einer Gemeinschaftskabine oder eines Pullmansitzes (Schlafsessel) kümmern. Deckpassagen werden hingegen scheinbar unbegrenzt verkauft ... Darüber hinaus bieten einige Reedereien auch „Camping an Bord" mit Übernachtung im eigenen Wohnmobil oder Wohnwagen an.

Allgemeine Fähr-Infos Man sollte die Fährpassage **möglichst frühzeitig** buchen, denn in der Hauptsaison ist der Andrang enorm.

Bei **gleichzeitiger Buchung von Hin- und Rückfahrt** können Sie interessante Rabatte nutzen – in der Regel sind das etwa 25–30 % des Oneway-Preises.

Mindestens 3 Std. vor Abfahrt am Hafen sein – unter Umständen verliert man sonst seinen reservierten Platz.

Fahrradtransport ist auf allen Fährlinien frei. Für die Mitnahme eines **Haustiers** muss man ca. 20 € pro Strecke in einer speziellen Box, 50 € in einer ausgewiesenen Kabine rechnen. Bitte bei der Buchung unbedingt angeben.

Preise Die Preise variieren je nach Route, Reisetag, Unterbringung an Bord und Fahrzeuggröße. Die Hin- und Rückfahrt nach und von Patras (bei gleichzeitiger Buchung beider Fahrten) gibt es als **Deckpassage** von Venedig (mit Anek Lines) in der Hauptsaison ab 169 €, von Ancona (mit Minoan Lines oder AnekSuperfast) ab 164 € und von Brindisi (mit Grimaldi oder Endeavor Lines) ab 136 €. Dieselben Strecken mit Unterbringung in einer **Kabine** sind pro Person ab 346 € ab Venedig, 322 € von Ancona und 274 € von Brindisi zu haben. **Autos** kosten je nach Größe 244 € ab Venedig, 237 € ab Ancona und 164 € ab Brindisi; **Wohnwagen** 794 € bzw. 651 € und 411 €; **Motorräder** 103 € bzw. 96 € und 64 €. Für **Camping an Bord** bezahlt man den Fahrzeugpreis plus Deckpassage.

Suchen und Buchen Infos zu Fährverbindungen und aktuelle Fahrpläne gibt's bei IKON-Reisen, ☏ 089/59988890, www.ikon-reisen.de oder im Internet unter www.greekferries.gr, www.ocean24.de, www.k-ferry.de, www.openseas.gr und www.avelling.gr (die beiden letzten nur Englisch).

Mit Bahn, Bus, Mitfahrzentrale

Griechenland hat erst 2014 den internationalen Zugverkehr wieder aufgenommen. Eine schnelle Anbindung nach Deutschland, Österreich und in die Schweiz gibt es aber noch nicht. Nun bestehen Verbindungen von Thessaloniki nach Sofia (7 Stunden, 16,80 €), Belgrad (11:15 Stunden, 33,80 €) und Skopje (3 Stunden, 12,20 €). Von dort bestehen weitere Anschlüsse nach Westeuropa. Nach Belgrad gibt es einen Direktzug bis nach Wien (11:36 Stunden) und Busverbindungen in mehrere deutsche Städte (u. a. Augsburg, Berlin, Düsseldorf, Frankfurt). Außerdem fährt jeden Samstag ein Zug von Athen nach Budapest. Von Thessaloniki kann man mit dem Zug weiter nach Athen oder mit dem Bus zu den größten Zielen auf dem Peloponnes reisen.

Alternativ können Bahnfahrer die Route über Italien mit anschließender Fährpassage nach Patras wählen. Von Deutschland, Österreich und der Schweiz fahren täglich mehrere Züge zu den italienischen Adriahäfen Venedig, Triest, Ravenna, Ancona, Bari und Brindisi. Es empfiehlt sich das rechtzeitige Reservieren einer Platzkarte. Die Zugfahrt von Frankfurt nach Venedig dauert rund elf Stunden, Ancona erreicht man in ca. 16, Brindisi in rund 23 Stunden. Von Wien braucht man in der Regel zu den südlicher gelegenen Häfen länger als von Frankfurt; allerdings ist Venedig von der Donaumetropole in nur acht Zugstunden zu erreichen.

Auf der Internetseite der Deutschen Bahn (www.bahn.de) sind Fahrpläne für die gewünschte Verbindung (auch ins Ausland) abrufbar, des Weiteren Online-Ticketbuchung und -ausdruck für Ziele im Inland, Informationen über aktuelle Sparpreise etc.

Günstiger als die Bahn sind die **Eurolines-Busse**, die von verschiedenen deutschen Städten nach Norditalien starten. Peloponnes-Reisende können mit dem Bus zu einem der italienischen Adriahäfen fahren und von dort mit der Fähre direkt nach Pátras überzusetzen. Die Fahrtzeit liegt – je nach Abfahrts- und Zielort – zwischen 30 und 46 Stunden, der Preis ab Mitte Deutschland 124 € einfach (zzgl. Fähre), hin und zurück 214 € (zzgl. Fähre).

Angesichts der weitaus komfortableren und einfacheren Anreisemöglichkeiten ist die **Mitfahrzentrale** eine eher theoretische Option, wenngleich vermutlich auch die preisgünstigste. Fahrten nach Griechenland sind rar, bei Interesse sollte man sich also sehr frühzeitig um eine Mitfahrgelegenheit bemühen oder aber die Anfahrtsvariante mit der Fähre ab Italien wählen (und dementsprechend eine Mitfahrgelegenheit zu einem der Adriahäfen suchen).

Bahn Preisbeispiele für eine Bahnfahrt nach Italien (Stand 2018): **Frankfurt/M. – Venedig** ab 94 €, **München – Venedig** ab 74 €, **Köln – Venedig** ab 129 € (Normaltarif einfache Fahrt für eine Person, 2. Klasse, optional ab Platzkarte 4,50 €, Liegewagen ab 21 €, Schlafwagen ab 66 € pro Person). Günstiger sind die Sparpreis-Europa-Angebote der Bahn ab 29 € (einfach/2. Klasse), frühzeitiges Buchen empfiehlt sich daher → www.bahn.de.

Für **Interrailer** gibt es den **Ein-Land-Pass**. Das Ticket für Italien bzw. Griechenland ist innerhalb eines Monats an 3, 4, 6 oder 8 Tagen auf dem gesamten Bahnnetz zuschlagsfrei gültig. Das günstigste Ticket (3 Tage innerhalb eines Monats gültig, 2. Klasse, Erw.) gibt es für Italien für 90 € (12–27 J.) oder 119 € oder Griechenland für 90 € (12–27 J.) oder 119 € (inkl. Fährüberfahrt mit Attica).

Reisebus Eurolines, 0049/61962078-501, www.eurolines.de/.

Mitfahrzentrale In allen größeren Städten, meist unter der bundeseinheitlichen Telefonnummer Vorwahl plus 19440 oder im Internet unter **www.mfz.de** zu erreichen (hier kann man ein Gesuch bzw. Mitnahmeangebot eingeben und findet einen Preisrechner). Preisbeispiel: München – Ancona ca. 84 €.

Ein Hauch von Abenteuer – Fahrerlebnis im Taýgetos-Gebirge

Unterwegs auf dem Peloponnes

Mit dem eigenen Fahrzeug

Das eigene Fahrzeug macht das Reisen auf dem Peloponnes unkompliziert. Dörfer, die oft nur umständlich mit Bussen erreichbar sind, lassen sich auf eigene Faust leicht entdecken. Einsame Strände, abgelegene Ausgrabungen und Kapellen – kein Problem.

Das hohe Maß an Flexibilität verschafft große Vorteile, schließlich muss man sich nicht nach irgendwelchen Fahrplänen richten. Doch auf den Inseln ist das Auto eher ein Hindernis. Überfahrten, obwohl nur kurze Distanzen, sind teuer. Auf Hýdra und Spétses sind Autos gar nicht erlaubt.

In den letzten Jahren wurden einige Anstrengungen unternommen, um das Straßennetz auf dem Peloponnes zu verbessern. Die Hauptverbindungsstraßen sind in der Regel mittlerweile in gutem Zustand, haben aber den Nachteil, dass hier manche Fahrer rasen, als hätten sie den Verstand verloren. Hunde und Katzen werden dabei als unvermeidliche Opfer betrachtet und auf der Strecke gelassen (platt gefahrene Reste davon sind in vielen Straßengräben zu sehen). Es kommt aber auch immer wieder vor, dass an den Ortsdurchfahrten Leute angefahren oder im schlimmsten Fall überfahren werden. Die Polizei setzt an den berüchtigten „Raserstrecken" mittlerweile Radargeräte (auch mobile!) ein, darauf sollte man gefasst sein. Unfälle gibt es häufig, und so mancher in Griechenland wundert sich, dass bei der stellenweise verbreiteten selbstmörderischen Fahrweise nicht noch mehr passiert als ohnehin schon.

Auf den Nebenstrecken muss man auf tiefe Löcher durch Steinschlag und Winterfrost, Bodenwellen und unvermutet steile oder ausgefahrene Kurven mit Spurrillen achten. Das gilt ganz besonders für die Bergregionen Arkadiens. An ein gemäßigtes Tempo sollte man sich hier gewöhnen. 80 oder gar 90 km/h auf Landstraßen zu fahren, kann lebensgefährlich sein. Oberstes Gebot: kein Risiko eingehen und immer mit Überraschungen rechnen! Hinter jeder Kurve muss man auf einen entgegenkommenden Omnibus oder eine Ziegenherde gefasst sein, die die ganze Straßenbreite einnimmt – ersterer macht sich meist durch seine Hupe bemerkbar, letztere kaum.

Nachtfahrten sind mühsam und gefährlich. Selbst auf schwierigen Strecken durchs Gebirge gibt es oft keine Begrenzungspfähle, die Trasse ist kaum zu erkennen. Für Schlaglöcher oder andere Hindernisse bräuchte man ein „Infrarot-Auge". Deshalb lieber auf Nachtfahrten verzichten, besonders auf unbekannten Strecken.

Verkehrsbestimmungen in Griechenland

Höchstgeschwindigkeit für Pkw/Wohnmobile bis 3,5 t:

auf Autobahnen	130* km/h
auf Schnellstraßen	90–110* km/h
außerhalb von Ortschaften	90–110* km/h
innerorts	50 km/h

Für **Gespanne** liegt die Höchstgeschwindigkeit außerorts bei 80 km/h, auf Schnellstraßen und Autobahnen bei **90 km/h** (Anhänger über 750 kg) bzw. **100 km/h** (Anhänger bis 750 kg)!

Höchstgeschwindigkeit für Motorräder bis 125 ccm/über 125 ccm:

auf Autobahnen	90 km/h
außerhalb von Ortschaften/ Schnellstraßen	70–80* km/h
innerorts	40 km/h (!)

Promillegrenze: 0,5 (Führerscheinneulinge bis 2 Jahre: 0,2 Promille).

Sicherheitsgurte müssen angelegt werden.

Ein ausdrückliches Verbot besteht für Fernlicht bei Tag.

Das Mitführen von Kraftstoff in **Reservekanistern** ist nicht erlaubt

Gelbe Linien an den Straßenrändern markieren **Parkverbot!**

Auf Vorfahrtsstraßen gilt ebenfalls **Parkverbot.**

Achtung: Per Gesetz dürfen Sie Ihr Fahrzeug in Griechenland nicht verleihen! **Mobil telefonieren** ist in Griechenland nur mit Freisprechanlage erlaubt.
*) nach Beschilderung

Parken: in größeren Städten und touristisch besuchten Orten inzwischen etwas problematisch. Nur zehn Minuten im Parkverbot können Sie um die 50 € kosten (wir sprechen hier aus eigener Erfahrung), die Gebühren werden im Zuge der Euro-

Die Natur holt sich zurück, was ihr gehört

päischen Einigung mittlerweile auch im Heimatland eingetrieben. Am besten parkt man immer noch in einer belebten Seitenstraße oder auf ausgewiesenen Parkplätzen, die sich meist nahe der Stadtzentren befinden. Zunehmend werden jedoch die Stadtzentren mit Anwohnerparkplätzen ausgestattet, für die eine spezielle Erlaubnis benötigt wird. Nach Möglichkeit das Auto in einer Parkgarage oder auf einem rund um die Uhr bewachten Parkplatz abstellen. Sehr pedantisch zeigen sich die Ordnungshüter in Großstädten. Hier wird Falschparkern unter Umständen das Nummernschild abgeschraubt – eine ungemein ärgerliche Angelegenheit. Zunächst einmal werden hohe Geldstrafen verhängt, des Weiteren kann es lange dauern, bis das Kfz-Kennzeichen wieder zur Stelle ist. Vor allem in Pátras (auch Piräus und Athen) sollte man aufpassen. Immer wieder parken Reisende wenige Stunden vor Ablegen der Fähre nach Italien ihr Fahrzeug verkehrswidrig in der Innenstadt, gehen noch einmal gemütlich zum Essen und bemerken bei ihrer Rückkehr das Malheur. Dann beginnt der Wettlauf mit der Zeit ...

Achtung: Verkehrsschilder mit einem roten Kreis um ein oder zwei weiße durchgestrichene Balken auf blauem Grund zeigen, in welchen Monaten das Parken an dieser Stelle erlaubt ist. Ein durchgestrichener Balken besagt Parkverbot in allen ungeraden Monaten, z. B. also im September, zwei durchgestrichene Balken bedeuten ein Parkverbot in den geraden Monaten.

Tankstellen: findet man in allen Teilen des Peloponnes. Trotzdem gibt es immer wieder abgelegene Regionen und Orte, in denen die Tankstellen nur zu bestimmten Zeiten geöffnet sind. Es empfiehlt sich daher, den Tank nicht unbedingt bis zum letzten Tropfen leer zu fahren. Flächendeckend ist mittlerweile die Versorgung mit bleifreiem Kraftstoff. Autogas ist dagegen an relativ wenigen Tankstellen verfügbar (www.gas-tankstellen.de). Tanken in Griechenland ist durch die Steuererhöhung wegen der Schuldenkrise ein teures Vergnügen: Ein Liter Bleifrei (unleaded/ „amolibdi wensína", 95 Oktan) kostet ca. 1,55–1,75 €, Super Plus bleifrei (100 Oktan) ca. 1,85–1,95 €, Diesel ca. 1,30–1,40 € (Stand: 2018).

Tiere haben immer Vorfahrt! Häufig liegen Ziegen, Hühner oder Hunde auf der Fahrbahn und haben für einen verwegenen Motorisierten nur einen gelangweilten Blick übrig. Alles andere als gelangweilt wird jedoch der Besitzer reagieren, falls er die Reste seines Vierbeiners von der Straße kehren muss. Auch auf die dreirädrigen Karren der Landbevölkerung sollte man ein Auge haben; sie fahren voll beladen nur sehr langsam, und das Überholen ist wegen der vielen Kurven nicht immer sofort möglich.

Straßengebühren: Es gibt nur zwei mautpflichtige Schnellstraßen auf dem Peloponnes und die Gebühren sind verhältnismäßig gering. Die Strecke Pátras – Korínth beispielsweise kostet ca. 11 € für Pkw, ca. 8 € für Motorräder, ca. 28 € für Wohnmobile. Die Gebühren für die Autobahn Kalamáta – Korínth liegen (Stand: Jan. 2018) bei 7,20 € für Motorräder, jeweils 10,65 € für Autos und Anhänger/Wohnwagen und 26,90 € für Wohnmobile.

Wartung/Ersatzteile: Im Hochsommer empfiehlt es sich, öfter als gewöhnlich den Kühlwasser- und Ölstand (evtl. auch das Batteriewasser) zu prüfen. Wegen der oft holperigen Strecken sind gute Stoßdämpfer wichtig.

Vertragswerkstätten der gängigen Hersteller findet man auf dem Peloponnes – im Gegensatz zu den Inseln – in fast allen größeren Städten. Ansonsten stehen überall unzählige Reparatur- und Reifenwerkstätten zur Verfügung. Bei größeren Pannen kann es vorkommen, dass erst Ersatzteile aus Athen angeliefert werden müssen.

Achtung: In den Städten sind Vorfahrtsstraßen kein Heiligtum. Unvermutet wird trotz starkem Verkehr von links und rechts auf die Hauptstraße eingebogen, die Folge ist stockender Verkehr mit dem Fuß auf der Bremse. Rechnen Sie auch in **Einbahnstraßen** immer mit entgegenkommenden Fahrzeugen! Moped- und Rollerfahrer überholen Autos oft links und rechts in abenteuerlichen, um nicht zu sagen völlig halsbrecherischen Manövern. Deshalb nicht nur vor dem Fahrspurwechsel, sondern schon bei geringfügigen Lenkbewegungen (z. B. um auszuweichen) immer erst sorgfältig in die Spiegel schauen – meist jagt gerade einer vorbei.

Pannenhilfe: Bei einer Panne wenden Sie sich am besten an den griechischen Automobilclub **ELPA**. Dort erfährt man, wo man Ersatzteile bekommt oder wo sich die nächstgelegene Vertragswerkstatt befindet. Nur an Autobahnen stehen in unregelmäßigen Abständen *Notrufsäulen*. Die Hilfe ist kostenpflichtig. Wer in Deutschland, Österreich oder in der Schweiz einem Automobilclub angehört, erhält zum Teil Sondertarife.

Die Pannenhilfe der **ELPA** ist auf dem griechischen Festland rund um die Uhr unter der Rufnummer ✆ 104 zu erreichen. Ansonsten kann man sich auch an die Hauptgeschäftsstelle in Athen wenden: Automobil- und Touring-Club Griechenland (ELPA), 15343 Ag. Paraskevi (Athen), Leof. Mesogion 395, ✆ 210/6068800, www.elpa.gr. **Polizeinotruf** ✆ 100, **Unfallrettung** in größeren Städten ✆ 166, außerhalb größerer Städte ✆ 151, für Handys ✆ 112. **Feuerwehr:** ✆ 199.
Die griechische **Touristenpolizei** ist unter der Notrufnummer ✆ 171 rund um die Uhr erreichbar. **Deutschsprachiger ADAC-Notrufservice:** ✆ 210/9601266.

Tipps für Motorradfahrer

Mit dem Motorrad auf dem Peloponnes unterwegs zu sein, ist ein herrliches Erlebnis. In den bergigen Regionen öffnen sich hinter jeder Kurve neue Ausblicke, zudem herrscht wenig Verkehr. Drei Strecken werden von Motorradfahrern immer wieder empfohlen: die schöne kurvenreiche Bergstraße von Geráki nach Leonídion, die Straße von Diakoptó nach Kalávrita und weiter nach Lambiá und die atemberaubende Strecke von Spárta nach Kalamáta, vorbei an Mistrá. Der Asphalt sollte dennoch nie aus den Augen gelassen werden. Schlaglöcher und Steine auf den Straßen sind keine Seltenheit, ebenso kann der Belag wegen der Hitze aufgeweicht oder extrem glatt gerieben sein (Rutsch- und Sturzgefahr). Auf Steigungsstrecken droht Motoröl von Schwerlastern – besonders in engen Kurven aufpassen.

Die Höchstgeschwindigkeit beträgt auf Landstraßen je nach Motorisierung 70–80 km/h. Es besteht Helmpflicht! Mit Ersatzteilen sieht es oft schlecht aus, denn Vertragswerkstätten gibt es nur in größeren Städten, wenn überhaupt. Wer Pech hat, muss es in Athen versuchen.

Kurvenreiche Landstraßen gibt es viele

Die Mitnahme der grünen Versicherungskarte wird empfohlen, gegebenenfalls auch der kurzzeitige Abschluss einer Vollkasko- oder Diebstahlversicherung. Diebstähle von neuen Motorrädern sind in Athen und Thessaloníki keine Seltenheit mehr. Zum Teil recht gemein – das Motorrad wird einfach mit einem Lkw abtransportiert. In einem solchen Fall muss man evtl. auch noch mit Problemen beim Zoll rechnen. Im Bergland des Peloponnes brauchen Sie sich allerdings kaum Gedanken über einen möglichen Diebstahl Ihres Motorrades zu machen.

Mit dem Wohnwagen/-mobil

Caravanbesitzer sollten bedenken, dass sich die Straßenverhältnisse in Griechenland zwar in den letzten Jahren erheblich verbessert, aber in entlegenen Gegenden noch lange nicht mitteleuropäisches Niveau erreicht haben. Wer nicht den gesamten Urlaub auf einem Campingplatz zwischen Pátras und Korínth verbringt, sollte sich auf lange und beschwerliche Fahrten einstellen.

Durchaus möglich, dass man gezwungen ist, über weite Strecken im Schneckentempo dahinzuzockeln. Der Peloponnes ist sehr bergig, die Straßen und Pässe oft abenteuerlich, eng und in schlechtem Zustand. Die Bremsen Ihres Fahrzeugs sollten gut funktionieren. Wer sein Gefährt beherrscht, braucht die Fahrt jedoch nicht zu scheuen – wenn es beim Rangieren mal eng wird, hilft jeder Grieche weiter, und die schönen Campingplätze im Süden des Peloponnes entschädigen großzügig für die mühevolle Fahrt. Prinzipiell sind die Straßen an den Küsten weniger bergig – Ausnahmen bestätigen die Regel. Auf jeden Fall gilt es, Großstädte wie z. B. Pátras, Kalamáta oder Athen möglichst zu umfahren. Wer Städte per Auto erkunden will, sollte sich darüber bewusst sein, dass große Wohnmobile und -anhänger in den engen Straßen häufig ein Verkehrshindernis darstellen. Lieber zu Fuß gehen, mit dem Bus fahren oder sich eine Vespa mieten!

Über Sinn und Unsinn einer kurzzeitigen Vollkaskoversicherung (nicht gerade billig) scheiden sich die Geister. Für die Einreise nach Griechenland ist jedoch auf jeden Fall die grüne Versicherungskarte empfehlenswert.

>>> Mein Tipp: Die jährlich neu herausgegebene Broschüre „Camping in Greece" mit Auflistung aller griechischen Campingplätze wird auf Anfrage vom Büros der GZF (Griechische Zentrale für Fremdenverkehr) in Deutschland kostenlos verschickt. Hier sind auch Chemietoiletten-Entsorgungsstationen aufgelistet. Das Übernachten außerhalb von Campingplätzen ist übrigens in ganz Griechenland offiziell verboten und wird (meist auf Betreiben der Platzbesitzer) von der Polizei zunehmend kostenpflichtig geahndet. <<<

Straßenverhältnisse

Seit dem EU-Beitritt Griechenlands 1981, wird die griechische Infrastruktur kontinuierlich ausgebaut. Mit diesen Maßnahmen will die Regierung die Voraussetzungen für einen wirtschaftlichen Aufschwung verbessern und die Landflucht stoppen. Landschaftsschutz und ökologische Probleme treten dabei oft in den Hintergrund. Schlimme Erosionen als Folge des Straßenbaus sind vor allem in den bergigen Regionen nicht zu übersehen. Überall sind Straßenarbeiter am Werk, und jedes Jahr kommen neu asphaltierte Teilstücke dazu. Seit 2012 ist auch die gebührenpflichtige Autobahn von Athen nach Kalamáta durchgehend fertiggestellt.

Ein Patchwork von Baustellen und noch nicht ausgebauten Abschnitten gibt es noch auf der Küstenstrecke zwischen Korínth und Pátras (vor allem in den Bereichen um Dervéni und Diakoftó), die zukünftig bis Olympía zur Autobahn ausgebaut werden soll. Die mautpflichtige Brückenverbindung mit dem Festland nahe Pátras (bei Ríon) verbindet den Peloponnes mit Mittel- und Nordgriechenland.

Häufig trifft man auf kleinere Straßen, die erst zum Teil asphaltiert sind und unvermutet in holprige Schotterpisten übergehen. Da aber weite Teile des Peloponnes steil und gebirgig und deshalb nur schwer zu erschließen sind, stößt man noch immer auf Pisten aus vormotorisierten Zeiten, auf Eselspfade und Karrenwege, die die kleinen Dörfer verbinden. Auf gebirgigen Strecken sollten vor allem Motorradfahrer das ganze Jahr über mit Rollsplitt rechnen, sowie in engen Kurven z. T. auf Ölspuren, verursacht durch Lastwägen.

Achtung: Auf Autobahnen und Schnellstraßen, die über eine Standspur verfügen, muss man sich daran gewöhnen, dass diese den langsameren Verkehrsteilnehmern vorbehalten ist.

Nordküste: Zwischen *Korinth* und *Pátras* führt eine gebührenpflichtige Autobahn/Schnellstraße (überwiegend vierspurig) an der Nordküste entlang. Wegen des Ausbaus der Autobahn muss man sich bis auf Weiteres auf zahlreiche Baustellen einstellen. Meist herrscht zudem dichter Verkehr. Tagaus, tagein transportieren Schlangen von Lkw die Waren aus dem Großraum Athen zum wichtigen Handelshafen Pátras und umgekehrt. Die Straße führt über *Mégara* weiter nach *Athen*. Zeitaufwendiger, jedoch landschaftlich reizvoller, ist die *Küstenstraße;* es geht durch Badeorte, Oliven- und Zitronenhaine immer am Meer entlang. Die Entfernung Korínth – Pátras beträgt 125 km. Von der Küste führen meist recht passable Stichstraßen in die Berge.

Westküste: Von *Pátras* führt eine gut ausgebaute Nationalstraße immer in Küstennähe Richtung Süden. Die Straße ist den Griechen allerdings nicht breit genug,

Straßenverhältnisse

weshalb die zwei Spuren oft zu drei Spuren umfunktioniert werden und man auf ständige Überholmanöver reagieren muss. Eine Geschwindigkeitsbegrenzung auf 60 km/h sorgt für große Geschwindigkeitsunterschiede und befeuert dies zusätzlich. Ab *Kyparissía* wird es enger. An der Strecke befinden sich zahlreiche Stichstraßen, die zur langen Sandküste abzweigen. Eine größtenteils vierspurige Schnellstraße führt von der Küstenstraße nach *Olympía*, das hektische *Pírgos* wird bequem umfahren. Eine wichtige *West-Ost-Verbindung* gibt es 7 km nördlich von Kyparissía bei Kaló Neró: Sie stößt nach 33 km auf die Autobahnverbindung nach Megalópolis – Trípolis (nördlich) und Kalamáta (in südliche Richtung).

Südküste: Zu allen wichtigen Orten führen asphaltierte Straßen. Die *Máni* ist straßenmäßig gut erschlossen. In unzähligen Kurven geht es auf der Westseite des „mittleren Fingers" an den Hängen des Taýgetos entlang Richtung Süden. Traumhaft auch die *Rundstrecke durch die Messa Máni* (Innere Máni). Die Asphaltstraße führt von Areópolis nach Aliká, dann über den steilen Bergkamm nach Kókkala und Kótronas. Von hier geht es entweder zurück nach Areópolis oder auf nagelneuer Küstenstraße Richtung Gýthion. Der herbe Charme der Máni-Landschaft und fantastische Panoramen machen die Fahrt zu einem einzigartigen Erlebnis. Eine gute Straße verbindet *Gýthion* mit *Monemvasía* und *Neápoli* (Hafen nach Kýthera).

Ostküste: Auf dem östlichen Peloponnes gibt es drei wichtige Verkehrsachsen. Die verkehrsreiche, teilweise schmale Straße von *Árgos* nach *Korínth* (47 km) über einen kleinen Pass; die Verbindung zwischen Náfplion und Epídauros (kurvenreich), weiter zum *Isthmus* (breit, autobahnähnlich ab Neá Epídauros); sowie die Küstenstraße *Árgos – Leonídion* (ungemein reizvolle Strecke mit schönen Badestränden).

Wer von der Ostküste in den Süden möchte, sollte über Kosmás fahren! Der Pass über das *Párnon-Gebirge* (ca. 1000 m) ist von *Leonídion* nach *Kosmás* (26 km) bis Geráki und weiter nach Spárta geteert.

Die *Ebene der Argolís* verfügt über ein ausgezeichnetes Straßennetz.

Innerer Peloponnes: Verkehrsmittelpunkt ist *Trípolis*. Hier laufen die wichtigen Straßen von *Pátras* nach *Spárta – Gýthion*, von *Athen – Korínth* nach *Kalamáta* und schließlich nach *Pírgos* zusammen; alle in gutem Zustand. Mit großem finanziellem Aufwand entstanden die Autobahn von Korínth nach Kalamáta wie auch der großzügige Ausbau der Strecke *Trípolis – Árgos* (68 km). Landschaftlich sehr reizvoll ist die Fahrt von *Trípolis* über die Bergdörfer *Levídi*, *Vytína*, *Langádia* nach *Olympía – Pírgos*. Es gibt eine Asphaltstraße von *Dimitsána* über *Stémnitsa* durch Hochgebirgswälder hinunter nach *Trípolis*. Doch noch immer sind weite Teile *Arkadiens* nur schwierig und mühsam über Schotterstraßen zu erreichen.

Kartenmaterial Bei ausgedehnten Touren auf dem Peloponnes ist man mit den Karten der *Road Edition* gut beraten (Maßstab 1:200.000; erhältlich an den meisten Tankstellen und in einigen Zeitungsläden). Die eingetragene Straßenqualität ist in der Regel verlässlich, hellhörig sollte man lediglich bei der Kategorie „befahrbarer Feldweg" werden, wo es passieren kann, dass man plötzlich auf einer handtuchschmalen Staubpiste landet. Wir haben uns bei unseren Orts- und Wegbeschreibungen deswegen immer bemüht, detailliert auf den Straßenzustand hinzuweisen. Warnungen vor schlechten Wegen sollten ernst genommen werden. Wer will schon mitten in der glühend heißen Macchia mit einem platten Reifen dastehen!

Beschilderung Eigentlich ganz gut, dennoch sollte man sich vor allem in entlegenen Gebieten nicht unbedingt darauf verlassen (manchmal ohne Tafeln oder nur griechisch beschriftet). Stellenweise wird mit Schildern sehr sparsam umgegangen, man sollte deshalb immer zusätzlich eine einigermaßen verlässliche Straßenkarte dabei haben. Tipps → „Kartenmaterial", S. 113.

Mit dem Bus

Egal, an welchem Punkt man sich in Griechenland befindet, ein Bus kommt immer. Und wer sich nicht mit Schafen und Ziegen um die Vorfahrt streiten möchte, dem sei dieses Transportmittel empfohlen. Jedoch muss man auch Geduld für die teilweise geringen Intervalle und die daraus resultierenden langen Wartezeiten mitbringen.

> Busverbindungen sind in diesem Buch bei den jeweiligen Orten detailliert aufgeführt. **Achtung**: Die Häufigkeit der Fahrten bezieht sich auf Werktage; an Wochenenden sind viele Verbindungen eingeschränkt, manchmal sogar gestrichen. Das trifft in einigen Regionen auch auf die griechischen Schulferien zu.

Busse verkehren kreuz und quer über den Peloponnes, selbst entlegene Dörfer werden angefahren – vorausgesetzt, eine Straße existiert. Wenn es nicht anders geht, fährt so ein rumpelnder Bus auch mal ein Stück Schotter- oder Staubpiste. Auch 90-Grad-Kurven sind kein Problem: kurbelnd über dem Abgrund oder im Höllentempo durch schmale Schluchten ... Unfälle sind selten. Die Fahrer kennen ihre Strecken, und das rollende Material ist inzwischen größtenteils ziemlich modern, vor allem bei längeren Distanzen in der Regel mit Klimaanlage ausgestattet.

Busfahren ist ein Erlebnis für sich. Man bewegt sich nicht hektisch und isoliert durch die Landschaft; Kontakte sind mit ein paar Brocken Griechisch schnell hergestellt. Zentren des Busnetzes sind natürlich die Städte, insbesondere Pátras, Kalamáta, Trípolis, Spárta, Árgos. Fast von jedem Dorf fährt täglich ein Bus nach Athen. Zur Landeshauptstadt gibt es vorzügliche Verbindungen. Schließlich fahren viele Pendler nach Athen zur Arbeit oder am Wochenende heim in ihre peloponnesischen Dörfer.

Fahrscheine Für kürzere Strecken erhält man sie immer im Bus, bei größeren Busbahnhöfen kann man sie auch im Voraus am Schalter kaufen. Bei längeren Strecken werden sie in der Regel mit Sitzplatzreservierung ausgestellt. Diesen Platz sollte man auch einnehmen – es kann schon Probleme mit anderen Fahrgästen geben, die ihrerseits ihren reservierten Platz besetzt vorfinden. Die Tickets sollte man immer bis zum Ende der Fahrt aufbewahren, es wird häufig kontrolliert! Bei Fahrten ohne Sitzplatzreservierung sollte man sich in eine etwaige Warteschlange vor der Bustür einreihen.

Achtung: An Feiertagen sind die Busse oft überfüllt.

Preise Busfahren ist nicht teuer. Faustregel – 100 km kosten ca. 10 €.

Abfahrtszeiten Die gedruckten Fahrpläne und Aushänge an Haltestellen stimmen nicht immer hundertprozentig. Im Zweifelsfall sollte man sich an den Ticketverkäufer wenden; er weiß in der Regel auch, wann verspätete Transitbusse losfahren, und das sogar ziemlich konkret. Die im praktischen Reiseteil des Buches angegebene Häufigkeit der Verbindungen ist als Orientierungshilfe zu verstehen. Die Angaben sind zum Teil saisonbedingt und gelten nur für die Zeit von Mai bis Oktober. In der kalten Jahreszeit (November bis März) wesentlich weniger Fahrten! **Achtung**: Oft fahren Busse, wenn sie einigermaßen voll sind, schon einige Minuten vor dem eigentlichen Abfahrtstermin los. Auf jeden Fall mindestens 15 Min. vorher da sein.

Zusteigen Auf den Überlandstrecken ist das Zusteigen z. T. sehr flexibel möglich – man wird auf Handzeichen quasi überall aufgelesen. Ebenso kann man überall auf der Strecke aussteigen.

Busbahnhöfe In den Städten mit Wartehallen, Lebensmittelläden, Imbiss und Kafenia. Da kommt selten Langeweile auf. In kleineren Dörfern befindet sich die Busstation oft in einem Restaurant oder Kafenion.

Nahverkehr Wenn ein Ort nur 2- oder 3-mal am Tag angefahren wird, sind die Abfahrtszeiten meist auf Pendler bzw. Schüler abgestimmt, d. h. frühmorgens vom Dorf in die Stadt, nachmittags zurück. Busverkehr im Allgemeinen nur bis etwa 21 Uhr.

Achtung: Über Umsteigemöglichkeiten auf der Strecke – wenn z. B. von der Ausgangsstation am gleichen Tag kein Bus mehr zum gewünschten Zielort fährt – wird man teilweise nur auf gezieltes Nachfragen hin informiert. Also nicht gleich aufgeben, sondern alle Möglichkeiten durchspielen, auch wenn die Zuständigen an den Busstationen mitunter leicht genervt wirken.

Wie finde ich meinen Bus?

Grundregel: Der angegebene Zielort auf den Bussen muss nicht stimmen. In jedem Fall noch einmal nachfragen! In größeren Busbahnhöfen sind die Busse nummeriert und werden per Lautsprecherdurchsage angekündigt oder jemand ruft laut, wo der nächste Bus hinfährt – darauf achten!

Mit der Bahn

Bahnreisen auf dem Peloponnes hat 2011 einen herben Rückschlag erlitten. Rund zehn Jahre lang sollte das als „Nostalgiebahn" mit Meterspur belächelte Verkehrsmittel saniert werden. Strecken wurden runderneuert, Trassen neu gelegt, überall türmten sich die alten Holzschwellen. Einige Teilabschnitte wurden bereits frisch saniert wieder in Betrieb genommen – dann kam die Finanzkrise.

Der Beschluss der griechischen Regierung, das Bahnnetz auf dem Peloponnes fast komplett einzustellen, kam nicht überraschend. Hatte doch das Staatsunternehmen zuletzt 4 Mio. Euro Defizit täglich eingefahren, mit den Ticketkäufen konnten nicht einmal mehr die Personalkosten gedeckt werden. Das flächendeckende Busnetz hatte der Bahn schon vor Jahren den Rang abgelaufen. Stichbahnen gibt es derzeit nur noch von *Katákolon* nach *Olympía* und als Touristenattraktion zwischen Diakoftó nach Kalávryta. Die 22 km lange Fahrt mit der *Zahnradbahn*, die ihren steil ansteigenden Weg (beträchtlicher Höhenunterschied) vom Küstendorf Diakoftó durch die enge Vouraikos-Schlucht nach Kalávryta, mühelos schafft, stellt ein besonderes Erlebnis dar (Information → S. 549).

Der einzig moderne Streckenabschnitt wird vom Regionalzug *Proastiakós* befahren, ein klimatisierter Zubringerzug von *Kiáto* zum Athener Flughafen bzw. zum Hafen von Piräus. Seit 2014 liegen zumindest wieder Pläne für eine Verlängerung der Strecke bis Pátras – und möglicherweise bis Kalamáta – auf dem Tisch.

Mit dem Fahrrad

Der Peloponnes hat für Radfahrer viel zu bieten: traumhafte Küstenstraßen, anspruchsvolle Bergpassagen und abseits der Hauptverkehrsadern wenig Verkehr.

Kondition muss man in jedem Fall mitbringen. In den Sommermonaten ist es tagsüber brütend heiß und zwischen 11 und 18 Uhr fast unmöglich, längere

Strecken zurückzulegen. Zudem muss man auf Schlaglöcher achten. Deshalb empfiehlt es sich frühmorgens (bei Sonnenaufgang) aufzubrechen, tagsüber zu rasten und am späten Nachmittag die Tour fortzusetzen.

Mit dem Fahrrad auf der Fähre: Der Fahrradtransport auf den Fährverbindungen zwischen Italien und Griechenland ist in der Regel kostenlos. Das Rad unbedingt irgendwo am Schiff anketten oder anbinden, um zu verhindern, dass es sich selbstständig macht und ramponiert wird. Soweit möglich, das Gepäck mit an Deck nehmen, denn die Laderäume sind unbewacht und eigentlich kann sich jeder Zutritt verschaffen. **Achtung:** Nahezu unmöglich ist der Transport von Fahrrädern in öffentlichen Transportmitteln auf dem Peloponnes.

Mietwagen

Leihautos sind zwar nicht ganz billig, trotzdem ausgesprochen beliebt. Zahllose Firmen in allen Städten und größeren Touristenorten verleihen sie, und es wird rege Gebrauch davon gemacht.

Die Wagen sind zum großen Teil neu. Hin und wieder aber kann es passieren, dass man eine „alte Kiste" angedreht bekommt. Auf jeden Fall eine kurze Probefahrt machen!

Die preiswerten Kleinwagen der niedrigsten Kategorie sind meist nicht sonderlich komfortabel, doch erfüllen meistens ihren Zweck. Für vier Personen samt Gepäck kann es darin aber reichlich eng werden. Sehr beliebt und bei den Straßenverhältnissen auch zu empfehlen, sind die diversen offenen Jeeps (teils mit Allradantrieb), die ebenfalls die meisten Verleiher im Angebot haben. Damit lässt es sich problemlos über steinige Staubpisten abseits der gängigen Asphaltstraßen fahren. Das ist manchmal notwendig, um zu interessanten Zielen zu gelangen.

Da Preise und Qualität äußerst unterschiedlich sind, sollte man sich immer bei mehreren Vermietern erkundigen. Oft sind die Wagen auch günstiger, wenn man mehrere Wochen im Voraus bucht. Prospekte mit den derzeit gültigen Preisen und Vertragsbedingungen liegen überall aus. Handeln ist durchaus möglich, vor allem in der Nebensaison werden gerne „Sonderangebote" mit deutlichen Preisnachlässen offeriert. Die Wagen der internationalen Verleihfirmen *Avis*, *Europcar*, *Hertz* und *Budget* sind in der Regel nicht besser oder schlechter als die der einheimischen Verleihfirmen, aber oft teurer. Die unterste Preiskategorie liegt bei ca. 30–40€ pro Tag.

Auch die Verleihbedingungen sollte man in Ruhe studieren, in den meisten Fällen sind sie mittlerweile auch in Deutsch zu lesen. Bei einem Unfall kann man erheblich zur Kasse gebeten werden, vor allem von unseriösen Geschäftemachern.

>>> Lesertipp: Einen Mietwagen über das heimische Reisebüro zu buchen, muss nicht unbedingt teurer sein als die Anmietung vor Ort. Großer Vorteil: Das Fahrzeug steht am Flughafen bereit, sämtliche Konditionen und Kosten sind bereits vor Ort geklärt, die Suche vor Ort nach dem passenden Kfz entfällt. Vor allem für den Zielflughafen Áraxos (ab hier wenige Verbindungen, meist ist man auf ein teures Taxi ins über 30 km entfernte Pátras angewiesen) eine Überlegung wert (Alexander Trabas, Duisburg). <<<

Bedingungen Der Fahrer muss je nach Firma 21, 23 oder 25 Jahre alt sein. Der Führerschein muss bereits ein Jahr gültig sein! Oft gibt es auch ein Höchstalter von etwa 75 Jahren.

Bei Anmietung muss eine Anzahlung geleistet bzw. Kaution hinterlegt werden – bei den meisten Firmen lässt sich das durch Zahlung mit Kreditkarte vermeiden.

Versicherung Der Versicherungsumfang spielt für den Mietpreis des Fahrzeugs eine erhebliche Rolle. Alle Firmen bieten eine **Haftpflichtversicherung** (Third-Party-Insurance), die nach griechischem Recht nur Sach- und Personenschäden bis zu einer bestimmten Höhe abdeckt. Was darüber hinausgeht, müsste der Fahrer aus eigener Tasche begleichen. Eine zusätzliche Haftpflichtversicherung kann man schon zu Hause bei verschiedenen Unternehmen abschließen. Ansonsten bieten die Leihfirmen meist **Vollkasko** (Collision-Damage-Waiver) mit hoher Eigenbeteiligung für Schäden am Leihwagen. Die Eigenbeteiligung kann aber ebenfalls „wegversichert" werden. **Wichtig:** Schäden an Reifen und Unterseite des Wagens sind oft nicht mit versichert! Zu beachten ist auch, dass die Versicherungen der meisten Anbieter nur auf geteerten Straßen gelten. Das kann soweit führen, dass beim Schadensfall auf einer noch so kurzen Schottertrasse der Versicherungsschutz nicht greift.

Eine **Insassenversicherung** (Personal-Accident-Insurance) kann bei einigen Unternehmen zusätzlich abgeschlossen werden.

≫ Lesertipp: „Mieten Sie ein Fahrzeug der großen Agenturen stets bei den Hauptvertretungen am Ort. Ansonsten fallen deftige Vermittlungsgebühren (bis zu 25 %) zu Lasten des Kunden an. Diese Vermittlungsgebühren scheinen üblich, auch wenn Sie von Europcar bestritten werden." (Peer Klinkenberg, Essen). ≪

Rent a Scooter, Rent a Bike

Moped- und Mofavermietungen finden Sie auf dem Peloponnes in den meisten Touristenorten. Das Angebot ist groß, die Preise jedoch von Ort zu Ort verschieden. Testen Sie vor dem Mieten Bremsen, Gangschaltung, Reifenprofil, Luftdruck und Ölstand. Manche Mopeds oder Mofas erreichen Geschwindigkeiten von 50 km/h oder mehr. Auf alle Fälle viel zu schnell für die schwachen Bremsen. In Griechenland besteht Helmpflicht, aber kaum jemand hält sich daran.

Für *Schäden am Fahrzeug* haftet man im Allgemeinen selbst, nur eine Haftpflicht ist im Preis inbegriffen. Den Mietvertrag sollten Sie sorgfältig durchlesen und darauf achten, ob der Vermieter überhaupt eine Haftpflichtversicherung abgeschlossen hat. Dies gilt besonders bei extrem billigen Fahrzeugen. Wo es Zweiräder zu leihen gibt, wird bei den jeweiligen Orten im Buch beschrieben.

Achtung: In Griechenland braucht man auch zur Anmietung eines Mofas (bis 50 ccm) einen Führerschein der Klasse 1. Für größere Mopeds muss sowieso die entsprechende Fahrerlaubnis vorgelegt werden.

In der Regel werden folgende *Kategorien von Zweirädern* angeboten:

Fahrrad ab 8–10 € (MTB ab 10 €). Vor allem auf den Inseln beliebt. Meist mit Gangschaltung. Flickzeug unbedingt dabei haben.

Mofa ab ca. 12–15 € pro Tag. Oft in miserablem Zustand; geringer Spritverbrauch, Automatikschaltung, leicht zu bedienen.

50-ccm-Maschine ab ca. 16–20 € pro Tag. Entweder ein Dreigangmofa, meistens Marke Honda, oder eine kleine geländegängige Maschine. Für bergige Strecken ideal; robuste Maschinen kann man auch zu zweit fahren.

Scooter und **Vespa** gibt es in der 50-ccm-, 80-ccm-, manchmal auch in der 100-ccm-Version, überwiegend mit Automatik und zum Teil ziemlich flott. Die Preise liegen zwischen 22–25 €.

Enduro ab ca. 25–30 € aufwärts, 50 ccm und 80 ccm, seltener 125 ccm, geländegängig.

Bei einigen größeren Verleihern kann man auch große **Motorräder** mieten. Das Angebot ist allerdings begrenzt.

≫ **Mein Tipp:** Wenn man für mehrere Tage mietet, verringert sich der Tagespreis um einiges. Handeln ist bei starker Nachfrage nur bedingt möglich, die besten Chancen hat man noch in der wenig ausgelasteten Nebensaison. ≪

Taxis

Ein bequemes Verkehrsmittel – ausgesprochen dicht gesät und im Vergleich zu Deutschland, der Schweiz und Österreich noch vergleichsweise günstig. Vor allem, wenn man zu mehreren fährt, lohnt ein Taxi sehr. Doch aufpassen: Immer wieder werden Reisende mit überhöhten Preisen abgezockt.

Man unterscheidet zwei Taxitypen: solche, die nur in der Stadt verkehren *(Taxí)*, und solche, die auch Überlandfahrten machen *(Agoréon)*. Letztere besitzen keinen Taxameter; hier gelten Festpreise für bestimmte Strecken, die vom Fahrgast eingesehen werden können. Aber auch in den Stadttaxen wird oft das Taxameter nicht angeschaltet, sondern ein fester Fahrpreis veranschlagt. Handeln ist nur begrenzt möglich. Es empfiehlt sich, den Preis immer vor der Abfahrt zu erfragen. Meistens gelten folgende Preise, die aber nicht immer eingehalten werden:

Preise (Stand 01/18) Grundgebühr 1,20 €, pro km 0,68 € im Stadtverkehr, außerhalb 1,19 €; Mindestgebühr 3,40 €. Zuschläge bei Nachtfahrten 1,20 €/km und pro Gepäckstücken über 10 kg (0,40 €). Fahrten ab Bahnhof oder Busstation ebenfalls mit Zuschlag (1,07 €), von und zum Flughafen Athen 3,84 € Zuschlag. Zuschlag für Taxiruf 1,92 €. 1 Std. Wartezeit 10,85 €. Fahrten vom Athener Flughafen in die Stadt tagsüber pauschal 35 €, nachts 50 €.

In Griechenland halten oft bereits besetzte Taxis an, um jemanden mitzunehmen, der in die gleiche Richtung will. Falls Sie auf diese Weise zusteigen: Den Zählerstand beim Einsteigen merken – ab dieser Zahl wird dann abgerechnet; besser ist es jedoch, auch hier den Preis vorab zu erfragen.

Um den schwarzen (Taxi-)Schafen auf die Schliche zu kommen, führte die Regierung landesweit einheitliche *gelbe* Nummernschilder ein. Achten Sie auf das Kennzeichen, bevor Sie einsteigen.

Übrigens: Laut Gesetz muss sich in jedem abseits gelegenen Dorf Griechenlands ein Taxinotruf befinden!

Warten auf Kundschaft

Fährverbindungen

Per Schiff vom Peloponnes zu den Ionischen Inseln, nach Kýthira oder zu den Saronischen Inseln zu gelangen, ist im Sommer kein Problem. Auch zwischen den Saronischen Inseln sind die Fährverbindungen ausgezeichnet. Demgegenüber ist man bei den Ionischen Inseln gelegentlich gezwungen, einen Umweg über das Festland zu machen, auch wenn man nur eine Insel weiter möchte.

Die wichtigsten Verbindungen um den Peloponnes sind: Pátras – Kórfu/Igoumenítsa (als Zwischenstopp der Italienfähren), Pátras – Kefaloniá, Pátras –

Íthaka; Kyllíni – Zákynthos, Kyllíni – Kefaloniá; Íthaka – Kefaloniá, Íthaka – Lefkas; Íthaka – Pátras, Galatás – Póros; Ermióni – Hýdra, Ermióni – Piräus, Kósta – Spétses, Piräus – Ägina – Méthana – Póros – Hýdra – Spétses; Gýthion – Kýthira, Gýthion – Kréta und Neápoli – Kýthira. Weiterhin besteht eine direkte Fährverbindung zwischen Antikýthira und Chaniá/Kréta. Die Fähren sind komfortabel und ein Vergnügen: an Deck liegen, in die Sonne blinzeln und die Küste im Schneckentempo vorbeiziehen lassen.

Von Ríon (7 km von Pátras entfernt) führt nach Antírion (Nordgriechenland) eine der größten europäischen Hängebrücken (mautpflichtig, 13,20 €); der Roll-on/Roll-off-Verkehr wird dennoch parallel dazu aufrechterhalten und ist im Vergleich mit 4,50 €/Auto spottbillig.

Eine angenehme, vor allem schnelle Reise ermöglichen *Flying Dolphins* der Fährgesellschaft *Hellenic Seaways,* die von Piräus zu den Saronischen Inseln und an die peloponnesische Ostküste fahren. Dabei stehen den Passagieren bequeme Sessel zur Verfügung. Die Flying Dolphins sind etwa ein Drittel teurer als die übrigen Fähren, dafür jedoch wesentlich schneller (bis zu 60 km/h) und überaus pünktlich. In der Regel sind die Fährverbindungen verlässlich, auch bei schlechtem Wetter. Allerdings stellen die Flying Dolphins bei höherem Seegang den Betrieb ein, während die großen Fähren noch unbeeindruckt durchs Wasser pflügen.

Tipp: Die geschlossenen Großkabinen der Flying Dolphins sind im Sommer sehr stark klimatisiert. Ein Pullover, Handtuch o. Ä. zum Zudecken sollten deshalb im Handgepäck sein.

Auch für die Fähren gilt, was bei den Bussen schon angesprochen wurde. Die Fahrpläne ändern sich ständig, was die Abfahrtszeiten und auch die Häufigkeit der Verbindungen betrifft. Die Angaben im praktischen Reiseteil des Buches sind zur Orientierung gedacht und beziehen sich auf die Hochsaison (Juli bis August). In der Nebensaison können unzählige Fahrten gestrichen sein! Das gilt vor allem für die Flying Dolphins, deren Fahrplan sich viermal im Jahr ändert. Details zu allen Fährverbindungen unter den jeweiligen Orten.

Trampen

Eine für Griechenland unübliche Fortbewegungsart. Insbesondere an wichtigen, überregionalen Straßen kann man lange warten. In touristischen Zentren hat man oft mehr Glück. Es sind vor allem Nicht-Griechen, die Tramper mitnehmen.

Auf dem Land kann man dagegen viele positive Erfahrungen machen. Da sieht man auch mal einen winkenden Bauern oder eine alte Frau mit Einkaufstaschen am Straßenrand. Wer Platz in seinem Fahrzeug hat, sollte sie immer mitnehmen. Meist will derjenige nur in den nächsten Ort, und es ist eine gute Gelegenheit, eine – wenn auch nur bescheidene – Brücke zwischen Einheimischen und Touristen zu schlagen.

Wenn man selbst trampt, stehen die Chancen gut bei Kurzstrecken, wenn man z. B. an der Abzweigung zu einem Strand steht. Bei Langstrecken muss man dagegen schon mal eine längere Wartezeit in Kauf nehmen. Das Trampen lohnt sich bei den niedrigen Busfahrpreisen eigentlich nur, wenn der letzte Bus abgefahren ist.

Rhythmus im Blut – Tänzer in traditionellen Trachten beim Osterfest

Volkstänze

Die Palette der griechischen Tanzarten ist ungemein vielfältig. Insgesamt zählt man weit über 150 Tänze, von denen allerdings viele nur noch in manchen Orten oder kleinen Regionen praktiziert werden. Die meisten Tänze sind sog. *Reigentänze (Sirtos)*. Man bildet einen offenen Kreis, greift die Hände seines Partners oder legt die Hände auf dessen Schulter. Dem Vortänzer fällt dabei eine besondere Rolle zu, weil er nicht nur bestimmt, was getanzt wird, sondern auch sein ganzes Können präsentieren kann. In ganz Griechenland sind die Tänze *Sirtos*, *Kalamatianos* und *Tsamikos* verbreitet.

Sirtos	Schneller Tanz im 2/4-Takt mit sechs Laufschritten. Einfach zu lernen und weit verbreitet.
Kalamatianos	Der älteste griechische Tanz mit zwölf Grundschritten im ungewöhnlichen 7/8-Takt. Die Bewegungen sollen an das ewig wogende Meer erinnern.
Tsamikos	Ein ehemaliger Kriegstanz, der hauptsächlich in Epirus und im östlichen Griechenland getanzt wird.
Chasapikos	War das Vorbild für den weltberühmten „Sirtaki" im Film „Alexis Sorbas", der inzwischen zu dem Touristentanz schlechthin geworden ist. Früher war er etwas verrufen, vor allem Metzger tanzten ihn zu Liedern mit anrüchigem Inhalt. Drei bis vier junge Männer tanzen zunächst nach einem langsamen Musikteil, der sich mehr und mehr steigert und schließlich vom Tänzer ein enormes Durchhaltevermögen verlangt.
Seimbekikos	Solotanz für Männer ohne große Vorgaben, mit sehr langsamen Schrittfolgen und Sprüngen. Die Arme sind ausgestreckt, der Körper leicht nach vorn gebeugt, und die Bewegungen werden leicht kreisend ausgeführt.

Luxushotel in Kalamáta ohne Kitsch

Übernachten

Das Angebot an Übernachtungsmöglichkeiten in den Küstenorten und nahe der antiken Stätten ist enorm. Dennoch kann es in der Hochsaison immer wieder zu Engpässen kommen, vor allem im Innern des Peloponnes und auf den Inseln.

Die meisten Hotels gehören nicht den großen Touristikkonzernen, sondern sind in Privatbesitz. In Wohnhäusern entstanden durch Um- und Anbauten Ferienunterkünfte. Das Geld aus dem Nebenerwerb stellt eine wichtige Einnahmequelle für die griechischen Familien dar. Diese Privatunterkünfte laufen mittlerweile den großen Hotels den Rang ab, nicht nur was den Preis betrifft, sondern auch in Bezug auf den Service. Betonklötze, wie sie z. B. in Portochéli oder in Hydra Beach (auf dem peloponnesischen Festland) zu finden sind, dürfen heute nicht mehr gebaut werden.

Zimmer, die durch spartanische Lieblosigkeit bestechen, sind selten geworden. Man findet sie zum größten Teil nur noch abseits der Touristenzentren. Die meisten neu entstandenen Unterkünfte zeigen einen deutlichen Trend zum gehobenen Wohnstandard, was vor allem durch moderne sanitäre Einrichtungen zum Ausdruck kommt. Dennoch sind die Zimmer in der Regel schlicht eingerichtet. Auf schmuckvolle Details wird meist verzichtet; selbst bessere Hotels legen auf eine üppige Ausstattung oft keinen besonderen Wert. Einfache Unterkünfte bestehen nur aus einem Bett, einem Tisch, einem Stuhl und vielleicht einem Schrank. Den mangelnden Komfort gleicht aber oft die Gastfreundschaft und natürliche Herzlichkeit der Gastgeber aus.

Wer auf eigene Faust reist, Stress bei der Zimmersuche vermeiden und gleichzeitig einiges an Geld sparen möchte, sollte nach Möglichkeit in der *Nebensaison* fahren, also außerhalb der Monate Juli und August – je weiter man sich zeitlich von diesen beiden Monaten entfernt, desto niedriger die Preise (bis zu 40 % billiger) und desto größer die Freude des Hoteliers über jeden Gast. Auch Tavernen, Strände und Museen zeigen sich abseits des sommerlichen Hochbetriebs von einer anderen Seite. Nicht vergessen sollte man allerdings, dass vor Anfang Mai und nach Mitte/Ende Oktober viele Hotels und Campingplätze geschlossen sind – auch in ausgesprochenen Touristenzentren. In untergeordneten Ferienzielen dauert die Saison sogar nur von Juni bis September. Eine Unterkunft in Olympía oder in der Nähe von anderen antiken Stätten zu finden, dürfte jedoch auch im Winter keine Probleme bereiten.

> In den Ortsbeschreibungen wird ausführlich auf Unterkünfte aller Art hingewiesen. Sie finden dort zahlreiche Adressen mit genauer Beschreibung, Telefonnummer und Preisen für eine Übernachtung, die sich auf die **Hochsaison** beziehen. Bei längeren Aufenthalten sind die Übernachtungspreise oft erheblich niedriger. Preisangaben für Doppelzimmer (DZ) gelten immer für zwei Personen. Da die Preise ständigen Änderungen unterworfen sind und oft auch innerhalb einer Saison variieren, sind sie als ungefähre Anhaltspunkte zu verstehen. Handeln ist durchaus möglich, nicht jedoch in gehobenen Unterkünften und auch nicht, wenn man nur eine oder zwei Nächte bleibt. Die meist fairen Preise privater Vermieter sollte man respektieren.

Engpässe gibt es im Hochsommer auf den Saronischen Inseln. Vor allem an Wochenenden wird dort die Suche nach einem Zimmer zur Qual. In solchen Fällen frühzeitig reservieren.

Hotels und Pensionen

Hotels: Die Hotels werden seit 2007 nach internationalem Vorbild in fünf Kategorien unterteilt, die mit Sternen gekennzeichnet sind. Apartmentwohnungen sind von dieser Klassifizierung in der Regel ausgenommen. Kategorie und Preise werden überwacht. Die Preise müssen in den Zimmern deutlich angeschlagen sein, und die Besitzer dürfen nicht mehr verlangen, als auf dem Anschlag steht. Frühstück wird nicht in allen Häusern angeboten, kostet manchmal extra und ist oft karg. Im Kafenion nebenan frühstückt man häufig besser.

5*/Luxus-Kategorie: Dieses Prädikat tragen auf dem Peloponnes nur die großen Hotels mit allen Einrichtungen für höchste Ansprüche in Ausstattung und Service. Einige bieten Tennisplätze, z. T. Golfplatz, eigenen Strand, Wassersport, mehrere Restaurants und Bars, Disco, Aircondition usw. Die Zimmer sind mit High-Speed-Internet ausgestattet, CD/DVD-Spieler und Sat-TV sind häufige Einrichtung. 24-Std.-Service ist Standard. Die Preise in diesen Zentren des „Edeltourismus" liegen je nach Saison zwischen 120 und 400 € für das DZ (Halb- oder Vollpension möglich).

4*-Kategorie: durchwegs gehobene Häuser mit gutem Komfort und Service (z. B. Zimmerservice, Concierge-Service, Gepäcktransport/Stauraum, oft mit Parkmöglichkeit). Ein Restaurant im Haus ist Standard. Oft alteingeführte Hotels, die seit Jahren von Reiseveranstaltern gebucht werden. Die neu erbauten Häuser der Kategorie sind oft erfreulich modern, mit guten sanitären Anlagen und gepflegter Atmosphäre, ansprechender Dekoration in den Zimmern, täglichem Handtuchwechsel etc. Bei einigen wenigen Hotels muss man sich aber wundern, wann oder wie sie zu der Klassifizierung kamen. DZ je nach Saison ab 90–180 € (Halbpension möglich).

3*-Kategorie: die normalen Durchschnittshotels; hier gibt es ziemliche Qualitätsunterschiede – von sehr gut bis ungepflegt und vernachlässigt. Kriterienschwerpunkte

Hotels und Pensionen

Infinity-Pool in der Nähe von Koróni mit Blick auf die Máni

sollten auf gutem Service, gutem Einrichtungsstil und komfortablem Wohnen liegen. Preise fürs DZ je nach Saison 40–85 €. Zimmer mit eigenem Bad, manchmal aber auch nur abgetrennte Duschkabinen im Zimmer. Einige Hotels haben sich in der Ausstattung an die Bedürfnisse von Geschäftsreisenden angepasst (Internet, Schreibtisch, Konferenzzimmer). Manche Häuser bieten darüber hinaus Fitnessräume oder Pool an. Halbpension meist nicht möglich.

2*-Kategorie: einfache „Billighotels" mit eingeschränktem Service – mal blitzsauber, mal läuft eine Schabe durchs Zimmer. Nicht immer mit Bad, dafür oft mehr persönliches Flair als in den besseren Kategorien. Telefon und Fernseher sind im Zimmer zu finden. Auch hier kann man erfreuliche und unerfreuliche Entdeckungen machen. Zumindest Frühstück sollte angeboten werden. Preise fürs DZ je nach Saison 30–60 €.

1*-Kategorie: hauptsächlich bei Rucksacktouristen beliebt. Ein Dach überm Kopf, Dusche am Gang, hier kommt es sehr auf den Besitzer an – und wie er sein Haus in Schuss hält. Normalerweise sind sie aber in einem passablen Zustand. Vor allem in den größeren Städten findet man sie häufig in „historischen" Häusern, die lange keine Renovierung mehr erlebt haben. Verpflegung ist in der Regel nicht vorgesehen und die Rezeption ist möglicherweise beizeiten unbesetzt.

Preis fürs DZ je nach Saison 25–45 €. Dazu können noch Aufschläge kommen, z. B. für heiße Duschen oder bei kurzer Übernachtungsdauer.

Generell gilt: Die Zimmer müssen, wenn nicht anders vermerkt, bis 12 Uhr geräumt sein. Wenn das nicht geschehen sollte, kann der Besitzer die Hälfte des Übernachtungspreises aufschlagen (was in der Praxis fast nie passiert).

Einzelreisende müssen oft ein Doppelzimmer nehmen, das bei Einzelbelegung meist 20 % günstiger ist. Manchmal muss man dafür aber auch den vollen Preis bezahlen. Dreibettzimmer sind etwa 20–30 % teurer als Doppel. Außerhalb der Hauptsaison kann man handeln.

Hoteliers, die ihr Haus überbuchen und die Gäste nicht mehr angemessen unterbringen können, werden kräftig zur Kasse gebeten. Laut Gesetz müssen die schwarzen Schafe der Branche mit Geldstrafen bis zu 10.000 € rechnen.

Seit 2013 ist auch Griechenland ein Mitglied der *Hotelstar Union*, die sich eine harmonisierte Hotelklassifizierung mit gemeinsamen Kriterien und Richtlinien der teilnehmenden Länder auf die Fahnen geschrieben hat. Dadurch konnte erstmals eine einheitliche und transparente Hotel-Zertifizierung für Griechenland geschaffen werden, bei der sich Reisende bereits vorher in Internetportals über den aktuellen Standard der einzelnen Unterkünfte informieren bzw. Beschwerden über den zentralen Dachverband Hotrec www.hotrec.eu) einreichen können.

Dennoch – das wurde auch bei der Recherche wieder deutlich – sind die Kriterien für den Urlauber derzeit noch längst nicht überall vereinheitlicht. Oftmals übertrifft ein modernes 3-Sterne-Hotel seinen mit *vier* oder *fünf Sternen* eingestuften, mittlerweile renovierungsbedürftigen Nachbarn um Längen und ist darüber hinaus auch noch um einiges günstiger. Manche Anbieter haben sich bei der Umstellung durch kurzfristige Erweiterung des Angebots (z. B. doppelte Vorhänge, Kühlschrank oder Kaffeemaschine im Zimmer) um einen Stern „nach oben gerettet", sind aber ansonsten „ganz die Alten" geblieben. Deshalb die Zimmer nach Möglichkeit vor Ort ansehen. Wir geben bei allen Orten detaillierte Tipps. Eines jedoch sollte man bedenken: Hotels, die zum Zeitpunkt der Recherche einen heruntergekommenen Eindruck machten, können schon ein Jahr später neu renoviert sein, und genauso können von uns als Empfehlung ausgewiesene Hotels mittlerweile einen neuen Besitzer haben, der es zum Beispiel mit der Sauberkeit nicht so genau nimmt. Generell gilt: Für konstruktive Lesermeinungen zum Zustand der von Ihnen gewählten Unterkunft und dem Service, Management etc. sind wir immer dankbar. Das gilt übrigens auch für die aktuell gezahlten Preise. Viele Hotelbesitzer sind nämlich dazu übergegangen (sofern sie keinem zentralen Buchungssystem angeschlossen sind), ihre Preise nur noch bei individueller Anfrage übers Internet anzugeben. Nicht zuletzt durch Ihre Mithilfe ist dieser Reiseführer immer auf dem aktuellsten Stand.

Die Sterne funkeln noch unterschiedlich hell

Bei der neu strukturierten griechischen Tourismusorganisation Visit Greece können sich Urlauber bei der Verbraucherschutzabteilung u. a. über Missstände im Unterkunftssektor oder bei touristischen Unternehmen, über Taxifahrer oder die Misshandlung von Tieren beschweren. Unsere Bitte: Machen Sie im Bedarfsfall Gebrauch davon, nur „steter Tropfen höhlt den Stein".

Telefonische Beschwerden unter ☎ 1572 (Zentrale der Touristenpolizei).

Information dazu in Englisch auch unter www.visitgreece.gr in der Fußleiste unter „Travel Information > Tourist Protection", hier findet sich auch die Mailadresse für Beschwerden: complaints@gnto.gr.

Pensionen: werden seit der Neuklassifizierung ebenfalls mit Sternen beschrieben. In Pensionen der 5*- und 4*-Kategorie haben die Zimmer ein eigenes Bad und sind durchwegs freundlich eingerichtet; Preis je nach Saison und Ausstattung etwa 35–75 € fürs DZ. Oft handelt es sich um Familienbetriebe mit angenehmer Atmosphäre, die sich in den Städten, aber auch in kleineren Orten ohne Hotels angesiedelt haben.

Die Pensionen der 3*-Kategorie gleichen den Hotels der 1*- und 2*-Kat., sind im Gegensatz zu diesen aber nicht selten die bessere Wahl.

>>> **Mein Tipp:** *Zwei Ausweispapiere* auf die Reise mitnehmen, da man seinen Pass an der Rezeption abgeben muss und z. B. für die Anmietung eines Mopeds einen zweiten Ausweis braucht. Auch sollte man nie im Voraus für mehrere Tage bezahlen, denn dann hat man keine Möglichkeit mehr zu wechseln. Bei Schwierigkeiten sollte man sich an die örtliche Touristenpolizei wenden. <<<

Privatzimmer

Überall auf dem Peloponnes und den Inseln findet man die Schilder mit den Aufschriften *„Rent Rooms"*, *„Rooms to let"* oder *„Domatia"* (griech. = Zimmer). Manchmal nennt man sich auch stolz „Pension" oder gar „Hotel" – so genau wird das nicht genommen. Vor allem in den kleinen Küsten- und Badeorten bedeutet die Zimmervermietung einen einträglichen Nebenverdienst. Eine wahre Flut von Unterkünften ist in den letzten Jahren entstanden, und der Boom hält noch an. Viele Einwohner bauen an, stocken ihre Häuser auf oder setzen Neubauten auf ihr Grundstück. Privatzimmer kosten je nach Saison zwischen 25 und 50 €. Handeln ist in begrenztem Umfang möglich, in der Hauptsaison jedoch nur bedingt.

Neu gebaute Häuser haben meist Zimmer mit eigener Du/WC und immer öfter auch kleine Apartments mit Küche und Bad. Die Einrichtung ist in der Regel einfach (aber modern) und den mediterranen Verhältnissen angepasst. Ein Privatzimmer bedeutet nicht selten Familienanschluss – es geht vertraut und freundlich zu, und in Gesprächen kann man viel über den jeweiligen Ort erfahren. Je weniger ein Dorf besucht wird, um so herzlicher ist oft die Familie.

Ferienwohnungen/-häuser

Wohnen in einem alten maniotischen Wohnturm oder in einem abgelegenen Bauernhaus – der Peloponnes bietet außergewöhnliche Möglichkeiten. Angeboten werden auch Apartments und Studios. Zum Teil werden sie nur wochenweise vermietet (v. a. in der Hochsaison). Viele sind neu gebaut und komfortabel ausgestattet. Ein *Apartment* besteht meistens aus Wohn- und Schlafzimmer, einer kleinen Küche oder Kochecke (Herd, Spüle, Kühlschrank) und Du/WC; ein *Studio* verfügt nur über einen Raum mit integrierter Kochecke und Du/WC. Balkon oder Terrasse gehört fast immer dazu.

Ferienwohnungen kann man zum Teil von zu Hause aus buchen. Etwas billiger ist jedoch meist die Anmietung unmittelbar vor Ort. Im Juli/August muss man allerdings etwas Glück haben, um noch eine Ferienwohnung zu finden. Bei einer Anmietung von zu Hause sollte man sich auf jeden Fall vergewissern, wie weit der nächste Ort entfernt ist, wo man einkaufen kann etc. Manchmal liegen die Häuser etwas weit ab vom Schuss. Preise für Apartments je nach Komfort und Ausstattung in der Hochsaison ab etwa 50–80 €/Tag aufwärts. In der Nebensaison sinken die Preise stark und man kann problemlos handeln; ein Apartment ist dann oft schon für 40–50 € zu bekommen.

Malerisches Ferienhaus in Stoúpa in der Máni

Informationen/Buchung Die **Griechische Fremdenverkehrszentrale** in Frankfurt und Wien hält eine Liste/Broschüre mit allen Griechenlandreiseveranstaltern bereit. Darin werden alle Agenturen aufgeführt, die Ferienwohnungen/-häuser auf dem Peloponnes vermitteln. Ein Anruf bei den jeweiligen Reiseveranstaltern genügt, und man bekommt Prospekte zugesandt. Aufgrund des riesigen Angebotes können wir hier keine einzelnen Veranstalter herausheben – oft hilfreich ist aber auch ein Blick in die Reiseseiten überregionaler Zeitungen: Hier können Sie ebenfalls aus einem umfangreichen Angebot wählen.

> **Bitte darauf einstellen**: In einigen Unterkünften wird Warmwasser mit Solarenergie erzeugt – d. h. es kann nicht zu jeder Tages- und Nachtzeit heiß geduscht werden, oft fließt das Wasser nur kalt oder plätschert lauwarm aus der Leitung.

Jugendherbergen

Leider sehr rar gesät. Auf dem Peloponnes gibt es lediglich zwei, in Pátras und Olympía. Für die Übernachtung im Schlafsaal muss man mit etwa 10–12 € pro Person rechnen. Für Leihbettwäsche wird zudem noch einmal ca. 1 € verlangt.

Die Übernachtung ohne Jugendherbergsausweis kostet einen geringen Aufschlag pro Nacht. Bei Gruppen ist eine Voranmeldung unerlässlich. In manchen Jugendherbergen ist der Aufenthalt auf drei Übernachtungen beschränkt. Gilt nur bei großem Andrang.

Jugendherbergen auf dem Peloponnes Olympía, Praxitelous-Kondili-Str. 18, ✆ 26240/22580.

Pátras, Heroon-Polytechniou-Str. 62, ✆ 2610/427278.

Der Jugendherbergsausweis ist in Griechenland teurer als zu Hause. Am besten sollte man ihn daher bereits vor Abfahrt besorgen.

Adressen Deutsches Jugendherbergswerk, Bismarckstr. 8, Postfach 220, 32756 Detmold, ✆ 05231/74010, www.djh.de.

Schweizer Jugendherberge, Postfach 161, 8042 Zürich, ✆ 01/3601414.

Österreichischer Jugendherbergsverband, Schottenring 28, 1010 Wien, ✆ 01/5335353.

GYHO (Greek Youth Hostels Organisation), Damareos-Str. 75, Athen, ✆ 210/7519530, y-hostels@otenet.gr.

Camping

Der Peloponnes ist ein Paradies für Camper, es gibt rund 80 Campingplätze. An fast allen Küstenabschnitten befinden sich großzügige Anlagen. Infrastruktur und Service der Plätze wurden in den letzten Jahren erheblich verbessert. So sind zum Beispiel auf vielen Plätzen Waschmaschinen und Kochgelegenheiten vorzufinden. Wir haben fast alle Campingplätze sorgfältig unter die Lupe genommen. Kurzbeschreibung und Preise finden Sie bei den jeweiligen Orten. Angegeben sind die Übernachtungskosten für Erwachsene, Auto, Zelt, Wohnwagen und Wohnmobil. Fahrräder und Kinder unter vier Jahren sind meistens frei, bis zu zwölf Jahren zahlen sie meistens die Hälfte. Hunde sind auf fast allen Plätzen erlaubt.

In der Regel sind griechische Campingplätze gut gepflegt. Das Gros der Plätze liegt an der Küste, nur wenige Meter vom Strand. Fehlender Schatten durch Bäume wird in manchen Anlagen mit Stroh- oder Bambusmatten auf Gestellen ausgeglichen. Mängel älterer Anlagen finden sich leider immer wieder bei den Sanitäranlagen und/oder Duschen. Aufgrund fehlender Investitionsbereitschaft wird an der Neuausstattung gespart, schlimmer noch zuweilen am (Putz-)Personal. Die Restaurants auf den Plätzen sind meist gut und preiswert. Der Campingplatzbesitzer zeigt in mancher Sommernacht oft selbst seine Künste am Grill.

Auf den Campingplätzen werden immer öfter **Bungalows** angeboten. Eine ideale Alternative für Motorradfahrer, die so weniger Gepäck mitführen müssen; für Alleinreisende, denen in der Hochsaison oft der Preis für ein Doppelzimmer das Budget schmälert; und selbstverständlich auch für Familien, die preiswert und ungezwungen ihre Urlaubstage verbringen möchten. Die günstigeren **Mietzelte** findet man auf dem Peloponnes nur noch selten.

Achtung: Die Ausstattung der Bungalows ist sehr unterschiedlich, teils mit eigenem Bad, teils sind sie nichts anderes als eine einfache Hütte, und man benutzt die sanitären Einrichtungen des Platzes.

Die **Griechische Zentrale für Fremdenverkehr** gibt kostenlos eine jährlich aktualisierte Broschüre „Camping in Greece" heraus. Hier sind alle Campingplätze des Peloponnes und der umliegenden Inseln detailliert aufgeführt, auch mit Informationen über Chemietoiletten-Entsorgung, Leihzelte und Bungalows. Soweit vorhanden, haben wir uns bemüht, bei den Campingplätzen auch die Internetpräsenzen anzugeben.

》》 Mein Tipp: Die blauen Gaskartuschen für Campinglampen und -kocher sind in Griechenland wesentlich günstiger als zu Hause (zumal sie im Flugzeug sowieso nicht transportiert werden dürfen) und auf jedem Campingplatz bzw. in vielen Supermärkten erhältlich. 《《

Saisonale Öffnungszeiten
Leider öffnen manche Zeltplätze erst Ende Mai/Anfang Juni ihre Tore und schließen bereits Ende September/Anfang Oktober wieder. Vielfach sind die Besitzer nur Saisonarbeiter, die im Winter in anderen Branchen tätig sind. Wer im Frühjahr oder Herbst unterwegs ist, sollte sich darauf einstellen. Des Weiteren kann es passieren, dass man in der Vor- oder Nachsaison oft allein auf den Campingplätzen ist, und dass Restaurants und Mini-Markets noch oder schon geschlossen sind; dies gilt zum Teil auch für ganzjährig geöffnete Campingplätze.

Wild campen

Außerhalb der offiziellen Campingplätze in freier Natur zu zelten, ist in ganz Griechenland verboten, was allein wegen der Brandgefahr einleuchtet. Griechen betrachten das Übernachten unter freiem Himmel oft als Landstreicherei. Darauf sollte man als Reisender Rücksicht nehmen! Wer jedoch nur seine Isomatte und den Schlafsack (nicht gerade in der Nähe eines Campingplatzes) ausrollt, um am Strand zu nächtigen, bleibt in der Regel unbehelligt. Problematisch wird es dagegen, wenn man sein Zelt aufbaut, sich der Unrat häuft oder gar ein Feuer gemacht wird. In einem solchen Fall greift die Polizei wegen der Brandgefahr rigoros ein. Es drohen drastische Geldstrafen.

Ebenso mehren sich die Anzeichen, dass die Polizei verstärkt die Besitzer von Wohnmobilen von Stränden und Parkplätzen vertreibt, die nicht als offizielle Campingareale ausgewiesen sind. In den meisten Fällen ist nicht ausgeschlossen, dass solche Aktivitäten von den Campingplatzbesitzern ausgehen, die um ihre Einnahmen fürchten.

Fischtaverne im Hafen von Gýthion

Essen und Trinken

Griechenland ist kein Traumziel für verwöhnte Gourmets. Kräftige, nahrhafte Hausmannskost in einfachen Tavernen ist angesagt. Ungewöhnlich ist jedoch oftmals die Herzlichkeit der Wirte. Der Gast kann sich in der Küche umsehen und das Stück Fleisch oder Fisch aussuchen, das er später auf seinem Teller sehen möchte. Die beste Speisekarte ist schließlich noch immer ein Blick in die Küche.

Die Zeiten, in denen die Speisen nur lauwarm auf den Tisch kommen, weil sie schon Stunden vorher zubereitet und später nur noch warm gehalten werden, gehören immer mehr der Vergangenheit an – die Mikrowelle hat mittlerweile auch im arkadischen Bergdorf Einzug gehalten. Schnell und lieblos aufgewärmte Speisen sind auf dem Peloponnes ohnehin eher die Ausnahme als die Regel. Für manchen Gaumen werden die Gerichte mit zu viel Öl und Knoblauch zubereitet oder sind einfach zu scharf. Ebenfalls bemängelt wird die relativ kleine Auswahl – immer nur Souvláki und Pommes ... Allen Kritikern der griechischen Küche zum Trotz: Festzuhalten bleibt, dass sich eine Vielzahl griechischer Speisen auf der ganzen Welt großer Beliebtheit erfreut. Denken Sie nur an *Moussaká, Gíros* im Teigfladen *(Pitta), Tsatsíki* oder die eben erwähnten *Souvláki-Spieße*.

Sollten Sie in einem Küsten- oder Inselort Ihren Urlaub verbringen, werden Sie sicher begeistert sein von den ausgefallenen, wenngleich auch manchmal teuren Fischgerichten. Zu den Spezialitäten (in den unterschiedlichsten Variationen) zählen *Muscheln*, gegrillte *Scampi* oder frittierte *Tintenfische*.

Zwei Personen müssen für eine vollständige Mahlzeit mit Getränken etwa 20–40 € rechnen. Anders als in Mitteleuropa kostet der Liter Wasser kein halbes Vermögen.

Für Griechen gehört die preiswerte Flasche Wasser selbstverständlich zum Essen, manchmal ist sie sogar gratis.

Obwohl das **Trinkgeld** üblicherweise im Preis inbegriffen ist, sollte man die Rechnung im Lokal um 5–10 % aufrunden, am elegantesten, indem man beim Gehen ein paar Münzen auf dem Tisch lässt. Dem Kellner das Trinkgeld direkt zu überreichen, kann gelegentlich zur Ablehnung führen, vor allem, wenn es sich gleichzeitig um den Besitzer des Restaurants handelt.

Die Lokale

Das mit Statuen, Vasen und Fischernetzen geschmückte griechische Restaurant, das man aus Deutschland kennt, sucht man in Hellas vergeblich. Schlicht und ohne Schnickschnack sind die griechischen Tavernen: ein paar Stühle und Tische im weiß gekalkten Speiseraum oder eine von Weinreben überdachte Pergola. In den Dörfern trifft man auch auf Tavernen, in denen nicht nur die nackten Neonröhren an der Decke, sondern auch der Fernseher auf dem großen Kühlschrank unerbittlich flimmert. Fast alle Restaurants sind Familienbetriebe. Das Angebot richtet sich nach dem eigenen Anbau oder dem örtlichen Markt.

Estiatórion (Restaurant) und *Taverna* (Taverne) unterscheiden sich heute nur noch unwesentlich. Früher war das Estiatórion das bessere Lokal mit der größeren Auswahl. Gegessen wird sowohl mittags als auch abends etwa eine Stunde später als in Mitteleuropa. Im Sommer werden oft bis Mitternacht noch Hauptgerichte serviert, denn in Griechenland sind die Abende lang. Seltener als auf die Taverne stößt man auf die *Psarotavérna*, ein auf Fischgerichte spezialisiertes Restaurant. In einer *Psistaría* liegt der Schwerpunkt auf gegrilltem Fleisch: Lamm, Rind, Hähnchen und natürlich auch die berühmten *Souvlakía*. Nicht selten wird das Fleisch hinter einer Glasscheibe an der Straße zerlegt. Den Besuch einer *Oúzeri* sollten Sie auf keinen Fall versäumen. Hier gibt es eine große Auswahl an *Mezédes* zum Lieblingsgetränk der Griechen.

Das traditionelle *Kafeníon* ist eine der wichtigsten gesellschaftlichen Einrichtungen in Griechenland. Vor allem im Winter ist es Dorfparlament, Stammlokal, Treffpunkt für Geschäftsleute, das zweite Zuhause. Der Altersdurchschnitt liegt bei etwa 75 Jahren. Jedes noch so kleine Bergdörfchen Hocharkadiens hat ein solches Kaffeehaus. Meist verbirgt sich hinter dem Begriff nicht mehr als ein paar Tische und Stühle in einem schmucklosen Innenraum und ein paar Sitzplätze an der Straße. Während irgendwo im Eck des Kafeníons der Fernseher läuft, spielen die Griechen mit stoischer Ruhe – hin und wieder aber auch recht lautstark – *Tavli*, jenes uralte Brettspiel, das weltweit unter dem Namen „Backgammon" Karriere gemacht hat. Während für griechische (Ehe-)Frauen das Betreten des Kafeníons auch im 21. Jh. noch einer Tempelschändung gleichkommt, wurde für nicht ortsansässige Frauen mit oder ohne Begleitung schon immer eine „Ausnahme" gemacht.

Das klassische Kafeníon stirbt aus

Tavli – das Spiel der Griechen

Das Brettspiel mit den schwarzen und weißen, kreisrunden Steinen wurde schon in den Gräbern von Tutanchamun gefunden. Homer beschrieb Tavli spielende Soldaten vor den Toren von Troja, Charles Darwin spielte jeden Abend eine Partie mit seiner Frau und in Europa hielt es als „Backgammon" spätestens nach dem Zweiten Weltkrieg Einzug in die feine Gesellschaft. Seither wird es weltweit in unterschiedlichen Namen und nach abweichenden Spielregeln gespielt.

Doch nirgends hat sich das Spiel so in der Alltagskultur eines Landes verortet wie in den Ländern an der Ägäis. Heute besitzt jeder gut geführte griechische Haushalt sein eigenes Spiel. Das leise Klicken der kleinen Würfel auf den Spielfeldern aus Holz ist in den griechischen Cafés und Tavernen so beständig wie das Rauschen des Meeres an der peloponnesischen Küste. Vertieft sitzen sich die zwei Spieler gegenüber. Das Ziel ist es, seine Steine auf die Seite des Gegenspielers zu bringen und schließlich als Erster aus dem Spielfeld hinaus zu würfeln.

Es ist ein Glücksspiel, das Geschick verlangt, oder ein Strategiespiel, das abhängig vom Schicksal ist. Im Gegensatz zur Biederkeit des Schachs umweht das Tavli eine ungezähmte Exzentrik: Es gibt keine klare Niederlage, die der Geschlagene nicht leidenschaftlich dem fehlenden Fortüne zuschreiben könnte. Wie der rote Wein fügt sich Tavli so nahtlos in den passionierten griechischen Müßiggang.

Kein Wunder also, dass die Griechen über ihr ganz eigenes Regelwerk verfügen. Tavli wird in drei sich unterscheidenden Spielrunden gespielt: Portes, Plakoto und Fevga, die im ständigen Wechsel um bis zu drei, fünf oder sieben Gewinnpunkte gespielt werden. Um das genau Regelwerk und die Aufstellung zu erlernen, fragen Sie die auskunftfreudigen Spieler in den Cafés oder lesen Sie unter www.bkgm.com/variants/Tavli.html nach.

Vorspeisen

Zum Appetitanregen empfiehlt sich immer ein *Ouzo*, der bekannte, starke Anisschnaps. Mit Wasser verdünnt verfärbt er sich milchig, man kann ihn aber auch pur trinken.

Dazu gibt es die zahlreichen *Mezédes*. Das sind Appetithappen wie z. B. Käsewürfel, Tomaten- und Gurkenscheiben, Scampi, Schnecken, Oliven, Melonenstückchen, Muscheln, kleine Fische und vieles mehr: leckere Kleinigkeiten, je nachdem, was gerade günstig auf dem Markt zu haben war.

Einige empfehlenswerte Vorspeisen: *Dolmadákia* – gerollte Weinblätter, mit Reis und Gewürzen gefüllt; *Taramosálata* – rötlich-orangefarbener Fischrogensalat (meist vom Karpfen); *Tsatsíki* – Knoblauchjoghurt mit Zwiebeln und Gurken; *Tonnosaláta* –

Stolz jeder Küche:
Gemüse aus eigenem Anbau

Thunfischsalat; *Ochtapódisalata* – Tintenfischsalat; *Melitsánosaláta* – Auberginensalat (die gekochten Auberginen werden durch ein Sieb gedrückt und dann zu einem Salat verarbeitet); *Kolokithákia tiganitá* – frittierte Zucchini.

Tsatsíki (oder Tsaziki, Zaziki, Tzaziki ...)
Ein Standardrezept zu nennen, hieße sich mit sämtlichen griechischen Hausfrauen anzulegen. Fest stehen lediglich die Zutaten: Joghurt (10 %), gewürfelte oder geraspelte Gurke, Salz, reichlich Knoblauch (von einer Zehe bis zu einer ganzen Knolle).

Interessant ist nicht nur die Zubereitung, sondern auch die Geschichte der Geruchsbombe. Selbst unter den Experten für kulinarische Genüsse herrscht Uneinigkeit über den Ursprung des Namens. Vieles spricht jedoch dafür, dass die Griechen den Türken nicht nachstehen wollten und – wie jene ihren „Cacik" – eine ähnliche Speise als „Mutmacher" vor jeder Schlacht verspeisten.

Im Vergleich zur Garlicsauce ist Tsatsiki allerdings geradezu harmlos. Diese Kartoffelpüree-Knoblauch-Paste sorgt tagelang für die allerfeinsten Ausdünstungen.

Garlicsauce
500 g mehlige Kartoffeln, 5 Knoblauchzehen, 1/8 l Olivenöl, 3 El Zitronensaft, 2 Eigelb, Salz, frisch gemahlener Pfeffer.

Kartoffeln in der Schale 25 Min. garen, danach schälen und durch die Kartoffelpresse drücken. Nun den zerkleinerten Knoblauch (Knoblauchpresse) mit dem Olivenöl, dem Zitronensaft und dem Eigelb unter die Kartoffeln heben. Mit Salz und Pfeffer abschmecken. Kalt servieren.

Hauptgerichte

Fleisch

Rind- und Schweinefleisch muss zum großen Teil importiert werden. Das überwiegend bergige Terrain Griechenlands ist für Milchkühe, Rinder- und Schweinezucht kaum geeignet. Dafür gibt es mehr als genug Schafe.

Bei Lamm- oder Hammelfleisch wird auf raffinierte Zubereitung kein Wert gelegt, deftig sollte es sein, reichlich, herzhaft und nicht zu fett. Aber Vorsicht, lassen Sie sich keinen Hammel-Opa servieren, je jünger das Tier, desto besser!

Gíros: Im Gegensatz zum türkischen „Döner Kebap" verwendet man nicht Hammel-, sondern Schweinefleisch. Es wird in dünne Scheiben geschnitten, über Nacht in Olivenöl eingelegt, mit Zwiebeln, Oregano und Pfeffer gewürzt und an einem senkrechten Drehspieß gegrillt.

Kefthédes: Meat balls, sprich Frikadellen, Fleischbällchen, -klößchen, -klopse o. Ä. Sie werden wie bei uns zubereitet, nur manchmal etwas schärfer gewürzt (auch *Biftéki* genannt).

Makarónia kimá: Spaghetti mit Hackfleischsoße.

Moussaká: Ein Auflauf aus Auberginen, Hackfleisch, Kartoffeln (oder Nudeln). Er wird in großen Mengen zubereitet und den ganzen Tag über warm gehalten. Meist mit viel Olivenöl.

Paidákia: Lamm-Kotelett. Das Fleisch wird über dem Holzkohlengrill gedreht und die besten Stücke abgeschnitten. Je zarter und fettfreier die Teile, desto besser.

Pastítsio: Nudelauflauf aus Hackfleisch und Tomaten, mit Käse überbacken.

Souvláki: Das Nationalgericht. Aromatische Fleischspieße vom Hammel oder Schwein, mit Oregano gewürzt, über Holzkohle gegrillt. Preiswert und überall in jeder Größe zu haben. Ein paar Spritzer Zitronensaft verfeinern den Geschmack.

Stifádo: Eine Spezialität, die man wegen der bescheidenen Rinderzucht leider nur allzu selten bekommt. Zartes Rindfleisch mit leckerem Zwiebelgemüse (mit Zimt gewürzt).

Arnáki – Lammfleisch, *Arní* – Hammelfleisch, *Brizól*a – Kotelett, *Chirinó* – Schwein, *Kimá* – Hackfleisch, *Kotópoulo* – Hähnchen, *Sikóti* – Leber, *Wódi* – Rind.

Nicht zu vergessen natürlich zwei weitere Nationalgerichte der Griechen: **Pita Souvlaki** und **Pita Gyros** – an jeder Straßenecke zu haben. Pita, das Fladenbrot, wird kräftig in Öl getränkt und auf einer heißen Platte gebraten, dann mit Souvlaki oder Gyros, Tomaten, Zwiebeln, Tsatsiki und ein paar Pommes belegt, schließlich zusammengerollt, in eine Papierserviette gewickelt – fertig. Auch als Snack für den kleinen Hunger zwischendurch geeignet und äußerst preisgünstig. Auf unserer Reise durch den Peloponnes sind wir keiner Pita begegnet, die teurer als 2,50 € war!

Peloponnes-Spezialitäten

Majíritsa: bekannte Ostersuppe aus Trípolis (Arkádien), besteht aus Innereien, Reis, Kräutern, Kopfsalat und einer Eier-Zitronen-Sauce.

Máni-Salat: beliebter, einfacher Salat aus Orangen, Tomaten, gekochten Kartoffeln, Oliven, Oregano, Öl und Essig.

Kléftiko tis Stamnas: „Partisanenfleisch im Krug" – entstand während des Partisanenkriegs. Während die Männer aus ihren Verstecken in den Bergen den Feind bekämpften, sorgten die im Dorf zurückgebliebenen Frauen für die Mahlzeiten. Und damit die Übergabe unauffällig vonstatten gehen konnte, griffen die Griechinnen zu einer List. Sie füllten Tonkrüge mit allerlei Fleischsorten, Gewürzen (Oregano oder Petersilie) und Käsestücken. Das Ganze wurde dann im Ofen langsam gebraten. Danach nahm man die „nahrhaften" Tonkrüge zwischen den anderen mit zur Wasserstelle. An einem vereinbarten Platz wurde der Tonkrug mit dem „Partisanenfleisch" abgestellt und von den Männern später abgeholt.

Fanourópsomo: Kuchen zu Ehren des Kirchenheiligen Fanoúrios, dessen Zuständigkeitsbereich im Wiederfinden verlorener Gegenstände liegt. Der Verzehr des Kuchens ist zugleich eine Fürbitte an den Heiligen.

Fisch (Psári) und anderes Meeresgetier

Ist wesentlich teurer als Fleisch, da die griechischen Fanggründe zum großen Teil leer gefischt sind. Dem gegenüber steht eine weltweit marktbeherrschende Fischproduktion von griechischen Fischzuchtprodukten, wie etwa der Goldbrasse und dem Seebarsch, die als lukratives Exportgut größtenteils nach Europa und entfernte Ziele wie USA und Kanada verfrachtet werden. Kurioserweise stammt ein nicht unbeträchtlicher Teil der Fische, die hungrigen Touristen in den Küsten- und Inseltavernen vorgesetzt werden, wiederum aus EU-Partnerländern.

Fisch heißt Psári und ist im Landesinneren recht selten zu haben. Der Preis wird (zumindest bei Spezialitäten) auf den Speisekarten meist pro Kilo oder pro 100 Gramm angegeben. Viele Griechen deuten schlicht mit dem Finger auf ein schönes

Fangstück und lassen sich den Fisch braten. Um Ungereimtheiten zu vermeiden, sollten Sie aber *beim Wiegen des Fisches zusehen.* Das wirkt keinesfalls unhöflich oder unterstellt fehlendes Vertrauen zum Wirt. In einigen Leserbriefen wurden wir informiert, dass nach dem Essen der Fisch mit 70 € und mehr berechnet wurde.

Mit klaren Absprachen kommt es nicht zu derartigen Missverständnissen.

Garídes: Garnelen (Scampi), oft auch als Vorspeise serviert.

Gópa: Das preiswerteste Fischgericht. Die in Mehl gewendeten, winzigen Ochsenfischchen werden in Öl ausgebacken.

Kalamarákia: Tintenfisch, die Arme werden in Öl gesotten, paniert und in Scheiben geschnitten.

Xifías: Schwertfisch, ein kulinarisches Highlight; die meterlangen Prachtexemplare werden säuberlich in dicke Scheiben geschnitten.

Astakós – Hummer; *Barbúnia* – Rotbarben (Red mullet); *Chtapódi* – Oktopus; *Gardía* – Langusten; *Kéfalos* – Meeräsche; *Marídes* – Sardellen/Sprotten; *Mídia jemistá* – gefüllte Muscheln; *Tsipóura* – Meerbrasse.

Eine besondere Spezialität ist die *psarósoupa,* eine aufwendige Fischsuppe, die allerdings nur in ausgesprochenen Fischtavernen erhältlich ist.

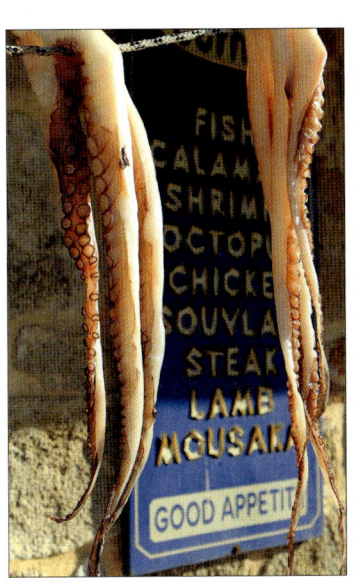

Delikatesse auf der Leine – Oktopusarme beim Trocknen

Gemüse und Salate

Melitzánes: Auberginen, sehr beliebt, in Öl gebraten. Um den bitteren Geschmack zu neutralisieren, legt man die Frucht vorher in Salzwasser.

Ókra: Die fingerlange grüne Bohnenart erfordert eine aufwendige Zubereitung. Die schleimartige Flüssigkeit im Inneren soll beim Kochen nicht austreten, deshalb muss man beim Putzen und Säubern sehr vorsichtig sein.

Angóuri – Gurke; *Arakádes* – Erbsen; *Fassólia* – Bohnen; *Gígandes* – dicke weiße Bohnen (Saubohnen); *Karóta* – Karotten; *Patátes* – Kartoffeln oder Pommes frites; *Piláfi* – Reis; *Piperjés* – Paprika; *Spanáki* – Spinat; *Tomáta* – Tomaten.

Fassoláda: Suppe aus weißen Bohnen mit viel Karotten und Sellerie.

Choriátiki: Beliebtester Salat ist natürlich der bekannte „Griechische Bauernsalat". Er besteht aus Tomaten, Gurken, grünen Salatblättern und Oliven. Gekrönt wird das Ganze von einer aromatischen Scheibe *Féta* (Schafskäse). Man kann ihn als Vorspeise, aber auch als Beilage zum Hauptgericht essen. Mit etwas Brot ist er sogar ein sättigendes Mittagessen.

Angouro saláta – Gurkensalat; *Láchano saláta* – Krautsalat; *Maroúli* – Kopfsalat; *Tomáta saláta* – Tomatensalat.

Nachspeisen/Süßes

Süßes gibt es meistens nur im *Sácharoplastíon*, in der Konditorei; manchmal aber auch im Restaurant als Dessert. Nach einem gepflegten Essen noch gemütlich zu einer Konditorei zu schlendern und Familie und Freunde zu feinem Naschwerk zu überreden, hat Tradition.

Baklavá: süße Blätterteig-Roulade mit Honig und Nüssen gefüllt, stammt ursprünglich aus der Türkei.

Lukumádes: besonders lecker! In heißem Öl ausgebackene Teigkugeln mit Honig übergossen.

Bugátsa: Blätterteiggebäck mit Quarkfüllung. Ebenfalls sehr empfehlenswert.

Risógalo: Milchreis, gibt es leider nur selten.

Yaúrti: Joghurt, mit Honig (Méli), manchmal auch noch mit Nüssen, eine Spezialität.

Halvá: knusprig-süßes Gebäck aus Honig und Sesamkörnern.

Käse (Tirí)

Féta: gesalzener Weichkäse aus Schaf-, Ziegen- oder Kuhmilch. Wird sehr vielseitig verwendet, z. B. in Aufläufen, Gebäck, zu Salaten oder einfach auch als Beilage.

Beliebte Vorspeise ist der *Saganáki*, ein überbackener Schafs- oder Ziegenkäse – vielen in Erinnerung, weil er beim Beißen herzhaft zwischen den Zähnen quietscht. Benannt nach dem speziellen zweihenkligen Pfännchen, in dem er serviert wird.

Kefalotíri: Der gesalzene Hartkäse ist vergleichbar mit dem Parmesan und eignet sich gut zum Reiben.

Kasséri: weicher Hartkäse – dient als Brotbelag, wird aber auch in der Pfanne ausgebraten.

Mizíthra: quarkähnlicher, ungesalzener Frischkäse mit herzhaftem Aroma.

Brot (Psomí)

Das A und O einer Mahlzeit. Ohne Brot ist kein Essen komplett. Es wird immer serviert, selbst wenn ausreichend stärkehaltige Speisen wie Nudeln oder Kartoffeln bestellt sind.

Bei vielen Familien auf dem Land gehört das Brotbacken zur Tradition; die großen, weiß gekalkten Backöfen in den Höfen sind nicht zu übersehen. Allerdings ist das schmackhafte, dunkle Bauernbrot *Choriátiko* sehr selten geworden; es gibt fast nur noch nährstoffarmes, weißes Brot – *Aspro* oder *Léfko psomí*. Schmeckt frisch sehr lecker, wird aber schnell alt. *Paximádi* ist ein zwiebackähnliches Brot, das auch abgepackt verkauft wird. Mit einem Stück Brot die letzten Reste des leckeren Olivenöls in der Salatschüssel aufzusaugen, ist übrigens ein gern gesehenes Kompliment an den Gastgeber (vor allem, wenn er selbst Öl herstellt).

Obst

Banánes – Bananen; *Karpúsi* – Wassermelone; *Kerásia* – Kirschen; *Kolokíti* – Kürbis; *Mílo* – Apfel, *Pepóni* – Honigmelone; *Portokáli* – Orangen; *Síko* – Feige; *Stafíli* – Trauben.

Frühstück

Frühstück ist für die meisten Griechen ein Fremdwort. Sie beginnen den Tag mit einem Tässchen Kaffee. Doch durch den Fremdenverkehr haben sich die Kafenia und Tavernen umgestellt. Für Deutsche und Engländer, die ein deftiges Frühstück lieben, hängen die Schilder mit *Breakfast* aus. Darunter versteht man Brot, Butter, Marmelade, Käsetoast etc. Man kann aber auch ein Ei *(Avgó)* oder Omelett *(Omeleta)* bestellen. Außer Kaffee *(Kavé)* und Milch *(Gála)* gibt es auch oft Kakao *(Gála schokoláta)*. Erfrischend an heißen Sommertagen ist der exzellente griechische Joghurt (*Yaúrti*) mit Honig (*Méli*) und Nüssen. Ein süßer Tagesbeginn.

Granatäpfel und Zitronen sind überall auf dem Peloponnes zu finden

Getränke

Wasser *(Neró):* traditionell das wichtigste Getränk. Wo es ständig knapp ist, weiß man es offenbar am ehesten zu schätzen. Früher war es üblich, im Restaurant zum Essen und zum Kaffee Wasser ohne Kohlensäure gereicht zu bekommen. Leider wird das immer seltener. Viele Griechen halten es für eine Verschwendung, eine ganze Karaffe voll Wasser auf den Tisch zu stellen, die die Touristen dann – wenn überhaupt – nur halb austrinken. Wenn man Ihnen also Wasser serviert, trinken Sie es auch, vor allem, wenn Sie es extra bestellt haben. Sonst könnten die Kellner noch auf die Idee kommen, mit dieser wunderbaren Tradition zu brechen. Das griechische Leitungswasser ist in der Regel trinkbar, lediglich in größeren Städten wird es stark gechlort.

Kaffee: Wenn man den typischen griechischen Kaffee, ein starkes, schwarzes Mokkagebräu in winzigen Tassen, bekommen will, muss man ausdrücklich *Kafé ellinikó* oder „Greek coffee" verlangen. Die Griechen haben sich an den Touristengeschmack mittlerweile so weit gewöhnt, dass sie Ihnen im Zweifelsfall immer Nescafé servieren, wenn „Kaffee" gewünscht wird. Doch selbst der Filterkaffee wird inzwischen standardmäßig in jedem größeren Café serviert.

Kafé Ellinikó: *éna elafrí kafé* = schwach; *métrio* = mittelstark, mit Zucker; *varí glikó* = sehr süß; *skéto* = ohne Zucker; *varí glikó me polí kafé* = sehr süß und sehr stark. **Nescafé:** *sestó* = heiß; *skéto* = schwarz; *me sáchari* = mit Zucker; *me galá* = mit Milch.

Nescafé Frappé: das griechische Nationalgetränk schmeckt herrlich erfrischend – kalter Instantkaffee, gut geschäumt, mit Eiswürfeln und Zucker, auf Wunsch auch mit Milch serviert.

Limonade: Wenn man *limonáda* bestellt, bekommt man Zitronenlimonade, Orangenlimonade heißt dagegen *portokaláda*. Beide sind in der Regel extrem zuckerhaltig. Wer dagegen lieber *Saft* ohne Kohlensäure trinkt, bestellt sich einen „chimó".

Wein: Griechenland ist bekannt für seine vorwiegend lieblichen Weine. Viele Griechen bevorzugen den geharzten (Weiß-)Wein *Retsina*. Im Durchschnitt trinkt man hier pro

Kopf und Jahr 45 Liter des Traubensaftes, der deutsche Weinverbrauch liegt bei etwa 25 Litern. Gerade der Retsina wird wegen seines eigentümlichen Geschmacks zunächst oft abgelehnt, aber viele Urlauber gewöhnen sich während ihres Aufenthalts daran. Das Gegenstück zum Retsina, der geharzte Rotwein, heißt übrigens *Kokkinéli*.

Retsina und Kokkinéli – geharzte Weine

Warum der Wein geharzt wird, darüber gehen die Meinungen auseinander. Zum einen besitzt Harz gewisse konservierende Eigenschaften, weswegen es bereits vor 3000 Jahren dem Wein zugesetzt wurde. Zum anderen wurde das Harz auch zum Abdichten der Holzfässer verwendet. Harz hat aber noch andere Vorteile: Sein etwas säuerlicher Geschmack ist durstlöschend, außerdem behaupten Retsina-Fans steif und fest, dass Harz das Aroma des Weines verfeinert, so absurd das auch klingt. In ländlichen Regionen sagt man dem geharzten Wein sogar eine Heilwirkung nach. Wie auch immer, die Griechen stehen zu ihrem Retsina. Man trinkt ihn hauptsächlich zum Essen, oft verdünnt mit Wasser.

Die größten Weinanbaugebiete Griechenlands befinden sich auf dem Peloponnes. Während um Athen, in Attika, hauptsächlich der Retsina produziert wird, werden im Norden Griechenlands trockene Rotweine angebaut. Der Rotwein wird allgemein als *Mávro* bezeichnet, was soviel heißt wie schwarz, und tatsächlich sind viele Rotweine sehr dunkel.

Hauptanbaugebiete eines trockenen Mávro sind Thessalien, das westliche Makedónien, Chalkidiki und die Region südlich von Serre. Für ihre extrem süßen und schweren Rotweine bekannt sind dagegen Limnos, aber auch Pátras, die Heimat des auch bei uns geschätzten *Mavrodáphne*.

Die größte Weinkellerei Griechenlands, Achaía Clauss, liegt nur wenige Kilometer außerhalb der Stadt. Ein Besuch des von *Gustav Clauss* – er stammte aus Bayern – 1861 gegründeten Weingutes lohnt in jedem Fall: Man kann zum Teil sehr günstige, aber qualitativ hochwertige Weine erstehen. Neben dem auch hierzulande erhältlichen *Mavrodáphne* und *Demestica* werden Weine aus der Region um Mantíneia angeboten; hervorragend auch der *Peloponnissiakos*, ein trockener, leichter Weißwein.

Eine bedeutende Weinregion auf dem Peloponnes ist auch die Gegend um Neméa. In den Winzergenossenschaften des Dorfes kann man den einen oder anderen edlen Tropfen kaufen. In den vergangenen Jahren hat Neméa einen Aufschwung erlebt. Junge Winzer haben mit trockenen, ausdrucksstarken Rotweinen die Region zu einer der besten in Griechenland gemacht.

Wer gerne einen Tropfen von den Ionischen Inseln trinkt, dem empfehlen Kenner den trockenen *Robola*. Dieser Wein wächst an den steinigen, wasserarmen Berghängen der Insel Kefaloniá, wodurch ihm eine ganz besondere Note verliehen wird. Robola wird in den Dörfern um das Anbaugebiet ausgeschenkt, ist aber auch in der Weinkooperative der Insel erhältlich. Der Weißwein ist in allen Teilen Griechenlands für seinen hervorragenden Geschmack bekannt.

In den meisten Tavernen gibt es Flaschen- und offene Weine. Letztere sind preiswerter, da sie meist vom lokalen Weinberg stammen. Oft sind sie auch geschmacklich besser. Fragen Sie nach Wein *apo to varéli* (= vom Fass).

Getränke

Krassí – Wein   *Áspro krassí* – Weißwein   *Mávro* (oder *Kókkino*) – Rotwein.

In ganz Griechenland finden in den Sommermonaten ausgedehnte Weinfeste statt. Man zahlt ein paar Euro, bekommt dafür einen Tonkrug oder ein Glas und darf von den verschiedenen Fässern so viel trinken, wie man will. Das alles erinnert ein wenig an ein Volksfest. Der Alkoholgehalt der jungen Weine ist allerdings nicht zu unterschätzen.

Apropos Alkohol: Ein Vollrausch à la Oktoberfest ruft in Griechenland meist Befremden hervor. Demnach haben auch die wenigsten Griechen Verständnis dafür, wenn sich Touristen – hier vor allem Jugendliche aus Skandinavien und Großbritannien – volllaufen lassen.

Bier: Kaum zu glauben, aber es stimmt, dass das Bier dem Wein den Rang abgelaufen hat. Vor allem tagsüber, gerade beim Mittagessen, wird jenes Getränk, das weiland der bayerische König Otto I. vor gut 150 Jahren in Griechenland einführte, öfter bestellt als der klassische Wein. Die deutschen Brauereien *Löwenbräu* und *Henninger*, ihre holländischen Kollegen *Heineken* und *Amstel* sowie die Brauerei *Carlsberg* aus Dänemark haben in Griechenland Niederlassungen errichtet.

Zunehmender Beliebtheit erfreuen sich auch die griechischen Biersorten *Mythos* und *Alpha*. Und auch die Produktion der 1983 in den Konkurs gegangenen Firma *Fix* (benannt nach dem deutschen Gründer Johannes Karl Fuchs) läuft sein 2009 wieder auf Hochtouren. Um die Geschmacksnerven zu kitzeln werden von einigen griechischen Brauereien seit 2014 sogar *Weißbier, dunkles Bier* und ein *„Radler"*-Mix angeboten. Preislich und geschmacklich unterscheiden sich die griechischen Produkte kaum von der ausländischen Konkurrenz.

Andere Alkoholika: Neben dem *Ouzo* und *Metaxa* gibt es ein breites Angebot internationaler Spirituosen, die meistens um einiges billiger sind als in Deutschland. *Achtung:* Es ist keine Seltenheit, dass in Diskotheken (vor allem in Touristenhochburgen) der erste Cocktail oder Drink hervorragend ist, der zweite oder dritte mit Billig-Spirituosen versetzt oder mit Wasser verdünnt wird.

Essen gehen ist in Griechenland ein gleichermaßen soziales wie kulturelles Ereignis. Befreundete Griechen gehen gerne in regelmäßigen Abständen mit ihresgleichen, der *paréa*, gemeinsam zum Essen aus. Bestellt wird, was das Haus so zu bieten hat und bis sich schließlich die Vorspeisenteller schier auf dem Tisch türmen. Jeder probiert mal von diesem und jenem Teller, während der Ober schon die nächsten Fleisch- oder Fischspeisen auf den Tisch jongliert. Was für unser mitteleuropäisches Auge ungewohnt ist: Abgeräumt wird nur bei akuter Platznot und viele der Teller werden nicht einmal halb leer gegessen. Will man doch zeigen, dass man nicht am Hungertuch zu nagen hat. Bezahlt wird schließlich nach dem Motto: „Heute zahle ich und nächstes Mal ein anderer", oder der Betrag wird durch die Anwesenden geteilt und in der Mitte des Tisches gesammelt. Ein mühsames Auseinanderklamüsern der Teilbeträge wäre in der *paréa* nicht denkbar.

Sorgt im Hochsommer für Spötteleien: Kettenanlegeplatz im Taýgetos-Hochgebirge

Wissenswertes von A bis Z

Antiquitäten

Nachdem Jahrhunderte lang Deutsche, Franzosen und Engländer die antiken Schätze Griechenlands skrupellos geplündert haben, ist man heute wachsam. Das griechische Kultusministerium fordert die Westeuropäer seit Jahren auf, das gestohlene Kulturgut wieder zurückzugeben, und mittlerweile ist die Ausfuhr von antiken Gegenständen strikt untersagt. Es wurden drastische Strafen festgelegt. Dieses Verbot beinhaltet unter anderem, selbst winzige Felsstückchen von berühmten Ausgrabungsplätzen mitzunehmen. Es drohen sogar Gefängnisstrafen.

Gegenstände, die einen relativ geringen Wert besitzen, können mit Genehmigung (dauert meist Monate) ausgeführt werden. Auskünfte darüber erteilt jedes *Zollamt* oder der *Archäologische Dienst*, Leoforos Vassilissis 22, Athen. Als „antik" gelten alle Gegenstände, die vor 1830 entstanden sind. Wenn Ihnen also Händler Antiquitäten „von privat" verkaufen wollen, ist Vorsicht geboten. Im Zweifelsfall ist der Archäologische Dienst zuständig.

Apotheken

Apotheken finden Sie in jedem größeren Ort; sie sind durch ein grünes Kreuz gekennzeichnet. Die Öffnungszeiten entsprechen in der Regel denen normaler Geschäfte. Wichtige Medikamente, die man ständig braucht, sollte man sich bereits zu Hause in ausreichender Menge besorgen. Es gibt stets einen *Apothekennotdienst*. Im Schaufenster jeder Apotheke hängt normalerweise der Dienstplan. In Zweifelsfällen bei der Touristenpolizei erkundigen.

Archäologische Stätten

Für archäologische Ausgrabungsorte gibt es keine einheitlichen Öffnungszeiten. Zudem hat das Ministerium für Kultur einschneidende Sparmaßnahmen beschlossen, die sich vielerorts in der verkürzten Öffnung der Sehenswürdigkeiten niederschlagen. Abgesehen von den weltberühmten Stätten können kleinere Anlagen nach eigenem Ermessen ihre Öffnungszeiten festlegen, was dazu führt, dass viele (z. B. auch Festungen oder Museen) schon gegen 15 Uhr schließen. Wenig frequentierte Stätten wurden wegen Personalmangels und fehlender Geldmittel in Krisenzeiten auch ganz geschlossen.

Um nicht enttäuscht vor den verschlossenen Toren einer antiken Ausgrabungsstätte zu stehen, erkundigen Sie sich bitte in Ihrem Hotel, auf dem Zeltplatz oder bei der Touristenpolizei nach den aktuellen Öffnungszeiten.

> **In der Regel kann man sich nach folgendem Schema richten**
> werktags 9–19 Uhr (bzw. 17/15 Uhr)
>
> montags geschlossen
>
> sonn- und feiertags 10–17 Uhr (bzw. 15 Uhr)
>
> Berühmte Ausgrabungsstätten wie z. B. Olympía oder Epídauros öffnen in im Sommer ihre Pforten bereits um 8 Uhr und schließen erst um 20 Uhr – und das auch montags (letzter Ticketverkauf eine halbe Stunde vor Schließung).

Genauere Informationen unter den jeweiligen Ortskapiteln. Die Eintrittspreise liegen zwischen 3 und 12 €. Rentnern werden Ermäßigungen gewährt, für Studenten aus der EU ist der Besuch meist gratis. Freien Eintritt haben bei den meisten staatlich verwalteten Stätten auch Besucher unter 18 Jahren.

>>> Mein Tipp: „Sparfüchse können auch gratis in die berühmtesten Ausgrabungsstätten. Der Eintritt ist an mehreren Tagen im Jahr frei. In der Regel sind das der 6.3. (in Erinnerung an Melina Mercouri), der 18.4. (Internationaler Tag der UNESCO Monumente), der 18.5. (Internationaler Museumstag), der 28.10. (Nationalfeiertag) sowie das letzte Septemberwochenende und jeder erste Sonntag des Monats zwischen November und März." <<<

Ärztliche Versorgung

Viele Ärzte haben im Ausland studiert und sprechen Englisch, Deutsch oder Französisch. In allen größeren Städten befinden sich staatliche Kliniken. Im Notfall hilft jeder Grieche, ansonsten wende man sich an seine Hotel- bzw. Campingplatzrezeption, an die Touristenpolizei oder Polizei.

Die Wirtschafts- und Finanzkrise hat auch im Bereich der ärztlichen Versorgung dazu geführt, dass Arztpraxen auf dem Land geschlossen wurden, und deshalb spezielle Fachbereiche nur noch in städtischen Krankenhäusern vertreten sind. Wer im Urlaub auf entsprechende Versorgung angewiesen ist, sollte sich daher rechtzeitig über verfügbare Anlaufstellen erkundigen. Eine Regelung in Griechenland untersagt Ärzten zudem, für den gesetzlichen Versicherungsträger I.K.A. zu arbeiten und darüber hinaus gleichzeitig eine private Praxis zu führen. Trotz akutem

Behandlungsbedarf kann es deshalb vorkommen, dass Termine erst Wochen oder sogar Monate später zu bekommen sind, oder überhaupt kein entsprechend qualifizierter Arzt verfügbar ist.

Die *Krankenhäuser* in ländlichen Gegenden entsprechen zumindest rein optisch nicht immer dem gewohnten Standard. Wenn möglich, sollte man in ernsteren Fällen eine Klinik in einer Großstadt aufsuchen. Eine kleine *Sprachhilfe* zu diesem Themenbereich finden Sie im Sprachlexikon am Ende des Buches.

Bei den Automobilclubs kann man sich für den jeweiligen Urlaubsort **Deutsch sprechende Ärzte** nennen lassen. Sie erfahren deren Adressen aber auch von den diplomatischen Vertretungen der Bundesrepublik Deutschland, Österreichs und der Schweiz in Griechenland.

Für deutsche und österreichische Touristen, die in einer gesetzlichen Krankenkasse oder Ersatzkasse versichert sind, besteht die Möglichkeit, sich kostenlos behandeln zu lassen. Dank der neuen *EHIC (European Health Insurance Card)*, die den alten Auslandskrankenschein ersetzt, kann man auch in Griechenland direkt zu einem Arzt gehen, der der größten Sozialversicherungsanstalt IKA untersteht, und dort die neue Karte vorlegen. Erfahrungswerte zeigen, dass die Wartezeiten und die „Zustände" hier zum Teil sehr nervenaufreibend sind. Empfehlenswerter ist es daher, eine Privatklinik aufzusuchen und die Rechnung zunächst selbst zu zahlen. Die Gebühren griechischer Ärzte sind verhältnismäßig gering, für einen Besuch muss man mit etwa 50–80 € rechnen. Aufenthalt und Behandlung in einem staatlichen Krankenhaus oder Health Center (Nosokomío) sind mit der EHIC-Karte kostenlos. Gegen eine detaillierte Quittung *(Apódixi)* des behandelnden Arztes, die sowohl Diagnose als auch Art und Kosten der Behandlung beinhalten sollte, können Sie versuchen, bei Ihrer Krankenkasse zu Hause die Ausgaben erstattet zu bekommen. Dies wird von den einzelnen Kassen jedoch unterschiedlich gehandhabt. Detaillierte Auskünfte erhalten Sie bei Ihrer Krankenkasse.

Empfehlenswert ist der Abschluss einer zusätzlichen Auslandskrankenversicherung, die viele private Versicherungsgesellschaften mehr oder weniger preisgünstig anbieten.

Tipp: Vor dem Abschluss sollte man prüfen, ob ein aus medizinischen Gründen nötig gewordener Rückflug inbegriffen ist. Kostet meist nur wenig mehr, spart aber gegebenenfalls viel Geld und Nerven.

Wo sich der nächste Arzt oder das nächste Krankenhaus (Health Center) befindet, erfahren Sie unter den jeweiligen Kapiteln.

Gesundheitsvorsorge Wer von einer Insel zur anderen „hüpfen" will, sollte ein Mittel gegen **Seekrankheit** dabei haben, falls er dazu neigt.

Gegen **Insektenstiche** sollte man auf jeden Fall eine entsprechende Lotion mitnehmen oder vor Ort besorgen, Moskitos (griechisch: *kounoúpia*) können einem den Schlaf rauben.

Auch **Kohletabletten** sollten in der Reiseapotheke nicht fehlen, ebenso wenig **Verbandszeug** und **Jod**.

》》 Mein Tipp: Seeigelstacheln im Fuß sind schmerzhaft. Warmes Öl, dünn aufgetragen, zieht sie allmählich heraus. Bei **Wespenstichen** kann Essig hilfreich sein oder das Auflegen einer halbierten Zwiebel. **《《**

Kondome erhält man unter der Bezeichnung *Capota* oder *Prophylaktiká* in der Apotheke, manchmal auch in Supermärkten.

Ausweispapiere

EU-Bürger und Schweizer benötigen bei der Einreise nach Griechenland einen *Reisepass* oder *Personalausweis*. Kinder benötigen einen eigenen *Kinderreisepass* oder Personalausweis.

Vom Autofahrer werden zusätzlich noch *Führerschein* und *Fahrzeugschein* verlangt; die *grüne Versicherungskarte* ist für Griechenland zwar nicht mehr obligatorisch (hier gilt das amtliche Kennzeichen des Wagens als alleiniger Versicherungsnachweis), aber empfehlenswert, da sie bei Unfällen sehr hilfreich sein kann. Für die Reise durch Bosnien-Herzegowina, Mazedonien, Montenegro und Albanien wird die grüne Versicherungskarte (z. T. mit entsprechendem Ländereintrag) benötigt. Der Kosovo erkennt die grüne Versicherungskarte nicht an. Hier muss an der Grenze eine sog. Grenzversicherung abgeschlossen werden.

Wer über *Serbien, Kosovo, Bosnien-Herzegowina, Mazedonien, Montenegro oder Albanien* anreist, benötigt einen Reisepass (auch für Kinder).

Baden

Das Angebot an feinsandigen Stränden, idyllischen Kiesbuchten, abgelegenen Küstenstrichen, aber auch überfüllten Urlaubsregionen ist reichhaltig. Es gilt die Faustregel: Je schwieriger eine Bucht zu erreichen ist, desto unberührter ist sie.

Wer sich für einen Badeurlaub entscheidet: Die gesamte Westküste des Peloponnes ist ein einziger langer Sandstrand. Noch immer findet man ruhige, nahezu menschenleere Strände mit glasklarem Wasser. Lebhafter geht es an der Nordküste zwischen Korínth und Pátras zu. Die kleinen Badeorte sind beliebte Ausflugsziele stressgeplagter Athener. Längere Sandstrände gibt es auch am Messenischen, Lakonischen und Argolischen Golf, wohingegen die Steilküste der Máni mit

Jeder findet sein Plätzchen

Badeparadiesen geizt. Zu den zwei schönsten Stränden des Peloponnes gehören sicherlich die *Voidokoilia-Bucht* bei Pýlos und der *Símos Beach* auf dem Inselchen Elafónisos. An den vorwiegend felsigen Küsten der Ionischen und Saronischen Inseln sowie an den drei „Fingern" des Peloponnes im Süden säumen größtenteils Kiesstrände das Meeresufer. Schöne Buchten gibt es auch zwischen Ástros und Leonídion an der Ostküste des Peloponnes. Traumhaft!

Brüssel lieferte den amtlichen Nachweis: Griechenlands Küstengewässer erfüllen zu 99,9 % die Kriterien für bedenkenlosen Badespaß und liegen damit weltweit hinter Spanien und Frankreich auf Platz drei. 466 griechische Strände und zwölf Marinas erhielten 2017 die Auszeichnung „Blaue Flagge" (60 mehr als 2015), die einen hohen Standard der Badewasserqualität auszeichnet sowie damit verbundene Sicherheit, Serviceleistungen, Umweltauflagen und weitere 29 Kriterien. Auf dem Peloponnes wehen an insgesamt 42 Stränden Blaue Flaggen, darunter auch die Strände bei Gýthio und der 2 km lange Strand von Loutra Kyllíni. Wir raten dennoch weiterhin, in unmittelbarer Nähe größerer Städte wegen der möglichen Einleitung von ungeklärten Abwässern nicht zu baden.

Beim *Thema FKK* zeigen sich viele – vor allem ältere Griechen – etwas zugeknöpft. Generell ist Nacktbaden (auch oben ohne) verboten. Wer es in entlegenen Regionen dennoch wagt, muss mit einer Anzeige rechnen. In den touristischen Hochburgen wird das Oben-ohne-Baden widerwillig geduldet. Frauen müssen aber damit rechnen, dass mancher Grieche seine Ablehnung nicht verbirgt. Als Gast sollte man grundsätzlich auf die landesüblichen Gepflogenheiten Rücksicht nehmen und deshalb ganz auf das hüllenlose Baden verzichten.

Wassertemperaturen

	März	April	Mai	Juni
Argolís	14°C	15°C	18°C	22°C
West-Peloponnes	15°C	16°C	18°C	21°C
	Juli	August	September	Oktober
Argolís	24°C	25°C	23°C	21°C
West-Peloponnes	24°C	25°C	24°C	22°C

Diplomatische Vertretungen

Alle Botschaften haben ihren Hauptsitz in Athen. In Notfällen, wie beispielsweise bei Verlust sämtlicher Reisefinanzen, kann man sich an die Vertretung des Heimatlandes wenden. Auch wenn die Ausweisdokumente abhanden gekommen sind, helfen die Botschaften weiter. Dort erhält man ein Papier zur einmaligen Ausreise.

Deutschland Athen (Botschaft): Karaoli & Dimitriou 3, 10675 Athen (Kolonáki), Öffnungszeiten Mo–Fr 9–12 Uhr, ✆ 210/7285111, Notfalltelefon: mobil ✆ 0030/693-2338152 (griechisch- und deutschsprachig), www.athen.diplo.de.

Pátras (Honorar-Konsulat): Trion Navarchon 65, 1. Stock, 26222 Pátras, Öffnungszeiten Mo–Fr 10–14 Uhr, ✆ 2610/310210, patras@hk-diplo.de.

Österreich Athen (Konsulat): Vasilissis Sofias Avenue 4, 10674 Athen, Parteienverkehr Mo–Fr 10–12 Uhr, ✆ 210/7257270, athen-ob@bmeia.gv.at

Schweiz Athen (Botschaft): Iassiou-Str. 2, 11521 Athen, ✆ 210/723036-4 bis -6, www.eda.admin.ch/athens.

Pátras (Konsulat): Ermou 15, 26221 Pátras, ✆ 2610/277688, patras@honrep.gr.

Morgenstimmung im antiken Olympía

Ermäßigungen

Grundsätzlich gibt es für Kinder und Jugendliche (unter 18 Jahren) und für EU-Studenten mit Ausweis bei den meisten antiken Stätten freien Eintritt, sofern es sich nicht um private Museen handelt. Früher war das Vorzeigen eines *Internationalen Studentenausweises* Voraussetzung, bei unseren Recherchen 2017 reichte jedoch jedes Mal ein normaler Studentenausweis. Die International Student Identity Card (ISIC) mit Passfoto erhält man für derzeit 12 € gegen Vorlage einer Immatrikulationsbescheinigung oder eines Schülerausweises bei den ASTAs der Universitäten sowie in allen Reisebüros, die sich auf Schüler- und Studentenfahrten spezialisiert haben. Weitere Infos unter *www.isic.de*.

Senioren über 65 Jahre sparen bei den meisten staatlich verwalteten Ausgrabungsstätten und Museen bei Vorlage eines Ausweises ca. 50 % des Eintrittspreises.

Kinder unter sechs Jahren brauchen gar keinen Eintritt zu zahlen. Kinder bis zum zwölften Lebensjahr fahren mit dem Zug für die Hälfte, für den Bus müssen sie allerdings den vollen Fahrpreis entrichten.

Feiertage/Feste

Die Griechen lieben ihre Feiertage, die sie mit großem Aufwand begehen. Es gibt zwei Arten von Feiertagen: die nationalen und die lokalen; meist wurzeln sie in historischen oder religiösen Traditionen. Die oft zweitägigen Festlichkeiten mit Essen, Trinken, Tanz und Musik bilden die Höhepunkte des griechischen Alltags. Fremde sind dabei immer willkommen.

Die Griechische Zentrale für Fremdenverkehr gibt jährlich kostenlos einen ausführlichen Prospekt über Veranstaltungen in Griechenland heraus. Für Reservierungen wenden Sie sich an: Hellenic Festival S. A., Hadjichristou-&-Makriyianni-Str. 23, 11742 Athen, ✆ 210/9282900, www.hellenicfestival.gr.

Ostern – ein „Bombenfest"

Gründonnerstag: 20 Uhr, Kirche in einem kleinen Dorf auf der Máni. Links die Frauen, rechts die Männer. Hinter dem Altar, in der mittleren der drei Apsiden, steht der Pope in festlichem Gewand – die beiden Neonröhren, die links und rechts auf Kopfhöhe angebracht sind, verleihen ihm ein schier überirdisches Aussehen. Der Leidensweg Christi wird von einigen stimmbegabten Gemeindemitgliedern, die beidseitig des Altars postiert sind, gesungen. Die kleine Kirche ist voll, vielleicht 250 vorwiegend ältere Menschen füllen die Stuhlreihen und Gänge. Schwarz gekleidete Frauen mit Kopftuch, die stundenlangen, fremdartigen monotonen Gesänge, die ewigen, ununterbrochenen Bekreuzigungen, wie in Trance, aber auch ein ständiges Kommen und Gehen, nie ist wirklich Ruhe in der Gemeinde; es wird gewispert und geflüstert, ab und zu schauen mal einige von den Männern herein, die den Gottesdienst vom benachbarten Kafenion aus beobachten. Dann, es ist mittlerweile nach 22 Uhr, gehen die Lichter aus – das Kreuz wird hereingetragen, umgeben von Wolken von Weihrauch, nur von Kerzen beleuchtet. Die Christusfigur wird an das Kreuz angeschraubt – Symbol der Kreuzigung.

Ostern ist das höchste Fest der orthodoxen Kirche in Griechenland. 40 Tage vor der Auferstehung Christi würde ein Großteil der älteren Menschen fasten, erzählt mir ein junger Mann. Er selbst fastet nicht – die Jungen müssen arbeiten, brauchen Kraft. Dann, eine Woche vor dem eigentlichen Fest, ist jeden Abend Gottesdienst – die ganze Nacht hindurch.

Karfreitag: Christus stirbt. Das Holzkreuz wird mit einem Tuch verhüllt und in einen über und über mit Blumen geschmückten Sarg gelegt. Weihrauch, Gesänge. Die gesamte Gemeinde ist auf den Beinen, in langen Schlangen schieben sich die Menschen in der Kirche, jeder will die Christusfigur küssen. Später, es geht auf Mitternacht zu, zieht die singende Gemeinde mit Kerzen durch das Dorf. Allen voran der Pope mit einigen Helfern, die das Epitaph tragen.

Wer sich zur Osterzeit in Griechenland aufhält, sollte nicht versäumen, auch einmal in die Kirche zu gehen. Als Fremder ist man, vor allem auf dem Land, immer willkommen. In der überfüllten Kirche, in der ich das Osterfest erlebte, wurde mir nach kaum einer Minute ein Sitzplatz freigemacht – ob ich wollte oder nicht.

Die Nacht zum Ostersonntag: Jeder Quadratzentimeter des Gotteshauses ist ausgefüllt; vor den Eingängen und Fenstern haben sich Menschentrauben gebildet. Die Luft ist stickig, jeder hat mindestens eine Kerze in der Hand, Kinder oft so viele sie halten können. Auf dem Kirchplatz zünden Jugendliche Kracher und Böller – Bomben wäre treffender ausgedrückt. Um 24 Uhr ist es endlich soweit: „Christus ist auferstanden", verkündet der Pope. Man umarmt sich gegenseitig, küsst sich, wiederholt: „Christus ist auferstanden" und antwortet: „Tatsächlich, er ist es wirklich". Eine halbe Stunde später leert sich die Kirche sehr schnell, man geht – sorgsam das Licht der Auferstehungskerze hütend – nach Hause. Und dort wartet schon die berühmte Suppe aus den Innereien des Lamms, das einige Stunden später zu Mittag verspeist wird.

Ostern ist ein großes Fest, und es wird lautstark gefeiert. Freilich ist dieser Geräuschpegel regional unterschiedlich, doch nach meinen Erfahrungen ist unser Silvester nichts dagegen. Obwohl 1991 vom Staat verboten (wegen der vielen und schweren Verletzungen), werden mitunter auch heute noch wahre Bomben gezündet. Bomben, das heißt selbst gebastelte Dynamitstangen, die tatsächlich gefährlich sind. In der Gegend, in der ich das Osterfest erlebte, machten sich einige Jugendliche den Spaß, 10-kg-Gasflaschen am Dorfrand in die Luft zu sprengen – und das hätte tatsächlich Tote aufwecken können ...

Nationale Feiertage

1. Januar: Neujahr

6. Januar: Epiphanias (Dreikönigstag)

25. März: Griechischer Unabhängigkeitstag (Erinnerung an den Aufstand von 1821 gegen die Türken)

Ostern: Großes Fest, das immer noch nach alter griechisch-orthodoxer Tradition gefeiert wird. Ein Erlebnis! Das Osterfest der griechisch-orthodoxen Konfession wird nach dem Julianischen Kalender berechnet, sodass es nur gelegentlich mit unserem gregorianischen Kalender zusammenfällt. In manchen Jahren liegen bis zu fünf Wochen dazwischen. Ostersonntag **2019**: 21. April (gregorianisch)/28. April (julianisch); **2020**: 12./19. April; **2021**: 4. April/2. Mai.

1. Mai: Frühlingsfest und Tag der Arbeit

Pfingsten: Auch hier: eine Woche später als das deutsche Pfingstfest.

15. August: Mariä Entschlafung (die eigentliche Himmelfahrt findet für die Orthodoxe Kirche erst drei Tage später statt, und so gedenkt man Marias leiblichen Todes)

28. Oktober: Ochi-Tag (Erinnerung an das Ultimatum der italienischen Faschisten im Zweiten Weltkrieg, → „Geschichte")

25./26. Dezember: Weihnachten

Eine Auswahl an Festen (→ auch bei den einzelnen Orten)

Februar

Karneval in ganz Griechenland. Sehr farbenprächtige Kostüme. Der Fasching findet in den ersten drei Februarwochen statt, z. B. in Pátras und auf den Ionischen Inseln.

Mai

Feier des Zusammenschlusses der Ionischen Inseln mit Griechenland am 21. Mai 1864 auf Korfu.

Juni

Auf Hýdra wird zur Erinnerung an Admiral Miaoulis, der im Unabhängigkeitskrieg 1821 kämpfte, das Miaoulis-Fest begangen.

Internationales Kulturfestival in Pátras von Mitte Juni bis Mitte August.

Bunt und ausgelassen: Karneval in Pátras

Juli

Beginn der Theaterfestspiele in Epídauros auf dem Peloponnes. Im großen antiken Theater werden klassische griechische Dramen inszeniert. Das Festival dauert bis August.

In Kalamáta zehntägiges internationales Tanzfestival mit zahlreichen Veranstaltungen.

In Filiatrá (15 km von Kyparissía) in den ersten zehn Tagen des Juli Feier mit Tanzgruppen und Theaterstücken.

Im Juli beginnt auch das Athener Kulturfestival, das bis September dauert, mit Theater-, Opern- und Konzertaufführungen.

Zwischen Anfang Juli und Mitte August finden in zahlreichen Orten Weinfeste statt. In Daphní (bei Athen) und Alexandropoli (Zeltplatz) veranstaltet die Griechische Zentrale für Fremdenverkehr seit langen Jahren beliebte „Weinfestivals".

August

Am 15. August wird in allen Orten mit viel Pomp Mariä Entschlafung gefeiert. Auf Korfu gibt es zudem am 14. August eine prächtige Prozession in Mandoúki.

November

Am 20. November wird an den Studentenaufstand von 1973 erinnert. Sicher kein offizieller Feiertag, doch viele gedenken der ermordeten Studenten, die gegen das faschistische Obristen-Regime gekämpft haben.

Fotografieren

Das Fotografieren ist generell erlaubt. Ausgenommen davon sind allerdings militärische Anlagen; Hinweisschilder warnen vor dem Gebrauch der Kamera. Bei archäologischen Stätten (und meistens auch in den Museen) darf man jederzeit ohne Stativ und Blitzlicht knipsen. Wenn Sie mit Stativ und für kommerzielle Zwecke fotografieren wollen, brauchen Sie eine Genehmigung des Amtes für Altertümer und Restauration in Athen (Aristidou-Str. 14, ✆ 210/3243015). Die Mühlen der griechischen Bürokratie mahlen jedoch langsam, die Erteilung einer solchen Genehmigung kann mehrere Monate dauern. Wer für wissenschaftliche Zwecke fotografieren möchte, erhält sie kostenlos.

Tipp: Speicherkarten gibt es oft nur in Fotoläden in größeren Städten zu kaufen, das gilt auch für den Ausdruck ihrer Urlaubsfotos vom digitalen Medium.

Geld

Schweizer Staatsbürger wechseln am günstigsten bei der Bank ihre Franken, hierfür fallen Gebühren von ca. 1–2 % des Betrages an. **Geldautomaten** (Maestro- oder Kreditkarte) gibt es zwar in vielen Orten auf dem Peloponnes, manchmal kann es allerdings passieren, dass das Gerät defekt oder einfach leer ist – deshalb nie ohne Bargeldreserve in besonders ländliche Gebiete fahren. In vielen Läden und Touristenshops, Mietwagenfirmen, Restaurants und Hotels wird der bargeldlose Zahlungsverkehr per **Kreditkarte** akzeptiert (Visa, Eurocard/Mastercard, American Express). Ein Kafenionbesitzer in einem abgelegenen Bergdorf dürfte jedoch beim Anblick einer gezückten Plastikkarte nur mitleidig den Kopf schütteln.

Die Banken haben einheitlich in ganz Griechenland Mo–Do 8–14:30 Uhr und Fr 8–14Uhr offen.

Geldanweisungen: Mit Western Union Service wird der Geldtransfer in wenigen Stunden von einer deutschen Postfiliale oder Bank zur griechischen Empfängerbank abgewickelt, die Gebühren liegen bei 5 % (Minimum 4,50 €, Maximum 200 €) des überwiesenen Betrages. Western-Union-Partnerbanken gibt es in Griechenland in größeren Orten bzw. Städten; Adressen der an den Service angeschlossenen griechischen Banken direkt bei *Western Union*, ✆ 0180/3030330. Praktisch: Als Absender kann man ankreuzen, dass der Empfänger das Geld bekommen darf, ohne einen Ausweis vorzulegen (z. B. wegen Diebstahls).

Handeln

Ob es sich um ein T-Shirt auf dem Markt, den Preis eines Privatzimmers oder handgearbeitete Lederwaren beim Schuhmacher handelt – das Preisschild ist manchmal nur ein Richtwert. Die Griechen lieben die Zeremonie des *Handelns,* doch man sollte den feinen Unterschied zum gierigen Feilschen beachten. Feste Preise findet man vor allem in den Großstädten. Beim Essen, bei den Fährtickets, in Hotels der gehobenen Klasse und bei teurer Kleidung gibt es nichts auszuhandeln. Auch ist es unhöflich, über den Preis von Obst und Gemüse auf dem Markt zu diskutieren, es sei denn, es handelt sich um große Mengen oder Ware schlechter Qualität. Gleiches gilt bei Privatzimmern: Bekommt man ein sauberes Zimmer zu einem fairen Preis angeboten, wäre es unverschämt, noch feilschen zu wollen, besonders wenn man nur eine Nacht bleibt.

Haustiere

In griechischen Gartentavernen dürfen Hunde meistens mitgebracht werden, auch auf Campingplätzen gibt es kaum Probleme. Schwieriger, aber nicht aussichtslos, gestaltet sich die Zimmersuche mit einem Hund. Meist wird man dennoch fündig, der Vierbeiner für die Zeit des Aufenthalts jedoch auf den Balkon oder die Terrasse des Zimmers verwiesen. An den griechischen Stränden

Kein einfaches Katzenleben

gilt Hundeverbot, woran sich aber kaum jemand hält. Auf innergriechischen Fähren und *Flying Dolphins* dürfen Hunde mitfahren, in Bussen macht man sich mit Hund dagegen eher unbeliebt. Auf den Fähren zwischen Italien und Griechenland sind Hunde bei der Schiffsbesatzung in der Regel nicht gerne gesehen. Die bereit gestellten Boxen sind für große Hunde zudem oft zu klein. „Einzig Minoan Lines hatte ausreichend große und gut belüftete Boxen" (Leserhinweis von Angelika Musella).

Hundebesitzer brauchen für ihren Vierbeiner einen Microchip zur Kennzeichnung. Ein Tollwut-Impfzeugnis, das mind. 15 Tage vor Reiseantritt ausgestellt worden sein muss, oder ein Heimtierpass reichen alleine nicht mehr aus. Zudem ist ein amtsärztliches Gesundheitszeugnis erforderlich, das nicht älter als 14 Tage sein darf. Man sollte sich die Mitnahme seines Hundes gut überlegen: Aufgrund der zahllosen herrenlosen Tiere werden in einigen Regionen vergiftete Köder für Hunde ausgelegt, die laut Leserbriefen auch schon dem einen oder anderen Liebling zum tödlichen Verhängnis wurden.

Die Praxis, Tiere aus Griechenland mit über die Alpen zu bringen, wird von Tierärzten zunehmend kritisch beurteilt, da so Krankheiten mit eingeführt werden, z. B. die *Leishmaniose*, denen hiesige Hunde aus Mangel an Abwehrkräften schutzlos ausgeliefert sind (herzlichen Dank für diesen Hinweis an Dr. Peter Kintzel).

Heilbäder

Sie haben in Griechenland eine lange Tradition. Seit der Antike werden die Heilquellen für medizinische Zwecke genutzt. Die unruhige Erde auf dem Peloponnes lässt manches zutage treten, was zur Gesundheit beiträgt. Die bekanntesten Bäder:

Loutráki: nobler Kurort beim Kanal von Korínth, empfohlen bei Magen-, Nieren- und Lebererkrankungen, Rheumatismus und Gicht.

Loutra Kyllíni: der Kurort neben den Sanddünen für Asthma, Hautkrankheiten, chronische Hals-, Nasen- und Ohrenleiden.

Kaiáphas: Das Schwefelwasser hilft in Bade- und Trinkkuren gegen Hautkrankheiten, Neuralgien und chronischen Katarrh. Renovierte Badeanstalt, Naturgrotte wegen Steinschlaggefahr geschlossen.

Méthana: Auf der Halbinsel gibt es Badekuren im Schwefelwasser gegen Rheuma, Hautkrankheiten und Arthritis.

Griechenland-Informationen im Internet

www.visitgreece.gr: die Website der GZF mit Informationen zu Zielgebieten, Museen und Archäologischen Stätten, Festivals, Informationen des griechischen Ministeriums für Tourismus und Kartenansichten.

www.gtp.gr: Hier finden Sie die *Greek Travel Pages* in englischer Sprache. Unter anderem Informationen zu allen innergriechischen Schiffsverbindungen, gut aufgebaut: Man gibt Ausgangs- und Zielhafen sowie das gewünschte Datum ein und der aktuelle Fährfahrplan erscheint. Ideal zur Planung von „Island Hopping".

www.griechenland.net: offizielle Seite der deutschen Griechenlandzeitung mit aktuellen Nachrichten und Artikeln zu Politik, Kunst, Kultur, Reisen und Sport; dazu nützliche Informationen zu Land und Leuten. Griechenlandfreunde, die ständig aktuell informiert sein wollen, können hier die kostenpflichtige Online-Zeitung als Abo bestellen.

www.mfa.gr/germany/de: offizielle Presseabteilung der griechischen Botschaft in Berlin, mit nützlichen Informationen zu Land und Leuten, Kultur, Politik, Wirtschaft und Tourismus.Die hier angegebenen Adressen verstehen sich als Minimalauswahl. In den einschlägigen Suchmaschinen lassen sich unter den Begriffen „Peloponnes" oder „Griechenland" unzählige interessante und informative Seiten finden. Der Michael-Müller-Verlag sammelt außerdem relevante Seiten: www.michael-mueller-verlag.de/de/reiseportal/reise-links/europa/griechenland.html. Falls Sie auf etwas Besonderes stoßen: Wir freuen uns über jede Anregung.

Information

Griechische Zentrale für Fremdenverkehr: Die GZF, in Griechenland unter dem Namen *Ellinikos Organismos Tourismou* (EOT) zu finden, unterhält nach der Schließung der Zweigstellen in München, Hamburg, Berlin und Zürich nur noch jeweils ein Büro in Frankfurt und in Wien. Die GZF gibt farbige Faltblätter mit nützlichen Informationen und einer groben Übersichtskarte zu allen touristisch interessanten Gebieten heraus, das auf Anfrage auch kostenlos zugeschickt wird.

Vor Ort kann man sich bei Fragen außer an die Büros der Griechischen Zentrale für Fremdenverkehr auch an die *Touristenpolizei* wenden (→ „Touristenpolizei").

Deutschland 60313 Frankfurt, Holzgraben 31, ☎ 069/257827-0, info@gzf-eot.de.

Österreich 1010 Wien, Opernring 8, ☎ 01/51253170, grect@vienna.at.

Griechenland Tourist Information im historischen Stadtzentrum in der Dionysiou-Areopagitou-Str. 18–20 (schräg gegenüber vom Haupteingang zum Akropolis-Museum). Mai bis Sept. Mo–Fr 9–19 Uhr, Sa/So und feiertags 10–16 Uhr. ☎ 210/3310392, 3310716 und 3310529.

Piräus Hafen, Ankunftshafen der Kreuzfahrtschiffe, tägl. (außer So) 8–14 Uhr.

Flughafen Athen, Info Point (Ankunftsebene), tägl. 8–20 Uhr. ☎ 210/3530390 und 3530445.

Kartenmaterial

Der Peloponnes besteht nicht nur aus Spárta oder Epídauros. Oft sind es die winzigen, versteckten Bergdörfer, die zu erkunden den Griechenlandurlaub zu einem Erlebnis machen. Leider gibt es keine Karte für den Peloponnes und seine Inseln, die in allen Details stimmt. Generell lässt sich jedoch sagen: je kleiner der Maßstab, desto besser.

Für den ersten Überblick brauchbar, zudem kostenlos, sind die Straßenkarten in den Farbbroschüren der *Griechischen Zentrale für Fremdenverkehr* (siehe oben). Sie werden auf telefonische Anfrage zugeschickt.

„Griechenland", RV (Reise- und Verkehrsverlag), 1:300.000, 7,50 €. Relativ genaue Karte, hoher Informationswert.

„Griechenland", Freytag & Berndt, 1:700.000, 9,30 €. Ähnliche Qualität, auf der Rückseite kurze Erklärungen zu Sehenswürdigkeiten.

„Stadtplan Athen", Road Editions (Athen), detailgenaue Karte mit Angaben zu Einbahnstraßen, Metrostationen und den wichtigsten Sehenswürdigkeiten, 1:12.000, 8,50 €.

„Peloponnes", Road Editions, neue Ausgabe von 2009 mit Ortsregister, 1:200.000, 10,90 €. Unserer Meinung nach die detaillierteste und verlässlichste Karte, die es derzeit zum Peloponnes gibt.

Gleichermaßen empfehlenswert ist die Karte „Mani", Road Editions, 1:50.000, GPS-kompatibel, Höhenunterschiede in 20-m-Stufen, markierte Strände und Fußwege, 10,90 €. Diese Karten des Athener Verlages Road Editions entstanden in Zusammenarbeit mit der griechischen Armee. Panoramastraßen sind extra gekennzeichnet, außerdem Stadtpläne zu allen größeren Städten auf dem Peloponnes. In jeder deutschen Buchhandlung zu kaufen, aber auch vor Ort.

„Peloponnes", Freytag & Berndt, 1:150.000, 9,99 €. Recht übersichtlich, jedoch nicht immer exakt. Sie enthält auch kleinere Stadtpläne und nützliche Pläne der historischen Stätten sowie der Saronischen Inseln.

„Tourist Maps", weniger empfehlenswert für den Peloponnes, die Karten für die Inseln sind dagegen besser. Die eingezeichneten Wege sind ungenau, Kilometerangaben stimmen nicht (als Wanderkarten ungeeignet). Gibt es nur in Griechenland zu kaufen.

Kinder

Griechenland ist in vieler Hinsicht ein kleines Paradies für Ferien mit Kindern. Die Griechen sind ausgesprochen kinderfreundlich, und schnell kann der Junior zum Liebling der Kellner- und Küchenbrigade in der Stammtaverne werden. Kinderspielplätze sind nicht selten, wenn auch nicht immer im Bestzustand oder aufgrund von fehlendem Schatten erst in den Abendstunden zu empfehlen. Dafür können sich die Kleinen an den zahllosen Sandstränden austoben; es gibt auch genügend Strände, die flach ins Wasser abfallen.

In kleineren Hotels und Pensionen wird für Kinder gegen einen geringen Aufpreis ein Zustellbett ins Zimmer gestellt. Die großen Hotels haben meist spezielle Kindertarife. Von folgenden Ermäßigungen kann ausgegangen werden: Kinder bis zu zwei Jahren sind frei, für Zwei- bis Zwölfjährige kostet die Unterkunft etwa die Hälfte.

Für Überfahrten auf Fähren sowie im Bus ist für Kinder zwischen 5 und 10 Jahren etwa der halbe Fahrpreis zu entrichten.

Babynahrung Relativ problemlos sind **Milchfertigprodukte** erhältlich (adaptierte Milch, Milchbreie etc.), allerdings ist die Auswahl (voll- oder teiladaptierte Milch) geringer als in Deutschland und spezielle Nahrung nur eingeschränkt zu beschaffen. Bei **Obst- und Gemüsegläschen** ebenfalls geringere Auswahl, am besten in großen Supermärkten besorgen.

Erste Fahrversuche

Kiosk

In den *Perípteros* gibt es nichts, was es nicht gibt: Auf gesetzlich festgelegten 1,30 x 1,50 m werden u. a. Haarshampoo, Zigaretten, Kugelschreiber, Kaugummis, Süßigkeiten, Kondome, Telefonkarten, Rasiermesser, Kämme, Streichhölzer, Zeitungen, Batterien, Feuerzeuge, Angelhaken verkauft. Häufig gibt es hier auch Parkscheine und Bustickets, wenn eine Station in der Nähe ist. Erweitert wird das Sortiment oft durch billige Spielsachen, Lederwaren oder Sonnenbrillen (meist Markenimitationen).

Kioske sind in der Regel bis 22 Uhr geöffnet, im Sommer oft sogar bis Mitternacht.

Klöster

Klöster und Kirchen haben keine einheitlichen Öffnungszeiten. Wann sich die Pforten auftun, bestimmen nicht staatliche Stellen, sondern die Pfarrer bzw. die Mönche oder Nonnen selbst. So kann es passieren, dass ein Kloster mehrere Tage geschlossen bleibt, weil die Mönche krank, auf Reisen oder anderweitig beschäftigt sind. Zunehmend werden in ländlichen Regionen auch kleine Kapellen außerhalb der Gottesdienstzeiten abgesperrt aus Angst vor Diebstahl. Oft reicht eine Frage in der Nachbarschaft aus und es findet sich jemand, der die Türe öffnet oder sogar einige Informationen geben kann.

In Klöstern kann man, allen Gerüchten zum Trotz, nicht mehr übernachten. Es sind ja schließlich keine Hotels. Ausnahmen bestätigen die Regel …

Achtung: Beim Besuch von Klöstern sollte man auf sittsame Kleidung achten. Keine nackte Haut, auch nicht an den Schultern. Mönche und Nonnen werden bei Touristen mit Bermudas in byzantinischen Kirchen ziemlich sauer. Männer tragen lange Hosen, Frauen lange Röcke! Manchmal halten die Klöster für Besucher lange Hosen und Umhängetücher bereit, um eine „Gotteslästerung" zu vermeiden.

Komboloí

Des Griechen liebstes Spielzeug ist das Komboloí, ein Kettchen aus Holz-, Kunststoff-, Bernstein-, Glas- oder Silberkugeln, dessen Ähnlichkeit mit einem Rosenkranz nicht zu übersehen ist. Das Komboloí hat heute jedoch keine religiöse Bedeutung mehr.

Die Griechen haben es aus der türkischen Gebetskette entwickelt, die aus 99 Perlen für die 99 Namen Allahs besteht. Mittlerweile hat sich die Zahl der Kugeln auf 13, 15 oder 17 reduziert, denn damit lässt es sich leichter spielen. Der Name *Komboloí* leitet sich von *Kámbos* (Knoten) ab. Ein Knoten, z. B. im Taschentuch, gilt bei den Griechen als Glückssymbol.

Literatur

Literatur zum Peloponnes gibt es in Hülle und Fülle. Wir haben ein paar Bücher ausgewählt, die aufschlussreich, unterhaltsam oder nützlich sind. Etwas zum Schmökern im Schatten eines Olivenbaums.

Thukydides: Der Peloponnesische Krieg. Marix-Verlag, Wiesbaden. Thukydides, Begründer der politischen Geschichtsschreibung, berichtet vom jahrzehntelangen Machtkampf (431–404 v. Chr.) zwischen Athen und Sparta, der mit dem Sieg Spartas endete.

Bruno Bleckmann: Der Peloponnesische Krieg. C.H. Beck, München. Ein spannendes Sachbuch zu den Hintergründen der Auseinandersetzung zwischen dem Attischen Seebund unter der Führung Athen und des Peloponnesischen Bundes unter der Ägide Spartas.

Manfred Flügge: Heinrich Schliemanns Weg nach Troia – Die Geschichte eines Mythomanen. dtv, München. Der Autor erzählt die Lebensgeschichte des Pfarrersohns aus Ankershagen. Er räumt auf mit Legenden und Lügen. Dabei war Schliemann kein gewöhnlicher Lügner, sondern ein „Mythomane". Spannend zu lesen.

Ernst Baltrusch: Sparta. C.H. Beck, München. In lakonischer Kürze (nur 128 Seiten) informiert das preiswerte Taschenbuch des Berliner Professors über Geschichte, Gesellschaft und Kultur des antiken Sparta von 900 bis 146 v. Chr.

Justus Cobet: Heinrich Schliemann – Archäologe und Abenteurer. C.H. Beck, München. Der Essener Professor für Alte Geschichte setzt sich in dieser jüngsten Schliemann-Biografie äußerst kritisch mit dem bekannten und exzentrischen Altertumsforscher auseinander. Abgerundet wird die nur rund 100 Seiten umfassende, spannend zu lesende Abhandlung durch Einblicke in Schliemanns Privatleben und seinen Hang zur Selbstinszenierung.

Michael W. Weithmann: Griechenland: vom Frühmittelalter bis zur Gegenwart. Verlag Friedrich Pustet, Regensburg. Ein übersichtliches und umfangreiches Geschichtsbuch. Nicht das klassische Hellas, sondern politische und kulturelle

Entwicklungen seit der spätrömischen Periode, die Griechenland prägten und das Verständnis der Gegenwart erleichtern, stehen im Vordergrund dieses kenntnisreichen Abrisses von 17 Jahrhunderten griechischer Geschichte.

Gustav Schwab: Die schönsten Sagen des klassischen Altertums. Gondolino, Bindlach. Von A wie Achill bis Z wie Zeus – der schwäbische Pfarrer und Schriftsteller Gustav Schwab gab mit diesem Klassiker schon vor über hundert Jahren einen gut lesbaren Einblick in die schier unerschöpfliche Sagenwelt der griechischen Götter.

Patrick Leigh Fermor: Máni. Dörlemann, Zürich. Als das Buch 1958 in London erschien, löste es den Máni-Boom aus, der bis heute anhält. Der 2011 verstorbene Autor erläutert sehr persönlich die große Vergangenheit, das einfache Leben und die ungewöhnlichen Gesellschaftsnormen auf der Halbinsel des südlichen Peloponnes. Immer noch die beste Máni-Darstellung. Das Buch ist seit 2011 wieder in deutscher Sprache erhältlich. Das englische Original ist bei John Murray Publishers erhältlich.

Fürst von Pückler-Muskau: Südöstlicher Bildersaal. Eine historische Reisebeschreibung des Peloponnes und der Ionischen Inseln legte 1840 der Globetrotter Fürst von Pückler-Muskau vor. Seine Reise führte ihn zu allen bedeutenden Stätten der Antike, die damals zum großen Teil noch nicht freigelegt waren. Ein aufschlussreiches, ungewöhnliches Reisebuch, das auch nach 160 Jahren noch ausgesprochen lesenswert ist. Das Buch ist vergriffen und nur noch antiquarisch erhältlich.

Ludwig Roß: Griechenland. Erinnerungen und Mitteilungen aus Hellas. 1832 brach der Archäologe zu seinem „griechischen Abenteuer" im Dienste König Ludwigs I. von Bayern auf. Ludwig Roß, der den Nike-Tempel auf der Akropolis in Athen wieder aufbauen ließ, schildert das Griechenland zu Zeiten der bayerischen Herrschaft sehr lebendig und in vielen überraschenden Details. Das Buch gibt es nur antiquarisch.

Martin Pristl: Gebrauchsanweisung für Griechenland. Piper Verlag, München. Mit einem liebenswürdigen Augenzwinkern beschreibt der Bamberger Journalist und Drehbuchautor, der viele Jahre in Griechenland lebte, seine Begegnungen mit der griechischen Mentalität, der Religion, des tagtäglichen Lebens. Dabei nimmt er auch so manchen unverwüstlichen Mythos aufs Korn, sodass es selbst Griechen zum Schmunzeln bringt.

Henry Miller: Der Koloss von Maroussi. Rowohlt-Verlag, Reinbek. Einige Monate vor Ausbruch des Zweiten Weltkriegs unternimmt der weltberühmte amerikanische Schriftsteller eine Reise nach Griechenland. Er ist von englischen Freunden nach Korfu eingeladen, besucht klassische Stätten wie Sparta, Olympia, Delphi, ist begeistert von Hýdra. Das Buch ist keine herkömmliche Reisebeschreibung, sondern brillante Prosa.

Christa Wolf: Kassandra. Suhrkamp, Berlin. Die 2011 verstorbene Autorin greift die griechische Mythologie auf und lässt sie zum Modell der Gegenwart werden. Kassandra, die Tochter des toten Troerkönigs Priamos, wird von Agamemnon, dem Sieger des Trojanischen Krieges, als Beute auf den Peloponnes nach Mykene verschleppt. Sie weiß als Seherin, dass ihr der Tod bevorsteht. Indem Kassandra ihrem Schicksal illusionslos entgegensieht, erlebt sie erinnernd und assoziierend einen Prozess der Emanzipation. Sie wehrt sich gegen die Erniedrigung zum Objekt, befreit sich aus ihren traditionellen Bindungen.

Nikos Kazantzakis: Alexis Sorbas. Piper, München. Ein Bestseller der griechischen Literatur. Der berühmte Roman beschreibt einen urwüchsigen Philosophen des einfachen Herzens. Das Buch des Schriftstellers und Ministers Nikos Kazantzakis, der zeitweilig in einem Máni-Dorf und auf Ägina lebte, drückt seinen Traum aus, so animalisch, direkt und stark zu sein wie Alexis Sorbas. Er ist für Kazantzakis die leibhaftige Verkörperung des natürlichen Menschen.

Louis de Bernières: Corellis Mandoline. Fischer, Frankfurt/M. Mit seinem Roman hat der 1950 in London geborene Schriftsteller der Insel Kefaloniá ein würdiges Denkmal gesetzt. Eine außergewöhnliche Liebesgeschichte und zugleich eine historische Darstellung der Verhältnisse auf Kefaloniá in einer Zeit, in der Hitlers Größen- und Rassenwahn ganz Europa bedrohte. Sehr spannend zu lesen. Sie wurde auch mit Penelope Cruz an Originalschauplätze verfilmt. Der Hollywood-Streifen war allerdings im Kino ein Flop.

Notruf

Die Polizei (*Astinomía*) ist landesweit unter der ✆ 100 zu erreichen. Die Feuerwehr ist unter ✆ 199 und der Krankenwagen unter ✆ 166 landesweit zu erreichen. Hilfe bekommt man auch unter dem EU-weiten Notruf ✆ 112.

> Unter den jeweiligen Orten ist, sofern eine Polizeistation vorhanden, deren Nummer angegeben.

Öffnungszeiten

Mit langer Siesta den mediterranen Verhältnissen angepasst, dafür abends lange geöffnet, wenn die Hitze nachgelassen hat.

Archäologische Stätten: → S. 103.

Banken: einheitlich Mo–Do 8–14.30 Uhr und Fr 8–14 Uhr.

Geschäfte: vormittags ab 8 oder 9 Uhr bis ca. 13.30 oder 14.30 Uhr, nachmittags etwa 17/17.30–20.30 Uhr. Souvenirshops sind oft den ganzen Tag durchgehend bis 22 Uhr oder länger geöffnet. Vor allem in Badeorten läuft abends ein Großteil vom Umsatz. Nach einem Ladenschlussgesetz von 2005 können Geschäfte landesweit Mo–Fr 8/8.30–21 Uhr, Sa bis 20 Uhr geöffnet sein.

Informationsbüros: → unter den einzelnen Orten. Die dort angegebenen Zeiten dienen jedoch nur zur groben Orientierung. Sie werden ständig geändert und sind in der Vor- und Nachsaison oft bedeutend kürzer als im Sommer.

Im lakonischen Golf wacht die Feuerwehr

Kioske: meist bis spät in die Nacht geöffnet. Während der Siesta oft geschlossen, aber nicht immer.

Märkte: bieten ihre Waren entweder täglich zu den üblichen Geschäftszeiten (So geschl.), ansonsten zumeist Freitag- und Samstagvormittag an. In manchen Orten gibt es Märkte, die nur an einem einzigen Wochentag stattfinden.

Museen: an Werk-, Sonn- und Feiertagen 8–15 (bzw. 17 oder 19.30) Uhr geöffnet, montags in der Regel geschlossen. Spezielle Infos bei den jeweiligen Ortschaften.

Post

Es gibt in fast jedem Dorf mit mehr als 500 Einwohnern ein Postamt *(tachidromíon)*, das werktags von 7.30 bis 14 Uhr geöffnet ist (Sa und So geschlossen). In größeren Städten können die Schalter auch zwischen 7.30 und 19 Uhr (samstags bis 14 Uhr) geöffnet sein.

Die Gebühren für Karten und Briefe ändern sich schnell, erfragen Sie den neuesten Stand auf der Post. Briefmarken bekommt man in der Regel auch beim Kauf von Postkarten in den Souvenirläden oder Hotels.

Briefe werden in Griechenland meist schneller befördert als Postkarten, das Porto bleibt jedoch gleich. Wer es also eilig hat, steckt seine Karte einfach in ein Briefkuvert – dann braucht sie statt (etwa) 14 Tagen nur fünf. Wesentlich schneller (dafür auch teurer) geht es per Express. Nach Deutschland ist ein Brief mit dem roten Aufkleber nur ca. vier Tage unterwegs. Der Vermerk „per Luftpost" bringt nichts, da die Post generell per Flugzeug befördert wird. Wer Pakete heimschicken möchte, sollte sie unverschnürt zum Postamt bringen. Dort kontrolliert der Beamte noch einmal den Inhalt. Dann erst heißt es „ab die Post".

Telefonieren ist in griechischen Postämtern nicht möglich.

Poste Restante Jedes Postamt nimmt postlagernde Sendungen entgegen. Diese können mit Ausweis und gegen kleine Gebühr abgeholt werden. Ein Brief wird im Normalfall bis zu zwei Monaten aufbewahrt. Der Absender muss in diesem Fall den **Empfängernamen** (Nachnamen unterstreichen!), das **Zielpostamt** (am besten Main Post Office = Hauptpostamt) und den Vermerk „Poste restante" auf den Umschlag schreiben.

Tipp: Falls der Beamte unter dem Familiennamen nicht fündig wird, auch unter dem Vornamen nachschauen lassen. Das Einordnen teutonischer Namen fällt griechischen Postbeamten verständlicherweise manchmal schwer.

Sport

Auf dem Peloponnes, den Ionischen und Saronischen Inseln kommen Sportlernaturen und Aktivurlauber auf ihre Kosten. Recht groß ist das Angebot an Wassersport: An vielen Stränden nahe der Touristenorte gibt es die Möglichkeit Surfbretter zu leihen und Wasserski zu fahren. Auch jenseits des Strandes bieten insbesondere die großen Hotels einiges an sportlicher Unterhaltung. In Griechenland ist der Sport allerdings weit weniger organisiert als bei uns.

Bergsteigen: Griechischer Alpiner Club E.O.S., Karageorgi-Servias-Str. 7, Athen, ✆ 210/3234555.

Fischen: Schonzeiten zwischen April und Juni beachten! Infos erteilen die örtlichen Behörden. Fischen unter Wasser ist nur ohne Atmungsgerät erlaubt. Mit der Harpune dürfen keine Fische unter 150 Gramm geschossen werden.

Golf: Mit dem *The Dunes Course* und dem *The Bay Course* in Costa Navarino bei Pýlos besitzt der Peloponnes derzeit die ersten beiden Signature-Golfplätze Griechenlands. Der deutsche Golfprofi Bernhard Langer hat den Platz *The Dunes* zusammen mit European Golf Design konzipiert. Informationen unter www.costanavarinogolf.com.

Jagen: Prinzipiell möglich, man braucht eine Genehmigung, die vom zuständigen Forstamt *(Dassarchia)* ausgestellt wird. Die Gebühren ändern sich jährlich. Die Einfuhr von Waffen und Munition nach Griechenland ist verboten.

Mountainbiking/Fahrradfahren: ein Vergnügen auf dem Peloponnes. In vielen Urlaubsorten und Städten kann man inzwischen Mountainbikes leihen. Leider sind die Bikes oft von minderer Qualität und ihr Zustand nicht immer einwandfrei. Als Anfänger sollte man sich zunächst kürzere und leichte Strecken vornehmen, das Fahren auf dem Mountainbike verlangt Kondition und Geschick.

Reiten: bisher kein allzu großes Angebot. Reitställe gibt es auf Zákynthos und Kefaloniá, neuerdings auch in Methóni.

Segeln: Segelschulen finden Sie in vielen Touristenorten, ebenso einen Verleih. *Regatten* finden von April bis September statt. Über Wind- und Wetterverhältnisse rund um den Peloponnes und die Ionischen Inseln bietet die Internetseite *windfinder.com* umfassende Informationen.

Skifahren: Wintersportmöglichkeiten finden Sie auf dem Peloponnes in den Skigebieten am Helmós (1650–2100 m) und am Menálon (bis 1600 m). Die Saison geht von Ende November bis Mitte März, gegebenenfalls sogar bis April. Nähere Information bei den jeweiligen Kapiteln.

Karageorgi-Servias-Str. 7, Athen, ✆ 210/3234412. Die Griechische Zentrale für Fremdenverkehr gibt eine Broschüre zu den griechischen Skizentren heraus.

Tauchen: In bestimmten Gebieten, die archäologisch interessant sind, darf nicht getaucht werden. Auskunft darüber geben der „Archäologische Dienst", Hafenämter und die Polizei. *Flaschenfüllung* bei den Tauchschulen vor Ort.

EOYDAAKT (Griechischer Tauchsportverband), Agios-Kosmás-Straße, Athen-Hellenikon, ✆ 210/9819961.

Diving Center: eines der weniger in der Argolis (http://www.greeka.com/peloponnese/epidaurus/greece/epidaurus-diving/epidive_center/).

Die offiziellen **Tauchbestimmungen**, herausgegeben von der Griechischen Zentrale für Fremdenverkehr:

Das **Tauchen mit Atmungsgeräten** ist im Meer sowie in den Seen und Flüssen Griechenlands zum Schutze der sich unter Wasser befindenden kulturellen Schätze **verboten**.

Einige Regionen sind von diesem Verbot ausgenommen. In diesen Regionen ist das Tauchen jedoch nur zu rein sportlichen Zwecken erlaubt. Dabei sind folgende Bestimmungen zu beachten:

1. Sämtliche Atmungs- und Pressluftgeräte sowie Pressluftflaschen sind bei der Einreise zu deklarieren. Diese Anmeldeerklärung wird dem Personalausweis bzw. dem Reisepass beigefügt, und die Geräte werden verplombt. In den Gebieten, in denen das Tauchen erlaubt ist, muss man sich an die jeweilige Hafenbehörde wenden, um die Geräte entplomben zu lassen. Bei Verlassen des Gebietes muss von der gleichen Dienststelle eine neue Verplombung vorgenommen werden.

2. Unterwassersport mit Atmungsgeräten ist gestattet von Sonnenaufgang bis Sonnenuntergang.

3. Die Verwendung spezieller Geräte zur Suche und Lokalisierung von Antiquitäten sowie das Mitführen solcher Geräte auf Booten, Jachten und anderen Schiffen ist strengstens verboten.

4. Das Bergen, Verändern der Lage/des Fundortes oder das Fotografieren von antiken Funden unter Wasser ist verboten. Jeder Fund muss dem Archäologischen Dienst, der Hafenbehörde oder der Polizei gemeldet werden.

5. Alle Taucher müssen die Gesetzesvorschriften bezüglich Antiquitäten respektieren.

6. Unabhängig von den bereits erwähnten Einschränkungen können der Archäologische Dienst und das Amt für archäologische Schätze unter Wasser jederzeit das Tauchen auch in dafür freigegebenen Regionen untersagen, falls antike Funde vermutet werden.

7. Das Unterwasser-Fischen mit Atmungsgeräten ist verboten.

8. Die für die Kontrolle und Überwachung der Einhaltung der Tauchbestimmungen zuständigen Behörden sind die lokalen Archäologischen Dienste, die Küstenwache und die Polizei.

Tennis: Viele der großen Hotelanlagen verfügen über ein paar Hartplätze. Oft sind in der Saison lizenzierte deutsche Tennistrainer engagiert, die Kurse für Anfänger und Fortgeschrittene geben.

Der Zustand der Plätze ist jedoch örtlich sehr verschieden und hängt vom jeweiligen Hotel ab. Nicht alle sind immer gut in Schuss, zudem sind sie meist völlig schutzlos der brütenden Sonnenhitze ausgeliefert. Es ist in meistens kein Problem, auch als Nicht-Hotelgast einen Platz zu mieten.

Wandern: Eine der schönsten Arten, den Peloponnes zu entdecken. Etwas Wandererfahrung ist jedoch vonnöten, vor allem wenn man ins Gebirge vordringen möchte. Die Pfade sind dann oft schwer zu finden, steinig und längst nicht überall schattig.

Exakte Wanderkarten vom Peloponnes gibt es nicht, dafür mehrere Wanderführer mit teilweise detaillierten Routenbeschreibungen, die z. T. auch in den größeren Buchhandlungen vor Ort erhältlich sind. Zu den eindrucksvollsten Wanderungen auf dem Peloponnes zählt sicherlich der Aufstieg zu den *Wasserfällen des Styx* (→ S. 550) und die Wanderung durch die *Loúsos-Schlucht* zu den Klöstern Prodrómou und Filosófou (→ S. 325). Detaillierte Angaben hierzu finden Sie bei den jeweiligen Ortskapiteln in diesem Buch. Die *Griechische Zentrale für Fremdenverkehr* (→ S. 113) hält eine Broschüre mit Informationen und Adressen aller griechischen Wander- und Bergsportvereine parat.

Wer Bergtouren plant und in Berghütten übernachten möchte, sollte sich an die jeweiligen Bergsportvereine wenden. Hütten gibt es auf dem Peloponnes am Killíni, Helmós, Ménalon, Párnon und Taýgetos. Nähere Informationen bei den jeweiligen Kapiteln. Die Hütten *Menalon* und die *Schutzhütte Taygetos* liegen auf dem europäischen **Fernwanderweg E4**, der auf dem Peloponnes in Diakoptó beginnt und in Gýthion endet (→ S. 121). Einige Privatunterkünfte haben sich als E4-Sponsoren zusammengetan und bieten Übernachtungen an möglichen Etappen-Enden an. Der Weg ist bestens markiert und „frei geschnitten". Wer also von Nord nach Süd oder umgekehrt den Peloponnes durchqueren und nicht aufs Geratewohl loswandern möchte, der kann der guten Beschilderung dieses Wanderweges folgen.

In der inneren Máni gibt es viele gekennzeichnete Wege

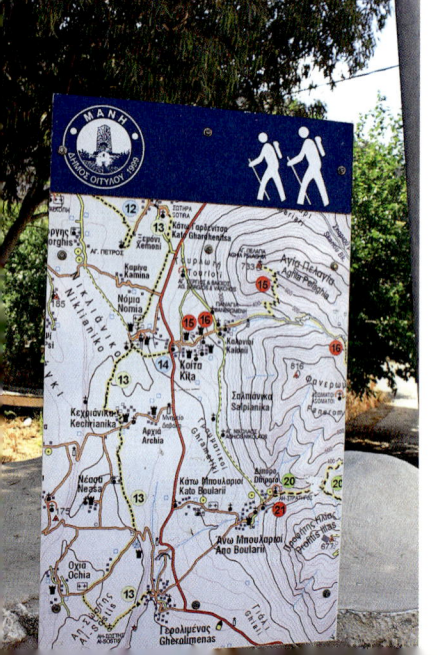

Wasserski: Eine Sportart, die in fast allen Touristenorten möglich ist. Die Stunde kostet ca. 20 €. Auch Fallschirmsegeln („Parasailing") kann man inzwischen in den meisten größeren Badeorten und in vielen Strandhotels. EOTHSKI (Griechische Wasserski-Union), Leof.-Possidon-Str., 16777 Athen, ℅ 210/8947413.

Sport 121

Windsurfen: Möglichkeiten zum individuellen Surfen gibt's wie Sand am Meer. Surfbretter werden an vielen bekannten Stränden vermietet (ca. 20 € pro Stunde). Des Weiteren bieten auch die meisten größeren Badehotels Windsurf-Unterricht an.
GWA (Griechischer Windsurfing-Verband), Fillelinon-Str. 7, 10557 Athen, ℡ 210/3233696.

Freunde des *Wassersports* sollten sich auf alle Fälle von der *Griechischen Zentrale für Fremdenverkehr* (→ S. 113) die Broschüre „Griechenland – Aktive Freizeit und Erholung am Meer" zusenden lassen. Hierin sind alle wichtigen Informationen rund um den Wassersport enthalten.

„Epsilon Tessera" – Fernwanderweg E4 Peloponnes

Über 10.450 km vom südwestlichsten Punkt Europas bei Kap St. Vinzenz in Portugal zieht sich der längste europäische Wanderweg in einem weiten Bogen durch Spanien entlang der katalanischen Küste über Andorra, Frankreich, Schweiz, Deutschland, Österreich, Ungarn, Bulgarien und Griechenland bis nach Zypern.

Beliebte Etappen auf dem Peloponnes sind seit jeher der „Einstieg" bei Diakoptó (auch wegen der atemberaubenden Schlucht auf dem Weg nach Kalávryta), der Abschnitt von Spárti nach Anavryti (mit Besichtigung der Festung von Mystrá) und die Etappen rund um das Bergmassiv des Taýgetos. Seit einigen Jahren ist auch eine durchgängige Wanderung auf dem 260 km langen Peloponnes-Abschnitt mit neuen Streckenmarkierungen (E4-Symbol) wieder möglich. Eine Reihe von Familienbetrieben entlang des Wanderweges hat sich unter dem Signum *E4-Etap-Hotel* zusammengeschlossen, um den Wanderern am Ende der Tagesetappen eine Unterkunft zu ermöglichen – auch ohne Zelt und Schlafsack.

Wer sich seine Etappen lieber individuell zusammenstellt, kann sich unter www.e4-peloponnes.info anhand von Kartenausschnitten einen ersten Überblick verschaffen oder die detaillierte Liste der möglichen Übernachtungsquartiere studieren.

Der E4 ist kein Spaziergang, einige Abschnitte sind durchaus anstrengend. Aufstiege mit längeren und steileren Anstiegen sollte man gewohnt sein und auch eine genaue Planung mit realistischer Einschätzung der Tagesetappen ist unbedingt nötig. Unterwegs ist man in der – vor allem im Frühjahr – wunderschönen Natur auf sich allein gestellt, außer den Menschen in den Dörfern und vereinzelten Wanderern trifft man kaum jemanden. Wem die gesamten 260 km auf dem Peloponnes zu viel sind, kann immer wieder mal eine „Taxi-Etappe" einschieben ...

Buchempfehlung Rolf Roost: Outdoor – **Der Weg ist das Ziel**. Conrad Stein Verlag, Welver (12,90 €). Praktisches Handbuch mit 15 Tagesetappen zur Durchquerung des Peloponnes auf dem E4, die so angelegt sind, dass am Abend immer ein Bett, eine wohltuende Dusche, ein wunderbares Essen in einer lauschigen Taverne und ein Glas Wein als Schlummertrunk auf den Wanderer warten.

Oft wird man unterwegs nach dem Weg fragen müssen:
Wo ist der Fußweg nach ...? pou íne monopáti pros ...?
Wie viele Kilometer sind es nach ...? pósa chiliómetra íne pros ...?
Ich möchte nach ... thélo na páo stin ...

Wichtig: Die meisten Griechen weisen Ihnen natürlich immer den einfachsten Weg, nämlich die nächste Straße! Wer einen Fußweg sucht (den es so gut wie immer gibt), muss betont nach dem *monopáti* fragen!

Weitere Hilfen gibt Ihnen der Sprachführer am Ende unseres Reiseführers!

Sprache

Neugriechisch zählt nicht gerade zu den einfachsten Sprachen. Nur wenige Urlauber beherrschen sie, und die Griechen haben sich daran gewöhnt. Mittelmäßige Englischkenntnisse genügen, um sich mit der Mehrzahl der Einheimischen zu verständigen. Nicht selten trifft man auch auf Griechen, die der deutschen Sprache mächtig sind. Meist erwarben sie ihre Kenntnisse bei Arbeitsaufenthalten in Deutschland, der Schweiz oder Österreich. Dennoch sollte man sich die wichtigsten Alltagswörter der griechischen Sprache aneignen. (Am Ende des Buches finden Sie einen hilfreichen, praxisorientierten Sprachführer). Ortsnamen, Hinweistafeln zur Fähre, zum Museum, zur Toilette, zum Parkplatz, zum Zeltplatz usw. sind fast immer sowohl in griechischen als auch lateinischen Buchstaben angeschrieben.

Buchtipp: Wem der kleine Sprachführer am Ende des Buches nicht ausreicht und wer noch ein bisschen mehr dazulernen möchte, sich jedoch vor allzu viel Grammatik scheut, dem sei der Kauderwelsch-Sprachführer „Griechisch für Globetrotter" (Peter Rump Verlag) empfohlen.

> Da griechisches und lateinisches Alphabet nicht identisch sind, gibt es für die Schreibung griechischer Namen in lateinischer Schrift oft mehrere unterschiedliche Schreibweisen, z. B. der Ort Chorefton – auch Horefto, Horefton und Chorefto; der Ort Kalkis – auch Chalikis oder Halkida.

Strom

In ganz Griechenland gibt es 220/230 Volt Wechselstrom. Schiffe verfügen z. T. nur über 110 Volt Gleichstrom. Mittlerweile passen Fön, Reisebügeleisen oder Rasierapparat in fast jede griechische Steckdose, und einen Adapter kann man im Fall der Fälle entweder auf dem Zeltplatz oder im Hotel ausleihen, ansonsten für wenig Geld im Geschäft kaufen.

Telefonieren

Wer innerhalb Griechenlands telefonieren will, muss die Vorwahl immer mitwählen. Jede größere Insel bzw. Provinz oder Stadt hat ihre eigene Vorwahlnummer, kleinere Inseln sind oftmals unter einer Nummer zusammengefasst.

Mit der Abschaffung der Roaming Gebühren durch die EU ist die Handynutzung im EU-Ausland günstiger geworden. Seit 2017 kostet ein Telefonat in Griechenland (oder von Griechenland nach Hause) genauso viel wie in Deutschland. Außerdem kann man sein gebuchtes monatliches Datenvolumen auch im Ausland verbrauchen. Doch Vorsicht: Für Anrufe von zu Hause ins EU-Ausland zahlen Sie weiterhin extra. Die EU arbeitet jedoch an der Abschaffung dieser Gebühren.

Touristenpolizei

Eigens abgestellte Polizeibeamte sind den Touristen bei der Zimmersuche behilflich, überprüfen die Sauberkeit in Hotels und Restaurants und sind eine

Internationale Vorwahlnummern
nach Deutschland: 0049
nach Österreich: 0043
in die Schweiz: 0041
nach Griechenland: 0030

gute Hilfe, wenn es Ärger mit dem Vermieter oder Autoverleiher gibt. Entweder verfügt die Touristenpolizei über eigene Büros (in größeren Städten) oder sie ist in der Polizeizentrale untergebracht. Die Touristenpolizisten tragen blaue Uniformen und anhand kleiner Flaggen erkennt man, welche Fremdsprache sie sprechen. In Kleinstädten und Dörfern übernimmt die örtliche Polizeistation diese Funktion mit. Dort ist zumeist ein Beamter mit dem Aufgabengebiet „Tourismus" betraut. Die Touristenpolizei ist landesweit unter der einheitlichen Telefonnummer 171 erreichbar (rund um die Uhr).

Die Touristenpolizei ist jedoch nicht zuständig für Verkehrsunfälle oder Diebstähle, selbst wenn Touristen darin verwickelt sind. In solchen Fällen helfen sie, wenn überhaupt, Sprachprobleme zu meistern.

Wasser

Die Qualität von Leitungswasser ist sehr unterschiedlich, in der Regel ist es trinkbar. Fragen Sie am besten vor Ort nach, ob das Wasser verträglich ist. Überall können Sie günstig Mineralwasser bekommen. Die Griechen bevorzugen – wie die meisten Europäer – natürliches Mineralwasser, also ohne Kohlensäure, aber dafür ziemlich kalt.

Achtung: In den Großstädten ist das Wasser oft stark gechlort!

Die Küstengewässer gelten als sauber

Zeit

In ganz Griechenland gilt die Osteuropäische Zeit (OEZ), sie ist der MEZ um eine Stunde voraus. Da es in Hellas – genauso wie bei uns – eine Sommerzeit gibt, bleibt die Zeitdifferenz von 60 Minuten bestehen. Wenn in Deutschland die Tagesschau beginnt, ist es in Griechenland bereits 21 Uhr.

Zeitungen

In den größeren Städten und Touristenorten des Peloponnes bekommt man die wichtigsten deutschsprachigen Zeitungen und Magazine. Die Tageszeitungen sind – mit Ausnahme von Athen und einigen größeren Küstenorten – in der Regel einen Tag alt und teurer als in Deutschland. Das gilt auch für Magazine wie den „Spiegel" oder „Focus". Jeden Mittwoch erscheint die deutschsprachige „Griechenland Zeitung" (Onlineausgabe bereits dienstags) mit Nachrichten aus Griechenland, reisepraktischen Informationen bis hin zu Wohnungssuche und Kochrezepten. Sehr informativ ist auch die wöchentlich erscheinende „Athens News". Diese englischsprachige Zeitung, extra für Touristen produziert, gibt es in allen Touristenorten. Darin findet man auch Stellenangebote und Annoncen von Billigfluganbietern.

Zoll/EU-Binnenmarkt

Seit der Einführung des EU-Binnenmarktes 1993 gibt es für Griechenland und alle anderen Mitgliedsstaaten der Europäischen Gemeinschaft sehr liberale Be-

Medialer Regenbogen an einem Períptero

Zoll/EU-Binnenmarkt

stimmungen über die Freimengen im Reisegepäck. Bei unmittelbarer Einreise aus einem EU-Land bestehen keine Beschränkungen/Formalitäten rechtlicher Art für Reisegepäck und ausschließlich zu privaten Zwecken mitgeführte Waren. Im EU-Land bereits versteuerte (verbrauchssteuerpflichtige) Waren, wie Zigaretten, Textilien, Pelze, Schmuck, Olivenöl etc., können mitgeführt werden, wenn sie zum Eigenbedarf, d. h. nicht zu gewerblichen Zwecken erworben wurden.

Bei folgenden Mengen (pro Person) stellen die Behörden den „persönlichen Bedarf" nicht in Frage:

Alkohol 10 l Spirituosen; 20 l Zwischenerzeugnisse (Port/Sherry); 90 l Wein oder weinhaltige Getränke, davon höchstens 60 l Sekt/Schaumwein; 110 l Bier.

Tabakwaren 800 Zigaretten; 400 Zigarillos; 200 Zigarren; 1 kg Rauchtabak.

Überschreiten der Richtmengen Kein Problem, wenn Sie glaubhaft machen können, dass die Waren ausschließlich zum Eigenverbrauch bestimmt sind.

Achtung! Die Ausfuhr von **Antiquitäten** ist verboten!

Deutschlandbild

Ausgelöst durch die Athener Schuldenkrise hat sich seit ein paar Jahren ein sehr ambivalentes Bild von Deutschland und Griechenland entwickelt, das in beiden Ländern vor allem über Boulevardmedien angefacht wird. Während in Deutschland allzu gerne das Bild der faulen und tricksenden Griechen kolportiert wird, die es sich auf Kosten der deutschen Steuerzahler gut gehen lassen, hat man sich in Griechenland auf „die Merkel" eingeschossen als Synonym für den Druck der Troika auf die Hellenen.

Dass sich die deutsche Bundeskanzlerin federführend bei der Gestaltung des Rettungsschirms für den schwächelnden EU-Partner Griechenland einsetzt und damit als Repräsentantin Deutschlands gnadenlos durch die Medien gepeitscht wird, kann nicht darüber hinweg täuschen, dass die Mehrheit der griechischen Bevölkerung hinter einer notwendigen strukturellen Veränderung des Landes steht.

Auf griechischer Seite ist daher der Grund für die gestiegene Frustration im Umgang mit der Krise vor allem in der eigenen Gesellschaft zu suchen. Das zuweilen herangezogene Feindbild des Deutschen, der während des Zweiten Weltkriegs „das Gold der Griechen" gestohlen hat und in Kalávrita und Dístomo grausame Massaker angerichtet hat, berührt nicht die Beziehung zu den Urlaubern. Besucher Griechenlands, die bei ihrem Aufenthalt in Kontakt mit der Bevölkerung kommen, wissen auch in Zeiten der derzeitigen Medienschlacht zwischen der „politischen" und der „menschlichen" Ebene zu unterscheiden. Und das gilt genauso auch umgekehrt: Während der umfangreichen Recherche für dieses Buch und in zahlreichen Gesprächen über die aktuelle Situation sind die Menschen auf dem Peloponnes uns durchweg unverändert freundlich, hilfsbereit und ehrlich entgegengekommen.

Bucht von Náfplion, der ehemaligen Hauptstadt Griechenlands

Peloponnes – Reiseziele

Saronische Inseln	→ S. 128	**Lakonien**	→ S. 332
Póros	→ S. 129	Der südöstliche „Finger"	→ S. 363
Hýdra	→ S. 138	Máni	→ S. 386
Spétses	→ S. 152	**Messenien**	→ S. 422
Korinthía	→ S. 162	**Élis**	→ S. 474
Argolís	→ S. 204	Die Küste von Élis	→ S. 506
Arkadien	→ S. 284	**Achaía**	→ S. 526

Hafen der „Pistazieninsel" Ägina

Saronische Inseln

Das Sprungbrett zur Inselwelt Griechenlands! Zwischen der attischen Halbinsel (Athen) und dem Peloponnes gelegen, zählen die Saronischen Inseln zu den am besten erschlossenen Inseln Griechenlands.

Póros – kubische weiße Häuser wie auf den Kykladen; der Peloponnes scheint zum Greifen nah. *Hýdra* – schroffes, bizarres Eiland mit viel Schick, ideal für einsame Wanderungen, daneben *Dokós,* die unbewohnte Insel. *Spétses* – eine liebliche Pinienlandschaft mit schönen Stränden, besonders beliebt bei Engländern; *Spetsopoúla* – die Privatinsel des Reeders Niarchos. *Ägina* – landschaftlich weniger reizvoll, bietet den malerisch gelegenen dorischen Aphaía-Tempel und die Badeinsel Moní. Daneben liegt die kleine Nachbarinsel *Angístri.*

Auf dem Seeweg sind alle Inseln schnell und bequem mit den „Flying Dolphins" zu erreichen, außerdem verkehren Fähren zwischen den Inseln und Piräus. Vor allem an Wochenenden im Sommer ist es schwierig, ein Zimmer zu finden; das Preisniveau liegt – zumindest auf Hýdra und Spétses – etwas über dem für den Peloponnes üblichen. Auf den Saronischen Inseln gibt es keine Campingplätze.

Verbindungen Flying Dolphins/Flying Cats: Die Doppelrumpfboote sind die schnellste Verbindung zwischen den Inseln und vom griechischen Festland. Sie kosten mehr als „normale" Fähren, sind jedoch in punkto Geschwindigkeit und Zuverlässigkeit nicht zu schlagen. Die Tragflächenboote und Katamarane der „Flying Dolphins" oder „Flying Cats" schaffen mit ihren PS-starken Dieselmotoren 36–44 Knoten. Die Fähren haben einen geschlossenen Passagierraum mit bequemen Sitzen (Hunde dürfen mitgenommen werden, müssen aber in einem offenen Zwischenraum bleiben). Jahresfahrpläne sind in sämtlichen Ticketagenturen kostenlos erhältlich. „Angeflogen" werden die Saronischen Inseln von Anfang April bis Ende Oktober, die häufigsten Verbindungen bestehen zwischen Ende Juni und Anfang September. Die ausliegen-

Saronische Inseln

den Fahrpläne sind in der Regel zweisprachig (englisch und griechisch).

Man sollte jedoch immer noch einen Blick auf die Anschlagtafeln in den Buchungsbüros werfen, teilweise werden die Fahrten wegen zu stürmischer See storniert (im Frühjahr und Herbst keine Seltenheit).

Es bestehen Verbindungen von allen Saronischen Inseln nach *Piräus.* Zudem ist von fast allen Inseln aus das peloponnesische Festland erreichbar: von *Póros, Hýdra* und *Spétses* nach *Ermióni* und *Portochéli.* Kinder unter 4 J. fahren auf den „Dolphins" kostenlos mit, von 4 bis 10 J. zahlen sie die Hälfte des Fahrpreises. Nähere Informationen finden Sie unter „Verbindungen" bei den jeweiligen Inselkapiteln.

Autofähren laufen die Inseln ebenfalls an, spielen jedoch eine untergeordnete Rolle, da man Autos z. B. nach Hýdra und Spétses überhaupt nicht mitbringen darf.

Auskünfte und Buchungsmöglichkeit im **Internet:** www.hellenicseaways.gr.

Póros

Póros besteht eigentlich aus zwei Inseln: dem hügeligen, kleinen Vulkaneiland Sferia, auf dem ein Großteil der etwa 4500 Inselbewohner lebt, und dem wesentlich größeren, spärlich besiedelten Kalavria mit seinen ausgedehnten Kiefernwäldern. Die grüne Insel ist wegen ihrer malerischen Lage vor allem bei Seglern beliebt.

Weiß gekalkte Häuser ziehen sich am Berghang entlang. Die Altstadt wird vom Campanile mit seiner blauen Kuppel überragt, im Hintergrund dichte Pinienwälder auf den Berghängen. Nur eine schmale Wasserstraße trennt das malerische Póros vom peloponnesischen Festland. Dort liegt das weniger schöne Städtchen Galatás. Ständig kommen und gehen Schiffe in alle Richtungen, gleiten Flying Dolphins über die Wellen, und behäbige Autofähren durchpflügen das Meer Richtung Festland.

„Die Einfahrt nach Póros wirkt wie ein tiefer Traum. An allen Seiten ragt plötzlich das Land empor, und das Schiff wird in eine schmale Enge gequetscht, die keinen Ausgang zu haben scheint." (Henry Miller)

Das Leben von Póros spielt sich entlang der Hafenstraße ab. Unzählige Jachten gehen hier vor Anker, entsprechend schick sind die Cafés und Bars entlang der Ufermeile. Von den Tavernen und Kafenia lässt sich das Treiben gemütlich beobachten, die Stunden vergehen wie im Flug. Mühelos sieht man von hier aus hinüber nach Galatás. Längst könnte eine Brücke Póros mit dem Peloponnes verbinden, doch die Inselbewohner wissen, dass damit die beschauliche Atmosphäre passé wäre.

Im Gegensatz zu Hýdra und Spétses sind Autos auf Póros erlaubt, die Überfahrt von Galatás ist günstig und Parkplatzprobleme gibt es auch nicht. Dennoch ist ein Auto auf der kleinen Insel eigentlich überflüssig. Die Altstadt mit ihren verwinkelten Gassen und steilen Treppen ist für Autos unpassierbar, und da es ohnehin nur ein paar Straßen gibt, lässt sich die Insel viel besser mit einem Fahrrad oder Mofa erkunden.

An Sehenswürdigkeiten hat Póros allerdings nicht viel zu bieten: Ruinen eines *Poseidon-Tempels* und in einer Schlucht das festungsartige *Kloster Zoodóchos Pighí*. Ein unvergesslicher Anblick ist die Zitrusplantage mit ihren 30.000 Bäumen bei *Lemonodassos*. Póros ist ein idealer Ausgangsort für Ausflüge in den Saronischen Golf. Die Nachbarinseln Ägina, Hýdra und Spétses sind von hier aus problemlos erreichbar; Amateurhistoriker können Touren zu den nahe gelegenen Ruinen des antiken Troizén unternehmen (auf dem Festland bei Galatás).

Wegen der sehr guten Verkehrsverbindungen nach Athen haben sich Griechen und Ausländer in den letzten Jahren auf der Insel Ferienhäuser und -wohnungen gekauft. Der Bauboom Ende des 20. Jh. ist mittlerweile jedoch zum Stillstand gekommen. In der Nebensaison geht es auf der kleinen Insel nach wie vor beschaulich zu.

Der Campanile überragt die Altstadt von Póros

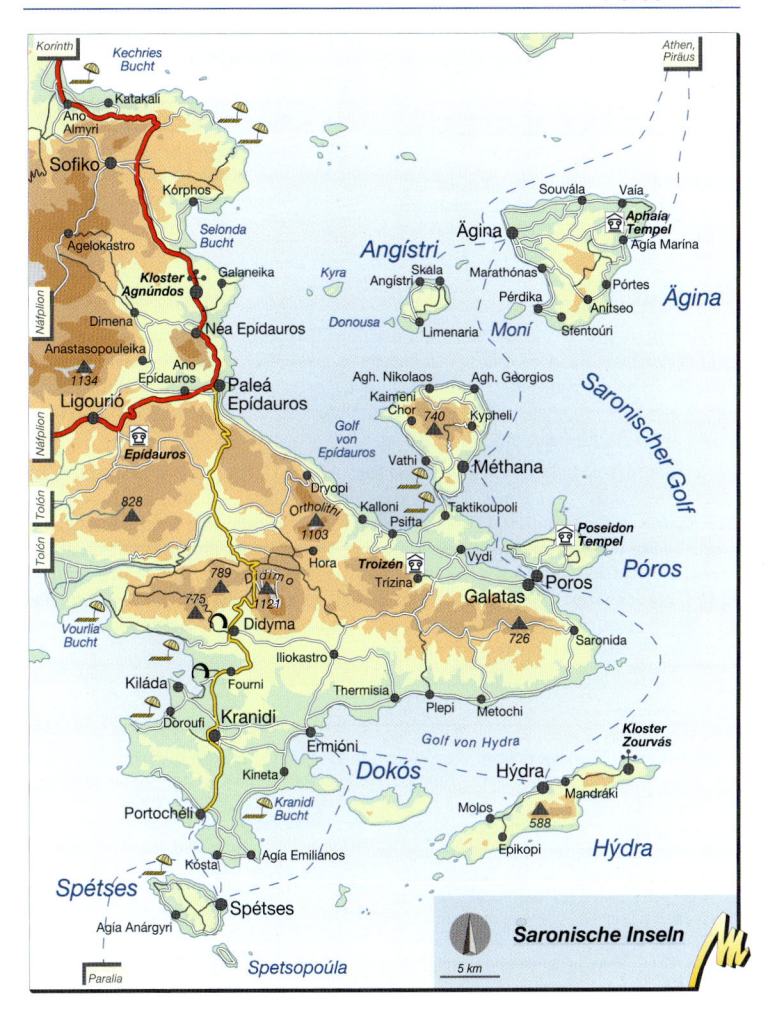

Das Preisniveau auf Póros ist niedriger als auf den teuren Nachbarinseln Hýdra und Spétses. Hier herrscht an Hotels kein Mangel. Póros ist vor allem bei Briten beliebt. Fast alle Herbergen sind auf Pauschaltouristen eingestellt. Nur in den Sommermonaten kann es für Individualreisende schon mal schwierig werden. Freunde des Wassersports finden an den Stränden von *Askeli* und *Neorio* ein sehr gutes Angebot.

Bevölkerung: ca. 4800 Einwohner. **Geografie/Geologisches**: Póros besteht eigentlich aus zwei Inseln, die nur durch eine Brücke über den schmalen Meereskanal verbunden sind. Ausgedehnte Pinienwälder überziehen fast die gesamte Insel. Póros ist durch eine etwa hundert Meter schmale Meerenge vom peloponnesischen Festland getrennt.

Wichtigste Orte: Póros-Stadt; ansonsten Hotelsiedlungen in den nahe gelegenen Buchten.

Straßen: sehr kleines Straßennetz. Von Póros-Stadt führt eine Straße über das Dorf Kamára zum Poseidon-Tempel und über das Kloster Zoodóchos Pighí zurück.

Tankstellen, Auto- und Zweiradverleih: nur in Póros-Stadt.

Unterkunft: Im Sommer vor allem an Wochenenden schwierig. Póros hat zwar zahlreiche Hotels und Pensionen, doch deren Bettenzahl reicht kaum aus. Privatzimmer sind rar und schwierig zu finden. Am besten bei einem Reisebüro fragen. Im Juli und August bestimmen vor allem britische und französische Touristen das Bild.

Karten: Eine Inselkarte ist in Souvenirläden erhältlich. Die 2 € für die Karte lohnen sich kaum, denn die Insel ist viel zu klein, um die Orientierung zu verlieren.

Geschichte

In der Antike galt Póros als die Insel Poseidons. Religiöses Zentrum war der Tempel auf der Insel Kalavria. Póros war bereits in mykenischer Zeit besiedelt und seit dem 7. Jh. Glaubensmittelpunkt der Heptapolis, eines saronischen Städtebundes. In dem Poseidon-Tempel vergiftete sich Demosthenes auf der Flucht vor den Makedoniern, die in Athen regierten.

In der Zeit der Befreiungskriege machte hier Admiral Miaoulis von sich reden. Er steckte im August 1831 einen Teil der griechischen Flotte in Brand, damit sie nicht den Russen in die Hände fiel. Noch heute gibt es auf Póros eine Marineschule; die jungen Männer in ihren schmucken weißen Uniformen gehören zum Stadtbild. Diese Einrichtung geht auf eine Initiative des aus Bayern stammenden Königs Otto I. zurück (1846). Am westlichen Ende der Insel liegt die sog. *Russische Bucht.* Der Name stammt von einer Werft, die die Marine des Zaren in der Bucht errichtet hatte. Die Ruinen sind heute noch zu sehen.

Basis-Infos

Information Touristenpolizei, Paraliaki-Str. (Hafenstraße, bei der Schule). ☎ 22980/22462.

Verbindungen Flying Dolphins/Flying Cats (kein Autotransport), im Sommer tägl. Verbindungen: 6-mal nach Piräus (1 Std., 24,50 €); 6-mal Hýdra (30 Min., 13,50 €); 4-mal Spétses (Fr und So nur 2-mal) (1:10 Std., 16 €); 2- bis 3-mal Ermióni (16,50 €) und Portochéli (21 €). www.hellenicseaways.gr.

Das Büro von **Marinos Tours** befindet sich am Hafen, schräg gegenüber der Anlegestelle der Dolphins, neben dem Café Porto. Schiffsagent der *Flying Dolphins und Flying Cats*, Schild über der Tür, leicht zu erkennen. Hier stehen auch Fahrpläne und Tickets erhältlich. Tägl. 7–21 Uhr geöffnet. ☎ 22980/222297.

Autofähren: nach Galatás, 7–22 Uhr halbstündlich (im Winter eingeschränkt), pro Pers. 1 €, Auto 5 €.

Außerdem wird 1-mal tägl. die Route Póros – Méthana – Ägina – Piräus befahren. Preise (einfach): Méthana pro Pers. 4,30 €, Auto 10,60 € (30 Min.), Ägina pro Pers. 9,10 €, Auto 23,50 € (1 Std.), Piräus pro Pers. 14 €, Auto 29 € (2:30 Std.). Infos unter www.saronicferries.gr. Die Anlegestelle nach Galatás befindet sich etwas außerhalb vom Zentrum an der Straße Richtung Kanal (nahe dem Hotel Latsis), die Anlegestelle für die großen Fähren am Straßenknick der Hafenpromenade im Zentrum. Tickets bei fast allen Reiseagenturen an der Hafenpromenade.

Wassertaxi/Personenfähren: Kleine Privatboote pendeln ständig – abends nach Bedarf – zwischen Galatás und Póros. Die Fahrt für 1 € pro Pers. ist ein Vergnügen. Abfahrt an der Uferpromenade im Zentrum.

Byboats: Vom Hauptort gibt es – nur in der Hochsaison – einen Bootsservice zu den einzelnen Stränden: Neorio Beach, Askeli Beach, Monastery Beach, Aliki Beach (Festland), jeweils ca. 2 €, Abfahrt: wenn das Boot voll ist.

Póros 133

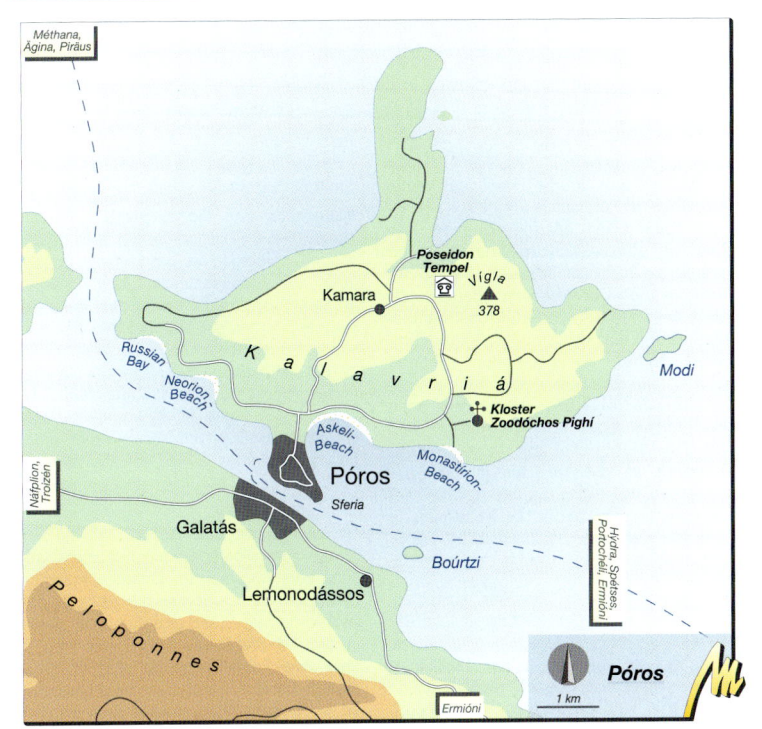

Saronische Inseln → Karte S. 131

Bus: Von Juni bis Mitte Sept. halbstündlich (im Juni und Sept. nur 2-mal täglich) zum Kloster *Zoodóchos Pighí* und zurück (mit Halt an den Stränden Askeli und Monastírion), Preis 1,60 €. Alle zwei Stunden Busse zur Russian Bay (mit Halt am Neorion-Strand), 1,60 €. Rückfahrzeiten erfragen!

Taxi: an der Hafenfront oder ☎ 22980/23003. Preisbeispiele: Poseidon-Tempel (hin/zurück) 20 €, Kloster 8 €, Askeli-Beach 3,70 €.

Adressen Hafenpolizei: an der Hafenstraße (bei der Post). ☎ 22980/22274.

Krankenhaus: Die nächste Krankenstation befindet sich in Galatás (dort ausgeschildert). ☎ 22980/22222 oder 22600. Erste-Hilfe-Station in Poros, beim Kino „Diana" (9–14 und 8–21 Uhr).

Bank: diverse Banken an der Hafenstraße, z. T. auch mit EC-Automat, Mo–Do 8–14.30 Uhr, am Freitag nur bis 14 Uhr.

Polizei (Touristenpolizei):, Hafenstraße nahe der Schule. ☎ 22980/22256 oder 22462.

Post: Karamanou-Platz (Hafenstraße), Mo–Fr 7.30–14.30 Uhr.

Reiseagenturen: verschiedene Reiseveranstalter entlang der Uferpromenade, ähnliches Angebot, z. B. **Poros Tours**, Zimmervermittlung, Vermietung von Autos und Booten sowie Ausflugsfahrten zum Theater Epidauros oder nach Korinth, ☎ 22980/23900, www.porostours.gr.

Zweiradverleih: An der Hafenstraße gibt es gleich mehrere Verleiher, das Preisniveau ist ähnlich, z. B. **Moto-Stelios** (neben „Saronic Golf Travel"): Fahrrad ab 6 € am Tag, (für 24 Std.) Moped (50 ccm) 15 €, Scooter (80 ccm) 20 €, ab drei Tagen Mietdauer Rabatt. Tägl. 9–21 Uhr. ☎ 22980/23026 oder 22946. Eine **Zweigstelle** befindet sich am **Askeli-Strand**, gleiche Preise.

Saronische Inseln

Übernachten

Ohne Zimmerreservierung kann es in der Hochsaison (Juli/Aug.) eng werden, vor allem an den Wochenenden. Das Preisniveau liegt etwas unter dem von Hýdra oder Spétses.

Hotels/Pensionen ⟫ **Mein Tipp:** **** **Xenia Póros Image Hotel**, das Hotel liegt auf einer Landspitze, umgeben von Pinien. Schon die Marmorrezeption des 2 km von Póros-Stadt im Ortsteil Neorio gelegenen früheren Póros-Hotels ist beeindruckend. Der kubische Bau wurde ohne Kitsch mit modernen Möbeln eingerichtet. Von einigen der großzügigen Zimmern genießt der Gast den schönen Ausblick auf die Meerenge und die einfahrenden Schiffe. Großes Restaurant ohne die übliche Griechenlandfolklore. Ruhig gelegen. Das Hotel mit insgesamt 77 Zimmern ist von April bis 15. Okt. geöffnet. DZ 150–190 €, Suiten ab 210 €, jeweils mit Frühstück. In der Nebensaison deutlich günstiger. ☎ 22980/22216, www.porosimage.gr. ⟪

Póros-Stadt Hotel **Dionysos**, klassizistische Villa, gegenüber der Anlegestelle der Galatás-Fähren gelegen. Stilvolles, altes Haus in Gelb getüncht, in den zwölf Zimmern teilweise Natursteinwände, dunkle Holzmöbel, geschmackvoll eingerichtet. Von einigen Zimmern Zugang zur Dachterrasse, sehr netter Service. EZ 30–70 €, Studio 40–100 € (jeweils mit Frühstück, Bad und Aircondition). ☎ 22980/23511, www.hoteldionysos.eu.

** **Hotel Manessi**, inmitten der Restaurants und Cafés an der Hafenfront, der Eingang liegt 50 m ums Eck. Das kleine Hotel mit seinem klassizistischen Giebel ist nicht billig, dafür haben manche Zimmer einen Balkon, von dem aus man die Sonnenuntergänge genießen kann. Zentralheizung! Ganzjährig geöffnet. Im Erdgeschoss befindet sich die eine Filiale der Autovermietung Sixt. EZ ab 40 €, DZ 70–90 € (Aircondition, Bad, TV und Kühlschrank). ☎ 22980/22273, www.manessi.gr.

** **Hotel Dimitra**, rechts vom Hotel Dionysos (Anlegestelle Galatás-Fähren) die Treppe hoch, dann rechts ab und gleich darauf nach links die Treppen hoch, das Haus am Hang ist beschildert. Dachterrasse. Komfortable Studios für 2–4 Pers. jeweils Bad, Balkon, TV und AC. Studio für 2 Pers 120 €. mit Meerblick ab 140 €, 3 Pers. ab 165 €, inklusive Frühstück. ☎ 22980/22697, www.dimitrahotelporos.gr.

Außerhalb von Póros-Stadt ** Hotel **Theano**, Herr Sakelliou hat der gelb gestrichenen Herberge, die per Luftlinie gegenüber der Marineschule liegt, seinen Vornamen gegeben. 24 zweckmäßig eingerichtete Zimmer, mit Bad und teilweise Balkon, auf zwei Stockwerken. Gegenüber gibt es ein kleines Restaurant (siehe Taverne Sprios) mit exzellenten Fischgerichten. Die Fischerboote legen direkt vor dem Hotel an. An der Straße zum Neorio-Strand gelegen (Lambraki Str. 21). EZ 40 €, DZ ab 50 €. Vierbettzimmer ab 75 €, Frühstück 5 €. ☎ 22980/22567.

*** **Hotel Sirene Blue Resort**, liegt an der Straße zum Kloster Zoodóchos Pighí, abseits vom Rummel, im Ortsteil Monastiri. Das größte Hotel der Insel (228 Betten!), mit sehr idyllischer Bucht und eleganten Villen in der Nachbarschaft. Das Hotel verfügt über zwei Pools und einen eigenen Kiesstrand; Taverne, Beach Bar und Dachterrasse. Freundlich eingerichtete Zimmer, modern und mit allen Annehmlichkeiten. 20. April bis 25. Sept. DZ mit Frühstück ab 140 €, Deluxe-Zimmer ab 180 €. Ab drei Tagen Aufenthalt Rabatt. ☎ 22980/2274-1 bis -3, www.sireneblueresort.gr.

**** **Hotel Neon Aegli**, in Askeli, etwa 2 km von Póros, unter gleicher Leitung wie das Hotel Manessi. Großer, L-förmiger Komplex mit vier Stockwerken, Balkons zur Bucht, Restaurant mit gemütlicher Terrasse; schöner, kleiner Privatstrand (sehr gepflegt). Gepflegt sind auch die Zimmer (Aircondition, Minibar, Sat-TV, Bad, teilweise Wanne, Balkon) mit weiter Aussicht. Schöner Pool. 74 Zimmer, viele Pauschalgäste. EZ ab 25 €, DZ 40–70 € (Frühstück 8 € pro Pers. extra). ☎ 22980/22372 oder 24435, www.newaegli.com.

*** **Hotel Saga**, das moderne Haus von Takis Alexopoulos und seiner Familie liegt 10 Min. von Póros-Stadt am Kanali-Strand. Das von einem kleinen Garten umgebene Haus besitzt 23 einfache Studios und zwei größere Apartments, die sogar über Jacuzzi verfügen. Dachterrasse mit schönem Blick auf Poros. Auf die Gäste warten Pool und Waschmaschine. Junges Publikum. Studio für 2 Pers. ab 60 €, für 4 Pers. ab 75 € inkl. Frühstücksbuffet. ✆ 22980/24872 oder 25400, http://saga-hotel.com.

Privatzimmer Das Angebot ist begrenzt, doch es lohnt sich, bei der Touristenpolizei, im Reisebüro **Dozuinas Tours** (beim Hotel Dionysos, 22980/23511) oder direkt bei George Duros (22532/24439 oder 27480) nachzufragen. Oft findet man ein Zimmerchen in der idyllischen Altstadt, das bisweilen an Orte auf den Kykladen erinnert. Ab 35 € mit Bad, mit Aircondition ab 45 €.

Camping Es gibt keinen Campingplatz auf Póros.

Essen & Trinken/Nachtleben

Essen & Trinken Taverne Oasis, beliebtes Traditionslokal an der Hafenfront, nach dem Archäologischen Museum, der Service stimmt. Frischer Oktopus und Calamari werden neben den Tischen gegrillt. Gute Auswahl auch an internationalen Gerichten, verfeinerte griechische Küche. Gehobenes Preisniveau, mittags und abends geöffnet. ✆ 22980/22955.

Taverne Poseidon, sehr beliebtes Lokal an der Hafenstraße Richtung Kanal. Neben den Tischen werden Fisch und Fleisch gegrillt. Klassisch griechische Gerichte und guter Hauswein. ✆ 2298/023597

Taverne Apagio, am südöstlichen Ende der Hafenstraße. Familienlokal mit sehr guter Küche, speziell die Fischgerichte und Vorspeisen sind hervorragend.

Taverne Naftis, an der Hafenstraße liegt dieses auch als Taverne *The Sailor* bekannte Restaurant. Hier am hinteren Teil des Jachthafens treffen sich abends die Segler. Der gemalte Matrose über dem Eingang verweist indirekt auf die Speisekarte, denn im Naftis wird vor allem Fisch in allen Variationen serviert. Die populäre **Bar Malibu** für einen Digestif liegt gleich nebenan. ✆ 22980/23096.

Taverne Spiros, sehr gutes Lokal mit Fischmenüs für 2 Pers. Ruhig gelegen, die Tische stehen direkt am Meer, freundlicher Service. Außerhalb des Zentrums, nach dem Kanal links. ✆ 2298/0245080.

Nachtleben Bar Malibu, an der Hafenstraße. Sirtaki-Musik gibt es hier nicht, sondern internationalen Sound, sehr gute Cocktails, Treffpunkt für alle, die jung sind oder sich jung fühlen. In der Hochsaison bis in die frühen Morgenstunden geöffnet.

Poseidon Music-Club, beliebter Club am Abend mit nicht ganz billigen Cocktails ab 6 €. Der Club liegt außerhalb von Póros-Stadt in einem Pinienwald (Strecke zum Poseidon-Tempel, ausgeschildert), nur in der Hauptsaison geöffnet. Schöner Pool und schöne Aussicht über die peloponnesische Küste.

Sehenswertes

Poseidon-Tempel: Er liegt auf einem Plateau, umgeben von ausgedehnten Pinienwäldern (bei einem verlassenen Bauernhof), etwa 180 m über dem Meer. Wer die etwa 6 km auf asphaltierter Straße von Póros bergauf gefahren ist, sollte nicht zu hohe Erwartungen haben. Die Überbleibsel des im 7. Jh. v. Chr. errichteten Tempels im unwegsamen, einsamen Inselinneren sind spärlich. Offensichtlich wurde der Tempel im 19. Jh. von den Bewohnern Hýdras intensiv als Steinbruch genutzt. Die wenigen Mauerreste und Säulenstümpfe lassen die religiöse Bedeutung des Heiligtums höchstens erahnen. Der Tempel in prächtiger Lage, umgeben von Pinien, Oliven- und Feigenbäumen, über dem Saronischen Golf bildete das religiöse Zentrum eines Städtebundes, zu dem auch Athen, Ägina, Epídauros, Ermióni oder Orchomenós in Böotien gehörten.

Erst 1894 wurden der Poseidon-Tempel und die kleine antike Stadt Kalauros von den beiden schwedischen Archäologen Sam Wide und Lennart Kjellberg entdeckt. Das Heiligtum, im dorischen Stil gebaut, hatte die Abmessungen 14,80 x 27,50 m. Auf der Breitseite standen vermutlich sechs und auf der Längsseite zwölf Säulen.

Westlich des Tempels findet man zwei etwa 30 m lange *Stoen*, die im 5. und 4. Jh. errichtet wurden. Um 330 v. Chr. entstand am westlichen Ende der beiden Hallen ein *Propylón* (Torbau), dahinter vermutlich das *Bouleutérion* (Rathaus). Noch weiter westlich gab es ein Gebäude mit Innenhof, das wahrscheinlich dem griechischen Politiker Demosthenes geweiht war. Er war in den Poseidon-Tempel geflüchtet, wo man ihm Asyl gewährte. Als die Makedonier den Tempelfrieden brachen, vergiftete er sich. Ausgrabungen schwedischer Archäologen zwischen 1999 und 2000 förderten weitere Details der Anlage zu Tage. Die Forscher fanden Keramik aus der zweiten Hälfte des 4. Jh. v. Chr. Die Forscher führen am Gelände noch immer Ausgrabungen durch.

Anfahrt Vom Askeli-Beach die Straße Richtung Kloster nehmen, nach ca. 1 km links ab (beschildert), auf gut ausgebauter Asphaltstraße bergauf, nach knapp 2 km halblinks ab, dann noch gut 2,5 km auf kurviger Asphaltstraße bis zum Tempel. Von der Straße eröffnen sich immer wieder herrliche Ausblicke auf Póros.

Öffnungszeiten Rund um die Uhr zugänglich. Eintritt frei. Bei der letzten Recherche 2017 waren einige Stellen aus Sicherheitsgründen geschlossen bzw. umzäunt. Bitte erkundigen Sie sich vor Ort nach dem aktuellen Stand.

Kloster Zoodóchos Pighí: Fast wie eine Festung wirkt das weiß gekalkte Kloster aus dem 18. Jh. an dem mit grünen Pinien bestandenen Hang. Eine Brücke führt über die Schlucht zu ihm hinüber. Der idyllische Innenhof mit Zitronenbäumen und einer uralten Zeder rundet das friedvolle Bild ab.

Das malerische Kloster, 4 km vom Hauptort entfernt, wurde im 18. Jh. von einem Athener Bischof gegründet. Ein Besuch lohnt sich vor allem wegen der wertvollen Ikonostase aus dem 16. Jh., die reich verziert ist und rund dreißig Ikonen aufweist. An der linken Mauer beim Altar befindet sich die Marien-Ikone. Die Gottesmutter trägt die Züge der Tochter des italienischen Malers Ceccoli, der 1849 die Arbeit ausführte. Das Kloster begeht seinen höchsten Feiertag jedes Jahr prunkvoll am ersten Freitag nach Ostern.

Die Abtei darf nur in angemessener Kleidung betreten werden. Für Frauen liegen Röcke bereit. Toiletten findet man am Parkplatz unweit der Kapelle. Von hier führt auch ein Feldweg zum kleinen Strand. Das Kloster ist täglich von Sonnenaufgang bis Sonnenuntergang geöffnet. Es bleibt nur zwischen 14 und 17.30 Uhr geschlossen.

Archäologisches Museum: Das 1977 gegründete Museum an der mit Orangenbäumen bestandenen Platia Alex. Korizi (Hafenstraße) zeigt in einigen Räumen Funde vom Poseidon-Tempel sowie von den nahe gelegenen Orten Troizén und Methana. Weiterhin finden sich hier Statuen, Pläne der Tempel, auch ein römischer Grabstein von der Halbinsel Méthana. Der Inschrift einer Steinplatte lässt sich eine Erklärung des Politikers Themistokles von 480 v. Chr. entnehmen. Er plädierte dafür, die Flotte zu mobilisieren und die Athener im Exil zu amnestieren. Zu sehen sind auch klassische und hellenistische Vasen, Lampen undBronzeteile.
Tägl. (außer Mo) 8–15 Uhr. Eintritt 2 €, erm. 1 €, für EU-Stud. gratis. ✆ 22980/23276.

Baden

Monastírion-Beach: unterhalb des Klosters, im Osten der Insel. Beliebter, ca. 40 m langer Sand-Kies-Strand mit ziemlich seichtem, kristallklarem Wasser und mit Blick auf die Straße von Póros. Tavernen versorgen die Badegäste mit Essen und Trinken.

Askeli-Beach: überlaufener Strand; die nahe gelegenen Hotels und Apartmenthäuser sorgen für ständigen Andrang. Der lange, schmale Sand-Kies-Strand liegt 1 km östlich vom Kanal an der Straße. Es sind sowohl Umkleidekabinen mit Duschen als auch Bars und Tavernen vorhanden.

Wassersport Askeli Watersports Centre, eine Unterrichtsstunde Wasserski kostet rund 25 €, außerdem Möglichkeit zum Parasailing, Vermietung von Tretbooten und Kanus. Geöffnet von April bis Okt.

Zweiradverleih Moto Stelios (→ „Adressen") hat am Strand eine Zweigstelle, gleiche Preise wie in der Stadt, auch Fahrräder.

Strand am Kanal: Direkt am Kanal (*kanáli*), der Póros in zwei (Halb-)Inseln trennt, liegt der 100 m lange Kiesstrand. Nicht gerade idyllisch, es gibt

Wasserspiele in Póros-Stadt

bessere Strände auf Póros. Das seichte, klare Wasser ist jedoch ideal für Kinder. Mit Taverne, Sonnenschirm- und Liegestuhlverleih, am Kanal auch einige Zweiradverleiher, Zimmervermietung und Apartments.

Small-Neorio-Beach: kleiner, 40 m langer Kiesstrand, vor dem Hotel Póros, westlich vom Kanal. Sonnenschirm- und Liegestuhlverleih, Snackbar.

Anasa Beach: der Straße vom Small-Neorio-Beach weiter westlich folgen. Ein schöner, kleiner Sandstrand mit netter Bar. Das Ehepaar Matina und Stefanos stellt hier Liegen, Duschen und überraschend gutes Essen zur Verfügung. An der Uferstraße gibt es auch eine kleine Taverne.

Neorio-Beach: weite Bucht im Westen der Insel, wegen der nahen Hotels und Pensionen überlaufen. Der Pinienwald reicht fast bis zum Ufer. Schmaler Strand, viele Jachten ankern in der Bucht, Bars und Tavernen vorhanden.

Wassersport Passage Wassersportzentrum, die Schule von Sotiris Kyprios, Wasserski-Slalom-Europameister von 2013, hat sich ganz auf Wasserski spezialisiert. Mit Bar und Ausrüstungsshop. Geöffnet März bis Dez. ✆ 22980/23927, www.passage.gr.

Love-Bay: der Straße weiter westlich folgen, kurz darauf stößt man auf die herrlich idyllisch zwischen Pinien gelegene Bucht (unterhalb der Straße). Sonnenschirm- und Liegestuhlverleih, außerdem gibt es eine *Kantina*. 40 m Sandstrand, in der Bucht ankern Jachten, einer der schönsten Strände der Insel.

Russian-Bay: Weiter östlich liegt die Russian-Bay mit Blick auf die Insel Daskalio und ihre Kapelle. Benannt ist die Bucht nach einer russischen Nachschubstation von 1834 für die Schiffe in der Ägäis. 1900 wurde sie aufgegeben, 1989 wurden die – keineswegs hübschen – Ruinen als historisch-architektonisches Monument unter Denkmalschutz gestellt. Beide Badebuchten (Kiesstrand) sind noch nicht überfüllt, allerdings ist die vordere wesentlich attraktiver als die weiter östlich gelegene Bucht, zählt sie doch zu den schönsten der Insel. Sonnenschirm- und Liegestuhlverleih, Strandbar.

Vagonia-Bay: Abgelegener Strand in einer Omega-förmigen Bucht im Norden der Insel. Die Badebucht erreicht man über die Straße zum Poseidon-Tempel. Vor dem Heiligtum geht es links, in nördlicher Richtung ab. Eine 2,5 km lange Straße führt durch Olivenhaine und Zitrusplantagen hinab zu dem Kiesstrand. Hier gibt es eine Taverne, die auch Zimmer vermietet. Mit Ausnahme der Hauptsaison ist der Kiesstrand wenig besucht, leider ist er jedoch nicht immer sauber.

Kein Auto stört die Ruhe auf Hýdra

Hýdra

Hýdra – ein lang gestreckter, kahler Felsklotz vor der peloponnesischen Küste. Tatsächlich wirkt keine der Saronischen Inseln karger und abweisender. Nur das farbenfrohe Städtchen unterbricht das öde Grau der schroffen Felsen und des steinigen Bodens. Dieser Eindruck ändert sich schlagartig beim Näherkommen.

Die Hafeneinfahrt öffnet sich wie eine Arena. An den Hängen steigen im Halbrund die weißen, kubischen Häuser an, im Hafen liegen unzählige elegante Jachten, in den Straßencafés an der Mole ist auch der letzte Platz besetzt. Die Inselhauptstadt gibt sich wie ein einziges großes Theater. Akteure auf dieser Bühne sind die Inselbewohner selbst – und die unzähligen Besucher. Während woanders Taxis bereit stehen, warten hier nur eine Handvoll Esel für den Weitertransport. Das Gepäck wird auf den Tragsattel gespannt und dann geht es durch das Gassengewirr zum Hotel.

Auf Hýdra gibt es keine Betonburgen, keine lärmenden Autos und Mofas. Vielmehr laden die steil ansteigenden Gässchen mit zahllosen Stufen, spärlich bewachsene Hügel mit weißen Kirchlein und bequeme Fußwege zu ausgedehnten Spaziergängen ein. Malerisch stehen die alten Schiffskanonen am Hafen neben den längst funktionslos gewordenen Windmühlen. Hýdra – die autofreie Insel – ist ein kleines, fein herausgeputztes Paradies. Hier ist ein Ort der Entschleunigung. Der Lärm der Zivilisation scheint hierher nicht vorgedrungen zu sein. Außer dem Klappern der Mulihufe und dem Glockengeläut der Inselkirche Maria Himmelfahrt gibt es keine schrillen Töne. Wichtig wurde für Hýdra das Jahr 1959, als die junge Sophia Loren in dem Film „Der Knabe auf dem Delphin" ihr Hollywood-Debüt gab. Als

Naturbühne für den Streifen diente die Insel im Saronischen Golf. Die Loren als bildschöne Schwammtaucherin verzauberte nicht nur die Hydrioten, sondern auch Millionen von Kinogängern. Mit einem Schlag wurde das schroffe, abweisende Eiland vor der peloponnesischen Küste weltberühmt. Der Export der malerischen Bilder hatte Folgen. An der Mole von Hýdra spazierten bald die Schönheiten der damaligen Zeit: Melina Mercouri, Brigitte Bardot, Maria Callas, Liz Taylor, Jaqueline Kennedy und Audrey Hepburn. Vor allem aber fühlten sich Maler, Musiker und Schriftsteller hier wohl. Der eigenwillige Popmusiker Leonard Cohen zog sich in dem kleinen Fischerort Kamíni gerne vom Trubel der schrillen Musikszene zurück. Der Arte-Povera-Künstler Jannis Kounelis, der New Yorker Minimalismus-Künstler Brice Marden oder der schwerreiche Sammler Dakis Ioannou bauten sich hier Häuser. Noch heute zieht die Insel Intellektuelle aus aller Welt an. Angesichts des Bauverbots und der schlechten Strände konnte der Badetourismus aber auf dem steinigen Eiland nicht wie auf anderen Inseln um den Peloponnes Fuß fassen.

In Griechenland ist Hýdra so etwas wie ein Nationalheiligtum, denn die mächtige hydriotische Flotte spielte im griechischen Freiheitskampf eine wichtige Rolle. Noch heute werden die patriotischen Taten der hydriotischen Kapitäne im Guerillakrieg gegen die Türken gerühmt. Mit dem jedes Jahr im Juni veranstalteten Miaoulia-Fest erinnern sich die Einwohner an die siegreichen Schlachten des hydriotischen Admirals Andreas Miaoulis. Auf den Spuren der Geschichte kann der Besucher im sehenswerten Inselmuseum, ein paar Schritte von der Schiffsanlegestelle wandeln.

Für die einst so mächtige Flotte der Insel mussten die Bewohner einen hohen ökologischen Preis zahlen. Einst waren die Hänge des 652 m hohen Eros-Berges mit ausgedehnten Pinienwäldern bewachsen. Der Schiffbau hatte den Wäldern im 19. Jh. jedoch ein dauerhaftes Ende gemacht. Wiederaufforstungsprogramme in den letzten Jahrzehnten haben bisher kaum Erfolge gebracht. Waldbrände setzten den Projekten immer wieder ein schnelles Ende.

Auf Hýdra herrscht dank des Tourismus wieder Wohlstand. Fähren verkehren zwischen dem Eiland und Piräus und bringen an heißen Sommertagen Tausende von Besuchern auf die nobelste der Saronischen Inseln. Tagsüber drängen sich dann Menschenmengen entlang der Hafenmole. Zweifellos zeigt Hýdra zu dieser Zeit ein anderes Gesicht als in den Morgenstunden, wenn die Insel ihren Bewohnern, darunter hunderte wohlgenährte Straßenkatzen, fast alleine gehört. Auch kann es, was Zimmer anbelangt, schon mal einen Engpass geben, und man zahlt auf Hýdra einige Euros mehr als anderswo. Doch die meisten Gäste bleiben nur für wenige Stunden. Zu Unrecht, denn die Insel lässt sich nur langsam, in ausgedehnten Wanderungen entdecken. Der Esel und die eigenen Füße sind bis heute (außer den Wassertaxis) die einzigen Fortbewegungsmittel geblieben. Doch auch bei einem Kurzbesuch sollte man von der Hafenmole abzweigen, um Hýdras stillere und schönere Gassen kennen zu lernen. Nur wenige Kilometer vom Hafen beginnt die stille Einsamkeit, die den Charme der Insel ausmacht. Reizvoll ist eine Bootsfahrt rund um Hýdra, auf der man so manche menschenleere Bucht mit sauberen Stränden entdecken wird.

Während auf anderen Inseln der Pauschaltourismus Einzug hielt, pflegt Hýdra seine Individualität. Bekannte Künstler und Intellektuelle, vermögende Unternehmer und Politiker wissen dies bis heute zu schätzen. Vor allem an Wochenenden füllt sich die Bühne am Hafen.

Saronische Inseln

Ein trauriges Bild von Hýdra liefert uns Ludwig Roß, der Archäologe im Dienste König Ottos aus Bayern, bei seinem Besuch auf der Insel im Sommer 1832:

„Die Insel Hydra besteht aus gänzlich nackten, grauen Felsen, die vulkanischen Ursprungs zu sein scheinen. Die Bucht, welche den Hafen bildet, gewährt nur einen schlechten Ankerplatz, da sie ganz offen ist und bei starken Nordwinden ein heftiger Wellenschlag in derselben herrscht. Auch ist sie so klein, dass sie in den Zeiten des Wohlstandes von Hýdra nicht einmal alle Schiffe dieser Insel fassen konnte, sondern viele derselben in kleineren Nebenhäfen, zum Teil weit von der Stadt oder gar an der gegenüberliegenden Küste, überwintern mussten. Um den Hafen her und auf der westlichen Seite desselben zieht sich die Stadt terrassenartig an den Felsen empor und gewährt, da sie viele ansehnliche, nach europäischer Art gebaute Häuser zählt, vom Meer aus einen schönen Anblick. Der Häuser sind 4000, und die meisten haben einen zierlichen weißen Anwurf, gegen welchen das tiefe Grün der einzelnen Feigenbäume, für die man hin und wieder zwischen den Häusern ein fruchtbares Plätzchen gewonnen hat, erfreulich absticht. Sowie man aber ans Land tritt, verschwindet der größte Teil der Täuschung. Zwischen den stattlichen Häusern der Reichen zeigen sich elende verfallene Hütten, und mit Mühe windet man sich durch die schmutzigen, schlecht gepflasterten, engen Gassen (oft nur für zwei Menschen breit genug) an den steilen Bergen empor. Auf dem unreinlichen Marktplatz am Ufer des Hafens stehen, sitzen und kauern die Verkäufer in bunten Gruppen untereinander. Hier stehen Fleischer, ein Lamm ausweidend, dessen Eingeweide sie ohne weiteres auf die Erde werfen; daneben wird Brot, Käse, Getreide und Mehl feilgehalten; im Vordergrund kauert ein halbes hundert Fruchthändler am Boden, ihre Ware, Melonen, Zitronen, Kirschen, Äpfel, Birnen, Aprikosen usw. auf Schilfmatten und groben Teppichen vor sich ausbreitend; um sie drängen sich die Gassenbuben, bloß mit einem Hemd bekleidet, um gelegentlich einen Bissen für sich zu erhaschen."

1962 war das Schicksalsjahr der Insel. Damals mussten sich die Bewohner entscheiden: aus ihrer Insel einen touristischen Rummelplatz machen oder alles beim Alten belassen. Sie entschieden sich für das Letztere. Zuerst wurde die Inselhauptstadt und später das ganze Eiland unter Natur- und Denkmalschutz gestellt. So ist Hýdra heute die einzige bewohnte Insel der Ägäis ohne Motorisierung und ohne Bausünden. Der Transport vom Kühlschrank bis zum Urlaubskoffer wird von Hunderten Eseln und Mulis erledigt – ohne Lärm. Außerdem sind Neubauten, Satellitenschüsseln und Plastikstühle verboten. Auf der Insel gibt es immer wieder Diskussionen, ob die seit fast einem halben Jahrhundert eingeschlagene Politik die richtige ist. Zuletzt machte der britische Milliardär Richard Branson (Begründer der Fluglinie Virgin) den Hydrioten ein verlockendes Angebot. Der einfallsreiche Unternehmer wollte im malerischen Kamíni einen luxuriösen Hotelkomplex im Bungalowstil bauen. Hýdra sollte endlich Anschluss an den Massentourismus finden. Doch die Athener Richter entschieden schließlich gegen den Traum eines noblen Touristenghettos. Dennoch, der Druck auf die Bewahrer der kargen, zeitlosen Schönheit Hýdras wächst, denn die Boomjahre sind auf der Insel vorbei. Doch noch haben die ökologisch orientierten Bewohner allen Versuchen widerstanden, vermögenden Investoren die Schleusen zu öffnen. Die Insel bleibt so weiterhin von den Errungenschaften der Zivilisation verschont.

> *„Unser Ziel war Hydra, wo Ghika und seine Frau uns erwarteten. Hýdra ist eine aus einem kahlen Felsen bestehende Insel, und die Bevölkerung, fast ausschließlich Seeleute, nimmt rapide ab. Die Stadt, die in Form eines Amphitheaters um den Hafen ansteigt, ist makellos. Es gibt nur zwei Farben. Blau und Weiß, und das Weiß wird jeden Tag bis zum Straßenpflaster frisch getüncht. Die Häuser sind noch kubistischer angeordnet als in Poros. Vom ästhetischen Standpunkt aus ist es vollkommen, ist es der Inbegriff einer fehlerfreien Anarchie, die alles aufhebt, da sie alle herkömmlichen Anordnungen der Phantasie einschließt und darüber hinausgeht. Diese Reinheit, diese wilde, nackte Vollkommenheit von Hydra ist zum großen Teil dem Geist der Männer zu verdanken, die einst die Insel beherrschten. Jahrhunderte hindurch waren die Männer von Hydra kühne Piraten, die Insel brachte nur Helden und Freiheitsfanatiker hervor. Der Geringste unter ihnen war ein Admiral, wenn auch nicht de facto, so doch im Herzen. Wollte man die Taten der Männer von Hydra erzählen, müsste man ein Buch über ein Volk von Wahnsinnigen schreiben, und das Wort TOLLKÜHN müsste mit feurigen Lettern ans Firmament geschrieben werden. Hydra ist ein Felsen, der aus dem Meer ragt wie ein riesiger versteinerter Laib Brot. Es ist das zu Stein gewordene Brot, das der Künstler als Lohn für seine Arbeit erhält, wenn er zum ersten Mal das Gelobte Land erblickt".*
>
> Henry Miller, „Der Koloss von Maroussi", 1939

Bisher vollkommen unbeachtet blieb die Nachbarinsel Dokós. Seit dem Tod des letzten Bewohners im Sommer 1988 leben dort nur noch Schafe. Auf Dokós wurde früher ein rötlich-grauer Marmor abgebaut, der sich durch eine besondere Härte auszeichnete. Die Überfahrt mit einem Wassertaxi (es gibt keine Fährverbindung) lohnt sich allein schon wegen der unberührten Strände.

Geschichte

Weit vor Homer war die Insel Teil des mykenischen Königreiches. Spuren beim Dorf Vlychós weisen darauf hin. Bereits der antike Geschichtsschreiber Herodot erwähnte Hýdra. Die Insel befand sich im Besitz von Ermioni, einer Stadt an der gegenüberliegenden Peloponnesküste, und wurde später an Verbannte aus Samos verkauft. In der Folgezeit geriet Hýdra unter die Herrschaft von Troizén, danach fiel es an Kreta. Im 15. Jh. suchten viele Albaner vor den hohen Tributforderungen der türkischen Herren hier Zuflucht. Das damalige Hýdra würde man heute als eine Art Steuerparadies bezeichnen. Da die Insel unabhängig war, mussten keine Abgaben an fremde Herrscher geleistet werden, man hatte lediglich Matrosen für die Flotte des eigenen Staates zu stellen.

Seinen wirtschaftlichen Höhepunkt erreichte Hýdra im frühen 19. Jh. Es stieg durch intensiven Handel und eine große Flotte (1821 besaßen die großen Reederfamilien der Insel 124 Schiffe) zur bedeutendsten Stadt Griechenlands auf! Man betrieb im ganzen Mittelmeerraum umfangreiche Import-Export-Geschäfte und ignorierte wegen des zu erwartenden Profits Napoleons Kontinentalsperre. 1821

Saronische Inseln

stellten sich die Hydrioten auf die Seite der griechischen Freiheitskämpfer, zu deren Erfolg sie wesentlich beitrugen. Danach verarmte Hýdra immer mehr. Erst Ende der 1930er-Jahre wurde das stille, von wenigen Fischern bewohnte Eiland von Schriftstellern und Künstlern wiederentdeckt. Der richtige Boom stellte sich erst in den 70er-Jahren ein. Heute lebt ein Großteil der 2500 Einwohner vom Tourismus.

Größe: Länge 20 km, Breite 3,5 km, 55 km^2.

Bevölkerung: Im Winter rund 1900 Einwohner (und fast genauso viele Katzen), im Sommer fast das Doppelte.

Geografie/Geologisches: Hýdra wirkt wie ein Felsklotz. Höchster Berg ist der Éros mit 652 m. Auf der wasserarmen Insel gibt es so gut wie keine Bäume. Dafür sorgen der steinige, karge Boden und die klimatischen Bedingungen.

Wichtigste Orte: Hýdra: Inselhauptstadt und nahezu einziger Ort auf Hýdra; Kamíni: ehemaliges Fischerdörfchen, heute Wohnsitz vieler Intellektueller; Vlychós: abgelegene, kleine Ansiedlung westlich von Kamíni.

Straßen: Es gibt kein Asphaltstraßennetz. Man muss sich zu Fuß oder mit dem Esel fortbewegen. Die Straßen sind nicht für Autos angelegt.

Auto- und Zweiradverleih: nicht vorhanden, einziges motorisiertes Fahrzeug auf Hýdra ist die Müllabfuhr.

Tankstellen: nur für Hydrioten und Boote.

Karten: Die Inselkarte taugt nicht viel. Die meisten Karten vom Großraum Athen oder vom Peloponnes enthalten auch Hýdra.

Basis-Infos

Information Touristenpolizei, Votsi-Str. 9, ☎ 22980/52205 (auch Polizei). In der Saison ganztägig geöffnet.

Verbindungen Flying Dolphins/Flying Cats, das Büro von Hellenic Seaways befindet sich in einer Seitenstraße der Hafenpromenade. Im Sommer tägl. 8-mal nach Piräus (28 €, Fahrtdauer ca. 1:30 Std.); 4-mal tägl. Póros (13,50 €); 3-mal Ermióni (8 €); 5-mal Spétses (11,50 €); 4-mal Portochéli (16,5 €). Das Ticketbüro ist tägl. 6–21 Uhr geöffnet. ☎ 22980/538-12/-13.

In der Hochsaison (v. a. am Wochenende) ist es ratsam, das Rückfahrticket für den Abend gleich nach der Ankunft auf der Insel zu kaufen. Aktuelle Fahrpläne im Internet unter www.hellenicseaways.gr.

Die **Personenfähren** Freedom II und Freedom III pendeln zwischen dem Weiler Metochí (20 km östlich von Ermióni) und Hýdra tägl. ca. 8–19 Uhr bzw. Fr, So bis ca. 21 Uhr alle zwei Stunden (zur Hauptsaiosn öfter). Preis pro Pers. 6,50 €, Dauer der Überfahrt 15 Min. ☎ 694-7325263, www.hydralines.gr.

Busse gibt es auf Hýdra nicht! Dafür aber **Esel**. An der Hafenmole kann man das traditionelle griechische Fortbewegungsmittel mieten. Damit ein ungeübter Reiter mit dem Tier auch zurechtkommt, wird es von seinem Herrn höchstpersönlich geführt. Ein Ausritt zu den Klöstern kostet etwa 30 €. Eine kleine einstündige Tour zum Kloster Ágios Nikólaos 20 €.

Wassertaxis/Fährboote: Lohnend sind Inselausflüge per Boot. Da das Inselinnere nahezu undurchdringlich ist, ist man auf den Wasserweg angewiesen. Kleine Fährboote bzw. Wassertaxis verlassen am späten Vormittag den Hafen, um z. B. Ágios Nikólaos anzusteuern. Preise: nach Kamíni 15 €, Vlychós 7,50 €, Ágios Nikólaos 36 €, Inselrundfahrt 45 €, nach Ermióni (Festland) 55 €. Die Wassertaxis nehmen bis zu 8 Pers. mit, der Preis dividiert sich durch die Anzahl der Fahrgäste. Man kann sich auch individuell zu den Stränden bringen und wieder abholen lassen, die Preise hierfür sind Verhandlungssache. Wassertaxis im Hafen. ☎ 22980/53690. Für manche Strände und Rundfahrten gibt es Fixpreise pro Pers.

Adressen Bank: mehrere Banken am Hafen (teilweise mit EC-Automat), Mo–Do 8–14:30 Uhr, Fr bis 14:00 Uhr.

Hýdra zieht vermögende Kundschaft an

Markt: der sehenswerte Gemüse- und Fischmarkt befindet sich in einer Seitenstraße am Hafen (bei der Post), nur vormittags. Frischer Fisch wird aber auch direkt vom Boot an der Hafenmole verkauft. Früh kommen lohnt sich.

Hafenpolizei: ✆ 22980/52279.

Hospital: gleich bei der Touristenpolizei (Seitengasse vom Hafen). ✆ 22980/53150.

Post: ebenfalls in einer Seitengasse der Hafenstr., beschildert, Mo–Fr 7.30–14 Uhr.

Reiseagenturen: bieten Tagesausflüge rund um die Insel, zu anderen Saronischen Inseln oder nach Athen an. **Hydra Tours** bietet etwa Bootsausflüge nach Ägina, ins Theater Epidauros oder zu Stränden in der Umgebung. ✆ 697-7248369, www.hydratours travel.gr.

Einkaufen 》》**Mein Tipp:** Schmuckdesign **Elena Votsi**, der kleine Laden in einer Seitengasse des Hafens unterscheidet sich von den vielen Juwelieren auf anderen Inseln. Elena Votsi entwirft und produziert ihren Goldschmuck selbst. Die Griechin, die in London und Athen studierte, zählt zu den bekanntesten Designerinnen Griechenlands und stellte in zahlreichen Galerien in Paris, London, New York oder Den Haag aus. Über mehrere Jahre arbeitete sie auch mit dem italienischen Modehaus Gucci zusammen. Die Arbeiten von Elena Votsi sind gar nicht so teuer, wie man annehmen könnte. Ikonomou-Str., ✆ 22980/52637, www.elenavotsi.com. 《《

Naturkostladen: Der kleine Laden in einer Seitengasse vom Hafen bietet Produkte (Olivenöl, Gewürze, Ouzo von den Saronischen Inseln und dem Peloponnes), die überwiegend nach ökologischen Grundsätzen hergestellt wurden. ■

Feste Zusätzlich zu den griechischen Feiertagen feiern die Hydrioten noch zwei zusätzliche Feste:

Miaoulia, Ende Juni feiert ganz Hýdra zwei Tage lang die Heldentaten von Admiral Miaoulis und seiner Mannschaft im Unabhängigkeitskrieg. Gezeigt werden eine Flottenparade (die Schlacht wird nachgespielt) und traditionelle griechische Tänze. Höhepunkt des Ereignisses bilden ein Feuerwerk und das Verbrennen eines Bootes, das an den Mut der griechischen Freiheitskämpfer erinnern soll.

St. Konstantin, am 13./14. November findet das Fest des Inselheiligen statt. Es beginnt mit einem Gottesdienst in der Kirche Koimesis Theotokou an der Hafenmole, anschließend ist Markt. Am nächsten Tag folgt eine weitere Messe in der Kirche St. Konstantin.

Freizeitaktivitäten Alljährlich bietet der **Hellas Arts Club** (organisiert vom Hotel Leto) diverse Kurse an: Aquarellmalen, Töpfern, Autogenes Training, griechischer Tanz usw. Zwar werden die Kurse (und das Hotel) überwiegend pauschal vor allem von Österreich aus gebucht, doch können sich Interessierte, sofern noch Kapazitäten vorhanden, auch vor Ort anmelden. Ein Kurs kostet bei jeweils 2–3 Std. Unterricht täglich (Mo–Fr) 60 € in der Woche. Infos im Hotel Leto (✆ 22980/5338-5/-6) oder unter der Kontaktadresse des Hellas Arts Club, Kifisias-Str. 263, 14561 Kifisia, Athen, ✆ 210/8012855, oder bei Mary Calothi, ✆ 22980/53652.

Übernachten

Die Übernachtungspreise auf Hýdra liegen über dem durchschnittlichen Niveau. Die meisten Hotels haben von April bis Mitte/Ende Okt. geöffnet, für die Hochsaison sollte man vorsorglich reservieren!

Hýdra-Stadt ***** **Hotel Leto**, das weiß getünchte Haus mit seinen großen Eckarkaden in einer kleinen, ruhigen Gasse (40 m vom Hotel Hydroussa) zählt zu den beliebtesten Hotels der Insel. 21 geschmackvoll eingerichtete Zimmer im antiken Stil, schöner Parkettboden und viele Bilder, Bad, Klimaanlage, TV und teilweise Balkon. Nette Rezeption, sehr schöner, heller Frühstücksraum mit grau-weißem Marmorboden, schöner Innenhof und Spa-Bereich. Viel Kunst an den Wänden. Intellektuelles Publikum aus ganz Europa. In der Hochsaison oft durch den Hellas Arts Club ausgebucht. DZ 140–200 € inkl. Frühstück. ✆ 22980/5338-5/-6, www.letohydra.gr.

**** **Hotel Miranda**, das Herrenhaus liegt nur 4 Min. vom Hafen (beim Glockenturm geht es bergauf), die Zimmer sind mit dunklen Holzmöbeln eingerichtet, alles ist sehr gepflegt, eine Atmosphäre zum Wohlfühlen. Die „Special Rooms" sind mit alten venezianischen Malereien dekoriert. Nette Rezeption. DZ 100–140 € (inkl. Frühstück). ✆ 22980/52230, www.mirandahotel.gr.

**** **Cotommatae Hydra 1810**, ein weiterer Tipp für Nostalgiker: Die Nachkommen der früheren Besitzer haben das ehemalige Herrenhaus (aus dem Jahr 1810) liebevoll renoviert und den alten Charakter erhalten: Der Salon, die Stein- und Holz wände und die Einrichtung sorgen für Flair. DZ 130–230 €, ✆ 22980/53873, www.cotommatae.gr.

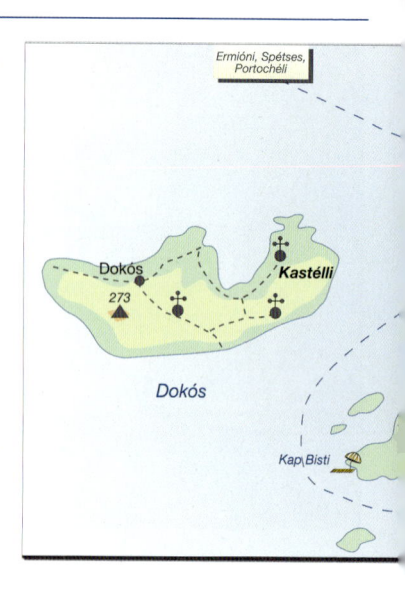

**** **Hydra-Hotel**, liegt kaum zu übersehen am Hang. Wunderschöne Aussicht, für die man aber zahlreiche Stufen erklimmen muss. Von der Mole sind es 5 Min. Zweistöckiges Natursteinhaus, angenehme Atmosphäre, acht Zimmer, hohe Räume mit Holzdecken. 2016 komplett renoviert. DZ 175–220 € (inkl. Frühstück). Petro Voulgari 8, ✆ 22980/53420, www.hydra-hotel.gr.

**** **Hotel Bratsera**, das 1995 eröffnete, stilvoll gestaltete Hotel in altem Gemäuer bietet seinen Gästen im Vergleich zu anderen Hotels auf Hýdra einen entscheidenden Vorteil: Es besitzt einen kleinen Pool, an dem auch morgens das Frühstück serviert wird. Die historische Schwammfabrik von 1860 mit ihrem idyllischen Innenhof verfügt über einfache Zimmer mit oft winzigem Bad, relativ kleinen Fenstern, Klimaanlage und Kühlschrank, viele Zimmer sind auf zwei Ebenen angelegt, ruhige Lage, nur der Hufschlag der vorbeiziehenden Maultiere unterbricht die morgendliche Ruhe, ca. 150 m vom Hafen entfernt. Service beim letzten Check verbesserungsbedürftig. Abends relativ teures Restaurant (Fisch ab

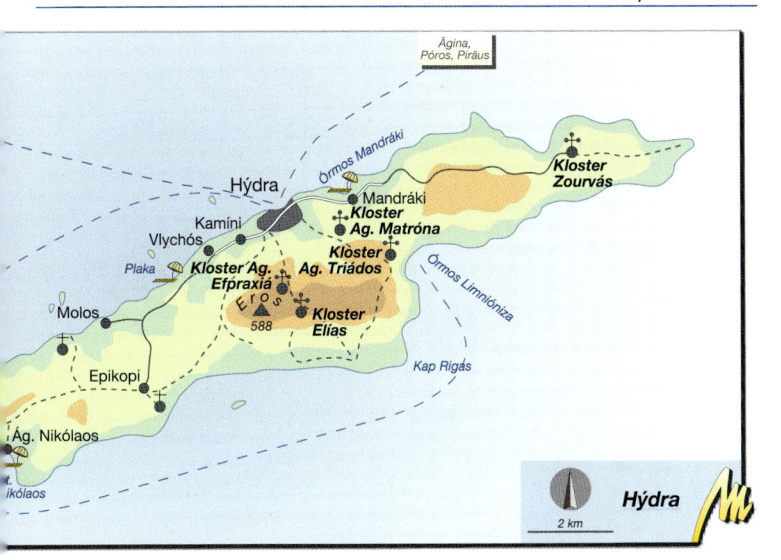

15 €) und Bar im Hof. Geöffnet von März bis Okt. DZ inkl. Frühstück gibt es für 140–270 €, Suite ab 240 €. Zimmerservice 3 € extra (!). ✆ 22980/53971, www.bratserahotel.com.

»» Mein Tipp: *** **Hotel Mistral**, komfortabel und sehr ruhig, in der Oberstadt. gelegen Die 17 Zimmer in dem alten, kubischen Steinhaus sind geschmackvoll mit dunklem Holz eingerichtet. Mit Bad, Klimaanlage, TV und Mini-Kühlschrank. Schöne Badezimmer mit Dusche. Weinüberrankter Hof (ein Idyll), hier kann man in Segeltuchstühlen die lauen Sommerabende im Freien genießen. Zudem wird ein exzellentes Frühstück serviert. Vom Hafen aus eher unauffällig ausgeschildert. 3 Min. zu laufen. Gutes Preis-Leistungs-Verhältnis. Zwischen März und Nov. geöffnet: DZ 120–150 €, EZ 100 € (jeweils mit Frühstück), es gibt auch große Studios für Familien zu 200 €, für die Hochsaison sollte man reservieren, denn dann füllen viele Stammgäste das Hotel. ✆ 22980/52509 oder 53411, www.mistralhydra.gr. **«««**

*** **Hotel Hydroussa**, das Hotel liegt etwas abseits (beim Hotel Leto) an einem Platz mit Zitronenbäumen und Oleander. Unauffälliges Schild am Eingang. Schöner Innenhof. Das Hotel ist großzügig und stilvoll eingerichtet, z. T. mit altem Mobiliar. Die Zimmer haben viel Sonne und bieten einen schönen Ausblick. Geöffnet Juni bis Ende Sept. DZ mit Bad, Kühlschrank, Aircondition und Frühstück 90–100 €, keine EZ, Dreibettzimmer 130–150 €. ✆ 22980/53580 und 52400, www.hydroussa-hydra.gr.

** **Hotel Hippocampos**, das in den 90er-Jahren erbaute Hotel von Sotiris Saitis in der Nachbarschaft des Bratsera ist eine geschmackvolle Herberge mittleren Preisniveaus. Von den oberen Zimmern hat der Gast eine schöne Aussicht. Das restaurierte Patrizierhaus verfügt über einen netten Service. EZ 65–80 €, DZ mit Frühstück 85–95 €, Suite (3 Pers.) ab 140 €. 2 Min. vom Hafen, ohne Treppen, ✆ 22980/53453, www.ippokamposhotel.gr.

** **Hotel Delfini**, gut eingerichtetes, blau-weiß angestrichenes Haus bei der Anlegestelle, elf Zimmer, netter Service. Geöffnet Mai bis Okt. DZ mit Bad, Aircondition und schönem (Fenster-)Blick auf den Hafen ab 70 €, nach hinten hinaus 40–65 €, EZ 40–60 €. ✆ 22980/52082, www.delfinihotel.gr.

** **Hotel Amaryllis**, in einem Eckgebäude einer engen Seitengasse, 50 m vom Hafen. Zehn hell gestrichene Zimmer mit hoher Decke, Dusche, TV, kleinem Kühlschrank, Internet, Kaffeekocher. Kein Frühstück

(Küchennutzung möglich). EZ 40–50 €, DZ 50–60 € (Frühstück extra). Tombazi-Str. 15, ✆ 22980/53611, www.amarillishydra.gr.

Es gibt auch eine Reihe von Privatzimmern in Hýdra-Stadt, beispielsweise die Zimmervermietung **Erofili**, ✆ 22980/52272, und **Claros Guesthouse**, ✆ 22980/52085. Beide liegen zentral und haben einen schönen Innenhof.

Außerhalb von Hýdra-Stadt

Kamíni Petroleka Apartments, vermietet die Familie Petrolekas. Für 2 Pers. mit Küche, Bad, Balkon 50–80 €, Apartment 80–130 €. ✆ 22980/52701, www.petrolekapension.gr.

*** **Rooms for Rent Malanou**, den Weg bergauf, schräg gegenüber von Petrolekas' Apartments, vermietet Maria Malanou drei sehr einfache DZ mit gemeinsamer Küche und Bad. Preise auf Anfrage. ✆ 22980/52443.

Zwei Häuser weiter oben vermietet Zoe Gardalinou **Zimmer** (DZ mit Bad) und schöne **Studios** für 2 Pers. mit Balkon (Markise), herrlichem Blick, Ventilator, Mückenkiller und modernem Bad. ✆ 22980/52114.

Vlychós **** Four Seasons Hydra, Luxus Pur. Das Four Seasons besteht aus nur sechs Suiten für maximal 4 Pers., die direkt am Plaka Beach liegen, für den Transport in die Stadt sorgen Taxiboote. Zwischen April und Oktober geöffnet. Zimmer ab 150 €. ✆ 22980/53698, www.fourseasonshydra.gr.

Antigoni's Apartments, mit Taverne, am Meer, für 4–6 Pers. mit Küche, Bad, Balkon. ✆ 22980/53228 oder 53042.

Außerdem **Zimmervermietung** in einem Steinhaus in der Nähe des Strandes. Infos unter ✆ 22980/52202 oder 53451.

Essen & Trinken/Cafés/Nachtleben

Essen & Trinken Taverne Kontilenias, am kleinen Hafen von Kamíni (mit Blick auf die Insel Dokós) kann man lecker speisen. Die Tagesausflügler verirren sich nur selten in die Taverne. Vor allem Fisch kommt hier auf den Teller, vom Besitzer Dimitris beim Fischer selbst ausgewählt. Die Tagesangebote werden auf einer Schiefertafel präsentiert. Auf der Terrasse lassen sich die heißen Nachmittagsstunden gut überstehen. Es gibt Bier vom Fass, 300 m vom Strand, auch beliebt bei Griechen. Essen abseits vom Rummel. Kamíni liegt 1,5 km von Hýdra-Stadt entfernt. Tägl. 11–24 Uhr. ✆ 22980/53520.

Taverne Iliovassilema („Marina's"), beschaulich geht es in dieser Taverne („Sonnenuntergang") in Vlychós zu. Man sitzt gemütlich unter Pinien, dazu der Blick auf ein kleines, vorgelagertes Eiland – idyllisch. Leckeres vom Holzofengrill. Wer nach dem Essen für den Rückmarsch nach Hýdra zu müde ist, kann das Wassertaxi nehmen, zu dem es nur wenige Meter sind. Die Taverne ist vor allem am Abend wegen ihres schönen Sonnenuntergangs eine Empfehlung. 2,5 km von Hýdra-Stadt. ✆ 22980/52496.

Restaurant Douskos, sehr gemütliches und beliebtes Restaurant auf einer kleinen, idyllischen Platia abseits vom Hafen. Schiffsmodelle im Fenster. Essen unter einem riesigen Pflanzendach. Gute, traditionelle Küche bei mittlerem Preisniveau. Am Abend und speziell am Wochenende lohnt es sich zu reservieren, dann füllen Reisegruppen die Taverne. Spilios-J.-Charamis-Str.

Leonhard Cohens Lieblingstaverne

Der Sänger und Schriftsteller Leonhard Cohen kaufte sich 1960, also noch vor seiner Karriere als Musiker, ein Haus in Kamíni, wo er zehn Jahre lebte und sich in seine Muse Marianne Ihlen verliebte. Bei seinen Besuchen in der Stadt kehrte er vorzugsweise im "Douskos" ein. 1967 schenkte er dem alten Wirt sogar einen eigenen Song: *They are still singing down at Dusko's, sitting under the ancient pine trees, in the deep night of fixed and falling stars, if you go to your window you can hear them. It is the end of someone's wedding or perhaps a boy is leaving on a boat in the morning. There is a place for you at the table …*

»> Lesertipp: Restaurant Bar Omilos, "momentan die beste Adresse in Hýdra. Es ist teuer, aber die Küche ist exzellent und die Aussicht traumhaft. Der perfekte Abschluss eines Urlaubs auf Hýdra" (Kim Buchholz). Das Lokal im ehemaligen Tanklager liegt am Weg nach Kamíni. Manchmal legen hier in der Nacht DJs auf. ✆ 22980/53800. **«<**

Téchnē Restaurant & Social, modernes Lokal mit schöner Aussicht auf das Meer. Die Freunde Jason und Yannis haben sich 2016 ihren Kindheitstraum erfüllt und am Weg von Hýdra nach Kamíni gemeinsam ein Lokal eröffnet. Hier servieren sie mittags und abends sehr gute Speisen zu gehobenen Preisen. ✆ 22980/52500.

Taverne To Steki, beliebte Taverne in einer Gasse unweit des Hafens. Die Gaststätte in dem Natursteinhaus bietet relativ preiswerte Menüs am Abend. Schattige Terrasse. ✆ 22980/53517.

Gatto Nero, neues italienisches Lokal mit sehr guter Küche und moderaten Preisen. Von der Hafenmole in die Seitengasse vor der Alpha Bank liegs abbiegen (in der Tombazzi Straße). ✆ 22980/54030.

Cafés Café Isalos, eines der beliebtesten Treffpunkte an der Hafenmole, kleine Snacks, viele Tavli-Spieler (nur bis 19.30 Uhr, damit sie die Ruhe nicht stören), im gleichen Haus das Hotel Argo. Gutes Essen, aber teuer. Jeden Mo, Mi und Fr Happy Hour, bei der zu den Getränken gratis ein Teller mit Snacks serviert wird.

Cafébar Hydronetta, Beach-Music-Bar am westlichen Ende der Stadt mit traumhaftem Blick, nahe den Badeplätzen. Wunderschön zum Sitzen, etwas abseits vom Trubel. Popmusik und vorwiegend junges Publikum.

Bar Amalour, sehr beliebte Bar mit Plätzen im Freien. Wenn die meisten Lokale in Hy

Pferde sind auf Hýdra das wichtigste Transportmittel

dra schließen, versammeln sich hier die Feierwütigen, um bis in die Morgenstunden weiter zu trinken und zu tanzen. In einer Seitengasse der Hafenmole, an der Ecke der Tompazi und Sachtouri Straße.

Nachtleben Disco Heaven, auf dem Berg westlich vom Hafen, Freiluft-Disco. Wunderschöner Blick auf den Inselort. Etwas für laue Sommernächte. Bis etwa 3 Uhr geöffnet.

Sehenswertes

Die alte Seefahrerinsel bietet keine spektakulären Sehenswürdigkeiten. Es ist die einzigartige Atmosphäre mit ihrer Mischung aus herber Naturlandschaft und historischer Bausubstanz, die einen Aufenthalt lohnend macht. Der kleine Hafenort selbst eignet sich hervorragend zum gemütlichen Herumschlendern – ob beim Schaufensterbummel an der Promenade (hier wird sehr viel, auch hochwertiger Schmuck angeboten) oder auf Fotopirsch durch die engen, malerischen

Gassen. Eine ganze Serie von Motiven ist hier im Nu verknipst. Interessante Wanderungen lassen sich zu den einsam gelegenen Klöstern im Inselinneren machen, in denen noch heute Nonnen und Mönche wohnen. Ein Einheimischer erklärte stolz, dass es auf Hýdra so viele Kirchen und Kapellen gebe, wie das Jahr Tage hat. Wer Lust hat, kann's nachprüfen. Für die große Anzahl sorgt angeblich die Untreue der Hydrioten: Ehebrecher mussten angeblich zur Wiedergutmachung eine Kirche bauen.

Angenehm freundlich sind die Bewohner der Insel. Schon bei Heinrich Schliemann, der Hýdra im Jahre 1868 einen Besuch abstattete, fand dies lobende Erwähnung:

„Die Hydrioten stehen im Rufe großer Ehrlichkeit und Uneigennützigkeit und haben ihre kleine Insel durch den glorreichen Antheil, den sie an der Wiedergeburt Griechenlands genommen haben, berühmt gemacht ... Ich glaube keinen bessern Beweis der Rechtschaffenheit der Hydrioten und ihres gegenseitigen Vertrauens geben zu können, als wenn ich folgenden Charakterzug mittheile. Wenn ein Schiffscapitän der Inseln sich zu einer langen Reise rüstet, so geht er in Hydra von Haus zu Haus, um damit für ihre Rechnung zu speculiren. Obwohl er keine Quittung darüber ausstellt, so ist doch nie vorgekommen, dass er bei seiner Rückkehr die erhaltenen Posten nebst Anteil an dem gemachten Gewinne an die Berechtigten nicht zurückerstatet hätte."

Patrizierhäuser: Alte Patrizierhäuser, meist zwischen 1770 und 1821 erbaut, prägen bis heute das Gesicht der Inselhauptstadt. Zu dieser Zeit kamen nach einer fehlgeschlagenen Revolte gegen die Türken viele Flüchtlinge vom Peloponnes.

Vom Massentourismus unberührt

Die Häuser waren zweckmäßig, oft hatten sie ein drittes Stockwerk, das von den Einheimischen „virani" genannt wird: ein großer atelierartiger Raum, der als Werkstatt, beispielsweise zur Seilherstellung, diente. Das bekannteste Gebäude ist das alte Patrizierhaus Tombazis am westlichen Hafenende, wegen seiner ungewöhnlichen Größe und der hohen Steinmauer nicht zu verwechseln. Heute beherbergt das Haus die Akademie der schönen Künste, eine Außenstelle des Athener Polytechnikums. Beachtenswert auch die Häuser der Familien Voulgaris und Kountouriotis (Westseite) sowie das Anwesen der Familie Paouris (Ostseite).

Kirche Koimesis Theotokou: Unübersehbar in Hýdra-Stadt ist die Kirche Maria Himmelfahrt mit ihrem prächtigen Glockenturm aus Marmor. Das ehemalige Kloster hat einen schönen von Arkaden umgebenen Innenhof; im ersten Stock liegen die Mönchszellen; außerdem beherbergt die Kirche auch ein kleines *Byzantinisches Museum*. Hier sind zahlreiche sakrale Gegenstände zu sehen wie Monstranzen aus dem 18. und 19. Jh., Priestergewänder, Ikonen wie die des Agios Spiridon und sogar eine barocke Ikonostase.

Auf Hýdra kommt der Postbote mit dem Muli

Kloster Elías: Der 90-minütige Fußmarsch in die Berge oberhalb der Stadt wird mit einer traumhaften Aussicht belohnt. Für die Wanderung sollte man genug Wasser mitnehmen und gute Schuhe anziehen, denn die anfängliche Betonstraße entpuppt sich im weiteren Verlauf als enger, steiniger Pfad, an den sich Treppen anschließen. Vom Kloster führen weitere Wege durch das Innere der Insel. Im Kloster lebt noch ein einziger Mönch, der die Gäste empfängt.

Kloster Agía Efpraxía: Einige Meter unterhalb von Elías liegt dieses Kloster. Eine Nonne wohnt hier noch und bietet geschmackvolle Handarbeiten zum Verkauf an, um die dürftigen Finanzen des Klosters etwas aufzubessern.

Achtung: Das Kloster darf nur mit beinbedeckender Kleidung besichtigt werden! Es besteht auch die Möglichkeit, die Strecke auf dem Rücken eines Esels zurückzulegen – das kostet etwa 30 €.

Kloster Agía Matróna: Das Kloster, heute nur noch von zwei Nonnen bewohnt, steht oberhalb einer Bucht und ist in 45 Min. zu Fuß erreichbar. Dafür muss man den Ort beim Marinemuseum verlassen und der Straße folgen. Die Kirche entstand 1865 in dem für die Insel typischen Baustil. Frauen dürfen dort übernachten.

Kloster Agios Triados: 20 Min. östlich von Agía Matróna liegt dieses Kloster in einer ungemein malerischen Umgebung. Heute wohnen hier noch drei Mönche.

Kloster Zourvás: ganz im Osten der Insel, in einem zweieinhalb- bis dreistündigen Fußmarsch zu erreichen. Einst von Mönchen bewohnt, heute ein Nonnenkloster (auch hier besteht die Möglichkeit, im Gästehaus zu übernachten). Wer den weiten Weg auf Schusters Rappen scheut, kann sich mit dem Boot in die Bucht unterhalb des Klosters bringen lassen und von dort aus hinaufsteigen (ca. 1 Std.).

Historisches Museum und Marinemuseum: Das Herz des Freiheitskämpfers Miaoulis

Unweit der Anlegestelle liegt das nach umfassenden Renovierungsarbeiten 1996 wiedereröffnete Marinemuseum von Hýdra. Das historische Gebäude am östlichen Hafenende beherbergt ein sorgfältig angelegtes Inselarchiv, das über eineinhalb Jahrhunderte (1708–1865) umfasst, sowie eine umfangreiche Bibliothek mit zahlreichen Schriften aus dem 18. Jh. Aus antiker Zeit ist trotz der Grabungen des deutschen Archäologen Wilhelm Dörpfelds mit Ausnahme einiger Funde in Vlychós nur wenig erhalten geblieben.

Das Museum selbst widmet sich überwiegend der griechischen Revolution von 1821, an der die Seemacht Hýdra maßgeblich beteiligt war. Imposante Ölgemälde griechischer Landschaften und Portraits der Revolutionshelden, nautische Karten und andere Dokumente sowie die Galionsfiguren der Kriegsschiffe geben im ersten Stock der Ausstellung einen guten Einblick in die Zeiten des Unabhängigkeitskampfes. Zu sehen ist nicht nur die Flagge Hýdras aus der Zeit des Befreiungskampfes, sondern auch Trachten von der Insel. Beachtenswert ist das neoexpressionistische Ölgemälde „Haus und Friedhof von Pavlos Kountouriotis" des auf Hýdra 1925 geborenen Malers und Kunstprofessors Panagiotis Tetsis. Es erinnert an den hydriotischen Admiral und ersten Präsidenten der griechischen Republik Kountouriotis (1855–1935). Im Erdgeschoss Exponate zu den Balkankriegen und den beiden Weltkriegen.

Kurioses Glanzstück der Sammlung ist aber zweifelsohne das einbalsamierte und in Silber gefasste Herz (!) des berühmten hydriotischen Admirals und Freiheitskämpfers *Andreas Miaoulis* – ein Geschenk des aus Bayern stammenden griechischen Königs Otto.

Tägl. 9–16 Uhr (Sommer auch 19.30–21.30 Uhr). Eintritt 5 €, unter 18 J. die Hälfte.

Baden

Um es gleich zu sagen: Hýdra ist keine Badeinsel. Sandstrände sucht man vergebens. Viele Kiesstrände sind schmal, oft aus grobem Stein (auf Seeigel achten!). Hinzu kommt ein besonderes Problem: In den letzten Jahren hat der Unrat (Plastikflaschen) im Saronischen Golf zugenommen. Je nach Strömung können daher die Strände verschmutzt sein. Dennoch findet man hier einige schöne Plätze für einige Stunden oder einen Tag im Meer.

Hýdra-Stadt: Vom Westende der Stadt bis nach Kamíni gibt es an den steilen Felsen immer wieder befestigte Plattformen zum Baden. Schmale Steintreppen führen hinunter zu den Liegeflächen. Sauberes Wasser. Vor allem viele Tagesausflügler stürzen sich hier in die Fluten. Über verschiedene Stege kann man ins Wasser gelangen. Der Blick auf die Hafenbucht und die einfahrenden Schiffe ist einzigartig. Nachteil: Es ist relativ laut. Für Hungrige: Nebenan gibt es ein schönes Aussichtscafé. Die Taverne Sunset hält, was ihr Name verspricht.

Avlaki Beach: Auf halbem Weg zwischen Hýdra und Kamíni führen steile Treppen zu diesem Strand hinunter. Er glänzt mit türkisfarbenem Wasser, Ruhe, viel natürlichem Schatten und einem schönen Ausblick. Man kann hier zwischen einem schmalen Kiesstrand und Steinplatten wählen.

Kamíni: Das idyllische Fischerdorf mit Tavernen liegt 2 km von Hýdra-Stadt entfernt. Am Dorfende, bei einem burgähnlichen Steinhaus, befindet sich ein 30 m langer, wenig reizvoller Kiesstrand mit Blick auf zwei vorgelagerte Inselchen und das peloponnesische Festland. Von Hýdra-Stadt läuft man rund 30 Min. Die Taverne "Castello" versorgt mit Speisen und Schirmen.

Vlychós: Zu dem ruhigen, fast schon abgelegenen Fischerdörfchen führt ein Pfad am Berghang entlang. Die Küste wird immer zerklüfteter. Nachdem man eine steinerne Brücke überquert hat, zeigt sich schon der kleine Weiler. Hier gibt es ausgezeichnete, preiswerte Tavernen. Nur wenige Besucher teilen sich die Kiesbucht am Dorfrand. Je nach Strömung kann hier jedoch Müll angeschwemmt werden. Trotz Liegestuhlverleih wirkt der Strand mit kleinen Kieselsteinen oft ungepflegt. Dusche und WC vorhanden. Von Vlychós gibt es eine unregelmäßige Verbindung mit Wassertaxis zurück nach Hýdra-Stadt.

Westlich von Vlychós bieten sich weitere abgelegene, schöne Badeplätze, die teilweise jedoch nur durch Kletterei über die Felsen zu erreichen sind.

Pláka Beach: schöner, 200 m langer Kiesstrand mit Schirmen und Liegen (8 €), den das Four Seasons Hotel betreibt und pflegt. Dessen Restaurant bedient auch Strandbesucher zu überraschend vertretbaren Preisen. Ruhe Suchende finden am Ende des Strands noch drei kleine, ruhige Buchten, die nur spärlich besucht werden. Der Strand ist zu Fuß in einer guten Stunde erreichbar, dem Weg nach Vlychós einfach weiter folgen. Zudem fahren von Hýdra jede halbe Stunde Taxiboote nach Plaka (Hin- und Rückfahrt 6 €).

Mandráki: Zwischen felsigen Bergen kann man hier Sonne tanken. Nachdem das Hotel Miramare geschlossen hat, befindet sich dieser Strand im Umbruch – mit noch ungewissem Ende. Derzeit sorgt noch eine Bar für Liegen und Verpflegung. Zur Bucht schlendert man 2,5 km auf einer Asphaltpiste an den Sommerhäusern wohlhabender Griechen vorbei. Auch kleine Fährboote fahren von Hýdra-Stadt zum Strand (zu Fuß 30 Min.) – ein verlockendes Angebot für alle, die des Laufens müde sind.Übrigens: Die Strände nordöstlich von Mandráki lohnen sich nicht, denn oberhalb befindet sich die Müllkippe der Insel.

Die schönen, abgelegenen Strände im Süden wie **Bistri** oder **Saint Nicholas** erreicht man nur mit Taxibooten, die etwa alle zwei Stunden Hýdra-Stadt verlassen (15 € für etwa eine halbe Stunde Fahrzeit). In Bistri kann man unter Kiefernbäumen im Schatten liegen.

Spétses ist eine grüne Insel

Spétses

Ganz im Gegensatz zu Hýdra bedecken immergrüne Kiefernwälder drei Viertel der Insel. Die hügelige Landschaft besticht durch eine sanfte Lieblichkeit. Rund um die Insel verteilen sich zahlreiche kleine Badebuchten mit kristallklarem Wasser. Spétses hat sich zu einem beliebten Ausflugsziel entwickelt, ideal zum Wandern und Baden. Deshalb kann es hier in der Hauptsaison sehr voll und laut werden. ‚Tourismus ist der Wirtschaftszweig Nr. 1, und dies bereits seit dem Ersten Weltkrieg. Damals war die Insel am südlichen Ende des Saronischen Golfs nobler Treffpunkt des Großbürgertums. Sogar die Rothschilds – Synonym für Reichtum – besitzen auf Spétses ein Sommerhaus. Viele wohlhabende Athener haben sich nahe der Küste und versteckt zwischen Aleppo-Kiefern prächtige Villen erbaut. Der Reeder Stavrós Niarchos hat auf der Nachbarinsel Spetsopoúla seine Luxusresidenz. Daneben fühlen sich vor allem Briten und Franzosen von der bewaldeten Insel als Ferienziel angezogen. Trotz der zahlreichen Besucher, hauptsächlich Tagesausflügler, lassen sich hier auch heute noch schöne, nicht überlaufene Strände entdecken. Fast alle 4200 Bewohner der Insel leben in der gleichnamigen Hauptstadt. Im Sommer herrscht hier Hochbetrieb. Unzählige Ausflugsschiffe legen für ein paar Stunden in dem kleinen Hafen an, und in den Cafés, Tavernen und Souvenirläden geht es rund. Autos müssen am Festland bleiben, denn mit ihnen dürfen auf der Insel nur die Einheimischen fahren. Doch ruhig geht es in Spétses deshalb nicht zu. Viele Touristen mieten sich gleich nach ihrer Ankunft ein Moped, mit dem sie dann um die Insel düsten. Entsprechend hetkisch ist es am Hafen.

Spétses ist eine relativ moderne Stadt und wirkt auf den ersten Blick vielleicht nicht so idyllisch wie beispielsweise Hýdra. Doch wer länger durch die Gassen schlendert und sich vom lauten Hafen entfernt, wird stille, romantische Ecken entdecken und sein Urteil revidieren. Besonders malerisch ist der *alte Hafen* im Stadtteil *Kastélli*

Spétses

mit seinen gemütlichen Tavernen, einer kleinen Werft und den in leuchtenden Farben gestrichenen Häusern. Dem historisch interessierten Besucher hat Spétses außer dem Inselmuseum und dem 1991 eröffneten Privatmuseum im Hause von Laskarina Bouboulina kaum Besonderes zu bieten. Die Insel der legendären Bouboulina (Anführerin im Aufstand von 1821) entschädigt dafür mit ihrer für Griechenland ungewöhnlich grünen Landschaft.

Beliebte Badebuchten sind im Südwesten *Agia Paraskeví* und *Ágii Anárgyri* (Wassertaxis von Spétses-Stadt). Unweit vom letztgenannten Strand liegt die *Bekíri-Grotte*, in der Frauen und Kinder in Kriegszeiten Zuflucht fanden.

Größe: Fläche 22 km², Küstenlänge 27 km.

Bevölkerung: 4200 Einwohner, im Sommer erheblich mehr.

Geografie/Geologisches: Höchster Berg ist der Vígla mit 248 m, zu dem gute Wanderwege führen. Interessant die Meereshöhle Spilia Bekiris am Strand Anárgyri.

Wichtigste Orte: Außer Spétses selbst gibt es keine Dörfer oder Städte, nur am Strand von Anárgyri gibt es eine kleine Ansammlung von Sommerhäusern.

Straßen: Die ganze Küste ist von einer breiten Asphaltstraße erschlossen. Zu den Stränden führen allerdings nur Pisten oder gar Pfade. Im Inselinneren gibt es nur Schotterwege.

Auto- und Zweiradverleih: kein Autoverleih, Zweiräder in Spétses-Stadt.

Tankstellen: ausschließlich in Spétses-Stadt.

Karten: Die Inselkarte für 2 € ist recht dürftig und nicht immer zuverlässig. Der Kauf lohnt sich kaum, denn man findet sich auch ohne Karte schnell auf Spétses zurecht.

Geschichte

Archäologische Funde in der Bucht von Agía Marína (östliche Bucht in Spétses-Stadt) haben bewiesen, dass die Insel bereits in früh-helladischer Zeit (2500–2300 v. Chr.) besiedelt war. Vermutlich war sie Stützpunkt auf dem Seeweg von den Kykladen zum Peloponnes. Auch die Römer hielten die Insel zeitweise besetzt. Zentrum war die Gegend um die heutige Kirche Análipsis beim alten Hafen. Als Indiz dafür gilt der Fund eines Sarkophags. Im 5./6. Jh. n. Chr. war der alte Hafen ebenfalls besiedelt, worüber zwei *frühchristliche Basiliken* Aufschluss geben.

Die erste größere Siedlung entstand im frühen 15. Jh., als christliche Albaner vor den Türken auf die Insel flohen. Diese ehemalige Niederlassung wird heute Kastélli genannt. Zunächst siedelten sich hier Schäfer an, bald kamen Kaufleute hinzu. Im 18. Jh. soll die Einwohnerzahl auf 20.000 angestiegen sein. Wie für Hýdra bedeutete Napoleons Kontinentalsperre auch für Spétses ein gutes Geschäft. Die Handelsflotte wuchs unaufhaltsam, die expandierende Wirtschaft verschaffte der Insel ein großes Maß an wirtschaftlicher und politischer Unabhängigkeit. Als während des russisch-türkischen Krieges 1770 der Orloff-Aufstand auf dem Peloponnes ausbrach, schlossen sich die freiheitsliebenden Inselbewohner sofort an. Doch Spétses sollte die Auflehnung gegen die Großmacht am Bosporus teuer zu stehen kommen. Der Hauptort Kastélli wurde niedergebrannt, viele Bewohner ermordet, ein Teil rettete sich in die Bekíri-Grotte. Vier Jahre später – nach Beendigung des Krieges – baute man die Stadt an anderer Stelle (um das Kloster Ágios Nikólaos) wieder auf.

Es ist nicht verwunderlich, dass Spétses als erste griechische Insel (1821) in den Unabhängigkeitskrieg gegen die Türken eintrat. Mit Salut begrüßte man die Freiheit und jagte die türkischen Beamten von der Insel; vom Kloster Ágios

154　Saronische Inseln

Nikólaos wehte die spetsiotische Flagge. Es war vor allem die mächtige Flotte der Insel, die den griechischen Freiheitskampf wirkungsvoll unterstützte. 22 Schiffe blockierten die wichtigen Küstenstädte auf dem Peloponnes, acht andere hinderten im April 1821 die türkische Kriegsmarine in Náfplion am Auslaufen. Wenige Monate später fielen sowohl diese bedeutende türkische Garnisonstadt in Árgos als auch die militärisch wichtigen Bastionen Monemvasía und Navaríno zurück an die Griechen.

Nach dem erfolgreichen Kampf gegen die Türken verlor Spétses in der zweiten Hälfte des 19. Jh. seine Bedeutung. Wirtschaftliches Zentrum im Saronischen Golf wurde Piräus. Erst in den 1920er-Jahren ging es durch den Tourismus wieder aufwärts. Das Geschäft mit den Urlaubsgästen ist heute die Haupteinnahmequelle der Inselbevölkerung. Die Bedeutung der Landwirtschaft geht seit vielen Jahren zurück. Nur noch der Export von Olivenöl, Honig, Mandeln und Fischprodukten spielt eine Rolle.

Basis-Infos

Information　Am Fährhafen gibt es einen Informationsstand, der zu den Ankunftszeiten besetzt ist.

Verbindungen　Flying Dolphins und die Flying Cats verbinden die Insel schnell und bequem mit Piräus, Póros, Hýdra, Portochéli, im Sommer gute Verbindungen: 5-mal tägl. nach Piräus (1:40 Std., 38,50 €); 4-mal tägl. nach Póros (16 €); 5-mal Hýdra (11,50 €); 2-mal Ermióni (8 €); 3-mal Portochéli (6 €). Tickets bei **Hellenic Seaways** am Hafen (hier hängt auch der Fahrplan aus). www.hellenicseaways.gr.

Schiffe nach Kósta: die kürzeste Verbindung zum Festland. 4-mal tägl. eine *Fähre* (2 €, Tickets an Board). Letzte Abfahrt von Spétses um 16.30 Uhr, nach Spétses um 17 Uhr. Außerdem setzen etwa alle 20 Min. kleine private *Personenfähren* (umfunktionierte Fischerboote) über. Die Boote fahren ab, wenn sie voll sind (bis 23 Uhr). Überfahrt 2,50 € pro Pers. Es gibt auch preiswerte Ausflugsboote zu den Stränden, ab Spétses-Hafen nach Ag. Anárgyri nur 2 €.

Wassertaxis: z. B. nach Kósta, sehr schnell, aber relativ teuer. Den Fahrpreis von 23 € teilen sich die Passagiere. Oft sitzen Leute, die zum Festland wollen, in einem Café an der Anlegestelle und warten auf weitere Mitfahrer. Fahrten zu den Badebuchten Agía Paraskeví und Agía Anárgyri kosten jeweils 45 €, zum alten Hafen 18 €, Zoghéria-Strand 25 €, zum Spétses-Hotel 15 €. Ein Wassertaxi kann etwa 8 Pers. befördern. Die Boote liegen im Hafen. ✆ 22980/72072.

Bus: Zwei Buslinien fahren auf der Insel. Einer fährt stündlich zwischen 10.45 Uhr und 16.50 Uhr vom Stadtstrand Agios Mamas nach Südosten bis Agía Paraskeví. Der andere fährt vom Poseidonion Hotel nach Südwesten bis zum Vreloú-Beach. Er hält außerdem beim Kaiki und Ligonéri-Beach. Bis nach Vreloú fährt der Bus 6-mal täglich zwischen 11.15 und 19.15 Uhr, nach Ligonéri-Beach 12-mal zwischen 9.15 und 0.30 Uhr. Ein Ticket kostet 1,50–3,50 €, die Busse verkehren von Mai bis Sept. Am Hafen stehen Infotafeln.

Taxi: Auf Spétses gibt es vier Taxis, Taxistand am Hafen oder ✆ 22980/72994 bzw. 72198.

Kutsche: Fortbewegungsmittel für Romantiker. Fahrt zum alten Hafen etwa 10 €, eine Rundfahrt kostet etwa 20 €. Kutschen (mit Nummernschildern!) stehen am Fährhafen.

Adressen　**Alpha Bank**, direkt am Hafen, mit EC-Automat. Mo–Do 8–14.30 Uhr, Fr 8–14 Uhr.

Erste Hilfe: Richtung Museum, ✆ 22980/72201.

Hafenpolizei: Spétses-Stadt, ✆ 22980/72245.

Polizei/Touristenpolizei: der Beschilderung zum Museum folgen. ✆ 22980/73100 und 73744.

Post: an der Uferstraße, Mo–Fr 7.30–14.30 Uhr.

Zweiradverleih: Die Preise auf Spétses scheinen zwischen den Verleihern abgesprochen zu sein. *Spétses-Team*, ✆ 0698/6665409, 22980/74429 oder 74650, der Verleiher hinter dem Hotel Poseidonion an einem im Sommer ausgetrockneten Bach vermietet Fahrräder, Mountainbikes (5 €), Mofas (15 €), Roller (18 €), Geländemaschinen

Spétses

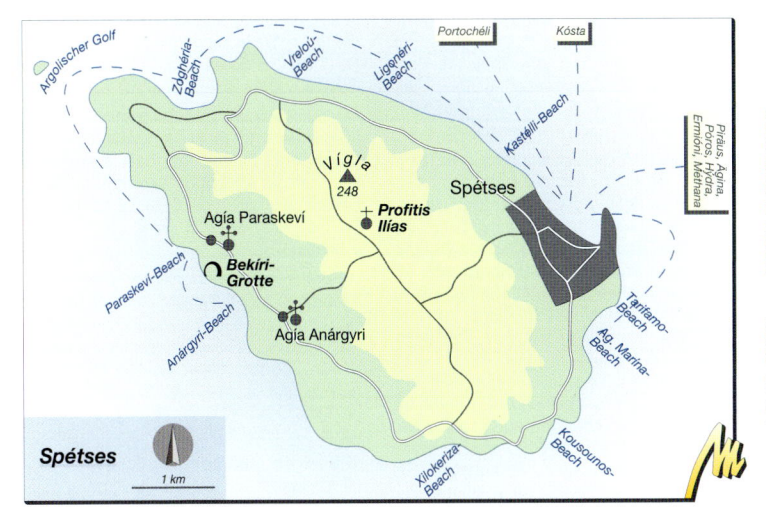

Map labels:
Argolischer Golf · Portochéli · Kósta · Zógheriá-Beach · Vrelóu-Beach · Ligonéri-Beach · Kastélli-Beach · Vígla 248 · Spétses · Agía Paraskeví · Profítis Ilías · Bekíri-Grotte · Paraskeví-Beach · Anárgyri-Beach · Agía Anárgyri · Tarsanás-Beach · Ag. Marína-Beach · Xilokeríza-Beach · Kousoúnos-Beach · Piräus, Ägina, Póros, Hydra, Ermióni, Méthana · Saronische Inseln → Karte S. 131 · Spétses · 1 km

(24 €). *Ilias Rent-A-Bike*, ☏ 06973/886407, an der Agía Marina, an der Ecke des Analipsi-Platzes. Bietet ebenfalls Mopeds ab 15 € und Mountainbikes für 7 €. Geöffnet 9–20 Uhr.

Achtung: zwischen 14 Uhr und 5 Uhr morgens besteht für die Hafenstraße ein **Fahrverbot** für motorisierte Zweiräder!

Feste Viele Kirchen, viele Feste. In Spétses mangelt es an keinem von beiden. Eine Besonderheit ist das Fest im Gedenken an die Schlacht vom 8. September 1822 gegen die türkische Flotte bei Spétses. Die ganze Stadt ist an diesem Festtag mit Flaggen dekoriert. In farbenprächtigen Trachten führen Spetsioten alte Volkstänze auf. Höhepunkt ist das Nachstellen der Schlacht beim Dapia-Hafen. Mit dem brennenden türkischen Flaggschiff und einem prächtigen Feuerwerk endet die patriotische Feier. Sie findet alljährlich am 8. September oder am darauffolgenden Wochenende statt.

Reiseagenturen Alasia Travel bei der Kutschenstation am Hafen, bietet u. a. Ausflüge nach Náfplion und Hýdra mit Schiff und Boot, vermittelt Zimmer und verkauft Fährtickets. ☏ 22980/74098, www.alasiatravel.com/en.

Übernachten

Wie auf allen Saronischen Inseln gilt: An einem Wochenende im Hochsommer ohne Reservierung anzureisen, kann ins Auge gehen. Das Preisniveau auf der Insel ist gehoben, für ein (einfaches) DZ muss man mit mindestens 45 € rechnen.

Hotels Hotel Nissia, Hotel der Luxuskategorie, Nr. 1 der Insel, sehr hohes Preisniveau. Die Fassade einer alten Fabrik wurde restauriert und dahinter verbirgt sich ein wahrer Hoteltraum: Im nachgebauten traditionellen Stil gruppieren sich Häuser um einen sagenhaften Pool mit Bar. Die Studios mit Küche, Bad, Balkon oder Terrasse, Aircondition und TV sind geschmackvoll und sehr gemütlich eingerichtet. 300 m vom Hafen in Richtung Spétses-Hotel (nordwestliche Richtung), nicht zu übersehen. Anang April bis Anfang Okt. geöffnet. Zweier-Studio 130–260 € (je nach Blick/Saison), Haus für 4 Pers. für 140–270 €, jeweils inkl. Frühstücksbuffet. ☏ 22980/75000, www.nissia.gr.

Zoes Club, luxuriöser, weißer Apartmentkomplex im Stadtzentrum (nach der Taverne Selios rechts abbiegen). Schöner Poolbereich mit Blick aufs Meer und ausgezeichneter Service. DZ 140–180 €. ☏ 22980/74447, www.zoesclub.gr.

Saronische Inseln

** Armata Boutique Hotel, Hotel der gehobenen Preisklasse in der Nähe des Hafens (hinter der Zahnklinik von Spétses), Pool, von den oberen Stockwerken schöner Ausblick. EZ 80–135 €, DZ 95–150 € (inkl. Frühstück). ℡ 22980/72683, www.armatahotel.gr.

**** Grand Hotel Poseidonion, Herberge mit Tradition, 1914 ließ der angesehene Sotirios Anargyros die Luxusabsteige an der Strandpromenade bauen. Damit nahm der Nobeltourismus in Spétses seinen Anfang. Hinter der Prachtfassade verbirgt sich ein schlossähnliches Interieur (Stuckdecken). Es besteht aus einem modernen und einem historischem Flügel. Die Telefonanlage in der Rezeption ist ein historisches Schmuckstück. Das Poseidonion wirkt wie ein Relikt aus vergangenen Zeiten (auch die Einrichtung). Sicherlich eins der stimmungsvollsten Hotels auf Spétses, wenn auch längst nicht mehr das nobelste. Geöffnet von April bis Okt. Alle Zimmer mit Bad, manche mit Balkon. DZ ab 160 € inkl. Frühstücksbuffet. ℡ 22980/74553, www.poseidonion.com.

Economou's Mansion, übernachten in historischem Gemäuer: Das 1851 erbaute Bürgerhaus gehörte einst dem Freiheitskämpfer und späteren Bürgermeister Michalis Economou, der 1872 durch ein Attentat ermordet wurde. Heute werden hier sechs stilvoll eingerichtete Zimmer mit Bad vermietet, außerdem ein Studio mit Kochgelegenheit und ein Pool. Vom Hafen 10 Min. zu Fuß in Richtung Spétses-Hotel (Kounoupítsa-Bucht). DZ je nach Blick 80–185 €, Studio 115–215 € (mit Frühstück). ℡ 22980/7340-0 bis -2 www.economouspetses.gr.

* Hotel Klimis, an der Hafenfront, direkt am Meer, vermietet Maria Kalevrossoglou angenehme 21 Zimmer mit Bad, Balkon und Klimaanlage. Ganzjährig geöffnet. Im Hotel befindet sich auch ein Café. EZ ab 45 €, DZ 55–65 €. ℡ 22980/73725 oder 73777, www.klimishotel.gr.

** Hotel Faros, vierstöckiges Hotel in der Altstadt, an der Platia Oroloi (erkennbar am Uhrturm), etwas zurückversetzt vom Hafen (ca. 100 m). Eine der günstigsten Unterkünfte von Spétses, unpersönliche Atmosphäre. Alle Zimmer mit Dusche. Geöffnet April bis Okt. EZ ab 45 € DZ ab 65 €, inkl. Frühstück. ℡ 22980/72613.

Außerhalb von Spétses-Stadt ****** Hotel Spetses**, 1 km westlich am Strand gelegen mit privaten Meerzugang. 77 Zimmer mit Bad, Balkon, TV und Aircondition. EZ 82–189 €, DZ 85–205 € (inkl. Frühstück). ℡ 22980/7260-2, www.spetses-hotel.gr.

Privatzimmer Villa Marina, gegenüber vom Stadtstrand Agía Mamas die Gasse hinein, erstes Haus auf der linken Seite. Freundliches Besitzerehepaar, netter, kleiner Garten. Die Zimmer mit Bad und Kühlschrank sind recht klein geraten, schlicht in Pastelltönen gehalten. Fragen Sie nach den Zimmern im ersten Stock, die sind etwas

Grand Hotel Poseidonion:
Hier begann vor über 100 Jahren der Tourismus auf Spétses

geräumiger. EZ ab 40 €, DZ 50–75 €, ☏ 22980/72646 oder 72660, www.villamarinaspetses.com.

Villa Kriezi, gepflegte Villa mit herrlichem Garten, ruhig gelegen. Schlichte Zimmerausstattung. Besonders empfehlenswert die Zimmer 7–10 wegen der schönen Aussicht. Preise für das DZ 45–65 €. Oberhalb der Allgemeinen Klinik (Polydynamo latreio), ☏ 22980/74086, www.villakriezi.gr.

Essen & Trinken

Restaurant Mourayo, am alten Hafen (vom Zentrum ca. 15 Min. zu laufen), in romantischer Umgebung. Sehr schönes Ambiente in einem alten Fischerhaus. Bar mit Piano, Terrasse über den Strand gebaut. Abendtreffpunkt, ab ca. 24 Uhr Musikbar. Gehobenes Preisniveau. ☏ 22980/73700.

Fischrestaurant Patralis, beim Spétses-Hotel, vom Zentrum ca. 15 Min. zu laufen. Nach Meinung vieler Spetsioten für Fisch die Nr. 1 der Insel. Gehobenes Preisniveau. ☏ 22980/75380.

》》》 Lesertipps: Taverne Akrogialia, „schöne Sonnenuntergangs-Stimmung. Gutes Essen, moderate Preise, super Service, man sitzt mit den Füßen im Sand. Ca. 600 m nordwestlich vom neuen Hafen" (Martin Bredebusch).

Restaurant Stelios, an der Uferpromenade Richtung alter Hafen. Sehr preisgünstige Menüs. Zu Stoßzeiten ist kaum noch ein Platz zu bekommen. ☏ 22980/73748.

Taverne Bouboulina, „zentral gelegen, gegenüber dem Fischmarkt, mit wunderbarem Blick auf das Meer. Mit blau gestrichenen Flechtstühlen und Papiertischdecken, traditionelle griechische Küche, bekannt für Fisch und Meeresfrüchte. Spezialitäten sind gegrillter Oktopus, Seafood-Spaghetti, Fischsuppe und gegrillte Sardinen. Sehr freundliche Bedienung" (Annette Fechner). ☏ 22980/73033. 《《《

Yachting Club, Café, Bar und Crêperie. Bereits zum Frühstück geöffnet. Hübsche Terrasse, französisch-griechische Küche, gute Cocktails. Der Club liegt in der Kounoupitsa Bay, 10 Min. vom Hafen. ☏ 22980/73400.

Kafenion Akropol, wer gern Süßes mag, für den ist das traditionelle Kafenion (Eckhaus am Hafen, neben dem Hotel Poseidonion) genau richtig. Hier wird die süße Inselspezialität *Amigdalato* verkauft, bestehend hauptsächlich aus Zucker, Mandeln und Honig. Auch in anderen Bäckereien und Konditoreien der Stadt zu haben.

Café Nuovo 1800, populäres, gemütliches Café mit weißen Couchstühlen in altem Herrenhaus, 5 Min. vom Hafen, am Weg von Spétses nach Kastélli.

Sehenswertes

Stadtmuseum: Durch eine kleine Gasse führt der Weg vom Hafen zum Inselmuseum, an seinem großen Anker am Eingang leicht zu erkennen. Seit 1938 besteht die Sammlung in dem renovierungsbedürftigen Haus, das der reiche Reeder Hadziyannis Mexis 1795–98 bauen ließ. Eine Außentreppe führt zum ersten Stock mit sieben Räumen, in denen die Geschichte der kleinen Insel aufbereitet wird: alte Bilder von Spétses und dem Peloponnes, Waffen aus dem Befreiungskrieg gegen die Türken, reich verzierte Trachten, schön restaurierte Ikonen und 2000 Jahre alte römische Münzen. Das älteste Keramikfundstück ist über 4000 Jahre alt und stammt aus früh-helladischer Zeit. Das Museum liegt fünf Minuten vom Hafen in südöstlicher Richtung (ab Hafen beschildert).
Tägl. (außer Mo) 8.30–14 Uhr. Eintritt 3 €. ☏ 22980/72994.

Museum Laskarina Bouboulina: In Griechenland kennt jedes Kind ihren Namen. Laskarina Bouboulina ist die bekannteste Freiheitskämpferin des Landes. An der Spitze ihres Kriegsschiffes Agamemnon kämpfte die zweifache Witwe 1821 gegen die jahrhundertelange Besatzung der Türken – und gewann. Die Erinnerung an Bouboulina lebendig zu halten, ist die Aufgabe des gleichnamigen Museums, das in ihrem

Laskarina Bouboulina – ein Leben für die Freiheit

In Griechenland ist sie ein Mythos, unzählige Straßen auf dem Peloponnes sind nach ihr benannt und gemeinhin gilt sie als *das* Symbol für den Unabhängigkeitskampf gegen die Türken: Die Bouboulina ist griechische Volksheldin und Legende zugleich.

Ihr ungewöhnliches Leben hatte einen nicht minder ungewöhnlichen Anfang: Am 12. Mai 1771 wurde Laskarina Bouboulina in einem Gefängnis in Konstantinopel geboren. Nicht als Gefangene, sondern als Tochter des von den Türken inhaftierten hydriotischen Freiheitskämpfers Stavrianos Pinotsis und dessen Frau Skevo – und zwar während der Besuchszeit! Der Freiheitswille wurde der legendären Griechin also sprichwörtlich in die Wiege gelegt ...

Nach dem baldigen Tod des Vaters gelangte Laskarina über Hýdra nach Spétses, wo sie den größten Teil ihres Lebens verbringen sollte. Im Alter von 40 Jahren war die Bouboulina zweimal verwitwet, Mutter von sieben Kindern und konnte auf den beachtlichen Nachlass ihrer Ehemänner (beide starben im Kampf gegen Piraten) zurückgreifen. Dieser Wohlstand ermöglichte ihr das Engagement für die griechische Freiheit: Dank ihrer wurde Spétses – neben Hýdra – zur bedeutendsten Seemacht im Unabhängigkeitskampf gegen die Türken. Laskarina Bouboulina stellte ihr gesamtes Privatvermögen für die Vorbereitung der Revolution zur Verfügung, u. a. auch zum Bau des berühmten Schiffes „Agamemnon", das unter ihrem persönlichen Kommando stand und auf dem am 13. März 1821 die griechische Revolutionsfahne gehisst wurde.

Maßgeblich beteiligt war Laskarina Bouboulina auch an der Seeblockade gegen das heftig umkämpfte Náfplion: Fast ein Jahr dauerte die Belagerung; als Náfplion schließlich am 22.11.1822 kapitulierte, war das Ziel zwar erreicht, die Bouboulina aber von den Streitigkeiten innerhalb der Revolutionsparteien zutiefst enttäuscht und völlig verarmt. Die Gefangennahme des Freiheitskämpfers Theodor Kolokotronis durch seine innenpolitischen Gegner veranlasste sie zur Rückkehr nach Spétses, wo ihr Leben ein überraschendes und völlig unwürdiges Ende finden sollte: 1825 wurde Laskarina Bouboulina bei einem Streit mit der mächtigen Familie Koutsis hinterrücks erschossen.

Laskarina Bouboulina in Bronze

Herrenhaus, nur 300 m vom Fährhafen, untergebracht ist. Das kubische, weitläufige Gebäude mit seinem kleinen Garten dient bereits seit 1991 als Privatmuseum. Ein Besuch lohnt sich nicht nur, um diese schillernde historische Persönlichkeit kennenzulernen, sondern auch um einen Eindruck in die Lebensweise vermögender Griechen zu Beginn des 19. Jh. zu gewinnen. Der beeindruckendste Raum ist zweifellos der Große Salon mit seinen mächtigen florentinischen Holzdecken. Das auffälligste Möbelstück nach dem langen roten Sofa ist der mächtige, eiserne Safe, den die begeisterte Seefahrerin einst auf ihrem Kriegsschiff mit sich führte. In den Räumlichkeiten sind vorwiegend private Gegenstände der legendären Revolutionärin zu sehen, u. a. wertvolle italienische Möbel, Porzellan, Bücher und Gemälde; außerdem eine Skizze der „Agamemnon" und die Genehmigung der Türken, das Schiff zu bauen. Darüber hinaus ist die Waffensammlung der Patriotin ausgestellt, darunter ein mongolisches Schwert, ein Geschenk von Zar Alexander von Russland und – als Glanzpunkt der Sammlung – ein altes byzantinisches Schwert. Die vermögende Frau, die einst mit ihrem Konterfei die 1-Drachmen-Münze schmückte, hatte für Notfälle vorgesorgt. Im Kaminzimmer ist bis zum heutigen Tag ein Schrank mit einem Geheimversteck für Geld und Waffen erhalten geblieben. Das Museum wurde von Philip Demertzis-Bouboulis gegründet, ein Nachkomme der Revolutionärin in der fünften Generation.

Der Englisch sprechende Spetsiote macht auch die meisten Führungen durch die Sammlung.

Die Ausstellung ist zwischen 25.3. und Ende Okt. ausschließlich im Rahmen einer Führung (tägl. 14-mal, davon mind. 5-mal in englischer Sprache) zu besichtigen. Tägl. (außer Mo) 8.30–14 Uhr. Eintritt 6 €, Studenten 4 €, Kinder 2 €. Der Weg zum Museum ist beschildert. ✆ 22980/72416, www.bouboulinamuseum-spetses.gr.

Bekíri-Grotte: Die Tropfsteinhöhle, einst Zufluchtsstätte der Inselbewohner bei Todesgefahr, liegt an der schroffen Südwestküste nahe der Bucht *Agía Anárgyri* (mit Bus und Wassertaxis bzw. Ausflugsbooten erreichbar). Zugang besteht sowohl vom Meer als auch vom Strand. Von der viel besuchten Badebucht (mit Taverne) verläuft ein Pfad (rechte Seite, Nähe Wassersportcenter) ca. 300 m entlang der unwegsamen Küste. Zunächst eine Betontreppe, dann ein Trampelpfad führen zur Grotte an einer kleinen Landspitze. Der winzige, unauffällige Grotteneingang verbirgt sich zwischen großen Felsbrocken, nur durch die Beschriftung „Cave" auf dem Fels ersichtlich. Dahinter liegt ein von der Brandung ausgespülter Saal mit kleinen Tropfsteinen. Unbedingt Taschenlampe mitnehmen!

Baden

Kastélli-Beach/Acrogiali-Beach: größter Strand in Spétses-Stadt, beim Hotel „Lefka Palace" (westlicher Stadtrand). 200 m langer Kiesstrand mit Taverne und Strandbar. Außerdem gibt es noch eine ruhig gelegene kleine Badebucht, die per Treppen zu erreichen ist. In der Bucht ebenfalls eine Bar, außerdem gibt es eine Stranddusche und Wassersportaktivitäten.

Ligonéri-Beach: weitaus lohnender als Kastélli. Von der Inselstraße führt der Weg ca. 50 m durch einen idyllischen Pinienwald hinunter zur Küste. Den Besucher erwartet ein sehr feiner Kiesstrand (begrenzt von Felsen) und türkisfarbenes, klares Wasser. Der saubere Strand ist nicht einmal überfüllt. Es gibt einen Wegweiser von der Inselstraße zum Strand. Der Bus nach Spétses-Stadt hält hier.

Vreloú-Beach: 50 m breite, schöne Kiesbucht. Eine etwa 200 m lange Asphaltstraße führt in Serpentinen von der Inselstraße hinab zum Meer (mit Wegweiser). Den

Großteil des Strands nimmt eine schön gestaltete Taverne mit Hängematten und Strohschirmen ein. Schirm und Liegen kosten 10 €.

Zoghéria-Beach: zwei idyllische Badebuchten an der Nordwestspitze der Insel. Von der Straße geht es auf einem holprigen und steilen Pfad ca. 2 km den Berg hinunter. Zuerst gelangt man zu einer Bucht inmitten von Pinien, Ölbäumen und Zedern. An der felsigen Küste liegen schmale Kiesstrände. Einige halb verfallene Häuser behaupten sich in der weiten Bucht. Weiter westlich liegt eine weitere Bucht mit Kiesstrand zwischen Felsplatten, die *Lazarétta-Bucht*. Eine Taverne befindet sich direkt am Strand. Die Bucht, ca. 2 km von der Inselstraße (Wegweiser), ist im Hochsommer auch mit kleinen Booten von Spétses-Stadt aus erreichbar.

Paraskeví-Beach: idyllische Bucht samt Kapelle inmitten von Pinien. 70 m langer, sauberer Sandstrand, der von Felsen begrenzt wird. Ebenfalls unterhalb der Inselstraße gelegen. Bar und Sonnenschirmverleih. Für eine ausreichende Verpflegung sorgt eine Taverne. Weiter westlich findet man noch zwei Badebuchten, die jedoch von der Straße aus schwerer zugänglich und deshalb nicht so gut besucht sind. Hier befinden sich auch die einzigen Nacktbadestrände von Spétses.

Anárgyri-Beach: Die populärste Badebucht (Kiesstrand) auf Spétses liegt ca. 20 m abseits der Inselstraße. Im Sommer ist sie durch Boote und Busse mit dem 12 km entfernten Hauptort verbunden. Der Kiesstrand ist rund 400 m breit. In der Bucht ankern oft Motorboote und Jachten. Mehrere Tavernen sorgen für das Wohl der Gäste. Außerdem erhöhen das Wassersportangebot (u. a. Paragliding, Windsurfen und Wasserski) und ein Sonnenschirm- und Liegestuhlverleih ihre Attraktivität als Badeplatz. Öffentliches Telefon vorhanden. In den letzten Jahren entstand auch eine Reihe von Sommerhäusern. Außerdem gibt es ein Hotel. Vom Anárgyri-Beach führt auch ein Wanderweg über den Inselberg Profitis Ilias (5 km) nach Spétses-Stadt. Für die Wegstrecke sollte man jedoch mit mindestens zwei Stunden rechnen.

Übernachten ****** Hotel Acrogiali**, die Luxusvilla mit 16 Suiten, nur 30 m vom Strand, ist das einzige größere Hotel außerhalb der Inselhauptstadt. April bis Okt. geöffnet. Übernachtung inkl. Frühstück 100 €. ✆ 22980/73695, www.hotelacrogiali.com.

Essen & Trinken **Taverne Manolis**, beliebte Ausflugstaverne am Strand, gute Tagesgerichte.

Selten sind die Strände um Spétses-Stadt überlaufen

Xilokeriza-Beach: Dieser herrlich gelegene Kiesstrand hat nach einem Waldbrand 2017 leider viel von seiner Attraktivität eingebüßt.

Kousounos-Beach: ebenfalls von der Inselstraße beschildert, ca. 2 km südlich von der Agía Marina-Bucht. Der ca. 50 m lange Kiesstrand wird überwiegend von den Bewohnern der Insel besucht.

Agía-Marína-Beach/Paradise-Beach: gepflegter Kiesstrand (70 m lang) am östlichen Stadtrand, mit schönem Café, Restaurant und einem Grillplatz. Ist im Sommer immer brechend voll.

Tarifamo-Beach: vom Agía-Marína-Beach Richtung altem Hafen, fast bis zum Neubaugebiet „Petusa", kurz davor rechts ab. Ein Schild weist den Weg hinunter zu der kleinen Bucht mit Kiesstrand und Steinplatten. Schöner Ausblick auf einen Felsen mit Ruine.

In Spétses-Stadt findet man weitere Kiesstrände in Richtung Lefka-Palace-Hotel. Hier herrscht ebenfalls großer Andrang, nicht zuletzt wegen der guten Wassersportmöglichkeiten am Kastélli-Beach. Der Stadtstrand von Spétses (ca. 500 m vom Fährhafen in Richtung altem Hafen) mag in Anbetracht der hervorragenden Strände der Insel eher als Notlösung erscheinen, ist für ein kurzes Bad jedoch durchaus geeignet. Viele Tagestouristen.

An den größeren Stränden der Insel werden Sonnenschirme und Liegestühle vermietet.

Wassersport

Spétses ist ein kleines Paradies für Wassersportler, allerdings gibt es auf der Insel nur zwei Strände mit entsprechendem Angebot: *Anárgyri-Beach* und *Kastélli-Beach/Acrogiali-Beach*. Paragliding, Windsurfen, Wasserskilaufen, auch Tretbootverleih, am Anárgyri-Beach auch Banana-Boat und Ähnliches.

Wandern auf dem Inselberg Profitis Ilias

Das dichte Wegenetz und die Überschaubarkeit machen Spétses zu einer idealen Insel zum Wandern. Da Pinienwälder drei Viertel ihrer Fläche bedecken, herrscht kein Mangel an Schatten – wofür man in den Sommermonaten dankbar ist.

Ein besonders schöner Spaziergang führt zum 245 m hohen Berg *Profitis Ilias*, der ziemlich genau in der Mitte der Insel liegt. Man verlässt Spétses-Stadt in westlicher Richtung. Nach ca. 4 km (zwischen Vreloú- und Zoghéria-Beach) biegt die Straße zum Inselberg ab (beschildert). Durch ausgedehnte Pinienwälder geht es stetig bergauf, zumindest der erste Abschnitt bietet Schatten. Vom Plateau hat man einen fantastischen Blick auf das Blau des Meeres und das Grün der Pinien. Vom Hauptweg zweigt auch ein Pfad zur weiß gekalkten *Profitis-Ilias-Kirche* ab. Fast auf dem höchsten Punkt der Insel steht die *Panaghia-Daskalakis-Kirche*. Folgt man weiter dem Hauptweg, kommt man an eine Gabelung mit einer Hausruine. Der rechte Pfad führt zum Anárgyri-Beach (5 km) hinunter (dort gibt es eine Busverbindung nach Spétses-Stadt), geradeaus – vorbei an der Kapelle Panaghia – geht es in steilen Serpentinen hinunter zur Stadt. Auch hier bietet sich ein überwältigender Blick. Immer weiter geradeaus landet man direkt am Fährhafen. Die Wanderung dauert ca. 4:30 Std. (ohne Pausen). Vergessen Sie nicht, Trinkwasser mitzunehmen, denn auf dem Weg gibt es keinen Brunnen.

Kap Iréon: Baden in der Bucht des Hera-Heiligtums

Korinthía

Ob der Peloponnes eine richtige Insel ist oder nicht, mag jeder am tief eingeschnittenen, schmalen Kanal von Korínth selbst entscheiden. Das Gebiet im Norden des Peloponnes, begünstigt durch das angrenzende Attika, ist seit Jahrtausenden Durchgangsstation. Auch heute noch, wie die Industrieanlagen am Isthmus erkennen lassen.

Schon in der Antike profitierte Korínth, einst Verkehrsknotenpunkt zwischen Asien und Europa, vom Warenumschlag. Eindrucksvoll dokumentieren die Ruinen Korínths einstigen Reichtum; ihre Besichtigung ist ein unbedingtes Muss und gleichzeitig Highlight auf jeder Peloponnesreise.

Nur ein schmaler, fruchtbarer Küstenstreifen entlang des Golfs von Korínth, der den Peloponnes von Nordgriechenland trennt, weist eine dichte Besiedelung auf. Ansonsten ist die Korinthía mit ihrem bergig-kargen Hinterland nahezu menschenleer. Die meisten Besucher bleiben nur ein bis zwei Tage. Schnell werden die antiken Stätten wie *Korínth, Sikyon, Neméa* oder die Ruinen von *Akrokorinth* auf dem mächtigen Felsklotz bestaunt. Doch auch ein längerer Aufenthalt hat seine Reize; die Ausflüge ins gebirgige Hinterland mit weltabgeschiedenen Dörfern sind ein Erlebnis. Mit 2376 m ist der *Killíni* der zweithöchste Berg des Peloponnes. Wer gerne baden möchte, findet an den langen Sandstränden der lieblichen Küstenlandschaften am Saronischen Golf immer ein lauschiges Plätzchen. Einige schöne Strände findet man auch am Golf von Korínth; und in den teilweise auf griechischen Badetourismus ausgerichteten Küstenorten warten zahlreiche hervorragende Fischtavernen direkt am Meer auf neue Besucher. Empfehlenswert ist auch der Kur- und Badeort *Loutráki* (6 km nördlich vom Kanal) – ein Hauch von griechischer Noblesse mit wunderschöner Badebucht und regem Nachtleben. Von hier ist es nur ein Katzensprung zum eindrucksvollen Hera-Heiligtum, in einer traumhaften Bucht am *Kap Iréon* gelegen.

Korinthía

Der Kanal von Korínth

Die Landenge (Isthmos) von Korínth bildet die einzige Verbindung zum europäischen Festland. An der schmalsten Stelle wird sie von einem 6,3 km langen, schnurgeraden Kanal durchschnitten. Die Wassertiefe beträgt nur knapp 8 m, aber die Seitenwände türmen sich senkrecht bis zu 80 m hoch auf.

Bei einer Überquerung des Isthmos sollte man sich den Durchstich, der den Korinthischen mit dem Saronischen Golf verbindet, nicht entgehen lassen. Mehrere eiserne Brücken führen über den Kanal: eine für Eisenbahn, zwei weitere für den Autoverkehr. Der im Oktober 1893 eröffnete Kanal macht den Umweg von 325 km für die Umschiffung des Peloponnes überflüssig. Täglich wird diese Wasserstraße von rund 30 Schiffen befahren, im Jahr von rund 11.000. Der Kanal leidet mittlerweile jedoch unter Altersschwäche. Die seitlichen Stützmauern und die östliche Einfahrt müssen dringend erneuert werden. Dennoch gehört eine Durchquerung des Kanals seit mehr als hundert Jahren zu den Höhepunkten einer jeden Griechenland-Kreuzfahrt.

Das einmalige Bauwerk entstand zwischen 1881 und 1893. Schon Kaiser *Nero* ließ 67 n. Chr. erste Bauarbeiten einleiten, die unvollendet blieben. Damals wurden kleinere und mittlere Schiffe über einen gepflasterten Weg, den Diolkos, die 6 km von einem Golf zum anderen gezogen. Reste dieser Schiffsschleppbahn sind zum Teil noch gut sichtbar.

Heute spielt der Kanal von Korínth für die Schifffahrt eine untergeordnete Rolle. Mit einer max. Breite von 25 m ist er für die modernen Hochseefrachter von über 10.000 Bruttoregistertonnen längst viel zu schmal.

Die Idee zu dem Kanal ist rund 2600 Jahre alt. Erste Skizzen entwarf der Tyrann *Periander von Korínth* im frühen 6. Jh. Um 300 v. Chr. wurde der Gedanke erneut aufgegriffen. Zu konkreten Baumaßnahmen kam es jedoch wieder nicht, da die Ingenieure erklärten, der Wasserspiegel im Korinthischen Golf sei höher als der im Saronischen. Man befürchtete Überschwemmungen und ließ die Finger von dem Projekt. Doch die Vorstellung hielt sich hartnäckig.

> Die schönste Aussicht bietet sich von der **Brücke der alten Nationalstraße** (Paliá Ethnikí Ódos). Auf dieser wuchtigen Eisenbrücke kann man vom schmalen Steg für Fußgänger in aller Ruhe die Fotokamera in Stellung bringen. Anfahrt: Wenn man von der neuen Autobahn nach Pátras kommt, muss man nach Korínth-Stadt („Exit A" – Tourist Route) abzweigen. Von hier folgt man dem Straßenverlauf. Parken kann man bei der Bushaltestelle oder ein Stück näher beim Lokal vor der Brücke.

Von Julius Cäsar über Caligula bis hin zu Augustus geriet das Vorhaben nie in Vergessenheit, doch erst *Nero* ließ Taten folgen. Nachdem er mit einer goldenen Schaufel den ersten Spatenstich tat, wurden 6000 jüdische Sklaven dazu verpflichtet, das Mammutprojekt endlich zu verwirklichen. Doch bald mussten die an beiden Enden der Landenge begonnenen Bauarbeiten wegen politischer Komplikationen eingestellt werden.

Am Kanal von Korínth

Erst 1687 unternahmen die Venezianer als mächtige Kaufleute und Seefahrer einen erneuten, aber wiederum vergeblichen Versuch, den langen Weg um den Peloponnes abzukürzen. Verwirklicht wurde das Projekt erst rund 200 Jahre später.

Die Landschaft am Isthmos ist heute mit Industrieanlagen und unschönen Gebäudekomplexen verbaut. Direkt am Kanal hat der griechische Automobilclub ELPA ein Büro, es gibt Imbissbuden, Cafeterias, Andenkenläden und sogar ein Hotel. Die Wasserstraße wird von der Nationalstraße und der Autobahn Athen–Pátras sowie der Eisenbahnlinie Athen–Korínth in einer Höhe von 45 m überquert. Außerdem führt eine versenkbare Brücke bei *Posidonia* am Korinthischen Golf zum Festland. Bei der Mündung in den Saronischen Golf, bei *Isthmia,* kann man den Kanal über eine versenkbare Brücke mit dicken Holzbohlen (auch mit dem Auto) überqueren.

Der Kanal von Korínth

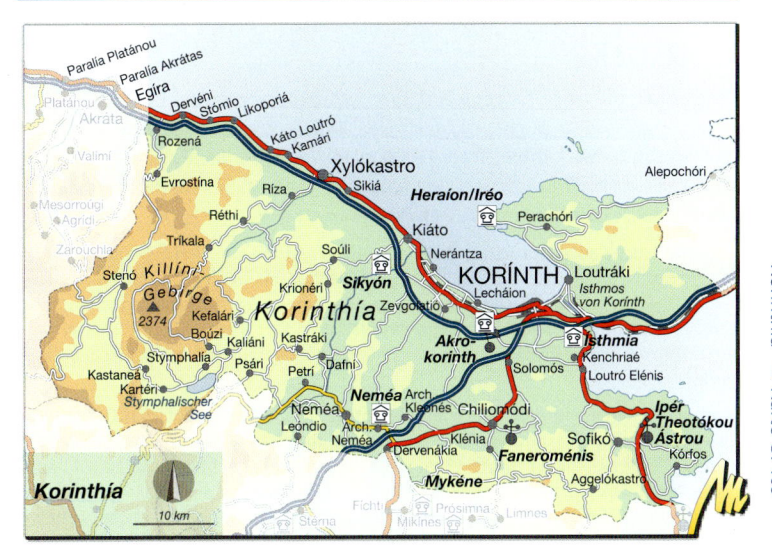

Achtung Autofahrer: Sowohl die Autobahn nach Athen als auch die nach Trípolis und Pátras ist gebührenpflichtig. Preisbeispiele (Auto): Loutráki – Tripolis 2,30 €, Loutráki – Athen 2,80 €.

Tipp für Bahnreisende: Man kann die Fahrt mit dem *Proastiakos* zwischen Athen und Kiáto in der Nähe des Kanals (Station „Korinthos") unterbrechen. Von hier aus sind es z. B. mit dem Taxi nur wenige Minuten zu der berühmten Engstelle.

Der halbstündliche Busverkehr zwischen Korínth und Loutráki mit Station an der neuen K.T.E.L.-Station (für fast alle Überlandverbindungen) am Isthmos macht ebenfalls eine Besichtigung des Kanals möglich.

Mit dem Schiff durch den Kanal: das Bauwerk aus der Froschperspektive – Bootsfahrten durch den Kanal werden von *Canal Vista* in Ísthmia angeboten, 18 € pro Pers., Näheres unter „Ísthmia/Verbindungen".

Mutige können von einer Plattform unter der Brücke einen **Bungee-Sprung** (auf Anfrage mit Wasserberührung) wagen, Preis 60 €, mit DVD 70 €. Informationen (Juni bis Sept. tägl. außer Mo 10–18 Uhr, Mai und Okt. an Wochenenden 12–18 Uhr.) in der kleinen Holzhütte „Zulu Bungy" neben der Kanalbrücke. www.zulubungy.com.

Mit 300 PS durch den Kanal

Am 26. März 2014 absolvierte Peter Besenyei, der beste Kunstflugpilot der Welt, mit seiner Propellermaschine einen seiner bisher waghalsigsten Stunts. Er durchflog den Kanal erst der Länge nach und „würzte" den zweiten Durchgang mit spektakulären Tricks und Loopings um die Brücken. Brisant: Seine 300-PS-Maschine selbst hatte schon eine Spannweite von 8 m, viel Platz für Fehler war also nicht vorhanden. Der 58-jährige Ungar, der bereits mit ähnlichen Aktionen, z. B. dem Flug durch eine natürliche Höhle in China oder dem Rückenflug unter der Budapester Kettenbrücke, weltweites Aufsehen erregte, erfüllte sich mit dem Durchflug in Korínth einen Kindheitstraum.

Loutráki

Eine Eukalyptusallee führt vom Isthmos zu dem bekannten Bade- und Kurort. In der weiten Bucht, nördlich des Kanals von Korínth und vor dem Hintergrund des kahlen, über 1000 m hohen Geránia-Massivs, liegt das 11.500-Einwohner-Städtchen. Im Sommer geht es hier recht munter zu. Dann wächst Loutráki um das Zehnfache an.

Die Stadt liegt ausgesprochen verkehrsgünstig. Athen und Pátras sind in einer guten Autostunde zu erreichen. Sowohl Griechen als auch Ausländer schätzen den sauberen, langen Kiesstrand. An der mit Palmen und Oleander geschmückten Promenade reihen sich die Strandhotels und Cafés wie an einer Perlenschnur auf. Loutráki hat es geschafft, zur attraktivsten Badestadt am Korinthischen Golf aufzusteigen.

Am westlichen Ende der autofreien Hafenpromenade kann man sich im malerischen Kurgarten „gesund trinken". Schon die antike „Vorgängerin" von Loutráki namens *Therma* war für ihre heißen, radioaktiven Natriumchloridquellen bekannt. Viele ältere Griechen kommen zu Trink- und Badekuren an den Golf von Korínth, um vor allem Nieren- und Gallenleiden loszuwerden. Das heilsame, leicht radioaktive Heilwasser von Loutráki gibt es im Trinkpavillon an der Hauptstraße (am Ortsausgang Richtung Perachóra). Bekannt ist der Ort in ganz Griechenland jedoch für sein Tafelwasser, das in einer Fabrik am Ortsrand abgefüllt wird. Es gilt als eines der besten von ganz Griechenland – zu kaufen in jedem Lebensmittelladen.

Loutráki ist ein guter Ausgangsort, um das antike Korinth und die Umgebung kennen zu lernen, ausgiebig zu baden und das herrlich gelegene Hera-Heiligtum am Kap Iréon zu besuchen. Selbst der kiesige Stadtstrand verfügt noch über die blaue

In der Vorsaison gehört der Strand von Loutráki den Einheimischen

Flagge, die für gute Wasserqualität vergeben wird. Kein Zweifel, Loutráki ist eine gute Alternative zum lauten, industriellen Neu-Korínth. Doch der Stadt sind die Spuren der Finanzkrise anzumerken. Zahlreiche frühere Hotels und Tavernen stehen verlassen in der Hauptstraße und verfallen langsam.

Dennoch findet man hier noch immer zahlreiche gute Hotels und das größte Kasino Griechenlands. Außerdem kann man ein Folkloremuseum besichtigen und zu einem kleinen Wasserfall am Zoodohou-Pigis-Platz spazieren. Viele Reiseveranstalter haben das Städtchen für sich entdeckt. Kein Wunder, denn von hier aus lässt sich Strand und Kultur bestens miteinander verbinden.

Basis-Infos

Information Polizei und Touristenpolizei an der Hauptstraße Venizelou im ersten Stock. ✆ 27440/63000 (Polizei), 27440/65678 und 63000 (Touristenpolizei). Außerdem gibt es einen Pavillon an der Durchgangsstraße. Netter Service. 9–13 und 15–21 Uhr. ✆ 27440/62791, www.visitloutraki.com.

Verbindungen Bus, Busstation im Zentrum, ausgezeichnete Verbindungen von 5.30–22.30 Uhr etwa jede Stunde nach Athen (7 €, 60 Min.) und Korínth (2 €, 30 Min.); Perachóra (11-mal tägl., 2 €, 20 Min.). ✆ 27440/22262.

Bahn, Loutráki war durch ein Stichgleis mit der Bahnstrecke Korínth – Athen verbunden. Doch dieses ist **außer Betrieb!**

Taxi, ✆ 27440/61000. Taxistand befinden sich beim Grand Hotel Loutraki und an der Hauptstraße/Ecke Pein-Straße.

Adressen Autoverleih, einige Anbieter an der Venizelou Str. (Haupt- und Durchgangsstr. von Loutráki), z. B. *LM-Tours* an der Platia 25. Martiou. Günstigste Wagen (in der Regel Nissan Micra) ab 45 € am Tag inkl. Versicherung und 100 freien Kilometern, jeder zusätzliche Kilometer kostet extra (→ „Reiseagenturen"). Mopeds vermietet *Christos*, P.-Tsaldari-Str. 10, ✆ 27440/61770, oder „Teo-Club", G.-Lekka-Str. 36.

Post, an der Hauptstraße (beim Hotel Ilion). Mo–Fr 7.30–14.30 Uhr.

Bank, zahlreich im Zentrum, etwa **National Bank** am 25. Martiou Platz, Mo–Do 8–14.30, Fr 8–14 Uhr.

Erste Hilfe, das nächste Krankenhaus gibt es in Korínth. ✆ 27410/25711, 63444 oder 26666.

Reiseagenturen, in der El.-Venizelou-Str. ausreichend Anbieter, z. B. *LM-Tours & Cruises* an der Platia 25. Martiou. Hier Flugtickets, Fährtickets nach Italien, Mietwagen sowie diverse Ausflüge. ✆ 27440/64919.

Baden Lang gezogener, sehr gepflegter und in der Hochsaison auch äußerst belebter Kiesstrand mit Stranddduschen. Grenzt direkt an die Stadt, also nichts für Leute, die Ruhe und Einsamkeit suchen.

Therme Nach dem Kurpark, zwei beheizte Innenpools sowie draußen und drinnen je ein Sportbecken. Zwei Saunen sowie zahlreiche weitere Wellness- und Massageangebote. Ganzjährig geöffnet. 11–19 Uhr, ✆ 27440/62186, www.loutrakispa.gr.

Übernachten

Mit Ausnahme von Juli und August ist es kein Problem, ein Zimmer in Loutráki zu finden. Strandpromenade und Hauptstraße werden praktisch ausschließlich von Hotelbauten gesäumt, jedoch sollte man bei der Wahl einer Unterkunft den Geräuschpegel des regen Verkehrs bedenken. Begünstigt durch seine Lage nahe Athen und Korínth ist Loutráki seit jeher ein eher teures Pflaster.

Hotels ** Hotel Petit Palais, das Mittelklassehotel liegt am Ende der Promenade (Richtung Perachóra), hier kann es laut sein. Marinos Skliris vermietet 36 Zimmer. EZ 35–45 €, DZ 40–55 €, Suite 55–80 €; Frühstück pro Pers. 10 €. G.-Lekka-Str. 48, ✆ 27440/61977, www.petitpalais.gr.

** **Hotel Ilion**, sehr gepflegtes, blitzsauberes Haus, sehr freundlicher Service. Zimmer mit Bad, Klimaanlage und Balkon. 500 m vom Zentrum an der Hauptstr. Richtung Korínth (El. Venizelou 50), auf der rechten Seite. Gutes Preis-Leistungs-Verhältnis: DZ 45–80 €, EZ ab 40 €, inkl. Frühstück. ✆ 27440/67928, www.ilionhotel.com.

** **Hotel Loutraki**, einfaches Hotel mit sehr schlichter Ausstattung, ebenfalls an der Hauptstraße (El.-Venizelou-Str. 19, gegenüber dem Taxistand im Zentrum), allerdings noch etwas zentraler (= lauter) als das „Ilion", viel Verkehr. Mai bis Okt. geöffnet. DZ 50–70 €, Dreibett-Zimmer ab 63 € (jeweils mit Frühstück), alle Zimmer mit Bad/Balkon, TV und Aircondition. ✆ 27440/22433, www.hotelloutraki.com.

** **Galanopoulos Hotel**, am nördlichen Ende der Uferpromenade (Micha 1), in unmittelbarer Nähe des Strands. Alle Zimmer mit TV, Bad und Klimaanlage. Preiswertes Hotel mit freundlichem Service. DZ ab 30 €. ✆ 27440/24098, www.galanopouloshotel.com.

Essen & Trinken/Nachtleben

Essen & Trinken Edem, 5 km außerhalb in Richtung Perachóra, beliebtes Ausflugslokal der Griechen, herrlicher Ausblick auf den Golf von Korínth (Sonnenuntergänge!), authentische griechische Küche auf zwei Terrassen. Speisekarte nur in griechischer Sprache. ✆ 27440/79111.

Ichthyoessa, großes Fischlokal an der Uferpromenade (Posidonos-Ave. 78), moderngeschmackvoll eingerichtet, zu den Spezialitäten gehört natürlich Fisch. Originell: Spaghetti mit Hummer und Fischkroketten. Besitzer Christos Meletis sorgt für eine nette Atmosphäre. ✆ 27440/26026.

Café Olympic, gemütliches Café am Kurgarten. Typisch und günstig, nur kleine Snacks, gemütlich zum Sitzen unter schattigen Bäumen.

Nachtleben An der Strandpromenade von Loutráki spielt sich das allabendliche Kneipenleben des Kurortes ab. Bars und Musikcafés reihen sich dicht aneinander.

Casino, im Club Hotel Casino rollt seit 1995 wieder die Roulettekugel. In Loutráki wurde 1930 das erste Casino Griechenlands eröffnet. Das heutige Hotelcasino inkl. Restaurant mit französischer Küche liegt am südlichen Stadtrand.

Plori Music Club, der 1997 verstorbene italienische Schauspieler Marcello Mastroianni hat hier am Strand einen seiner letzten Filme gedreht, Fotos davon zieren den Eingang der Bar. Cocktails (5 €) und gute Frappés auf der Terrasse an der Uferpromenade, drinnen spielt die Musik.

Sehenswertes

Hera-Heiligtum am Kap Iréon: Vom Dorf Perachóra führt die Straße vorbei an der Bucht von Vouliagméni zum Kap Iréon. Steil fallen die Felsen zum Meer ab. Ein heute noch funktionierender Leuchtturm weist den Schiffen den Weg in den Kanal von Korínth. Vom Ende der Asphaltstraße (kleiner Parkplatz) windet sich ein steiler Pfad hinunter in die idyllische Bucht. Oberhalb der weiß gekalkten Kapelle mit einem noch bewohnten Haus auf einer Terrasse in dem kleinen Tal liegen die Reste des Hera-Heiligtums. Im östlichen Teil sind noch die Fundamente eines Tempels aus dem 8. Jh. v. Chr. zu sehen, der *Hera Limeni*, der Beschützerin des Hafens, geweiht war. Die Fundstücke befinden sich heute im Athener Nationalmuseum. Weiter unten, unmittelbar am Strand, eine L-förmige Stoa (4. Jh. v. Chr.) sowie die Fundamente eines Tempels und einer Agora. Eintritt frei.

Das Hera-Heiligtum liegt 18 km von Loutráki entfernt. Von dort der Durchgangsstraße nach Perachóra folgen, hier am Ortseingang links ab und gleich wieder links nach Vougliaméni.

Fischen ist angesichts des Fischmangels eine Kunst

Baden

Bucht von Vouliagméni: Neben den Bademöglichkeiten in Loutráki (sauberer Kiesstrand mit Süßwasserduschen) ist vor allem die ruhige Bucht von Vouliagméni empfehlenswert. Allerdings gibt es nur sehr schmale Strände (am besten Luftlinie gegenüber dem Campingplatz), an denen ein paar Tavernen für die Bewirtung der Gäste sorgen. Die Bucht von Vouliagméni war früher ein See, der erst Ende des 19. Jh. durch einen engen Kanal mit dem offenen Meer verbunden wurde.

Tauchen und Übernachten Mantas Bay Apartments, ca. 1,5 km hinter dem wenig empfehlenswerten Campingplatz Blue Lake (von Loutráki kommend). Kleine, idyllische Bungalowanlage mit Bar und Restaurant, kleinem Strand, sehr ruhig. Für die Hochsaison sollte man reservieren. Geöffnet von April bis Sept. Die Übernachtung in einem der gut eingerichteten Bungalows am Hang kostet ab 50 € (Selbstverpfleger), ein Tauchgang unter fachkundiger Anleitung 30 €, sechstägiger Tauchkurs ab 220 €. ✆ 27410/91220 oder 91349, www.mantashotels.gr.

Essen & Trinken 》》》 **Mein Tipp**: Hervorragende griechische Küche gibt es in der **Gartentaverne Linto**, die sich (Luftlinie) direkt auf der gegenüberliegenden Seite vom Campingplatz am Meer befindet. Eine riesige Kiefer sorgt für die nötige Idylle, das Essen, vor allem Calamari, schmeckt ausgezeichnet. Alles in Blau-Weiß gehalten, guter Fisch, freundlicher Service. Preiswert und bei griechischen Ausflugsgästen sehr beliebt. Weitere Tavernen entlang der Bucht. 《《《

Kap Iréon: Kristallklares, türkisfarbenes Wasser gibt es auch in der Bucht des Hera-Heiligtums, Sonnenbaden inmitten antiker Trümmer. Die kleine Kiesbucht am Kap Iréon lässt Badeurlauberherzen höher schlagen. Allerdings Vorsicht: Einheimische berichten von kleinen Haien, die am Kap angeblich des Öfteren auf Futtersuche auftauchen; außerdem herrschen hier starke Strömungen. Eine Asphaltstraße führt zum Heiligtum.

An der Nordspitze des Kaps gibt es weitere Strände, beispielsweise bei den Dörfern *Sterna* und *Strava*. Besonders schön ist die von Felsen begrenzte Bucht von Milokopi bei Sterna.

# Ísthmia

Inmitten einer trostlosen Industrielandschaft am Rand des Dorfes Kyravrýsi, wenige Kilometer vom Kanal von Korínth entfernt, liegt das Ausgrabungsgelände des antiken Ísthmia mit seinem sehenswerten Museum.

Die Reste des Poseidon-Tempels, eines Stadions und eines Theaters haben zwei Jahrtausende überstanden. Auf dem unscheinbaren Ausgrabungsgelände fanden seit 582 v. Chr. alle zwei Jahre die *Isthmischen Spiele* statt. Dieser panhellenische Wettkampf galt nach Olympía und Delphí als der berühmteste im Griechenland der Antike. Vor allem wegen der verkehrsgünstigen Lage zog Ísthmia viele Zuschauer an. Ein ganz besonderes Relikt hat der antike Ort zu bieten: eine sehr gut erhaltene Startanlage für 16 Läufer. Eine weitere Attraktion ist das 2007 freigelegte, vollständige Bodenmosaik in der römischen Bäderanlage. 146 v. Chr., mit der Eroberung Korínths durch die Römer, wurden die Isthmischen Spiele nach Sikyon verlegt.

Anfahrt Von Isthmia aus ist der Weg zum „Archeological Museum" und zur daneben liegenden Ausgrabungsstätte gut beschildert.

Öffnungszeiten/Eintritt Di–So 8.30–15 Uhr, 2 €, ermäßigt 1 €. ✆ 27410/37244.

Verbindungen Bus, 6-mal tägl. (am Wochenende nur 3-mal) von Korínth nach Kyrasvrýsi bzw. Ísthmia, 1,80 €. Die Bushaltestelle befindet sich unmittelbar vor der Ausgrabungsstätte.

Von Ísthmia aus werden **Bootsfahrten** durch den Kanal von Korínth angeboten (Preis 18 €, tägl. außer Di; Abfahrtszeiten unter www.aedik.gr).

Geschichte

Die Mythologie nennt *Theseus* oder *Sisyphos* als Begründer der Isthmischen Spiele. Vermutlich fanden die Wettkämpfe erstmals bereits um 600 v. Chr. statt. Als offizielles Jahr gilt 582 v. Chr. Die Leitung hatte das nahe gelegene Korínth, und nach dessen Zerstörung veranstaltete Sikyon die Isthmischen Spiele. Musische Wettbewerbe erhielten ab dem 5. Jh. v. Chr. einen festen Platz bei den Spielen. Als Preis für den Sieger gab es anfangs einen Fichtenzweig, später einen Selleriekranz und schließlich einen Palmenzweig. Seit 288 v. Chr. war es auch Römern gestattet, an den Wettkämpfen teilzunehmen. Wegen seiner zentralen Lage erlangte Ísthmia als Konferenzort auch politische Bedeutung. *Alexander der Große* wurde hier 336 v. Chr. zum Heerführer der Griechen gegen die Perser ernannt; 196 v. Chr. rief Flaminius bei den Isthmischen Spielen die Freiheit der Griechen aus; Nero erneuerte dies 67 n. Chr. bei einer Ansprache im Theater.

Museum

Unmittelbar an der Straße liegt das schlichte, jedoch vorzüglich gestaltete Museum von Ísthmia. Es besteht aus einem einzigen großen Saal, in dem die Exponate didaktisch gut präsentiert sind. Die Ausstellungsstätte zu Ísthmia und Kenchriaévermittelt in jeweils einer umfangreichen Abteilung interessante Eindrücke.

Ísthmia: Fotos und Pläne zum Poseidon-Tempel und zum Theater. Erklärung der isthmischen Startanlage und die Funktion der Laufgewichte. Exponate vom Rachi, einem 103 m hohen, nur ein paar Hundert Meter vom Museum entfernten Berg, vor allem Gefäße und Terrakottafiguren. Bilder und Pläne von Palaimonion, einem säulenumstandenen Rundtempel.

Kenchriaé: Fotos und Exponate zur Funktion des antiken Hafens. Es werden Schiffswinden, Hafengeräte, Fischerhaken, Kerzenleuchter und Wassergefäße gezeigt. Zeichnungen geben einen Eindruck von der Architektur. Beachtenswert die Mosaikböden, die z. B. Plato neben Homer zeigen (4. Jh. v. Chr.).

Sehenswertes/Byzantinische Festung: Geht man die Straße, die zum modernen Ísthmia führt, noch ein paar Meter weiter, sieht man auf der linken Seite den Dorffriedhof von Kyravrýsi und Reste der byzantinischen Festung. Vor allem das Südtor und zwei Türme sind noch erhalten. Sie wurde um 600 n. Chr. von Justinian gegründet und sollte den natürlichen Schutz des Isthmos verstärken. Eine allererste Befestigungsmauer in dieser Gegend datiert zurück in die mykenische Zeit um etwa 1200 v. Chr., reichte aber nur von der Küste des Saronischen Golfs bis zur Stelle des späteren Poseidon-Tempels. Eine weitergehende Befestigungsmauer wurde 480 v. Chr., nach der Niederlage der Griechen an den Thermopylen, aus Angst vor einer persischen Invasion angelegt und bis zum 15. Jh. instand gehalten. Anfang des 5. Jh. n. Chr. wurde die sechs Meilen lange Mauer *(Hexamilion)* vom Saronischen zum Korinthischen Golf fertiggestellt, sie zählte 153 Wachtürme.

Kenchriaé

Früher bedeutender Hafen des antiken Korínth, ist Kenchriaé heute eine malerische Bucht an der Straße von Korínth nach Epídauros. Da sich das Land im Laufe der Jahrhunderte abgesenkt hat, ist von den einstigen Anlagen nur wenig zu sehen, vieles liegt unter Wasser. Der Hafen fand bereits vor 2000 Jahren in den „Römerbriefen" des Apostels Paulus Erwähnung. Durch ein Erdbeben wurde der Ort im 4. Jh. n. Chr. zerstört; ein Besuch setzt also eine ganz besondere Motivation voraus. Am Nordende der Bucht in dem umzäunten, zugänglichen Gelände entdeckt man die Fundamente römischer Gebäude. An der Südmole die Überreste einer *frühchristlichen Basilika* und weiter südlich die einer gepflasterten Marmorhalle.

Das antike Kenchriaé liegt an der Straße von Korínth nach Epídauros (vor Loutró Elénis). Man fährt vom Kanal über Korínth an der Ostküste entlang und stößt in einer Senke unweit des gleichnamigen Dorfes auf die Ruinen. Bei dem Wegweiser nach Kehries (rechts) links abbiegen. 500 m weiter am Nordende der malerischen Bucht das dürftig umzäunte Ausgrabungsgelände. Freier Eintritt.

Loutró Elénis: Hier, am Südende der Bucht von Kenchriaé, lag das *Bad der Helena*. Es gibt eine warme Salzwasserquelle, der Heilkräfte nachgesagt wurden – für ruhebedürftige Händler und Seeleute der Antike die damalige Ausflugsattraktion. Aber auch heute hat das beschaulich gebliebene Dorf einiges zu bieten: Neben einem sauberen kleinen Kiesstrand einige Tavernen am Meer, Übernachtungsmöglichkeiten und ein paar Läden.

Isthmia Beach Camping, ca. 5 km südlich von Ísthmia an der Straße von Korínth nach Epídauros links abbiegen (beschildert), in der Nähe der Raffinerie. Sehr gepflegter Campingplatz mit eigenem Kiesstrand, Mini-Market, Bar, Taverne, verhältnismäßig kleine Parzellen. Pro Pers. 7 € (Kinder 3,50 €), Auto 3,50 €, Zelt 5,50 €, Wohnwagen 6,60 €. Geöffnet vom 1. April bis 15. Okt. Im August ist es nicht erlaubt, Hunde mitzunehmen. ✆ 27410/37720 oder 37447, www.campingisthmia.gr.

Korínth

In einer fruchtbaren, wasserreichen Küstenebene, an der Landenge zwischen dem Peloponnes und Attika, liegt die geschichtsträchtige Stadt. Eigentlich sind es vier Orte, die den Namen Korinth tragen. Das *neue Korínth,* die 27.000 Einwohner zählende Verwaltungshauptstadt am Meer; *Alt-Korínth,* ein unbedeutendes 1800-Seelen-Dorf bei den Ruinen; das *antike Korínth,* eines der Machtzentren des Altertums und heute berühmte Ausgrabungsstätte, und *Akrokorínth,* die mächtige Burganlage auf einem weithin sichtbaren Bergsattel.

Neu-Korínth

Das heutige Korínth, Hauptstadt des gleichnamigen Bezirks, besitzt ein modernes Stadtbild, einen schachbrettartigen Grundriss mit zum Teil unansehnlichen Betonbauten. Die Stadt wurde erst 1858 nach einem schweren Erdbeben völlig neu errichtet. 1928 nochmals zerstört und wieder aufgebaut, hat Korínth heute dank seiner verkehrsgünstigen Lage vor allem als Handelsplatz sowie aufgrund seiner Metall- und Elektroindustrie an wirtschaftlicher Bedeutung gewonnen. Noch immer werden auf die Frachtschiffe im Hafen die dunklen, getrockneten Weinbeeren, Korinthen, verladen – die Rebsorte hat ihren Namen von der Stadt.

Treffpunkt des jungen Städtchens ist die nette, große Platía am Hafen mit ihren vielen Palmen und dem neuen Brunnen mit der Skulptur eines geflügelten Pferdes. Man war in den letzten Jahren bestrebt, durch Begrünungsmaßnahmen und die Verschönerung der Plätze Korínths Image aufzupolieren. Mittlerweile gibt es sogar eine kleine Fußgängerzone. Der kulturbeflissene Besucher kann seinen Bildungshunger in einem liebevoll eingerichteten Geschichts- und Folkloremuseum an der Hafenmole stillen. Ein längerer Aufenthalt in Korínth setzt eine gewisse Lärmunempfindlichkeit voraus, außerdem ist die Hotelsituation der Stadt eher schlecht. Wer länger in der Gegend bleiben will, findet in kleineren Orten wie Alt-Korínth oder Loutráki bessere und vor allem entspannendere Möglichkeiten.

Historisch-folkloristisches Museum

Die auf drei Stockwerken verteilten Sammlungen nahe dem Elefterios-Venizelos-Platzes am Hafen präsentieren ein Konglomerat verschiedenster Fundstücke. Es wurde versucht, teilweise längst verloren gegangene Lebens- und Arbeitsweisen zu rekonstruieren. Im Erdgeschoss wurde ein bäuerliches Haus nachgebaut. Die ausgestellten Agrargeräte zeigen, wie man einst den Boden bearbeitete. Auch altes Handwerk wie Weinherstellung und Brotbacken wird dargestellt. Beeindruckend die Ausstellung der Trachten aus fast allen Teilen Griechenlands, darunter die typischen ärmellosen Jacken aus der Region um Korínth. Das Museum birgt auch die Bibliothek und das Arbeitszimmer des 1983 verstorbenen, aus dem Küstenort Kiáto stammenden Schriftstellers A. Kovatzis. Wer Glück hat, trifft einen der Englisch sprechenden Museumsangestellten, die so manche Anekdote zu den Exponaten erzählen können.

Tägl. (außer Mo) 8.30–15 Uhr, während der Schulferien geschlossen. Eintritt 1,50 €, Kinder frei. Ermou-Str. 1. ✆ 27410/71690.

Neu-Korínth 173

Korinthia → Karte S. 165

Basis-Infos

Information keine Touristeninformation, bei Fragen und Problemen hilft die **Polizei** in der Ermou-Straße (Nähe Busstation). ✆ 27410/23282 (Touristenpolizei); ✆ 27410/81100 (Polizei).

Verbindungen Bus, zwei Stationen im Zentrum und eine am Bahnhof machen die Verwirrung perfekt:

1. Bushaltestelle an der Ecke Kolokotroni/Koliatsou-Str., ✆ 27410/24444 (vor dem Café Eratinó): Hier fahren die Busse nach Alt-Korínth ab, tägl. 6–21 Uhr jede Stunde (1,80 €), Tickets im Bus. Außerdem 6–21 Uhr mind. stündl. nach Xylókastro (1:30 Std., 4,10 €) sowie Anbindung nach Kiáto, Derveni und nach Alt-Korinth.

2. Bushaltestelle an der Ecke Ethnikis Antistaseos/Aratou-Str. (✆ 27410/24403): Von Korínth aus gibt es keine direkte Busverbindung in den Süden des Peloponnes, alle 30 Min. starten Busse in Richtung Loutráki über die **K.T.E.L.-Station Isthmós** (hier aus-/umsteigen nahe dem Kanal in Richtung Mykéne, Árgos, Náfplio, Gýthion, Spárta, Monemvassiá, Pátras, Kalamáta → Kasten).

3. Busstation direkt gegenüber dem alten Bahnhofsgebäude: mit Bankomat, Cafeteria, ✆ 27410/75425: 7.30–21.20 Uhr 6-mal tägl. nach Neméa (1:30 Std. 4,90 €) sowie 18-mal tägl. bis 22 Uhr nach Athen (1:30 Std., 9 €), 1-mal tägl. Thessaloníki (6:30 Std., 48 €).

Bahn, derzeit nur Anbindung mit dem *Proastiakos* zwischen Athen und Kiáto. Von Kiáto über Diakoftó nach Pátras verkehren Reisebusse der OSE als Schienenersatzverkehr. Der **neue Bahnhof** befindet sich außerhalb der Stadt parallel zur Autobahn Athen-Korínth.

Taxi, an der Platía, ℡ 27410/24844 oder 26900. Preisbeispiele: Alt-Korínth und Ísthmia je 7 €, zum Isthmos 6 €.

Adressen Post, Adimantou-Str. 35 (an der Platía), Mo–Fr 8–14.30 Uhr.

Reiseagentur, *Skliris Travel*, Antistaseos-Str. 8. Hier Fährtickets nach Italien, internationale und Inlandsflüge. Mo–Fr 9–14 und 18–21 Uhr, Sa 9–14 Uhr. ℡ 27410/20050 oder 84053.

Bank, mehrere Banken an der Platía, z.B. *National Bank of Greece*, Ecke Antistatheos-/Pilarinou-Str., Mo–Do 8–14:30, Fr 8–14 Uhr, oder *Ergo Bank* mit Visa-Automat neben der Post.

Krankenhaus, an der Ausfallstraße Richtung Athen auf der linken Seite. ℡ 27410/25711.

Der neue Busbahnhof (K.T.E.L.-Station Isthmos) mit kleinem Markt, Restaurant, Café, Bankomat und sauberen Toiletten befindet sich wenige Meter von der alten Kanalbrücke. Von hier bestehen regelmäßig Anbindungen nach Athen (7,90 €), Thessaloníki (46,20 €), Spárta (12,90 €), Gýthio (17,20 €), Neápoli (27,10 €), Monemvassiá (22,90 €), Pírgos (20,70 €), Trípolis (8,20 €), Kalamáta/Messíni (nur 1-mal täglich um 10 Uhr, je 15,80 €), Methóni (23 €), Mykéne (4,10 €), Árgos (5,20 €), Náfplio (6,50 €), Epídauros (5 €), Pátras (12,60 €), Kalávryta (10 €). Abfahrten außerdem nach Korfu (36,60 €), Lefkás (27,10 €), Zákynthos (18,80 €), Kefaloniá (22,90 €) und Igoumenítsa (36,40 €).

Informationen zu Abfahrtszeiten unter ℡ 27410/83000 und 73980. Radiotaxi von der Station ℡ 27440/61000.

Übernachten/Essen & Trinken → Karte S. 173

Hotels Wir können in Korínth kein Hotel mit bestem Gewissen empfehlen. Falls Sie gute Erfahrungen machen, lassen Sie es uns bitte wissen. Die hier aufgeführten Hotels zeichnen sich einheitlich durch Straßenlärm aus.

Wasserspiele in Neu-Korínth

** **Hotel Apollon** 2, der fünfstöckige Kasten ist nach einer gelungene Renovierung eines der empfehlenswerten Hotels in Korinth. Zimmer mit einem kleinen Balkon, schönem Badezimmer, WLAN, Minibar, TV, und Room-Service. Das Hotel liegt direkt beim alten Bahnhof, ganzjährig geöffnet. DZ mit Bad ab 45 € (TV und Aircondition gegen Aufpreis). Damaskinou-Str. 2, ✆ 27410/25920, www.hotelapollon.com.gr.

** **Hotel Ephira** 3, in zentraler Lage in der Stadt, durch die Lärmschutzfenster aber trotzdem ruhig. Suiten und Zimmer sind mit Holzboden ausgestattet und haben Kühlschrank, Sat-TV, WLAN, Bad mit Dusche und Aircondition. EZ ab 45 €, DZ ab 50 €, Suite für 4 Pers. ab 130 €, jeweils inkl. Frühstück. Ethniki-Anexartisias-Str. 52, ✆ 27410/22434, www.ephirahotel.gr.

Camping Die Gegend um Korínth ist alles andere als ein Traumziel für Camper.

Camping Blue Dolphin, unweit der alten Küstenstraße nach Pátras, 6 km von Korínth bei Lechéo. Ebenes Gelände direkt am Kiesstrand gelegen, von hier Blick auf Korínth. Ruhiger, gepflegter Platz, saubere sanitäre Einrichtungen, Mini-Market, Restaurant, die (recht engen) Stellplätze sind mit Matten überdacht. Pro Pers. 6 €, Zelt ab 5 €, Auto 4 €, Wohnwagen 5,50 €, Wohnmobil 7 €. Von April bis Okt. geöffnet. ✆ 27410/25766, www.camping-blue-dolphin.gr.

Essen & Trinken Restaurant Axinos 1, mitten im Zentrum, an der viel befahrenen Damaskinou-Straße, wenige Meter vom Folkloremuseum entfernt, das preiswerte Restaurant serviert frischen Fisch. Modern eingerichtet, auf der gegenüberliegenden Straßenseite gibt es eine große Terrasse. Vor allem die Einheimischen schätzen die ambitionierte Küche des Axinos. Damaskinour-Str. 41.

Gute und teilweise günstige Fischrestaurants und -tavernen finden Sie in **Nerántza**, gut 10 km nordwestlich von Korínth, → S. 186.

Alt-Korínth

Am Rand der Ebene, auf einer Berganhöhe, liegt das 1800-Einwohner-Dorf vor der Kulisse des mächtigen Bergklotzes von Akrokorinth. Obwohl sich im Sommer tagtäglich Hunderte von Autos durch die Dorfstraße zu den legendären Ruinen des antiken Korínth bewegen, ist der Ort – abgesehen von der Touristenmeile mit neu gestalteter Fußgängerzone zu den Ausgrabungen – ein Bauerndorf geblieben.

Abends, wenn die archäologische Sehenswürdigkeit schließt, herrscht in den Tavernen Hochbetrieb. Doch die wenigsten Gäste bleiben über Nacht. Die meisten Besucher übernachten im nahen Loutráki oder in Náfplion. Spätestens um Mitternacht kehrt Ruhe in dem Bauerndörfchen ein. Viele Einheimische müssen bald aufstehen, um am frühen Morgen zur Arbeit ins 7 km entfernte Korínth zu pendeln.

Verbindungen Busse 7.30–21.30 Uhr stündlich nach Korínth, 1,80 €, Haltestelle vor „Marinos Rooms", ein KTEL-Zeichen gibt es aber nicht.

Taxi, Taxistand am Ausgang der Ausgrabungen oder ✆ 27410/31464. Nach Korínth 6 €, Akrokorinth 6 €, hin/zurück (1 Std. Wartezeit) 10 €.

Adressen Polizei: etwa 150 m von der Post entfernt, unterhalb vom Zentrum, beschildert. ✆ 27410/31111.

Post: an der Dorfstraße nahe der Platia, Mo–Fr 7.30–14 Uhr.

Übernachten/Essen Jo Marinis Gästehaus/Taverne, acht saubere, renovierte Zimmer mit Aircondition, TV, Kühlschrank, WLAN, Bad und Balkon, schönem Panoramablick auf Akrokorinth und der Landschildkröte Xenophon im Garten. Die sehr nette australische Besitzerin sorgt sich um das Wohl ihrer Gäste und ist immer für einen Plausch zu haben, sehr hilfsbereiter und freundlicher Service. Der Neubau liegt von Athen kommend 400 m vom Friedhof entfernt auf der rechten Seite. DZ mit reichhaltigem Frühstück ab 45 €. Ganzjährig geöffnet. ✆ 27410/31481, www.jorooms.com.gr.

»> Mein Tipp: Pension/Taverne Marinos, das kulinarische Highlight der Gegend. Verfeinerte, wirklich außergewöhnliche griechische Küche, verlassen Sie sich am besten auf die Empfehlungen des Sohnes der Familie Marinos. In der Regel werden die Speisen einfach auf den Tisch gestellt (komplettes Menü mit Wein für 2 Pers. ca. 30 €). Die Köchin lässt sich auch gerne in die Töpfe gucken. Kleine, ruhige Pension am Dorfrand, umgeben von einem Garten mit großen Pinien und einer Bougainvillea. Sehr freundlicher Service. Das Essen ist besser als die Zimmer („Rooms, Bed & Breakfast"). 300 m von der Dorfhauptstraße entfernt, beschildert. Studios 2–7 Pers. ab 50 €, inkl. Frühstück. ☎ 27410/31994 oder 31004, www.marinos-rooms.gr. «

»> Lesertipp: Pegasus-Rooms, „neues Apartment mit super Matratzen und Bad, direkt neben der Ausgrabung. Sehr nette Vermieter, hübscher Garteninnenhof, großer Parkplatz, Frühstücksraum auf der überdachten Dachterrasse mit Blick über den Golf von Korínth mit üppigem Frühstück. Zudem ist der Standort perfekt zur Erkundung der antiken Stätten, nur 3 km von den beiden Autobahnen entfernt und trotzdem ruhig" (Edith Tekolf). DZ 50 €. ☎ 27410/31366, www.pegasusrooms.gr. «

Taverne Tasos, Tasos Kondilis, der hoch betagte, aber leidenschaftliche Gastronom, ist eine Institution. In seiner schlichten Taverne an der Hauptstraße gibt es einfache, gute Landküche zu angemessenen Preisen. Der Sohn grillt, der Vater serviert. Auch Wein und Oliven aus dem eigenen Bio-Anbau. Sehr einfache Zimmer (z. T. mit Kochmöglichkeit), teilweise mit Blick auf die Bucht von Korínth. Über den Preis kann man mit ihm reden (vor allem bei längerem Aufenthalt). DZ mit Bad und Balkon ab 40 €. ☎ 27410/31225 oder 31183, www.tassos-rooms.com. ■

Antikes Korínth

Vor dem Hintergrund des hohen Felsklotzes von Akrokorinth liegen die Reste der antiken Stadt. Einst war die Siedlung, die 300.000 Einwohner gehabt haben soll, Verkehrsknotenpunkt zwischen Asien und Europa.

Korínth lag nicht am Meer, war jedoch durch kilometerlange Straßen mit den beiden Häfen Lecháion im Westen und Kenchriae im Osten verbunden. Heute sind die Ruinen mit den sieben weithin sichtbaren, über 7 m hohen Säulen des Apollon-Tempels Anziehungspunkt für Touristen aus aller Welt.

Die Besichtigung der Überreste dieser kompletten antiken Stadtanlage römischer Prägung mit religiösen und öffentlichen Einrichtungen, Geschäften und dem Theater veranschaulicht lebendig die damalige Lebensweise und das soziale Gefüge. Man kann sich gut vorstellen, wie wohlhabend die Stadt vor über 2000 Jahren gewesen sein muss. Schließlich war Korínth für seinen Luxus und seine lockeren Moralvorstellungen bekannt (Aphrodite genoss besondere Verehrung). Kein Wunder, dass sich der Apostel Paulus hier fast zwei Jahre aufhielt, um den Korinthern christliche Moral zu predigen.

Eingang Beim Museum im Westen des Geländes, nur wenige Meter vom Parkplatz entfernt. Der Ausgang ist die einstige Prachtchaussee, die Lecháion-Straße (dort ein zweiter Parkplatz). Wer die Überreste dieser berühmten Stadt der Antike ohne Menschenmassen sehen möchte, sollte früh aufstehen und bereits um 8 Uhr durch die Ruinen schlendern.

Öffnungszeiten Im Sommer tägl. 8–20 Uhr (Winter 8–15 Uhr). Für das Museum gelten die gleichen Öffnungszeiten. Eintritt (inkl. Museum) 8 €, Studenten der EU frei, andere Studenten und Rentner über 65 J. 4 €, unter 18 J. frei. ☎ 27410/31207, www.ancientcorinth.net.

Toiletten im Museum und beim Parkplatz beim Ausgang (Letztere sind nicht sehr gepflegt). Am Ausgang wird deutschsprachige Literatur zu Korínth und dem Peloponnes verkauft, auch Postkarten.

Der Apollon-Tempel von Korínth – im Hintergrund Akrokorinth

Geschichte

Bereits 5000 Jahre v. Chr. war die Gegend um Korinth besiedelt. Die Gründer sollen laut Mythologie der kluge *Sisyphos* und seine argivische Frau Ephyra gewesen sein. Korinth lag im Herrschaftsgebiet der Könige von Argos, und erst 747 v. Chr. verfügte das Geschlecht der Bacchiaden über genügend Macht, um unabhängig zu werden. Damit begann auch mit der Gründung von Korfu und Syrakus (Sizilien) der Aufbau eines Kolonialreiches. Doch die Bacchiaden wurden Mitte des 7. Jh. von Kypselos gestürzt. In seiner dreißigjährigen Regierungszeit wuchs der Wohlstand und erreichte unter seinem Sohn Periander, einem der legendären „Sieben Weisen", einen Höhepunkt. Während Perianders Herrschaft wurde Korinth zu einem wichtigen Machtfaktor Griechenlands, und seine Reformen wie die Neuverteilung von Grundbesitz oder die Einschränkung der Rechte des Adels dienten der weiteren Stärkung der Wirtschaft. Die Handelsbeziehungen reichten im 6. Jh. v. Chr. von Ägypten bis nach Spanien. Berühmt war Korinth vor allem wegen seiner Keramik- und Metallerzeugnisse. Im 5. Jh. entstand auch das *korinthische Kapitell,* das der Tempelarchitektur neue Impulse lieferte.

Allmählich kristallisierte sich ein Dualismus zwischen der Stadt und dem jungen, aufstrebenden Athen heraus. Korinth sah seine wirtschaftliche Expansion durch die attische Konkurrenz gefährdet und kämpfte während des Peloponnesischen Krieges an der Seite der Kontinentalmacht Sparta. Im fernen Sizilien unterstützte Korinth die Kolonialgründung Syrakus gegen die „Unternehmungen" der Athener auf der süditalienischen Insel. 335 v. Chr. schließlich eroberte Philipp II. von Makedonien die Stadt, erst 242 v. Chr. erfolgte ihre Befreiung durch das benachbarte Sikyon. Korinth schloss sich dem Achäischen Bund an, der seinen Sitz 196 v. Chr. hierher verlegte. Doch die wirtschaftliche Blütezeit war zu Ende. Die Handelsbeziehungen zwischen der Metropole des Peloponnes und den Römern verschlechterten sich zusehends. Nach einem Aufstand des Achäischen Bundes im Jahre 146 v. Chr. eroberten die Römer unter Mummius Korinth und zerstörten es bis auf die Grundmauern. Über hundert Jahre blieb die Stadt verlassen.

Colonia Laus Iulia Corinthiensis hieß die römische Kolonie, die Julius Caesar 44 v. Chr. an gleicher Stelle errichten ließ. Die Römer bescherten Korinth eine neuerliche Blütezeit und erklärten es zum römischen Verwaltungssitz. Von hier wurde nicht nur die Provinz Achaía, sondern auch das restliche Griechenland inklusive Makedonien kontrolliert. In den Jahren 51/52 n. Chr. weilte Apostel Paulus in der Stadt und versuchte, die Einwohner zum Christentum zu bekehren (Korintherbriefe). Unter Kaiser Hadrian erlebte Korinth gegen Ende des 2. Jh. seine Glanzzeit. Doch 267 n. Chr. fielen Heruler ein, später zerstörten schwere Erdbeben wichtige Gebäude.

Der griechische Schriftsteller Pausanias in seiner „Beschreibung Griechenlands" (2. Jh. n. Chr.) über den Isthmus:

„Der korinthische Isthmus reicht auf der einen Seite bis zum Meer bei Kenchriae, auf der anderen bis zu dem bei Lechaion. Das macht das Land innerhalb zum Festland. Wer es aber unternahm, den Peloponnes zur Insel zu machen, hat das Durchgraben des Isthmus vorher eingestellt. Und wo sie anfingen zu graben, ist noch sichtbar; bis zum felsigen Teil sind sie gar nicht gekommen, und so ist das Land noch jetzt Festland, wie es von der Natur ist. Alexander aber, der Sohn des Philipp, der die Mi-

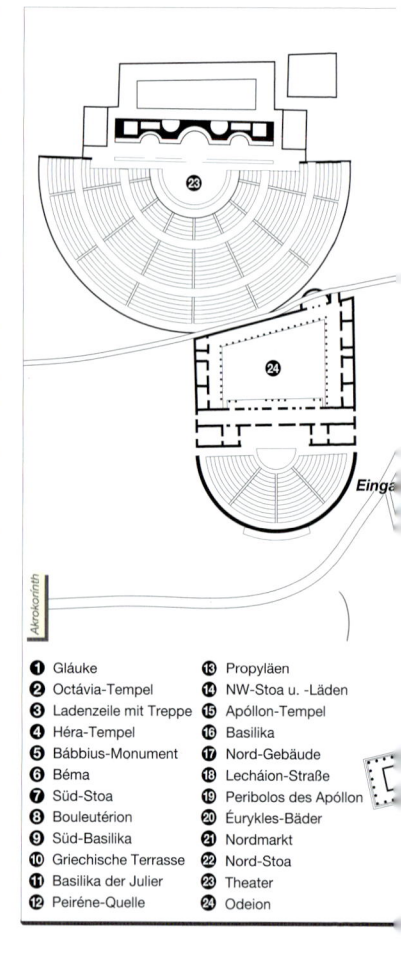

❶ Gláuke
❷ Octávia-Tempel
❸ Ladenzeile mit Treppe
❹ Héra-Tempel
❺ Bábbius-Monument
❻ Béma
❼ Süd-Stoa
❽ Bouleutérion
❾ Süd-Basilika
❿ Griechische Terrasse
⓫ Basilika der Julier
⓬ Peiréne-Quelle
⓭ Propyläen
⓮ NW-Stoa u. -Läden
⓯ Apóllon-Tempel
⓰ Basilika
⓱ Nord-Gebäude
⓲ Lecháion-Straße
⓳ Peribolos des Apóllon
⓴ Éurykles-Bäder
㉑ Nordmarkt
㉒ Nord-Stoa
㉓ Theater
㉔ Odeion

mashalbinsel durchstechen wollte, gelang nur dies nicht; so schwer ist es für den Menschen, Götterwerk gewaltsam zu ändern."

Rundgang

Westseite der Agora: Der Eingang führt geradeaus zum Museum. Auf der linken Seite sieht man einen durch ein Erdbeben gespaltenen Felsklotz, in den vier Brunnenkammern gehauen waren.

Der Sage nach soll sich **Gláuke** (1), eine Tochter des korinthischen Königs *Kreon*, in den Brunnen gestürzt haben; daher der Name *Glauke-Quelle*. Wenige Schritte weiter östlich der kleine **Hera-**

Antikes Korínth 179

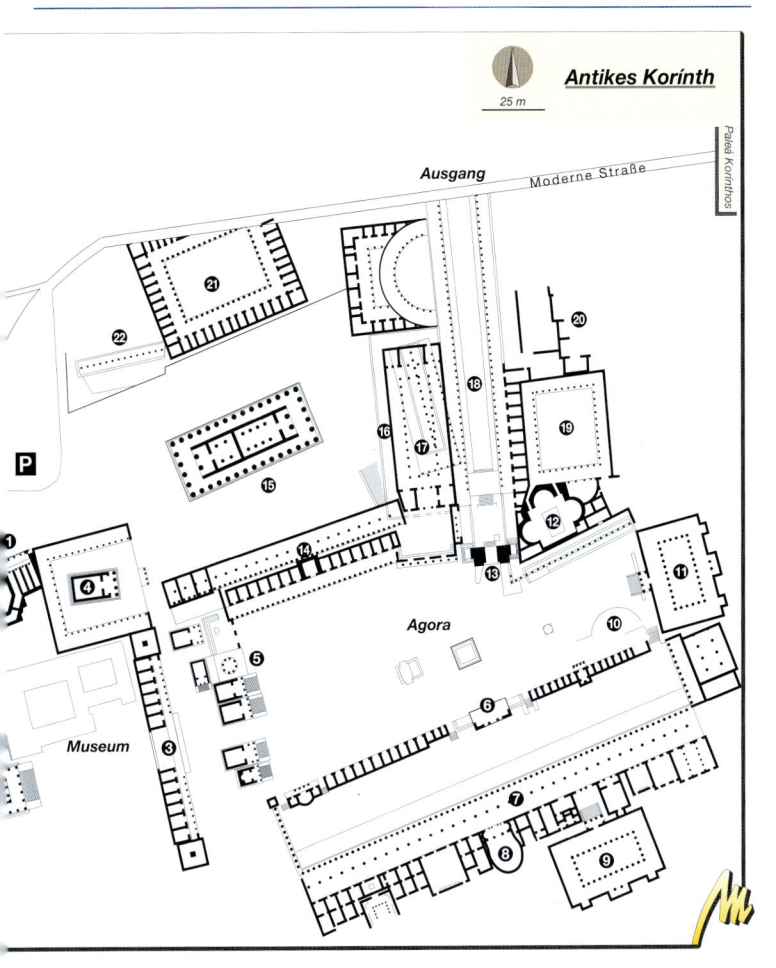

Tempel (4), der um Christi Geburt errichtet wurde.

Geht man um das Museumsgebäude herum, kommt man auf einer erhöht liegenden Terrasse zu den Fundamenten eines größeren Tempels. Erhalten sind noch einige Säulentrommeln mit korinthischen Kapitellen. Vermutlich war das Heiligtum **Octavia (2)** geweiht.

Einige Schritte östlich führt eine breite Treppe hinunter zur Agora (Marktplatz). An der Westseite befindet sich eine **Ladenzeile (3)** aus dem frühen 1. Jh. n. Chr. Etwas weiter westlich die Reste von sechs Tempeln aus dem 1. und 2. Jh. n. Chr. Welchen Gottheiten die einzelnen Bauwerke geweiht waren, blieb bis heute ein Rätsel. Von einem mit acht Säulen konstruierten Rundbau, dem **Babbius-Monument (5)**, weiß man lediglich, dass er von dem griechischen Sklaven Babbius gestiftet worden ist.

Nordwestläden (14): Am nördlichen Ende der Agora zieht sich eine von West nach Ost reichende Kette von fünfzehn Läden aus dem 1. Jh. n. Chr. Dahinter liegt zu Füßen des Apollon-Tempels die lang gestreckte Nordwest-Stoa, in hellenistischer Zeit im 3. Jh. v. Chr. erbaut.

Apollon-Tempel (15): Die sieben dorischen Säulen auf der über der Agora gelegenen Felskuppe sind das heutige Wahrzeichen Korínths. Der Tempel entstand zwischen 550 und 525 v. Chr. an der Stelle eines älteren Heiligtums. Ursprünglich hatte er sechs Säulen an der Breit- und fünfzehn an der Längsseite mit einem Durchmesser von 1,75 m und einer Höhe von 7,20 m. Das Gebäude besaß zwei Hallen – Pronaos und Opisthodom – und die Cella.

Nördlich des Apollon-Tempels lag der **Nordmarkt (21),** auf dem noch die Byzantiner ihre Waren feilboten. Die im 1. Jh. n. Chr. errichteten Gebäude standen auf einer 95 m langen, griechischen **Nord-Stoa (22)** aus dem 4. Jh. v. Chr.

Lechaion-Straße (18): Auf der Nordwest-Stoa, östlich vom Apollon-Tempel liegt die Prachtstraße, die zum korinthischen Hafen Lechaion führte. Von der Agora am südlichen Ende der Straße geht man von den **Propyläen (13)** ein paar Stufen hinab. Links und rechts der gepflasterten Straße gab es einen schmalen Fußsteig und Abflussrinnen für das Regenwasser. Der Boulevard war gesäumt von Stoen mit zahlreichen Läden.

Gleich nach den Propyläen rechts die tiefer gelegene Brunnenanlage der Peirene-Quelle. Gegenüber eine stattliche römische **Basilika (16),** das größte Gebäude der Lechaion-Straße. Es besaß eine imponierende Fassade mit kolossalen Figuren der „Barbaren". Das Bauwerk aus dem 1. Jh. v. Chr. war mit seiner Haupthalle 45 m lang, im Inneren durch einen Ring von Säulen gestützt.

Schräg gegenüber der **Peribolos des Apollon (19).** Der große rechteckige Hof (32 × 23 m) stammt aus dem 1. Jh. n. Chr. Er diente insbesondere als Versammlungsort, auch öffentliche Veranstaltungen fanden hier statt.

Unmittelbar nördlich davon die öffentlichen Toiletten, danach die **Eurykles-**

Korínth ist ein Highlight jeder Peloponnes-Reise

Bäder (20), die beim Ausgang liegen. Pausanias lobte diese Badeanlage als die schönste Korínths. Man vermutet, dass die Thermen von dem Spartaner Eurykles gestiftet wurden. Im 12. Jh. stand an gleicher Stelle bereits ein byzantinisches Bad. Gegenüber (westlich) liegt der halbrunde Bau; er wurde in spätrömischer Zeit dort errichtet, wo sich früher ein Markt befand.

Peirene-Quelle (12): im Osten der Propyläen; die Quelle war über 2000 Jahre in Betrieb. Bis ins späte 19. Jh. versorgten sich die Bewohner hier mit Trinkwasser, noch während des Zweiten Weltkriegs wurde hier gebadet! Man sieht von außerhalb der Begrenzungsmauern einen kleeblattförmigen Hof mit einem länglichen Becken in der Mitte, denn für Besucher ist die Anlage inzwischen gesperrt worden. Sechs Schöpfbecken werden über Kanäle von Quellen gespeist. Das unterirdische Reservoir besaß ein Fassungsvermögen von 400 Kubikmeter.

Die Anlage stammt im Wesentlichen aus dem 2. Jh. n. Chr. Damals ließ sie Herodes Atticus prachtvoll ausbauen. Zu Zeiten der Griechen war die Anlage weniger aufwendig gestaltet. Sie bestand lediglich aus drei Becken, die in den Fels gehauen waren. Den überhängenden Felsen hatte man mit ionischen Säulen abgestützt. Übrigens, noch heute fließt hier frisches Quellwasser.

Agora: Marktplatz und Zentrum des antiken Korínth. Sie ist 200 m lang, im Osten 50 m und im Westen 100 m breit. Die Griechen benutzten sie auch als Stadion.

Die heute sichtbare, größere Anlage stammt aus römischer Zeit. Im Süden war sie durch zwei Reihen von Läden begrenzt. Am Ostende der Agora liegt die große **Basilika der Julier (11)** aus dem 1. Jh. n. Chr. Im Inneren wurden mehrere Statuen des julisch-claudischen Kaiserhauses gefunden. In der Basilika fanden Gerichtsverhandlungen statt.

Südlich davon der **Südostbau**, der vermutlich als Archiv diente. Am südlichen Ende der Agora eine Terrasse mit zwei Reihen von Läden; in der Mitte das **Bema (6)**, eine monumentale Rednerbühne, von dem aus der römische Statthalter sprach. Hier soll auch der Apostel Paulus gepredigt haben.

Süd-Stoa (7): eines der größten Bauwerke Korínths mit einer Länge von 165 m, außen mit 71 dorischen und innen mit 34 ionischen Säulen versehen. Die Stoa stammt aus dem 4. Jh. v. Chr. und wurde 146 v. Chr. erneuert. In der Halle waren 33 Läden untergebracht, fast alle besaßen einen Brunnen. Im zweiten Stock befanden sich Nachtquartiere. Zur Zeit Philipps II. war die Stoa auch eine vornehme Herberge. Unter römischer Herrschaft wurden die Hinterräume stark verändert.

Beachtenswert ist im Osten der **Ritterraum** mit seinem Mosaikboden, der einen Athleten mit Kranz und Siegesgöttin zeigt. Zwei weitere Mosaike findet man in einem höher gelegenen Raum in südlicher Richtung.

Eine Treppe führt von der Stoa zur **Südbasilika (9)**. Das Gebäude besaß einen von Säulenreihen gesäumten Innenhof.

Überquert man die Straße nach Kenchriae, stößt man auf das Rathaus (**Bouleuterion**) **(8)**. Es fällt besonders durch gut erhaltene Mauern auf. Der elliptisch geformte Saal war der Sitzungsraum des Senats; er wurde 267 von den Herulern zerstört.

Odeion (24): Außerhalb der Hauptausgrabung liegt nur wenige Meter weiter westlich das 3000 Zuschauer fassende Odeon aus dem 1. Jh. n. Chr. Es wurde auf Veranlassung von Herodes Atticus 175 n. Chr. erneuert. Das Odeon, an der Straße nach Akrokorinth gelegen, besitzt noch einige, vor allem im oberen Bereich gut erhaltene Sitzreihen. 225 n. Chr. wurde es für Gladiatorenkämpfe zur Arena umgebaut und war bis 375 n. Chr. (Einfall der Goten) in

Betrieb. Es ist umzäunt, aber gut von außen einsehbar.

Theater (23): weiter nördlich an einem natürlichen Hang gelegen, mit einem Fassungsvermögen von 15.000–18.000 Zuschauern. Es wurde bereits im 4. Jh. v. Chr. errichtet und später von den Römern ausgebaut. Die noch erhaltenen Stufen stammen vor allem aus griechischer Zeit. Noch heute erkennt man die 3 m hohe Mauer, die den Zuschauerraum von der ovalen Bühne trennte. Wie das Odeon fand auch das Theater in spätrömischer Zeit als Austragungsort von Gladiatorenkämpfen Verwendung. Ein Weg (gänzlich schattenlos) führt frei zugänglich nach unten – von den meisten Besuchern allerdings links liegen gelassen.

Asklepieion/Lerna-Brunnen: nur für speziell Interessierte, 400 m nördlich vom Theater, oberhalb der Autobahn Athen – Korínth – Pátras. Der Asklepios-Tempel stand auf einer Terrasse über der Küstenebene. Im Osten des Geländes ein quadratischer Säulenhof mit kleinem Tempel (4. Jh. v. Chr.) in der Mitte, den die Statuen von Asklepios und Hygieia schmückten. Westlich davon eine Halle, in der Kranke die Nacht verbrachten, um auf die Eingebung der Gottheit zu warten.

Der Lerna-Brunnen lag innerhalb eines von Säulenhallen begrenzten quadratischen Hofes. Von der Südhalle und vom Südwesteck konnte man zu den Schöpfbecken gelangen. Der Brunnen bestand aus vier parallel liegenden Wasserreservoirs, die aus unterirdischen Flüssen gespeist wurden.

Anfahrt: Am Ausgang der Ausgrabungen die Straße geradeaus hinunter, rechts abbiegen, dann die erste links, an der Polizei vorbei, nach ca. 200 m sieht man das umzäunte Ausgrabungsgelände auf der linken Seite (oberhalb).

Museum: Die alten Korinther sparten nicht an der Ausgestaltung der Räume, sie liebten die schönen Dinge des Lebens und genossen den Luxus. Diesen Eindruck vermittelt auf anschauliche Weise das Museum der Ausgrabungsstätte unweit des Eingangs. Es wurde 1931 von einer Amerikanerin gestiftet und beherbergt ausschließlich Funde aus Korínth und Umgebung. Ausgestellt sind Exponate aus sämtlichen Epochen von 4000 v. Chr. bis 1200 n. Chr. Die schönsten Fundstücke hat man allerdings in die großen Museen nach Athen geschafft.

Saal 1 präsentiert prähistorische Funde aus Korínth und Umgebung.

Schätze über Schätze im antiken Korínth

Auf Beutefeldzug im Museum

Am 12. April 1990 kam es in den frühen Morgenstunden zum bisher größten Raubüberfall in einem griechischen Museum. Die Diebe entwendeten 285 Kostbarkeiten, von Schmuckstücken über Plastiken bis hin zu Keramikfunden. Jahrelang blieb die Beute wie vom Erdboden verschluckt. Schließlich tauchten die Exponate unschätzbaren Wertes in den USA auf. Das FBI spürte insgesamt 274 Exponate wieder auf. Dank diplomatischen Verhandlungsgeschicks kehrten sie schließlich am 25. Januar 2001 an ihren alten Platz im Archäologischen Museum von Korínth zurück.

Saal 2 (in der Eingangshalle rechts) – Funde aus frühgeometrischer bis hellenistischer Zeit. Viele Keramikarbeiten mit mythischen Bemalungen aus Korínth. Beachtenswert eine Sphinx auf einem Grab des 6. Jh. v. Chr. und der Sarkophag eines jugendlichen Athleten aus dem nördlichen Friedhof.

Saal 3 (in der Eingangshalle links) – zeigt Funde aus römischer und byzantinischer Zeit, darunter Statuen aus der Epoche des julischen Kaisergeschlechts (Julius Cäsar, Augustus, Nero), Kleinplastiken aus römischer Zeit; Mosaikböden, darunter das sehr gut erhaltene Mosaik mit einer Dionysos-Darstellung aus einer römischen Villa (700 m von der Agora). Des Weiteren zahlreiche kleinere Funde wie Kristallgläser aus römischer bis byzantinischer Zeit sowie Keramik aus dem frühen Mittelalter (9.–12. Jh.).

Hof – Der Innenhof des Museums lädt zum Verweilen im Schatten eines Zitronenbaums ein. Unter den Arkaden sind Reliefs (z. B. Kampf der Griechen mit den Amazonen) aus dem Fries des Theaters zu sehen, zudem zahlreiche Statuen, alle ohne Kopf. Beachtenswert ist die lateinische Inschrift bezüglich des Transportes der römischen Flotte durch den Kanal von Korínth 102 v. Chr. Makaber: Im Sarkophag, unter der Glasplatte, liegt noch ein menschliches Skelett (570–590 v. Chr.).

Vor dem Museum (rechts neben dem Eingang) – Säulentrommeln im dorischen, ionischen, aeolischen und korinthischen Stil.

Akrokorinth

Der schroffe, wuchtige Berg liegt wie ein hingeworfener Klotz unweit der Landenge zwischen dem Peloponnes und Attika. Der abgeflachte Berggipfel mit seinen 575 m wirkt überaus beeindruckend.

Der Blick reicht vom Golf von Korínth bis zum Saronischen Golf. Doch nicht nur das einmalige Panorama lohnt den Ausflug nach Akrokorinth. Auf dem Bergsattel finden sich teilweise gut erhaltene Reste der strategisch wichtigen mittelalterlichen Befestigungsanlage. Ob Byzantiner, Franken, Türken oder Venezianer – jeder hat an der mächtigen Festung seine Spuren hinterlassen.

Akrokorinth ist leicht zu erreichen. Eine bis zum Gipfel gut ausgebaute Straße führt 3 km von den Ruinen des antiken Korínth zum Bergsattel hinauf. Vor dem Eingang eine Taverne für durstige Wanderer, die den schattenlosen und teilweise recht steilen Anstieg nicht scheuten. Aufpassen: Die groben Kieselsteine auf dem Weg zum Bergrücken sind teilweise extrem glatt. Immer wieder kommt es zu Unfällen. Vermeiden Sie außerdem einen Spaziergang am Nachmittag. Der Bergsattel ist schattenlos. Es können Temperaturen von über 40 Grad bei Windstille erreicht werden. So kann eine Begehung schnell zur Tortur werden.

Tägl. 8–15 Uhr. Eintritt 2 €, unter 18 J., über 65 J. und Senioren frei. ✆ 27410/31266.

> Beeindruckt von der Befestigungsanlage war bereits vor 170 Jahren der Reiseschriftsteller Herrmann Fürst von Pückler-Muskau. Am 23. Mai 1836 notierte er in seinem Tagebuch „Südöstlicher Bildersaal":
>
> *„Von der Stadt aus bietet diese nichts als einen hohen runden Felsen mit wenigen Mauern gekrönt dar, aber im höchsten Grade überraschend ist der Anblick, wenn man die Höhe, welche ihrer östlichen, breiten Seite gegenüberliegend, erreicht hat. Diese wilden, mit Mauern durchwirkten, auf- und absteigenden schroffen Felsen, welche man jetzt vor sich hat, dieser Wald aus Zinnen, die Türme in der Höhe und die offenen, verfallenen Gittertore in der Tiefe, seitwärts noch ein isolierter Kegel mit einer hohen Warte auf seinem spitzen Gipfel, das Ganze mit einzelnen Massen roter, blauer und gelber Blumen, die in vollen Sträußen aus den Felsspalten dringen, reich und malerisch überblüht, machen in ihrem Verein eine zauberische Wirkung. Meine guten Türkengäule kletterten, ungeachtet des schon zurückgelegten zehnstündigen Marsches, auf kürzestem Wege alle Felsentreppen wie mit Flügeln hinan (und) brachten mich bald nach dem höchsten Punkt der Akrokorinth, von wo die Aussicht mit Recht zu den berühmtesten in Griechenland gezählt wird. Hier stand ein Tempel der Venus mit den Statuen der Sonne und der Liebe, jetzt verfällt darauf eine türkische Moschee. Gegen Süd und West sieht man ein Chaos dunkler Bergkuppen, schön abwechselnd mit zerrissenen, grell weiß schimmernden Erdspalten und Schluchten; nach Nord und Ost den Korinthischen und Saronischen Golf mit dem Isthmus dazwischen, auf beiden Seiten von unabsehbaren Bergzügen eingefaßt, und in dem klaren Wasserspiegel die herrlich gruppierten Inseln des Ägäischen Meeres ..."*

Geschichte

Vermutlich war der Fels ab dem 7. Jh. v. Chr. besiedelt. Auf dem Gipfel stand der berühmte Tempel der Aphrodite. Dort sollen angeblich 1000 Hierodulen (Prostituierte) gelebt haben.Die heute noch sichtbaren Mauern stammen aus dem 4. Jh. v. Chr. Nach der Zerstörung Korínths und Akrokorinths im 2. Jh. v. Chr. wurden sie im 6. Jh. n. Chr. unter Justinian erneuert, später bauten die Byzantiner die Befestigungsanlagen weiter aus. Von jeher war der Besitz der Burg, von der aus sich der Schiffs- und Landverkehr hervorragend beobachten ließ, besonders wichtig. Kein Wunder, dass Akrokorinth über die Jahrhunderte hinweg hart umkämpft war. Nach fünfjähriger Belagerung nahmen die Franken Akrokorinth im Jahr 1210 ein. Im 14. Jh. gelangte die Burg in den Besitz der Paläologen von Mistrá, für vier Jahre gehörte sie den Johannitern von Rhodos, 1458 schließlich wurde sie von den Türken erobert. 1687, während des Feldzuges von Morosini, fiel die Festung an die Venezianer, die sie jedoch bereits 1715 wieder an die Türken verloren. Die Moslems wurden erst 1822 von griechischen Freiheitskämpfern vertrieben.

Rundgang

Für einen schnellen Rundgang sollte man rund eineinhalb Stunden einkalkulieren. Der Besucher betritt die Burg von der Westseite. Das erste Tor (14. Jh.) liegt hinter einem 4 m breiten und 6 m tiefen Graben, der von den Venezianern angelegt wurde. Anschließend trifft man auf einen zweiten Mauerring, der vorwiegend byzantinischen Ursprungs ist. Der dritte Mauerring – durch imposante rechteckige Türme verstärkt – stammt ebenfalls aus dieser Zeit.

Von hier aus geht es ziemlich steil bergauf. Links kommt man zu einer weiß getünchten Kapelle. Von der *Kirche des heiligen Demetrios*, bei der wie so oft auf dem Peloponnes auch antike und mittelalterliche Trümmer verbaut wurden, genießt man einen schönen Blick auf den Kernbereich der gewaltigen Festung. Ganz in der Nähe, etwas weiter bergauf, sind noch die Ruinen einer türkischen Moschee mit einem verfallenen Minarett aus dem 16. Jh. zu sehen. Gleich daneben hat eine Zisternenanlage die Jahrhunderte überstanden.

Im Inneren des Mauerbereiches gibt es zwei Gipfel: den West- und den Ostgipfel. Auf letzterem wurde 1926 der 10 x 13 m große *Aphrodite-Tempel* freigelegt. Von hier, dem höchsten Punkt der Festung, hat man einen fantastischen Rundblick über den Golf von Korínth, den Isthmos, das Festland und den Saronischen Golf bis hinüber nach Ägina. In bemerkenswert gutem Zustand befindet sich die mit Zinnen gekrönte Ostmauer, an deren südlichem Ende die einstige Residenz des türkischen Festungskommandanten liegt. Unterhalb davon die *Peiréne-Quelle*, die bereits im 3. Jh. v. Chr. angelegt wurde (man gelangt an der südöstlichen Mauer entlang zur Quelle). Die Quelle ist laut Sage folgendermaßen entstanden: Sisyphos, Herrscher über Akrokorinth, hatte von seinem hohen Sitz beobachtet, wie sich Zeus mit der entführten Ägina, Tochter des Flussgottes Asopos, aus dem Staub gemacht hatte. Für die Preisgabe seines Wissens verlangte er von Asopos eine Quelle auf Akrokorinth als Geschenk. Gesagt, getan: Die Peirene-Quelle war geschaffen.

Auf dem südwestlichen Berghang finden sich die Reste einer fränkischen Burg aus dem 13. Jh.

Lechaion

Durch den gestiegenen Wasserspiegel und die Dünenbildung ist vom antiken Hafen am Golf von Korínth kaum noch etwas zu sehen. Nur wenige Überreste haben sich unmittelbar am Strand erhalten. Ein Ausflug dorthin lohnt sich letztlich nur für Spezialisten.

Lechaion war einst der nördliche Hafen von Korínth; er wurde weitgehend künstlich angelegt. Im 5. Jh. v. Chr. wurde der westliche Hafen durch eine lange Mauer mit Korínth verbunden. Pausanias berichtet, dass es einen Poseidon-Tempel gegeben habe. Doch davon lässt sich am Strand nichts mehr entdecken. Lediglich eine große frühchristliche Basilika aus dem 5. Jh. n. Chr., mit einer außergewöhnlichen Länge von 180 m, kam bei Ausgrabungsarbeiten zum Vorschein.

Anfahrt Auf der Küstenstraße aus Richtung Pátras kommend zwischen Kiáto und Korínth ist Lechaion als „Early Christian Basilica" ausgeschildert. Von Korínth kommend: etwa 5 km außerhalb der Stadt, 100 m vor einer Brücke (Abzweigung nach Alt-Korínth) bei einem Haus rechts in den Feldweg einbiegen, zum Strand fahren. Der eigentliche Haupteingang befindet sich auf der Straßenseite. **Achtung**: Zum Zeitpunkt der Recherche war das Tor zum weitläufig umzäunten Gelände zwar offen (Security-Firma), aber offiziell nicht für Besucher geöffnet. Nur mit dem Einverständnis der Security ist ein Rundgang auf dem Gelände möglich. Aktuelle Informationen unter ✆ 27410/31207.

Übernachten ⟫ **Mein Tipp: Enalio Suites**, sehr schöne Gebäude aus Stein und Holz mit Studios und Suiten auf zwei Stockwerken unmittelbar am Meer. Die Studios befinden sich im Erdgeschoss, verfügen über direkten Zugang zum Garten und zum Pool. Sie bestehen aus zwei Räumen, einem mit Kamin ausgestatteten Wohnzimmer mit ausziehbarem Sofa (Doppelbett) und voll eingerichteter Küche, Bad und dem Schlafzimmer. Mit Pool und vielen Lounge-Möbeln im Garten, keine 5 m zum Sand-/Kiesstrand. Familie Boumi-Katastevastiki betreut die Gäste sehr liebevoll. Ein abwechslungsreiches Frühstück wird im Garten eingenommen. Wir waren trotz des kleinen Strandes begeistert. Weil die Hauptstraße um Léchaio einen Bogen macht, war es auch ruhig. Studios (2 Pers.) 90–110 €, Suiten (bis 4 Pers.) ab 180 €. Ireou/Konstantinou Kanari Str., ✆ 27410/87984, www.enalio.gr. ⟪

Essen & Trinken Die Alternative zu Korínth heißt **Nerántza**: nur wenige Kilometer von der Stadt entfernt, trotzdem ruhig und idyllisch. Kein Wunder, dass die Restaurants hier sonntagmittags voll sind mit gestressten Städtern.

⟫ **Lesertipp: Kogia**, herrliche Terrasse am Meer und in der Gegend bekanntes, eher gehobenes Restaurant. Die Preise für das Gebotene sind angemessen, findet auch unser Leser Ralph Krommes: „Direkt am Strand, herrlicher Blick auf die gegenüberliegende Küste, fantastisches Essen (der Wirt bringt die Vorspeisen zur Auswahl an den Tisch), mittleres Preisniveau." *Anfahrt*: von Kokkóni kommend immer an der Strandpromenade entlang in nordwestliche Richtung, dann durch den Ort, das Restaurant liegt in Nerántza. ✆ 27420/34006 ⟪

Takis Restaurant, liegt direkt am Meer in Léchaio (nahe dem antiken Hafen). Gutes Speisen- und Getränkeangebot, große Portionen, allerdings höhere Preiskategorie. Einige Gäste kommen eigens aus Athen hierher zum Essen. Vor allem an Wochenenden Reservierung empfohlen. ✆ 27420/88928.

Eine etwas günstigere Alternative ist die **Psarotaverna To Akrogiali**, nur wenige Meter von Kouyia entfernt (von Kokkóni kommend noch davor), ebenfalls direkt am Meer. Relativ einfache Fischküche, aber auch recht günstig, sehr netter Service, schöne Terrasse. ✆ 27420/32330 oder 33181.

Baden Durch das weitläufig umzäunte Areal der Ausgrabung finden sich am Strand von Léchaio außer einigen Einheimischen kaum Badegäste.

⟫ **Lesertipp**: „Wenn man 20–30 m ins Wasser hineinläuft oder -schwimmt, steht man auf einer breiten Sandbank, auf der man z. B. Ball spielen kann" (Gregor Zemp). ⟪

Kiáto

Der kleine Provinzort (ca. 3000 Einwohner) ist hauptsächlich Durchreisestation, der Verkehr quält sich durch die schmale Durchgangsstraße. Keine städtebauliche Perle, kaum ein Feriengast bleibt länger.

Doch schon in der Parallelstraße bietet sich ein entspanntes Bild: Wer sich eine kurze Pause gönnen möchte, findet hinter dem Hafenbecken mit Fischerbooten bis hin zu kleinen Jachten einen kleinen und in der Verlängerung nach der Brücke einen 1 km langen Kiesstrand zur Entspannung (Duschen, öffentliche Toiletten). Auch einige Tavernen mit angemessenen Preisen machen einen einladenden Eindruck. Vor allem wegen seiner neuen Bahnstation, die (bisher) zugleich Endstation des Inter-Regio-Zuges *Proastiakó* vom Athener Flughafen (bzw. von Piräus) ist, hat der Ort eine gewisse Bekanntheit erlangt.

Verbindungen Der **Bahnhof** liegt am südlichen Ende von Kiáto. Tägl. zwischen 5 und 22 Uhr stündl. Verbindungen über Korínth und Neratziotissa (Umsteigemöglichkeit zur U-Bahn nach Piräus) zum Athener Flughafen. Fahrpreis 12 €. Von Kiáto bis Pátras werden Schienenersatzbusse eingesetzt (8 €). Fahrplanauskunft unter www.trainose.gr. Freie Parkplätze am Bahnhof.

Die **Busstation** von Kiáto liegt am westlichen Ende der Ortsdurchgangsstraße in Meeresnähe (Kehre zum Bahnhof). Radiotaxi Kiáto ☏ 27420/20800.

Essen & Trinken Gute Fischtavernen am Meer, hauptsächlich griechische Besucher, ausländische Touristen sieht man an der Strandpromenade kaum.

Sikyon

Sikyon, zu Deutsch „Gurkenstadt", gehört zu den ältesten Siedlungen Griechenlands. Der antike Ort ist nur 6 km vom Küstendorf entfernt.

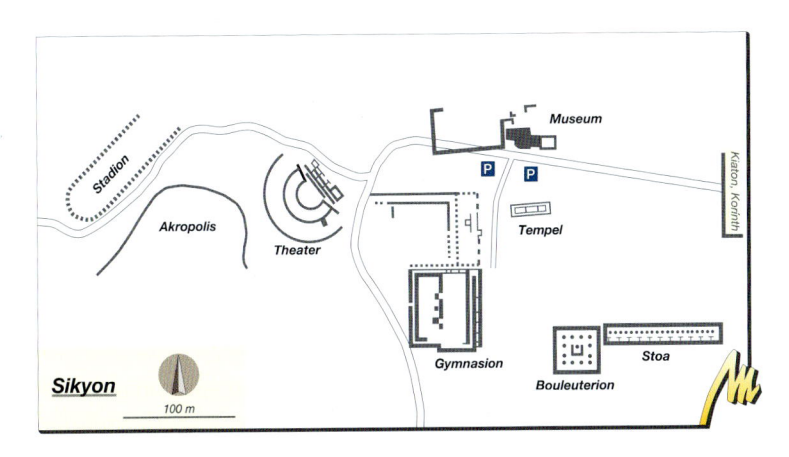

Sikyon verdankte seine Berühmtheit in der Antike vor allem einer Schule für Bronzebildhauerei und Malerei. Die sehenswerten Ruinen – Reste eines Tempels, Gymnasions, Theaters und Stadions in einem weiträumig eingezäunten Areal – liegen 1 km südöstlich von Vassilikó auf einer Anhöhe über der fruchtbaren Küstenebene (beschildert). Es gibt auch ein kleines **Museum** in den römischen Thermen (tägl. außer Mo 8–15 Uhr, Eintritt 2 €, erm. 1 €, ✆ 27420/28900).

Busse fahren ab Kiáto nach Vassilikó (morgens 8 und 10.30 Uhr) Haltestelle Ecke Kovatzi/Lykourgoustr., unweit vom Meer.

Mit **eigenem Fahrzeug** von Korínth kommend in Kiáto vor der großen Kirche links abbiegen (an der Ecke ein Fastfood-Restaurant, schräg gegenüber dem Taxistand) und immer der Straße ortsauswärts folgen. Ab Ortsausgang Kiáto hervorragend beschildert, 6 km nach Sikyon/Vassiliko, im Dorf an der Kirche rechts und noch ca. 1 km zum Ausgrabungsgelände.

Geschichte

Die erste Siedlung wurde 2000 v. Chr. von den Ioniern gegründet. Nach der Eroberung durch die Dorer im 12./11. Jh. v. Chr. stand Sikyon unter dem Einfluss des mächtigen Argos. Erst um 660 gelang es Orthagoras, die Stadt von Argos zu lösen. Er errichtete eine Tyrannis, unter der die Siedlung wirtschaftlichen und kulturellen Wohlstand erlebte. Sikyon war sogar vermögend genug, im Apollon-Heiligtum von Delphi ein Schatzhaus bauen zu lassen. Nach dem Tod des Tyrannen Kleisthenes kam es zu innenpolitischen Kontroversen zwischen Demokraten und Anhängern der Aristokratie, mit Hilfe Spartas wurde eine Adelsherrschaft installiert. Die Stadt beteiligte sich an den Perserkriegen und kämpfte auf Seiten der Lakonen während des Peloponnesischen Krieges. 369 v. Chr. wurde sie von einem thebanischen Heer unter Epaminondas erobert und 303 v. Chr. von Demetrios Poliokętes zerstört. Er ließ sie unter dem Namen Demetrias wieder aufbauen. 251 v. Chr. wurde Sikyon Mitglied im Achäischen Bund. Eine zweite Blütezeit erlebte die Stadt, als das nahe Korinth von den Römern zerstört worden war. Ab 146 v. Chr. leitete Sikyon die Isthmischen Spiele. Doch nachdem die Römer Korinth erneut aufgebaut hatten, brachen schlechte Zeiten für Sikyon an; die Stadt verarmte. Ein Erdbeben 23 n. Chr. und ein weiteres im Jahr 250 sorgten für die endgültige Zerstörung.

Rundgang

Auf der linken Seite, vis-à-vis vom *Museum*, befindet sich am Parkplatz der Eingang. Unmittelbar danach stößt man auf einen *dorischen Tempel* aus hellenistischer Zeit, vermutlich der Göttin Artemis geweiht. Wenige Meter weiter findet man rechts das weitläufige *Gymnasion*, das sich auf zwei Ebenen mit je einem Hof erstreckt. Beide waren von drei Säulenhallen umgeben; den unteren zierten ionische Säulen, den oberen dorische. Stümpfe und eine wieder aufgerichtete Säule sind dort noch zu sehen. In die Stützmauer waren zwei Brunnen eingebaut. Unweit des Gymnasions, auf der linken Seite das *Bouleuterion* (Rathaus) des Achäischen Bundes, ein quadratischer Bau mit einem Rednerplatz im Zentrum. Die Halle wurde von 16 ionischen Säulen getragen. An das Bouleuterion schloss

Sikyon: spärliche Reste

sich im Norden eine 105 m lange *Stoa (22)* an, an deren Südseite zwanzig Läden Platz fanden.

Theater: an einem Abhang, nicht weit von den anderen Relikten des Ausgrabungsgeländes. Man kehrt zum Museum zurück und folgt der Straße ca. 100 m bis zur Kurve. Dort liegt in einer natürlichen Senke das Theater der Stadt aus dem frühen 3. Jh. v. Chr. Neun von den ursprünglich mehr als 52 Sitzreihen sind noch erkennbar; die meisten waren in den Fels gehauen. Die Orchestra besaß einen Durchmesser von 20 m. Die Reste der antiken Akropolis oberhalb des Theaters vermag nur das geschulte Auge eines Fachmanns als solche zu erkennen.

Stadion: 50 m weiter westlich in einem Tal; nur wenige Stützmauern sind noch erhalten. Auch hier bedarf es archäologischer Fantasie, um mehr als eine natürliche Talsenke zu erkennen.

Xylókastro

In einer fruchtbaren, lieblichen Landschaft, im Hintergrund das schroffe, über 2300 m hohe Killíni-Massiv, liegt das moderne 5800-Einwohner-Städtchen. Die zahlreichen Besucher – hauptsächlich Griechen – sorgen allsommerlich in dem Seebad für regen Betrieb.

Abends schlendert man unter den Bäumen an der langen Promenade entlang und trinkt in einem der Cafés ein Gläschen. Baden kann man am Kiesstrand am Ostende von Xylókastro, mit hübschem Strandrestaurant und öffentlichem Tennisplatz. Viel Ruhe finden Sie dagegen im angrenzenden, sehr schattigen und angenehm kühlen Pinienpark, der die Strandpromenade von der viel befahrenen Hauptstraße trennt.

Wandern am Killíni

Von *Áno Trikala* aus kann man wunderschöne Wanderungen im Killíni-Massiv unternehmen. Übernachtungsmöglichkeiten bieten zwei Berghütten, die vom griechischen Bergsteigerverein unterhalten werden: *Ziria A'* (30 Betten) und die etwas südwestlicher gelegene *Ziria B'* (16 Betten). Ein markierter Weg führt zum 2376 m hohen Killíni. Für die Wanderung sollte man etwas bergsteigerische Erfahrung und vor allem Kondition mitbringen. Dauer: von der Ziria-A'- zur Ziria-B'-Hütte etwa 1 Std., ab da noch 2:30 Std. bis zum Gipfel. Beste Jahreszeit: Mai bis September/Oktober. Auskünfte erteilen die jeweiligen E.O.S. Bergsteigervereine in Ägion (Sotiriou-Pondou-Str./Aratou-Str., ✆ 26910/25285) und in Korínth (Kolokotroni-Str. 30, ✆ 27410/29970 oder 24335).

Von Xylókastro aus führt eine asphaltierte Stichstraße nach Áno Tríkala (über Ríza und Rehti), ca. 30 km. Von dort führt eine Schotterstraße zur ersten Berghütte auf dem Weg zum Gipfel.

Xylókastro macht – trotz mancher schlimmer Exempel griechischer Betonarchitektur – einen freundlichen Eindruck. Aufgrund der großen Beliebtheit bei griechischen Urlaubsgästen sollte man in den Monaten Juli und August Unterkünfte reservieren! Voll werden kann es übrigens auch an den Wochenenden von Mai bis September.

Information/Reiseagenturen Xylokastro **Tours** (an der Hauptdurchgangsstraße, Ioannou-Str. 2) hilft bei der Zimmervermittlung, organisiert Ausflugsfahrten, vermietet Mopeds und Autos, verkauft Fähr- und Flugtickets. Unregelmäßige Öffnungszeiten, vor allem außerhalb der Saison. ℡ 27430/24137 oder 25100.

Verbindungen Xylókastro liegt 92 km von Pátras und 34 km von Korínth entfernt. Sehr gute Verkehrsverbindungen per **Bus** entlang der Küste. Etwa stündlich Busverbindung nach Korínth (4,10 €) und Athen (11 €, Fahrtdauer 1:30 Std.), wer mit dem Bus nach Pátras reisen will, fährt zunächst nach Derveni und muss dort umsteigen. Die Busstation von Xylókastro liegt in einer Seitenstraße der Uferpromenade im Zentrum.

Übernachten ** Hotel Miramare, größtenteils renoviertes, schon etwas älteres Haus an der Straße nach Korínth, entsprechend laut, daher sollte man sich unbedingt ein Zimmer nach hinten hinaus geben lassen. Alle 23 Zimmer mit Bad und Balkon, dazu TV, Aircondition und Kühlschrank. Michalis Hatjigeorgiou ist um seine Gäste bemüht. Zum Strand sind es nur wenige Minuten durch den Park von Xylókastro. EZ 42–52 €, DZ 55–75 € (Frühstück 8 €). Im Sommer sollte man ca. zwei Wochen vorher reservieren. Ioannou-Str. 49, ℡ 27430/22375, www.hotelmiramarexylokastro.com.

*** Hotel Kyani Akti, acht modern eingerichtete Zimmer mit Balkon, teilweise mit Blick über den Golf von Korinth. Am Strand gelegen. DZ 60 €, EZ 55 €. ℡ 27430/28930, www.kyaniaktihotel.gr.

*** Hotel Periandros, das einfache Haus liegt gleich hinter dem „Arion" und schräg gegenüber dem „Fadira" (in einer Seitenstraße). Viele junge Low-Budget-Reisende; resolute, aber freundliche Hauswirtin. DZ 40–70 €, alle Zimmer mit Bad, z. T. auch Balkon. Ganzjährig geöffnet. ℡ 27430/22272.

Essen & Trinken Ausreichend Restaurants/Cafés gibt es an der Uferpromenade, oftmals sehr guter und frischer Fisch.

Stymphalischer See

Wie ein langer ovaler Topf erscheint die stymphalische Ebene in der nordpeloponnesischen Gebirgslandschaft. Hohe, bewaldete Berge im Westen mit dem gezackten, stahlgrauen Killíni-Massiv (2376 m) und im Zentrum der blaue, flache See mit seinem dichten grünen, im jahreszeitlichen Wechsel auch gelben Schilfsaum und einem braunen Ring aus trockener Erde: Der Peloponnes einmal ganz anders. Nur wenige Bauerndörfer gibt es in der weiten, von Getreidefeldern und Weingärten geprägten Ebene. Auf dem Sträßchen hinunter zur Küste herrscht morgens reger Betrieb, wenn die Ernte zum Markt nach Korínth und Kiáto gefahren wird. Der Stymphalische See, dessen Größe jahreszeitlich stark schwankt, ist ein riesiges Feuchtbiotop mit seltenen Pflanzen und Vögeln.

Anfahrt Vom Küstenstädtchen Kiáto führt eine hübsche Panoramastraße in vielen Serpentinen steil bergauf über Soúli zur Ebene von Stymphalía (41 km), die ersten 10 km bis Soúli hervorragend ausgebaut, ab hier noch gut befahrbare Asphaltstraße. Von der stymphalischen Ebene kann man auf einer gut ausgebauten Straße über Kandíla nach Levídi-Trípolis oder über einen Bergkamm nach Neméa (37 km) weiterfahren, die Straße dorthin führt über das Bergdorf Psári.

Verbindungen Täglich um 12.30 Uhr fährt ein **Bus** von Kiáto (Haltestelle Ecke Kovatzi/Lykourgoustr., unweit vom Meer) nach Feneós, der auch in Dríza hält. Das Problem ist nur, dass man erst am nächsten Tag mit dem Bus zurückfahren kann.

Übernachten ⟫ Lesertipp: Archontiko Kefalari, im Ort Kefalári (10 km vom See entfernt) ein altes Steinhaus, liebevoll saniert. „Sehr ruhig, wir waren die einzigen Gäste, konnten uns das Zimmer aussuchen

Ökologisch wertvolles Feuchtbiotop Stymphalischer See

und hatten gleich Familienanschluss" (Lesertipp von Susi Luss)." Das Haus wird von Asimina Papamitriou gemanagt. Die Sommertaverne liegt unter der schönen Platane, die Kafalári überschattet. Zehn Zimmer mit sehr stilvoller Einrichtung, TV, Musik, Kühlschrank, Minibar, teilweise offener Kamin. Sehr hoher Qualitätsstandard. Auch unsere Empfehlung! Griechischkenntnisse sind von Vorteil, da Calliope und Sophia wenig Englisch oder Deutsch sprechen. DZ 40–55 €, Dreier 70–80 €, Familienzimmer ab 90 €, inkl. Frühstück, das im alten Haus von Calliope bereitet wird: Blätterteigröllchen mit Vanille, selbst gebackener Kuchen, Omelett, Müsli, Joghurt etc. ✆ 6948047558, www.arxontiko-kefalari.gr. ⦀

Essen & Trinken Auch im Dorf Kefalári gibt es ein günstiges Ausflugslokal an der Straße mit schmackhafter griechischer Hausmannskost. Weitere Tavernen in **Kaliáni**, ein Restaurant gehört auch zum Hotel Stymphalía (→ S. 192).

Am südlichen Rand des Dörfchens Kiónia haben sich Reste hoher Mauern und des Torturms eines *Zisterzienserklosters* aus dem 13. Jh. erhalten. Wie Ruinen einer Akropolis beweisen, war die Gegend um Stymphalia seit der Antike besiedelt. Das kostbare Wasser des Sees wussten die Römer geschickt zu nutzen. Um 125 n. Chr. ließ Kaiser Hadrian eine Wasserleitung von der Quelle des Sees bauen, über einen Damm durch die Ebene und durch einen Tunnel ins Tal hinunter und schließlich nach Korínth leiten. Die intensive Nutzung der Ressourcen ist seit Jahrhunderten ein grundlegendes Thema in der Region und seitdem das „Environment Museum" (→ Kasten) wie ein Wachturm zum Schutz der Natur gebaut wurde, entzweit das Thema die Bewohner, Fischer und Landwirte umso mehr. Für viele hängt die Existenz von der Nutzung der Landschaft ab, ein Blick in die umliegenden Dörfer, deren Häuser zum Teil nur Plastiktüten statt Fensterscheiben haben, unterstreicht diese Problematik. So ist es nicht weiter verwunderlich, dass z. B. die meisten Fischer sich nicht damit abfinden, dass das Fischen im See verboten wurde. Damit aber die Region als Naturschutzgebiet anerkannt wird, bedarf es eines breiten Konsenses bei den Bewohnern.

Die Taten des Herakles

Als Sühne für den jähzornigen Mord an seiner Frau Megara und seiner drei Söhne wurde Herakles (römisch: Herkules) von König Eurystheus (aus Mykene/Tiryns) verurteilt, zwölf gefährliche Aufgaben zu erfüllen. Der Mythologie nach wurde ihm als Lohn für die Mühe der Aufstieg in die Unsterblichkeit versprochen. Die ersten sechs der ihm aufgetragenen Arbeiten hatte Herakles auf dem Peloponnes zu erledigen, so z. B. das Fell des *Nemeischen Löwen* herbeizubringen, die *Lernäische Hydra* (eine neunköpfige Wasserschlange mit dem Körper eines Hundes) zu erlegen und den *Erymanthischen Eber* lebendig aus den arkadischen Bergen nach Mykene zu bringen. Die fünfte Aufgabe bestand darin, die unheilbringenden *Stymphalischen Vögel* zu vertreiben.

Der Sage nach lebten die wilden, schrecklichen Vögel an den Ufern des heute so friedlich und verträumt anmutenden Stymphalischen Sees. Sie verbreiteten einen entsetzlichen Gestank, der ein Leben für Mensch und Tier hier unmöglich machte, bis Herakles dem Spuk ein Ende bereitete. Es erforderte schon eine gehörige Portion Mut, sich mit ihnen anzulegen, denn die Stymphalischen Vögel waren lebensgefährlich. Sie besaßen eherne Federn, die sie gegen ihre Feinde schleuderten und damit töten konnten. Herakles, clever wie er war, scheuchte die gefürchteten Sumpfvögel mit einer Klapper aus dem Schilf auf und schoss sie der Reihe nach mit seinen Pfeilen ab.

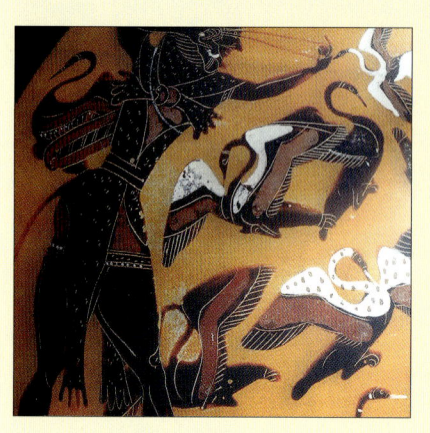

Herakles bei der Vertreibung der Stymphalischen Vögel

Unterhalb des Museums liegt an der Hauptstraße ein Rastplatz mit einem Steintor, direkt gegenüber (Eingang durch ein Holztor) beginnt ein etwa 5-minütiger Spazierweg zu einer archäologischen Ausgrabung auf dem Hügel, lohnenswert ist aber hauptsächlich der Ausblick über den gesamten See.

Übernachten/Essen Achtung: Wenn Sie eine Übernachtung am Stymphalischen See (oder in der Umgebung) planen, sollten Sie in jedem Fall vorher bei der entsprechenden Unterkunft anrufen und Bescheid geben!

Hotel Stymphalia, schlichte Herberge an der Dorfstraße von Kiónia. Hier kann man übernachten und auch noch gut essen, das Restaurant ist allerdings nur abends geöffnet. DZ 35–45 €, EZ ab 25 €, mit Bad, Frühstück 5 €. ✆ 27470/22072.

** Hotel Lafka, einfache Pension mit acht Zimmern im von dichten Wäldern umgebenen, völlig abgeschiedenen Bergdörfchen Láfka (6 km vom Stymphalischen See entfernt) mit hübscher Nussbaumallee, im oberen Teil des Dorfes (beschildert). DZ ab 40 €. Ganzjährig geöffnet, man sollte aber dringend vorher anrufen. ☎ 27470/31220 oder 31231.

》Mein Tipp: Taverne Steki/Dedakis **Apartments**, im Dorf Kastaniá (9 km westlich vom Stymphalischen See, die Straße führt in Serpentinen hier hinauf). Rustikale, schlichte Zimmer mit Bad/Balkon und Heizung (!), herrlicher Blick auf Berg und Tal. Mit empfehlenswerter Taverne. Am oberen Ortsende gelegen. DZ mit Frühstück ab 50 €. ☎ 27470/61270 oder 61297. **《**

Umweltmuseum von Stymphalia

Das 2011 eröffnete Museum, ein gewaltiges, völlig überdimensioniert wirkendes Gebäude, thront wie ein steinerner Wächter über dem See. Finanziert wurde der Bau vom Kulturfonds einer griechischen Bank. Vorbildlich wird die für die Region typische Kalksteinentwicklung beschrieben, Schautafeln geben Auskunft über Fauna und Flora der Schutzregion und der Besucher darf sich auf eine interessante Ausstellung über das Leben und die Arbeit der Bevölkerung freuen. Multimediale Unterstützung, etwa durch Vogelstimmen, Bachläufe oder Videovorträge, macht den Besuch für Familien zu einem besonderen Erlebnis. Ausgestellt sind darüber hinaus antike Ausgrabungsfunde wie Webergewichte, Terrakotta-Öllampen, Säulenreste oder etwa ein bronzenes Türschloss aus dem 1. Jh. Auf dem Balkon stehen Fernrohre zur Betrachtung der Vogelwelt zur Verfügung.

Öffnungszeiten 1.3. bis 15.10. tägl. (außer Di) 10–18 Uhr, sonst tägl. (außer Di) 10–17 Uhr. Eintritt 3 €. ☎ 27470/22296.

Dervéni

Der 1100-Einwohner-Ort lebt wie viele seiner Nachbarorte vom Badetourismus, und das nicht schlecht. Und doch strahlt Dervéni einen gewissen, besonderen Charme aus. Kinderspielplätze, nette Cafés und Tavernen tragen dazu bei, dass überall entlang der Durchgangsstraße gute Stimmung herrscht. Bis spätabends buntes Treiben, es duftet nach gegrillten Maiskolben.

Dervéni ist eine türkische Ansiedlung, bedeutet „tiefer Platz" und hatte über 200 Jahre eine Reihe von traditionellen Lagerhäusern direkt am Meer, von denen heute noch wenige erhalten sind. Als Bezirkshauptstadt gleichrangig mit Xylókastro und mit eigenem Gericht und Gymnasium war der Ort lange Zeit Mittelpunkt für über 6000 Menschen aus der Umgebung. Der Einfluss reichte bis kurz vor Pátras. Heute ist davon wenig mehr geblieben als ein gemütliches Dorf. Ein Kuriosum: Je nach der Stärke der Winterstürme kann die Bucht einen feinen Sandstrand von fast 10 m aufweisen oder eben nur einen handtuchschmalen Kiesstrand.

Verbindungen Sehr gute Verbindungen per **Bus** entlang der Küste. Etwa stündlich Busverbindung nach Korínth (4,10 €) und Athen (11 €, Fahrtdauer 2 Std.). Der Ausbau der Bahnverbindung nach Pátras wurde 2011 eingestellt, ab Kíato verkehrt ein Schienenersatzbus.

Übernachten Als Standort kommt Dervéni kaum in Frage, nur zwei mittelprächtige Unterkünfte stehen zur Verfügung (Konstantinos Stathakopoulos, ☎ 27430/31223, und Konstantinos Papastamopoulos, ☎ 27430/31220), die allerdings wie die meisten Privatzimmer während der Sommermonate ausgebucht sind.

Essen & Trinken Neben der Platia das **Café Periptero**, das direkt vor der Fassade des ehemaligen Gerichtshauses und um die Büste des ehemaligen Bürgermeisters Georgios Pallis sehr schön zur Geltung kommt.

» Mein Tipp: Café-Bar **Aqua**, stimmungsvolles Lokal, ab 8 Uhr morgens bis spät nachts geöffnet. Sehr faire Preise. Abends kann man hier gemütlich den Sonnenuntergang genießen, später wird das Meer direkt unter dem Café mit Tiefstrahlern beleuchtet. An manchen Abenden spritzt das Wasser bis zu den offenen Fenstern. Ca. 100 m südlich der Platia am Ende einer Gasse. Keineswegs touristisch. **«**

Direkt gegenüber vom Aqua an der Hauptstraße das Internetcafé **Central** (Verbindung allerdings nur per Kabel), täglich bis spät nachts geöffnet.

Ausflug ins Hinterland

Eine ausgesprochen reizvolle Tagestour führt mit dem eigenen Fahrzeug durch das gebirgige Hinterland über den Ort Pýrgos zum idyllischen Flusstal von Evrostíni und schließlich zum See von Dóxis mit seinem prächtigen Kloster. Eine Route weitab der Touristenwege, vor allem im Licht des Morgens ein Genuss.

4 km östlich von Dervéni zweigt bei Lygiá (beim Restaurant Ostria) eine gut zu fahrende Stichstraße in die Berge ab. Kurz gesagt: spektakulär! Und das nicht nur, weil schon Pausanias diesen Landstrich in höchsten Tönen gepriesen hat. Durch die charakteristischen, skurrilen Lehm-Sandstein-Berge mit den schroff abgeschnittenen Flanken windet sich die Strecke durch Kiefern- und Fichtenwälder, vorbei an Zypressen und Ölbäumen bis hinauf in den Bergort Pýrgos.

Pýrgos: Der Ort, dessen namengebender *Wehrturm* schon von Weitem zu sehen ist, empfängt seine Gäste mit einer üppigen Vielfalt von Obstbäumen. Entlang der Straße ein verblüffendes Sortiment an Pflaumen-, Apfel- und Kirschbäumen, an Weinreben, Brombeerhecken, Birn-, Feigen-, Maulbeer- und Walnussbäumen. Fast provokativ wurde der kleine Ortsfriedhof mit erstklassigem Blick auf die Berge und das Meer angelegt. Der ehemalige Wehrturm wurde vor einigen Jahren restauriert und ist als Heimatmuseum unregelmäßig an Nachmittagen geöffnet). Gleich zweimal konnte dieser Turm das Leben der Ortsbevölkerung retten: Der etwa 8 m hoch liegende Eingang konnte nur über eine Leiter erreicht werden, die bei Angriffen durch die Türken und die deutsche Wehrmacht eingezogen wurde. Über einen Geheimtunnel zur Ortskirche konnten sich die Menschen in Sicherheit bringen und in die Berge flüchten.

Für durstige Kehlen haben tagsüber im Ortszentrum zwei kleine **Cafés** geöffnet.

Evrostíni: Die Weiterfahrt erfolgt gut beschildert ins 8 km südwestlich und auf 700 m Höhe gelegene Evrostíni, bei den Einheimischen unter dem alten Namen *Zácholi* („alter Platz") bekannt. Auf der Strecke von Pýrgos nach Evrostíni liegt das sehenswerte *Kloster Profítis Elías*, dessen Mönchszellen allerdings durch den Waldbrand im Jahr 2000 stark in Mitleidenschaft gezogen wurden und derzeit renoviert werden. Von Evrostíni führt ein Fußweg leicht

Beim Friseur gibt es viel zu lachen

bergauf ein Flusstal entlang. Staustufen bieten Hunderten von Bachforellen ein beneidenswertes Revier (Angelverbot!), bunte Riesenschmetterlinge und violett schimmernde Libellen begleiten den Besucher – diese Oase ist einen Zwischenstopp wert. Sehenswert in der unmittelbaren Umgebung ist die renovierte *Ágios-Geórgios-Kirche* (1811), die wenige Kehren über Evrostíni direkt an der Straße liegt.

Übernachten »› Mein Tipp: ** Hotel Evrostíni, das Steinhaus mit acht Zimmern liegt nur etwa 200 m vom Fluss entfernt. Drei Zimmer mit Doppelbett, Kamin und Sitzecke, sehr freundlich und geräumig. Im Foyer ein gemütliches Wohnzimmer mit TV, Couch, Kamin und Spielesammlung. Highlight ist die Frühstücksterrasse, es heißt, die Gäste stehen früher auf, um den besten Platz zu ergattern. Jeden Tag mehrere frische Kuchen und prima Frühstück. Nettes Besitzerehepaar, spricht allerdings nur Griechisch. Hauptsaison im Winter.

Preise im Sommer für das EZ 40–65 €, DZ 65–80 € inkl. Frühstück (an Wochenenden in der Hauptsaison ca. 100 €). Ganzjährig geöffnet. ✆ 27430/32122, www.evrostini.com. ‹‹‹

Im Ort zwei traditionelle **Tavernen**, die eine gute Abwechslung zum Speiseplan der meisten Restaurants an der Küste bieten.

Kartentipp Für Wanderungen in der Umgebung empfehlen wir Anavisi Topo 50, „Upland Corinth", 1:50.000 (GPS-kompatibel), 9,50 €; erhältlich in Buch- und Zeitungsläden entlang der Küste.

Man glaubt zunächst an einen Witz, doch hier mitten im Gebirge gab es bei *Sarantápicho* von 1930 bis 1938 einen Flughafen. Das Hotel des Orts mit Tennisplätzen (inzwischen abgerissen) und ein Sanatorium lockten früher den saudischen König und zahlungskräftige Scheichs, für die diese Landepiste angelegt worden war. Für die kommenden Jahre liegen bereits Pläne für ein neues Skigebiet in den Schubladen der Planer.

Rund 30 km südwestlich von Evrostíni liegt der *Stausee Dóxa*, dessen Waldbestand 2007 leider zum größten Teil ein Raub der Flammen wurde. Auf der winzigen Insel

Paleomonástiro eine romantische Kapelle, die über einen schmalen Damm bequem zu besuchen ist. Um den künstlich angelegten See herum stehen vereinzelt Sonnenschirme, es wird gebadet und ganze Großfamilien sitzen beim Picknick.

Auf der nördlichen Seeseite zweigt eine etwa 1 km lange, geteerte Strecke ab, die bis zum *Kloster Moni Geórgios Feneoú* aus dem Jahr 1500 führt. Gennadios, der einzige noch verbliebene Mönch, wohnt hier zusammen mit einem schwerhörigen Haushälter, einem Hund und etlichen Katzen und Enten. Während ein Anbau des Klosters in sich zusammengefallen ist, ist der Innenhof um das Katholikon und die Klosterkirche nach wie vor ein echtes Juwel. Der mittlerweile über 70-jährige weißbärtige Mönch freut sich über Gäste, ein Glas Wasser und diverse Süßigkeiten werden gereicht und auch der Blick von den überbauten Balkonen auf den See wird wärmstens empfohlen. Der Narthex zeigt farbenprächtige Großmotive aus der Geschichte Jesu, darunter die zwölf Jünger und die Tötung der Neugeborenen durch König Herodes. Der Innenraum des Katholikons gehört vielleicht zu den am schönsten gestalteten Kirchen Griechenlands! Eine 5 m hohe Ikonostase, mit Blattgold verziert, dominiert den Raum, daneben ein schwerer Deckenleuchter und wunderschöne Wand- und Deckenmalereien. Ganzer Stolz des Klosters sind die verschiedenen Reliquien des Namenspatrons, sorgsam in Schatullen mit verzierten Silberdeckeln verwahrt. Im ersten Stock (aber pssst!) versteckt sich eine original eingerichtete „Geheime Schule" aus der Zeit der türkischen Besatzung, mittels einer wackligen Holztreppe zu besichtigen.

Ab Evrostína führt die gut zu befahrende Asphaltstrecke über 22 km vorbei an den ältesten Ansiedlungen Áno und Káto Tarsós (von den Türken größtenteils zerstört) bis zum Ort Goúra. 5 km weiter südlich erfolgt bei Mesinó die Abzweigung zum Dóxa-See. Die beschilderte **Ausgrabung von Feneós** inmitten einer Ebene mit Olivenbäumen kann man getrost links liegen lassen. Um den See herum und hoch zum Kloster gut befahrbare Asphaltstraßen. Für die einfache Strecke ab Evrostíni sollte man mit mind. 45 Min. rechnen, auch wenn es auf der Karte kürzer aussieht. Unterwegs einige Kurven und zahlreiche Rinder und Ziegen.

Noch mehr Landschaft: Um das Gebirgsmassiv des Helmós führt im Süden die Strecke über rund 36 km nach Kalávryta (→ S. 552).

Ágios-Geórgios-Kirche im unerschlossenen Hinterland von Evrostíni

Hier fanden die Nemeischen Spiele statt

Antikes Nemea

Neben Olympia, Delphi und Isthmus war Nemea einer der vier Austragungsorte für die panhellenischen Spiele. Neben dem Stadion ist der Zeus-Tempel mit seinen drei aufrecht stehenden Säulen aus dem 4. Jh. v. Chr. die bedeutendste Ruine der Ausgrabungsstätte. Ein vorbildlich angelegtes Museum erläutert detailliert die archäologische Arbeit und birgt interessante Funde.

Das 5 km von der Ausgrabungsstätte entfernte Städtchen wirkt zwar nicht besonders malerisch, besitzt jedoch die typische, unverwechselbare Atmosphäre griechischen Landlebens. Was genau diese Atmosphäre hervorbringt, lässt sich schwer beschreiben. Man spürt sie einfach, wenn aus den umliegenden, abgeschiedenen Dörfern die Bauern zum Einkaufen nach Nemea kommen und die alten Männer in den Kafenions über die zu erwartende Ernte sinnieren. Die Dorfjugend lauscht währenddessen den HipHop-Rhythmen im einzigen Musikcafé weit und breit.

Geschichte

Seit 573 v. Chr. wurden alle zwei Jahre die *Nemeischen Spiele* in der einsamen Hügellandschaft abgehalten. Die Wettkämpfe waren zuerst rein athletische Veranstaltungen. Im 180 m langen Stadion, unweit des Zeus-Heiligtums, traten die jungen Männer in voller Rüstung an, um sich im Wagenrennen, Boxen, Ringen, Speer- und Diskuswerfen zu messen. Der Wettstreit auf musischen Gebieten wurde erst im 3. Jh. v. Chr. eingeführt. Für die Ausrichtung der Spiele sorgte das 8 km entfernt gelegene Dorf Kleonae, später, ab dem 2. Jh. v. Chr., Argos. Die Spiele gehen laut Mythologie auf eine Leichenfeier für den Königssohn Opheltes zurück. Er starb bereits im Säuglingsalter durch einen Schlangenbiss, als er von seiner Amme Hypsipyle, die den sieben argivischen Feldherrn eine Quelle zeigen wollte, in einem Petersilienbeet abgelegt wurde. Die Feldherren befanden sich auf ihrem Kriegszug gegen Theben und waren vom Tod des Babys entsetzt, zumal der Seher Amphiaraos ihnen sogleich ein ähnliches Schicksal vorhersagte.

Die Ausgrabungsstätte Nemea ist nicht mit dem gleichnamigen Dorf zu verwechseln; das liegt 5 km westlich. Um die Ruinen zu erreichen, biegt man auf dem kleinen Pass von der Straße Árgos – Korínth in Richtung Nemea ab (→ „Stymphalischer See/Anfahrt"). Nach 5 km stößt man auf das Dorf Iráklion (Ancient Nemea). Kurz vor Ortsbeginn befinden sich Ausgrabungsstätte und Museum. Anfahrt von der Autobahn Korínth – Trípolis: Ausfahrt Nemea, noch vor der Stadt geht es rechts ab zu den Ausgrabungen, gut beschildert.

Sehenswertes

Museum: vor dem Ausgrabungsgelände, eingerichtet von der University of California (Berkeley). Es dokumentiert vorzüglich alle Aspekte der Ausgrabung und ist auch in punkto Anschaulichkeit vorbildlich gestaltet. Prädikat: sehenswert. Das Museum ist übrigens eine Stiftung des vermögenden Nemea-Fans Rudolph A. Peterson.

Tägl. (außer Mo) 8–18 Uhr (im Winter bis 15 Uhr). Eintritt 6 €, Studenten der EU , über 65 J. und unter 18 J. frei. Im Museum Broschüren über die Ausgrabungen und das Stadion zu je 7 €.

Foyer: Alte Ansichten von Nemea und Umgebung, darunter auch Kopien von Zeichnungen des deutschen Barons Karl Haller von Hallerstein, der von 1810 bis zu seinem Tod 1817 in Griechenland lebte. Des Weiteren Ansichten und Zeichnungen des Malers Baron Otto Magnus von Stackelberg (1787-1837), der sich 1812 der Archäologengruppe um Hallerstein anschloss. Korinthisches Kapitell vom Zeus-Tempel.

Großer Saal: Eine Karte verdeutlicht die griechische Welt in der Antike. Luftaufnahmen von Nemea und verschiedenen

Das Modell zeigt die Größe des antiken Nemea

Bereichen des Geländes wie den Bädern oder Wasserleitungen des Stadions. Zusätzlich veranschaulichen Modelle von Nemea und dem Stadion, wie der Wettkampfort einst aussah. Verschiedene Schaubilder erläutern die Spiele der Antike. Interessant die Rekonstruktion der Stätte aus der Zeit um 500 n. Chr. In Vitrinen liegen alte Münzen und Schmuck aus mykenischen Gräbern. Beachtenswert auch ein Modell vom Dach des Zeus-Tempels.

Innenhof: Zeichnungen und Teile antiker Architektur wie ionische Säulen und ein korinthisches Kapitell vom Zeus-Tempel. (2.–3. Jh. v. Chr.) Außerdem archaische Wandsteine, Fragmente von Marmorstatuetten aus römischen Villen und Epigramme vom Grabstein einer reichen Landeignerfamilie.

Software für die Antike

2001 wurde das berühmte Wahrzeichen Zeus-Tempel mit seinen beiden schlanken Säulen auf dem breiten Fundament mit großem Medienbrimborium um zwei Säulen erweitert, bis 2011 um weitere fünf. Über die Jahre hatten die besten Steinmetze mit jahrelanger Restaurierungserfahrung unter Leitung der Berkeley-Universität die antiken Säulentrommeln restauriert. Dabei wurden die erhaltenen Trommeln zum Teil mit eigens abgebautem Sandstein ergänzt, der unter Einsatz von Computerprogrammen in mühsamer Handarbeit in die entsprechende Form gebracht werden musste. Fugen und Risse in den Trommeln wurden mit synthetischem Steinmaterial gekittet, um Regen, Eis oder Wurzeln keine Angriffsfläche zu bieten. Während die aufgestellten Säulenteile in der Antike meist mit Holzpfählen stabilisiert wurden, kommt heute Titanium zum Einsatz.

Für Restauratoren gibt es viel zu tun

Noch immer werden weitere Trommeln und Fundamentblöcke millimetergenau mit Hammer und Meißel bearbeitet. Das gesamte Gelände im Anschluss der Ausgrabung sieht aus wie ein riesiges Ersatzteillager: Riesige Säulenscheiben liegen weit verstreut oder scheinbar wahllos übereinander geschichtet, das Hämmern der Steinmetze ist nicht zu überhören. Die Männer freuen sich, wenn man ihre Arbeit begutachtet und geben bereitwillig Auskunft und zeigen die eingearbeiteten Partien, die mit dem bloßen Auge fast nicht von den Originalen zu unterscheiden sind.

Zeus-Tempel: Das Heiligtum des Göttervaters, im 4. Jh. durch ein Erdbeben zerstört, ist leicht an den fünf aufrechten dorischen Säulen von etwa 10 m Höhe zu erkennen. Das Gebäude wurde zwischen 330 und 320 v. Chr. dort errichtet, wo vorher bereits ein Tempel stand, und besaß in der Länge (44 m) zwölf, in der Breite (22 m) sechs Säulen. In der *Cella* befand sich das *Adyton* (Allerheiligstes), ein 2 m tief gelegener Raum für kultische Handlungen. Es wird vermutet, dass es sich um das Grab von Opheltes handelt.

Östlich vom Tempel lag der lange, schmale *Altar* des Zeus. Hier leisteten auch die Sportler ihren Wettkampfschwur. Der Tempel war von einem Platz mit Monumenten und Altären umgeben. Neun Gebäude begrenzten den Platz an der Südseite. Diese aus der ersten Hälfte des 5. Jh. v. Chr. stammenden *Pavillons* gehörten den verschiedenen Stadtstaaten und dienten dazu, die Besucher der Nemeischen Spiele zu bewirten. Nur ein paar Meter weiter südlich entdeckt man Fundamente des einstigen 20 m breiten und 86 m langen Hotels von Nemea. Die Apartments beherbergten während der Wettkämpfe die Prominenz unter den Gästen. Über dem *antiken Gästehaus* entstand im 4./5. Jh. eine dreischiffige Basilika. Östlich davon das aus zwei Räumen bestehende *Badehaus* aus der Zeit um 320 v. Chr. (heute überdacht). Die Badebecken sind auch nach zweieinhalbtausend Jahren noch gut zu erkennen.

Stadion: Nur etwa 300 m in südöstlicher Richtung (zur Hauptstraße Árgos – Korínth) liegt das einstige Stadion. Die antiken Baumeister nutzten eine natürliche Senke für die Sportanlage. Das von Olivenhainen, Weinfeldern und Zypressen umgebene Gelände wurde 1994 nach 20-jähriger Ausgrabungsarbeit durch die kalifornische Berkeley-Universität wieder eröffnet. Das Stadion war mit einer Länge von 180 m zwar kürzer als das von Olympia, Isthmus oder Delphi, doch fasste es immerhin 40.000 Zuschauer. Zu sehen sind u. a. die 1975 entdeckten Startrinnen. Bis heute ist auch der 36 m lange *Tunnel* erhalten, der Stadioneingang für Sportler und Schiedsrichter. Er entstand 320 v. Chr., wie Dutzende antiker Graffiti zeigen. Sie stammen von Sportlern, die im Tunnel warten mussten, bis sie für ihren Wettkampf ins Stadion gerufen wurden.

Tägl. 8–20 Uhr (im Winter bis 15 Uhr). Eintritt 6 €, ermäßigt 3 €, EU Studenten und alle unter 18 J. frei. Das Stadion ist von der Ausgrabungsstätte aus beschildert. ✆ 27460/22739.

Das antike Stadion in Nemea

Nemea: Rotweine für Herkules

Unvorstellbare Kräfte entwickelte Herkules, als er den nemeischen Riesenlöwen erledigte. Ob die Dionysos-Jünger nach dem Genuss des Herkules-Weines aus Neméa zu ebensolchen Leistungen fähig sind, darf bezweifelt werden. Sicher ist jedoch, dass es sich bei so mancher Flasche aus den Winzereien von Neméa um einen edlen Tropfen handelt. Wer Neméa im Herbst besucht, sieht die vielen Weinbauern, wie sie mit ihren Traktoren tonnenweise die Reben ankarren.

Das Weinanbaugebiet von Neméa erstreckt sich in Süd-Nord-Richtung entlang des Flusses Asopos. Das seit 1971 geschützte Anbaugebiet Neméa bringt fast ausschließliche Rotweine der Aghiorgitico-Traube (St.-Georg-Rebe) hervor. Entlang des Tales mit den Ortschaften Gimno, Dafni, Titani, Kastraki sowie in kleineren Tälern wie bei Kleones wachsen die Reben. Durch eine neue Generation von Winzern, viele im Ausland ausgebildet, nimmt die kleine Region einen unglaublichen Aufschwung. Das außergewöhnliche Mikroklima, die vielfältigen Böden und eine klare Qualitätsorientierung haben den früher langweiligen Weinen international Renommee verschafft. Die Weine sind komplex und lagerungsfähig. Teilweise wachsen die Reben in der Höhe von 700 m, ganz in der Nähe des zentralpeloponnesischen Bergmassivs Killíni (2376 m).

Es gibt Weine für alle Geschmäcker. Die Genossenschaft von Neméa bietet Flaschen bereits ab zwei Euro an, für einen wirklich edlen Wein muss man bis zu zehn Euro rechnen. Eine Genossenschaft liegt unmittelbar an der Dorfstraße von Iráklion (Ancient Neméa), unweit der Ausgrabungsstätte. Sie ist leicht an der mit einer Weinflasche bemalten Hauswand zu erkennen (unregelmäßig geöffnet).

Hier zwei anspruchsvolle Winzer, deren Weine auch im guten Fachhandel auf dem Peloponnes (z. B. Weinhandlung Karoni in Náfplion) erhältlich sind:

Weingut Papaionannou: International einen Namen hat sich George *Papaionannou* in Neméa gemacht. Er hat zahlreiche Auszeichnungen eingeheimst. Sein Weingut liegt zwischen der antiken Ausgrabungsstätte und Neméa. Er bewirtschaftet 57 ha in den Lagen Xirocambos, Ai Lia Dosara, antikes Nemea, Pa Provesta und Valtetsi. Die Weine werden auch im Eichenfass ausgebaut. Die Weine mit großem Potenzial liegen meist unter 10 € pro Flasche. Kontakt unter ✆ 27460/23138. Mehr Infos auf Englisch unter www.papaioannouwines.gr.

Weingut Skouras: George Skouras engagiert sich bereits seit 1987 im Weinbau. Nach einer Önologen-Ausbildung in Dijon (Burgund) und anschließenden Lehrjahren in Frankreich und Italien baute er sich in der Region Neméa sein eigenes Weingut auf. Seit 1997 besitzt der sympathische Winzer ein Weingut in Gimno (28 km nordwestlich von Árgos), wo er die Trauben verarbeitet. Meistens ist er jedoch an seinem Hauptsitz in Pirgeia (3 km östlich von Árgos) anzutreffen. Hier steht auch seine neue Kellerei. Skouras baut viele Weine in Eichenfässern aus und verfügt über eine große Vielfalt von Weiß- und Rotweinen. Die wichtigste Sorte ist und bleibt der Aghiorgitico. Skouras verarbeitet nicht nur traditionelle Trauben wie Roditis und Moschofilero, sondern experimentiert auch mit Chardonnay, Syrah, Merlot und Cabernet Sauvignon. Zu seinen beliebtesten Weinen gehören der rote Cambello (100 % Aghiorgitico) und der Megas Oenos, der zu 70 % aus Aghiorgitico und 30 % Cabernet Sauvignon besteht. Es gibt aber auch einen weißen Megas Oenos, der aus der Moschofilero-Traube gewonnen wird. Diese Traube wächst nicht in Neméa, sondern auf einer Höhe von 750 m in Mantíneia (Arkadien). Mehr Infos unter www.skouras.gr.

> **Nemeische Spiele: keine Medaillen, aber viel Spaß**
>
> Eine Gruppe von Enthusiasten – unterstützt von viel Prominenz wie Nicholas Cage oder Mikis Theodorakis – versucht, die Spiele wiederzubeleben. Seit 1996 treffen sich hier im Sommer alle vier Jahre Jugendliche, um an Wettkämpfen nach alten Regeln teilzunehmen. Es gibt keine Rekorde, keine Medaillen, keine Reklame – aber viel Spaß. Alle Wettkämpfer treten barfuß und in einer weißen Tunika an. Wie bereits vor 2400 Jahren betreten die Sportler aus aller Herren Länder durch den Tunnel das Stadion. Die „Society for the Revival of the Nemean Games" zählt mittlerweile 1800 Mitglieder. Zu den Spielen kamen beim letzten Mal rund 8000 Zuschauer. Mehr Infos unter www.nemeangames.org oder Postfach 2004, GR-20500 Neméa. Hier kann man sich auch als Teilnehmer der 7. Spiele für 2020 (11. Juni) anmelden.

Neméa

Das neuzeitliche Neméa lohnt keinen Besuch. Die Kleinstadt ist architektonisch reizlos. Die Bauern aus den umliegenden Dörfern versorgen sich in Neméa mit dem Notwendigen. Hier ist der Umschlagplatz für die Waren. Die fruchtbare Gegend um Neméa wird traditionell intensiv landwirtschaftlich genutzt. In den letzten Jahren erlebte vor allem der Weinanbau eine Renaissance. Eine neue Generation von Winzern hat der seit 1971 existierenden Appelation Neméa mittlerweile über griechische Grenzen hinaus Prestige verliehen.

Verbindungen Es besteht 7-mal täglich eine **Busverbindung** von und nach Korínth (0:35 Std., 4 €), allerdings keine Busse zu den Ausgrabungen von Nemea und Phlius.

Taxi, Taxisstand an der Platia im Zentrum. ✆ 27460/23800.

Übernachten * Hotel Ta Nemea, das nur neun Zimmer große Hotel von Stavroula Riskas ist das einzige in Neméa. Sehr einfache sanitäre Einrichtungen. Ein Quartier für Notfälle. Ganzjährig geöffnet. DZ ab 35 €, für das Gebotene dennoch zu teuer. Dervenakion-Str. 14 (Eckhaus mitten im Zentrum), ✆ 27460/22763.

Blick auf das moderne Neméa

Kleones

Die Fahrt vom antiken Nemea in das Winzerdorf Kleones ist landschaftlich reizvoll. 1 km nördlich des am Hang gelegenen Weilers zeigt ein Wegweiser nach links. Nach 600 m trifft man auf die spärlichen Reste des Herkules-Tempels. Wenige Säulentrommeln haben die Jahrtausende überstanden. Die Ausgrabungsstätte ist umgeben von Rebgärten.

Kleones verfügt über ein Freiluft-Theater mit 15.000 Plätzen. Während der Sommermonate wird in Kleones ein ausgesprochen hochkarätiges „griechisches" Programm angeboten. Beispielsweise treten dort die bekannten Sänger Vasilis Lekas, Sokratis Malama oder The Best of Rembetiko auf. Das Theater ist einfach zu finden: Autobahnausfahrt „Ancient Kleones" Richtung Kleones nehmen, von hier aus beschildert. Information unter www.greentheater.gr.

Übrigens kann in Kleones auch Wein gekauft werden, z. B. beim Weingut *Lafkioti* am nördlichen Dorfende.

Phlius

Nur für ausgesprochene Archäologie-Experten lohnt sich der Abstecher zu dem 2 km nordwestlich von Neméa gelegenen Ausgrabungsgelände. Man sieht nur noch ein rechteckiges Fundament und einige Säulentrommeln. Sie gehören zu einer *dorischen Säulenhalle* (26 x 36 m) mit acht Säulen an der Längs- und fünf an der Breitseite. Das Gebäude stammt aus dem 5. Jh. v. Chr. und wurde von den Römern zerstört. Sie errichteten im 2. Jh. v. Chr. eine neue Halle, die vermutlich als Agora diente. Im Sommer legen die Bauern auf der Ausgrabungsfläche ihre Korinthen zum Trocknen aus. Nördlich der Ruinen kann man die spärlichen Reste eines antiken Theaters entdecken.

Sehr schwierig, da kein Wegweiser auf die Sehenswürdigkeit hinweist. Man fährt durch das Bauernstädtchen Neméa in Richtung Petrí/Stymphalischer See. Ca. 500 m nach Ortsende ein weiß gekalkter Bildstock, hier auf der unbefestigten Straße geradeaus (nicht der Asphaltstraße folgen). Der Weg führt zu einem weißen Häuschen, bei dem (am Fuße eines Hügels) die Ruinen liegen.

Titáni

Das *Tal des Asopos* zählt zu den eindrucksvollsten Kulturlandschaften des Peloponnes. Die Hänge sind mit Millionen von Weinstöcken bepflanzt. Wer von Neméa in nördliche Richtung (Küste) fährt, erlebt so einen griechischen Garten Eden. Das anfangs noch weite Tal des Asopos verengt sich mit jedem Kilometer. Die Straße ist oft schmal und kurvig. Schlaglöcher machen eine schnelle Fahrt unmöglich. Nach 23 km Fahrt (ab Neméa) trifft der Besucher auf die antike Stadt Titáni. Am Rande des abgelegenen Bauerndorfes ist leicht eine Bergkuppe mit Zypressen zu erkennen. Auf dieser Anhöhe stand einst die antike Akropolis. An der Süd- und Westseite ist das antike Mauerwerk noch gut zu sehen. Bis vor wenigen Jahrzehnten diente die Akropolis als Friedhof. Doch mittlerweile sind viele Gräber vom Zahn der Zeit beschädigt.

Die Akropolis ist zu Fuß am besten zu erreichen, wenn man am nördlichen Ortsende von Titáni das Auto abstellt. Hinter einem auf der rechten Seite liegenden Haus (Nr. 83) führt ein Weg über eine Wiese, vorbei an einem Obstgarten zur Akropolis. Außerdem gibt es vom Ortszentrum eine Betonpiste zu dem ehemaligen Friedhof.

Anstieg zum Palast des Agamemnon in Mykéne

Argolís

Der Daumen der „peloponnesischen Hand" ist das Mekka der Kulturreisenden. Die Burgen von Mykéne und Tiryns, das einzigartige Theater von Epídauros, das bezaubernde Städtchen Náfplion mit seinen schmalen Gassen... Die Liste ließe sich endlos fortsetzen.

Die Argolís gehört zu den eindrucksvollsten Landschaften Südgriechenlands. Die fruchtbare, intensiv bewirtschaftete Ebene von *Árgos*, das karge Bergland im Südosten bei *Kranídi* und westlich davon, Richtung Halbinsel *Méthana*, die eindrucksvollen Dolinen bei *Dídyma*, schier endlose Zitronenhaine bei *Galatás* – es gibt viele landschaftliche Kontraste. Náfplion (Náuplia) ist unbestritten das reizvollste Städtchen. Enge Gassen, hübsche Promenaden und eine Vielzahl architektonischer Attraktionen ziehen Jahr für Jahr Tausende von Besuchern an. Nicht nur die Kunstschätze, auch die Strände verdienen Aufmerksamkeit: Südlich von Náfplion findet man kilometerlange Sandstrände (z. B. bei Tolón) und kaum besuchte Kiesstrände, im Norden weitere einsame Kiesbuchten. Außerdem sind die *Saronischen Inseln* – das steinig-karge *Hýdra*, *Spétses* mit seinen Pinienwäldern oder das liebliche *Póros* – nur einen Katzensprung entfernt.

Die Übernachtungsmöglichkeiten in der Argolís sind vielfältig und hervorragend, vom stilvollen Luxushotel in der Altstadt von Náfplion über zahlreiche, z. T. auch günstige Pensionen bis hin zu einer breiten Auswahl guter Campingplätze ist alles geboten. Außerdem sind die Verbindungen gut: Zahlreiche Busse fahren von den touristischen Zentren zu den wichtigen Sehenswürdigkeiten; lediglich im entlegenen Südosten der Argolís ist das Busnetz etwas dürftig. Außerdem gibt es noch die *Flying Dolphins,* die Reisende schnell und bequem zu den Saronischen Inseln transportieren.

Argolís

Mykéne

Der erste Eindruck – ein Dörfchen voller Tavernen, Zeitungs- und Andenkenshops. 1,5 km außerhalb, am Rande der kargen argolischen Gebirgslandschaft liegt, farblich der Umgebung angepasst, die berühmte mykenische Burg.

Die vor rund 3000 Jahren entstandene Festung mit ihren wuchtigen Zyklopenmauern, dem weltberühmten, tonnenschweren Löwentor und den legendären Schachtgräbern gehört zu den großen kulturhistorischen Attraktionen Griechenlands. Entdeckt hatte sie der sprachbegabte Pfarrerssohn und clevere Geschäftsmann *Heinrich Schliemann* vor fast 130 Jahren. Von Mykéne bietet sich ein herrlicher Ausblick auf die Ebene von Árgos bis hin zum Argolischen Golf.

Um die Burg des Agamemnon in aller Ruhe zu besichtigen, sollte man den frühen Vormittag, besser noch den Morgen wählen *(Taschenlampe mitnehmen!).* Gutes Schuhwerk ist von Vorteil, für Menschen mit Behinderung werden Rollstühle bereit gestellt. Die einmaligen Funde, wie die von Heinrich Schliemann entdeckte Goldmaske, sind allerdings im Athener Nationalmuseum ausgestellt.

Öffnungszeiten Im Sommer tägl. 8–20 Uhr, im Winter tägl. 8–15 Uhr; am 1.1., 25.3., Ostersonntag, 1.5. und 25./26.12. geschlossen. Eintritt für Museum und Ausgrabung 12 €, alle unter 18 J. und EU-Studenten frei, andere Studenten und Rentner über 65 J. 4 €. Freier Eintritt am 6.3., 18.4. sowie an jedem erste Sonntag zwischen März und November, am 18.5., am letzten Septemberwochenende und am 28.10. Die Eintrittskarte ist auch für das *Schatzhaus des Atreus* gültig. ✆ 27510/76585 und 27520/27502.

In der Nähe des Eingangs gibt es Toilettenanlagen und einen Museumsshop. Dieser verkauft Postkarten, deutschsprachige Literatur und Souvenirs.

Anfahrt Mykéne ist leicht zu erreichen. Eine Abzweigung von der Hauptstraße Árgos – Korínth führt zum gleichnamigen Dörfchen. 1,5 km nördlich davon, in einer unwirtlichen, trockenen Hügellandschaft, liegt das Ausgrabungsgelände. Es gibt einen kostenlosen, großen Parkplatz unmittelbar neben dem Eingang. Dort stehen auch ein Postcontainer (tägl. 10–16 Uhr) und ein Wagen mit Erfrischungsgetränken.

Verbindungen 3-mal tägl. fährt der Bus wochentags von Náfplion (um 10, 12 und 14 Uhr, 3,20 €) und Árgos (10:30, 12:30 und 14:30 Uhr, 1,80 €) direkt bis zur Ausgrabungsstätte (nur von April bis Oktober) und zurück (um 11, 13 und 15 Uhr). Für Eilige: In der Regel stehen Taxis bereit. Wenn nicht, Anruf genügt: ✆ 6946/431726.

Der Bus hält auch im Ort Mykéne. Die Haltestelle befindet sich bei der Taverne „La Belle Helene" (ohne Schild, doch der Wirt gibt Auskunft). Zwischen dem letzten Samstag im Oktober und dem ersten im April ist hier Endstaton!

Häufigere Verbindungen gibt es vom Ort **Fitchi** (2,5 km von Mykéne): Etwa stündlich über Árgos nach Náfplion sowie über Isthmós (Korinth) nach Athen. In Árgos Umsteigemöglichkeiten nach Trípolis (4-mal tägl.), von dort Verbindungen zum Südpeloponnes und nach Pírgos bzw. Olympía. Ticketverkauf im Kafenion an der Straße (gegenüber der Abzweigung nach Mykéne), davor halten auch die Busse.

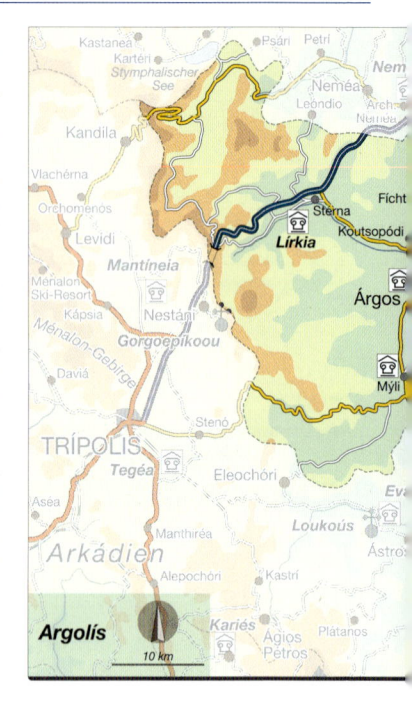

Geschichte

Erste Spuren einer sesshaften Bevölkerung der frühbronzezeitlichen Kultur fanden sich für den Zeitraum von 3000–2800 v. Chr. – Siedlungen der nichtindogermanischen Urbewohner, die zu Beginn des zweiten vorchristlichen Jahrtausends den einwandernden Achäern weichen mussten. Unter ihnen erwuchs das *„goldene Mykene"*, das den Zenit seiner Macht und kulturellen Blüte zwischen 1400 und 1150 v. Chr. erreichte. Dies ist auch die Zeit der sagenhaften Herrschergeschlechter von Mykene. Zunächst das der Perseiden, das mit *Eurystheus* endete. Ihm folgten *Atreus*, der Sohn des Pelops, und die Atriden: *Agamemnon*, der Vater von Iphigenie, Chrysothemis, Elektra und Orestes, dessen Sohn Tsamenos der letzte Spross dieser Dynastie war. Mit dem Geschlecht der Atriden reißt auch die Geschichte des „goldenen Mykene" und der nach ihm benannten Kultur unter den anstürmenden Dorern ab. Nahezu die gesamte Palastanlage wurde um 1200 v. Chr. durch einen Brand zerstört.

Etwa 170 n. Chr. besuchte und beschrieb der griechische „Reiseschriftsteller" Pausanias die Ruinen. Er sah noch mehr als das, was sich siebzehn Jahrhunderte später dem Auge Heinrich Schliemanns bot. Der Deutsche, der gerade mit der

Entdeckung des homerischen Troja Aufsehen erregt hatte, kam nach Mykene, um dort die Spuren der achäischen Helden – von Agamemnon und seinen Gefährten – zu finden.

Wie bei Troja, wo Schliemann den Schilderungen Homers in seiner „Ilias" gefolgt war, vertraute er diesmal voll auf den Reisebericht des Pausanias. Darin stand, Agamemnon und seine Gefährten seien „innerhalb der Mauern" bestattet worden. Stets war man bisher davon ausgegangen, es handle sich dabei um die Stadtmauer. Schliemann erkannte, dass Pausanias in seiner Beschreibung nicht diese, sondern die zyklopische Mauer der Burg im Auge hatte.

Das Löwentor, der Haupteingang zur Burg, lag noch immer frei, ebenso die sog. Schatzhäuser – einst für Backöfen gehalten, in Wahrheit Grabkammern der späten Zeit Mykenes – darunter das berühmteste, das Atreus, dem Vater Agamemnons, zugeschrieben wird.

Schliemann kam, grub und fand! Er stieß auf ein sonderbares Steinrund und zögerte nicht, darin die Agora von Mykene zu sehen. In einem Passus erwähnt Pausanias, dass die Gräber der Helden unter dem Platz der Ratsversammlung lägen, was Schliemann bestärkte, weiter graben zu lassen. Tatsächlich wurden neun Grabstellen gefunden, vier davon mit gut erhaltenen Reliefs. Damit stand für Schliemann fest, dass er hier die Gräber entdeckt hatte, die Pausanias Atreus, Agamemnon, dessen Wagenlenker Eurymedon und Kassandra zuschrieb. Und „golden", wie Homer es nennt, war das Mykene der Achäer tatsächlich: Bei 17 Leichnamen fand

Schliemann 13,5 kg Edelmetall, meist Gold. Fünf Dolche sind ein hervorragendes Beispiel der künstlerischen wie handwerklichen Meisterschaft vor mehr als 3000 Jahren.

Heinrich Schliemann archäologischer Abenteurer oder Genie?

Beides! Das wird wohl niemand bestreiten können. Ein kühler Kopf mit eisernem Willen. Ein Rechner, ein alles berechnender Kaufmann, ein Millionär. Ein Selfmademan, wie er im Buche steht, ein Sprachgenie – aber auch ein klassischer Aussteiger und Träumer. Im Alter von 41 Jahren zog er einen Strich und zählte zusammen. Einen Strich unter sein bisheriges Leben und unter seine Millionen. Er bereiste die Welt, studierte, promovierte und wurde der berühmteste und populärste Altertumsforscher, den es je gab. Ein professioneller Amateur, angefeindet von vielen Fachleuten, bewundert vom Rest der Welt.

Schliemann, 1822 in Neubukow (Mecklenburg) geboren, verdankte seine Erfolge einer damals ungewöhnlichen (und anfangs auch belächelten) Überlegung: Der Altertumsforscher war der festen Überzeugung, dass die Werke Homers, die er als Wegweiser benutzte, detaillierte geschichtliche Quellen seien – womit er letztendlich nicht ganz unrecht hatte. Zu seinen bedeutendsten Entdeckungen gehören die Goldschätze von Troja sowie die Königsgräber von Mykene. Schliemann starb im Dezember 1890 in Neapel, sein pompöses Grabmal liegt auf dem 1. Athener Friedhof.

Verschiedenartige Metalle und Legierungen wurden hierfür verarbeitet. Daneben fanden sich dünne goldene Blätter mit Ornamenten und bildlichen Darstellungen wie Schmetterlinge, Tintenfische, liegende Hirsche, Frauen mit Tauben, Krieger im Kampf. Am berühmtesten aber wurden jene goldenen Masken und Brustplatten, die man den Toten als Schutz gegen äußere Einflüsse anlegte. Der majestätische Charakter einer dieser Goldmasken hat dazu geführt, dass sie hartnäckig mit Agamemnon in Verbindung gebracht wurde. Ein Irrtum, dem auch Schliemann aufsaß, denn die von ihm zutage geförderten Gräber stammen nicht aus der Zeit von Homers Helden um 1200 v. Chr., sondern sind ca. 400 Jahre älter.

Übernachten/Essen & Trinken

Übernachten *** Hotel-Restaurant La Petite Planète, mit 29 Zimmern das größte und beste Hotel von Mykéne. Es liegt am Ortsende, in Richtung Burg links, relativ ruhig. Große Taverne mit Aussichtsterrasse, Pool im Garten mit schönem Blick über die argolische Landschaft. Alle Zimmer mit Bad, im ersten Stock mit Balkon, mit Aircondition ausgestattet. Guter Service. Speisesaal mit offenem Kamin. Geöffnet April bis Okt. EZ ab 50 €, DZ 60–70 €, jeweils inkl. Frühstück. Leoforos Chr. Tsounta, ✆ 27510/76240, www.petite-planet.gr.

* Hotel-Restaurant Belle Helène (Orea Eleni Tou Menelaou), geschichtsträchtig, aber vom historischen Haus ist angesichts der Umbauten (riesiges Metallvordach) kaum noch was zu sehen: Schon Heinrich Schliemann legte sich mit mühseligen Grabungen in diesem 1862 erbauten Hotel aufs Ohr, Zimmer 3 war sein Zuhause. Uralte Fotos an den Wänden bezeugen die Tradition des Hauses, beachtenswert auch das Gästebuch. Die Liste der prominenten Hotelgäste ist lang: Neben Claude Debussy, Virginia Woolf und Jean Cocteau sind hier

Mykéne

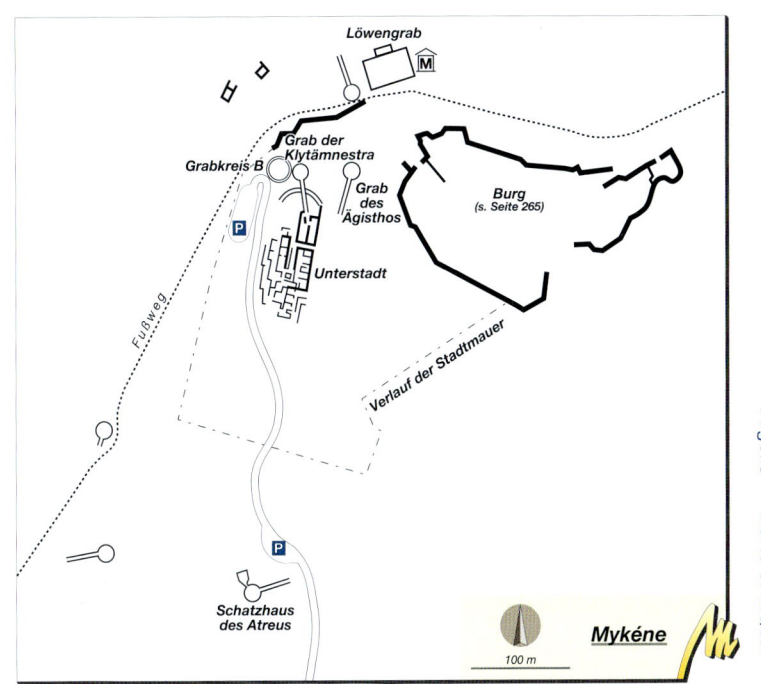

Map labels:
- Löwengrab
- Grab der Klytämnestra
- Grabkreis B
- Grab des Ägisthos
- Burg (s. Seite 265)
- Unterstadt
- Fußweg
- Verlauf der Stadtmauer
- Schatzhaus des Atreus
- **Mykéne**
- 100 m

auch Jean-Paul Sartre und Henry Miller abgestiegen. Die an der Hauptstraße von Mykéne gelegene Pension von George Achileus Dassis ist preiswert – etwas für wenig Anspruchsvolle. Nette Atmosphäre, netter Service. Schlichte Zimmer mit Waschbecken und Teppichboden, Etagenduschen. EZ ab 40 €, DZ 35–50 inkl. Frühstück. Christiou Tsounta 15, ✆ 27510/76225 oder 76434, la_belle_helene@altecnet.gr.

Hotel-Restaurant Klitemnistra, Aris Christpoulos und sein Sohn vermieten im ersten Stock des Restaurants Zimmer (dunkle Holzmöbel) mit Bad und Balkon. Netter Service, gutes Preis-Leistungs-Verhältnis. An der Hauptstraße. EZ ab 35 €, DZ ab 45 €, jeweils inkl. Frühstück. ✆ 27510/76451.

Pandelis Rooms, gleich am Ortseingang auf der linken Seite, kurz nach dem Camping Atreus. Freundlicher Besitzer Pantelis Mitrovgenis. sieben saubere Zimmer mit Bad ab 35 € (DZ), Handeln möglich. ✆ 27510/76360.

Camping Mycenae, mit 13–15 Stellplätzen sehr kleiner, nicht besonders gepflegter Campingplatz in der Ortsmitte. Matten sorgen für ausreichend Schatten. Freundliches, älteres Besitzerehepaar, preiswertes Restaurant (empfehlenswert der hausgemachte Eintopf), sehr einfache sanitäre Anlagen. Ganzjährig geöffnet. Erwachsener 6 €, Kind (4–10 J.) 4 €, Auto 3,50 € Zelt 4,50–5,50 €, Wohnwagen 6 €, Motorrad 3,50 €, Strom 4,50 €. ✆ 27510/76121.

Camping Atreus, am Ortseingang links, landschaftlich schöner und ruhiger gelegen. Viele Bäume (Silberpappeln und Pinien), freundliche Atmosphäre, saubere sanitäre Anlagen, Mini-Market (nur im Sommer) und Restaurant (die Moussaká sollte man sich nicht entgehen lassen). Es gibt sogar einen relativ großen Swimmingpool mit Blick auf die Berge. Erwachsener 6 €, Kind 4 €, Zelt ab 4,50 €, Strom 3,50 €, Wohnwagen und Wohnmobil 6 €. ✆ 27510/76221, atreus@otenet.gr.

Essen & Trinken An der Hauptstraße reiht sich ein Restaurant an das andere, es wird mit großen Namen wie *Menelaos*, *Elektra* oder *Orestis* gelockt, fast ausschließlich auf Busgesellschaften ausgerichtet und teilweise ziemlich teuer.

Kolizeras, das Restaurant am Ortseingang bietet innen und außen zwar ein feines Ambiente, reiht sich aber mit der Auswahl nahtlos ins übrige Angebot ein. ✆ 27510/76315.

„Mykenai zerstörten die Argiver aus Eifersucht. Denn während die Argiver bei dem Feldzug der Perser unbeteiligt blieben, schickten die Mykenaeer achtzig Mann nach den Thermopylen, die mit den Spartanern am Kampf teilnahmen. Dieser Eifer brachte ihnen Verderben, da er die Argiver reizte. Trotzdem stehen noch Reste der Stadtmauer und vor allem das Tor. Über ihm stehen Löwen, und auch diese Mauern sollen das Werk der Kyklopen sein, die dem Proitos die Mauer in Tiryns bauten. In den Trümmern von Mykenai befinden sich die Perseia genannte Quelle und die unterirdischen Gebäude des Atreus und seiner Söhne, in denen sich ihre Geldschätze befanden. Und das Grab des Atreus ist da und auch derer, die mit Agamemnon aus Ilion zurückgekehrt, Aigisthos bewirtete und tötete. Das Grabmal der Kassandra beanspruchen aber auch die Bewohner von Amyklai in Lakonien zu besitzen. Und ein anderes Grab ist das des Agamemnon und eines für seinen Wagenlenker Eurymedon und das gleiche für Teledamos und Pelops; denn diese habe Kassandra als Zwillinge geboren, sagt man, und Aigisthos tötete sie noch als kleine Kinder mit ihren Eltern."

Reisebeschreibung des griechischen Autors Pausanias um 170 n. Chr.

Rundgang auf dem Ausgrabungsgelände → Karte S. 213

An der mächtigen Zyklopenmauer lassen sich noch heute die drei verschiedenen Bauphasen gut erkennen: Die älteste Mauer (1350 v. Chr.) befestigte nur den Gipfel der Anhöhe; Überreste dieser Anlage finden sich in der nördlichen Mauer der heutigen Akropolis, die später mit dem **Nordtor (22)** versehen wurde. Etwa um 1250 v. Chr. hat man die Festung um die Südmauer erweitert, deren Steine so bearbeitet wurden, dass die Oberflächen glatt aufeinander passten. Aus dieser Zeit stammt auch das **Löwentor (1)**. Später (1200 v. Chr.) wurde dem schmalen nordöstlichen Teil der Burg eine Verlängerung in der Form eines „L" vorgebaut und dadurch die unterirdische Quelle der Akropolis in den Mauerring von nunmehr 900 m Länge und einer durchschnittlichen Stärke von 5–6 m eingefügt.

Ins Innere der Burg gelangt man durch das **Löwentor (1)**, das damals wie heute als Haupteingang dient. Geschützt durch einen beidseitigen Mauervorsprung bilden vier Monolithen aus Mandelstein die gewaltige Pforte mit einer Höhe von 3,10 m und einer Breite von 2,95 m. Allein der Türsturz und die Schwelle wiegen je 20 Tonnen; sie konnten nur über Rampen herbeigeschafft und an Ort und Stelle verarbeitet werden. Ein Steindreieck aus hartem Kalkstein, einen Torbogen nachformend, gab dem Tor, der ältesten Monumentalskulptur Europas, seinen Namen. Zu sehen sind zwei Löwen im Profil, die aufgerichtet auf den Hinterbeinen einander gegenüberstehen und ihre Vorderpfoten auf einen Opferaltar stützen. Zwischen ihnen steht als Symmetrieachse eine Säule.

Nachdem man das Löwentor passiert hat, stößt man rechter Hand auf den sog. **Getreidespeicher (2)**, von dem nur das untere Stockwerk erhalten ist. Hier wurden einige Gefäße mit verkohlten Getreidekörnern gefunden, denen das Gebäude seinen Namen verdankt, obwohl es wahrscheinlich der Bewachung des Tores diente.

Zwischen dem Getreidespeicher und der inneren Mauer des Löwentores gab es einen kleinen, gepflasterten Raum, das **Treppenhaus (3)**, das auf die Mauer führte.

Gleich neben dem Getreidespeicher trifft man auf Schliemanns bedeutendste Entdeckung in Mykéne – das Gräberrund A (4). Die Schachtgräber, die der Forscher dort freigelegt hat, gehören zu einer Gruppe von Königsgräbern aus dem 16. Jh. v. Chr., die sich damals außerhalb der Burg befanden. Sie lagen innerhalb einer geschlossenen Umfassungsmauer aus rohen, unbearbeiteten Steinen. Zum Vorschein kamen sechs königliche Grabstätten sowie einige kleine, flache Gräber, wobei Schliemann letztere bei seinen Ausgrabungen zerstörte.

Bei den Schachtgräbern handelte es sich um Familiengräber (3 x 3,50 bis 4,50 x 6,40 m groß), die an den Seiten durch Rohmauern gestützt waren; auf diesen lagen horizontal die Balken, die die Abdeckung aus Strohmatten und Ton in einer Höhe von 0,75 m trugen. Über der Abdeckung wurde die Grube mit Erdreich angefüllt und als Grabzeichen eine aufrecht stehende Grabstele gesetzt, die meist mit einem Relief versehen war. Bei jeder neuen Bestattung mussten die Stelen, Erde und Abdeckung entfernt werden, und nach der Beisetzung wurde das Grab wieder zugeschaufelt.

Den Toten gab man wertvolle Dinge mit ins Jenseits, die im Bereich des Grabrundes A besonders reich ausfielen: Goldmasken, goldene Vasen und Dolche mit Einlegearbeiten aus Elfenbein, Gold und Silber. Südlich an das Gräberrund schließen sich die Ruinen zweier Gebäude an, von denen das erste auf einem niedrigeren Niveau als das zweite errichtet ist

Besucherandrang am Löwentor

und eine gezackte Fassade aufweist, die sich der Krümmung der Zyklopenmauer anpasst. In ihm wurden die Bruchstücke einer großen altgriechischen, bemalten Vase entdeckt. Da es sich bei den Darstellungen auf den Scherben um Krieger handelte, erhielt der Fundort kurzerhand den Namen **Haus der Kriegervase (5)**. Etwas höher die Reste des **Hauses an der Rampe (6)**, am Fuße der sog. **Kleinen Rampe (8)**. Nur mit Mühe kann man eine Wohnung und daneben drei Räume erkennen, die möglicherweise als Lagerräume gedient haben.

Wer wieder in den Innenhof des Löwentores zurückgeht, gelangt in einen engen, dachlosen Raum, der rechts von dem Getreidespeicher und dem Gräberrund und links von einer schrägen Mauer begrenzt wird. Davor, in Achsenrichtung zum Löwentor, erhebt sich die **Große Rampe (7)**, ein gemauerter Aufstieg, der dem Hang folgt und den Weg zum Palast eröffnet.

Von der Spitze der Großen Rampe kann der Besucher eine ganze Reihe von Gebäuden einsehen, die in die senkrecht abfallende Wand und längs der Mauer bis zum Rand der Chavos-Schlucht gebaut sind. Das erste dieser Gebäude ist das **Südliche Haus (9)**.

Nach dem Südlichen Haus folgt – zwischen einem Prozessionsweg längs des Abhangs und der Zyklopenmauer – die Gruppe der Heiligtümer. Der Weg beginnt mit einer Reihe von Stufen, führt dann über eine prächtige Schwelle und nach einer Biegung zu einem **Raum (10)** hinunter, offenbar ein Tempel. An seinem Eingang stehen die Fundamente eines viereckigen Opferaltars und im Innern ein großer, flacher Opferstein. Dahinter ein kleines Gemach, wahrscheinlich der sakrale Mittelpunkt der Tempelanlage.

Tiefer gelegen als der Tempel befindet sich das sog. **Tsountas-Haus (12)** – benannt nach seinem Entdecker – bestehend aus einem Hof, einer ebenerdigen Wohnung und einer Reihe von unterirdischen Räumen, zu denen eine Steintreppe führt.

Vor dem Tsountas-Haus, zum Inneren der Festung hin, liegt der **Tempel der Idole (11)**, benannt nach den dort gefundenen tönernen Darstellungen von Gottheiten und Schlangen, die heute im Museum von Náfplion zu sehen sind. Zum Schutz gegen Witterungseinflüsse erhielt der Tempel ein Dach.

Wir beenden jetzt unsere Besichtigung der Südseite der Akropolis, um uns dem eigentlichen Palast der Festung zuzuwenden. Dazu gehen wir zurück bis zum höchsten Punkt der Großen Rampe, von wo aus ein leicht ansteigender Weg in nördlicher Richtung zum Nordwest-Eingang des Palastes führt.

Der Eingang bestand aus einem **Propylon (13)**, dessen zwei – einst Säulen tragende – Sockel noch zu sehen sind. Während der zentrale Durchgang geradewegs in den Palast führte, ging von der Südost-Ecke des Eingangs eine Treppe zum **Nordkorridor (14)**, über den man auf direktem Weg die Gemächer auf dem Gipfel des Hügels erreichte. Südlich davon erstreckt sich ein großer, rechteckiger **Hof (15)** (15 x 12 m), an den die Haupträume grenzen, darunter auch das einstige **Megaron (16)**.

Das Megaron bestand aus einer Vorhalle, dem Prodomos und dem Domos. Die **Vorhalle** hatte die Gestalt einer flachen Säulenhalle und war zum Hof hin offen. Ihr Fußboden war mit Gipsplatten gepflastert, und an der Fassade befanden sich zwei Säulen, deren Basen noch existieren. Eine große einflügelige Tür bildete den Zugang zum **Prodomos**, dessen Fußboden ähnlich gestaltet war. Er besaß eine Tür zum Domos, die jedoch nicht durch einen Türflügel, sondern wahrscheinlich durch einen Vorhang abgetrennt war. Der **Domos** war das Hauptgemach des Palastes, der auch als Thronsaal diente. Der Boden war mit Gipsplatten, die Wände mit Gemälden geschmückt, und in der Mitte befand sich ein großer Herd von 3,70 m Durchmesser. Um den Herd standen vier Holzsäulen, deren steinerne Sockel noch erhalten sind.

Der Nordteil des Palastes befindet sich in sehr schlechtem Zustand, da an gleicher Stelle meist hellenistische Gebäude errichtet wurden, denen die älteren, soweit sie der Brand nicht schon zerstört hatte, weichen mussten. Erst auf der Nordostseite der Festung sind wieder Überreste aus mykenischer Zeit erhalten.

Die ersten Gebäude, auf die der Besucher nach dem Abstieg an der Ostseite des Hügels trifft, waren **Künstlerwerkstätten (17)**. Östlich davon, direkt an der Zyklopenmauer, stand ein weiteres Bauwerk mit einem zentralen von Säulenreihen umgebenen Hof, die dem Gebäude den Namen **Haus der Säulen (18)** gaben. Es stand mit den Werkstätten in Verbindung und gehörte damit noch zur Palastanlage. Sein Zentralhof und die megaronähnliche Wohnung erinnern an die Beschreibung, die Homer von dem Palast des Odysseus gibt.

Nördlich davon, zwischen den sich verengenden Ost- und Nordmauern der Festung, befanden sich zwei weitere Gebäude,

Mykéne 213

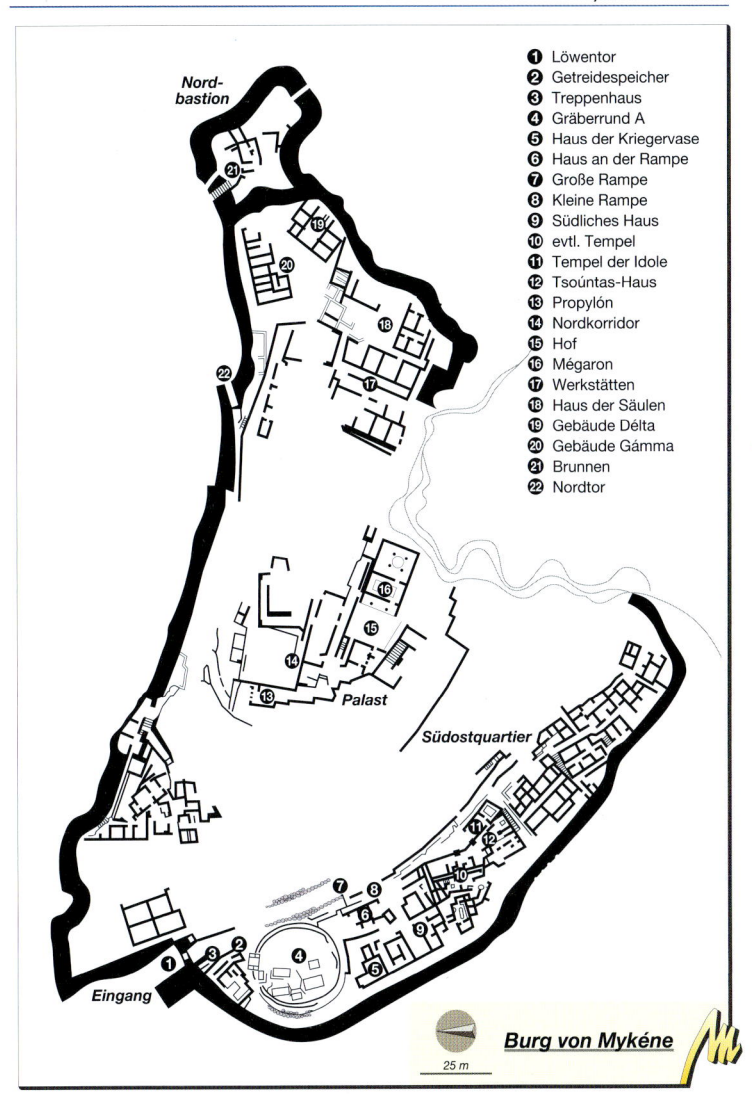

Burg von Mykéne

1. Löwentor
2. Getreidespeicher
3. Treppenhaus
4. Gräberrund A
5. Haus der Kriegervase
6. Haus an der Rampe
7. Große Rampe
8. Kleine Rampe
9. Südliches Haus
10. evtl. Tempel
11. Tempel der Idole
12. Tsoúntas-Haus
13. Propylón
14. Nordkorridor
15. Hof
16. Mégaron
17. Werkstätten
18. Haus der Säulen
19. Gebäude Délta
20. Gebäude Gámma
21. Brunnen
22. Nordtor

Nordbastion · Palast · Südostquartier · Eingang

25 m

von denen das eine, das an die Ostmauer stößt, die Bezeichnung **Gebäude Delta (19)** trägt. Es besaß an seiner Vorderseite eine Terrasse, durchzogen von einem gemauerten und plattenbedeckten Entwässerungskanal. Das andere, **Gebäude Gamma (20)**, ist parallel zur nördlichen Mauer gebaut, von dieser nur durch eine schmale Passage getrennt. Von beiden Bauwerken sind nur die Untergeschosse erhalten, ihr ursprünglicher Verwendungszweck ist unbekannt.

Steigt man zwischen den Gebäuden Gamma und Delta den Felsen hinunter, gelangt man zur Nordosterweiterung, dem letzten Anbau der Zyklopenfestung. Die Erweiterung war nötig, um die Wasserversorgung zu sichern, denn der harte Fels auf dem Bergrücken machte die Anlage einer unterirdischen Zisterne unmöglich, sodass nur eine Felsspalte außerhalb der ursprünglichen Mauern in Frage kam. Der Abstieg zum **Brunnen (21)** befindet sich an der Nordseite der Erweiterung und führt schräg unter der Mauer hindurch zur Zisterne, die von der 12 m tiefen Perseia-Quelle gespeist wird. Im Sommer erfüllt der Tunnel die Funktion eines wohltuenden Kühlschranks für den in Schweiß gebadeten Besucher *(Abstieg zur Zisterne nur mit Taschenlampe empfehlenswert)*. Derzeit ist der Weg zur Zisterne allerdings nach etwa 25 Stufen abgesperrt.

Beim Rückweg zum Löwentor entlang der Nordmauer kommt man am **Nordtor (22)** vorbei, einer originalgetreuen – jedoch wesentlich kleineren – Kopie des Löwentors. Von hier aus folgt man etwa 100 m dem Verlauf der Nordmauer und wendet sich dann der **Großen Rampe (7)** zu, über die man den Ausgang erreicht.

Außerhalb der Akropolis

Grab der Klytämnestra und des Ägisthos: Südlich des zur Festung führenden Weges (innerhalb des Ausgrabungsgeländes) befinden sich zwei Kuppelgräber, die die Fantasie der Altertumsforscher der legendären Klytämnestra und ihrem Liebhaber *Ägisthos* zugeschrieben hat.

Besser erhalten ist das **Grab Klytämnestras**. Das um 1220 v. Chr. errichtete Tholos-Grab ist das älteste in Mykene. Dorfbewohner entdeckten es zu Beginn des 19. Jh., als sie genau über die Spitze des Grabes eine Wasserleitung bauen wollten.

Bereits um 300 v. Chr. geriet das Grab in Vergessenheit. Denn in hellenistischer Zeit wurde es unter der Tribüne eines Theaters begraben. Die Seitenwände des 37 m langen und 6 m breiten Zugangs bestehen aus sorgfältig bearbeiteten Konglomeratblöcken, desgleichen die Eingangsfassade. Das Tor (5,40 x 2 m) ist mit einem dreifachen Türsturz versehen, gekrönt durch das Entlastungsdreieck. Verschlossen wurde es mit einer doppelten hölzernen Flügeltüre. Die Fassade des Eingangs war einst mit Marmor geschmückt. Die Kuppel hatte einen Durchmesser von 13,50 m und war an der Spitze durch Grabschänder zerstört worden. Die Restaurierungsarbeiten führten 1951 zur Entdeckung des benachbarten **Gräberrundes B**.

Das Gräberrund B, ähnlich gestaltet und in etwa gleich alt wie das Gräberrund A innerhalb der Akropolis, bewahrte 14 Königsgräber. Auch sie waren durch aufrecht stehende Stelen gekennzeichnet. Rund um die Gräber zog sich ebenfalls eine niedrige Einfriedung aus Rohsteinen, deren Durchmesser 28 m betrug. Zwischen 1952 und 1955 wurde der Grabkreis jeweils im Sommer von Archäologen freigelegt. Die Funde aus Gold, Silber, Bronze und Bergkristall sind heute im Archäologischen Nationalmuseum in Athen und teilweise auch im Archäologischen Museum von Náfplion zu sehen.

Löwengrab

Nur wenige Besucher finden zum Löwengrab. Dabei ist das über 3300 Jahre alte Löwengrab durchaus eindrucksvoll. Es liegt unmittelbar neben dem Museum und man erreicht es, indem man unterhalb des Kassenhäuschens am Haupteingang ca. 200 m dem gepflasterten Weg folgt. Der Eingang des Löwengrabes (5,40 x 2,40 m) war mit einem Entlastungsdreieck am oberen Rahmen versehen, das die nach unten wirkenden Kräfte gleichmäßig nach rechts und links leitete und somit das Tor vor dem Einstürzen bewahrte. Der Zutritt führt in eine aus regelmäßigen Steinlagen erbaute Grabkammer mit einem Durchmesser von 14 m. Die Höhe des längst eingestürzten Gewölbes schätzen Archäologen auf etwa 15 m. Im Fußboden existierten drei einfache Gräber, die wie der ganze Raum leer aufgefunden wurden.

Museum

2003 wurde das sehr übersichtliche und gut klimatisierte Museum mit vier Ausstellungssälen eröffnet. In übersichtlich gestalteten Vitrinen werden Grabungsfunde wie Vasen, Goldschmuck, Gebrauchsgegenstände, Münzen sowie Untersuchungen zu den Namensfunden auf Amphoren gezeigt. Am Eingang eine Miniaturdarstellung des gesamten Areals. Auf jeden Fall sehenswert, wenngleich alle namhaften Funde im Archäologischen Nationalmuseum in Athen ausgestellt sind.

Neben dem Museum befinden sich ein Shop und öffentliche Toiletten.

Schatzhaus des Atreus

Etwa 400 m weiter abwärts, rechts neben der Straße in Richtung Mykéne-Ort, befindet sich das monumentalste Bauwerk der mykenischen Kultur: das um 1250 v. Chr. erbaute Schatzhaus des Atreus, auch als „Grabmal des Agamemnon" bezeichnet. Man hat eine riesige Höhle tief in den Hügel gegraben und sie mit einer Kuppel aus glatten, zugeschnittenen Steinblöcken versehen. Eingang und Tor sind genauso gestaltet, wie wir es schon vom Grab der Klytämnestra kennen. Die Kuppel mit einem Durchmesser von 14,60 m und einer Höhe von 13,50 m besteht aus 33 horizontalen Steinringen, die in gewissen Abständen Spuren von Kupfernägeln aufweisen, an denen metallener Schmuck, möglicherweise Rosetten, befestigt war. An der nördlichen Seite der Grabkammer öffnet sich eine zweite, kleinere Tür, die auch mit einem Entlastungsdreieck versehen und in eine quadratische Nebenkammer von je 6 m Seitenlänge führt. Die Entdecker fanden die Grabstätte völlig leer. Sie war bereits in der Antike geplündert worden.

Heraion

Am Fuß eines 600 m hohen, kahlen Berges beim Dorf Chónikas liegt das größte und bedeutendste Hera-Heiligtum. Hier verehrten die Argiver die Gemahlin des Zeus und Göttermutter. Die Ruinen auf dem weitläufigen, in mehrere Terrassen unterteilten Gelände stammen vorwiegend aus dem 5./6. Jh. v. Chr.

Der *Kult um Hera* wurde sehr aufwendig betrieben. Den Höhepunkt der jährlichen Feierlichkeiten in Árgos bildete eine Prozession, angeführt von einer Hera-Priesterin auf einem von Kühen gezogenen Wagen. Hundert Kühe – diese Tiere genossen damals besondere Verehrung – sollen hier alljährlich der Göttermutter geopfert worden sein. Bei diesem Fest wurde die Vermählung von Hera und Zeus nachvollzogen; sie dauerte wie eine richtige Hochzeit drei Tage. Begleitet wurden die Festlichkeiten von sportlichen und kulturellen Wettkämpfen. Der Sage nach ließ hier Agamemnon seine Getreuen vor dem Aufbruch nach Troja den Eid schwören. Von der Anhöhe hat man eine wirklich fantastische Aussicht auf die argolische Ebene mit ihren Oliven- und Orangenhainen.

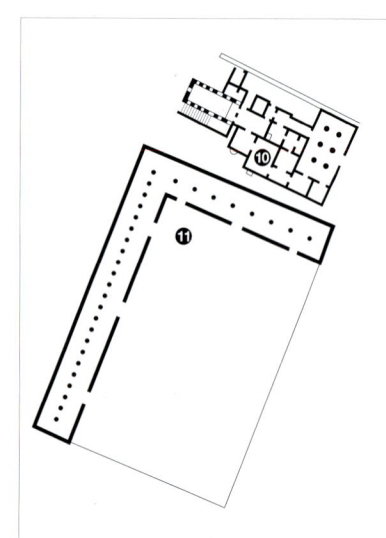

❶ Reste eines Altars
❷ Dorische Säulenhalle
❸ Jüngerer Hera-Tempel
❹ Quadratische Halle
❺ Lange Halle
❻ Haus
❼ Treppenanlage
❽ Polygonalmauer
❾ Alter Hera-Tempel
❿ Römische Thermen
⓫ Gymnasion

Öffnungszeiten Tägl. 8–15 Uhr. Eintritt frei.

Anfahrt Das Ausgrabungsgelände liegt unweit von Mykéne. Auf der Hauptstraße Korínth – Árgos nach Mykéne abbiegen. Einige Hundert Meter nach der Bahnlinie zweigt eine Straße rechts ab nach Náfplion. Über das Dorf Monastiráki nach Nea Iréo, hier gleich am Ortseingang links nach „Ancient Iréo" abbiegen (griechisch beschildert, 2 km). Eine gut ausgebaute, aber schmale Straße führt direkt zum Heraion. Davor kann man parken. Auch von Süden kommend sollte man den (Um-)Weg über Mykéne nehmen, da der Weg über Ag. Triás und Anífi nur spärlich beschildert ist.

Rundgang

Nach dem Eingang stößt man zuerst auf die Überreste einer breiten Treppenanlage, die zu einer Terrasse hinaufführt. Am Ende der Treppe, etwa in der Mitte der Terrasse, die Reste eines Altars (1) und links eine lang gestreckte dorische Säulenhalle (2) aus dem 5. Jh. v. Chr. Ein paar Meter nördlich davon sieht man die Fundamente des jüngeren Hera-Tempels (3). Das Gebäude entstand um 420 v. Chr. nach Plänen des argivischen Architekten Eupolemos.

Heraíon von Árgos

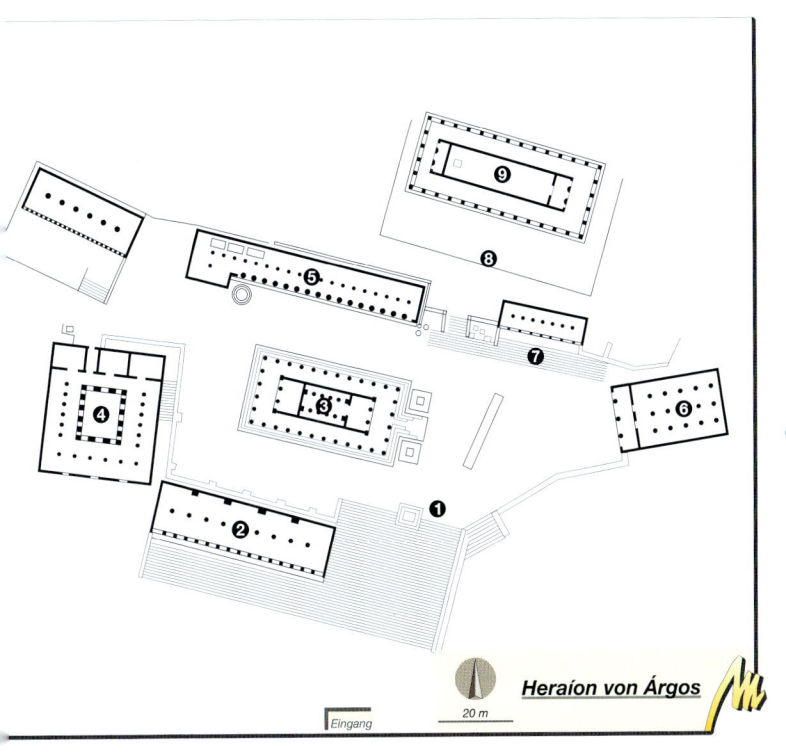

Der aufwendig geschmückte **Tempel** mit seinen zwölf dorischen Säulen an der Längsseite und sechs an der Breitseite besaß in der Cella ein Gold-Elfenbein-Bildnis einer sitzenden Hera des bekannten Bildhauers Polyklet. Von Pausanias ist überliefert, dass an den Fassaden die Eroberung Trojas, die Geburt Zeus' und auf den Metopen der Kampf zwischen Göttern und Giganten dargestellt war. Die vielen einzelnen Bauteile und Giebelfiguren sind heute im Athener Nationalmuseum, in der Leningrader Eremitage und in anderen Museen zu bewundern.

Westlich des Hera-Tempels steht eine **quadratische Halle** (**4**) mit einem Innenhof aus dem 6. Jh. v. Chr. Man vermutet, dass das Gebäude als Festsaal benutzt wurde. Nördlich eine 63 m lange **Halle** (**5**), erbaut um 600 v. Chr., und an der Ostseite der Terrasse ein **längliches Haus** (**6**) mit einer kleinen Vorhalle aus der Mitte des 5. Jh. v. Chr. Unmittelbar westlich (links) davon gibt es eine weitere kleine Halle und eine angefügte **Treppenanlage** (**7**).

Oberhalb, durch eine **Polygonalmauer** (**8**) getrennt, stößt man auf die Ruinen des **alten Hera-Tempels** (**9**). Der lang gestreckte Bau mit 14 x 6 Säulen stammt aus der zweiten Hälfte des 7. Jh. v. Chr. Er besaß eine ungewöhnlich lange Cella, eine sehr kurze Vorhalle und ein Opisthodom (Rückraum). Die Dachkonstruktion bestand aus Holz und war vermutlich nur mit Schilf und Stroh gedeckt. 423 v. Chr. wurde der Tempel durch einen Brand vernichtet und nicht wieder aufgebaut.

Ganz im Westen des eingezäunten Geländes (ein Pfad führt dorthin) liegen **römische Thermen (10)**: Das Heraheiligtum wurde später auch von den Römern benutzt. Südlich davon schließt sich ein **Gymnásion (11)** an.

Agía Triáda/Chónika

Das Bauerdörfchen Agía Triáda, 11 km nördlich von Náfplion, hat sich seinen ländlichen Charakter bewahrt. Ein Abstecher lohnte sich vor allem wegen der in der zweiten Hälfte des 12. Jh. erbauten Panagia-Kirche. Beim Bau der Kreuzkuppelkirche wurden viele antike Steine verwendet. Die Kirche, die von einem Friedhof mit weißen Marmorgräbern umgeben ist, ist meist verschlossen. Kein Problem, denn die Innenausstattung des byzantinischen Gotteshauses ist eher enttäuschend. Eine weitere sehenswerte Kirche befindet sich in dem Weiler Chónika. Die Koimesis-Kirche liegt an der Straße nach Náfplion (Hinweisschild) und entstand ebenfalls bereits im 12. Jh. Das aus Ziegelstein erbaute Gotteshaus gefällt durch seine reichen Verzierungen. Im Inneren dominiert die Ikone der Koimesis an der Ikonostase. Doch leider ist die an einem freien Platz gelegene Kirche meistens verschlossen.

Midéa

Ohne die berühmte Nachbarschaft würden sich vermutlich wesentlich weniger Besucher in das abgelegene Dorf inmitten karger Hügellandschaft verirren. Südöstlich von Midéa steht auf einem weithin sichtbaren Hügel die mykenische Burg aus dem 14. Jh. v. Chr. Der Mythologie nach wurde die befestigte Stadt von Perseus gegründet, nachdem er beim Diskuswerfen seinen Großvater getötet hatte. Erhalten sind noch eindrucksvolle Mauern mit einer maximalen Höhe von 6 m und einer Breite von 5 m in kyklopischer Bauweise. Innerhalb der Mauern befinden sich spärliche Reste antiker Gebäude. Die Burg wurde offensichtlich von den Mykenern selbst aufgegeben und spielte vermutlich keine bedeutende Rolle. Ein Aufstieg auf den Berg lohnt sich hauptsächlich wegen des einmaligen Panoramablicks über die Ebene samt Náfplion und Árgos.

Anfahrt Mit dem Auto ist Midéa über eine Asphaltstraße problemlos zu erreichen. Von Náfplion oder Árgos biegt man kurz nach der Burg von Tiryns rechts ab nach Agia Triás (4 km, beschildert) und weiter nach Mánesi, hier am Ortsanfang rechts ab zum Dorf Midéa (Wegweiser), in Midéa 2-mal rechts ab (gut ausgeschildert), die letzten 2 km windet sich die gut befahrbare Asphaltstraße den Hügel hinauf.

Verbindungen 5-mal tägl. Busse von und nach Náfplion (1,60 €).

Dendra

Am Rand der Ortschaft Mánesi befindet sich das Ausgrabungsgelände, wo schwedische Archäologen ein Tholos-Grab mit dem beachtlichen Durchmesser von 7 m und einen Dromos (Eingangsweg) mit einer Länge von 25 m fanden. Hier lag früher der Friedhof des antiken Midea. Die einst pompöse Grabstätte stammt aus dem 14. Jh. v. Chr. Im Inneren wurden vier Gruben entdeckt: zwei für das mykenische Königspaar und zwei für Geschenke. In der Nachbarschaft befinden sich weitere dreizehn Kammergräber. Eine der schönsten mykenischen

Waffensammlungen (von Dendra) ist im Archäologischen Museum von Náfplion ausgestellt.

Anfahrt Dendra liegt unweit von Midéa. Von Agía Triás die Straße nach Mánesi nehmen (ausgeschildert). Von der dortigen Dorfkirche sind es noch 200 m zur Ausgrabungsstätte. Es führt ein Feldweg (nicht für Autos zu empfehlen) zum kleinen Ausgrabungsgelände am Ortsrand (gut beschildert). Das umzäunte Ausgrabungsgelände ist frei zugänglich, jedoch wenig gepflegt.

Verbindungen 2-mal tägl. mit dem Bus von und nach Náfplion (1,60 €).

Die Ausgrabungsgeschichte von Dendra

Im Jahre 1926 kam die amerikanische Archäologin Dorothy Burr zufällig in das abgelegene Dorf. Dort beobachtete sie Bauern auf ihren Feldern, die gerade schwere Steine wegschafften. Die Wissenschaftlerin vermutete, dass diese zu einem mykenischen Kuppelgrab gehörten und verständigte die Polizei sowie den zuständigen Archäologen. Noch bevor die Finanzierung der Ausgrabungen gesichert war, begann im Juli 1926 ein schwedisches Forscherteam mit der Arbeit.

Árgos

Laut und hektisch geht es zu im wirtschaftlichen Zentrum der argolischen Ebene. Tausende von Autos zwängen sich tagtäglich durch den engen Stadtkern zu Füßen des eindrucksvollen Burgberges Larissa. Árgos ist ein wichtiger Verkehrsknotenpunkt. Auch eine bescheidene Industrie hat sich in der 27.000 Einwohner zählenden Stadt entwickelt.

Nichts lässt heute ahnen, dass Árgos zu den ältesten Städten Europas zählt, denn das Stadtbild ist von modernen Zweckbauten geprägt. Doch das eigentliche Leben der Stadt spielt sich wie eh und je an der Platía der Ágios-Petros-Kirche mit ihren vielen Cafés und Geschäften ab. Einen Katzensprung davon entfernt liegen die schmucken Handwerksbetriebe in der kleinen Fußgängerzone. Großen Spaß macht es, über den Marktplatz zu bummeln und mittwochs und samstags bis gegen Mittag das bunte Treiben zu beobachten. Ob frische Orangen, leckeren Honig oder ein mageres Stück Lammfleisch, auf dem turbulenten Markt gibt es alles, was sich der griechische Gaumen wünscht. An der Platía Dimokratías steht das große, ehemalige Marktgebäude mit seinem wuchtigen Portal. Heute beherbergt es nur noch eine Metzgerei, in anderen Räumen haben sich Cafés oder Büros eingemietet. Eben dieser Marktplatz war früher Exerziergelände, die ehemalige *Kaserne des Kapodistrias* (Kapodistrias Barracks) befindet sich genau gegenüber der Markthalle, kann aber nur während Theateraufführungen betreten werden.

Die Kleinstadt wird optisch seit Jahrhunderten von der gewaltigen Festung auf dem Lárissa-Berg beherrscht. Eine bequeme Straße führt zu der mittelalterlichen Burg hoch. Von hier aus genießt der Besucher nicht nur einen tollen Blick über die nüchterne Kleinstadt, sondern über den gesamten Argolischen Golf. Die meisten Besucher kommen wegen der archäologischen Ausgrabungsstätten zu Füßen des Larissa-Berges (südlich des Zentrums). Das in den Berg gebaute Theater zählt zu den größten in Griechenland.

Geschichte

Nach der Überlieferung soll Árgos von Pelasgern gegründet und von Danaern bewohnt worden sein. Im frühen zweiten vorchristlichen Jahrtausend wurde die Ebene von den Achäern in Besitz genommen. Vor dem Aufstieg des benachbarten Mykene spielte Árgos die Hauptrolle auf dem Peloponnes. Funde am Lárissa-Berg beweisen, dass die Stadt bereits in früh- und mittelhelladischer und der Apsis-Berg schon in mykenischer Zeit besiedelt waren. Nach der Dorischen Wanderung erreichte die Macht unter König Pheidon ihren Höhepunkt.

Konflikte mit der anderen peloponnesischen Großmacht Sparta konnten nicht ausbleiben. In dieser Zeit (700 v. Chr.) war Árgos bedeutendes Kunstzentrum und Mittelpunkt der Militärtechnik. Die Stadt, die den Spartanern die Ostküste abgejagt hatte, lebte unter den Nachfolgern Pheidons in ständigem Zwist mit den Lakoniern. Im 5. Jh. v. Chr. mussten die Argiver Niederlagen einstecken. Dieser Dualismus hielt sie – im Gegensatz zu den Nachbarstädten Mykene und Tiryns – von der Teilnahme an den Perserkriegen ab. Während des Peloponnesischen Krieges verbündete sich Árgos mit Athen. Doch 418 v. Chr. erlitten sie in der ersten Schlacht von Mantíneia gegen die Spartaner eine schwere Niederlage. Ende des 4. Jh. v. Chr. wurde Árgos von den Diadochen Kassander und Demetrios I. erobert. In der folgenden Zeit wechselten die Herrscher in rascher Folge. Nach der Eroberung durch die Römer im Jahr 146 v. Chr. ging es wirtschaftlich noch einmal aufwärts. Wie viele andere Orte auf dem Peloponnes wurde die Stadt von den einfallenden Goten 395 n. Chr. zerstört. Nach dem Wiederaufbau erreichte Árgos jedoch nie mehr die einstige Bedeutung. Nur die Burg auf dem Lárissa-Berg war sowohl für Türken als auch Venezianer militärisch interessant. Während des griechischen Befreiungskampfes verteidigten Ypsilanti und Kolokotronis die Festung gegen die Türken. 1829 war das Theater Treff-

Panoramablick auf Árgos

Árgos

punkt der griechischen Nationalversammlung. Heute ist Árgos das politische und wirtschaftliche Zentrum der Argolís.

Basis-Infos

Information Die nächste **Touristenpolizei** befindet sich in Náfplion; bei Problemen und Fragen hilft die örtliche Polizeidienststelle weiter. Agiou-Artemion-Str., ✆ 2750/67 222 (Notruf), vom Zentrum aus bestens beschildert.

Verbindungen Bahn: Die Verbindung nach Árgos und die Stichstrecke nach Náfplion wurden 2011 stillgelegt.

Bus, für den Busverkehr im Ost-Peloponnes ist Árgos ein wichtiger Knotenpunkt. Die Busstation der K.T.E.L. liegt in der Nafpliou & Karamoutza (Ausfallstraße nach Náfplion), am südöstlichen Stadtrand; hier werden auch die Tickets verkauft. ✆ 801/ 1144000, 27510/67324.

Verbindungen und Preise: nach Náfplion 6.30–21.30 Uhr halbstündlich (1,60 €); 10- bis 13-mal tägl. Isthmós (Korínth) (1 Std., 5,70 €) und weiter nach Athen (2 Std., 13 €); 3-mal tägl. über Fithi nach Mykéne (bis zum Ausgrabungsgelände, 1,80 €); nach Tíryns zwischen 7 und 15 Uhr jede halbe Stunde, bis 24 Uhr stündlich (1,80 €, am So seltener); 2-mal tägl. Neméa (3,20 €); 2-mal tägl. Trípolis (7,70 €), dort umsteigen nach Sparta, Kalamáta, Leonídion, Gýthion, Olympía usw. ✆ 27510/69323.

Taxi, an der Platia der Ágios-Petros-Kirche oder ✆ 27510/67616 oder 67678, Funktaxi unter ✆ 67020/29997.

Adressen Post: Kapodistriou-Str., vom Zentrum aus beschildert, Mo–Fr 7.30–14 Uhr.

Bank: einige Banken an der Platia um die Ágios-Petros-Kirche, auch mit EC-Automat, Mo–Do 8–14:30 Uhr, Fr bis 14 Uhr.

Krankenhaus: an der Ausfallstraße nach Korínth auf der linken Seite. ✆ 27510/2445-5/6.

Reiseagentur: *Árgos Tours* in der Ausfallstraße nach Korínth (Korinthou-Str. 46), sehr hilfsbereit, vermittelt Flüge, Fährverbindungen etc. ✆ 27510/20145, 67240 oder 62716.

Übernachten/Essen & Trinken

Nur die wenigsten Touristen übernachten hier – liegt doch das malerische Náfplion nur 10 km entfernt. Dem mäßigen Andrang entsprechend sind auch die aufgeführten Hotels eher zweckmäßig als schön und komfortabel.

Übernachten *** Palladion Boutique Hotel, sehr sauberes und grundlegend renoviertes Hotel im Stadtzentrum (ebenfalls an der Platia). Alle zehn Zimmer mit Bad und Balkon, TV und Aircondition sowie WLAN ausgestattet; „Luxury" und „Executive"-Zimmer haben Hydro-Massage-Badewanne und Jacuzzi. EZ ab 50 €, Deluxe-DZ ab 60 €, inkl. Frühstücksbuffet. Vas.-Sofias-Str. 5, ✆ 27510/22968, www.palladion-hotel.gr.

»» Mein Tipp: ** Hotel Morfeas, das sympathische Hotel im Zentrum mit blau-gelbem Anstrich verfügt über moderne, funktionale Zimmer mit schönen Bädern, Flat-Screen-TV und WLAN. Das am Ágios-Petros-Platz mit Palmen und Orangenbäumen gelegene Haus ist allerdings relativ laut, unbedingt Zimmer zur Platia verlangen, im Erdgeschoss eine Cafeteria, sehr gutes Preis-Leistungs-Verhältnis, nette Rezeption, großzügige Lobby. EZ ab 30 €, DZ ab 35 €, Familienzimmer ab 40 € (ohne Frühstück). Ganzjährig geöffnet. Danaou-Str. 2, ✆ 27510/68317, www.hotelmorfeas.gr. «««

** Hotel Mycenae, der vierstöckige Bau liegt im Zentrum der Stadt, an der Platia der Ágios-Petros-Kirche. Hotel mit 24 Zimmern (alle mit Bad, Balkon), netter Service. Zimmer jeweils mit Bad, Balkon, WLAN, Aircondition und TV, Minibar und Safe. EZ ab 30 €, DZ ab 38 €, Familienzimmer ab 55 € (inkl. Frühstücksbuffet). Platia Ághiou Petrou 10, ✆ 27510/69400, www.hotel-mikinai.com.

Essen & Trinken »» Lesertipp: Restaurant Aegil, „sehr gute griechische Küche, u. a. einen ‚village cheese pie', einen knusprigen Fladen, der mit Schafskäse gefüllt war, lecker!" (Hans-Carsten Drömer). «««

Sehenswertes

Archäologisches Museum: Die Sammlung befindet sich zwischen der Platia der Ágios-Petros-Kirche und dem Markt in der zentral gelegenen Fußgängerzone. Die Exponate, Sammlungen des Französischen Archäologischen Instituts, stammen vor allem aus der mittelhelladischen, mykenischen und geometrischen Zeit. Gezeigt werden auch kostbare Keramikfunde von den Ausgrabungsstätten in Lerna. Das hilfsbereite Personal erklärt den Besuchern gerne die einzelnen Exponate. Das Museum mit seinem Skulpturengarten wirkt wie eine Oase der Ruhe in der ansonsten hektischen Stadt. Das Museum ist seit Juni 2014 wegen Restaurierungsarbeiten geschlossen, den aktuellen Stand bitte telefonisch abfragen.

Tägl. (außer Mo) 8.30–15.30 Uhr. Eintritt 4 €, ermäßigt 2 €, EU Studenten und alle unter 18 J. frei. ✆ 27510/68819.

Erdgeschoss: Grabbeigaben aus Keramik und Bronze aus mittelhelladischer, mykenischer und protogeometrischer Zeit. Besonders eindrucksvoll ein Panzer und Bronzehelm aus der späteren geometrischen Zeit (7. Jh. v. Chr.). Daneben schön bemalte Vasen aus klassischer Zeit und zahlreiche Kleinplastiken. Die ausgestellten Eisenspieße erinnern unwillkürlich an heutige Bratspieße. Sie waren um das 7. Jh. v. Chr. ein gängiges Zahlungsmittel in Griechenland.

Anbau 1. Stock: Schmuckstück des Saales im Obergeschoss ist ein ca. 3 x 4 m großes, sehr gut erhaltenes Mosaik; präsentiert werden außerdem zahlreiche kleinere Gegenstände, eine Herakles-Plastik (ohne Kopf) aus den römischen Thermen von Árgos sowie Funde vom Theater. Des Weiteren zahlreiche römische Statuen aus den Thermen von Árgos.

Anbau Untergeschoss: Hier sind die Keramikfunde aus dem benachbarten Lerna aus früh- und mittelhelladischer Zeit zu sehen. Aus dieser Epoche stammt auch ein großer Herd. Das möglicherweise wertvollste Exponat ist eine neolithische Tonfigur aus Terrakotta.

Hof: Unter einer überdachten Halle ist eine Reihe von schönen Mosaiken rekonstruiert worden, zudem ungeordnete Überreste verschiedener antiker Bauelemente.

Das antike Árgos

Das sehenswerte Ruinenfeld mit römischen Thermen, Theater, Odeion, Aphrodite-Tempel und Agora liegt an der Ausfallstraße nach Trípolis, unterhalb des beherrschenden Lárissa-Berges. Noch immer sind Archäologen mit den Ausgrabungen beschäftigt.

Tägl. 8–15 Uhr. Eintritt frei.

Römische Thermen: Ihre Freilegung ist zwar abgeschlossen, ein Drittel der Ausgrabung bleibt jedoch wegen der vielen brüchigen Ziegelsäulen, durch die früher das warme Wasser in die Badeanlage geflossen ist, für Besucher geschlossen. Weiter auf dem Weg zum Theater ragen mit einer stattlichen Höhe von 10 m die Ruinen eines Ziegelbaus auf. Die Dimensionen dieses Gebäudes werden richtig deutlich, wenn man die überraschenderweise frei stehenden Mauerreste vom Innenhof betrachtet. Die Christen hatten die Badeanlagen der Römer später zu einer Kirche umfunktioniert. Die römischen Thermen stammen aus dem 2. Jh. n. Chr. und sind, nach der Zerstörung durch die Goten, wieder aufgebaut worden. Die Thermen von Árgos dienten – wie anderswo auch – nicht nur hygienischen Zwecken, sondern waren Treffpunkt für geschäftliche und politische Gespräche. Der Gast betrat die Badeanlagen von der Seite des Theaters. Nach dem Eingangsportal folgte ein Auskleideraum (Apodyterium), danach ging es zunächst ins Kaltbad (Frigidarium) und anschließend ins Warmbad (Caldarium). Im Winter sorgte eine Fußbodenheizung für wohlige Wärme.

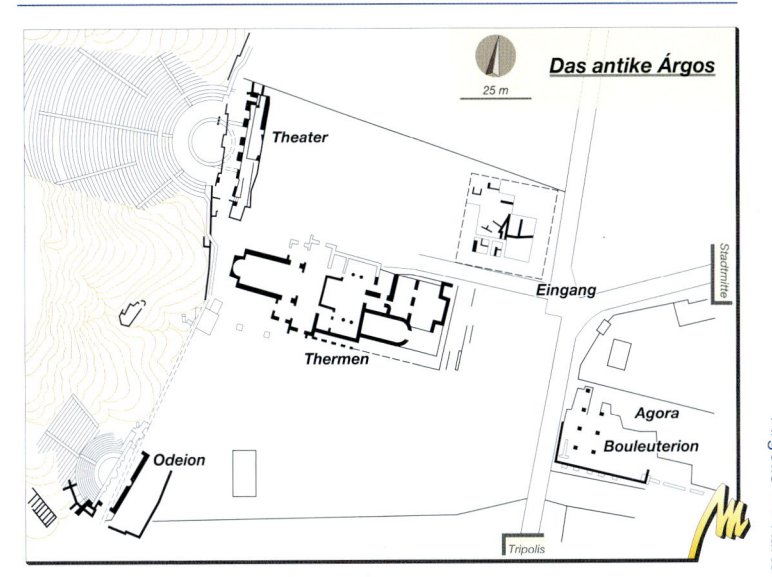

Theater: Optisch sehr eindrucksvoll. Die 81 Sitzreihen, teilweise in den ansteigenden Lárissa-Berg gehauen, fassten etwa 20.000 Zuschauer. Das Theater – Ende des 4. oder Anfang des 3. Jh. v. Chr. erbaut – ist größtenteils erhalten. Es hatte fünf Treppenaufgänge und für das vom Berg herabfließende Regenwasser einen eigenen Kanal. Das Theater von Árgos war größer als das von Athen oder Epidauros. In der ersten Reihe gab es Marmorsitze für die Ehrengäste. Zur Zeit der Römer erlebte das Theater zwei Umgestaltungen. Im 2. Jh. v. Chr. wurde die griechische Skene abgetragen, und es entstand ein marmorverkleidetes Bühnenhaus. Später wurde die Orchestra sogar mit einem wasserdichten Becken umbaut, um eine wirklichkeitsnahe Szenerie für Seeschlachten zu schaffen.

Odeion: Geht man Richtung Süden an dem Aquädukt entlang, das die Wasserversorgung für die Thermen und das Theater regelte, stößt man nach etwa 100 m auf das am Hang des Lárissa-Berges gelegene Odeion, wahrscheinlich der Ort für Volksversammlungen. Von den ursprünglich 35 Sitzreihen sind noch 14 erhalten. Das Odeion wurde im 1. Jh. n. Chr. von den Römern auf einer älteren griechischen Anlage errichtet und war einst überdacht. Rund 30 m südlich davon liegen die Ruinen eines *Aphrodisions*. Der Aphrodite-Tempel stammt aus dem 5. Jh. v. Chr. Doch bereits im 7. Jh. v. Chr. wurde hier die Göttin der Liebe verehrt.

Agora: Auf dem Rückweg zum Eingang, nach dem Überqueren der verkehrsreichen Straße nach Trípolis, trifft man auf die Ruinen der Agora in einem umzäunten Gelände. Direkt an der Straße liegen die spärlichen Überreste des *Bouleuterions*. Der quadratische Bau mit seinen ursprünglich 16 ionischen Innensäulen hatte eine Seitenlänge von ca. 32 m. In der Südostecke des Bouleuterions stand einst eine über 80 m lange Säulenhalle, deren Zweck unbekannt ist.

Im Eingangsbereich der Agora (moderne) Toilettenanlage für Besucher.

Lárissa-Berg/Festung Lárissa (276 m): Schon allein der grandiose Blick vom Lárissa-Berg über die argolische Ebene lohnt einen Besuch. Die sechseckige Burg mit ihren beiden eindrucksvollen Außenmauern wurde in ihrer heutigen Form von den Byzantinern im 10. Jh. errichtet. Die Fundamente jedoch stammen noch aus antiker Zeit. Im 13. und 14. Jh. bauten die Herzöge von Athen die Befestigung weiter aus; die Verstärkung der Zitadelle veranlassten die Venezianer zwischen 1686 und 1715. Das Innere der Anlage birgt noch Reste eines griechischen Tempels und etwa in der Mitte der Anlage eine Zisterne (mit Säulenstümpfen des Tempels), allerdings ohne gesichert zu sein. Von den Mauern der Festung bietet sich eine einzigartige Aussicht auf den Golf von Argolís und hinüber nach Náfplion.

Links vom Odeion führt außerhalb der Einzäunung ein zunehmend verwachsener **Fußweg** zur Burg hinauf – ein beschwerlicher Fußmarsch. **Mit dem Auto** folgt man vom Zentrum aus der Beschilderung nach Korínth, am Ortsausgang *vor* der Brücke links ab, der Beschilderung „Lárissa Castle" folgen (5 km); am Ende ein kleiner Parkplatz.

Achtung: Die Burg ist teilweise stark einsturzgefährdet, war zum Zeitpunkt der Recherchen (2017) aber geöffnet. Freier Eintritt. Infos zur aktuellen Situation unter ✆ 27510/22810

Unterhalb der Burg liegt eine riesige, moderne Klosteranlage, die besichtigt werden kann. Für Besucher mit entsprechender Kleidung 8–12 und 17–19 Uhr geöffnet.

Apsís-Hügel (100 m): Der Hügel befindet sich gegenüber vom Lárissa-Berg und ist inzwischen parkähnlich angelegt. Die Schatten spendenden Pinien und der schöne Blick sind ideal für ein Picknick. Auf seinem höchsten Punkt wurde ca. 2000 v. Chr. eine Akropolis erbaut. Heute steht hier noch eine Kapelle. Reste einer Polygonalmauer sind noch zu sehen. In der Senke *Deiras* zwischen Lárissa und Apsís liegen einige mykenische Gräber aus dem 14./13. Jh. v. Chr. An dem Fahrweg zum Hügel

Antikes Wellness-Center: die römischen Thermen von Árgos

ein Apollon- und Athena-Heiligtum aus dem 5. Jh. v. Chr. Die Besichtigung lohnt nur für speziell Interessierte!

Auf dem Weg zur Burg geht es, unmittelbar bevor die Abzweigung nach Athen ausgeschildert ist, rechts ab. Eine bequeme Asphaltstraße führt zum Gipfel.

Ausflug zur Himmelfahrtskapelle von Choúni: Gut 9 km westlich von Árgos ist diese kleine Kapelle dramatisch in die Felswand gezwängt mit Blick auf eines der sehenswertesten Täler der Argolis. Der Aufstieg selbst entspricht schon einer kleinen Himmelfahrt, über 160 steile Treppenstufen führen mit Hilfe eines stabilen Geländers hinauf bis zum Innenhof des Felsplateaus. Eine große Felsgrotte mit einer erfrischenden Quelle liefert den Vorraum zu einer winzigen Kapelle, die mit griechischen Fähnchen geschmückt und mit fast naiv anmutenden Ikonen verziert ist. Die Kapelle präsentiert neben einigen hübschen Ikonen das zentrale Motiv der Himmelfahrt Christi. Ein wunderbarer Ausblick auf das Tal und hinüber zur Festung von Árgos belohnt für die entstandenen Schweißperlen.

Irdisch auch der Blick hinter die letzte Türe: In der kleinen Toilette befindet sich die gesamte Empfangsstation für die Antenne auf der Kapelle.

Die Lárissa-Festung bietet eine einzigartige Aussicht

Von Árgos in Richtung Korínth überquert man hinter der Stadt den ausgetrockneten Flusslauf des Ínachos. Nach 250 m zweigt links eine Straße ab, die nach Choúni ausgeschildert ist. Nach 3 km auf dieser Straße einer unbeschilderten 90-Grad-Kurve nach links folgen. An dem ehemaligen deutschen Stuka-Flugplatz vorbei geht es hinein in ein weit geschwungenes Tal und nach Choúni, hoch oben kann man schon die kleine Kapelle in den Felsen sehen. Nach dem Ortsschild von Choúni rechts abbiegen und gleich wieder rechts die Abzweigung nehmen. Die Abzweigung mündet als Haarnadelkurve in einem Schotterweg, der über 2 km zwischen Aprikosenplantagen und Olivenhaine bis direkt zu einem Parkplatz am Fuße der Treppenstufen führt. Zu Fuß dauert der Aufstieg etwa 1 Std., mit dem Auto sind es ca. 10–15 Min. nach oben.

Ausflug zum Dorf Kefalári: südöstlich von Árgos am östlichen Ende des Berges Chaon, mit dem Karstquellaustritt des Flusses Erasinos, der unterirdisch von den 30 km entfernten Stýmphalischen Seen gespeist wird. Der ganzjährig Wasser führende Fluss ist im Dorf zu einem von Platanen umstandenen künstlichen See aufgestaut und an der Quelle mit einer **Marienkirche** (*Kirche der Lebenspendenden Quelle*) überbaut. In einer Höhle, die hier rund 60 m in den Fels führt, belegen Funde die kultische Nutzung zu Ehren von Pan und Dionysos. Kirche und Höhle sind heute beliebte Pilgerziele.

Mýli und das antike Lerna

In der argolischen Bucht, gegenüber von Náfplion, liegt das nicht einmal tausend Seelen zählende Dorf Mýli. Mit einem Schlag wurde es in den 50er-Jahren durch die Ausgrabungen amerikanischer Archäologen bekannt. Südlich des Orts fand man die Ruinen einer Siedlung, die rund 5000 Jahre bewohnt war.

Heute schützt eine hässliche Betonhalle die Stätte, wo der Sage nach der Kampf des Herakles gegen die neunköpfige Hydra stattgefunden haben soll. Schmuckstück des Ausgrabungsgeländes ist das Dachziegelhaus aus der frühhelladischen Epoche und die Fragmente mehrerer mykenischer Gräber. Die Funde aus Lerna bereichern das Archäologische Museum in Árgos.

Von den ehemaligen Gebäuden existieren nur noch die Fundamente. Lerna war zwischen dem 6. und dem 1. Jt. v. Chr. besiedelt. Zentrum des Ausgrabungsgeländes ist der Palast des Fürsten. Das Bauwerk aus der frühhelladischen Zeit wurde durch einen Brand zerstört. Das Originaldach war eine mit Tonziegeln gedeckte Holzkonstruktion. Im östlichen Teil des umzäunten Areals finden sich die Fundamente von drei weiteren Gebäuden aus der Zeit zwischen 2000–1600 v. Chr.; welchem Zweck sie dienten, lässt sich heute nicht mehr bestimmen. Gleich am Eingangstor liegt das älteste steinerne Zeugnis Lernas, ein Hausfundament aus der Jungsteinzeit (5.–4. Jt. v. Chr.). Die weiter südöstlich gelegenen Mauerreste gehören zu einer frühhelladischen Befestigungsanlage aus der Mitte des dritten vorchristlichen Jahrtausends. Noch heute sind die U-förmigen Fundamente eines Turms zu erkennen.

Öffnungszeiten Tägl. 8–15 Uhr. Eintritt 2 €, Studenten und Rentner über 65 J. 1 €, Studenten mit ISIC und Kinder frei. ✆ 27510/47597.

Auf dem Weg zum frühhelladischen Turm

Anfahrt Die Ruinen sind leicht zu finden. Sie liegen unmittelbar am Dorfende von Mýli an der Straße nach Ástros; ein Schild weist nach links auf den 100 m langen Weg durch eine Zitronenplantage zu dem umzäunten Gelände.

Verbindungen Bus ca. stündlich von und nach Árgos (1,40 €).

Baden Schmaler Kiesstrand mit Bars, Tavernen und öffentlichen Strohschirmen. Erfrischendes Bad in der Mündung des Flusses *Lerna* möglich.

Tiryns

Inmitten der lieblichen Landschaft mit ausgedehnten Zitronenhainen liegt die mykenische Burg. Der steinerne Klotz aus riesigen, grauen Felsblöcken fällt erst auf, wenn man unmittelbar davor steht. Bereits seit über 130 Jahren erforschen Archäologen die Burg. Schließlich war Tiryns eines der bedeutendsten Zentren der Bronzezeit im östlichen Mittelmeer.

Die Errichtung der noch heute eindrucksvollen, massiven und tonnenschweren Befestigungsmauer schrieb man in der Antike den Kyklopen zu. Sie hätten diese mit ihren übernatürlichen Kräften im Auftrag von *Proitos,* dem König von Tiryns, erbaut. Die in ihrer heutigen Form 1200 v. Chr. entstandene Burg hat gewaltige Ausmaße. Zählt man alle Mauern zusammen, ergibt sich eine Gesamtlänge von 725 m, die Mauerstärke schwankt zwischen 4,5 und 8 m. Erst 1876 begann man mit der systematischen Erforschung der Anlage. In den vergangenen Jahren gingen Mitarbeiter des Deutschen Archäologischen Instituts daran, Überreste des Rundbaus aus frühhelladischer Zeit (ca. 2000 v. Chr.) freizulegen. Zahlreiche Fundstücke sind heute im Archäologischen Museum von Náfplion ausgestellt. Die Forschungen zu Tiryns laufen noch immer.

Tiryns liegt inmitten eines fruchtbaren Schwemmlandes am Rande des Bauerndorfes Tírintha, direkt an der Straße zwischen Árgos und Náfplion. Herzstück der mykenischen Anlage ist die Oberburg.

Auch Heinrich Schliemann plante parallel zu seinen Grabungen in Troia auch in Tiryns aktiv zu werden. 1884 war es so weit. Er wagte sich an die größte Burg des mykenischen Zeitalters. In seinem 1886 publizierten Buch über die Ausgrabungen in Tiryns notierte er – fantasiereich wie immer – über die Landschaft: „Das Panorama, welches sich von der Zitadelle von Tiryns nach allen Seiten darbietet, ist überaus prachtvoll. Indem mein Auge bald in nördlichen, bald in südlichen, bald in östlicher, bald in westlicher Richtung schwelgt, frage ich mich unwillkürlich, ob ich denn nicht schon – sei es vom Gipfel der Vorberge des Himalaja, sei es in der üppigen Tropenwelt auf den Sunda-Inseln oder den Antillen, sei es von den Zinnen der großen Chinesischen Mauer, sei es in den herrlichen Tälern Japans, sei es im weltberühmten Yosemite-Tal in Kalifornien, sei es von den Höhen der Cordilleras de los Andes – etwas Schöneres gesehen habe. Aber immer muss ich mir eingestehen, dass der Anblick von der Zitadelle von Tiryns gar viel prachtvoller ist als alles, was ich von Naturschönheiten je gesehen habe. Ja, der Zauber, den man bei der Rundschau von Tiryns empfindet, wird überwältigend, wenn man im Geiste die Großtaten rekapituliert, deren Schauplatz die Ebene von Árgos und die sie umgebenden Berge waren."

Öffnungszeiten Mo–Fr 8–20 Uhr, Sa/So und feiertags und im Winter (ab Nov.) 8–15 Uhr. Eintritt 4€ (im Winter 3 €), Rentner über 65 J. und nicht EU-Studenten 2 €, alle unter 18 J. und EU-Studenten frei. ✆ 27520/22657 oder 27520/27502.

Anfahrt Tiryns liegt an der Straße Árgos – Náfplion, 5 km von Náfplion und 12 km von Árgos entfernt (beschildert). Der Eingang mit großem Parkplatz und Toilette liegt am Nordende der Burg.

Verbindungen Tiryns ist gut mit dem Bus erreichbar. Zwischen 7 und 24 Uhr hält ein Bus von Árgos nach Náfplion hier 24-mal (am Sonn- und Feiertag 12-mal). Am Vormittag gibt es jede halbe Stunde Verbindungen zu den beiden Städten. Tickets im Laden neben der Bushaltestelle.

Geschichte

Ohne Zweifel gehört Tiryns zu den frühesten Siedlungen auf dem nordöstlichen Peloponnes. Die Akropolis war bereits in der Jungsteinzeit besiedelt. Die ältesten Spuren stammen von einem Rundbau der frühhelladischen Epoche. In mittelhelladischer Zeit (1900–1550 v. Chr.) ist offensichtlich der Palast auf dem Burgberg entstanden. Um 1400 v. Chr. gelangte Tiryns zu seiner größten Machtentfaltung. Damals wurden die zyklopischen Mauern – Steinblöcke bis zu 14 Tonnen – errichtet. Eine weitere Festung, die Mittelburg, entstand um 1350 v. Chr. Aus der letzten Periode stammt auch der Palast, dessen Fundamente in der Oberburg noch zu bewundern sind.

Ein wichtiger Einschnitt in der Geschichte Tiryns war ein Erdbeben um 1200 v. Chr., das die Burganlage weitgehend zerstörte. Trotzdem blieb die Gegend um die Befestigung weiterhin besiedelt. Um 700 v. Chr. wurde, wie auch im benachbarten Mykene, auf der Akropolis ein Hera-Tempel erbaut. Eine gewisse militärische Bedeutung hatten Tiryns und Mykene noch im 5. Jh. v. Chr. Schließlich stellten die beiden Städte 479 v. Chr. Truppen für den Kampf gegen die Perser. Elf Jahre später wurde die Stadt von Argivern zerstört. Die Einwohner kehrten Tiryns den Rücken und ließen sich an der Ostküste des Peloponnes (in der Nähe von Portochéli) nieder.

Eine Liaison mit Folgen

Die Legende berichtet, dass Proitus, König von Árgos, Tiryns gegründet hat. Seine Nachfolger waren Perseus, Amphitryon und Eurystheus. Alkmene, die Gattin von Amphitryon, betrog ihren Mann mit Zeus. Aus dieser Liaison entstammte Herakles (auch unter dem lateinischen Namen Herkules bekannt). Die eifersüchtige Hera wollte verhindern, dass der uneheliche Sohn ihres Gemahls laut Erbfolgerecht Herrscher der Argolis wird. Deshalb verzögerte sie seine Geburt, bis Eurystheus, der Sohn des Sthenelaos, geboren war, der so statt Herakles neuer König wurde. Doch Hera reichte dies nicht: Sie ließ den erwachsenen Herakles in den Wahnsinn verfallen, so dass er unwillentlich alle seine Kinder tötete. Als er wieder zu Verstand gekommen war, zog Herakles zum Heiligtum des Appollon nach Delphi, um den Gott zu befragen, wie er die Mordtat wieder gutmachen könne. Appollon sandte ihn zurück in die Argolis, damit Herakles dort König Eurystheus diene. Eurystheus trug ihm zwölf Aufgaben auf, die er in zwölf Jahren ausführen sollte. Wenn ihm das gelänge, wäre er von seiner Schuld befreit. Wer kennt ihn nicht, den Supermann der Antike und seine berühmten zwölf Heldentaten?

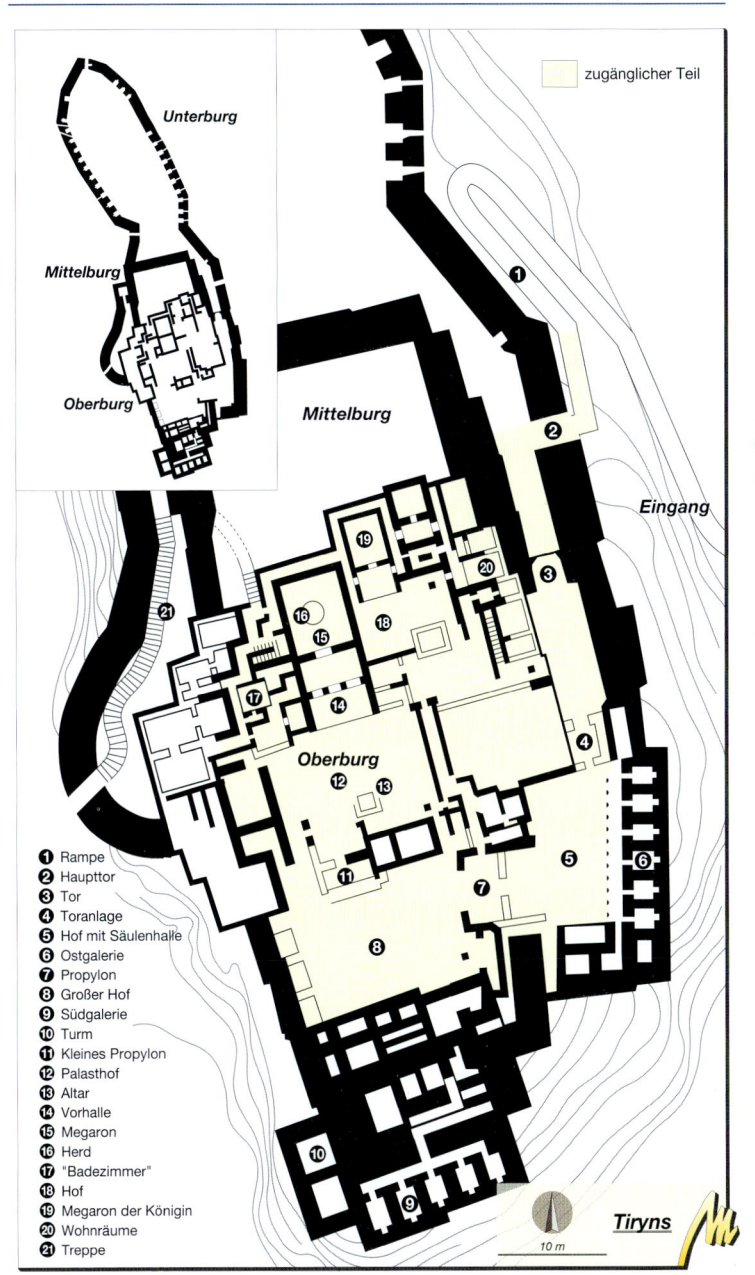

Tiryns

zugänglicher Teil

Unterburg
Mittelburg
Oberburg

Mittelburg
Eingang
Oberburg

Argolis → Karte S. 206/207

❶ Rampe
❷ Haupttor
❸ Tor
❹ Toranlage
❺ Hof mit Säulenhalle
❻ Ostgalerie
❼ Propylon
❽ Großer Hof
❾ Südgalerie
❿ Turm
⓫ Kleines Propylon
⓬ Palasthof
⓭ Altar
⓮ Vorhalle
⓯ Megaron
⓰ Herd
⓱ "Badezimmer"
⓲ Hof
⓳ Megaron der Königin
⓴ Wohnräume
㉑ Treppe

Tiryns

10 m

Rundgang

Oberburg: Zum Haupteingang der Burg gelangt man über eine 4,70 m breite **Rampe (1)** auf der Ostseite der Burg. Die Mauern des **Haupttores (2)** besitzen eine Dicke von bis zu 7,50 m. Rechts biegt der Weg zur Unter-, links zur Oberburg ab. Der linke Gang verengt sich zusehends und endet schließlich an einem **Tor (3)**, das an das berühmte Löwentor von Mykene erinnert. In den Wänden der riesigen monolithischen Blöcke sieht man die Aussparungen für den Holzbalken, mit dem die Torflügel verriegelt wurden.

An der schmalsten Stelle des Ganges gab es einst zwei **Tore (4)**, von denen heute nichts mehr zu erkennen ist. Es öffnet sich ein **Hof (5)**, der im Osten von einer Säulenhalle begrenzt wurde. Die Halle, die eventuell als Magazin diente, lag über den berühmten Kasematten von Tiryns.

Eine Treppe führt zur **Ostgalerie (6)** – ein spitzbogiges Gewölbe aus großen, vorragenden Steinblöcken. Heute ist der Gang offen, da die Außenmauer nicht mehr erhalten ist. Derzeit ist die Ostgalerie für Besucher geschlossen.

Kehrt man wieder zurück zum Hof, liegt auf der Westseite das **Große Propylon (7)**, der Eingang zum Inneren des Palastes. Es bestand aus zwei kleinen Hallen. Vom Propylon aus betritt man den **Großen Hof (8)**. Im Süden lagen weitere Räume und Höfe, in byzantinischer Zeit auch eine dreischiffige Basilika.

Hier geht es zur tiefer gelegenen **Südgalerie (9)** ab, die jedoch nicht zugänglich ist. Die Bauweise ist die gleiche wie bei der Ostgalerie. Der 20 m lange Gang besitzt Zugänge zu fünf Räumen. Am Westende der Südgalerie gab es einen (derzeit nicht zugänglichen) **Turm (10)**, dessen Fundamente noch einen Ein-druck von der einstigen Größe und der Anzahl der Räume vermitteln.

Auf dem Rückweg zum großen Hof trifft man an der Nordseite auf den **Kleinen Propylon (11)**. Dieser besteht auch aus einer Türwand, die Schwelle ist noch erhalten. Von hier aus betritt man den **Palasthof (12)**, das Herz der Oberburg:

Der Hof des Megaron, wie der Palasthof auch genannt wird, war an drei Seiten von Säulenhallen umgeben. Die Wände schmückten Fresken, die eine Bärenjagd zeigten. In der Mitte stand ein **Opferaltar (13)**. An der Nordseite führte eine weitere **Halle (14)** mit zwei Säulen und drei Türen zum wichtigsten Raum des Palastes, dem **Megaron (15)**. In der Mitte des Thronsaales stand ein großer **Herd (16)** aus Ton mit einem Durchmesser von 3,30 m. Der Fußboden bestand aus reich verziertem Stuck; die Wände waren auch hier mit Fresken verziert. An der Ostseite des Megarons prangte der Thron. Das Megaron wurde lange nach seiner Zerstörung im 7. Jh. v. Chr. als Hera-Tempel genutzt. Vom Vorraum aus erreicht man das im Westen gelegene **Badezimmer (17)** der Königin.

Im Osten des Megarons liegt eine weitere Hofanlage. Über einen **Hof (18)** erreicht man das **Megaron der Königin (19)**. Diese Bezeichnung führt jedoch irre, da es sich um das Herrenhaus eines älteren Palastes handelt. Östlich und nördlich davon gibt es weitere **Wohnräume (20)**.

Mittelburg: Die Mittelburg liegt nördlich von der Oberburg. Sie diente der Bevölkerung Tiryns als Zufluchtsstätte. Auf dem Gelände wurden spätmykenische Gebäude entdeckt. Früher erreichte man die Mittelburg über eine

Kyklopenmauer – dem Mythos nach von den Riesen selbst errichtet

gewundene, überdachte **Treppe (21)**, die zu einer schmalen **Pforte (22)** führte. An dieser Stelle sind die Mauern stolze 7 m dick! Heute führt eine Rampe von der Unter- zur Mittelburg. Diese war zum Zeitpunkt der Recherchen (2017) gesperrt.

Unterburg: Früher glaubte man, sie sei eine unbesiedelte, reine Fluchtburg gewesen. Archäologische Forschungen ergaben jedoch, dass es mehrere Gebäude gegeben und es sich – ähnlich der Oberburg – um ein ummauertes Siedlungsgebiet gehandelt hat. Die Umfassungsmauer der Unterburg weist die größten Steine von Tiryns auf. Mit einer Dicke von 7–8 m ist sie die stärkste mykenische Befestigung in Griechenland. Durch zwei geheime **Brunnengänge (23)** war im Kriegsfall auch die Wasserversorgung gesichert.

Tholos-Grab von Tiryns: Unweit der Burg, am Westhang des Hügels Prophitis Ilias, befindet sich ein mykenisches Kuppelgrab aus dem 13. Jh. v. Chr. Ein etwa 13 m langer und fast 3 m breiter Dromos (Eingangsweg) führt zum leicht überwucherten Eingang, ansonsten ist die bereits 1913 entdeckte Grabstätte relativ gut erhalten. Ob das Grab jemals benutzt wurde, konnten die Archäologen bis heute nicht klären. Denn hier wurde überhaupt keine mykenische Keramik gefunden. Dafür gibt es nur zwei Erklärung: Entweder es wurde Opfer von Grabräubern oder es wurde aus unbekannten Gründen nie genutzt.

Anfahrt Das Kuppelgrab ist von der Burg Tiryns schnell zu erreichen. Zunächst fährt man zurück zur Hauptstraße und biegt nach links Richtung Náfplion ab. Gleich bei der nächsten Abzweigung wieder nach links abbiegen und der Beschilderung folgen. Bei der ersten Linkskurve rechts abbiegen und dann links in eine Schotterstraße einbiegen. Nach 700 m führt schließlich ein betonierter Fußweg inmitten von Orangen- und Zitronenhainen zum Grab.

Sonnentherapie am Syntagmatos-Platz in Náfplion

Náfplion (Náuplia)

Das 14.500-Einwohner-Städtchen liegt am Fuß eines mächtigen Felsvorsprungs, der in den Argolischen Golf hineinragt. Náfplion mit seinen engen Gassen, der schönen Hafenpromenade, den lauschigen Plätzen mit Tavernen und Cafés in der malerischen Altstadt ist von faszinierender Schönheit. Die ehemalige Hauptstadt Griechenlands ist ein idealer Ausgangsort, um die vielen antiken Sehenswürdigkeiten der Argolís zu entdecken.

Náfplion ist ein Traumziel. Die Schönheit der Stadt haben natürlich auch die unzähligen griechischen und ausländischen Besucher bemerkt, die hier besonders an den Sommerwochenenden wie ein Heuschreckenschwarm einfallen. Das tut dem Flair der Stadt jedoch keinen Abbruch, denn Náfplion verfügt über eine Tavernen-, Kneipen- und Cafédichte, die auf dem Peloponnes ihresgleichen sucht. Gemütliche Tavernen in entlegenen Altstadtgassen, schicke Bars an der Hafenpromenade oder stilvolle Cafés neben historischem Gemäuer – in Náfplion findet man (fast) alles, was den kulinarischen Urlaubsalltag so richtig entspannend macht. Die Sommernächte sind hier länger als anderswo auf dem Peloponnes, neben zahlreichen Musikcafés und Bars gibt es auch einige Diskotheken außerhalb an der Straße nach Néa Kíos. Vor allem viele junge Leute haben Náfplion für sich entdeckt.

Die Stadt ist ein idealer Standort für Besichtigungstouren nach Mykene, Epidauros oder Tiryns, sie besitzt ganz gute Bademöglichkeiten in der Nachbarschaft und hervorragende Verkehrsverbindungen.

Auf dem über 200 m hohen Felsberg liegt die weitläufige Befestigungsanlage Palamídi. Knapp tausend Treppenstufen führen von der Altstadt zur Burg hinauf. Nur 500 m vom Hafen befindet sich das Inselchen Boúrtzi – ein venezianisches Fort. Mittelpunkt der Stadt ist der mit Marmor gepflasterte Syntagmatos-Platz mit der ehemaligen türkischen Moschee, in der heute kulturelle Veranstaltungen stattfinden.

Durch seine Lage ist Náfplion zum unangefochtenen Touristenzentrum der Argolís avanciert. Mykéne, Tiryns, Epídauros, Árgos und Korínth lassen sich bequem erreichen. Hotels gibt es für jeden Geldbeutel – von der bescheidensten Herberge über stilvolle Pensionen und Hotels in idyllischen Altstadtgassen bis hin zum monströsen Bungalowkomplex *Nafplia Palace* oberhalb der Stadt. Allerdings das Preisniveau zählt hier zu den höchsten auf dem Peloponnes. Alternativen für den kleinen Geldbeutel sind rar, denn in Náfplion gibt es weder Jugendherberge noch Campingplatz.

Geschichte

Archäologische Funde bestätigen, dass der Nordosthang des Palamídi-Bergs bereits in mykenischer Zeit besiedelt war. Im Jahr 628 v. Chr. wurde Náfplion vom benachbarten Árgos erobert und diente als Hafen. Im 2. Jh. n. Chr. war die Stadt unbesiedelt. Erst im Mittelalter erreichte Náfplion wieder Bedeutung. 1210 wurde es von den Byzantinern erobert, bald darauf folgten die Franken. Durch eine Heirat kam Náfplion 1377 unter die Verwaltung der einflussreichen Seemacht Venedig.

Um 1500 versuchten die Türken, den geschützten Hafen zu erobern, 1540 war ihnen endlich Erfolg beschieden – Náfplion wurde die Hauptstadt der türkischen Morea. 1686 konnten die Venezianer die Stadt wieder zurückgewinnen, doch ihre Herrschaft dauerte nur bis 1715. Abermals fiel Náfplion in die Hände der Türken.

Während des griechischen Freiheitskampfes war Náfplion heftig umkämpft. 1823 ließ sich hier die griechische Revolutionsregierung nieder. 1829 erklärte man Náfplion zur Hauptstadt des befreiten Griechenland. Drei Jahre später, 1832, fand in einem Vorort von Náfplion die vierte Nationalversammlung statt, die Prinz Otto von Wittelsbach zum König von Griechenland wählte. Im Dezember 1834 wurde Athen zur neuen Hauptstadt erklärt. 1862 gab die Garnison von Náfplion das Signal zum Aufstand, der schließlich zur Abdankung König Ottos führte.

> *„Nauplia hat den griechischen Anstrich schon fast ganz verloren und gleicht mit den vielen Soldaten nach deutschem Schnitt und in den Farben Baierns ganz einer Garnisonstadt dieses Landes. Es ist überdies der Hauptwaffenplatz mit einem großen Arsenal, hat gute makadamisierte Straßen, eine schöne Bai, einen Kranz blauer Berge rund um die fruchtbare Ebene und dicht über sich den romantischen Palimi, die stolzeste Festung der großartigen Venezianer, die Nauplia zu ihrer Hauptstadt in der Morea erwählt hatten. An der Meerseite sieht man die zweite niedere Festung Itz-Kale und im Hafen das vom Wasser umschlossene kleine Felsenfort Burdzi, auf dem, wie auf der Höhe des Palamid, die griechische Flagge weht."*
> Fürst von Pückler-Muskau in seiner Reisebeschreibung
> „Südöstlicher Bildersaal", 1840

Argolís

Basis-Infos

Information Das Büro der **Touristeninformation** befindet sich im Rathaus (Vasileos-Konstantinou-Str. 34, nahe der Bushaltestelle der K.T.E.L.). Hier bekommt man kostenlose Info-Broschüren, ein Hotelverzeichnis von Náfplion sowie einen Stadtplan. In der Regel tägl. 9–13 und 16–20 Uhr. ✆ 27520/24444.

Touristenpolizei: außerhalb des Zentrums in der Asklipiou-Str., etwa gegenüber dem Hospital (Straße Richtung Epídauros). ✆ 27520/28131. Die **Polizei** befindet sich direkt daneben. ✆ 27520/27776, in Notfällen ✆ 27520/22100.

Verbindungen Bus, K.T.E.L.-Station in der Andrea-Singrou-Straße am Rand der Altstadt gegenüber dem Gerichtsgebäude. Hier gibt es auch Tickets. Ausgezeichnete Verbindungen: 6–22 Uhr halbstündl. nach Árgos (1,80 €); 5–20 Uhr stündl. via Korínth (1:20 Std., 7,10 €) nach Athen (2:30 Std., 14,40 €); 7–20.30 Uhr (im Sommer 22:30 Uhr) beinahe stündl. nach Tolón (1,80 €, 30 Min.) und Drépano (1,80 €, 15 Min.); 3- bis 6-mal tägl. zum Theater von Epídauros (3,20 €, 45 Min.) und nach Ligourió; 7-mal Ligourió (2,80 €, 35 Min.); 1-mal Paleá Epídauros (3,90 €); 2-mal Néa Epídauros (3,90 €); 2-mal Iría (2,90 €); 3-mal Mykéne/Ausgrabungsstätte (3,20 €); 2-mal Midéa (1,90 €); 4-mal Kranídi, Ermióni, Kósta und Portochéli (je 8,50 €); 2-mal Galatás/Insel Póros (9 €); 2-mal tägl. Trípolis (1:30 Std., 6,70 €). Zwischen Sept. und Juni fährt jeden So um 18:45 Uhr ein Bus über Árgos nach Patras sowie Fr und So nach Kalamáta. Die Abfahrtszeiten sind an der Busstation angeschlagen, bei Tagesausflugszielen wie Epídauros, Mykéne oder Galatás auch die jeweiligen Rückfahrzeiten. Vorsicht: Bei Ausflügen nach Paleá Epídauros und Midéa fährt am selben Tag kein Bus zurück nach Náfplion. Auskunft unter ✆ 27520/27323 oder 28555, www.ktel-argolidas.gr.

Bahn, die Bahnlinie von Árgos nach Náfplion wurde trotz grundlegender Sanierung 2011 stillgelegt.

Boote, im Hafen liegen Boote (Höhe Café Grande Bretagne), die zur Festungsinsel Boúrtzi mit dem venezianischen Fort übersetzen (nur in der Hochsaison); die Fahrt kostet hin und zurück 4,50 € (Kinder 2–8 J. 3 €).

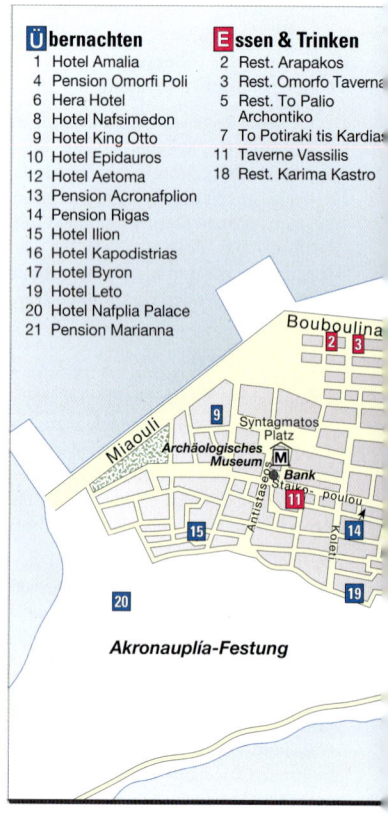

Übernachten
1 Hotel Amalia
4 Pension Omorfi Poli
6 Hera Hotel
8 Hotel Nafsimedon
9 Hotel King Otto
10 Hotel Epidauros
12 Hotel Aetoma
13 Pension Acronafplion
14 Pension Rigas
15 Hotel Ilion
16 Hotel Kapodistrias
17 Hotel Byron
19 Hotel Leto
20 Hotel Nafplia Palace
21 Pension Marianna

Essen & Trinken
2 Rest. Arapakos
3 Rest. Omorfo Taverna
5 Rest. To Palio Archontiko
7 To Potiraki tis Kardias
11 Taverne Vassilis
18 Rest. Karima Kastro

Taxi, gegenüber vom Busbahnhof, am Platz vor dem Gericht. ✆ 27520/24120. Preisbeispiele: zur Palamídi-Festung ca. 8 €, hin und zurück (mit 20 Min. Wartezeit vor Ort) 30 €; Mykéne und Epídauros (hin und zurück, 1 Std. Wartezeit) 70 €; Tolón ca. 15 €.

Adressen Banken, z. B. die *National Bank of Greece* am Syntagmatos-Platz, Mo–Fr 8–14.30 Uhr, Fr 8–14 Uhr, mit Geldautomat, mehrere Automaten in der Stadt

Post: Singrou-Str./Ecke Sidiras-Merarchias-Str., Mo–Fr 7.30–20.30 Uhr.

Krankenhaus: in der „Leouf Asklipiou" Straße. (Richtung Palamídi und Karathóna), der 25.-Martiou-Straße folgen, beschildert. ✆ 27520/361100.

Reiseagenturen: In Náfplion gibt es eine Vielzahl von Reisebüros, die im Sommer

Ausflugsfahrten organisieren, z. B. *Staikos Travel* (im selben Haus wie Sixt Autovermietung), bietet Flugtickets aller Linien (auch international), Charterflüge, außerdem Tickets aller Fährgesellschaften im innergriechischen und internationalen Verkehr. Bonus: Man wird hier über die aktuellen Fährverbindungen ab Piräus informiert (auch Tickets). Geldwechsel, umfangreiches Ausflugsprogramm, Boottrips nach Monemvasía, Hýdra, Spétses und Póros je ca. 40 €. Autoverleih ab 35 € pro Tag, zudem Ausflugsfahrten nach Epídauros, Mykéne, Korinth, Athen und Olympia. Tägl. 9–15 und 18–21 Uhr. Bouboulina-Str. 50 (Hafenpromenade), ✆ 27520/27950, www.rentacarnafplio.gr/en.

Autovermietung Hermes, Autos gibt es ab 35 € pro Tag im Zentrum, Sigrou Straße 18, ✆ 27520/25308.

Zweiradverleih: *Euro Rent a Car*, mit großer Auswahl: Moped (50 ccm) ab 15 €/Tag, 80 ccm: 20 €, Scooter (125 ccm): 30 €, Fahrrad (MTB) 10 € pro Tag. Kleinwagen ab 40 € am Tag (in der Hochsaison 50€), 3 Tage (unbegrenzte Kilometer) ab 110 €. Handeln ist besonders bei längerer Mietdauer möglich. In der Hochsaison sind einzelne Fahrzeuge ausgebucht. Besser vorausplanen, dann ist es auch günstiger. Während der Saison tägl. 8.30–21.30 Uhr. Polizoidou-Str. 8 (nahe Kolokotroni-Park), ✆ 27520/21407. eurorentacar.eu/de.

Nafplio City Bike, an vier Stationen (etwa im Kolokotronis Park) kann man Räder leihen und zurückbringen. Die ersten 120 Min. sind gratis, eine Woche kostet 3 €. Weitere Informationen und die nötige Anmeldung unter www.nafplio.cyclopolis.gr und direkt an den Stationen.

Argolís

Einkaufen »» Mein Tipp: **Weinhandlung Karoni**, für Liebhaber griechischen Weins empfiehlt sich dieses seit 1882 bestehende Geschäft. Im Sortiment findet man über 200 verschiedene Weine, darunter auch offene Weine, die probiert werden können. Hier gibt es auch gute Tropfen aus dem benachbarten Weinanbaugebiet Neméa. Der sympathische und überaus kompetente Weinhändler Dimitris Karonis stellt auf Wunsch auch gerne ein Paket der besten Weine des Peloponnes zusammen. Spezialität des Hauses: selbst gebrannter Ouzo und Brandy. Amaliás-Str. 5 (vom Militärmuseum zum Syntagma Platz gehen, auf der gegenüberliegenden Seite). Mo–Sa 8.30–14.30 und 18–21 Uhr, www.karoniswineshop.gr. ««

Stamatakis, der Laden in dem historischen Haus gilt als der beste Herrenausstatter der Stadt. Hier gibt es unter anderem modische Bermudas, witzige Polohemden und gute Schuhe. Das Ganze ist allerdings nicht ganz billig. Koletti-Str. 3.

Weitere schicke **Bekleidungsgeschäfte** und Boutiquen (überwiegend junges Zielpublikum) finden sich zuhauf in der Konstantinou-Str. (Fußgängerzone).

»» Mein Tipp: Schmuckgeschäft **Camara**, Goldschmiedewerkstatt des griechisch-deutschen Ehepaars Sigrid und Jorgos Agathos, hier werden ausschließlich Unikate gefertigt und verkauft. Sehenswert ist nicht nur der Schmuck, der sich von der üblichen Massenware abhebt, sondern auch der Laden, in dem die Besitzer Tongefäße und schmucke Truhen gesammelt haben. Sonderanfertigungen möglich. Man kann den Besitzern auch bei der Arbeit im Laden zusehen. Das Geschäft des Ehepaares befindet sich in der Vasileos-Konstantinou-Str. 10 (Fußgängerzone), während der Saison quasi durchgehend geöffnet. www.camaraworkshop.com. ««

Zeitschriftenladen Odyssey, die wichtigsten deutschsprachigen Tages- und Wochenzeitungen, eine sehr große Auswahl an Zeitschriften und Magazinen, deutschsprachige Trivialliteratur, aber auch Übersetzungen von Nikos Katzanzakis und antiken Dramen (Sophokles, Aischylos) sowie Literatur über Griechenland und den Peloponnes bietet der Laden an der Platia Syntagmatos.

Taste 3, die Besitzerin verkauft verschiedene griechische Produkte von kleinen Bauernhöfen in ihrem Laden und online. Es gibt Tees, Kräuter, Wein, Olivenöl, Konfitüren und vieles mehr. Sikou Straße (Seitenstraße der Vasileos Konstantinou). www.taste3.gr. ∎

Festungsinsel Boúrtzi, der Blickfang von Náfplion

Náfplion 237

Markt Mittwochs- und samstagsvormittags findet ein großer Markt statt, entlang der 25is Martiou.

Parken In Náfplion vor dem Hotel (besonders in der Altstadt) zu parken ist praktisch unmöglich. Ein großer, kostenloser Parkplatz befindet sich am Hafen. Wer im oberen Bereich der Altstadt untergekommen ist, kann auf die Parkplätze unterhalb der Akronauplía-Festung oder beim Xenia-Hotel ausweichen. Von hier sind es nur wenige Schritte zum historischen Zentrum der Stadt.

Veranstaltungen Festival klassischer Musik, alljährlich im Mai und Juni, Konzerte in der Palamídi-Festung, auf der Insel Boúrtzi und am Syntagmatos-Platz. Nähere Auskünfte bei der Touristeninformation.

Übernachten → Karte S. 234/235

Sehr große Auswahl an Hotelbetten und privaten Unterkünften von nobel bis einfach. Am gemütlichsten wohnt man im oberen Bereich der Altstadt. Es setzt sich zunehmend ein anspruchsvoller Tourismus durch, dem durch entsprechende Hotels Rechnung getragen wird. Günstige Herbergen finden sich hauptsächlich in Hafennähe. Neben der üblichen Auflistung der Unterkünfte nach Preisniveau möchten wir eine Empfehlung für drei traditionelle Hotels vorneweg schicken:

> Bei Umfragen erklären die Griechen die Stadt regelmäßig zur attraktivsten des ganzen Landes. Häufig wird es deshalb schon am Donnerstag vor dem Wochenende mit den Quartieren knapp. Einige Wochen vorher zu reservieren ist ratsam.

》》 **Mein Tipp:** *** Hotel Kapodistrias **16**, das aus dem 19. Jh. stammende Haus (eigentlich sind es zwei) in der Altstadt wurde vor wenigen Jahren zu einem der stimmungsvollsten Hotels der Stadt umgebaut. Nelli Pantazopoulou verband mit viel Geschmack das historische Interieur mit modernem Komfort. Die beiden am Hang gelegenen, braun getünchten Häuser mit ihren kleinen Holzbalkons eignen sich hervorragend auch für einen längeren Aufenthalt. Das Hotel verfügt über eine kleine Bar mit offenem Kamin und eine Terrasse mit Hafenblick. Alle elf Zimmer sind unterschiedlich eingerichtet und tragen einen eigenen Nahmen. Uns gefielen insbesondere das „Nafplios" und das „Palamidis". Die Zimmer verfügen über WLAN, Airconditation und TV. EZ 45–65 €, DZ 50–80 € (inkl. Frühstück, z. T. Mindestaufenthalt zwei Tage). Kokkinou-Str. 20, ☏ 27510/29366, www.hotelkapodistrias.gr. 《《

Pension Marianna 21, die drei Brüder Takis, Peter und Panos Zotos betreiben diese ausgesprochen beliebte Pension am oberen Ende der Altstadt, Akronauplía zum Anfassen nah. Wurde erweitert und besteht nun aus 21 sehr geschmackvoll eingerichteten Zimmern in einer terrassenförmig angelegten Anlage. Besonders schöner Blick auf die Stadt von der Dachterrasse (sechs Zimmer). Parkplatz 50 m entfernt beim ehemaligen Xenia-Hotel, kaum 150 m zum Arvanitia-Strandbad. Für die Hochsaison sollte man unbedingt reservieren. „Täglich frische Bettwäsche und Handtücher, bei den Bediensteten und Besitzern sticht der unaufdringliche Eifer ins Auge" (Leserbrief von Jiri Bores, Berlin). DZ (mit Bad, Aircondition, Kühlschrank) 95 €, EZ 65 €, Dreier 105€, jeweils inkl. reichhaltigem Frühstück. Potamianoy-Str. 9 (unauffällige Beschilderung von der Papanikolaou-Str.), nahe der Auffahrt zur Festung., ☏ 27520/24256, www.hotelmarianna.gr.

》》 **Mein Tipp:** ** Hotel Byron **17**, stilvolles Haus, viel Marmor, private Atmosphäre (17 Zimmer), die Besitzer Aris und Monika Papaionnou sorgen für eine Atmosphäre zum Wohlfühlen und Ausspannen. Alle Zimmer mit Bad, die Preise variieren je nach Ausstattung (z. B. Balkon, Aircondition, Haartrockner) und Blick. Teilweise sind sie mit Antiquitäten und schönen Teppichen eingerichtet. Von den Zimmern 24/32/33/34 (alle mit Balkon) hat man eine fantastische Aussicht auf die gesamte Stadt und den Hafen. Das ockerfarbene Hotel mit seinen taubenblauen Fensterläden befindet sich in der Platonos-Str. 2,

Argolis → Karte S. 206/207

von der Ioannou-Kapodistriou-Str. (Parallelstraße von der Staikopoulos-Str.) führt eine Treppe hinauf, vorbei an den Resten eines ehemaligen türkischen Badehauses. Ganzjährig geöffnet (im Nov. meist geschlossen). Gutes Preis-Leistungs-Verhältnis: DZ je nach Blick 65–75 €. ☎ 27520/22351, www.byronhotel.gr. ⋘

Hotels ***** **Nafplia Palace** 20, die nobelste Adresse in Sachen Übernachtung, die die Stadt derzeit zu bieten hat. 33 individuell ausgestattete Villen, Suiten und Bungalows direkt neben der antiken Festungsmauer von Akronauplia. Zimmer mit Fußbodenheizung, Home Cinemas mit Dolby Surround, private Terrassen mit Internetanschluss, überall zentral installierte Touchscreens regeln (fast) alles von den Vorhängen bis zur Pooltemperatur. Im Executive Bungalow (Suite) sogar Bad mit Doppelwhirlpool. Candlelight-Dinner kann man abends im Spezialitätenrestaurant Amimoni genießen. Vom Sea-View-Zimmer (224–255 €) bis zur Ambassador Villa mit privatem Pool (ab 984 €) eine breite Angebotspalette. ☎ 27520/70800, www.nafplionhotels.gr.

**** **Hotel Amalia** 1, wer Abgeschiedenheit und großen Komfort schätzt, ist im Amalia richtig. Das moderne, sehr gepflegte Hotel liegt etwa 15 Min. mit dem Auto in der Nähe von Tiryns (Straße nach Árgos). Das gelb angestrichene Haus mit professionellem Service bietet großzügige, luxuriöse Zimmer (Zimmer mit Blick aufs Meer verlangen). Besonders beliebt bei den Gästen ist der große Pool. Für viele ist dieses Haus das beste Hotel der Stadt. Drei Restaurants. Die Umgebung des Amalia ist allerdings wenig reizvoll und lädt nicht zum Spazieren ein. Der Weg zum Hotel ist ausgeschildert. DZ 99–120 € (inkl. Frühstück). ☎ 27520/24400, www.amaliahotelnafplio.gr.

**** **Hotel Nafsimedon** 8, sehr schicke Herberge gegenüber dem Kolokotroni-Park (relativ laut) in der Neustadt, zwei Palmen flankieren den Eingang zu der neoklassizistischen Villa. Leicht überladene Einrichtung, es dominiert die Farbe Orange. 13 zum Teil relativ kleine Zimmer (neun Zimmer, vier Suiten) mit Bad, TV und Aircondition, die mit Antiquitäten möbliert sind. Schöne Gartenterrasse. EZ ab 60 €, DZ 70–90 €, inkl. Frühstücksbuffet. Ganzjährig geöffnet. Sidiras-Merarchias-Str. 9, ☎ 27520/25060, www.nafsimedon.gr.

⋙ Lesertipp: ***** **Hotel Aetoma** 12, inmitten der Altstadt, fünf Zimmer mit Balkon. „Die Zimmer sind groß, ruhig, mit modernem Bad. Was uns begeistert hat, ist die großzügige und elegante Innenausstattung der Zimmer, von der Hausherrin mit Liebe zum Detail entworfen. Vom oberen Stockwerk hat man einen schönen Blick auf Akronauplia und Teile der Altstadt. Das Frühstück kann bis 12 Uhr eingenommen werden." (Ursula Bosshard). DZ/Frühstück je nach Lage 72–120 €. 2 Saint Spyridon Square, ☎ 27520/27373, www.aetoma.gr. ⋘

*** **Hotel Leto Nuevo** 19, im oberen Teil der Altstadt. Das Hotel wurde umfassend schön renoviert und eröffnete im April 2015 unter neuem Namen. Zimmer mit WLAN, TV und Kühlschrank; teilweise mit Balkon. DZ 60–85 € (ohne Frühstück). Ganzjährig geöffnet. Zigomala-Str. 28, ☎ 27520/28093, www.letohotelnafplio.gr.

** **Hotel King Otto** 9, offiziell das Hotel "King Othon I", zentral gelegen in der Altstadt, benannt nach dem berühmten Bayern in Griechenland. Nach grundlegender Renovierung 1999 wiedereröffnetes Hotel in historischem Gebäude. Schwülstige Einrichtung in Orange und Lindgrün, wenig Flair. Schöner Garten, Frühstück unter Zitronen- und Orangenbäumen. Elf Zimmer mit Bad, TV, Aircondition. Gegenüber vom Hotel steht eine Kirche, die ihre Gottesdienste (auch am frühen Morgen!) lautsprecherverstärkt ins Freie überträgt, also nicht unbedingt was für Langschläfer. Geöffnet April bis Okt. EZ ab 50 €, DZ ab 70 €, inkl. Frühstück. Farmakopoulou-Str. 4, ☎ 27520/27585, www.kingothon.gr.

Pension Omorfi Poli 4, seit 1996 gibt es diese gemütliche, kleine Pension von Yiannis Tsagarakis und seiner Frau Ute Kirchgässer. Nur sieben Zimmer, die alle nach einer der Musen oder einer griechischen Göttin benannt sind. Sehr komfortable, gemütliche Räume (Aussicht nach hinten hinaus allerdings weniger idyllisch), alle Zimmer mit Bad, TV, Kühlschrank und Aircondition (z. T. mit Balkon). Im Erdgeschoss befindet sich eine kleine, klimatisierte Restaurant-Bar; für Hausgäste wird Halbpension angeboten. Die Besitzer betreiben zudem ein Restaurant an der Hafenpromenade (Bouboulinas 75). Die Pension ist ganzjährig geöffnet, für die Hochsaison ist eine Reservierung zu empfehlen. DZ je nach Größe 50–120 €, Familienzimmer 85–

Náfplion 239

125 € (Frühstück 6 € extra). Sofroni-Str. 5 (Nähe Hafenpromenade), ✆ 27520/21565, www.omorfipoli-pension.com.

* **Hotel Epidauros** 10, altes, stimmungsvolles Haus im Herzen der Stadt (nahe der Uferpromenade). Einfach eingerichtet, sauber. Familiärer Betrieb. EZ ab 40 €, DZ ab 55 €. Kokinou-Str. 2 (Ecke Ipsilandou-Str.), ✆ 27520/27541.

* **Hera Hotel** 6, kleines Familienhotel nahe dem Zentrum, in der Vasileos Georgiou. Freundlicher Service, ein kleines Frühstück bringt die Putzfrau kostenlos aufs Zimmer. Eine gute Wahl für den schmalen Geldbeutel, DZ 50 €. ✆ 02752/028184.

Pensionen Pension Acronafplion 13, die Zimmer sind auf drei Häuser in der Altstadt verteilt, den Besitzer trifft man jedoch meist an der „Rezeption" neben der Ágiou-Spiridonos-Kirche an. Eine empfehlenswerte Adresse. Alle Zimmer mit eigenem Bad, manche mit Balkon. DZ ab 50–120 €. Efthimopoulou-Str. 14, Amalias Str. 7 und Agios-Spiridon-Str. 6, ✆ 27525/00042 oder ✆ 27520/96404, www.pensionacronafplia.gr.

Pension Rigas 14, liegt neben dem **Hotel Ilion** 15, sehr zentrale Lage, trotzdem ruhig. Lena, eine nette und sehr hilfsbereite Australierin griechischer Abstimmung, leitet die Pension. Rustikale Zimmereinrichtung und Natursteinwände. Sieben Zimmer, ganzjährig geöffnet. DZ 50–75 €, EZ 45 € (inkl. Frühstück im Garten). Kapodistriou Str.8, ✆ 27520/23611, www.pension-rigas.gr.

In Leserbriefen wurden wir mehrfach darauf hingewiesen, dass man sich die einfachen Zimmer besser vorher zeigen lassen sollte!

Apartments 》》 Lesertipp: Delis, ca. 2,5 km vom Ortszentrum entfernt in Agias Monis. „Das Haus von Monika und Athanasios Delis verfügt über drei Ferienwohnungen, eine 1-Zimmer-Wohnung (45 m^2), eine 2-Zimmer- und eine 3-Zimmer-Wohnung (75 m^2). Wir bewohnten die 3-Zimmer-Wohnung mit umlaufendem Balkon, kompletter Küchenausstattung (inkl. Kaffeemaschine, Toaster, Wasserkocher), Heizung, Aircondition, Babybett, Bad mit Badewanne. Die Zimmer sehr sauber, die Ausstattung zweckmäßig, der Wohn-/Essraum ist großzügig. Dachterrasse mit Blick auf Olivenhaine und Orangenplantagen, die Berge und Palamídi." (Gerlinde Breitschaft, München). Wohnung mit einem Zimmer pro Woche 245–280 €, mit zwei Zimmern (bis 4 Pers.) 420–455 €, mit drei Zimmern 490–525 €. Tagespreise 40, 65 bzw. 75 €. Anfahrt: auf der ersten Kreuzung in Náfplion (von Árgos kommend) in Richtung Epídauros abbiegen, nach 800 m vor dem Supermarkt rechts nach Agia Mon. der Straße weitere 700 m folgen, ✆ 27520/28929, www.delis-apartments.info. 《《

Argolis → Karte S. 206/207

Essen & Trinken/Cafés/Nachtleben → Karte S. 234/235

Der Gaumen wird in Náfplion verwöhnt. Restaurants gibt es für jeden Geschmack und Geldbeutel. Am Hafen (Bouboulina-Str.) und in der Staikopoulos-Straße (Querstraße zum Syntagmatos-Platz) reiht sich ein Lokal an das andere. Nachtschwärmer kommen ebenfalls auf ihre Kosten. Vor allem am Wochenende, wenn die Athener Jugend sich in der Altstadt vergnügt, sind alle Plätze besetzt.

Essen & Trinken Omorfo Tavernaki 3, das „schöne Tavernchen" liegt an der Ecke Vas.-Olgas/Kotsonopoulos-Str. Man sollte schon relativ früh am Abend kommen (mittags geschlossen), sonst ist die kleine, stilvolle Taverne bis auf den letzten Platz besetzt. Große Auswahl an Fischgerichten, guter Service. Viele Griechen schätzen das Restaurant. ✆ 27520/25944.

Taverne Vassilis 11, in der Staikopoulos-Str. (Nr. 20–24) gelegen. Die 1989 gegründete Taverne erfreut sich seit vielen Jahren bei Touristen und Ortsansässigen gleichermaßen größter Beliebtheit und ist abends oft bis auf den letzten Platz besetzt. Gute griechische Küche, mittags und abends geöffnet. Faires Detail: Wenn der Fisch nicht frisch, sondern gefroren ist, wird dies angegeben. Menüs gibt es ab 14 €. Netter Service. ✆ 27520/25334.

Restaurant Arapakos 2, für gehobene Ansprüche, ziemlich teuer, aber *die* Fischempfehlung für Náfplion. Menüs ab 15 €. Angenehme, leicht rustikale Atmosphäre.

Bouboulina-Str. 81 (nach dem Philellion Platz, stadtauswärts), ✆ 27520/27675. Zwei Häuser daneben die ebenso auf Fisch spezialisierte **Taverne Savouras**.

Restaurant To Palio Archontiko 5, sehr schicke, aber gemütliche Taverne in der schmalen Ipsilandou-Str. (Parallelstraße zur Amaliás-Str. Richtung Hafen). Keine allzu große Auswahl, dafür alles frisch (besonders Fisch), die *Moussaká* soll nach Angaben des Chefs die beste der Stadt sein. Nachspeisen werden frisch zubereitet, sind am Abend aber oft schon aus. Gehobenes Preisniveau, bei den Bewohnern von Náfplion geschätztes Restaurant. ✆ 27520/22449.

»» **Lesertipp:** Restaurant **Karima Kastro** 18, abwechslungsreiche und multikulturelle Küche (Chef Stylianos ist Ägypter und bietet z. B. leckere Falafel), aber auch bodenständig Griechisches. Reichlich und preiswert, sehr netter Service, zum Nachtisch serviert der sympathische Besitzer Obst oder Schnaps auf Kosten des Hauses. Entspannende Atmosphäre, die Tische stehen auf der Straße, man kommt leicht ins Gespräch. In der Papanikolaou-Str. 32, etwas abseits vom Rummel, nahe dem Park. Mittags und abends geöffnet, auch Frühstück. (Ursula Nowak und Hanjo Reinschmidt, Marburg; Sabine und Jochen Ebigt, Düsseldorf; M. Scheel, Frankfurt/Main). «««

Ein Bayer in Griechenland – König Otto I.

Náfplion im Jahr 1832: „Denn Nauplia wimmelte damals wie ein Bienenschwarm. Die Nationalversammlung war Mittelpunkt des Treibens, und einer meiner ersten Besuche galt ihr. Vor dem einzigen Landtor von Nauplia, zwischen dem Fuß des steilen Palamídi, den die venezianische Zitadelle krönt, und dem inneren Meerbusen erstreckt sich einige Hundert Schritte breit und doppelt so lang ein schmaler ebener Vorstrand; jenseits desselben erhebt sich die kleine Vorstadt Pronia, unter Kapodistrias entstanden. Hier tagte der Kongress, damit es nicht heiße, er tage unter der Obhut und dem Einfluss der französischen Bajonette in der Stadt; eine Handvoll schmutziger rumeliotischer Pallikaren (freiwillige Soldaten) bildeten seine Ehrenwache. Auf einem freien Platz war aus ungehobelten föhrenen Brettern eine Bude aufgeschlagen, ganz wie die Buden auf unseren Jahrmärkten und Kirchweihen, in denen sich Seiltänzer, Bereiter, Riesen oder wilde Tiere für Geld sehen lassen; das war das Parlamentshaus von Griechenland." Náfplion im Sommer 1832, beobachtet von Ludwig Roß, Archäologe im Dienste Ludwigs I. und später Ottos I., bei seiner Ankunft in der provisorischen ersten Hauptstadt des Königreichs Griechenlands.

Kaum ein Jahr war damals vergangen, seit der erste Kybernet (Präsident) Griechenlands, Ioannes Kapodistrias, vor der Kirche Ágiou Spiridonos von Sohn und Bruder des berüchtigten Manioten Petros Mavromichalis ermordet und das Land in ein Chaos gestürzt worden war. Geordnete Verhältnisse versprachen sich die drei Schutzmächte Großbritannien, Russland und Frankreich von der Ernennung des 17-jährigen Otto von Wittelsbach zum künftigen König Griechenlands; König Ludwig I. von Bayern, der exzentrische Philhellene (ihm verdankt München seine neoklassizistischen Straßenzüge und Bauten), nahm die Wahl für seinen minderjährigen Sohn an.

König Otto I. von Griechenland erreichte Náfplion am 31. Januar 1833. Vertreten wurde er bis zu seiner Volljährigkeit 1835 von einem vierköpfigen Regentschaftsrat unter Vorsitz des Grafen Armansperg. Die eigentliche Regierungszeit von König Otto I. dauerte 27 Jahre (1835–1862) und wurde – nach anfänglicher Begeisterung der Griechen für den „Bavaresi" – bald problematisch: Zu sehr war Otto von seinem dominanten Vater Ludwig beeinflusst, hinzu kamen Berater wie Graf Armansperg, der eigene pro-britische Interessen geltend machte und dem ohnehin

To Potiraki tis Kardias 7, der Wirt serviert die Speisen in einem sehr liebevoll mit Lampions und Pflanzen dekorierten Gastgarten. Freundlicher Service, preiswerte Gerichte. Der Wirt empfiehlt täglich unterschiedliche Gerichte. Sidiras Merarchias 13, direkt neben dem Reisebüro Zafiras, beim Kolokotronis Park. ✆ 27520/27287.

Cafés/Bars Café Aktaion, gegenüber der Insel Boúrtzi, relaxte Atmosphäre, guter Kaffee, ideal für einen Digestif, z. B. Ouzo mit Erdnüssen. Akti-Miaouli-Str. 3.

🍃 Café Kalimera, auf Frühstück spezialisiertes Lokal mit gemütlicher Atmosphäre. Serviert werden vorwiegend lokale Produkte. Empfehlung: „Traditional Greek Breakfast" mit selbst gemachter Marmelade und Kuchen, verschiedenen Käsesorten und Honig aus der Region sowie Eierspeise und Kaffee/Tee für 9 €. Geöffnet 8–14 Uhr. Plapouta 1. ∎

Café Propolis, In-Treff zum Frappé-Schlürfen, mit Blick auf das ehemalige Stadttor (25 Martiou 2). Nur ein paar Meter vom Busbahnhof entfernt. Gemütlicher Platz mit schönem Garten, viel Schatten, einem kleinen Bach und künstlichem Teich.

Café Rosso, angesagtes Café zum Chillout, überwiegend für junge Leute. Rattansofas draußen oder breite Ledersofas im Inneren sorgen zusammen mit Disco- und Popuntermalung für Flair. Farmakopoulou-Str., direkt gegenüber dem Hotel King Otto.

---

zaghaften Monarchen nicht gerade den Rücken stärkte. Auch kam es bald zur Ablehnung in der Bevölkerung: Da weder Otto noch die ihm 1836 angetraute Amalia (aus Oldenburg) bereit waren, den griechischen Weg konsequent zu gehen und zur orthodoxen Konfession zu konvertieren, blieben sie Fremde in ihrem Land.

Daran konnte auch das entgegenkommende Versprechen, den Thronfolger orthodox taufen zu lassen, nichts ändern: Otto und Amalia blieben kinderlos. Im Jahr 1843 – der Regierungssitz war schon lange von Náfplion nach Athen verlegt worden – rangen die Griechen ihrem König eine Verfassung ab, die neben der konstitutionellen Monarchie auch die Entlassung aller bayerischen Staatsdiener vorsah und die Position Ottos entscheidend schwächte. Den endgültigen „Todesstoß" erhielt der gebeutelte Monarch durch eine Militärrevolte im Oktober 1862, Otto musste abdanken und Griechenland verlassen, wie er gekommen war: auf einem britischen Kriegsschiff. Am 26. Juli 1867 starb König Otto I. im fränkischen Bamberg.

Der Einfluss des Wittelsbachers auf das moderne Griechenland ist trotz seiner eher unglücklich verlaufenen Karriere als griechischer König weitreichender, als es auf den ersten Blick scheinen mag. Nicht nur bayerisches Bier und die Nationalfarben Weiß und Blau wurden von Otto und seiner 3500 Mann starken Gefolgschaft importiert, auch der Neuaufbau der Hauptstadt Athen geht auf das Konto des Monarchen. Zu Zeiten Ottos war Athen nicht mehr als ein 3000-Einwohner-Dorf mit einer türkischen Festung auf der Akropolis. Unter den königlichen Architekten Leo von Klenze und Friedrich von Gärtner wurden antike Tempel (u. a. die Propyläen) wieder aufgebaut, entstand der Palast am Syntagma-Platz (heute Parlamentssitz), in weiser Voraussicht auf das heutige Verkehrschaos legte man große Straßenzüge an, und Amalia schenkte den Athenern auch noch einen schönen Park.

In Vergessenheit geraten ist das bayerische Engagement für den jungen griechischen Staat des 19. Jh. sicherlich nicht, schließlich war es kein geringerer als Konstantinos Stephanopoulos, der 1999, damals noch Staatspräsident, im Bayerischen Nationalmuseum in München die Ausstellung „Das neue Hellas" eröffnete. Über 500 Exponate rund um die Regentschaft von König Otto I. und den europäischen Philhellenismus des 19. Jh. wurden eigens für diesen Zweck zusammengetragen.

Café-Bistro **Popeye**, Crêpes, Sandwichs und andere Snacks, außerdem hervorragendes Frühstück zu günstigen Preisen. Staikopoulos-Str. 32.

Bars/Clubs **Mavros Gatos**, beliebte, gemütliche Bar, die tagsüber Kaffee serviert. Am Abend gibt es Musik zum Mitsingen. Passend zum Namen gibt es einen sehr entspannten und hoffentlich Lärm-unempfindlichen schwarzen Kater.

Kral Bar, eine Mischung aus Bar und Disco, gute griechische und internationale Musik, bis ca. 4 Uhr geöffnet, in den heißen Sommermonaten (Juni bis Sept.) leider geschlossen. Vas.-Alexandrou-Str. 26.

Blublanc Bech Bar, moderne, beleuchtete Bar an der Arvanitia-Bucht. Hier kann man bis in die Nacht schwimmen und essen. In der Nacht auch unter freien Himmel tanzen.

Diskotheken Die Griechen verbringen ihr Nachtleben in den großen Open-Air-Clubs an der Straße Richtung Néa Kios, etwa im **Akanthus** (nur am Wochenende geöffnet), **Rusty** und **Liquid**. Tanzen unter lauem Sommernachtshimmel bis in den frühen Morgen, griechischer Pop, Hip-Hop, Rap usw.

Sehenswertes

Palamídi-Festung: Eine Besichtigung kann zur Kraftanstrengung werden. Schließlich führen genau 999 Stufen vom Stadtzentrum zu der 229 m hoch gelegenen Befestigung. Aber die Mühsal lohnt sich: Die von schroffen Felsen umgebene Burg bietet einen traumhaften Ausblick auf die Argolís. Wer den schweißtreibenden, etwa halbstündigen Aufstieg vermeiden möchte, kann die Festung auch mit dem Auto erreichen (von der 25.-Martiou-Straße aus beschildert, zunächst Richtung Epídauros, dann rechts ab, 2,5 km vom Zentrum).

Die Verteidigungsanlage wurde zu Beginn des 18. Jh. von den Venezianern erbaut. Insgesamt besteht die Burg aus acht Forts, die nach antiken Kriegshelden wie Achilles, Leonidas oder Themistokles benannt sind.

Tägl. 8–20 Uhr, bis 30. April nur bis 14.30 Uhr, aber **Achtung**: Das Tor, von dem die Treppen hinunter zur Stadt führen, schließt bereits früher. Eintritt 8 € (im Winter 4 €), Senioren 4 €, Kinder und Studenten der EU frei. ✆ 27520/28036.

Ein schweißtreibender Anstieg führt hinauf zur Palamídi-Festung

»> Lesertipp: „Drei Fehler vermeiden: die Palamídi-Festung mittags zu besteigen, dabei im Laufschritt die 999 Stufen zu zählen (ich kam schweißgebadet auf über 1000 Stufen) und drittens die Burg nach 18 Uhr besichtigen zu wollen: Sie wird dann nämlich geschlossen, und man muss evtl. auf der anderen Seite der Festung die lange Teerstraße nach Náfplion zurücklaufen." (Roland Kugel, München). **«**

Akronauplía-Festung: Auf der kleinen Halbinsel, die sich in den Argolischen Golf schiebt und erheblich tiefer liegt als die Palamídi-Festung, finden sich die Reste der *Itz-Kale* – zu Deutsch „drei Burgen" –, die da wären: die der Griechen, die der Franken und die der Venezianer. Das Ganze nennt sich Akronauplía.

Die ehemalige Burganlage ist heute weitgehend vom ehemaligen Luxushotel Nafplia Palace überbaut. Der Felsvorsprung wird von der mächtigen Grimani-Bastion, einer zweitürmigen Festung von 1706, überragt. Weiter im Westen, am Ende des Vorgebirges, stößt man auf Reste byzantinischer Befestigungen, die auf antiken Fundamenten stehen.

Blick von der Akronauplía-Festung

Insel Boúrtzi: Wie ein U-Boot mit Aufbauten wirkt die Festungsinsel im Hafen von Náfplion, das Wahrzeichen der Stadt. Zuerst bestand die Befestigung nur aus einem Turm, der 1473 gebaut wurde. Die heutige Anlage entstand Ende des 17. Jh. Die Türken verbanden die nah am Festland gelegene Insel mit einem Damm. Im 19. Jh. verlor Boúrtzi seinen militärischen Charakter. Vorübergehend residierte 1826 die Revolutionsregierung in der Festung, bis 1865 wohnte hier der Scharfrichter der Palamídi-Burg. Im Sommer kann man mit kleinen Booten zur Festung hinüberfahren (→ „Verbindungen").

Archäologisches Museum: an der Südwestecke des Syntagmatos-Platzes, im Zentrum der Altstadt. Das Gebäude wurde ursprünglich als Kaserne und Magazin für die venezianischen Besatzer erbaut. Das gut sortierte Museum präsentiert regionale Funde (Tiryns, Midea, Asine, Paleá Epídauros) aus der Zeit vom Neolithikum bis zum Hellenismus, die meisten aus der mykenischen Zeit. Die Ausstellungsräume befinden sich im ersten und zweiten Stock. Zu sehen sind viele bekannte Exponate wie etwa die Bronzerüstung von Dendra oder die Theatermasken aus Tiryns. Die Funde aus Mykene wanderten jedoch ins dort neu eröffnete Museum. Ein Treppenlift macht die Ausstellung übrigens auch für Rollstuhlfahrer zugänglich. Beschriftung in englischer und griechischer Sprache.

Tägl. (außer Mo) 8–15 Uhr. Eintritt 6 €/erm. 3 €, für EU Studenten freier Eintritt. ✆ 27520/27502.

1. Stock: Das Highlight des ersten Raums ist der Bronzepanze aus Dendra, einer der ersten Plattenpanzer. Er stammt aus dem 15. Jh. v. Chr. und wurde 1960 in Dendra entdeckt. Außerdem sieht man neolithische Funde aus der Franchthi-Höhle bei Portochéli und einen über 4000 Jahre alten

Weinkühler. Ferner zahlreiche Gefäße und Idole aus mykenischer Zeit sowie Funde aus Friedhöfen und Gräbern, etwa aus dem Tholosgrab von Kazarma.

2. Stock: Die Exponate stammen aus der geometrischen Zeit und den folgenden Epochen. Sehr gut erhaltene Vasen aus dem 4. Jh. v. Chr. Ein Teller zeigt Achilles und Penthesilea. Die originellste Ausstellungsstücke sind die vier grotesken Masken aus dem 8. Jh. v. Chr., die in Tiryns gefunden wurden, zudem ein Bronzehelm aus dem Tholosgrab von Tiryns und verschiedene Terrakottafiguren aus archaischer, klassischer und hellenistischer Zeit. In einem Nebenraum werden zwei Videos über die Ausgrabung des Bronzepanzers von Dendra und die frühe Geschichte der Argolis gezeigt.

Volkskundemuseum: Seit 1974 zeigt das Museum in der Altstadt in Originalen, Fotos und Graphiken landwirtschaftliche und häusliche Geräte (großer Webstuhl aus Kosmás, Methoden der Feldbestellung) sowie Teppiche, Stick- und Näharbeiten und Trachten. Sehenswert sind besonders die traditionelle Kleidung aus den verschiedenen Regionen Griechenlands, darunter aus Korínth, Pírgos und Messéne, sowie ein historischer Webstuhl, im Griechischen *tamboutsa* genannt. Das renovierte Museum stellt auch Gemälde des naiven Malers Theophilos (1873–1934) aus, der einst auf Lesbos lebte. Die Sammlung besitzt einen idyllischen Innenhof (riesige Palme!) und beherbergt auch einen kleinen Laden der Folkloregesellschaft sowie ein kleines Café im Nebengebäude.

Tägl. (außer Di) 9–1430 und 18–21 Uhr (Febr. geschlossen). Eintritt 4 €, Studenten/Rentner 2 €. Alexandrou-Str. 1, parallel zur Amaliás-Straße, Eckhaus gegenüber der Pension Omorfi Poli. ✆ 27520/28947.

Komboloi-Museum: Dieses kleine, 1998 gegründete Privatmuseum (geöffnet zu den normalen Geschäftszeiten) erzählt die Geschichte der Komboloi und verdient dabei Geld. Während im Erdgeschoss die aus verschiedenen Materialen zusammengestellten Ketten verkauft werden, kann der Besucher gegen Eintritt im ersten

Das Archäologische Museum präsentiert altertümliche Fundstücke

Stock sich über die lebendige Geschichte dieser Ketten informieren. In Griechenland sind die Komboloi noch heute ein populäres Mittel zur Beruhigung und Sammlung. Die Amulette sind vor allem für ältere Griechen noch heute ein unverzichtbares Spielzeug beim täglichen Gang ins Kafenion. In Vitrinen sind insgesamt 250 solche Kombolois aus der Zeit zwischen 1750 und 1950 zu sehen. Aber auch bei Hindus, Buddhisten und Katholiken (Rosenkranz) spielen vergleichbare Ketten im religiösen Ritus eine wichtige Rolle. Wer selbst ein Komboloi aus schönen Steinen kaufen möchte, sollte mit etwa 50 € rechnen. Schöne Kombolois ab 40 € verkaufen übrigens die Altstadtjuweliere Nikos Michelakakis und Eftichia Kyrazopoulou (Juwelier Premiere) in der Konstantinou-Str. 19 sowie der Shop „The Worrybead of Nafplio". Sie informieren ebenfalls gerne über die Komboloi und ihre Geschichte.

Tägl. (außer Di) 9.30–20.30 Uhr. Eintritt 2 €. Staikopoulou-Str. 25, ✆ 27520/21618, www.komboloi.gr.

Altes Parlament: in der Südwestecke des Syntagmatos-Platzes, dem zentralen Platz von Náfplion; 1822 erstmals als Parlamentsgebäude genutzt.

Moschee: ebenfalls am Syntagmatos-Platz; heute nach langer Restaurationszeit ein Ort für Kulturelles, so beherbergt sie das städtische Theater (zeitgenössische Komödien und Kinderstücke). Nach der Befreiung eine der ersten Schulen Griechenlands.

Bayerischer Löwe: Zum Andenken an die bayerischen Soldaten, die 1833/34 in Tiryns einer Typhus-Epidemie zum Opfer fielen, ließ der bayerische König Ludwig I. im Jahr 1840 einen Löwen in Stein meißeln. Steinmetz des Löwen, der in schlafender Pose auf einem Felsvorsprung kauert, war Christian Siegel, der sich an einem der bekanntesten Denkmäler der Welt orientierte – dem Löwendenkmal von Luzern. Das Monument ist heute von einem kleinen Park mit Sitzbänken umgeben.

Der 25.-Martiou-Str. (beginnt am Park mit den Resten des ehemaligen Stadttores Pýli tis Xirás) 850 m stadtauswärts folgen, dann links in die Mihaíl-Iatrroú-Str. (beschildert), von hier noch etwa 200 m. Zu Fuß in 15 Min. zu schaffen.

Ágiou-Spiridonos-Kirche: Hier wurde der erste griechische Regierungschef Ioannis Kapodistrias am 9. Oktober 1831 auf Geheiß des einflussreichen, konservativen Manioten Mavromichalis ermordet; rechts neben dem oberen Eingang hinter einer Glasplatte erkennt man die Einschussstelle einer Pistolenkugel. Die Kirche gibt es einer zeitgenössische Darstellung der politischen Bluttat. Das Gotteshaus liegt in der Papanikolaou-Str. in der Altstadt (obere Parallelstraße der Staikopoulos-Str.).

Katholische Kirche der Verklärung Christi: Eines der wenigen katholischen Gotteshäuser auf dem Peloponnes. Die Katholiken hatten in Náfplion schon im 17. Jh. Fuß gefasst. Damals gab es eine Kirche und ein Kapuzinerkloster, das allerdings den Unabhängigkeitskrieg nicht überstand. Erst 1839 bekamen die damals etwa 300 Gläubigen ein anderes Gotteshaus zur Verfügung gestellt, das 1840 der Verklärung Christi geweiht wurde. Die bescheiden ausgestattete Kirche liegt am nordöstlichen Rand der Altstadt in der Potamidou-Straße (Ecke Fotorama-Str.). Wer sich hierher verirrt, kommt in eine der idyllischsten und ursprünglichsten Ecken von Náfplion. In unregelmäßigen Abständen finden Gottesdienste statt. Die Kirche verfügt auch über einen Museumsraum mit Erinnerungsstücken und einer kleinen Bibliothek. Sehenswert ist auch die Krypta (mit einer Metalltür verschlossen), in der ein Marmorrelief an den griechischen Befreiungskampf im 19. Jh. erinnert.

Abendstimmung im Hafen mit der Insel Boúrtzi

Baden in Náfplion und Umgebung

Ein idyllischer Fußweg führt entlang der Küste zu drei unterschiedlich reizvollen Bademöglichkeiten. Er bietet immer wieder schöne Ausblicke auf das Meer und die Festungen und lohnt einen Spaziergang. Die schöneren Buchten kann man jedoch auch gut mit dem Auto erreichen.

Unterhalb der Akronauplía-Festung: Zu Beginn (in Richtung des Hafens) zwei Tavernen mit kleinen Badebereichen. Liegen kann man hier auf einer Steinfläche. Entlang des Weges gibt es weitere weniger schöne, aber ruhige Möglichkeiten an den zerklüfteten Felsen, zu denen Treppen hinabführen.

Unterhalb der Palamídi-Festung liegt an einem Kiefernhain die kleine *Arvanitia-Bucht*, die flach ins Meer abfällt. Liegeflächen bietet ein nur rund 40 m breiter, gepflegter Kiesstrand, glatte Felsen und Betonplatten mit Duschen und Umkleidekabinen. Die neue und moderne *Bar Blublanc* sorgt außerdem für Liegen, Sonnenschirme (nur der Verzehr ist zu bezahlen) und laute Musik. In der Nacht beleuchtet sie das Meer und wird zur angesagten Bar. Vor dem Zugang zur Bucht befindet sich ein Parkplatz, der im Sommer allerdings oft sehr voll ist.

Karathóna-Strand: Er liegt an der südöstlichen Seite der Landzunge, ca. 4,5 km von Náfplion. Es ist eine weite, flache Bucht mit einem 1,5 km langen Strand (Sand/Kiesel, nicht sehr gepflegt) mit Blick auf ein vorgelagertes Inselchen und die gegenüberliegende arkadische Küste. Eukalyptusbäume säumen den Strand. Für Abwechslung sorgen eine Surf- und Wasserskischule, daneben einige Bars und Tavernen. Zusätzlich zum Fußweg führt auch eine breit ausgebaute Straße zur Bucht. Zunächst in Richtung Palamídi-Festung fahren. Wo man zur Burg rechts abbiegt, geht es geradeaus weiter zur Bucht. Der Weg ist beschildert.

In Nähe von Tólon findet man außerdem den beliebtesten Sandstrand der Umgebung, nur wenige Kilometer von Náfplion entfernt. Allerdings ist die weite Bucht im Sommer sehr gut besucht.

Verbindung in den Sommermonaten 2-mal tägl. Busse von und nach Náfplion, die Taxifahrt zum Strand kostet rund 10 €.

Tolón/Toló

Große Hotels und zahlreiche Restaurants säumen die Hauptstraße durch Tolon. Der weitläufige Sandstrand und das vorgelagerte Inselchen *Koronísi* (nachts illuminiert!) locken zahlreiche Touristen in den Ort. Fast jedes Haus hat irgendwie mit dem Geschäft am Gast zu tun. Die Tourismusindustrie hat den Charakter des einst stillen Fischerdörfchens nachhaltig verändert.

Dennoch – mehrere Leserbriefe bestätigen das – findet man überall noch Nischen mit verträumten Tavernen und griechischer Gastfreundlichkeit. Tolón verfügt zudem über einen der schönsten Sandstrände der Gegend und Badefreaks kommen hier voll auf ihre Kosten. Die Campingplätze, die in der Umgebung Tolóns liegen, sind einen längeren Aufenthalt wert. Noch immer findet man stille und saubere Strände, man muss nur etwas suchen.

Das Ferienzentrum der Argolís (12 km östlich von Náfplion) ist in der Hauptsaison nichts für Ruhebedürftige, dafür auch im Oktober durchaus noch „urlaubstauglich". Im Sommer fühlen sich hier vor allem junge Leute wohl, die sich im Urlaub richtig austoben wollen. Zahlreiche Cafés, Bars und Diskotheken tragen diesem Bedürfnis Rechnung, und wer seine Unterkunft nahe der Sekeri-Straße (Hauptstraße) bezogen hat, muss dann eine gewisse Unempfindlichkeit gegen Lärm bis spät in die Nacht mitbringen. In der Nebensaison geht es hingegen deutlich ruhiger zu.

Basis-Infos

Verbindungen Bus, 6.30–22 Uhr stündl. Fahrten von und nach Náfplion (1,80 €), ansonsten keine direkten Verbindungen ab Tolón; alle Verbindungen führen über Náfplion.

Taxis, ℡ 27520/59402, 59066 oder 59920. Preisbeispiele: Drépano 6 €, Mykéne (2 Std. Aufenthalt) ca. 50 €, Olympía (max. 4 Pers.) 150 €, Flughafen Kalamata ca. 150 €.

Adressen Post: Minoas-Str. 4, Mo–Fr 7.30–14 Uhr, ausgeschildert.

Banken: mit EC Automat ausreichend in der Sekeri-Str.

Polizei: Sekeri-Str., ℡ 27520/59202.

Krankenstation: in der Sekeri-Str., gegenüber dem Hotel Epidavria, allerdings meistens geschlossen. In der Sekeri-Str. 73 eine Arztpraxis, erreichbar unter ℡ 27520/58392 oder ℡ 699/7055064.

Reiseagenturen Einige Reisebüros finden Sie an der Haupt- bzw. Durchgangsstraße (Sekeri-Str.). Die Angebote sind überall annähernd gleich, z. B. Culture Travel Center, Zimmervermittlung und Ausflüge mit dem Schiff und Bus, u. a. nach Spétses, zum Kanal von Korínth, nach Epídauros, Mykene oder nach Athen. ℡ 27520/58392, www.culturetravel.gr.

Ausflugsboote starten an unterschiedlichen Wochentagen von der Mole in Tolón, etwa bei **Pegasus Cruises**. Sekeri-Str. 37. Tägl. 9–13 und 18–22 Uhr. ℡ 27520/59430 oder 59145, www.pegasus-cruises.gr. Standardangebot: ganztägig nach Hýdra und Spétses (34 €), nachSpétses (25 €) oder Náfplion bei Nacht (Freitagnacht, 10 €). Für die Erkundung von Buchten in der Umgebung können **Motorboote** für 10 €/Std. (ohne Führerschein) gemietet werden. Diverse Anbieter am Strand.

Wassersport Das **Poseidon Wassersportzentrum** am Strand (Richtung Hafen) bietet (fast) alles, was man auf und über dem Wasser unternehmen kann: Segeln 15 €/Std., Leihsurfbrett 14 €/Std., Wasserski 22 €, Bananaboat 11 € pro Pers., Ringo 13 € pro Pers. usw. Weitere Tretbootverleiher am Strand. Im Verleih kostet der Liegestuhl 4 €, ein Sonnenschirm 3 €, zwei Liegestühle mit Sonnenschirm kommen auf 8 €/Tag.

Auto-/Zweiradverleih Euro Rent a Car, Bouboulinas 28/Ecke Kodelas. Dasselbe Angebot wie in Náfplion, Mopeds ab 15 € pro Tag, Fahrräder 10 €, Kleinwagen ab 40 €. Tägl. 8–22 Uhr. ℡ 27520/58303.

Übernachten/Essen & Trinken/Nachtleben

Es gibt unzählige Hotels in Tolón, einige sind in der Hochsaison allerdings über große Reiseveranstalter restlos ausgebucht. Die Saison dauert von April bis Oktober.

Hotels »» **Mein Tipp:** **** **Hotel Panorama**, 1993 erbautes Hotel oberhalb von Tolón, eine Betonpiste führt von der Umgehungsstraße zu diesem Haus abseits des Touristenrummels. Das Haus verfügt über klimatisierte Apartments mit einem oder zwei Räumen. Herrlicher Blick auf die Bucht, die meisten Gäste (auch viele Familien) schätzen den großen, pfeilförmigen Swimmingpool. Kinderspielplatz, gepflegte Zimmer und Garten mit schön geschnittenen Pflanzen, nette Atmosphäre. DZ 55–100 €, Familienzimmer 105–148 € (jeweils inkl. Frühstück), für einen längeren Aufenthalt lohnt sich ein Auto. Agias Kyriakis 2, ✆ 27520/59788, www.panoramatolo.gr. «««

*** **Hotel Minoa**, liegt am Ortsende (Richtung Hafen), 83 Betten, gehobenes Niveau, direkt am Strand. Geschmackvoll und gemütlich eingerichtet, sehr komfortable Zimmer, alle mit Bad, Balkon, Aircondition, WLAN und TV, allerdings viel Verkehr. EZ ab 55 €, DZ ab 65 €, jeweils inkl. Frühstücksbuffet. ✆ 27520/59207 oder 59416, www.minoanhotels.gr.

** **Pension Phaistos**, gehört derselben Familie wie das Hotel Minoa. Pension und Bungalows mit zwei Zimmern, Küche, Kühlschrank, Aircondition. Straße Richtung Náfplion, dann links ab, beschildert. 20 Zimmer mit Bad, Balkon, TV, WLAN und Aircondition, zum Haus gehören auch Swimmingpool und Tennisplatz. Das EZ kostet inkl. Frühstück und Strandstühlen ab 45 €, das DZ ab 50 €. ✆ 27520/59053 oder 59416, www.minoanhotel.gr.

** **Hotel Aktaeon**, Eckhaus am Dorfende neben dem Hotel Minoa, nett eingerichtet, nebenan der Strand, relativ ruhige Lage. Alle 20 Zimmer funktionell eingerichtet mit Bad, Klimaanlage und Balkon. Unter derselben Leitung wie Gregory Apartments im Ort. EZ ab 35 €, DZ 45–60 €, jeweils mit Frühstück. ✆ 27520/59484 oder 59084, www.bikakis.gr.

** **Hotel Tolo**, Familienbetrieb unmittelbar am Meer. Die gute Seele des 39-Zimmer-Hotels ist der freundliche Dimitris Skalidis, seine Frau betreibt das gleichnamige Reisebüro gegenüber. Zimmer mit Bad, Balkon, Aircondition und Meerblick. Vertrags-

Beschaulich und ruhig – so erscheint Tolón nur aus der Ferne

Tolón/Toló

haus großer Reiseveranstalter. Zwischen März und Oktober geöffnet. Herr Skalidis vermietet auch 14 Apartments (200 m vom Strand) für 2 Pers. ab 50 €, weitere Auskünfte im Hotel. EZ ab 50 €, DZ ab 60 €, reichhaltiges Frühstück 8 € pro Pers. Bouboulinas-Str. 15 (Verlängerung der Sekeri-Str.), ✆ 27520/59248, www.hoteltolo.gr.

** Hotel Artemis, sehr freundlicher Service. Hübsche Zimmer mit Bad und (teilweise) schöner Aussicht, direkt am Strand, mit Terrassenrestaurant. Das Hotel von Athanassia Sierros ist empfehlenswert für Gäste, die keine Massenabfertigung möchten. 20 Zimmer mit Bad und Balkon, Aircondition, Kühlschrank und TV, zumeist zur Meerseite gelegen. Geöffnet März bis Okt. EZ 50–80 €, DZ 60–100 €. Bouboulinas-Str. 7 a (Hauptstraße), ✆ 27520/59458, www.hotelartemis.net.

》》 Lesertipps: ****** Apartments/Studios Heliotopos**, „etwas oberhalb der Bucht und 200 m von der Hauptgeschäftsstraße, sehr ruhig gelegen und mit super Dachterrasse auf die Bucht. Kleiner, aber sauberer Pool auf dem Dach. Die Zimmer sind sehr sauber und nett eingerichtet (Studios und Apartments mit Kochnische), das griechische Frühstück (6 €) wird im urigen Weinkeller serviert. Das Personal ist sehr nett und kinderfreundlich." (Antje Mekiska, Neufinsing). Studio für 2 Pers. 50–67 €, Apartment bis 6 Pers. 85–95 €. Bei Buchung von mind. zwölf Tagen unter der deutschen Adresse ist der Taxitransfer von Athen im Preis enthalten. Haustiere sind erlaubt. Buchung: Klaus und Maria Messing. ✆ +49 (0)2501/13867.

Oasis Apartments, „sehr engagiertes und freundliches Familienunternehmen mit schönen Studios und Apartments, alle mit Küche, Aircondition, Internet, Balkon bzw. Terrasse. Waschmöglichkeiten, Garten zur Mitbenutzung inkl. BBQ. DZ 40–55 €, Apartments für 4 Pers. 61–80 €. Giannelli Bikaki 12, ✆ 27520/58318, www.oasis-apartments.gr." (Verena Geus). 《《

Eine Reihe von **Bungalows** und **Apartments** kann man auch an der Straße nach Drépano mieten. Sie befinden sich zwar nicht immer direkt am Meer, sind teilweise aber sehr gut ausgestattet.

Camping Camping Sunset, der erste Platz kurz vor Tolón (Straße nach Náfplion auf der linken Seite). Im Sommer beliebte Anlage, ohne Atmosphäre, aber netter Service. Der Platz ist in zwei Ebenen unterteilt, Stellplätze auf harter Erde. Mini-Market, Bar, Restaurant (nur im Sommer), Duschen und WC sind sehr sauber, Kiefern und Strohmatten spenden ausreichend Schatten. Da an der Straße gelegen, ziemlich laut. Zu Fuß 5 Min. zum Strand. Relativ teuer: pro Pers. 7 €, Auto 5 €, Zelt 3 €, Wohnwagen 7 €, Wohnmobil 10 €, Motorrad 3 €, Strom 4,50 €. Es werden auch einige Holzbungalows mit Doppelstockbetten vermietet (3x3 m, für 2–4 Pers. 27, 35 bzw. 40 €). Reisende mit diesem Buch erhalten 10 % Rabatt, Familien 15 %. Geöffnet vom 1.4. bis 31.10. ✆ 27520/59566, www.camping-sunset.gr.

Camping Lido, am Rand des Zentrums gelegen (Straße Richtung Náfplion auf der rechten Seite), nicht unmittelbar am Strand. Der Platz hat zwei Eingänge (einer dorfauswärts nahe dem „Camping Sunset", der andere an der Strandpromenade) und ist recht gepflegt. Die terrassenartig angelegten Stellplätze sind teils durch Wege, teils durch Treppchen miteinander verbunden. Mit Minimarkt, Kochmöglichkeit, Grill. Schatten unter Matten und z. T. Olivenbäumen, in der Hochsaison geht es hier eng zu, es gibt schönere Campingplätze in der Region. Pro Pers. 7,50 €, Auto 3 €, Zelt 7 €, Wohnwagen 7 €, Wohnmobil 10 €. Es werden auch Zelte (10 €) und Bungalows vermietet ab 35 €/2 Pers. Geöffnet von 1. Mai bis Mitte Okt. ✆ 27520/59396, www.lido.gr.

Folgende Plätze liegen außerhalb von Tolón an der Straße Richtung Drépano:

Camping Xeni & Bungalows-Agrotourism Holiday Village, empfehlenswerter Platz an der Küstenstraße nach Drépano, in der Nähe der Akropolis des alten Assini und ein paar Minuten von drei Stränden entfernt (Kastraki, Plaka und Tolo). Kleiner und familiärer Platz. Mietzelte und Bungalows zur Vermietung für alle, die keine Campingausrüstung besitzen. Supermarkt, Frühstück und Abendessen gibt es im Restaurant (mit traditioneller Küche und eigenen lokalen Produkten.) Die sympathische Besitzerin Gina Fliga spricht sehr gut Deutsch. Sie kümmert sich um das Wohl der Gäste und gibt jedem, der mit diesem Buch kommt, 15 % Rabatt. Es werden zahlreiche Aktivitäten angeboten

(u. a. Tauchen, Klettern, griechische Tanzkurse, Kochkurse, Herstellung von Olivenöl und Reiten). Auf dem Platz befinden sich außerdem mehrere mykenische Kuppelgräber. Der Bus von Náfplion nach Tolón hält stündlich an der Haltestelle direkt vorm Eingang. Pro Pers. 5–7 € (Kinder bis 12 J. frei, ab 13 J. die Hälfte), Auto 3 €, Zelt 2–3 €, Wohnwagen 4–5 €, Wohnmobil 5–6 €, Motorrad frei, Strom 3 €, Mietzelte mit Bett 8–10 € pro Pers., Mietwohnwagen 30–40 €, Bungalows 30–50 €. Frühstück 5 € pro Pers. Ganzjährig geöffnet. Buchung auch per Mail möglich. ✆ 27520/59338, info@xeni.gr, www.xeni.gr.

Camping Kastraki, in die Jahre gekommener Platz mit 98 Stellplätzen unter Kiefern und Zedern, 2 km von Tolón entfernt beim antiken Asine, etwa 500 m abseits der Straße Richtung Drépano (beschildert). Sehr freundliche und hilfsbereite Rezeption. Beliebter Kiesstrand. Die Wellen brechen sich an einer 10 m ins Meer reichenden Steinplatte. Tennisplatz (5 €/Std., mit Schlägern und Bällen 6 €), Bar, Restaurant und Mini-Market. Busverbindung von Tolón stündlich, Haltestelle an der Straßenkehre zum Camping Xeni. Pro Pers. in der Hochsaison 8 € (Kind von 4–10 J. 5 €), Auto 4,50 €, Zelt 7,50 €, Wohnwagen 8 €, Wohnmobil 10,50 €, Strom 4 €, man kann hier auch einen Wohnwagen (max. 4 Pers.) mieten, Preis auf Anfrage. 1. April bis 20. Okt. geöffnet. ✆ 27520/59386, www.kastrakicamping.gr.

Essen & Trinken in der Hauptstraße von Tolón reiht sich ein Restaurant ans andere, alle auf den Touristengaumen ausgerichtet.

》》 **Mein Tipp:** Restaurant Bikakis, an der Hauptstraße von Tolón Richtung Hafen auf der linken Seite (auf Höhe des Hotels Epidavria). Aris Bikakis serviert seine hervorragenden Fischgerichte mit viel Witz und Charme. Die neu erbaute *Psarotaverna* hat viel Ursprünglichkeit behalten und ist bei den Einwohnern von Tolón äußerst beliebt. Im Angebot fast nur Fisch und Meeresfrüchte – sehr griechisch. Nur abends geöffnet (ganzjährig). Um unliebsame Überraschungen zu vermeiden, Preise für Fisch vorher genau aushandeln. ✆ 27520/59411. 《《

》》 **Lesertipp:** Santa Maria, „familiäres griechisches Restaurant mit Terrasse zum Meer. Wir haben hier sehr gut und preiswert gegessen." 《《

Nachtleben 》》 **Lesertipp:** „Wer gerne eine typisch griechische Tanzbar erleben möchte, ist im Hippocampo an der Hauptstraße gut aufgehoben." (Nicola Schliermann). 《《

Fischerboote in Tolón

Sehenswertes

Asine: Unmittelbar an der Küstenstraße nach Drépano, zwischen einer idyllischen Badebucht und einem Campingplatz, liegt der Hügel, auf dem einst die antike Akropolis stand. Schwedische Archäologen legten die mächtige eindrucksvolle Befestigungsmauer mit ihren schräg geschnittenen Quadern frei. In den Ausgrabungsstätte wurde in den vergangenen Jahren erweitert und renoviert. Seit Anfang des 2. Jt. v. Chr. war Asine besiedelt. An der Nordostseite des Hügels sind Mauern und ein hoher Turm erhalten. Im Inneren der Festung fand man Reste einer frühhelladischen Siedlung, römischer Thermen und Spuren venezianischer Restaurierungsarbeiten. 1686 landeten Truppen der italienischen Seerepublik mit dem Ziel, Náuplia zu erobern. 1942 benutzten italienische Faschisten den Hügel am Rand der Bucht von Tolón als Schießstand. Asine ist ausgeschildert, gegenüber der Taverne Kastraki geht es – am Wärterhäuschen und der Kirche vorbei – rechts die Stufen hinauf.
Jederzeit zugänglich, gutes Schuhwerk ratsam; Eintritt frei.

Ehrfürchtig – an den alten Mauerresten von Asine

》》 Lesertipp: „Im modernen Ort Asini beginnt in der Nähe des Friedhofs von Asine ein etwa 40-minütiger Aufstieg zum Berg Profíti Elía („Zuckerhut" in Miniatur) mit kleiner Kapelle und Kreuz. Man nähert sich von der rechten Bergflanke, Beschilderung (griechisch) von der geteerten Straße nach links auf den Berg folgen, danach den Kreuzmarkierungen auf den Felsen folgen. Aufstieg mit festem Schuhwerk am besten im Schatten am frühen Vormittag. Oben ein wunderbarer Rundumblick auf die Küste von Drépano, Toló und das Landesinnere." (Stefan und Annette Schlums). 《《

Drépano/Íria

Von Drépano bis zu den Dörfchen am östlichen Rand der Bucht von Tolón gibt es gute Bademöglichkeiten und eine Fülle von Campingplätzen (allerdings unterschiedlicher Qualität) wie sonst kaum irgendwo auf dem Peloponnes. Von ferne sieht man die unbewohnte, steinige Insel Platia.

Zwischen Drépano und Íria liegt das Dorf *Vivári* (mit einladenden Fischtavernen am Meer). Hier, wie am gesamten Küstenabschnitt von Tolón bis Drépano, gibt es einige Übernachtungsmöglichkeiten, besonders Privatzimmer und Apartments. Íria selbst ist ein stilles Bauerndörfchen in der weiten, flachen Bucht. Jeder

Quadratmeter in der fruchtbaren Ebene wird landwirtschaftlich genutzt, ein Artischockenfeld reiht sich an das andere. Bei dem 2 km entfernten „Ableger" *Paralía Íria* handelt es sich um eine ziemlich trostlose Ansammlung von Häusern und Tavernen in langweiliger Umgebung.

Übernachten

Camping Assini Beach, auf der Strecke zwischen Tolón und Drépano, schöne Anlage mit vielen Blumen und schattenspendenden Orangenbäumen, Mini-Market und Bar am Platz, sanitäre Anlagen in Ordnung. Nette Taverne mit Holzdach. Direkt am Kiesstrand gelegen, der für Autos allerdings nicht gesperrt ist. Auf dem Platz Kiesboden, die Stellplätze sind ziemlich klein. Bäume, darunter auch Orangenbäume, spenden ausreichend Schatten. Die nächste Bushaltestelle ist 1 km entfernt. Pro Pers. 5 €, Kinder 3,50 €, Auto 3 €, Zelt ab 3 €, Wohnwagen 6 €, Wohnmobil 7 €, Strom 4 €. Geöffnet von Ende April bis Ende Okt. ✆ 27520/92396, campingassini@yahoo.gr.

Drépano >>> Lesertipp: Apartments Chrisoula-Eleni, "neben Camping Triton II. Eine Minute zum Strand, ruhig und versteckt im wunderschönen Garten hinter schützenden Büschen. 2009 komplett renovierte Apartments und Bungalows (bis 5 Pers.) in zweigeschossigen Gebäuden, modern und gepflegt mit eigenem Balkon, Bad, Aircondidtion, TV und Küchenzeile. Die beiden Schwestern kümmern sich rührend um jeden Gast, Tochter Maria spricht fließend Englisch. Haustiere nach Absprache möglich." (Lesertipp von Karl-Heinz Tomae, Otzberg). Apartment (ab 2 Pers.) ab 45 €. ✆ 27520/92489, mobil ✆ 694/2713462, dimvarg@hotmail.com. <<<

Camping Argolic Strand, angenehmer, schattiger Platz (teilweise unter Matten) mit sehr freundlichem, z. T. auch Deutsch sprechendem Personal. Sehr gepflegte sanitäre Einrichtungen, angemessene Preise. Der Platz liegt direkt am Strand, Mini-Market und Bar vorhanden. Ganzjährig geöffnet. In Drépano rechts abbiegen. Bei 5 Tagen Aufenthalt 10 % Rabatt. Pro Pers. 5–6 €, Auto 3 €, Zelt ab 5 €, Wohnwagen bzw. Wohnmobil 5–6 €, Strom 3 €. Neuerdings auch Chalets mit WLAN, TV, Kühlschrank, privatem Bad und Parkplatz. ✆ 27520/92376, / www.argolic-strand.gr.

Camping New Triton, gepflegte, aber seelenlose Anlage, ziemlich steril. Geräumige Stellplätze (Kies), die durch Hecken voneinander getrennt sind. Direkt am Meer, sehr saubere sanitäre Anlagen, Mini-Market, Restaurant und Bar außerhalb. Von der Straße beschildert. Pro Pers. 6–7 €, Auto 2 €, Zelt 5 €, Wohnwagen 5 €, Wohnmobil 7 €. April bis Okt. geöffnet. ✆ 27520/92128, http://campingnewtriton.com.

Camping Triton II, direkt daneben, aber teurer. Der Platz verfügt über Bar, Restaurant, Mini-Market und Waschmaschine, außerdem Chemietoiletten-Entsorgung. Auch hier abgetrennte Stellplätze, Wassersportmöglichkeiten am Strand. Es stehen auch 16 "Tropical Kiosks" (Stelzenhäuser) zur Verfügung sowie Zimmer. Die Besitzerin spricht Deutsch. Pro Pers. 7 €, Auto 2 €, Zelt 7 €, Wohnwagen 7 € Wohnmobil 9 €. Tropical Kiosk 40 €, Zimmer Triton 50 €. Ganzjährig geöffnet. ✆ 27520/92228, www.tritonii.gr.

Vor und in Íria Im Fischerdorf Vivári gibt es inzwischen eine Reihe kleiner Hotels, Pensionen und Ferienwohnungen. Noch sind hier die Griechen unter sich. Zum Baden ist Vivári jedoch nicht geeignet, nur ein schmaler Strand liegt neben der Straße.

>>> Lesertipp: ** Hotel Areti, in Vivári, direkt an der Durchgangsstraße. Saubere Zimmer mit Bad und Balkon nach hinten hinaus. Im Hotel scheint die Zeit stehen geblieben zu sein, was durchaus Charme hat. Die Besitzerfamilie Bouzalas kümmert sich rührend um jeden Gast. Bleibt man mehrere Tage, gibt die Familie auch Rabatt. (Markus Horeld und Anja Meyer). DZ ab 35 €/Nacht. Zum Haus gehören jedoch auch einige neu erbaute, moderne Ferienwohnungen hinter dem Hotel (mit eigenen Parkplätzen), die ab 40 €/Tag kosten. ✆ 27520/92391, www.aretihotel.com. <<<

>>> Mein Tipp: **Lefka Beach**, hübscher, terrassenartig ansteigender Campingplatz in traumhaft schöner Bucht; 7 km von Para-

Das Dorf Viví bei Drépano

lía Íria, nach dem Dorf Vivári, unterhalb der Küstenstraße. In Serpentinen geht es auf einer Betonpiste bergab. Sand-/Kiesstrand mit kleinen Klippen. Die Sonnenuntergänge, die man hier erleben kann, sind faszinierend. Im Juli/August kann es schon mal passieren, dass man nachmittags keinen Stellplatz mehr bekommt. Sehr gepflegte, ruhige Anlage, netter Service, erstklassige Grillspezialitäten. Besonders gemütlich ist die weinüberrankte Terrasse der Taverne – mit zahlreichen Singvögeln und Blick aufs Meer. Viele Bäume, vor allem Pinien, sorgen für Schatten. Außerdem Mini-Market und Bar. Für Wohnwagen und -mobile gibt es nur zwölf Stellplätze. Wegen der steilen Zufahrt hat das freundliche Besitzerehepaar Gavrilos für Wohnwagen eine starke Zugmaschine angeschafft, mit der die Anhänger problemlos rangiert werden können. Geöffnet April bis Sept. Pro Pers. 5,50–7 €, Kind 3–4 €, Auto 3 €, Zelt 4–6 €, Wohnwagen 5–7 €, Wohnmobil 7,50–8,50 €, Strom 4 €. ✆ 27520/92334, www.camping-lefka.gr. ⋘

»» Lesertipp: „Besser nicht ohne Badeschuhe ins Wasser, es gibt auch auf den Kieseln Seeigel" (Leserbrief von Andrea Pirkenseer, München). ⋘

Camping Posidon, der steinerne Torbogen ist nicht zu übersehen, gepflegter, langer Platz, an der Straße nach Paralía Íria gelegen. Netter, kleiner Sand-/Kiesstrand mit schattenspendenden Bäumen, Bar, Restaurant und Mini-Market. Waschmaschine vorhanden. Freies WLAN. Pro Pers. 6,50 €, Auto 3 €, Zelt 6 €, Wohnwagen bzw., Wohnmobil 7 €. Für Gruppen und bei längerem Aufenthalt gibt es Rabatt. Ostern bis Okt. geöffnet. ✆ 27520/94091, www.posidon camping.gr.

Camping Iria, preisgünstiger, freundlicher Familiencampingplatz in Paralía Íria. Das junge Besitzerehepaar Diana und Vasilis Mitsopoulos haben den gut besuchten, aber ruhigen Platz im Griff: Diana betreibt die Taverne/Bar und den Minimarkt am Platz. Zwei Kühlschränke, zwei Waschmaschinen und ein Trockner stehen zur Verfügung, fünf Caravans werden vermietet. Sehr saubere und getrennte Duschen und Toiletten, Chemietoiletten-Entsorgung für Wohnmobile. Eben, mit viel Schatten unter Bäumen, zum Strand sind es 50 m. Swimmingpool und Kinderspielplatz, außerdem ein eigenes Babybad mit Wanne. Schlechte Busverbindungen, daher Auto notwendig. Ca. 500 m hinter dem Camping Posidon auf der linken Seite. Pro Pers. 4,50–6,30 €, Kind 2,80–4 €, Auto 2,80 €, Zelt 3–6 €, Wohnwagen 6 €, Wohnmobil 6,50–8 €, Strom 4 €. Ganzjährig geöffnet. ✆ 27520/9425-3/, www.iriabeach.com.

Arkadikó

Für Geschichtsinteressierte lohnt sich ein Ausflug zu dem 14 km östlich von Náfplion gelegenen Bauerndorf Arkadikó. Die Gegend war schon vor mehreren tausend Jahren besiedelt. 700 m westlich vom Dorf (zwischen Pirgiótika und Arkadikó) hat eine mykenische Brücke (ausgeschildert) die Jahrtausende überstanden. Ihre spitzbogige Form erinnert an das beeindruckende Mauerwerk in Tíryns.

Im Dorf selbst wurde ein mykenisches Grab entdeckt. Das Gelände mit dem 3500 Jahre alten Tholos ist umzäunt und kann nur von außen besichtigt werden. Überragt wird der Weiler von der antiken Akropolis von Kazarma. Der Hügel, der bereits im 4. Jh. v. Chr. genutzt wurde, wurde später von Türken und Venezianern zu einer Wehranlage ausgebaut. Ein Aufstieg zur Ruine lohnt sich wegen der wenig beeindruckenden Reste allerdings nur für Spezialisten.

Ligourió

Das Landstädtchen Ligourió in der Nachbarschaft des antiken Theaters von Epídauros kennen die meisten Besucher nur vom Durchfahren. Dabei lohnt sich ein Stopp wegen einer sehenswerten mittelalterlichen Kirche an einem größeren Platz – unmittelbar an der Hauptstraße. Die urtümliche Kirche **Agioas Ioannis Eleimon** zählt zu den ältesten byzantinischen Kirchen der Gegend. Bei ihrem Bau wurden auch antike Trümmer benutzt. Der Kuppelbau wurde bereits im 11. Jh. errichtet. Der Eingang befand sich ursprünglich im Norden. Dort hat sich auch der Architekt des bescheidenen Kirchleins, Theophylaktos aus Keos, verewigt. Mittlerweile liegt der Eingang im Westen. Der heutige Narthex (Vorhalle) wurde erst in der ersten Hälfte des 12. Jh. errichtet. Das Innere des Kirchleins mit Säulen und Pfeilern besitzt keine Fresken. Eine weitere Sehenswürdigkeit des Ortes ist das gut ausgeschilderte **Naturkundemuseum** mit beachtlichen Fossilienfunden aus einem Steinbruch der Umgebung.

>>> Lesertipp: *** Hotel Hani Inn, „sehr freundlicher Service, große, schöne Zimmer. In der Küche wird nur Biogemüse aus eigenem Anbau verwendet" (Rosa Maria Bolt Ochsner). Ganzjährig geöffnet. DZ in der Hauptsaison 60 €, sonst 45 € (inkl. Frühstück). ✆ 27530/23209, mobil 6951822202, www.haniinn.gr. <<<

Weitere **Hotels** befinden sich in unmittelbarer Nähe des antiken Ausgrabungsgeländes; → „Epídauros".

Pfeifenmacher George Stefanou in Gianouléika

Wer von Náfplion nach Epídauros unterwegs ist, kommt u. a. in dem kleinen Dorf Gianouléika vorbei. Dort betreibt der hoch betagte Pfeifenmacher George Stefanou (spricht nur Griechisch) eine kleine Werkstatt mit recht guter Auswahl. Angefangen von den einfachen Modellen (ab 8 €) und Lesepfeifen über Pfeifen im klassischen Stil, verkauft er auch „Freehands" (60 €, je nach Maserung). Schadstoffe werden übrigens in einigen Modellreihen mit einem 6 mm starken Holz(!)filter abgefangen. Achtung vor dem Kauf: Gelegentlich sitzt die Bohrung etwas zu hoch.
Die Werkstatt liegt im Wohnhaus des Pfeifenmachers in Gianouléiko (9 km westlich von Ligourió), ca. 20 m abseits der Hauptstraße, der Weg ist bestens beschildert („Pipex Pipes"). ✆ 27530/22477.

Epídauros: das eindrucksvollste Theater der Antike in Griechenland

Epídauros

Zweifellos ein Höhepunkt jeder Peloponnes-, mehr noch, jeder Griechenlandreise. Die mondäne Kur- und Kultstätte der Antike liegt in einer weiten Ebene, umgeben von sanften Hügeln. Attraktion des großflächigen Geländes ist das 14.000 Zuschauer fassende, 2300 Jahre alte Theater, das am besten erhaltene in ganz Griechenland. Jeden Sommer erwacht es während des Theaterfestivals zu neuem Leben.

In Epídauros, 30 km von Náfplion entfernt, wurde *Asklepios*, der Gott der Heilkunde, verehrt. Viele Jahrhunderte war der Ort religiöses Zentrum und Kurort zugleich. Tempel, Säulenhallen, Krankenhäuser, Vergnügungsstätten, Hotels und später bei den Römern sogar noch Thermen – den Gästen fehlte es an nichts.

Ab 1. April tägl. 8–20 Uhr (im Winter 8–17 Uhr), geschlossen am 1. Jan., Ostersonntag, 1.5. und am 25./26.12. Eintritt 12 € (Ausgrabung und Museum), alle unter 18 J. und EU Studenten frei, Rentner über 65 J. 6 €.

Eintritt frei am 6.3., 18.4., 18.5., 28.10., am ersten Sonntag des Monats zwischen Nov. und März und am letzten Wochenende im Sept. ✆ 27530/22009.

Das antike Epídauros ist nicht zu verwechseln mit dem stillen Bauerndorf *Nea Epídauros* oder dem 15 km entfernten Hafen und Badeort *Paleá oder Archea Epídauros*.

Geschichte

Der Aufstieg von Epídauros war untrennbar mit dem Kult um Asklepios verbunden. Der Ort in der Argolís gilt als seine Geburtsstätte. Im 5. Jh. v. Chr. erlebte die Verehrung auf dem Peloponnes, auf Kos und in Athen einen solchen Aufschwung, dass der Kult um seinen Vater Apollon darunter litt. Die Ausgrabungen griechischer Archäologen belegen, dass in Epídauros bereits im frühesten Altertum religiöse Handlungen vollzogen wurden. Die ältesten Funde stammen aus der frühhelladischen Epoche.

Die Rache des Hades

Als Sohn des Apollon und der Koronis wurde *Asklepios*, Gott der Heilkunde, geboren. Noch während der Schwangerschaft betrog Koronis, eine Tochter des thessalischen Königs Phlegyas, ihren Apollon mit dem sterblichen Ischys. Apollon tötete sie daraufhin mit einem Pfeil. Asklepios wurde aus dem Leib seiner Mutter gerettet und soll von einer Ziege auf einem Berg nordöstlich von Epídauros gestillt worden sein. Der schlaue Kentaur Chiron zog den jungen Asklepios auf, der sich bei ihm seine medizinischen Kenntnisse erwarb. Selbst Tote soll Asklepios wiedererweckt haben, womit er sich die Feindschaft von Hades, dem Gott der Unterwelt, zuzog. Göttervater Zeus, bei dem dieser sich über Asklepios beschwerte, schenkte Hades Gehör und ließ Apollons Sohn mit Donner und Blitz töten.

Die Heilung der Kranken erfolgte vermutlich durch Hypnose, aber auch Thermalbäder, Entspannung und geistige Anregung, beispielsweise Theatervorstellungen, gehörten zur Therapie. Der Besuch des Asklepios-Heiligtums verlief nach einem strengen Ritual: Zuerst unterzog sich der Patient einer kultischen Reinigung, danach brachte er Apollon ein Opfer dar. Anschließend legten sich die Kranken im „Abaton" schlafen. Im Traum wurde ihnen von der Gottheit der Weg der Heilung aufgezeigt. In späterer Zeit, als die Kenntnisse in der Medizin fortgeschritten waren, kombinierte man Hypnose mit medizinischen Behandlungsmethoden. Diese Art Seelenheilung fand ihre Fortsetzung im Christentum, z. B. in den legendären Wallfahrtsorten der Katholiken, und ist heute Teil der modernen Psychotherapie. Dagegen fand der Schriftsteller Henry Miller seine ganz eigene Erklärung: „Ich glaube, dass die großen Scharen, die die lange Wanderung nach Epidaurus aus allen Winkeln der Alten Welt her unternahmen, bereits geheilt waren, ehe sie eintrafen."

Wie andere Kultstätten sammelte auch Epídauros einen erheblichen Reichtum an. Im 1. Jh. v. Chr. eroberte und plünderte Sulla das Heiligtum. Die Weihegaben und Schätze waren der Sold für seine Soldaten. Epídauros wurde in dieser Zeit auch von Seeräubern heimgesucht. Die Römer bauten später die Kultstätte wieder auf und fügten noch ein Sanatorium und ein Heilbad an.

Seit dem 5. Jh. v. Chr. wurden in Epídauros auch eigene Festspiele abgehalten. Die sog. *Asklepieia* fand alle vier Jahre statt, genau neun Tage nach den Isthmischen Spielen. Die Veranstaltungen umfassten sportliche Disziplinen, aber auch künstlerische Wettbewerbe.

Anfahrt Das Ausgrabungsgelände ist mit dem Auto bequem zu erreichen. Eine Asphaltstraße führt über Ligurió nach Náfplion und Kranídi – Portochéli, außerdem eine autobahnähnliche Straße über Palaia/Paleá Epídauros nach Korínth und weiter nach Athen.

Verbindungen Busstation, am Parkplatz. Im Sommer tägl. 6-mal nach Náfplion (3,90 €) und 3-mal tägl. nach Paleá Epídauros, 2-mal nach Galatás (Insel Póros) und Kranídi – Portochéli – Kósta. Zur Zeit des Theaterfestivals fahren auch abends Busse nach Epídauros, und zwar ab Náfplion, Paleá Epídauros, Árgos, Tolón, Drépano und Athen. Abfahrtszeiten der Busse sind am Parkplatz angeschrieben. Weitere Informationen bei der K.T.E.L. in Náfplion,

Singrou-Str. 8, ✆ 27520/27323. Der Ticketkauf für eine Veranstaltung des *Epidauros Festival* berechtigt zu einem reduzierten Busticket von und nach Athen Kifisos Intercity Bus Station, Kifissou 100. Abfahrtszeit in Athen 17 Uhr, Preis 10 €. Infos unter www.greekfestival.gr/en.

Zudem veranstalten Reisebüros (teure) Ausflugsfahrten nach Epidauros.

Praktisches Trinkwasser gibt es auf dem ca. 100 m langen Weg vom Parkplatz zum Haupteingang auf der rechten Seite und 5 m rechts vom Museumseingang. **Toiletten** vor dem Eingang und auf dem Ausgrabungsgelände halbrechts vom Eingang des Museums. Am Parkplatz stehen auch ein **Postcontainer** und eine Bude, in der **Erfrischungsgetränke** verkauft werden.

Übernachten * Hotel Avaton, moderner Zweckbau 1,5 km vom Ausgrabungsgelände an der Straßenkreuzung nach Náflion, wegen des vielen Verkehrs Zimmer nach hinten nehmen, ganzjährig geöffnet. EZ 35–40 €, DZ 45–60 € (inkl. Frühstück). ✆ 27530/22178, www.avaton.com.gr.

Theaterfestival von Epídauros

In der einzigartigen Kulisse des antiken Theaters finden jährlich im Juli und August Theaterfestspiele von internationalem Rang statt. Inszeniert werden ausschließlich die antiken griechischen Dramatiker Euripides, Aristophanes, Aischylos und Sophokles. Ein Besuch der Festspiele, die seit über 40 Jahren stattfinden, ist ein unvergessliches Erlebnis.

In Epídauros trifft sich alljährlich, was in der griechischen und internationalen Theaterwelt Rang und Namen hat: Hier inszenierten bereits der Engländer Peter Hall sowie Peter Stein; und immer wieder stammt das Bühnenbild von Dionysis Fotopoulos, der schon für die Frankfurter Oper ebenso wie für Peter Steins Inszenierungen bei den Salzburger Festspielen einmalige Bühnenbilder geschaffen hat.

In den 60er-Jahren sorgte Maria Callas für Besucherscharen wie letztmals in der Antike, und über allem hatte die 1994 verstorbene Kulturministerin Melina Mercouri bis zuletzt ein wachsames Auge. Sie war es auch, die die erste ausländische Inszenierung nach Epídauros holte; seitdem werden jährlich zwei Inszenierungen von fremden Ensembles gezeigt, obwohl, „wie ein Teil der Traditionalisten glaubt, die griechischen Götter aufgeschreckt werden, wenn statt der landeseigenen Bühnen fremde Theaterensembles und mit ihnen der Festspielzirkus am heiligen Ort Einzug halten." (Süddeutsche Zeitung).

Für ein Novum in der Geschichte des Theaterfestivals sorgte Peter Stein im Jahre 2002. Zum ersten Mal wurde in Epídauros kein antikes Drama inszeniert. Nach langem Gezerre durfte Stein „Penthesilea" von Heinrich von Kleist inszenieren. Nur ein Machtwort des damaligen griechischen Kulturministers Evangelos Venizelos ermöglichte das Werk. Die Wahl Kleists anstelle eines antiken Autors begründete Stein damit, dass dieser eine wichtige Station bei der Vermittlung des antiken Dramas darstelle.

Karten in Athen bei Hellenic Festival S.A., 23 Hadjichristou Str./Ecke Makrigianni Str., ✆ 210/3272000, tickets@greekfestival.gr. Geöffnet Mo–Sa 8.30–14 und 17–19 Uhr, So (nur während der Saison) 10–13 Uhr. Ein Kartenverkauf findet zur Zeit des Festivals auch in Epídauros am Parkplatz statt, und zwar Mi, Fr und Sa 10–13 und 18–21 Uhr (✆ 27530/22026 oder 22009). Hier sind auch Programme erhältlich. Alle Vorstellungen fangen um 21 Uhr an und dauern bis ca. 23 Uhr. Infos unter www.greekfestival.gr/en.

Rundgang

Theater (1): In punkto Erhaltungszustand und Berühmtheit findet man in ganz Griechenland nichts Vergleichbares. Allein die Harmonie, mit der sich das Bauwerk, das immerhin rund 14.000 Zuschauer fasst, in die Landschaft einfügt, macht einen Besuch lohnenswert. Die einmalige Akustik überrascht selbst Kenner. Zu Demonstrationszwecken lassen Reiseleiter gerne in der Orchestra eine Münze fallen, zerreißen ein Stück Papier oder rezitieren ein paar Verse eines griechischen Dramatikers – bestens hörbar selbst in der obersten Sitzreihe. In dem 2300 Jahre alten Theater, dessen 55 Sitzreihen beinahe vollständig erhalten sind, finden noch heute Inszenierungen statt. Beeindruckend die Symmetrie und Eleganz des Baus – eine architektonische Meisterleistung!

Dem griechischen Schriftsteller Pausanias zufolge wurde das Theater von Polyklet dem Jüngeren erbaut, einem Architekten und Bildhauer aus Argos, der um 350 v. Chr. lebte. Laut neueren Forschungen stammt es wahrscheinlich aber erst aus dem frühen 3. Jh. v. Chr. Ungefähr hundert Jahre später erfolgte die Erweiterung des Theaters von ursprünglich 34 auf 55 Sitzreihen, unterteilt in 22 Sektoren.

Von der Skene (Bühnengebäude) blieb lediglich der Unterbau erhalten. Eine eigene Bühne wurde für die Festspiele von Epídauros errichtet. Die Orchestra, in der sich der Chor während der Theateraufführungen bewegt, besitzt einen Durchmesser von 20 m und einen Boden aus gestampftem Lehm. In der untersten Reihe befanden sich die Ehrenplätze – Sessel mit Rückenlehnen. Man hat damals nicht nur das Akustikproblem so ausgezeichnet gelöst, dass ein Flüstern der Schauspieler noch in der obersten Reihe, d. h in 22 m Höhe, vernehmbar ist, sondern

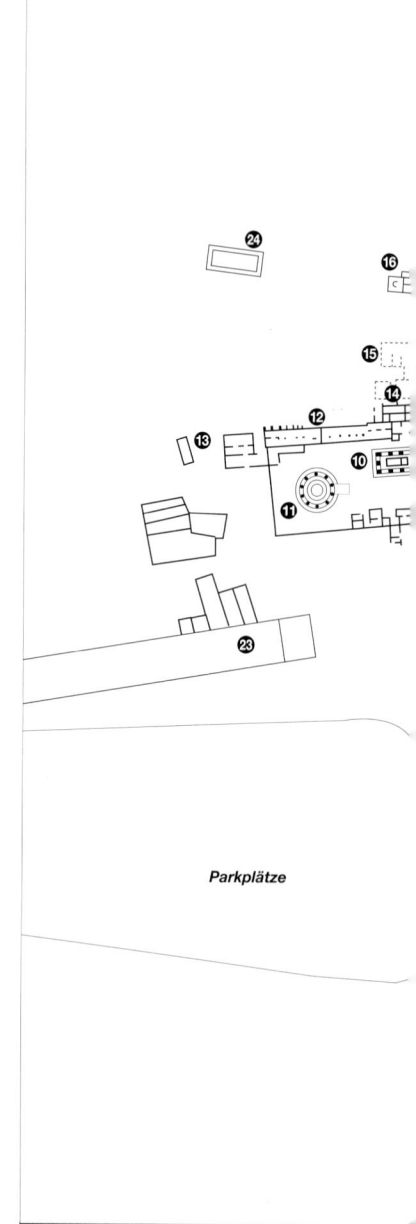

Parkplätze

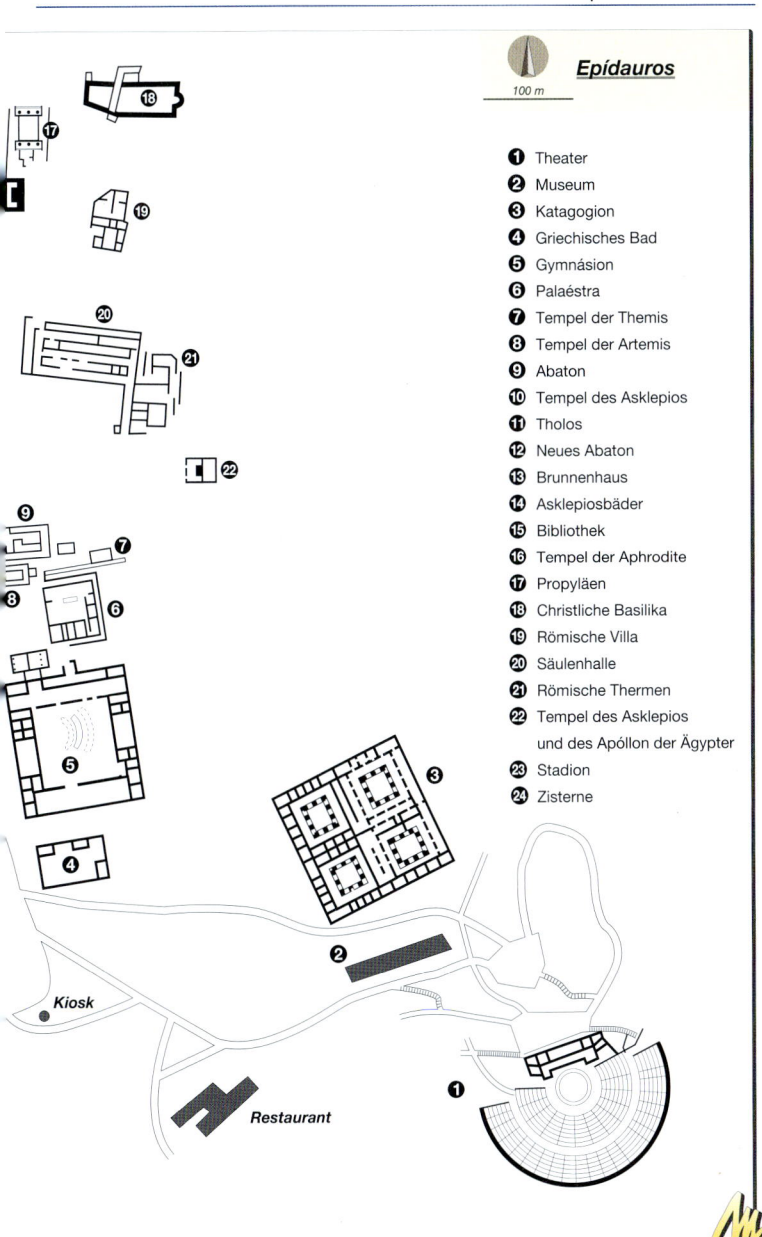

Epídauros

Epídauros

100 m

1. Theater
2. Museum
3. Katagogion
4. Griechisches Bad
5. Gymnásion
6. Palaéstra
7. Tempel der Themis
8. Tempel der Artemis
9. Abaton
10. Tempel des Asklepios
11. Tholos
12. Neues Abaton
13. Brunnenhaus
14. Asklepiosbäder
15. Bibliothek
16. Tempel der Aphrodite
17. Propyläen
18. Christliche Basilika
19. Römische Villa
20. Säulenhalle
21. Römische Thermen
22. Tempel des Asklepios und des Apóllon der Ägypter
23. Stadion
24. Zisterne

Kiosk

Restaurant

Argolis → Karte S. 206/207

auch die (seltenen) Regenfälle berücksichtigt. Jede Sitzreihe ist so geneigt, dass das Wasser über die Treppen durch eine die Orchestra umgebende, halbkreisförmige Rinne in vorgesehene Kanalöffnungen abfließen kann.

Die Orchestra war von den Seiten zugänglich. Durch die breitere Tür betrat der Chor die Orchestra, die schmalere führte über eine Rampe zur erhöhten Bühne, die zur Skene gehörte. Das Bühnengebäude bestand aus einer lang gestreckten Stoa mit einer erhöhten, länglichen Spielfläche von fast 48 m².

Museum (2): Auf dem Weg vom Theater zum Heiligen Bezirk stößt man nach wenigen Metern auf das Museum, das man unbedingt besuchen sollte. Das schmale Gebäude beherbergt zahlreiche Rekonstruktionen des Tholos-, Asklepios- und Artemis-Tempels.

Zudem sind Reste antiker Bauten, Skulpturen, sogar Weihegaben und Inschriften ausgestellt, die den Reichtum und die Pracht von Epídauros verdeutlichen.

Eintritt frei, Fotografieren nur ohne Blitzlicht.

Saal 1: beachtenswerter Wandfries, in Vitrinen Kleinfunde, u. a. auch medizinische Instrumente.

Saal 2: zahlreiche Statuen, darunter auch Asklepios mit Stab, um den sich eine Schlange windet. Bei den Skulpturen handelt es sich meist um Abgüsse, da sich die Originale im Athener Nationalmuseum befinden. Außerdem Rekonstruktionen des Gebälks der Propylaia.

Saal 3: Rekonstruktion von Bauteilen des Tholos mit seinen beeindruckenden Dimensionen, darunter auch ein korinthisches Kapitell, das um 340 v. Chr. wahrscheinlich von Polyklet dem Jüngeren geschaffen wurde. Bilder zeigen das frühere Aussehen der Gebäude. Weiterhin Figuren aus dem Wandfries und Wandfragmente des Asklepios-Tempels. Aus dem Tempel der Artemis sind eine dorische Säule und Teile des Frieses sowie des Gebälks zu sehen.

Katagogion (3): Nur 100 m vom Museum stößt man auf das größte Gebäude von Epídauros. Dieses zweistöckige Gästehaus mit 160 Zimmern wurde im 4. Jh. v. Chr. erbaut. Der quadratische Bau besaß 4 Innenhöfe. Das Katagogion aus verputztem Lehmziegel war die wichtigste Unterkunft für Pilger und Heilsuchende.

Griechisches Bad (4): Westlich von dem antiken Hotel ist ein griechisches Bad aus dem 3. Jh. v. Chr. erhalten. Es bestand aus unterschiedlich großen Räumen, in denen Archäologen Wannen und Becken fanden. Man sieht noch Reste eines Ziegelfußbodens und diverse Sockel, auf denen einst die Säulen standen.

Gymnásion (5): Das rechteckige Gebäude (75 m x 69 m) mit einem großen Innenhof wurde in römischer Zeit umgebaut. Für Musikaufführungen und Vorträge entstand im Hof ein noch heute zu erkennendes Odeion mit einem Dutzend ansteigender Sitzreihen. Zu erkennen ist noch der Unterbau der Zuschauerreihen. Der große Propylón im Norden des Gebäudes wurde zu einem Tempel der Hygieia (Göttin der Gesundheit) umgebaut.

Palästra (6): 15 m nördlich vom Gymnásion befand sich ein rechteckiger Bau (34 m x 29 m), dessen Zweck bis heute nicht eindeutig geklärt ist. Vermutlich handelt es sich um die Palästra oder die Stoa des Kotys. Es stammt aus hellenistischer Zeit und wurde von den Römern renoviert. Im Inneren gab es einen Säulenhof. Die Ruinen, die man heute sieht, stammen von einem römischen Neubau aus dem 2. Jh. n. Chr.

Tempel der Themis (7): Von dem kleinen Tempel aus dem 4. Jh. v. Chr. an der nordöstlichen Ecke der Palästra hat die Zeit nur noch die Überreste des Unterbaus übrig gelassen. Das Heiligtum war Themis geweiht, der Göttin der Gerechtigkeit.

Tempel der Artemis (8): Nordwestlich der Palästra lag – 13 m lang und 9 m breit – der Artemis-Tempel aus dem 4. Jh. v. Chr. Im Ostteil befand sich die Eingangshalle mit 6 dorischen Säulen. Der kleine Tempel stand am Rand des Heiligen Bezirks, des *Hierons*.

Abaton (9): Nur ein paar Meter nördlich vom Artemis-Tempel schließt sich ein rechteckiger Bau (21 m x 24 m) an. Er entstand im 6. Jh. v. Chr. und ist somit das älteste Gebäude des Heiligen Bezirks. Hier verbrachten Pilger die Nacht, um im Traum eine Eingebung von Asklepios zu bekommen. In römischer Zeit entstanden Priesterwohnungen.

Tempel des Asklepios (10): Trotz der relativ bescheidenen Ausmaße (23 m x 11 m) war dies der wichtigste Sakralbau von Epídauros. Zu dem Tempel nordwestlich vom Abaton führte ein gepflasterter Weg, ihn selbst betrat man über eine Rampe. Er wurde im dorischen Baustil mit klassischen Proportionen (elf Säulen in der Längsseite und sechs Säulen in der Breitseite) im 4. Jh. v. Chr. von dem Architekten Theodotos von Phokaia erbaut.

Der Asklepios-Tempel bestand aus einem *Pronaos* und der *Cella* mit dem wertvollen Kultbild aus Gold und Elfenbein. Die Plastik wurde von dem Bildhauer Thrasymedes von Paros um 350 v. Chr. geschaffen, deren Aussehen uns ein griechischer Schriftstellers folgendermaßen beschreibt: Asklepios saß auf einem Thron, in der einen Hand hielt er einen Stab, in der anderen den Kopf einer Schlange, ein Hund neben ihm. An dem Thron waren die Taten von argivischen Heroen angebracht.

Der Tempel wurde in fast fünfjähriger Bauzeit mit brüchigem Poros-Stein aus Korínth errichtet, der Marmor kam aus dem nahen Attika. Wichtige originale Architekturteile sind im

In Epidauros ist jeder Stein ein Stück Geschichte

Athener Nationalmuseum aufbewahrt, Kopien im Museum von Epídauros.

Tholos (11): Das architektonisch interessanteste Gebäude des Hierons (Heiliger Bezirk) war der von 26 dorischen Säulen umgebene Rundbau westlich vom Asklepios-Tempel. Der Tholos entstand zwischen 360 und 320 v. Chr. nach den Plänen von Polyklet dem Jüngeren, der ähnliche Gebäude in Delphi und Olympía schuf. Sein Zweck ist bis heute unklar. Vielleicht war er eine Opferstätte oder sogar das Grab des Asklepios. Heute sieht man von dem prächtigen Bau mit einem maximalen Durchmesser von 22 m nur noch die Fundamente, die aus sechs konzentrischen Mauern bestehen, die teilweise wieder aufgebaut wurden.

Der Eingang des Rundbaus lag im Osten und war über eine Rampe zugänglich. Neben den 26 dorischen Säulen außen gab es innen 14 korinthische Säulen, die zu den prächtigsten Beispielen dieses Architekturstils zählen. Die Decken der Hallen waren mit Marmorblumen verziert, die Innenwände mit Fresken verschönt, der Boden konzentrisch mit schwarzen und weißen Marmorplatten ausgelegt. In der Mitte der Cella befand sich eine weiße Marmorplatte, die entfernt werden konnte, um in das Untergeschoss zu gelangen. Durch drei Ringmauern entstand eine Art Labyrinth. Welchen Zweck der Architekt damit verfolgte, ist unbekannt.

Am Tholos, dem Asklepios-Tempel und dem Griechischen Bad fanden in den letzten Jahren umfangreiche Ausgrabungs- und Restaurierungsarbeiten statt. Man kann den Archäologen bei ihrer Arbeit über die Schulter schauen.

Neues Abaton (12): Nördlich vom Tholos gibt es einen lang gestreckten, eigentlich aus zwei Hallen bestehenden, eindrucksvollen Komplex mit einer Gesamtlänge von 70 m. Von den beiden Stoen sieht man heute nur noch einzelne Säulen. Die östliche Halle war eingeschossig und entstand im 4. Jh. v. Chr.; die westliche aus dem 3. Jh. v. Chr. besitzt zwei Stockwerke und war das antike „Schlaftherapiezentrum" für die Pilger. Dort sollte ihnen der Gott im Traum erscheinen und den Weg der Heilung zeigen. Das Abaton wird zurzeit restauriert.

Brunnenhaus (13): Westlich vom Neuen Abaton gab es ein Brunnenhaus aus der Römerzeit. Es stand vermutlich auf den Fundamenten eines älteren Gebäudes.

Asklepiosbäder (14): Sie lagen am nordöstlichen Ende des Neuen Abaton, stammen aus dem 2. Jh. v. Chr. und wurden ebenfalls auf den Fundamenten eines älteren Gebäudes aus dem 5. Jh. v. Chr. errichtet.

Bibliothek (15): ebenfalls aus dem 2. Jh. v. Chr.

Aphrodite-Tempel (16): nördlich der Bibliothek. Vorhanden sind nur noch spärliche Reste dieser im 4. Jh. v. Chr. erbauten Kultstätte.

Propyläen (17): Im weiteren Verlauf der einstigen, heute nicht mehr existenten *Heiligen Straße* Richtung Norden stößt man auf die Propyläen, den Eingang des antiken Epídauros. Der Bau, bestehend aus zwei Säulenhallen mit je sechs Säulen (ionische an der Nord und korinthische an der Südseite), wurde zwischen 340 und 330 v. Chr. errichtet. Dieses mächtige Tor, das etwas unterhalb des übrigen Ausgrabungsgeländes (am Ende des umzäunten Geländes) liegt, war außen mit Friesen geschmückt.

Christliche Basilika (18): 100 m östlich der Propyläen (am Rande der Umzäunung) liegen die Ruinen einer frühchristlichen Basilika, die um 400 n. Chr. entstanden ist. Sie beweist, dass Epídauros nach der Christianisierung weiterhin Verwendung fand. Die fünfschiffige Basilika wurde aus dem Material antiker Gebäude erbaut.

Römische Villa (19): Auf dem Rückweg zum Heiligen Bezirk stößt man nach 50 m auf die Reste dieser Villa, die vermutlich aus der gleichen Zeit stammt.

Säulenhalle (20): Noch weiter südlich (östlich vom Aphrodite-Tempel) liegen die Ruinen einer dorischen Säulenhalle aus dem 2. Jh. v. Chr.

Römische Thermen (21): östlich der Säulenhalle (20) gelegen. Die Wasserbecken sind noch erkennbar.

Tempel des Asklepios und des Apollon der Ägypter (22): Südlich von den Römischen Thermen, am Rande des Pinienwäldchens, steht dieses römische Gebäude, offensichtlich ein Heiligtum der Dioskuren.

Stadion (23): Westlich von Gymnásion (5) und Palästra (6) liegt das Stadion von Epidauros in einer natürlichen Senke. Der im 5. Jh. v. Chr. entstandene Platz hat eine Breite von 23 m und eine Laufbahn von 181 m Länge. Hie und da sind noch Sitzreihen zu erkennen, die teils aus dem Fels gehauen, teils gemauert waren. An der südlichen Längsseite befanden sich Ehrenplätze mit Rückenlehne, gegenüber führte ein unterirdischer Gang zu einer Palästra, dem Übungsplatz für die Ringer.

Paleá Epídauros

In einer mit Zitronenhainen übersäten Ebene am Saronischen Golf liegt das Hafenstädtchen. Die geschützte, idyllisch gelegene Bucht ist ein beliebter Badeort, im Sommer herrscht Hochbetrieb.

Paleá (oder auch Archea Epidauros) lockt mit einem schönen Hafen, einigen Stränden in der Umgebung und sogar archäologischen Attraktionen. Auf der Halbinsel, nicht weit vom Dorfzentrum, liegt das kleine *antike Theater*, von dem noch 15 Sitzreihen erhalten sind. Im Südwesten des Landvorsprungs liegt unter Wasser eine *antike Stadt* verborgen. Mitten im Dorf (bei der BP-Tankstelle die kleine Straße hinauf, dann links) wurden vor einigen Jahren mykenische Gräber entdeckt und freigelegt. Durch die relative Nähe zu Athen kommen vor allem am Wochenende immer mehr Gäste aus dem Großraum der Hauptstadt.

Paleá Epídauros, Naherholungsgebiet von Athen

Basis-Infos

Verbindungen Busse, 2- bis 3-mal tägl. über Korínth nach Athen (13 €), 1-mal tägl. Náfplion (4,20 €) und 6-mal tägl. zu den Ausgrabungen von Epídauros (1,80 €, im Winter nur 1-mal!). Zu den Festspielen von Epídauros fahren an den Wochenenden abends Busse. Weitere Informationen: K.T.E.L. Náfplion, ℡ 27520/27423 oder 26205. Busstation

264 Argolís

bei der Post im Zentrum. Weitere Verbindungen vom Parkplatz des Ausgrabungsgeländes von Epídauros.

Taxi: an der Hafenplatia oder ✆ 27530/41723.

Adressen Polizei/Hafenpolizei, im ersten Stock des Ladens gegenüber der Apotheke, nahe dem Hafen. ✆ 27530/41203 (Polizei), 27530/41216 (Hafenpolizei).

Post, an der Hauptstraße. Mo–Do 8–14.30 Uhr, Fr 8–14 Uhr.

Tauchen, Epidive bietet geführte Tauchgänge und Tauchstunden für Anfänger und Fortgeschrittene an. Vermietet außerdem Boote für einen halben oder ganzen Tag. Direkt am Hafen. ✆ 27530/41236, 0697/6509563, www.epidive.net.

Athina Eco Farm, Laden an der Hauptstraße und am Vialasi-Strand. Verkauft u. a. Olivenöl, Marmeladen, Früchte, Salben und Seifen. Vermietet auch Zimmer. ✆ 27530/42071. ■

Übernachten

Hotels ** Hotel Verdelis Inn, mit schöner Aussicht vom Balkon und nettem Service. Am Hafen gelegen, ziemlich modern, mit Terrasse und Garten. Die Zimmer sind mit Klimaanlage und TV ausgestattet, dazu Bad und Balkon. EZ bzw. DZ ab 45 € (inkl. Frühstück). ✆ 27530/41332, www.verdelis-inn.gr.

》》 Mein Tipp: *** Hotel Christina, sympathischstes Hotel in Paleá Epídauros. Am Hafen, mit Terrasse und Restaurant im Erdgeschoss, Lift. Von den sauberen, gut möblierten Zimmern z. T. Blick auf die Fischerboote an der Mole. Der Sohn der Eigentümerin Christina spricht gut Englisch und Französisch. Allen Besitzern dieses Reiseführers gewährt die Familie Paraskevopoulos einen Sonderrabatt: Wer eine Woche bleibt, für den ist die siebte Nacht gratis. Alle Zimmer mit Bad, Balkon, TV und Airconditon. Geöffnet 28.3. bis 31.10. EZ ab 35 €, DZ 40–50 €, Frühstück pro Pers. 7 €. ✆ 27530/41451, www.christinahotel.gr. 《《

*** **Apartment-Hotel Marialena**, am Ortseingang (aus Nea Epídauros kommend) auf der linken Seite. Bar und Taverne im Erdgeschoss; nette, familiäre Atmosphäre. Insgesamt zehn Apartments (alle mit Airconditon), die großen Apartments verfügen jeweils über zwei Zimmer (große Wohnzimmer), Küche, Bad und Balkon. Hunde nach Absprache erlaubt. Freies WLAN. Ganzjährig geöffnet. DZ 68 € mit Frühstück. Für Juli/Aug. sollte man frühzeitig reservieren. ✆ 27530/41090, www.hotel-marialena.gr.

*** **Aristotelis**, liegt in Gehdistanz zum Strand Yialasi, auf einem Hügel, etwas außerhalb des Orts. Balkon mit Meerblick, Pool und gutes Frühstück. DZ 60 €. ✆ 27530/96553, www.hotel-aristotelis.gr.

** **Hotel Possidon**, Eckhaus am Hafen, schöne Lage und Aussicht. Die Familie von Kyriakes Pitsas vermietet nur elf Zimmer (alles DZ), gepflegt und mit Geschmack eingerichtet, alle mit Bad, Balkon und Aircondition. Im Erdgeschoss Taverne. Mai bis Okt. geöffnet. DZ ab 45 €, Frühstück 6 € pro Pers. Sehr gutes Preis-Leistungs-Verhältnis. ✆ 27530/41211 oder 41770.

Lesertipp Hotel Saronis, „alle Zimmer sind renoviert und haben einen Balkon mit seitlichem Meerblick. Mit Parkplatz, Aufzug, Klimaanlage, WLAN, TV und Kühlschrank. Die Hotelmanagerin Katerina spricht Deutsch und ist sehr hilfsbreit. Ihre Mutter versorgt die Gäste mit einem leckeren Frühstücksbuffet" (Karin und Hermann Oswald). In der Nähe des Hafens. DZ 40–60 €. ✆ 27530/41514, www.saronis-hotel.com/en.

** **Hotel Apollon**, unmittelbar am Meer gelegen (Gialasi-Strand), 3 km südlich von Hafen und Ortszentrum. Sympathischer Service, komfortable 38 Zimmer mit Bad, Kühlschrank, Sat-TV, Internet, Balkon und Aircondition. Hauseigene Strandbar. EZ 40–50 €, DZ 50–65 € (inkl. Frühstücksbuffet). ✆ 27530/41051 oder 41295, www.apollon-epidavros.gr.

Rooms Elena, die Straße beim Hotel Christina hinein, nach 50 m auf der linken Seite. Recht günstig, zwölf saubere Zimmer, das DZ kostet ab 45 €. ✆ 27530/41111.

Sokrates Rooms, neben dem Camping Nicolas II (Anfahrt → S. 266), schöne Anlage. Geöffnet von Juni bis Sept., im Aug. allerdings oft ausgebucht. Günstig: Apartment mit Bad und Kochgelegenheit für 2 Pers. 40–45 €. ✆ 27530/41706.

** **Apartments Magda**, liegen noch etwas südlicher in der Bucht, direkt am Meer.

Beschauliche Fischerbucht

Vom Camping Nicolas II aus beschildert (200 m südlich). Sehr gepflegte Anlage, geräumige und moderne Studios und Apartments, mit Küche und Bad ausgestattet, ruhige Lage. Studio für 2 Pers. 60–85 €, Apartment 70–110 € (Frühstück auf Anfrage). ℡ 27530/41689, www.hotelmagda.gr.

》》》 Mein Tipp: *** **Studios & Apartments Yialasi**, 14 Zimmer in einem großen Anwesen mit sehr gepflegtem Garten, Pool und Kinderspielplatz. In Hanglage mit sehr schönem Meerblick, etwa 200 m vom Strand entfernt. Geräumige, geschmackvoll eingerichtete Studios (ca. 27 m^2) und Apartments (ca. 50 m^2) mit Küche, Aircondition, Terrassen, WLAN im Aufenthaltsraum. Sehr lobenswertes Frühstück, das individuell zusammengestellt wird. Zudem Mittag- und Abendessen mit guten Speisen und angemessenen Preisen. Eigenes Fahrzeug ist nötig, Ort und Restaurants liegen 2–3 km Luftlinie entfernt. Studio (2 Pers.) mit Frühstück 72–86 €, Apartment 95–125 €. Ortsteil Panagía (südlich von Paleá Epídauros, nahe Camping Bekas und im Besitz derselben Familie). ℡ 27530/96560, www.yialasi.com. **《《《**

Mouria (Gikas Holiday Club), betreibt ein Restaurant, ein Hotel und die zwei Campingplätze Nicolas. Vermietet zwölf schöne Zimmer und acht Apartments. Preise auf Anfrage. ℡ 27530/41218, www.mouria.gr.

Camping Camping Nicolas I, eigener, schmaler Strand. Idyllischer Platz unter Orangenbäumen, Restaurant nebenan, Bar und Supermarkt am Platz, saubere sanitäre Einrichtungen, Waschmaschine. Der beliebte Platz ist von Anfang Mai bis 31. Okt. geöffnet. Campingpreise wie bei Nicolas II (→ unten). 1 km südlich vom Dorfzentrum, beschildert, ℡ 27530/41297 und 41297.

Camping Verdelis, die Anlage direkt am Strand (Sand/Kies, Autos dürfen hierher mitgenommen werden) hat wenig Atmosphäre. Mini-Market und Taverne am Strand. Sehr freundliches Personal. Von Paleá Epídauros beschildert. Geöffnet von Anfang April bis Ende Okt. In der Hauptsaison pro Pers. 5,80 € Auto 4 €, Zelt 4,50–6 €, Wohnwagen 7 € und Wohnmobil 7,50 €, Strom 4 €. ℡ 27530/41425, www.campingverdelis.gr.

》》》 Lesertipp: **Camping Bekas**, neben dem Camping Verdelis, direkt am Strand, Orangen- und Olivenbäume. Äußerst gepflegte, weitläufige und schöne Anlage; halbkreisförmig ansteigend. Die kleinen, schattigen Terrassen sorgen für viel Idylle. Komfortable sanitäre Einrichtungen, Bar, Restaurant und Mini-Market am Platz,

266　Argolís

Tennisplatz, Volleyball. Geöffnet 1. April bis 20. Okt. (Lesertipp von Dietmar Endstrasser aus Thaur, Österreich, der auch vom Restaurant am Platz begeistert war). In der Hochsaison pro Pers. 6 €, Auto 4 €, Zelt 5–6 €, Wohnwagen 8,50 €, Wohnmobil 9,20 €. ✆ 27530/99931 oder 41524, www.bekas.gr. «

Camping Nicolas II, derselbe Besitzer wie Nicolas I. Schöner Platz, gute sanitäre Anlagen, Waschmaschine; Swimmingpool, Bar, Restaurant, Mini-Market. Der schmale Strand ist allerdings nicht sehr sauber. Geöffnet von Anfang Mai bis Mitte Okt. Pro Pers. 5,50–6,50 €, Auto 4 €, Zelt 5–6,50 €, Wohnmobil 7,50–9 €, Strom 3 €. Ca. 2,5 km südlich vom Ort an der Bucht Gialasi, 500 m vom Camping Bekas entfernt, ✆ 27530/ 41445.

Sehenswertes

Antikes Theater: Von der Hauptstraße sieht man eine hügelige Halbinsel. Zwischen verstreuten Häusern und Gehöften führt eine befestigte Straße dorthin. Unmittelbar am Hang dieses Hügels, bei einem alten Bauernhaus, liegt das von Olivenbäumen umgebene antike Theater (Grundstück eingezäunt). Für die Sitzreihen wurde die natürliche Steigung ausgenutzt. In der unteren Zuschauerreihe sind noch die Rücklehnen erhalten. Auf dem Hügel selbst findet man Mauerreste eines byzantinischen Kastells und einer frühchristlichen Basilika.

Dem „großen Bruder" im 19 km entfernten Antiken Epídauros in nichts nachstehend, wird auch hier alljährlich zur Sommerzeit ein internationales Festival veranstaltet – allerdings in kleinerem Rahmen. An den Juliwochenenden (Freitag und Samstag) wird hier nicht Theater, sondern (oft klassische) Musik gespielt, organisiert von der „Music Hall Athens".

Von der Straße zum Camping Nicolas geht es links ab zum Theater. Bestens beschildert.

Sunken City/Untergegange Stadt: Mit Taucherbrille und Schnorchel kann man im Süden des Orts eine versunkene Stadt entdecken. Man sieht alte Mauern, Vasen und Krüge. Mit einem Schnorchel kann man die Überreste genauer erkunden. Teile davon mitzunehmen ist selbstverständlich verboten. Der Strand davor liegt nahe des antiken Theaters, der Straße zu den Campingplätzen weiter folgen. Daneben gibt es eine kleine Taverne, die preiswerte, gute Snacks anbietet. Vorsicht: Am steinigen Abschnitt der dortigen Strände (Gliatis Beach und Kalymnios) verstecken sich Seeigel.

Baden: Der schönste Strand liegt ca. 3,5 km vom Dorf in südlicher Richtung. Eine schmale Straße führt an Bananenstauden vorbei, durch 3 m hohes Schilf und dichte Orangenplantagen zur Badebucht von Gialasi (Sand-/Kiesstrand). Wegen der nahe gelegenen Campingplätze und Hotels ist dort relativ viel los. Der Strand ist an einigen Stellen nicht ganz sauber.

Nea Epídauros

In einem engen Tal zwischen kargen Bergen liegt der etwa 1000 Einwohner zählende Ort. Mittelpunkt des hübschen, verwinkelten Bergdorfs ist die kleine, gemütliche Platia. Allabendlich treffen sich hier die Einwohner zum Plausch – griechisches Landleben. Überragt wird das Dorf von einem mit Kakteen bewachsenen Bergkamm mit den Ruinen einer fränkischen Burg.

Nea Epídauros wird vom Tourismus kaum beachtet; das Ziel – vor allem griechischer Urlauber – ist die ca. 3 km entfernte Bucht, an der sich zwei Campingplätze und einige Hotels angesiedelt haben, allerdings an einem nur mäßig attraktiven

Sand-Kies-Strand. Ein kleiner Bootskai dient als Ankerplatz für kleinere Jachten und Fischerboote, Athener genießen hier in den Tavernen den Sonnenuntergang, bevor es zurückgeht in die Hauptstadt. Ein Ziel für Individualisten.

> ### Kloster Agnúndos
>
> Das idyllische burgähnliche Kloster an der viel befahrenen Küstenstraße zwischen Néa Epídauros und Korínth fällt schon durch seine ungewöhnlichen rotbraunen Mauern auf und ist noch heute von Nonnen bewohnt. Ein Abstecher lohnt vor allem wegen der 400–500 Jahre alten, gut erhaltenen Fresken der hübschen Kuppelkirche. Beachtenswert auch die aufwendig geschnitzte Ikonostase und der romantische Innenhof mit viel Vogelgezwitscher. Bei einem Besuch ist „sittsame" Kleidung Pflicht; lange Hosen und Röcke liegen am Eingang bereit.
> Tägl. 7–18 Uhr, von Okt. bis Mai nur bis 17 Uhr.

Nea Epídauros war nicht immer ein abgeschiedenes Dörflein. Am 20. Dezember 1821, zur Zeit des Kamgpfes gegen die türkische Herrschaft, wurde hier die erste Verfassung Griechenlands angenommen.

O Nerómilos: Eine alte, ehemals von Mönchen betriebene *Wassermühle* von 1837, wurde hier in detailgetreuer Arbeit durch Ilias Kaperonis rekonstruiert und für Besucher zugänglich gemacht. Viele historische Einrichtungsgegenstände wurden zusammengetragen, um ein möglichst anschauliches Bild zu gestalten. Noch dazu ist die Mühle heute wieder voll funktionsfähig und liefert Mehl aus Biokörnern für den Backofen der Mühlentaverne. Idyllisch auch die kleine Stube des Müllers über der Mühle. Das verbrauchte Wasser wird übrigens nach dem Antrieb der Turbinenräder wieder recycelt.
Öffnungszeiten: vorläufig tägl. 9–14 und 17.30 Uhr bis etwa Sonnenuntergang. Eintritt 3 €, ermäßigt 1,50 €. ☎ 27530/31050. Anfahrt: Von Nea Epídauros der Straße in Richtung Dímena folgen (beschildert). ■

Anfahrt Nea Epídauros liegt an der gut ausgebauten Straße zwischen Korínth und dem antiken Epídauros. Die Abzweigung zum Dorf ist ausgeschildert. Busse der Linie Portochéli/Kranídi – Athen halten nur an der großen Straße von Korínth nach Epídauros, von hier sind es 700 m zum Dorf und 2 km zum Strand. Man kann auf ein Taxi vom Dorf zum Strand hoffen (5 €), andernfalls muss man laufen.

Übernachten ** Hotel Avra, einfaches, zweistöckiges Haus direkt am Strand, sympathischer Service. Gute Taverne (mit gemütlicher Terrasse) im Erdgeschoss. Zehn sehr saubere und nett eingerichtete Zimmer, alle mit Bad und Balkon. April bis Okt. geöffnet. EZ ab 40 €, DZ ab 50 € (inkl. Frühstück). ☎ 27530/31294, anne.blanc-lebeaupin@laposte.net.

** Hotel Marilena, Zimmer nach vorn nehmen. Im Sommer oft ausgebucht. Ganzjährig geöffnet. Direkt neben dem Hotel Avra, gleiches Niveau, DZ ab 40 €, allerdings auch Dreibettzimmer ab 55 €. Frühstück 6 €. ☎ 27530/31279.

Camping Die beiden Plätze liegen einander direkt gegenüber; zum weitläufigen Sand-Kies-Strand sind es zu Fuß ca. 3 Min.

Camping Diamantis, saubere Anlage, netter Besitzer. Mit Pool, Restaurant und Cafébar, Supermarkt in der Nähe. Die Stellplätze auf Kies sind etwas größer und schattiger als auf dem Nachbarplatz, Kochgelegenheiten. Zahlreiche Dauercamper, v. a. aus Athen. Geöffnet vom 15. Mai bis 15. Sept. Pro Pers. 5–6,50 €, Auto 3 €, Zelt 4–6 €, Wohnwagen 6 €, Wohnmobil 7 €, Strom 3,50 €. ☎ 27530/31181.

Camping Nea Epidauros, Ende der 80er-Jahre entstandene Anlage mit kleinem Swimmingpool, Bar, Restaurant und Supermarkt am Ortseingang. Renovierter Zweckbau mit Dachterrasse, freundliches Personal, Bäume spenden ausreichend Schatten. Rund drei Viertel der Plätze sind mit Dauercampern aus der Hauptstadt belegt, die sogar Vorgärten mit Blumenbeeten besitzen! Ende Mai bis Mitte Okt. geöffnet. In der Hauptsaison pro Pers. 6 €, Auto 2,50 €, Zelt 3,50–5 €, Wohnwagen und Wohnmobil 6 €. ✆ 27530/31296 oder 31258, panoskarasta matis@hotmail.com.

Kórfos

Kórfos hat sich in den letzten Jahren zu einem beliebten Sommerziel entwickelt. Manche Athener haben sich hier, dem Stress der griechischen Hauptstadt überdrüssig, ihre Traumvilla an dem Naturhafen abseits der großen Touristenströme gebaut. Gerade die sympathische Abgeschiedenheit macht den Reiz des kleinen Fischerdorfes an der peloponnesischen Ostküste aus.

Kórfos gehört schon zum Regierungsbezirk *Korinthía*. Eine gut ausgebaute Straße schlängelt sich von der Küstenstraße Epídauros – Korínth durch ausgedehnte Pinienwälder hinunter zur Küste. Nach 10 km gelangt man zur Bucht von Kórfos. Das Dorf besteht eigentlich nur aus einer einzigen Straße, die hier endet.

Der lange Kiesstrand und die Tavernen mit ihren schmackhaften Fischgerichten machen einen Aufenthalt lohnenswert. Vor allem Griechen und deutschsprachige Individualtouristen machen hier gerne Urlaub. In den letzten Jahren entstanden einige neue Häuser am Hang, dennoch ist es in Kórfos relativ ruhig geblieben, mit Ausnahme der Sommerwochenenden. Dann flüchten Griechen per Boot aus der Hauptstadt in den stillen Fischerort. Am Strand Surfbrettverleih.

Küste bei Kórfos – fast schon kitschig

Verbindungen Die Abgeschiedenheit von Kórfos zeichnet sich u. a. auch durch die spärlichen **Busverbindungen** aus: 3-mal tägl. von und nach Korínth (4,80 €), das war's. Eine **Taxifahrt** nach Korínth kostet rund 35 €. ✆ 27410/93393.

Übernachten/Essen ******** Hotel Margarita, 1996 erbautes, gepflegtes Hotel im Bungalowstil mit Pool, nur über die Straße zum Strand. 36 Zimmer, professionell geführt. Zimmer mit Bad, Balkon oder Terrasse. Ganzjährig geöffnet. Obere Preiskategorie: EZ 45–80 €, DZ 50–100 €, Dreibettzimmer ab 60 €, inkl. Frühstücksbuffet. Mittag- oder Abendessen 17 € pro Pers. ✆ 27410/95480, www.hotelmargarita-korfos.gr.

Lavender Cove, zehn schön gestaltete Apartments in fünf Villen. Mit Sonnenterrasse und Pool, dazu sehr freundlicher Service. Zum Strand muss man 15 Min. laufen. Preis pro Apartment für 4 Pers. ab 110 €. ✆ 27410/95444, www.lavendercove.gr/en/.

Psarotaverna Selana, am Ende der Bucht. Fischtaverne in klassischem Weiß-Blau direkt am Meer, sehr gemütlich! ✆ 27410/95236.

Der erloschene Vulkan erhebt sich 743 m aus dem Meer

Halbinsel Méthana

Nur durch eine schmale Landbrücke ist Méthana mit dem peloponnesischen Festland verbunden. Geologisch gehört das wuchtige, weithin sichtbare Bergmassiv mit seiner höchsten Erhebung von 743 m zu den Saronischen Inseln. Die Halbinsel ist vulkanischen Ursprungs.

Wer den Hauptort Méthana mit seinen nicht mal tausend Einwohnern erreicht, wird erst einmal die Nase rümpfen. Die Schwefelquellen am Ortsanfang verbreiten einen üblen, stechenden Geruch nach faulen Eiern. Bereits im Altertum wurde das warme, salzige Wasser der Heilquellen gegen allerlei Krankheiten angewendet, vor allem gegen Rheuma, Arthritis und Hautkrankheiten. Der Stinksee – *Vromolímni* – wird von mehreren, warmen schwefel- und kohlensäurehaltigen Quellen gespeist. Im Ort selbst legt sich der Geruch jedoch.

Die Badeanlagen befinden sich im Süden von Méthana. Dort gibt es unterirdische *Schwefelquellen* im Meer (Bademöglichkeit). Der ruhige Kur- und Badeort besitzt auch einen kleinen Sand-Kies-Strand mit Umkleidekabinen. Die mit Pinien und Palmen bestandene, parkähnliche Insel (ideal für Picknicks) ist durch eine Mole mit dem Festland verbunden. Am Ende sind noch die Reste einer antiken Mauer aus dem 4. Jh. v. Chr. zu entdecken. Hier liegen die Fischerboote sowie Jachten vieler Ausflügler. Manchmal färbt sich das Wasser milchig-grün, was auf die Schwefelquellen im Hafenbecken zurückzuführen ist. Die lange, 1,5 km lange Promenade mit vielen Cafés und Ausblick auf die nahe Insel Póros lädt zum Flanieren ein. Obwohl Méthana verkehrsgünstig liegt, wird der Ort fast ausschließlich von griechischen Touristen und älteren Kurgästen besucht. Übrigens gibt es auf der weitgehend unerschlossenen Halbinsel noch immer einsame Badebuchten und stille

Argolís

Bauern- und Fischerdörfer, die auf ihre Entdeckung warten, z. B. *Vathí* an der Westküste und *Ágios Geórgios* im Nordosten. Im Nordwesten der Halbinsel, bei *Kaiméni* befindet sich der Krater des längst erloschenen Vulkans.

Anfahrt Wer mit dem Auto von Náfplion – Epídauros kommt, durchquert nach der Abbiegung Richtung Méthana – Póros eine vegetationsarme, unfruchtbare Berglandschaft. Die Asphaltstraße führt über einen Pass, danach schlängelt sie sich an den Berghängen entlang und bietet immer wieder fantastische Ausblicke auf den Saronischen Golf.

Verbindungen Autofähren, tägl. 1- bis 2-mal nach Póros (20–30 Min.), pro Pers. 4,30 €, Auto 10,60 €, 1-mal Ägina (40 Min.), pro Pers. 5,80 €, Auto 19,80 €, bzw. nach Piräus (2 Std.), pro Pers. 12,30 €, Auto 30 €. www.saronicferries.gr, ✆ 22980/92580. Um nach Hýdra, Ermióni oder Portochéli fahren zu können, muss in Póros umgestiegen werden. Tickets werden vor Abfahrt in der Bude an der Anlegestelle verkauft, eine Tafel mit den Abfahrtszeiten hängt aus.

Bus, 4-mal tägl. nach Galatás/Póros (2,40 €).

Taxi, unter ✆ 22980/992497 erreichbar.

Adressen Polizei/Touristenpolizei, Parallelstraße zum Hafen. ✆ 22980/92370 oder 92324. Sehr hilfsbereit.

Hafenpolizei, Seitenstraße von der Uferpromenade. ✆ 22980/92279.

Post und Bank befinden sich in der Parallelstraße von der Uferpromenade, übliche Öffnungszeiten.

Erste Hilfe, ✆ 22980/92222.

Übernachten *** Hotel Avra, größtes Hotel in Méthana, fünfstöckiger Block, im Erdgeschoss Café. Am Ende der Hafenpromenade, ruhig gelegen. Nicht mehr ganz modern, Einrichtung funktionell. 55 Zimmer mit Bad und Balkon, April bis Okt. geöffnet. EZ ab 22 €, DZ ab 36 € inkl. gutem Frühstück. ✆ 22980/92550, www.avra-hotel.gr.

** **Hotel Apollon**, gepflegtes Haus der Mittelklasse, nahe dem Hotel Avra am hinteren Ende der Hafenpromenade. 17 Studios mit Bad, Balkon und Küchenzeile. Ganzjährig geöffnet. Studio mit Meerblick ab 30 €, DZ mit Küche ab 60 €. Keine EZ. Akti Saronikou 14, ✆ 22980/93082, www.apollon-methana.gr.

Ausflug auf den „Vulcano"

Méthana besteht aus über 25 Vulkanen, die meisten Vulkankrater sind jedoch durch Erosion oder starken Baumbewuchs längst wieder vollständig überdeckt. Einen Vulkan kann man jedoch besteigen, eine kurze und lohnenswerte Tour. Mit eigenem Fahrzeug geht es entlang der Westküste bis zu der winzigen Ansiedlung *Kaiméni Chóra*, in einer Senke direkt hineingebaut in die Lavamassen des letzten Ausbruchs vor rund 2000 Jahren. Bis zu 100 m türmen sich die skurrilen Formationen, einige der Hütten scheinen förmlich „verschüttet" worden zu sein. Der Aufstieg beginnt allerdings erst etwa 2 km weiter an einer Parkbucht mit deutlichem Hinweisschild: „Vulcano" (bis dort führt eine gut ausgebaute Teerstraße). Auf den letzten Kilometern auf hinuntergefallene Felsen achten. Ein felsiger Trampelpfad mit rot/blauen Markierungen führt auf knirschender Lava bis hinauf zum Krater. Immer wieder türmen sich dramatisch die herausgeschleuderten Massen, dazwischen frischer Baumbewuchs und der traumhafte Ausblick auf die Insel Angistri und das tiefblaue Meer. Oben dann nicht – wie in mancher Karte angegeben – ein Rundum-Panoramablick, sondern „nur" die Aussicht auf den Krater und die Inseln. Der Vulkan ähnelt einem riesigen eingestürzten Kuppelgrab. Mutige können hineinklettern.

Den Aufstieg am besten am Nachmittag beginnen, dann liegt zumindest ein Großteil des Weges im Schatten des Vulkans. Kein schwieriger Aufstieg, jedoch muss man über einige Steine klettern.

Gute, rutschfeste Schuhe sind daher notwendig. Wasserflasche nicht vergessen. Einfach dauert der Weg bis zum Krater mit Fotostopps etwa 35–40 Min.

Außerdem werden in Méthana einige günstige **Privatzimmer** vermietet. Schilder hängen aus.

Essen & Trinken Méthana mag touristisch nicht unbedingt ein Traumziel sein, doch wer gute und preiswerte griechische Hausmannskost sucht, wird sie hier auf jeden Fall finden. Man kann sich bedenkenlos in jede Taverne setzen, ohne auf die Nase zu fallen. Sehr nett ist die **Taverne Babis** in einer Seitenstraße von der Uferpromenade (neben einer Apotheke). Blau-weiße Gemütlichkeit, sehr gute griechische Küche. Im Sommer auch mit Tischen direkt am Meer.

Vathí

An der Westseite der Halbinsel Méthana liegt das hübsche kleine Fischerdorf Vathí. Mit dem Auto sind es von Méthana nur 20 Min. (ca. 8 km). Die schöne Panoramastrecke mit vielen Kurven führt an den Hängen des ehemaligen, 740 m hohen Vulkans der Halbinsel über Dritseika und Megalochori zu dem Weiler. Die meisten Besucher kommen wegen der Reste eines antiken Turms (ausgeschildert), einige Hundert Meter außerhalb des Dorfs. Er war Teil des antiken Méthanas, das jedoch meist unter der Vorherrschaft des nahen Troizen stand und daher ohne große Bedeutung blieb. Wer nach schönen Stränden Ausschau hält, wird von Vathí eher enttäuscht sein. Der Kiesstrand ist oft verschmutzt. Lohnenswert hingegen ist ein Besuch der typischen Tavernen, die allerdings nur im Hochsommer in Betrieb sind. Einheimische machen hierher gerne einen Ausflug.

Troizen/Trizína

Inmitten der schönen Küstenlandschaft des Saronischen Golfs liegt nahe dem abgelegenen Bauerndörfchen Trizína das antike Troizen. Die Ruinen sind weit verstreut und teilweise schwer zu finden.

Eine Besichtigung, die, wenn sie umfassend sein soll, mehrere Stunden dauert, lohnt sich eher für Spezialisten. Zu sehen sind ein hellenistischer *Festungsturm*, Teile einer *Stadtmauer* aus dem 3. Jh. v. Chr., ein *Asklepieion* und ein *Hippolytos-Tempel*. Die Stadt kontrollierte das Küstengebiet und die Halbinsel Méthana, Póros und Hýdra. Seinen Höhepunkt erreichte Troizen im 6. und 5. Jh. v. Chr. Während der kriegerischen Auseinandersetzungen um 480 v. Chr. mit den Persern flüchtete die athenische Bevölkerung hierher. Der Sage nach gilt Troizen als die Heimat des Theseus.

Anfahrt Von Póros – Galatás Richtung Norden auf gut ausgebauter Küstenstraße zu erreichen. Nach 6 km biegt man links ab und stößt nach weiteren 2,5 km auf das malerische Dorf Trizína (Damalas). Man nimmt im Dorfzentrum den rechten Weg. Auf der Schotterstraße gelangt man nach 1,5 km zum Theseus-Stein an einer Wegbiegung. Da die Wege oft eng und kaum befahrbar sind und zu den einzelnen Sehenswürdigkeiten nur Pfade führen, lässt man das Fahrzeug am besten stehen, wenn man beispielsweise zur Teufelsbrücke möchte. Am Theseus-Stein geht es links (den Berg hinauf, am hellenistischen Tempel vorbei) zur Teufelsbrücke. Der rechte Weg führt zum Asklepieion: Diese Straße ist besser zu befahren. Durch Oliven- und Zitronenhaine geht es auf holpriger Straße weiter, bei einer Kapelle überquert man den Bach; kurz danach folgt man dem Feldweg halblinks, nach 1 km (vorbei an einer weiteren Kapelle) links ab. Nach 500 m (vor zwei Bauernhöfen) tauchen die Ruinen auf. Die Ausgrabungen sind zum Teil auch ausgeschildert.

Verbindungen mit dem **Bus** 4-mal tägl. von Galatás/Póros erreichbar (1,60 €).

Geschichte

Bereits in neolithischer, früh- und mittelhelladischer Zeit (3000–1600 v. Chr.) war die Gegend um Troizen besiedelt. Stets war die Siedlung mit der über den Seeweg gut erreichbaren Nachbarstadt Athen verbunden. In geometrischer Zeit (1000–700 v. Chr.) blühte der Ort durch die dorische Einwanderung auf.

Zu dieser Zeit gehörte der Ort zum Hoheitsgebiet von Argos. Überliefert ist, dass die Bevölkerung Athens verschiedentlich in Troizen Asyl fand. Als 480/479 v. Chr. die Invasion durch die Perser drohte, ordnete Themistokles an, Frauen und Kinder hierher zu evakuieren. Für die ehemalige Bedeutung der Stadt spricht, dass sie sich mit fünf Schiffen am Kampf gegen die Perser beteiligte. Die Stadt, einst Bundesgenosse von Sparta, erlebte in römischer Zeit eine weitere Blütezeit. Hier wurden sogar eigene Münzen geprägt.

Seit ca. 250 n. Chr. gab es in Troizen eine christliche Gemeinde, wie Ruinen frühchristlicher Kirchen belegen. Die Franken errichteten im Mittelalter ein Kastell auf der Akropolis, und 1827 tagte die dritte *Nationalversammlung* im Zitronenhain von Trizína. Dort wurde der von Korfu stammende russische Außenminister Kapodistrias zum griechischen Staatspräsidenten gewählt. Im Jahr 1890 begannen französische Archäologen im alten Troizen mit den Ausgrabungsarbeiten.

Die Rache des Theseus

Der Sage nach ist die antike Stadt der Geburtsort des Helden *Theseus*, Sohn des athenischen Königs Ägeus und der aus Troizen stammenden Königstochter Aithira. Aus seiner Verbindung mit der Amazonenkönigin Hippolyte ging ein Sohn namens Hippolytos hervor. Phädra, die Gemahlin von Theseus (eine Tochter des kretischen Königs Minos), verliebte sich in ihren Stiefsohn. Doch Hippolytos interessierte das nicht im Geringsten. Phädra war darüber so unglücklich, dass sie Selbstmord beging. In seinem Schmerz über den Verlust schmiedete Theseus Rachepläne gegen seinen Sohn, wofür er Poseidons Erlaubnis und Unterstützung erbat. Ein Stier, von Poseidon geschickt, machte die Pferde des Hippolytos scheu, sodass sie ausbrachen und ihn zu Tode schleiften.

Sehenswertes

Asklepieion/Hippolytos-Tempel/Episkopí-Kirche: Auf dem Ruinenfeld sieht man ein verwirrendes Labyrinth von Fundamenten. Im Norden war das Heiligtum durch eine *polygonale Mauer* geschützt. Parallel zum Weg steht, über eine Rampe erreichbar, das *Propylon*. Das Asklepieion war eine Art Krankenhaus. Hier wurden die Patienten von Ärzten und Chirurgen behandelt, gleichzeitig verstärkten meditative Übungen den Heilungsprozess. An der Südseite des Asklepieions ist ein länglicher Saal (29 m x 9 m) gut erkennbar. In diesem Schlafsaal standen 61 Betten. Das Asklepieion wurde 250 v. Chr. bei einem starken Erdbeben, verursacht durch den Ausbruch des nahen Vulkans auf Méthana, erheblich beschädigt und nie wieder vollständig aufgebaut.

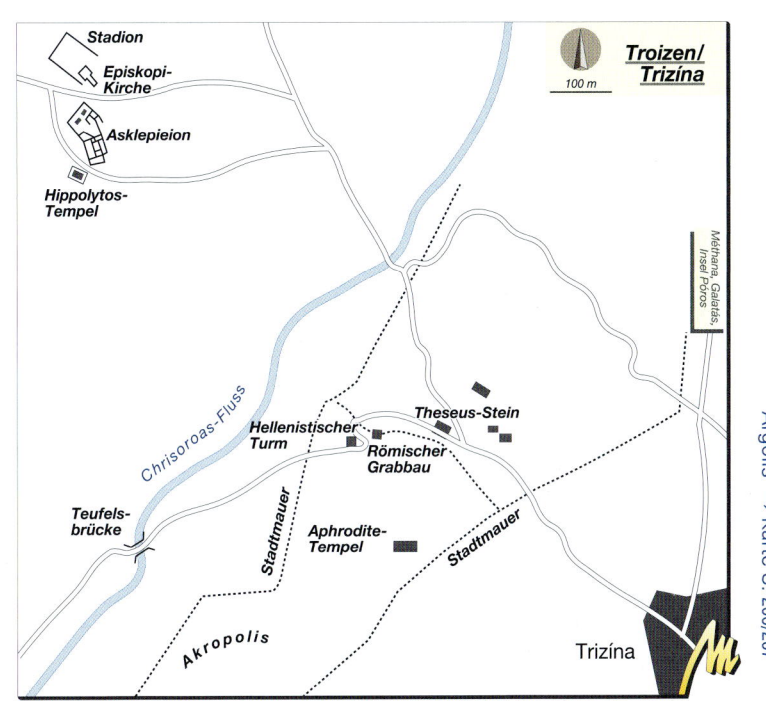

30 m südlich davon steht etwas erhöht der rechteckige Hippolytos-Tempel. Über das Gebäude weiß man wenig. Auffällig ist sein extrem schmaler Rückraum *(Opisthodom)* mit einer Länge von 31 m und einer Breite von 17 m. Ähnlich wie das Asklepieion wird die Entstehungszeit des Tempels Ende des 4. Jh. v. Chr. vermutet.

Die Ruine der Episkopí-Kirche liegt etwa 20 m südlich des Asklepieions. Die aus dem 11. Jh. stammende Kreuzkuppelkirche, die später mehrmals erweitert wurde (Torbögen sind noch erhalten), entstand wahrscheinlich auf den Fundamenten eines noch älteren Gotteshauses – vermutlich des *Tempels der Aphrodite Kataskopia*. Hier soll Phädra, die Frau von Theseus, das sportliche Treiben ihres Stiefsohns Hippolytos im Stadion betrachtet haben. Das Plateau, auf dem die Kirchenruine heute steht, war einst das 190 m lange und 20 m breite *Stadion* der antiken Stadt.

Das Ruinenfeld auf einem erhöhten Bergplateau lohnt sich auch wegen seines pittoresken Panoramas. Der Blick des Betrachters reicht von der Halbinsel Méthana bis zur Insel Póros. Die vielen Blumenfelder, Oliven- und Zitronenhaine verleihen der kaum besiedelten Küstenlandschaft einen zusätzlichen Reiz.

Hellenistischer Turm/Stein des Theseus: Fantasie ist gefragt. An der Weggabelung steht ein länglicher Felsklotz, der als Stein des Theseus bezeichnet wird. Bereits im

Alter von zwölf Jahren soll Theseus den Fels gehoben haben. Das beeindruckendste Relikt ist der hellenistische Turm. Der auffällige Teil der aus dem 3. Jh. v. Chr. stammenden Stadtmauer oberhalb der Wegbiegung zum Asklepieion besitzt zwei Geschosse. Der Festungsturm, ursprünglich aus polygonalem Mauerwerk errichtet, wurde von den Franken restauriert. Nur wenige Meter südöstlich liegt ein *römischer Grabbau.*

Weiter aufwärts führen eine Schotterstrecke und ein anschließender Trampelpfad zur *Teufelsbrücke*, eine durch Erosion entstandene natürliche Brücke mit den Resten einer antiken Wasserleitung.

Ein empfehlenswerter Abstecher führt im am Flusslauf mit zahlreichen kleinen Wasserfällen entlang. Links führt der Pfad nach oben, unterwegs Farne, Oleander und Schmetterlinge – ein erfrischender Spaziergang. Nach wenigen Minuten kann man hinuntersteigen zu einigen Badegumpen mit erfrischendem und glasklarem Gebirgswasser. Der rechte Weg führt z. T. steil nach unten und bietet ebenfalls Bademöglichkeiten. **Achtung:** Zahlreiche Bäche weichen die Wege auf und machen sie rutschig!

>>> **Lesertipp: Kloster Keharitomenis Theotokou:** „Die beeindruckende Klosteranlage 3 km südöstlich von Trizína liegt auf der Anhöhe und ist von Weitem sichtbar. Es ist eine Gründung des Klosters Simonos Petras auf dem Athos aus den 1960er-Jahren, derzeit leben hier 17 Mönche. Frauen dürfen nur über die große Freitreppe in den kleinen Kirchenraum mit wunderschönen Fresken. Männer dürfen den ganzen großen Komplex besichtigen. Ein Mönch hat uns liebevoll geführt und bewirtet und danach meinen Mann zu den „wahren" Schätzen entführt. Sehenswert ist auch der kleine Klosterfriedhof mit Kapelle. Auf korrekte Bekleidung wird großen Wert gelegt. Öffnungszeiten 9–12.30 und 18–19 Uhr." (Ernestine Stögmüller).
Vom Dorf Trizína schraubt sich 250 m nach dem Ortsende – in Richtung Galatás – eine schmale Teerstrecke 2,2 km hinauf (Parkplätze). <<<

Asklepieion-Heiligtum von Troizen

Erfrischendes Bad
im Gebirgsbach von Troizen

Galatás

Ganz im Schatten von Póros steht das nur durch einen 100 m breiten Kanal von der Insel getrennte Dorf. Galatás ist das hässliche Entlein im Vergleich zum malerischen Póros. Der Ort leidet unter Verkehr und Lärm, die meisten Urlauber sind nur auf der Duchreise.Doch in den letzten Jahren wurde die Uferpromenade verschönert. Von ihr hat man einen schönen Blick auf Poros. Ein Aufenthalt in Galatás empfiehlt sich nur, wenn die Hotelzimmer auf Póros bereits belegt sind oder das Reisebudget geschont werden soll: Eine Übernachtung ist hier um einiges günstiger als auf der Insel und die Verbindungen mit Pendelbooten sind bis spät in die Nacht hinein hervorragend. Auf Póros ist Zelten verboten.

Schöne Strände erstrecken sich südöstlich von Galatás. Nur wenige Kilometer südlich liegt das Dorf *Leomonodásos* mit großen Zitronenplantagen, die sich an den Hängen des 721 m hohen *Vromosykiá* entlangziehen.

Verbindungen Fähren, Personenfähren pendeln ständig – abends nach Bedarf – zwischen Troizen, Galatás und Póros (pro Pers. 1 €); Autofähren etwa halbstündlich von 7–22 Uhr (pro Pers. 1 €, mit Auto 4 €). Tickets in der Bude an der Anlegestelle.

Ausflugsboote z. B. nach Hýdra und Ägina oder eine Poros-Cruise werden angeboten von *Family Tours*, Information und Buchung ✆ 22980/23743, www.familytours.gr.

Ab Póros weitere Fährverbindungen zu den Nachbarinseln, nach Méthana und Piräus (→„Póros/Verbindungen").

Taxi, an der Fähranlegestelle. ✆ 22980/42888.

Busse, 2-mal tägl. (nur Mo–Fr!) nach Náfplion (9 €), 4-mal tägl. (Sa/So 2-mal) Epídauros, 2-mal tägl. (nur Mo–Fr) Trizína (1,80 €) und 1-mal nach Méthana (2,40 €), 3-mal tägl. (Sa/So nur 1-mal) über Isthmós (9,20 €) nach Athen (16,70 €), 4-mal täglich nach Kaloni (1,90 €). Die Busstation (K.T.E.L.-Büro) liegt gegenüber der Fähranlegestelle.

Adressen Krankenstation, in Galatás beschildert oder ✆ 22980/22222 bzw. 23333.

Polizei: 25.-Martiou-Str., ✆ 22980/22206.

Post: auf Póros. In Galatás gibt es lediglich einen **Bankautomat** an der Anlegestelle.

Autoverleih: *Europcar*, an der Hauptstraße gegenüber vom Hafen, nahe der Anlegestelle. Kleinwagen ab 40 €/Tag ohne Kilometerbeschränkung, pro Woche 245 €. Tägl. 9–22 Uhr. ✆ 22980/43714.

Übernachten ** Hotel Papasotiriou, 50 m von der Fährlegestelle; netter Service. 33 schlichte Studios mit Bad, Aircondition, TV und z. T. Balkon (von den oberen Zimmern schöner Blick zur Insel). Im Erdgeschoss Restaurant/Bar. Ganzjährig geöffnet. EZ ab 40 €, DZ ab 50 €, Frühstück 5 € pro Pers. 25.-Martiou-Str. 41, ✆ 22980/22841, www.hotelpapasotiriou.gr.

* Hotel Saronis, an der Hafen-Platia. Saubere Zimmer mit Bad und Balkon, teilweise schöne Aussicht. Die Frau des Besitzers ist Deutsche. EZ ab 35 €, DZ und Dreier ab 45 €, Frühstück 5 € pro Pers. Bei längerem Aufenthalt Rabatt. 25.-Martiou-Str. 37, ✆ 22980/22356, saronis@otenet.gr.

Manos Farm Elanova, gepflegte Zimmer mit Holzbetten; mit Bad, Balkon oder Terrasse. Der Clou der sympathischen Pension von Manolis und Beatrix Papadakis ist die herrliche Dachterrasse mit Blick auf Póros. An der Straße Richtung Ermióni auf der rechten Seite. DZ 30–45 €, Dreier-Apartment (mit Küche) 40–60 €. ✆ 22980/42000, www.poros.nu/hotel/manos/farm/farmty.htm.

Ausgrabungen: Auf einem Hügel nordwestlich von Galatás wurde 1995 mit der Freilegung eines Grabes aus frühmykenischer Zeit begonnen. Unweit des Grabes wird außerdem ein Tempel aus hellenistischer Zeit vermutet. Da weiterhin ausgegraben wird, kann man zwar nur einen Teil der Akropolis betreten, dafür aber interessante Einblicke in die Arbeit der Archäologen gewinnen.

Etwa 1 km vom ehemaligen Campingplatz (Straße nach Trizína) geht es bei einer Autowerkstatt rechts auf einen Feldweg. Nach 700 m durch ein Rolltor den kleinen Weg rechts hinauf. Nach wenigen Minuten steht man vor dem Ausgrabungsgelände.

„Skyline" von Ermióni

Ermióni

Das abgelegene Städtchen im Südosten der Argolís hat sich zu einem beliebten Urlaubsziel entwickelt, um den Osten der Argolís zu entdecken. Obwohl Ermióni seit einigen Jahren verstärkt auf Tourismus setzt, hat sich der Ort viel von seiner unverfälschten, ländlichen Atmosphäre bewahrt.

Wie ein Schachbrettmuster überziehen die Straßen den Hügel, der dem Städtchen zwei Uferpromenaden beschert. Am Ende der Landzunge, die kaum mehr als 200 m breit ist, liegt ein parkähnlicher Pinienwald mit schönem Blick auf die Saronischen Inseln. Der Haupthafen, der mit den Saronischen Inseln Hýdra, Póros und Spétses durch die „Flying Cats" und „Flying Dolphins" verbunden ist, liegt in der nördlichen Bucht. An der Uferpromenade reihen sich Cafés und Restaurants aneinander. In der Hauptsaison herrscht hier sehr viel Verkehr.

Im Süden gibt es einen weiteren, vor allem von Fischern genutzten Hafen.. Auch hier haben sich einige nette Tavernen und Cafés angesiedelt, doch es geht beschaulicher zu als in der nördlichen Bucht. Entlang der Straße gibt es einige felsige Badeplätze.

Wegen seiner günstigen Lage, den moderaten Hotelpreisen und relativ häufigen Verkehrsverbindungen empfiehlt sich Ermióni als Ausgangsort für Ausflüge zu den Inseln und ins Hinterland.

Sehenswertes gibt es in dem Städtchen wenig. Auf einer Halbinsel, die für Autos gesperrt und 1 km lang und 200 m breit ist, finden sich Reste der antiken Stadt. Die parkähnliche Landzunge war durch eine byzantinische Mauer gegen das Festland abgeschirmt. Auf dem Plateau sind die Grundmauern eines großen frühklassischen Tempels zu sehen. An einigen Stellen gibt es schöne Bademöglichkeiten.

Ermióni war nie bedeutend. In antiker Zeit gehörte es zum Herrschaftsbereich der Insel Hýdra, seit 525 v. Chr. zum aufblühenden Troizen. Als Bündnispartner Spártas wurde es 430 v. Chr. zu Beginn des Peloponnesischen Krieges zerstört. Nach kurzer wirtschaftlicher Blüte wurde Ermióni von Seeräubern heimgesucht, und schon zu Zeiten der Römer war der Ostteil der Stadt nicht mehr bewohnt.

Verbindungen Flying Dolphins, 3-mal tägl. nach Hýdra (8 €), 2-mal nach Póros (16,50 €), 3-mal nach Piräus (32 €) sowie 2-mal tägl. nach Spétses (8 €), 1-mal nach Portochéli (10,50 €). Abfahrt im nördlichen Hafen. Die *Flying-Dolphins-Agentur* befindet sich in der Gasse gegenüber der Anlegestelle auf der rechten Seite, 50 m vom Hafen. Tägl. 6–21 Uhr. ✆ 27540/32408. Information und Buchung auch unter www.hellenicseaways.gr möglich. Tickets gibt es auch bei der Reiseagentur „Fun in the Sun".

Busse, 3-mal (Sa/So 1 Mal) tägl. in das 11 km entfernte Landstädtchen **Kranídi** (1,80 €). Von dort recht gute Verbindungen, z. B. tägl. 4mal (Sa/So 2- bis 3-mal) via Isthmós/Korínth (12 €) nach Athen (19,40 €), je 4-mal (So 1-mal) nach Náfplion (8,50 €), Portochéli (1,80 €), Kósta (1,80 €), Dídyma (1,80 €) und 3-mal (Mo–Fr) nach Kiláda (1,80 €). Busstation in Ermióni an der großen Platia mit Palme.

Adressen Post, am Hafen, Mo–Fr 7.30–14:30 Uhr.

Bank, z. B. die *National Bank of Greece*, beim Parkplatz zum nördlichen Hafen, an der Ecke zur Papavasiliou Gasse . Mo–Do 8–14:30 Uhr, Fr nur bis 14.00 Uhr.

Polizei, ✆ 27540/31207, Hafenpolizei 27540/31243.

Reisebüro, *Fun in the Sun* vermietet Autos, hilft bei der Zimmersuche und verkauft Tickets für die Flying Dolphins. Im Sommer sorgt die Agentur für weitere Bootsverbindungen. Außerdem veranstaltet sie verschiedene Ausflüge, etwa nach Náfplion, Epídauros oder Hýdra. ✆ 27540/31514, www.ermionifuninthesun.com.

Daneben eine **Touristeninformation**.

Übernachten Hotel Philoxenia Ganossis, Herr Ganissis und seine englische Ehefrau vermieten Zimmer in zwei gepflegten Häusern: an der Hafenstraße direkt bei ihrem gleichnamigen Restaurant sowie Studios am nördlichen Ende der Bucht. Sie sind gut ausgestattet (Kochgelegenheit, Bad und Balkon, täglich Wäschewechsel). Die Studios im Erdgeschoss verfügen sogar über einen eigenen Garten und haben einen schönen Blick aufs Meer. DZ 60–70 €, Vierer (zwei Zimmer) 80–100 €. ✆ 27540/31218, www.philoxeniaganossis.com.

* Hotel Akti, das kleine, familiäre Hotel von Konstantinos Taroussis liegt im Zentrum von Ermióni, leicht zu erkennen an den beiden Pinien vor dem Haus. Ein angenehmes, nur sechs Zimmer großes Haus, das einen schönen Ausblick bietet. Schlichte Bäder mit kleinen Handtüchern. Ganzjährig geöffnet. EZ ab 45 €, DZ ab 50 €. ✆ 27540/31241, www.hotelakti.com.

Pension Zoe, schlicht eingerichtete, sehr saubere Zimmer und Studios, nette Besitzerfamilie. Das Preis-Leistungs-Verhältnis ist okay: DZ mit Bad, Balkon, Kühlschrank und TV 45 € (im Aug. 50 €), Studio mit zusätzlicher Kochgelegenheit für 2 Pers. ab 45 € (im Aug. 50–80 €). Preise inkl. Frühstück. Von der Nationalbank die Gasse hinauf, dann gleich links, zweites Haus auf der rechten Seite (beschildert mit „Zoh"). ✆ 27540/29565, www.zoepension.gr.

Camping Hydra's Wave, der nächste Campingplatz liegt beim Dorf Thermisía, etwa 9 km östlich von Ermióni in Richtung Galatás. Sehr empfehlenswerter Platz, obwohl er etwas abgelegen ist, ausgesprochen gepflegte, gut geführte Anlage am Kiesstrand, netter Besitzer. Der Platz liegt 200 m von der Küstenstraße, die von Ermióni nach Galatás führt, gegenüber der unbewohnten Insel Dokós. Saubere sanitäre Einrichtungen, moderne Küchenräume, Taverne, Mini-Market, Beach-Bar, ausreichend Schatten. 2-mal tägl. Busse nach Ermióni und Galatás. Geöffnet 15. April bis 15. Okt. In der Hochsaison pro Pers. 7,50 €, Kinder 4 €, Auto 4 €, Zelt 6–7,50 €, Zeltvermietung 8 €, Wohnmobil 6 €, Mietwohnwagen 35 €, Strom 4 €. ✆ 27540/41095, com, www.hydraswave.gr.

Essen & Trinken Taverne Spirandreas, am nördlichen Hafen, bei der Nationalbank gelegen. Es gibt gute Fischgerichte. Wer sich überzeugen will, darf in der

Küche in die Töpfe gucken. Bei Einheimischen beliebt. Die Brüdern Spiros und Andreas (Name!) eröffneten das Lokal 1968, heute führen ihre Kinder das Lokal. ✆ 27540/31380,

Taverne O Kavos, am südlichen Hafen, oberhalb eines Steilhanges gelegen. Schöner Blick, dafür muss man auch bezahlen. Fisch ab 8 €, auch mit einer Bar, die Cocktails serviert.

»› Lesertipp: Ganossis, „sehr gepflegt und geschmackvoll eingerichtet, um 20 % höhere Preise fürs Essen, dafür aber jede Speise in überdurchschnittlicher Qualität. Sehr guter hausgemachter Walnusskuchen." Mit schöner Terrasse, direkt am Meer. ✆ 27540/31706. (Dr. Erich Ploss, München). ‹‹‹

Sehenswertes

Antikes Ermióni: Auf der äußersten Landzunge haben sich noch Reste des antiken Ermióni erhalten. Das im 19. Jh. noch erhaltene Theater ist jedoch längst abgetragen worden. Die Stadt war im 6. Jh. v. Chr. mit der benachbarten saronischen Insel Póros verbündet. Die offenbar wohlhabende Stadt beteiligte sich während der Perserkriege an der wichtigen Schlacht von Salamis 480 v. Chr. Später wurde sie ein Opfer des Dualismus zwischen den Großmächten Athen und Sparta. 430 v. Chr. wurde sie schließlich von den Athener geplündert. Der Besucher, der durch den Pinienhain spaziert, entdeckt am Ufer noch Reste einer Stadtmauer, die teils aus antiker und teils aus byzantinischer Zeit stammen. An mehreren Stellen gibt es übrigens Badestellen oder kleine Kiesstrände (interessantes Schnorchelrevier). Der antike Hafen lag übrigens an der vom Wind geschützten Nordseite. Höhepunkt des kleinen Spaziergangs sind die Reste eines frühklassischen Tempels, der in byzantinischer Zeit zu einer Kirche umgebaut wurde.

Burgruine Thermisia: Der kleine Ort *Thermisiá*, 11 km östlich von Ermióni (Richtung Galatás), wird von einer alten venezianischen Festungsruine überragt. Die Wehranlage fiel 1537 den Türken in die Hände und wechselte im 17. und 18. Jh. mehrmals den Besitzer. Die heutigen Reste sind nicht besonders eindrucksvoll, dafür umso mehr der Blick auf den Saronischen Golf mit den gegenüberliegenden Inseln Dokós und Hýdra.

Kósta

In Sachen Liberalität hatte sich Kósta Anfang des 20. Jh. einen Namen gemacht. Hier gab es die ersten gemischten Bäder in Griechenland. Heutzutage gibt es wohl nur einen Grund, das winzige Dorf an der südlichen Landspitze der argolischen Halbinsel aufzusuchen – es ist der nächste Hafen zur Insel Spétses. Am Strand stehen ein paar größere Pauschalhotels. Die umliegenden Hügel sind von Pinien bewachsen. Am kleinen Hafen gibt es einen bewachten Parkplatz. Dort stehen die Autos der Ausflügler nach Spetses (für 5 € pro Tag), denn auf der Insel sind sie (glücklicherweise) verboten.

4 mal tägl. kleine **Fähren** nach Spétses. Pro Pers./Fahrrad 2 € (um 8, 10.30, 13.30 und 17 Uhr). Außerdem haben einige Fischer ihre Boote zu **Personenfähren** umfunktioniert. Sie fahren ab, wenn ihre Boote voll sind (in der Hauptsaison etwa alle 20 Min.) . Die Überfahrt kostet 2,50 € pro Pers. Für zu spät Gekommene bleiben die schnellen **Wassertaxis** aus Spétses. Der Fahrpreis beträgt 20 €, den sich die Passagiere teilen. Nach Spétses/Alter Hafen 27 €. ✆ 27540/72072. An der Anlegestelle gibt es eine **Kantina**, nebenan ein kleiner, sauberer **Sandstrand** mit Taverne. **Busse** 3- bis 4-mal tägl. nach Portochéli (1,80 €) und Kranídi.

Portochéli

Das ehemalige Fischerdörfchen hat sich heute zu einem Zentrum des Massentourismus auf dem Peloponnes gewandelt. Die malerische, fast geschlossene Bucht, die schönen Strände und die verkehrsgünstige Lage mit Ausflugsmöglichkeiten auf die nahen Inseln Spétses und Hýdra haben für einen Boom des Retortenstädtchens in den letzten beiden Jahrzehnten gesorgt. Bereits in der Antike schätzte man die geschützte Lage. Von der antiken Stadt Alis (in Richtung Kósta) blieb nur wenig übrig. Wegen einer Absenkung der Küste liegen die Reste der Hafenanlagen, der Stadtmauer und eines Tempels auf dem Meeresgrund. Mit rund 3000 Hotelbetten – im Sommer restlos ausgebucht – gehört heutzutage der Naturhafen ganz der Touristikindustrie, aber bereits im Herbst liegen die Betonklötze wie vergilbte Symbole der Freizeitkultur verlassen und öde da.

Vor allem bei Franzosen und Deutschen findet Portochéli großen Anklang. Die griechischen Einwohner sind während der Hochsaison in der Minderheit. In den letzten Jahren entstanden in Portochéli zahlreiche Ferienvillen, die über Pauschalanbieter angemietet werden können. Trotz der vielen Gäste kommt in dem weitläufigen Badeort keine Hektik auf. In Portochéli geht es gemütlich zu.

Hinter dem Dorffriedhof erstreckt sich eine kleine Bucht mit sauberem Kiesstrand. Portochéli genießt einen guten Ruf bei Wassersportlern. Von Surfen bis Wasserski bleibt kaum ein Wunsch offen. Im Sommer legen viele Segler bei ihren Törns im Saronischen Golf an der überdimensionierten Hafenpromenade an. Das Preisniveau in Portochéli ist höher als anderswo auf dem Peloponnes.

Baden (mit eigenem Fahrzeug): Etwa auf halber Strecke zwischen Portochéli und Kósta führt rechts eine Straße hinunter zur hübschen *Bucht von Chinítsa*. Etwa 800 m von der Hauptstraße verzweigt sich die Straße, der linke Strang (beschildert mit einem Fischgerippe) führt über 1,5 km hinunter zu einer Fischtaverne mit an-

Flaniermeile von Portochéli

schließender Badebucht. Für Gäste der Taverne stehen Liegen und Plastiksessel gratis zur Verfügung.

Verbindungen Flying Dolphins/Cats, von Ende Juni bis Mitte Sept. gute Verbindungen zu den Saronischen Inseln. 4-mal tägl. Hýdra (16,50 €), 3-mal Spétses (6 €), 2-mal Póros (21 €); 2-mal tägl. nach Ermióni (10,50 €) und 4-mal tägl. nach Piräus (39,50 €). Ticket-Verkauf im *Hertz-Büro* an der Hafenpromenade, gegenüber dem Taxistand. Tägl. 9–13.30 und 16.15–21 Uhr. ✆ 27540/51537.

Busse, 4-mal tägl. nach Kósta und nach Kranídi, von dort aus recht gute Verbindungen → „Ermióni/Verbindungen". Zwei Bushaltestellen in Portochéli an der Hafenpromenade.

Taxis, an der Uferpromenade, ✆ 27540/51212. Preisbeispiele: Kranídi 8 €, Kósta 6 €, Kiláda 12 € und Ermióni 16 €.

Adressen Bank, Bankfiliale der Alpha Bank und ein Geldautomat an der Uferpromenade. Geld abheben auch beim Supermarkt AB möglich (nahe Kreisverkehr Richtung Kósta).

Post, von der Straße Richtung Kranídi vor der BP-Tankstelle links ab, beschildert. Mo–Fr 8–14 Uhr, hier auch Geldwechsel.

Polizei, in Kranídi. ✆ 27540/21210.

Auto- und Zweiradverleih, an der Hafenpromenade viele Anbieter. Das Preisniveau ist hier höher als anderswo auf dem Peloponnes.

Motorboote vermietet *Takis Rent a Boat* mit 10-PS-Motoren, die auch ohne Bootsführerschein gesteuert werden können. Karten befinden sich an Bord. ✆ 27540/512932.

Reiseagenturen, gehäuft an der Hafenpromenade, z. B. *Marines Tours* neben dem Flying-Dolphins-Büro. Bootsausflüge nach Hýdra/Spétses rund 20 €, nach Monemvasía ca. 30 € (jeweils ganztägig). Hier werden auch Fährtickets nach Italien verkauft. Außerdem Autoverleih (Kleinwagen ab 50 € pro Tag). Von März bis Okt. tägl. 9–13 und 17–21 Uhr. ✆ 27540/51870 oder 51340.

Übernachten Die meisten der unzähligen Hotels und Apartmenthäuser sind im Sommer über Pauschalreiseveranstalter ausgebucht.

》 Mein Tipp: ** **Hotel Rozos**, 21 kleine, saubere Zimmer mit Bad, Balkon (Blick aufs

Gemütliches Ambiente in Portochéli

Meer), Aircondition, Kühlschrank und TV. Internetanbindung in den Zimmern vorhanden. Nur durch die belebte Küstenstraße vom handtuchschmalen Strand (mit Rasen!) getrennt. EZ ab 60 €, DZ ab 65 € (jeweils mit Frühstück). An der Uferpromenade (Straße nach Kósta), ✆ 27540/51416, www.hotelrozos.com. 《《《

Porto Panorama, liegt am Hügel über Portochéli und bietet eine fantastische Aussicht über den Ort, Spétses und das Meer. Mit schönem Pool und Sonnenterrasse. Hier braucht man allerdings ein Auto. DZ ab 40 €, Apartment für 4 Pers. ab 55 €, Frühstück 7 € extra. ✆ 27540 51040, www.porto panorama.gr.

Essen & Trinken 》》 Lesertipp: Taverne **Alexandra**, „das letzte Lokal an der Uferpromenade in Richtung Kreisverkehr. Vom Tavernengarten, erhöht zwischen zwei Straßenzügen, schöner Ausblick auf den Hafen." (Friedrich Flendrovsky). 《《《

Kiláda

Kiláda besitzt einen der schönsten Naturhäfen der Argolís. Den Schutz dieser besonderen geografischen Lage wussten bereits unsere Urahnen vor über 10.000 Jahren zu schätzen. Der idyllische Fischerort zählt zu den ältesten Siedlungen auf dem Peloponnes. Die eindrucksvolle Franchthí-Höhle ist eine der bedeutendsten prähistorischen Fundstätten in Griechenland.

Der Besuch der riesigen Franchthí-Höhle auf der gegenüberliegenden Seite der Bucht von Kiláda gehört zweifellos zu einem der Höhepunkte der Argolis. Das überdimensionale Loch in der Felswand ist vom Ufer mit bloßem Auge leicht zu erkennen. Die Höhle besteht aus einem extrem hohen Saal mit zwei Öffnungen und zählt zu einem der ältesten Siedlungsplätze im Mittelmeerraum.

1967 begannen Angehörige der Universität von Indiana mit den Ausgrabungen, die sich bis in die Achtzigerjahre fortsetzten. Die Archäologen fanden zahlreiche prähistorische Relikte. Wie man anhand der Werkzeuge, Jagdwaffen, Knochen und Töpferarbeiten feststellen konnte, war die *Franchthí-Höhle* von 10.000 v. Chr. (Paläolithikum) bis in die Jungsteinzeit 6000 bis 1800 v. Chr. (Neolithikum) ununterbrochen besiedelt.

Einer der schönsten Naturhäfen auf dem Peloponnes

Spektakulär war die Entdeckung eines menschlichen Grabes von 7500 v. Chr.! Die Funde sind teilweise im Archäologischen Museum von Náfplion ausgestellt. Auf dem Gelände sieht man heute nur noch die Ausgrabungsschächte der Tiefenbohrungen.

Die Höhle ist über eine Fahrstraße um die Bucht herum, bequemer aber mit dem Boot zu erreichen. Man fragt am Hafen einen Fischer, ob er Zeit hat, zur *„Spileo"* hinüberzufahren. Die Fahrt dauert ca. 10 Min., der Preis liegt bei etwa 10 €, Handeln ist bei mehreren Fahrgästen möglich. Unterhalb der Höhle gibt es auch einen kleinen Kiesstrand. Um Kiláda warten weitere reizvolle, einsame Strände darauf, entdeckt zu werden. Unterkünfte gibt es in dem ursprünglichen, äußerst gemütlich gebliebenen Fischerdorf so gut wie keine, dafür findet man hier die besten, aber auch preislich gehobenen Fischtavernen der Gegend. Einen schönen Badestrand findet man auch nördlich von Kiláda, dorthin führt eine Straße vom Dorf *Foúrni* (an der Straße zwischen Kranídi und Dídyma) sowie südlich von Kiláda beim Weiler *Doroufi*.

Hinweis Die Höhle war zum Zeitpunkt der Recherchen (2017) geöffnet, davor aber immer wieder abgesperrt (angeblich wegen Arbeiten). Bitte erkundigen Sie sich vor Ort nach dem aktuellen Stand. An den Stränden im Bereich der Höhle lag zuletzt reichlich Abfall.

Anfahrt Kiláda Von Ermióni aus erreicht man auf einer Asphaltstraße Kranídi. Von dort fährt man 2 km nördlich (Richtung Náfplion), biegt links ab und stößt nach 3 km auf die weite Bucht von Kiláda (Kilas).

Anfahrt Franchthí-Höhle Von Kiláda in nördliche Richtung fahren, noch vor Foúrni links ab, beschildert, knapp 4 km auf Asphaltstraße bis zu einer Kapelle. Von hier den Pfad in südöstliche Richtung nehmen, am Strand entlang, dann über Felsen zur Höhle. Die Beschilderung „Cave" ist in orangefarbenen Buchstaben auf den Fels geschrieben (ca. 20 Min.).

Verbindungen Mo–Fr 3-mal tägl. **Busse** von und nach Kranídi (1,60 €).

Dídyma

In der weiten Ebene der südöstlichen Argolís, an der Straße nach Náfplion, liegt das Dorf Dídyma (25 km von Ermióni). In Dídyma gibt es ein echtes Naturwunder zu bestaunen: Dolinen. Am Ortsrand liegen zwei kreisrunde Dolinen mit einem Durchmesser von jeweils 150 m. Die gewaltigen Vertiefungen sind durch das plötzliche Einstürzen von unterirdischen Hohlräumen entstanden und nicht etwa, wie mancher Bewohner des nahe gelegenen Ortes gerne behauptet, die Folge von Meteoriteneinschlägen.

Schon von ferne sieht man ein riesiges Loch an einer der Felswände, die die Ebene nach Westen begrenzen. Es handelt sich um eine in Griechenland ungewöhnlich große *Doline*. Von der Hauptstraße führt ein schmales Sträßchen, das in einen schlecht befahrbaren Feldweg übergeht, dorthin (beschildert). 500 m vorher (Ende der Asphaltstraße) stößt man rechter Hand auf eine weitere kreisrunde Doline mit einem Durchmesser von 150 m. Eine Treppe führt durch einen kurzen unterirdischen Gang in den umzäunten, rotbraunen Trichter. Hier drücken sich auf beiden Seiten des Kraters zwei weiß gekalkte Ágios-Geórgios-Kapellen in die Felswand, die Türen zu den Kapellen sind meist unverschlossen. Im Inneren der Doline kann man auf einem Pfad das Naturwunder aus der Froschperspektive betrachten.

Baden: *Saládi-Beach*, 600 m langer Kiesstrand an der Westküste der argolischen Halbinsel. Vom Strand schöner Blick auf die unbewohnte Insel Psili. Von Dídyma führt eine 8 km lange Straße mit traumhaftem Panorama über einen kleinen Pass durch in den roten Fels gehauene Schneisen hinunter zur Saládi-Bucht. In den letzten Jahren sind hier zahlreiche Ferienhäuser entstanden, zu denen derzeit noch Erdstraßen führen. Von der Hauptstraße ist dieser Ort mit „Costa blanca" beschildert. Die Schönheit der Bucht leidet allerdings unter dem großen Hotelklotz, der verlassen in der Landschaft steht. Am Strand keine Tavernen.

Ágios-Geórgios-Kapelle in der Doline von Dídyma

Feiner Panoramablick von der Festung in Parálio Ástros

Arkadien

Das goldene Arkadien, in unzähligen Versen gepriesenes Schlaraffenland, ist ein in weiten Teilen kahles, verkarstetes Bergland im Zentralpeloponnes. Mächtige Bergketten begrenzen den Zugang zum Meer.

Ovid feiert den Landstrich, wo unbestellte Felder goldene Ähren tragen. Goethe war zwar nie hier, und doch ist ihm ein Glück erst ein Glück, wenn es „arkadisch frei" sein darf. Ernst Bloch besuchte Arkadien und ließ sich von der „seligen Landschaft" auf dem Peloponnes hinreißen. Tatsächlich bedeutet Arkadien – die Heimat des Hirtengottes Pan: schroffe Berge, knorrige Weiden und leere Dörfer, traurige Mythen und Orte kriegerischer Begegnungen.

Arkadien war auch der Ausgangspunkt des griechischen Freiheitskampfes gegen die Jahrhunderte lange türkische Unterdrückung. In den geheimen Schulen der schwer zugänglichen, in Felswänden hoch über den Schluchten des Lousíos versteckten Klöster retteten die Mönche die kulturelle Identität Griechenlands in die Neuzeit. Geschichte und Traum, Mythos und Wirklichkeit prägen bis heute Arkadien.

Die Landschaft im Zentralpeloponnes steht bei den meisten Reisenden nicht besonders hoch im Kurs. Zu Unrecht – die ausgedehnten Bergwälder im Ménalon-Bergmassiv (1980 m), die stillen, verwinkelten Bergdörfer wie Dimitsána und Stémnitsa, in denen die Zeit stehen geblieben ist, die malerisch gelegenen Klöster, zu denen sich kaum ein Fremder verirrt, all dies ist einen Besuch wert. Trotzdem ist Arkadien die am wenigsten besuchte Landschaft der Halbinsel. Laut geht es nur in der Hauptstadt Trípolis zu.

Die Küstenlandschaft zwischen *Leonídion* und *Ástros* bietet ideale Bademöglichkeiten, einsame Kiesstrände unterhalb der romantischen Küstenstraße, die sich an den schroffen Berghängen entlangschlängelt. Dörfer wie *Levídi, Vytína, Stémnitsa,*

Arkadien

Dimitsána oder *Langádia* mit ihren freundlichen Bewohnern, den gepflasterten Gässchen und alten Bürgerhäusern sind ein Erlebnis.

Die Landschaft rund um das fast 2000 m hohe *Ménalon-Gebirge* ähnelt mit ihren Nadelwäldern eher der Schweiz als Griechenland. Die pittoreske Bergregion lässt sich am besten in ausgedehnten Wanderungen und Radtouren erkunden. Dass hier vor rund 2500 Jahren in der legendären Ebene von Mantíneia grausame, militärisch entscheidende Schlachten gegen das machthungrige Sparta geschlagen wurden, lässt die Idylle nicht erahnen. Nur Orchomenós und Mantíneia mit ihren bescheidenen antiken Resten zeugen davon. Heute kämpft die Region mit wirtschaftlichen Problemen. Seit den 60er-Jahren verzeichnet Arkadien einen Bevölkerungsrückgang von über 40 %, die höchste Landflucht auf dem Peloponnes neben der Inneren Máni. Viele Häuser sind verfallen oder werden von den Familien nur im Sommer bewohnt. In den Ebenen gedeihen vor allem Mais, Getreide und Gemüse. Der Anbau von Melonen und Gurken stellt die wichtigste Einkommensquelle Arkadiens dar

Trípolis im Zentrum des Peloponnes ist Verkehrsknotenpunkt und das wirtschaftliche Zentrum der Region. Busse fahren mehrmals täglich nach Pátras, Kalamáta, Sparta, Árgos, Korínth und Athen. Die Stadt selbst bietet keine Sehenswürdigkeiten.

Ástros/Parálio Ástros

In der fruchtbaren Ebene des Tanos mit Tausenden von Olivenbäumen liegt das Bauerndörfchen Ástros. Bekannter allerdings ist das 5 km entfernte Parálio Ástros, ein malerisches Fischerdorf, das sich mit seinem kilometerlangen Kiesstrand zu einem populären Badeort gemausert hat.

Schon von Ferne ist das Dorf an dem aus der Ebene herausragenden Berg mit seiner mittelalterlichen Festung bzw. das, was von ihr übrig blieb, zu erkennen. Einige

Mauern und drei Gebäudefassaden stehen noch. In *Parálio Ástros* – bei den Einheimischen als *Kinouría* bekannt – gibt es am Hafen preiswerte Tavernen mit garantiert frisch zubereitetem Fisch. Der Hafen ist auch ein beliebtes Ausgangsquartier, um die arkadische Küste bis nach Leonídion zu entdecken. Der Bauboom in Parálio Ástros hält an. Am Ortsrand sind in den vergangenen Jahren viele, eher unansehnliche Apartmentanlagen entstanden, auch wurde die Fußgängerzone von Süden entlang der Küste zum Hafen mit Naturstein ausgelegt und in Verbindung damit einige Häuser und Geschäfte neu gestaltet. Während in der Nebensaison Bauern und Fischer das Bild bestimmen, ändert sich die Szenerie schlagartig im Hochsommer. Dann liegen im kleinen Hafen die Jachten vieler Griechen vor Anker, im neuen Amphitheater am Leuchtturm gibt es Vorstellungen und am Strand tobt das Leben. Doch bereits Anfang September fällt das Dörfchen wieder in seinen Dornröschenschlaf zurück.

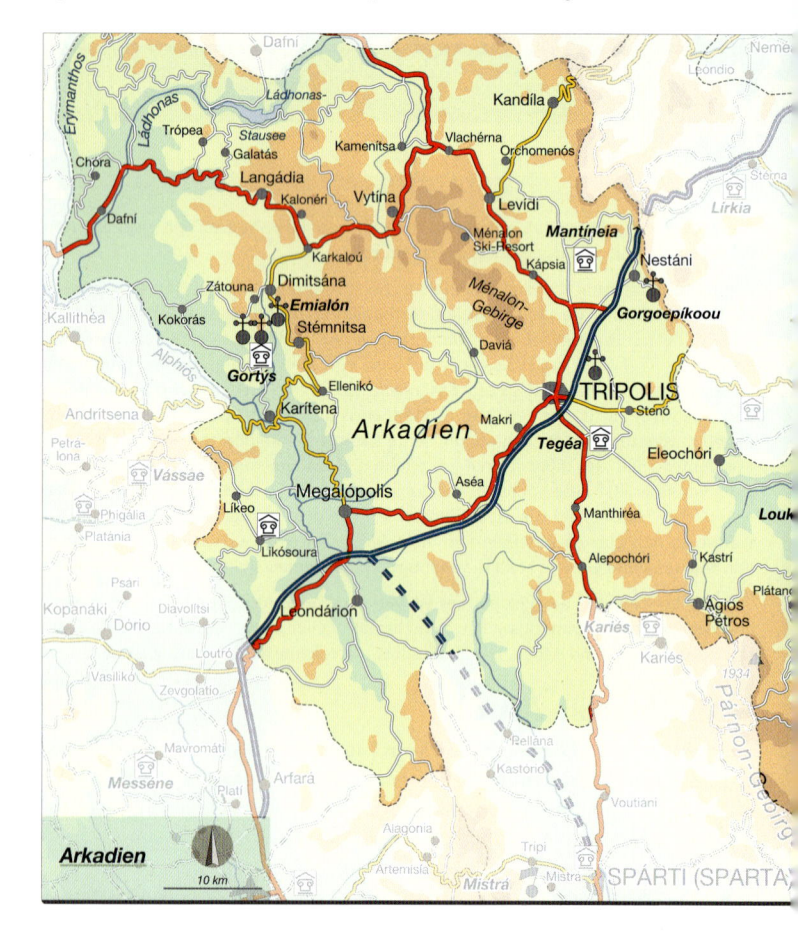

Der *Hauptort Ástros* ist für Griechen ein geschichtsträchtiger Ort, denn hier tagte zwischen 30. März und 18. April 1823 die zweite griechische Volksversammlung. Unter freiem Himmel stritten die Volksvertreter im Garten des Grundbesitzers und Freiheitskämpfers Karitsiotis, was aus dem Land, das einst den türkischen Besatzern gehörte, künftig werden soll. Eine Tafel im Hof der ehemaligen Landvilla erinnert an den Beginn des demokratischen Griechenlands. Ein kleines Museum an historischem Ort wurde schon vor einigen Jahren geschlossen.

Wer sich bei gemäßigten Temperaturen für einen Spaziergang zu den **Ruinen der Festung** entschließen kann, kann sich auf einen schönen Panoramablick über den Golf bis hinüber zur Küste von Drépano freuen. Hübsch anzusehen sind in der Abendsonne auch die einfachen traditionellen Häuser und Hütten, die sich unterhalb der Burg an den Berg nestlen. Katzen liegen im Schatten, bepflanzte Blumenkübel und bunte Fensterrahmen spiegeln das Leben im früheren Ástros wider. Eine schmale Straße windet sich vom Ortseingang von Parálio Ástros bis hinauf zum Kirchplatz. Vom Parkplatz der modernen Kirche bis zum Eingang zur Burgruine sind es nur 250 m.

Verbindungen 3-mal tägl. passiert der **Bus** von Athen nach Leonídion (und umgekehrt) Ástros. Tíros 3,20 €, Leonídion 4,80 €, Árgos 4,60 €, Athen 12,50 €, 2-mal täglich nach Tripolis.

Adressen Post, in Astros an der 25is Martiou. In Parálio Astros verkauft der Shop „la fratsali" Marken. Im Ort gibt es mehrere Postkästen.

Ausflugsboote, bei der Zweigstelle von Pegasus Cruises an der Hauptstraße. Etwa zu den Inseln Hýdra und Spétses (ganztägig, zur Zeit jeden Mi, ca. 30 €), ☎ 27520/59430, www.pegasus-cruises.gr.

Baden Es gibt zwei lange, aber schmale Sand-/Kiesstrände: entlang des Ortes Parálio Astros und vom Campingplatz Astros bis zur Abzweigung der Hauptstraße nach Argos. Zudem gibt es auf der Strecke von der Abzweigung bis Kivéri einige versteckte Kiesbuchten, die oft nur mit ein wenig Kletterei über schmale Trampelpfade erreichbar sind. Der Lohn dafür: saubere Kiesstrände und klares Wasser. Auch am Weg nach Tiros gibt es einige schöne Strände mit Parkbuchten, etwa den **Krioneri Beach** (mit Taverne).

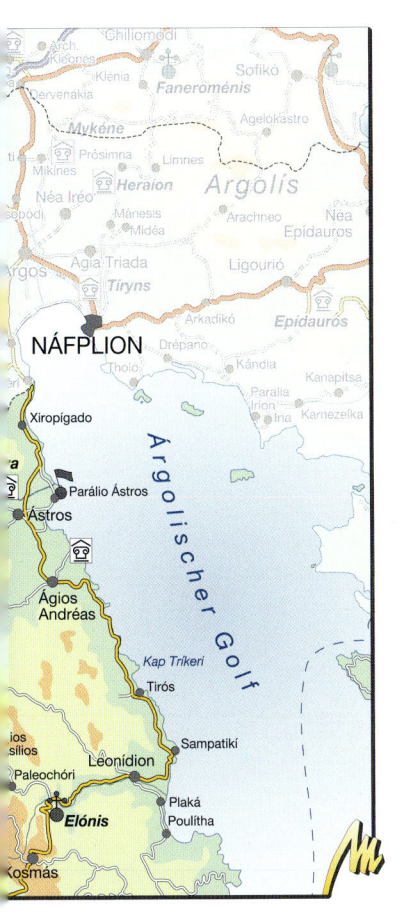

Übernachten ⟫ Lesertipp: Ferienwohnungen Panorama, „in dem modernen Haus befinden sich acht Einheiten mit Ferienwohnungen zu 85 und 95 m² für max. 6 Pers. Die Ferienwohnungen liegen am südlichen Ortsende von Parálio Ástros. Anna und Apostolos Vahaviolos haben lange Zeit in den USA gelebt und sprechen daher sehr gutes Englisch (und ein wenig Deutsch). Beide sind sehr um das Wohl ihrer Gäste bemüht" (Claudia Drees/Gerhard Zilles, Siegburg). Studio ab 35 €, Apartment für 4 Pers. 45–55 €. Mystra Str. 1, ℡ 27550/51373. ◀◀

Pension Maria, in einer Seitenstraße von der Hafenstraße. Der freundliche Besitzer Panajoti Georgakakou vermietet 19 voll ausgestattete Apartments für 2–4 Pers. Zweier ab 55 €, Vierer ab 70 €. ℡ 27550/51212, www.studios-maria.gr.

> **Straßenverhältnisse:** Die Küstenstraße von Árgos nach Leonídion ist gut ausgebaut und bietet ein herrliches Panorama. Relativ wenig Verkehr. Die kurvenreiche Strecke ist ein echtes Erlebnis!

*** **Astros Beach Boutique Hotel**, Hotel von 2011 an der Uferpromenade mit schönen Zimmern und modernen, geräumigen Bädern. Auch behindertengerechte Zimmer. Übernachtung im DZ mit Meerblick und Frühstück auf der Terrasse 75–95 € für 2 Pers. (100–120 € mit Halbpension). ℡ 27550/52720, astroshotel.gr.

▶▶ **Lesertipp:** **Studios Filoxenia**, „unterschiedlich große, gut ausgestattete Wohnungen mit Balkon, 5 Min. vom Hafen entfernt, mit Blick auf das Parnonas Gebirge. Die Vermieterin wohnt im Erdgeschoss. Ein Studio mit großer Wohnküche, Schlafzimmer und Balkon kostet im Mai 40 €" (Twig Ehrath-Kiepsch). ℡ 27550/51252, www.astros-filoxenia.gr. ◀◀

Zudem werden an der Uferstraße Richtung Campingplatz mehrere Zimmer vermietet. Schilder hängen aus. Teilweise sehr einfach, aber dafür günstig.

Camping Astros, ruhig, 2 km nördlich von Parálio Ástros an einem Sand-/Kiesstrand gelegen. Kleiner Platz mit Restaurant. Stellplätze auf Kies, Pappeln und Mattendächer spenden Schatten, einige Dauercamper. 10. Mai bis 15. Sept. geöffnet. Pro Pers. 5,50 €, Zelt 5,50 €, Auto 2,30 €, Wohnwagen 7,30 €, Wohnmobil 7,80 €, 3,10 € für Strom. Von Mai bis Okt. geöffnet. ℡ 27550/51500, www.astroscamping.com.

Camping Thirea, bei deutschen Urlaubern sehr beliebt. Mai bis Sept. geöffnet. Vom Ort aus beschildert, Zufahrt über eine geteerte Straße parallel zu einer Schotterpiste am Strand entlang. Pro Pers. 5–6 €, Kind 3 €, Auto gratis, Zelt 5–6 €, Wohnwagen 6–8 €, Wohnmobil 8–10 €, Strom 2–6 €. Ca. 2 km südlich von Parálio Ástros (beim Weiler Pórtes), schattiger, ruhiger Platz, 100 m vom Meer, ℡ 27550/51002, /www.campingthirea.com.

Die schönste Küstenstraße am Argolischen Golf ist meistens leer

Essen & Trinken »> Lesertipp: „Begeistert waren wir vom **Restaurant Rembetiko** an der Hafenpromenade. Inhaber Sabine und Iakowos Moutzouris bieten gutes Essen zu vernünftigen Preisen und dazu sehr freundliche Bedienung. ✆ 27550/51691." (Angelika Voelker-Prügel). Zu diesem Lokal erreichten uns allerdings widersprüchliche Zuschriften. «

Kloster Loukós

Griechische Klöster sind oftmals versteckt gelegen und schwer zugänglich, das Kloster Loukós allerdings nicht. Das im 12. Jh. erbaute Kloster liegt 4 km von Ástros an der Straße nach Trípolis, der Pfeil zur Abzweigung ist allerdings auf Griechisch. Die Nonnen, die hier auschließlich wohnen, nennen es „Kloster der Transfiguration von Jesus Christus". Doch im Volksmund hat sich „Loukós" (bedeutet „heiliger Wald") eingebürgert. Jedes Jahr wird die Transfiguration am 6. August mit einem großen Fest im Kloster gefeiert.

Noch immer läuten die Glocken des Klosters Loukós

Die hohen, schlanken Zedern und das schlichte Äußere lassen nicht vermuten, welche Blumenpracht sich hinter den weiß gekalkten Klostermauern verbirgt. Sehenswert ist auch ein römisches Aquädukt vor dem Kloster, das völlig mit Kalksinter überzogen ist.

Loukós selbst ist ein kleines Paradies. Durch einen von Pflanzen überwachsenen Eingang und an zwei antiken korinthischen Kapitellen vorbei betritt man den gepflegten Innenhof. Zentrum des Klosters ist die kleine 800 Jahre alte Kirche. Bei einem Gang um den Sakralbau entdeckt man im Mauerwerk noch manchen antiken Stein. Kein Wunder, denn das heutige Kloster steht vermutlich auf den 1800 Jahre alten Fundamenten des mondänen Landsitzes eines reichen Atheners. Die gefundenen Säulentrümmer dienen heute als Ständer für Blumentöpfe. Eine Überraschung erwartet den Besucher auch im Inneren der rotbraunen Metamorphossis-Kirche: an den Wänden schöne Fresken, vermutlich aus dem 16. Jh., und eine Ikonostase (17. Jh.) mit wertvollen Ikonen. Zum Schmuck der Kirche gehören auch zwei rhodische Teller im Giebel. Mit etwas Glück wird man von der Oberin zu einem Tässchen Kaffee und hausgemachtem Naschzeug ins Refektorium des Klosters eingeladen.

Tagsüber geöffnet, allerdings zwischen 14 und 16 Uhr zur Siesta geschlossen. Einlass nur mit angemessener Kleidung.

Herodes-Atticus-Villa/Antike Stadt Eva: Schon der römische Geschichtsschreiber Pausanias berichtet von der antiken Stadt Eva. Ob es sich bei dem heutigen Ausgrabungsgelände unterhalb des Kloster Loukós (an der Straße Ástros – Kato Doliana) tatsächlich um Eva handelt, lässt sich nicht mit letzter Sicherheit sagen. Auf alle Fälle stand hier die prächtige Villa des römischen Konsuls und Kulturmäzens

Herodes Atticus. Noch heute sind durchaus eindrucksvolle Ruinen zu sehen. Bisher wurden schon 80 Skulpturen und 1200 m² an farbenfrohen Mosaiken entdeckt. Auf dem umzäunten Grundstück sind die Forschungen zwar noch nicht abgeschlossen, gearbeitet wird aber schon seit mindestens zwei Jahren nicht mehr. Das Ausgrabungsgelände mit schönem Blick auf das Tanos-Tal kann deshalb nur von außen besichtigt werden, zum Schutz vor der Witterung sind einzelne Mauern zudem mit wenig ansehnlichen Plastikfolien abgedeckt.

Wandern im Párnon-Gebirge

Aus der Tagebuchaufzeichnung unseres Lesers und geübten Bergsteigers Harald Schrempf aus Graz: „Der Morgen ist kühl und der Himmel strahlend blau. Über Ástros leuchtet der Gipfel *Megáli Toúrla* (1935 m) in der Morgensonne. Über Ag. Pétros fahren wir wieder zur E.O.S.-Hütte, parken etwa 100 Höhenmeter unter dieser (ca. 1300 Höhenmeter) an der Asphaltstraße, die nach Sparta führt. Nochmals ca. 50 Höhenmeter Abstieg ins Bachbett, wonach es durch eine wildromantische, von Baumstämmen verlegte Schlucht in 1 Std. bis zu einer Forststraße geht. Dieser folgen wir nun 30 Min., bis sie in einen Weg mündet. Gute rote Markierungszeichen und die Nr. 33 weisen den Weg. In ca. 1600 m verlassen wir den Wald und kommen auf eine von Hügeln und dem Megáli Toúrla überragte Hochebene, an deren Ende eine Kapelle (Agios Ailiás) steht. Steile Schroffenhänge leiten ab hier zum Gipfel. Wir sind nun zwei Stunden unterwegs – ab der Hochebene gibt es keine Markierung und keinen Steig, nur ein Pfeil weist zum Gipfel.

Wir halten uns an die Freytag & Berndt-Karte und machen einen großen Bogen, steigen weglos die letzten 300 Höhenmeter zum Gipfel, der ein großes Plateau mit Schafweiden bildet. Von oben haben wir eine grandiose Aussicht nach Norden auf eine einsam wirkende, kahle Berglandschaft mit bewaldeten Tälern, in die kleine Dörfer mit weißen Häusern eingebettet sind. Tief unter uns können wir Ástros am tiefblauen Meer erkennen. Im Westen im Dunst des Nachmittags sieht man das riesige Taÿgetos-Massiv und die gesamte Argolis.

Wegzeit vom Auto bis zum Gipfel 3 Std., Abstieg 2 Std. Mühsam ist auch der Abstieg über die steilen, brüchigen Schroffen bis hinab auf das Plateau. Die beste Jahreszeit für die Wanderung ist der Frühling. Wer in der Hütte übernachten möchte, wende sich an den E.O.S. Bergsportverein Sparta, Akropoleos-Straße 3, 23100 Sparta, ✆ 27310/22574 oder 24135.

Tíros

An der traumhaften Küste zwischen Ástros und Leonídion – Tourismusmanager sprechen gerne von der Arkadischen Riviera – ist Tíros der wichtigste Badeort, trotz des nur schmalen Kiesstrandes. Hier geht es gemütlich zu. Ein Ziel für Individualisten.

Inmitten einer pittoresken Landschaft zieht sich Paralia Tíros, das einzige größere Dorf zwischen Ástros und Leonídion, terrassenförmig um eine weite Bucht. Weiter

Tíros

oben verläuft die Küstenstraße. Keine Bettenburgen verstellen den Blick, die Häuser, Geschäfte und Tavernen reihen sich gemütlich am Strand entlang. Der stille Ort ist ein idealer Platz zum Entspannen, das Leben ist beschaulich – Fischer flicken alltäglich ihre Netze am Strand oder bearbeiten den gefangenen Oktopus an der Steinmauer. Die Autos, die an der Uferpromenade entlangfahren, lassen sich an den Händen abzählen. Nur im Juli und August geht es lebhafter zu, denn der Ort ist auch bei Griechen ein beliebtes Urlaubsziel.

Leider ist der feinkiesige Strand in Tíros nur 4–5 m breit, doch das Meer ist klar und das Wasser türkisfarben. Die nördlich gelegene Nachbarbucht ist zum Baden allerdings vorzuziehen. In der Umgebung, entlang der steilen Küste, gibt es eine Vielzahl wahrer Traumstrände zu entdecken, die zum Teil aber nur mit dem Boot erreichbar sind. Oberhalb von Tíros stehen die Ruinen dreier Windmühlen.

Basis-Infos

Verbindungen 3-mal tägl. hält der Bus von Athen nach Leonídion (und umgekehrt) in Tíros, 1-mal davon allerdings nur an der Küstenstraße oberhalb. Leonídion 1,70 €, Ástros 3,20 €, Árgos 6,80 €, Isthmós/Korínth 11,80 € und Athen 18,60 €. Die Bushaltestelle befindet sich bei dem Kafenion 50 m von der Ausfallstraße zur Küstenstraße (Busstation Leonídion ✆ 27570/22255).

Adressen Post, an der dritten Einfallstraße zum Strand (von Ástros kommend), Mo–Fr 7.30–14 Uhr. In der gleichen Straße befindet sich auch die Bank.

Polizei, an der Hafenpromenade.

Übernachten/Essen & Trinken

Übernachten Entlang der Uferpromenade – und die ist nicht gerade kurz – einige Übernachtungsmöglichkeiten, an der Straße zum Strand zahlreiche Privatzimmer. Eine Auswahl:

»› Mein Tipp: *Hotel Oceanis, an der Uferpromenade neben dem „Apollon" am südlichen Dorfende. Sympathisches, blauweiß gestrichenes Haus mit nur 16 Zimmern, alle mit Bad, Terrasse oder Balkon, Aircondition, Kühlschrank und TV. Gemeinschaftsküche vorhanden. Zypressen flankieren das schmale Haus. Besonderheit: einige Tische für das Frühstück im Freien mit Meerblick. Kostenlose Benutzung von Liegen und Sonnenschirmen am Strand. Ganzjährig geöffnet. DZ 30–45 €, inkl. Frühstück. Gutes Preis-Leistungs-Verhältnis, für die Hochsaison unbedingt reservieren. ✆ 27570/41244 (nach Tasso fragen). «‹

** **Hotel Apollon**, Hotel mit netter Atmosphäre direkt am Strand. Gemütliches Flair. Alle zwölf von Stamatina Lagodontis vermieteten Zimmer mit renoviertem Bad und Balkon, Kühlschrank. Sonnenschirme und Liegen am Strand sind im Preis enthalten. Ganzjährig geöffnet DZ 32–48 €, Apartment 45–55 €. ✆ 27570/41268 und 41393, www.apollon-tyros.gr.

** **Hotel Kamvyssis**, neben dem „Apollon" an der Uferpromenade, professionell geführt, fast ausschließlich von griechischen Touristen besucht, altmodische Einrichtung. Schönes Lokal im Edgeschoss. Ganzjährig geöffnet. EZ ab 50 €, DZ ab 60 €, Frühstück 10 €. Im Juli/Aug. unbedingt reservieren. ✆ 27570/41424 oder 41209, kamvissis@aias.gr.

Filoxenia Studios, vermietet Apartments an der Hauptzufahrtsstraße zur Uferpromenade und die frei stehende Zaritsi-Villa. Am Hang mit schönem Blick. 3- bis 6-Bett-Zimmer mit schlichter Einrichtung, Holzmöbel und Küche 45–80 €. ✆ 27570/41580, www.filoxenia-studios.gr.

Privatzimmer Antoniou, geräumig, mit Bad und Balkon zum Meer findet man ebenfalls im südlichen Teil der Bucht beim Hafen, vorletztes Haus, ein Schild „Chambre a Louer" hängt aus. Das DZ kostet ab 30 €. Geöffnet Mai bis Sept. ✆ 27570/41269 oder 41221.

Camping Zaritsi, der Platz liegt 1,5 km nördlich von Tíros, eine 700 m lange Schotter- und Betonpiste führt durch Oliven- und Zitrushaine zu dem einsam gelegenen Platz in der Zaritsi-Bucht, 3 km nördlich von Tíros (gut ausgeschildert). Moderne und saubere Anlage mit Dusche am Strand. Ideal zum Baden (Kiesstrand). Junge Bäume und Strohmatten spenden Schatten. Die besten Plätze scheinen von Dauercampern belegt zu sein. Mit Restaurant und Mini-Market. In der Nebensaison wenig los. Der Platz ist besonders bei Deutschen beliebt und schließt im Okt. In der Hochsaison pro Pers. 6,20 €, Kinder 3,50 €, Wohnwagen 5,90 €, Wohnmobil 7,20 €, Zelt ab 4,70–5,80 €, Auto 3,50 €, Strom 3,90 €. ✆ 27570/41429, www.camping zaritsi.gr.

Camping Tserfos, der kleine, sympathische Platz liegt 8 km vor Tíros. Mit Restaurant, davor ein schöner Kiesstrand. Preise auf Anfrage. ✆ 27570/41739, tserfos1 @gmail.com.

Ligeria-Beach von Tíros

Bar/Essen Pub Karnagio, nette Bar mit viel Bootsinterieur, beliebter Abendtreffpunkt an der Uferstraße von Tíros, dank der auffälligen Einrichtung mit vielen Fähnchen kaum zu verfehlen. Daneben im „Club Karnagio" ein **Internetcafé**.

》》》 **Mein Tipp:** Café Diaxpovikó, am südlichen Ende des Ortes ca. 200 m vor dem Fischerhafen. Nach alter Tradition wurde das Steinhaus völlig neu aufgebaut. Insbesondere das tolle Ambiente mit Netzstühlen im Schatten von Oleander direkt auf dem Kiesstrand und der Ausblick auf den Ort und den Golf haben es uns angetan. Sehr freundliche und fixe Bedienung. 《《《

Eine Reihe von **Tavernen/Fischtavernen** findet man entlang der Uferpromenade

》》》 **Lesertipp:** Taverne Konasti, oberhalb des Orts, beim Dorf Sapounakeika. Große, schattige Terrasse mit toller Aussicht auf die Bucht und sehr guter traditioneller Küche. Netter Service. Außerdem ist die Taverne auf das Sammeln und Trocknen von Kräutern spezialisiert und verkauft leckeren Honig und Marmelade. 《《《

Livádi: Die hohen Berge im Hintergrund bilden eine dekorative Kulisse für das idyllische Dorf direkt am Meer. Oft schlagen die Wellen bis an die Häuser. In der nur wenige Kilometer nördlich von Livádi gelegenen Bucht trifft man selbst im Hochsommer nur selten ausländische Touristen an.

Übernachten/Essen Manoleas, in der nördlichen Bucht. Hier isst man sehr guten Fisch und kann preiswert übernachten. Sehr freundlicher Besitzer, der bei der Zimmersuche weiterhilft, wenn er selbst ausgebucht ist (in der Hochsaison meistens der Fall). Gemütliche Taverne, bereits von der Küstenstraße bestens ausgeschildert. Ein einfaches Zimmer für 1–3 Pers. kostet ab 35 €, für Juli/Aug. reservieren. ✆ 27570/61092, www.good times.gr/manoleas.

Sampatikí: Fischerromantik. In der geschützten Bucht mit dem überraschend aufwendig ausgebauten Hafen kann man nachmittags die Fischer beim Ausbreiten und Reparieren der Netze beobachten. Das Dorf: ein Dutzend Häuser, eine Taverne am Strand (guter, preiswerter Fisch) und das weiß gekalkte Kirchlein am Hafen. Eine 1 km lange, steile Straße führt zu dem winzigen Ort (unterhalb des Dorfes Pragmateftís), nur wenige Kilometer nördlich von Leonídion. Der schmale Kiesstrand eignet sich weniger gut zum Baden. Keine Hotels, aber Zimmervermietung, beispielsweise Studios Statkopoulos am Strand (Quartier ab 35 €, ✆ 27570/61273).

Leonídion

Verschlafenes Landstädtchen zwischen rotbraunen Felswänden und grün bewaldeten Hängen am Rande des fruchtbaren Mündungsgebiets des Daphnón; im Hintergrund das Panorama des 2000 m hohen Párnon-Gebirges. Hauptanziehungspunkt ist der kilometerlange Kiesstrand von Pláka.

Eine enge Straße mit Kafenía und Bäckereien windet sich durch die Altstadt Leonidios. Immer wieder prächtige Bürgerhäuser, viele davon leerstehend, die von vergangenem Wohlstand zeugen. Leonídion, heute Hauptstadt der Verwaltungsprovinz Kynouria, hat sich seine malerische Beschaulichkeit erhalten. Für den Schwerlastverkehr ist die Altstadt längst zu eng geworden. Deshalb wurde entlang des Daphnóns (Lorbeerfluss) eine breite Umgehungsstraße gebaut.

> In Leonídion gibt es folgenden schönen **Osterbrauch** (Leserbrief von Familie Silp, Krailling): „Neben schönen Mitternachtsmessen, Knallkörpern und Riesenfeuerwerk steigen um Mitternacht an die 150 „Heißluftballons" in den Nachthimmel. Es sieht einmalig aus! Die bemalten Ballons sind aus Papier gebastelt mit ca. 1,50 m Durchmesser. Unten wird ein Öllappen entzündet. Sie werden tagsüber auf den Straßen verkauft."

Der Daphnón, im Sommer ausgetrocknet, im Frühjahr ein reißender Fluss, entspringt in den unzugänglichen Bergen des Párnon. Wer durch das Städtchen schlendert, stößt auf so manche Kuriosität – wie den Fotoladen in der Altstadt – oder auf die verführerischen Naschereien in den Bäckerläden. In dem wohlhabenden Dorf spielt der Tourismus nur eine untergeordnete Rolle. Dafür liegt die Ortschaft für griechische Verhältnisse zu weit abseits der Küste und hat kulturhistorisch zu wenig zu bieten. Allerdings hat sich der Ort unter Sportkletterern einen Namen gemacht. In den vergangenen Jahren wurden zahlreiche neue Routen angelegt. Noch dominiert die Landwirtschaft die lokale Wirtschaft. Das untere Tal des Daphnóns bietet hervorragende Anbaumöglichkeiten für Obst und Gemüse, Oliven und Zitrusfrüchte.

Wer nach Leonídion zum Baden fährt, meint das 4 km entfernte Fischerdorf *Pláka*. Eine schnurgerade Eukalyptus-Allee führt zu dem Dorf mit dem sauberen Kiesstrand und dem türkisfarbenen Meer. Dort und in der 7 km entfernten Bucht von *Poúlithra* haben sich Hotels und Ferienwohnungen angesiedelt und es wird weiter gebaut. Die meisten Besucher schätzen die ursprüngliche Atmosphäre abseits der großen Besucherströme. Die Steilküste zwischen Leonídion und dem 47 km nördlich gelegenen Ástros bietet fantastische Panoramen und wunderbare Buchten zum

Baden und Tauchen (allerdings nicht immer zugänglich). Darüber hinaus ist Leonídion ein hervorragender Ausgangsort für Bergwanderungen in das menschenleere Párnon-Gebirge.

Basis-Infos

Verbindungen Bus, Station am unteren Ortsrand von Leonídion (✆ 27570/22255) neben dem (meist ausgetrockneten) Flussbett, mit gemütlichem Café. 3-mal tägl. nach Tíros (1,70 €); 3-mal Ástros (4,80 €), Árgos (7,80 €) und Athen (20,30 €); 2-mal tägl. (außer Sa/So) nach Trípolis (8,80 €); 1-mal wöchentl. (Do) nach Kosmás (3,20 €); 2-mal tägl. Pláka und Poulíthra (je 1,40 €). Am Wochenende eingeschränkte Verbindungen. Wer mit dem Bus in den Süden reisen möchte, muss den Umweg über Árgos oder Trípolis machen.

Straßenverhältnisse: Die **Passstraße** nach Geráki (Richtung Sparta/Gýthion) ist zwar eng, kurvig (Serpentinen) und bergig, dafür aber wenig befahren und weist keine extremen Steigungen auf. Für die 50 km bis Geráki sollte man auf jeden Fall mehr als eine Stunde einplanen. Für Wohnwagen bzw. -mobile gibt es keine Schwierigkeiten.

Taxi, Taxistand an der Platia. ✆ 27570/22372.
Adressen Bank, an der Platia (mit EC-Automat), Mo–Do 8–14.30, Fr 8–14 Uhr.
Erste Hilfe, Leonídion hat eine relativ große Krankenstation im Ortskern (beschildert).
Notruf ✆ 27570/22950 oder 22951.
Hafenpolizei, in Pláka neben dem Hotel Dionysos. ✆ 27570/22387.
Polizei, außerhalb des Zentrums. ✆ 27570/22222.
Post, an der Platia, Mo–Fr 7.30–14.30 Uhr.
》》 Lesertipp: Walk4fun, „Sarantos Dolianitis bietet geführte Wanderungen in der Umgebung an, nicht nur auf ausgeschriebenen Routen. Er wanderte mit uns drei Stunden in die roten Felsen, eine Strecke, die wir allein nicht gefunden hätten (für nur 30 €). Er kennt die Umgebung samt Flora und Fauna wie seine Westentasche" (Tania und Stefan Rothe). ✆ 27570/22222, www.walk4fun.gr. 《《《

Tsakonisch – eine alte dorische Sprache

In der schwer zugänglichen Region des Párnon-Gebirges im Dreieck Leonídion – Ástros – Sparta hat sich auf Grund der jahrhundertelangen Isolation die archaische Sprache Tsakonisch erhalten. Vor allem in den abgelegenen Dörfern wie Kastánitsa, Sítena oder Prastós hat dieses alte Idiom noch überlebt. Die griechische Subsprache enthält noch viele Elemente der dorischen Sprache. Tsakonisch ist vom Neugriechischen völlig verschieden, da es verschiedene Entwicklungen in den letzten Jahrhunderten nicht mitgemacht hat. Willkommen heißt beispielsweise *Ka ur' ekanate*.

Übernachten/Essen & Trinken

Übernachten 》》 **Mein Tipp:** **** **Archontiko Chioti**, ausgesprochen liebevoll gestaltetes, kleines Hotel in einem traditionell restaurierten Herrenhaus aus dem 19. Jh. Zimmer sehr stimmungsvoll mit rustikalen Möbeln, Deckenflutern, Steinwänden und z. T. gewölbten Decken, Kamin und handgemalten Deckenverzierungen. Orthopädische Matratzen, Designer-Bettwäsche und Pflegeprodukte. Swimmingpool im sehr gemütlichen Innenhof. Blick auf die charakteristischen roten Felsen des Koromiliá-Gebirgszuges. Reichhaltiges Frühstück mit hausgemachter Marmelade und regionalen Produkten, das auf einem alten Klostertisch serviert wird. DZ mit Frühstück 75–85 €, Suite ab 120 €. ✆ 27570/22332, www.archontikochioti.gr. 《《《

Der Felsenkessel von Leonídion

Nur weitere vier einfache Hotels in Leonídion, in der Hochsaison kann es schwierig werden, ein Zimmer zu finden. Wer nach Poulíthra ausweichen muss, braucht sich nicht zu ärgern, denn die Bucht ist traumhaft. Aber auch hier kann es passieren, dass man im Sommer bei der Zimmersuche leer ausgeht. Pláka ist besonders bei deutschen Urlaubern sehr beliebt.

Essen & Trinken Taverne Manteio, direkt hinter der Brücke über das ausgetrocknete Flussbett, Richtung Pláka. Italienische Küche. Sitzmöglichkeiten auf zwei Terrassen mit Blick auf Leonídion. Schönes Ambiente auch am Abend mit den Lichtern des Ortes vor den steil aufragenden Felswänden.

》》 Lesertipp: Pizza, in der Nähe des zentralen Platzes nahe dem Flussbett. „Ein witzig eingerichtetes Lokal mit alten Pfannen, Töpfen, Gläsern mit eingelegten Lebensmitteln, übermöbliert wie ein Museum im Restaurant. Ab 19 Uhr geöffnet. Der Besitzer nennt sich ‚Artist'. Eigentlich ist er bescheiden, aber die Steinofen-Pizzen sind so gut, dass es gerechtfertigt ist". (Regula Altenmatt und Markus Werder, Basel). Etwa 100 m vom zentralen Platz an einem kleineren Platz gelegen, die „Pizza" kennt hier jeder. 《《

Umgebung

Pláka: Ein lustiges Spektakel bietet eine Schar von Enten, die an der Hafenmole den Verkehr zum Stehen bringt, um danach genüsslich ins Hafenbecken zu gleiten. Der gemütlich kleine Fischerhafen mit seinem langen Kiesstrand (mit heruntergekommenen Duschen und Toiletten) wird vor allem von Individualisten geschätzt. Der am südlichen Rand des Mündungsgebietes des Daphnón gelegene Weiler wird überwiegend von Fischern und Bauern bewohnt. Die wenigen Häuser sind umgeben von Obst- und Gemüsegärten. Im Frühjahr ist Pláka ein bezaubernder Weiler, der sich jedoch an Sommerabenden mit der alles beschallenden lauten Musik von einigen Diskotheken als Partymeile entpuppt. Pláka wurde übrigens bereits in der Antike als Hafen genutzt. In einem Olivenhain nur wenige Meter von der heutigen Hafenmole sind noch die spärlichen Reste der *antiken Stadt Vrasiae* zu entdecken.

Adressen Hafenpolizei, neben dem Hotel Dionysos. ✆ 27570/22387.

Information, Maria kennt die Bewohner von Pláka und gibt gerne Auskünfte oder hilft bei der Suche nach einer Unterkunft. ✆ 27570/22387.

Kleiner **Supermarkt** direkt am alten Hafen.

Übernachten * Hotel Dionysos, das renovierte Hotel von Frideriki Bekirou im weißblauen Anstrich liegt unmittelbar am Strand in Pláka, gegenüber die familiengeführte Taverne. Alle Zimmer mit Dusche und Balkon, allerdings recht schlicht. Freundlicher Service. Der geschäftstüchtige Besitzer organisiert Ausritte in die Umgebung. Ganzjährig geöffnet. EZ ab 35 €, DZ ab 50 €. ✆ 27570/23455.

》》 Mein Tipp: **Troumpas-Apartments**, an der Hafenpolizei vorbei am Strand entlang, dann links ab, nach ca. 200 m auf der linken Seite, 200 m vom Strand und gegenüber den antiken Ruinen, ist nicht zu übersehen. Kleine Apartments mit Bad, Balkon und Küchenzeile ab 45 €, Apartment ab 55 €. ✆ 27570/23660 oder 23671, www.troumpasfamily.gr. 《《

Karantonis House, Apartments in schön gestalteten Steinhäusern kurz vor Pláka. Mit Balkon. DZ ab 45 €, Vierer ab 60 €. ✆ 0697/3270347.

Apartments und Zimmer vermietet Nikolaos Pouletzos in Pláka an der Uferstraße. Straße zum Strand, nach der Hafenmeisterei das zweite Haus auf der linken Seite. Apartment mit Bad/Balkon ab 55 €, in der Hochsaison jedoch regelmäßig ausgebucht. ✆ 27570/22872 oder 22505.

Camping Camping Semeli, mit sehr viel Umweltbewusstsein an der Mole von Pláka. In Leserbriefen wurden die sauberen Sanitäranlagen gelobt, ebenso das große Gebäude mit Koch- und Kühlmöglichkeiten, Minimarkt und dem Café in der Nähe des Strandes. Weil die Anlage noch nicht überall richtig eingewachsen ist, spenden zahlreiche Schilfdächer Schatten. Pro Pers. 4,50 €, Kinder 4–12 J. 2 €, Zelt 4,50 €, Wohnmobil 6 €, Küche 2 €/Std. ✆ 27570/22995, www.camping-semeli.gr.

Cafés Platzhirsch in Pláka ist das **Café Foinikas**, wo sich die Coolen per Handy ihren Frappé von der 50 m entfernten Bar bestellen, damit sie auf dem Liegestuhl die Beine nicht aus dem Wasser nehmen müssen.

Kyparissi: Der versteckte Ort ist schwer erreichbarer, aber malerisch gelegen. Beschreibung unserer Leser Thomas und Erika Handschin: „Vom Hochland führt eine unglaubliche Straße hunderte Höhenmeter hinunter zum Meer. Der Strand ist lang, teilweise sehr breit und kiesig. Die Ortsteile sehen aus wie vor hundert Jahren, dazu ein hübscher Zypressenwald, eine Bäckerei, ein Metzger, ein Supermarkt und einige Hotels. An den steilen Hängen der Umgebung gibt es gut nummerierte Kletterwege. Der Weg nach Kyparissi ist allerdings schlecht beschrieben und führt auch über ungeteerte Straßen."

Poúlithra: 3 km südlich von Pláka liegt das ursprüngliche Dorf Poúlithra (3250 Einwohner) mit der weiten *Agios-Georgios-Bucht*. Der Ort ist älter als er erscheint. Das antike *Polichini* wurde bereits von Pausanias erwähnt. Die Akropolis liegt auf dem Hügel direkt neben dem Hafen. Poúlithra war der Heimatort des griechischen Schriftstellers und Journalisten *Kostas Ouranis* (1890–1953), der sich vor allem durch seine Lyrik und Reiseberichte einen Namen gemacht hatte. Heute gibt es in Athen noch eine nach ihm benannte Stiftung, die Stipendien vergibt.

Übernachten Hotel Byzantinon, die mondäne Natursteinanlage mit stilvoller Einrichtung (elf Apartments mit Natursteinwänden und Einrichtungselementen aus Leder, Holz und Glas) bietet viel Gemütlichkeit. Im Empfangsraum eine Bar und ein gemütliches Kaminfeuer an kühleren Herbsttagen. Apartment in der Vor- und Nachsaison ab 65 €, sonst ab 75 €. ✆ 27570/51220, www.byzantinonhotel.gr.

》》 Mein Tipp: **** Smyros Resort, in Einzellage an der Küste entstand dieses schmucke Resort. Es handelt sich um ein Ensemble von mehreren Häusern aus Naturstein, die sich relativ gut in die Landschaft einpassen. Die 35 Zimmer sind geschmackvoll mit dunklen Holzmöbeln und eisernen Betten samt Holzdecke ausgestattet. Vom großen Bad über TV, Aircondition bis zum Handtuchwärmer mit vielen Annehmlichkeiten ausgestattet. Das Restaurant mit offenem Kamin genügt auch anspruchsvolleren Gästen. Das Juwel der Hotelanlage ist der große Swimmingpool mit schönem Blick über die bergige Küstenlandschaft. Preise auf Anfrage. Das Resort liegt 7 km südlich von Leonídion auf dem Weg nach Poúlithra. ✆ 27570/51200, www.smyrosresort.gr. ❮❮

❯❯❯ **Lesertipp** „In Poúlithra gibt es eine gute Übernachtungsmöglichkeit im Haus **Katerina** (wenn man von Pláka kommt, dem Schild folgen, es geht rechts rauf): zwei einfache Apartments mit Küche und Bad, TV und WLAN, schöner Garten." (Maria Weiler). Die Zimmer wurden kürzlich renoviert. DZ ab 30 €, Vierer ab 40 €. ✆ 27570/51343, www.haus-katerina.gr. ❮❮

Kloster Aghiou Nikolaou Sintzas: Ein Wegweiser auf Griechisch weist an der Brücke über den Daphnón in Leonídion auf das 7 km entfernte Bergkloster Aghiou Nikolaou Sintzas (Sankt Nikolaus bei den Feigenbäumen) hin. Zuerst geht es 1,5 km am Fluss entlang. Den Friedhof von Leonídion und danach das Frauenkloster Aghiou Charalambous lässt man links liegen. Danach dem blauen Wegweiser folgen, die Schlucht wird immer enger und steiler. Die Straße ist mittlerweile bis nach oben betoniert. Das beeindruckende Kloster wurde in die Felswand eines südlichen Seitentales des Daphnón geschlagen. Die weiß getünchte Anlage mit ihrem Campanile ist schon von Weitem zu sehen. Für die reizvolle Wanderung von Leonídion zum Kloster und zurück sollte man mit drei Stunden rechnen.

Kloster Elonís: Das in einer einsamen, baumlosen Bergwelt liegende Moni auf dem Weg von Leonídion nach Kosmás zählt zu den eindrucksvollsten auf dem Peloponnes. Die Asphaltstraße folgt dem Tal des Daphnón, das sich zunehmend verengt, und windet sich in vielen Serpentinen den Berg hinauf. Nach 17 km erreicht man das abgeschiedene, im 15. oder 16. Jh. gegründete Kloster, das förmlich an den schroffen Felswänden des Párnon klebt. Eine kleine Stichstraße führt zum Parkplatz; von dort sind es nur noch wenige Meter auf einem weiß gekalkten Weg zu dem fein herausgeputzten Nonnenkloster. Sehenswert ist die einschiffige Klosterkirche von 1809 – in einer Felsnische gelegen – mit ihrer kunstvollen Ikonostase mit verschiedenen, auch alten Ikonen. Die mit viel Gold verzierte Ikone der heiligen Elonis wird noch heute von Besuchern um Hilfe angerufen. Die Decke ist übersät mit Leuchtern. Von der Terrasse des Klosters hat man einen grandiosen Blick ins Tal; im Hof befindet sich ein Verkaufsstand mit kleinen Ikonen und Keramik. In diesem modernen Trakt haben auch die Nonnen ihre Zellen. Weiter oben am Berg steht die Kapelle Agii Pantes, die Mitte des 15. Jh. errichtet wurde.

Angemessene Kleidung ist auch hier obligatorisch, keine festen Öffnungszeiten. Kein Eintritt, beim Besuch der Kirche ist allerdings eine kleine Spende angebracht.

Ikone auf Abwegen

Trickreiche Langfinger verschafften sich am 18. August 2006 Zugang zur berühmten Ikonostase und stahlen sie zusammen mit zahlreichen wertvollen Dankesgaben. Durch ein starkes Polizeiaufgebot konnten die Kirchenschätze schon 38 Tage später im Ort Faraklo (Lakonien) sichergestellt werden. Die Diebe wurden festgenommen, die Ikone mit großem Brimborium zum Kloster zurückgebracht. Faraklo erhielt – aus Dankbarkeit – immerhin eine Kopie der wundertätigen Ikone.

Alternativstrecke nach Kosmás: Etwa 2 km unterhalb des Klosters Eloní zweigt eine landschaftlich herrliche Strecke ab zum Bergdorf Paleochóri. In wilder Berglandschaft mit Oleander folgt die Asphaltpiste (z. T. mit Schlaglöchern und Lehmpiste) einige Zeit dem ausgetrockneten, vom mitgeführten Lehm gelb gefärbten Flussbett. Achtung: Manchmal queren Schildkröten die Straße. Paleochóri präsentiert sich sehr aufgeräumt. Für Fotofreunde bieten sich sehenswerte Details: Alte, zum Teil eingestürzte Steinhäuser mit schmiedeeisernen Balkons, völlig verwilderte und überwachsene Ruinen. Dazwischen wurden zahlreiche Privathäuser wieder restauriert. Gepflegte Gärten mit Rosen, Quitten-, Kirsch- und Walnussbäumen machen einen Spaziergang durch die verwinkelten Gassen zum Vergnügen. Am zentralen Platz unterhalb des minarettartigen Kirchturms versammeln sich die Bewohner des Ortes zum Plausch. Drei Tavernen ohne Namen bieten Hausmannskost, in der mittleren davon dreht sich ab und zu ein Lamm am Spieß.

Zur Weiterfahrt nach Kosmás (16 km) unterhalb der Platía links halten (auch wenn die schmale Strasse es nicht vermuten lässt) und später dem Wegweiser nach *Kakórema* folgen.

Kosmás: Die gut ausgebaute Asphaltstraße führt in vielen Serpentinen von Leonídion zu dem idyllischen Bergdorf Kosmás mit seinem wunderschönen Dorfplatz samt Tavernen (31 km). Riesige, teilweise über hundert Jahre alte Platanen vor der überdimensionierten Dorfkirche spenden hier Schatten. Nebenan erinnert ein Mahnmal an die Gräueltaten der Hitler-Truppen während des Zweiten Weltkriegs. Übrigens der Ort besitzt auch ein kleines „Folkloremuseum". Die Sammlung ist in einem Natursteinhaus am Ortsende in Richtung Leonídion (keine feste Öffnungszeiten) untergebracht.

»» Lesertipp: „Das Museum lohnt den Besuch. Der freundliche Chef des Hauses fungiert als Museumsführer und spricht „little English". Originalfotos aus dem Zweiten Weltkrieg berichten über die Bombardierung des Orts durch deutsche Flugzeuge. Das Museum ist bis 17 Uhr geöffnet zum Eintrittspreis von 1 €" (Annemarie Albrecht, Passau). **«**

Das auf 1150 m liegende Kosmás ist vor allem bei Griechen geschätzt. Nicht nur im Sommer – die Temperaturen liegen hier immer einige Grad unter denen der Küste – ist das Bergdorf ein beliebtes Ausflugsziel, sondern auch im Winter. Mit ein wenig Glück liegt der Schnee dann meterhoch.

Übernachten Gästehaus Maleatis **Apollo,** an der Platia führt eine schmale Gasse zu der Taverne samt Gästehaus. Die schönen, geräumigen und gepflegten Zimmer befinden sich z. T. in einem alten Natursteinhaus. Sie sind mit schlichten Holzmöbeln und einer bescheidenen Küchenzeile eingerichtet. Nette Atmosphäre. Schöne Dachterrasse. Die Taverne glänzt mit üppigen und preiswerten Gerichten. Günstig: DZ mit Küchenzeile, Bad, Balkon für 2 Pers. ab 45 €, 3 Pers. ab 55 €, 4 Pers. ab 65 € (inkl. Frühstück). Für die Hochsaison unbedingt reservieren. ✆ 27570/31494, www.maleatis.gr.

Kosmás Studios, fünf modern eingerichtete Studios mit Küche, Bad und TV vermietet Herr Lykourgos Katranis. Ganzjährig geöffnet. Ein Studio für 2 Pers. ab 45 €. Von der Durchgangsstraße ausgeschildert (Straße Richtung Leonídion, dann rechts). Man sollte unbedingt reservieren. ✆ 27570/31483, www.kosmas-studios.gr.

Cafés Café-Ouzerie Kyklamino, wohl der Inbegriff des gemütlichen griechischen Kafenions, vor allem, wenn es draußen kalt ist, mit Bollerofen. Im Sommer auch zum Draußensitzen. An der Platia gegenüber der Kirche.

Sehr empfehlenswert:
Besuch des Klosters Elonís

Wasserspiele in Trípolis

Trípolis

Trípolis mit seinen etwa 31.000 Einwohnern liegt in der weiten, nahezu baumlosen Hochebene Arkadiens, am südlichen Rand des bis 2000 m hohen Ménalon-Gebirges. Die modern-hektische, gleichzeitig aber auch etwas heruntergekommen wirkende Stadt ist die einzig größere Stadt im Inneren des Peloponnes.

Trípolis wurde von den Türken 1828 dem Erdboben gleichgemacht und bietet daher nur wenige Sehenswürdigkeit. Touristen verirren sich nur selten hierher. Doch das macht auch den Reiz eines Aufenthalts in Trípolis aus. Hier können Peloponnes-Reisende eine griechische Stadt entdecken, die noch nicht vom Tourismus geprägt ist. Als schöne Kulisse türmen sich im Hintergrund die Berge des Ménalon-Gebirges auf.

Im Stadtzentrum geht es geschäftig zu. Der starke Verkehr und die Hitze sind die Nachteile eines Aufenthalts im Sommer, doch abends gewinnt die Stadt an Charme. Dann strömen die Einwohner aus ihren Wohnungen und füllen die Straßen und Bars, während die Kinder auf den Plätzen tollen. Zwei Fußgängerstraßen verbinden die beiden zentralen Plätze: die Platia Vassiliou und die Platia Areos am Rande des Stadtparks. Hier findet man zahlreiche einladende Geschäfte und Lokale.

Als Hauptstadt Arkadiens besitzt Trípolis eine gewisse wirtschaftliche und infrastrukturelle Bedeutung. Sie ist Stützpunkt der griechischen Luftwaffe und seit 2002 Sitz der Peloponnes-Universität, die auch Depandancen in Kalamáta, Korinth, Náfplion und Sparta unterhält. Wichtige Straßen und zahlreiche Buslinien kreuzen sich hier, über die neue Autobahn ist die Strecke nach Athen bzw. Kalamáta ein Katzensprung. Sie führt durch die Berge Arkadiens, die Fahrt ist ein Erlebnis.

Trípolis

Das Umland von Trípolis ist dünn besiedelt. Der Boden gibt nicht viel her, schroffe Gebirgsmassive bestimmen das Landschaftsbild. Der Vergangenheit begegnet man in *Mantineia*, dem Schlachtfeld der Spartaner, in *Orchomenos* mit dem gut erhaltenen Theater oder im nahe gelegenen *Tegea* in Form eines Athena-Tempels. Wie in die Schweizer Alpen versetzt fühlt man sich in *Vytína*, einer Sommerfrische am Fuß des 1875 m hohen Tzeláti.

Basis-Infos

Information Die örtliche Polizei übernimmt die Aufgaben der Touristenpolizei. Sehr nett und hilfsbereit! Beim Theater in der Isaak-&-Solomou-Str. 20, ✆ 2710/224847 (für touristische Angelegenheiten), im Notfall ✆ 100.

Verbindungen Bus, der *neue* Terminal befindet sich ca. 1 km nordöstlich an der Straße Richtung Árgos in der Nafplíou-Str. 50. Von hier jeweils 1-mal tägl. (außer Sa) nach Pátras (3:30 Std., 18,20 €) und 2-mal nach Pírgos via Olympía (3 Std., 14,30 €); 3-mal tägl. (außer Sa/So) nach Leonídion (2 Std., 9,20 €), 1-mal tägl. Andrítsena (2 Std., 8,60 €), 3-mal tägl. Ástros (1 Std., 4,80 €); 2-mal tägl. Dimitsána (1 Std., 6,50 €); 1-mal Stémnitsa (1:30 Std., 4,10 €); 5-mal tägl. nach Vytína (1 Std., 4,30 €); 5-mal tägl. nach Levídi (20 Min., 2,40 €); 9-mal tägl. Megalópoli (45 Min., 4 €); 4-mal tägl. Mantineia (15 Min., 1,80 €); 2-mal tägl. über Árgos nach Náfplion (1 Std., 6,70 €); 1-mal tägl. Káto Klitória (1:30 Std., 6,20 €); ca. stündl. über Korínth (1 Std., 8,20 €) nach Athen (2:30 Std., 15 €).

2-mal tägl. Monemvasiá (3 Std., 15,50 €; mehr Verbindungen ab Sparta), 2-mal tägl. Pýlos (3 Std., 13,20 €), 4-mal tägl. Kyparissía (2 Std., 9,10 €), 5-mal tägl. Gýthion (2 Std., 9,70 €); von 6–22 Uhr ca. stündl. nach Sparta (1 Std., 5,40 €) 2-mal tägl. (Mo–Fr) nach Kalamáta (2 Std., 8,10 €). Busse nach Mýstras nur ab Sparta (alle 30 Min.).

Achtung: keine direkte Busverbindung nach Kalávrita, nur umständlich bis Mazéika (tägl. 1-mal, 6,30 €) und von dort mit Bus oder Taxi möglich. Zum Busbahnhof gibt es *keinen* Shuttle-Bus aus dem Stadtzentrum. Im Terminal Fastfood-Restaurant, Gepäckaufbewahrung, Minimarkt, Bankomat. Manche Abfahrtszeiten hängen am Ticketschalter aus, mit Caféteria/Wartehalle. www.ktelarkadias.gr, ✆ 2710/222560 und 2710/230161.

Die Busse nach Tegea (1,40 €) fahren tägl. 13-mal von der Platía Kolokotróni im Zentrum ab (→ Stadtplan).

Taxi, en masse an der Platía Ag. Vasiliou, Taxistand auch am Bahnhof und der neuen Busstation. ✆ 2710/226220 oder 2710/233010, Funk ✆ 1203 oder 1300. Preisbeispiele: zum Bahnhof/Busstation rund 5 €, nach Tegea ca. 10 €, Mantineia ca. 20 €, Vytína bzw Stémnitsa ca. 30 €.

Adressen Bank: National Bank of Greece nahe der Platía Ag. Vasiliou, mit Geldautomat. Einen Geldautomat finden Sie auch am Busbahnhof an der Platía Kolokotronis. Mo–Do, 8–14.30 Uhr, Fr 8–14 Uhr.

Erste Hilfe: Das Krankenhaus von Trípolis befindet sich etwas außerhalb des Zentrums, einfach der Er.-Stavrou-Straße folgen. ✆ 2710/238542-45.

Parken: in Trípolis schwierig, das Zentrum ist in der Regel komplett zugeparkt. Kostenlose Möglichkeit an der Platía Areos (am Stadtpark). Kostenpflichtige Parkplätze befinden sich u. a. in der Vas.-Pavlou-/Ethnomartyron-Str. (50 m von der Platia Ag. Vasiliou), in der 28 Oktovriou (gegenüber der Post) und bei der Platía Areos. Das Parken kostet ca. 2 € pro Stunde.

Post: Plapouta-Straße/Ecke Nikitara-Str. Mo–Fr 7.30–20.30 Uhr.

Übernachten → Karte S. 303

**** **Hotel Anaktorikon** 5, weißer Marmoreingang, netter Service, man spricht Englisch. 27 saubere, modern eingerichtete Zimmer mit Bad. Sehr zentral in der Fußgängerzone gelegen, nahe der Platia Areos. 2016 renoviert und seitdem mit vier Sternen

Arkadien → Karte S. 286/287

ausgezeichnet. Die Zimmer sind mit Balkon, Klimaanlage und TV ausgestattet, gutes Frühstücksbuffet. Keine EZ, DZ ab 80 € (inkl. Frühstück). Ethniki-Antistathis-Str. 48, ✆ 2710/226545, www.anaktorikon.gr.

*** **Hotel Arcadia** 🔟, sechsstöckiges Haus mit Dachgarten, Restaurant. Alle 45 Zimmer mit Bad und Balkon. EZ 75 €, DZ 70–100 € (inkl. Frühstück). Platia Kolokotroni, ✆ 2710/225551, www.hotelarcadia.gr.

》》》 **Mein Tipp: Pallatino** 🔟, sehr geräumige Zimmer mit Wohnküche, Schlafzimmer und zwei Balkonen. Gutes Frühstücksbuffet auf einer hübschen Terrasse. Sehr netter Service. Das Hotel liegt in einer Seitenstraße der Schnellstraße nach Sparta, dort ist das Parken manchmal schwierig. Zu Fuß sind es etwa 10 Min. ins Zentrum. Poliviou 2. ✆ 2710/241937-8, www.palatino-tripolis.gr. 《《《

Essen & Trinken/Nachtleben

Essen & Trinken Trípolis ist keine kulinarische Oase. Im Zentrum gibt es zahlreiche Fast-Food-Lokale, einladende Bars und Cafés, jedoch nur wenige Tavernen.

Ta Climataria Taverna 🔟, der Familienbetrieb serviert bereits seit 1933 typisch arkadische Gerichte. Auch einige vegetarische Speisen. Außerhalb des Zentrums, in der Kalavryton Str. 11, sie kreuzt die Paparrigopoulou hinter der Platia Areos. Mit schöner Terasse. ✆ 2710/222958.

Kapaki Sto Kapaki 🔟, klassische Taverne mit schöner Einrichtung: am Rand eine Steinmauer mit Weinflaschen und Gitarre in den Nischen sowie viele Pflanzen. Täglich wechselnde Gerichte, Spezialitäten sind Lamm und Kalb. Freundlicher Service. ✆ 2710/238235.

Grand Chalet 🔟, im Stadtpark auf der anderen Seite der Platia Areos, schön zu sitzen, aber nicht gerade billig, sehr beliebt bei der tripolitanischen Oberschicht. Mittags und abends geöffnet, ✆ 2710/234661.

Parthenon Fast Food, liegt an der Ausfallstraße nach Sparta und ist bekannt für seine Souvláki- und Gíros-Pitas. Nach dem Motto „öfter mal was Neues" gibt es die Pita à la Hot Dog – mit Ketchup und Senf.

Repräsentative Plätze prägen Trípolis

Trípolis 303

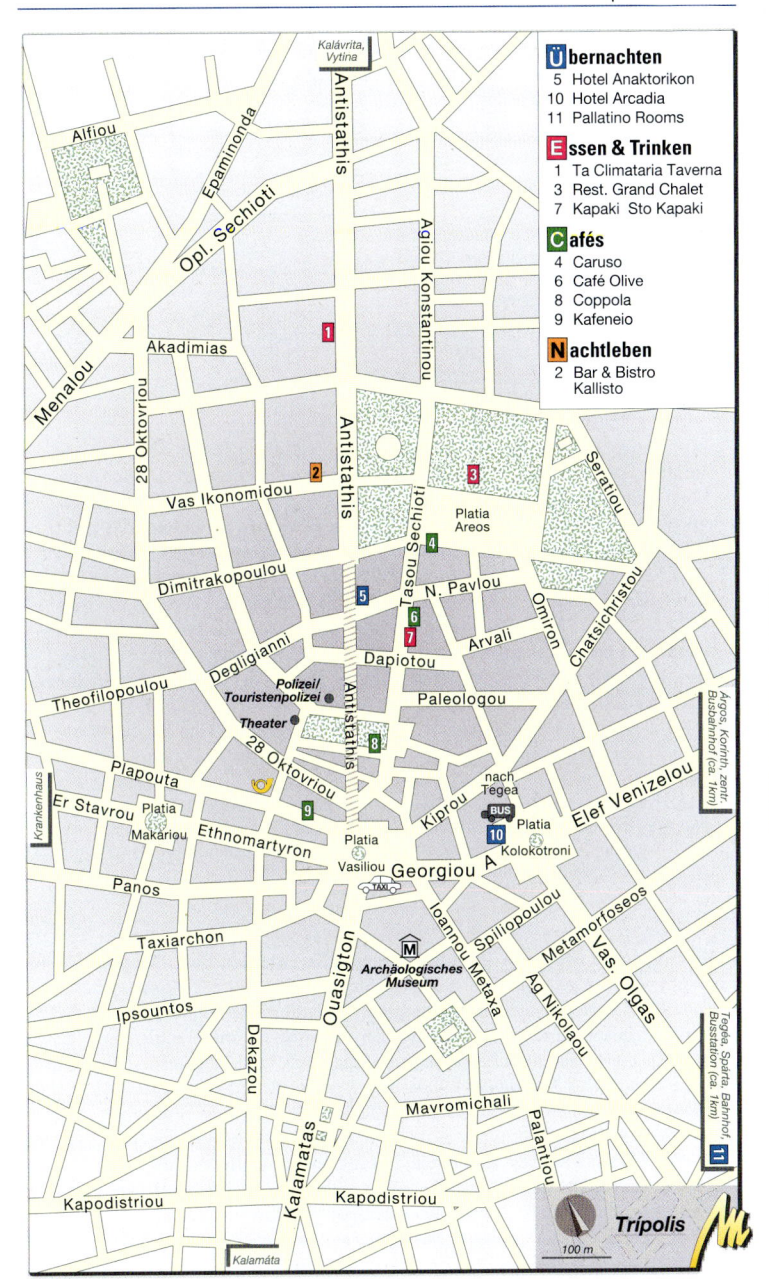

Übernachten
- 5 Hotel Anaktorikon
- 10 Hotel Arcadia
- 11 Pallatino Rooms

Essen & Trinken
- 1 Ta Climataria Taverna
- 3 Rest. Grand Chalet
- 7 Kapaki Sto Kapaki

Cafés
- 4 Caruso
- 6 Café Olive
- 8 Coppola
- 9 Kafeneio

Nachtleben
- 2 Bar & Bistro Kallisto

Arkadien → Karte S. 286/287

Carouso 4, nettes Café, direkt an der Platia Areos. Die Produkte wurden fair produziert und sind mit „Fairtrade" oder „Rainforest Alliance" ausgezeichnet ∎

Kafeneio 9, traditionelles Café. Hier treffen sich die alten Griechen, um Tavli zu spielen. Vor der Tür gibt es einen schönen Garten. An der Platia Vassiliou.

Nachtleben Abends trifft man sich an der Platia Areos (viele Cafés), in der Maliaropoulou Straße und den Gassen dazwischen, wo sich die Jugend in den Bars und Kneipen vergnügt.

Coppola 8, zweistöckig, im ersten Stock sitzt man stilvoll auf dem Balkon, manchmal legen dort DJs auf. Maliaropoulou Str. 1–5, daneben zahlreiche andere Bars.

Olive 6, beliebte Cocktailbar am Rande der Platia Areos. Der Barkeeper mixt Gästen ihre eigenen Cocktailkreationen, aber auch Touristen, die die Angebote auf der griechischen Karte nicht verstehen.

Bar/Bistro Kallisto 2, im Sommer wird hier bei lauter Musik unter freiem Himmel gefeiert. Im großen Gastgarten kann man aber auch ab 10 Uhr in der Früh speisen oder Frappé trinken. An der Platia Areos.

Kloster Ag. Varsón

Nur wenige Kilometer westlich von Trípolis liegt die idyllische Klosteranlage inmitten der Bergwelt. Ein Ausflug dorthin ist sehr erholsam. Die freundlichen und auch mal zu einem Späßchen aufgelegten Mönche zeigen den Besuchern die 1030 erbaute Kirche. Kaum ein Fleckchen im Innern, das nicht mit Fresken aus dem 15. Jh. verziert ist. Man ist stolz auf dieses Bauwerk, und während der Gottesdienste (tägl. 19 Uhr) stoßen die Mönche den riesigen Leuchter und die ewigen Lichter mit einem Stock an – ein Akt, mit dem sie ihrer Freude Ausdruck verleihen. Im Anschluss an die Besichtigung gibt es im Besucherraum ein Tässchen Kaffee und die obligatorischen Süßigkeiten. Die noch verbliebenen sieben Mönche wissen viel über die Geschichte des Klosters zu erzählen. Besucher (in anständiger Kleidung) sind von Sonnenauf- bis Sonnenuntergang willkommen, von 12–16 Uhr ist die Pforte allerdings geschlossen.

Das Kloster ist leicht zu finden. Gut 5 km hinter Trípolis (Straße nach Árgos/Náfplion nehmen) geht es links zum Dorf Neochório. Dort an der Kreuzung rechts abbiegen (beschildert). Die bis zum Kloster (6 km) ansteigende Straße (erstklassig asphaltiert) ist für Autos gut befahrbar. Für einen Besuch sollte man Zeit und eine Spende für den Klingelbeutel mitbringen.

Archäologisches Museum: in einer Seitenstraße zwischen dem Gregoriou- und Kolokotroni-Platz gelegen (Evangelistrias-Str. 6–8, ✆ 2710/242148; vom Zentrum aus beschildert, beim Hotel Alex abbiegen). Präsentiert werden im früheren „Evangelistria"-Krankenhaus, das von Ernst Ziller entworfen wurde, Funde aus jüngster Zeit. Sie stammen aus Arkadien (u. a. aus Megalópoli, Orchomenos und Tegea) und wurden vorwiegend Anfang der 1980er-Jahre entdeckt. Auf zwei Stockwerken sind in mehreren Räumen vor allem Grabbeigaben, Waffen aus Bronze, aber auch Schmuck und einige Skulpturen ausgestellt, daneben auch Mosaike aus Ástros an der arkadischen Küste. Zahlreiche Fotos dokumentieren die Arbeit der Archäologen. Bislang gibt es noch keine deutsch- oder englischsprachige Literatur zu den Ausgrabungen, doch der Museumsdirektor führt die Besucher – sofern er Zeit hat – gerne durch sein Reich. Das Fotografieren ist verboten.
Tägl. (außer Mo) 8.30–15 Uhr. Eintritt 2 €, Kinder und EU-Studenten frei.

Tegea

Mitten im Dorf liegt das Trümmerfeld des Tempels der Athena Alea mit seinen gedrungenen, dorischen Säulenstümpfen, überwuchert von hohem Gras und Gestrüpp. Die Ausgrabung ist derzeit von einem Zaun umgeben und kann nicht besichtigt werden.

Der Tempel war einst sehr beeindruckend und diente politisch Verfolgten als Zufluchtsort. Durch seine 14 schlanken Säulen an der Längs- sowie sechs an der Breitseite und mit einer Höhe von knapp 9,50 m wirkte er äußerst elegant. Tegea liegt in einer weiten Ebene, nur 8 km von Trípolis entfernt (Straße Richtung Sparta, dann links ab, beschildert).

Geschichte

Die einst größte Stadt der arkadischen Hochebene lag in ständigem Konflikt mit Sparta. Um 550 v. Chr. war es mit der Unabhängigkeit vorbei, die Lakonier hatten die Herrschaft übernommen. Nach den Perserkriegen versuchte die Stadt mehrmals erfolglos, die Herrschaft Spartas abzuschütteln – jedoch vergeblich. Während des Peloponnesischen Krieges kämpfte Tegea auf Seiten der Lakonier. Nach dem Sieg Thebens über Sparta in der Schlacht von Leuktra 371 v. Chr. trat Tegea dem anti-spartanischen Arkadischen Bund bei.

Wegen der verkehrsgünstigen Lage ging es den Bewohnern noch in der Römerzeit wirtschaftlich gut. Kaiser Augustus schließlich ließ die Stadt plündern und die Kunstschätze nach Rom schaffen. Um 400 n. Chr., nach dem Einfall der Vandalen, stand hier kein Stein mehr auf dem anderen. An der Stelle der antiken Stadt entstand in byzantinischer Zeit die stark befestigte Stadt *Nikli*, die während der Frankenherrschaft besondere Bedeutung besaß. 1253 versammelte Wilhelm von Villehardouin sein Heer in Tegea, um es gegen Athen und Euböa in den Krieg zu führen. Tegea war in der Antike berühmter Zufluchtsort. Hierher soll Orest nach dem Mord an Klytämnestra und Aigisthos geflüchtet sein. Auch zwei Könige Spartas suchten hier Unterschlupf.

Sehensweres

Tempel der Athena Alea: Mitten zwischen den neuzeitlichen Wohnhäusern des Dorfes Tegea liegen die Ruinen. Die Fundamente und viele Bruchstücke der dorischen Säulen sind noch zu erkennen. Nach einem Brand 395 v. Chr. wurde der Tempel vom Architekten und Bildhauer *Skopas von Paros* errichtet und ausgestaltet. Sowohl bezüglich Größe als auch Ausstattung übertraf er den Zeustempel von Olympía. Ganz aus weißem Marmor erbaut, hatte er eine Grundfläche von 19 m x 47 m.

Der Tempel bestand wie üblich aus drei Räumen: Pronaos (Vorraum), Cella und Opisthodom (Hinterraum). Besonders eindrucksvoll muss die Cella gewesen sein. Im Mittelpunkt das Kultbild der Athena Alea aus Elfenbein (es wurde später am Eingang des Forums in Rom aufgestellt). Zu den Weihegeschenken des Tempels gehörten auch das Fell und die Zähne des Kalydonischen Ebers. Die mythologische Geschichte von der Jagd nach diesem Ungeheuer war in einem Relief am Ostgiebel des Heiligtums dargestellt. Der Westgiebel erzählt die Telephos-Sage.

> **Mythologie**
>
> Der sagenhafte König Aleos gründete hier den Tempel der Athena, in dem seine Tochter Priesterin war. An einer Quelle soll sie von Herakles vergewaltigt worden sein. Die Untat blieb nicht ohne Folgen. Sie gebar Telephos und verbarg ihn aus Angst vor ihrem Vater im Hain der Athena. Doch der Knabe wurde entdeckt. Der erzürnte König schickte eine Hungersnot nach Tegea und verstieß Tochter und Enkelsohn. Mutter und Kind wurden auf dem Meer ausgesetzt und strandeten am Westufer der heutigen Türkei.

Archäologisches Museum: Das Museum wurde vollständig renoviert und 2015 neu eröffnet. Es ist nun hochmodern und mit allerlei technischer Spielerei ausgestattet. Ein QPR-Code gibt Informationen über die Ausstellungsstücke des Museums (funktioniert nur mit Internetzugang) und Bildschirme mit Touchscreen laden die Besucher zum Selbstentdecken ein. Der Schwerpunkt der Ausstellung liegt auf der Stadt Tegea, ihrer historischen Bedeutung und Entwicklung sowie ihren Heiligtümern. Der Tempel der Athena Alea spielt dabei eine zentrale Rolle. Zu sehen sind prähistorische und antike Fundstücke wie Becher, Schüsseln und Statuetten aus Ton. Mehrere Skulpturen und prächtige Reliefs, die beispielsweise einen attackierenden Löwen zeigen, begeistern die Betrachter.

Tägl. (außer Mo) 8.30–15 Uhr. Eintritt 4 €, Rentner 2 €, Kinder und EU-Studenten frei. Das Museum liegt an der Platia. Eingang auf der Rückseite, an der orange gestrichenen Wand, nahe der Bushaltestelle. ☎27510/556540, www.tegeamuseum.gr.

Episkopí: Auf der Fahrt von Tegea nach Trípolis gelangt man auf einer schmalen Asphaltstraße zur großen Parkanlage von Episkopí mit schönem altem Baumbestand. Die moderne Kirche, auf den Fundamenten einer byzantinischen Basilika aus dem 12. Jh. erbaut, steht auf der Orchestra eines im 4. Jh. errichteten Theaters. Sein Durchmesser betrug 40 m. Außer ein paar Stufen an der Ostseite der Kirche erinnert heute nichts mehr daran. Im Park befinden sich Überreste der mittelalterlichen Stadtmauer und des Mosaikfußbodens einer frühchristlichen Basilika aus dem 5. Jh. (im hinteren Teil des Parks unter einer Halle, meist geschlossen, aber von außen einsehbar). Die Grabungen auf dem archäologisch ergiebigen Gelände der Agora von Tegea sind noch nicht abgeschlossen. Die selbst im Sommer angenehm kühle Gartenanlage lädt zum Verweilen ein, nebenan ein schattiges Gartenlokal. Am Wochenende beliebtes Ausflugsziel der Tripolitaner.

In Episkopí gelangt man zur Parkanlage, indem man nach der Dorfkirche rechts abbiegt und die nächste Abzweigung links nimmt. Die Parkanlage, in der sich die Ausgrabungen befinden, ist umzäunt, jedoch von der modernen Kirche zugänglich.

Über die Kinoúria-Bergdörfer nach Spárta

Diese Alternativroute führt durch unglaublich sattes Grün, ein Meer von Kirsch- und Walnussbäumen und durch eine Reihe von hübschen Bergdörfern.

Der Beginn der Route gleicht eher einer Schnitzeljagd: Während die kulturell sehenswerten Stätten von Tegea und Episkopí an der Ausfallstraße nach Sparta gut beschildert sind, bleiben Hinweistafeln in Richtung der Bergdörfer eher die Ausnahme. Grundsätzlich der Straße in Richtung Stádio und Dragoúni folgen, die über rund 25 km mitten hinein führt in die abgelegene Bergwelt. Auf dem Anstieg nach

Dragoúni der fast dramatische Kontrast zwischen frischem Grün auf der einen und Steinwüste auf der anderen Seite. Schon das nächste Dorf *Mesorráchi* bietet dazu noch einige Ausblicke in eine dramatische Schluchtenlandschaft, tief unten blinkt eine kleine freistehende Kapelle. Eines ist allen Dörfern gleich, die sich wie an einer Perlenkette entlang der kurvenreichen, aber gut befahrbaren Strecke aufreihen: Das Holz für die strengen Winter liegt gebündelt vor den Häusern.

In *Kástri* (auf 940 m) entdeckten wir an der Platía die einzige *Taverne* bis Agios Pétros, dafür scheint sich hier an den Wochenenden die gesamte Einwohnerschaft der Gegend zu versammeln. Es bleibt angenehm schattig und frisch bis hinunter nach *Agios Pétros*, einem beliebten Ausgangspunkt für Wanderungen ins Parnon-Gebiet. Hauptsächlich Griechen verbringen hier die Wochenenden, die wenigen Quartiere sind Sommer wie Winter gut gefüllt. Als größte Ansiedlung der Umgebung (mit gerade 200 Einwohnern!) findet man hier zudem Supermärkte, die Post und eine kleine Arztstation.

Mannshohe Farne stehen an der Strecke, die sich in Serpentinen hinunter nach *Karyés* windet. Ein gefälliger Ort mit einer Reihe von Kirchen und Kapellen, der sich an einen Bergrücken schmiegt. Die gemütliche Platía versteckt sich förmlich in einem Innenhof hinter der zentralen Ortskirche. Eine riesige Platane spendet Schatten, zwischen zwei urigen Tavernen

Denkmal für die Koren aus Karyai

rasiert der Barbier in aller Ruhe den Bart, während nebenan lautstark ein Fußballspiel im Fernsehen läuft. Die wenigen Unterkünfte sind oft von Wanderern auf dem *Europawanderweg E 4* belegt, der den Ort hier kreuzt. Von Karyés bis zur Kreuzung mit der Hauptstraße nach Sparta sind es noch etwa 11 km.

Ein sehenswertes Kuriosum lässt die Besucher am Ortsausgang von Karyés verwundert die Augen reiben: Auf einer Anhöhe steht weithin sichtbar die originalgetreue Kopie der Athener *Karyatiden* samt der Korenhalle aus dem Erechtheion-Tempel der Akropolis. *Karyai*, wie Karyés früher hieß, war sehr wahrscheinlich Ort für kultische Tänze junger Mädchen zu Ehren der Artemis Karyatida. In Anlehnung an ihr dünnes Gewand und die korbähnliche, oben abgeflachte Kopfbedeckung stellt die Statue der Karyatide eine Schöpfung der klassisch griechischen Baukunst dar. Zusammen mit dem männlichen Gegenstück, dem *Kuros*, tragen sie anstelle einer Säule das Gebälk eines Gebäudes.

Um die berühmten Koren aus der Nähe zu besichtigen, einfach dem Akropoleous-Weg nach oben folgen, der an der Platía beginnt (beschildert).

Tanken Einzige Tankstelle im weiten Umkreis auf der nördlichen Zufahrt nach Agios Pétros.

Übernachten »» Lesertipp: In *Kastrí* in der **Pension O Kosmas**, „einer wunderschönen Bleibe mit ortsüblichem Abendessen und gutem Frühstück. Alles in allem ein ausgewogenes Preis-Leistungs-Verhältnis. Kostenlos ist der schöne Blick auf den Párnon." (Eva-Maria Thaler, Wien). Etwas oberhalb des Ortszentrums gelegen, Zufahrt auf Schotterweg. ☏ 27920/22606 oder 22351. ««

* **Hotel Parnon**, 50 m von der gleichnamigen Dorfkirche an der Durchgangsstraße von *Agios Pétros*. Das Haus hat zwei Suiten und

22 freundliche Zimmer mit Bad, Heizung und TV, alle mit Balkon. Dimitra Karagiorga, die sehr freundliche und meist etwas schrill gestylte Besitzerin, spricht nur Griechisch. Im eigenen Restaurant wird abends Bouzouki-Musik live geboten. Empfehlenswerte Unterkunft und gutes „Basislager" für Ausflüge in der Umgebung. EZ 45 €, DZ ab 55 €, jeweils mit Frühstück. Fr/Sa sind die Zimmer um 10 € teurer. ✆ 27920/31079, mobil: 6984049347, www.hotelparnon.gr.

Essen & Trinken Tavernen in Kástri, Agios Pétros und Karyés. Geboten werden hauptsächlich Gegrilltes und Hausmannskost. Eine Pizzeria gibt es in Agios Pétros.

Mantineia

Das flache Gebiet nördlich von Trípolis war dreimal Schauplatz wichtiger Schlachten. In dem friedlich wirkenden Tal zwischen Ménalon (1980 m) und Lýrkion (1808 m) liegt Mantineia, das noch heute von einer knapp 4 km langen, elliptischen Stadtmauer umgeben ist.

Die einstige Erzrivalin von Tegea und häufige Bundesgenossin Spartas ist 13 km von Trípolis entfernt. Sehenswert das kleine Theater, das nicht – wie üblich – am Hang, sondern in der Ebene liegt, sowie die benachbarte Agora. Überraschenderweise stellt die 1972 nach Plänen des Architekten Papatheodoros entstandene Kirche die antiken Sehenswürdigkeiten in den Schatten: Ein surreal anmutender Bau mit klassischen, byzantinischen und minoischen Elementen. Innen mit Säulen, Glasfenstern, Kuppeln und Ecken in verwirrender Vielfalt ausgestattet. Bei den orthodoxen Mönchen in der Umgebung ist dieser Stilbruch allerdings wenig beliebt.

Anfahrt Das antike Mantineia erreicht man auf der breiten Fernstraße Trípolis – Pátras. Nach 10 km geht es rechts ab (Wegweiser), 3 km weiter steht die außergewöhnliche Kirche (links). Dort kann man das Auto parken. Ein schnurgerader, 300 m langer Schotterweg auf der rechten Seite führt zu Theater und Agora.

Verbindungen Bus 4-mal tägl. von Trípolis aus, 1,80 €, Abfahrt am Busterminal in der Nafpliou-Str. 50.

Geschichte

Die Stadt stand bis zum 5. Jh. unter dem Machteinfluss von Tegea und Argos. Doch bereits 468 v. Chr. kämpfte Mantineia als einzige Stadt Arkadiens mit Sparta gegen das rivalisierende Tegea und Argos. Als die Stadt 421 v. Chr. die Fronten erneut wechselte, kam sie das teuer zu stehen. Nach der ersten Schlacht von Mantineia (418 v. Chr.) mussten die eroberten Gebiete zurückgegeben werden.

> Thukydides, der Athener Geschichtsschreiber, berichtet in seinem Werk über den Peloponnesischen Krieg über den Sieg der Spartaner im Sommer 418 v. Chr.: *„... die Spartaner sind in der Schlacht bis zur Flucht der Feinde zäh und behaupten standhaft ihren Platz, aber ihre Verfolgung der Geschlagenen dauert kurz und geht nicht weit. So also verlief die Schlacht ... weitaus die bedeutendste seit sehr langer Zeit in Hellas, und von den wichtigsten Städten ausgefochten. Die Spartaner errichteten sofort ein Siegesmal aus den aufgestellten Waffen der toten Feinde und holten sich die Waffen der Toten, die ihrigen bargen sie und brachten sie nach Tegea, wo sie begraben wurden, die der Feinde gaben sie unter Waffenruhe heraus. Gefallen war von Argos, Orneai, Kleonai 800, von Mantineia 200, aus Athen mit Ägina 200 und beide Feldherrn."*

Klassische, byzantinische und minoische Elemente bei dieser Kirche in Mantineia

Später wurde die Stadt von Sparta sogar aufgelöst. 371 v. Chr. wendete sich das Blatt. Die Spartaner wurden vernichtend geschlagen, Mantineia neu gegründet. Doch der politische Opportunismus war nicht passé. Acht Jahre später (362 v. Chr.) unterstützte die arkadische Stadt bereits wieder die Lakonier. Das Schicksal Mantineias wurde 223 v. Chr. von Antigonos Doson besiegelt. In einer Vergeltungsaktion ließ er die Bürger ermorden oder in die Sklaverei nach Makedonien bringen. Noch einmal wurde die Ebene zum Schlachtfeld, als der achaische Heerführer Philopoimen die Spartaner vernichtete. Die neue Stadt, die sich Antigoneia nannte, fand in Kaiser Hadrian einen Förderer und erhielt schließlich ihren alten Namen zurück. Doch die Blütezeit war vorbei. Als im 7. Jh. die Slawen einfielen, bedeutete dies das Ende der Stadt. Ihre Einwohner wanderten vermutlich in die messenische Máni aus.

Sehenswertes

In Form einer Ellipse umzieht ein 3942 m langer Erdwall den Stadtkern. Heute durchschneidet eine Asphaltstraße diese Stadtmauer, die einst zehn Tore und 105 Türme aufwies. Die Mauern hatten eine Stärke von 4,20–4,70 m. Das Polygonalmauerwerk ist heute verschwunden. Innerhalb der Verteidigungsanlagen hat sich von den Gebäuden der arkadischen Stadt das *Theater* noch am besten erhalten. Es liegt nicht – wie beispielsweise das nahe gelegene Theater von Orchomenos – in einer Senke am Hang, sondern man hat die Böschung, an der die Sitzreihen ansteigen, aufgeschüttet. Von dem kleinen Theater lassen sich gerade noch drei Sitzreihen erkennen. Als Baumaterialien wurden Marmor und Kalkstein verwendet. Französische Archäologen legten 1888 die 85 x 100 m große *Agora* frei, die auch das Theater umgab. Noch ein paar Grundmauern existieren vom *Bouleuterion* südöstlich des Theaters.

Das antike Theater von Orchomenos mit grandiosem Panorama

Orchomenos/Levídi

Auf einem Bergrücken oberhalb des kleinen, halb verlassenen Dorfes liegen die Reste des antiken Orchomenos. Die „herdenreiche" arkadische Stadt, wie Homer in der Ilias berichtete, hatte in archaischer Zeit eine beherrschende politische Stellung. 5 km weiter liegt Levídi, ein lebendiges kleines Bergdorf.

Von der einstigen Befestigung am nördlichen Rand der weiten Ebene von Mantineia ist nicht viel übrig geblieben. Neben verschiedenen Fundamenten sind vor allem das landschaftlich reizvoll platzierte *Amphitheater* und seine beiden Thronsessel einen Besuch wert. Die Berge des Ménalon-Massivs mit ihren dichten Tannen- und Fichtenwäldern erinnern an eine alpenländische Landschaftskulisse.

In Levídi, überragt von einem weithin sichtbaren Campanile, spielt sich das Leben rund um die großzügige Platía mit der Dorfkirche ab; Cafés laden zum Verweilen ein. Versäumen Sie nicht, einen Blick in das kuriose Museum zu werfen, das dem Politiker Alexandros Papanastasiou (1876–1936), dem Gründer der ersten griechischen Republik, gewidmet ist.

Adressen Post und Bank befinden sich nahe der Platia. Polizei: ✆ 27960/22202.

Verbindungen Busse, 5-mal tägl. von Levídi nach Trípolis (2,40 €) und 2- bis 3-mal tägl. nach Vytína (1,80 €). Keine Busverbindung zu den Ausgrabungen von Orchomenos!

Übernachten ** Apartmenthotel Anatoli, neuere Anlage. Die Besitzer Panagiota Koumarela und Dimitrios Koumarelos vermieten sechs Zimmer mit TV und Terrasse. Vier Zimmer haben ein Bad mit Massagedusche, die anderen sind mit Gemeinschaftsbad. Der Besitzer und seine Mutter sprechen ein wenig Englisch. Am Ortseingang aus Trípolis kommend auf der rechten Seite. Bis Ende März reservieren (Skigäste). EZ ab 35 €, DZ ab 55 €, jeweils mit Orangensaft und Kaffee zum Frühstück. ✆ 27960/22123.

Privatzimmer Epavli, direkt daneben vermietet Panagiotis Panotsopoulos saubere Zimmer mit Bad (zwei davon mit Balkon), 800 m von der Platia. DZ ab 40 €. ✆ 27960/22098.

Essen & Trinken ≫ Mein Tipp: Sehr gut und günstig (große Portionen) essen kann man in der **Psitaria O Koumpouris** an der Platia von Levídi. Seit 1878 gibt es hier schmackhafte Hausmannskost, Besitzerin Asemina Paraskevopoulou leitet den Laden und schwingt höchstpersönlich den Kochlöffel. Besonders begeistert waren wir vom Krustenrollbraten mit Beilagen. An der Platia, schräg gegenüber der Kirche. ✆ 27 960/22425. ≪

Vareladiko, ältestes Restaurant am Ort, sehr gemütlich. Das Grillfleisch wird – wie es früher überall üblich war – auf einem großen Brett direkt an der Straße zur Schau gestellt und zerteilt. An der Platia neben der Apotheke.

Geschichte

Dank der strategisch günstigen Lage – an den Verkehrsverbindungen von Arkadien nach Korinth und Achaía gelegen – soll Orchomenos eine wichtige Handelsstadt gewesen sein. Der Ort gehörte zum Peloponnesischen Bund und nahm auf Spartas Seite am Krieg gegen Xerxes teil. Soldaten aus Orchomenos kämpften auch bei den Thermophylen und bei Platäa.

Die Geschichte der Stadt war insbesondere mit dem politischen Schicksal Spartas verbunden. Die Athener eroberten Orchomenos 418 v. Chr. bei einem Feldzug auf dem Peloponnes. Für kurze Zeit musste es sich gezwungenermaßen gegen Sparta verbünden. Doch bereits im Korinthischen Krieg (395–386 v. Chr.) nutzten die Lakonier die arkadische Stadt wieder als wichtigen Stützpunkt. Dem ewigen Pro und Contra bereitete Epaminondas, der Feldherr aus Theben, schließlich ein Ende. Die Stadt trat dem Arkadischen Bund bei, einer Allianz gegen Sparta. Bereits zu Beginn der römischen Kaiserzeit war Orchomenos politisch bedeutungslos.

Sehenswertes

Kirche der Jungfrau Maria: Die kleine byzantinische Kirche weist einige Besonderheiten auf. Zum einen wurde sie an der Stelle erbaut, an der früher ein Artemis-Tempel stand (wenige Überreste des Tempels sind über der Türe ins Mauerwerk eingefügt), zum anderen ist sie reich mit Ikonen ausgestattet. Auffallend auch der zweite Giebel, der im rechten Winkel – statt einer Kuppel – auf das Hauptdach aufgesetzt wurde. Leider ist die Kirche meistens gesperrt. Wer nach Orchomenos unterwegs ist, kann trotzdem einen Abstecher riskieren, denn sie liegt praktisch auf dem Weg.

Etwa 2 km hinter Levídi auf der Straße nach Orchomenos ist der Weg zur Kirche ausgeschildert (Wegweiser „Byzantine Temple" folgen).

Ausgrabungen von Orchomenos: Die antiken Überreste der Stadt liegen etwa 2 km oberhalb des kleinen Dorfes an der Ostseite des Bergrückens. Einige Reste der ehemals 2,3 km langen *Stadtmauer* aus dem 4. Jh. v. Chr. kann man (völlig mit Gestrüpp überwachsen) am Aufgang zum Theater erkennen. Auch die anderen Reste der einst bedeutenden Stadt sind bescheiden. Am besten erhalten ist eine 8 x 41 m große Halle mit elf Säulen. Die Archäologen vermuten, dass es sich um das Bouleuterion (Haus der Ratsversammlungen) handelt.

Nur ein paar Schritte nördlich davon befindet sich in einer Mulde das *Theater*. Etwa sieben Sitzreihen sind gut erkennbar, die erste Reihe sogar mit Rückenlehnen und mit eingemeißeltem altgriechischem Gruß an die Nachwelt: „Den

Nachkommen, die hier sitzen und die Dionysos-Vorstellung sehen". In der Orchestra stehen noch zwei beschädigte Thronsessel. Aber ganz ehrlich – die eigentliche Attraktion ist das Panorama. Von hier bietet sich ein grandioser Blick auf den gegenüberliegenden Trachý (1808 m), eine einzigartige Kulisse. Vor dem Theater wurde allerdings ein Maschendrahtzaun gespannt, um Eintrittskarten kontrollieren zu können. Dieser stört die Idylle empfindlich. Die übrigen Gebäude haben die Jahrhunderte nicht überlebt. Westlich vom Bouleuterion befand sich die *Agora*. Französische Archäologen legten 1913 eine Säulenhalle von 11 x 70 m frei. Unterhalb der Agora lag der Tempel der Artemis.

Anfahrt Orchomenos erreicht man über die gut ausgebaute Asphaltstraße, die an der Platia in Levídi rechts abzweigt. Nach ca. 4 km geht es links ab. 1 km weiter kommt schon das nahezu ausgestorbene Dorf (bis hierhin bestens beschildert), vor dessen Kirche rechts ein Feldweg den Hügel hinaufführt. Oben kann man das Auto auf einem Parkplatz abstellen. Vor der Ausgrabung gibt es ein kleines Tickethäuschen. Tickets 2 €, ermäßigt 1 €. Täglich 8–15 Uhr geöffnet. 2017 konnte man die Ausgrabungsstelle noch außerhalb der Öffnungszeiten besuchen, das Theater aber nicht mehr betreten.

»» Lesertipp: „Fährt man die Straße in Richtung Norden bis Kandíla weiter, findet sich im steilen Fels das **Kloster Kandilas** mit alten Wehrgängen aus der Zeit der Befreiungskriege" (Eberhard Nusch). **«**

Alexandros-Papanastasiou-Museum in Levídi: Das originelle Museum ist im Erdgeschoss des Rathauses untergebracht. Gezeigt werden Dokumente, darunter das erste demokratische Programm des modernen griechischen Staates sowie persönliche Gegenstände des Politikers Alexandros Papanastasiou (1876–1936). In Vitrinen sind Teile seiner Bibliothek (der Großteil befindet sich heute in der Universitätsbibliothek von Thessaloníki) ausgestellt. Man kann Redemanuskripte, ein Volksschulzeugnis sowie Fotos und Möbel des ersten demokratischen Präsidenten Griechenlands betrachten. Mit ein wenig Glück zeigt man Ihnen sogar das „wertvollste" Stück der Sammlung: In einem Wandschrank ist das in Alkohol konservierte Gehirn des Politikers aufbewahrt!

Nur Mo–Fr vormittags, für eine Besichtigung bzw. Führung wenden Sie sich am besten an das Rathaus. Eintritt frei. **KunsthistorischesMuseum in Levídi:** Ein Gebäude, von dem wir im Jahre 2006 selbst den ersten Grundstein gesehen haben und das sich mittlerweile zu einem kunsthistorischen Museum entwickelt hat, das sich sehen lassen kann! Am Ortsrand auf einem riesigen Hanggrundstück, das bis ins Tal hinunterreicht, entstand hier nach alten Architektenplänen das Hauptgebäude des Museums. Der griechische Kunstsammler *Georgos Christodoulopoulos* hat sich seinen Traum verwirklicht und eine Sammlung von über 500 Drucken

Levídi am Abend

zusammengetragen, die er der Öffentlichkeit hier präsentiert. Übergreifendes Thema ist der lateinische Spruch *Et in Arcadia ego* („Auch in Arkadien bin ich"), der in der Kunstgeschichte erstmals um 1618 in Verbindung mit einem Gemälde von Giovanni Francesco Barbieri auftrat und den Tod in Arkadien versinnbildlicht, wie er im krassen Gegensatz mit der landläufig bekannten Hirtenromantik konkurriert. Erst mit dem französischen Barockmaler Nicolas Poussin wandelte sich dieses Bild hin zur Bedeutung „Auch ich war in Arkadien" mit Darstellungen von Bacchusfesten und nackten Nymphen in der Natur, die etwa unter Goethe und Hölderlin zu einem völlig neuen Arkadienbild in Europa modelliert wurden. Aufgeteilt ist die Ausstellung in die thematischen Komplexe: Arkadien – Mythos und Utopie; Nymphen, Nackte und Natur; Arkadien in der Sicht der Schriftsteller und Maler; Hirtenpoesie, zudem neue griechische Grafik und weitere temporäre Ausstellungen. Es gibt Drucke mit dem Thema des griechischen Befreiungskrieges, die auf Stein-, Holz- und Eisenplatten hergestellt wurden. Langfristig, so hofft der Planer der Anlage, Panagiotis Bakaludis, werden sich neben den inzwischen bestehenden 15 Häusern auf dem Grundstück Investoren oder betuchte Athener einkaufen und ihre Häuser nach seinen Plänen im alten Stil bauen, sodass im Laufe der Zeit am Hang ein Freilichtmuseum entsteht.

Informationen über die aktuellen Öffnungszeiten vor Ort oder unter ☏ 27960/22197.

Ausflug von Levídi: 12 km südöstlich von Levídi befindet sich die Tropfsteinhöhle von Kapsiá, die zu den zehn schönsten in Griechenland gezählt wird. Ein griechisch-französisches Team unter der Leitung des französischen Archäologen Gustave Fougere entdeckte die Höhle im Jahr 1887 und stieß dabei auf menschliche Knochen, die unter einem halben Meter Schlamm einer gewaltigen Flut begraben waren. Dazu fanden sie Tonscherben, wie sie im 4. und 5. Jh. verwendet wurden. Die Höhle bietet einige der spektakulärsten Formationen und farbenfrohen Stalagmiten Griechenlands, z. B. in der sog. „Kammer der Wunder". „Wir bekamen als einzige Ausländer einen Zettel auf Englisch mit Taschenlampe zum Selberlesen während der Führung" (Leserbrief von Jürgen Keil).

Im Sommer tägl. 9.30–20.30 Uhr, im Winter 9.30–17.30 Uhr, die geführte Tour dauert etwa 30 Min. Eintritt 4 €, Kinder frei. Fotografierverbot. ☏ 6951/003299 mobil, www.spilaio kapsia.gr.

Wintersport auf dem Ménalon

Skivergnügen im Zentralpeloponnes – auf 1600 m Höhe an der „Schulter" des Ménalon. Drei Schlepplifte führen von einer Senke am Westhang des Bergkammes hinauf und ermöglichen sieben Abfahrten. Eine Landschaft wie in den bayerischen Alpen. Zwei Gaststätten kümmern sich um das leibliche Wohl der Gäste. Die Skistation ist im Winter drei bis vier Monate geöffnet. Auskünfte beim Skiverband Trípolis, Lagopati-Str. 43, 22100 Trípolis, ☏ 2710/232243, und im Skizentrum am Ménalon, ☏ 698/5063909, www.mainaloski.gr. Ein Ausflug lohnt auch im Sommer. Im Gebirge ist es nicht nur angenehm kühl während der griechischen Hundstage, von den Berggipfeln hat man auch einen traumhaften Blick über den Zentralpeloponnes. Der Skiverband unterhält auch eine Hütte am Ménalon, die als Ausgangspunkt für Wanderungen durch die fantastische Bergwelt dient. Der Europäische Fernwanderweg E 4 führt an der Hütte vorbei.

Die Abzweigung zum Skigebiet ist von der Strecke Kapsia – Levídi nicht zu übersehen (Wegweiser in Englisch). Insgesamt geht es 10 km auf einer gut ausgebauten Straße stetig bergauf

Vytína

Wohl die wenigsten ausländischen Touristen dürften den 1000-Seelen-Ort in 1000 m Höhe auf einem kesselförmigen Hochplateau mitten in den Tannenwäldern des Ménalon-Gebirges kennen. Unter Griechen gilt Vytína als beliebte Sommerfrische zum Ausspannen, denn die Temperaturen liegen stets ein paar Grad niedriger als anderswo auf dem Peloponnes.

Die Alten sitzen an der Straße und betrachten argwöhnisch jeden Fremden, der das Dorf besucht. Schließlich kommt man aber doch ins Gespräch. Von Distanz zu Deutschen ist kaum etwas zu spüren, auch wenn das überlebensgroße goldene Denkmal des *Mathios Potagas* auf der Platía die Geschichte wach hält: Der 17-jährige Junge wurde von der deutschen Wehrmacht „ausgewählt" und vor den Augen der Dorfbewohner erschossen.

Im Dorfzentrum gibt es hübsche Geschäfte, in denen man allerhand hölzerne Souvenirs finden und dem einen oder anderen Künstler über die Schulter schauen kann. Werfen Sie ruhig auch mal einen Blick in die zahlreichen Tante-Emma-Läden, es gibt vorzügliche Kräuter, Käse, Honig, Teigwaren und eingelegte Früchte *(glyká koutalioú)* zu kaufen. Vytína ist auch ein beliebtes Ziel von Tagesausflüglern, an der Platía warten Taverne und Ouzerie sowie ein ursprüngliches Kafenion (die gute Stube von Vytína) und eine Bar auf Besucher. Kurzum: ein ruhiger, entspannender Ort und guter Ausgangspunkt für Entdeckungstouren ins arkadische Bergland. In Vytína kann man es ein paar Tage aushalten.

Mit Kunst übernachten

Mit Ihrem **Art-Hotel Mainalon** haben Maria und Panagiotis Bakogiannakis wirklich etwas Besonderes geschaffen: Die Besitzer einer Galerie in Athen haben einen Teil ihrer Ausstellungsstücke einfach in die abgelegene arkadische Bergwelt verlegt. Zu sehen sind hauptsächlich Gemälde (meist Öl) zeitgenössischer griechischer Künstler, außerdem auch einige Plastiken. Kunstinteressierte sollten sich auf keinen Fall einen Besuch des 2002 erbauten und 2013 erweiterten Hotels entgehen lassen! Das geschmackvoll renovierte Hotel selbst besticht durch Komfort; die 50 modernen Zimmer (alle mit Bad inkl. Wanne, Balkon und TV) gruppieren sich um einen malerischen, schattigen Garten im Innenhof mit Bar. Nach Möglichkeit Zimmer mit Blick in den Garten nehmen. Da hier öfter Kulturreisegruppen absteigen, sollte man vorsorglich reservieren. Hauseigenes Restaurant *Dipnosofistes*. EZ ab 90 €, DZ 90–140 €, jeweils mit reichhaltigem Frühstück, für das Gebotene nicht zu teuer. Ganzjährig geöffnet. An der Platía von Vytína, ☏ 27950/22217, mobil 6946/366456, www.artmainalon.gr.

Verbindungen Bus, tägl. 4-mal via Levídi nach Trípolis (2,40 €), nur im Sommer auch einige wenige Verbindungen nach Pírgos (über Olympía) und Dimitsána. Tickets und Abfahrtszeiten im Kafenion Maestro an der Platía.

Taxi, ☏ 27950/22619 (Panos), 27950/31015 (Thanasis) oder 27950/82359 (noch ein Thanasis). Die Preise für weitere Strecken oder Ausflüge werden vereinbart.

Einkaufen Honig bei Basileios Liapopoulos, kleiner Laden mit großem Angebot an Honig in allen Variationen und eingelegten Früchten. Schräg gegenüber vom Hotel Menalon.

Malerische Steinhäuser in Vytína

🌿 **Zymarikon Vytinas**, selbst gemachte Nudeln in dem netten Tante-Emma-Laden an der Kurve neben der Platía (Ri. Pirgos). ∎

Übernachten Das Angebot an Übernachtungsmöglichkeiten in Vytína ist begrenzt. Im Sommer empfiehlt sich eine telefonische Zimmerreservierung.

** Hotel Aegli, kleines Hotel (20 Zimmer) der Familie Filis, 300 m vom Zentrum (Straße Richtung Trípolis). Mit Taverne, ganzjährig geöffnet. EZ. 45–50 €, DZ 55–70 €, Frühstück 6 €. ✆ 27950/22216 oder 27950/22316.

Pizzeria Gima Roza, schräg gegenüber dem Hotels Menalon. Vermietet oberhalb des Restaurants einfache DZ mit Bad/Balkon ab 40 €. ✆ 27950/22262 oder 27950/22562.

*** Villa Valos, liegt ein bisschen außerhalb von Vytína (eine Allee führt vom Hotel Aegli zur Villa, 300 m). 40 Zimmer, im Juli/Aug. durchgehend geöffnet, ansonsten nur an den Wochenenden. Das DZ mit Bad und Balkon kostet ab 80 €, EZ ab 65 €, Frühstück 6 €. ✆ 27950/22210 oder 27950/22310, www.villavalos.gr.

Wer Ruhe und Abgeschiedenheit sucht oder mit dem Fahrrad unterwegs ist, dem bietet sich außerdem die Alternative, an der Straße zwischen Vytína und Langádia eine Übernachtungsmöglichkeit zu finden. Leider ist man dann in der Regel von dem dazugehörigen Restaurant abhängig, es sei denn, man macht sich die Mühe, zum Essen bis ins nächste Dorf zu fahren.

Essen & Trinken Restaurant **Taidonia**, ländliche Küche Hocharkadiens. In dem 30 m vom Dorfplatz entfernten Restaurant hat man zwar nur eine kleine Auswahl, aber das Essen ist vorzüglich und preiswert. Großer Speisesaal, trotzdem gemütlich. Sehr empfehlenswert, mittags und abends geöffnet.

Die gesamte Gegend um Vytína bis hinunter nach Dimitsána und Langádia ist berühmt für ihren **Honig**. Die cremige Süßigkeit mit dem beige-wachsfarbenen Ton stammt nicht von Wildblüten, sondern von Tannenbäumen. Die Straßen werden von Tausenden von Bienenhäusern gesäumt, zwischen April und Juni ein einziges Summen. Leider sind die fleißigen Bienen dabei nicht immer angenehm für Auto- und Radfahrer.

Kloster Panagía Kernítsis

Auf einem wuchtigen Felsen, hoch über dem Tragos-Tal, thront das abgelegene, stille Nonnenkloster. Schon von ferne sind die drei Kirchturmspitzen oberhalb der Schlucht zu entdecken. Das Kloster, nach der heute nicht mehr existierenden mittelalterlichen Stadt Kernítsis benannt, ist bis heute ein abgeschiedener Ort geblieben. Wenn eine der Nonnen Zeit hat, führt sie den Besucher durch die Anlage. Originell die unterhalb der Hauptkirche gelegene, mit vielen Leuchtern ausgestattete Höhlenkapelle, zu der eine schmale Treppe hinunterführt. Die Nonnen verdienen sich durch den Verkauf von Holzschnitzereien, handbemalten Steinen und Bildern ein Zubrot. Mit etwas Glück wird man auf ein Tässchen Kaffee in den romantischen, von Weinreben überdachten Innenhof eingeladen. Nur manchmal wird die Stille unterbrochen: Es sind die sprechenden Vögel, Lieblinge der Nonnen.

8 km von Vytína entfernt auf Asphaltstraße. Man fährt in Richtung Norden und biegt nach 2 km nach Nimfadia ab. Dort bei der Kirche links, danach rechts ab zum Kloster (beschildert).

Von Sonnenauf- bis Sonnenuntergang geöffnet, Zutritt nur in angemessener Kleidung (lange Röcke liegen bereit), die Nonnen freuen sich über eine Spende für die Klosterkirche.

Langádia

Auf terrassenförmigen Anlagen ziehen sich die Häuser den Berghang hinauf. Das Dorf Langádia, zu Deutsch „Schluchten", sieht tatsächlich so aus, als würde es jeden Moment ins Tal hinunterstürzen. Das malerische Westarkadien ist heute Abwanderungsgebiet. Noch vor 100 Jahren hatte das Bergdorf etwa 6000 Einwohner, heute sind es nicht einmal mehr halb so viele. Den traurigen Beweis liefern die Häuserruinen im unteren Teil von Langádia.

Das Dorf liegt an der verkehrsreichen Verbindungsstraße von Trípolis über Olympía nach Pátras. Eine schmale, gut befahrbare Landstraße windet sich in vielen Kurven aus dem Becken Zentralarkadiens nach Langádia, das bereits am Westhang des Gebirgsmassivs im Dreieck Trípolis – Vytína – Karítena liegt. Langádia ist ein beliebtes Ziel der Ausflugsbusse, und darauf hat man sich im Dorf eingestellt. Trotzdem: Es sitzt sich einigermaßen gemütlich in den Cafés der terrassenartigen Platía hoch über dem Tal, störend wirkt nur der viele Verkehr in der Ortsdurchfahrt – neben Reisebussen dröhnen auch oft genug Lkws hier vorbei. Handarbeit wurde in dem auf fast 1200 m Höhe gelegenen Bergdorf schon immer geschätzt. Die Vielfalt an handgeknüpften Teppichen und handgestickten Tischdecken lässt Liebhaberherzen höher schlagen, außerdem werden Honig und Holzschnitzereien verkauft.

Verbindungen Bus, 2-mal tägl. nach Trípolis (1 Std., 5,40 €), 2-mal tägl. über Olympía (8,20 €) nach Pírgos (12 €).

Adressen Polizei: an der Haupt- bzw. Durchgangsstraße, ☏ 27950/43333.

Einkaufen/Souvenirs Aus Vytína kommend, trifft man noch vor dem Ortseingang rechts auf einen Holzschnitzer, der auch eine kleine Taverne betreibt. Mit seinem Sortiment ist er zweifellos der originellste Handwerker Langádias, dafür aber auch teuer. Besser und billiger kauft man Schnitzereien in **Vytína**.

Übernachten ** Hotel Kentrikon, das vierstöckige Hotel am Berghang ist kaum zu übersehen. Die Rezeption befindet sich in der gleichnamigen Taverne in der Dorfmitte (schöne Terrasse). 20 Zimmer mit Bad und TV, ganzjährig geöffnet. EZ ab 50 €, DZ 60–80 €. ☏ 27950/43540, www.maniatis-hotels.gr.

Langádia 317

Ausflüge: Westlich von Langádia beginnt die Einsamkeit. Die kleinen Dörfer hier liegen zwar an der Verbindungsstraße zwischen Trípolis und Olympía, doch touristisch ist die Gegend kaum erschlossen. Gerade noch in *Lefkohóri* gibt es zwei dunkle Läden, in denen Handarbeiten verkauft werden.

Ein idyllisches Ausflugsziel jedoch für diejenigen, die genügend Zeit haben, ist der nur wenige Kilometer nördlich gelegene *Ládhonos-Stausee*. Das Gewässer ist nichts zum „Abhaken" auf der Reiseroute, sondern eine Tour, bei der schon der Anfahrtsweg Ziel des Ausflugs sein sollte. Vorbei an im Frühling und Frühsommer saftig grünen Wiesen führen die engen Straßen durch eine grandiose Bergwelt, und an den zahlreichen kleinen Kapellen auf der Strecke lohnt sich ein kurzer Stopp allemal. Als Etappenziel eignet sich der See jedoch nicht. Es gibt weder Hotels noch Pensionen.

Der Ládhonos-Stausee sichert die Trinkwasserversorgung der umliegenden Gebiete. Zwar ist sein Wasser noch klar genug, um vom Ufer aus bis in eine Tiefe von drei Metern den Grund zu sehen, doch auch hier zeigen die vielen Umweltsünden Folgen. Vor allem an der Staumauer sammelt sich Abfall jeglicher Art, der vom Fluss *Ladon* angeschwemmt wird. Nichtsdestotrotz kann man bedenkenlos einen Sprung ins eiskalte Nass wagen; an der im Norden parallel laufenden Straße gibt es jede Menge schöner Buchten.

In der Ortsmitte von Trópea zwischen Kirche und Kiosk scharf rechts (180°). 1 km nach dem Ort gabelt sich die Fahrbahn, rechts nach Perdikonéri, links zum See. Die Straße (gute Asphaltdecke) schlängelt sich in engen Serpentinen ins Tal. Kurz nach einer Brücke geht es rechts zur Staumauer, eine Abzweigung weiter (an der Kapelle) auf das schöne Sträßchen Richtung Dafní. Mit öffentlichen Verkehrsmitteln ist der See nicht zu erreichen.

Langádia, schmuckes Gebirgsdorf mit Flair

Dimitsána

Holprige Gassen, ein paar Lädchen, die Alten sitzen in den Kafenia und beäugen jeden Fremden. Dimitsána, auf einem Bergsattel hoch über dem engen Lousíos-Tal gelegen, eine Mischung aus melancholischer Weltabgeschiedenheit und sympathischer Stille, ist wohl eines der beschaulichsten Dörfer Arkadiens.

Der 600-Seelen-Ort, auf den Ruinen des antiken Teuthis errichtet, gehört den Alten. Auf der Suche nach Arbeit zogen fast alle Jungen nach Trípolis oder Athen. Viele von ihnen kommen während der Urlaubszeit in ihr Heimatdorf zurück – begleitet von einer Jahr um Jahr wachsenden, aber immer noch kleinen Schar Touristen. Von der antiken Stadt, auf deren Fundamenten Dimitsána steht, ist bis auf ein paar unauffällige Mauern nichts mehr zu sehen.

2011 gab es eine positive Entwicklung. Dimitsána fusionierte mit sieben weiteren Kommunen zur Gemeinde *Gortynia*. Als Verwaltungssitz wurde das kleine Städtchen festgelegt. Heute ist der Ort, der auf einer Höhe von rund 1000 m liegt – neben Stémnitsa – der ideale Ausgangsort, um Spaziergänge in die menschenleere Umgebung zu unternehmen, in die tiefe Lousíos-Schlucht mit dem *antiken Gortys* und den Klöstern *Filosófou* und *Prodrómou* zu wandern oder am Abend einfach auf einem der wackligen Stühle des Kafenions die dörfliche Idylle zu genießen. Tagsüber ist Dimitsána allerdings stark vom Verkehr der Durchgangsstraße geprägt.

Die griechische Revolution von 1821 hat in Dimitsána auch einige namhafte Mitglieder des Geheimbundes „Filiki Etairia" versammelt, wie den Revolutionspriester *Germanos*, seines Zeichens Erzbischof von Pátras, oder einen der Nationalhelden des Widerstands, den sog. *Märtyrer-Patriarch Gregor V. von Konstantinopel*. Zwei Brüder, Spyros und George Spiliotopoulos, haben sich damals besonderes Ansehen verschafft. Sie machten elf Mühlen in Dimitsána wieder flott und veranlassten, dass praktisch die gesamte Schießpulverproduktion für den Aufstand hier angesiedelt war. Kolokotronis schreibt in seinen Memoiren: „Wir hatten genug Schießpulver, Dimitsána lieferte in Mengen. Die Brüder Spiliotopoulos haben die Sache ins Rollen gebracht...". Dimitsána produzierte damals mit seinen Mühlen täglich bis zur einer Tonne Pulver. Historisch verbürgt ist, dass die Brüder Spiliotopoulos im Oktober 1824 innerhalb von vier Wochen 16 Tonnen (!) Pulver herstellten.

Kulturelles Bollwerk

Von den Türken nie beachtet, geschweige denn eingenommen, spielte der Gebirgsort Dimitsána eine wichtige kulturelle Rolle: Während der Jahrhunderte dauernden Besetzung wurden die verbotene griechische Sprache und Kultur gelehrt. Dimitsána galt dabei als Anlaufstelle für die aus allen Teilen Griechenlands anreisenden Schüler. Der Unterricht fand u. a. im Kloster Emialón und schwerpunktmäßig im Kloster Filosófou, der Philosophenschule, statt. Das heute im Schulhaus untergebrachte Museum gibt darüber Auskunft. Ausgestellt sind auch Teile der damals streng gehüteten Bibliothek.

Dimitsána ist eines der schönsten Dörfer Arkadiens

Verbindungen Bus, schwierig, da die Busse fast alle in Karkalou an der Hauptstraße (Abzweigung nach Dimitsána) halten. Von und zur Haltestelle gelangt man mit dem Taxi oder kann sich – mit etwas Glück – von anderen Abholern mitnehmen lassen. Verbindungen ab Karkalou: 3-mal tägl. Trípolis (1 Std., 6,50 €), 1-mal nach Pírgos (2 Std., 12,50 €).

Taxi: ℡ 27950/31108. Nach Karkalou ca. 6 €, Stémnitsa ca. 10 €.

Adressen Bank: National Bank of Greece im Zentrum. Mo–Do 8–14 Uhr, Fr 8–13.30 Uhr. Mit Geldautomat.

Erste Hilfe: Eine größere Krankenstation befindet sich am nördlichen Ortsausgang rechts, 24 Stunden besetzt. ℡ 27950/31401.

Polizei: Natursteinhaus im Zentrum (griechische Flagge), ℡ 27950/31205.

Post: an der Straße nach Stémnitsa, Mo–Fr 7.30–14:30 Uhr.

Übernachten *** Traditional Hotel Kaza, neun äußerst gepflegte Zimmer mit Bad und stilvoller Einrichtung sowie Apartments mit Kochgelegenheit. Vom Balkon Blick auf das rege Dorfleben, sehr gemütlich. Die Straße zum Hotel ist jedoch steil und eng. DZ 60–140 €. ℡ 27950/31084 oder im Supermarkt nach Yiannis fragen, www.xenonaskaza.gr.

Privatzimmer Chronis, an der Straße Richtung Trípolis auf der linken Seite befindet sich die Taverne Tholos in einem Gewölbekeller. Der Besitzer Tsafaras Chronis vermietet auch schöne, preiswerte Zimmer (ca. 150 m von der Taverne entfernt). EZ mit Bad ab 35 €, DZ ab 45 €, bei längerem Aufenthalt wird es günstiger. ℡ 27950/31514 oder 31409.

Gästehaus Tsiapas, beim Schild „Parking" der Gasse folgen, nach ca. 100 m auf der linken Seite (Treppen hinunter). Sieben sehr gepflegte und angenehme Zimmer mit Bad und TV, Airconditon, Heizung, Balkon, gemeinschaftliche Küche und Wohnzimmer (mit Balkon). Sehr freundlich und um ihre Gäste bemüht ist auch die Dame des Hauses. DZ ab 40 €, Dreier ab 50 €, Vierer 60 €, keine EZ. ℡ 27950/31583 oder 6977/234812, www.xenonas-tsiapa.gr.

》》 Lesertipps: Gästehaus Amanites, „Natursteinhaus im Zentrum, ruhig gelegen mit schöner Aussicht. Die sieben Zimmer sind geschmackvoll und hochwertig ausgestattet, alles ist mit viel Liebe zum Detail hergerichtet. Reichhaltiges Frühstücksbuffet, die Chefin des Hauses bietet selbst gemachte Marmelade, frisch gebackenen Kuchen, jeden Tag eine andere Eierspeise u. v. m. Sehr gastfreundliche Inhaberfamilie" (Christian Seerig, Weißenfels). DZ ab 65 €, Dreier ab 80 € (inkl. Frühstück). ℡ 27950/31090, mobil: 6979052817, www.amanites.gr.

Archontiko Deligianni, "gediegenes, altes Gebäude im arkadischen Stil. Die neun Zimmer sind geschmackvoll eingerichtet, der Komfort ist sehr gut und die Gastgeberin liebenswert" (Theophil Schläpfer). DZ 65 €, EZ 60 €, mit vorzüglichem Frühstück. ℡ 27950/31571, oder 6944/834554, www.arxontikodeligianni.gr. 《《

Neben der *National Bank of Greece*, über dem kleinen Supermarkt werden weitere **Privatzimmer** vermietet (Schild hängt aus).

Essen & Trinken Taverne Drymonas, sehr gute griechische Küche mit täglich wechselnden Tagesgerichten. An der Durchgangsstraße nach Stémnitsa, nahe dem Zentrum, Lampardopoulou 65. ✆ 27950/31116.

》》 Lesertipp: Kato apo to roloi, das Art Café befindet sich an der Durchgangsstraße nach Stémnitsa, in der Nähe des Uhrtums. Man hat dort einen schönen Ausblick über das Tal" (Dominik Treiber und Uli Winter). ✆ 27950(32444 《《

Sehenswertes

Museum: Ein Konglomerat aus antiken Fundstücken, folkloristischen Kleidern und geschichtlichen Exponaten aus der großen Zeit Dimitsánas während der jahrhundertelangen türkischen Herrschaft. Die Schule beherbergt das Museum mit seiner kleinen interessanten Sammlung.
Mo–Fr 8–13.30 Uhr, Sa/So geschlossen. Eintritt frei.

Wasserkraftmuseum: Ein außerordentlich sehenswertes Freilichtmuseum, unterhalb von Dimitsána am Hang gelegen, an der Straße nach Stémnitsa. Zu sehen sind u. a. Rekonstruktionen der traditionellen Gerätschaften, mit denen man früher die Wasserkraft hier in der Gegend nutzte – z. B. zum Gerben und Färben, aber auch als Korn- und Pulvermühle. Didaktisch vorbildlich aufgebaut. Finanziert wird es von derselben Kulturstiftung, die auch das Olivenmuseum in Sparta ins Leben gerufen hat. Vor dem Zweiten Weltkrieg gab es in Griechenland noch rund 500 Gerbereien, die nach den herkömmlichen Traditionen gearbeitet haben. Erst 1960 schloss die letzte Gerberei, umso wertvoller ist die „Wiedereröffnung" in Dimitsána.

Öffnungszeiten Tägl. (außer Di) 10–18 Uhr (Winter 10–17 Uhr). Eintritt 3 €, ermäßigt 1,50 €. ✆ 27950/31630.

Anfahrt Straße in Richtung Stémnitsa, am Dorfende von Dimitsána rechts auf einer schmalen Straße bergab, nach gut 1 km an der Abzweigung links ab zum Museum (beschildert).

Kloster Emialón

Das Kloster liegt versteckt unter einer überhängenden Felswand. Durch drei Türen gelangt man ins Innere der festungsartigen Anlage. Gerade zwei Mönche leben hier. Einer von ihnen nimmt sich immer Zeit und führt den Besucher durch das mehr als 350 Jahre alte, blitzblanke Gemäuer. Sehenswert ist die 1628 fertiggestellte Klosterkirche mit ihren wertvollen, fast vergilbten Fresken. Das Kloster der Jungfrau Maria von Emialón wurde 1608 von den beiden Brüdern Gregorios und Efpraxia Kontojannis erbaut, die von den Türken aus ihrer gleichnamigen Heimatstadt vertrieben wurden. Bei seiner Gründung bewohnten es ca. 40 Mönche, die der umliegenden Bevölkerung während des Unabhängigkeitskrieges gegen die Türken materielle und kulturelle Unterstützung gewährten. Von 1925 an stand das Gebäude leer, bis es 1964, diesmal als Nonnenkloster, wieder eröffnet und später erneut zu einem Mönchskloster umgewandelt wurde.

Öffnungszeiten Offiziell tägl. 8–13 und 17–19 Uhr, die Siesta wird hier immer immer eingehalten. Eintritt nur mit entsprechender Kleidung.

Anfahrt Straße in Richtung Stémnitsa, am Dorfende von Dimitsána rechts auf einer schmalen Straße bergab Richtung Vlógos, nach gut 1 km an der Abzweigung links ab zum Wasserkraftmuseum. Von hier 2,5 km weiter auf asphaltierter Straße bis direkt vor das Klostertor.

Essen & Trinken 》》 Lesertipp: An der Verbindungsstraße Richtung Vlógos betreibt der Motorradfan Periklis X. Terris zusammen mit seiner Frau und seiner hochbetagten Mutter das **Kafeneion To Kentron**. Unter Familienleitung diente es bereits seit 1933 als Poststation und Kaffeehaus. Es beherbergt auch die halbe Einrichtung einer alten Barbierstube aus Detroit, die der Großvater 1916 dort betrieb. Sehenswertes Sammelsurium aus Alltagsgegenständen, Musikinstrumenten, Fotos, Schallplatten etc. Tipp: Probieren Sie die hausgemachte Pasteli-Leckerei. ✆ 27950/31361. ⋘

⋙ **Und noch ein Lesertipp:** „Am Ortseingang führt ein orangefarbenes Eisengeländer in die Tiefe, genauer zu einer verlassenen Eremitenbehausung." (Lesertipps von Maren Apel und Uwe Jetter). ⋘

Zátouna – Exilort von Mikis Theodorakis

Etwa 4 km südwestlich von Dimitsána liegt der kleine Bergort *Zátouna*, der hauptsächlich dadurch bekannt wurde, dass die Militärjunta den berühmten Komponisten *Mikis Theodorakis* hierher ins „Exil" verbannte. So sehr fürchtete die Obristenregierung die Macht der Musik dieses standhaften Mannes, dass sie sie schon wenige Wochen nach der Machtübernahme im April 1967 verbot. Umsonst, wie sich herausstellte, denn die 14 Monate Zwangsaufenthalt ab August 1968 zählen zu seiner produktivsten Schaffensperiode, in der er sich die gesamte Wut über das Obristenregime von der Seele komponierte. Trotz aller Überwachung gelang es ihm zudem, seine Werke aus dem „Adlerhorst" (Theodorakis) hinaus zu schmuggeln. So brachte er seinen wuterfüllten Liederzyklus „Arcadia" vorbei an seinen Bewachern in seinen späteren Exilort Paris. Das Haus, in dem Theodorakis damals wohnte, ist im Ort leicht zu entdecken: Es hat rote Türen und Fensterläden und liegt direkt an der Straße.

Im Jahr 2006 gab der mittlerweile 93-jährige (2018) Theodorakis in Erinnerung an seinen Aufenthalt hier sein vorerst letztes öffentliches Konzert. Eigens für diesen Anlass wurde der 20-Einwohner-Ort einem Facelifting unterzogen und gründlich herausgeputzt. In der alten Georgos-Prapopoulou-Dorfschule von 1919, die auch Theodorakis' Kinder Jorgos und Margarita besucht hatten, wurde ein *Museum* zum Leben des Künstlers eingerichtet, darüber hinaus ein Dokumentationszentrum für alle von Diktatur und Willkür Unterdrückten.

Fr 15.30–20 Uhr, Sa 10–14 und 16–20 Uhr, So 10–16 Uhr. Falls geschlossen, in der Dorftaverne nachfragen oder unter ✆ 6944176522 (englisch).

Stémnitsa

Kunstvolle Gold- und Silberschmiedearbeiten haben Stémnitsa berühmt gemacht. Die in Griechenland einzigartige Schule für Goldschmiede setzt diese Tradition bis heute fort. Das auf 1085 m Höhe gelegene Dörflein mit seinen massiven Häusern aus Naturstein und dem gemütlichen, vom Campanile überragten Dorfplatz verdient die Bezeichnung „Idyll".

Von der tiefen Schlucht des Lousíos-Tales und hohen Bergen umgeben, ist Stémnitsa bis heute ein stilles Bergdorf mit romantischen Winkeln geblieben. Nur noch etwa hundert Stemnitsioten leben während des ganzen Jahres hier. Die meisten Familien sind nach dem Bürgerkrieg Ende der Vierzigerjahre nach Athen gezogen. Ohne staatliche Hilfe und nur mit ein wenig Schaf- und Ziegenwirtschaft war das Überleben nicht mehr möglich. Stémnitsa zählte einst bis zu 4000 Einwohner und neun Popen. Die vielen leer stehenden Häuser verdeutlichen das Ausmaß der Landflucht. Jetzt werden die oft jahrhundertealten Gebäude Stück für Stück originalgetreu restauriert.

Doch der Tourismus hat auch in Stémnitsa Einzug gehalten, und in den heißen Sommermonaten, in denen es hier immer noch ein paar Grad kühler als auf dem übrigen Peloponnes ist, fällt das sonst so verschlafene Bergdorf unter die Kategorie „gut besucht". In manchen Karten ist Stémnitsa übrigens noch unter seinem früheren *Ípsous* (Höhe) eingezeichnet.

Das goldene Handwerk von Stémnitsa

Seit 1978 erlebt das Bergdorf eine Renaissance. Die Kunst des Gold- und Silberschmiedens wurde wieder populär, nachdem sie nach und nach in Vergessenheit geraten war. Noch im letzten Jahrhundert kamen auf hundert Häuser zehn Goldschmieden und 10–15 Glockengießereien. Um die ganze Welt zogen damals die Goldschmiede, um ihr Handwerk zu verkaufen. Während des Bürgerkrieges in der Mitte dieses Jahrhunderts schrumpfte die Einwohnerzahl von ehemals 4000 auf wenige Hundert zusammen.

Dem vor einigen Jahren verstorbenen Stemnitsioten Lambis Katsoulis, von den Dorfbewohnern liebevoll „Barbalabis" (ehrwürdiger Onkel Labis) genannt, gelang es, die „goldene Kunst" weiterleben zu lassen. Der über die Grenzen Griechenlands berühmt gewordene Goldschmied kehrte 1978 aus Athen zurück in sein Heimatdorf und gründete eine offizielle Gold- und Silberschmiedeschule, die in dem großen Volksschulhaus unterhalb der Dorfstraße untergebracht ist. Seitdem werden dort jedes Jahr etwa 25 Schüler ausgebildet, die Lehrzeit beträgt zwei Jahre. In zwei Läden im Dorf fertigen die ausgelernten Gold- und Silberschmiede ihren Schmuck an – und lassen sich dabei auch gerne mal über die Schulter schauen. Als Stein wird der Rubin bevorzugt und in punkto Form und Motiv schöpft man des Öfteren aus der Mythologie: Schlangen und Drachen und immer wieder das Ornament des Mäander. Der Besuch in einem der Geschäfte im Zentrum lohnt in jedem Fall, in den Vitrinen kann man interessante und originelle Unikate besichtigen (und natürlich auch kaufen).

Wer für Panoramen schwärmt, sollte vom Dorfplatz *A'Peloponissiako Geroussia* – benannt nach dem Ältestenrat des Peloponnes von 1821 – durch die holprigen Gassen zur Bergkuppe spazieren. Dort liegen dem Besucher das Lousíos-Tal und der bergige Westpeloponnes zu Füßen. Eine Säule auf dem Aussichtsplateau erinnert an die Opfer der türkischen Besatzungszeit und der Weltkriege.

Die Umgebung ist äußerst reizvoll. Nicht zuletzt verleihen die ausgedehnten, menschenleeren Wälder und Hochebenen zwischen dem Dorf und Trípolis sowie die beiden mittelalterlichen Klöster *Prodrómou* und *Filosófou* der Gegend ihren besonderen Charme.

Verbindungen Bus, 1-mal tägl. (nur Mo–Fr) nach Trípolis (1:30 Std., 6,50 €). Taxis kann man in den Cafés an der Platia oder im Hotel Trikolonion bestellen. Die Fahrt nach Dimitsána kostet etwa 10 €, nach Trípolis etwa 30 €.

Übernachten/Essen Unbedingt frühzeitig reservieren, da Unterkünfte in dieser Gegend rar sind. Die wenigen *Privatzimmer* im Dorf sind meist ausnahmslos an die Goldschmiedeschüler vermietet.

*** **Hotel Trikolonion**, das schöne, aus Naturstein gebaute Hotel, das bis 1954 eine Mädchenschule beherbergte, liegt an der Dorfstraße. 1999 wurde der Komplex aus vier Häusern zu einem Luxus-Country-Hotel umgebaut, das keine Wünsche offen lässt. 14 Zimmer und vier Suiten mit edlen Accessoires, TV, Minibar, dazu Gymnastikraum, Jacuzzi und Sauna im Haus als Zugabe. Eines der exklusivsten Häuser in ganz Griechenland. Sehr netter und hilfsbereiter Service, empfehlenswertes Restaurant. Ganzjährig geöffnet. EZ 90–120 €, DZ 110–140 €, inkl. reichhaltigem Frühstücksbuffet. Rabatt bei geringer Auslastung. ✆ 27950/29500/-1, www.trikolonioncountry.gr.

››› **Lesertipp:** Guest House Stemnitsa, „ca. 200 m vom Dorfplatz Richtung Dimitsána (man spricht nur Griechisch). Preise auf Anfrage. ✆ 27950/81349, www.xenonas-stemnitsa.gr (Dagmar Steffen und Jochen Laugsch).

Gästehaus Mpelleiko, „oberhalb des Ortes gelegen. Es ist das Elternhaus der Besitzerin Nena und über 100 Jahre alt. Die Zimmer sind sehr schön, sauber und gepflegt. Es gibt auch eine Küche/Aufenthaltsraum, in dem auch das Frühstück serviert wird. Im Haus gibt es WLAN. Nena spricht sehr gut Englisch und gibt viele Tipps, was man in der Gegend unternehmen kann. Das Frühstück besteht aus selbst gebackenem Brot, selbst gemachter Marmelade aus dem Laden von Nenas Mutter, frisch gebackenen Omelettes, Pasteten u. v. m. Vier der fünf Zimmer haben einen eigenen offenen Kamin" (Hermann Düngelhoef). DZ mit Frühstück ab 70 €. ✆ 27950/81286, mobil: 697/6607967, www.mpelleiko.gr. ‹‹‹

Essen & Trinken Die Tavernen am Platz, bei denen sich qualitativ keine besonders heraushebt, bieten vornehmlich Grillgerichte.

In der **Musik-Café Bar Katafigio** kocht und backt die Mutter. Leckere Loukoumádes, Pizza und weitere „Tagesspezialitäten" haben es einigen Reisenden angetan. Das mit Weinreben überschattete Café liegt erhöht auf einer Terrasse hinter der

In den Gassen von Stémnitsa

Georgios-Kirche (mit der runden Kuppel) in einer Gasse. ✆ 27950/81260.

Café-Restaurant Stémnitsa, in dem urigen Dorfkafenion an der Platia wird einem das Leben versüßt. Frau Gritzias hat die besten Kuchen und Leckereien weit und breit (preiswert). Unbedingt probieren!

Öffentliche **Parkplätze** befinden sich auf dem Weg zum Museum (Richtung Trípolis) in einer Senke

Sehenswertes

Museum für Volkskunde: Viele Museen entstehen durch Privatinitiative, so auch das interessante und liebevoll eingerichtete Volkskunde-Museum in Stémnitsa. Die Ausstellung in dem 1986 eröffneten jahrhundertealten Haus vermittelt anschaulich die Technik der Glockengießerei und des Gold- und Kupferschmiedens. Auch das Interieur eines alten stemnitiotischen Hauses kann man hier bestaunen. Die Galerie alter Trachten und Kunstgegenstände, darunter eine unschätzbare Ikonensammlung, ist das Ergebnis langjähriger, mühevoller Suche auf dem ganzen Peloponnes. Äußerst dekorativ die alten Truhen, im Griechischen „Brigga" genannt, die den Bräuten als Aussteuer mitgegeben wurden.
Mi–So 10–13 Uhr, Mo und Di geschlossen sowie am 1.1., Ostersonntag, 15.8. und 25.12. Eintritt 1 €. Kariatidon-Str. 8 (Dorfstraße in Richtung Megalópoli), ✆ 27950/81252.

Agios Anargyios: Die alte byzantinische Kirche ist eine von etwa 50 Kirchen in und um Stémnitsa. Wunderbare Fresken, die jedoch mehrmals erneuert und übermalt wurden, sind erhalten. Das Kirchlein mit einem Taufstein aus der Mitte des 18. Jh. wird heute nicht mehr benutzt. Am Dorfplatz nach *Vasilis* fragen, er hat den Schlüssel *(Klithi)*. Unbedingt sehenswert ist auch die *Kirche der Drei Hierarchen (Naós Trion Ierarchon)* aus dem Jahr 1615. Innen ist das eher unscheinbare Gotteshaus über und über mit noch gut erhaltenen Fresken ausgeschmückt. An der Straße Richtung Megalópoli auf der rechten Seite, im Laden gegenüber fragen, die Kirche wird dann aufgeschlossen (Spende für den Klingelbeutel nicht vergessen).

Campanile von Stémnitsa

Amphitheater: Das kleine, in den 80er-Jahren des 20. Jh. erbaute Theater ist ungepflegt und halb verfallen. Ein Besuch lohnt sich jedoch zum Fotografieren; die Kulisse ist sehr malerisch.
1 km hinter Stémnitsa (Richtung Megalópoli) rechts auf den Schotterweg abbiegen, dann wieder rechts; etwa 300 m.

Wanderung im Lousíos-Tal zu den Klöstern Prodrómou und Filosófou

An steil aufragenden Felswänden entlang führt der Wanderpfad tief hinunter in die Schlucht mit dem reißenden Fluss Lousíos und auf der gegenüberliegenden Seite wieder hinauf zum sagenhaft gelegenen Kloster Prodrómou. In eine nach oben überhängende Felswand gezwickt, liegt das beeindruckende Bauwerk mehr als abgeschieden, geradezu versteckt. Ganz im Einklang mit der Natur scheint das Gebäude geradezu mit dem Fels zu verschmelzen. Prodrómou – für uns das schönste Kloster auf dem Peloponnes – sollte man sich auf keinen Fall entgehen lassen!

Gerade einmal drei Mönche leben noch in Prodrómou, sie begrüßen Besucher zuvorkommend und servieren griechischen Kaffee. Von 13 bis 17 Uhr ist jedoch Ruhepause, Punkt 13 Uhr werden keine Besucher mehr eingelassen. Bleibt die Erkundung der Anlage auf eigene Faust. Besichtigt werden kann von außen das Schmuckstück des Klosters, eine kleine, in den Fels gebaute Kapelle aus dem Jahre 1167 mit dekorativen dunklen Fresken. Von einem der vielen Balkone hat man eine wunderschöne Aussicht ins Tal und auf das gegenüberliegende neue Kloster Filosófou. Mit gutem Auge erkennt man auch das farblich kaum von der Felswand zu unterscheidende alte Kloster Filosófou, der heute verfallene Bau soll bereits aus dem Jahr 963 datieren. Filosófou – die Philosophenschule – spielte die wichtigste Rolle während der türkischen Besetzung. Trotz des strikten Verbotes wurden hier die griechische Sprache und Kultur gelehrt und überliefert.

Vom Kloster Prodrómou führt ein Pfad wieder hinunter in die canyonartige Schlucht, nach Überquerung einer neu erbauten Brücke, die eine abenteuerliche Holzkonstruktion ersetzte, geht es in Serpentinen hinauf nach Filosófou. Zwei freundliche Mönche erwarten den durstigen Wanderer, es gibt eine Quelle, und klebrige Süßigkeiten werden angeboten. Von hier hat man eine herrliche Aussicht auf das Kloster Prodrómou. Die leichte, völlig ungefährliche Wanderung dauert ab dem Ausgangs- und Endpunkt Gortys 3–3:30 Stunden und zählt zu den schönsten, die man im inneren Peloponnes erleben kann!

Aufpassen beim Wandern: Am 26. Mai 2007 kam bei einer Flusswanderung eine Gruppe von sechs Griechen zu Tode, die nach einem Regenguss von einer plötzlichen Welle im sonst knöcheltiefen Wasser fortgerissen wurde. Sie hatten sich zwar angeseilt, trugen aber keine Helme. Sportlich Ambitionierte sollten deshalb in jedem Fall zuvor den Wetterbericht verfolgen.

Wegbeschreibung Beim antiken Gortys (Anfahrt → „Gortys") die Brücke überqueren und ca. 150 m der Fahrstraße bis zu einer Linkskurve folgen. Hier zweigt rechts der rot markierte Pfad zum Kloster Prodrómou ab. Nach ca. 20 Min. über eine Brücke den Lousíos überqueren, danach 20–30 Min. in Serpentinen bergauf zum Kloster. Nach der Besichtigung dort (lange Hosen und Röcke liegen bereit) zurück zum unteren Tor der Anlage, hier rechts ab auf den rot-weiß markierten Pfad zum Kloster Filosófou. Nach 20 Min. über eine stabile Beton-Eisen-Brücke mit brusthohem Geländer dann wieder in Serpentinen bergauf, ca. 30 Min. bis zum neuen Kloster. Auf dem Weg zweigt links ein Pfad ab zur Klosterruine Filosófou (5 Min.), in dem alten Gemäuer am Fels herrscht eine unheimliche, geisterhafte Atmosphäre. Leserin Michaela Seifert aus Bad Aibling war ebenso fasziniert: „In der Kuppel der Kapelle in der Klosterruine hingen Hunderte von Fledermäusen, die sich durch unsere Gegenwart in keinster Weise stören ließen. Ein toller Anblick, der Haufen von Fledermauskot stank allerdings erbärmlich". Von Filosófou der gleiche Weg zurück nach Gortys. **Alternativ:** Man kann die Wanderung auch von Dimitsána aus unternehmen, von hier zunächst nach Paleochóri und dann auf neuer Straße zum neuen Kloster Filosófou (ca. 2:30 Std.).

Tipp: Gutes Schuhwerk ist von Vorteil, man sollte etwas zu Trinken mitnehmen und die Mittagshitze meiden, da das ständige Auf und Ab in der Schlucht anstrengend werden kann.

Anfahrt ab Stémnitsa Auf der Straße Richtung Dimitsána kurz nach dem Ortsende von Stémnitsa links (beschildert). Eine schier endlose, neu asphaltierte Straße windet sich ins Lousíos-Tal. Nach 9 km und 700 (!) m Höhenunterschied das Auto an dem alten Stoppschild abstellen. Von hier aus zu Fuß noch 15 Min. zum Kloster Prodrómou. Alternativanfahrt → „Gortys".

Sehenswertes/Umgebung

Gortýs: Mitten im tiefen Lousíos-Tal gelegen, ist Gortys eine der kaum beachteten antiken Stätten des Peloponnes. Zu Unrecht: Zwar begeistert die Landschaft mehr als die Ausgrabungen, aber dennoch strahlt dieser Ort eine beeindruckende Atmosphäre aus – vielleicht wegen der abgeschiedenen Lage, der Ruhe und der Einsamkeit, vielleicht wegen der Mythologie, die berichtet, dass Zeus nach seiner Geburt hier gebadet haben soll. Ohne Zweifel, der Fluss unterhalb der Ausgrabungen lädt zum Baden und Picknicken ein.

In den 1940er- und 50er-Jahren legten französische Archäologen zwei Asklepios-Heiligtümer frei; eines davon am linken Flussufer des Lousíos, auf dessen gegenüberliegender Seite die Agios-Andreas-Kirche steht. Es wurde im 4. oder 5. Jh. v. Chr. begonnen, jedoch nie fertiggestellt. Stattdessen baute man im 3. Jh. v. Chr. eine Badeanlage. Das andere Asklepieion liegt in der südwestlichen Ecke unterhalb der Akropolis. Es entstand Ende des 5./Anfang des 4. Jh. v. Chr. Heute ist davon kaum mehr etwas erkennbar. Aus dem 3. Jh. v. Chr. stammt die Akropolis mit ihren beiden Mauerwällen.

Am einfachsten erreicht man Gortýs von Ellinikon aus auf der asphaltierten Straße (6 km). Folgt man der Beschilderung, gelangt man nach 5 km an die Abzweigung zum Prodrómou Kloster (rechts, 3 km), links geht es hinunter nach Gortýs (1 km).

Karítena

In einer Mulde zwischen zwei Bergen kleben die Häuser des Dörfchens förmlich an den Hängen. Der malerische Ort wird von einer mächtigen Festung überragt. Sie gilt als eindrucksvolles Beispiel mittelalterlicher Festungsarchitektur und ist heute noch weitgehend erhalten.

Karítena, auf halbem Weg zwischen Megalópoli und Andrítsena, zählt dank seiner traumhaften Lage und der malerischen Gassen zu den schönsten Dörfern Arkadiens. Im Ort herrscht Ruhe, Karítena liegt – trotz aller Idylle – nicht auf den gängigen Routen einer Arkadien-Rundfahrt. Entsprechend dürftig ist auch das touristische Angebot: Gerade zwei Häuser vermieten einfache Privatzimmer und auch kulinarisch hat das Dorf nicht allzuviel zu bieten.

Karítena ist in ganz Griechenland als Geburtsort des Freiheitsidols *Theodor Kolokotronis* (1770–1843) bekannt. Er führte die Griechen nach jahrhundertelanger türkischer Herrschaft erfolgreich in die Unabhängigkeit und baute auch die Burg

Karítena, ehemaliger Wohnort des Freiheitskämpfers Kolokotronis

als wichtigen Stützpunkt der Befreiungsarmee aus. Dafür wurde ihm hier ein Denkmal gesetzt.

Verbindungen Bus, 2-mal tägl. (außer Sa/So) nach Megalópoli (2,80 €), 1-mal hält der Bus nach Megalópoli außerdem an der unterhalb gelegenen Hauptstraße.

Essen & Trinken Zwei Cafés und eine Dorftaverne, schöne Aussicht auf die Ebene von Megalópoli.

Sehenswertes

Festung: Vermutlich liegt das heutige Dorf an der Stelle des antiken *Brenthe*, von dem schon Pausanias berichtete. Auf alle Fälle war Karítena bereits vor den Franken besiedelt. Die Burg, 1254 von den Franken erbaut, fiel knapp 70 Jahre später an die Byzantiner. Schließlich eroberten 1460 die Türken die Festungsanlage. Vergeblich suchten die Venezianer sich ihrer zu bemächtigen.

Vom großen Dorfplatz führt ein schmaler Pfad hoch zur Burg, die durch Lage, Größe und die vielen erhaltenen Mauern noch heute beeindruckt. Bei klarer Sicht bietet sie einzigartige Ausblicke aufs Alphios-Tal und die Ebene von Megalópoli. Neben der *Agios-Andreas-Kapelle* steht das Häuschen, in dem der griechische Freiheitskämpfer Kolokotronis lebte.

Kein Schatten auf dem Weg zum Kastell und der kleinen Agios-Nikólaos-Kapelle, folglich ein sehr schweißtreibender Anstieg. Wasser mitnehmen.

Panagía-Kirche: unterhalb des Dorfes (an der Straße zur Burg); ein hübscher schlanker Glockenturm aus dem 11. Jh. Der Blick durch das meist offene Fenster offenbart die strikt getrennten Stuhlreihen, wie sie die orthodoxe Kirche eigentlich vorschreibt, hier sogar durch Trennwände verstärkt...

Fränkische Brücke: Aus dem Hochland Arkadiens fließt der Alphiós durch die fruchtbare Ebene von Pírgos ins Meer. Schon zur Zeit der Franken überspannte eine Brücke den Fluss. Wenn man vom Dorf hinunter zur Hauptstraße fährt und rechts abbiegt (Richtung Andrítsena), trifft man nach ca. 2 km auf eine moderne Brücke. Unterhalb davon stehen die Überreste der alten fränkischen Brücke mit ihren vier Pfeilern.

Megalópoli

In einer weiten Ebene gelegen und wahrlich keine Augenweide, denn die rauchenden Türme eines gigantischen Braunkohlekraftwerks verunstalten die Landschaft. Die Stadt mit ihren gut 10.500 Einwohnern hat heute zwei Funktionen – zum einen als Energielieferant, zum anderen als Verkehrsknotenpunkt.

Mehrere wichtige Strecken, insbesondere nach Trípolis und Kalamáta, laufen hier zusammen. Hässliches Wahrzeichen der Stadt sind die Kühltürme der beiden riesigen Braunkohlekraftwerke, die 1969 und 1990 in Betrieb genommen wurden, ein drittes Werk befindet sich weiter westlich. Verantwortlich für die Standortwahl sind die großen Braunkohlevorkommen in der Umgebung, Abbaugebiete sind z. B. auf der Strecke Richtung Lykosaura zu sehen.

Treffpunkt der Stadt ist der *Kolokotroni-Platz* mit seinen schattigen Straßencafés und den Geschäften ringsum. Für längere Aufenthalte bietet Megalópoli und seine Landschaft – im Sommer ausgedörrt, meist in grau-braunen Farben – nur wenig Abwechslung. Die etwa 2300 Jahre alte Stadt wurde einst als Bastion gegen die Expansionsbestrebungen Spartas gegründet. Aus der Antike ist nicht viel übrig geblieben, erwähnenswert allerdings das gut erhaltene *Theater* – mit 20.000 Sitzplätzen einst das größte Griechenlands!

> *„Der Teil auf der gegenüberliegenden Seite des Flusses gegen Süden bot an Erwähnenswertem das größte Theater in Griechenland; darin befindet sich auch eine stets fließende Quelle. Nicht weit vom Theater sind noch Fundamente des Rathauses übrig, das für die arkadischen Zehntausend gebaut worden war; es heißt nach seinem Stifter Thersilion. In der Nähe steht ein Haus, das sie ursprünglich für Alexander, den Sohn Philipps, gebaut hatten. (...) Wenn Megalopolis, das mit allem Eifer gegründet wurde von den Arkadern und mit den größten Hoffnungen der Griechen darauf, seine ganze Ausstattung und seinen alten Wohlstand verloren hat und zu unserer Zeit größtenteils in Ruinen liegt, so habe ich mich darüber gar nicht gewundert, da ich weiß, dass die Gottheit immer etwas Neueres schaffen will und das Schicksal alles, das Starke wie das Schwache, das Werdende und schon Vergangene, verändert und mit starker Gewalt lenkt, wie es sein Wille ist.“*
> Pausanias im Reisebericht „Beschreibung Griechenlands", 2. Jh. n. Chr.

Geschichte

Als Sparta bei Leuktra im Jahre 371 v. Chr. eine schwere Niederlage erlitt, zogen die Gegner die Konsequenzen: Der Arkadische Bund wurde ins Leben gerufen, um zu verhindern, dass Sparta außer Lakonien noch andere Gebiete des Peloponnes eroberte. Daher gründete der Politiker und Feldherr Epaminondas aus Theben 371 v. Chr. Megalopolis. Für diese Gründung brauchte Theben genügend Siedler, und die stellten die Mitglieder des Arkadischen Bundes, darunter so be-

Megalópoli

deutende Städte wie Tegea, Orchomenos, Mantineia, Gortys und Asea. Megalópoli wurde Hauptstadt und Versammlungsort des Bundes. Doch es gab Streitigkeiten. Zum einen verkrafteten die arkadischen Städte nicht den Verlust an Bürgern, zum anderen ging man nicht immer konform mit Thebens Politik. Schon neun Jahre nach der Stadtgründung kämpfte die Hälfte aller Arkadier auf der Seite Spartas gegen Theben. Bereits 353 und 331 v. Chr. versuchten die Spartaner, Megalopolis zu erobern. Schließlich gelang es dem Spartanerkönig Kleomenes III. 223 v. Chr., die Stadt zu zerstören.

Basis-Infos

Verbindungen Bus, die Strecken nach Kalamáta sowie Megalópoli – Trípolis – Korínth – Athen werden 8-mal tägl. befahren. Nach Kalamáta 1 Std., 5,40 €; Trípolis 45 Min., 4 €; Korínth 2 Std., 10,20 €; Athen rund 3 Std., 19 €. Außerdem 3-mal tägl. (außer Sa/So) nach Karítena (2,70 €). Der Busbahnhof befindet sich an der Ecke zur Ag.-Nikolaou-Straße, einer kleinen Seitenstraße des großen Platzes, schräg gegenüber vom Hotel Paris. Mit Cafeteria.

Taxi: Taxistand an der Platia. ✆ 27910/22551.

Adressen Bank, an der Platia (Ecke Kolokotroni-Straße), mit EC-Automat, Mo–Do 8–14.30, Fr 8–14 Uhr.

Krankenhaus, das Health Center von Megalópolis liegt nahe der Straße nach Kalamáta (beschildert). ✆ 27910/2297-4/-5.

Polizei, 300 m von der Platia (Parallelstraße zur Ausfallstraße nach Trípolis) in der Stathopoulou-Str. 37, ✆ 27910/22222.

Post, Kolokotroni-Straße 47, Mo–Fr 8–14 Uhr.

Übernachten

Eines vorneweg: Es gibt in Arkadien wesentlich idyllischere Orte zum Übernachten. Funktional und wenig romantisch geben sich die meisten Hotels der Stadt, kein bevorzugtes Ziel für Peloponnes-Reisende. Alle genannten Hotels sind ganzjährig geöffnet.

** **Hotel Lykeon**, mit Dachterrasse, die Zimmer sind mit TV, WLAN, Klimaanlage und Balkon ausgestattet. EZ 40 €, DZ 50 €, inklusive Frühstücksbuffet. An der Ecke Nikolao/Papantoni, Straße, nahe der Post. ✆ 27910/25000.

** **Leto Hotel**, Zimmer mit TV und WLAN, sehr zentral gelegen. Kefala 14, ✆27910/27080.

** **Arcadia Hotel**, an der Straße Richtung Trípolis, ca. 300 m von der Platia entfernt. Acht einfache Zimmer mit Etagendusche und zum Teil Balkon. EZ ab 30 €, DZ ab 40 €. Agiou Athanassiou 30 & Sambatakaki Str. 2, ✆ 27910/22223.

* **Hotel Paris**, ca. 40 m vom großen Platz, schräg gegenüber vom Busbahnhof. Das vierstöckige Haus der Familie Nanos besitzt 20 Zimmer, sauber und schlicht, z. T. mit Balkon. EZ ab 40 €, DZ ab 50 €, jeweils mit Dusche, aber ohne Frühstück. Ag.-Nikolaou-Str. 9, ✆ 27910/22410.

Sehenswertes

Theater: in einer natürlichen Mulde an der Nordseite eines Berges (1 km nördlich der heutigen Stadt). Mit über 50 Sitzreihen fasste es rund 20.000 Besucher. Diese enormen Ausmaße sind (im Gegensatz zum Theater in Epídauros) heute nur noch mühsam nachvollziehbar, denn nur die unteren acht Sitzreihen blieben halbwegs erhalten. Dazu sind Teile der seitlichen Befestigungsmauern eingestürzt, andere werden noch von einfachen Holzstützen gehalten. Zu sehen sind die Ehrensitze in der untersten Reihe, die 350 v. Chr. von einem Kampfrichter gestiftet wurden. Die Orchestra hatte einen Durchmesser von 30 m. Erhalten ist auch eine große, rechteckige Requisitenkammer aus der Römerzeit. In dem Theater fanden ursprünglich nicht dramatische Aufführungen statt, sondern die Versammlungen des Arkadischen Bundes mit seinen 10.000 Teilnehmern *(Myrioi)*. Die landschaftlich reizvolle Lage des Theaters mit Blick auf den Fluss Helisson wird allerdings durch den Anblick des nahe gelegenen Kohlekraftwerks deutlich geschmälert.

Das (gut beschilderte) Theater ist umzäunt, aber von außen gut einsehbar. Das gegenüber dem breiten ausgetrockneten Flussbett gelegene Thersileion ist dagegen über einen breiten Feldweg begeh- und sogar befahrbar. 1,5 km außerhalb an der Straße nach Andrítsena gelegen.

Thersileion: Vom gegenüberliegenden monumentalen Säulensaal sind nur ein paar Säulenstümpfe übrig geblieben. Man kann das Aussehen des imposanten Baus mit einer Größe von 66 x 52 m nur erahnen. Zum Theater hin gab es eine Vorhalle (32 x 6 m) mit 14 dorischen Säulen. Das Thersileion war Beratungssaal für das *Synedrion*, den Rat des *Arkadischen Bundes*. Die Halle wurde, wie die Stadt, 367 v. Chr. erbaut. Man vermutet, dass sie ansteigende Sitzreihen hatte, und somit ca. 10.000 (!) Menschen die Möglichkeit bot, den Redner zu sehen.

Umgebung

Vástas: Die Kapelle der heiligen Theodora von Vásta (heute Vástas), ein ausgesprochen sehenswertes Kleinod, liegt gut 28 km südwestlich von Megalópoli. Hier wachsen 17 riesige Bäume aus einer kleinen schindelgedeckten Kapelle. Ein Natur-

Thersileion von Megalópoli

Umgebung von Megalópoli 331

wunder, ohne die kleinste Spur von Wurzeln, weder außen, noch innen im Altarraum. Die Stätte lockt jedes Jahr Hunderte von „Pilgern" an.

5 km südlich vom Ort Vástas, nahe einer Spitzkehre (nicht zu übersehen, mit Parkplätzen und Souvenirständen) an einer kurvenreichen Strecke, die nach weiteren 22 km in Zevgolátio auf die Verbindungsstrecke Kaló Neró – Kalamáta trifft.

Theodora von Vásta

In byzantinischer Zeit hatte jede Familie einen männlichen Nachkommen zum Militärdienst zu entsenden, gab es keinen Jungen, so konnte stattdessen ein Tribut gezahlt werden. Die Familie von Theodora, die der Legende nach als zweite von drei Töchtern geboren wurde, konnte aber nicht einmal diesen Betrag aufbringen. In der Not entschloss sich Theodora, als Mann verkleidet zum Militärdienst einzurücken. Sie absolvierte die harte Ausbildung und fiel dennoch nicht auf. Eine Wäscherin in der Kaserne verliebte sich sogar in den vermeintlichen Soldaten, der ihre Liebe aber nicht erwiderte. Als die Wäscherin später schwanger wurde, gab sie „Theodor" beim Kasernenkommandanten als Vater an und verlangte die Hochzeit. Jener weigerte sich, um seine Identität nicht preiszugeben und wurde von einem Militärgericht zum Tode verurteilt. Als man später den wahren Hintergrund entdeckte, war das Entsetzen groß. Die Märtyrerin Theodora wurde zur Heiligen erklärt.

In einem Gebet vor dem Gerichtsspruch soll Theodora verfügt haben, dass ihr Grab zu einer Kirche würde, ihr Blut zur Quelle und ihre Haare zu Bäumen. Tatsächlich wachsen heute dicke Stämme aus dem Dach und dem Mauerwerk, deren nicht sichtbares Wurzelwerk bis hinunter zu einer Wasser spendenden Quelle wächst. Das Gewicht der Bäume wird auf über 15 Tonnen geschätzt. Wissenschaftler bezeichnen das Naturwunder als „lebenden Körper".

Leontári: 11 km südlich von Megalópoli liegt der kleine Ort, unter den Türken im 15. Jh. einflussreicher Verwaltungssitz. Heute ist von seiner ehemaligen Bedeutung kaum noch etwas zu bemerken.

Sehenswert die *Apostelkirche*. Sie stammt aus dem 10. oder 11. Jh. Der 678 m hohe Hügel, der Messenien von Arkadien trennt (ein Ausläufer des mächtigen Taýgetos-Gebirges), war der ideale Platz für eine Befestigungsanlage. Die außerhalb des Dorfes gelegene Burgruine war bis 1460 fränkisch, ehe die Türken die Residenz eroberten. Heute sind nur noch die Reste von Türmen, Mauern und Kapellen zu erkennen.

Asea: Einer der 40 Orte, deren Bewohner der Feldherr Epaminondas 368 v. Chr. zwang, ins nahe Megalopolis umzusiedeln. Als Grenzdorf zwischen der Ebene Hocharkadiens und der von Megalopolis besaß Asea eine wichtige Kontrollfunktion. Der steile Hügel war bereits in neolithischer Zeit besiedelt. Das heutige, gleichnamige Dorf Aséa liegt etwa auf halbem Weg zwischen Trípolis und Megalópoli (17 km von Trípolis). Unmittelbar davor erhebt sich unübersehbar der Felshügel, auf dem einst die Akropolis stand. Die Mauer, die das Plateau umgab, wurde vermutlich zwischen 250–300 v. Chr. während der Kämpfe mit Sparta errichtet. Ein geschichtsinteressierter „Normalurlauber" kann sich die Fahrt hierher allerdings sparen, denn von der antiken Stadt ist kaum etwas wahrnehmbar.

Idyllisch: Hafen von Gýthion

Lakonien

Die Ebene des Eurótas mit Sparta als Mittelpunkt wird im Osten durch das fast 2000 m hohe Párnon-Gebirge, im Westen durch das über 2400 m ansteigende Taýgetos-Gebirge begrenzt. Im Frühjahr liegt auf den Bergspitzen noch Schnee, während man im Tal schon schwitzt.

Lakonien zählt zu den reizvollsten Landschaften des Peloponnes. Am dünn besiedelten östlichen Finger liegt ein touristisches Zentrum der Gegend: *Monemvasiá*, ein halbverlassenes mittelalterliches Städtchen mit engen Gassen und einigen Stränden in der Umgebung. Weiter südlich am östlichen Finger betritt der Reisende dann touristisches Niemandsland: das abgelegene Städtchen *Neápoli* (mit guten Fährverbindungen auf die Insel Kýthira) oder aber das raue *Kap Maléas*, der südöstlichste Zipfel des Peloponnes, an den sich sowieso kaum ein Fremder verirrt. Auf *Elafónisos*, der kleinen, Neápoli vorgelagerten Insel, findet man mit dem sagenhaften *Símos-Beach* ein echtes Badeparadies, das in der Hochsaison jedoch überlaufen ist

Der mittlere Finger, die *Máni*, bietet eine trockene, raue Gebirgslandschaft, hohe Wohntürme und menschenleere, halb verfallene Dörfer. Im Norden bei *Sparta* (von der antiken Kultur des legendären Militärstaates ist kaum noch etwas zu sehen) beeindruckt vor allem die einzigartige Ruinenstadt *Mystrás* mit verwitterten Palästen und Kirchen. Ein bescheideneres Gegenstück findet sich in *Geráki* am Westhang des Párnon-Gebirges. Im Süden liegt das idyllische Hafenstädtchen *Gýthion* mit schönen Stränden in der Umgebung und ebenfalls Fährverbindungen zur Insel Kýthira.

In Lakonien gibt es kein Schienennetz, jedoch gute Busverbindungen. Die wichtigste Strecke führt von Gýthion nach Sparta und über Trípolis – Korínth nach Athen.

Lakonien

Sparta

Sparta gibt sich seit seinem Wiederaufbau im Jahr 1834 schmucklos, spartanisch eben: Der Grundriss der Stadt gleicht einem Schachbrett. Schnurgerade Längs- und Querstraßen durchziehen die moderne Hauptstadt Lakoniens. Sparta mit seinen etwa 16.000 Einwohnern ist landwirtschaftliches Zentrum des fruchtbaren Eurótas-Tales. Von der ruhmreichen Geschichte als Gegenspielerin Athens ist nicht viel übrig geblieben.

Charakteristisch für die Ebene zwischen dem hohen Taygétos im Westen und dem Párnon-Massiv im Osten sind die unzähligen Orangen- und Olivenbäume. Das Stadtleben spielt sich an der Platia und an der langen Palmenallee *Odos Paleologou* ab. An deren nördlichem Ende thront die Statue des berühmten Leonidas in voller Kriegsrüstung.

Hinter dem großen Namen Sparta verbirgt sich seit rund 2000 Jahren keine politische Macht mehr. Die Spartaner mit ihrem Faible für asketische Tugenden verfolgten keine städtebaulichen Ziele. Nicht zuletzt deshalb existieren nur spärliche, dennoch lohnenswerte Reste aus der Antike: das *Archäologische Museum* der Innenstadt, die *Akropolis* (unweit des Sportplatzes), der *Tempel der Artemis Orthia* an der Straße nach Trípolis und – etwas außerhalb gelegen – die Ausgrabungsstätte *Menelaeon* auf einem Hügel mit herrlich weitem Blick.

Das nur 6 km entfernte *Mystrás* ist die größte Attraktion, die die meisten Besucher nach Sparta lockt. Über Nacht bleibt kaum jemand, auch weil Sparta mit seiner ausdruckslosen Betonarchitektur nicht einem längeren Aufenthalt einlädt. Doch das Zentrum wird ständig schöner gestaltet. An der Promenade ist es angenehm schattig, ruhig und sauber. Hier spaziert man an einigen netten Cafés und dem modernen Olivenmuseum vorbei. Die rechtwinkeligen Straßen bieten zudem den Vorteil, dass man sich in Sparta sehr schnell zu Recht findet.

Geschichte

Sparta war bereits in mykenischer Zeit besiedelt. Sein Aufstieg zur Zentralmacht auf dem Peloponnes begann erst nach der dorischen Einwanderung. Die Spartaner vereinigten die vier Dörfer Limnai (am Eurótas gelegen), Mesoa (auf einem Hügel südwestlich der Stadt), Kynosoura (östlich der Stadt) und Pitane (nordwestlich der Akropolis) zu einem Gemeindeverband, dem später noch Amýklae folgte.

Die in Stein gemeißelte Verfassung mit ihren harten Bestimmungen (Gesetzgebung Lykurgs) schuf im 9. Jh. v. Chr. die Grundlage für den oligarchischen Militärstaat.

Staatsaufbau Spartas: An der Spitze standen zwei (!) auf Lebenszeit gewählte *Könige*. Daneben gab es in Friedenszeiten die *Gerousia*. Dieser *Rat der Alten*, aus 28

Spartanisch und lakonisch

Der moderne Mythos vom damaligen Sparta als Synonym für tugendhaften Mut und Härte entstand fernab der Antike in einer Umbruchzeit, die unserem bürgerlichen Gesellschaftssystem den Weg ebnete. Es war das aufstrebende, selbstbewusste Bürgertum im ausgehenden 18. Jh., dessen Dichter den Vergleich mit dem Götterrebellen Prometheus nicht scheuten, denn auch sie rebellierten gegen eine Obrigkeit – die des Adels. Spartanisch und lakonisch, militärische Strenge, Tugend und Disziplin wurden zum Programm, das über die Dekadenz einer veralteten Gesellschaftsordnung siegte. Doch mit diesem Sieg wurde das Programm Teil der Ideologie bürgerlicher Gesellschaften und mündete in einen Militarismus, der in Deutschland mit dem Wilhelminischen Kaiserreich einen Höhepunkt erreichte. Sparta war ein Militärstaat durch und durch. Wie anders hätte sich die Stadt im Eurótas-Tal, fernab der Küsten, Jahrhunderte lang gegen die mächtigen Handelsstädte behaupten und am Ende eines langen Krieges über Athen triumphieren können. Tatsächlich begann die militärische Auslese eines Spartiaten schon nach der Geburt, wenn die Ältesten entschieden, ob das Kind kräftig genug sei, um aufgezogen zu werden oder ob man es aussetzen solle. Tatsächlich wurden die Knaben auch mit dem siebten Lebensjahr von den Müttern getrennt, um die militärische Laufbahn zu beginnen, die erst mit dem 60. Jahr beendet war. Sie führten ein hartes Leben, ertrugen Schmerz, Hunger und Kälte, lernten, nichts Überflüssiges zu sagen – eben lakonisch zu sein.

All dies deckt sich noch wunderbar mit dem, was die bürgerliche Ideologie vertrat, doch es ist eben nur ein Teil der Wahrheit. Kaum dürfte sich damit vereinbaren, dass z. B. junge Spartiatinnen fast nackt im Artemis-Tempel Fruchtbarkeitstänze aufführten. Nacktheit war überhaupt für die Spartiaten beiderlei Geschlechts ein Zeichen von Freiheit, auch der sexuellen. So war der voreheliche Verkehr eines Mädchens für die bürgerliche Gesellschaft des 19. Jh. wie auch für die des antiken Athen ein absolutes Tabu, in Sparta hingegen die Regel. Deshalb wurden Ehen hier in einem sehr viel späteren Alter geschlossen als im übrigen Griechenland.

Mitgliedern bestehend, war das Oberste Gericht und fungierte als Berater der Könige. Durch die Volksversammlung besaßen die Bürger ein Mitspracherecht, d. h. sie durften Zustimmung oder Ablehnung bekunden. Seit Mitte des 8. Jh. bildeten die fünf *Ephoren* eine Kontrollinstanz für die beiden Könige. Den zwei Staatsoberhäuptern oblag die Führung des Heeres, die Außenpolitik und Repräsentationsaufgaben. Die Gesellschaft teilte sich in drei Klassen:

Spartiaten: die Herrscherklasse; jeder Spartiate besaß ein Landgut mit Sklaven. Das Leben des Spartiaten galt dem Militär und dem Staat, dafür wurde er einer äußerst harten Ausbildung unterzogen. Ab dem siebten Lebensjahr kamen die Knaben in die Obhut junger Soldaten; militärischer Drill und brutale Wettkämpfe standen im Mittelpunkt ihrer Erziehung. Mit 20 Jahren trat der Spartiate in die Armee ein, ab dem 30. Lebensjahr war er Vollbürger.

Periöken: meist Händler und Handwerker; diese „Herumwohnenden" hatten keine Bürgerrechte, waren jedoch freie Bürger und lebten in den Dörfern Lakoniens und Messeniens.

Heloten: das Proletariat – die von den Dorern unterworfene achäische Urbevölkerung. Vollkommen rechtlos arbeiteten sie als Sklaven unter schlimmsten Bedingungen auf den Gütern der Spartiaten; manchmal wurden sie auch bei rituellen Kraftproben der jungen Spartiaten „abgeschlachtet".

Dieser straff organisierte Drei-Klassen-Staat bildete die Grundlage für Spartas Expansionserfolge. Im 1. Messenischen Krieg (740–720 v. Chr.) wurde die Ebene um den Berg Ithóme erobert. Nach dem 2. Messenischen Krieg (645–628 v. Chr.) waren die wirtschaftlich wichtigsten Gebiete Messeniens unter der Kontrolle der Lakonier. Das wertvolle Land wurde unter den Dorern aufgeteilt. Die brutalen Herrschaftsmethoden zwangen Sparta zu ständiger Präsenz und Wachsamkeit, denn die Messenier konnten sich nie mit dem Status rechtloser Heloten abfinden. Ein Aufstand führte zum 3. Messenischen Krieg (464–459 v. Chr.), die Revolte blieb jedoch ohne Erfolg.

Mit der Gründung des *Peloponnesischen Bundes* Mitte des 6. Jh. v. Chr., dem auch die beiden wichtigen Staaten Argos und Achaía angehörten, war Spartas Vorherrschaft auf dem Peloponnes gesichert. Wenn es um Spartas Verdienste bei der Abwehr der Perser geht, kommen stets zwei historisch entscheidende Schlachten zur Sprache: König Leonidas schlug die persischen Heere 480 v. Chr. an den Thermophylen zurück, und König Pausanias besiegte sie bei Platäa. Doch die einheitliche Front zwischen Athen und Sparta hielt nicht lange; der Dualismus fand seinen Höhepunkt im Jahr 431 v. Chr.: Der jahrzehntelange Peloponnesische Krieg begann. Er endete mit der Niederlage Athens.

Der Wiederaufbau Spartas durch König Ludwig I.

Ludwig I. von Bayern, Vater des späteren griechischen Königs Otto I., war ein begeisterter und exzentrischer Philhellene. Nach seinen Vorstellungen sollte das klassische Griechenland in neuem Glanz erstrahlen; zur Seite standen ihm dabei bayerische Archäologen und Architekten, unter ihnen Ludwig Roß und Leo von Klenze. Neben dem Wiederaufbau Athens im originalen Stil machten sich die Stadtplaner nun daran, auch Sparta den klassischen Schliff zu verpassen. Ein Dekret zur Neugründung der Stadt – bislang war Mystrás Verwaltungssitz der Gegend – aus dem Jahr 1834 bestätigte offiziell dieses Vorhaben. Die großzügige Stadtplanung wurde damals von der ortsansässigen Bevölkerung befürwortet, doch wirkt Sparta mit seiner Symmetrie heute wenig ansprechend: zu groß die Straßenzüge, eine Stadt vom Reißbrett.

Die ungehemmte Machtpolitik der Spartaner gegenüber Freund und Feind führte dazu, dass sich bereits zehn Jahre später Athen zusammen mit Theben gegen die Lakonier erhob. Epaminondas, der clevere Feldherr und Politiker aus Theben, errang bei Leuktra (371 v. Chr.) den Sieg über Sparta. Damit war die Glanzzeit der Militärmacht vorbei. Epaminondas schuf einen eigenen Staat mit der neu gegründeten Hauptstadt Megalopolis. Die Heloten erhielten ihre Freiheit, die angeschlagene Großmacht am Eurótas ging wirtschaftlich wichtiger Ländereien verlustig. Als 338 v. Chr. auch noch Philipp II. von Makedonien einfiel, verlor Sparta weitere Periöken-Städte.

Die spartanischen Könige Agis IV. und Kleomenes III. bemühten sich im 3. Jh. v. Chr. vergeblich um die Wiederherstellung der alten Macht. Doch der Versuch, die lykurgischen Gesetze erneut einzuführen, scheiterte am Achaischen Bund und den Makedoniern. Nach der Abschaffung des Königtums geriet Sparta immer tiefer in den Sog der römischen Außenpolitik. Die Periöken-Städte wurden zu einem freien Lakonien (Eleutheryolakones) zusammengeschlossen, Spartas Herrschaft beschränkte sich nunmehr auf das kleine Stadtgebiet. Die einst machtvolle Oligarchie wurde 146 v. Chr. römische Provinz.

Eine Zeit des wirtschaftlichen Wohlstands erlebten die Lakonier nach der Machtübernahme Roms. Unter Kaiser Augustus entstand der Neubau des Theaters, alte Traditionen wie die Knabengeißelung im Tempel der Artemis-Orthia lebten wieder auf. Im Jahr 395

Leonidas, der Spartaner

plündern die Goten die Stadt. Im 7. Jh. wird Sparta Bischofssitz von Lakedaimon, und 1248 übernehmen die Villehardouins die Herrschaft und gründen Mystrás.

Basis-Infos

Information Bei der Polizei/Touristenpolizei, außerhalb des Zentrums: Lykourgou-Str. stadtauswärts nehmen (Straße Richtung Trípolis/Busbahnhof), dann rechts ab, beschildert. Episkopou Vrestenis 18, ✆ 273 10/89580. Nett und hilfsbereit. Wir erhielten einige Leserbriefe, dass die Touristenpolizei geschlossen sei. Offizielle Stellungnahme: Falls das Büro versperrt sei, würde man auch in jedem anderen Zimmer im Gebäude Auskunft erhalten.

Verbindungen Bus, Busbahnhof an der Ausfallstraße nach Trípolis, einfach der Likourgou-Straße stadtauswärts folgen bis zur Nr. 23, ca. 1 km vom Zentrum. Ausgezeichnete Verbindungen: 9-mal tägl. über Trípolis (1 Std., 5,40 €) und Korínth/Isthmos (2 Std., 14,10 €) nach Athen (3:30 Std., 21,40 €); 6-mal (Mo–Fr) über Gýthion (1 Std., 4,30 €) nach Areópolis (1:30 Std., 6,90 €, der Bus fährt weiter nach Pírgos Dirou); 2-mal Kalamáta (2 Std., 7 €, umsteigen in Artemisía); 3-mal Neápoli (2:30 Std., 13,80 €); 3-mal Monemvasiá (2 Std., 9,20 €); 4-mal Geráki (1 Std., 5,40 €); 6-mal Molái (1 Std., 7,70 €).

Es besteht auch eine Busverbindung nach Pellana (3-mal tägl., 4 €). Station mit Snackbar/Café, ✆ 27310/26441.

Achtung: Die oft überfüllten Busse nach Mystrás fahren vom zentralen Busbahnhof ab, zusteigen kann man auch von der Likourgou-Straße/Ecke Paleologou-Str. (per Handzeichen) während der Saison fast stündlich von ca. 7–20 Uhr (1,40 €), in der Nebensaison etwa alle 2 Stunden.

Taxis: stehen in der Mitte der Paleologou-Straße bereit, ✆ 27310/24100.

Adressen Bank: mehrere Geldinstitute im Zentrum, z. B. die National Bank of Greece an der Paleologou-Straße, Mo–Do 8–14 Uhr, Fr 8–13.30 Uhr.

Post: Archidamou Straße 84, Mo–Fr 7.30–14:30 Uhr.

Polizei: → „Information".

Krankenhaus: Das Health Center von Sparta befindet sich an der Straße nach Megalópolis, ca. 1 km vom Zentrum, gut ausgeschildert, ✆ 27310/2867-1/-5.

Übernachten/Essen & Trinken

Übernachten Ein Zimmer in Sparta zu finden, dürfte selbst in der Hochsaison kein Problem darstellen, ein *ruhiges* Zimmer zu finden ist dagegen relativ schwierig. Fast alle Hotels liegen an mehr oder weniger stark befahrenen Straßen, besonders an der Hauptstraße Paleologou sollte man versuchen, ein Zimmer nach hinten zu nehmen. Pluspunkt: Die Hotels in Sparta sind gemessen am gebotenen Komfort relativ günstig. Unter der Woche sind fast alle Hotels auf Anfrage deutlich billiger als der Listenpreis. Außerdem liegen sie dicht beieinander, so kann man vor Ort leicht ein Zimmer suchen und finden. Eine ruhigere Alternative ist Mystrás.

*** **Hotel Menelaion** 5, neoklassizistisches, weiß getünchtes Haus mit Stuckfassade in zentraler Stadtlage an der Hauptstraße. Mit Pool, gepflegtes Ambiente, freundlich-professionelle Leitung. Im Vergleich zum übrigen Angebot keine schlechte Wahl, nach Möglichkeit kein Zimmer auf die quirlige Hauptstraße nehmen. Modern eingerichtete, gemütliche Zimmer (Balkon, Aircondition, TV), die Badezimmer sogar mit Wanne. Behindertengerechte Ausstattung und spezielle Zimmer. EZ ab 70 €, DZ ab 90 € (inkl. Frühstück). Konstantin-Paleologos-Avenue 91, ✆ 27310/2216-1/-5, www.menelaion.com.

*** **Hotel Maniatis** 7, ebenfalls an der Hauptstraße von Sparta, schräg gegenüber vom Hotel Lakonia, eine Empfehlung wert. Sehr moderne Ausstattung in einem sechsstöckigen Kasten, gepflegt, mit Snackbar. 80 Zimmer mit modernen Bädern/Dusche, Balkon, TV und Aircondition, in warmen Farben und mit Holzmöbeln eingerichtet. Sehr freundlicher Service. Restaurant (à la carte oder Menü). Gutes Preis-Leistungs-Verhältnis. Offizielle Preise: EZ mit Frühstück (Buffet) 70–80 €, DZ 90–100 €. Bei kurzfristigen Buchungen oft günstiger. Paleologou-Straße 72–76/Lykourgou, ✆ 27310/22665, www.maniatishotel.gr.

* **Hotel Cecil** 2, Traditionsherberge aus dem Jahr 1937, ältestes Hotel der Stadt mit schöner klassizistischer Fassade, an der großen Paleologou-Straße (Nr. 125, Ecke Thermopylon-Str.) gelegen. Im Zweiten Weltkrieg wurde das Haus zuerst von der italienischen und dann von der deutschen Armee zum Kommunikationszentrum umfunktioniert. Die Besitzer erzählen gerne über die Geschichte des Hauses. Alle 13 Zimmer mit Bad, Balkon, TV und Aircondition (EZ ohne Balkon). Geschmackvolle, aber schlicht gehaltene Einrichtung, für das Gebotene geradezu preisgünstig. EZ ab 35 €, DZ ab 50 €. ✆ 27310/24980, www.hotelcecil.gr.

** **Hotel Apollon** 1, Eckhaus an der Straße nach Trípolis, 47 saubere, zweckmäßige Zimmer mit schlichter Einrichtung (mit Bad, Balkon, TV, Aircondition), Aufzug, sehr freundlicher Service, relativ laut. Poolbillard in der Lobby. EZ ab 35 €, DZ ab 50 €, Frühstück 6 € pro Pers. Thermopylon-Str. 84, ✆ 27310/2249-1 bis -3.

** **Hotel Lakonia** 6, ebenfalls in der Paleologou-Straße, neben dem „Menelaion", großes, fünfstöckiges Gebäude, relativ schlichte Herberge, 32 Zimmer mit Bad und TV und Internetanschluss. DZ ab 47 € (inkl. Frühstück). Paleologou 89, ✆ 27310/2895-1/-2, www.lakoniahotel.gr.

Camping Paleologio Mistras, kleiner Platz, an der Straße nach Mystrás gelegen, 2 km

Hotel Maniatis im modernen Teil von Sparta

Übernachten
1 Hotel Apollon
2 Hotel Cecil
5 Hotel Menelaion
6 Hotel Lakonia
7 Hotel Maniatis

Essen & Trinken
3 Rest. Diethnes
8 Elysee

Cafés
4 Ministry Music Hall

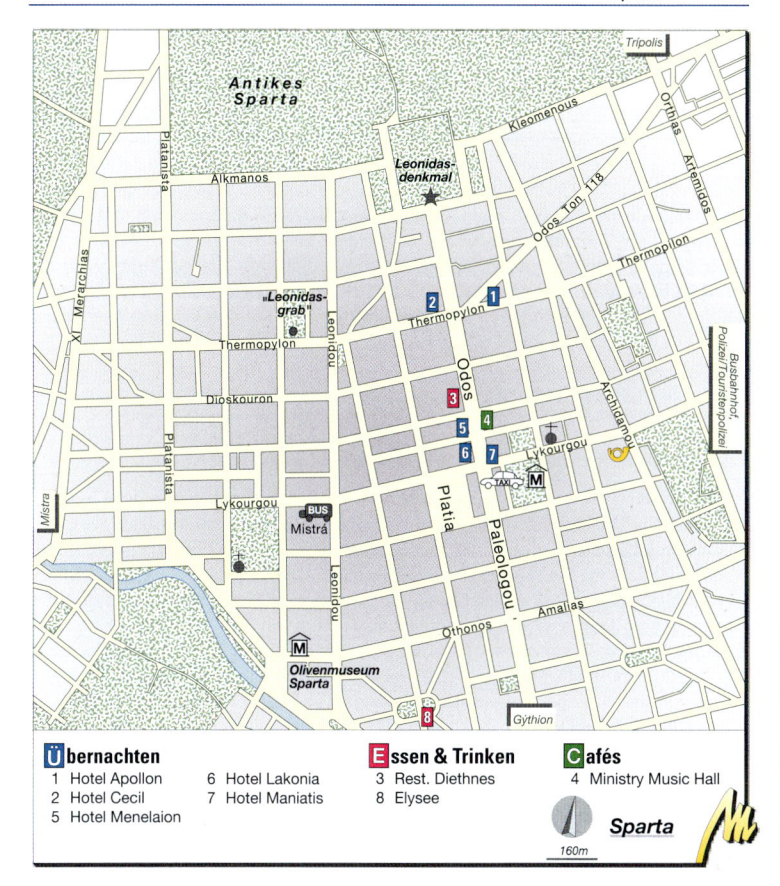

von Sparta im gleichnamigen westlichen Vorort Paleologio. Orangen- und Ölbäume spenden ausreichend Schatten. Restaurant, Mini-Market (macht seinem Namen alle Ehre und besteht nur aus einer Schrankwand), Pool, Spielplatz, Waschmaschine und Trockner vorhanden, alles jedoch nicht mehr ganz taufrisch. Ganzjährig geöffnet, da der sympathische Herr Kapetaneas auch die Tankstelle daneben betreibt. Busstation fast unmittelbar davor. Pro Pers. 7 €, Kinder die Hälfte, Auto 4 €, Zelt ab 4,50 €, Wohnwagen und Wohnmobil je ab 6,50 €. ℡ 27310/22724 oder 6980/125014, www.campingpaleologio.com.

Essen & Trinken 》》》 Mein Tipp: Restaurant Diethnes **3**, von den Bewohnern der Stadt sehr geschätzt, große Auswahl in der Vitrine, viele Lammgerichte, relativ günstig. Mittags und abends geöffnet, nach hinten ein angenehm schattiger Garten. Konstantinou-Paleologou-Str. 105 Richtung Leonidas-Denkmal auf der linken Seite (beim Hotel Menelaion). ℡ 27310/28636. 《《《

Restaurant Elysee 8, traditionelle Taverne mit griechischer Hausmannskost in der Konstantinou-Paleologou-Str. 113. ℡ 27310/29896.

Ministry Music Hall 4, die Café-Bar gibt einem das Gefühl, in vergangene Zeiten zu reisen. An den Wänden hängen große Spiegel und Gemälde, an der Decke alte Lüster. Guter Kaffee, Cocktails und Musik bis in die Nacht. Manchmal Veranstaltungen. Paleologou-Str. 84. ℡ 27310/81288.

Sehenswertes

Tempel der Artemis Orthia: am Eurótas, im einstigen Gebiet des Dorfes Limnai; hier wurde Artemis, die Göttin der Jagd, verehrt. Das Heiligtum bestand schon im 10. Jh. v. Chr. und war Schauplatz der „Knabengeißelungen". Dieses blutige Ritual am Altar der Artemis wurde als eine Art Männerweihe vollzogen. Im 2. Jh. n. Chr. nahmen die Römer Umbauten vor, errichteten ein kleines Theater und die Knabengeißelungen wurden –die Römer hatten bekanntlich Sinn für Sensation und Unterhaltung – zur Touristenattraktion. Der Tempel, nur etwa 200 m von der Straße nach Trípolis entfernt, gehört zu den Sehenswürdigkeiten, die ein hohes Maß an Fantasie erfordern. Zu sehen ist nämlich nach 3000 Jahren nur noch wenig, man sollte also keine allzu großen Erwartungen mitbringen. Die Fundamente, bestehend aus Vorraum (Pronaos) und Cella, gehen auf das 6. Jh. v. Chr. zurück.

Der Tempel liegt am östlichen Stadtrand von Sparta am Fluss Eurótas. Man folgt der Paleologou-Straße Richtung Leonidas-Statue und zweigt auf der Höhe des Hotels Cecil (auf der linken Seite) rechts ab (Straße nach Trípolis). Nach ca. 60 m zeigt ein gelbes Hinweisschild den Weg zur Ausgrabungsstätte; von hier aus noch ca. 150 m Feldweg. Das Gelände ist umzäunt, aber frei zugänglich.

Museum der Olive und des griechischen Olivenöls: In den Räumen der Elektrizitätsgesellschaft befindet sich das stimmungsvolle und interessante Museum der Olive und des griechischen Olivenöls. Im Obergeschoss werden die Geschichte der Olive und ihre Bedeutung für Wirtschaft, Ernährung und Volkstum dargestellt. Das Olivenöl ist schließlich vielfältig einsetzbar, als Salbe, als Speiseöl oder zur Beleuchtung. Im Untergeschoss geht es um die technische Entwicklung von Ölpressen von der nachbyzantinischen Zeit bis zur ersten Hälfte des 20. Jh. Unter freiem Himmel sind Ölpressen aus vorgeschichtlicher, antiker und byzantinischer Zeit zu sehen. Das von der Kulturstiftung der Piräus-Bank geschaffene Museum verfügt über ein Café und einen Laden.
Tägl. (außer Di) 10–18 Uhr, 16. Okt. bis 28. Febr. 10–17 Uhr. Eintritt 3 €, ermäßigt (etwa für EU Studenten) 1,50 €, unter 18 über 65 J. gratis. Othonos-Amalias-Str. 129, ✆ 27310/89315.

Die Reste des Theaters von Sparta sind spärlich – der Blick aber imposant

Archäologisches Museum: Inmitten eines schönen Parks führt ein von kopflosen Statuen flankierter Weg zum Museumsgebäude. Wie in anderen griechischen Städten auch, wurden die wertvollsten Fundstücke aus der Vergangenheit nach Athen geschafft. Dennoch wäre es ein großer Fehler, das Museum in dem prächtigen Gebäude im Stadtzentrum nicht zu besuchen, denn es beherbergt eine überraschend schöne Sammlung in seinen sechs Räumen. Es handelt sich vor allem um Gegenstände aus mykenischer, geometrischer und archaischer Zeit, die in und um Sparta gefunden wurden. Zu den wichtigsten Exponaten zählen Weihegaben aus Bronze, Keramik und Blei, die vom Tempel der Artemis Orthia, aus Menelaos und Amyklae stammen.

Tägl. (außer Mo) 8–15 Uhr. Eintritt 2 €, unter 18 J., über 65 J. und Studenten der EU frei, Fotografierverbot in Saal 1 und Saal 6, in den anderen Sälen ohne Blitz erlaubt. ✆ 27310/28575.

Eingangshalle: Inschriften und Stelen (Grabsäulen mit Inschriften) aus dem 2. Jh. n. Chr., Auszeichnungen für Wettbewerbe in der Artemis Orthia.

Saal 1: rechts von der Eingangshalle, Mosaike römischer Villen in guter Qualität zeigen Gottheiten, Mythen oder Staatsmänner wie Alkibiades.

Saal 2: Kleinere Funde aus Amyklae, verschiedene Reliefs und Statuen, beachtenswert eine Stele, deren Breitseite offensichtlich Menelaos und Helena sowie Agamemnon und Klytämnestra zeigt.

Saal 3: Umgeben von diversen Funden aus Sparta befindet sich im Zentrum des Raums „Leonidas", der berühmte spartanische Feldherr mit seinem typischen Helm (5. Jh. v. Chr.). 480 v. Chr. fand er bei der Verteidigung des Thermopylen-Passes gegen die Perser den Tod.

Saal 4: links von der Eingangshalle, viele kleinere Funde aus dem Heiligtum der Artemis Orthia, Amyklaion und Menelaion; in Vitrinen Bleifiguren, Terrakottamasken (bei Kulttänzen der Artemis Orthia benutzt) und die Scherbe einer Amphore, die Spartiaten im Kampf zeigt.

Saal 5: Funde und Rekonstruktionen aus Amyklae und Sparta, gut erhaltene Skulpturen aus archaischer Zeit.

Saal 6: Funde aus den Höhlen bei Pírgos Dirou sowie Funde aus Geráki und sämtliche Funde aus Pellana, darunter zwei ca. 3500 Jahre alte Amphoren.

> Kurz vor dem Leonidas-Denkmal auf dem Weg zur antiken Stadt werden auf einer Tafel alle aus Sparta stammenden **Olympiateilnehmer** von 720 v. Chr. bis 1996 gewürdigt. Jüngster Vertreter ist der Windsurfer *Nikolaos Kaklamanakis*, der 2004 in Athen die Flamme entzündete und schließlich auch die Silbermedaille erkämpfte.

Antike Stadt

Ein niedriger Hügel war der Standort der Akropolis des alten Sparta. Die Reste sind spärlich, nur noch ein paar Fundamente sind zu erkennen. Lohnenswert ist der Spaziergang in der ansprechenden Parkanlage zwischen Oleander und Olivenbäumen, im Hintergrund türmt sich dramatisch der Taÿgetos, und bei klarer Sicht ist Mystrás leicht zu erkennen. Gut begehbare Pflasterwege führen hinauf zum idyllisch gelegenen Theater, das im 1. oder 2. Jh. n. Chr. von den Römern erweitert wurde.

Die Antike Stadt liegt im Norden Spartas und ist leicht zu finden. Man fährt die Hauptstraße (Paleologou-Str.) immer geradeaus und trifft auf das Leonidas-Denkmal, ab hier der Beschilderung folgen, am Sportplatz vorbei. Dank weiterer hilfreicher Beschilderungen übersieht man die spärlichen Reste der Antiken Stadt nicht so leicht, man sollte dennoch die Augen offen halten.

Agora: im Bereich des heutigen Sportplatzes, nichts mehr deutet auf ihre Existenz hin.

Südtor und Stadtmauer: Der Weg zum Plateau, auf dem die Akropolis stand, führt durch das Südtor (byzantinische Mauer) und die römischen Stadtmauern. Zu sehen ist in dem Olivenhain auch fast nichts mehr. Ursprünglich war der Hügel unbefestigt, erst im 3.–9. Jh. n. Chr. ging man daran, die Akropolis zu befestigen.

Grab des Leonidas: Der hellenistische Tempel (Zweck des Baus nicht bekannt), dessen Fundamente noch sehen sind, war gar nicht die Grabstätte des legendären Spartaners. Westlich der Akropolis gelegen.

Basilika: Sehenswert die Ruine einer dreischiffigen Basilika aus dem 10. Jh., in der der heilige Nikon begraben wurde.

Tempel der Athena Chalkoiokos: beim Wasserbehälter, wenige Hundert Meter von der Basilika. Mitte des 6. Jh. v. Chr. auf den Fundamenten eines noch älteren Tempels errichtet, steht er an der höchsten Stelle der Akropolis. König Pausanias (Sieger der berühmten Schlacht von Plataä) flüchtete nach einem Aufstand hierher. Er wurde jedoch gefasst, und die politische Führung ließ ihn in den Athena-Tempel einmauern und verhungern.

Theater: Am südwestlichen Hang, nur wenige Minuten vom Athena-Tempel, findet sich das hellenistische, später von den Römern umgebaute Theater. Es soll nach Megalopolis das größte in Griechenland gewesen sein. Leider sind die heutigen Reste eher spärlich, man erkennt noch Teile der Stützmauern und der Bühnengebäude.
Das Theater liegt nahe der Basilika, unterhalb der Akropolis.

Mystrá/Mystrás

„Hoch auf einer dieser halbabgerissenen konischen Spitzen stehen die Türme und gezackten Mauern eines venezianischen Schlosses, und den ganzen Berg bedecken die Ruinen der mittelalterlichen Stadt Misythera. Am Fuß des Berges bis jenseits der Schlucht, und dann noch einen andern kleinen Hügel bedeckend, erstrecken sich die Häuser des halb zerstörten neueren Mystrás."

Und weiter schwärmt der Reiseberichterstatter des 19. Jh. (Fürst von Pückler-Muskau, „Südöstlicher Bildersaal", 1836): „Je mehr wir uns dem herrlichen Tale von Sparta näherten, je gigantischer die prachtvolle Gebirgsreihe des Taygetos (…) sich vor uns auftürmte, je bezaubernder ward der Anblick nach allen Seiten unserer Umgebung. Ohne Zweifel ist der Gedanke an die spartanische Suppe daran schuld, dass nicht nur ich, sondern auch viele andere sich Sparta immer als ernst und öde dachten; es ist aber zugleich die lachendste und grandioseste Gegend Griechenlands (…). Wenn die Zeit mir nicht zu kostbar wäre, hier würde ich Monate verweilen und jeden Tag neue Naturschönheiten bewundern können."

Die Ruinen am steilen Hang eines Taýgetos-Ausläufers sind bis heute nahezu unverändert, das kleine Dorf hat sich in eine florierende Touristenattraktion verwandelt. So sind unterhalb der Ruinen Übernachtungsmöglichkeiten und Restaurants entstanden. Mystrás mit seinen vielen byzantinischen Kirchen, seinen Klöstern und der Festung ist äußerst eindrucksvoll. Auf engen, verwinkelten Gassen geht es bergauf und bergab durch die mittelalterliche Kulisse. Kaum vorstellbar, dass hier einst 42.000 Menschen gelebt haben. Vom ehemaligen Reichtum der wunderschön

Mystrá/Mystrás

Die Besichtigung der Ruinenstadt kann schweißtreibend sein

gelegenen Stadt mit fantastischem Ausblick auf die lakonische Ebene künden die vielen, halb verfallenen Gebäude. Insbesondere die Wandmalereien in den Kirchen bezeugen bis zum heutigen Tag längst vergangene Pracht. Unbehelligt überwuchern die verschiedenartigsten Pflanzen wie Büsche das ausgesprochen weitläufige Gelände.

Nehmen Sie sich für die Besichtigung am besten einen ganzen Tag Zeit. Mystrás ist neben Olympia, Mykene und Epidauros eines der großen Fremdenverkehrszentren des Peloponnes. Obwohl die Burg bald 800 Jahre alt wird, ist sie die deutlich jüngste unter den Attraktionen. Insbesondere im Juli/August bei Temperaturen von bis zu 40 Grad quälen sich täglich Tausende von Touristen am steilen Hang von Ruine zu Ruine. Im Sommer sollte man die Tour auf keinen Fall am Nachmittag unternehmen. Mystrás wird dann zur Folter. Der Aufstieg zur Burg ist ziemlich anstrengend. Dennoch – der halbstündige Fußmarsch lohnt in jedem Fall, schon der hervorragenden Aussicht wegen. In diesem Zusammenhang der gute Tipp von Leserin Marion Tietgen, Neumünster: „Bei Anreise mit dem eigenen Pkw kann man zunächst zum ‚Fortress-Gate' fahren und von dort den oberen Teil anschauen, dann das Gelände wieder verlassen und beim tiefer gelegenen Haupteingang parken. Man kommt mit den bereits erworbenen Eintrittskarten wieder auf das Gelände."

Adressen Polizei, ✆ 27310/83315.

Verbindungen Etwa stündlich Busse nach Sparta (in der Nebensaison alle 2 Std.), Fahrzeit 15 Min., 1,80 €. Abfahrt am Xenia-Restaurant am unteren Tor von Mystrás.

Übernachten Mystras Castle Town, die freundliche Besitzerin Christina Vahaviolos vermietet fünf einfache Zimmer, sie sind z. T. mit Balkon ausgestattet. WLAN vorhanden. Von Sparta kommend beim Hotel Byzantion links ab, nach 50 m auf der linken Seite. DZ ab 40 €, Apartment für bis zu 4 Pers. ab 45 € (Frühstück 4 € pro Pers. auf Anfrage). ✆ 27310/20047, www.mystrascastle-town.com.

》》 Mein Tipp: Gästehaus Mazaraki, oberhalb von Mýstras auf Höhe der Festung im kleinen Bergdorf Pikouliánika. Sehr hübsches Steinhaus mit überdachten Balkonen und schönem Garten mit tollem Ausblick. Die Zimmer vom einfachen DZ (mit

Kühlschrank) bis zu den Suiten (mit Küche) sind sehr stilvoll eingerichtet. Mountainbikes, WLAN und Feuerholz für den Kamin werden umsonst zur Verfügung gestellt. DZ 85–95 €, Suiten 99–135 €, inkl. Frühstück. Anfahrt: Am oberen Festungseingang vorbeifahren, das Gästehaus liegt rechts am Anfang des Bergortes. ✆ 27310/20414, www.xenonasmazaraki.gr. ⟪

Camping Castle View, der Campingplatz liegt in der Nähe der Ruinen von Mystrás in einem Olivenhain. Sympathischer Platz mit gepflegtem, kleinem Swimmingpool und 30 Duschen. Einige Stellplätze sind nicht allzu schattig. Heißes Wasser rund um die Uhr, am Platz außerdem Mini-Market, Restaurant und Bar (am Pool), Bushaltestelle vor der Tür. Geöffnet vom 1. April bis 20. Okt., pro Pers. 7 € (Kind 4 €), Auto 4 €, Zelt 4–6 €, Wohnwagen 6 €, Wohnmobil ab 5 €, Strom 4 €. Außerdem Bungalows ab 40 €. An der Straße von Sparta nach Mystrás kurz vor dem Ort auf der rechten Seite, ✆ 27310/83303, www.castleview.gr.

Ein weiterer Campingplatz in der Nähe ist **Paleologio** bei Spárta (→ S. 333).

Essen & Trinken ⟫ Lesertipp: Restaurant **Chromata**, „sehr schmackhafte Speisen außerhalb des üblichen Angebotes zu zivilen Preisen und noch dazu ein herrlicher Ausblick." (Dagmar Steffen und Jochen Laugsch). Im Ort Pikouliánika führt eine beschilderte Asphaltstraße zur Taverne. Alternativ kann man vom Gästehaus Mazaraki einen bewaldeten Fußpfad hochgehen. Eingerichtet mit viel Farbe, Holz und alten Möbel, die ganze Rückwand ist natürlicher Fels. Weitere Leserbriefe berichten von guten Portionen und einem kulinarischen Erlebnis. Mi–Sa ab 19 Uhr geöffnet, Sa/So auch mittags. ✆ 27310/323995. ⟪

Taverne Skrekra, ländliches Lokal in einem alten Steinhaus. Schöner, sehr großer Gastgarten. Olivenbäume und Sonnenschirme spenden Schatten. Manche Plätze bieten eine schöne Aussicht über das lakonische Tal. Auch mittags geöffnet. ✆ 27310/28298.

Am unteren Tor von Mystrás zwei teure Restaurants, auf (Bus-)Touristen ausgerichtet. Das Gleiche gilt für die Handvoll Tavernen im Ort, doch lassen sich hier günstigere Möglichkeiten finden.

Geschichte

Mystrás, die mächtige Festung am Fuße des Taygetos, einst das Herz der Morea (Peloponnes), beherrscht von Byzantinern, Türken, Venezianern, wieder Türken und endlich Griechen, verdankt seine Entstehung einem Franzosen.

1249 ließ *Guillaume II. de Villehardouin*, der im 13. Jh. den Peloponnes kontrollierte, über den Ruinen des antiken Sparta eine mächtige Festung bauen, die ihm fortan als Herrschaftssitz diente. Gerade 13 Jahre konnte Guillaume sich der schönsten seiner Burgen erfreuen, war sie doch der Preis, den der 1259 in byzantinische Gefangenschaft Geratene für seine Freilassung entrichten musste.

Unter den Byzantinern wuchs Mystrás bald über seine rein militärische Zweckbestimmung hinaus; Wohnhäuser, Kirchen, Klöster entstanden, und ein kulturelles Eigenleben begann, das getragen wurde von der zunehmenden politischen Bedeutung, die Mystrás auch unter seinen neuen Herren erlangte. Denn gegen Ende des 13. Jh. verlegte der *Metropolit von Lakedämonien*, dessen Stellung etwa der eines katholischen Bischofs gleichkommt, seinen Amtssitz nach Mystrás.

Im 14 Jh. entwickelte sich, trotz häufiger Überfälle der Türken und Bulgaren und der Einführung feudaler Strukturen nach mitteleuropäischem Vorbild, die Autonomie der Halbinsel und ihrer Hauptstadt weiter. Es ist die Entstehungszeit des Agios-Zoodótos-Klosters, an dessen Stelle heute die Agia-Sophia-Kirche zu finden ist, der Nord- und Südkapelle von Aphendiko und der Wandmalereien in der Perivleptos-Kirche.

Im ausgehenden 14. Jh. verfestigten sich die Bindungen zwischen der Halbinsel und Konstantinopel wieder, nicht zuletzt aufgrund der zunehmenden Bedrohung des Reiches durch die Türken. *Kaiser Manuel II.* hielt sich für längere Zeit in Mystrás auf, um von dort die Befestigung des Peloponnes zu organisieren, vor allem, um den Isthmus bei Korínth abzuriegeln. Dies konnte indes nicht verhindern, dass die Türken 1423 bis nach Mystrás vordrangen, die Halbinsel verwüsteten und Tausende von Geiseln verschleppten. 1446 fielen die Türken erneut auf der Morea ein und nach Massengefangennahmen ließ sich ihr Abzug nur durch Tributzahlungen erreichen.

Das Schicksal Moreas war mit dem Fall Konstantinopels besiegelt; 1460 kam *Sultan Mohammed II.* mit einem großen Heer, nicht um zu plündern, sondern um zu bleiben. Demetrios, der Despot von Mystrás, übergab Stadt und Festung dem Eroberer und schloss sich dem Gefolge des Sultans an.

Unter türkischer Herrschaft verlor Mystrás an Bedeutung, wenn es auch zeitweise Zentrum eines Villayets, eines türkischen Verwaltungsbezirks, war, der 118 Dörfer umfasste.

Vor allem Venedig versuchte in endlosen Kriegen, den Peloponnes dem osmanischen Reich streitig zu machen und drang dabei auch bis nach Mystrás vor. Aber schon 1715 eroberten die Türken die Burg zurück und benutzten sie als Ausgangsbasis gegen die aufständischen Manioten.

Der Nabel der byzantinischen Welt auf dem Peloponnes

Mystrás war das Herz des Peloponnes und seinerzeit eine große Stadt, deren sichere Lage am Hang des Hügels zum Bau von Palästen, Adelshäusern, Klöstern, der Mitropolis und vielen Kirchen und Kapellen ermutigt hatte. Häufig erhielt Mystrás Besuch von herausragenden Persönlichkeiten aus Politik und Kirche, u. a. aus Konstantinopel. Auch Künstler, Kunstkenner und Intellektuelle lebten in Mystrás, wie z. B. der Metropolit Nikiphoros Moschopoulis.

Nach 1400 beherrschten Männer wie der humanistische Philosoph Georgios Plethon oder auch Gemistos, Begründer einer philosophischen Schule, die Szene. Vor allem die klassische Literatur und Philosophie wurde in dieser Zeit wiederentdeckt.

Gleichzeitig schufen Architekten Meisterwerke, die es verstanden, das schlichte Handwerk mit Stein und Ziegel mit dem dekorativeren Formenschatz der Schule Konstantinopels zu verbinden. Davon zeugen die Konstruktion der Bogengänge, die großen Narthizes (Vorhallen) sowie die Blendarkaden noch heute. Alle diese Bauten besitzen herrliche Wandmalereien, die im spätbyzantinischen Stil die Innenräume schmücken. Mit dem Ende der byzantinischen Ära Mystrás endete auch die Zeit seiner größten Blüte.

Während des *Orloff-Aufstands* 1770 wurde Mystrás für wenige Monate griechisch, bis die von den Türken ins Land gerufenen Albaner den Peloponnes und Mystrás schwer heimsuchten. Während des griechischen Freiheitskampfes von 1821–1829, den die europäischen Großmächte unterstützten, sank die Festung endgültig in Trümmer. Mit der Gründung des modernen Sparta durch König Otto verließen auch die letzten Bewohner die Ruinen, um sich im Tal des Eurótas anzusiedeln. 1989 wurde Mystrás von der UNESCO zum Weltkulturerbe ernannt.

Öffnungszeiten der Festung: April bis Aug. tägl. 8–20 Uhr, 1.–30. Sept. tägl. 8–19 Uhr, Okt. tägl. 8–18.30, sonst 8–15 Uhr. Geschlossen am 1.1., 25.3., 1.5., Ostersonntag und am 25./26. Dez. Eintritt 12 €, ermäßigt (Rentner über 65 J.) 6 €, Studenten der EU und alle unter 18 J. frei. Ermäßigter Preis für alle vom 1.11.–31.3. Freier Eintritt am 6.3., 18.4., 18.5., am letzten Sept.-Wochenende, 28.10. und am ersten Sonntag des Monats zwischen März und Nov. ✆ 27310/83377 und 25363. Parkplätze sind ausreichend und kostenlos vorhanden. Es gibt zwei Eingänge: am Fuß des Burgberges und 3 km oberhalb (Fortress-Gate), man betritt das Ruinengelände bereits unterhalb der Burg. An beiden Eingängen werden Literatur zu Mystrás und CDs mit byzantinischer Musik verkauft. Zudem gibt es jeweils einen Getränkeautomaten, der die durstigen Besucher mit kalten Getränken versorgt. Toiletten nur am unteren Eingang!

Auf dem gesamten Gelände mehrere vorbildlich gestaltete Informationstafeln zu gesellschaftlichem Leben und Sehenswürdigkeiten in griechischer und englischer Sprache.

Bei einer Besichtigung sollte man die unerträgliche Mittagshitze an heißen Sommertagen meiden. Die Höhenunterschiede auf den steinigen und staubigen Pfaden sind erheblich, stellenweise geht es sehr steil bergauf. Festes Schuhwerk ist auf den teilweise glatt getretenen Steinpfaden unerlässlich!

Rundgang

Der **Haupteingang** ❶ zu der Ruinenanlage befindet sich auf der Ostseite unterhalb der **Mitropolis** ❷, der ältesten Kirche Mistras, die Nikiphoros von Kreta, der Metropolit von Lakedämonien, 1291 gestiftet hat. Mit der neuen Kirche entwickelte sich Mystrás zum religiösen Zentrum des südlichen Peloponnes. Die Basilika war durch zwei Reihen von je drei Säulen in drei Schiffe unterteilt, wobei das Mittelschiff wesentlich höher war als die Seitenschiffe.

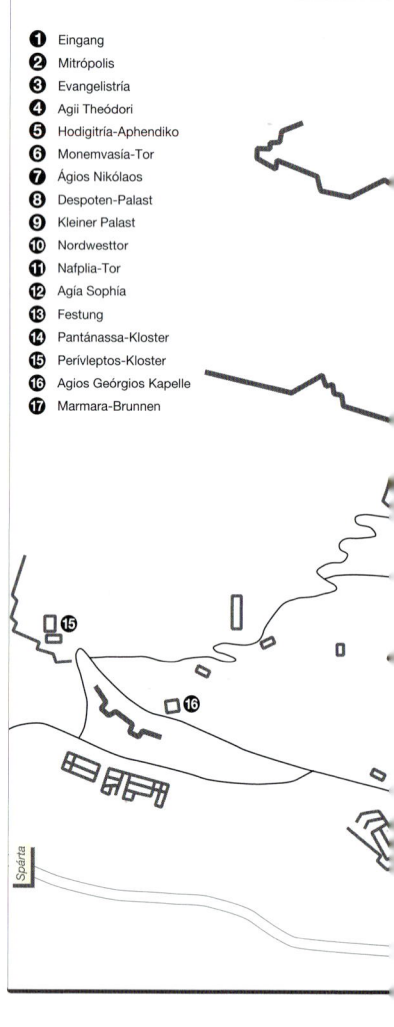

❶ Eingang
❷ Mitrópolis
❸ Evangelistría
❹ Agii Theódori
❺ Hodigitría-Aphendiko
❻ Monemvasía-Tor
❼ Ágios Nikólaos
❽ Despoten-Palast
❾ Kleiner Palast
❿ Nordwesttor
⓫ Nafplia-Tor
⓬ Agía Sophía
⓭ Festung
⓮ Pantánassa-Kloster
⓯ Perívleptos-Kloster
⓰ Agios Geórgios Kapelle
⓱ Marmara-Brunnen

Im 15. Jh. wurde das Bauwerk einschneidenden Umbauten unterworfen, das Dach bis auf die Höhe des jetzigen inneren Simses abgerissen und stattdessen ein Obergeschoss mit fünf Kuppeln und Frauen-Empore angebaut. So ist die Kirche unten eine Basilika und im oberen Teil eine Kreuzkuppelkirche. Auch an der Fassade lassen sich die

Mystrá/Mystrás

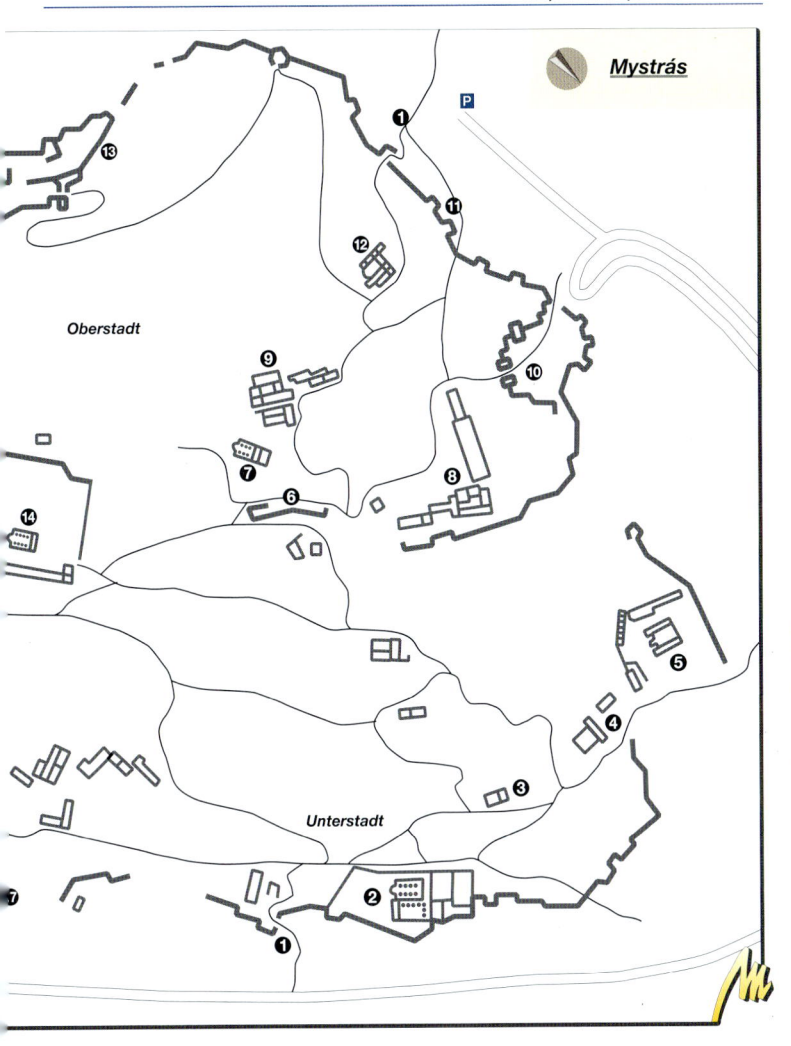

Mystrás

Oberstadt

Unterstadt

beiden Bauperioden klar unterscheiden. Besonders die Wandmalereien im Innern haben bei dem Umbau Schaden genommen; trotzdem sind sie wegen ihrer vielfältigen Maltechniken aus verschiedenen Kunstrichtungen faszinierend. Sie stammen aus dem Ende des 13. und der ersten Hälfte des 14. Jh. und illustrieren insbesondere Leben und Martyrium des heiligen Demetrios, dem die Mitropolis geweiht war.

In der Apsis des Altarraumes befindet sich die Jungfrau mit dem Kind, darunter eine Reihe von Kirchenvätern und die vier Propheten. Im südlichen Seitenschiff setzen sich die Wandmalereien fort mit den Porträts zahlreicher Heiliger, Szenen aus dem Leben der

Maria, der Hochzeit von Kanaa und Jesus unter den Schriftgelehrten sowie im Westabschnitt mit zwölf lebensgroßen Apostelfiguren. Im Mittelschiff sind die Fresken in sehr schlechtem Zustand, hier finden sich auch die beschädigten Jesusfiguren. Dargestellt sind unter anderem: Geburt des Jesuskindes, die Flucht nach Ägypten, der Kindermord von Bethlehem, die Taufe, die Erweckung des Lazarus, der Einzug nach Jerusalem, das letzte Abendmahl, der Verrat ades Judas. Die Ostwand des Mittelschiffes veranschaulicht die Qualen der Verdammten, die am besten erhaltenen Szenen an der Westwand setzen die Darstellung der Hölle fort.

Neben der Kirche, im ehemaligen Bischofspalast, befindet sich das kleine, moderne und klimatisierte **Museum** mit architektonischen Fragmenten und Kleinfunden. Um recht ungewöhnliche „Exponate" handelt es sich bei den Haaren und Kleidungsresten einer jungen Frau, die in einem Grab neben der **Agia-Sophia-Kirche** [12] gefunden wurden.

In der Mittelstadt, etwas weiter oberhalb von der Mitropolis, steht die kleine Kreuzkuppelkirche **Evangelistría** [3], deren Kirchhof damals wie heute als Begräbnisstätte dient. Sie ist die einzige Kirche Mystrás, die keinerlei Hinweise auf ihre Geschichte gibt, da Inschriften, Dokumente oder Porträts eines Stifters gänzlich fehlen. Ihr Erbauungsdatum wird um 1400 vermutet. Die Fassade der Kirche besteht zum Teil aus Bruchstein, zum Teil aus ziegelgerahmten Quadersteinen.

Etwas weiter nördlich beginnen die ersten zum **Brontóchion-Kloster**, gehörenden Mauern, in das die beiden größten Kirchen Mistras, **Ágii Theódori** [4] und **Hodigítria (Aphendiko)** [5], integriert sind.

1296 wurde nach Gründung des Klosters mit dem Bau der ersten Klosterkirche, Ágii Theódori, begonnen. Sie gehört zum Typ der achtstützigen Kreuzkuppelkirchen: Die große Kuppel wird nicht von vier Bögen getragen, die ein Quadrat bilden, sondern von acht in Form eines Achtecks. Vier der acht Bögen sind zu Gewölben verlängert, die die charakteristische Kreuzform ergeben. Besonders schön gestaltet ist die Fassade an der Ostseite. Der Übergang vom eigentlichen Baukörper der Kirche zur Kuppel wird durch Dächer erzielt, die stufenförmig bis über den Altarraum ansteigen. Die Wandmalereien sind nur in Fragmenten erhalten; sehenswert die Kriegerheiligen im unteren Wandbereich und der Verkündigungsengel.

Das **Katholikon des Klosters** [5], errichtet unter dem Namen der „Maria Hodigítria", der Geleiterin, hat einen völlig anderen Charakter als Ágii Theódori, obwohl sie nur 20 Jahre jünger ist. Äußerlich gleicht der Bau einer zweistöckigen Kreuzkuppelkirche mit fünf Kuppeln, im Innern zeigen sich jedoch Eigentümlichkeiten. Das Erdgeschoss gliedert sich in drei durch zwei Reihen mit je drei Säulen geteilte Schiffe, während das Obergeschoss im Stil einer Viersäulenkreuzkirche mit fünf Kuppeln gestaltet ist.

Durch das Nordportal der Kirche gelangt man in den Narthex (geschlossener Vorraum), an dessen beiden Enden sich, Türmen gleich, zwei Kapellen erheben. Umgeben war die Kirche bis auf die Ostseite von Arkaden, ein Architekturelement, das in die griechische Antike zurückreicht. Am Ende der Westarkade erhebt sich der dreistöckige Glockenturm, schön proportioniert und aus ziegelumrahmten Quadersteinen erbaut.

Die Innenausstattung der Kirche stand dem Äußeren einst nicht nach. Den unteren Teil der Wände schmückte eine bunte Marmorverkleidung, die die Wandmalereien umrahmte, aber mittlerweile fast ganz verschwunden ist. Besser erhalten sind die Fresken des Narthex, wo man Maria mit Christus, flankiert von Engeln, sowie Joachim

Mystrá: verwinkelte Ruinenstadt

und Anna sieht. Im Gewölbe sind die Wunder Christi dargestellt, darunter die „Hochzeit von Kanaa" und die „Heilung des Blinden". Bemerkenswert auch die Innenausstattung der beiden Kapellen. Die nordwestliche ist eine Grabkapelle, die Südwestkapelle wurde dazu verwendet, die Urkunden der kaiserlichen Privilegien aus dem Jahr 1321 sicher zu verwahren.

Weiter bergan gelangt man durch das **Monemvasiá-Tor** 6 in die Oberstadt und stößt sogleich auf die **Kirche Ágios Nikólaos** 7, eine Kreuzkuppelkirche, die erst in türkischer Zeit in der ersten Hälfte des 17. Jh. erbaut wurde. Geweiht war sie *Nikolaus von Myra*, als Wohltäter der Armen und aus der Weihnachtszeit bestens bekannt. Die Fresken im Innern der Kirche erzählen seine Geschichte.

Weiter nördlich gelangt man auf die Höhe des Plateaus, das gegen Norden und Osten von je einem Flügel des **Despotenpalastes** 8 begrenzt ist (zum Zeitpunkt der Recherche 2017 wegen umfangreicher Restaurierungsarbeiten am Gebäude und im Vorhof komplett gesperrt). Hier befand sich das weltliche Zentrum Mistras, hier herrschte Guillaume de Villehardouin, später die byzantinischen Gouverneure und Despoten und schließlich die türkischen Paschas der Morea, wobei ein jeder seine Spuren an der Palastanlage hinterließ. Zuerst wurde der Bau am südlichen Ende des Ostflügels errichtet. Von seinen wenigen Fenstern hat die obere Reihe gotische Spitzbögen, was auf seine fränkischen Baumeister hinweist. Etwa gleichzeitig entstand das Gebäude links davon mit einem Turm und Wirtschaftsräumen; zwischen beiden Bauten gab es jedoch keine Verbindung. Das Verbindungsgebäude stammt, wie das zweistöckige Wohngebäude am nördlichen Ende des Ostflügels, aus byzantinischer Zeit und diente dem Despoten nebst Familie als Unterkunft. Der Nordflügel gehört einer späteren Bauperiode an, etwa zwischen 1350 und 1400. Das Gebäude hat drei Stockwerke, ein niedriges, gewölbtes Untergeschoss mit den Vorratsräumen, darüber eine Etage mit acht parallel liegenden, separaten Zimmern. Im Obergeschoss befand sich der Thronsaal der Despoten (36 x 10 m). In der Mitte der Ostseite fällt eine für den Thron bestimmte Nische auf. Am westlichen Ende des Thronsaalbaus schließt sich ein schmaleres Gebäude an, das wahrscheinlich für die Damen des Hofes vorgesehen war.

Westlich des Hügelplateaus liegt etwas abseits der sog. **Kleine Palast** 9 (Palataki), dessen Baugeschichte zwar unbekannt blieb, doch neben dem Despotenpalast ist dies das repräsentativste weltliche Gebäude Mystrás', wenngleich derzeit ebenfalls noch eingerüstet. An der Nordostecke der Anlage befindet sich ein Turm aus der zweiten Hälfte des 13. Jh., dessen Eingangshalle ebenso wie die anschließenden Verbindungsflügel mit einer Kuppel versehen waren. Bewohnt wurde der Palast von Angehörigen der Despotenfamilie.

Nicht nur die Ruine, sondern auch das Panorama ist eindrucksvoll

An der Nordwestseite des Mauerrings um die Oberstadt stößt man auf zwei weitere Stadttore, das **Nordwesttor** 10 und das **Nafplia-Tor** 11; beide führten auf die Straße nach Norden Richtung Náfplion. Innerhalb der Umwallung, aber etwas höher als der Despoten-Palast steht die **Kirche Agia Sophia** 12, die sowohl als Katholikon eines Klosters als auch als Palastkirche diente (1350–1370 erbaut). Unter türkischer Herrschaft wurde sie als einzige Kirche Mystrás in eine Moschee umgewandelt. Ihr Name Agia Sophia (Heilige Weisheit) erinnert an die berühmte gleichnamige Kuppelkirche in Konstantinopel.

Im Innern wirkt die Kirche wesentlich schmäler und höher als ihre äußere Form vermuten lässt. Fresken sind kaum noch erhalten, nur in der Apsis ist eine Christusdarstellung auffällig, da normalerweise die Gottesmutter an dieser Stelle zu finden ist. Eine der Säulen im Innenraum trägt das Monogramm des Kirchenstifters Manuel Kantakouzenos mit dem byzantinischen Doppeladler. Wer sich noch ein bisschen umschaut, wird Teile des Reliefs mit einem reißenden Löwen entdecken.

Der Aufstieg zur **Festung** 13 ist zwar äußerst beschwerlich und zeitaufwendig, doch als Lohn der Mühe winkt eine grandiose Aussicht. Von hier oben aus lässt sich das ganze Ruinenfeld überschauen und die militärische Bedeutung erahnen, die das Bollwerk einst besessen haben muss. Die Festung, das älteste Bauwerk Mystrás, entstand noch unter der Herrschaft von Guillaume de Villehardouin in der für fränkische Burgen typischen Bauweise. Genutzt wurde sie bis zu den Befreiungskriegen im 19. Jh. und weist daher bis auf die vielfach ausgebesserten Festungsmauern kaum noch Spuren der Franken auf. Die übrigen baulichen Reste sind von geringem Interesse.

Achtung: In Mystrás sind immer wieder Gebäude wegen Renovierungsarbeiten eingerüstet und daher nur teilweise oder gar nicht zugänglich. Zum Zeitpunkt der Recherche waren dies der **Despotenpalast** 8, die **Evangelistría** 3 und der **Kleine Palast** 9. Rechnen Sie jedoch damit, dass auch andere Sehenswürdigkeiten wegen Renovierung geschlossen sein können.

Nach dem Abstieg von der Festung und der Durchquerung der Oberstadt wendet man sich noch dem südlicheren Teil des Ruinenfeldes zu, wo man zunächst zum **Pantánassa-Kloster** 14 gelangt. Es ist das einzige heute noch von Nonnen bewohnte Kloster Mystrás und das letzte Gebäude, das unter byzantinischer Herrschaft errichtet wurde. Es besitzt die für Mystrás typische Architektur einer Basilika im Untergeschoss, während die Form der Emporen an eine Kreuzkuppelkirche erinnert. Im Osten lehnt sich eine Arkade an das Bauwerk an, wie sie auch im Norden existierte, heute aber verschwunden ist. Über der Arkade erhebt sich der schöne dreigeschossige Glockenturm, der durch seine Kuppel und die vier kleinen Türmchen an den Ecken auffällt.

Die Fresken im Innern wurden in den unteren Zonen im 17. oder 18. Jh. nochmals übermalt. Die Apsis zeigt Maria, flankiert von Erzengeln, darunter sieht man die Eltern Marias, im Gewölbe die Himmelfahrt. An den Seitenwänden Darstellungen des Abendmahls, der himmlischen Liturgie und andere religiöse Themen. Die Fresken von Pantánassa dokumentieren den Stil der ausgehenden spätbyzantinischen Wandmalerei. Im Inneren verkaufen die Nonnen bestickte Decken, kleine Ikonen etc.

Achtung: Eintritt in das Pantánassa-Kloster nur in angemessener Kleidung, lange Röcke liegen am Eingang bereit!

Auch Katzen schätzen Schatten während der Mittagsruhe

Das **Períbleptos-Kloster** 15 liegt am äußersten Südende der Unterstadt und schmiegt sich eng an einen steilen Felsen an. Die Anlage stammt aus der ersten Hälfte des 14. Jh., die Kirche ist etwa um das Jahr 1350 zu datieren. Man betritt das Kloster durch eine Pforte aus venezianischer Zeit (1714) und erblickt im Inneren die aus regelmäßigen Steinquadern mit Ziegeleinfassung gebaute Kirche. Ihrer Form nach gehört sie wieder zur Zweisäulenkreuzkuppelkirche, am sehenswertesten die Fresken im Inneren (um 1350). Schließlich sollte man noch einen Blick auf die **Agios-Geórgios-Kapelle** 16 unweit des Períbleptos-Klosters werfen. Sie ist einschiffig, aus Bruchsteinen errichtet und hat im Süden eine zierliche Vorhalle mit doppelbogigem, von einer Marmorsäule gestütztem Fenster. Die gewölbten Bögen, die sich an der Südwand des Kirchenschiffs wiederholen, gehören zu den charakteristischen Kennzeichen der Sakralbauten Mystrás.

Am sog. **Marmara-Brunnen** 17, neben dem sich auch ein (teures) Restaurant befindet, kann man das Ruinenfeld verlassen.

Sehenswertes/Sparta – Umgebung

Meneláeon

Eines der ungelösten Rätsel der Archäologie: Der Palast des Menelaos lässt sich nicht finden. Selbst Schliemann musste einsehen, dass es sich hierbei keineswegs um den (bis heute unentdeckten) Palast handelte.

Die Ausgrabungsstätte auf einem Hügel, nur wenige Kilometer von Sparta und mit großartigem Blick auf das Taýgetos-Gebirge, war eine Grabstätte (Heroon), in der vermutlich die berühmteste Frau der Antike, die schöne Helena, bestattet wurde. Der Grabbau mit einer ursprünglichen Höhe von 8 m hatte eine beachtliche Größe. Doch heute ist davon nur noch wenig zu sehen. Ein paar Grundmauern und treppenartige, große Steinblöcke sind alles, was die Zeit überdauert hat.

Das Meneláeon war ein dreistufiges Bauwerk. Es stammt aus dem 5. Jh. v. Chr. Der Hügel, so haben Archäologen 1973 bewiesen, wurde in drei Perioden bebaut. Auf der oberen Terrasse stand wahrscheinlich ein kleiner Tempel. Ob wirklich Menelaos und seine treulose Gattin, die schöne Helena, hier auf dem Hügel ihre letzte Ruhe fanden, lässt sich wissenschaftlich nicht belegen.

Die Grabstätte war auch eine Art Wallfahrtsort. Frauen erbaten sich hier Schönheit, Männer Tapferkeit und Kriegsglück. Der Ort war bereits in frühester Zeit besiedelt, davon zeugen 100 m nordöstlich vom Meneláeon die freigelegten Fundamente mykenischer Häuser.

Straße nach Trípolis, nach der Brücke über den Eurótas rechts abbiegen in Richtung Geráki, nach 3 km geht es links ab (beschildert); auf einer Betonpiste gelangt man zu einer weiß-blau gestrichenen Kirche. Von hier noch 1 km zunächst auf sehr steiler Betonpiste, dann auf einem Feldweg (am besten schon an der Kirche parken). Der Weg führt unterhalb eines Hügels zu einem benachbarten Berg, auf dessen Gipfel das Meneláeon liegt. Herrliche Aussicht auf das moderne Sparta und das Eurótas-Tal.

Amyklae

Sparta bestand aus fünf Dörfern; eines davon, Amyklae, liegt 5 km südlich vom heutigen Sparta. Von den antiken Gebäuden ist allerdings überhaupt nichts mehr zu sehen. Auf dem Hügel Agia Kiriakí mit einer kleinen, weiß getünchten Kirche stand einst ein bedeutender Apollon-Tempel. Die Statue des Gottes hatte eine Höhe von 13–14 m und saß auf einem prächtigen, mit Gold und Elfenbein geschmückten Thron. Das Denkmal stand am gleichen Ort wie die Grabstätte des Hyakinthos (Sohn des Amyklas), der von Apollon unwissentlich mit einem Diskus getötet wurde. Auf dem Hügel ist davon bis auf ein Stück Mauerwerk, das ihn halbkreisförmig umschließt, nichts mehr zu sehen.

Das heutige Dorf Amíkles liegt an der Straße Sparta – Gýthion, am Dorfeingang biegt man links ab (Wegweiser), nach 1,2 km erreicht man den Hügel. Gut ausgeschildert.

Vaphion

Ein mykenisches Kuppelgrab, etwas älter als das berühmte Schatzhaus des Atreus in Mykene, wurde 2 km südlich von Amyklae gefunden. Mit einem Durchmesser von 10 m und einem Dromos (Eingangsweg zum Grab) von 25 m besitzt es eine beachtliche Größe. Für die Archäologen war Vaphion ein ergiebiger Fundort. Unter den Schätzen befand sich der ca. 3500 Jahre alte goldene Becher mit Stiermotiven, den man heute im Athener Nationalmuseum bewundern kann.

Am Dorfende von Amíkles (an der Straße Sparta – Gýthion) biegt man vor der BP-Tankstelle links ab, von da an beschildert („Ancient Place Vafeio"), nach knapp 3 km nur noch „Tombs" ausgeschildert. Die letzten 300 m muss man zu Fuß zurücklegen. Das Gelände ist umzäunt, aber von außen gut einsehbar.

Pellana

Eines der größten Grabmäler aus mykenischer Zeit wurde 1982 nahe der Ortschaft Pellana entdeckt. Die Kuppelgräber stammen wahrscheinlich aus dem 16. Jh. v. Chr. Man nimmt an, dass sie als Familiengräber der ansässigen Könige benutzt wurden. Die Funde, darunter zwei gut erhaltene Vasen, sind im archäologischen Museum von Sparta ausgestellt. Das Gelände ist umzäunt, aber zugänglich. Eintritt frei.

Bus, 3-mal tägl. von und nach Sparta (2,70 €).

Anfahrt: Pellana liegt ca. 30 km von Sparta entfernt. Von der Straße, die nach Megalópolis führt, geht es in dem Dorf Perivólia rechts nach Pellana ab. Zu den Gräbern sind es von Pellana aus noch ca. 800 m auf unbefestigter Straße, bestens ausgeschildert.

Wandern im Taýgetos-Gebirge

Vor allem bei gutem Wetter ist eine Wanderung im peloponnesischen Hochgebirge eine herrliche Sache. Man braucht dafür allerdings gute Kondition. Bei schlechtem Wetter sollte man von derartigen Unternehmungen absehen, denn es geht auf über 2000 m hinauf. Hier erhebt sich der *Profitis Elías*, mit 2407 m der höchste Berg des Peloponnes. Ausgangspunkt für die Wanderung zum Gipfel ist die Taýgetos-Hütte auf 1600 m Höhe (von hier gut markierter Wanderweg in ca. 3 Std. bis zum Gipfel). Wer in der Hütte übernachten möchte, wende sich (auch für weitere Informationen) an den E.O.S. Bergsteigerverein Sparta.

>>> Lesertipp: „Die Besteigung des Profitis Elías kann auch von Kardamíli aus angegangen werden, sie ist allerdings deutlich anspruchsvoller, als von der anderen Seite her. Es gibt in Kardamíli das Sportgeschäft *2407 Mountain Activities* (✆ 27210/73752) an der Hauptstraße, das bei einer Mindestteilnehmerzahl von 4 Pers. Touren anbietet." (Simon Bischof). <<<

Information E.O.S. Bergsteigerverein Sparta, Akropoleos-Str. 3, 23100 Sparta, ✆ 27310/22574 oder 27310/24135.

Um den Taýgetos ranken sich seit jeher Mysterien: So sollen Zeus und Leda hier die Dioskuren gezeugt haben. Außerdem dürfte die Gebirgsszenerie als Todesstätte für missgebildete Kinder in Sparta und Mýstra gedient haben. Die Väter solcher Kinder waren demnach verpflichtet, diese in die Schluchten des Taýgetos zu werfen.

Deutschsprachige Information im Internet unter www.e4-peloponnes.info.

Schutzhütte Die Anavryti-Schutzhütte ist nicht bewirtschaftet, kann aber pauschal für 120 € von Gruppen (bis zu 20 Pers.) gemietet werden. Sie hat Matratzen und

Wolldecken, Heizölofen, Gasküche und Außentoilette. Wer übernachten will, muss sich beim Bergsteigerverein in Spárta (Präsident Vasilis Georgiadis ✆ 27310/26343, mobil 6974454079) oder dem Verantwortlichen für die Hütte (Jorgos Kanellopoulos, ✆ 27310/22938, mobil 6979118855) melden. Die Hütte wird auch für Einzelpersonen aufgesperrt (allerdings zum selben Pauschalpreis). Man kann jedoch auch Zelte aufstellen. Informationen beim Bergsteigerverein unter ✆ 27310/22574.

Anfahrt Von Sparta auf der Straße Richtung Gýthion ab dem Ort **Paleopanagía** ist der Weg zur Schutzhütte gut beschildert. Die Hütte ist allerdings mit dem Pkw nur noch auf dem ersten Stück bis zu den Quellen (Wegweiser/Infotafel) auf Teer zu befahren, im weiteren Verlauf haben einige Flüsse ihr Geröll auf die Trasse geschoben. Aufstieg ab hier etwa 2 Std. auf markiertem Waldweg zur Hütte. Der weitere Weg ab der Hütte ist mit entsprechendem Schuhwerk trotz Schneefelder in der Regel ab Juli ohne Klettereinlagen zu begehen.

> Achtung: Wegen der akuten **Waldbrandgefahr** in den Sommermonaten wurden im Taýgetos zu bestimmten Morgen- und Abendstunden **Zutrittsverbote** eingeführt. Bitte erkundigen Sie sich bei geplanten Wanderungen vor Ort nach dem aktuellen Stand!

Gýthion/Gíthio

Weiß getünchte, oft klassizistische Häuser ziehen sich eng angeschmiegt an den Berghängen hinauf; schmale, verwinkelte Gassen durchziehen die Altstadt, im Hafen schaukeln farbenfrohe Fischerboote.

Die über 7500 Einwohner zählende Hafenstadt am Lakonischen Golf ist das touristische Zentrum der Gegend. Im Sommer geht es an der Promenade sehr geschäftig zu, die Suche nach einem Parkplatz kann dann zum Problem werden. Außerhalb

An der malerischen Hafenpromenade von Gýthion

der Saison ist Gýthion jedoch fast noch ein Idyll, wenngleich da und dort Anzeichen eines gehobenen Tourismus zunehmen. Eine beeindruckende Kulisse bietet bei guter Sicht der oft bis in den Mai hinein mit Schnee bedeckte, höchste Gipfel des Taýgetos-Gebirges, der Profítis Elías. Gýthion ist ein idealer Ausgangsort für Ausflüge in die Máni und nach Sparta und Mystrás.

Fähren verbinden den Hafen mit Kýthira und Kreta. Für Romantiker: Am Rand der Altstadt liegt die *Insel Marathonisi*, auch *Kranai* genannt, durch einen Damm mit dem Festland verbunden. Hier sollen die schöne Helena und Paris ihre erste Liebesnacht auf der Flucht von Sparta nach Troja verbracht haben. Von dem Inselchen hat man einen wunderbaren Blick auf Gýthion. In der Parkanlage befinden sich auch ein bewohnter Leuchtturm und ein kleines historisch-ethnologisches Museum.

An Sehenswürdigkeiten hat Gýthion nicht viel zu bieten: ein kleines *antikes Theater*, und das ist schon fast alles. Trotzdem zieht das reizvolle Hafenstädtchen immer mehr Besucher an, besonders bei Campern steht die Gegend um Gýthion hoch im Kurs. Nur 2 km von der Hafenstadt entfernt lockt vor allem der kleine Ort Mavrovoúni mit seinem weitläufigen Strand die Badeurlauber an. Südwestlich davon beginnt die „Straße der Campingplätze".

Angeln ist in Griechenland ein Volkssport

Basis-Infos

Verbindungen Bus, die Station mit Café/Bar liegt am kleinen Park in der Nähe des Hotels Aktaion. Täglich Verbindungen: 6-mal, auch So, über Sparta (1 Std., 4,30 €) nach Athen (4:30 Std., 26,10 €), 5-mal davon über Isthmos/Korinth (3:30 Std., 18,80 €), 1-mal mit Umsteigemöglichkeit nach Kalamáta, Trípolis (2 Std., 9,70 €); 3-mal Areópolis (1 Std., 4,20 €); 3-mal Geroliménas (1:30 Std., 6 €); tägl. (außer So) 2-mal Ítylon (1:30 Std., 4,80 €), hier umsteigen nach Kalamáta; tägl. 1-mal zu den Höhlen von Pírgos Dirou (gut 1 Std., 3,60 €) sowie ins Dorf Pírgos Dirou (3,20 €); 3-mal tägl. Mavrovoúni (1,60 €) und zu den Campingplätzen (1,60 €); 4-mal tägl. nach Agéranos (1,60 €) und Mo, Mi, Fr 2-mal nach Skoutári (30 Min., 2,10 €). Busstation: ✆ 27330/22228.

Fährverbindungen Gýthion – Kýthira (Diakofti) – Antikythíra – Kreta (Kissamos): nur etwa 1. Mai bis etwa 28. Aug. 1-mal wöchentl. (derzeit Mi nachmittags) geht es mit *Lane Sea Lines* nach Kýthira bzw. morgens von Kissamos. Preise nach Kýthira einfach: pro Pers. 14 € (Deck), Kabine ab 19 €, Auto 32 €, Motorrad ab 6 €, Wohnmobil 13 €/Meter. Überfahrt: 2:30 Std.

20 % Ermäßigung bei gleichzeitigem Kauf des Retourtickets. Bei möglicher Verspätung empfiehlt es sich, auf Kreta rechtzeitig ein Übernachtungsquartier zu besorgen. Informationen unter www.lane-kithira.com und wwwkythira.info/ferries/.

Weitere Informationen und Tickets (auch für Fähren nach Italien) bei **Rozakis**

Lakonien

Shipping & Travel Agency, das Büro liegt an der Hafenfront, im Sommer tägl. 9–14 und 17.30–20.30 Uhr, Sa/So 9–13 und 17.30–19 Uhr. ✆ 27330/22650 oder 27330/22207, rosa kigy@otenet.gr.

Taxi: Die Taxistation befindet sich gegenüber vom Busbahnhof oder einfach an der Hafenplatia die Augen offen halten, ✆ 27330/22755 oder 27330/23400. Preisbeispiele: nach Areópolis ca. 20 €, Pírgos Dirou ca. 25 €, Mavrovoúni ca. 5 €, Campingplätze ca. 5 €.

Adressen Das **Medical Center** (Krankenstation) von Gýthion befindet sich an der Hafenstraße, ca. 200 m vor dem Damm zur Insel Marathonisi, ✆ 27330/22001, -002, -003.

Bank: Beim Busbahnhof befindet sich die *National Bank of Greece* mit Geldautomat, Mo–Do 8–14.30, Fr 8–14 Uhr. Einen weiteren Geldautomaten finden Sie vor Rozakis Travel nahe der Hafenplatia.

Polizei: an der Hafenstraße, ✆ 27330/22100 oder 22271.

Hafenpolizei: beim Damm, informiert ebenfalls über die aktuellen Fährverbindungen, ✆ 27330/22262.

Post: Leoforos-Ermou-Str. 18 (an der Ausfallstraße Richtung Sparta), Mo–Fr 7.30–14 Uhr.

Reisebüro: *Rozakis, Shipping & Travel Agency*, an der Hafenfront. Neben Fährinformationen zu Gýthion, Kreta und Piräus auch Fährtickets nach Italien, Flugtickets und Autoverleih: Kleinwagen ab 40 € pro Tag (inkl. Steuer und Versicherung, keine Kilometerbegrenzung). Weiteres → „Fährverbindungen".

Zeitschriften/Bücher: vertreibt *G. Hassanakos* an der Hafenstraße (im Erdgeschoss des Hotels Aktaion) in einem Souvenirladen, in dem sich deutschsprachige Leser wie zu Hause fühlen können. Es gibt einige wichtige Tageszeitungen (meist sogar bereits am Erscheinungstag ab mittags) und Magazine, außerdem Unterhaltungsliteratur. Tägl. 9–22 Uhr.

Zweiradverleih: *Moto Makis*, an der Straße nach Areópolis (100 m vor dem Damm) vermietet Mopeds ab 15–20 € pro Tag, ✆ 273 30/22950, mobil unter 694164871.

Übernachten

Weil Gýthion ein wichtiger Verkehrsknotenpunkt ist, sind die Hotels hier sehr oft ausgebucht. Eine Reservierung ist deshalb grundsätzlich ratsam.

»» Mein Tipp: *** **Hotel Pantheon City**, großer, weißer Neubau mit 53 Zimmern an der Uferpromenade, komfortabel eingerichtet, mit Aufzug, zuvorkommender und freundlicher Service, beliebt auch bei Reisegruppen. Italienisches Restaurant im Erdgeschoss. Zimmer mit Bad, Aircondition, TV und z. T. Balkon zum Hafen. Ganzjährig geöffnet. Leserbrief: „Leider einige Zimmer mit starkem Verkehrslärm durch die Hauptstraße" (Dr. Ingrid Pottins). EZ 45–60 €, DZ 49–85 €, Dreier 65–92 €, Suiten 88–145 € (je nach Blick), inkl. Frühstücksbuffet. Vassileos Pavlou Str. 33, ✆ 27330/22289, www.pantheongythio.gr. ««

*** **Hotel Aktaion City**, klassizistisches Gebäude an der Uferpromenade, alle 24 Zimmer mit Aircondition, Bad, Kühlschrank, TV und Balkon (teilweise mit Blick auf den Hafen). Zimmereinrichtung etwas altbacken, aber sauber. DZ ab 80 €, zwei Mini-Suiten ab 100 € (Internetbuchung günstiger), inkl. Frühstück. Vas. Pavlou 39, ✆ 27330/2350-0/-1, www.aktaionhotel.gr.

Hotel Gythion, ebenfalls am Hafen, neben dem Hotel Pantheon (Treppe hoch). Fünf DZ (bzw. Dreier) und vier Vierbett-Apartments mit Küche und Bad. Alle Zimmer mit hoher Decke, TV und Aircondition. Kneipe im Erdgeschoss, daher nicht ganz leise. EZ 55 €, DZ 45–70 €, Dreier 50–80 €, jeweils inkl. Frühstück. Für die Hochsaison sollte man reservieren. Vasileos Pavlou-Str. 33, ✆ 27330/23452, www.gythionhotel.gr.

»» Mein Tipp: Pension Saga, sehr netter Service, angenehme Zimmer mit Bad, TV, Aircondition und Kühlschrank, die meisten auch mit Balkon. Für das Gebotene günstig. Die Inhaberin, Frau Kolokotroni, ist sehr hilfsbereit und spricht Englisch und Französisch. Lobenswertes Restaurant im Erdgeschoss. EZ 30–45 €, DZ 35–55 €, Dreier 40–55 €, Frühstück 5 € pro Pers. Am Ortsausgang in Ri. Areópoli, ✆ 27330/23220, www.sagapension.gr. ««

Hotel Leonidas, neben dem Hotel Aktaion, saubere Zimmer mit Bad, TV, Aircondition und teilweise mit Balkon zum Meer. DZ 40 € mit Frühstück. ✆ 27330/22389, www.leonidasgytheio.gr.

Privatzimmer Relativ große Auswahl, meist recht preiswert, eine Reihe von „Rooms to let"-Schildern an der Straße nach Areópolis oder im Stadtzentrum. Die Preise sind, zumindest außerhalb der Hochsaison, Verhandlungssache. Studios sind hier dagegen Mangelware.

»> Lesertipp: Rooms Matina Kontogiannis, nach der Polizei am Hafen die Treppen hinauf, freundlicher Empfang, nette Zimmer mit Bad und TV, z. T. auch mit Balkon. (Beate Kaiser, Gaggenau). Die „besseren" DZ (mit Blick aufs Meer und Balkon) kosten ab 60 €, ansonsten 50 €, Dreier ab 65 €. Vasileos-Pavlou-Str. 19, ✆ 27330/22518. **«<**

Biohof Karababas – Olivenöl und mehr

Wer früher den Hof mit dem selbst gebauten Holzhaus nach einigen Kehren auf der Strecke im Landesinneren erreichte, fühlt sich unwillkürlich an ein Hexenhaus erinnert. Doch das Holzhaus von einst ist inzwischen einem stattlichen Wohnturm aus Stein im Máni-Stil mit moderner Küche gewichen, die Herstellung von Produkten aus und um Olivenöl geht in bewährter Art weiter.

Olivenanbau in der Máni? Als die Deutsche Susanne Schneck vor 24 Jahren hier ihren späteren Mann Georgios kennenlernte, arbeitete sie noch auf dem Campingplatz, betrieb eine kleine Imkerei und machte sich schließlich mit Ziegen- und Schweinezucht und der Käseproduktion selbstständig. Dann kamen die Oliven, Oregano und Olivenöl. „Wir arbeiten nicht mit Chemie, weil wir die Umwelt respektieren", erzählt Susanne, die meisten Nachbarn schütteln darüber nur verständnislos den Kopf.

3,5 ha Land werden bewirtschaftet mit insgesamt 1300 Olivenbäumen, und von der Etikettierung bis zur Abfüllung geschieht alles vor Ort. Die Liste der hergestellten Produkte passt längst nicht mehr auf eine DIN-A4-Seite: Kräuteressig, Johanniskrautöl, Pesto, Kapern aus Wildsammlung, hausgemachte Marmeladen ohne Geliermittel, Lavendel, Aprikosen-Mohn-Konfitüre, Olivenölseife... Das Sortiment beruht auf ausgefallenen und zum Teil historischen Rezepten, die Preise sind durchaus angemessen.

„Biohof Karababas", so steht es inzwischen sogar in den Máni-Straßenkarten und Google-Maps. Und das ist gut so, denn seit es ein Gesetz gibt, das das Aufstellen von Werbetafeln an der Straße verbietet, müssen kleine Hinweistafeln reichen. Zudem hat sich der Biohof inzwischen herumgesprochen, bei den umweltbewussten Athenern ebenso wie beim Stammpublikum aus Polen, der Schweiz und Deutschland. Manch einer kommt einfach nur, um die verschiedenen Olivensorten oder eine Kapernblüte aus der Nähe zu betrachten. Mit Hilfe der inzwischen größtenteils neu asphaltierten Strecke (nur die letzten Meter sind noch Schotter) ist der Abstecher zum Biohof inmitten der frischen, grünen Landschaft ein Vergnügen.

Anfahrt: Von Gýthion der Straße nach Areópoli 5,2 km folgen, ca. 350 m nach dem Camping Mani zweigt rechts ein befestigter Weg ab (beschildert). Der Strecke über 2,3 km gerade folgen, an einer Abzweigung rechts und über 400 m folgen bis zu einer Weggabelung (hier links abbiegen). Nach weiteren 300 m der Ausschilderung folgen, die mit Pfeilen auf grünen Tafeln markiert ist. Wohnmobile sind für die Strecke nicht geeignet, man kann sich aber per Anruf abholen lassen. Geöffnet ist der Biohof tägl. (außer So) 16–21 Uhr, ✆ 27330/22381, www.biohof-karababas.com.

Lakonien

Rooms Xenia Karlaftis, kleine, schlichte Zimmer mit Bad und Balkon, gemeinsame Frühstücksküche, nette und gemütliche Atmosphäre. An der Straße nach Areópolis gelegen, 50 m vor dem Damm auf der rechten Seite. DZ ab 40 €. ℡ 27330/22719 oder 27330/22991.

Außerhalb Eselparadies, etwa 15 Autominuten südlich von Gýthion (in Kamáres), liegt das neu erbaute **Ferienapartment** am Hang eines schön bewachsenen Grundstücks (eigener Zugang). Außerhalb der Saison werden die Apartments auch an Langzeiturlauber vermietet. Preis 35–45 €/2 Pers. Die deutschen Besitzer betreiben nun seit 14 Jahren das Eselparadies, einen Gnadenhof für aus der Mode gekommene Esel und Mulis, die hier im riesigen Areal frei leben. ℡ 27330/93666 (B. Kohl), www.eselparadies.eu.

Essen & Trinken/Nachtleben

Essen & Trinken Die Restaurantlandschaft in Gýthion ist dreigeteilt: An der Hafenmole in Richtung Insel Marathonisi reihen sich die Touristenrestaurants auf wie Perlen an einer Schnur, auf dem schmalen Streifen zwischen Meer und Straße nach Areópolis stehen Tische und Stühle. Zweitens findet man an der Platia sowie an der Uferpromenade Richtung Sparta überwiegend einfachere *Psarotavernas* (in denen man auch auf Bewohner von Gýthion trifft). Schließlich gibt es auch noch zahlreiche Bars, Cafés und Tavernen am nördlichen Ende der Uferpromenade – hier trifft sich vor allem das „junge" Gýthion, Touristen sieht man in diesen Restaurants (alle mit Terrasse am Meer) nicht allzu oft.

Restaurant **Saga**, das Lokal der gleichnamigen Pension findet man kurz vor dem Damm zur Insel. Zuvorkommender Service und gute Speisen, auf Fisch spezialisiert. ℡ 27330/21358.

» Lesertipp: Taverne **I Trata** (Fischkutter), nahe dem Hafen und mit Sitzplätzen direkt am Wasser. Im Familienbetrieb gibt es bodenständige, griechische Küche (Tipp von Twig Ehrath-Kiepsch). Der Wirt Takis Kalampokis kocht Stammgästen auch Speisen, die sie sich am Vortag wünschen. ℡ 27330/24429, **«**

Nachtleben Die bereits angesprochenen Cafés/Bars am nördlichen Ende der Uferpromenade oder das **Open-Air-**

Kapelle auf der Halbinsel Marathonisi im Hafen von Gýthion

Café/Bar auf der Insel Marathonisi, direkt nach dem Damm.

Außerhalb »> **Lesertipp: Taverna Alekos**, ca. 10 km von Gýthion an der Straße nach Areópolis auf der rechten Seite, in Chosiário. „Man spricht Englisch und Deutsch, Maria Fischer ist hier die gute Fee. Der Wirt bereitet bei rechtzeitiger Vorbestellung auch Wunschessen. Die Speisen und Getränke sind schmackhaft und sehr preiswert." (Holger Asche). 27330/93541. «

Sehenswertes

Antikes Theater: Von der antiken Stadt, die sich ca. 1000 m vom Meer entfernt auf einem Hügel erstreckte, ist bis auf ein Theater nichts mehr zu sehen (hinter den Kasernen am östlichen Stadtrand). Zehn Sitzreihen des Theaters – es stammt aus römischer Zeit – sind noch zu erkennen. Im Sommer finden hier gelegentlich Veranstaltungen statt. Die Ausgrabungsarbeiten in Gýthion werden noch fortgesetzt. So wurden in der Ioanuriuoraki-Straße (Weg nach Skala) Fundamente entdeckt.
Anfahrt: Die Ruinen liegen am Stadtrand, fast unmittelbar vor dem Eingang der Kaserne. Nimmt man die Ausfallstraße Richtung Sparta, biegt man bei der Post (Archaiautheatro-Straße) rechts ab. Ganz am Ende der Straße liegt das antike Theater.

Center of Culture of Easter Mani: Die moderne Ausstellung wurde 2015 in der alten Mädchenschule am Hauptplatz neu eröffnet. Sie bietet viele Informationen über die Máni, die Manioten und ihre Geschichte. Es wird erzählt, wie sich die Bewohner das spröde Steinland erstmals zu Nutze machten, und endet beim heutigen Gýthion. Außerdem sind originale Manuskripte der Schriftsteller Yannis Ritsos und Nikiforos Vrettakos ausgestellt. Im Museum erhält man auch Tipps, wie man einen Trip um die Máni am besten gestaltet.
Aktuelle Ausstellungen und Öffnungszeiten auf Anfrage, 27330/23888, www.kpmanis.gr.

Historisch-ethnologisches Museum: befindet sich auf der Insel Marathonisi und gibt einen Überblick, welche Persönlichkeiten in den letzten Jahrhunderten die Máni bereisten und erforschten. Gezeigt werden die Deckblätter wissenschaftlicher Publikationen über die Máni, die hauptsächlich deren Geschichte, aber auch Geografie, Flora und Fauna und Ähnliches zum Inhalt haben. Sehenswertes, liebevoll eingerichtetes Museum, Erläuterungen in englischer Sprache. Liebevoll gepflegter Garten.
Nur während der Hochsaison (20. Juni bis 20. Sept.) tägl. 8–15 Uhr, Eintritt 1,50, Studenten und Kinder 1 €.

Baden: Am nordöstlichen Stadtrand bietet die weite Bucht des Lakonischen Golfs zahlreiche Bademöglichkeiten. Der 1,5 km entfernte, breite Sandstrand mit Tavernen ist wenig attraktiv, aber gut besucht und zugleich ein beliebtes Surfrevier. Etwa 4–8 km nordöstlich von Gýthion wird die Küste hügeliger. Schmale Pfade führen durch Macchia-Gestrüpp zu kleinen Buchten, meist Sandstrand, leider zum Teil ziemlich verschmutzt. Auf dem Weg kommt man an einer Bungalowanlage vorbei, 1 km davon entfernt der lang gestreckte, feinsandige *Glyfáda Beach* mit kleinen Dünen. Eine kurze Teerstrecke führt hinunter zu Parkplätzen unter Tamarisken und einer beliebten Bar. Ein Schiffswrack in der Bucht verdirbt das Badevergnügen keineswegs und dient zudem als willkommener Fotohintergrund.

Mavrovoúni

In dem kleinen Ort geht es, im Gegensatz zum 2 km entfernten Gýthion, noch richtig beschaulich zu. Dabei hat Mavrovoúni einen sehr attraktiven, 6 km langen, ausgesprochen sauberen und nie überfüllten Sandstrand vor der Tür, die große

Bucht zählt nebenbei zu den beliebtesten Surfrevieren der Gegend. Der Ort Mavrovoúni ist bei den Bewohnern Gýthions auch für ein gemütliches Abendessen ohne Rummel eine beliebte Adresse. Je weiter man von Mavrovoúni der Straße nach Agéranos folgt, desto ruhiger wird es. Nur noch vereinzelt tauchen Campingplätze auf.

Wassersport Am Strand (neben dem Ocean Pub) vermietet der **Surfverleih Theodor** neustes Material (12–15 €/Std., 30 €/Tag).

Übernachten Ein Zimmer zu finden dürfte in Mavrovoúni kein Problem sein, lediglich für die Hochsaison sollte man sich frühzeitig um eine Unterkunft bemühen. Überall hängen Schilder mit „Rooms for Rent" aus. Selbst direkt am Strand kann man Zimmer mieten.

Caretta caretta (Unechte Karettschildkröte) – urige Wanderer zwischen Land und Wasser

Die weiten, feinsandigen Strände Lakoniens zählen zu den wenigen verbliebenen Eiablageplätzen der vom Aussterben bedrohten Unechten Karettschildkröte. Im Juli und August kehren die Muttertiere an die Strände zurück, an denen sie selbst geschlüpft sind, und legen ihre Eier nachts in den höher gelegenen, trockenen Strandbereich, wo sie von der Sonnenwärme ausgebrütet werden. Mit bis zu 180 kg bei einer Panzerlänge bis zu 1 m bedeutet die Ablage von bis zu 100 tischtennisgroßen Eiern einen enormen Kraftakt für das Muttertier. Von etwa 1000 geschlüpften Jungtieren mit einem Gewicht von 20 g wird später letztlich nur eines das fortpflanzungsfähige Alter von etwa 30 Jahren erreichen. Eine Gruppe von freiwilligen Mitarbeitern der Schutzorganisation *Archelon* ist mit einem saisonalen Kiosk am Strand von Mavrovoúni bemüht, die Urlauber über das Verhalten der Schildkröten zu informieren und die Brutstätten zu markieren und zu schützen. Bitte tragen auch Sie dazu bei, das Miteinander mit den Meeresbewohnern zu unterstützen. Melden Sie neue Brutstätten (die Schleifspuren der Flossen an Land sind nicht zu übersehen), meiden Sie nachts den Strand („Partys"), vor allem mit Lärm oder Lichtquellen, die die Muttertiere fehlleiten. Räumen Sie Sonnenstühle und -liegen weg, damit die Schildkröten freie Bahn haben. Hunde am Strand sollte man unbedingt strikt beaufsichtigen. Auf keinen Fall sollten Sie Ihren Plastikmüll am Strand liegen lassen. Schildkröten verwechseln Tüten mit Quallen, essen sie und ersticken daran. Zum Zeitpunkt der Recherche waren 60 Nester am Strand von Mavrovoúni sowie weitere 40 Nester zwischen Monemvasiá und Neápoli markiert. Interessierte, auch Touristen, können Nester „adoptieren" und ihre Pflege unterstützen. Die Strände wurden in vergangenen Jahren sauberer und so kommen immer mehr Schildkröten. Wer Glück hat, kann die Köpfe ausgewachsener Schildkröten sogar am Hafen sehen, wenn die Fischer ihre Fische putzen und sich die Schildkröten die Überbleibsel schnappen. Webseite der Organisation: www.archelon.gr.

Mavrovoúni

»» Mein Tipp: *** Hotel Castello Antico, sehr empfehlenswerte Hotelanlage von 2010, komfortable 27 Zimmer werden in Máni-Türmen nachempfundenen Häusern von April bis Okt. vermietet. Alle Gebäude mit Steinwänden und Holz erbaut, Zimmer schlicht, aber komfortabel eingerichtet. Bäder mit Hydro-Massage; Swimmingpool mit Bars. Frühstücksbüffet. 100 m vom ruhigeren (sehr sauberen) Teil des Strandes entfernt (nicht für Kleinkinder geeignet, weil das Wasser relativ schnell tiefer wird). Der Leiter des Hotels ist auch Besitzer der Kalypso-Studios. Für 2 Pers. in der Hochsaison (Buchung oft nur bei längerem Aufenthalt möglich) 100–140 €, Dreier-Zimmer ab 125 €. In Mavrovoúni neben dem Camping Mani, bestens ausgeschildert, ✆ 27330/22601, www.castelloantico.com. ««

Studios Kalypso, die klimatisierten Studios unter der Leitung der sehr freundlichen Deutschen Petra im Ort Mavrovoúni (an der Abzweigung nach Mavrovoúni den Berg hoch, eines der ersten Häuser auf der linken Seite). Die Häuser in Hanglage haben Balkon mit herrlichem Blick über den Lakonischen Golf oder den Garten. Geräumige Zimmer, Küche mit Kühlschrank und Kaffeemaschine, freies WLAN. Parkplatz vorhanden. Ganzjährig geöffnet. Studio für 2 Pers. 50–60 €. ✆ 27330/24449, info@kalypsomani.gr.

Studios Resbithas, fünf moderne Bungalows direkt am Strand von Mavrovoúni, in zweiter Reihe weitere sechs Apartments, davon drei neuere im ersten Stock (von den Balkonen sehr schöner Blick aufs Meer) mit Einbauküche, Bad, TV und Aircondition (für 4 Pers.). Die nette Familie, die sich herzlich um ihre Gäste kümmert, schattige Parkplätze unter Olivenbäumen, kleiner Kinderspielplatz, überdachter Grillplatz mit Tischen und Stühlen. Internet kann genutzt werden. Die Apartments/Studios und Bungalows werden alle drei Tage gereinigt (frische Handtücher), auf Wunsch gibt es auch Frühstück (4 € pro Pers.). Dank der herrlichen Lage im Juli/Aug. oft ausgebucht (viele Stammgäste), man sollte vorsorglich reservieren, am besten schon im April. Ganzjährig geöffnet. Zimmer ab 60 € in der Hauptsaison. Den Besitzern dieses Reiseführers gewährt Herr Resbithas ganzjährig 20 % Rabatt. Auf der Hauptstraße von Gýthion kommend (Richtung Campingplätze) kurz nach der Feuerwehr links abbiegen (Beschilderung „A'Entrance"), weiter bis zum Strand von Mavrovoúni und wieder links abbiegen (beschildert), ✆ 27330/23440 oder 27330/23054, mobil 6944/573430, www.studios-resbithas.com.

»» Lesertipp: Diamond Palace Apartments, „nur wenige Meter vom breiten, sauberen und nicht übervölkerten Strand entfernt. Eine sehr gepflegte Anlage mit großzügigen Apartments und großen Balkonen; von zwei Frauen geführt, viel Blumendekoration. Die Apartments mit Essecke, Kühlschrank, Kochgelegenheit, Klimaanlage und TV. Das Frühstück wurde im Garten unter der Pergola serviert." (Barbara Menzi). Studio 60 €, Familienapartment 85 €, inkl. sehr reichhaltigem Frühstück. ✆ 27330/2461/-4/, www.diamondpalace.gr. ««

Gina's Pension, Apartments mit Terrasse und herrlichem Blick auf die Lakonische Bucht. Sauber. Die sehr freundliche Wirtin spricht Englisch, hübscher Obstgarten (Annegret und Andreas Müller). Preis in der Hauptsaison um 35–40 €. Nähe zur Dorfmitte, ✆ 27330/23560.

Camping Die **Plätze** liegen an der Straße nach Areópolis in der weiten Bucht zwischen den Dörfern Mavrovoúni und Agéranos. Alle drei mit schönem Sand-/Kiesstrand. Von/ nach Gýthion fahren 4-mal tägl. Busse (1 €).

Camping Meltemi, 4 km von Gýthion entfernt, beliebter Platz mit schönem Strand. Die Schildkröten-Schutzorganisation *Archelon* hat hier ihre Umweltstation errichtet. Pool und Bar, Surfcenter nebenan. 3000 Olivenbäume spenden Schatten, Duschen mit Warmwasser, Mini-Market, Restaurant, Bar, Tennisplatz, Disco, Spielplatz. Kino mit Kinderfilmen. Gepflegte Anlage, Gebäude im traditionellen Baustil. Steinhäuschen mit Gemeinschaftsgaskochern, Kühlschrank, Gefriertruhe. Kleines Restaurant und Minimarkt. Geöffnet 4. April bis 20. Okt. Pro Pers. 6,50 €, Kinder 4 €, Auto 4 €, Zelt 5–5,50 €, Wohnwagen 6 €, Wohnmobil 7 €, Strom 4 €. ✆ 27330/22833 oder 27330/23260, www.campingmeltemi.gr.

Camping Gythion Bay, liegt 1 km weiter, ein grünes Fleckchen, das kaum einen Campingwunsch offen lässt und kürzlich umfangreich modernisiert wurde. Sehr netter und zuvorkommender Service, hervorragende Freizeitmöglichkeiten. Schöner Platz mit vielen Obst- und Ölbäumen. Abends Tanz, (Beach-)Volleyball- und Basketballplatz, Kicker, Darts, Kinderspielplatz, eigener Strand, Mini-Market, schöner Poolbereich, behindertenfreundlich. Im Restaurant

Gerichte aus dem Backofen nach traditioneller Art. Warmwasser rund um die Uhr. Naturschatten durch Bäume. Von April bis Okt. geöffnet (Mini-Market, neue Bar und Taverne, erst ab Anfang Juni geöffnet). Pro Pers. 6,15 €, Zelt 5–8 €, Auto 4,50 €, Wohnwagen 7 €, Wohnmobil 9 €, Mietzelt ab 10 €. Strom 4,10 €, von Sept. bis Mai Preisnachlass von 20 %. ✆ 27330/22522, www.gythiocamping.gr.

Mani Beach, größter Platz der Gegend. Eigener Strand, ausreichend Schatten (meist unter Kunstmatten), Restaurant, Bar, Mini-Market (nur von Mai bis Okt.), Spielplatz, Beachvolleyball und übliche Ausstattung (Chemieentsorgung, Küche, Waschmaschine). Freies WLAN im Barbereich. Der Campingplatz wurde umweltfreundlich umgestaltet, das Wasser wird z. B. mit einer Solaranlage erhitzt. Ganzjährig geöffnet. Pro Pers. ab Auto 4 €, Zelt 5,5–50 €, Wohnwagen 6 €, Wohnmobil 7 €. Knapp 6 km von Gýthion entfernt, ✆ 27330/2345-0/-1, www.manibeach.gr.

Essen & Trinken Ausreichend Tavernen mit Schwerpunkt Fisch am langen Strand, fast alle mit netter Terrasse, preislich in der Regel unter den Lokalen in Gýthion. Sehr gut und günstig Fisch essen kann man beispielsweise in der Strandtaverne **Takis**, fast am Meer, zwischen den Campingplätzen Gythion Bay und Mani Beach gelegen (bei der Tankstelle links ab und auf dem Feldweg bis zum Strand fahren; nicht beschildert). Ein sympathischer Familienbetrieb, ausgelassene Stimmung (beliebt bei den benachbarten Campinggästen), hervorragende Ofengerichte und köstliche Vorspeisen. Jeden Tag Spezialgerichte. Mit Bar. Nur abends ab ca. 18 Uhr geöffnet. ✆ 27330/22809.

>>> **Lesertipp:** „Wir haben eine gute Taverne direkt am Strand entdeckt. **O Gialos**, Familienbetrieb mit vorzüglicher Küche; neben der Speisekarte gibt es auch ein Tagesgericht. Der Koch ist Grieche, seine Frau aus Deutschland. Anfahrt: in Mavrovoúni auf das Schild mit dem Flamingo mit der Sonnenbrille achten – es steht 100 m nach dem Wegweiser Camping Mani Beach und ist nur in dieser Richtung beschildert" (Ralf und Petra Siegel). <<<

Agéranos

Etwa 14 km von Gýthion entfernt (Richtung Areópolis) liegt diese lose Häuseransammlung in einer schönen Bucht, in die ein kleiner Fluss mündet. Weit verstreut findet man Privatzimmer, Tavernen, Hotels und zwei einfache Campingplätze. Gemütlich geht es hier noch zu, doch einen fahrbaren Untersatz sollte man schon haben, denn Agéranos ist doch ziemlich weit ab vom Schuss und wirklich sehr ruhig. Mit seinem weitläufigen Strand ist es ein Paradies für Ruhebedürftige.

Verbindungen Der **Bus** von und nach Gýthion hält meist nur an der Küstenstraße und zweigt nur Mo, Mi und Fr (!) zum Strand ab (1,20 €).

Übernachten/Camping *** Hotel **Belle Hélène**, Hotel mit 98 Betten, im südwestlichen Eck der Agéranos-Bucht. Viele Pauschalgäste, schöner Strand, Tennisplatz, sehr ruhig und abgeschieden gelegen. Zimmer mit Bad, Balkon und Aircondition. EZ ab 72 €, DZ 72–100 €, inkl. Frühstück. Geöffnet April bis Sept. ✆ 27330/9300-1 bis -5, www.bellehelene.gr.

Weitere **Apartments** und **Studios** in Agéranos.

Camping Kronos, flaches Gelände am Meer mit langem, feinkörnigem Sandstrand (nicht ganz sauber), sehr abgelegen (Anfahrtsweg vom Dorf noch einmal 2 km auf sehr enger Teerstraße, beschildert). Nette Stimmung, Strandbar, Restaurant und Mini-Market vorhanden, ansonsten keine Einkaufsmöglichkeiten. Mattendecker spenden ausreichend Schatten. Pro Pers. 6 €, Auto 4 €, Zelt ab 4,50 €, Wohnwagen 6 €, Wohnmobil 6,50 €. April bis Okt. geöffnet. ✆ 27330/93093 oder 27330/93321.

Camping Porto Agéranos, im südlichen Teil der Bucht, schöner Strand, wenig Schatten, netter Service. Mit Bar, Restaurant und Mini-Market. Vermietet werden auch Zimmer und Studios mit eigenem Bad, TV, Kühlschrank und Aircondition. Geöffnet 1. Mai bis Mitte Okt. Pro Pers. 5 €, Zelt 9–10 € (!), Auto/Motorrad frei, Wohnwagen 10 €, Wohnmobil 10 €. Studio (2 Pers.) ab 40 €. ✆ 27330/93342 oder 27330/93364, www.porto-ageranos.gr.

Der gewaltige Felskoloss von Monemvasiá

Der südöstliche „Finger"

Viele Reisende schenken dem östlichen Finger des Peloponnes überhaupt keine Beachtung. Ausgenommen die berühmte Halbinsel Monemvasiá mit ihren malerischen Gassen, von denen sich beinahe jede als Fotomotiv eignet, oder das Hafenstädtchen Neápoli wegen seiner Fährverbindungen nach Kýthira.

Doch es gibt mehr zu entdecken: hübsche Dörfer wie *Ágios Nikólaos* oder das ganz im Süden liegende und merkwürdig windschiefe *Profitis Elías*. Nur einen Katzensprung ist es zur Insel *Elafónisos* mit ihrem sagenhaften *Simos-Beach*; wer seine Ruhe haben will, wird sich sicherlich an den kilometerlangen Sandstränden an der nördlichen Westküste des „Fingers" wohl fühlen. Zum Baden gut geeignet sind auch einige Strände an der Ostküste, z. B. bei *Káto Glikóvrissi*. Ein kleines kulturelles Highlight stellt neben Monemvasiá in bescheidenem Umfang auch *Geráki* in der Eurótas-Talebene ganz im Norden der Region dar. Da die byzantinisch-fränkische Ruinenstadt 2 km östlich des wenig sehenswerten Landstädtchens jedoch meist geschlossen ist, lohnt ein Ausflug hierher nur für speziell Interessierte.

Wer den südöstlichen „Finger" ohne eigenes Fahrzeug erkunden möchte, kommt an dem von Hunderttausenden von Olivenbäumen umgebenen *Molái* nicht vorbei. Im Gegensatz zur malerischen Landschaft ist der Ort selbst alles andere als sehenswert. Molái, das rund 3000 Einwohner zählende Provinzstädtchen, liegt 24 km von Monemvasiá entfernt am Hang und ist der Verkehrsknotenpunkt der Gegend. Von hier fahren die Busse nach Monemvasiá, Neápoli und an die kleineren Orte der Westküste.

Wer mit dem eigenen Fahrzeug unterwegs ist, findet westlich von Molái an der Küste einen überraschend sauberen und menschenleeren Sandstrand, der sich kilometerlang zwischen Kokkínia und Trínisa hinzieht.

Alternativroute an der Ostküste

Mit ein wenig mehr Zeit im Gepäck und mit eigenem Fahrzeug lässt sich im Nordosten von Monemvasiá die Gebirgslandschaft um den *Koulochéra* (1125 m) erkunden. Immer wieder reizvoller Ausblick bis zur Küste von Máni. Einigen hübschen Dörfern zwischen Richiá und dem kleinen Fischerort Liméni Géraka, wo man schließlich wieder auf das Meer trifft. Einziges Manko: Es gibt keine Übernachtungsmöglichkeiten.

> Achtung: Mobiltelefone haben hier in den Bergen streckenweise keinen Empfang.

Eine schnurgerade Strecke durch die flache Ebene führt nach der Abzweigung auf der Strecke Molái – Monemvasiá nach Metamórphosi. Danach schraubt sich die Straße stetig hinauf in die Berge, weit unten leuchten die weißen Fassaden der verstreut liegenden Ortschaften heraus. Auf der Höhe der wenig befahrenen Passtrasse nur baumloses Hochland mit niedrigen Krüppelsträuchern und Felsen. Das ändert sich auch kaum, wenn es auf der anderen Seite nach *Richiá* hinuntergeht. Die Weiterfahrt nach Agios Ioannis erinnert unweigerlich an die Karl-May-Verfilmungen: Riesige Findlinge und skurrile Steingebilde türmen sich entlang der Straße – Mondlandschaft.

Liménas Géraka: Durch seine Nähe zum Touristenmagneten Monemvasiá verirren sich ab und zu Besucher in das kleine Fischernest. Manche kommen eigens mit dem Taxi, um in eines der einfachen Fischlokale einzukehren. Ein hübsches Fleckchen, die wenigen Häuser des Ortes drängen sich mit Blick auf eine lang gezogene Lagune auf einem Hügel, dahinter versteckt sich der kleine Fischerhafen mit seinen Tavernen. Gerade einmal 15 Bewohner zählt der Ort im Winter, im Sommer sind es immerhin um die 70.

Auf der Landzunge, die gegenüber vom Fischerhafen in die Naturbucht hineinragt, sind noch deutlich die Spuren früherer Besiedlung erkennbar. Um 350 v. Chr. wohnten hier mehrere Tausend Menschen im damaligen *Kardena*, gut beschützt von einer Burg, von denen heute nur noch spärliche Reste über der heutigen Ansiedlung erhalten sind. „Kardena" bedeutet soviel wie „Kette", und eine solche wurde in der Tat über die Hafeneinfahrt gespannt, um Piratenschiffen die Einfahrt zu verwehren. Aufgegeben wurde die historische Siedlung nach dem Erdbeben von 350 v. Chr.

Verbindungen/Segeln Liménas Géraka ist nur mit eigenem Fahrzeug, per Taxi von Monemvasiá (ca. 15 €; Rückfahrt ausmachen) oder über das Wasser erreichbar. Der kleine Ort mit seiner betonierten Hafenmole wurde bis vor wenigen Jahren von den Flying Dolphins angefahren. Für Segelboote bietet der Naturhafen einen idealen Ankerplatz, leider gibt es weder Strom noch Wasser. Auf der Zufahrt tiefes Wasser, an der Mole 3–4 m, am Ende der Bucht knietiefe Lagune.

Essen & Trinken ⟫ **Mein Tipp:** Taverne Remetzo, benannt nach dem Ankerstein, der die Fischerboote absichert. Die Einrichtung erinnert noch an den ersten Besitzer (1901–1985), der als Kolonialwarenhändler und Apotheker in diesem Haus lebte. Der junge Wirt Tasos und seine norwegische Frau Vibeke haben sich heute ganz auf Fisch spezialisiert, das Boot liegt direkt vor der Taverne vor Anker. Zu empfehlen der leckere Oktopus oder gegrillte Shrimps, es gibt Hauswein vom Fass. ✆ 27320/23933, www.remetzo.gr (die kleine Homepage informiert u. a. über die Historie des Orts). ⟪

Drei weitere Fischtavernen auf dem Weg zur Hafenmole.

Ariána: Die Gegend wird immer einsamer. Nur wenige Autos fahren auf der breit ausgebauten Straße in Richtung Süden. Der Strand von Ariana lohnt sich durchaus. Eine asphaltierte Stichstraße führt zu dem 1 km unterhalb der Küstenstraße gelegenen Strand, der aus grobem Kies besteht. Keine Taverne.

Epídauros Limera/Póri Beach: Zwischen kahlen Bergen taucht 4 km nördlich von Monemvasiá eine weite Bucht mit einem langen, rötlichen Sandstrand (nur wenig Kiesel) auf. Am Rand einige Ferienhäuser sowie ein einfaches Restaurant. Schöner Blick auf den mächtigen Felsen von Monemvasiá. Noch nicht überlaufener Badestrand, leider nicht immer sauber und auch nicht übermäßig einladend. An der Westseite der Bucht lag einst Epídauros Limera. An den Hügeln sind noch Reste der Stadtmauer aus dem 5. oder 4. Jh. v. Chr. zu erkennen. Hier gab es einst einen Asklepios-Tempel. Ein kleines Hinweisschild weist auf den antiken Ort hin, der an der Küstenstraße, 200 m vom Strand entfernt, liegt.

Das heutige Epídauros Limera erreicht man, wenn man ca. 7 km der Straße nach Sparta folgt und dann rechts abbiegt. Die kleine Häuseransammlung am Nordende der Bucht ist hübsch anzusehen – zum Baden allerdings weniger gut geeignet. Hier werden Zimmer vermietet und es gibt eine Taverne mit Mittagstisch.

Monemvasiá

Das auf einen wuchtigen Felsklotz gebaute Dorf, durch einen schmalen Damm mit dem Festland verbunden, hat sein mittelalterliches Gepräge ins 21. Jh. retten können. Das Engagement vieler Griechen hat den schleichenden Zerfall gestoppt. Mit seinen engen, holprigen Gassen, den byzantinischen Kirchen, verwinkelten Innenhöfen sowie idyllischen Tavernen und Cafés ist Monemvasiá ein zauberhafter Ort ohne Autos.

Die Stadt Monemvasiá besteht aus der Insel mit Ober- und Unterstadt und dem Ortsteil Géfira auf dem Festland. Heute leben in den jahrhundertealten Gemäuern der Unterstadt gerade noch ein paar Dutzend Einwohner. Die meisten Häuser dienen als schmucke Pensionen oder Ferienwohnungen. Auf dem Hochplateau des riesigen Felsmassivs (200 m hoch, 1,7 km lang) finden sich die Reste der Oberstadt mit Kastell, Zisternen und Kirchen. Viele Jahrhunderte lang war Monemvasiá unentbehrlicher Stützpunkt für die Venezianer und Türken. Die cleveren Stadtbewohner hatten den Großmächten zahlreiche Privilegien abringen können. Dank seiner strategisch günstigen Lage kam Monemvasiá schnell zu Reichtum, denn die Stadt lag an der wichtigen Schiffsroute von Italien nach Konstantinopel. Seinen Namen verdankt die Stadt dem Begriff *moni embasia* („einziger Zugang"). Lange Zeit galt die Stadt wegen ihrer verschanzten Lage als Gibraltar des Ostens. Wie schwer es gewesen musste, sie zu erobern, kann man bei einer Besichtigung gut nachempfinden.

Seit seiner Wiederentdeckung entwickelt sich in dem reizvollen Städtchen ein anspruchsvoller Individualtourismus, doch noch stört kein Neubau das Ortsbild. Viele Häuser in der wunderschönen Unterstadt wurden restauriert, mancher Athener hat sich hier einen stilvollen Feriensitz eingerichtet. Gerade in den letzten Jahren wurde jedoch sowohl in der Unterstadt Monemvasiá wie auch in Géfira eine äußerst expansive Tourismuspolitik betrieben: In der Altstadt hat sich die Zahl traditioneller Unterkünfte in den letzten beiden Jahrzehnten verdoppelt (ebenso die

Ein Traum von Leben und Brot – der Dichter Jannis Ritsos

„Wir müssen die Wörter genau zurechtschneiden und sie wie die dicken und großen Gummisohlen in die richtigen Formen einpassen, wir müssen nützliche und große Wörter finden, widerstandsfähige und alles umfassende Wörter für die gewaltigen Schritte unserer Epoche", sagte Jannis Ritsos über seine Arbeit als Lyriker.

Der am 1. Mai 1909 in Monemvasiá geborene Ritsos zählt zu den bedeutendsten Dichtern Griechenlands. Sein Werk wurde in 50 Sprachen übersetzt und sein Name zum Synonym für moderne Lyrik in Hellas. Die Vertonungen von *Mikis Theodorakis* machte viele seiner Verse im Volk populär.

Während des Bürgerkrieges schloss sich Ritsos der kommunistischen Bewegung an, und das Metaxas-Regime schickte ihn von 1948–52 in die Verbannung. 1967 wurde er unter der Militärdiktatur ein zweites Mal verhaftet und in den Konzentrationslagern auf Leros und Samos gefangen gehalten. Seine Gedichtzyklen sind ein Aufschrei gegen Diktatur und Gewalt, Verse voller Mythen und mediterranem Reiz, aber auch surrealistisch und rätselhaft, was dem Dichter oft Unverständnis und Kritik auch aus den eigenen – kommunistischen – Reihen einbrachte.

Ritsos war ein überaus produktiver Schriftsteller. In seinem Leben publizierte er über fünftausend Seiten Lyrik. Das Mammutwerk liegt seit 1968 auch in deutscher Sprache vor. Von Dutzend Bänden sind mittlerweile jedoch viele vergriffen und wurden – u. a. auch wegen des geringen Bekanntheitsgrads des Dichters im deutschsprachigen Raum – nicht mehr aufgelegt.

Jannis Ritsos war ein moderner Archipoet Griechenlands, ein linker „Dichter des Volkes" mit dem Glauben an die ewige Poesie. Am 11.11.1990 starb er im Alter von 81 Jahren, man begrub ihn auf dem Friedhof in Monemvasiá. Vor seinem Geburtshaus erinnert eine Bronzebüste an den großen Poeten, dessen Familie in Monemvasiá auf eine lange Tradition zurückblicken kann. Die verschlossene Villa liegt versteckt, aber beschildert, oberhalb des Stadttors, am Eingang der Unterstadt (Karte S. 369, **10**).

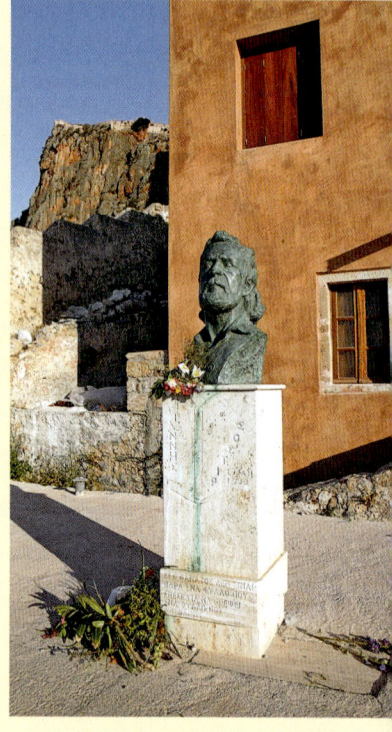

Büste von Ritsos vor seinem Geburtshaus

Zahl der Souvenirläden), und in Géfira werden mittlerweile in jedem zweiten Haus „Rooms" vermietet. Zimmernot herrscht also selten. Doch selbst im Sommer, wenn zahlreiche Jachten vor Anker liegen und viele Besucher diesen entlegenen Teil des Peloponnes per Auto oder Bus ansteuern, herrscht relative Ruhe auf dem Fels von Monemvasiá, schließlich ist er für Autos unpassierbar.

Geschichte

Mit dem Einfall der Slawen Ende des 4. Jh. wurde der mächtige Felskoloss Zufluchtsstätte. Die geografische Lage des Ortes auf seinem uneinnehmbaren Felsen ließ den Wohlstand schnell wachsen. Monemvasiá wurde wichtiger Umschlaghafen und Stützpunkt entlang der Schiffsroute Italien-Konstantinopel. Jede Kriegsflotte, die nach Kleinasien segeln wollte, musste die Südostflanke Griechenlands passieren. Daher versuchten die byzantinischen Kaiser, die Einwohner mit Privilegien und Vorrechten bei Laune zu halten. Monemvasiá konnte sich auch gegen die arabischen Piraten (8.–11. Jh.) behaupten und im Laufe der Zeit seinen Wohlstand weiter vergrößern. Die gewährten Privilegien stiegen noch nach der Machtübernahme durch die Byzantiner, und die Kaufleute aus Monemvasiá hatten steuerfreien Zugang zu den Märkten des riesigen Reiches. Alle eingenommenen Geldstrafen durften zum weiteren Ausbau der Verteidigungsanlagen benutzt werden. Das 14. Jh. war die Glanzzeit der Stadt: Sie besaß 40 Kirchen und war Sitz des Metropoliten.

Als die byzantinische Herrschaft sich dem Ende näherte, taktierten Monemvasiás Politiker zwischen Venezianern und Türken; von 1460–1464 stand die Stadt unter dem Schutz des Papstes, danach wurde ein Schutzvertrag mit der Markusrepublik geschlossen. Unter der Führung Venedigs wurden die Verteidigungsanlagen weiter ausgebaut, die Kirchen wiederhergestellt und der Warenumschlag vergrößert.

Im 16. und 17. Jh. kämpften Venezianern und Türken heftig um die Stadt; im Jahr 1715 überließen die Herren aus Venedig Monemvasiá für eine erhebliche Summe den Türken. Die Stadt versank in der Bedeutungslosigkeit. Zählte sie im 16. Jh. noch etwa 60.000 Einwohner, waren 1804 von den 350 Häusern Monemvasiás lediglich sechs bewohnt. 1821, während des griechischen Freiheitskampfes, mussten die Türken die Festung nach viermonatiger Belagerung aufgeben.

Der Ort blieb immer ein bescheidenes Landstädtchen abseits der großen Verkehrsverbindungen. In der alten Stadt Monemvasiá leben heute etwa 70 Einwohner, in dem auf dem Festland gelegenen Ortsteil Géfira (auf Deutsch „Brücke") knapp 1000. Erst durch den wachsenden Tourismus der letzten Jahre kam neues Leben in die Stadt – vor allem während der Sommermonate.

Basis-Infos

Information Polizei, vom alten Hafen in Géfira aus beschildert. Die örtliche Polizei übernimmt zum Teil die Aufgaben der Touristenpolizei. ✆ 27320/61210 und 6988385100.

Verbindungen Bus, bessere Busverbindungen hat man von dem nur 24 km entfernten Bauernstädtchen **Moláï** (dorthin 3-mal tägl., 2,60 €). Daneben bestehen folgende Verbindungen: 4-mal tägl. über Moláï, Sparta (3 Std., 10,10 €), Trípolis (4 Std., 15,90 €) und Korínth (5 Std., 26,30 €) nach Athen (Terminal A; 6 Std., 32,50 €). Informationen zu Busverbindungen und Tickets erhält man beim *Malvasia Travel* gegenüber der Post in Géfira.

Busverbindungen ab Moláï: 6-mal tägl. Káto Glikóvrissi (1,60 €); 2-mal Eláea (1,80 €); 2-mal Plítra (1,60 €); 3-mal Archángelos (Bus hält oben an der Hauptstraße, 3,40 €); 3-mal Neápoli (6,70 €); 5-mal tägl. über Skála (3,40 €), Sparta (7,50 €) und Trípolis (13 €) nach Athen (27 €). 3-mal tägl. Bus nach Monemvasiá (2,60 €). Die Busstation liegt an der unteren Hauptdurchgangsstraße (beschildert „KTEL" schräg hinter einem riesigen Supermarkt).

Pendelbus, von Géfira nach Monemvasiá (1,10 € pro Fahrt), in den Sommermonaten von frühmorgens bis spät in die Nacht alle 30 Min. (Alternativ kann man mit dem eigenen Fahrzeug bis zu Parkplätzen vor das Stadttor fahren, die aber im Sommer ohne jeden Schatten und reichlich zugeparkt sind. Auf der Straße dorthin wird es dann sehr eng, wenn ein Bus entgegenkommt).

Adressen Erste Hilfe: Ein Arzt ist unter ✆ 27320/61204 zu erreichen. Das nächste Krankenhaus befindet sich in Molái.

Post: im Zentrum von Géfira, der Straße nach der Brücke für 100 m folgen Mo–Fr 7.30–14.30 Uhr.

Bank: Bank mit EC-Automat und Geldwechselautomat in Géfira an der Straße Richtung Neápoli/Nomiá; außerdem *National Bank of Greece* im Zentrum, nur Mo, Mi (jeweils 8–14 Uhr) und Fr (8–13.30 Uhr).

Taxi: am Hafen in Géfira und am Parkplatz nach der Brücke. ✆ 27320/61274.

Reisebüro/Autoverleih: *Malvasia Travel*, in Gefira, bei der Brücke nach Monemvasia. Sehr kundig und hilfsbereit. Bustickets und Informationen (Abfahrtszeiten der Busse hängen aus), Fährverbindungen nach Italien, weltweite Flüge, und vermietet Autos und Zweiräder (Moped ab 15 € pro Tag, Kleinwagen ab 40 € pro Tag . Tägl. 8–14 und 17–18 (in der Hauptsaison bis 20 Uhr) Uhr, So 12–14 Uhr. ✆ 27320/61432 oder 61752. Außerdem **Autoverleih Kypros**, ✆ 27320/61483, an der Straße nach Sparta.

Rent a Car Christos Ramakis, liegt an der Straße Richtung Neápoli/Nomiá. Kleinwagen ab 20 € pro Tag (inkl. 100 Freikilometer, jeder weitere Kilometer kostet extra), Mofas 15 €/Tag, größere Mopeds und Enduros 20 €/Tag. Tägl. 9–14 und 18–22 Uhr. ✆ 27320/61581 oder 61173, ramak5@otenet.gr.

Digitaler Fotoservice Palladium (alle Chips) in Géfira neben der Polizei und in Monemvasiá am zentralen Platz. Bearbeitung in 30 Min. ✆ 27320/61347.

Übernachten/Essen & Trinken

Hotels Hotel Lazareto **7**, 1998 eröffneter, auffälliger Natursteinkomplex. Auf halbem Weg zwischen Géfira und der Unterstadt kurz nach dem Damm auf der linken Seite gelegen. Ebenfalls im traditionellen Stil, alle 15 Zimmer mit Bad, Balkon oder Veranda, Aircondition und TV, ziemlich schick und teuer. Einige haben einen offenen Kamin. Ganzjährig geöffnet. Ein durchaus empfehlenswertes Hotel, das freies Internet anbietet. Leser rieten dazu, ein Zimmer in den oberen Stockwerken zu beziehen, weil Tausendfüßler aus dem Garten „Unterstand" suchen. Das früher so beliebte Restaurant ist geschlossen, aber es werden den Hotelgästen weiter frisch zubereitete Snacks geboten. DZ 100–205 €, Suiten 240–380 €, Frühstück inkl. ✆ 27320/61991, www.lazareto.gr.

In der Unterstadt von Monemvasiá Ganz gleich, für welches der aufgeführten Hotels in der historischen Stadt Sie sich entscheiden, das Ambiente stimmt bei allen. In romantischen Gassen liegen die sorgfältig und mit viel Geschmack restaurierten, uralten Gemäuer, die heute komfortable und nicht mal teure Hotels beherbergen. Die Zimmerpreise schwanken je nach Größe, Lage und Ausstattung. Fast alle Zimmer sind stilvoll mit altem, dunklem Mobiliar eingerichtet, den passenden Rahmen bilden alte Gewölbe und dunkle Holzdecken, z. T. auch eine herrliche Aussicht. In der Hochsaison können die Suche nach einem Parkplatz und das Tragen des Gepäcks bis ins Zimmer allerdings schwierig werden. Die Parkplätze vor Monemvasiá sind dann zumeist zugeparkt. **Achtung**: Die Hotels in der Unterstadt sollte man in den Sommermonaten mindestens zwei Wochen vorher reservieren!

》》 Mein Tipp: Hotel Malvasia **2**, vorzügliche Pension, von den Zimmern wunderschöner Blick. Urgemütlich mit Holzboden, wunderschönen Teppichen und Sofas ausgestattet, viele Zimmer sogar mit offenem Kamin, das Bad aus Marmor, sogar eine Kochmöglichkeit ist oft vorhanden. Manche Bäder sind jedoch ein wenig in die Jahre gekommen. Freundlicher Service. Unter-

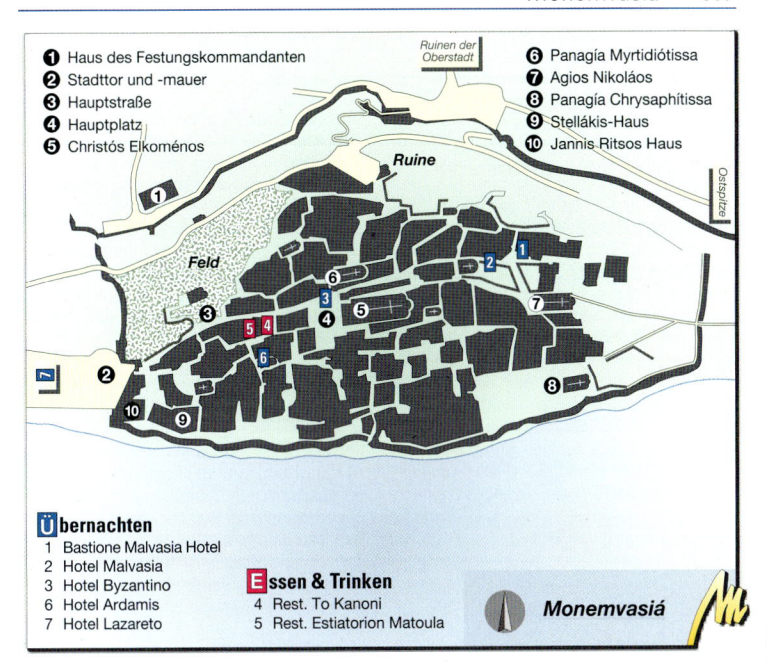

Monemvasiá 369

- ❶ Haus des Festungskommandanten
- ❷ Stadttor und -mauer
- ❸ Hauptstraße
- ❹ Hauptplatz
- ❺ Christós Elkoménos

Ruinen der Oberstadt

- ❻ Panagía Myrtidiótissa
- ❼ Agios Nikoláos
- ❽ Panagía Chrysaphítissa
- ❾ Stellákis-Haus
- ❿ Jannis Ritsos Haus

Ruine

Feld

Ostspitze

Monemvasiá

Übernachten
1 Bastione Malvasia Hotel
2 Hotel Malvasia
3 Hotel Byzantino
6 Hotel Ardamis
7 Hotel Lazareto

Essen & Trinken
4 Rest. To Kanoni
5 Rest. Estiatorion Matoula

Lakonien → Karte S. 335

halb des Hauptplatzes gelegen (beschildert). Für das, was der Gast geboten bekommt, ist die Übernachtung preiswert, der Preis richtet sich vor allem nach der Aussicht. DZ ab 65 €, Preise jeweils inkl. Frühstück. Vermietet werden auch Apartments im traditionellen **Stelaki Mansion**, einem der schönsten Patrizierhäuser Monemvasiás. Ein Apartment für 2 Pers. kostet hier rund 65–85 €, das Vierer-Apartment mit 40 m^2 großem Wohnzimmer und Terrasse auf der Stadtmauer (direkt am Meer) ab 140 € pro Nacht. Ganzjährig geöffnet. ✆ 27320/61160 und 61323, www.malvasiahotel-traditional.gr/. «

Bastione Malvasia Hotel ❶, das frühere New Malvasia Hotel ist nun eigenständig. Das Steinhaus liegt am Ende der Hauptstraße durch den Ort, davor das idyllische Café Malvasia. DZ je nach Größe und Aussicht 65–100 €, Dreier 85–100 €. Manche Zimmer mit Balkon und Meerblick. ✆ 27320/63007. Bilder und Videos auf der ausdruckstarken Internetseite: bastionemalvasia.gr.

Hotel Byzantino ❸, sehr geschmackvoll eingerichtet, alter Natursteinbau, mit kleiner Bar. Zimmer mit Holzdecke, z. T. Blick aufs Meer, alle mit Bad, Aircondition, Telefon. Einige der Zimmer haben sogar einen offenen Kamin. Die Rezeption liegt an der Hauptgasse (Platia), die Zimmer sind in fünf Gebäuden im Ort verteilt. Verschiedene Preise, da die Zimmer sehr unterschiedlich ausfallen. DZ ab 75 € (mit Kastellblick), 85–110 € (mit Meerblick), mit Balkon ab 110 €, jeweils inkl. gutem griechischem Frühstück. Ganzjährig geöffnet. ✆ 27320/61351, www.hotelbyzantino.com.

Hotel Ardamis ❻, ebenfalls empfehlenswert, unterhalb der Hauptgasse gelegen, großzügige Apartments (zwei Räume) mit Küche, sehr schönen Badezimmern (mit Wanne) und Aircondition, zum Wohlfühlen. Informationen und Rezeption im Mini-Market in der Hauptgasse (linke Seite). Apartment für 2 Pers. 80–180 € (z. B. Turmzimmer) oder Suite (2 Pers.) ab 135–240 €. Haus für 4 Pers. mit Terrasse 220–280 €. Frühstück 10 € pro Pers. Ganzjährig geöffnet. Die Besitzer sprechen allerdings nur gebrochenes Englisch. ✆ 27320/61887, www.ardamis.gr.

Im Ortsteil Géfira ** Hotel Pramataris, besteht aus zwei Häusern. Beide sind gepflegt und sehr sauber, liegen an der Hauptstraße. Die Zimmer sind mit Pinienmöbeln eingerichtet, haben große Fenster zum Balkon, alle Zimmer mit TV und Kühlschrank. DZ ab 36 €, Familienapartment ab 56 €, inkl. Frühstück. Ganzjährig geöffnet. ✆ 27320/61833, www.pramatarishotel.gr.

››› Mein Tipp: *** Hotel Louloudi tis Monemvasias („Blume Monemvasias"), empfehlenswertes Haus mit sehr nettem Service. Das moderne, beige gestrichene Haus liegt rund 1,2 km von der Unterstadt entfernt Die englischsprachige Rezeption hilft gerne weiter. Geschmackvolle Einrichtung, die Zimmer sind mit Holzbetten und Fliesenboden ausgestattet, teilweise gibt es auch eine Küchenzeile. Schöner Frühstücksraum mit Bistrostühlen, idyllische Terrasse mit Blick auf den Burgfelsen, nur 50 m vom Badestrand. EZ 45–90 €, DZ 50–110 €, Dreier ab 70 €, die Preise sind je nach Saison sehr unterschiedlich. ✆ 27320/61395, www.flower-hotel.gr. ‹‹‹

> Ein Tipp für Hotelgäste der Altstadt: Gepäckstücke auf Rollen sind auf den Pflastersteinen nicht ohne Schäden zu bewegen. Wer schweres Gepäck mitbringt, sollte das Hotel bei der Ankunft informieren, diese schicken Gepäckträger.

*** Hotel Filoxenia, das am Kiesstrand gelegene Hotel bietet 18 Zimmer, sehr gepflegt. Alle mit Aircondition, Heizung, Sat-TV, WLAN, Musik, Minibar und Bad. Schick eingerichtet, große Balkone, eine bequeme, moderne Unterkunft am Ortsrand, Zimmer unbedingt nach vorne nehmen. Mit Restaurant, Bar und Café. EZ 39–60 €, DZ 41–80 €, Frühstücksbuffet 5 € pro Pers. ✆ 27320/61716, www.filoxenia-monemvasia.gr.

Apartments *** Monemvasia Village, etwa 500 m von der Brücke von Géfira hat Eigentümerin Maria Panou über Géfira diese neue Anlage mit Pool eröffnet. Ein gut gepflasterter Weg führt zu der zweigeschossigen Villa am Hang mit einem kleinen, gepflegten Garten. Schöner Blick aufs Meer und den Burgfelsen von Monemvasiá. Rustikale Zimmereinrichtung, sehr freundliche Besitzerfamilie Panou. Etwa 80 m vom Haus entfernt eine kleine Badebucht mit Kies. Studios 55–80 €, Apartments 74–105 €. ✆ 27320/61196, www.monemvasia-village.gr.

››› Lesertipp: Apartments Zachos, „5 km außerhalb, ideal zur Besichtigung von Monemvasiá, da Preise weitaus günstiger. Schöne Bungalows, freundliche Leute. Anfahrt: Von Monemvasiá Richtung Neápoli, dann sind die Apartments gut ausgeschildert. Nach ca. 5 km links abbiegen, hier liegen die Apartments nahe dem Strand von Xifias". (Willi und Regina Karrlein). Ab 40 € für 2 Pers. ✆ 27320/66294 oder mobil 6932-972998. ‹‹‹

Privatzimmer Das Angebot in Géfira ist groß, z. B. an der Straße nach Neápoli auf der rechten Seite

Petrino Guest House, die Zimmer von Maria Kourti sind sehr gepflegt und sauber, im Erdgeschoss mit Terrasse zum Meer, im ersten Stock mit Balkon, alle Zimmer mit Bad. Nur wenige Häuser vom Kourkoulis an der Straße Richtung Neápoli (stadtauswärts), ebenfalls schöner Natursteinbau. In unmittelbarer Nähe auch das Restaurant Skorpios. DZ je nach Blick 40–50 €, Dreier ab 58 € (inkl. Frühstücksbuffet). ✆ 27320/61136, www.petrinoguesthouse.gr.

Camping Das freie Campen in Monemvasiá ist verboten. Leser berichteten davon, dass das Abstellen von Wohnmobilen auf manchen Grundstücken, etwa bei Tavernen, geduldet wird. Auf jeden Fall nachfragen!

Essen & Trinken Estiatorion Matoula 🔳, Traditionsrestaurant neben dem Kanoni in der Hauptgasse. Gepflegtes Lokal mit schöner, L-förmiger Terrasse, teilweise spendet ein Pflanzendach Schatten, mittleres bis gehobenes Preisniveau, gediegenschlichte Einrichtung, sehr gute griechische Küche. ✆ 27320/61660.

››› Mein Tipp: Restaurant To Kanoni 🔳, bei Yoannis Loukakou, einem gelernten Elektroingenieur aus Athen, kann man mitten in der Unterstadt von Monemvasiá bei klassischer Musik speisen. Gegründet 1950, liebevoll eingerichtet, hübsche Terrassen: Mit Blick auf die Platia oder vom Dachgarten mit traumhaften Blick aufs Meer. Freundlicher Service, gehobene Preise. Zergeht auf der Zunge: Giowétsi in Tomatensauce gebacken oder Stamna (Rindfleisch mit gemischtem Gemüse, Kartoffeln und

Schmelzkäse im Topf serviert). Bewährte Empfehlung, hier kann man auch gut frühstücken. Gekocht wird erst am Abend. Hauptgasse, bei der Platia. ✆ 27320/61387. «

Café Malavasia, lädt zu einer Pause bei grandioser Aussicht ein. Von der steinernen Terrasse blickt man auf die Stadtmauer und das Meer hinunter. Die Ficusbäume spenden ein wenig Schatten. Vor vom Hotel Bastione Malvasia und auch ein Teil davon.

Enetiko, in der Hauptstraße. Die Terrasse mit hervorragender Aussicht zählt abends zu den angesagten Plätzen. Bietet Säfte, Frühstück und Cocktails an, aber teuer. „Frühstück bei Enetiko: zwei Brötchen, zwei Stück Butter und Marmelade, zwei Kaffee und zwei Orangensaft für 16 €, trotz schöner Terrasse völlig überzogen" (Leserbrief von Matthias Lange). ✆ 27320/61352.

In **Géfira** reihen sich die Restaurants an der Hafenstraße (Straße Richtung Neápoli) aneinander. Touristisch ausgerichtet und relativ teuer, dazwischen finden sich auch einige Snackbars, in denen Pita-Souvláki serviert wird. Man kann gemütlich draußen sitzen, wie in den teureren Restaurants daneben.

Taverne Skorpios, an der Uferstraße zwischen Brücke und Hafen. Gute Küche und freundliche Bedienung in gutem Englisch. ✆ 2732/062090.

Restaurant To Kastro, an der Landenge zwischen Monemvasiá und Géfira liegt diese Taverne (nebenan eine Tankstelle und Schiffsagentur). Das Essen ist eher durchschnittlich, der Blick auf die Küste jedoch sehr reizvoll. Schöner Ort, um am Abend zu relaxen. ✆ 27320/61336.

Pause mit Aussicht

Bars/Cafés/Musik Gleich drei Musikclubs buhlen am zentralen Platz von Géfira um die Gunst des überwiegend jungen Publikums. Alle drei direkt neben dem kleinen Fischerhafen mit gemütlichen Sitzmöglichkeiten unter Riesensonnenschirmen.

Sehenswertes

Unterstadt

Ein Damm führt zur Unterstadt, die vom Festland aus kaum zu sehen ist. Bei dem 20-minütigen Spaziergang entdeckt man wenige Hundert Meter vor den Stadtmauern auf der linken Seite den *Friedhof* mit seinen weißen Umfassungsmauern. Er wurde nach dem Ende der türkischen Herrschaft angelegt. Kostbare Büsten aus weißem Marmor künden vom Wohlstand der Monemvasioten; hier liegt auch *Jannis Ritsos*, der wohl berühmteste Sohn der Stadt, begraben. Ein winkliger Gang mündet am *Stadttor*, dem Eingang zur Unterstadt. Das heute sichtbare Befestigungssystem stammt aus dem ausgehenden 16. Jh., als hier die Türken regierten. Während der zweiten venezianischen Herrschaft wurden Mauern errichtet. Die zum Teil recht hohe *Westmauer* besitzt eine Länge von 200 m.

Archäologische Sammlung

Wer dieses kleine Museum in der ehemaligen Moschee samt Zisterne am Elkomenou-Christou-Platz betritt, taucht in eine andere Welt ein. Die stimmungsvolle Sammlung gibt einen kurzen Einblick in die wechselhafte Geschichte des Burgfelsen. Eine Landkarte informiert über die außergewöhnliche Topografie Monemvasiás. Seit dem 10. Jh. war die Stadt ein wichtiger Handelshafen. Über Jahrhunderte rangelten Venezianer und Türken um die Vorherrschaft. Die Türken saßen hier 1540 bis 1690 und 1715 bis 1821, die Venezianer 1460 bis 1560 und 1690 bis 1715. Neben architektonischen Ausstellungsstücken aus der Agia-Sophía-Kirche auf den Klippen (12. Jh.), einer marmornen Ikonostase aus dem 11. Jh. und Reliefwappen sowie einigen Fundstücken aus antiker Zeit (korinthische Kapitele) konzentriert sich die Sammlung auf die byzantinische Epoche.

Tägl. 8–15 Uhr, Mo geschlossen; ebenso an zahlreichen Feiertagen (Ostern, Weihnachten, Silvester, 1. Mai, Neujahr). Eintritt 2 €. ☎ 27320/61403.

Durch das Stadttor betritt man die *Hauptstraße* der Handelsstadt, eine holprige, enge Gasse mit ein paar Lokalen und vielen Schmuck- und Souvenirläden. Zwischen hohen braunen Häusern führt der Weg zum Platz der Christós-Elkoménos-Kirche. Im hinteren Teil wird die Gasse etwas breiter. Ein Frühstück in der schattigen, kopfsteingepflasterten Straße ist ein – nicht nur kulinarischer – Genuss.

Über den Dächern von Monemvasiá

Ein Quadratzentimeter pro Tag

Immer wieder habe ich vom Kirchplatz zu ihr hinaufgerufen, doch sie sitzt mit dem Rücken zu den Leuten. Sie hört laute Musik mit Kopfhörern, Rockmusik, damit sie den Lärm der Leute auf der Platia nicht hört und nicht abgelenkt wird. Mit einem Skalpell kratzt sie Quadratmillimeter für Quadratmillimeter die Farbe von einem kreisrunden, wappenartigen Relief im Giebel der Christós-Elkoménos-Kirche. Unter ihren Händen kommt allmählich ein byzantinisches Marmorkreuz wieder zum Vorschein. „Die Vorväter haben es versaut", sagt sie, „mit wenigen Pinselstrichen." Bei der Renovierung vor 100 Jahren erst gelb und schließlich mit dicker weißer Kalkfarbe – „ein Alptraum". Von unten sieht es aus wie gelb marmoriert, in Wirklichkeit hat das tellergroße Emblem wunderschöne graue Adern mit seltenen kristallinen Einschlüssen. Zoi ist Restauratеurin für das Archäologische Institut, Abteilung Byzantinistik. Barfuss, mit Jeans und einem weißen Top, sitzt sie auf dem schmalen Brettergerüst. Arbeitsbeginn 8 Uhr bis 14.30 Uhr. Immer wieder nestelt sie an dem bunten Strandschirm, der ihr ein wenig Schatten spendet. „Noch einen Monat Arbeit, dann noch eine Schutzschicht gegen die Witterung". Danach geht es auf dem Kastro weiter, Agia Sophía, viel Arbeit, aber kein Strom. Und alles muss hinaufgeschafft werden. Zum Glück läuft die Musik auf Batterie. Und wenn es zu heiß wird? Sie lacht, mit ein paar Sprüngen barfuß über die Dächer Monemvasiás ist sie über einen Schleichweg unterwegs zu einer Abkühlung im Meer.

Das Marmorkreuz kommt allmählich zum Vorschein

Die Hauptplatia, nordöstlich von der Christós-Elkoménos-Kirche begrenzt, bietet einen schönen Ausblick aufs Meer. Bei einem Spaziergang durch die Unterstadt kann der hohe, schlanke Glockenturm Orientierungspunkt sein. Daneben schmückt den Platz eine zum Meer gerichtete Kanone aus dem Jahr 1763.

Christós-Elkoménos-Kirche: Die größte Kirche der Unterstadt – sie stammt aus dem 11. oder 12. Jh. – wurde nach einer Ikone des „Gegeißelten Christus" benannt und im Laufe der Jahrhunderte oft verändert. Nach ihrer weitgehenden Zerstörung im Jahre 1770 während des Orloff-Aufstands hat man sie erst im 19. Jh. umfassend renoviert. Die innen überraschend große dreischiffige Basilika besitzt zwei Throne, wahrscheinlich aus dem 13. Jh., der Blickfang über der heutigen Eingangstür sind zwei stolze Pfaue.

Zwischen der Christós-Elkoménos-Kirche und der Stützmauer liegt das Haus des Bischofs von Monemvasiá. Über der Eingangstür befindet sich ein stark verwittertes Relief, das den venezianischen Markuslöwen zeigt. Bei dem strahlend weißen Gebäude im Westen handelt es sich um die ehemalige *Moschee*.

Gegenüber vom Campanile geht man durch eine kurze Passage. Hier liegt die im frühen 18. Jh. erbaute Kirche *Panagía Myrtidiotissa*. Blickfang ist die auf einer Stufe stehende Ikonostase (dreigliedrige Bilderwand) mit ihren reichen Verzierungen. Die Kirche ist allerdings in der Regel geschlossen.

Am östlichen Ende steht die kreuzförmige *Agios-Nikolaos-Kirche*, 1703 im italo-byzantinischen Stil von Andreas Likinios erbaut. Über dem Eingang befindet sich die in Marmor verewigte Stiftungsurkunde.

Panagía Chrysaphitissa: große Kuppelkirche am südöstlichen Rand der Unterstadt. Das weiß gestrichene Gotteshaus mit dem roten Ziegeldach wurde mehrmals umgebaut. In einer kleinen Kapelle daneben ist die Ikone „*to jero pigadhi*" (der Heilige Brunnen) zu finden, die laut Legende nach Monemvasiá geflogen sein soll. Wer sich am 2. Mai in der Stadt aufhält, dem wird das prächtige Fest mit Prozession nicht entgehen.

Von der Kirche aus kann man auf der gut erhaltenen Stadtmauer am Meer entlang bis zur *Südwest-Bastion* spazieren. Im Osten eines dort gelegenen Platzes findet sich das *Stellákis-Haus*, eines der schönsten Patrizierhäuser Monemvasiás (beherbergt heute ein Hotel). Es wurde aus unbehauenem Bruchstein gebaut und besitzt einige reizvolle architektonische Details, wie z. B. Renaissancefenster im Seitenflügel.

Oberstadt

Verschiedene Gassen führen zu dem Weg, der sich am Felshang zur Oberstadt schlängelt. Der Steinweg ist gut erhalten. Die Steine sind jedoch rutschig, daher sind gute Schuhe mit Profil zu empfehlen. Als Entschädigung für den in der Hitze durchaus anstrengenden, rund 15-minütigen Fußmarsch bietet sich bereits unterwegs eine fantastische Aussicht auf die Unterstadt und das Meer. In der Oberstadt angelangt, finden die Strapazen noch kein Ende, denn das Gelände ist recht unwegsam. Das sollte Sie jedoch keinesfalls davon abhalten, die *Kirche Agía Sofía*, das *Kastell* und zahlreiche andere Überreste der Oberstadt zu besichtigen. Schmale Pfade durch stacheliges Gestrüpp führen zu den sehenswerten Ruinen. Das Hochplateau der Insel war seit dem 7. Jh. besiedelt, die letzten Bewohner verließen es 1911.

Vom Eingang führt ein schmaler Weg zur *Agía Sofía* (8–15 Uhr geöffnet), der bemerkenswerten Kirche am nördlichen Steilhang des Hochplateaus. Sie wurde zwischen dem 11. und 13. Jh. errichtet. Neben dem Gotteshaus, einer seltenen Achtstützenkirche, stand einst ein Kloster, dies ist heute nur noch eine Ruine. Im Inneren finden sich Teile von Fresken aus dem frühen 13. Jh. Während der türkischen Besatzung wurde die Agía Sofía als Moschee genutzt. Damals erhielten auch die Wände ihren weißen Anstrich. Von der Nordseite der Kirche bietet sich ein herrlicher Ausblick auf die Bucht von Epídauros Limera und das Cap Kremidi.

Mehrere Pfade führen von der Kirche zum *Kastell*, das auf dem höchsten Punkt des Felsens thront. Zwischen dem Gestrüpp sind die Ruinen der Befestigungsanlage noch gut zu erkennen. Eine lange Hose ist wegen der dichten Vegetation empfehlenswert. Von der Anhöhe bietet sich ein grandioser Blick auf das peloponnesische Festland. Auf dem Rückweg kann man den Weg zu dem Areal um die großen Zisternen nehmen (rechts halten). Dort findet sich das *Haus des Kommandanten*.

Baden

Vor der Unterstadt: Unterhalb des Eingangs zur Altstadt bietet eine Liegeterrasse die Möglichkeit, die Stadtbesichtigung zu unterbrechen und ein wenig faul in der Sonne zu dösen oder an der felsigen Küste zu baden. Beliebter Angelplatz.

Unterstadt: Nahe der Stadtmauer gibt es einen kleinen, aber reizvollen Badefelsen. Eine Leiter erleichtert den Einstieg zwischen den scharfkantigen Klippen.

Kirche Agía Sofía in der Oberstadt

Géfira: Der Hafenort von Monemvasiá verfügt über einen eher bescheidenen Strand, ein Gemisch von Kies und Sand. Für Besucher gibt es einen Liegestuhlverleih.

Auf der Straße nach Neápoli: einige einsame und schöne Sandstrände, davor Parkbuchten. Einen Zwischenstopp wert sind etwa der Paraskevi- und der Xifias-Strand. Auf den Stränden legen auch Schildkröten gerne ihre Eier (→ S. 360).

Weiter in Richtung Neápoli

Die Strecke nach Neápoli schlängelt sich durch Hunderte Eukalyptusbäume und Aleppokiefern hinauf zu den kleinen Bergdörfern *Lirá* (mit Trinkwasserbrunnen im Dorf) und nach *Ellinikó*. Die kleine Taverne O Boutsas und ein Kafenion an der Straße laden zu einer Fahrtunterbrechung ein, sonst hat der Ort nicht viel bieten. Mountainbiker sollten sich im Juni/Juli auf einige lästige Pferdebremsen einstellen. Schlagartig ändert sich die Landschaft auf der Weiterfahrt nach Neápoli, karge Bergrücken und Krüppelgewächse bestimmen das Bild.

Neápoli

Das Hafenstädtchen mit knapp 2000 Einwohnern hat sich zu Beginn des 21. Jh. zu einem wirtschaftlichen und touristischen Zentrum der Region entwickelt. Die guten Strände, die vielen gut beschilderten Wanderwege und die interessanten Ausflugsmöglichkeiten nach Monemvasiá oder auf die Insel Elafónisos ziehen viele Individualreisende an.

Das gerade 150 Jahre alte Neápoli liegt am Hang eines Hügels. Die Stadt mit ihrem quadratischen Grundriss und den weiß gekalkten Häusern wird von einer weißen Kuppelkirche überragt. An der 500 m langen Hafenpromenade mit Schatten spendenden Palmen reihen sich die Geschäfte, Cafés, Tavernen und Hotels. Hierher kommen die Bauern aus den umliegenden Dörfern auf einen Plausch zusammen, hier treffen sie auf zahlreiche Feriengäste. Doch der Boom ist vorbei. Viele Gebäude wirken abgewohnt und schmuddelig.

In Neápoli dominiert noch immer die Landwirtschaft. Die Gegend gleicht einem einzigen Gemüse- und Obstgarten. Sowohl in Neápoli selbst als auch in der näheren Umgebung gibt es gute bis sehr gute Bademöglichkeiten. Ein 1,5 km langer Sand-/Kiesstrand erstreckt sich vom Ortskern nach Westen. Es sind sogar Duschen vorhanden. Sehr angenehm ist die Sperrung der Hafenstraße zwischen 21 und 2 Uhr für Pkws. Sie wird am Abend zur Fußgängerzone für Gäste, die in die Tavernen und Bars strömen. Untertags ist der Autoverkehr teilweise sehr dicht.

Während früher die meisten Besucher wegen der günstigen Schiffsverbindung nach Kýthira kamen (ein nur wenige Kilometer breiter Kanal trennt die Insel vom Festland), bleiben heute die meisten Touristen in Neápoli. Ein Ausflug auf die Insel ist dennoch lohnenswert und einfach zu organisieren. Die kleinen Fähren verkehren einmal täglich, im Sommer sogar häufiger.

Verbindungen Bus, die Busstation befindet sich 10 m von der Hafenstraße, wo die Fähren anlegen (Abbiegung nach Ágios Nikólaos/Leofóros Dimokratías), 3-mal tägl. über Molái (6,70 €) nach Sparta (14,20 €), Trípoli (19,60 €) und Korínth (27,10 €) nach Athen (33,40 €). ✆ 27340/23222.

Fähren, Tickets bei der *Vatika Bay Agency* (am nördlichen Ende der Uferpromenade, nach dem Hotel Limira Mare), Akti Vion 192/ Gorgopotamou 1. ✆ 27340/24004 und 29004, www.vatikabay.gr.

Neápoli – Kýthira: im Sommer (11.7.–24.8.) 2-mal tägl. in jede Richtung mit der "Porfyrousa" (im Winter 1-mal tägl.). Pro Pers. einfach 12 €, Leichtmotorrad 11 €, Motorrad 16 €, Auto 44,50 €. Im Sommer sollte man sein Ticket einige Tage vor der Abfahrt kaufen.

Fähren zur Insel Elafónisos: nur ab Vigláfia/Pounda (→ S. 381).

In Neápoli gibt es **keine Autovermietung**!

Gavbilis Bikes and Sports, an der Hafenpromenade, neben dem Hotel Limira Mare. Fahrrad 10 € für 24 Std., für 3 Tage 25 €.

Blick auf die Neapoli und die Meerenge nach Elefonisos

Adressen Polizei: in einer Seitengasse vom westlichen Ortsausgang. ✆ 27340/22111 oder 23900, Hafenpolizei: ✆ 27340/22228.

Erste Hilfe: Vom Norden kommend ist der Weg zum Health Center bereits vor Neápoli ausgeschildert. Im Ort muss man nach den Wegweisern mit der Aufschrift „Kentro Gias" Ausschau halten. ✆ 27340/22500.

Post: an der Uferpromenade Mo–Fr 7.30–14.30 Uhr.

Bank: mehrere Banken (mit EC-Automat) an der Uferpromenade. Mo–Do 8–14.30 Uhr, Fr 8–14 Uhr (Piräusbank)

Apotheke: an der Ecke zur Busstation, ✆ 27340/22322.

Taxi: ✆ 27340/22172 und 47280. Zur Fähre nach Elafónisos ca. 12 €, Profitis Elías ca. 18 €.

Übernachten *** Hotel Limira Mare, das in zwei Bauschritten errichtete Hotel liegt an der Hafenpromenade, mit schönem Vorgarten, direkt am Strand. Nüchterne Architektur, netter Service, gepflegte Anlage. Die in den 80er-Jahren moderne Innenausstattung ist mittlerweile allerdings in die Jahre gekommen. Die 108 Zimmer verfügen über große Fenster mit Blick aufs Meer oder in die Berge und den Hotelparkplatz. 500 m zum Stadtzentrum, April bis Okt. geöffnet. EZ ab 45 €, DZ 50–70 €, Suiten ab 80 €, Frühstücksbuffet jeweils inkl. ✆ 27340/22236, www.limiramare.gr.

** Hotel Aivali, komfortables, weiß getünchtes Hotel am Hafen. Sympathischer Service, Taverne Dematis im Erdgeschoss, 26 Zimmer (alle mit Dusche, Balkon und Aircondition), z. T. Blick aufs Meer. Bei den Zimmern nach hinten kann es im Hochsommer wegen der Hafenstraße schon mal laut werden, ganzjährig geöffnet. EZ ab 35 €, DZ ab 35 €, inkl. Frühstück. ✆ 27340/22287, www.aivalihotel.gr/el/

** Hotel Arsenakos, recht schlichtes und schon älteres, zweistöckiges Haus am Strand, mit Terrasse, 800 m vom Fährhafen. Restaurant. Zimmer mit Bad, Balkon und Aircondition und WLAN. Wegen der nahen Hafenstraße kann es laut werden. Ganzjährig geöffnet. EZ ab 35 €, DZ 45 €, inkl. Frühstück. ✆ 27340/22991.

*** Hotel Vergina, ums Eck vom Arsenakos, 31 saubere Zimmer mit Balkon, gutes Preis-Leistungs-Verhältnis, 30 m vom Strand. EZ und DZ mit Bad und Balkon 50–60 € inkl. Frühstück. ✆ 27340/23443, www.verginahotel.com.

Neapoli Rooms, weiß gestrichenes Haus am Ende der Uferpromenade. Saubere, komfortable Zimmer mit großem Balkon mit Blick aufs Meer oder in die Berge. Etwas hellhörige Zimmer. DZ ab 50 €, ohne Frühstück. ✆ 27340/23951, www.neapolirooms.gr

Essen & Trinken Mein Tipp: Mone Mone, etwas abseits der belebten Promenade. Dieser stadtauswärts folgen, nach dem Hotel Arsenakos liegt die Taverne am Strand. Die Terrasse wird mit bunten Lampen beleuchtet. Sehr gute Küche, freundlicher Service und schönes Ambiente. Spezialität sind die täglich wechselnden Tiginias (Speisen, die in kleinen Töpfen serviert werden). Viele Stammgäste. ✆ 27340/29143.

Taverne Moreas, bekannte Adresse des Ortes, hauptsächlich Griechen essen hier. Stühle und Tische direkt am Meer, leider auch neben der Uferstraße. Das Familienrestaurant bietet frische Gerichte. Vertrauen Sie dem mündlichen Angebot des Tages. Wenige Meter neben dem Hotel Limira Mare. ✆ 27340/23845.

Skulptur in Neápoli

Strände

Die Bucht von Neápoli bietet exzellente Bademöglichkeiten. Das Wasser ist erstklassig – auch 2017 wehte die blaue Flagge und damit nun schon seit 30 Jahren. Besonders schön ist der Strand am westlichen Ende der Bucht. Direkt neben dem kleinen Fährhafen, wo die Schiffe zur Insel Kýthira abfahren, erstreckt sich ein 2 km langer Sandstrand in Richtung Neápoli mit Strandüberwachung und Erste-Hilfe-Station. Auf der Landspitze der engen Durchfahrt, die die Bucht von Neápoli vom Lakonischen Golf trennt, lassen sich die Fährschiffe gut beobachten. Vorsicht wegen Strömungen. In und um Neápoli kann es unerwartet windig werden. Bei kräftigen Böen sollte man aus Sicherheitsgründen auf das Schwimmen verzichten.

Umgebung/Baden

Die Umgebung von Neápoli bietet hervorragende Ausflugsmöglichkeiten. Insbesondere die Bergdörfer im äußersten Teil des südöstlichen Fingers mit Kap Maléas lohnen sich für einen Besuch. Dieser Teil der Halbinsel ist sehr gebirgig. Der höchste Berg bringt es immerhin auf knapp 800 m. Entsprechend schwierig sind die Straßenverhältnisse, auch wenn die meisten Verbindungswege längst asphaltiert sind. Die Region um Neápoli ist sehr windig. Das Wetter kann vor allem im Frühjahr und Herbst schnell umschlagen.

Bei der kleinen Ortschaft **Elika** im Norden findet man einen schönen und ruhigen Sandstrand. Auf der Straße von Neápoli kommend, nach dem kleinen Supermarkt links abbiegen (dem Pfeil nach „Beach" und „Marathias" folgen). An der Küste dann nach rechts abbiegen und bis zum Parkplatz fahren. Dort versorgt eine kleine Bar, die Tortuga Pirates Bay, die Gäste mit Snacks und kühlen Getränken. Außerdem stellt sie gratis Schirme und Liegen zur Verfügung. Wer noch

Am Sandstrand von Neapoli weht die blaue Fahne

mehr Ruhe sucht, kann dem Strand weiter marschieren und sich einen einsamen Platz suchen.

Ein guter *Badestrand* mit grauem Sand/Kies befindet sich auch am Ende der Bucht von Neápoli in südlicher Richtung. Am Ortsausgang 2 km der gut befahrbaren Schotterstrecke bis zum Weiler *Paleókastro* folgen. Klares Wasser und Felsen zum Schnorcheln, neben dem Strand beginnt ein kurzer Weg hinaus auf die Landzunge mit einer hübschen weißen Kapelle. Keine Einkaufsmöglichkeit, Wasser und Verpflegung selbst mitbringen.

Tropfsteinhöhle: Ein wahres Schmuckstück ist die 3 Mio. Jahre alte *Tropfsteinhöhle von Kastaniá*, 15 km nordöstlich von Neápoli gelegen. Auf einem 500 m langen Pfad geht es durch die 1500 m² große Höhle, in der sich derart viele unterschiedliche Gesteinsformationen, Farbenspiele, Säulen und „Skulpturen" (u. a. „Geisha", „Vogel mit geschmolzener Schokolade", „gerader Turm von Pisa") finden, dass man sich kaum satt sehen kann. Sogar einen Höhlenbewohner, eine blinde und taube Riesenspinne, gibt es in der konstant 18 °C warmen Höhle zu besichtigen. Doch so professionell die Sehenswürdigkeit in Neápoli auch beworben wird, zu erreichen ist sie derzeit nur mit eigenem Fahrzeug über eine kurvenreiche Strecke mit schönen Ausblicken und durch kleine Bergnester. Dazu folgt man der Straße von der K.T.E.L.-Busstation bergauf und der Beschilderung nach „*Áno Kastaniá/Höhle*". In Kastaniá kann man direkt vor den Eingang fahren.

1. Juni bis 30. Sept. tägl. 10–18 Uhr, zwischen Okt. und Dez. Sa/So 10–16 Uhr. 40 Min.-Touren finden stündlich statt. Die Touren sind auf Griechisch, für ausländische Gäste wird laufend auf Englisch übersetzt, schriftliche Infos auch auf Deutsch. Eintritt 7 €, erm. 3 €. ☎ 27340/23623 und 27340/60100, www.kastaniacave.gr. Empfehlung!

Velanídia/Kap Maléas: Schon die Anfahrt ist beeindruckend. Nach dem Dorf *Lákio* geht es in vielen Serpentinen über die Passstraße in das früher entlegene Bergdorf Velanídia an der rauen, unerschlossenen Ostküste des südöstlichen Peloponnes-Fingers. Das malerische Bauerndörfchen, zu dem mittlerweile eine Asphaltstraße führt, liegt oberhalb eines tief eingeschnittenen Tales. Unterhalb des einsamen Weilers gibt es einen Hafen. Eine 1,5 km lange Betonpiste (das letzte Stück ist sehr steil) führt zu der kleinen Kavalis-Bucht inmitten einer grandiosen Berglandschaft. Der kleine Hafen (die Taverne wird nur im Sommer betrieben) bietet auch einen 200 m langen Sand-Kies-Strand. Zum Baden ist die wenig besuchte *Kavalis-Bucht* nur bedingt geeignet: Zum einen besteht der Untergrund aus groben Kieseln, zum anderen ist der Strand bisweilen schmutzig. An der Dorfstraße gibt es die *Taverne Owraxos*: ein griechisches Kafenion wie im Bilderbuch. Von Velanídia gibt es einen Wanderweg zum Leuchtturm des Kaps Maléas. Für die 8,3 km lange Strecke sollte man mindestens 3 Stunden rechnen. Der Weg führt direkt an der Küste entlang. Hier kann es sehr böig werden.

》》 Lesertipp: „Am Kap Maléas gibt es eine Refuge (ohne jeglichen Komfort), wo man nach einer Wanderung zum Kap übernachten kann" (Regula Würth). **《《**

Ágios Nikólaos/Profitis Elías: Lohnenswert ist die Fahrt zu dem fast an der Südspitze des Fingers gelegenen Dorf Profitis Elías. Der Weg dorthin führt nach dem am Berghang gelegenen Lákio durch Ágios Nikólaos, das ursprünglich von Kretern gegründet wurde. In den letzten Jahren siedeln sich zunehmend wieder junge Leute aus Athen hier an, die der wirtschaftlichen Krise entfliehen. Das Ortsschild begrüßt mit der Aufschrift „Welcome", und tatsächlich sieht es so aus, als habe der kleine Ort Besuch erwartet und sich „chic" gemacht: Die roten Dächer bilden einen hübschen Kontrast zu den blendend weiß getünchten Häusern. Es gibt eine Ouzerie und sogar ein Internetcafé. Die Umgebung mit Rebgärten, Getreidefeldern und Olivenhainen ist fruchtbar.

>>> **Mein Tipp:** Taverne Neraida („die Fee"), eine gelungene Mischung aus Szene-Kneipe und traditioneller Taverne mit vorwiegend kretischen Rezepten (z. B. dem leckeren geräucherten Schinken *Apaki* oder Schweinshaxe). Auf der Speisekarte stehen frische und selbst hergestellte Produkte aus der nahen Umgebung (Säfte, Marmeladen etc.). Die gelungene Mischung der Scheiben in der Jukebox von Rembetiko bis hin zu Rolling Stones sorgt dafür, dass sich sowohl Alt wie Jung hier wohlfühlen. Etwas höherpreisig, aber bei der Qualität der gehobenen griechischen Küche durchaus vertretbar. Geöffnet tägl. ab 11 Uhr, Mo/Di Livemusik. ℡ 27340/31227. www.neraida.com.gr. <<<

Ein völlig anderes Bild dann in Profitis Elías. Winzig sind die Häuser hier, als wollten sie dem ewigen Wind eine kleinere Angriffsfläche bieten. Oft mit Wellblech gedeckt, schief, krumm stehen sie im Halbkreis an einer Geländekante, die fast senkrecht zu dem kleinen Hafen hinunter abfällt. In der steilen Wand gibt es einige natürliche Grotten, die die Einwohner von Profitis Elías am Eingangsbereich verschalt haben und als Werkstätten für ihre Fischerboote nutzen. Für Durstige: Im Dorf gibt es neben der Kirche eine Taverne.

Weiter im Südosten bei Agía Marína erstreckt sich um die Kapelle und weiter Richtung Kap Maléas ein *Versteinerter Wald* (mit z. T. 70–100 cm aufrecht stehenden Baumstümpfen, aber nicht zu vergleichen mit z. B. dem auf der Insel Lésbos). Die skurrilen Steinformationen liegen aber teilweise auch schon unterwegs auf den Feldern. Der „Wald" steht unter Naturschutz, bitte keine – auch noch so kleinen – Teile mitnehmen.

Von Neápoli führt eine 7 km lange Teerstraße über Lákio nach Ágios Nikólaos. Ab dort geht es zunächst auf einer Asphaltstraße weiter bis zur Abzweigung zum Weiler Korakas. Danach führt die Straße weiter bis Profitis Elías. „Nach den ersten 2 km

Auf dem Weg zur Südspitze des Fingers: versteinerter Wald

kommt die Abzweigung zum Versteinerten Wald, den man nach ca. 3,5 km auf einer mit jedem Fahrzeug gut befahrbaren Sandpiste erreicht, und zwar bei einem Info-Zentrum (Haus) mit überdachter Aussichtsterrasse, von der man aber leider den Versteinerten Wald noch nicht sehen kann. Diesen erreicht man erst auf einem Weg ca. 200 m bergab. Kurz vor dem Weiler Profitis Elías ist noch eine weitere Abzweigung zum Versteinerten Wald ausgeschildert, die genauso gut zu befahren ist" (Lesertipp Rüdiger Mehlau). Wer die rund 7 km lange Strecke mit relativ geringen Steigungen laufen möchte, sollte inkl. Rückweg mit 3 Std. rechnen.

Insel Elafónisos

Durch einen gerade einmal 570 m breiten Kanal ist Elafónisos vom Peloponnes getrennt. Die meisten Besucher kommen auf das wenig abwechslungsreiche Eiland wegen der erstklassigen Sandstrände im Süden und Südwesten. Der im Süden der Insel gelegene Símos-Beach zählt zu den schönsten des Peloponnes. Dementsprechend voll wird es hier in der Hauptsaison.

In der Antike war Elafónisos über einen schmalen Steg mit dem Festland verbunden. Auch heute noch sind es nur wenige Meter bis zum sandigen Meeresgrund, was das Meer in seiner charakteristischen türkis-blauen Farbe schimmern lässt. Seiner Form verdankt Elafónisos, was soviel wie „Hirschgeweih" bedeutet, diesen Namen – und genauso heißt das einzige Dorf auf dem Inselchen. Fast alle Bewohner leben vom Meer, denn die Fischgründe um Kýthira sind ergiebig und die Touristen im Sommer zahlreich. Elafónisos ist ideal für einsame Wanderungen oder Badeausflüge. In den letzten Jahren wurde freilich reichlich Werbung für die Insel gemacht, Bilder von den Stränden mit smaragdfarbenem Wasser und traumhaften Sonnenuntergängen kursieren im Internet und locken die Urlauber. Der Hauptort selbst ist daher in der Hauptsaison alles andere als ruhig. Die lauten Lokale veranlassten einen unserer Leser den Ort „Klein Ibiza" zu nennen. Durch das Dorf Vigláfia, von dem die Fähren nach Elafónisos aufbrechen, stauen sich im Sommer die Autos zurück bis auf die Bundesstraße. Wer auf die Insel übersetzen will, sollte sehr früh aufbrechen.

Ruhe und Abgeschiedenheit findet man auf Elafónisos nur noch in der Vor- und Nachsaison. Von der Halbinsel mit ihrer Kapelle lässt sich das Treiben an der Hafenmole gut beobachten. Hier liegen die Boote vor Anker. Fischer flicken ihre Netze oder diskutieren ihren Fang in einer der Ouzerien. Inselkarten gibt es an jedem Kiosk zu kaufen.

Die meisten Gäste kommen wegen der traumhaften Strände. Vor allem die abgeschiedene, 4,5 km südlich gelegene Doppelbucht *Sarakíniko-* und *Símos-Beach* lädt zum Baden ein. Bei Campern ist die weite Sandbucht besonders beliebt. Ein Shuttlebus fährt alle zwei Stunden vom Hafen bis zum Campingplatz Símos Beach. Die Dünenlandschaft mit dem feinen Sand ist eine ökologische Oase. Kein Hotelbau stört das Naturparadies. Der Strand ist bis zu 50 m breit. Allerdings weht oft eine steife Meeresbrise. Dann verwandeln sich die feinen Sandkörner zu kleinen Nadeln auf der Haut.

Eine weitere, vor allem windgeschütztere Bademöglichkeit ist der *Panagitsa-Beach* beim Weiler *Kato Nissi* im Westen der Inseln, 4 km südlich vom Hauptort Elafónisos. Die Westküste ist der fruchtbarste Teil der ansonsten so kargen

Fischerinseln. Eine gut zu befahrende Teerstraße führt vorbei an Olivenhainen und Gemüsegärten zu dieser weitläufigen Bucht mit ein paar Dutzend Sommerhäusern. Der rund 1,5 km lange Strand, der bis zu 30 m breit ist, bietet durch die drei vorgelagerten Inselchen und den Blick auf das peloponnesische Festland eine reizvolle Aussicht.

Anfahrt Etwa 9 km nordwestlich vor Neápoli in Ágii Apóstoli rechts abbiegen. Die Asphaltstraße führt vom Dorf zum kleinen Fährhafen Vigláfia/Pounta. Kleine Boote bringen den Besucher für 1 € zur Insel (Motorrad 3 €, Auto 11 €, Wohnmobil 17 €; einfach). Die Fähren verkehren von 1.6. bis 30.9. zwischen 7 Uhr morgens und 1 Uhr nachts halbstündlich. Die Überfahrt dauert nur ca. 10 Min. Auskünfte unter ✆ 27340/611177 oder 27340/61061. www.elafonissos.gr.

Adressen Post/Bankomat, im Zentrum, 8–14.30 Uhr.

Lesertipp: „Der Markt hinter der Apotheke verkauft lokale Bioweine zu vernünftigen Preisen" (Paul Zistl).

Übernachten Es gibt mehrere Hotels und Privatzimmer, z. B. **Pallas** (✆ 27340/61142, www.pallaspension.gr), Zimmer im ersten Stock eines einstöckigen Hauses im Zentrum des Hauptortes (schöne Sonnenaufgänge). Jedoch geht die Saison nur von Juni bis Sept. Davor und danach schließen viele Hotels.

** Hotel Golden Star Elafonisos, kubisches Haus am Ortsrand in der zweiten Reihe, es sind nur wenige Meter zum sandigen Dorfstrand. Eine schmale Seitengasse führt von der Uferstraße zu diesem hübschen, zweistöckigen Haus. Im Erdgeschoss ist die Terrasse teilweise von Wein umrankt. Zehn DZ mit Aircondition, gepflegtes Anwesen. Ganzjährig geöffnet. Das EZ kostet hier 40 €, das DZ 50–65 €, Rabatt bei längerem Aufenthalt, Frühstück 5 € pro Pers. Ganzjährig geöffnet. Hausnr. 105, ✆ 27340/6127-1/-2, www.goldenstarelafonisos.gr.

Lafotel Elafonisos, Marmorstufen führen zum Eingang dieses Neubaus in der zweiten Reihe im Inselort. Das Hotel ist leicht zu finden (Hinweisschilder am Dorfstrand), die Herberge ist allerdings nur in der Hauptsaison geöffnet. Viele der 14 Zimmer mit großem Balkon. DZ in der HS (Meerblick, Aircondition, Kühlschrank) 80 €, ohne Meerblick 70 €. ✆ 27340/61180, www.elafonisos.org.

Pension The Captain, ca. 1 km oberhalb des Hauptortes (auf kleine Hinweisschilder achten). Eine Betonpiste führt vom Zentrum zu dem von einem schönen Garten (Ölbäume) umgebenen Ferienhaus. Durch ein schmiedeeisernes Tor betritt man das Anwesen. Von der Terrasse kann der Gast traumhafte Sonnenaufgänge genießen. In der Ferne sind Neápoli und das Kap Maléas zu erkennen. Zimmer mit Aircondition, am besten Zimmer im Haupthaus nehmen. Preise auf Anfrage. ✆ 27340/61100, www.thecaptain.gr.

** Hotel Elafonisos, nur 21 Betten. Nur Juni bis Sept. geöffnet. 45–60 € für das EZ, ab 55 € für das DZ, Frühstück inkl. ✆ 27340/61268, www.hotelelafonisos.gr.

》》》 Lesertipp: Aparthotel Psaromatis, mit großem Balkon mit Berg- oder Meerblick. Zimmer ab 90 € (Frank Scheidt). ✆ 27340/61145, www.elafonisos-psaromatis.gr. **《《《**

Camping Simos Beach, eine gut ausgebaute Asphaltstraße (5 km vom Fährhafen) führt in Richtung Süden zum einzigen Campingplatz. Der Weg ist ausgeschildert. Zwei steinerne Torbögen weisen zum Eingang. Der weitläufige Platz liegt hinter den Dünen vom Símos-Beach. Es werden auch Apartments vermietet. Sehr saubere sanitäre Anlagen, mit einigen Nachteilen: Bisher gibt es keine Bäume, Schatten spenden nur künstliche Sonnendächer. Außerdem ist der Platz während der Hochsaison inzwischen sehr überlaufen, lange Warteschlangen an den Duschen sind keine Seltenheit und der Platz für Zelte wird knapp parzelliert. Der Kies darunter erinnere an einen Friedhof, beklagen Leser. Hinweis: Wohnmobilisten außerhalb der offiziellen Stellplätze und wilde Camper werden von der Polizei verwarnt. Ein Bungalow mit WC für 4 Pers. kostet 40–80 €, in der Nebensaison Juni und Sept. gibt es einen Preisnachlass von 20 %. Der Platz ist nur von Ende Juni bis Ende Sept. geöffnet. Preise pro Pers. 6–8 €, Zelt 5–10 €, Auto 3–4 €, Motorrad 2–3 €, Wohnmobil und 2 Pers. 8–12 €. ✆ 27340/22672, www.simoscamping.gr.

Essen & Trinken Im Hauptort gibt es mehrere Fischtavernen. Frisch, gut und preiswert. Fragen Sie nach dem aktuellen Tagesfang. Im Sommer sollte man allerdings einen Tisch reservieren. Empfehlenswert ist die Ouzerie **O Antonis**, hier gibt es Leckeres aus dem Meer, die frischen Fische wandern vom Boot direkt auf den Grill. Oder die **Taverne Dagiandás** (die erste nach dem Fährhafen) mit Tischen direkt am Kiesstrand. Ein beliebter Treffpunkt am Hafen ist auch das **Café Remezza**.

Nördlich von Neápoli – die Westküste

Archángelos: Das Dörfchen liegt 35 km nordwestlich von Neápoli, nahe der Straße nach Molái. Eine Asphaltstraße führt 2 km hinunter zu dem in einer fast menschenleeren Gegend gelegenen Fischerdorf, das mit kleinem Kitesstrand in einer flachen Bucht und einigen Tavernen zum Verweilen einlädt. Es wird im Sommer hauptsächlich von Griechen besucht. In nördlicher Richtung weitere Badebuchten.

Verbindungen Bus, 3-mal tägl. nach Neápoli und Molái (jew. 3,40 €). Der Bus hält an der Abzweigung zum Dorf, ca. 2 km oberhalb.

Übernachten ** Hotel Palazzo, unmittelbar am Meer. Modern ausgestattet, alle 14 Zimmer mit Bad, Aircondition, TV, Telefon, Kühlschrank und Balkon. Nette Bar. Ganzjährig geöffnet. DZ 66–92 €, inkl. Frühstück. ✆ 27320/5411-1/-2, www.palazzo.gr.

Plítra: Teilweise recht stattliche, bunt gestrichene Häuser prägen das Bild. Unterhalb des Dorfes eine Strandpromenade aus Beton und daran angeschlossen der kleine Sandstrand, der sich bis zum Nachbardorf Karavostási zieht. Einige Tavernen im Dorf und im Sommer lockt das Restaurant/Bar *Asopitan Resort* (mit Liegenvermietung) am Strand mit erfrischenden Drinks.

Verbindungen Bus, 2-mal tägl. nach Molái (1,70 €).

Übernachten Alkyones Plytra Seaside Studios & Apartments, direkt am Meer. Vermietet werden einfache, jedoch sehr saubere Studios und Apartments mit Gartenhof, idyllische Atmosphäre. Studio 35–45 €. ✆ 27320/82602, mobil 6983731235, www.alkyones-plytra.gr.

Michel Bolla, vermietet unmittelbar hinter dem Alkyones Studios mit Küche, Bad und zwei Balkonen – einem Brunch-Balkon und einem Dinner-Balkon. Für den Hochsommer Reservierung empfehlenswert. DZ ab 50 €. ✆ 27320/82425, www.bollas.gr.

Elaéa: kleines, munteres Dörfchen direkt am Meer, leider zum Baden weniger nett. In den einfachen, preiswerten Tavernen wird gute Hausmannskost serviert. Ausländische Touristen sieht man hier freilich noch wenig.

Verbindungen Bus, 2-mal tägl. nach Molái (1,40 €).

Übernachten Hotel Georgia, an der Hauptstraße, 100 m vom Meer. Das kleine Hotel ist nach seiner Besitzerin Georgia Zourdos benannt. Alle Zimmer mit Bad, Balkon oder im Souterrain mit Terrasse, außerdem TV, Aircondition und z. T. Küche. Zudem gibt es einen Pool. Einfache DZ im Souterrain 30 €, ansonsten DZ 50–55 € (inkl. Frühstück). Ganzjährig geöffnet. ✆ 6940/81777, www.georgiahotel.gr.

Káto Glikóvrissi: recht reizloses Dorf, das aber nicht allzu weit von der mehrere Kilometer langen Sandbucht entfernt liegt, die sich mit wenigen Unterbrechungen vom westlich gelegenen *Élos* bis zum südlich gelegenen *Elaéa* erstreckt. Sauberes Wasser, einige flache Dünen am Strand.

Talebene des Eurótas

Geráki

Am Rand der Talebene des Eurótas, vor der Kulisse des unzugänglichen Párnon-Gebirgszuges, liegt das hübsche, beschauliche Landstädtchen Geráki, eine Art Mini-Mystrás. Denn die 2 km östlich vom Ortskern gelegene Ruinenstadt weist zahlreiche kunsthistorisch wertvolle byzantinisch-fränkische Kirchen auf, außerdem auf dem Berggipfel eine verfallene Festung aus dem 13. Jh. Leider ist die umzäunte Ruinenstadt in der Regel verschlossen. Mit etwas Glück findet man jedoch jemanden, der die Kirchen öffnet, in gebrochenem Englisch auf die gut erhaltenen Fresken hinweist und die wichtigsten Fakten erklärt.

Gerak war seit der Jungsteinzeit ununterbrochen besiedelt. Später wurde es eine der Periöken-Städte Spartas. Mitte des 13. Jh. entstand auf dem 590 m hohen Bergzug die Festung und unterhalb davon eine Stadt mit Bischofssitz. Erst später wurde der Ort vom aufsteigenden Mystras überflügelt.

Heute zählt das kaum besuchte Städtchen nicht mal 2000 überwiegend reservierte Einwohner. Wer durch die schmalen Gassen im Zentrum schlendert, spürt noch etwas von dem Charme, den man in vielen anderen griechischen Städten mittlerweile vergeblich sucht. Am Dorfplatz treffen sich die Männer zum Kaffee. Hier kann man auch preiswert essen. Empfehlenswerte Übernachtungsmöglichkeiten gibt es in dem Bauernstädtchen allerdings nicht.

Verbindungen Die öffentlichen Verkehrsverbindungen sind bescheiden. **Busse** fahren lediglich 2-mal tägl. nach Sparta (4,30 €) und 1-mal tägl. nach Monemvasiá (5,70 €).

Straßenverhältnisse Die Passstraße nach Leonídion ist sehr gut ausgebaut. Wegen der einmaligen Berglandschaft lohnt sich die Strecke. Weitere Details → „Leonídion/Verbindungen".

Sehenswertes

Einen Abstecher in die *Ruinenstadt* mit ihren byzantinischen Kirchen (12.–15. Jh.), Häusern und der Festung sollte man sich keinesfalls entgehen lassen. Seit 2011 werden wieder kleinere Restaurierungsarbeiten zur Erhaltung von Mauern, Brunnen und Treppen durchgeführt. Die kleine *Agia-Paraskevi-Kirche* aus dem 13. Jh. mit ihrer winzigen Eingangstür ist in einem sehr guten Zustand. Im Inneren befinden sich drei Lagen von Fresken aus dem 13. Jh. Auf dem Templon sieht man links die Panagía und rechts Christus. Den Spitzbogen schmücken ungewöhnliche Dreiecksmuster. Drei Minuten später stößt man auf die Ruine der *Demetrios-Kirche*, von der allerdings nur die linke Apsis die Jahrhunderte unbeschadet überstanden hat. Die Fresken zeigen Maria und Jesus, flankiert von zwei Engeln und zwei Kirchenvätern.

Kurz vor dem Eingang zur Burg steht die einschiffige *Zoodochos-Pigis-Kirche* (13. Jh.), die der „Barmherzigen Gottesmutter" geweiht ist. Die Fresken aus dem 15. Jh. zeigen Christi Geburt und Himmelfahrt sowie die Auferweckung des Lazarus. In der Apsis eine Mariendarstellung.

Die *Agios-Georgios-Kirche*, das schmale Zentrum des einstigen Geráki, liegt innerhalb der Burgmauern. Über der Eingangstüre der dreischiffigen Basilika aus dem 14. Jh. ist ein fränkisches Wappen zu erkennen. Zahlreiche byzantinische Fresken im Inneren stammen aus dem 13. und frühen 14. Jh. Am Templon rechts Maria mit dem Kind, links Jesus. Neben der Tür sind die Heiligen Nikolaos, Michael und Demetrios abge-

Geráki 385

Unter den Steinbögen in der Ruinenstadt von Geráki

bildet. Eine Besonderheit stellt ein Marmorschrein mit kunstvollen Verzierungen aus fränkischer Zeit dar, dessen Ursprung bisher nicht geklärt werden konnte.

Von der *Festung*, auf dem Hochplateau des Bergrückens, hat man eine fantastische Aussicht auf die Ebene des Eurótas-Tales. Von der Frankenburg ist vor allem in Stücken noch ein geradliniger Mauerteil, der einst auf beiden Seiten von quadratischen Türmen eingeschlossen war, erkennbar. Die bis zu 1,70 m dicken Wehrmauern umschlossen ein kleines Areal mit einer Länge von 125 m und einer maximalen Breite von 60 m.

Zu der Ruinenstadt gelangt man, indem man unterhalb des heutigen Dorfes zum Friedhof (Richtung Monemvasiá) mit seiner sehenswerten Agios-Athanasios-Kirche fährt. Etwa 400 m weiter geht es links ab (kleines Schild) und dann ca. 1,5 km auf einer gut ausgebauten Straße zur Ruinenstadt hinauf. Das Gelände ist umzäunt und im Sommer tägl. 8.30–15 Uhr für Besucher geöffnet. Wenn Restaurierungsarbeiten stattfinden, sind auch die Kirchen von innen zu besichtigen.

Im heutigen Dorf gibt es noch weitere sehenswerte Kirchen: *Agios-Nikolaos-Kirche*, aus dem Ende des 13. Jh., nur wenige erhaltene Fresken. Im Gegensatz hierzu überrascht die *Kreuzkuppelkirche Evangelistria* mit eindrucksvollen Fresken in der Kuppel, der Apsis und den Gewölben. Diese im 12. Jh. erbaute und somit älteste Kirche von Geráki liegt am südlichen Ortsrand.

Das größte Gotteshaus, die *Athanasios-Kirche* (um 1400) mit ihrer hohen Kuppel, steht beim Friedhof und insbesondere ihre Freskenfragmente machen sie zu einem attraktiven Besichtigungsziel.

Die *Chrysostomos-Kirche* aus dem 13. Jh. besitzt nicht nur schöne Fresken; interessant sind auch die in die Tür eingelassenen Preisverordnungen des römischen Kaisers Diokletian aus dem Jahre 301 n. Chr. an der südlichen Außenwand.

Übernachten Eumelia Eco Farm, im abgeschiedenen Biobauernhof kann man inmitten von Olivenhainen in schönen Bungalows übernachten. Hier werden Oliven, Gemüse und Obst nachhaltig angebaut und zubereitet. Den Gästen gewährt man gerne Einblicke. Die Anfahrt (12 km von Geráki) führt jedoch über eine kilometerlange Steinstraße und ist nur für Abenteurer und Reisende mit Allrad empfehlenswert. Am Weg sollte man sich an die Wegweiser und eine herkömmliche Straßenkarte halten, denn Navigationsgeräte führen die Gäste über unbefahrbare Wege. ■

Die Türme der Máni – Trutzburgen in karger Landschaft

Máni

Eine archaische Kulisse: Schroffe, nackte Berge und felsige, unzugängliche Küsten prägen das Landschaftsbild auf dem mittleren Finger des Peloponnes. Das fast menschenleere, gewaltige Bergmassiv des Taýgetos mit einer Höhe von maximal 2407 m trennt die Máni von den übrigen Landschaften.

Die kleinen Dörfer mit ihren hohen Wohntürmen erinnern an Burganlagen. Mächtige Familien bauten die Türme seit dem 17. Jh. als Fluchtburgen, denn die Manioten waren seit alters her für ihre blutigen Fehden bekannt. Aufgrund der Isoliertheit und Unzugänglichkeit ihrer Heimat entwickelte die Bevölkerung eine ausgeprägte kulturelle Identität und ein stolzes Selbstbewusstsein – in den langen Jahrhunderten türkischer Fremdherrschaft war die Máni nie besetzt.

Die Halbinsel, die immer wieder einer Felslandschaft auf dem Mond gleicht, konnte ihre Bewohner kaum noch ernähren. Das harte Leben in einer betont konservativ-patriarchalischen Gesellschaft veranlasste immer mehr junge Manioten, ihrer Heimat den Rücken zu kehren.

„In diesen verlassenen Bergen, zu Fuß unterwegs zwischen Felsen und hochgelegenen Dörfern, ist es noch möglich, all die Veränderungen zu vergessen, die in der Welt und in Griechenland stattgefunden haben", schrieb Máni-Kenner Patrick Leigh Fermor 1972 – ein inzwischen überholtes Bild. Man hat die einmalige Máni als besondere peloponnesische Landschaft entdeckt und mittlerweile auch einiges für deren touristische Attraktivität getan: Wohntürme werden nicht mehr nur durch Restaurierung vor dem Verfall gerettet, sondern auch neu gebaut und zu „traditionellen Hotels" umfunktioniert. Die Máni – besonders die Gegend um

Kardamíli und Stoúpa – avancierte in den letzten Jahren zum schicken Individualistenziel. Von Fermors beschriebener Weltabgeschiedenheit lässt sich nur noch wenig nachvollziehen.

Dennoch bleibt das Geschäft mit dem Tourismus weitgehend überschaubar. Die Máni ist ein Ziel für Individualisten geblieben. Kleine Kiesstrände, das oft raue Klima, verschlossene Einheimische, die patriotisch genug waren, ihre Wohntürme nicht zu verkaufen, all das schreckte die Tourismusmanager der großen Reiseveranstalter ab. Auch wenn die Máni heute als voll erschlossen und auf Tourismus eingerichtet gelten kann, gibt es abseits der „Hauptstraße", einer gut ausgebauten Asphaltstraße, die die Halbinsel von Kalamáta bis Váthia durchzieht, immer noch viel zu entdecken:

Die Landschaft unterteilt sich in die *Éxo Máni* (Äußere Máni) zwischen Kalamáta und der Bucht von Liméni und die *Messa Máni* (Innere Máni) zwischen Areópolis und dem Kap Tenaro. Der nördliche Teil am Westhang des Taýgetos gehört politisch zu Messenien, der südliche zu Lakonien. Bis auf das kleine, verschlafene Städtchen *Areópolis* gibt es keine größeren Ansiedlungen. Die schönsten Dörfer mit halb verfallenen Wohntürmen, engen Gassen und kläffenden Hunden liegen in der Inneren Máni – eindrucksvoll das nahezu menschenleere *Váthia* ganz im Süden. Beinahe gottverlassen ist auch *Cavo Grosso*, die Gegend um *Kería*, *Ochiá* und *Stavrí*. Badestrände findet man im idyllischen *Kardamíli* und in *Stoúpa*, zwei Dörfer in der *Éxo Máni*, in denen sich der Fremdenverkehr als feste Größe etabliert hat. Ein unvergessliches Erlebnis sind die verschlungenen *Höhlen von Pírgos Diroú*. Mit dem Boot geht es durch eine bizarre Tropfsteinwelt. Ein weiteres Highlight stellt die kurze Wanderung zum *Kap Tenaro* bzw. *Kap Matapan* dar: beschauliche Stille am Leuchtturm und die Weite des Mittelmeers an einem der südlichsten Punkte des europäischen Festlandes.

Honig und Salz – Leben und Essen in der Máni

Die Mani ist nur auf den ersten Blick eine abweisende, karge Küstenregion. Die Landschaft ist beim genauen Hinsehen auch ein kulinarisches Paradies, das von freiheitsliebenden Individualisten geschaffen wurde. In ihrem Bildband „Honig und Salz – Leben und Essen in der Mani", erschienen im Lyso-Verlag, Kalamáta, geht die Schweizer Autorin und Olivenexpertin Sonja Roost-Weideli auf eine spannende Spurensuche. Sie stellt den Bienenzüchter Barba Stelio vor, den Salzsammler Barba Niko, den philosophierenden Schäfer Ilías, sammelt Wildgemüse mit Chrissa und erntet Oliven mit Sortiris. Das authentische Buch mit vielen Farbfotos setzt den Manioten ein lesens- und liebenswertes Denkmal. Ein Muss für alle Máni-Fans, die hinter die Kulissen blicken wollen. Das Buch ist vor allem auf der Máni und in Kalamáta zum Preis von 28,80 € erhältlich.

Geschichte

Die unzugängliche, karge Landschaft war stets Zufluchtsort in politisch unruhigen Zeiten. Die Manioten begreifen sich heute als Nachfahren der Lakonier. Tatsächlich flüchteten um 200 v. Chr. zahlreiche Bewohner aus der fruchtbaren Ebene von

Sparta in die wasserarme Gebirgslandschaft. Ihren legendären Ruf erwarben die Manioten im 17. Jh. Die ständige äußere Bedrohung ihrer Freiheit, aber auch der tägliche Kampf ums Überleben und die schlechte Ernährungslage veranlassten die Bewohner, sich zu großen Sippen und Clans zusammenzuschließen. In dieser Zeit entstanden die bis zu 20 m hohen Wohnburgen, deren Größe Macht und Einfluss einer Sippe widerspiegelten. Der letzte blutige Streit zweier Familien in Kíta wurde erst 1870 beendet.

Bis in die Mitte des 19. Jh. gab es auf der Máni weder Schulen noch offizielle Gesetze. Wer sich in dieser Ödnis niederließ, musste die rauen, barbarischen Sitten akzeptieren. Rachsucht, Fremdenhass und Piraterie brachten die Landschaft nachhaltig in Verruf.

Im frühen 18. Jh. gewannen die Manioten durch die Unterstützung des griechischen Freiheitskampfes an Prestige. Doch nach der Vertreibung der Türken erregte die Politik des ersten griechischen Präsidenten Kapodistria ihren Zorn derart, dass sie ihn 1831 in Náfplion umbrachten. Auf keinen Fall wollten die Manioten ihre Freiheit aufgeben und abhängiger Teil des griechischen Staates werden. Als König Otto aus Bayern, der in Náfplion residierte, sich anschickte, aus Gründen der Staatsräson 6000 Soldaten in die Region zu entsenden mit dem Auftrag, die Türme der Máni zu zerstören, scheiterte er schnell.

Die Bevölkerung ließ sich nicht unterwerfen. Allerdings wurde ein Vertrag ausgehandelt, der die Eigenheiten der Máni einschränkte. Die Wohnburgen blieben stehen, durften aber nur noch bis zu einer bestimmten Höhe gebaut werden.

Die Schwierigkeiten bei der Eingliederung in das Griechenland von heute sind längst überwunden. Der Außenstehende spürt kaum etwas von den überholten, konservativen Gesellschaftsnormen, die das tägliche Leben lange bestimmten und die Jungen nach Athen und Kalamáta treiben. Noch vor einigen Jahren war die Máni, der mittlere Finger des Peloponnes, vielerorts verlassen, besonders in der *Messa Máni*. Seit dem Zweiten Weltkrieg trieb es die Jungen nach Athen und in alle Welt. In vielen Dörfern starrten dem Besucher dunkle, leere Fensteröffnungen entgegen. Eine Änderung kam mit dem Tourismus, der zumindest die Dörfer entlang der „Máni-Hauptroute" nachhaltig belebte. Der Immobilienboom bis zur schweren Finanzkrise 2009 veränderte das Gesicht der Dörfer. Viele landestypische Häuser entstanden, die Infrastruktur wuchs. Doch der Immobilienboom und der Traum vom schnellen Geld sind längst Geschichte.

Männerehre, Mutterglück

In der patriarchalischen Gesellschaft galt einst die Ehre des Mannes als höchstes Gut. Diese wurde mit der Einführung des Gewehrs naturgemäß wesentlich roher verteidigt, und selbst ein Stück Acker oder ein Schaf konnte Anlass jahrzehntelanger blutiger Fehden sein. Frauen spielten in der maniotischen Gesellschaft lediglich als billige Arbeitskräfte und Mütter für die sehnlich erwünschten Söhne eine Rolle. Heute gehören die archaischen Sitten der Vergangenheit an. Doch bisweilen ist das Dorfkafenion noch immer für – maniotische – Frauen tabu, und leicht geschürzte Touristinnen werden nicht selten mit ablehnenden Blicken bedacht.

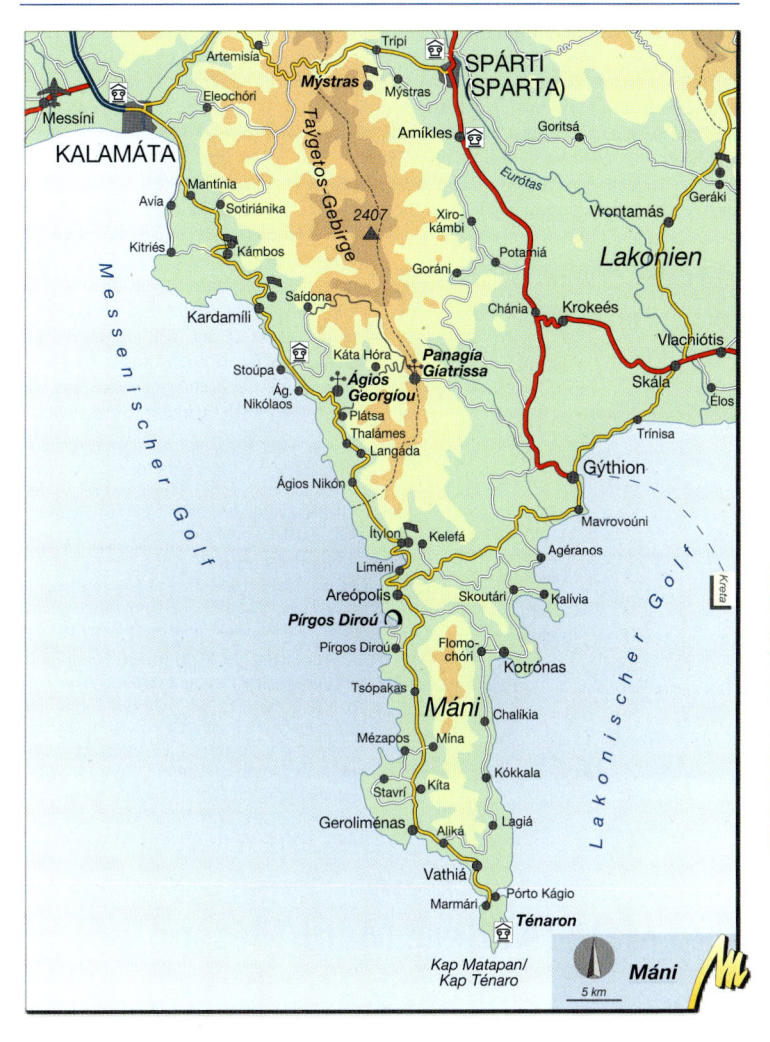

Die Türme der Máni

Das Symbol der herben Landschaft südlich von Kalamáta sind ihre *Wohntürme*, Sinnbild der Geschichte dieses Landstriches und einzigartig in Griechenland. Die Türme, Wohnung und Verteidigungsanlage zugleich, können bis zu 20 m hoch sein. Die Wohnburgen mit ihrem quadratischen Grundriss sind äußerst massiv gebaut, die Wandstärke kann 1,5 m betragen. In ihrem Inneren verbargen sich bis zu sieben Stockwerke mit kleinen, halb dunklen Räumen. Schießscharten dienten der Abwehr potenzieller Angreifer, die mittels Feuerwaffen oder auch heißem Öl (griechisch:

Katachistra), das man durch spezielle Öffnungen über dem Eingang auf die Eindringlinge schüttete, vertrieben wurden. Die einzelnen Stockwerke sind durch steile Holz-, seltener durch Steintreppen miteinander verbunden. Die Einrichtung war spartanisch und funktional, geschlafen wurde auf dem Boden. Der Eingang der Türme ist sehr klein, bisweilen befand er sich auch in 3 m Höhe, sodass man den Turm nur über ein Nebengebäude betreten konnte und es so den Angreifern bei der Eroberung schwerer machte. Der Eingangsraum war in der Regel das Aufenthalts- und Versammlungszimmer, die oberen Stockwerke Schlafräume, der Keller Lagerraum und Stall. Häufig gab es hier eine Wasserzisterne, die auch als Kerker genutzt werden konnte. Im 20. Jh. wurden viele Türme umgebaut und vergrößert, manchmal auch im traditionellen Stil nachgebaut. Doch noch immer sind alte maniotische Wohnburgen vielerorts in ihrer historischen Struktur zu entdecken.

Straßenverhältnisse Auf der Westseite der Halbinsel gut ausgebaut, auf der Ostseite kann es v. a. für Wohnmobile bei Gegenverkehr eng werden: schmale Straßen, kaum Ausweichmöglichkeiten.

Tanken Tankstellen gibt es in der südlichen Máni inzwischen flächendeckend, vorwiegend natürlich entlang der „Hauptroute" und in allen größeren Ortschaften.

Übernachten im Wohnturm An der urigen Wohnkultur kann man teilhaben. In den letzten Jahren wurden viele der Türme liebevoll restauriert und manche zu Hotels besonderer Art ausgebaut. In **Areópolis**, **Kókkala** und **Stavrí** kann man in den trutzigen Gemäuern übernachten. Ein Erlebnis, für das man im Sommer frühzeitig reservieren sollte. Details bei den jeweiligen Orten.

Mancher Wohnturm ist heute eine Ferienwohnung

Éxo Máni (Äußere Máni/Messenien)

Kámbos: Das Dörfchen mit seinen rund 600 Einwohnern liegt, 24 km von Kalamáta entfernt, am Fuß des kahlen, 1458 m hohen Berges *Kaláphion*. Von den Kafenia an der Durchgangsstraße wird jeder Fremde aufmerksam beobachtet.

Südöstlich vom Ort stand auf einem baumlosen Berg einst die antike Stadt *Gerania*, eine Periökenstadt der Spartaner, von der noch an vier Stellen antike Mauern erhalten sind. Heute liegen hier die Ruinen der *Burg Zarnata*, die im 17. Jh. von den Türken erbaut wurde. 1685 fiel Zarnata, damals die wichtigste Befestigung der Éxo Máni, in die Hände der Venezianer. Eine Rolle spielte die Burg auch im *griechischen Bürgerkrieg* von 1943 bis 1949. Hinter den alten Gemäuern verschanzten sich die Einwohner der nahen Dörfer Varoúsia und Málta.

Im 18. Jh. ließ sich der reiche Maniote Koumountourakis einen dreistöckigen Turm als Herrensitz erbauen. Dieser ist bereits von Kámbos aus zu sehen. Eindrucksvoll ist auch der bis zu 4 m hohe Mauerring, teilweise auf polygonalem Mauerwerk (eine vieleckige, archaische Bauform) errichtet.

Oberhalb der Ortschaft Kámbos liegt nahe der Straße die idyllische Ruine eines befestigten Herrenhauses mit Windmühle von 1830, direkt davor die Marmorbüste des früheren Besitzers Alexandros Koumoundouros. Während der vorrevolutionären Zeit war er lange Jahre Ministerpräsident von Griechenland. Ein paar Schritte entfernt wurde ein gut erhaltenes, prominentes mykenisches Grab freigelegt. Es stammt aus der Zeit von 1250 v. Chr. und wird mit Machaon, dem Sohn des Asklepios, in Verbindung gebracht. Die Ausgrabung ist umzäunt, aber von oben gut einsehbar. Einfach dem kurzen Trampelpfad zwischen Ölbäumen und Feigenkakteen folgen.

Kéndro: Das schöne Bergdorf würde wohl nie ein Fremder besuchen, wäre es nicht Ausgangspunkt für die eindrucksvolle Wanderung durch die Kámbos-Schlucht (bei den Einheimischen besser bekannt unter „Ríntomo" oder „Rídomou"). Aber auch für den, der die ca. 4:30 Stunden dauernde Wanderung nicht unternehmen möchte, lohnt der Ausflug hierher. Von dem Kafenion oberhalb der Kirche am Dorfende genießt man eine herrliche Aussicht auf die Schlucht und auf das Meer in der Ferne.

Achtung: Die Wanderung durch die Schlucht ist schwierig und setzt neben Erfahrung auch eine gewisse Sportlichkeit voraus: Zum einen müssen anspruchsvolle Kletterpassagen überwunden werden, zum anderen kann der immer enger verlaufende Pfad zwischen hoch aufragenden Felsblöcken Platzangst auslösen. Wander- und Klettererfahrung, geeignetes Schuhwerk und ebenso erfahrene Mitwanderer, die beim Überwinden der Kletterpassagen behilflich sind, erachten wir als Grundvoraussetzung. Gehen Sie auf keinen Fall alleine los und informieren Sie im Dorfkafenion von Kéndro den Wirt von Ihrem Vorhaben! Ausgangspunkt für die Wanderung ist die Kirche in Kéndro-Vorio, nach knapp einer Stunde Abstieg ist man in der Schlucht und läuft in nordöstliche Richtung (flussaufwärts) etwa zwei Stunden auf einem schmalen Pfad (hier die Kletterpassagen) durch die Schlucht. Nachdem man unter einer Steinbrücke durchgelaufen ist, geht es rechts ab, dann an Steilwänden entlang nach oben. Weitere 1:30 Stunden auf breiter, unbefestigter Straße zurück zum Ausgangspunkt. Der Pfad durch die Schlucht ist mit Steinmännchen gekennzeichnet. Ab Mitte Mai ist der Fluss jedoch ausgetrocknet.

Anfahrt: In Kámbos ist die Straße nach Kéndro bereits ausgeschildert. Über 7,5 km schlängeln sich die Serpentinen den Berg hinauf. Im Ort weiterfahren, bis rechts eine kleine Kirche kommt. Hier links bis zur nächsten Kirche und dem Ausgangspunkt der Wanderung. Unterwegs fällt in der Landschaft ein vulkanartiges Kraterloch auf. Man geht davon aus, dass es sich hierbei um eine Doline handelt.

Kardamíli

Ein breites, meist ausgetrocknetes Flussbett durchzieht den bereits von Homer erwähnten Ort am Fuß des Berges Taýgetos – Kardamíli war eine der acht Städte, die Agamemnon Achill anbot. Der mythische Ort ist heute einer der beliebtesten Ferienorte an der maniotische Küste. Trotz des Ansturms im Sommer ist Kardamíli aber authentisch und ursprünglich geblieben.

Der alte Ortskern auf einer Anhöhe liegt ein wenig versteckt, nur wenige Hundert Meter von der Küstenstraße. Die fast menschenleere, auf einer kleinen Felskuppe gelegene karge *Ruinenstadt* mit ihren Mauern, Türmen und dem spitzen Campanile der spätbyzantinischen Agios-Spiridon-Kirche gibt einen Eindruck davon, wie hart und entbehrungsreich das Leben der Manioten war. Der Besuch der „Paleochóra" lohnt allein schon wegen des gemütlichen Cafés, das man hier in den Sommermonaten eingerichtet hat.

Der Boden um Kardamíli gab außer den Olivenbäumen nie besonders viel her, und der heute so idyllische, kleine Hafen, von einem schmucken, schon in venezianischer Zeit befestigten Inselchen geschützt, spielt seit Langem keine Rolle mehr. Und doch war Kardamíli einst Hafenort Spartas. Wie allerdings die Waren über den unzugänglichen Taýgetos-Gebirgszug geschafft werden konnten, bleibt ein Rätsel.

Vor allem der deutsche Individualtourismus boomt seit vielen Jahren in Kardamíli. Ein gutes Dutzend Tavernen, Cafés und Snack-Bars buhlen um die Gunst von ca. 300 Übernachtungsgästen pro Sommertag – die Konkurrenz ist groß. Die Bewohner des einst so beschaulichen Ortes haben sich darauf eingerichtet: Handgeknüpfte Teppiche, Schmuck und allerlei Souvenirs werden zahlreich feilgeboten. Neben

Sir Patrick Leigh Fermor – der Entdecker der Máni

Am Ortsrand lebte bis 2011 der Schriftsteller und ehemalige britische Agent *Sir Patrick Leigh Fermor*, der mit seinen Büchern die Máni weltberühmt machte. Ein Reporter der BBC beschrieb ihn einst als Kreuzung zwischen James Bond, Indiana Jones und Graham Greene, vermutlich in Anlehnung an den Zeugniseintrag eines Lehrers, der dem jungen Fermor eine „gefährliche Mischung aus Verfeinerung und Draufgängertum" bescheinigte und ihn gleichzeitig der Schule verwies. Den Stoff für seine Bücher sammelt er schon drei Jahre später, als er sich auf eine Wanderung von London nach Konstantinopel begibt und diese Eindrücke erst 40 Jahre später zu Papier bringt. „Erinnerung an ein untergegangenes Europa, das sich im Einklang mit seiner großen Kulturgeschichte weiß" (*Die Welt*), seine wohl besten Bücher *Mani* (1958) und *Roumeli* (1966) haben ihn nicht nur weltberühmt, sondern auch in Griechenland unsterblich gemacht. In den 60er-Jahren ließ er sich mit seiner Frau Joan in der Kalamitsi-Bucht nieder. Seit bekannt ist, dass er eine von ihm selbst entworfene Ferienvilla auf der Máni besaß, kamen ganze Scharen von Neugierigen, nur um einen Blick über die Steinmauer seines Anwesens zu erhaschen. Oder waren es vielmehr die abenteuerlichen Geschichten aus seinem eigenen Leben, die er wie kaum ein anderer in seinen Beschreibungen inszenierte? Wie etwa der britische Agent Fermor hinter den deutschen Linien auf der Insel Kreta den dortigen Kommandeur Kreipe in einer der spektakulären Kommandoaktionen des Zweiten Weltkriegs auf ein britisches Boot entführte, nachdem er zuvor als Schäfer getarnt die Lage ausgekundschaftet hatte (1950 verfilmt von Michael Powell unter dem Titel „I'll met by Moonlight: The Abduction of General Kreipe"). Kardamíli wusste (und weiß) jedenfalls diesen Boom gut zu nutzen, ein Hotel vermittelte zu Lebzeiten sogar Treffen mit Buchsignaturen bei dem betagten Literaten … falls man sich zu einer Übernachtung im Hotel entschloss. 2004 wurde Fermor in den britischen Adelsstand erhoben, 2007 wurde er von der griechischen Regierung zum *Kommandeur des Phoenix-Ordens* ernannt und im selben Jahr beschloss er, zum ersten Mal eine Schreibmaschine zu benutzen. Fermor starb am 10. Juni 2011 im Alter von 96 Jahren in England. Die deutsche Übersetzung seines Buches *Mani* ist im Fischer-Verlag erschienen.

In der Ruinenstadt von Kardamíli

guten öffentlichen Verkehrsverbindungen v. a. ins 35 km entfernte Kalamáta gibt es außerdem einen Autoverleih. Mittlerweile leben in und um Kardamíli geschätzt etwa 50 Deutsche und Engländer (viele von ihnen ganzjährig). Mit der Wirtschafts- und Finanzkrise ist auch der Immobilienboom zu Ende gegangen. Heute übersteigt das Angebot bei Weitem die Nachfrage. Die Preise sinken zur Freude der Einheimischen.

Basis-Infos

Verbindungen Bus, tägl. 4-mal (Sa/So 3-mal) über Kámbos nach Kalamáta (3,90 €), 4-mal tägl. (Sa/So 3-mal) über Stoúpa (1,40 €) nach Ítylon (2,80 €) und 1-mal nach Athen (31 €, 5 Std.). Tickets im Bus, Abfahrt an der Platía, im Dorfkafenion gegenüber erfährt man die Zeiten.

Taxi, für die Gegend gibt es vier Taxis, die man telefonisch ordern muss: ✆ 27210/774 77 oder 27210/73433, mobil 6944/733399.

Adressen Bank: an der Hauptstraße Richtung Kalamáta links, nur am Mittwoch geöffnet, aber mit Geldautomat (der jedoch manchmal auch leer ist).

Post: an der Hauptstraße Richtung Kalamata links, Mo–Fr 7.30–14 Uhr geöffnet. Die einzige Filiale der drei Orte Stoupa, Ágios Nikólaos und eben Kardamíli.

Die **Apotheken** haben abwechselnd geöffnet.

Polizei: am Ortsausgang auf der Straße nach Kalamáta beschildert, ✆ 27210/73209.

Autoverleih: *Europcar* und *Best Car* an der Hauptstraße. Kleinwagen ab 36 €/Tag, 3 Tage ab 100 €, 1 Woche ab 175 €, ab 3 Tage unbeschränkte Kilometer. ✆ 27210/73940, bestcar@hellasnet.gr.

Zweiradverleih/Sportgeschäft: *2407 Mountain Activities* vermietet u. a. Räder ab 10 € pro Tag. Hier werden auch verschiedene organisierte Rad- und Wandertouren angeboten, etwa auf den Profítis Elías. Von März bis Ende Okt. 9–14 und 18–21.30 Uhr geöffnet. ✆ 27210/73752, www.2407m.com.

Reisebüros: Der hilfsbereite deutsche Inhaber der Reiseagentur *Wunder Travel* kennt die Máni wie seine Westentasche. Er vermittelt seit 2005 sehr gute Unterkünfte in der Máni, aber auch verschiedene Ausflüge, etwa zu den Ausgrabungen von Olympia, die von der Archäologin und Verlegerin Waltraud Sperlich geführt werden. Das Büro liegt an der Hauptstraße, ✆ 27210/73141 oder 6946674123, im Winter 2105321632, www.wundertravel.com.

Trigilidas Travel, an der Platia mit Angebot an Bus- sowie Bootstouren entlang der Máni-Küste, organisierten Wanderausflügen (z. B. Rintomo/Taýgetos), Mystras-Tour oder Fahrt zu den Höhlen von Diroú. Daneben Flugtickets, Unterkünfte und Autoverleih. Kompetente und freundliche Mitarbeiter. April bis Okt. 10–13 und 18–21 Uhr. ✆ 27210/64150, trigilidastrvl@mland.gr.

Zwei bestens sortierte **Supermärkte** am Ortsausgang Richtung Kalamáta. Durchgehend geöffnet.

Karten 》》》 Lesertipp: „Exakte Wanderkarten im Maßstab 1: 25.000 für Wandergebiete um Kardamíli und von Anavasi (www.anavasi.gr). Auf der Kartenrückseite nützliche Hinweise auf Verlauf und Zustand der Wanderwege" (Rudolf Steiger). 《《《

Übernachten/Essen & Trinken

Übernachten Vier Hotels und unzählige Apartments bzw. Privatzimmer lassen eigentlich keine Unterkunftsnot aufkommen. Dennoch sollte man für die Hochsaison reservieren. Für ein Privatzimmer müssen Sie generell mit ca. 40–60 € (DZ) rechnen.

》》》 **Mein Tipp:** *** Hotel Kalamitsi, etwa 1 km südlich von Kardamíli in einer schönen Bucht. Eine gepflegte, 1997 erbaute Ferienanlage, die immer erweitert und renoviert wurde. In dem idyllischen Olivenhain stehen in stilvollen Apartments und Bungalows insgesamt 72 Betten zur Verfügung. Zur privaten kleinen Kiesbucht zwischen hohen Felswänden geht es über Treppen steil bergab. Weiter südlich (nur ein paar Minuten Fußweg) liegt eine unproblematisch zugängliche Nachbarbucht. Schönes, schattiges Restaurant. Viele Stammgäste aus Deutschland. Bungalows und Studios für 2 Pers. 90–110 €, Suiten 130–160 €. Frühstücksbuffet 10 € pro Pers. Vertragshaus namhafter Reiseveranstalter, daher empfiehlt sich für die Hochsaison eine Reservierung. ✆ 27210/7313-1, www.kalamitsi-hotel.gr. 《《《

*** **Hotel Notos**, ein Ensemble von individuellen Apartment-Häusern in Hanglage. Die Besitzer Maria Malliri und Giorgos Giannakeas haben für sich und ihre Gäste einen Traum verwirklicht. 14 sehr gemütliche und geschmackvoll eingerichtete Apartments und Studios werden angeboten, z. T. mit vollständig eingerichteter Küche, Du/WC, Telefon und Aircondition. Um die Ruhe zu gewährleisten, gibt es Fernseher nur im Gemeinschaftsraum. Studio 95–110 €, Apartments 125–135 €, große Apartments ab 140 € (im Sommer bei Mindestaufenthalt von 3 Tagen). Für die Hochsaison reservieren, die Zimmer werden bevorzugt wochenweise vermietet. ✆ 27210/73730 und 73991, www.notoshotel.gr.

*** **Anniska & Liakoto**, die beiden Hotels Anniska und Liakoto von Ilia und Geraldine Paliatseas sind ein Klassiker. Die Anlage in unmittelbarer Nähe zum Meer liegt im Herzen von Kardamíli. Das zweistöckige Gebäude bietet angenehme Zimmer mit Balkon und Terrasse. Schmuckstück ist der nierenförmige Swimmingpool. Besonders schön die Penthouse-Apartments im Liakoto. Im Anniska liegen die Preise für ein Studio in der Hochsaison zwischen 95 und 120 €, im Liakotó ab 120 €. Frühstück 9,50 €. ✆ 27210/73600, www.anniska-liakoto.com.

** **Hotel Patriarcheas**, am Ortsausgang Richtung Kalamáta auf der rechten Seite gelegen, gemütliches Natursteinhaus, hübscher, kleiner Innenhof. Die geräumigen Zimmer sind eher schlicht, mit Bad, Balkon, Aircondition und Kühlschrank. DZ mit Frühstück 50–85 €, EZ 60–70 €. ✆ 27210/73366.

Kastro – The Castle, direkt neben dem Patriarcheas. Sehr nette Gemeinschaftsterrasse, freundliche Besitzer. Gelegentlich steigen hier auch Reisegruppen ab. Freies WLAN. Studios für 2 Pers. mit Bad, Balkon und Kochgelegenheit ab 60 €. ✆ 27210/73226, www.kastro-mani.gr.

Rooms to let Spiros Petreas, im Haus links neben dem Hotel Patriarcheas. Orangenbäume im Garten, nette Familie. Im Juli/Aug. fast immer ausgebucht. DZ mit Bad und Balkon oder Terrasse für günstige 40 €. ✆ 27210/73322.

O Kipos tis Skardamoulas, angenehme, z. T. etwas kleine sechs Studios und zwei

Fischerhafen von Kardamíli

Apartments mit Bad, Riesenbalkon, Kochgelegenheit und Aircondition. Etwas unterhalb der Platia, 70 m zum winzigen Kiesstrand. Die gleichnamige Taverne ist empfehlenswert, aber nicht ganz billig. Studio (2 Pers.) 45–50 €, (3 Pers.) 55–70 €, Frühstück 8 € extra. ✆ 27210/73516, www.skardamoula.gr.

Les Sirenes (Gorgones), sehr hübsche, saubere Studios, natürlich mit Bad und Balkon, unterteilt in Schlaf- und Wohnraum, mit einer kleinen Kochgelegenheit und Kühlschrank, Aircondition und TV. Das hauseigene Restaurant liegt schön auf einer großen Terrasse über dem Meer, sehr freundliche Bedienung und hervorragende Küche. Studio für 1–2 Pers. 55–75 €. Frühstück 6 €. ✆ 698/0342020, www.lessirenes kardamili.com.

Porto Kalamitsi Villen, am Ortsausgang Richtung Stoúpa nach der Taverne Dioskouri auf der rechten Seite. Acht gepflegte Häuser mit Studios für 2–4 Pers. mit Bad, Kochnische, Klimaanlage, TV und netter Veranda. Die Häuser für 4 Pers. haben zwei Schlafzimmer. Blick auf Oliven- und Zitronenbäume. Preise auf Anfrage. ✆ 27210/73365, www.portokalamitsi.com.

Christos Papanestoras, am Ortsausgang Richtung Stoúpa in zwei Gästehäusern am Hügel über dem Ort gelegen (zu Fuß in den Ort sind es etwa 6 Min.). Drei Apartments und drei Studios mit Küchenzeile, Bad mit Dusche, Veranda, Aircondition und TV. Für 2 Pers. in der Hochsaison ab 60 €, für 3 Pers. ab 80 €. ✆ 27210/73653 und +30/694/5440083, www.papanestoras.com.

Essen & Trinken 》》》 **Mein Tipp:** Restaurant Dioskouri, die Taverne liegt in traumhafter Lage hoch über dem Meer, schöner Garten, herrlicher Blick, auf der Mauer turnt dekorativ die Katze des Hauses vor den Gästen. Sehr idyllisch, guter Fisch, aufmerksamer und netter Service. Mittleres Preisniveau, für das Gebotene preiswert. Mittags und abends geöffnet. 100 m von der Post bergauf (Straße Richtung Stoúpa), ✆ 27210/73236. 《《《

Lela's Taverne, schöner kann man an der maniotischen Küste nicht zu Abend essen. Die romantische Taverne wurde vor über drei Jahrzehnten von der einstigen Haushälterin des Schriftstellers Patrick Leigh Fermor gegründet und wurde schnell zu einem Treffpunkt für viele Máni-Besucher. Heute betreibt Lelas Ehemann Petros mit den längst erwachsenen Kindern die Taverne im Zentrum von Kardamíli. In der Küche steht Enkel Petros und kocht klassische Regionalküche. In der Hauptsaison kann es schon mal passieren, dass das eine oder andere Gerichte nicht mehr verfügbar ist. Mittleres

Preisniveau. Geöffnet von Mitte April bis zum Saisonende. Nur abends offen.

Taverne Kikí, in ruhiger Lage oberhalb der Platía, an der Hauptdurchgangsstraße nach rechts abzweigen, etwa 200 m vom Meer. Leckeres Essen, frisch zubereitet aus lokalen Produkten. Hauptsächlich von Griechen besucht. Es gibt keine Speisekarte, aber Besitzerin Anthoula (spricht Englisch) oder ihre Eltern stehen mit Rat und Tat zur Seite. Auch Frühstück wird angeboten. Zudem Zimmervermietung ab 50 € pro Nacht. ✆ 27210/73148.

Sehenswertes

Das auf einer kleinen Felskuppe gelegene befestigte *Museumsdorf Mourtzinoi* mit seinen Mauern, Türmen und dem spitzen Campanile der spätbyzantinischen Agios-Spiridon-Kirche („Turm von Mourtzinoi") wurde mit Hilfe der EU restauriert und für Besucher zugänglich gemacht. Der zehnminütige Spaziergang von der Dorfplatía durch schmale Gassen, vorbei an einigen traditionellen Steinhäusern bis zum Museumsdorf lohnt sich. Das kleine Dorfensemble wird auf Schautafeln in griechischer und englischer Sprache gut erläutert. Ein kleines Museum, das erste fertiggestellte des *Network of Mani Museums*, hat täglich (außer Mo) von 8 bis 20 Uhr geöffnet. Eine permanente Ausstellung erzählt über den religiösen Glauben in der Mani (Eintritt 2 €, Di–So, 8.30–15 Uhr).

Die Ruinenstadt ist beschildert: entweder am Ortsausgang Richtung Kalamáta rechts ab (zu Fuß nur ca. 10 Min. von Kardamíli) oder von der Platía in leicht nordöstlicher Richtung hinauflaufen. Der Eintritt in die Wehranlage ist gratis. Das alte Kardamíli/Mourtzinoi ist auch Ausgangspunkt für Wandertouren in die nähere Umgebung.

Baden: Nördlich von Kardamíli ein einladend langer, grobkiesiger Strand. Relativ sauber, einige Bäume spenden Schatten, auch im Sommer nicht überlaufen. Eine Bademöglichkeit gibt es auch beim Hafen (Seeigel). Wer Lust hat, kann zur Insel, die einst die Venezianer befestigt haben, hinüberschwimmen.

Mit eigenem Fahrzeug gut zu erreichen ist der idyllische und sehr saubere *Kiesstrand von Fonea*, eingezwängt zwischen Felsen, mit einem kleinen Felsbogen. Der Abzweig zum Strand liegt auf der Strecke zwischen Kardamíli und Stoúpa in einer Kurve, ein Stichweg führt zu einem kleinen schattigen Parkplatz. Der Strand ist nicht wirklich unbekannt, aber auch im Hochsommer gibt es noch immer genügend Plätze. Ein Kantinenwagen versorgt mit Getränken. Der Sonnenschirm muss selbst mitgebracht werden!

Wandern: Man hat die Gegend um Kardamíli als Wandergebiet entdeckt und einige der alten Pfade freigelegt und markiert. Eine nur durchschnittlich anstrengende

Network of Mani Museums

Kalamáta, Kardamíli, Kastaniá, Areópolis – so soll die Achse der Informationszentren in Zukunft aussehen, in denen sich Besucher über die Geschichte des „Máni-Fingers" informieren können. Neben dem bereits eröffneten Museum von Kardamíli sollen künftig vor allem die zahlreichen byzantinischen Kapellen, maniotischen Türme und ganze Ortschaften in das Gesamtkonzept mit einbezogen werden. Der Abstecher in das bestehende Museum von Kardamíli lohnt sich deshalb in jedem Fall *vor* der Rundfahrt auf der Máni. Das Museum über zwei Stockwerke gibt einen Einblick in die traditionelle Handwerkskunst der Máni.

Wanderung führt beispielsweise von der *Ruinenstadt Palea Kardamíli* nach *Agía Sophía*, man folgt ab Palea Kardamíli der schwarz-gelben Markierung: Es geht stetig bergauf auf einem angelegten Steinweg, dann im Zickzack, kurz darauf an einer Felswand entlang und zur byzantinischen Kirche von Agía Sophía (leider meist verschlossen). Immer wieder tun sich herrliche Blicke auf Kardamíli auf, am letzten Stück der Strecke auch auf den unteren Verlauf der Virós-Schlucht. Von der Kirche Agía Sophía auf einer 200 m hohen Bergkuppe sind es nur wenige Minuten in das gleichnamige Dorf. Man kann aber auch der schwarz-gelben Markierung weiter folgen ins Dorf *Petrovoúni* auf dem benachbarten Hügel, von hier auf einem Pfad und einer kaum befahrenen Straße zurück nach Kardamíli. Dauer der Wanderung bis Agía Sophía: ca. 40 Min., bis Petrovoúni ca. 1:30

Zwischen Kardamíli und Stoupa findet man schöne versteckte Buchten

Stunden, für die gesamte Rundwanderung sollte man gut 2 Std. einplanen. Für Erfrischung sorgt die ganztägig geöffnete Bar in Palea Kardamíli.

Eine wesentlich anspruchsvollere Tour führt in die *Virós-Schlucht* hinein (3–4 Std.). In Kardamíli wird eine detaillierte und GPS-gestützte Wanderkarte der Gegend verkauft, wer größere Touren plant, sollte diese unbedingt anschaffen (8 €).

Proástio

Die geschichtlich bedeutsame Ortschaft mit etwa 350 Einwohnern wurde bereits 1439 urkundlich erwähnt. Das Dorf (auch Proástion oder Prástiou geschrieben) war eine Hochburg des maniotischen Widerstands gegen türkische Besatzer und wurde bei den Auseinandersetzungen zweimal (1615 und 1670) niedergebrannt. 1743 war der Ort Bischofssitz, und noch heute erinnern nahezu 30 (!) Kirchen und Kapellen im Ort an die Blütezeit im 18. Jh. Ausgehend von einer alten *Brunnenstube* am Ortseingang, die über Rohrleitungen gespeist wurde, lohnt die Besichtigung einiger Kirchen unbedingt: Besonders beeindruckt waren wir von der *Agios-Nikólaos-Kirche*, der *Eisodia tis Theotokou* und der kleinen *Doppelkapelle Agios Vasilios und Agios Spiridon* von 1754.

Auf der Strecke zwischen Kardamíli und Stoúpa zweigt links die Straße zum Bergort ab.

Exochóri

Exochóri liegt etwa 500 m über dem Meeresspiegel Der Ort ist zu erreichen über die Strecke, die auch nach Proástio hinaufführt. Ein gut beschilderter Wanderweg (frühere Maultierpfade) führt auch von Kardamíli hier bergauf und eröffnet bei klarem Wetter einen wunderbaren Blick auf die Bucht von Kardamíli und das Taýgetos-Gebirge. Auch hier überrascht eine verhältnismäßig große Kirche den

Besucher, die *Ipapandí* (Maria Lichtmess) geweiht ist. Daneben sind noch einige Wehrtürme aus dem 17. und 18. Jh. erhalten. Zusammen mit vier weiteren Dörfern, die heute zur Gemeinde Exochóri zusammengeschlossen sind, lebten hier in der Blütezeit zwischen 1621 und 1833 (Bischofssitz) etwa 6500 Menschen, von denen die meisten längst nach Australien und Kanada ausgewandert sind.

Stoúpa

Das früher weltabgeschiedene Dörfchen hat sich zum Zentrum des Tourismus in der Äußeren Máni entwickelt. Vor allem die beiden schönen und seichten Sandbuchten sind ein gutes Argument, in dem 500-Einwohner-Ort einen Badeaufenthalt einzulegen.

In und um Stoúpa wurde die Landschaft nicht mit billig gebauten Hotels oder Pensionen verschandelt. Das Dörfchen hat seinen maniotischen Charakter bewahren können. Oberhalb von Stoúpa sind zahlreiche neue, geschmackvolle Häuser in landestypischer Architektur entstanden. In den vergangenen Jahren haben zahlreiche Griechen, Engländer und Deutsche Stoúpa in den sonnigen Monaten zu ihrem Lebensmittelpunkt gemacht.

Allerdings ist Stoupa zur Hauptsaison kein empfehlenswertes Ziel mehr für Ruhesuchende. In den Sommerferien geht es im Ortszentrum laut zu. Dann ist in den Tavernen kaum noch ein Platz zu bekommen und die Musikcafés nerven manchen Gast mit ihrer lauten Musik bis in die frühen Morgenstunden. Am Strand stehen die Liegen aufgereiht nebeneinander und man findet im Ort kaum mehr einen Parkplatz (Das Parken an der Strandpromenade ist übrigens verboten, die dort zahlreich parkenden Wagen bekommen regelmäßig Strafzettel).

Biegt man von Kardamíli kommend rechts nach Stoúpa in Richtung Strand ab, landet man zuerst in dem kleinen Ort *Kalógria*, der fließend in Stoúpa übergeht.

Am Strand von Stoupa kann es im Hochsommer sehr voll werden

Stoúpa

Oberhalb des Strandes von Kalógria an der nördlichen Straße Odos Kazantzakis steht eine Bronzebüste zu Ehren des Schriftstellers *Nikos Kazantzakis*, der 1917–1918 in Stoúpa lebte und am Strand von Kalógria Teile seines großen Romans *Alexis Sorbas* schrieb. Nicht leicht zu entdecken, während der Juntazeit wurde es gerne mit Farbe beschmiert, heute wird es meist vom Fußgängerstrom der Touristen zum Meer verdeckt. Der andere, weitaus größere Strand von Stoúpa schließt sich in südlicher Richtung an den Kalógria-Beach an.

Die Bucht von Kalógria hat eine Besonderheit zu bieten. Es gibt kühle, ungefährliche Strudel aufgrund von unterirdischen Süßwasserquellen. Am Nordende der Bucht liegt eine natürliche Badewanne. In dem eiskalten Wasser kann man sich nach dem Badespaß im Meer das Salz von der Haut waschen.

Stoúpa gehörte in antiker Zeit zu Sparta. Auf einem Tafelberg oberhalb des Ortes stand die antike Akropolis, von der jedoch nichts mehr erhalten ist.

Basis-Infos

Verbindungen Bus, 4-mal tägl. (Sa/So 3-mal) über Kardamíli (1,40 €) nach Kalamáta (4,10 €), 4-mal tägl. Ágios Nikólaos (1,40 €), 4-mal tägl. Ítylon (3,40 €, Umsteigemöglichkeit nach Areópolis und Gýthion). Tickets im Bus.

Adressen Doufexis Travel, in einer Seitenstraße zur Uferpromenade, unterhalb des Hotels Léfktron. Zimmervermittlung, von Juni bis Sept. Bootsausflüge (z. B. nach Koróni); Busausflüge mit den Zielen Olympía, Mistrá, Höhlen von Pírgos Diroú, Monemvasía und Athen (2-tägig). Außerdem **Autoverleih**, tägl. 9–13.30 und 17–21 Uhr. ✆ 27210/77677.

Geldautomat, im Eingangsbereich des Supermarktes am mittleren Strandabschnitt, oberhalb des Kalógria Strands (kurz nach dem Campingplatz) und am Anfang der Bucht von Stoúpa.

Autoverleih: Rent a Car Stoupa, am Ende der Hafenpromenade, Kleinwagen ab 40 € pro Tag (mit 100 Freikilometern), 3 Tage ab 105 € (unlimitierte Kilometer). ✆ 27210/77689.

Zweiradverleih: Moto Steki, an der Hauptstraße, vermietet verschiedene Motorräder, Preise auf Anfrage. ✆ 27210/78287, www.motosteki.com.

Übernachten/Essen & Trinken

Übernachten Bessere Möglichkeiten im benachbarten Kardamíli, da Stoúpa ziemlich fest in der Hand englischer und deutscher Pauschalveranstalter ist. Ein Zimmer zu finden, kann in der Hochsaison schwierig werden.

In Kalógria »› Mein Tipp: **** **Villa Pelagia**, die beiden Ferienvillen direkt oberhalb vom nördlichen Strand von Kalógria zählen zu den schönsten der Máni. Die Natursteinhäuser sind innen im mediterranen Stil geschmackvoll und hochwertig nach den Richtlinien von Feng Shui eingerichtet. Von den Terrassen der Villen bietet sich ein romantischer, unverbauter Blick auf die Bucht von Stoúpa. Die Häuser, die teilweise von einem schönen Garten umgeben sind, liegen direkt an der Küste, oberhalb einer Meereshöhle. Jedes ist mit einem Jacuzzi ausgerüstet. Die Hausherrin, Katherina Georilea, ist nicht nur eine begnadete Köchin, die bisweilen ihre Gäste an ihrem Talent teilhaben lässt, sondern auch eine zuvorkommende Gastgeberin. Es gibt nur zwei Nachteile: In der Hochsaison ist bisweilen eine Musikbar in der Nähe zu hören und die kleinere Ferienvilla verfügt über keine Dusche, sondern nur über eine Badewanne. Preise auf Anfrage, in der Vorsaison ab ca. 180 € pro Nacht. Buchbar auch über Reiseveranstalter wie Attika. ℡ 27210/77425 und mobil 6932004812, www.villapelagia.gr. «

In Stoúpa ** Hotel Kastro**, direkt am Strand, mit schickem, aber relativ teurem Restaurant. Komfortable Zimmer mit Bad, TV Aircondition. DZ mit Meerblick 82–92 €, sonst 76–82 €, Frühstück auf Anfrage für 5 € pro Pers. ℡ 27210/64080, www.hotelkastro.gr.

** **Hotel Stoupa**, gleich am Ortseingang (von der südlichen Einfallstraße kommend), kaum zu übersehen. Viele englische Pauschalgäste, die Besitzerin spricht Deutsch. Alle 18 Zimmer mit Bad, Balkon und Klimaanlage. Freies WLAN. DZ 65–85 €, EZ 47–64 € (jeweils mit Frühstück). ℡ 27210/77308, www.hotel-stoupa.gr.

»» Mein Tipp: ** **Hotel Lefktron**, hübsches Haus mit kleinem Garten und kleinem Pool gleich neben dem Hotel Stoupa. Ruhig und sauber mit gutem Frühstück, viele englische Pauschaltouristen, netter Service, sympathisches Hotel (kürzlich renoviert). 32 Zimmer mit Bad, Balkon, Kühlschrank, Internetanbindung und Aircondition. Besitzer Georgios Theodorakeas ist sehr hilfsbereit und sorgt für das Wohl seiner Gäste. Geöffnet von April bis Okt. DZ 60–110 € (mit Aircondition), Familienzimmer 100–145 € (inkl. Frühstücksbuffet). ℡ 27210/77322 oder 77444, www.lefktron-hotel.gr. «

»» Lesertipp: **Stavros Apartments**, „fünf Gehminuten vom Strand von Stoúpa. Vermieterin Christel Bergmeister ist vor fast drei Jahrzehnten ausgewandert und lebt mit ihren drei Kindern hier. Zusammen mit ihrer Freundin Marion (einzige Deutsche im Bergdorf Agia Sofía) will sie in Zukunft geführte Wanderungen anbieten. Christel hat eine Menge Insidertipps für die Region parat" (Gunnar von Schlippe). Hier stimmt das Preis-Leistungsverhältnis: Ein schönes Apartment, große Zimmer, Küchenzeile und Bad kosten für 3 Pers. (Platz für 4 Pers.) in der Nebensaison nur 45 €, sonst ab 50 €. Größere Apartments 50–60 €. ℡ 27210/77410 (mobil 0030/6977693780). «

Apartments Georgileas, günstige Apartments vermietet auch Georgios Georgileas (im Souvenirshop neben der Zorbas Reiseagentur fragen). Große Zimmer für max. 3 Pers., mit Bad, separater Küche und Terrasse bzw. Balkon zum Meer. Ab 45 € pro Nacht. Für August unbedingt reservieren. ℡ 27210/77708.

Zorbashouse, das geschichtsträchtige, über 120 Jahre alte Haus liegt im Weiler Prastova, oberhalb von Stoúpa. Rudi Bährend hatte das Haus 1967 erworben, das einst von Nikos Kazantzakis als Wohn- und Bürohaus seiner Mine genutzt wurde. Mit rund 160 m^2 Wohnfläche, fünf Räume inkl. Wohnküche, zwei Schlafzimmer, separatem Bad und WC, Terrasse, Balkon und einem Innenhof, ideal geeignet für 4–6 Pers. Das gesamte Ensemble bietet eine Einheit, die von außen nicht einsehbar ist, somit ist man auch vor den neugierigen Blicken von Touristen geschützt. Von Juli bis Sept. 950 €/Woche für das Ferienhaus, sonst 550–850 €/Woche. ℡ 6981663127oder 0049/1788176029, www.theoriginalzorbashouse.com.

Privatzimmer vermittelt auch das Reisebüro *Doufexis Travel*. Man sollte ab 40 € für das DZ rechnen.

Camping Camping Kalogria, 100 m vom Strand entfernt, weitläufiger und ruhiger Familienplatz mit viel Schatten, sauberen Duschen und Toiletten unter der Leitung von Evangelia Malakoudi. Minimarkt, Chemietoiletten-Entsorgung, Elektroanschluss, vier Kühlschränke und „Frühstücksbar". Ein empfehlenswertes Lokal nur 2 Min. vom Platz entfernt. Pro Pers. 5 €, Zelt 4–5 €, Auto 2,50 €, Wohnmobil 7 €, Strom 3 €. Geöffnet Mai bis Okt. ℡ 27210/77319, www.campingkalogria.gr.

Essen & Trinken Für Romantiker ist die **Taverne Halicoura** ein lohnenswertes Ziel. Das Restaurant liegt in einer seitlichen Gasse am Südende des Dorfstrandes. Hier gibt es keinen Straßenverkehr mehr, schöne Aussicht auf die Bucht.

🌿 **Taverne Akrogiali**, die Traditionstaverne liegt am südlichen Ende der Sandbucht von Stoúpa, hier gibt es noch authentische Máni-Küche, z. B. den berühmten Máni-Salat mit fleischigen Orangen. Es kommen Gemüse, Fleisch, Fisch und Obst aus der Region auf den Tisch. Vor allem am Abend ist in dieser Strandtaverne kaum ein Platz zu bekommen. Bei großem Ansturm gelingt allerdings nicht jedes Gericht. Netter Service. ∎

Ein Alternative ist die **Taverne Meuko**, hoch oberhalb des Dorfstrandes, an dessen südlichem Ende, Hausmannskost und einige vegetarische Gerichte.

Sehr schick geht es im **Restaurant Kastro** (→ gleichnamiges Hotel) zu, schöne Terrasse am Strand.

Café Patriko, beliebtes Café zum Frühstücken am Dorfstrand. Im Schatten sitzen und darauf warten, bis die Sonne einen erreicht. Service auch am Strand mit eigenen Liegestühlen. ☎27210/78065

Außerhalb » Lesertipp: **Taverne Marabu**, im Bergdorf Neochori. (100 m von der Haarnadelkurve). „Sehr gute Taverne mit wunderschönem Blick auf die ganze Umgebung Stoúpas und das Meer" (Felicitas Düring). **«**

Nikos Kazantzakis und sein Alexis Sorbas

Nahe Stoúpa befand sich auch das alte Kohlebergwerk von Prástova, in dem der Autor Nikos Kazantzakis (1883–1957) zusammen mit dem Vorarbeiter Giorgis Zorbas, dem Vorbild für seinen Romanhelden, arbeitete. Kazantzakis hatte den makedonischen Lebenskünstler vor seiner Ankunft in der Máni kennengelernt. Später holte er ihn als Arbeiter nach Prástova.

1917 kam der bis dahin völlig unbekannte Schriftsteller nach Stoúpa, um das Braunkohlebergwerk bis 1918 zu betreiben. Er wollte damit dem Militärdienst entgehen. Die Mönche am Berg, die Witwe Surmelia, die alten Dorfweiber, der Sirtaki-Tanz am Strand – in Stoúpa und Umgebung fand Kazantzakis seine Charaktere. Seinen Roman „Alexis Sorbas" hat er allerdings erst 1946 veröffentlicht. 1952 erschien das Meisterwerk auf Deutsch. 1964 wurde „Zorba" schließlich auf Kreta verfilmt. Der Kinostreifen wurde dank der schauspielerischen Leistung von Anthony Quinn und der Musik von Mikis Theodorakis zu einem Welterfolg. Der griechisch-zypriotische Regisseur Michalis Kakogiannis (1922–2011) wurde damit weltberühmt. Insgesamt erhielt der Film drei der begehrten Oscars.

Das Braunkohlebergwerk brach zwar nicht so spektakulär ein wie im Film, war aber auch in Wirklichkeit nicht besonders ertragreich. Es kann noch heute besichtigt werden. Dazu benötigt man aber pfadfinderisches Geschick. Geblieben ist auch die kleine Grotte in der Bucht von Kalógria, in die der Autor sich zum Meditieren zurückzog, in der er an seinem Buch schrieb und sich dabei die Füße von Süßwasserquellen kühlen ließ. Sonst sind kaum noch Spuren von Kazantzakis zu finden. In dem ehemaligen Verwaltungsgebäude in Prástova lebte 40 Jahre lang der bayerische Maler *Rudi Bährend*, zurückgezogen wie ein Asket. Sein Haus in Prástova ist nach wie vor in Familienbesitz und wird ganzjährig an Urlaubsgäste vermietet.

Baden: Die Bucht von *Kalógria* ist ideal für Kinder: Ein herrlich seichter und in der Regel sauberer Sandstrand, am Strand Tretbootverleih, Beachvolleyball, Bars, Tavernen. Unbedingt dem benachbarten Strand von *Stoúpa* vorzuziehen, auch wenn dieser bei Weitem größer ist. Wenn die beiden Strände zu voll sind, findet man in der Umgebung weitere schöne und ruhigere Buchten. Empfehlenswert ist etwa der *Foneas Beach* am Weg nach Kardamíli. Am 150 m langen Kiesstrand mit kristallklarem Wasser spenden Felsen natürlichen Schatten.

Ágios Nikólaos

In einer weiten Ebene mit vielen Olivenbäumen liegt das kleine Fischerdorf. Eine mächtige, 300 Jahre alte Turmburg auf einer Felsspitze am südlichen Ende des

Ortes überragt Ágios Nikólaos. In antiker Zeit hieß der Ort *Pefnos* und war Teil des Reiches von König Tyndareos. Südlich des Dorfes (1 km) gibt es einen schönen, nicht überlaufenen Sandstrand. Wem Stoúpa zu touristisch oder zu teuer ist, der findet in Ágios Nikólaos eine wirkliche Alternative. Hier geht es noch griechisch-gemütlich zu und jeden Vormittag gibt es einen Markt.

Verbindungen Bus, 4-mal tägl. (Sa/So 3-mal) über Stoúpa und Kardamíli (je 1,40 €) nach Kalamáta (5 €).

Übernachten In der Hochsaison kann es hier, wie überall in der Máni, schwierig werden, ein Zimmer zu finden.

Pension Faros, teilweise Zimmer mit Blick aufs Meer, schöne Terrasse. Der Besitzer spricht Deutsch und führt im Erdgeschoss ein Restaurant mit ganz ausgezeichneter griechischer Küche; zum Frühstück wird selbst gemachte Marmelade serviert. Am Hafen rechts ab (ausgeschildert). Das DZ mit Bad 38–45 €, ein 4er-Apartment unterm Dach mit Küche, Bad und Balkon ab 55 €. ✆ 27210/77017.

Villa Skafidakia, saubere, gut ausgestattete Apartments mit Küche, Bad und Terrasse vermieten Christos Koloveas und seine Frau Yiota. Am Ortseingang rechts (beschildert), gutes Preis-Leistungs-Verhältnis. 2-Bett-Apartment 40–70 €, 3er-Apartment 57–80 €. Mit Heizung und Aircondition. Ganzjährig geöffnet. ✆ 27210/77698 oder 77550, www.skafidakia.gr.

》》Mein Tipp: **Katafigio Village**, direkt neben der Katafýngi-Höhle auf einer Klippe liegt diese kleine Ferienanlage, bestehend aus Apartments mit zwei und drei Zimmern und Maisonette. Wohnzimmer, Kochnische und Bad/Dusche. Die sehr nette Besitzerin heißt Carmela und stammt aus Italien. Direkt daneben ein Fels-Badeplatz, der auch bei FKK-Anhängern beliebt ist. Baden ist aber nur bei ruhigem Meer ungefährlich. 1-Zimmer-Apartment je nach Jahreszeit 43–85 €, 2-Zimmer-Apartment 48–95 €. ✆ 27210/77362, www.katafigiovillage.gr. 《《

Essen & Trinken **Rafti** (Nostimies), eine ursprüngliche Taverne im Ortskern, authentische Küche, mit kleinem, gemütlichem Außenbereich.

》》 Lesertipp: **Elli**, am Platz vor dem Hafen, in der Kurve links. Stilvoll eingerichtet und preiswert. Es wird ausgezeichnet und ein wenig anders gekocht, z. B. Salate mit Granatapfelkernen und Feigen. Zudem gibt es häufig Livemusik. Die Wirtin tanzt und kocht noch selbst. Es gibt auch einen großen Kamin, der im Herbst wärmt (Katharina Bährend). 《《

Weitere preiswerte und gemütliche Fischtavernen findet man am Hafen. Sie sind eine gute Alternative zu Stoúpa.

Boulimeneas, ca. 1,5 km südlich vom Ort liegt diese schattige Taverne, ein idealer Platz, um beim Abendessen den Sonnenuntergang zu beobachten.

Von Ágios Nikólaos nach Areópolis

Katafýngi-Höhle (Drákos Selinítsa): Die weitgehend unbekannte Höhle ist ein interessantes Ausflugsziel für Abenteurernaturen. Die Vermessung des unterirdischen Flussbettes mit seinen herrlichen Tropfsteinformationen ist seit Ende der 70er-Jahre abgeschlossen. Mit einer gemessenen Länge von rund 4 km (Ganglänge etwa 2500 m) ist sie die viertlängste Höhle Griechenlands. Jedoch bleibt sie nach wie vor touristisch unerschlossen und gilt als gefährlich. Hört man sich bei den Einheimischen um, heißt es, dass sich die Katafýngi-Höhle (zu Deutsch: Zufluchtsort) von der maniotischen Westküste bis hin nach Sparta erstrecken soll. Eine Aussage, die freilich bis jetzt wissenschaftlich nicht erwiesen ist, andererseits aber auch nicht völlig abwegig erscheint. Wir wagten uns in dem ausgetrockneten Flussbett etwa 1 km weit – ein Ende war nicht abzusehen.

Offizielle Führungen finden nicht statt, und eine Erforschung der Höhle auf eigene Faust ist nicht ungefährlich. Wir raten unbedingt zur Vorsicht! Gehen Sie auf

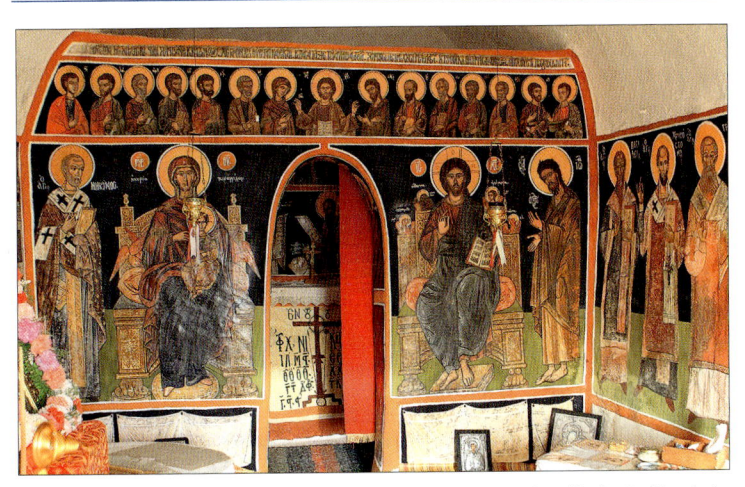

Bunt bemalter Innenraum einer Kirche in Nomítsis

keinen Fall allein, informieren Sie Leute in Ágios Nikólaos oder Ágios Dimítrios von Ihrem Vorhaben, die gegebenenfalls Hilfe organisieren können. Ferner ist es empfehlenswert lange Hosen, festes Schuhwerk und mehr als nur zwei starke Taschenlampen mitzunehmen (Batterien nicht vergessen), denn ohne Licht hat man keine Chance. Leser Matthias Lange, Frankfurt, rät in diesem Zusammenhang: „Außerdem sollte man zwei freie Hände haben (am besten eine Helmlampe) und keine Angst vor Fledermäusen".

Von Ágios Nikólaos weiter nach Ágios Dimítrios. Hinter der Ortschaft führt die Küstenstraße weiter nach Trahíla. Ungefähr knapp 1 km nach Ágios Dimítrios ist an der rechten Straßenseite eine kleine Parkbucht (hier Sackgassen-Schild für Trahíla). Von hier ca. 150 m zurücklaufen bis zum Zaun einiger Privatanwesen (Katafigio Village), dann geht ein Pfad links auf eine Art Felsenstrand (beliebtes FKK-Revier) steil hinunter. Der Eingang zur Höhle befindet sich am oberen Ende der Felsen und ist nicht zu übersehen.

Trahíla: Als Sackgasse endet die schmale, malerische Küstenstraße, die von Ágios Nikólaos durch Ágios Dimítrios führt, in Trahíla. Doch ein Abstecher in das Dorf lohnt sich wirklich. Die wenigen Häuser umrahmen den malerischen kleinen Fischerhafen, Tische und Stühle der urigen „Psarotaverna" stehen an der kaum befahrenen Dorfstraße, die nur wenige Meter südlich im Nichts endet... Durch seine abgeschiedene Lage hat sich Trahíla noch mehr griechische Idylle bewahren können als Ágios Nikólaos. Hier scheint die Zeit stehen geblieben zu sein.

Plátsa/Nomítsis

Nomítsis, am Hang des Taýgetos-Gebirges gelegen, ist heute so gut wie verlassen. Nur gut hundert Einwohner zählt das Dorf; zu Beginn des 20. Jh. waren es noch 1700. In dem pittoresken Ort und im benachbarten Plátsa kann man noch einige gut erhaltene mittelalterliche Kirchen entdecken.

Ágios-Nikólaos-Kirche: Die Kirche befindet sich unterhalb der Hauptstraße zwischen Nomítsis und Plátsa (Wegweiser). Sie wurde im 9. oder 10. Jh. erbaut und ist somit eine der ältesten Máni-Kirchen. Zu sehen sind u. a. gut erhaltene Fresken wie der thronende Christus zwischen Maria und Johannes dem Täufer. Die Kuppel wurde erst später hinzugefügt. Schlüssel in Plátsa erfragen.

Metamorphosis-Kirche: südlich von Nomítsis an der Hauptstraße. Obwohl mehrmals geplündert, gilt das äußerlich unscheinbare Kirchlein aus dem 11. Jh. Als kunsthistorisch besonders wertvoll. Das Innere der uralten Kreuzkuppelkirche birgt Kapitelle mit hübschen Tiermotiven und gut erhaltene Fresken, die vor etwa 700 Jahren (!) entstanden sind. Die Kirche ist nicht abgeschlossen.

Thalámes

Thalámes hatte einst einen Tempel mit einem berühmten Orakel, das die Spartaner zu kniffligen Problemen befragten. Er befand sich im heutigen Ortszentrum unweit des beachtenswerten jüdischen Brunnenhauses. Eine riesige Platane spendet dem ganzen Platz samt der urigen Taverne „O Platanos" Schatten. Auf der Platia verkauft ein rühriger alter Mann seinen selbst gemachten Wein, Oliven, Oregano und Honig. Direkt an der Straße stehen vier sehenswerte kleine byzantinische Kirchen. Besonders schön ist die Metamórfosis-Kirche auf dem Dorffriedhof. Die Kapitelle der vier Säulen sind mit Reliefs verziert, etwa mit einer Sphinx, die ein Tier im Maul trägt.

Museum Máni: Mit seinem Museum Máni hat sich *Nikonas Demagelos* einen Traum verwirklicht. Das zweistöckige Haus liegt an der Durchgangsstraße von Thalámes und ist randvoll mit maniotischen Exponaten und Zeugnissen der nicht immer unblutigen Geschichte des Landstrichs. Alte Stiche zeigen den Peloponnes von anno dazumal; in der volkskundlichen Abteilung sind viele Haushalts- und Handwerksgegenstände ausgestellt, die der wortkarge Grieche in den vergangenen Jahrzehnten Stück für Stück zusammengetragen hat. Das private Museum erinnert ein wenig an einen Trödelladen, in dem es viel zu entdecken gibt: z. B. die Originalunterschrift des berühmten Philhellenen Lord Byron, die Demagelos in den 70er-Jahren beim Londoner Auktionshaus Sotheby's erstanden hat. Zum Teil sind die Ausstellungsstücke auch zu erwerben, v. a. alter maniotischer Schmuck und Keramik. Nikonas Demagelos, gebürtiger Maniote, der in Bonn und München studierte, spricht hervorragend Deutsch. Der weit über 70-Jährige gilt als wahrer Kenner seiner Heimat.

Ende März bis Ende Okt. tägl. 9.30–20 Uhr. Eintritt 5 €, der Preis beinhaltet auf Wunsch auch eine sehr interessante Führung durch das Museum.

Im benachbarten **Langáda** verschönt eine sehenswerte Kirche aus dem 13. Jh. das Dorfzentrum (den Schlüssel dafür hat der Dorfpope; im Laden gegenüber kann man erfahren, wo er anzutreffen ist).

Von Thalámes nach Liméni

Néo Ítylon/Ítylon: In langen Serpentinen schlängelt sich die Straße zur breiten Bucht von Liméni hinunter, an deren südlichem Ende, umgeben von scharfen Klippen, das kleine Fischerdorf Liméni liegt. In der weiten Bucht gibt es einen 400 m langen, seichten Kies-/Sandstrand (zeitweise allerdings viel trockenes Seegras und Treibgut). Die verstreut liegenden Häuser bilden das Dorf Néo Ítylo.

Das sehenswertere Alte Ítylon liegt in den Bergen, oberhalb der Bucht. Eine Perle in der grau-blauen Máni und architektonisch fröhlicher als die meisten anderen Orte. Esel grasen in Hausgärten, überall versteckte Hinterhöfe und von Steinmauern

Morea – Ölmühle in Thalámes

Im gerade einmal 117 Einwohner zählenden Máni-Bergdorf findet sich zentral an der Ortsplatia eine der letzten traditionellen Ölmühlen auf dem Peloponnes. Das deutsche Ehepaar Monika und Heinz Neth hatte sich hier einen Traum erfüllt, als es in den 60er-Jahren beschloss, die angestammte Heimat in Neu-Ulm mit dem Leben unter Dorfbewohnern und einfachen Landarbeitern einzutauschen. An Arbeit dachte dabei keiner der beiden, zumindest nicht an die Arbeit mit Oliven. Das Selbstverständnis des Lebens in der Natur und der herkömmlichen Produktionsweisen, wie sie seit Tausenden von Jahren hier praktiziert werden, gaben Heinz Neth den Antrieb zum Ausbau der Steinmühle. Sie hat sich inzwischen weit über den Peloponnes hinaus bis in deutsche Feinkostläden einen guten Namen gemacht. Nach dem Tod von Heinz Neth im Jahr 2016 hat sein langjähriger Kunde Frank van Gaalen aus Ulm die Ölmühle übernommen und den Betrieb mittlerweile modernisiert.

Ölmühle in Thalámes

Die in eigenem Anbau der tausend Olivenbäume geernteten und zugelieferten, biologisch angebauten *Koroneiki-Oliven* (benannt nach dem Dorf Koróni am Fuße des Taýgetos) werden nach der Anlieferung in der Ölmühle in einem aufwendigen Verfahren per Gebläse von den Blättern getrennt und schonend gewaschen. Danach werden die Oliven mitsamt den Kernen unter den drei gewaltigen Mühlsteinen zu einem Brei zermalen und auf Matten aufgetragen. Diese werden in der Folge mehrfach gefaltet und mechanisch gepresst. Das Öl, das bereits vor der Pressung – nur durch das Eigengewicht der Matten – austritt, wird als „Tropföl" aufgefangen. Diese erste Mischung aus Öl und Fruchtwasser trennt sich anschließend nur durch Sedimentation und behält so seine wertvollen Bestandteile.

Neben dem extra nativen Olivenöl, das nach mechanischer Pressung und mit Zentrifugalkraft bei gleichzeitiger leichter Erwärmung gewonnen wird, sind es zunehmend die Fruchtöle, mit denen sich die Morea-Mühle längst auch in deutschen Feinschmecker-Restaurants einen Namen gemacht hat. Hierzu werden die ätherischen Öle von unbehandelten Oliven, Zitronen, Orangen oder Ingwer verwendet, die als ganze Früchte zusammen mit den Oliven gemahlen werden und so eine Verbindung eingehen. Das Ergebnis ist schier unglaublich. Probieren Sie einmal ein getoastetes Stück Weißbrot und dazu ein paar Tropfen des Orangen-Olivenöls. Einfach köstlich!

Der gut sortierte Verkaufsladen neben der Ölmühle mit fairen Preisen für eine umfangreiche Produktpalette lohnt ebenso einen Besuch wie die Mühle selbst. Auf Anfrage gibt es eine kleine Besichtigungstour" der Produktionsstätte.

Das Morea Olivenöl nativ extra (0,75 Liter) kostet 18 €, auch mit Zitrone, Orange oder Ingwer. Darüber hinaus verkauft Morea auch noch grüne und schwarze Oliven sowie Kapern in Gläsern. Tägl. in der Saison 11–17 Uhr, www.morea-olivenoel.de.

umgebene Olivenhaine. Jeder Fremde wird mit neugierigen Blicken beobachtet; von der weiß gekalkten Kirche bietet sich ein überwältigender Ausblick. Ein paar Wohntürme und geräumige Häuser zeugen vom einstigen Wohlstand des Bergdorfes, der vor allem auf Piraterie und Sklavenhandel beruhte. Die Platia ist hier noch immer die gute Stube des Dorfes, am Abend trifft sich hier ganz Ítylon zum Plausch.

1675 erlebte der Ort durch die türkischen Besatzer einen Exodus: Über 700 Einwohner wurden vertrieben und siedelten sich im fernen Korsika an.

Verbindungen Bus, Ítylon liegt an der Grenze zwischen Messenien und Lakonien und zwingt somit jeden, der von einem Regierungsbezirk in den anderen will, zum Umsteigen. 3-mal tägl. Busse via Néo Ítylo nach Areópolis (1,40 €, hier umsteigen nach Gýthion), 4-mal tägl. via Stoúpa und Kardamíli nach Kalamáta (7 €, Fahrtdauer 2 Std.) und 2-mal Gýthion (3,40 €, 1 Std.). Haltestelle an der großen Platia in Ítylon, hier auch eine Taverne.

Übernachten **** Boutique Hotel Porto Vitilo, Natursteinhäuser am Rand der Bucht, auf der Straße Richtung Kardamíli geht es links ab, beschildert. 43 Zimmer, vom DZ bis hin zur Grand Suite, alles gediegen-traditionell, noble Zimmer (Balkon, Aircondition, TV, Kühlschrank, Internet, Bad mit Dusche), aber etwas weit ab vom Schuss. EZ 88 €, DZ 100–137 €, Dreier ab 165 € (in der Hauptsaison, je nach Blick), inkl. Frühstücksbuffet. ✆ 27330/592/-10/-20/-70, www.portovitilo.gr.

Fivos Studios, 20 angenehm eingerichtete Zimmer zum Wohlfühlen mit Bad, Terrasse, Aircondition, TV, Kühlschrank. Pool im Garten. Haustiere sind willkommen. DZ mit Frühstück 45–75 € je nach Blick, keine EZ. 300 m vom Hotel Ítylon an der Straße nach Kardamíli auf der rechten Seite. Die Inhaber betreiben drei weitere Häuser. ✆ 27330/59390, Winter ✆ 27330/52300, www.fivosmani.gr.

Elixirion Castle, neun sehr individuell gestaltete, schicke und moderne Zimmer, z. T. mit Natursteinmauern und in maritimen Pastellfarben und mit Gemälden, alle Zimmer mit Blick aufs Meer. Gutes Frühstück, das auf der Terrasse eingenommen wird. Familiengeführtes Haus, Besitzerin Maria kocht abends auf Anfrage. Standard DZ ab 75 €, das etwas größere Superior-DZ 85–100 €. Familienzimmer ab 140 € (jeweils mit Frühstück). Im Ortsteil Karavostási im nördlichen Teil der Bucht, unmittelbar am Meer. ✆ 27330/59275, mobil 6932233310, www.mani-elixirion.com/en.

Essen & Trinken Am Strand von Néo Ítylon gibt es eine Handvoll Tavernen, z. B. das **Thalassina**, mit Café.

Steinige Küste, dafür ist das Wasser hier kristallklar

Von Thalámes nach Liméni

Liméni: Unterhalb der Straße schmiegt sich Liméni an die Hänge einer Bucht. Im Vergleich zu Ítylon ist er der gefälligere Ort, dafür bietet er aber nur Bademöglichkeiten neben balkonartigen Betonvorbauten. Dennoch zieht Liméni in den Sommermonaten zahlreiche Erholungssuchende an, entlang der Hauptstraße gibt es dann öfter keine Parkmöglichkeiten mehr. In dem kleinen Ort gibt es einige Tavernen (darunter eine idyllische Fischtaverne sowie mehrere schicke Cafébars direkt am Meer), den renovierten ehemaligen Hafen von Areópolis und sechs maniotische Wohntürme, darunter auch jener von *Petros Mavromichalis*. Anfang des 19. Jh. ernannten ihn die Türken zum Herrscher der Máni. Sie erhofften sich, rebellische Aktivitäten in der niemals von ihnen wirklich beherrschten Máni im Keim zu ersticken. Die Rechnung sollte nicht aufgehen: Am 17. März 1821 hisste dieser Petros Mavromichalis in Areópolis die Fahne der Máni mit einem blauen Kreuz und der Losung „Niki i Thanatos" und rief zur Revolution gegen die Türken auf. Das Haus ist allerdings in Privatbesitz und nicht zu besichtigen. Ein alles überragendes Grabmal des Volkshelden befindet sich zudem auf dem kleinen Ortsfriedhof am Ende der Bucht.

Baden Liméni hat keinen eigenen Strand, es gibt jedoch einige Einstiegsmöglichkeiten ins Meer, z. B. von einer Terrasse mit Treppe am Ende der Bucht neben der Taverne. Im Wasser Sand, lediglich auf den benachbarten Felsen tummeln sich Seeigel. Gemütlicher ist die Bucht von Ítylon.

Übernachten *** Limeni Village, auffallender, großer Gebäudekomplex, etwas oberhalb von Liméni gelegen. Der Komplex besteht aus 16 Steinbauten, Bungalows im alten Máni-Baustil, alle mit Terrasse und Blick aufs Meer, geschmackvolle Einrichtung. Restaurant, Pool, Cafeteria mit schöner Dachterrasse. Bushaltestelle am Eingang. EZ ab 65 €, DZ 81–120 €, Dreier ab 110 € (inkl. Frühstück). In der Hochsaison Mindestaufenthalt 3 Tage. Geöffnet März bis Okt. ✆ 27330/5111-1/2, www.limenivillage.gr.

Lesertipp Vassilos-Apartment Hotel, klein mit nur elf Zimmern, alle im Máni-Stil. Liegt etwas unterhalb des Limeni Village Ausgezeichnetes Frühstück und schöne Terrasse (Madelaine Schumacher). DZ ab 90 €, Dreier ab 100 €, Vierer 120 €. ✆ 27330/51934, www.vasilioshotel.com.

Essen & Trinken Liméni ist ein schickes und beliebtes Ausflugsziel für Touristen und Einheimische. Die Terrassen der Tavernen direkt am Strand sind verlockend, die Speisekarten häufig anspruchsvoll. Die Preise in Liméni liegen aber z. T. deutlich über dem Durchschnitt, am besten vorher genau die Karten studieren.

Teleneio, in einer maniotischen Steinvilla mit zwei Terrassen präsentiert sich dieses gastronomisch anspruchsvolle Restaurant direkt oberhalb des Meeres. Feine griechische Küche, die soweit als möglich mit Produkten der Region arbeitet. Der kulinarische Anspruch hat freilich seinen Preis. In der Hauptsaison und am Wochenende sollte man einen Tisch reservieren. ✆ 27330/52702 oder 697/3774010, www.teloneiolimeni.gr.

Festung Keléfa: Ein tiefes Tal trennt das alte Ítylon von der auf einem Felsvorsprung gelegenen, über 300 Jahre alten Festung Keléfa. Die Türken errichteten die strategisch günstig gelegene Burg (Mauern und Rundtürme blieben erhalten), um die Manioten unter Kontrolle zu bringen – ein erfolgloser Versuch). Die Landschaft um die Burg wirkt menschenfeindlich: eine Steinwüste mit Macchia-Gestrüpp.
Von der Verbindungsstraße Gýthion – Areópolis zweigt eine 4 km lange Stichstraße zu dem Ort Keléfa ab. Noch vor dem Ort zweigt ein 1,5 km langer Schotter/Sandweg zu den Ruinen ab (Beschilderung „To Castle").

Klosterkirche von Dekoulou: „Ganz in der Nähe von Keléfa liegt die Kirche, für deren Besuch man sich wirklich etwas Zeit nehmen sollte. Beim Betreten des Gotteshauses ist man von der Vielzahl der sehr gut erhaltenen Fresken und von deren ungewöhnlichen Themenvielfalt überrascht. Die im 18. Jh. entstandenen Fresken wurden von dem Maler in den einzelnen Bildfeldern sehr klein gehalten, um möglichst viele Heilige, biblische Szenen und andere Motive unterzubringen. Sie sind zudem auch noch beschriftet. (Lesertipp Ekkehard Reis)

Auf der Straße von Liméni zu dem alten Bergdorf Ítylon sieht man die Kirche unterhalb von Ítylon liegen. Auf halber Höhe an einer Bushaltestelle mit einem Steinhäuschen auf der linken Straßenseite zweigt rechts von der Straße ein etwas ansteigender Feldweg ab, der vor dem Kloster endet. Eine Familie, die in der alten Klosteranlage wohnt, bewahrt den Schlüssel auf und ist erfreut über jeden Besuch."

Messa Máni (Innere Máni)

Areópolis

Mit seinen nicht mal 800 Einwohnern der bedeutendste Ort der Region. Auf einem Plateau oberhalb der Bucht von Liméni wirkt Areópolis, bei dessen Namensgebung der griechische Kriegsgott Ares Pate stand, wie eine befestigte Stadt.

Gepflasterte Gässchen zwischen hohen Mauern, historische Wohntürme, malerische Hinterhöfe. Dennoch ist auch hier die Zeit nicht stehen geblieben. Der Tourismus im Ort wächst. In den schmalen, verwinkelten Gassen, die mit Blumen geschmückt sind, eröffnen immer mehr charmante Tavernen und Cafés. Das öffentliche Leben spielt sich an der großen, zentralen Platia ab. Auch das Heldendenkmal für die vielen Toten in den Kriegen zwischen 1826 und 1945 fehlt nicht, ebenso wenig wie die Statue des Lokalhelden Petros Mavromichalis. Im alten Teil von Areópolis steht auch die Kirche, in der die Revolutionswaffen „gesegnet" wurden.

Areópolis hat sich mit seinen ausgefallenen Übernachtungsmöglichkeiten in den liebevoll restaurierten Wohntürmen mittlerweile als attraktiver Standort für Ausflüge in die *Innere Máni* herumgesprochen. Dennoch bleiben die meisten Touristen nur ein paar Stunden, ihr Ziel sind die nahe gelegenen *Höhlen von Pírgos Diroú* (11 km). Von Areópolis, dem Zentrum der *Messa Máni*, lässt sich die raue Landschaft mit ihren wild zerklüfteten Bergen und ihren fast menschenleeren Dörfern entdecken. Hier kann man gut ein paar Tage verbringen.

Basis-Infos

Verbindungen Bus, Abfahrt von der Platia, Ticketverkauf in der K.T.E.L.-Station neben dem Grillrestaurant Europa. 4-mal tägl. nach Gýthion (2,60 €), 3-mal tägl. nach Ítylon (1,40 €), von dort 4-mal tägl. weiter nach Kalamáta, (Fahrtdauer ca. 2 Std., 6,90 €), 3-mal tägl. via Gýthion, Sparta (6,90 €), Trípolis und Korínth (21,70 €) nach Athen (5:30 Std., 29 €), nur zur Schulzeit 1-mal tägl. (außer So) nach Váthia (4,20 €), während der Sommerferien nur 2-mal wöchentl. 2-mal tägl. via Kotrónas (1,60 €) und Kókkala (2,70 €) nach Lagiá (3,40 €), 4-mal tägl. Gerolimenás (3,40 €), 2-mal tägl. nach Pírgos Diroú (1,60 €, nur 1-mal bis zu den Höhlen) und 3-mal tägl. nach Liméni (1,60 €). Busstation 6–20 Uhr geöffnet, ✆ 27330/51229.

Taxi, an der Platia, ✆ 27330/51588. Eine Fahrt zu den Höhlen von Pírgos Diroú kostet rund 10 €.

Adressen Apotheke, an der Platia und gegenüber dem Hotel Mani.

Bank, National Bank, 100 m vom Hotel Mani auf der gegenüberliegenden Seite, Mo–Do 8–14.30 Uhr, Fr 8–14 Uhr, mit Geldautomat.

Kristallklares Wasser lädt in der Máni zum Baden ein

Einkaufen, Giorgos stapelt in seinem Laden **Adoulóti Mani** am Hauptplatz die Bücher vom Boden bis zur Decke. Er sammelt nicht nur die meisten Publikationen über die Máni, sondern veröffentlicht auch fast die Hälfte davon selbst. Auch wenn die meisten Werke Griechisch sind, ist der Laden einen Besuch wert.

Health Center, im neueren Teil der Stadt, ausgeschildert. ✆ 27330/51259 oder 51242.

Polizei, etwas außerhalb vom Zentrum an der Straße nach Pírgos Diroú. ✆ 27330/51209.

Post, am Ortseingang, gegenüber dem Hotel Mani, Mo–Fr 7.30–14.30 Uhr.

Tanken, am Ortsauseingang findet man eine der günstigsten Tankstellen der Region (Elin). Zwei weitere Möglichkeiten im Ort.

Übernachten/Essen & Trinken

Übernachten ** Hotel Kastro Maini, Hotel am Ortseingang an der Straße nach Ítylon (nach der Abzweigung gleich auf der linken Seite), benannt nach einer früheren Burg in der Region. Großer Natursteinbau, mit Restaurant und Pool hinterm Haus, modern und komfortabel eingerichtete Zimmer. Geschmackvoll und genau das Richtige, um sich von anstrengenden Máni-Touren zu erholen. Alle 29 Zimmer mit Bad, Balkon, Aircondition, TV und Kühlschrank. Freundlicher Service, das Preis-Leistungs-Verhältnis ist okay. DZ 55–110 €, Dreier ab 63 €, Vierer ab 90 €, die Preise beinhalten Frühstück. ✆ 27330/51238, www.kastromaini.gr

Ktima Karageorgou, traditionelles Steinhaus mit schönem Pool, Frühstück, Aircondition, WLAN und TV. Etwa 10 Min. außerhalb vom Zentrum. DZ ab 90 €. ✆ 27330/51368, www.ktimamanihotel.gr

** **Hotel Kouris**, der hellorange gestrichene Betonklotz liegt an der Platia. Schlichte, funktionell eingerichtete Zimmer mit Bad, Balkon, TV und Aircondition. Netter Service. Ganzjährig geöffnet. Das EZ kostet ab 30 €, das DZ ab 50 €, Frühstück 5 €. ✆ 27330/51340, www.hotelkouris.gr

Ferienhaus Londas, die schöne Wohnburg mit postkartenwürdiger Dachterrasse hat einen neuen Eigentümer. Die drei Zimmer samt der Infrastruktur kann man jetzt nur noch wochenweise mieten: 450–750 €. Der Turm – Londas ist übrigens der griechische Begriff für Wohnturm – liegt etwa 50 m von der Hauptkirche und ist ganzjährig geöffnet. Infos und Buchung unter www.familiesantschi.jimdo.com.

›› Lesertipps: ***** Hotel Trapela**, neues Hotel im Máni-Stil am Rande der Altstadt. Mit Garten, Sonnenterrasse, Frühstück, TV und WLAN. Preise auf Anfrage. „Die wunderschön eingerichtete Suite mit zwei nicht allzu großen Räumen für 3 Pers. kostete im September 110 € inkl. Frühstück (Kerstin Drebinger)." ☏ 27330/52690, www.trapela.gr.

Areos Polis BQ Hotel, „liegt zentral am großen Platz, von dem aus der Weg in die Altstadt beginnt. Service und Frühstück sind sehr gut. Gutes Preis-Leistungs-Verhältnis Der Preis für ein DZ mit Frühstück betrug Ende Sept. 60 €" (Reinhard Brauns). Mit Dachterrasse. ☏ 27330/51787, www.areospolis.gr/de. ‹‹

Essen & Trinken An der Hauptgasse des alten Areópolis liegt die alteingesessene, sehr empfehlenswerte Taverne **O Barba Petros** (Oinoma), angenehmes Ambiente in einem Innenhof, nur abends geöffnet, mit vernünftigen Preisen. ☏ 27330/51026.

›› Lesertipp: **Nicola's Corner**, Treffpunkt an der Platia, freundlicher Service, man wird zum Auswählen des Essens in die Küche gebeten. (Jochen Werner). ‹‹

Palaiopolis, neue Taverne in einem lange verlassenen, 400 Jahre alten Steinhaus, das auf eine spannende Geschichte zurückblickt: Der Speiseraum war früher der „Raum der schwarzen Männer", die hier Tabak und Cannabis sammelten. Vom Balkon hielten hingegen Kaiser und Politiker Reden. Übrigens befindet sich hinter der Tür im schönen Hinterhof: nichts. Serviert wird ein täglich wechselndes Tagesgericht. Ab 18.30 Uhr geöffnet. ☏ 27330/51345.

Aula, an der Hauptgasse des alten Areópolis, an der liebevoll mit Blumen geschmückten Terrasse zu erkennen. Guter Café und leckere Cocktails. Von 8 Uhr morgens bis spät in der Nacht geöffnet. ☏ 0697/3922115

Weitere Tavernen an der Platia. Außerdem findet man kleine, urige Tavernen und Ouzerien in der „Altstadt" von Areópolis, in der Gegend um die alten Wohntürme.

Die Höhlen von Pírgos Diroú

An der Küste der Messa Máni, nur 11 km von Areópolis, liegt ein Labyrinth von Unterwasserhöhlen. Eine bizarre Welt aus Stalaktiten und Stalagmiten, scheinbar endlose Tunnel in gelben und braunen Farbtönen, die im spiegelglatten Wasser glitzern. In Kähnen geht es durch die märchenhafte, totenstille Unterwelt der Máni.

Der knapp halbstündige Besuch der *Vlycháda*-Höhle beschert selbst eingefleischten Höhlenkennern ein unvergessliches Erlebnis. Die Vlycháda-Höhle war den Einheimischen seit 1900 bekannt. Doch erst 1949 begannen die Gründer der Griechischen Gesellschaft für Höhlenkunde, *Anna und Giannis Petrochilos*, mit einer wissenschaftlichen Erforschung der Höhlen. Die Forschungsarbeiten dauern bis heute an. Zurzeit sind 15,4 km erforscht, damit ist Pírgos Diroú das längste Höhlensystem Griechenlands. Der ursprüngliche Eingang hatte einen Durchmesser von nur einem halben Meter und lag knapp über dem Meeresspiegel. Bei der touristischen Erschließung wurden weitere Eingänge verschlossen.

Für Historiker sind die Höhlen von Pírgos Dioroú eine wahre Fundgrunde. Vor allem aus der *Höhle Alepótrypa* (zu Deutsch: Fuchsloch) stammen viele Funde aus der Jungsteinzeit. Schmuck und Keramik aus der neolithischen Zeit, Steinwerkzeuge und menschliche Knochen geben Hinweise auf die frühe Besiedlung der weit verzweigten Welt unter der Erde.

Anfahrt Auf einer gut ausgebauten Asphaltstraße, vorbei am Pförtner, gelangt man zu einem großen Parkplatz am Rand der Bucht (Snackbar und Restaurant). Nur wenige Meter davon befindet sich der künstliche Eingang zur Vlycháda-Höhle. **Tickets** für die Bootsbesichtigung der Glifáda-Höhle müssen bereits an der Pforte gelöst werden.

Die Höhlen von Pírgos Diroú

Höhlen von Pírgos Diroú

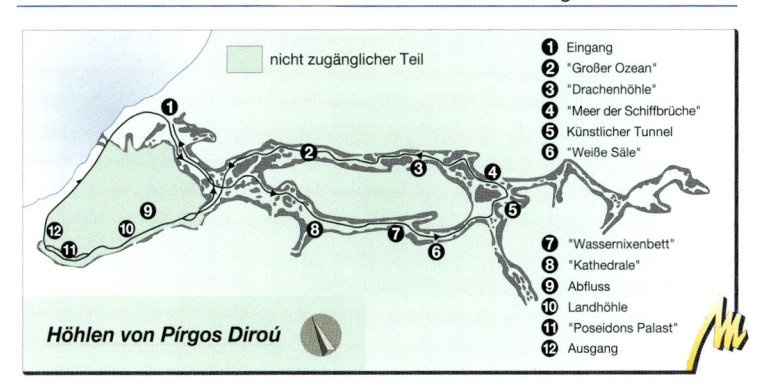

1. Eingang
2. "Großer Ozean"
3. "Drachenhöhle"
4. "Meer der Schiffbrüche"
5. Künstlicher Tunnel
6. "Weiße Säle"
7. "Wassernixenbett"
8. "Kathedrale"
9. Abfluss
10. Landhöhle
11. "Poseidons Palast"
12. Ausgang

Die Zufahrtsbeschilderung zur Höhle an der Hauptstraße ist leicht zu übersehen, von Norden nur ein Wegweiser, von Süden keiner.

> Bereits auf der Zufahrt vor Pírgos Diroú (50er-Zone) steht die Polizei übrigens gerne mit handlichen Geschwindigkeitsmessgeräten.

Verbindungen 1-mal tägl. fährt ein Bus nach Areópolis (1,40 €), 1-mal tägl. vom Ort Pírgos Diroú, ab Areópolis gute Verbindungen; → „Areópolis/Verbindungen".

Falls man den einzigen öffentlichen Bus ab den Höhlen verpasst hat: Die Taxifahrt nach Areópolis kostet etwa 12 €, zu bestellen in Areópolis unter ☎ 27330/51588.

Übernachten Pension Kambinara, an der Straße zu den Höhlen gelegen, mit Taverne. Saubere Zimmer mit Bad (und z. T. Balkon) für wenig Geld. Das DZ kostet ab 45 €, keine EZ. ☎ 27330/52256.

Pension Panorama, zum gleichen Preis wie in der Pension Kambinara wohnt man hier (mit Taverne). Etwa 200 m vor den Höhlen auf der rechten Seite. Gut eingerichtete Zimmer mit Bad, TV, Aircondition und Balkon (z. T. zum Meer). DZ ab 45 €, Dreier ab 60 €, Frühstück extra. ☎ 27330/52280, www.panorama-diros.gr.

Baden Bei den Höhlen von Pírgos Diroú gibt es zwischen schroffen Felswänden einen kleinen Kiesstrand.

Vlycháda-Höhle: Ein besonderer Reiz liegt zweifelsohne in der Gestaltung der Besichtigungstour, denn in einem schmalen Kahn geht es nahezu lautlos (falls nicht viel Betrieb herrscht) 1,2 km durch die maniotische Unterwelt, durch ein Labyrinth aus Galerien, Sälen und Tunneln, vorbei an unzähligen Stalagmiten und Stalaktiten. Die Wassertiefe in der 3,4 km langen Höhle beträgt bis zu 30 m. Oft sind die Durchbrüche so niedrig und eng, dass man den Kopf einziehen muss. Die Höhle besteht aus zwei Hauptarmen, die miteinander durch einen künstlichen Tunnel verbunden sind. Während der 25-minütigen Fahrt durch die Unterwelt kommt man aus dem Staunen nicht heraus. Die Kegel der zahllosen Scheinwerfer scheinen den bizarren Tropfsteinen Leben zu verleihen. Die geheimnisvolle Märchenwelt verzaubert und regt die Fantasie des Betrachters an.

Die **Glifáda-Höhle** mit ihrem leicht salzigen Wasser ist durch einen unterirdischen Fluss mit dem Meer verbunden. Der 300 m lange Fußweg zum „Palast des Poseidon" ist nach Umbauarbeiten wieder zugänglich.

Okt. bis Mai tägl. 8.30–14.30 Uhr, Juni bis Sept. 9–17 Uhr. Eintritt 13 €, Kinder (3–13 J.) 8 €. Für viele unserer Leser war bei diesem Preis eine Schmerzgrenze erreicht, zumal die Rundfahrt keine halbe Stunde dauert. Besonders in den Sommermonaten herrscht am Eingang oft großes Gedränge. Deshalb empfiehlt es sich, die Höhlen am Morgen zu besuchen. Pullover mitnehmen. Videoaufnahmen verboten. Die Führungen finden nur in englischer und griechischer Sprache statt. Getränkeautomat und WC am Eingang. Auskunft unter ℅ 27330/52222.

Alepótrypa-Höhle: Sie liegt ca. 200 m von der Glifáda-Höhle entfernt. Die Entdeckungsgeschichte des Fuchsloches (nomen est omen!) ist ungewöhnlich: Das höhlenbegeisterte Ehepaar Anna und Giannis Petrochilos wohnte während der Erforschung der Glifáda-Höhle in dem Hotel von A. Lambrinakos. Dieser berichtete eines Tages, dass sein Hund auf der Jagd nach einem Fuchs für Tage in einem Loch verschwunden und total verschmutzt wieder aufgetaucht sei. Für Anna Petrochilos stand damit fest, es muss noch eine weitere Höhle geben.

In der Alepótrypa wurden wertvolle historische Funde gemacht. Die Höhle mit zwei großen Seen und einem 100 m langen Saal war, wie Felszeichnungen, Skelette, Werkzeuge und Waffen beweisen, bereits in neolithischer Zeit (4000–3000 v. Chr.) bewohnt und diente gleichermaßen als Wohnung, Arbeitsplatz, Lager und für kultische Zwecke. Anhand der Knochenfunde folgerte der Archäologe Papathanasopolos, dass die Menschen des Jungsteinzeitalters bei einem heftigen Erdbeben ums Leben gekommen waren, bei dem herabfallende Felsbrocken den Höhlenzugang versperrt hatten.

Zum Zeitpunkt der Recherche 2017 waren die archäologischen Forschungsarbeiten hier noch nicht abgeschlossen. Die Höhle soll aber in Zukunft der Öffentlichkeit zugänglich gemacht werden.

Diverse Funde aus der Alepótrypa-Höhle werden in einem *Neolithischen Museum* oberhalb des Parkplatzes ausgestellt, darunter auch das Skelett einer jungen Frau sowie Knochen und Schädel, die mit einer Stalagmitenkruste überzogen sind. Die meisten der Ausstellungsstücke datieren aus dem späten Neolithikum und dem Übergang zum Bronzezeitalter, wofür vier in der Höhle gefundene Kupferspitzen sprechen.

Tägl. (außer Mo) 8.30–15 Uhr. Eintritt 2 €, Kinder und Studenten mit ISIC frei.

Bizarre Unterwelt der Máni – die Höhlen von Pírgos Diroú

Von Pírgos Diroú zum Kap Matapan

Die Reise ans Ende der Welt: Die Straße windet sich durch die nackte, unwirtliche Küstenlandschaft. Die Landschaft von Pírgos Diroú zur Halbinsel Kap Matapan gleicht einer Spielfilmkulisse, wenn die Hitze die Luft über dem Asphalt der Serpentinen flimmern lässt.

Der Weg führt zum Kap Matapan oder Ténaro, wie die Einheimischen sagen, dem neben Gibraltar südlichsten Punkt des europäischen Festlandes. Die südliche Máni will geduldig und ohne Hetze erkundet, entdeckt werden. Beinahe jedes Dorf besitzt sein eigenes Flair. Nur mit dem Wagen an der Westküste hinunter- und auf der östlichen Seite wieder hinaufzudüsen, hat wenig Sinn. Viele der beeindruckenden Wohntürme der Manioten stehen heute noch, die meisten sind unbewohnt. In den einen oder anderen kann man auch hineinspitzen, doch Vorsicht, oftmals besteht Einsturzgefahr!

Besonders sehenswert sind *Miná*, *Kíta*, *Aliká* und *Boulári*. Und natürlich *Váthia* mit seinen hohen Wohnburgen, oft hinter einer Mauer aus riesigen Kakteen, und den holprigen Gassen inmitten einer braun-grauen Landschaft. Eine zusehends schmaler werdende Straße mit einzigartigem Panorama führt zu den einsamen, noch kaum entdeckten Dörfern *Mianés*, *Páliros* und *Marmári* am Kap. Schöne Kiesstrände laden zum Verweilen ein. Übrigens: Südlicher als am Kap Matapan ist Europa fast nicht mehr zu haben.

Agios Taxiarchis/Charoúda: Umgeben von einem Dorffriedhof liegt die Kirche des *heiligen Michael* hinter hohen Mauern. Das Gotteshaus wurde um 1100 aus großen, regelmäßigen Steinquadern erbaut und ist im Inneren mit noch relativ gut erhaltenen Fresken ausgestattet, die Szenen aus dem Neuen Testament zeigen. Besonders auffallend der marmorne Türsturz, der wunderschön bearbeitet ist.

Anfahrt 1,5 km nach Pírgos Diroú geht es in Trinadafilia, einer kleinen Ansammlung von Häusern, rechts ab nach Charoúda (kleines Schild weist den Weg). Auf schmaler Betonpiste durch Olivenhaine, nach ca. 700 m rechts an der Hagios-Sotiras-Kirche vorbei, noch etwa 2 km (durch das Dörfchen Charoúda) weiter zum eigentlichen Ziel.

Schlüssel Die Kirche ist in der Regel versperrt. Am besten im Dorf Charoúda nach dem **Klithi** fragen. Jedoch sollte man nur am Vormittag oder am späten Nachmittag sein Glück probieren; die Regeln der Siesta gelten auch hier.

Trissakia/Tsópakas: Eine große Hauptkirche in der Mitte, an die sich links und rechts zwei kleinere anschließen. Die drei Tonnengewölbe liegen fast völlig verfallen zwischen hohem Macchia-Gestrüpp, das grobe Mauerwerk droht einzustürzen, das Dach ist durchlöchert. Um das Gebäude vor dem endgültigen Verfall zu bewahren, wurde ein gewaltiges Eisengestell mit einem Schutzdach aus Wellblech über die Kirche gebaut, das der Wind längst davon getragen hat. Wer sich dennoch (vorsichtig) durch den niedrigen Türstock wagt, dem stockt der Atem: Die aus dem 14. Jh. stammenden Fresken sind – unglaublich – noch in einem erstaunlich guten Zustand und gehören mit zu den schönsten der Máni. Besonders beeindruckend das „Letzte Abendmahl" an der Seitenwand des Hauptschiffes. Leider droht die Kirche in absehbarer Zeit einzustürzen, das Gelände ist nur mit Mühe zu erreichen und wuchert zunehmend zu.

Von Areópolis kommend hinter der Ortschaft Tsópakas rechts abbiegen. Ein ca. 2 km langer Feldweg führt zur Trissakia-Kirche, vorbei an einem tiefen Krater und einer großen Kirche, die direkt daneben liegt. Ein Schlüssel ist hier überflüssig. Die Kirche besitzt weder Türen noch Fenster.

Die Kirchen der Máni

So blutrünstig und verfeindet die Bewohner auf der einen (ihr Moralkodex hinderte sie nicht, ihren Nachbarn zu erschießen), so gläubig und religiös waren sie auf der anderen Seite. Letzteres dokumentieren die vielen, fast unzähligen Kirchen und Kapellen, mit denen besonders die Innere Máni geradezu gespickt ist. Byzantinische Bauwerke, die ihresgleichen suchen: Gotteshäuser, die in ihrer künstlerischen Bedeutung denen Mistrás nur wenig nachstehen, ja mitunter sogar älter sind, die sich aber gleichzeitig größtenteils in einem jämmerlichen Zustand befinden, ohne Fenster, Türen, mitunter fehlen sogar Teile des Daches. Nur wenige wurden durch die allernotwendigsten Maßnahmen vor dem endgültigen Verfall gerettet. Ob dies auf das fehlende Bewusstsein der griechischen Regierung oder auf deren beschränkte finanzielle Möglichkeiten zurückzuführen ist, sei dahingestellt. Viel Unersetzliches ist jedenfalls verloren gegangen.

Viele Kirchen in der Máni sind zu

Vier Kirchen haben wir ausgewählt und beschrieben, vier von mindestens hundert. Auswahlkriterien durften für uns dabei nicht nur Alter und Sehenswürdigkeit der Gotteshäuser sein, sondern auch die Chance, einen Dorfbewohner ausfindig zu machen, der einem eventuell verschlossene Türen öffnet.

Wichtig: Sollten Sie sich eine der Kirchen aufsperren lassen, so vergessen Sie bitte nicht, eine kleine Spende in den Klingelbeutel zu legen. Alles andere gilt als unhöflich!

Agia Vavára/Erimos: Hellgrau und auf den ersten Blick schmucklos präsentiert sich die *Kirche der heiligen Barbara* dem Besucher. Das werden auch die Renovierungsarbeiten an der Außenfassade nicht ändern. Wirkung erzielt zunächst allein der wohlproportionierte Bau. Beim Näherkommen überraschen die Einzelheiten, der sorgfältig eingearbeitete Ziegelschmuck, der der byzantinischen Kirche ihre Konturen gibt. Die Fresken im Inneren des Hauses fielen leider wohl schon im 19. Jh. dem Verputzen zum Opfer. Man kann sich gut vorzustellen, was für Meisterwerke noch verdeckt sind.

Anfahrt Von Pírgos Diroú oder Areópolis kommend am Ortsende von Lakkos rechts ab, und zwar 100 m hinter einem modernen, weiß gestrichenen Betonwohnturm mit Zinnen, die Kirche ist ausgeschildert. Auf einer Betonpiste noch etwa 800 m.

Schlüssel Ca. 50 m vor der Kirche gabelt sich der Weg; die Abzweigung rechts nehmen und beim ersten Haus auf der rechten Seite klopfen.

Von Pírgos Diroú zum Kap Matapan

Agios Johannis/Kería: Kein Problem, dieses Kirchlein zu finden, hat man sich erst einmal nach Kería, im Cavo Grosso gelegen, durchgeschlagen. Das seltsame Gebäude aus dem 13. Jh. liegt mitten im Dorf. Auffallend sind die vielen großen Marmorblöcke (u. a. auch ein Grabstein), die ohne erkennbares System ins Mauerwerk eingearbeitet wurden. Der Innenraum ist schon in recht bedenklichem Zustand. Überall, auf Boden und Einrichtung, liegt der Putz, der nach und nach – zusammen mit den Fresken – von den Wänden bröckelt. Das am besten erhaltene Fresko in der mittleren der drei Apsiden zeigt Maria mit ihrem Kind.

Anfahrt Von Gerolimémas (Beschilderung zur Post folgen) über eine 3 km lange Betonpiste nach Ochiá, hinter der Ortschaft gelangt man nach ca. 1 km an eine Kreuzung. Dort links abbiegen.

Schlüssel Im Dorf nachfragen, man sollte für die Besichtigung allerdings ein wenig Zeit und Geduld mitbringen.

Mézapos: Von der Hauptstraße biegt rechts eine Betonpiste ab, auf der man nach 2,3 km das kleine Dorf erreicht. Mézapos ist neben *Gerolimémas* der einzige Hafen an der Westküste der Messa Máni. In dem an einer weiten Bucht gelegenen Dörfchen gehen ein paar Fischer ihrem Handwerk nach. Es gibt eine urige Taverne mit hervorragendem, frischem Fisch. Auf der kleinen, felsigen Landspitze *Tigani* (Bratpfanne) tauchen die Ruinen einer venezianischen Festung auf (sie ist von Stavrí aus leichter zu erreichen). Die Kiesbucht bei Mézapos ist zum Baden ungeeignet (total verschmutzt).

Stavrí: In vielen Peloponnes-Karten ist das stille Dörflein, in der Nähe des Landvorsprungs *Tigáni* im *Cavo Grosso* gelegen, gar nicht eingezeichnet. Wer Einsamkeit und Ruhe liebt, sollte sich im Hotel *Tsitsiris Castle* einquartieren. Mehrere zweieinhalb Jahrhunderte alte Wohnburgen wurden renoviert und innen hervorragend ausgebaut. Innerhalb der alten Gemäuer herrscht eine heimelige Atmosphäre.

Übernachten/Essen 》》 **Mein Tipp:** *** Tsitsiris Castle, sehr gut geführtes Hotel, idyllischer Innenhof, ein entspannendes Plätzchen. Die Zimmer sind geschmackvoll eingerichtet, alle mit Bad und Aircondition, Wohngefühl zwischen dicken Burgmauern. Geöffnet vom 21.3. bis Okt. EZ 40–48 €, DZ 57–70 €, Dreier ab 75 €, jeweils inkl. Frühstück. ✆ 27330/56298, mobil (0030)6976489950, www.tsitsiriscastle.gr. 《《

Kíta: Ein fast verlassenes Máni-Dorf, dem Verfall preisgegeben. Nur wenige, meist alte Menschen wohnen noch hier. Vor der Kulisse der unfruchtbaren Taÿgetos-Ausläufer behaupten sich zwischen Kakteen hohe Wohnburgen. Bis zum Ende des 19. Jh. wurde hier gekämpft und geschossen, trugen bis aufs Blut verfeindete Familien ihre Streitigkeiten aus.

Gerolimémas: Das gemütliche kleine Fischerdorf ist nach dem reizvollen Pórto Kágio der südlichste Hafen der Máni. Gerolimémas erstreckt sich in einer Mulde zwischen zerklüfteten Bergen, in einer wüstenähnlich anmutenden Landschaft. Das Grau der Gegend wird im Sommer nur vom Grün der Olivenhaine unterbrochen. Gerolimémas' Bedeutung als Versorgungshafen der Messa Máni schwand mit dem Bau eines modernen Straßennetzes.

Nur wenige Wohntürme sind noch erhalten. Ein 30 m langer, nicht ganz sauberer Strand (grober Kies) ist die einzige Bademöglichkeit. Mehrere Tavernen und eine Ouzerie am idyllischen Hafen bieten ein einfaches, günstiges Essen. Einige reizvolle Plätze finden Sie in den schattigen Cafés an der Hafenmole. Von Gerolimémas führt ein Pfad hinauf in den *Cavo Grosso* nach Ochiá und weiter nach Keriá (ca. 2-stündige Wanderung, anfangs recht steil).

Verbindungen Bus, 4-mal tägl. nach Areópolis (2,40 €) und nur zur Schulzeit 1-mal tägl. (außer So) nach Váthia (1,80 €), während der Sommerferien nur 2-mal wöchentlich.

>>> Lesertipp „An den Wochentagen fährt regulär ein Bus um 15 Uhr ab Geroliménas nach Váthia – und auf Wunsch weiter bis Marmári. Nur wenn niemand dorthin will, wendet er in Váthia" (Regula Würth). Die Rückfahrt mit dem Bus ist unter der Woche allerdings erst am nächsten Tag möglich. <<<

Taxi, unter ☎ 27330/55236 zu erreichen, die Fahrt nach Váthia kostet ca. 15 €, nach Marmári oder Pórto Kágio ca. 20 €, eine Rundfahrt in der südlichen Máni um die 50 €.

Übernachten **** O Gerolimenas & To Akroyali, an der engen Hafenbucht, neben dem kleinen Dorfstrand. Vom Balkon Blick aufs Meer. Mit Taverne. Mittlerweile hat die Familie Theodorakakis expandiert und das kleine Hotel Gerolimenas um einen Anbau mit 24 weiteren Zimmern (Natursteinhaus im traditionellen Stil) erweitert. EZ mit Bad, Aircondition und z. T. Balkon 40–50 €, DZ 60–80 €. Im Anbau kostet das EZ 25–30 €, DZ 40–50 €, das Dreier 55–70 € (bzw. Apartment für 2–3 Pers. 50–70 €), Frühstück 6 € pro Pers. extra, Halbpension möglich. ☎ 27330/54204, www.gerolimenas-hotels.com.

>>> Mein Tipp **** Hotel Kyrimai, eine der schicksten Anlagen der gesamten Mani-Halbinsel. Zwischen 2000 und 2003 wurde ein ehemaliges Lagerhaus unter Verwendung von Naturmaterialien zu einem einladenden Hotelkomplex umgestaltet. Möbel im historischen Stil und Antiquitäten runden Aufenthaltsbereiche und Zimmer ab. In der Gartenanlage ein Meerwasserpool. DZ/Frühstück je nach Blick 90–160 €, Suiten 180–300 €. ☎ 27330/54288, www.kyrimai.gr <<<

Ochiá: Über eine kleine Betonstraße (ab der Post von Geroliménas) ist das vom Tourismus vergessene Dorf zu erreichen. Ziemlich unentdeckt blieben auch die kleinen Dörfer um Ochiá: *Keriá, Kounós* und das schon erwähnte *Stavrí*. Beeindruckend schon von Weitem die „Skyline" von Ochiá. Vor einer mächtigen Felswand stehen die recht gut erhaltenen Türme beinahe drohend, unheimlich. Noch heute. Sehenswert die schöne alte Friedhofskirche und auch die *Kirche des heiligen Nikolaus* aus dem 12. Jh. Den Schlüssel von letzterer hat der Dorfpope (nach dem *Papas* fragen).

Boulári: 2 km oberhalb von Geroliménas liegt der heute nur noch spärlich bewohnte Ort. Mit ihm verbindet sich allerdings eine interessante Geschichte, die erkennen lässt, dass die Liebe auch in der Máni eine Rolle spielt. So fanden hier die Streitigkeiten zweier Familien ein Ende, weil sich der Sohn der einen in die Tochter der anderen verliebte. Der stolze Turm der Mantouvalis steht heute noch in der Dorfmitte. Er ist nicht zu besichtigen, aber ein Schild an der Türe macht ihn kenntlich.

Aliká: Zwei Wohntürme flankieren den Eingang, an den Hang schmiegen sich Dutzende von Máni-Häusern. Viele sind längst Ruinen, mit Kakteen bewachsen. Aliká – beinahe schon am „Ende der Welt" – hat nur noch wenige Einwohner. An der Straße zwischen Aliká und Váthia findet man übrigens eine nette kleine *Kiesbucht*, eine der wenigen Bademöglichkeiten der Inneren Máni.

Váthia

Auf einem Hügel inmitten der kahlen Landschaft des Kap Matapan liegt Váthia, eines der beeindruckendsten Dörfer nicht nur der Máni, sondern des ganzen Peloponnes. Dicht gedrängt stehen die prächtigen Türme auf einem Berg. Gerade mal zwei Familien wohnen das ganze Jahr über in den alten Gemäuern. Holprige, jahrhundertealte Gassen durchziehen den Ort. Váthia wurde einst von kretischen Flüchtlingen gegründet. Die herbe, menschenfeindliche Landschaft lässt den

Váthia – die Touristenattraktion in der Inneren Máni

schwierigen Existenzkampf ihrer Bewohner erahnen. Vor Jahren wollte die griechische Tourismusbehörde in den Türmen ein Luxushotel errichten, doch das Projekt lief nicht.

Der endgültige Verfall der Wohntürme ist bisher nicht verhindert, auch wenn einzelne Gebäude mit viel Feingefühl von potenten Privatleuten saniert wurden. Ein Spaziergang zwischen den alten Mauern macht es deutlich: Hier wird ein modernes Bad eingebaut, dort ein Innenraum restauriert. Das Hauptproblem wird aber beim Blick in die Ruinen offensichtlich: Die Geschossdecken der alten Türme wurden mit Holzbohlen und flachen, aber zentnerschweren Steinplatten gebaut. Das inzwischen morsche Holz lässt ganze Stockwerke in sich zusammenfallen ...

Marmári: Einen der wenigen schönen Strände (Sand!) ganz im Süden der Máni findet man in der Bucht von Marmári, etwas oberhalb davon außerdem eine wunderschön gelegene kleine Pension: unter den wenigen Übernachtungsmöglichkeiten der Gegend ein echter Tipp. Mittlerweile wird es vor Ort besonders an den Wochenenden im Hochsommer ziemlich voll.

Übernachten/Essen Pension Marmari Paradise, wirklich traumhaft oberhalb der Bucht gelegen. 24 stilvolle und gemütliche Zimmer (die Wände sind z. T. bunt bemalt), alle mit Bad, Kühlschrank und kleiner Terrasse vor dem Eingang. In der Nebensaison absolute Ruhe, Fußweg mit Stufen zum Sandstrand hinunter (mit Strohschirmen und Volleyballnetz). Geöffnet Ostern bis Okt. EZ und DZ je 65–80 €, 4er-Zimmer 70–90 € (jeweils inkl. Frühstück), für August sollte man hier reservieren (ca. 1–2 Wochen vorher). ☎ 27330/52101, www.marmariparadise.com.

Eine besondere Empfehlung ist auch die dazugehörige **Taverne Marmári**. Papas Jorgos ist Priester und sorgt auf sympathische, fröhliche Art für das Wohl seiner Gäste. Unterstützt wird er dabei von seinem Sohn. Frisches Gemüse aus dem eigenen Garten, sehr gute Küche, von der Terrasse traumhafter Blick. Ganztägig geöffnet.

Achíleio: Von Váthia führt die gut ausgebaute Straße an den Hängen entlang zum Isthmus der Halbinsel Matapan. Nach 2 km zweigt eine Straße zum Dorf ab. Ein Ausflug lohnt sich vor allem wegen der exzellenten Bademöglichkeiten. Vor und hinter dem Dorf gibt es breite, traumhaft gelegene Sandbuchten zwischen schroffen Felsen. Der bis zu 175 m hohe, zerklüftete Bergrücken mit dem Kap Matapan trennt den Messenischen vom Lakonischen Golf.

Kap Matapan – Weg zum „Ende der Welt"

Váthia – und es geht noch weiter. Sogar auf einer Straße, noch dazu geteert – zum Teil zumindest. Wer sich hierhin verirrt, ist auf dem Weg zum „Ende der Welt", dem Kap Matapan oder Ténaro, wie es früher hieß und die Manioten es heute noch nennen.

Schenkt man der Mythologie Glauben, so soll sich hier, in einer Höhle, einer der Eingänge zum Hades befinden. Auch wenn mit dem Begriff in der Regel die Unterwelt selbst assoziiert wird, ist Hades eigentlich die Bezeichnung für den Gott der Unterwelt. Nur wenige Sterbliche haben das düstere Reich des Hades gesehen – und konnten ihm wieder entkommen. Einer von ihnen war Herakles, der später zum Gott avancierte und Aufnahme in den Olymp – „die Wohnung der Götter" – fand. Im Totenreich dagegen ging es wenig freundlich zu. Hades fungierte als eine Art Gefängniswärter, sein Handlanger Kerberos, der grauenvolle Höllenhund, passte auf, dass niemand das Refugium ungestraft verlassen konnte. Herakles freilich gelang es, den Höllenhund hier ans Tageslicht zu zerren. Selbst der Einlass in die Unterwelt war mit einer Gebühr belegt: Den Toten, die vom uralten Fährmann Charon über den Styx gefahren wurden, musste als Obolus eine Goldmünze auf der Zunge hinterlegt werden; sie waren in der Unterwelt zu ewigem, apathischem Dasein verdammt.

Wer sich südlich von Váthia aufhält, will vermutlich wissen, wie es ist, an einem der südlichsten Zipfel Europas zu stehen. Eigentlich an *dem* südlichsten Punkt, denn: Was ist schon das spanische Gibraltar mit seinem lauten Hafen gegen das Feeling,

Auf dem Weg ans Ende des Peloponnes

hier im Schatten eines einsamen Leuchtturms zu sitzen und hinaus aufs Meer zu schauen?

Hinter Váthia windet sich die Straße in Serpentinen hinunter. In den Sommermonaten flimmert hier die aufgeheizte Luft über dem Asphalt stärker als sonst irgendwo. Die Landschaft beeindruckt durch ihre Nacktheit, an einer Stelle überraschen meterhohe Felsbälle, wie von riesiger Zyklopenhand nach dem Spiel liegen gelassen und vergessen.

Etwa 2 km nach Váthia zweigt rechts eine geteerte Straße ab und führt oberhalb der Küste nach Mianés – entlang der Strecke entstehen einige neue private Ferienhäuser. 500 m nach dieser Abzweigung geht es links ab. Die Kirche zur Linken kann man im wahrsten Sinne des Wortes links liegen lassen – sie ist versperrt. Von hier aus sind es noch 2,3 km auf gut geteerter Piste bis Kokinógia, der südlichsten Ansiedlung der Máni. Eine Familie lebt hier noch das ganze Jahr über. Die Straße endet unterhalb der wenigen Häuser an einer Bucht. Hier kann man parken, manchmal ist der Platz jedoch voll geparkt. Das Kap mit dem 2010 komplett renovierten Leuchtturm ist von dieser Stelle noch lange nicht zu sehen. Gut 50 Min. Fußmarsch sind noch zu bewältigen – eine schweißtreibende Angelegenheit in den Sommermonaten.

Östlich erkennt man die Ruine einer Kirche, dem Heiligtum und Totenorakel des Gottes Poseidon, innen eine kleine Nische mit Ikone und Kerzen. Auf einem Hügel dahinter die Luxusvilla eines reichen Atheners, mit Bäumen völlig eingewachsen, doch der Pfad führt nach rechts gen Westen an einer Zisterne vorbei hinunter zur Bucht, passiert ein Mosaik, das vermutlich aus hellenistischer Zeit stammt, und lässt die Bucht links liegen. Spätestens hier erkennt man am Hang den gut ausgetretenen Fußweg. Am Leuchtturm angelangt, wird man für die Mühen belohnt: absolute Stille und hin und wieder ein Schiff am Horizont.

Tipp Für die letzten knapp 3 km zum Kap Matapan sind lange Hosen und feste Schuhe von Vorteil. Der Weg besteht aus vielen spitzen Steinen und führt insbesondere im Frühsommer z. T. durch torniges Macchia-Gestrüpp. Wer erst nach Sonnenuntergang zurückgeht, sollte zudem eine Taschenlampe mitnehmen, denn die Wege sind nach Einbruch der Dunkelheit nicht leicht zu erkennen. Vorsicht: Nahe dem „Parkplatz" bzw. dort, wo die Straße endet, sind einige ungesicherte Zisternenöffnungen im Boden (u. a. auch vor der Kirchenruine und am Weg zur Bucht). Ein Fehltritt kann den Sturz in den Hades bedeuten!

Essen/Übernachten To Akron Tainaro, am Ende der Teerpiste (Ausgangspunkt für die Wanderung zum Kap). Herrliche Aussicht, leckere Snacks (Lesertipp von Jutta Sachtleber). Hier kann man auch in sehr einfachen Zimmern übernachten. DZ ab 35 €. ✆ 27330/53064, panagiotisgounelas@hotmail.com.

Der ehemalige Piratenhafen Pórto Kágio

Pórto Kágio: Durch eine menschenleere, bizarre Landschaft geht es hinunter zur Ostküste. Pórto Kágio, der ehemalige Piratenhafen, besteht heute wie vor 30 Jahren aus gerade mal einer Hand voll Häusern, drei Fischtavernen und einem kleinen Fischerhafen am Ende der Welt. Eine steile Straße führt zu dem Hafen am südlichsten Zipfel des südosteuropäischen Festlands. Pórto Kágio erfreut sich mittlerweile vor allem auch bei griechischen Touristen zunehmender Beliebtheit, besonders an den Sommerwochenenden kann es schon mal voll werden.

Übernachten/Essen Hotel Akrotiri, nette, entspannende Atmosphäre, sehr gemütliche Taverne mit frischem Fisch. Über die Qualität der Speisen bekommen wir jedoch zwiespältige Leserbriefe. Neun saubere, liebevoll eingerichtete, schlichte DZ mit Bad und Balkon 60 €, Vierer 90 € (inkl. Frühstück). Ganzjährig geöffnet. Für Juli/Aug. wird eine Reservierung empfohlen (ca. drei Wochen vorher). ✆ 27330/52013, mobil 6978809824, www.porto-kagio.gr.

Zwei weitere Hotels; Apartments gibt es bisher keine.

Die Ostküste

Von Aliká führt eine gut ausgebaute Straße an der Ostküste entlang nach Kotrónas, von dort geht es entweder zurück nach Areópolis oder über die neue Straße entlang der Küste nach Skoutári und weiter nach Gýthion. Zunächst passiert man allerdings *Lágia*. Auf dem baumlosen Bergrücken am Ende des Dorfes erblickt man bereits die Ostküste. Durstigen sei das originelle Kafenion gleich am Ortsanfang links empfohlen. Portraits stolzer Manioten und ihrer Türme pflastern die Wände des düsteren Innenraumes, aber auch die Konterfeis heutiger Bewohner, die scheinbar zusammen mit den Gästen an den Tischen sitzen.

Das kleine *Kókkala* ist das erste Dorf am Meer, dem sich jedoch fast nichts abgewinnen lässt. Es wird von den zahlreichen hässlichen Betonhäusern geprägt. Lediglich ein paar Tavernen laden zu einer Rast ein. Baden kann man an dem kleinen

Kiesstrand am südlichen Ortsausgang, weitere kleine Kieselstrände am nördlichen Ortsende. Alles in allem jedoch nicht gerade ideal.

Übernachten Hotel Kastro (The Castle), der einzige Wohnturm des Dorfes liegt auf einer Anhöhe, großzügig beschildert. Alle Studios mit Bad, Kochgelegenheit und Kühlschrank. April bis Okt. geöffnet. Studio für 2 Pers. 40–55 €, Dreier 45–60 €, Vierer 50–80 €, Frühstück 5 € pro Pers. ✆ 27330/21620, www.thecastle.gr.

** Hotel Soloteri, an der Durchgangsstraße, nur sechs Zimmer (mit Bad und Balkon), das ganze Jahr geöffnet. DZ ab 40 €. ✆ 27330/21126.

Essen & Trinken Zu empfehlen ist die Taverne am Ortseingang (von Süden kommend) auf der rechten Seite. Der Betonwürfel liegt idyllisch an einer kleinen, weißen Kiesbucht, zu der eine breite Betontreppe hinunterführt. Es gibt preiswerten Fisch.

Wenige Kilometer weiter liegt *Nífi*. Am Dorfrand erstreckt sich eine Bucht mit Taverne. Leider ist der Strand zum Baden kaum geeignet. Schon von fern hübsch präsentiert sich dagegen *Flomohóri*, der Ort, in dem es links wieder Richtung Areópolis geht. Zwischen den gepflegten, weiß getünchten Häusern mit ihren roten Ziegeldächern ragen die Wohntürme wie drohend erhobene Zeigefinger heraus und erinnern an längst vergangene Zeiten. Viele sind noch in einem erstaunlich guten Zustand. Die Ortsmitte verschönt eine relativ große Platia mit Kafenion.

Kotrónas: Größter Ort an der steilen Ostküste der Máni-Halbinsel und Fischerhafen. Ein kleiner Supermarkt und eine Post befinden sich im Zentrum. Bademöglichkeit bietet ein 40 m langer, wenig idyllischer Kiesstrand am Hafen. Dort gibt es auch zwei Tavernen mit schönem Blick auf das Meer.

2-mal tägl. fährt ein Bus nach Areópolis (1,70 €).

„Am westlichen Ortseingang (aus Richtung Areópolis bzw. von der Máni-Ostküste kommend) beim kleinen Schild „chalikia-wata" rechts abbiegen, nach etwa 1,5 km erreicht man eine wunderschöne Badebucht mit 200 m langem, sauberem Kieselstrand (inkl. Taverne)" (Lesertipp von Mario Lange).

Skoutári: Hier gibt es einen sehr schönen Sandstrand mit einigen gemütlichen Tavernen. Direkt am Strand liegt auch die Agía-Varvára-Kirche aus dem 15. Jh. Eine Asphaltstraße führt durch fruchtbare Felder zum Meer (6 km von der Hauptstraße zwischen Gýthion und Areópolis), das letzte Stück geht es über eine steile Betonpiste. Der Ort Skoutári selbst ist sehr ruhig.

Verbindungen Der Bus von und nach Gýthion hält meist nur an der Küstenstraße und zweigt nur Mo, Mi und Fr zum Strand ab (1,20 €).

Übernachten ** Hotel Skoutari Beach, an der Straße zum Strand beschildert. Das DZ mit Bad/Balkon 55–65 €, das Studio für 4 Pers. (mit Bad, Kochgelegenheit und Terrasse oder Balkon) kommt auf 80–90 €. ✆ 27330/93684 oder 27330/93296, www.skoutaribeach.gr.

》》 Lesertipp Rooms & Apartments Theodoros Kastanakos, „großzügige, saubere Apartments (z. T. mit fantastischem Blick über die Bucht von Skoutári), nette, Englisch sprechende Wirtsleute, wenig Tourismus". Für Leser Dr. Uwe Meyer die beste Unterkunft südlich von Gýthion. Im Ort gelegen, ca. 300 m zum Strand. ✆ 27330/93403. 《《

Die neue breite **Küstenstraße** zwischen Kotrónas und Skoutári erspart bei Rundfahrten durch die Mani die umständliche An- bzw. Rückfahrt über Areópolis nach Gýthion und ist auch wegen der Ausblicke ein Erlebnis.

Koróni – venezianische und türkische Geschichte im Stadtbild verwoben

Messenien

Der westliche Finger des Peloponnes. Die fruchtbaren Küstenlandschaften und Ebenen machen Messenien zu einem wohlhabenden Landstrich. Geschäftszentrum ist das lebendige Kalamáta, die zweitgrößte Stadt auf dem Peloponnes. Wegen der geschützten Lage klettert das Thermometer hier noch einige Grad höher als anderswo auf dem Peloponnes.

Wer in Messenien einen Badeurlaub verbringen möchte – in den Hafenstädtchen *Pýlos*, *Methóni* und *Koróni*, alle mit schönen Sandstränden ausgestattet, fühlt man sich bestimmt wohl. Mächtige Burgen bezeugen noch heute die strategisch wichtige Lage dieser Orte für die Supermächte des Mittelalters, die Venezianer und Türken, und zum *Palast des Nestor* bei *Chóra* oder nach *Kalamáta* ist es nur ein Katzensprung. Archäologisches Highlight der Region ist das *Antike Messene* mit seinen beeindruckenden Stadtmauern, 28 km von Kalamáta entfernt im Landesinneren gelegen. Lange Sandstrände findet man auch an der Westküste bei Kyparissía. Der zweitgrößte Ort der Region spielt zwar touristisch nur eine untergeordnete Rolle, präsentiert sich aber als „typisch griechische" Kleinstadt. Zum Regierungsbezirk Messenien gehört auch die Éxo (Äußere) Máni; Informationen hierzu im Kapitel *„Lakonien/Máni"*.

Die Busverbindungen sind ausgezeichnet, dagegen wurde die Bahnlinie nach Pátras bzw. Korínth schon vor Jahren stillgelegt.

Messenien

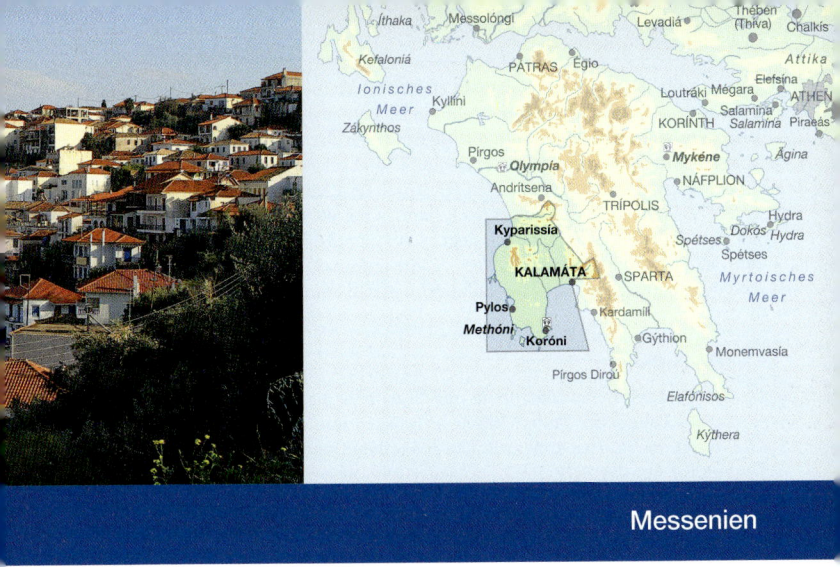

Kalamáta

Die lebendige 70.000-Einwohner-Stadt ist das wirtschaftliche und kulturelle Zentrum des südlichen Peloponnes. Die zweitgrößte Stadt des Peloponnes hat sich in den vergangenen Jahren gemausert. Mit einem internationalen Flughafen wird sie zunehmend auch ein Drehkreuz für den Tourismus. Für die meisten ist Kalamáta jedoch nur Durchgangsstation.

Kalamáta liegt in der weiten Bucht des Messenischen Golfes. Im Osten steigen die Ausläufer des Taýgetos-Massivs (bis 2404 m Höhe) steil von der Küste auf, westlich der Stadt mündet der Fluss Pámisos und hat eine weite und fruchtbare Ebene geschaffen. Am schönsten ist die Stadt im lebendigen Viertel unterhalb des Kástros, der Altstadt von Kalamáta. Weil es bisher keine Umgehungsstraße gibt, zwängen sich die Autos über die Hafenpromenade oder hupend durch das Nadelöhr *Stádiou-Straße* in der Altstadt. Ein großes Plus ist die Fußgängerzone (Aristomenous-Straße), der Bummel über die breit angelegte Einkaufszeile mit zahlreichen Läden, Boutiquen und schattenspendenden Cafés macht viel Spaß. Unzählige interessante, kleine Geschäfte laden zum Shopping ein, daneben findet man aber auch immer mehr internationale Ketten. Ein Erlebnis ist der Markt, der jeden Mittwoch und Samstag stattfindet. Hier bieten die Bauern der ganzen Umgebung alles an, was die Natur auf dem Peloponnes wachsen lässt. Zentrum der Altstadt ist die Platia 25. Martiou mit der äußerst sehenswerten kleine Kirche *Agii Apostoli*, ursprünglich aus dem 10. Jh. und im 17. Jh. umgebaut (ganztägig geöffnet).

Um sich für das moderne Kalamáta zu begeistern, bedarf es allerdings schon einer intensiveren Betrachtung. Die Liebe stellt sich gewöhnlich erst auf den zweiten Blick ein. Wer ein wenig durch die Neustadt der Provinzmetropole bummelt, wird bald auch die angenehmen Seiten kennen- und schätzen lernen; beispielsweise bei einem Spaziergang zu dem kleinen Stadtpark (in Richtung Meer), in dem ein *Eisenbahnmuseum* sein Zuhause hat. In Kalamáta herrscht übrigens das mildeste Klima auf dem Peloponnes; schließlich liegt es auf dem 37. Breitengrad (wie z. B. Miami), und ist somit eine der südlichsten Städte Europas. Dementsprechend stark füllt sich der überraschend schöne Stadtstrand in den Sommermonaten. .

Das Erdbeben

Am 13. September 1986 brach über Kalamáta die Katastrophe herein. Häuser wackelten, der Boden öffnete sich. Nach wenigen Sekunden war fast ein Viertel der Häuser unbewohnbar geworden. Das Erdbeben mit einer Stärke von 6,2 auf der Richterskala forderte 28 Tote und 300 Verletzte. Innerhalb weniger Tage verließen 20.000 der 44.000 Einwohner ihre Heimatstadt. Die, die blieben, mussten oft jahrelang in Zelten oder den von der griechischen Regierung zur Verfügung gestellten Wohncontainern hausen. Es entstanden ganze Siedlungen im Baukastenprinzip mit Läden, Tavernen, ja sogar Schulen. Wer mit offenen Augen durch die Straßen geht, wird hie und da noch immer die Folgen der Katastrophe von 1986 erkennen, z. B. die fingerdicken Risse in den Fassaden mancher Altstadthäuser. Erdbeben sind auf dem gefährdeten Peloponnes jedoch keine Seltenheit. Häufig rumort die Erde irgendwo auf der Halbinsel. Die Epizentren liegen glücklicherweise oftmals in unbesiedelten Regionen, sodass in den größeren Orten und den Städten nur abgeschwächte Auswirkungen der Erdbeben zu spüren sind. Oft sind es vor allem altersschwache oder illegal erbaute Gebäude, die von den Erdstößen in Mitleidenschaft gezogen werden.

Erdbebenschäden

Die Hauptstadt des Regierungsbezirkes Messenien ist nach Pátras die größte Stadt der Halbinsel. Industrieansiedlungen, der Hafen und die Vermarktung landwirtschaftlicher Produkte begründeten Kalamátas Aufstieg zum Zentrum des südlichen Peloponnes. Das Olivenöl aus Kalamáta gilt als das Beste von ganz Griechenland, und den weltbekannten *Kalamon-Oliven* hat die Stadt zu ihrem Namen verholfen. Daneben hat sich die Stadt mit ihrem Theater und den höheren Schulen auch zum kulturellen Mittelpunkt Messeniens entwickelt. Kalamáta, der Verkehrsknotenpunkt, ist jedoch kein Urlaubsparadies. Die Straßenzüge gleichen einem Schachbrettmuster, die 4 km lange Strandpromenade (Sand-Kies-Strand), an der sich die Bettenburgen aneinander reihen, ist längst mit der übrigen Stadt zu einer Einheit verschmolzen. Erst ein paar Kilometer weiter, zum Beispiel in dem gemütlichen Fischerdorf Kitriés, merkt man die Nähe zur Großstadt kaum noch.

Um der Region neue wirtschaftliche und touristische Impulse zu geben, wurde vor Jahrzehnten ein Charterflughafen eingerichtet, der in den vergangenen Jahren einen kleinen Boom erlebte. Und Kalamáta besitzt einen weiteren verkehrstechnischen Vorteil: Das antike Messene, Pýlos, Methóni und Koróni sind von hier aus leicht zu erreichen. Auch die raue Máni ist von Kalamáta aus über eine panoramareiche Straße (zum Teil an der Küste entlang) nicht allzu weit. Aber Achtung: Was auf der Karte wie ein Katzensprung aussieht, dauert auf der kurvenreichen Strecke länger als man glaubt.

Basis-Infos

Information Tourist Information (Messinia Tourism Support Office), in der Innenstadt, Aristomenous & Polyviou 6 (am Rand der Altstadt, im ersten Stock), neben dem Hotel Rex, unauffällig beschildert. Mo–Do 8–14.30 Uhr, Fr nur bis 12.30 Uhr. ✆ 27210/86868.

Anfahrt Für Ortsfremde bietet zumindest die Innenstadt ein kaum zu durchschauendes Einbahnstraßensystem. Besser den Pkw auf einem kostenpflichtigen Großparkplatz abstellen. Entlang der Artemidos-Str. gibt es drei Plätze. Zur Fußgängerzone sind es von hier nur ca. 50 m bzw. ca. 350 m in die Altstadt. Das Parken kostet etwa 50 Cent pro Stunde.

Verbindungen Kalamáta hat als Verkehrsknotenpunkt hervorragende Verbindungen in alle Richtungen.

Bus: Der Busbahnhof befindet sich 5 km nördlich vom Strand (Richtung Sparta) und westlich des Stadtzentrums, am Nedon-Fluss. Der Stadtbus Nr. 1 (Ticket 1,30 €) fährt vom Hafen in die Innenstadt. Mit ihm kann man auch eine Runde durch die Stadt drehen. Auswahl der tägl. Verbindungen (am Wochenende z. T. stark eingeschränkt): 6-mal tägl. (Sa/So 5-mal) über Petalídi (3,80 €) nach Koróni (5,50 €); 7-mal (Sa, 4-mal/So 3-mal) nach Pýlos (5,50 €); 5-mal Methóni (6,70 €); 2-mal Sparta mit Anschluss nach Gýthion (2 Std., 7 €); 5-mal Kyparissía (1 Std., 7,70 €); 2-mal Pírgos (2 Std., 13,60 €) und weiter nach Pátras (4 Std., 24,90 €); 10-mal über Trípolis (2 Std., 8,90 €), und Korínth/Isthmós (3 Std., 17,30 €) nach Athen (4 Std., 24,30 €); Informationen unter ✆ 27210/28581). Nach Athen vier Expressverbindungen; 4-mal über Kardamíli (3,90 €), Stoúpa (5,60 €) und Agios Nikólaos nach Ítylon (6,70 €, mit Anschluss nach Gýthion und Areópolis). Zwischen Sept. und Juni fährt jeden Fr und So ein Bus über Árgos (13,80 €) nach Náfplion (15,20 €). Zudem bestehen folgende Verbindungen in die umliegenden Orte: 2-mal wöch. (Mo & Do) nach Mavromáti (Antikes Messene); 3-mal Kitriés und 4-mal (So 1-mal, Sa gar nicht) Androúsa. Außerdem 3-mal wöch. (Di, Do, So) nach Thessaloníki (10 Std., 71,30 €). Die Tickets für nähere Ziele werden im Bus verkauft. An der Busstation Snackbars und Restaurants, davor ein Taxistand (ca. 5 € in die Innenstadt). Informationen unter ✆ 27210/22851 oder 27210/28581.

Zug: Die Strecke nach Pátras bzw. von Korínth über Trípolis nach Kalamáta wurde jahrelang erneuert – und letztlich 2011 stillgelegt.

Flugzeug: Kalamáta wird derzeit nur 1-mal wöch. in den Sommermonaten von Düsseldorf, Frankfurt, München, Stuttgart, Wien und Zürich angeflogen. Condor fliegt von Ende Mai bis Mitte Okt. 1-mal wöch. von Düsseldorf, Frankfurt, München und Stuttgart. Aegean Air fliegt von Düsseldorf und München nach Kalamáta, Austrian Airlines von Wien.

Innergriechisch gibt es derzeit keine Anbindung. Der kleine Flughafen liegt knapp 8 km außerhalb Richtung Messíni, beschildert. Die Überlandbusse von Kalamáta in Richtung Messíni, Pylos und Koroni (bzw. umgekehrt regelmäßige Busverbindung nach Kalamáta) halten auf der Hauptstraße direkt am Ausgang des Airports (zur Sicherheit: Handzeichen geben!). Verbindungen etwa zwischen 5 und 19.30 Uhr.

Achtung: Keine Fotos beim Landeanflug, der Flughafen ist Militärgelände!

Taxistand am Flughafen, die Fahrt ins Zentrum von Kalamáta (KTEL Busbahnhof) kostet 15–20 €, nach Pýlos ca. 35 €, Koróni ca. 50 €.

Auto: Die Autobahn Athen – Kalamáta ist durchgängig befahrbar.

Taxi: Taxistände u. a. am Ende der Aristomenou-Str. (Innenstadt), ✆ 27210/22522, Hiou-Str. (Hafen), ✆ (mobil) 6992722222, oder Kalamata Radio Taxi, ✆ 27210/26565.

Autofähre: *Lane Lines* starten zwischen 21.6. und 28.8. 1-mal wöch. (derzeit Sa kurz nach Mitternacht) von Kalamáta über Kýthira nach Kreta (Kissamos). Informationen unter www.lane-kithira.com.

Adressen Erste Hilfe: Krankenhaus an der Ausfallstr. Richtung Trípolis/Athen (99 Athinon-Str.), ca. 5 km vom Zentrum im Vorort Sperchogia, beschildert. ✆ 27210/46000.

Banken: z. B. **National Bank of Greece**, am Hafen, Navarinou-Straße, mit EC-Automat, Mo–Do 8–14 Uhr, Fr 8–13.30 Uhr. Weitere Banken an der großen Platia in der Innenstadt (Aristomenou-Str.).

Hafenamt: taubenblau gestrichenes, heruntergekommenes Gebäude an der Platia Teloniou. ✆ 27210/22218.

Touristenpolizei: an der Ausfallstraße in westliche Richtung (Flughafen), ca. 150 m nach Lidl auf der gegenüberliegenden Seite. ✆ 27210/4468-0/-1.

Polizei: Adresse wie Touristenpolizei, ✆ 100 und ✆ 27210/44600.

Post: Das Hauptpostamt befindet sich in der in der Vasilissis Olgas 6 (Innenstadt, Mo–Fr 7.30–19 Uhr), eine Zweigstelle in der Analapisseos-Straße (neben dem Hafenamt, Mo–Fr 7.30–14.30 Uhr).

Kalamáta – dem Meer immer ganz nah

Reisebüros: Maniatis Travel & Car Rental, Flug- und Fährtickets, Autoverleih (Budget, Kleinwagen ab 30 € pro Tag, bei längerer Mietdauer erhebliche Rabatte) und Ausflüge (z. B. Máni-Rundfahrt 30 €), englischsprachig. Im Sommer tägl. (außer So) 8.30–21.30 Uhr. Iatropoulou-Straße 1, ✆ 27210/8223335 oder 25300, www.maniatistravel.com.

Stavrianos Travel, ähnliches Angebot wie Maniatis ums Eck. Eine Bürokraft ist Österreicherin. Auch Autovermietung: Kleinwagen ab 30 € am Tag (100 Freikilometer), drei Tage 100 €, eine Woche ab 220 €. Der Preis ist Verhandlungssache, im Sommer empfiehlt sich eine Vorreservierung. Tägl. 8–14 und 16–21 Uhr. Nedontos-Str. 89 (Nähe Bahnhof), ✆ 27210/23041.

Zweirad-/Bootsverleih: Alfa Marine Motor, große Auswahl: Mountainbike 10 €/Tag, Scooter (50 ccm, Automatik) für 20 €/Tag, mit 100 ccm 20 €/Tag, Enduro (125 ccm) 25 €/Tag bzw. (250 ccm) 30 €/Tag. Die Preise beinhalten Helm, Straßenkarten, Steuern, Versicherung und 100 Freikilometer am Tag, bei längerer Mietdauer 10 % Rabatt. Zudem werden hier Jet Skis und verschiedene Motorboote verliehen. Parodos Artemidos 3 (in der Nähe der Busstation). Im Sommer tägl. 8.30–20 Uhr. ✆ 27210/82035. Für die Hochsaison etwa zwei Wochen vorher reservieren. www.alfamarine.gr.

Weitere Anbieter in Hafennähe.

Übernachten
→ Karte S. 429

In der Innenstadt **** **Hotel Rex 1**, Nobelherberge am Rand der Altstadt, inmitten der Fußgängerzone. Das Traditionshotel aus dem Jahr 1899 beherbergte schon hochkarätige Persönlichkeiten wie den früheren griechischen König Konstantin und den ehemaligen Ministerpräsidenten Karamanlis. Gediegenes Ambiente, ein Hotel für gehobene Ansprüche. Alle Zimmer mit Bad, Balkon, Aircondition, TV und Kühlschrank/Minibar. Sehr hilfsbereiter Service, man ist um seine Gäste bemüht. Ganzjährig geöffnet. EZ 58–76 €, DZ 99–110 €, Dreier ab 150 €, Preise jeweils inkl. Frühstücksbuffet. Aristomenous-Str. 26, ✆ 27210/22334, www.rexhotel.gr.

* **Hotel George 2**, schräg gegenüber vom Bahnhof. Nur sieben Zimmer, wegen der zentralen Lage etwas lauter, aber sehr gepflegt und gemütlich – ein sympathisches Hotel, alle Zimmer mit Bad/Dusche und TV, z. T. auch Balkon. Für die Hochsaison sollte man ein paar Tage vorher reservieren. EZ 40–50 €, DZ 65–70 €. Dagre-&-Frantzi-Str. 5, ✆ 27210/27225.

An der Strandpromenade **** **Hotel Filoxenia** 8, wer sich in Kalamáta etwas gönnen möchte, für den ist dies hier der passende Ort. Das gilt allerdings auch für die Einheimischen: „Speisesaal und Disco werden oft bis zum Morgengrauen von Hochzeitsgesellschaften genutzt. Wer lärmempfindlich ist, sollte ein Zimmer zur Straße nehmen, die nur bis 24 Uhr stärker befahren ist" (Leserbrief von Dr. Erich Ploss). Trotzdem ein nobles und komfortables Haus mit 180 Zimmern und acht Suiten. Mit Swimmingpool, eigenem Strandabschnitt und Tennisplätzen, der Stadtbus (Nr. 1) hält direkt davor. Unübersehbar an der Ausfahrtsstraße nach Areópolis (Paralia Navarinou) gelegen. Gutes Preis-Leistungs-Verhältnis: DZ 138–215 €, Frühstück ist im Preis inbegriffen. ✆ 27210/23166, www.filoxeniakalamata.com.

**** **Hotel Pharae Palace** 4, professionell geleitetes Haus an der Strandpromenade. 72 kürzlich renovierte Zimmer (mit Doppelglas!) und vier Suiten, Bad, Balkon, TV und Aircondition vorhanden. Der Service ist zuvorkommend. Weite Spanne bei den Zimmerpreisen, fragen Sie nach Sonderangeboten. DZ 80–110 €, EZ 60–75 €, Frühstücksbuffet inkl. Navarinou/Ecke Riga-Ferraiou-Str., ✆ 27210/9442-0/-4, www.pharae.gr.

** **Hotel Haikos** 5, großer, unpersönlicher Bau an der Strandpromenade mit 60 Zimmern, alles nicht mehr ganz neu, aber sympathischer Service. Zimmer mit hellen Holzmöbeln, alle mit Bad, TV, Aircondition, z. T. auch Balkon mit schönem Blick aufs Meer, im Erdgeschoss klimatisierte Bar. Weniger ruhig die Zimmer 101–105. DZ 70–105 €, EZ 55–70 €, Frühstück 5 € pro Pers. Navarinou-Str. 115, ✆ 27210/82888, www.haikos.gr.

** **Hotel Nevada** 3, ca. 50 m von der Uferpromenade entfernt in einer Seitenstraße gelegen. Zimmer mit Bad, Aircondition, Kühlschrank, TV, WLAN und Balkon. DZ ab 50 €, EZ ab 35 €. Santarosa-Str. 9, ✆ 27210/81811, www.nevadahotel.gr.

* **Hotel Alexandrion** 6, liegt etwas außerhalb des Zentrums an der Straße nach Areópolis, für einfachere Ansprüche, an der viel befahrenen Küstenstraße gelegen (laut!), die man zum Strand überquert. 16 Zimmer, etwas abgewohnt, mit Aircondition, TV, Kühlschrank und WLAN. Die Besitzer sprechen Deutsch. DZ mit Bad, Balkon und TV 40–65 €, EZ ab 38 €. Navarinou-Str. 203, ✆ 27210/26821.

* **Hotel Avra** 7, in der Nähe der Uferpromenade, schlicht und günstig. EZ ab 25 €, DZ ab 30 €. Santarosa-Str. 10, ✆ 27210/82759.

Außerhalb **** **Hotel Elite City Resort**, am Ende der Strandpromenade an der Straße Richtung Areópolis. Gleichermaßen für Touristen wie Geschäftsleute, Zimmer etwas konservativ eingerichtet, zur Straße hin schalldichte Fenster, Aircondition, Sat-TV,

Der Stadtstrand von Kalamáta vor dem Gebirge

Kalamáta

Übernachten
1. Hotel Rex
2. Hotel George
3. Hotel Nevada
4. Hotel Pharae Palace
5. Hotel Haikos
6. Hotel Alexandrion
7. Hotel Avra
8. Hotel Filoxenia

Minibar, Restaurant und Swimmingpool mit Olympiamaßen sowie Fitnesscenter. Strand und Wasser vor dem Haus, sehr sauber, deutlich ruhiger als im Zentrum. EZ 93–135 €, DZ 110–170 €, Familienbungalow für 4 Pers. ab 193 €. Navarinou-Str. 2, ℡ 27210/22434, www.elite.com.gr.

*** **Messinian Bay Hotel**, ca. 8 km von Kalamáta an der Straße Richtung Areópolis im Vorort Vérgas, kaum zu übersehender, weißer Hotelkomplex. Von den Balkonen schöner Blick auf die Stadt, Treppen führen zu Pool, Strand und Strandbar hinunter. Mit eigenen Liegen und Schirmen. Vertragshotel, komfortable, schmal geschnittene 65 Zimmer verschiedener Kategorien (mit Bad, Balkon, TV, Aircondition und Kühlschrank), allgemein hoher Standard. EZ 60–90 €, DZ 90–110 € je nach Blick. ℡ 27210/4100-1/-2, www.messinianbay.gr.

**** **Hotel Akti Taygetos**, ca. 9 km von Kalamáta (Straße nach Areópolis, dann geradeaus Richtung Avía/Kitriés). Bungalowanlage für gehobene Ansprüche, mit Pool und Poolbar, über die Straße zur kleinen Badebucht. Sehr angenehme und großzügige Studios, mit Küche, Bad, Balkon, TV und Aircondition, WLAN. DZ 80–144 €, Familienapartment für bis zu 4 Pers. 130–172 €. ℡ 27210/42000, www.aktitaygetos.gr.

Essen & Trinken

Am Ufer drängen sich die Restaurants dicht an dicht. Einige schicke Fischrestaurants gibt es am Jachthafen (am westlichen Anfang der Navarinou-Str.).

》》 Mein Tipp: Ausgezeichneten Fisch isst man in der **Taverna Akrogaili Kilakos** schräg gegenüber vom Haikos Hotel. Das Traditionsrestaurant mit Terrasse am Strand wird auch von Ortsansässigen sehr geschätzt, der Service ist freundlich und zuvorkommend. Man wird zum Aussuchen in die Küche gebeten. Blick auf Bucht und Berge. Mittags und abends geöffnet. ✆ 27210/22016. 《《

Kardamo Edesmopoleio, in diesem zentralen Lokal versieht der Koch typisch griechische Gerichte mit seiner eigenen Note. So wird z. B. der griechische Salat mit einer „Feta-Creme" zubereitet, außerdem gibt es viele Pilzgerichte. Den zahlreichen Gästen schmeckt es. Gemütliche Atmosphäre und freundlicher Service. Im Sommer ist es empfehlenswert zu reservieren. ✆ 27210/98091.

Cafés, Bars, Fastfood und einfache **Restaurants** findet man überall an der Strandpromenade Navarinou-Str. An Wochenenden abends ist die Hölle los, das Nachtleben der Stadt spielt sich hier ab.

Weitere **Cafés** vor allem in der Gegend um den Bahnhof, in der Fußgängerzone und an der riesigen Platia Ethnikis Antistatheos. Für Liebhaber von Süßem empfehlen wir an der Platia das **Café Athanasiou**: Konditorei, Gebäck, Pralinen etc. – eine überzeugende Auswahl an Kalorienbomben.

Sehenswertes

Archäologisches Museum: Wem es bei archäologischen Funden bisher an Anschaulichkeit gefehlt hat, der sollte unbedingt dieses Museum in Kalamáta besuchen, das 2009 in den ehemaligen, vom Erdbeben zerstörten Markthallen eröffnet wurde. Der erste Eindruck der Anordnung der Schautafeln im Raum wirkt etwas unübersichtlich, die Auswahl der Exponate und die englischsprachig beschrifteten Vitrinen und Schautafeln sind dafür ausgesprochen überzeugend. Die Unterteilung der Ausstellung erfolgt in die vier Provinzen Kalamáta, Pylia, Trifylia und Messene während der verschiedenen Perioden, ausgestellt sind z. B. Gräberfunde aus Petalídi, Koróni und Ágios Andréas, Speerspitzen, Schmuck, Glasvasen und Votivfiguren (wie etwa ein mythisches Seepferd aus dem 5. Jh. v. Chr., das Poseidon symbolisiert), römische Statuen und ein römisches Mosaik, das 1932 in Agia Triada (Koróni) entdeckt wurde.
In den Sommermonaten tägl. 8–20 Uhr, Mo 13.30–20 Uhr; im Winter tägl. 8.30–15 Uhr (Mo geschl.). Eintritt 4 €, bis 19 J. und EU-Studenten frei, Rentner über 65 J. zahlen 2 €. Benaki- &-Ag.-Ioannou-Straße, ✆ 27210/83485, www.archmusmes.gr.

Pantazopoleios-Kulturzentrum: Im Kulturzentrum der Stadt, in dem auch die Stadtbibliothek von Kalamáta untergebracht ist, wechseln Kunstausstellungen, Filmvorführungen, Konzerte und Buchmessen ab. Das Kulturzentrum ist auch Mitorganisator des städtischen Kultursommers – Theateraufführungen finden dann vor der eindrucksvollen Kulisse der Burg statt.
Tägl. (außer So) 8.30–13.30 und 16–22 Uhr. Aristomenous-Str. 33, ✆ 27210/94819.

Folklore- und Geschichtsmuseum: In einem hellgrau getünchten Stadthaus inmitten der Altstadt ist das Folklore- und Geschichtsmuseum des 19. und 20. Jh. zu Hause. Es widmet sich Themen wie Druckhandwerk, Töpferei, Landwirtschaft und urbanem Leben. Unter anderen sind auch historische Dokumente zur griechischen Revolution am 23. März 1821 ausgestellt sowie sehenswerte Ikonen aus der Máni. Das Haus selbst gehörte der angesehene Familie Kyriakos.
Tägl. (außer Mo) 9–13 Uhr, So ab 10 Uhr. Eintritt 2 €. Agio Ioannou 12/Kyriakou, ✆ 27210/28449.

Kalamáta 431

Kástro: Ein Besuch der Burg am nördlichen Rand des Stadtzentrums lohnt sich vor allem wegen der schönen Aussicht. Vom *Markt* an der Platia 25. Martiou sind es gerade 5 Min. zum Burghügel. Die fast 800 Jahre alte Anlage – einst Stammsitz der Villehardouins – hat im 17. Jh. unter den Türken und später unter den Venezianern stark gelitten. Daher sind die heutigen Überreste wenig eindrucksvoll, aus byzantinischer Zeit blieb so gut wie nichts erhalten. Um die Burg, die derzeit mit EU-Hilfe renoviert wird, ziehen sich zwei Mauerringe. Am inneren Tor ist noch der Markuslöwe zu erkennen.

Mo–Fr 8–16 Uhr, Sa/So 9–15 Uhr. Eintritt frei. Das Kástro ist von der Altstadt aus beschildert (bei der Recherche 2014 war die Aussichtsplattform wegen Einsturzgefahr gesperrt).

Railway Park: Eisenbahnfreaks werden sicher hellhörig bei Begriffen wie Δα 7104, Zs 3575 oder UNRA Z16. Derlei Ungetüme in Form historischer Dampfloks und ausgefallener Waggons finden sich in dem 1986 angelegten Freiluftmuseum, dessen Herzstück das ehemalige Bahnhofsgebäude *Kalamata Limin* (Kalamata Hafen) bildet. Informationen erhält der Besucher leider keine. Dennoch ein schönes Stück Eisenbahngeschichte, das leider nicht von Graffitis verschont geblieben ist.

Baden: Im Süden der Stadt liegt an der Bucht des Messinischen Golfes der 4 km lange Sand-/Kiesstrand – für den Strand einer Großstadt gar nicht so schlecht. Da er unmittelbar ans Zentrum anschließt, ist er stets gut besucht und an Sommerwochenenden sogar heillos überfüllt. Parkmöglichkeiten gibt es dennoch ausreichend, aber in der prallen Sonne. Zudem fährt der Stadtbus vom Zentrum die Uferpromenade entlang. Man findet alle erdenklichen Einrichtungen: vom Eisverkäufer über Strandcafé und Beachvolleyball-Anlagen bis zum Motorradverleih – und als Gratiszugabe einen schönen Blick auf das Taýgetos-Gebirge. Als Alternative bietet sich der nur wenige Kilometer entfernte *Strand von Búka* an – nicht faszinierend, aber netter, lang gezogener Sandstrand (5 km südlich von Messíni).

Eine Art Geheimtipp ist eine Reihe kleiner Kiesbuchten zwischen Felsen, die südöstlich hinter dem Hotel Filoxenia beginnen und sich bis zum ca. 2 km entfernten Ort *Vergas* ziehen und die Nähe zur Großstadt fast vergessen lassen. Weitere nette Strände finden sich auch bei den Orten *Avía* und *Kitriés* (ca. 15 km von Kalamáta). Die Straße verläuft fast ständig am Meer entlang, hier zahlreiche Restaurants und auch einige Apartments und Fremdenzimmer. In Avía/Kitriés spielt sich hauptsächlich griechischer Wochenendtourismus ab. Wer die Straße bis Kitriés ganz durchfährt, gelangt zu drei *Fischtavernen* (von denen unser Leser Jan Peter Trüper die Taverne im nördlichen Eck empfehlen kann). Von Kitriés führt eine schlechte Straße steil hinauf nach Málta, von dort nach Kámbos oder Kardamíli.

> **Für Auto- und Motorradfans:** Eine der schönsten Fahrstrecken auf dem Peloponnes ist die Pass-Straße zwischen Kalamáta und Sparta (60 km). Durchgehend eindrucksvolle Panoramen, wilde Schluchten, abgelegene Bergdörfer und Felstunnels. Stellen Sie sich auf zahlreiche Haarnadelkurven und viel „Gekurbel" ein. Am höchsten Punkt der Strecke (30 km von Kalamáta) lädt das Restaurant **Touristiko Taýgetos** im Bergnest Alagonía auf 1300 m Höhe zu einer rustikalen Rast ein (auch Hotel: DZ 35 €, EZ 30 €, Frühstück 5 €; Zimmer mit Bad und TV, schöner Ausblick, absolute Ruhe garantiert, ✆ 27210/99236).
>
> **Achtung:** keine Tankstelle auf der Strecke, man sollte sich außerdem wegen der Steigungen auf einen erhöhten Benzinverbrauch einstellen und mindestens eine Stunde Fahrzeit einplanen.

Messenien → Karte S. 425

Messene

Messene hat sich in den letzten Jahren durch laufende Ausgrabungen zu einer der beeindruckendsten Ausgrabungsstätten des Peloponnes entwickelt. Die Archäologen förderten immer wieder neue Überraschungen zutage. Zuletzt wurde das Mausoleum der Saithidae-Familie originalgetreu rekonstruiert.

„Ich habe niemals die Mauern von Babylon gesehen oder Menos Mauern in Susa in Persien, sie wurden mir auch nie von jemand beschrieben, der sie gesehen hat; wenn man aber die Mauern von Abrosos in Phokis, von Byzanz und auf Rhodos zum Vergleich nimmt, so sind die messenischen Mauern noch weitaus gewaltiger", schwärmt der antike Historiker Pausanias bei einem Besuch in Messene.

Tatsächlich wirkt der ehemals 9 km lange Verteidigungsring noch heute beeindruckend mit seiner bis zu 4,5 m hohen, aus quadratischen Steinen bestehenden Mauer und den sieben erhaltenen Verteidigungstürmen. Besondere Aufmerksamkeit verdient das *Arkadische Tor*. Die antike Sehenswürdigkeit am Fuß des fast 800 m hohen *Ithóme-Berg* ragt, kilometerweit sichtbar, aus der fruchtbaren messenischen Ebene. Beim Dorf *Mavromáti* liegt das *antike Messene*, in spätklassischer Zeit eine der wichtigsten Städte Messeniens. Ein Besuch lohnt aus dreierlei Gründen: 1. die *Stadtmauer* (2 km vom Dorf), 2. die beeindruckenden Ausgrabungen mit dem *Asklepieion* mit kleinem Theater im Mittelpunkt (unterhalb des Dorfes) und 3. der *Ithóme* mit dem verlassenen Kloster Voulkanou auf dem Gipfel. Das *Museum* (am Dorfrand, Richtung Arkadisches Tor) zeigt jüngste Funde aus dem benachbarten Ausgrabungsgelände. Herzstück der Ausstellung ist eine Statue der Göttin Artemis Orthia Phophoros mit einer Fackel in der Hand, die der Künstler Damophon er-

18 Sitzreihen aus Marmor säumten das Stadion

schuf. Eindrucksvoll ist auch eine über 2 m große Hermes-Statue, die vermutlich im Gymnasion den jungen Männern als sportliches Vorbild dienen sollte.

Tägl. 8–20 Uhr, im Winter (30.10.–31.3.) 9– 16 Uhr. Geschlossen am 1.1., 25.3., Ostersonntag, 25./26.12. Eintritt 12 €, Senioren über 65 J. 6 €, Kinder und EU-Studenten frei. Das Ticket gilt für die Ausgrabungen, das Museum und die Burg von Kalamáta. ✆ 27240/51201, www.ancientmessene.gr.

Das neuzeitliche Mavromáti selbst strahlt dörfliche Idylle aus. Kinder spielen auf der Straße Fußball, die Männer des Dorfes treffen sich zum Tavli im Kafenion Artemis – Beschaulichkeit auf der Terrasse unter Weinlaub. Und von der Psistaria Ithomi genießt man einen wunderbaren Blick bis hin zum Messenischen Golf.

Anfahrt Das antike Messene ist nicht mit dem Städtchen Messíni (bei Kalamáta) zu verwechseln. Die Strecke: Zuerst von Kalamáta nach Messíni, dort am Ortseingang (Kreisel) rechts ab (beschildert), ca. 12 km weiter geht es im Dorf Lámpena links ab. Der 798 m hohe Ithóme ist schon von ferne zu sehen.

Verbindungen Derzeit nur Mo und Do 2-mal tägl. ein **Bus** von/nach Kalamáta (3,70 €). Von Kalamáta um 5.30 und 14 Uhr. Eine **Taxifahrt** nach Kalamáta kostet rund 30 €.

Übernachten *** **Pension Zeus**, über einem Schmuckladen an der Durchgangsstraße in Mavromáti. Es gibt nur zwei Zimmer, daher sollte man reservieren, zumal sich hier auch die in Messene arbeitenden Archäologen einquartieren. DZ mit Balkon und Etagenbad 25–35 €. ✆ 27240/51005 oder 27240/51025.

》》》 Lesertipp: Rooms to let, auch bei der Psistaria Ithomi im Zentrum. „Sehr schöne und stilvolle neue Übernachtungsmöglichkeit" (Klaus Dürrich). Preise auf Anfrage. ✆ 27240/51498. **《《《**

Essen & Trinken Es gibt gerade einmal drei Café-Tavernen entlang der wenig befahrenen Durchgangsstraße. Die gemütlichste ist die **Kafenion Archaia Messini** auf einem Balkon über dem zentralen Ortsplatz (blaue Stühle). Es gibt Salat und Mezedes zu günstigen Preisen, Blick auf die Ausgrabung. ✆ 27240/51322.

Geschichte

Ein Berg wie der Ithóme ist prädestiniert für eine Befestigung. Zu steile Hänge für die Angreifer und der weite Blick für die Verteidiger machten die Landmarke zum begehrten strategischen Objekt während der Messenischen Kriege (8.–5. Jh. v. Chr.). *Epaminondas*, Politiker und Feldherr aus dem einflussreichen Theben, gründete 369 v. Chr. die Stadt. Er hatte die Großmacht Sparta aus der Region vertrieben, und als Dank für die Waffenhilfe der Messenier legte Epaminondas die Siedlung am Fuße des Ithóme an. Angeblich soll Messene in nur 85 Tagen erbaut worden sein, so berichtet der Historiker Diodotus von Sizilien im 1. Jh. v. Chr. Auf alle Fälle betrieben die Messenier eine erfolgreiche Machtpolitik gegenüber dem rivalisierenden Nachbarn Sparta.

Als Philipp II. von Makedonien immer mächtiger wurde, schlug man sich auf dessen Seite. Dies zahlte sich aus, Messene erhielt die Periöken-Städte in der messenischen Máni. Später koalierte die Festungsstadt mit dem Achäischen Bund. Während der Angriff der Makedonier 214 v. Chr. erfolglos verlief, gelang es den Truppen des spartanischen Tyrannen Nabis 13 Jahre später, die Stadt einzunehmen, nicht jedoch die Burg. Unter den Römern konnte die Autonomie bewahrt werden. Im Jahre 395 n. Chr. zerstörten die Goten Messene.

Literaturtipp: Einen sehr lesenswerten Archäologieführer, der auch für Laien leicht zu verstehen ist, haben Eva-Maria Lang und Waltraud Sperlich geschrieben. „Messene – die erträumte Metropole" ist ein 111 Seiten dickes Bändchen mit Karten und vielen Fotos, das zum Preis von 15 € verkauft wird (LYSO-Verlag).

Sehenswertes

Unterhalb des Dorfes liegen die Reste der Stadt inmitten eines idyllischen Olivenhains. Wer noch vor wenigen Jahren gerade einmal das Asklepieion zu sehen bekam, wird von der heutigen Größe der Ausgrabung sehr überrascht sein. Auch bei der letzten Recherche wurde wieder fleißig gearbeitet. Wir empfehlen die Besichtigung morgens oder abends, in der Mittagshitze kann schon die Überwindung der Höhendifferenz vom Parkplatz bis zum Stadion sehr anstrengend werden. Wasser und Kopfbedeckung mitnehmen, es gibt nur wenig Schatten. Entsprechend der zunehmenden Besucherzahlen wurde oberhalb des Theaters ein Parkplatz mit Café und Toiletten angelegt. Die Stichstraße zweigt beim Museum ab.

Theater: im Nordosten der Anlage, mit gut erhaltenen Sitzreihen. Mit einer Ausdehnung von über 98 m und einem Durchmesser allein der Orchestra von 24 m war das Theater eines der größten in der Antike. Mit der finanzkräftigen Unterstützung der Sethidas-Familie (auch: Saithidae) wurde in römischer Zeit die Gestaltung radikal geändert. Der Zuschauerraum wurde deutlich verkleinert, die Bühne entsprechend vergrößert. Drei Stockwerke mit aufgesetzten Säulenreihen wurden vor dem römischen Proszenium emporgezogen, die Basis wurde von Marmorfiguren von Kaisern oder anderer wichtiger Persönlichkeiten getragen. Noch heute ist die Trennschicht zwischen den beiden Kulturen durch die Steintönung deutlich zu erkennen.

Byzantinische Basilika: wenige Schritte südlich des Theaters. Die 38 x 16 m große Basilika war ausschließlich aus Steinen der früheren Gebäude gefertigt worden; der Beweis findet sich noch heute in den Bodenplatten und den Resten der Apsismauer. Geweiht wurde die Kirche im 7. Jh., in der Folgezeit wurde sie ständig umgebaut und erweitert. Während der Frankenzeit wurden die Seitenflügel als Grabstätten genutzt.

Brunnenhaus (südöstlich über dem Theater): Pausanias nennt in seinen Beschreibungen das *Brunnenhaus der Arsinoe*, benannt nach der Tochter des Leukippos (dem mythischen König von Messenien) und Mutter des Asklepeios. Eine 40 m lange Zisterne hinter der rückwärtigen Gebäudewand speiste eine zentrale Figur, die wiederum das Wasser an eine Reihe von Bronzestatuen abgab. Eine Säulenreihe stützte die gesamte Dachkonstruktion. Eine Inschrift bezeugt den Umbau im 1. Jh. n. Chr., unter Diokletian (284–305) erhielt die Front ihre beiden Podien. Vermutlich eine Wassermühle wurde im 6. Jh. angebaut. Die erhaltene 2,5 m hohe Mauer und fragmentarisch rekonstruierte Gebäudereste geben einen vagen Eindruck der einstigen Pracht.

Agora: Auf dem Weg zum Asklepieion wurden kürzlich die Reste eines Zeus-Soter-Tempels entdeckt, dessen Statuen bereits von Pausanias erwähnt wurden. Ebenso berichtete Pausanias von einem Tempel des Poseidon, entsprechende Funde von Reliefmetopen und dorischen Architekturfragmenten wurden bei den Ausgrabungsarbeiten weit verstreut über das Gelände der Agora sichergestellt. Die Agora selbst war auf allen vier Seiten von Stoen umgeben, von denen aber nur die westliche zutage gebracht wurde.

Südwestlich der Agora wurde ein Gebäude mit einer Grundfläche von 24 x 24 m entdeckt, das auf das 4. bis 3. Jh. v. Chr. datiert wird. Terracotta-Votive kamen zusammen mit Tierknochen und Töpferware ans Tageslicht. Auf ihnen sind neben Abbildungen von Kriegern und Reitern zahlreiche Frauenfiguren dargestellt, sodass die Archäologen eine Kultstätte zu Ehren der Demeter und der Dioskuren annehmen, wie Pausanias bereits andeutete.

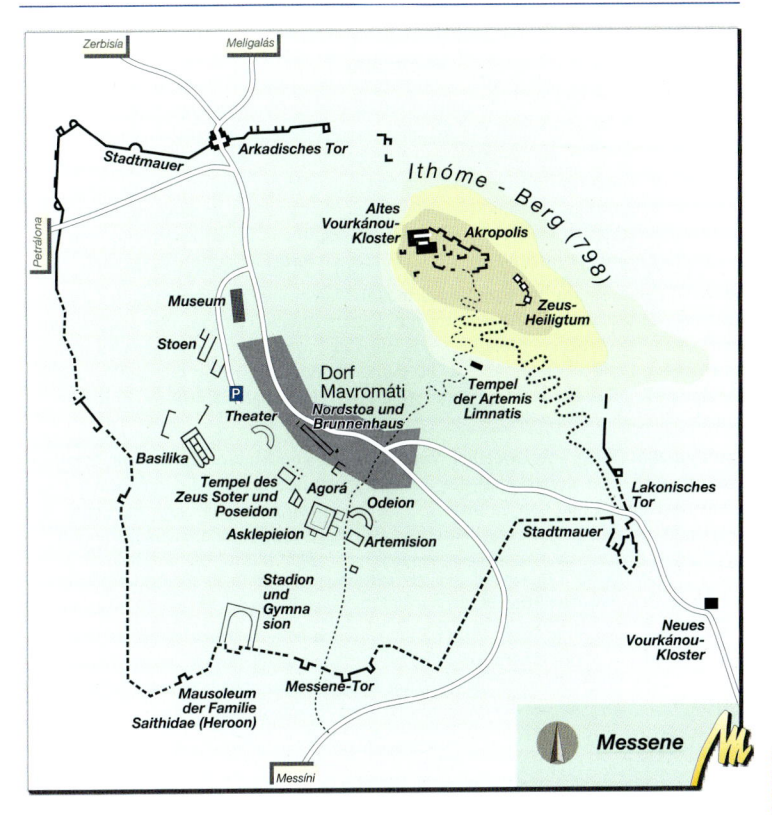

Asklepieion: Im Mittelpunkt des nahezu quadratischen Hofes mit einer Fläche von ca. 2750 m² steht gut erkennbar der Asklepios-Tempel aus späthellenistischer Zeit. Erst 1969 wurde er vom Archäologen Orlandos entdeckt. Östlich des Tempels (nur ein paar Schritte weiter) sieht man die Überreste eines über 12 m breiten Altars, der ursprünglich der Artemis Orthia und Phosphoros geweiht war und außerhalb des Asklepieion beheimatet war. Im 3. Jh. v. Chr. schwand die Bedeutung dieses Kults, er wurde in einem zweiten Artemistempel im Westflügel untergebracht. Vor einer kolossalen Marmorstatue der Göttin (Basisstein erhalten) war ein Opfertisch und eine Box für Geldspenden platziert, die man auch heute noch sehen kann (das Heiligtum ist überdacht).

Der nördliche Teil des Asklepieions stammt aus römischer Zeit. Die beiden großen Räume, in der Mitte durch eine Treppe getrennt, dienten dem Kaiserkult. Der gesamte Hof war von einer doppelten Säulenhalle umgeben. Noch heute ist der Abflusskanal zu sehen. Am nordöstlichen Rand ein gut erhaltenes Theater mit bis zu 13 intakten Marmorsitzreihen. Das gesamte Areal des Asklepieion ist sehr schön plastisch mit dunkelfarbigem Kies abgesetzt, das Innere mit fast englischem Rasen begrünt.

Stadion: Auf einer tieferen Ebene etwa 200 m südlich vom Asklepieion gelegen; durch die imposante Säulenumfriedung und die perfekt angepasste Lage des Stadions an das dahinter liegende Tal eine prächtige Anlage. 19 Zuschauerblöcke mit jeweils 18 Sitzreihen aus Marmor säumten das hufeisenförmige Feld, von ihnen sind bisher immerhin zwölf Blöcke sehr gut restauriert. In den drei Stoen um das Stadium herum fanden die Wettkampfvorbereitungen statt, daneben ein Kultgebäude, das Herakles und Hermes, den Beschützern der Jugend, geweiht war. Gegenüber den monumentalen Propyläen des Stadions wurde im Eingangsbereich die Statue des athenischen Helden Theseus ausgegraben. In der spätrömischen Zeit wurde der Nordteil des Stadions für Gladiatoren- und Tierkämpfe umgebaut.

Heroon (Mausoleum der Familie Saithidae): Den südlichen Abschluss des Ausgrabungsgeländes bildet der hervorragend rekonstruierte Heroon. Das im Stil eines dorischen Tempels errichtete Gebäude mit vier Frontsäulen und einer Grundfläche von 7,44 x 11,60 m diente vom 1. bis 3. Jh. als Begräbnisstätte der einflussreichen Saithidae-Familie. Sie stellten unter römischer Herrschaft zahlreiche Hohepriester und hochrangige Gouverneure.

Im **Museum** (300 m nordwestlich vom Ortsende von Mavromáti in einer Straßenkehre) werden in drei Hallen die Ausgrabungsfunde ausgestellt, die zumeist aus dem Asklepieion und den Räumen östlich davon stammen. Darunter die Statue der *Artemis Laphria*, eine *Hermes-Statue* und Werke des lokalen Bildhauers Damophon.

Ausgrabung von Messene: 300 m nordwestlich vom Dorf Mavromáti führt beim Museum eine Stichstraße zum Besucherparkplatz und Eingang. Das Ausgrabungsgelände ist im Sommer tägl. zwischen 8 und 20 Uhr zugänglich.

Stadtmauer: Das *Arkadische Tor* (1,5 km westlich von Mavromáti) mit seinen riesigen Steinblöcken und einem Innenhof ist der beeindruckendste Teil der Stadtmauer. Der Weg führt hinunter ins Tal zum Dorf Zerbisía. Noch heute sind auf dem Steinpflaster die Spuren der Wagenräder auszumachen. Am Außentor stehen die

In Messene gab es eines der größten Stadien des antiken Griechenlands

beiden Festungstürme; ihre Innenwände weisen Nischen auf, in denen einst Götterstatuen standen. Vor allem der westliche Teil der einst fast 9 km langen Stadtmauer aus dem 4. Jh. v. Chr. ist erhalten geblieben. Von den ursprünglich 30 Festungstürmen kann man noch sieben erkennen. Die inneren und äußeren Mauern bestehen aus millimetergenau zusammengefügten Steinquadern. Der Zwischenraum war mit Steinschutt angefüllt. Teilweise noch bis zur Höhe des Wehrganges erhalten.

Berg Ithóme: Von der Dorfmitte führt ein Weg auf den 798 m hohen Berg – einst Zufluchtsstätte der Messenier. Für eine Wanderung sollte man sich etwa zweieinhalb Stunden Zeit nehmen.

Antikes Mosaik unter freiem Himmel

Während des gut einstündigen, mühsamen Aufstiegs trifft man auf das Brunnenhaus der versiegten Klepshydra-Quelle. 20 m oberhalb, auf einer Plattform, die Ruinen des bescheidenen ionischen *Tempels der Artemis Limnatis*. Am Gipfel des Ithóme wurde auf den Fundamenten eines ehemaligen Zeus-Heiligtums das jetzt leer stehende *Vourkáno-Kloster* errichtet (vermutlich 14. oder 15. Jh.).

Anfahrt   Von der Ortsmitte nach rechts abzweigen, an der Kirche vorbei führt ein Fahrweg nach Osten bis zu dem Bergsattel südlich des Ithóme. Ca. 1 km nach der Kirche links in den Feldweg einbiegen (Wegweiser „Monastiri"). Bis hierher Anfahrt mit dem Auto möglich. Die asphaltierte Straße führt weiter zum neuen **Vourkáno-Kloster**.

»» Lesertipp: „Wir wanderten von Mavromáti aus auf den Gipfel. Wir fragten verschiedene Leute nach dem Weg, und alle schickten uns auf den Fahrweg. Später sahen wir, dass ausgehend vom Lakonischen Tor (bis hier und weiter zum neuen Vourkáno-Kloster geteerte Straße) mittlerweile eine Schotterpiste in langen Serpentinen bis zum Gipfel geht. Einen ehemaligen befestigten Fußweg sahen wir immer wieder bruchstückhaft, da oft verschüttet durch die neue Straße. Wir benötigten als reine Gehzeit drei Stunden. Übrigens gibt es wenig Schatten unterwegs." (Annegret und Andreas Müller). **«««**

Androúsa

Auf einem Bergvorsprung hoch über der messenischen Ebene steht die rechtwinklige Burgmauer mit zwei gut erhaltenen Türmen. Die fränkische Festung stammt vermutlich aus dem 14. Jh. Kaum zu glauben: Das heute unscheinbare 1.000-Seelen-Dorf war damals Bischofssitz und hatte die gleiche Bedeutung wie Kalamáta. Selbst zu Zeiten der venezianischen Herrschaft war es eine blühende Handelsstadt. Heute ist Androúsa ein abgeschiedenes Bergdorf. Um die Kirche gruppieren sich die drei Kafenia. Hier plaudert der Dorfpope mit seinen Schäfchen.

Die Burganlage liegt am Dorfrand (der Beschilderung zum „Androúsa Castle" folgen). Von den Nordost- und Nordwestmauern mit einer Gesamtlänge von etwa 90 m sowie der zum inzwischen zerstörten Wehrgang führenden Treppe ist nur noch wenig erhalten.

Von Kalamáta über Messíni nach Eva, hier links ab, ca. 3 km nach Androúsa. Bus 6-mal tägl., Sa 3-mal, So 1-mal nach Kalamáta (1,70 €).

Petalídi

Vor allem bei Pauschaltouristen beliebter Ferienort mit einem gewissen Charme und regem Dorfleben. Petalídi liegt an einer großen Bucht inmitten einer bezaubernden Gartenlandschaft.

In den Sommermonaten geht es hier geschäftig zu. In den Kafenions wird lautstark debattiert, an der Hauptstraße bieten Händler ihre Waren an. Im Halbrund dehnt sich der kleine Ort an der Nordostküste Messeniens (27 km von Kalamáta) um die Bucht aus, die Siedlung ist natürlich gewachsen und einige Griechen aus der „Hauptstadt" Kalamáta haben hier ihr Wochenenddomizil errichtet. Petalídi eignet sich ausgezeichnet als Ausgangspunkt für Ausflüge zu den umliegenden Sehenswürdigkeiten: Das antike Messene, Kalamáta, die Hauptstadt der Region, auch der berühmte Nestor-Palast an der Westseite des Fingers liegen alle keine Autostunde entfernt. Wer in der Sommerhitze eine Oase der Erfrischung sucht, wird bei den Wasserfällen von Kazárma fündig. Und zum Ausgleich für eventuellen Besichtigungsstress gibt es schöne Sandstrände am nördlichen Stadtrand. Um den gemütlichen und gut gepflegten Kirchplatz von Petalídi reihen sich einige Cafés und Restaurants.

Adressen Polizei, Bank (mit Geldautomat), Post, Supermärkte, Apotheke und Autovermietung Alex rentals um die Platia an der Durchgangsstraße.

Verbindungen Wochentags 6-mal tägl. Busse nach Kalamáta, Flughafen und Koróni, Sa/So 5-mal (je 3,80 €), Abfahrt im Zentrum.

Übernachten ** Hotel/Apartments Grekis, ca. 1 km vom Zentrum in südliche Richtung auf der linken Seite. Zwölf schöne Studios und sechs Apartments mit Kochgelegenheit, Bad, und großem Balkon zum Meer. Zum Hotel gehören auch ein kleiner Garten mit Terrassenrestaurant und ein eigener kleiner Strand (große Kiesel). Gutes Preis-Leistungs-Verhältnis. Für 2 Pers. ab 50 €, größere Apartments (zwei Räume) ab 85 €, Frühstück 6 € pro Pers. ✆ 27220/32280, www.grekishotel.gr.

Panagiotis Anastasopoulos, die gepflegten Apartments sind ein Tipp des gastfreundlichen Panagiotis. Er kennt sich aus und kann auch weiterhelfen, wenn sein Haus bereits ausgebucht ist. Lage direkt am Strand. Am Ortseingang (aus Richtung Kalamáta kommend) auf der linken Seite. Ein Apartment für bis zu 3 Pers. mit Küche, Bad und Terrasse kostet 50–70 €. ✆ 27220/31432.

*** Hotel Sunrise Sarelas/Apartments, etwas südlich von Petalídi auf der rechten Seite (Schild). Im August oft ausgebucht.

Panagiotis Ianopoulos vermietet neun recht einfache Apartments mit Bad und Kochgelegenheit, Balkon und WLAN für 30–65 € (max. 3 Pers.). In der Nebensaison günstiger. ✆ 27220/31913, www.sarelas.gr.

Camping Petalídi Beach, sehr schattiges Gelände am Meer, der bescheidene Sand-/Kiesstrand hier wird in nördlicher Richtung besser. Liegestühle und Sonnenschirme stehen kostenlos zur Verfügung, überhaupt ist Leiter Dimitrios Chalvatsiotis sehr um das Wohl der Gäste bemüht. Großes, mit Wein überwachsenes Gartenrestaurant, einfacher Kinderspielplatz, Mini-Market; Wasch- und Kochmöglichkeit, recht sauber. Etwas ältere Toiletten. Freies WLAN am Platz. Geöffnet 1.4.–30.9. Von der Straße Kalamáta–Petalídi aus beschildert, nördlich von Petalídi gelegen. An der Abzweigung ein weiteres Restaurant. Pro Pers. 5,70 €, Auto 3,50 €, Zelt ab 3,50 €, Wohnwagen 5 €, Wohnmobil 6 €. ✆ 27220/31154, www.campingpetalidi.gr.

Essen & Trinken Zahlreiche Bars und Cafés scharen sich um den zentralen Kirchplatz, mit gemütlichen Sitzmöglichkeiten auf Rasen oder auf Terrassen. Sehr freundliche Bedienung und wunderbar schattige Plätze, z. B. im Café Petros am oberen Ende des Platzes. Darüber hinaus gibt es einige gute Fischtavernen im Hafenbereich und Bratereien mit deftigen Fleischgerichten entlang der Hauptstraße.

Umgebung

Wasserfälle von Kazárma: Die Schlucht nahe Kazárma überrascht mit malerischen Wasserfällen. Sie sind bei den Einheimischen als *Polílimni* („Viele Seen") bekannt. Über einen felsigen Trampelpfad und im Schatten von üppig wuchernden Oleanderbüschen und Platanen gelangt man an mehreren Badegumpen vorbei bis hinauf zu einem kleinen Badesee, der idyllisch zwischen den hoch aufragenden Felswänden liegt. Ein 25 m hoher Wasserfall bietet eine besondere Erfrischung, Mutige wagen den Sprung aus 15 m Höhe in das eiskalte Wasserbecken. Trotz der versteckten Lage sind die Wasserfälle in den Sommermonaten ein beliebtes Ziel.

Wer vom Einstieg (flussaufwärts rechts) zum letzten Pool mit dem größten Wasserfall aufsteigen will, hat einen steilen und engen Anstieg vor sich, teilweise mit in der Wand angebrachten Tritteisen (für Familien mit Kleinkindern nicht empfehlenswert). Geht man nach dem Einstieg links, kommt man zu mehreren kleineren Badeplätzen. Dieser Weg ist deutlich leichter zu gehen, doch für Kleinkinder oder ältere Personen noch immer eine Herausforderung.

Malerischer Wasserfall in der Schlucht nahe Kazárma

Anfahrt Auf der Strecke von Rizómilos (Abzweigung nach Koróni bzw. Pýlos) nach Pýlos, zweigt in der Ortschaft Kazárma eine nicht befestigte, aber gut befahrbare Stichstraße nach Polílimni ab (gut beschildert). Sie führt über 3 km bis zu einer Parkbucht, danach geht es zu Fuß 350 m auf einer Staubstraße bis zum Einstieg in die Schlucht. Festes Schuhwerk ist für die leichte Klettertour entlang des Baches ratsam, für den Aufstieg zu den Wasserfällen unbedingt nötig. Eine lange Hose ist nicht notwendig, Trinkwasser mitzunehmen sehr empfehlenswert. Wer sich und seinem Auto die nicht befestigte Straße ersparen will, kann schon bei der Taverne Waterfall parken und von dort zur Schlucht laufen.

Essen & Trinken 》》Mein Tipp: „Auf dem Rückweg von den Wasserfällen bietet sich im Dorf Polílimnio die Taverne **Waterfall** der Familie von Fotis Assimakopoulos für eine Rast an. Sie ist stilvoll und landestypisch eingerichtet. Man sitzt auf der schönen Terrasse und überblickt das Tal. Dem Gemüse kann man beim Wachsen zusehen. Geboten werden leckere Gerichte nach Großmutters Rezepten, die täglich wechseln, ebenso findet man die klassischen Speisen auf der Karte. ✆ 27220/81088. 《《

Richtung Süden (Koróni) ist die Ostküste des „kleinen Fingers" ein einziger Strand (viel Sand, wenig Kies). An der Durchgangsstraße weisen unzählige Schilder auf Apartments, Bungalows, Zimmer etc. hin. Eine große Auswahl z. B. in *Chráni* oder im Umkreis von *Lónga* und *Ágios Andréas*.

Übernachten ** Hotel Longa Beach, das außerordentlich gepflegte Haus liegt an der Durchgangsstraße von Chráni, mit wunderschönem Garten und Restaurant. Sehr schöner Sandstrand mit Bar (nur im Sommer). Klein und gemütlich, es gibt nur 15

Zimmer, jeweils mit Bad, Balkon und Aircondition (Zimmer zur Straße meiden). Geöffnet von April bis Mitte/Ende Okt. „Allerdings ist aufgefallen, dass die Anlage in die Jahre gekommen ist, da und dort machen sich Schäden bemerkbar" (Leserbrief Willi und Marianne Matter-Meier). DZ 50–80 €, Familienapartment 60–110 € (je inkl. Frühstücksbuffet). Von Norden kommend etwa 2 km vor Ágios Andréas, ✆ 27250/31583, www.loggabeach.com.

*** **Hotel Francisco** (auch Fragisko), mit Badesteg am Strand, außerdem eine kleine Bar am Meer und ein neuer Pool. Angenehme Zimmer mit dunklen Möbeln, sehr gepflegt, mit etwas in die Jahre gekommenem Bad, Balkon, TV, Kühlschrank und Aircondition. Die Dame des Hauses spricht Französisch. Von Kalamáta kommend kurz vor Ágios Andréas auf der linken Seite, beschildert. DZ 35–90 €, Dreier 45–100 € (je nach Saison), inkl. Frühstück, mit Aufpreis auch inkl. Abendessen möglich. ✆ 27250/31396, www.francisco.gr.

** **Hotel Kassimiotis/Apartments**, vermietet vom freundlichen Kassimiotis Pawlos bei Ágios Andréas (kurz vor Ágios Andréas links ab, ausgeschildert). Direkt am Meer, Sandstrand, durch Bäume recht schattig, sehr gemütliche Strandtaverne, viele deutsche Stammgäste. Von den Apartments sollte man keinen allzu großen Komfort erwarten. Alle Apartments mit Küche, Bad und Balkon. Kinderfreundlich, familiäre Atmosphäre. Herr Kassimiotis betreibt zudem eine Autovermietung. Apartment für 2–4 Pers. (Raum abtrennbar) günstige 45–65 €. ✆ 27250/31333, www.kassimiotis.com.

》》 Mein Tipp: ****** **Hotel Camvilla**, das 2014 eröffnete Luxushotel eines griechischen Unternehmers zählt zu den schönsten Anlagen in Messenien. Das überschaubare Resort am Berghang des Weilers Vouneria, 8 km nördlich von Koróni und unweit der Küstenstraße nach Petalídi, verfügt über einen spektakulären Pool mit Blick auf das Taygetos-Gebirge. Die Zimmer sind gemütlich mit hellen Holzmöbeln eingerichtet, einige davon verfügen über einen Privatpool. Das Restaurant im ersten Stock des Hauptgebäudes bietet raffinierte, neue griechische Küche, die nicht nur die Hotelgäste anlockt. Frühzeitig reservieren, denn in der Ferienzeit kommen hierher auch viele Athener, um ruhige Urlaubstage zu verbringen. Das Hotel verfügt über einen Shuttle, der die Gäste zum nahen, wenig besuchten Sandstrand von Vounaria bringt. Anfahrt: Das Schild an der Küstenstraße ist leicht zu übersehen, das Hotel liegt gegenüber der Dorfkirche von Vounaria. DZ ab ca. 150 €, Preise schwanken sehr nach Saison, ✆ 27250/42131, www.camvillia.gr. 《《

Koróni

Steil ansteigende, schmale Gassen zwischen vorwiegend weiß gekalkten Häusern führen hinauf zur eindrucksvollen Zitadelle aus venezianischer und türkischer Zeit. Bei gutem Wetter reicht die Sicht bis hinüber zur Máni. Koróni mit seinem herrlichen Sandstrand ist vor allem bei deutschen Touristen beliebt.

In der Antike hieß das Städtchen Asíne und schützte die östliche Flanke der messenischen Halbinsel. Das nicht mal 2000 Einwohner zählende Koróni ist ein liebenswertes, immer noch gemütlich-verschlafenes Städtchen, in dem sich in den letzten Jahren – auch bedingt durch das Charterflugangebot englischer Anbieter nach Kalamáta und dem Bauboom in der Region – verstärkt Tourismus entwickelt hat. An der Hafenpromenade reihen sich Cafés und Tavernen aneinander, im hübschen Ortskern gibt es kleinere Souvenirgeschäfte, in denen neben den üblichen Postkarten auch Handarbeiten und Schmuck verkauft werden. Wer einen Spaziergang zur Burg hinauf unternimmt, kommt durch das Wohnviertel der Fischer. Am Nachmittag werden hier in den hellen Gassen die Netze repariert und zum Trocknen ausgebreitet.

Die Festung von Koróni ist noch heute bewohnt

In der Saison herrscht akute Parkplatznot. Deshalb ist es empfehlenswert, das Auto außerhalb des Ortes zu parken und dafür den angesichts der Steigungen durchaus beschwerlichen Fußweg in Kauf zu nehmen. Die wohlhabenden Zeiten in Koróni sind lange zu Ende. Die Wirtschafts- und Finanzkrise hat in der Hafenstadt ihre Spuren hinterlassen. Davon erzählen die leer stehenden Häuser und die wenigen Schiffe im Hafen.

Geschichte

Schon seit mykenischer Zeit gab es hier eine Ansiedlung. Die Byzantiner befestigten den Hügel, der 1205 von den Franken erobert, doch bereits ein Jahr später an Venedig abgegeben wurde. Diese wussten die Lage als Schutz- und Versorgungshafen zu schätzen und befestigten zusammen mit Methóni die beiden Flanken der messenischen Halbinsel. Nach dreihundertjähriger Herrschaft Venedigs erlebte das kleine Koróni eine wechselvolle Geschichte: 1500 kamen die Türken, 1532 die Genuesen, danach wieder die Türken, im 17. Jh. die Spanier, Ende des 18. Jh. noch die Russen, Anfang des 19. Jh. schließlich die Franzosen. Eine kleine Festung im Mittelmeer als Spielball der Großmächte!

Verbindungen Mit eigenem **Auto** von Westen kommend bietet sich die neue Straße an, die 8 km vor Koróni über die Bergdörfer führt (schöne Ausblicke!).

Bus: 6-mal tägl. (Sa 5-mal, So 4-mal) fährt der Bus die Strecke Koróni – Flughafen – Kalamáta (5,50 €), 5-mal davon mit Stopp in Rizómilos, dort kann man nach Pýlos umsteigen; 1-mal tägl. nach Charokopio (1,60 €), hier umsteigen nach Finikoúnda und Methóni (2-mal tägl. Busse ab Charokopio, 3,60 €), 3-mal tägl. nach Vasilítsi (1,60 €) an der Südspitze des westlichen Fingers, 1-mal tägl. nach Athen (30 €). Tickets für kürzere Strecken kann man direkt im Bus kaufen, für lange Strecken (etwa nach Athen) muss man ins Nachbardorf Charokopio oder online reservieren. Bushaltestelle an der Kirche. Informationen unter www.ktel messinias.gr.

Taxi: Taxistand an der Kirche im Zentrum. ☎ 27250/22195.

Adressen **Polizei**: in der Parallelstraße zur Uferpromenade, bei der Hafenpolizei. ☎ 27250/22377 oder 22203.

Bank: *National Bank of Greece*, gegenüber vom Taxistand (mit EC-Automat). Mo–Do 8–14.30 Uhr, Fr 8–14 Uhr.

Post: im Zentrum, Mo–Fr 7.30–14 Uhr.

Zweiradverleih: Bike Department Koroni, hochwertige Mountainbikes und E-Bikes ab 20 € pro Tag. Rabatte bei längerer Mietdauer oder für Gruppen. Außerdem geführte Tagestouren und verschiedene Wochenprogramme (etwa in der Máni). Der nette, deutschsprachige Besitzer Uli Heinecke informiert auch gerne über die Region. ☎ 6945182518, www.bike-department-koroni.com. **Mopeds** können an der Tankstelle Richtung Zeltplatz ausgeliehen werden.

Information/Aktivitäten: Die engagierte Schweizerin Franziska Schmid lebt in Koróni und kümmert sich um individuelle Wünsche, z. B. Zimmervermittlung, geführte Wanderungen, Exkursion zur Olivenernte, aber auch Kinderbetreuung oder Begleitung von alleinreisenden Frauen. Infos und Buchung ☎ 6985840716, www.traum-urlaub-koroni.com.

Veranstaltungen: Jeden Sonntagvormittag (8–13 Uhr) findet ein Bauern- und Gemüsemarkt statt. Der Kulturverein „Koroni Festival" organisiert regelmäßig und fast ganzjährig Konzerte und Ausstellungen. www.koronifestival.gr.

Übernachten * Hotel Diana, am nördlichen Ende der Hafenpromenade in einer Seitengasse, nahe dem Restaurant Parthenon. Geschmackvoll und modern eingerichtete Zimmer mit Bad, Balkon, kleinem Kühlschrank, Airconditon, TV (acht Zimmer, davon ein EZ). Sehr gutes Preis-Leistungs-Verhältnis. Reservierung empfohlen. EZ ab 35 €, DZ ab 45 €, vermietet werden auch Apartments (max. 4 Pers.) ab 65 €. Frühstück 5 €. ☎ 27250/22312, www.dianahotel-koroni.gr.

** Hotel Auberge de la Plage, 2 km vom Ortszentrum gelegen, von der Straße nach Koróni gut beschildert. Wer sich hier einmieten will, sollte motorisiert sein. Am Hang oberhalb des Strandes. Vom Hotel führt ein Weg hinunter zum sagenhaften Zagá-Beach. Nette Inneneinrichtung mit Kiefernmöbeln, Terrasse mit schöner Aussicht, jeweils mit Bad und Balkon. EZ 50 €, DZ 45–65 €, Dreier ab 65 €, Frühstück 7 € pro Pers. ☎ 27250/22401, www.delaplage.gr.

Zahlreiche Angebote für Privatzimmer in Koróni, hier eine Auswahl:

Michali Perivolarakis, in der Verlängerung der Parallelstraße zum Hafen, das vorletzte Haus, unterhalb der Festung acht Privatzimmer. Herrliche Lage direkt am Meer, Zimmer 2 und 4 sind die besten (jeweils mit Balkon zum Meer). „Zimmer 3 und 5 dagegen sind nur winzige Kammern" (Leserbrief Anne und Franz Götz). DZ mit Bad und Kühlschrank ab 45 €. ☎ 27250/22553.

Pelagia Apartments, schön eingerichtete und gut ausgestattete Zimmer in der Nähe des Strands mit schöner Aussicht. Apartment für bis zu 3 Pers. ab 55 €. Am nördlichen Ortseingang, nach dem Campingplatz.

》》 Lesertipp: ** Hotel Zagamilos, solides Hotel in guter Lage am Zagá-Strand (10 Min. zu Fuß vom Ortszentrum und etwa 200 m vom Meer). „Alle 32 Zimmer haben helle Holzmöbel und vom Balkon eine wunderbare Aussicht aufs Meer; Aircondition, Kühlschrank, hauseigene Taverne, TV im Empfangsbereich und reichlich Parkplätze" (Regula Würth). DZ je nach Saison 40–65 €, Frühstück 5 €. ☎ 27250-22448, www.zagamiloshotel.gr. 《《

Weitere Zimmer (v. a. aber Apartments) auf dem Weg zum Zagá-Strand, z. B.:

Zaga-Rooms, Zimmer am Strand, einfach und sauber, allerdings auch mit Verständigungsproblemen, denn die Familie von Besitzer Georgios Papasarantopoulos spricht ausschließlich Griechisch. DZ mit Bad, Balkon (Blick aufs Meer und Zagá-Strand), TV und Kühlschrank ab 30 €. ☎ 27250/22040.

Camping Koroni Camping, am Dorfeingang, in einem Olivenhain gelegen. Über einen kleinen Pfad ist man in 2 Min. am Strand. Mini-Market, Taverne, Pool mit Liegewiese und Poolbar, die ihren Namen wirklich verdient. Für große Wohnmobile sind einige Stellplätze in Hanglage planiert. April bis Okt. geöffnet. Bushaltestelle vor dem Platz. Pro Pers. 8 €, Kind 4 €, Zelt und Auto 9–10 €, Wohnmobil 9 €, Strom 4 €, Nebensaison 20 % Rabatt. ☎ 27250/22119, www.koronicamping.com.

Essen & Trinken Resalto, stimmungsvoll und ruhig direkt am Hafen, mit Blick auf die Burg. Preislich etwas über dem Durch-

Unübersehbar: das Kloster Koróni

schnitt, aber sehr gutes Essen. Auch einige vegetarische Gerichte, z. B. leckere Gemüselasagne. Am Ende der Uferstraße. ☏ 27250/23064.

>>> **Lesertipp:** „Das **Café Synantisi** ist Treffpunkt von Einheimischen, Touristen und Residenten. Gute und günstige Getränke und kleine Vorspeisen" (Uli Heinecke). ☏ 27250/22195. <<<

An der lang gezogenen **Hafenplatia** weitere Cafés (mit WLAN), Ouzerien und Restaurants, praktisch alle mit Terrasse direkt am Meer, es wird viel Fisch angeboten. In der kleinen Gasse bei der Kirche im Zentrum von Koróni findet man einfachere, aber teilweise sehr gemütliche **Tavernen** bzw. **Psistarias**. Die Restaurants auf der Plaiía fallen dagegen eher durch überhöhte Preise aus dem Rahmen.

In der Umgebung Taverne **Peroulia**, eine Bilderbuchtaverne am Strand von Peroulia, 8 km nördlich von Koróni, ausgeschilderte Abbiegung an der Küstenstraße nach Petalídi. Die am Rande der kleinen Badebucht gelegene Taverne bietet klassische griechische Küche zu sehr vernünftigen Preisen. Viele Einheimische am Wochenende.

>>> **Lesertipp:** O **Nikos**, „die Taverne im schönen Berdorf Vasilitsi (4 km oberhalb von Koróni) ist einen Ausflug wert. Freundliche Bedienung und gute Qualität bei moderaten Preisen." ☏ 27250/57289. <<<

Sehenswertes

Festung: Die von weitem sichtbare Festung ist kein Museum, sondern eine noch immer bewohnte Festungsanlage. Die 2013 mit EU-Mitteln renovierte Zitadelle beherbergt ein Kloster, den Friedhof, einen Park und ein paar Privathäuser. Die Einwohner von Koróni haben ein unkompliziertes Verhältnis zur Geschichte, die behauenen Steinblöcke wurden kurzerhand beim Häuserbau verwendet. Die Burg liegt am Rand des felsigen Bergrückens, um den herum die Stadt entstand. Die Anlage wurde in ihrer Geschichte ständig erweitert, umgebaut, zerstört. Daher stellt die heutige Festung ein interessantes Zusammenspiel von byzantinischer, venezianischer und türkischer Architektur dar. Vom Hafen her betritt man das Gelände durch einen venezianischen Turm (13. Jh.). Den Innenbereich dominiert das sehenswerte, erst 1918 gegründete Nonnenkloster. Es steht Besuchern mit angemessener Kleidung offen (tägl. 13–17 Uhr Mittagspause). Die freundlichen Nonnen „nötigen" einen Besuch im Garten hinter dem Friedhof förmlich auf, und der

Spaziergang lohnt: Besonders gegen Sonnenuntergang wird die Klosterkirche samt der kürzlich restaurierten Mauern und der erhöhten Taufkapelle vom milden Abendlicht wunderbar angestrahlt. Ein Spaziergang durch die kopfsteingepflasterten Gassen der weitläufigen Burganlage ist ein Vergnügen. Von den Mauern der Zitadelle bietet sich ein faszinierender Blick über die Küste.

> *„Koróni mit seinen venezianischen Festungswerken, auf denen noch überall der geflügelte Löwe prangt, und zwischen welchen sich auch noch ein paar türkische Minaretts erhalten haben, steigt malerisch über die Meere empor, von fruchtbaren, mit Ölbäumen bepflanzten Hügeln umgeben und gen Süden von den hohen Bergen des Kap Gallo, gegen Norden von den noch höheren Gipfeln bei Petalidi überragt. Die Festung ist gänzlich demontiert und der Kommandant befehligt nur fünfzehn Mann. Er bewohnt mit seinen Soldaten das Haus des einstigen Bey, das wir als eine Merkwürdigkeit besahen, da dessen Zimmer vielfach bemalt, vergoldet und mit Schnitzwerk geziert ist. Ein Saal enthält Ansichten von Konstantinopel, über denen der Halbmond an der Decke glänzt. Das Haus fängt bereits an, sehr baufällig zu werden, und es ist schade, dass man es so verfallen lässt, um so mehr, da seine Lage und Aussicht von einem bunten Balkon sehr anziehend sind, außerdem aber Koróni den Ruf hat, einer der gesundesten Orte in Griechenland zu sein."*
>
> Fürst von Pückler-Muskau, Tagebucheintrag vom 27. Juni 1837 nach dem Smalltalk mit dem Hafenkapitän von Koróni

Die innere Burganlage stammt aus byzantinischer Zeit, ihre stärksten Befestigungen befinden sich an der Meeresseite. Nach der Schlacht von Lepanto ergänzten die Türken 1571 die Bastionen der Festung. Am Südausgang („Malteserbresche"), etwas tiefer gelegen, eine schattige Parkanlage mit der Eleístria-Kirche.

Baden: Koróni bietet gute Sandstrände. Südlich der Halbinsel erstreckt sich der ca. 1,5 km lange, sandige, saubere *Zagá-Strand/Memi-Beach* mit klarem Wasser, dahinter eine grüne Landschaft. Der besondere Reiz dieses herrlichen Strandes liegt sicherlich auch darin, dass er (zum Glück!) noch nicht verbaut wurde.

Weitere Strände findet man entlang der Straße nach Kalamáta, z. B. Ágios Andréas bei Lónga und weitere bei Kalamáki und Petalídi. Sie sind jedoch nicht so sauber und landschaftlich weniger reizvoll.

Finikoúnda

Inmitten einer grünen Küstenlandschaft liegt auf halber Strecke zwischen Koróni und Methóni (14 km von Methóni) das ehemalige Bauerndorf mit seinen 600 Einwohnern. Nicht zuletzt der Ausbau der Küstenstraße zwischen Pýlos und Koróni hat in Finikoúnda einen Tourismus(bau)boom ausgelöst.

Dank der idyllischen Lage und der exzellenten Sandstrände ist Finikoúnda mittlerweile ziemlich überlaufen, das Ortsbild durch zahlreiche Neubauten nicht gerade schöner geworden, es gibt hier inzwischen fünf Campingplätze. In den Geschäften ist Englisch keine Fremdsprache, genauso wenig wie Deutsch. An der Uferpromenade reihen sich Lokale und kleine Läden auf, die Schmuck, Postkarten und Souvenirs verkaufen. Überall in der Umgebung ist Bauland zu verkaufen und im Ort

Finikoúnda

gibt es sogar eigens Agenturen, die Deutschen bei Behördengängen etc. behilflich sind. Finikoúnda hat in den letzten Jahren einen enormen touristischen Aufschwung erlebt. Wer in der Hochsaison hierher kommen möchte, sollte auf jeden Fall rechtzeitig buchen.

Die Ebene um Finikoúnda ist sehr fruchtbar. Hier reifen Zitronen, Oliven, Orangen, Pfirsiche, Auberginen, Tomaten, Paprika und vor allem Wein. Dass der Ort seit mykenischer Zeit besiedelt war und zumindest eine regionale Bedeutung besaß, belegen Tontafeln aus dem *Nestor-Palast*. Ob es tatsächlich Boote der Phönizier waren, die die geschützte Naturbucht vor Finikoúnda nutzten (und dem Ort beiläufig seinen Namen verpassten), ist noch nicht endgültig geklärt. Etwa 1.500 gesunkene Schiffe aus dieser Zeit werden vor der griechischen Küste noch vermutet, hauptsächlich vor der Insel Euböa und um den Peloponnes. Die Phönizier waren etwa zwischen 1200 und 900 v. Chr. die größte See- und Handelsmacht im Mittelmeer, mit ihren schwerfälligen, breitwandigen Transportsegelschiffen verbanden sie das heutige Griechenland mühelos mit dem heutigen Libanon. Die phönizische Kunst beeinflusste maßgeblich die Kunst der Griechen und die Schriftzeichen waren Grundlage bei der Entwicklung des griechischen Alphabets. Bekannt war die Bucht jedenfalls auch bei Pausanias als „foinikous limen", der *purpurrote Hafen*.

1996 schien ein italienisches Taucherteam nicht allzu weit vor Finikoúnda bei der Suche nach einem dieser antiken Schiffsrümpfe fündig geworden zu sein. Tagelang wurden Tauchgänge unternommen, mit bloßem Auge von der Küste zu verfolgen. Sie fanden wohl tatsächlich etwas, was sie verhängnisvollerweise abends in einer der Tavernen des Ortes kräftig begossen und herumerzählten. Als das Tauchteam am nächsten Tag am Strand landete, klickten die Handschellen der griechischen Polizei.

Basis-Infos

Verbindungen Bus, 2-mal tägl. über Charokopio (umsteigen) nach Koróni (3,60 €), bzw. 4-mal tägl. (Sa/So 3-mal) über Methóni (1,70 €) und Pýlos (3,60 €) nach Kalamáta über Flughafen (6,50 €). Die Busse fahren an der Kirche ab.

Adressen Bank: In Finikoúnda gibt es zwei Banken (bei der Kirche und links an der Uferpromenade), 7.30–14 Uhr.

Taxi: ☎ 6945/734347

Internet: Finikoúnda hat im Zentrum und z. B. auf dem Camping Anemomilos Internetanbindung über einen Hotspot (Karten für den Wireless-Empfang gibt es in zwei Automaten im Ort oder im Minimarkt).

Ausflüge Bootstouren werden über das Hotel Finikoúnda organisiert. Außerdem „Bebis-Cruises", Informationen beim Skipper Kostas Apostolidis, mobil ☎ 6944/565421. Abfahrt ab Finikoúnda-Hafen.

Baden Um Finikoúnda sehr schöne, weitläufige Sandstrände, z. B. die lange Saladi-Bucht bei den Campingplätzen (westlich des Ortes), und selbst der Dorfstrand (Sand) präsentiert sich äußerst einladend. Wer Abgeschiedenheit sucht: An der gut ausgebauten Verbindungsstraße Finikoúnda – Methóni stößt man etwa auf halber Strecke auf einen weiteren Sandstrand mit Taverne.

Wassersport In der Fußgängerzone des Ortes (in einer Seitengasse zum Strand) befindet sich die PADI-Tauchschule Fini Divers, eine Zweigstelle des Pilos Dive Center, mit Kursen für Anfänger, „Schnupper-Rifftauchgängen" bis hin zu Master-Kursen. Auch Bootsvermietung. ☎ 27230/71119, mobil 6975368995, www.finidivers.com.

Alpha Watersports, (Surfschule und -verleih), neben dem Camping Anemomilos, Brettverleih (Surfbrett 15 €/Std., Tag 49 €, 10er-Karte 90 €) und Kurse, Ersatzteillager und Reparatur, Lagermöglichkeiten. Auch Segelschule (Jolle und Katamaran) und Bootsverleih, in Deutschland anerkannte Segel- und Surfscheine können hier erworben werden. Deutsche Leitung. Anfang Mai bis Mitte Okt. tägl. 9.45–19 Uhr. ☎ 27230/71133.

Übernachten/Camping

Übernachten »» **Mein Tipp:** Vereniki Apartments, Familienbetrieb des sehr freundlichen Ehepaars Eleni und Tassos Rompakis. Neue, sehr empfehlenswerte Apartmenthäuser auf zwei Ebenen, geräumige Apartments für 2–4 Pers. mit Küche, Bad, Aircondition, TV, WLAN, Balkon mit Blick auf die Bucht und Finikoúnda. 5 Gehminuten bis in den Ort, ca. 350 m zum Strand. Kleiner Swimmingpool in der Anlage. Apartment (2 Pers.) 60 €, 2 Erw./2 Kinder 70 €. Ortszufahrt von Finikoúnda (rechts am Hang), von Koróni kommend, ✆ 27230/094830, mobil 6908655115, www.verenikifinikounda.com. ««

»» **Lesertipp:** **** Viva Mare Hotel, „liegt angenehm etwas entfernt vom Strand, verfügt über einen schönen Pool und ein wunderbares Ambiente. Die Studios sind für Familien ideal ausgestattet, mit einer schönen Küche und wirklich viel Platz in den Räumlichkeiten" (Martin und Ute Multhoff). Geöffnet 25.5.–20.9. Große Preisunterschiede zwischen Haupt- und Nebensaison. Studio für 2 Pers. 75–132 €, Apartments für max. 5 Pers. 95–156 €. ✆ 27230/71315, mobil 697/8778375, www.vivamarefinikounta.gr/en. ««

* Hotel Korakakis Beach, am östlichen Rand der Bucht von Finikoúnda. Taverne im Erdgeschoss, hilfsbereiter Besitzer. 25 Zimmer mit Bad, TV, Aircondition und Balkon. Ganzjährig geöffnet. Das DZ kostet 40–65 €, Frühstück 5 € pro Pers. Es wird auch ein Bungalow (4 Pers.) ab 65 € vermietet (im Ort). ✆ 27230/71221.

Haus Kostas Tomaras, vermietet Apartments am Saladi-Strand, der weiten Bucht westlich von Finikoúnda (beim Camping Anemomilos). Alle mit Küche, Bad, Balkon und Heizung. Die Preise liegen bei 50–80 € (2 Pers.) und 80–125 € (4 Pers.); Surfschule nebenan (→ S. 445). ✆ 27230/71442, www.apartmentstomaras-finikounda.com.

Blue Houses, neben Tomaras. Fünf Apartmenthäuser mit naturbelassenem Garten, Balkon und Meerblick (Kochnische, Bad/WC, Aircondition und TV). Keine 50 m zum Strand. Fünf gepflegte Apartments (max. 4 Pers.) mit Wohnküche, Bad und netter Veranda mit Rasen für 50–70 € am Tag (Hochsaison). Winterangebote auf Anfrage. Frühzeitige Reservierung empfehlenswert. ✆ 27230/71327 oder mobil 6945580295.

Dion-Zois Villas, sehr saubere und gut geführte Apartment-Anlage am südlichen

Vorsaison in Finikoúnda

Ortsrand von Finikoúnda. Bungalowbauten mit Balkon und Blick auf den Garten mit Palmen und Swimmingpool. Sehr ruhig, etwa 300 m zum Meer und Sandstrand. Die etwa 40 m^2 großen Zimmer haben voll ausgestattete Küche, Aircondition, Sat-TV und Safe, Bettwäsche wird alle zwei Tage gewechselt. Sehr freundliche Leiterin Dimitra Tsonis. Geöffnet Juni bis Sept. 50–120 €, im Aug. 140 €. ✆ 27230/71441, mobil 6977/141909, www.finikounda-villas.gr.

》》》 **Mein Tipp:** Kallisti Apartments/Studios, Haus mit zwölf Apartments für 2–4 Pers., alle mit Meerblick. Zimmer mit Küchenzeile, Kühlschrank, Aircondition, Bad/Du/WC und TV. Im Aufenthaltsbereich die Rezeption mit Bar. Sehr gutes Preis-Leistungs-Verhältnis, frühzeitige Buchung zu empfehlen. Die liebenswerte Besitzerin Sonja betreibt auch die Cafébar Botsalo im Ort. Apartments 30–70 €. ✆ 27230/28527, mobil 6936595532, www.kallisti-finikounda.com. 《《《

*** **Paradise Resort**, 2010 eröffnetes und 2015 renoviertes Hotel mit 42 Apartments und drei Suiten, 150 m vom Sandstrand. Sehr einladendes Ambiente, Zimmer tipptopp mit Balkon zum Meer, Frühstücksterrasse und schöne Poolanlage. Sehr freundliche und hilfsbereite Leitung. Etwa 1 km vom Ort entfernt, Fahrrad oder Auto hilfreich. DZ 70–110 €, Suite 160–200 €. Neben Camping Finikes, ✆ 27230/28600, www.paradise-resort.gr.

Daneben gibt es in Finikoúnda zahlreiche **Privatunterkünfte**, Schilder hängen aus, in der Hauptsaison ohne Reservierung aber fast aussichtslos. Nicht alle Angebote sind uneingeschränkt empfehlenswert, in der Nebensaison vorher einen Blick ins Zimmer werfen. Informationsquelle für freie Zimmer ist auch die Taverne Dionysos nahe dem Ortsende am Hang.

Camping Für Camper und Windsurfer ist Finikoúnda ein kleines Paradies: lange, nicht allzu überlaufene Sandstrände, gute Wassersportmöglichkeiten, ruhige, gemütliche Campingplätze und vor allem im Aug. und Sept. eine gute „Düse". Die meisten Leute auf den Campingplätzen kennen sich seit Jahren. Viele verbringen ihren kompletten Urlaub nur auf einem Platz. Manch einer lässt sich sogar seinen bevorzugten Stellplatz (meist in der ersten Reihe) „reservieren".

Camping Anemomilos, 700 m vom Dorf, gemütlicher Platz, am Meer gelegen, mit mehreren terrassierten Ebenen (in der gleichen Bucht wie Camping Thines und Ammos). Sympathischer Service, gut in Schuss und mit viel Engagement geführt. Überwiegend schattig; mit Beachbar, Internetcafé, Mini-Market, gepflegte sanitäre Einrichtungen; Restaurant und Surfschule nebenan. Ganzjährig geöffnet. Von Finikoúnda aus beschildert. Die kürzeste Verbindung zu Fuß in den Ort führt über den Hügel mit der Kirche. Am Platz wenig Autolärm, viele Familien. Pro Pers. 6,50 €, Auto 3 €, Zelt 5–6 €, Wohnwagen 6,50 €, Wohnmobil 7 €, Strom 4 €. ✆ 27230/71360.

Camping Thines, (griech. „Sanddünen") in der großen Bucht westlich des Ortes. Neuerer, kleiner Platz mit 55 Einheiten, ausreichend Schatten. Ein Platz für „Parzellenfetischisten". Sanitäranlagen okay, (noch) kein Restaurant, nur Bar und Mini-Market, durch eine wenig befahrene Stichstraße vom Strand getrennt. Ganzjährig geöffnet. Ca. 300 m westlich von Camping Anemomilos, von der Hauptstraße Richtung Methóni der Beschilderung dahin folgen. Wenige Meter daneben die Beachbar Mytilini mit Internet. Pro Pers. 6,50 €, Auto 3,50 €, Zelt 5–6 €, Wohnwagen 6 €, Wohnmobil 6 €, Strom 4 €. ✆ 27230/71200, www.camping-peloponnese.com.

Camping Ammos, knapp 1 km außerhalb von Finikoúnda, an der Straße nach Methóni und direkt am weiten Saladi-Strand gelegen (beschildert). Ausreichend Schatten, gepflegte sanitäre Anlagen (bei großem Andrang aber wenig Warmwasser), günstiges Restaurant und Bar, Mini-Market für Brot, Milch und Getränke. Nicht so streng parzelliert wie andere Plätze. Das Personal ist nett und aufmerksam. Besonders bei deutschsprachigen Urlaubern und Familien sehr beliebt. Im oberen Teil nur nahe der Rezeption nachts etwas lauter (Sanitärblöcke, nachts Müllabfuhr). Am weitläufigen, schönen Sandstrand (mit Strohsonnenschirmen und Beachvolleyball-Netz) findet jeder sein eigenes Plätzchen. Geöffnet April bis Okt. Pro Pers. 6,50 €, Auto 3 €, Zelt 4–5,50 €, Wohnwagen 5,50 €, Wohnmobil 7 €, Strom 4 €. ☎ 27230/71262.

Camping Finikes, das jüngste Mitglied der Campingfamilie am Ende der großen Bucht. Ein gut Deutsch sprechender Grieche leitet den Platz. Liegt vom Meer etwa 80 m entfernt. Café/Bar und Mini-Market befinden sich auf dem Platz, Schatten ist noch spärlich, Bambusmatten sollen die Lücke schließen. (Der dem Meer abgewandte Teil gleicht im Aug. einem Backofen.) Freier WLAN-Zugang am Platz. Vermietet werden zudem klimatisierte Zimmer mit Kühlschrank und Fernseher. (DZ 50–60 €) Zwischen Camping Finikes und Ammos der gut ausgestattete Supermarkt Medusa Center. Pro Pers. 6,50 €, Kinder 4,20 €, Auto 3 €, Wohnwagen 6,50 €, Wohnmobil 8 €, Zelt 4,50–5,50 €, Motorrad 2,50 €, Strom 4 €. ☎ 27230/28524, www.finikescamping.gr.

Camping Loutsa, knapp 2 km östlich von Finikoúnda, in einer schönen Bucht (Sandstrand) direkt am Meer, ebenfalls gut ausgeschildert. Sehr gepflegte Anlage mit 70 Stellplätzen, Mini-Market, Cafébar, drei Restaurants in unmittelbarer Nähe. Da aber relativ weit abgelegen, ist man ohne Fahrrad/Auto schon sehr auf die Einrichtungen des Platzes und die Restaurants angewiesen. Hunde sind erlaubt. Vom östlichen Ende des Strandes führt ein Pfad zu einem alten Wachturm. Pro Pers. 7,50 €, Auto 3 €, Zelt 5,50–6 €, Wohnwagen 6,50 €, Wohnmobil 8 €, Strom 4 €. Geöffnet Mai bis Mitte Okt. Familienrabatt um den 20. Aug., Inhaber der ADAC CampCard bekommen von Juni bis Sept. 10 % Ermäßigung. ☎ 27230/71169, www.loutsacamping.gr/de.

Essen & Trinken

Cafébar Bótsalo, zwei Eingänge neben der Taverne Kyma sorgt die überaus freundliche Sonja für Stimmung und backt Waffeln oder mixt Getränke und Kaffeevariationen. Gute Adresse zum relaxten Ausklingen des Abends auf der gemütlichen Terrasse. ☎ 27230/71170.

》》》 Mein Tipp: Taverna To Kyma, „die Welle", mitten im Ort an der Uferpromenade, Terrasse zum Strand. Besitzer Janni Moukadis und seine Mutter Toúla (Chefin in der Küche) kümmern sich mit viel Herzlichkeit um das Wohl ihrer Gäste, die Stimmung ist hervorragend, viele griechische und internationale Stammgäste. Es wird mit traditionellen Rezepten experimentiert, in der Küche an der Glasvitrine läuft einem schon das Wasser im Mund zusammen. Nicht ausgesprochen günstig, aber ausgesprochen gut. Überdachte Veranda mit Blick auf Meer und Hafen. Mittags und abends geöffnet. ☎ 27230/71224. 《《《

Pizzeria La Foca, amerikanische Pizzen, Salate und zahlreiche Nudelgerichte (auch freie Lieferung). Für das Gebotene nicht zu teuer, und auch das Restaurant mit schmaler Terrasse liegt in einer ruhigen Seitenstraße. Ab 18 Uhr geöffnet. ☎ 27230/71410.

》》》 Lesertipp: Restaurant Elena, am westlichen Ende von Finikoúnda (beschildert). „Die zumeist recht öden Klassiker der griechischen Touristenküche werden hier in ausgesprochen guter Qualität angeboten, auch der Fisch war frisch und preislich im Rahmen" (Peter Weigl). Vom Restaurant Elena hat man einen schönen Blick über die Bucht und den Hafen. 《《《

Bei **Herta**, im benachbarten Bergdorf Kamária machen sich seit Jahren die Deutsche Herta und ihr Mann Remigius Pasternak einen Namen mit ihrem griechischen Speisenbuffet. Sehr lecker! Man sitzt auf mehreren Terrassen und genießt den Blick auf Finikoúnda. Lohnt auch für Familien mit kleinen Kindern, die zahlen die Hälfte. Reservierung empfehlenswert. ☎ 27230/81344.

Frühling am Strand von Methóni

Methóni

Methoni lockt mit einem Sandstrand, einer hübsche Platia am Hafen und einer alten venezianischen Festung, die von der großen Vergangenheit zeugt. Es ist zweifellos eine der schönsten Orte Messeniens.

Man schreibt den 9. August 1500. Sultan Bajezid II. belagert nun schon einen Monat vergeblich die wichtige Festung der Venezianer am südwestlichen Zipfel des Peloponnes. Etwa 100.000 türkische Soldaten marschieren auf. Nach den wochenlangen Gefechten ist die 7000 Mann starke Truppe der Markusrepublik erschöpft. Venedig verliert einen bedeutenden Hafen und Militärstützpunkt an das Osmanische Reich.

Heute spielt das 1300-Einwohner-Städtchen weder wirtschaftlich noch politisch eine Rolle; der Hafen ist versandet und Methóni mittlerweile ein abgeschiedenes Dorf. Doch noch immer steht die eindrucksvolle, mächtige venezianische Festung da, deren weitläufiges Gelände über einen breiten Graben vom Festland aus zu erreichen ist.

Methóni, wesentlich ruhiger als die benachbarten Orte Finikoúnda und Pýlos, bietet Erholungssuchenden einen Sandstrand, einen kleinen, von der Kommune geleiteten Campingplatz sowie einige kleinere Hotels. Wer Neugier und Abenteuerlust verspürt: Die gegenüberliegenden, unbewohnten bergigen Inseln *Sapiéntsa* und *Agia Mariáni* oder *Venétiko* warten auf ihre Entdeckung. Die Fischer bringen Gäste für einen kleinen Betrag und bei geeignetem Seegang gerne hinüber und holen sie später wieder ab. *Schíza,* die dritte vorgelagerte Insel, gehört jedoch zum militärischen Sperrgebiet der Nato und der griechischen Luftwaffe und kann nicht besucht werden. Weiter unten folgt eine kurze Übersicht aller Inseln der Inousses-Inselgruppe.

Geschichte

Unter den Römern wurde Methóni befestigt und von Kaiser Trajan als unabhängige Stadt anerkannt. 1125 räumten die Venezianer mit den Piraten hier auf, die sich damals zu einer wahren Plage entwickelt hatten. Sie zerstörten deren Schlupfwinkel an der messenischen Halbinsel, erkannten jedoch bald seine Bedeutung als Stützpunkt. Der Ort wurde nun ein Versorgungshafen für die Pilger, die ins Heilige Land zogen.

Methóni war berühmt für guten Wein, Oliven und Schinken sowie für seine Seidenindustrie. Schon Homer pries den guten Wein dieser Region. Es heißt, die mit Trauben beladenen Esel fielen angeblich schon vom Geruch in einen leichten Rausch (griech: *methoun*) – und der Ort hatte seinen Namen. Als die Türken 1500 die Festung eroberten, ahnte niemand, dass sie – bis auf eine kurze Unterbrechung – über 300 Jahre in ihrer Hand bleiben sollte. Man unterhielt hier auch einen Markt von griechischen Sklaven für Ägypten. 1828 schließlich fiel die Festung an die Franzosen.

Basis-Infos

Verbindungen Bus, 5-mal tägl. (Sa 3-mal, So 2-mal) nach Pýlos (1,40 €) und über den Flughafen weiter nach Kalamáta (6,70 €), 2-mal nach Athen (30,20 €), 2-mal tägl. nach Finikoúnda (1,70 €, So 1-mal). Haltestelle an der Gabelung der beiden Hauptstraßen im Zentrum (nahe der Agios Nikólaos-Kirche), Tickets im Bus.

Taxi: Stand ebenfalls an der Gabelung der beiden Hauptstraßen. ✆ 27230/31333.

Für Pkws gibt es **Parkplätze** nahe dem Haupteingang zur Festung, beim Hafen, welche die Verkehrssituation im Ort deutlich entspannen.

Adressen Auto- und Zweiradverleih: in Methóni keine Möglichkeit, nächster Verleiher in Pýlos.

Bank: *National Bank of Greece* und *Piräus Bank* mit Geldautomat in der oberen und unteren Hauptstraße. Mo–Do 8–14.30 Uhr, Fr bis 14 Uhr.

Post: untere Hauptstraße, neben dem Hotel Albatros. Mo–Fr 10.30–14.30 Uhr.

Polizei: obere Hauptstraße, im ersten Stock neben der Nationalbank. ✆ 27230/31203.

Bootsausflüge Die Familie Mathiopoulos steuert mit ihrer Motorjacht „Alexandros" die Inseln *Sapiéntsa* und *Ag. Marina* an. Dauer ca. 5–6 Std., mit Badestopp, pro Pers. ca. 23 €. Nähere Infos im Hotel Albatros bzw. unter ✆ 27230/31160.

Ähnliches Angebot bei Kapitän Fotis Zombolas, der mit seinem Boot „Agios Dimitrios" zur Sapiéntsa fährt. Fahrpreis pro Pers. 25 €. Mobil ✆ 6973532754.

Übernachten/Camping/Essen & Trinken

Übernachten *** **Hotel Ulysses**, sehr ansprechend und komfortabel, leider in wenig attraktiver Umgebung (schräg hinter dem „Galini"), 100 m vom Strand. Neubau, sieben geschmackvoll eingerichtete Zimmer (alle mit Bad, z. T. Balkon, Aircondition, TV) und nette Atmosphäre. Das Inhaberehepaar Markopoulos spricht Englisch. EZ ab 50 €, DZ 55–75 € (inkl. Frühstück, das nach Meinung einiger Leser hervorragend ist). ✆ 27230/31600, www.ulysseshotel.com.

** **Hotel Castello**, ebenfalls empfehlenswert. Nettes, kleines Hotel bei der Festung (gegenüber der Taverna Klimataria), 100 m vom Hafen. 13 geschmackvolle und gemütliche, rustikal eingerichtete Zimmer mit Bad, Balkon und Aircondition, TV und WLAN. Gefrühstückt wird im Garten, geöffnet April bis Okt. EZ 30–40 €, DZ 35–60 €, Frühstück 5 €. Andrea-Miaouli-Str., nahe dem Zugang zur Festung, ✆ 27230/31300, www.castello.gr.

Methóni

*** **Hotel Anna**, an der unteren Hauptstraße, vom Hafen kommend auf der rechten Seite. Die Zimmer sind guter Standard, alle mit Bad, Balkon, TV, Aircondition, Kühlschrank, Freundlicher Service. EZ ab 35 €, DZ ab 55 €, nicht alle Preise inkl. Frühstücksbuffet. ℡ 27230/31332.

>>> **Mein Tipp:** *** **Hotel Achilles**, modernes Hotel, gehobenes Niveau. Gut eingerichtete, 13 komfortable Zimmer mit Bad und Balkon, TV, WLAN, Kühlschrank, Aircondition, gemütliche Terrasse. Ganzjährig geöffnet, an der unteren Hauptstraße gelegen, vom Hafen kommend rechts. Für das Gebotene nicht zu teuer: EZ ab 40 €, DZ 55–75 € mit Frühstück. ℡ 27230/31819, www.achilles-hotel.com. <<<

*** **Hotel Finikas**, schöne, vorwiegend in weiß gestaltete Zimmer mit Terasse, WLAN, TV und Bad. Gutes Preis-Leistungs-Verhältnis. DZ 42–65 €, Dreier ab 54 €. Mit sehr gutem Frühstück, neben dem Hotel Achilles. ℡ 27230/31122.

Methoni Beach Hotel, 13 Zimmer im historischen Haus am Burggraben. Direkt am Strand und nahe am Ortszentrum. DZ 80 €. ℡ 27230/31555, www.methonibeachhotel.gr/en/.

** **Hotels Alex & Giota**, zwei gegenüberliegende Häuser an der Platia am Hafen, als Familienbetrieb geführt. Zentral gelegen, zum Hafenplatz "Fountain Square" sind es nur wenige Meter, etwa 150 m zum Strand. Die Zimmer sind z. T. recht klein geschnitten und spartanisch eingerichtet, nach Möglichkeit vorher anschauen. Alle Zimmer haben Aircondition, Minibar, Fernseher nur im Fernsehraum. Wenn möglich, Zimmer im der Platia abgewandten Teil beziehen. EZ ab 35 €, DZ 40–60 €, Frühstück 5 € pro Pers. ℡ 27230/31290 (Giota) und 27230/31219 (Alex), hotellex@otenet.

Niriides Luxury Villas, direkt am Strand von Methóni, zu Fuß sind es 10 Min. ins Zentrum. Elf neue, gut ausgestattete Villen mit je zwei Studios mit Terrassen und Garten, davor ein Pool mit Kinderbecken. Große Preisunterschiede je nach Monat. In der Nebensaison sehr gutes Preis-Leistungs-Verhältnis. Kleine Suite für bis zu 3 Pers. 55–130 € (in der Hauptsaison). ℡ 27230/28787, www.niriidesmessiniahotel.gr/en.

Camping Camping Methoni, kommunal geleiteter Campingplatz, sehr nette und um die Gäste bemühte Leitung. 400 m vom Ort, von der Hafenplatia aus beschildert. 15.000 m² großer Platz, direkt am Rand einer sandigen, seichten Badebucht gelegen, schöner Ausblick. Der recht schmale Strand wird durch die Straße vom Camping getrennt. Blick auf die gegenüberliegende Insel Sapiéntsa. Dem Platz fehlt noch ein wenig Schatten, bei manchen Plätzen wird daher mit künstlichem Schatten ausgeholfen. Sehr einfache Toiletten. Kinderspielplatz, nettes, einfaches Restaurant am Eingang. Juli bis Sept. geöffnet. Günstig die Preise: pro Pers. 4–4,80 €, Auto 3 €, Zelt 3–4,50 €, Wohnwagen/Wohnmobil 5 €, Strom 3–4 €, Mietzelte 6 €. ℡ 27230/31228 oder 31188, www.campingmethoni.gr.

Essen & Trinken >>> **Mein Tipp:** Taverna **Klimataria**, das bedeutet „Weinrebe" und das Restaurant macht seinem Namen alle Ehre. Romantische, urgemütliche Atmosphäre auf einer von Wein völlig überrankten Terrasse, gegenüber dem Eingang zur Festung gelegen. Vielfältiges und hervorragendes Essen, das direkt in der Küche ausgewählt wird und vom Koch ansehnlich auf den Teller zelebriert wird. Es gibt auch mehrere vegetarische Gerichte. Mittleres bis gehobenes Preisniveau. Mittags und abends geöffnet. ℡ 27230/31544. <<<

>>> **Lesertipp:** "In der **Taverne Andreas** hat uns der Chef selbst auf Deutsch beraten und bedient. Die Speisen wurden in der offenen Küche zubereitet und haben außerordentlich gut geschmeckt. Dazu faire Preise." (Georg Gruber). In der oberen Hauptstraße, ℡ 27230/31838. <<<

Mehrere ansprechende Tavernen findet man auch an der **Platia Fountain Square** nahe dem Hafen.

Festung

Man betritt die riesige Anlage im Süden Methónis über eine steinerne Brücke mit 14 Bögen und riesigem venezianischen Löwen in der Mauerlage, die von den Franzosen 1828 wieder aufgebaut wurde. Durch ein mächtiges Tor kommt

Die Festung von Methóni

man ins Innere und durch zwei weitere Tore in den Kern der Burg. Auffallend eine antike Granitsäule mit byzantinischem Kapitell, Morosini-Säule genannt. Innerhalb des Burgwalls finden sich auch ein türkisches Bad, eine große Zisterne und ein Pulvermagazin.

Geht man von der nördlichen Befestigung nach Süden, wird einem die Dimension des Militärstützpunktes erst klar. West- und Ostmauer sind noch weitgehend erhalten und von messerscharfen Klippen umgeben, die eine Landung unmöglich machten. Am südlichen Ende der Wehranlage stehen zwei Türme. Eine Brücke stellt die Verbindung zwischen dem Festland und einer kleinen Felseninsel mit dem Boúrtzi-Turm her; er wurde in seiner ungewöhnlichen Form im 16. Jh. von den Türken errichtet und diente lange Zeit als Leuchtturm und Gefängnis.

Tägl. 8.30–20 Uhr. Eintritt 2 €. Am Eingang befindet sich ein Kiosk mit kleiner Cafébar. Die schönste Stimmung hat man spätnachmittags, wenn die Luft klarer wird und das Meer um die Festungsanlage im Gegenlicht silbern schimmert. Abends wird die gesamte Anlage romantisch angestrahlt.

Die Inousses-Inselgruppe

Insel Sapiéntsa: Die schönste Insel der Gruppe und Methóni am nächsten gelegen. Der 219 m hohe Hügel *Foverí* („Die Schrecklichen") im Norden überragt den einzigen Sandstrand („Malibu Beach") des etwa 9 km² großen Eilands. Exotisch schimmert das Wasser in Grün- und Blautönen, und bequem kann man jeden Fischschwanz bis auf 12 m Tiefe erkennen. Es gibt eine sichere Anlegestelle. Wer sich nur in der Sonne aalen will, findet zumindest unter dem kleinen Holzdach am Strand ein wenig Schatten.

Am äußersten Nordkap *Karsi* wartet ein Highlight für Schnorchler. In nur etwa 8 m Tiefe liegen die antiken Ladungen mehrerer Schiffe auf Grund. Zwischen wogendem Seegras wild verstreut einige Granittempelsäulen aus Transporten von Palästina und Ägypten. Tiefer liegen sogar mehrere römische Sarkophage. Ein Hauch von Atlantis, der bisher den Schnorchlern vorbehalten blieb. Derzeit finden umfangreiche archäologische Vermessungsarbeiten statt und vermutlich werden die Funde bald im Museum für Meeresarchäologie in Pýlos zu sehen sein (→ S. 459).

Eine weitere Besichtigung der Insel war zum Zeitpunkt der Recherche leider nicht möglich, denn Sapiéntsa ist kontrolliertes Jagdgebiet. Nur Personen mit einer Genehmigung dürfen den Pfaden am Malibu Beach und Porto Longo weiter folgen. Dort sind auffällige Verbotsschilder angebracht.

Für alle, die eine Genehmigung haben: Ein bequemer Pfad führt vom „Malibu" weiter in den Süden. Von den umgebenden Hügeln gut geschützt, gibt es hier ein im gesamten Mittelmeerbereich einzigartiges Phänomen zu besichtigen. Seit mehr als

Die Inousses-Inselgruppe

10.000 Jahren soll es hier schon einen Wald von Erdbeerbäumen geben. Die einzelnen Bäume sind 10–12 m hoch, und das bei der ungeschützten Lage. 24 ha dieses einzigartigen *Koumaródasos-Waldes* wurden 1986 als schützenswertes Naturmonument ausgezeichnet. Ein Fußpfad führt über dem östlichen Ufer zum schmalen Steg in der Inselmitte (genannt „lemós", der *Hals)*, der in den Südteil der Insel führt. Zuvor passiert man jedoch auf etwa der Hälfte des Weges die Felsenbucht von *Magazákia* mit einem kleinen Sonnendach. Die lange geschützte Bucht *Porto Longo* in der Inselmitte bot seit jeher Schutz für Seefahrer, und zwar gleichermaßen für Händler wie für Piraten. Der kleine versprengte Felsen *Boba* am Eingang der Bucht soll der Legende nach dem Apostel Paulus als Schutz gedient haben, als er auf dem Weg nach Rom Schiffbruch erlitt. Insgesamt ziert die stattliche Anzahl von zehn antiken Schiffswracks den Meeresboden. Wer mag, kann in einer halben Stunde vom Südende der Bucht den Pfad hinaufsteigen zum 18 m hohen Leuchtturm (auf 117 m), stellenweise im Schatten üppiger Vegetation, die sich zum Teil wie ein Baldachin über den Weg legt. Ihre Majestät Queen Victoria von England selbst gab 1896 den Auftrag zum Bau dieses Bauwerks. 75 Stufen führen im schlanken Turm auf einen Balkon. Wer Glück hat, sieht auf der Insel ein paar der berühmten wilden Bergziegen Griechenlands.

Insel Agia Mariáni: Vergleichsweise unspektakulär liegt die Insel wie ein flacher grüner Schwamm zwischen den beiden dominanten Nachbarinnen. Außer dicht wachsenden Krüppelgewächsen und einigen wilden Olivenbäumen kein größerer Baumbestand. Eine winzige Sandbucht mit karibisch-exotischem Farbspiel wird von flachen Felsen umschlossen, die einzige Landestelle auf der Insel. Eine kürzlich neu erbaute Kapelle (vom Ufer zu sehen) wird am 17. Juli geradezu überlaufen, wenn Pilger aus ganz Messenien den Feiertag der heiligen Mariáni hier mit Gottesdienst, Lammbraten und Wein angemessen würdigen.

Wichtig für Windsurfer, Segler und Schwimmer: Zwischen Mariáni und der Insel Schíza besteht eine ausgesprochen starke Strömung ins offene Meer, die auch schon manchen Könner in allergrößte Schwierigkeiten gebracht hat.

Insel Schíza: mit 12 km^2 die größte der Inselgruppe, als *Kabrera* oder *Kavera* schon in der Antike bekannt und gefürchtet, nämlich als Gefängnisinsel Marke „Steine klopfen". Ein karstiges Eiland mit schroffer Felsenküste ohne Strände oder sonstige landschaftliche Höhepunkte, und das ist auch gut so: Die gesamte Insel dient der griechischen Luftwaffe und der Nato als Übungsareal. Der schmale Streifen der Nordküste wird gelegentlich von tief fliegenden Kampfjets unter echten Beschuss genommen. Vor wenigen Jahren ist die Besatzung eines Katamarans, in einer Flaute vor die Insel getrieben, dabei fast zur Zielscheibe geworden. Seit einem Absturz vor wenigen Jahren gibt es vor allem bei der Bevölkerung viel Kritik an der Luftwaffe.

Insel Venétiko: oder *Thiganoussa*, wie sie in der Antike hieß, ist kaum einen Ausflug wert. Gerade mal eine alte Steinruine und eine winzige Kapelle in der Nähe des Leuchtturms, dann im Nordosten des 120.000-m^2-Inselwinzlings ein winziger „Strand". Sonst nur Felsen und spärlicher Bewuchs. Gut 1,2 km weiter südlich brechen drei herausragende Felsnasen, genannt *Eier* („Avga") oder *Steinboote* („Petrokáravo") schäumend die Wellen.

Pýlos (Navarino)

Zwischen den hufeisenförmig angelegten Häusern hindurch führen die Straßen strahlenförmig vom großen Platz am Hafen die Hänge hinauf. Die Bucht von Navarino wird durch die 4,5 km lange Insel Sphaktiría vom offenen Meer abgeschottet. Die liebevoll gepflegten, kleinen Häuser der Altstadt und die engen, ansteigenden Gassen verleihen dem Fischerstädtchen einen besonderen Charme.

Herz der 5400-Einwohner-Stadt ist der große, gepflasterte Platz am Hafen: Im Schatten riesiger, uralter Platanen vergnügen sich Kinder mit Ballspielen, in den Cafés wird über Politik palavert, hier beredet, besiegelt oder verwirft man Geschäfte – die Platia ist das große Wohnzimmer für die Bewohner von Pýlos. Ein pyramidenförmiges Denkmal erinnert an die *Schlacht von Navarino* im Jahr 1827, die den endgültigen Rückzug der Türken aus Griechenland einleitete. Im Hafen wimmelt es von bunten Fischerbooten. Weiter draußen kreuzen Hochseefrachter und Tanker, andere warten in der geschützten Bay von Navarino auf neue Ladung.

Die nahen, idyllischen Städtchen Methóni und Koróni, die Insel Sphaktiría, die Sandstrände in der Bucht von Giálova und Voidokoiliá, der Palast des Néstor bei Chóra und die riesige Befestigungsanlage der Türken am Stadtrand machen Pýlos zu einem interessanten und abwechslungsreichen Aufenthaltsort, nicht zu vergessen natürlich die gemütliche, entspannende Atmosphäre in dem Provinzstädtchen selbst.

Geschichte

Es waren die Türken, die mit dem Bau einer gewaltigen Festung am Berg Ágios Nikólaos die ersten Schritte zur Besiedlung der strategisch günstig gelegenen Bucht unternahmen. Der Name Pýlos hat mit der antiken Stadt nichts zu tun, die liegt weiter nördlich. Früher hieß das Städtchen Navarino – ein Hinweis auf die Präsenz der Awaren. Aus „Avarinon" wurde Navarino. Bis 1827 war die Stadt bis auf ein venezianisches Intermezzo fest in türkischer Hand. 1825 verlegte der legendäre *Ibrahim Pascha* sogar sein Hauptquartier hierher. Von Pýlos aus wurde ganz Messenien zerstört.

In der heute so friedlich wirkenden Bucht fand am 20. Oktober 1827 eine blutige Seeschlacht von weltgeschichtlicher Bedeutung statt: Die Unabhängigkeit Griechenlands wurde hier eingeleitet. Die alliierte Flotte der Engländer, Franzosen und Russen siegte über die zahlenmäßig weitaus stärkere ägyptische und türkische Armada.

An diesen Triumph erinnern eine Siegessäule auf der Platiatrion Navarchon und die verschiedenen Denkmäler auf der gegenüberliegenden Insel Sphaktiría. Auf dem Meeresgrund liegen immer noch die Wracks der türkisch-ägyptischen Flotte, Tauchen mit Atemgeräten ist deshalb strikt untersagt und wird hart bestraft.

Basis-Infos

Verbindungen Bus: Busstation an der Platia (neben der Shell-Tankstelle) im Zentrum. Eine Tafel mit den Abfahrtszeiten hängt aus. 6-mal tägl. nach Kalamáta über Flughafen (5,50 €); 5-mal tägl. nach Kyparissía (5,40 €); 5-mal Giálova (12,50 €); 6-mal Chóra/Palast des Néstor (2,10 €); 5-mal tägl. Methóni (1,40 €); 2-mal tägl. Athen

Blick auf Pýlos

(28 €) und 4-mal tägl. nach Finikoúnda (2,30 €) – am Wochenende sind die Verbindungen allerdings seltener. Von Finikoúnda Verbindungen nach Koróni, zur Ostseite des Fingers.

Taxi: An der Platía, ℡ 27230/22555.

Wassertaxis: Das beste Transportmittel zu entlegenen, schwer zugänglichen Stränden. Schnell, bequem und nicht allzu teuer. Eine traumhaft schöne Rundfahrt zur unbewohnten, lang gestreckten Insel Sphaktiría dauert etwa 1:30 Std. und kostet für 2 Pers. ca. 30 €. Man kann auch individuelle Touren vereinbaren. Eines der Wassertaxis liegt – allerdings nur während der Hochsaison – immer am Hafen.

Apotheken Zwei **Apotheken** gegenüber vom Taxistand an der Platía. Hilfsbereiter, Englisch sprechender Apotheker.

Autoverleih Auto Union, an der Straße nach Kalamáta, ca. 100 m von der Platia. Kleinwagen ab 50 €/Tag, eine Woche ab 280 €. Preise inkl. Versicherung und Steuer, keine Kilometerbegrenzung. Mo–Fr 7.30–12 Uhr. ℡ 210/6020162.

Bootsverleih Wer lieber selbst durch die Bucht tuckern will, kann am Hafen ein Boot mit 15-PS-Motor mieten und nach dreiminütiger Einweisung auf Erkundung gehen (halbtags 50 €, ganztägig 70 €). Verleih am Hafen bei **Club Boats** in einer Holzhütte, ℡ 27230/23155, oder bei **Pilos Marine** (über dem Hafen in Richtung Kalamáta), ℡ 27230/22408.

Bank An der Platia befinden sich drei Banken, z. B. *National Bank of Greece* mit Geldautomat. Mo–Do 8–14.30 Uhr, Fr bis 14 Uhr.

Erste Hilfe Die kleine Krankenstation ist unter ℡ 27230/22315 zu erreichen. An der Straße nach Methóni gelegen.

Tipp: Für die Spätsommermonate ist insbesondere für Giálova und für die Ochsenbauchbucht ein **Mückenmittel** empfehlenswert. Die Lagunenlandschaft begünstigt die Ausbreitung der Plagegeister.

Polizei Im ersten Stock über dem Supermarkt an der Platia. ℡ 27230/22316, Touristenpolizei: ℡ 27230/23733.

Post An der Ikonomidi Straße, in der Nähe der Platia, nach dem Obstgeschäft. Mo–Fr 7.30–14.30 Uhr. ℡ 27230/22247.

Reiseagentur *M-Travel*, kleines Büro in der Filellinon-Str. 11, Fährtickets nach Italien, Apartmentvermittlung. Hier erhält man auch Mietwagen (etwa gleich hohe Preise wie bei o. g. Autoverleiher). Mo–Fr 9–17 Uhr. ℡ 27230/22356.

Tauchen Tauchen auf privater Basis mit Atemgeräten ist in der gesamten Bucht von Pýlos strikt untersagt! Das betrifft natürlich nicht die Schnorchler.

Unter Anleitung bietet das **Pilos Dive Center** diverse Tauchausflüge und die Ausbildung mit Tauchdiplom an. Ebenso kann man hier Boote mieten. Kalamatas-Str. 10, ☎ 27230/22408, mobil 6976437515. www.pilosmarine.com.

Übernachten/Camping

Hotels ≫ Mein Tipp/Lesertipp: **** Hotel/Pension Philip**, romantisch über der Bucht von Pýlos gelegen. Die Zimmer und die Terrasse des Restaurants verfügen über eine wunderschöne Aussicht. Familienbetrieb mit herzlicher Atmosphäre, kinderfreundlich. Sehr geschmackvoll eingerichtete Zimmer mit Heizung (!) und Bad, z. T. auch Balkon, im benachbarten Neubau werden 18 Studios/Apartments mit Kochmöglichkeit vermietet. Ganzjährig geöffnet. Zur Pension Philip erreichen uns Jahr für Jahr die Briefe begeisterter Leser, die sich hier sehr wohl gefühlt haben. „Eine der nettesten Pensionen auf dem Peloponnes", fand z. B. Johannes Linden. „Mit sehr guter Küche", ergänzte Dr. Ingrid Pottins. EZ 60–90 €, DZ 80–110 €, inkl Frühstück. Von Febr. bis Nov. geöffnet. Am Ortsausgang Richtung Kalamáta, ☎ 27230/22741, www.hotelpylos.com. ≪≪

** Apparthotel To Kastro, schöne und gut ausgestattete Zimmer in der Nähe des Neo Kástro und des Strands. Zimmer mit Bad, TV, Klimaanlage und Balkon. DZ ab 55 €, Dreier ab 65 €. ☎ 27230/28292, www.hotelkastro-pylos.gr.

≫ Lesertipp: **** Hotel Adelfia**, ca. 100 m südlich des Hafens an der Tsamadou-Straße, einfaches, etwas in die Jahre gekommenes Quartier mit mäßigem Ausblick. Aber: „Sehr freundliche Besitzer. Wir hatten ein 4-Bett-Apartment mit Küche für 45 €, in der Hochsaison ca. 75 €" (Detlef Weinich). DZ 40–65 €. ☎ 27230/28261. ≪≪

Privatzimmer *** **12 Theoi**, die „Zwölf Götter" liegen an der in Serpentinen abwärts führenden Einfallstraße aus nördlicher Richtung am Hang (noch relativ weit oben auf der rechten Seite). Zwölf Zimmer und sechs Studios, die alle nach einem Gott benannt sind und ihren eigenen Stil haben. Café mit Dachterrasse (herrlicher Blick auf die Bucht). Schlichte Zimmereinrichtung. DZ 40–70 €, Studio (bis 4 Pers.) 60–90 €. Kalamatas-Str. 33, ☎ 27230/22179, www.12gods.biz.

Außerhalb von Pýlos **** Hotel Zoe Resort**, wer vor allem das Strandleben schätzt, wird sich in dem kleinen, familienfreundlichen Hotel in Giálova, in Nachbarschaft des Golden Beach, wohl fühlen. 22 schlichte, aber gepflegte Zimmer mit Bad und Balkon, Blick auf Palmen und Bananenstauden, 20 m vom Meer. Vermietet werden auch 16 neue und modern eingerichtete Apartments mit Küche und Bad (Badewanne) sowie privatem Balkon. Swimmingpool. EZ ab 50 €, DZ ab 60 €, jeweils inkl. reichhaltigem Frühstück mit Produkten aus eigenem Anbau. ☎ 27230/22025, www.hotelzoe.com.

*** Villa Marias/Eleonas, abgeschiedene Anlage am Hang, sehr komfortabel, freundliche Leitung, wird zu einem Drittel auch an Pauschalreisende vermietet. In Giálova auf der Straße Richtung Chóra rechts ab (beschildert), dann 150 m auf einem Feldweg. Herrliche Terrasse, schöner Garten, von den Balkonen toller Blick auf die Bucht. Sehr gepflegte Apartmentanlage, völlig ruhige Lage mit fantastischem Blick. Geöffnet ab Ende April. Zur Anlage gehören zwei Pools, ganz oben am Berg werden auch einige Villen mit jeweils eigenem (!) Pool vermietet. DZ 66–99 €, Villa mit einem Schlafzimmer und privatem Pool 77–145 €. ☎ 27230/22696, www.eleonas.com.

*** Thanos Village, etwas unterhalb von Eleonas Villas liegt die empfehlenswerte Anlage mit Studios und Apartments in unterschiedlichen Größen. Der freundliche Hausherr Herr Karalis produziert Olivenöl und steckt jährlich die Hälfte seiner Einnahmen in die Renovierung seiner Anlage. Mittlerweile mit Pool. Preise auf Anfrage. Gialova, ☎ 27230/22115, www.appthanos.eu.

*** Hotel Bungalows & Apartments Navarone, oberhalb von Petrochóri (ca. 12 km von Pýlos) gelegen, Ferienanlage mit schönem Blick und Pool, Bar und Restaurant. Viele Pauschalgäste, daher sollte man für den Sommer frühzeitig buchen. Die Apartments liegen etwa 250 m vom Hotel entfernt um einen Swimmingpool. EZ 55–75 €,

DZ 65–90 € (alle mit Bad, Balkon/Veranda, Aircondition), Frühstück inbegriffen. Zudem sechs Villen mit privatem Pool, Bungalows am Meer und Apartments. Preise auf Anfrage. Die Anlage ist vom Ort Petrochóri (dorthin von Pýlos auf der Straße nach Chóra, dann links ab, beschildert) bestens ausgeschildert, ✆ 27230/4157-1/-2, www.hotel navarone.gr.

Camping Camping Navarino Beach, rund 5 km von Pýlos (Richtung Kyparissía) an der Bucht. Er gehört zum Dorf Giálova. Eigener (schmaler) Sandstrand, Restaurant/Snack Bar, Waschmaschine, saubere sanitäre Einrichtungen, etwas älter, aber in Schuss. Naturschatten unter Eukalyptusbäumen. Mini-Market und Restaurant. Der Platz besteht aus zwei Teilen: einer links, der andere rechts von der verkehrsreichen Straße nach Chóra. Bushaltestelle direkt davor. April bis Okt. Pro Pers. 6–7 €, Kinder 3 €, Zelt 4–6 €, Auto 3,50 €, Wohnwagen 6 €, Wohnmobil 8–9 €, Strom 4 €, es werden auch Bungalows und Villen vermietet. ✆ 27230/22973, www.navarinobeach.gr.

Camping Erodios, ruhiger Campingplatz an der Straße zum „Golden Beach" auf der linken Seite, von der Hauptstraße aus beschildert. Mit Bar, Restaurant und Mini-Market, behindertengerechte Ausstattung, gepflegte Sanitäranlagen. Schatten für Wohnmobile durch hohe Schilfdächer. Der Strand des Campings ist okay, besser badet man allerdings in der nahe gelegenen „Ochsenbauchbucht" (→ S. 464), die von hier aus in ca. 30 Min. auch zu Fuß zu erreichen ist. Der Platz wurde auch von mehreren Lesern empfohlen. Geöffnet 20.3. bis 31.10. Auch Bungalows (2–4 Pers.) für 50–75 € und Mietzelte. Auf dem Platz fehlt leider an einigen Stellplätzen noch der Schatten. Pro Pers. 6,50–8 €, Kinder 4–4,50 €, Auto 4,50 €, Zelt 5–7 €, Wohnwagen 5–7 €, Wohnmobil 9–10 €, Strom 4 €. Vermietet auch Bungalows mit bis zu vier Betten für 60 80 €. ✆ 27230/023269, www.erodioss.gr.

Essen & Trinken/Cafés/Bars

Essen & Trinken Reizvoll gelegen sind die Tavernen am Hafen. Dort isst man noch immer gut und preiswert. Die Fischer von Pýlos liefern ihren Fisch hier fangfrisch ab.

Restaurant Philip, bietet vorzügliche griechische Küche. Nikolaos Philippopoulos, der die Kochkunst in Frankreich erlernt hat, versteht sein Handwerk hervorragend. Auf der Speisekarte stehen traditionelle griechische Speisen erster Qualität. Besonders schmackhaft „Melitzanosalata" (Auberginensalat) und die Fischplatte des Hauses. Freundliche Bedienung, nette Atmosphäre, angemessenes Preis-Leistungs-Verhältnis. Das Lokal ist stilvoll mit offenem Kamin und Panoramafenstern eingerichtet. Das Restaurant des gleichnamigen Hotels liegt oberhalb von Pýos (Richtung Kalamáta). Von der Terrasse traumhafter Blick über die Bucht von Navaríno.

》 Mein Tipp: Mezedopoleio-Ouzeri O Aetos, eine urige Taverne direkt an der Hafenmole unter Sonnendächern, wenige Schritte von der Platia entfernt. Probieren Sie den leckeren Oktopusteller oder frische Calamari. 《《

>>> **Lesertipps:** Restaurant O Gregoris, sehr gute, deftige griechische Küche, z. B. die leckere Moussaká, das Ganze außerdem relativ preiswert, mit nettem Garten. Mittags und abends geöffnet. Oberhalb der Hafenplatia an der Straße nach Kalamáta bei der Michelin-Werkstatt (Karin und Martin Wörner).

Poseidonia Café & Restaurant, „gleich am Wasser/Strandnähe. Sehr schön gestaltete Taverne, ausgezeichnetes Essen und professionelle Bedienung" (Elin Nesje Vestli).

Steki to Makri, „in Petrochóri, nur 50 m vom Hotel Navarone gelegen. Flinker Service und ausgezeichnetes Essen. Von einer überdachten Terrasse Blick aufs Meer, im Sommer jeden Samstagabend frisch gegrilltes Spanferkel. Zu jedem Bier gibt es ein köstliches Meze" (Gertrud Geiß). <<<

Cafés/Bars O Plátanos, traditionelles Kafenion an der Platia, das vor allem von Einheimischen besucht wird. Unter einer uralten, riesigen Platane kann man sich bei einem Tässchen „Greek Coffee" oder Nescafé Frappé entspannen. Preiswert, für Stammkunden gibt es leckere, kleine Vorspeisen.

Es gibt einige Bars im Zentrum, z. B. das **Music-Café Ninemia**, oberhalb der Platia im ersten Stock. Auch Cocktailbar, mit Balkon und schönem Blick auf das nächtliche Pýlos. Bis ca. 3 Uhr morgens geöffnet.

Sehenswertes

Neo Kástro („Niokastro"): Welche Bedeutung Pýlos einst für die türkischen Militärstrategen hatte, verrät die riesige Festung mit den sechs Bastionen und ihrer weitläufigen Burgmauer. Sie liegt am südwestlichen Stadtrand (an der Straße nach Methóni) und ist überraschend gut erhalten. Einen Spaziergang durch das Gelände sollte man sich nicht entgehen lassen. Die Festung liegt auf dem höchsten Punkt eines Hügels. Von hier kann man die Bucht von Navaríno wunderbar überblicken. Im Innenhof liegen demonstrativ zwei Kanonen, riesige Anker und etliche Kanonenkugeln. Die sehenswerte Kirche Metamorphosi tou Sotiriou mit zierlichem Glockenturm ist nach vierjähriger Renovierung wieder geöffnet. In ihr findet man etwa eine farbenfrohe Ikonostase.

Die byzantinische Kirche ist eine der Attraktionen des Neo Kástro

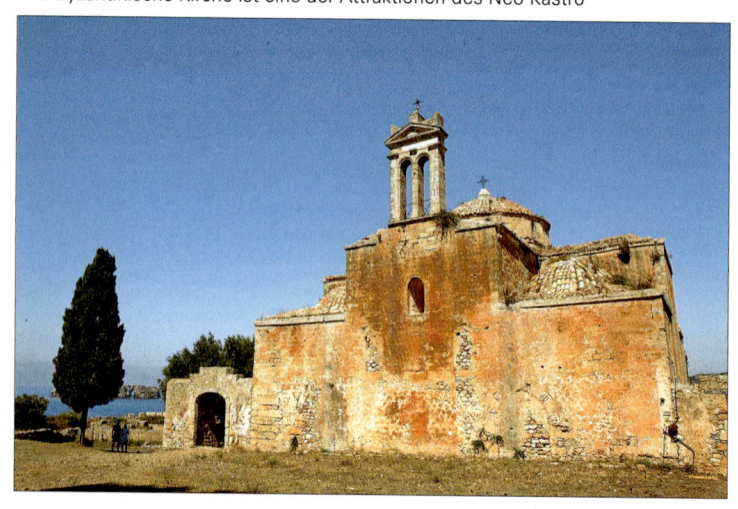

Die Türken errichteten die Burganlage im 16. Jh. nach ihrer Niederlage bei der Seeschlacht von Lepanto, um den südlichen Zugang zur Bucht kontrollieren zu können. Noch bis in die jüngste Gegenwart erfüllte Neo Kástro eine Aufgabe – als Gefängnis. Heute kann man auf den dicken Wehrmauern herumlaufen und durch die Bastionen schlendern. Im Innenhof der Zitadelle gelangt man durch ein Tor in einen Ausstellungsraum, in dem auf Großleinwänden die Seeschlacht in der Bucht von Navaríno mit Trickfilmen und reichlich Kanonendonner nachgestellt wird. Wer nach Methóni fährt, sollte auf das Aquädukt direkt an der Straße achten, über das einst das Neo Kástro mit Wasser versorgt wurde.

In jahrelanger Arbeit und mit hohem finanziellem Aufwand wurde das gesamte Kastell restauriert. Originell ist die blau getünchte Kuppel mit einem Kronleuchter der ehemaligen Moschee. Zudem findet am Gelände des Neo Kástro mittlerweile drei Museumsgebäude: zwei Unterwasserausstellungen und das Archäologische Museum von Pylos.

Das **Archäologische Museum** ist aus dem Ortszentrum nach Neo Kástro übersiedelt. Hier kann man sich umfassend über die Entwicklung von Pýlos informieren: von den ersten menschlichen Spuren über die glorreiche mykenische Vergangenheit bis heute. Das kleine moderne Museum wurde liebevoll und sehr interessant gestaltet. Zu sehen sind vor allem lokale Funde, Gefäße aus mykenischer und bemalte Vasen aus klassischer Zeit, daneben römische Bronzestatuen aus Kyparissía, verschiedene Münzen, Schmuckstücke u. v. m.

Tägl. (außer Mo) 8–20 Uhr! Eintritt 6 €, Rentner über 65 J. 3 €, Kinder bis 19 J. und EU Studenten frei. Das Ticket gilt auch für die Unterwasserausstellungen.

Unterwasserarchäologie-Museum im Neo Kástro

Im Pascha-Haus hinter der byzantinischen Kirche wurde ein kleines, aber feines Museum eingerichtet, das Ausstellungsstücke aus Tauchexpeditionen in der Umgebung und von der Insel Zakýnthos beherbergt. In einer kompakten Ausstellung wird in „Unterwasser-Dekoration" zwischen Schautafeln, Amphoren und Skulpturen die Welt der Meeresarchäologie skizziert. In einem versteckten zweiten Raum (hinter dem Büro/Shop) kann man sich noch einen Film über die Ausgrabungen ansehen. Interessante und kurzweilige Ausstellung! Zudem gibt es auf dem Gelände noch eine weitere Unterwasserausstellung.

Gleiche Öffnungszeiten wie das Kástro

Tsiklitíras-Haus: Das Haus des in Pýlos geborenen Doppel-Olympiasiegers (1908 und 1912) Konstantinos „Kostis" Tsiklitíras am Hafen (mit Olympiaflagge über dem Haus) beherbergt in würdigem Rahmen eine Ausstellung zum griechischen Freiheitskampf gegen die Türken. Dem erfolgreichen Olympioniken wurde auch eine Statue gewidmet. Zu sehen sind hauptsächlich Stiche und Portraits der wichtigsten Freiheitskämpfer, unter ihnen Theodor Kolokotronis, die legendäre Laskarina Bouboulina von der Insel Spétses sowie die beiden Hydrioten Andreas Miaoulis und Konstantinos Kanaris. Außerdem zahlreiche Darstellungen zur Seeschlacht von Navaríno und stark philhellenisch geprägte, griechische Landschaftsansichten aus dem frühen 19. Jh. Möbelstücke, Porzellan und drei Musketen aus der Zeit des

griechischen Unabhängigkeitskampfes (1821–1830) runden diese sehr sehenswerte Ausstellung ab. Gestiftet wurde die Sammlung übrigens von dem französischen Reporter *René Puaux* (1878–1937).
Tägl. (außer Mo) 8–15 Uhr. Eintritt 2 €.

Insel Sphaktiría: Wie ein langer, schmaler Klotz liegt das unbewohnte Eiland in der Bucht. Es ist von dichtem Gestrüpp überwachsen und weitgehend unzugänglich; die steile Küste macht das Anlegen schwer. Lediglich auf der Ostseite gibt es ein paar Buchten.

In Pýlos kann man sich Wassertaxis mieten, um die Insel zu umrunden. Im Juli und August bieten einige griechische Fischer kurzweilige Ausflugsfahrten an. Im Süden der Insel ragen bis zu 90 m hohe Klippen aus dem Meer empor. Sphaktiría bietet auch einige historische Sehenswürdigkeiten:

An der südlichen Spitze der Insel das Denkmal für den französischen **Hauptmann Mallet**, der im Unabhängigkeitskampf für die griechische Seite gefallen war.

Auf einem steilen Pfad erreicht man vom Mallet-Denkmal das Grab des **Prinzen Paul-Marie Bonaparte**, eines Neffens Napoleons I., der 1827 in Spétses umgekommen war.

Dem 1825 verstorbenen Philhellenen **Santorre di Santa Rosa**, der aus der Toskana stammte, wurde an der Ostküste (etwas weiter nördlich) ein Denkmal gesetzt.

An der Nordspitze der Insel erinnert ein **Mahnmal** neben einer kleinen Kirche an die gefallenen russischen Soldaten.

Von hier führt ein Pfad bergauf zu einer kleinen Ebene mit zwei Brackwasserbrunnen. Weiter nördlich, auf dem **Berg Ilias**, mit 168 m höchste Erhebung der Insel, finden sich noch spärliche Reste einer Festung aus klassischer Zeit.

Mitten in der Bucht liegt die winzige **Insel Chelonáki**, die „Schildkröte", einst Mittelpunkt der Seeschlacht von Navaríno. Hier steht ein Denkmal für englische Seeleute. Auch wenn die Insel zum Greifen nahe aussieht, sollte man nicht den Versuch unternehmen, dorthin zu schwimmen. Der Schein trügt.

Paleo Kástro (Koryphásion): Im Norden der Bucht von Navaríno liegt das Kap Koryphásion. Eine Meerenge trennt es von der Insel Sphaktiría. Auf der bergigen Landspitze, oberhalb der Lagune mit ihren Dünen, stand schon in der Antike eine Akropolis. Die Festung, die von Weitem an den Mauerzinnen zu erkennen ist, stammt überwiegend aus venezianischer Zeit.

Die Hauptstadt des Nestor lag nicht am Vorgebirge Koryphásion, wie früher angenommen wurde, sondern an einem kleinen Hafen, der während des Peloponnesischen Krieges (5. Jh. v. Chr.) eine bedeutende Rolle spielte. Die Wassertiefe in der Meerenge von Sykia – zwischen der Insel Sphaktiría und der Halbinsel Koryphásion – beträgt nur wenige Meter. Dort wurden Überreste antiker Hafenanlagen gefunden.

Der Gipfel des Vorgebirges hat eine wechselvolle Geschichte: Vom 6. bis zum 9. Jh. waren hier die slawischen Awaren zu Hause, 1278 bauten die Franken die Festung aus, in den folgenden Jahrhunderten herrschten Venezianer, Genuesen und Türken.

Das Kastell weist noch heute zinnengekrönte Mauern (teilweise begehbar) und quadratische Türme auf. Die Fläche innerhalb der Umwallung beträgt ca. 20.000 m². Teilweise stammen die Fundamente noch aus dem 4. Jh. n. Chr., kyklopische Mauerreste sind zu erkennen.

Zwar zieht sich um das gesamte Ruinengelände ein dichter Vegetationsgürtel, der Weg bis zum Burgtor ist aber gut zugänglich. Der Aufstieg kann eigentlich nur

Pýlos

wegen der Hitze beschwerlich werden, ansonsten ist er leicht zu bewältigen. Die einmalige Aussicht über Messenien belohnt für die Schweißtropfen!

In Giálova Richtung Golden Beach links abbiegen (beschildert zum Kastro bzw. zur Voidokiliá/Ochsenbauchbucht). Entlang dem Golden Beach immer geradeaus halten bis zu einer Brücke, die die Lagune vom offenen Meer trennt. Nach weiteren 500 m geht es nur noch zu Fuß weiter, das blaue überdimensionierte Hinweisschild ist nicht zu übersehen.

> Einen Eindruck aus dem 2. Jh. n. Chr. gibt der griechische Schriftsteller Pausanias in seinem Werk „Beschreibung Griechenlands" – eine Fundgrube für Historiker:
>
> *„Von Mothone geht man etwa hundert Stadien zum Vorgebirge Koryphasion. Darauf liegt Pylos [...]. Hier befindet sich ein Heiligtum der Athena mit dem Beinamen Koryphasia und das so genannte Haus des Nestor; darin ist auch Nestor gemalt. Und er hat ein Grabmal in der Stadt, aber dasjenige etwas weiter von Pylos entfernt soll das Grab des Thrasymedes sein. Auch eine Höhle ist in der Stadt; darin sollen die Rinder des Nestor und früher schon des Neleus gehaust haben [...]. Vor dem Hafen liegt die Insel Sphakteria wie Rheneia vor der Reede von Delos. Menschliche Schicksale scheinen bis dahin unbekannte Orte berühmt gemacht zu haben. Denn das Kap Kaphereus auf Euboea hat seinen Namen davon, dass die Griechen mit Agamemnon hier auf ihrer Rückkehr von Ilion in einen Sturm gerieten; Psyttaleia bei Salamis kennen wir von der Vernichtung der Perser auf ihr. Ebenso hat das Unglück der Spartaner auch Sphakteria bei allen bekannt gemacht."*

Lagune von Giálova: Das Feuchtbiotop ist für Zugvögel der südlichste Zwischenstopp auf dem Balkan. Das flache Wasser bietet ideale Nahrungsbedingungen. Vogelbeobachter konnten bereits 255 Vogelarten zählen, darunter Fischadler, Reiher und Flamingos. 34 Reptilienarten, 28 Säugetierarten und 16 Fischarten fühlen sich hier heimisch. Die markanteste Registrierung ist das afrikanische Chamäleon von Pýlos. Die Lagune ist als besonders schützenswert in das europäische Programm Life Nature aufgenommen.

Nestor-Grotte: Die unübersehbare Höhle (Länge 20 m, Höhe 12 m; der Aufstieg beginnt in den Sanddünen der Bucht, vom Strand führt ein ausgetretener Pfad hinauf) liegt unterhalb vom Paleo Kástro. Die Mythologie erzählt, dass hier die Rinder des Nestor und früher die des Neleus untergebracht waren. Auch soll Hermes das dem Apollon gestohlene Vieh in dieser Grotte geschlachtet haben; die aufgehängten Tierhäute verwandelten sich dann auf wundersame Weise in Stalaktiten.

Wissenschaftlich gesichert ist, dass die Höhle bereits in mykenischer Zeit bewohnt war. Heinrich Schliemann entdeckte hier diverse Tonscherben aus dieser Zeit. Wer heute die Nestor-Grotte besucht, sollte nicht allzu viel erwarten – außer einem wunderbaren Ausblick auf die gesamte Bucht natürlich! Außer ein paar Fledermäusen und Ziegenkot ist in der Grotte, die den Hirten und Herden als Unterstellplatz dient, wenig zu sehen.

Von Giálova in Richtung Chóra fahren, nach 4 km links ab nach Petrochóri/Romanós, der Beschilderung nach Petrochóri folgen, ab dem Ort der Beschilderung „Voidokilia/Archeological Site" folgen. Gut 3 km von der Hauptstraße, das letzte Stück auf Schotter zur Ochsenbauchbucht. Hier großer Parkplatz, nichts für Schattenparker – bringen Sie sich, wenn möglich, einen Schutz für die Windschutzscheibe oder zumindest das Lenkrad mit! **Alternativanfahrt** → „Paleo Kástro/Anfahrt".

Costa Navaríno: eine luxuriöse Landschaftszerstörung?

Ein wahres Feuerwerk von Vorschusslorbeeren wurde schon lange vor der offiziellen Eröffnung dieses gigantischen Projektes im Jahr 2010 gezündet, das der gesamten Region Messenien nicht nur ein ehrgeiziges Luxusprojekt verspricht, sondern vor allem einen nachhaltigen Umgang mit der Natur. Darüber hinaus soll mit dem Projekt Costa Navaríno „in schöner, natürlicher und bislang noch unverbauter Landschaft" der Tourismus für den gesamten Landstrich deutlich gesteigert werden. Soweit die Theorie.

Auf einem 1000 ha (10 Mio. Quadratmeter!) großen Areal und dem dazugehörigen 5 km langen Sandstrand zwischen den Ortschaften Tragána und Romanós werden in den kommenden Jahren elf Luxushotels der 5-Sterne Kategorie dem zahlungskräftigen Publikum mit etwas mehr als 3000 Wohneinheiten zur Verfügung stehen. Eröffnet wurden 2010 bereits das *Westin Navarino Dunes Resort* mit 445 „High end De-Luxe"-Zimmern und *The Romanos Navarino Dunes Resort* mit 321 Zimmern und Suiten und – 142 privaten Pools. Daneben wird ein Konferenzzentrum für 2000 Besucher zur Verfügung stehen, diverse Sport- und Geschäftsgebäude sowie eine eigene Marina. Für das Wohlbefinden der Gäste sollen sechs Thalasso-Therapiezentren sorgen. Das Investitionsvolumen beträgt 1,75 Milliarden Euro. „Der neue Olymp", schwärmte das Air-Berlin-Bordmagazin. Air Berlin soll schließlich die zahlende Kundschaft zum 50 km benachbarten Flughafen von Kalamáta bringen. Mit einer ausgeklügelten PR-Strategie wurde für das pompöse Resort geworben. Journalisten wurden mit Gratis-Übernachtungen umworben.

Aufgerüstet wurde aber insbesondere in Sachen Golf: Im Laufe der Jahre werden hier sieben Golfplätze entstehen. Für die beiden bereits eröffneten 18-Loch-Anlagen *Dunes Course* und den *Bay Course* (seit 2011) zeichnen keine Geringeren als der deutsche Golf-Profi Bernhard Langer in Zusammenarbeit mit dem Golfplatz-Architekten Robert Trent Jones II verantwortlich. Mit dem Bau der riesigen Golf-Areale soll einerseits im internationalen Vergleich nachgearbeitet werden: Während etwa in Spanien 275 Plätze zur Verfügung stehen, sind es in Griechenland gerade einmal fünf. Vor allem aber soll eine neue Klientel angesprochen werden, denn neben den ganzjährig bespielbaren Plätzen soll zahlungskräftigem Publikum auch der Kauf einer der 1000 Villen und Privathäusern schmackhaft gemacht werden, die derzeit in Costa Navaríno entstehen.

Ökologisch soll die Region nur zu 10 % bebaut und die „modellierten" Abschnitte mit rund 4500 Olivenbäumen neu bepflanzt werden, die für den Straßenbau ausgegraben wurden. Sonnenenergie soll in großem Maße die Energiegewinnung sicherstellen, die riesigen Rasenflächen soweit möglich mit dem gesammelten Regenwasser der Wintermonate aus gigantischen Speichertanks besprüht werden. Diverse Proteste aus der Bevölkerung gegen den zu erwartenden Wasserverbrauch wurden mit einer biologischen Wasseraufbereitungsanlage ruhig gestellt, die jeden Tropfen des verbrauchten Wassers recyceln soll. Unter dem Rasen der Golfanlagen liegen zudem über 140 km Geothermikanlagen, die Räume im Winter heizen und im Sommer kühlen sollen – angeblich die größte Anlage ihrer Art in Europa.

Hinter der neuen Costa Navaríno steht der schwerreiche griechische Reeder Vassilis Constantakopoulos, Besitzer einer der größten Tankerflotten der Welt.

Der Unternehmer (1935–2011) war bei der Bevölkerung besser bekannt als der Käpt'n. Er fing schon als Dreißigjähriger an, den Bauern der Region für sein gigantisches Bauvorhaben Grundstücke abzukaufen. Sein Plan: aus seiner verschlafenen Heimatregion Messenien ein Urlaubsparadies zu machen, weitab vom Klischee des einfachen Griechenlandtourismus. Viel zu billig hätten sie ihr Land hergegeben, erzählen einige Bauern in den umliegenden Kafenia von Romanos auf Anfrage, einige Grundbesitzer wehren sich wohl noch immer standhaft gegen die „Enteignung". Doch was ist schon ein Melonenfeld gegen die Vision eines betuchten Investors. Die Hoffnungen auf mehr Tourismus lässt viele Proteste verstummen. „Tatsächlich verdienen wir mit dem Verkauf unseres Olivenöls nur noch zwei bis drei Euro pro Liter", sagen sie, und seit die Bagger rollen sind zumindest die Cafés der Nachbarorte mit Bauarbeitern gefüllt. Seit Costa Navarino nicht mehr nur ein messenisches Projekt ist, sondern sogar zum Flaggschiff des Tourismus in Griechenland avanciert, hoffen viele auf großen Profit. Allein der Hinweis auf die Nähe zum Projekt ließ die Grundstückspreise bis nach Kalamáta förmlich explodieren.

Doch der Käpt'n und seine Investoren haben nicht die gesamte Bevölkerung an Bord: Als Bauarbeiter, so hört man immer wieder durch, wurden statt Einheimische bevorzugt preiswerte Kräfte aus Albanien oder Russland angeheuert. Missmut erzeugt auch ein Helikopter-Shuttle Service, mit dem VIP-Gäste inklusive Sightseeing über dem Inselfinger zur Privatvilla des Käpt'n gebracht werden. Manche Einheimische fürchten die mangelnde Kapazitätsauslastung: falls nämlich, wie fast überall in Griechenland, Feriengäste nur während acht Sommerwochen vor Ort sein sollten und der gesamte Komplex die restliche Zeit leer stünde. Andere schütteln angesichts der Wirtschafts- und Finanzkrise über diesen „Turmbau von Babel" den Kopf. Sie glauben nicht, dass die Milliardeninvestitionen sich jemals lohnen werden.

Ob man hier oben aber Gäste aus der Retortenstadt Navarino Dunes jemals in den Nachbarorten zu sehen bekommt, weiß hier keiner so genau. Selbst auf der neu angelegten Verbindungsstraße von der Zufahrt zum Resort nach Pýlos ist die entstehende Kleinstadt nur zu erahnen, sie liegt abgeschirmt durch die zahlreichen Golfgrüns, die wie ein Puffer zwischen dem Feriendomizil und der Straße liegen – verdeckt hinter einem Hügel. Selbst die meisten Einheimischen haben von der hoch gepriesenen, neuen Luxusanlage bisher nur die Silhouette zu sehen bekommen. Der Zugang ist für sie verboten. De Zufahrt kurz nach der Abzweigung bei Tragáno wird nämlich von einem Sicherheitsdienst hermetisch abgeriegelt. Nichts deutet bisher auf die „weltoffene Stadt" hin, die Navarino Dunes sein will, ebenso wenig wie auf das urgriechische Gesetz eines freien Zugangs zu öffentlichen Stränden. Hinter vorgehaltener Hand schimpfen viele auf diese Art von Arroganz. Sie begreifen die „Costa Navaríno" als Landschaftszerstörung. Das „Reichen-Ghetto" hat ihnen aus ihrer Sicht ein Stück Heimat genommen, um es ausschließlich vermögenden Feriengästen zur Verfügung zu stellen. Als Trost bleibt für Einheimische und Gästen wenigstens noch die wunderschöne Voidokilia-Bucht, die dank des benachbarten Vogelschutzgebietes für immer „unverbaut" bleiben wird. Investoren sind nicht willkommen.

Offizielle Webseite: www.costanavarino.com

Baden

Die Bucht von Navaríno bietet gute Bademöglichkeiten. Ausgedehnte, relativ saubere Sandstrände. Insbesondere der *Golden Beach* von *Giálova* besitzt große Anziehungskraft. Eine asphaltierte Straße führt durch mannshohes Schilf zu der Lagune. Ein schöner Blick auf Pýlos und die Insel Sphaktiría erfreut das Auge, zeitweise wird er jedoch durch die riesigen Schiffe in der Bucht getrübt. Für das leibliche Wohl der Badegäste sorgt eine Strandbar (hörbar am lauten Generator, hier auch Sonnenschirmverleih). Der Golden Beach ist nicht gerade besonders gepflegt (viel Treibholz), dafür aber auch nie überfüllt.

Anfahrt Der Golden Beach liegt am Ortsende von Giálova (Richtung Chóra). Dort links abbiegen (beschildert), dann noch knapp 3 km.

Übernachten *** **Mylos**, das gepflegte Natursteinhaus liegt an der Durchfahrtsstraße von Giálova. Es ist nicht zu übersehen. Die Apartments sind neu und geschmackvoll eingerichtet. Durch die Straße kann es im Sommer aber schon mal laut sein. Preise auf Anfrage. ✆ 27230/22703 und mobil 6972322179, www.mylosapartments.gr.

Als Alternative bietet sich die östliche Seite des Vorgebirges Koryphásion an; ganz besonders die sog. *Ochsenbauchbucht*, die sichelförmige Sandbucht von *Voidokiliá* in der Senke zwischen dem Berg mit dem Paleo Kástro und dem nördlicher gelegenen Hügel (hier sind sehenswerte Reste des Kuppelgrabes von Thrasymedes zu finden, dem Sohn des Nestor). An dieser traumhaften Bucht findet jeder sein Plätzchen; ein wunderschönes, seichtes Badeparadies in ruhiger Umgebung. An der Zufahrt das improvisierte Café *O Vrachos* mit Sommerbetrieb, am Strand keine Versorgungsmöglichkeit.

Anfahrt: → „Nestor-Grotte/Anfahrt".

Des Weiteren ermöglicht im Südwesten von Pýlos eine Betonplattform an der Uferstraße den Einstieg ins Wasser (Duschen vorhanden), allerdings zum Baden weniger schön. In Pýlos finden sich auch einige wenige schmale Strandabschnitte in Hafennähe, alles in allem jedoch ziemlich reizlos.

Die Ochsenbauchbucht ist ein Naturparadies

Palast des Nestor

Nach Mykene und Tiryns zählt der Palast des Nestor zu den sehenswertesten Anlagen der mykenischen Zeit. Dank einer umfassenden Renovierung erstrahlt die Ausgrabungsstätte im neuen Glanz.

Gut gestaltete Infotafeln weisen den Weg und eine Aussichtsplattform ermöglicht eine spannende Besichtigung. Ein Stahldach schützt die antiken Steine und spendet den Besuchern im Sommer wertvollen Schatten.

Wenn man der Legende Glauben schenkt, herrschte im Südwesten des Peloponnes im 13. Jh. v. Chr. das Geschlecht der Neleiden. Unter Nestor, dem Sohn des ersten Neleiden mit Namen Neleus, entwickelte sich Pylos zu einer blühenden Stadt. Ihr Reichtum erlaubte es, mit 90 Schiffen auf Seiten Agamemnons am Trojanischen Krieg teilzunehmen. König Nestor war dabei ein weiser Ratgeber für die Krieger Agamemnon und Achilles. Nach zehn Kriegsjahren kehrte Nestor in sein Reich und seinen Palast zurück, wo er noch einige Jahre geherrscht und Telemach, den Sohn des Odysseus, bewirtet haben soll. Doch auch Nestor konnte ihm die Fragen nach dem Verbleib seines verschwundenen Vaters nicht beantworten, und so reiste Telemach weiter nach Sparta zu König Menelaos. Nicht lange nach Nestors Tod muss auch das Ende seines Palastes gekommen sein. Zwischen 1200 und 1190 v. Chr. wurde die Anlage von den Dorern niedergebrannt.

Geöffnet Di–So 8–20 Uhr, Winter 8–15 Uhr. Geschlossen am 1.1., 25.3., Ostersonntag, 25./26.12. Eintritt 6 €, Senioren über 65 J., Kinder, EU-Studenten 3 €. Freier Eintritt am 6.3., 18.4., 18.5., am letzten Sept.-Wochenende, am 28. Oktober und an jedem ersten Sonntag zwischen Nov. und März. Die Besichtigung ist auch mit Rollstuhl möglich. ✆ 27630/31437.

Am Weg vom Parkplatz zum Eingang befinden sich Toiletten. Danach gibt es ein kleines, informatives Museum (Eintritt frei) mit Tafeln über die Ausgrabungen, das mykenische Königreich, die Wandmalerei und die Linear-B-Schrift.

Die Ausgrabung des Nestor-Palastes

1939 begannen Archäologen der Universität Cincinnati ihre Suchaktion nach dem sagenhaften Palast des Nestor vor Ort. Der Berg *Epáno Englianós*, der einen wunderbaren Ausblick auf die Bucht von Navaríno bietet, galt mit größter Wahrscheinlichkeit als der gesuchte Standort.

Am 4. April 1939 setzten sie die ersten Spatenstiche an und wurden noch am gleichen Tage fündig: Steinmauern, Freskenfragmente, beschriebene Tafeln und mykenische Töpferwaren kamen ans Licht. In den folgenden Wochen wurden über 600 Tonscherben mit *Linear-B-Schrift* entdeckt – der erste Beweis ihrer Existenz auf dem griechischen Festland. Der Zweite Weltkrieg unterbrach die Grabungen; erst 1952 konnten die Wissenschaftler ihre Arbeit fortsetzen und in den folgenden 15 Jahren die Palastanlage auf einer Gesamtfläche von 170 x 90 m sorgfältig freilegen. Im Winter 1961/62 wurde abschließend ein schützendes Metalldach über den zentralen Gebäuden des Palastes errichtet, das es von da an erlaubte, die Fußböden und Kaminstellen unbedeckt zu lassen und zu jeder Jahreszeit dem Besucher zu präsentieren. In einer umfangreichen Sanierung von 2011 bis 2015 wurde es durch ein neues Eisendach ersetzt.

Rundgang

Seit der Renovierung begeht man die Ausgrabung über eine Aussichtsplattform. Gut gemachte Infotafeln schildern ihre Geschichte. So erhält man einen aufschlussreichen Überblick über den Palast.

Hauptgebäude: Der Eingang zum Hauptgebäude des Palastes liegt auf der südöstlichen Seite. Man erreichte ihn über einen großzügigen Platz **1**, der einst mit stuckverzierten Fliesen gepflastert war.

Er bildet ein **Propylon 2**, dessen zwei Seitenwände durch je einen Pfeiler unterbrochen wurden. Von den Wänden sind nur noch die steinernen Sockel zu sehen. Die Pfeiler selbst waren aus Holz und haben die Zeit nicht überstanden. An der linken Seite des Propylons öffnet sich ein schmaler Durchgang, der zu zwei kleinen **Räumen** führt – offenbar einst Archive. Man fand dort fast 1000 Tontafeln mit Linear-B-Schrift, unter ihnen Finanz- und Verwaltungslisten sowie Informationen über die politische Verfassung des Königreichs und seine Wirtschaft. Einige der Täfelchen sind heute im Museum von Chóra zu bestaunen.

An den Haupteingang schließt sich ein **Innenhof 3** an, der von Kolonnaden umgeben war. Zu seiner Linken zwei weitere kleine Zimmer, von denen das eine wahrscheinlich als **Kantine 4** und das zweite den Besuchern, die ihrer Audienz beim König entgegensahen, als **Warteraum 5** diente. Hier stand eine stuckverzierte, bemalte Bank, auf der die Gäste Platz nehmen und sich aus der Katntine bewirten lassen konnten. Die kleinen Räume am Ende des Gangs dienten als Vorratskammer.

Vom Innenhof erreichte man geradeaus weitergehend eine **Vorhalle 6**, die das eigentliche königliche Refugium eröffnet, und einen **Vorraum 7**. Beide waren mit Bodenmalereien und prächtigen Wandfresken versehen – doch sie bildeten nur die Ouvertüre zum eigentlichen **Thronsaal 8**, der sich hinter den beiden Vorräumen auftut. Der mit Elfenbein verzierte Thron dürfte rechts vom Eingang gestanden haben, in der Mitte eine große, runde Feuerstelle (am Abdruck noch gut erkennbar).

Links und rechts des Thronsaals verlaufen außen lange, schmale **Korridore**, die zu den Magazinen und Vorratsräumen führen. So erreichte man über den linken Gang fünf kleine **Räume** in der westlichen Ecke des Gebäudes. Direkt hinter dem Thronsaal liegen zwei große **Magazinräume 9** in denen Öl aufbewahrt wurde.

Über den Korridor an der Nordostseite des Thronsaals geht es in ein weiteres **Ölmagazin 10**, wo 16 Amphoren an ihrem vorgesehenen Platz gefunden wurden. Ebenfalls über den genannten Korridor erreichte man unterschiedlich große **Räume**. Der nördliche Raum **11** enthielt ebenfalls zwölf Amphoren mit Olivenöl, daneben aber auch kleinere, bemalte Gefäße, wahrscheinlich für Öle

Die Badewanne aus gebranntem Ton war einst bemalt

Palast des Nestor

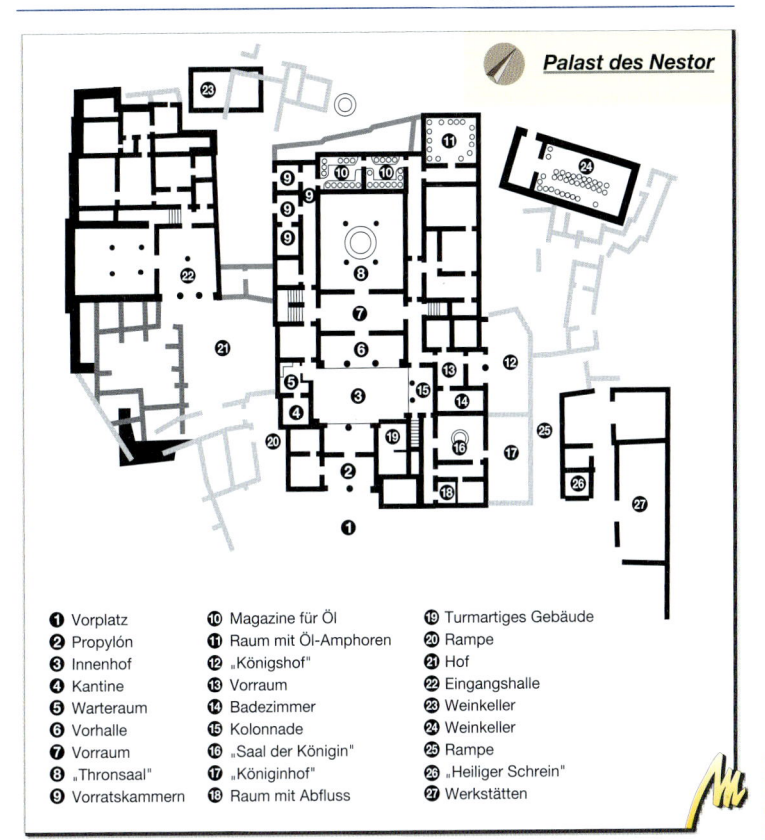

- **❶** Vorplatz
- **❷** Propylon
- **❸** Innenhof
- **❹** Kantine
- **❺** Warteraum
- **❻** Vorhalle
- **❼** Vorraum
- **❽** „Thronsaal"
- **❾** Vorratskammern
- **❿** Magazine für Öl
- **⓫** Raum mit Öl-Amphoren
- **⓬** „Königshof"
- **⓭** Vorraum
- **⓮** Badezimmer
- **⓯** Kolonnade
- **⓰** „Saal der Königin"
- **⓱** „Königinhof"
- **⓲** Raum mit Abfluss
- **⓳** Turmartiges Gebäude
- **⓴** Rampe
- **㉑** Hof
- **㉒** Eingangshalle
- **㉓** Weinkeller
- **㉔** Weinkeller
- **㉕** Rampe
- **㉖** „Heiliger Schrein"
- **㉗** Werkstätten

besserer Qualität. Die **Treppen** führten zu den Frauengemächern im Obergeschoss. Jene am südlichen Korridorende mussten einen Höhenunterschied von 3,25 m zwischen den beiden Etagen überwinden.

Um in die südöstlichen Räume des Hauptgebäudes zu gelangen, bog man vom rechten Korridor in einen kleinen Seitengang rechts ab, der geradewegs in den sog. **Königshof** ⓬ führte.

Rechter Hand öffnet sich im Seitengang auch ein Durchlass zu einem kleinen **Vorraum** ⓭, durch den man in ein längliches, dunkles **Badezimmer** ⓮ kam. Es ist das einzige aus mykenischer Zeit, das auf dem griechischen Festland entdeckt wurde. Die bemalte Badewanne aus gebranntem Ton ist in einen Stucksockel eingelassen, der mit Spiralmustern verziert ist. Eine Stufe vor der Wanne erleichterte den Einstieg. Das Wasser kam aus zwei 1,20 m hohen Amphoren, die in der südlichen Ecke des Zimmers standen.

Wenn man durch den schmalen Seitengang und den Hauptkorridor wieder zurückgeht, erreicht man eine kleine **Kolonnade** ⓯, die an den **Innenhof** angrenzt. Man überquert sie und blickt auf den sog. **Saal der Königin** ⓰, der wie der Thronsaal in der Mitte eine runde Feuerstelle aufweist. Wenn auch etwas kleiner, so war sie doch in gleicher Weise verziert. Die Wandmalereien verraten eine gewisse Vorliebe für Tiermotive, wie beispielsweise Löwen, aber auch Fabelwesen (halb Greif, halb Löwe) waren dargestellt, wie sich aufgrund der mühsamen Rekonstruktion feststellen ließ. Möglicherweise nutzte die Königin den Saal jedoch nicht selbst, sondern der Kapitän der königlichen Leibwache und seine Offiziere. Die Räume der Königin könnten im Stockwerk darüber gelegen haben.

Ein seitlicher Ausgang des Saales der Könige führt in den sog. **Königinhof 17**, der einst ebenso wie der Königinhof von einer Mauer umgeben war. Ein kleiner **Raum 18**, der zum südöstlichen Flügel des Hauptgebäudes zählt, weist einen Abfluss im Boden auf; offenbar diente er als Waschraum oder Toilette.

Als letztes bleibt noch der **turmartige Gebäudeteil 19** zu nennen, der von den übrigen des Hauptgebäudes strikt abgetrennt ist. Wahrscheinlich beherbergte er die Palastwache.

Südwestgebäude: Palast des Neleus, das Gebäude ist vermutlich etwas älter als das Hauptgebäude. Daher dürfte es der Palast von Neleus, dem Vater des Nestor gewesen sein. Man erreichte es vom Vorplatz über eine leicht ansteigende **Rampe 20** zur Linken des Hauptgebäudes. Sie führt in einen großzügigen, ummauerten **Hof 21** und anschließend in eine eindrucksvolle **Eingangshalle 22** von 10 m Länge und 7 m Breite. Von den ursprünglichen zwei Säulen auf ihrer Frontseite stehen nur noch die Sockel. Auch von den Fresken, die einst die Halle zierten, sind nur Fragmente erhalten; sie etwa zeigen jagende Hunde oder eine beeindruckende Schlachtszene an einem Fluss.

Von der Eingangshalle führten zwei Türen weiter in das Gebäude. Durch die Tür an der Nordseite des Saales kam man in ein Labyrinth von Wohnräumen, die in so schlechtem Zustand sind, dass sich eine Beschreibung kaum lohnt.

Die Tür an der Westseite ist der einzige Zugang zu einem noch größeren **Saal**, dessen Decke durch vier oder sechs Säulen gestützt wurde. Es wird vermutet, dass es der Thronsaal einer früheren Epoche war. Zum südwestlichen Baukomplex gehört auch ein separates **Gebäude 23** ganz im Norden der Anlage, das vermutlich als Weinkeller diente. Ein ähnlich großer **Weinkeller 24** befindet sich auch nördlich des Hauptgebäudes. Hier lagen die Überreste von 35 Weinamphoren, zum Teil, wenn auch zerbrochen, noch an ihrer ursprünglichen Position.

Nordostgebäude: Der Nordostflügel des Palastes ist vom Hauptbau durch eine **Rampe 25** getrennt. Das Gebäude hat eine einfache Struktur von Räumen und einem mittleren Korridor, wobei sich aufgrund des Erhaltungszustandes nur die Beschreibung zweier Zimmer lohnt.

Man gelangt von Süden in das Gebäude und trifft zunächst auf einen kleinen, fast quadratischen **Raum 26**, der an der Vorderseite zwischen zwei Steinblöcken seinen Eingang hat. Er gilt als heiliger Schrein, da vor dem Eingang ein gewaltiger Stein im Boden versenkt ist, der wahrscheinlich als Altar diente. Er war der Göttin Potnia Hippia (möglicherweise die Göttin Athene der mykenischen Zeit) gewidmet.

Auf der rechten Seite des mittleren Korridors liegt der größte **Raum 27** dieses Palastflügels. Hier wurden Tonsiegel und Tafeln mit Linear-B-Schrift gefunden, die sich auf Leder- und Metallbearbeitung sowie andere handwerkliche Tätigkeiten beziehen, was die These belegt, dass sich hier die Werkstätten befanden.

Von der Küste hat man einen traumhaften Ausblick

Chóra

Ein Besuch des geschäftigen Dorfes zwischen Kyparissía und Pýlos lohnt sich: Ein 1966 entstandenes *Museum* an der Straße nach Kalamáta widmet sich vor allem der mykenischen Kultur. In den drei schlichten Sälen des Hauses werden Funde aus Kuppel- und Kammergräbern – wie von *Peristeria* (bei Kyparissía) – und vor allem aus dem *Palast des Nestor* ausgestellt. Die prächtigsten Stücke wurden allerdings ins Athener Nationalmuseum geschafft.

Tägl. (außer Mo) 8–15 Uhr. Eintritt 2 €, Rentner über 65 J. 1 €, unter 18 J. und Studenten mit ISIC frei. Das Museum ist in Chóra ausgeschildert. ✆ 27630/31358.

Saal 1: Reich verzierte Vase aus Peristeria, zahlreiche Krüge, Urnen und andere Gefäße; Beispiele für die hohe Handwerkskunst (Schwerter, Pfeilspitzen, Beile) aus den Gräbern von Peristeria; Rekonstruktion der Bodenmalerei im Thronraum des Nestor-Palastes sowie ein prächtiger Goldbecher.

Saal 2: Einen Eindruck von den farbenfrohen, intensiven Wandmalereien des Nestor-Palastes kann man sich anhand der vorhandenen Scherbenreste und rekonstruierten Bilder verschaffen; weiterhin zahlreiche Gefäße, z. B. ein Wasserkrug mit drei Griffen, Vitrinen mit bemalten Scherben, Linear-B-Schrift auf schwarzen Täfelchen.

Saal 3: Verschiedene Funde aus der mykenischen Zeit des Westpeloponnes, diverse Schmuckstücke und andere Kleinfunde.

Marathópoli

Eine schnurgerade Straße zieht sich von Romanós durch eine hübsche Landschaft mit Olivenhainen nach Norden. Auf halber Strecke nach Filiatrá liegt Marathópoli: ein kleines Fischer- und Bauerndorf mit ein paar Sommerhäusern und überschaubarem touristischem Angebot. Es lässt sich ein paar Tage aushalten in Marathópoli, lohnenswert ist aber zumindest ein Tagesausflug zum Fischessen in einer der zahlreichen Tavernen mit wunderschönem Blick aufs Meer. Obwohl der Ort von trister Flachdacharchitektur dominiert wird, strahlt er einen besonderen Charme aus, alte Männer sitzen – gemeinsam schweigend – in den Kafenia im „Zentrum": Das ist die große Kreuzung des eigentümlich weltabgeschieden wirkenden Ortes. Bei Regen macht das Ganze allerdings einen ziemlich deprimierenden Eindruck.

Schützend vor der Küste liegt das „Krokodil"; so nennen die Einheimischen die dem Dorf gegenüberliegende Insel Próti mit ihren messerscharfen Klippen. Im Sommer kann man mit Privatbooten zum „Krokodil" übersetzen, das sich im Laufe der Jahrhunderte als sehr menschenfreundlich erwiesen hat. Der Tagesausflug zur Insel lohnt sich schon wegen des schönen Kiesstrands. „Es fährt auch eine kleine Fähre zur Insel, der Kapitän fährt bei gutem Wetter einmal um die Insel und zeigt alle Sehenswürdigkeiten (Wrack eines Kutters und eine kleine Grotte). Vorher kann man in der Bucht vor der Insel ausgiebig baden und beim Wrack schnorcheln" (Lesertipp von Dietmar Leitlauf).

In Marathópoli gibt es einen Geldautomaten, einen Supermarkt sowie fast ein Dutzend Tavernen an der Durchgangsstraße und der Uferpromenade sowie eine Pizzeria und eine Music-Bar am Meer. Bademöglichkeiten findet man auch im 7 km nördlich gelegenen *Kiriaki*.

Verbindungen 4-mal tägl. (Sa/So 2-mal) mit dem **Bus** von und nach Gargaliáni (1,40 €), von dort weiter nach Pýlos und Kyparissía. **Privatboote** bringen Besucher zur Insel Próti, der Preis wird mit den Fischern frei verhandelt, im Sommer findet sich immer jemand, der Sie übersetzt (und bestimmt auch wieder abholt).

Übernachten ** Hotel Artina, mit Blick auf die Insel Próti. Angenehme und recht komfortable Zimmer mit Bad, Balkon, TV und Aircondition, freundlicher Service. Ca. 1 km zum Strand (in nördlicher Richtung). Mit Pool. Ganzjährig geöffnet. In Marathópoli ausgeschildert, am nördlichen Ortsrand gelegen. EZ ab 45 €, DZ 50–60 €, Frühstück inbegriffen. Im Artina Nuovo werden zudem Apartments vermietet. ✆ 27630/61400, www.artina.gr.

Camping Proti, 1 km nördlich von Marathópoli an der Straße Richtung Filiatrá gelegen. Ebene Anlage mit vielen Blumen, ausreichend Schatten. Einladender Swimmingpool mit Bar, Beachvolleyball- und Basketballplatz (Beton), saubere sanitäre Einrichtungen. Restaurant, Bar, Supermarkt vorhanden. Mietzelte vorhanden. An der felsigen Küste wurde ein künstlicher Einstieg ins Meer geschaffen. 25.5.–10.10. geöffnet. Pro Pers. 6 €, Kinder 3 €, Zelt 4–6 €, Auto 3 €, Wohnwagen 6 €, Wohnmobil 7,50 €, Strom 3 €. ✆ 27630/61211 oder 69460/15467, www.camping-proti.gr.

Essen & Trinken Taverne Panorama, die ihren Namen wegen der schönen Aussicht hinüber zur Insel Próti tatsächlich verdient. Von Süden kommend gleich die erste Taverne auf der linken Seite, hier kann man sehr gut essen (tägl. 12–2 Uhr nachts). ✆ 27630/61121, www.panorama-marathopoli.com.

Hinweis: Das darüber gelegene Hotel gehört nicht zum Lokal und zählt nicht zu den besseren Adressen des Ortes. Daneben finden sich zahlreiche weitere kleine Tavernen und Cafés am Meer.

》》 **Lesertipp: Café Entheon**, gemütliches Café am nördlichen Ende der kleinen Küstenstraße. Schöner Terasse mit Blick über das Meer und die Insel Próti (Beate Kallfaß). Als Mittagssnack werden gute süße und saure Crêpes serviert. Vermietet auch Zimmer. ✆ 27630/61122. 《《

Baden: ca. 1 km nördlich von Marathópoli ein kleiner, aber verdreckter *Sandstrand* mit Duschen, 4 km nördlich von Marathópoli liegt die *Langouvardos-Bucht* beim gleichnamigen Weiler: schöne Sandbucht, unter der Woche kaum frequentiert, mit kleiner Strandbar. Über den Strand verteilt wurden einige Abfallkörbe aufgestellt; bei hohem Seegang werden Berge von Seegras angespült. „Im September waren bei hohen Wellen einige Griechen mit ihren Surfbrettern in der Bucht", (Leserbrief von Dietmar Leitlauf).

Weitere Alternativen: An der Küstenstraße zwischen Traganá und Marathópoli geht es zum wunderschönen *Mati Beach* ab, herrlicher Sandstrand (3 km nördlich von Traganá, 6 km südlich von Marathópoli). Eine schöne *Sandbucht* findet man auch, wenn man der Beschilderung zum Dorf *Vromonéri* folgt.

Kyparissía

Das 9200 Einwohner zählende Städtchen am Fuß eines kahlen Berges ist ein wirtschaftliches Zentrum an der Westküste des Peloponnes. Weithin sichtbar thront die Festung auf einem mehr als 200 m hohen Bergrücken über der Oberstadt. Die Umgebung gleicht einem einzigen Olivengarten, die Küstenlinie scheint mit einem Lineal gezogen worden zu sein. Allerdings sind die Strände entlang der Stadt wenig attraktiv, moderne Bauten vermitteln nicht gerade Idylle. Kyparissía eignet sich eher als Durchgangsstation und nicht unbedingt für einen längeren Aufenthalt: Es gibt kaum Sehenswürdigkeiten in der näheren Umgebung, baden kann man anderswo besser. Nicht entgehen lassen sollte man sich jedoch einen Besuch der idyllischen Oberstadt mit dem Kástro.

Verbindungen Bus, 4-mal tägl. nach Pátras (3 Std., 15,80 €); 4-mal über Trípolis (2:30 Std., 9,10 €) und Korínth (4 Std., 15,30 €) nach Athen (5 Std., 20 €); 4-mal via Zacháro (3,60 €) nach Pírgos (1 Std., 6,10 €); 5-mal via Chóra nach Pýlos (knapp 2 Std., 6 €); 7-mal Filiatrá (1,80 €); 4-mal Kalamáta (2 Std., 7,70 €). Die Busstation liegt zwischen der großen Platia und dem ehem. Bahnhof (Nosokomeio 2–4), mit einfachem Kafenion (hier Ticketverkauf). ℡ 27610/22260.

Adressen Polizei: an der Straße Richtung Pírgos auf der rechten Seite, ausgeschildert. ℡ 27610/22039.

Erste Hilfe: Krankenhaus in Kyparissía, ℡ 27610/24052; Medical Center, ℡ 27610/22222.

Bank: *National Bank of Greece* an der Platia. Mo–Do 8–14 Uhr, Fr bis 13.30 Uhr geöffnet.

Post: an der Platia, Mo–Fr 7.30–14 Uhr.

Krankenhaus: in der Nähe der Platia, Kalantzakou 13. ℡27610/24051, 27613/60101.

Übernachten *** Kyparissia Beach Hotel, mit Swimmingpool, Snackbar und kleinem Garten, in dem auch gefrühstückt wird. 500 m vom nächsten Strand. 28 angenehme, kürzlich renovierte Zimmer mit Bad, Balkon, TV und Aircondition. Kein Restaurant, aber Möglichkeiten in unmittelbarer Nähe. EZ ab 55 €, DZ 60–105 €, Dreier ab 66 €, jeweils inkl. Frühstück. Von der Platia aus beschildert, ℡ 27610/2449-2 bis -4, www.kyparissiabeachhotel.gr.

** Hotel Ionion, mit 33 Zimmern eines der größten Hotels der Stadt, unschön wirkender Kasten gegenüber vom ehemaligen Bahnhof. Dafür innen modern gestaltete Zimmer in frischen Farben mit Bad und Aircondition, teilweise auch Balkon. Hauseigene Cafébar. EZ 45 €, DZ 40–80 €, Frühstück 5 € pro Pers. Kalantzakou-Str.1, ℡ 27610/22511, www.ionionhotel.gr.

** Apollon Resort Art Hotel, ca. 2 km vom Zentrum, 200 m vom Strand, mit 80 Betten, Restaurant, schöner Terrasse und Bar. Sehr ruhige Lage im Grünen, mit Pool. EZ 40–75 €, DZ 50–100 €, Dreier ab 60 €, inkl. Frühstück. Auch ein behindertengerechtes Zimmer. Auf der Straße Richtung Pírgos der (unauffälligen) Beschilderung links ab folgen, ℡ 27610/24411, www.apollo-hotel.gr.

Das Apollon Resort Art Hotel erwartet seine Gäste mit einer rätselhaften Besonderheit: Hier wurde einer der weltweit ersten „Escape Rooms" in einem Hotel eingerichtet. Bei dem Spiel (ab 25 €) wird eine Gruppe von 2-6 Personen zu Beginn in einen Raum gesperrt. Sie muss durch das Lösen von Rätseln und kniffligen Fragestellungen zum Thema „Unsterblichkeit" in 60 Minuten den Ausgang finden. Gefragt sind eine detektivische Nase, gute Kombinationsfähigkeiten und ein wenig Glück. Ein kleiner Tipp für Neugierige: Die Lösung findet sich im Wein.

Essen & Trinken Im Zentrum nahe der Platia findet man mehrere gute Restaurants, z. B. das recht einfache **Restaurant Nynio**. Seit über 90 Jahren in Familienbesitz, ein Blick in die Kochtöpfe ist erlaubt. Gute Weinauswahl. Die Taverne mit schönem Mosaikboden liegt in der 25.-Martiou-Str. (an der Platia). ✆ 27610/22377.

Auch in der Oberstadt, auf dem Weg zur Burg, liegen zwei einladende **Tavernen** (jeweils mittags und abends geöffnet). Weitere Tavernen am Fischerhafen bzw. Strand.

Baden Einen vor allem in nördliche Richtung recht weitläufigen Sandstrand bietet Kaló Neró, der nördliche Vorort von Kyparissía. Im Ort und am Strand befinden sich auch einige nette Tavernen. Kaló Neró ist von der National Road ausgeschildert, ca. 6 km von Kyparissía.

Markt In Kopanáki (ca. 17 km östlich von Kyparissía) an der Strecke nach Kalamáta findet jeden Sonntag bis mittags ein Markt und Viehmarkt statt, bei dem auch gebratene Spanferkel angeboten werden.

Veranstaltungen Cultural August, zahlreiche Konzerte namhafter griechischer und internationaler Künstler, Theateraufführungen, Kunstausstellungen, Sportveranstaltungen etc.

Sehenswertes

Burg: Noch heute wird das Städtchen – zumindest optisch – von der antiken Festungsanlage auf einem strategisch günstigen Hügel der Oberstadt beherrscht. Kernstück der Burg ist ein Turm, vermutlich aus byzantinischer Zeit. Gut erkennbar sind auch die teilweise erhaltenen Mauerwälle. Die von Zypressen und Pinien umgebene Burg betritt man über eine lange Rampe durch das Südost-Tor – von hier oben traumhafte Aussicht! Von Ostern bis Ende September befindet sich innerhalb der Festungsmauern eine gemütliche Cafébar (tägl. 10–20 Uhr geöffnet, im Hochsommer länger). Das Kástro ist jederzeit frei zugänglich. Einen Ausflug hierher sollte man sich nicht entgehen lassen, allein schon die idyllische Oberstadt von Kyparissía ist einen Besuch wert und bietet ein ganz anderes Bild als die nüchtern-funktionale Neustadt unterhalb. Vom Zentrum aus ist die Festung beschildert, einfach der Straße und ihren Windungen den Berg hinauf folgen, zu Fuß jedoch ein langer und mühseliger Weg.

Peristeria

Ein sehenswertes Relikt mykenischer Kultur sind die drei Tholos-Gräber, ca. 6 km nordöstlich von Kyparissía, inmitten des Hügellandes im Tal des Flusses Peristéri. Das größte Grab stammt aus frühmykenischer Zeit und ist ungefähr 3500 Jahre alt. Mit einer 5,10 m hohen Tür und einem Durchmesser von 12,10 m hat es ganz beachtliche Ausmaße.

Eine weitere Besonderheit: Hinter einer Glasplatte links von der Türe befinden sich zwei minoische Zeichen (Doppelaxt und Zweig). Verschiedene Goldfunde, die im Museum von Chóra zu sehen sind, stammen von hier.

Die antike Ausgrabungsstätte wird von Georgios Kostopoulos aus dem nahen Dörfchen *Ráhes* betreut. In einem lustigen griechisch-englischen Kauderwelsch erklärt er die wichtigsten Daten. Bei guter Laune singt und spielt Georgios auch mal auf seiner Flöte in dem Tholos-Grab auf.

Öffnungszeiten Unregelmäßige Öffnungszeiten, offiziell aber tägl. 9–13 Uhr.

Anfahrt Von Kyparissía die Straße Richtung Pírgos nehmen, kurz vor Kaló Neró geht es rechts ab (Beschilderung „Archaeological Site of Peristeria"), zunächst nach Ráhes, ab hier noch 4 km.

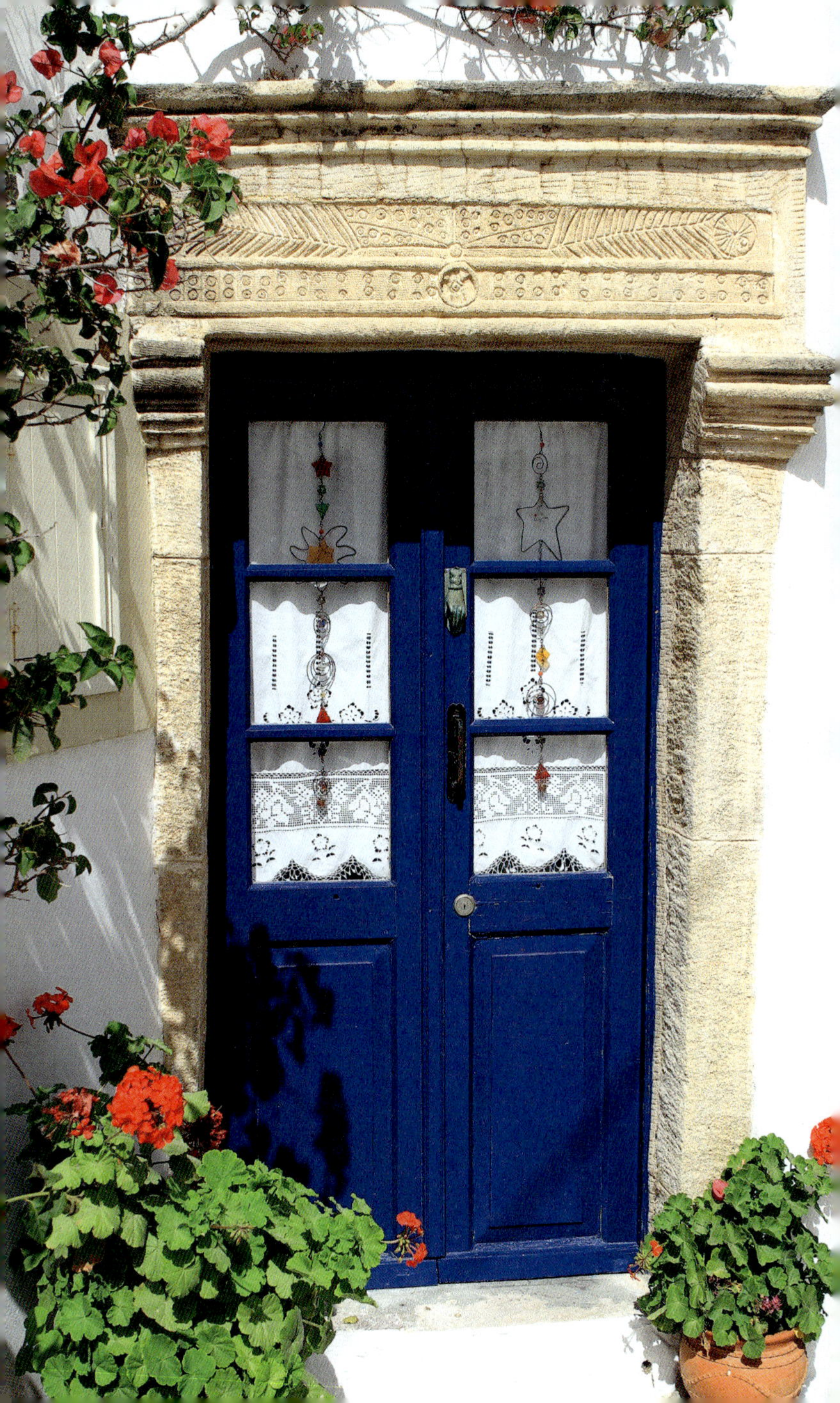

Erstes gesichertes Datum der griechischen Geschichte: die olympischen Spiele

Élis

Jeder Quadratmeter des fruchtbaren Schwemmlands an der Nordwestspitze des Peloponnes wird bewirtschaftet. Die beiden Flüsse Alphiós und Piniós liefern mit Hilfe eines Stausees genügend Wasser für eine intensive Landwirtschaft.

Die meisten Besucher zieht es in das idyllisch gelegene *Olympía* mit seinen weltberühmten Ausgrabungen. Doch die Élis hat mehr zu bieten. Die Halbinsel Kyllíni besitzt traumhafte, dünenartige Strände. Vom eher trostlosen Hafenstädtchen *Kyllíni* brauchen die Fähren nur wenige Stunden zu den beiden ionischen Inseln *Kefaloniá* oder *Zákynthos*. Die größte Stadt der Élis ist das moderne *Pírgos,* durch sein nüchtern-funktionales Stadtbild nicht gerade einladend für einen längeren Aufenthalt.

Im Süden des Regierungsbezirkes locken lange Sandstrände und gute Campingmöglichkeiten zum Badeaufenthalt. Auf keinen Fall entgehen lassen sollte man sich einen Ausflug nach *Andrítsena*, ein malerisches Bergdorf an der Grenze zu Arkadien gelegen. Nur 14 km entfernt davon liegt der berühmte und hervorragend erhaltene *Apollon-Tempel von Vassae* abgeschieden in der westpeloponnesischen Bergwelt.

Die Verkehrsverbindungen in der Élis sind gut: Es gibt ein dichtes Busnetz, nach Pátras fährt man nicht mehr als eine Stunde.

Heißer Sandstrand in der Mittagshitze

von 776 v. Chr.   **Élis**

Olympía

Das hügelige Alphiós-Tal mit seinen Kiefern, Zypressen, Öl- und Eukalyptusbäumen bildet eine harmonische Kulisse für Olympía – Sportwettkampfstätte und eines der geistigen Zentren der Antike. Das Heiligtum mit den vielen bedeutenden Ruinen wie Zeustempel, Stadion oder Palaestra hat nichts von seiner Faszination eingebüßt – griechische Geschichte pur!

Rund um den olympischen Hain ranken sich die Geschichten um Mysterien und Mythologien. Von diesem legendären Ort aus trat die olympische Idee ihren Siegeszug um die Welt an. Die friedvolle Region am Rande der kargen arkadischen Gebirgslandschaft war tausend Jahre lang Austragungsort der Olympischen Spiele. Während der Dauer der Veranstaltung wurden bis auf zwei Ausnahmen stets die Waffen aus der Hand gelegt. Sogar die Zeitrechnung im damaligen Griechenland bezog sich auf die Einführung der Spiele im Jahre 776 v. Chr.

Heute ist die Stätte, auf die sich der moderne Hochleistungssport wohl zu Unrecht beruft – die antiken Spiele waren ja in erster Linie kultische Handlungen – ein beliebtes Reiseziel. Auf dem ebenen Ausgrabungsgelände am Fuße des legendären Krónos-Hügels sind alle Sprachen zu hören. Das nahe gelegene gleichnamige Dorf lebt ausschließlich vom Tourismus – Hotels, Restaurants, Cafés, Souvenirläden ... Kein Wunder bei etwa 800.000 Besuchern im Jahr!

Die Forschungen in Olympía sind noch nicht abgeschlossen. Auch mehr als hundert Jahre, nachdem die deutschen Archäologen *Wilhelm Dörpfeld*, *Ernst Curtius* und *Friedrich Adler* das unter einer 5 m dicken Schlammschicht versteckte Gelände der antiken Olympischen Spiele fanden, haben die Wissenschaftler noch viel zu tun. 2008 machte eine Forschergruppe des Deutschen Archäologischen Instituts Athen bei geophysikalischen Messungen einen Sensationsfund, als sie die größte

Olympía und die Spiele der Neuzeit

Der französische *Baron de Coubertin* (1863–1937), der 1896 im Stadion von Athen die ersten Olympischen Spiele der Neuzeit ins Leben rief, löste in Europa Wallfahrten zu dem weltberühmten Dorf aus. Am östlichen Ortsrand errichtete man ihm zu Ehren ein Denkmal. Gleich daneben befindet sich die *Internationale Olympische Akademie*. Für Fans der modernen Spiele gibt es ein Museum im Dorfzentrum, das Münzen, Briefmarken, Plakate und anderes Material seit 1896 zeigt, wer sich dagegen für die antiken Spiele interessiert, für den ist das neue Museum am Ortsrand ein Muss.

Das „Olympische Feuer„ wird seit den XI. Olympischen Spielen von Berlin 1936 durch einen Sonnenspiegel beim Hera-Altar (östlich vom Heraion) entzündet und ins jeweilige Austragungsland gebracht. Im Vorfeld der Olympischen Sommerspiele 2004 in Athen wurde die Flamme erstmals in alle Kontinente und zudem zu sämtlichen Olympiastädten der Neuzeit gebracht. In Athen wurde sie schließlich Wochen vor Beginn der Spiele durch die Straßen getragen und den Massen im Panathenäischen Stadion feierlich von Organisationspräsidentin Gianna Angelopoulou-Daskalasi präsentiert. Auch 2008 geriet der Olympische Hain wieder in die internationalen Schlagzeilen, als er von Mitgliedern einer Friedensbewegung für eine Sympathiekundgebung für die Mönche in Tibet genutzt wurde.

Der Appell des Bürgermeisters von Olympía, Evthimios Kotsas, im Jahr der Olympischen Spiele alle Kriege ruhen zu lassen und zum friedlichen sportlichen Wettstreit anzutreten, verhallte in der Neuzeit immer wieder ungehört, im Gegenteil – nicht nur Kriege, sondern auch ein Attentat führte die Olympische Idee in jüngerer Vergangenheit immer wieder ad absurdum.

Die heute so oft beklagte Kommerzialisierung Olympias ist so neu nicht. Bereits in der Antike ging offensichtlich nicht immer alles ganz sauber zu. Damals traten im Hof des Bouleuterions, der Tagungsstätte der Sportfunktionäre, die Schiedsrichter und Trainer vor den Altar, um die Einhaltung der Wettkampfregeln öffentlich zu beschwören. Doch der Eid muss auch früher schon leicht in Vergessenheit geraten sein, ansonsten hätte man die 16 lebensgroßen Zeus-Statuen, deren Sockel heute noch vor der Schatzhausterrasse zu sehen sind, wohl kaum finanzieren können. Die nämlich wurden mit Bußgeldern bestechlicher Athleten bezahlt.

Coubertins Idee eines Neubeginns zahlt sich freilich für den Fremdenverkehrsort Olympía aus. Den ca. 800.000 Menschen, die jährlich die Reste der antiken Wettkampfstätten besuchen, stehen hier 1800 Betten plus Campingplätze zur Verfügung.

Zum ersten Mal seit den antiken Spielen wurden übrigens während der Olympischen Spiele Athen 2004 wieder Wettkämpfe auf dem „heiligen Boden„ selbst ausgetragen. Trotz der Proteste zahlreicher Archäologen wurden die Kugelstoßwettbewerbe der Frauen und Männer im antiken Stadion durchgeführt. Die Wissenschaftler befürchteten vor allem Schäden an den sorgsam rekonstruierten Erdwällen, auf denen die 15.000 Zuschauer des Sportspektakels Platz nahmen.

Sportanlage im antiken Olympía, eine Pferderennbahn mit 600 x 200 m Ausdehnung, entdeckte. Schon Pausanias, der berühmte Reiseschriftsteller aus dem 2. Jh. n. Chr., hatte das Hippodrom in seinen Berichten erwähnt, Wissenschaftler waren bisher davon ausgegangen, dass die Startanlage mit 24 Boxen von einem Fluss weggespült worden war. Die derzeitigen Grabungen konzentrieren sich auf das Pelopion, den Bezirk des mythischen Königs Pelops. Archäologen vermuten, dass sich aus den zu seinen Ehren veranstalteten Leichenfeiern die Olympischen Spiele entwickelten, die einst primär ja nicht als sportlicher Wettkampf, sondern als kultische Handlung stattfanden.

Räuberische Goldsuche im Olympía-Museum

Der Schock in Griechenland am 17. Februar 2012 war riesig. Bewaffnete Räuber überfielen das Olympía-Museum und erbeuteten 65 Exponate von unschätzbarem Wert. Was die Gauner mit den weltberühmten Ausstellungsstücken vorhaben, ist ein Rätsel, denn auf einer öffentlichen Auktion können sie nicht angeboten werden. Dafür sind die antiken Kunstgegenstände viel zu berühmt. Festzuhalten bleibt jedoch, dass die Sicherheitsvorkehrungen miserabel waren.

Kurios: Die Täter kannten sich in dem Museum gar nicht aus. „Die Bewaffneten hatten es auf Gold abgesehen", sagte der damalige Kulturminister Pavlos Geroulanos. Sie zogen die Museumswächterin an den Haaren und riefen: „Wo ist das Gold?" Die Mitarbeiterin versuchte ihnen zu erklären, dass zu der Sammlung keine goldenen Exponate gehörten.

Pavlos Geroulanos bot wegen des Raubüberfalls spontan seinen Rücktritt an. Allerdings wurde der nicht angenommen, denn das hätte die ohnehin labile Regierung noch weiter ins Wanken gebracht.

Geschichte

Olympía beschert uns das erste gesicherte Datum der griechischen Geschichte. 776 v. Chr. knüpfte Iphitos, König von Élis, an einen Brauch an, der sich im Zuge der Dorischen Wanderung im Raum von Olympía entwickelt hatte, nämlich Wettspiele zu Ehren des Gottes Zeus zu veranstalten. Mit den ersten Olympischen Spielen von 776 v. Chr. begann die Geschichte eines nationalen Festes aller Griechen, das regelmäßig alle vier Jahre stattfand.

Die in zahllose Staaten zersplitterten Griechen, oft untereinander verfeindet und durch große Entfernungen voneinander getrennt, fanden sich im Hain der wilden Ölbäume von Olympía, den die Einheimischen „Altis" nannten, friedlich zusammen. Garanten des „Olympischen Friedens" waren die „Spondophoroi", angesehene Bürger der Stadt Élis, die traditionell die Spiele leiteten. Sie reisten lange vor dem Ereignis in alle griechischen Städte und verkündeten die *Ekecheria*, die das Einstellen aller Feindseligkeiten über drei Monate befahl.

Es sind nur zwei Fälle bekannt, in denen der Olympische Friede gebrochen wurde; so durften z. B. die Lakedonier 420 v. Chr. nicht an den Spielen teilnehmen, weil sie gegen die Ekecheria verstoßen hatten.

Als Schiedsrichter fungierten die Hellanokiden; sie überwachten die Athleten während ihrer Vorbereitungen und achteten auf die Einhaltung der Wettkampfregeln.

Teilnahmeberechtigt waren nur freie Griechen. „Barbaren", d. h. Nichtgriechen und männliche Sklaven, wurden nur als Zuschauer zugelassen. Ebenso blieb der olympische Hain nach Beginn der Spiele für Frauen tabu. Einzige Ausnahme bildete nach der Überlieferung eine Frau, die als Mann verkleidet unter den Zuschauern Platz nehmen durfte, weil ihre männlichen Familienangehörigen schon Preise gewonnen hatten. Neugierige, die dennoch einen Blick auf die Athleten werfen wollten, gingen ein großes Risiko ein; ihnen drohte, vom Typaiischen Felsen heruntergestoßen zu werden.

Ist Olympía viel älter?

Nach den jüngsten Ausgrabungen unter dem Pelopion, dem Bezirk des mythischen Königs Pelops, gelangten die Archäologen zu der sicheren Erkenntnis, dass es bereits vor dem berühmten Datum 776 v. Chr. Wettkämpfe in Olympía gegeben hat, und dass die Geschichte des Ortes wesentlich älter ist. Bei den Arbeiten kamen Zeugnisse der geometrischen, mykenischen und helladischen Epoche (3000–800 v. Chr.) ans Tageslicht, die das eindeutig beweisen. Uneinigkeit herrscht in Forscherkreisen bis jetzt vor allem darüber, wie die Funde und Baureste zu datieren sind, wann Olympía tatsächlich ein heiliger Ort wurde und ob die Besiedlung seit dem 3. Jt. v. Chr. wirklich kontinuierlich war.

Waren es in der Frühzeit vor allem Angehörige des Adels, die in Olympía als Wettkämpfer auftraten, so rangen in späterer Zeit Berufsathleten um den Siegerkranz. Wie heutige Hochleistungssportler bereiteten sie sich monatelang darauf vor und

Das Stadion ist die größte Touristenattraktion

verbrachten die letzte Übungsphase im Gymnasion von Olympía, bevor sie zum Wettstreit antraten.

Olympía war nie eine bewohnte Stadt, sondern wie auch Delphí eine Kultstätte aller Griechen. Im Zentrum des Heiligen Bezirks, der *Altis*, wurde der Göttervater Zeus verehrt. Außer seinem gewaltigen Altar gab es noch zahlreiche andere Opferstätten. Pausanias erwähnt 69 weitere Altäre. Neben religiösen und sportlichen Aktivitäten hatte Olympía auch eine gesellschaftliche Funktion. Aus allen Himmelsrichtungen kamen berühmte griechische Zeitgenossen zum Fest des Sehens und Gesehenwerdens. Sänger, Dichter, Bildhauer und Politiker gaben sich ein Stelldichein.

Im 5. und 4. Jh. v. Chr. genossen die Spiele höchstes Ansehen, die meisten Bauwerke stammen aus dieser Epoche. In hellenistischer Zeit blieben die Wettkämpfe zwar unverändert, standen aber, wie ganz Griechenland, nicht mehr im Mittelpunkt des Weltinteresses. Dies änderte sich auch nicht in römischer Zeit. Die neuen Herren Griechenlands erwarben sich zwar eine Teilnahmeberechtigung, doch das Auftreten *Neros*, der den olympischen Kalender durchbrach und die 211. Olympischen Spiele um zwei Jahre vorverlegte, um mitwirken zu können und zu siegen, verschaffte den Spielen wenig Ruhm.

Die Olympischen Spiele der Antike

Fünf Tage dauerten die Spiele. Den Auftakt machten die Wettbewerbe der Trompeter, der Herolde und Knaben. Am zweiten Tag folgten die Reiterwettkämpfe und Wagenrennen. Die Gespanne wurden von reichen Bürgern finanziert und von Berufsreitern und -wagenlenkern geführt. Am Nachmittag des gleichen Tages fand der Fünfkampf (Pentathlon) statt, der aus Laufen, Ringen, Springen, Speer- und Diskuswerfen bestand und von allen Disziplinen das höchste Ansehen genoss. Der dritte Tag, der stets auf einen Vollmond fiel, war rituellen Handlungen gewidmet. Er begann mit der Opferung eines schwarzen Widders für Pelops, den Namensgeber der Halbinsel, der einst König Oinomaos im Wagenrennen besiegt und dessen Tochter Hippodameia zur Frau gewonnen hatte. An die Zeremonie schloss sich ein Festmahl für Schiedsrichter, Athleten und Gäste an. Am vierten Tag fanden vormittags die Laufwettbewerbe und nachmittags die Ring- und Faustkämpfe statt. Am fünften Tag erfolgte schließlich die Ehrung der Sieger durch die *Hellanokiden* (Schiedsrichter) mit einem Kranz des heiligen Ölbaums.

393 n. Chr. kam das Ende für Olympía. Kaiser *Theodosius*, der das Christentum zur Staatsreligion erhoben hatte, verbot die heidnischen Spiele. Seitdem verkam die heilige Stätte der Griechen zur Ruine. Im 6. Jh. ließ ein schweres Erdbeben alles zusammenstürzen, was noch aufrecht stand, und die Ablagerungen der Flüsse Alphiós und Kladéos bedeckten das Ruinenfeld, bis im April 1829 eine französische Expedition die ersten Ausgrabungen am Zeustempel durchführte.

Ab 1875 erfolgte unter Leitung des Deutschen Archäologischen Institutes die systematische Freilegung des Geländes. 1886 öffnete das erste Museum, heute sind die Funde im 2004 fertiggestellten Neubau zu besichtigen – ein reicher Schatz an Skulpturen und zahllosen Weihegeschenken, die einst den Göttern vermacht worden waren.

Nur mäßig beeindruckt zeigte sich *Ludwig Roß*, Archäologe im Dienste König Ottos von Griechenland, von seinem Besuch in Olympía im Jahre 1833:

„Die weitberühmte Ebene von Olympia, wo die vornehmsten Kampfspiele der Griechen gehalten wurden, und deren Festverein der eigentliche Mittelpunkt des sonst so zerrissenen hellenischen Volkslebens und Nationalbewusstseins war, ist nur von mäßiger Ausdehnung. An der Südseite begrenzt sie das Bett des wirbelnden Flusses, über welchem sich jenseits mäßige Hügel mit Fichtenwaldung erheben; auf der nördlichen Seite des Alpheios bleibt eine etwa eine Viertelstunde breite und eine halbe Stunde lange Fläche bis an den Fuß der mit Laubholz und Fichten bewachsenen Felshöhen des Kronosberges; am westlichen Ende der Ebene kommt von Norden her der kleine Fluss Kladeos von der Hochebene der Pholoe herunter und fällt in den Alpheios. Hier lag, zwischen den beiden Flüssen und dem Kronion Oros, der heilige Hain mit seinen Tempeln und Hallen und seinem Wald von Statuen; an ihn schlossen sich gegen Osten das Stadion und der Hippodrom an. Aber von aller dieser Herrlichkeit sind nur geringe Spuren noch übrig."

Kugelstoßen in Olympía

Basis-Infos

Information Eine Touristeninformation gibt es seit Jahren nicht mehr, im Sommer liegt in einigen Geschäften eine kostenlose Zeitung mit aktuellen Veranstaltungsprogrammen, Infos zu Sehenswürdigkeiten, Öffnungszeiten etc. aus.

Tipp: Nahezu jedes Café im Ort hat einen kostenlosen WLAN-Zugang.

Verbindungen Bahn, seit der Stilllegung der Strecke nach Pátras bzw. Kalamáta nur noch Bahnverbindung nach Katákolon (ca. 1 €).

Bus, etwa stündl. nach Pírgos (45 Min), von dort) Umsteigemöglichkeiten nach Athen (13-mal tägl.), Pátras (9-mal), Kalamáta (2-mal), Kyparissía (4- bis 6-mal), Andrítsena (ca. 3-mal), Kyllíni und Zacháro (je 8- bis 10-mal) sowie nach Délphi (über Itéa 1-mal). Die Bushaltestelle befindet sich nahe der Ortskirche in Richtung Ausgrabungen.

Taxi, Station gegenüber der Jugendherberge im Zentrum, ☏ 26240/22555. Eine Fahrt nach Pírgos kostet ca. 18 €.

Adressen Apotheke: an der Hauptstraße.

Bank: mehrere Banken mit Geldautomaten an der Hauptstraße und in den Seitenstraßen, Mo–Do 8–14 Uhr, Fr 8–13.30 Uhr.

Das **Archimedes Museum (Museum für Altgriechische Technologie)** befindet sich in der Hauptstraße im Ort. Kleine, kurzweilige Ausstellung mit Modellen, Instrumenten und Schautafeln zu Errungenschaften der Antike, die bis in die Gegenwart weiterentwickelt wurden. Vom Schnellfeuerkatapult des Dionysios bis zum Äolsball des Heron, der ersten Dampfmaschine in der Geschichte der Menschheit. Im Sommer tägl. 10–20 Uhr (So ab 11 Uhr), zwischen 1. Nov. und 31. März nur bis 15 Uhr, Eintritt frei, www.archimedesmuseum.gr.

Krankenhaus: etwas außerhalb, an einer der Ausfallstraßen nach Kréstena (beschildert), ☏ 26240/22222.

Die **Polizei** von Olympía ist zugleich die Touristenpolizei. ☏ 26240/22100, Touristenpolizei ☏ 26240/22550.

Post: in einer Seitenstraße der Hauptstraße, 50 m vor dem Rondell, das zur

Ausgrabung führt, ausgeschildert, Mo–Fr 7.30–14.30 Uhr.

Reisebüro: *Niki Olympic Tours* organisiert verschiedene Ausflüge (etwa Athen, Korinth, Delphi oder eine 6-tägige Peloponnes-Rundreise) und auch Führungen durch das antike Olympía. In der nördlichen Parallelstraße der Hauptstraße. ✆ 6972426085, www.olympictours.gr.

Einkaufen Galerie Orphée, an der Hauptstraße. Riesige Auswahl an Büchern zu Olympía, auch deutschsprachige Literatur (z. B. antike Dramen, Nikos Katzanzakis, außerdem eine gute Auswahl an Landkarten.

Übernachten/Camping

Große Auswahl solider und nicht mal teurer Hotels, zwar nicht besonders gemütlich und zu einem längeren Aufenthalt einladend, aber wer bleibt schon länger als einen, maximal zwei Tage in Olympía? Die Preise unterliegen nur geringfügig saisonalen Schwankungen. Für ein Privatzimmer muss man mit etwa 35–45 € rechnen.

Hotels **** Olympia Palace, Nobelherberge aus dem Jahr 2000 mit allem erdenklichen Komfort, 65 Zimmer mit Bad, Balkon, Sat-TV, Safe, Minibar, Aircondition und Internetanschluss. Restaurant, Bar, Cafeteria und Internetecke. Auf dem Weg zum Ausgrabungsgelände am Ortsausgang auf der linken Seite. EZ 135–190 €, DZ 165–240 €, Frühstücksbuffet 16 €. Praxitelous-Kondili-Str. 2, ✆ 26240/23101, 📠 26240/22525, www.olympia-palace.gr.

**** **Hotel Europa,** Familienbetrieb, der der Best-Western-Kette angeschlossen ist, für gehobene Ansprüche. Liegt oberhalb des Ortes (beschildert), sehr ruhig, mit Swimmingpool, Restaurant, Tennisplatz und einer griechisch gestylte Open-Air-Taverne. Der Vater des heutigen Besitzers erhielt 1968 eine Urkunde vom Bundespräsidenten in Anerkennung seiner Verdienste bei den Ausgrabungen in Olympía; sie hängt im Eingang. Sehr gepflegtes Haus mit angenehmer Atmosphäre, zum Ausspannen. Alle Zimmer mit Aircondition, Bad, Balkon, TV. „Brave" Hunde sind hier erlaubt. Von März bis Okt. geöffnet. EZ 70–80 €, DZ 90–95 €, inkl. Frühstück. Drouva-Str. 1, ✆ 26240/22650, www.hoteleuropa.gr.

*** **Hotel Neda,** die 43 Zimmer des Hauses sind sehr gepflegt und angenehm, alle mit Bad, TV, Aircondition und Balkon. Zudem gibt es einen neuen Pool. EZ 42–140 €, DZ 55–160 € (inkl. Frühstück). Erste obere Parallelstraße von der Hauptstraße, K.-Karamanli-Str. 1, ✆ 26240/22563, www.hotelneda.gr.

** **Hotel Pelops,** dreistöckiges Haus, nur wenige Meter von der Hauptstraße bei der Kirche. Sympathische Besitzerfamilie Spiliopoulos; 18 gemütliche und saubere Zimmer mit Bad und Balkon, an den Wänden schöne Ansichten von Griechenland. Freies WLAN, Aircondition, Minibar und Sat-TV in allen Zimmern. Gäste können den Pool des Europa-Hotels benutzen. Haustiere sind willkommen. Das Preis-Leistungs-Verhältnis stimmt: EZ ab 40 €, DZ ab 50 €, Familienzimmer 100 €, inkl. Frühstück (Buffet). Varela 2, ✆ 26240/22543, www.hotelpelops.gr.

Pension Posidon, in dem einfachen Haus kann man preiswert übernachten. Saubere Zimmer mit Bad, die Zimmer im ersten Stock auch mit Balkon. Ruhige Lage, ein ehemals weinüberlaubtes Terrassenrestaurant wurde inzwischen zu Zimmern umgebaut. Lassen Sie sich die Zimmer vorher zeigen, nach Leserzuschriften sind nicht alle empfehlenswert. EZ ab 35 €, DZ 35–50 €, Frühstück 5 € pro Pers. P.-Stefanopoulou-Str. 9, bei der National Bank of Greece die Straße hoch, nach ca. 50 m auf der linken Seite, ✆ 26240/22567, www.pensionposidon.gr.

Privatzimmer Sehr große Auswahl, z. B.

》》 **Mein Tipp:** für Low-Budget-Reisende: **Rooms for Rent Zouni,** gemütlich eingerichtete, sehr saubere, kleine Zimmer mit Bad und Balkon. Netter Service, zum Haus gehört die Taverne Anesi. Das DZ ab 30 €, das Dreier ab 40 €. Ecke Avgerinou/Spiliopoulou, ✆ 26240/22644 oder 26240/22898. 《《

Camping Camping Alphios, etwas außerhalb, hoch über dem Alphiós-Tal beim Hotel Europa gelegen. Herrliche Lage und traumhafter Blick über die liebliche Landschaft von Olympía. Großer, gepflegter Swimmingpool, Mini-Market, Restaurant, fast überall ausreichend Schatten – eine sehr ansprechende Anlage. 1,5 km vom Zentrum entfernt (neben dem Hotel Europa, beschildert). Für das Gebotene günstig: pro Pers. 6 €, Auto 3,50 €, Zelt 4–4,50 €, Wohnwagen 6 €, Wohnmobil 7 €. 1. April bis 15. Okt. geöffnet. ✆ 26240/2295-1/2.

Campingplatz Diana, kleiner und gepflegter Platz, etwas oberhalb von Olympía an einem Berghang gelegen (beschildert), ca. 400 m vom Bahnhof entfernt. Ruhige Lage, mit Bar, Mini-Market und kleinem Swimmingpool, im Hochsommer sehr schattig. Der Platz ist zweigeteilt: Die obere Hälfte besteht aus mehreren Terrassen, die mit dem Auto nicht erreichbar und nur durch Treppchen miteinander verbunden sind (ideal für Zelte); die untere Hälfte steht Autocampern und Wohnwagen zur Verfügung. Sehr freundlicher Service, auf Sauberkeit wird geachtet. Hunde auf dem Platz nicht erlaubt. Pro Pers. 7 €, Auto 4 €, Zelt 5–6 €, Wohnwagen 6 €, Wohnmobil 7 €, 10 % Ermäßigung für Studenten. Ganzjährig geöffnet. ✆ 26240/22314, www.campingdiana.gr.

Nike des Paionios
im Museum von Olympía

Essen & Trinken

Restaurant Aegean (Aigaio), gegenüber vom Taxistand im Zentrum, gute Auswahl an vegetarischen Gerichten (z. B. die vegetarische Pita), es gibt auch Graubrot, mittleres Preisniveau, ganztägig geöffnet.

》》》 **Lesertipp: Taverne La Belle Helen**, „ist noch ein wirkliches Familienunternehmen. Die Eltern pflegen einen biologischen Wein- und Olivenölanbau, Sohn und Tochter führen das Restaurant. Wir fanden noch authentische Speisen, die sonst leider immer mehr von den Karten verschwinden. Ein wirklicher Höhenflug!" (Marianne Roos). ✆ 26240/22916. Im Zentrum (Georgiou Douma 3). 《《《

Taverne Anesi, preisgünstig, vorwiegend von Einheimischen besucht. Spiliopoulou-Str. 13.

》》》 **Mein Tipp: Taverne The Garden**, der Name ist Programm. Oberhalb des Ortes speist man im fantastischen Garten mit schöner Aussicht. Sehr gute Küche und mehrsprachige Bedienung. Neben dem Hotel Europa. ✆ 26240/22700. 《《《

In den diversen **Snackbars** an der Hauptstraße bekommt man ab 8 Uhr ein preisgünstiges Frühstück serviert, außerdem befinden sich hier zahlreiche **Pita-Buden**.

Außerhalb Taverne **Bacchus**, im Nachbarort Pisa. Hier wird mit lokalen Produkten gut gekocht. Das Olivenöl ist selbst gemacht. Zudem einige vegetarische Produkte. Wer den Abstand von Olympía schätzt, findet hier auch ruhige Zimmer. ✆ 26240/22298, www.bacchustavern.gr. ■

Rundgang auf dem Ausgrabungsgelände → Karte S. 484/485

Man betritt die Anlage im äußersten Nordwesten und folgt einem Fußweg, der parallel zum Ostflügel des **Gymnasions** 1 verläuft. Hier hielten sich die Athleten schon Wochen vor Beginn der Wettkämpfe auf, um sich im Speer- und Diskuswerfen sowie im Laufen zu üben.

484 Élis

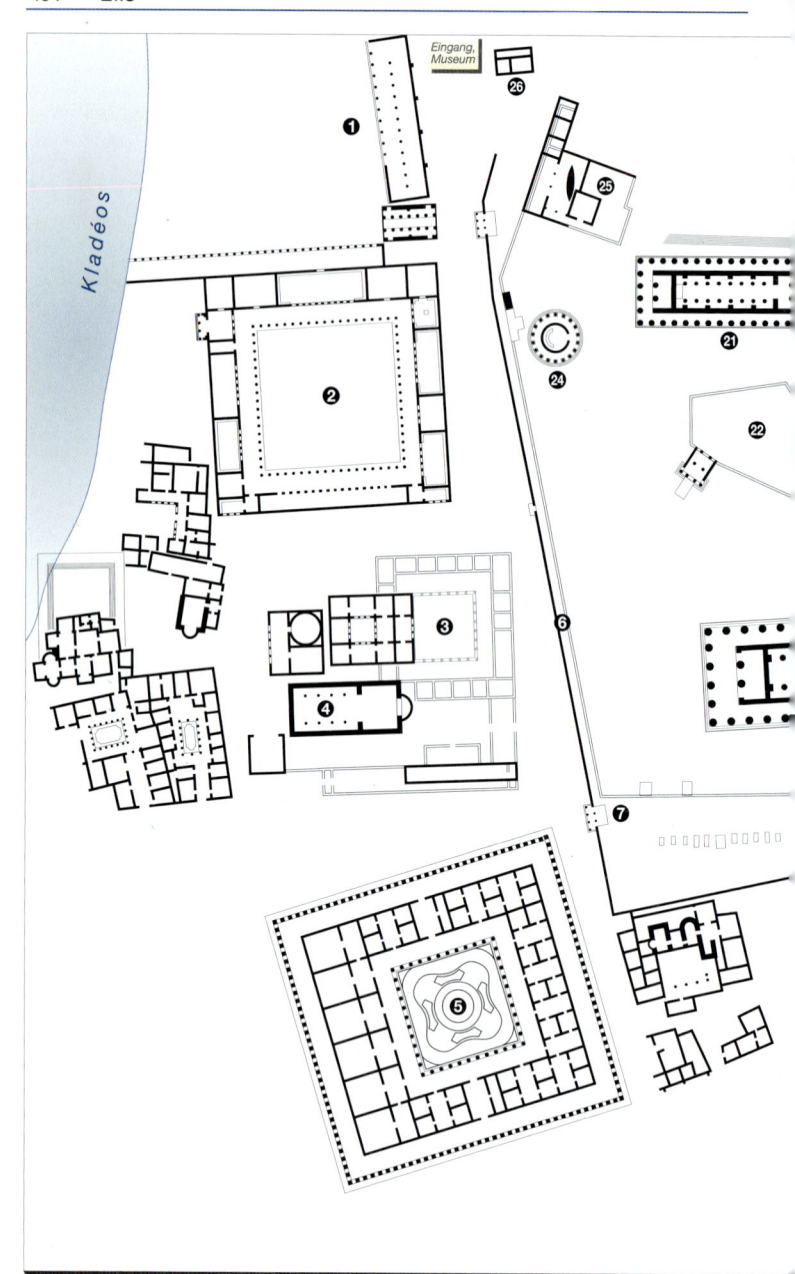

Kladéos

Eingang, Museum

❶
❷
❸
❹
❺
❻
❼
㉑
㉒
㉔
㉕
㉖

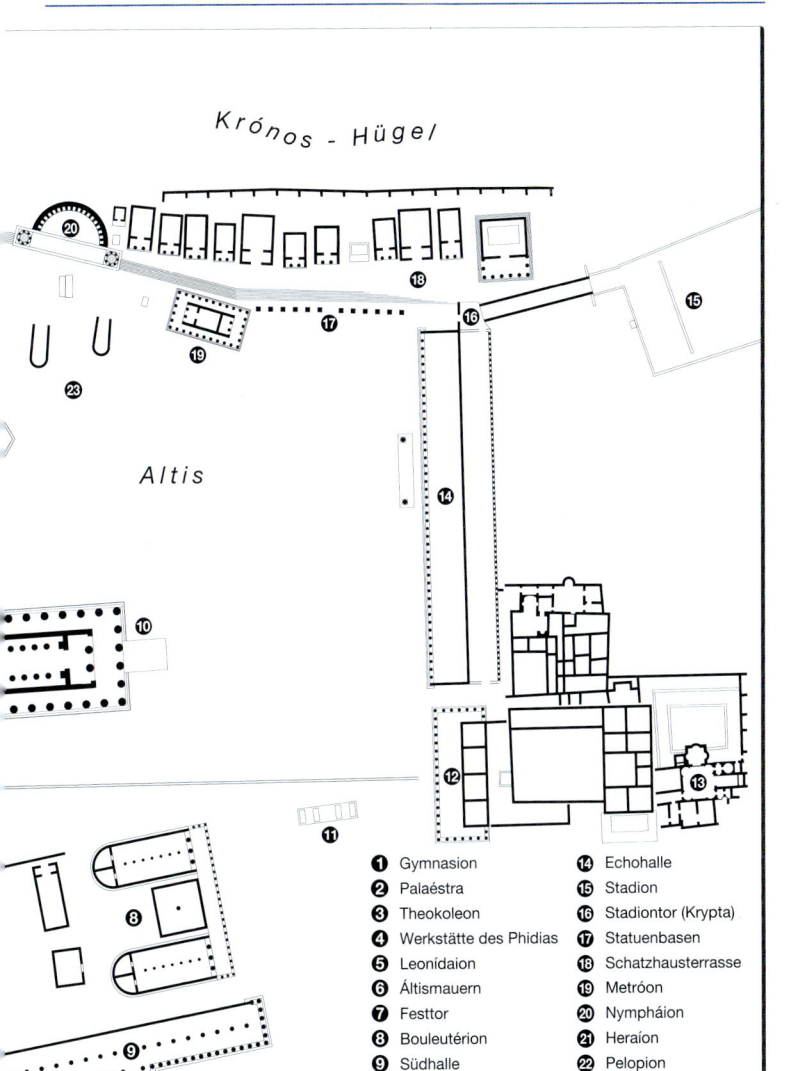

Olympía

Krónos - Hügel

Altis

1. Gymnasion
2. Paláestra
3. Theokoleon
4. Werkstätte des Phidias
5. Leonídaion
6. Áltismauern
7. Festtor
8. Bouleutérion
9. Südhalle
10. Zeustempel
11. Triumphbogen
12. evtl. Hellanodikéion
13. Haus Neros
14. Echohalle
15. Stadion
16. Stadiontor (Krypta)
17. Statuenbasen
18. Schatzhausterrasse
19. Metróon
20. Nympháion
21. Heraíon
22. Pelopion
23. Zeusaltar
24. Philippéion
25. Prytanéion
26. Röm. Bad

Olympía

20 m

Gleich an die Südmauer des Gymnasions schließt sich die **Palaestra** 2, die Ringerschule, an. Sie besteht aus einem großen, offenen Hof und ist von Kolonnaden mit dorischen Säulen umgeben. An drei Seiten befinden sich hinter den Kolonnaden Räume von verschiedener Größe. Die Kolonnade an der Südseite ist durch eine Reihe von 15 ionischen Säulen in zwei lange Korridore geteilt, an deren Ost- und Westende sich die Haupteingänge befanden, die aus zwei Säulenhallen mit je zwei korinthischen Säulen bestehen. Südlich der Palaestra das **Theokoleon** 3, die offizielle Residenz der Priester. Der ursprüngliche Bau bestand aus acht Räumen, die rings um einen Zentralhof angeordnet sind, in dem ein mit Sandsteinblöcken gefasster Brunnen zu finden ist. Später wurden an der Ostseite drei Räume hinzugefügt sowie ein großer Gartenhof mit Arkadengängen und Räumen. Die Römer rissen die östliche Hälfte des griechischen Bauwerks ab und verbreiterten den Gartenhof, der von einer Kolonnade umschlossen wurde.

An der Südseite des Theokoleons schließt sich ein Gebäude an, das sich in erstaunlich gutem Zustand zeigt. Über den Sandstein schichtet sich späteres Ziegelmauerwerk, das in dieser Form zu einer **byzantinischen Kirche** gehörte. Das ursprüngliche Gebäude war mit großer Wahrscheinlichkeit die **Werkstatt des Pheidias** 4, die schon der römische Reiseschriftsteller Pausanias beschrieb. Archäologische Funde bestätigten diese Annahme: u. a. wurden Werkzeuge und Terrakotta-Gussformen entdeckt, die der Bildhauer bei der Schaffung der gewaltigen Zeusstatue von Olympía benutzt haben mu*ss*; schließlich wurde 1958 eine Schale ausgegraben, die den Namen *Pheidias* trug.

Das südwestliche Gebäude auf dem Ruinenfeld ist das **Leonidaion** 5. *Leonidas*, der Sohn des Leontas von Naxos, ließ es im 4. Jh. v. Chr. als Hotel für vornehme Besucher erbauen. Mit einer Fläche von 75 m x 81 m gehörte es zu den größten Bauwerken Olympias. Im 2. Jh. n. Chr. diente es dem römischen Gouverneur von Acháia als Residenz. Das ursprüngliche Gebäude hatte einen 30 m x 30 m großen, offenen Hof, der auf jeder Seite von einer dorischen Kolonnade mit je zwölf Säulen umgeben

Rundbau des Philippeion

war. Dort vergnügten sich die vornehmen Gäste rund um den Springbrunnen, vermutlich auch ein Schwimmbecken. Das Gästehaus beherbergte alle vier Jahre nur die Highsociety, denn das gemeine Volk musste ganz einfach außerhalb im Wald übernachten. Vom Innenhof gelangte man in die einzelnen Räume. An der Außenseite des Leonidaions verlief eine weitere Kolonnade mit 138 ionischen Säulen, deren Basen noch alle zu sehen sind sowie viele der Kapitelle.

■ Östlich der Gebäude 1–5 liegt das eigentliche Zentrum Olympías, die **Altis**, der heilige Bezirk des Zeus im heiligen Hain der Ölbäume. Begrenzt wurde die Altis im Norden durch den Kronos-Hügel, an den anderen Seiten durch **Mauern** ❻, deren Überreste noch zu sehen sind. An der Westseite verfallen zwei parallele Mauern. Die innere ist griechisch, die äußere römisch, ebenso die Südmauer. Die ursprüngliche Südmauer lag etwas weiter nördlich, da die Altis unter Nero vergrößert wurde.

Man betritt den Bezirk durch das **Festtor** ❼ in der äußeren Westmauer. Es besteht aus kleinen dreifachen Durchgängen, die durch vier Säulen gestaltet sind. Hinter der Festhalle folgt ein langer Weg parallel zur Südmauer, der rechts von einer Reihe von Standbildern, häufig Reiterstatuen, flankiert ist. Links finden sich auch zwei Sockel mit den Namen von *Philonidas*, einem Kurier Alexanders des Großen, und *Sophokles*, dem Bildhauer.

Auf der rechten Seite des Weges folgen nun verstreute Ruinen, meist aus byzantinischer Zeit, bis man ebenfalls rechter Hand zum **Bouleuterion** ❽, einer Art Rathaus, gelangt. Hier tagte der Olympische Senat. Es besteht aus einer quadratischen Halle, die im Norden und Süden von zwei breiten, gleich großen Flügeln mit identischen Grundrissen flankiert wird. Beide bestehen aus einer länglichen Halle, in deren Mitte eine Reihe von sieben dorischen Säulen verläuft. Die Apsiden sind durch eine Quermauer abgetrennt und eine Mauer in der Mitte zweigeteilt. Verbunden sind die Halle und die beiden Flügel durch eine sich über die ganze Länge der Ostfassade erstreckende römische Säulenhalle, die an der Frontseite von 27 und an den Schmalseiten von drei Säulen getragen wurde.

Südlich vom Bouleuterion befindet sich die **Südhalle** ❾. Sie ist über 18 m lang, aus Tuffgestein erbaut und erhebt sich auf drei Kalksteinstufen. Ihre Nordseite war durch eine Mauer geschlossen, an deren Enden sich je ein schmaler Durchgang befand. Die anderen Seiten waren nur von dorischen Säulen begrenzt.

Zurück zum Bouleuterion: Von seiner Nordostecke folgt man dem Verlauf der einsturzgefährdeten Südmauer, die Zugang zur Altis gewährt. Das südlichste Gebäude des heiligen Bereichs stellt den **Zeustempel** ❿ dar. Er war der bedeutendste Tempel von Olympía und mit seinen Abmessungen von 64,12 m Länge und 27,68 m Breite der größte des Peloponnes. *Libon von Élis* begann mit seiner Errichtung um 470 v. Chr., ungefähr 456 v. Chr. wurde er vollendet. Ein Jahrtausend hielt der Tempel allen Kriegen und Naturgewalten stand, bis ihn das Erdbeben von 552 n. Chr. zerstörte.

Auf der Südseite des einst dreistufigen Sockels liegen noch einige Säulen – so, wie das Erdbeben sie hingeschleudert hat. Daneben die vollständig erhaltenen Fundamente aus Muschelkalk, die noch 2,50 m aus der Erde ragen. Schon allein, um die Dimension des bedeutenden Tempels zu demonstrieren, wurde bislang eine Säule am Ostende im sanierten Zustand wieder errichtet.

Eine Rampe im Osten führte zum Eingang. Der äußere Bereich des Tempels ist mit je 13 dorischen Säulen an den Längs- und je sechs an den Schmalseiten geschmückt, die die üblichen 20 Kanneluren und drei eingeschnittene Ringe rund um den Hals aufweisen.

Besondere Beachtung verdienen die beiden Giebel, deren Skulpturenreichtum heute im **Saal 5 des Museums** von Olympia zu bewundern ist.

Der **Ostgiebel** zeigt eine Darstellung des Wagenrennens von Oinomaos und Pelops. Vor uns stehen alle Personen, kurz bevor der Wettkampf beginnt: Die beiden Gruppen, Oinomaos und Sterope, Pelops und Hippodameia, mit den Wagen und Wagenlenkern. Zwischen beiden Gruppen, in der Achse des Giebelfeldes, die imposante Gestalt des Zeus. Das Rennen gewinnt der mythologische König Pelops, Namensgeber der Halbinsel, durch einen Betrug: er besticht Myrtilos, den Wagenlenker von Oinomaos und erhält für den Sieg die Hand von Oinomaos' Tochter Hippodameia.

Auf dem **Westgiebel** ist der Kentaurenkampf dargestellt: Die Kentauren waren zur Hochzeit des Lapithen-Helden Peirithos geladen, berauschten sich und wollten die junge Braut Deidameia und die anderen Frauen rauben. Nur die zentrale Gestalt Apolls gleicht der Komposition im Ostgiebel, ansonsten wirkt die Szene „ungezähmt": Der Gegensatz zwischen der Schönheit der Mädchen und der tierischen Rohheit der Kentauren bleibt unüberbrückbar.

Das **Innere des Tempels** gliederte sich traditionell in *Pronaos, Cella* und *Opisthodom.* Den Pronaos (Vorhalle) erreicht man als ersten Raum über den Eingang an der Ostseite, er konnte durch Falltüren aus Bronze verschlossen werden. Ein großes Tor, fast 5 m breit, führte vom Pronaos in die Cella (Hauptraum mit Kultbild). Diese war 29 m lang und 13 m breit und in zwei Kolonnaden mit je 7 dorischen Säulen und ein Mittelschiff unterteilt. Letzteres beherbergte die *Zeusstatue des Pheidias,* die in der Antike zu den sieben Weltwundern gezählt wurde.

Die Statue besaß etwa siebenfache Lebensgröße (ca. 12 m hoch). Zeus saß auf einem Thron aus Ebenholz und Elfenbein, überladen mit Gold und Edelsteinen. Die vier Beine des Thrones waren mit Schnitzereien geschmückt und wurden von vier Pfeilern gestützt, die sich hinter Steinplatten verbargen. Auch der Fußschemel mit goldenen Löwen und einem Fries, der den Kampf des Theseus mit den Amazonen darstellte, trug einen Teil des Gewichts. Zeus hielt in der rechten Hand eine Nike, in der linken das Zepter mit einem Adler. Die unbekleideten Teile der Statue – Kopf, Füße, Hände und Rumpf – waren aus Elfenbein. Das Gewand, das Schoß, Bein und die linke Schulter bedeckte, war vergoldet.

Der Opisthodom (Hinterraum) am Westende des Tempels hatte keine direkte Verbindung mit der Cella, sondern war nur über die äußeren Säulengänge zugänglich. Hier stand eine lange Steinbank, die der Rast und dem Gespräch diente.

Wenn wir uns noch einmal dem Südosten der Altis zuwenden, gelangen wir zu den Ruinen eines **römischen Triumphbogens** ⓫, der zum Besuch Neros errichtet worden war. 30 m östlich davon finden sich die Fundamente eines **Gebäudes mit vier Abteilungen** ⓬. Alle Seiten außer der östlichen sind von einer Kolonnade aus dem 4. Jh. v. Chr. umgeben: 19 dorische Säulen an der Front und je acht pro Seite. Möglicherweise war es das *Hellanodikeion,* die Unterkunft für die Schiedsrichter. Es wurde abgerissen, um Platz für das **Haus Neros** ⓭ zu schaffen. Es liegt einige Meter östlich des Hellanodikeion und konnte durch ein Wasserrohr aus Blei mit der Inschrift „NER.AUG." eindeutig dem Kaiser zugeordnet werden. Das Gebäude verfügte über 30 Räume; einer davon, mit eigenwilliger achtecki-

Das Tor zum berühmtesten Stadion der Welt

ger Form, diente als Therme. Weiter im Osten lag das ca. 780 m lange **Hippodrom**, der Austragungsort der Pferde- und Wagenrennen, doch bis auf einige wenige Grenzsteine hat der Alphiós längst alle Überreste weggeschwemmt.

■ Kehren wir zurück zur Áltis – die **Ostseite des heiligen Bezirks** wird von den Fundamenten der **Echohalle** 14 eingenommen. Ihr Name lässt sich auf das siebenfache Echo zurückführen. Die heute erkennbaren Überreste stammen aus der Zeit Alexanders des Großen (356–323 v. Chr.).

Vom Nordende der Echohalle blickt man auf die Senke, in der das **Stadion** 15 von Olympía liegt. Man betritt es durch ein schmales **Gewölbetor** 16, das einst auch die Hellanokiden und Athleten benutzten. Das Stadion wurde von 1958–1962 von Angehörigen des Deutschen Archäologischen Instituts freigelegt und im Stil des 4. Jh. v. Chr. restauriert. Die Länge der Laufbahn beträgt ein *Stadion,* das sind 600 antike bzw. olympische Fuß (192 m). Dass das Stadion von Olympía im Vergleich zu anderen griechischen Stadien verhältnismäßig groß ausgefallen ist, liegt der Mythologie zufolge daran, dass der hünenhafte antike Superheld *Herakles* höchstpersönlich seine Füße zum Ausmessen zur Verfügung gestellt haben soll. Die über 40.000 Zuschauer saßen auf Erdaufschüttungen, denn nur in der Mitte der südlichen Begrenzung der Laufbahn gab es eine Tribüne aus Stein, die den Hellanokiden (Schiedsrichter), Prominenten und Beamten vorbehalten war. Gegenüber den Schiedsrichtern befand sich der Platz der Demeter-Priesterin, der einzigen Frau, die das Stadium betreten durfte. Ursprünglich war das Stadion Bestandteil der heiligen Stätte, da die Spiele nur kultische Bedeutung hatten. Die heute sichtbare Abgrenzung der Wettkampfstätte vom heiligen Bezirk symbolisiert die Wandlung des Charakters der Spiele zu einem sportlichen Wettkampf und gesellschaftlichen Ereignis.

■ An der Nordseite der Altis, gleich links vor dem Eingang zum Stadion, fällt eine Reihe von zwölf **Statuenbasen** 17 auf, die einst bronzene Zeusstandbilder, *Zanes* genannt, trugen. Diese Statuen wurden mit den Bußgeldern von Athleten errichtet, die versucht hatten, mit unlauteren Mitteln den olympischen Siegestitel zu erringen.

Hinter den Zanes führt eine Flucht antiker Stufen hinauf zu den **Schatzhäusern** 18, die auf einer Terrasse am Fuß des Kronoshügels etwa in einer Linie angeordnet sind. Die Schatzhäuser hatten die Form kleiner Tempel, die aus nur einem Raum bestanden. Sie dienten den verschiedenen Städten (mit Ausnahme zweier alle außerhalb vom eigentlichen Griechenland) zur Aufbewahrung der heiligen Gefäße und wahrscheinlich auch der Waffen bzw. Geräte, die für die Spiele gebraucht wurden. Außer den Fundamenten ist nicht viel übrig geblieben.

Wenn wir die Stufen wieder hintergehen, kommen wir gleich zum **Metroon** 19. Der kleine dorische Tempel (10,62 x 20,67 m) war der Göttermutter *Kybele* geweiht. In römischer Zeit wurde hier Augustus und Roma gehuldigt.

Westlich vom Metroon, sich in die nördliche Gebäudefront der Altis einreihend, steht das **Nymphaion** 20, das der Trinkwasserversorgung Olympías diente. Aus 3 km Entfernung wurde das kostbare Nass über eine Wasserleitung geleitet und in einem großen, halbrunden Becken gesammelt. Von dort floss es durch drei wasserspeiende Löwen in ein rechteckiges Becken an der Stirnseite des Baus. Das obere Becken war mit Marmor ausgelegt, dahinter eine Apsis mit 15 kleinen Nischen an der Innenseite. Hier befanden sich Standbilder des Bauherrn Herodes Attikos (um 160 n. Chr.), seiner Familie und seines kaiserlichen Gönners.

Das **Heraion** 21, nur wenige Meter westlich vom Nymphaion, ist der älteste Tempel und das am besten erhaltene Gebäude von Olympía. Ursprünglich ein gemeinsamer Tempel für Hera und Zeus, blieb es nach dem Bau des großen Zeustempels allein der Göttin vorbehalten. Der Göttin Hera geweihte Tempel stammt aus dem 7. Jh. v. Chr. und war anfangs ganz aus Holz gebaut, das nach und nach durch Stein ersetzt wurde. Seit 1936 wird hier, vor dem Heraion, mit einem Brennspiegel das *Olympische Feuer* entzündet und zum jeweiligen Austragungsort der Olympischen Spiele gebracht.

Südlich des Heraions liegt das **Pelopion** 22, ein kleiner Hain, um den sich eine fünfeckige Mauer zog. Dort stand ein Altar; er war Pelops, dessen Mythos eng mit Olympía verbunden ist, geweiht.

Ein dorisches Propylon an der Südwestecke der Mauer, dessen Fundamente noch heute zu sehen sind, diente als Eingang.

Etwas weiter östlich des Hains muss sich der **Zeusaltar** 23, das sakrale Herzstück der Altis, befunden haben. Die vermutete Stelle ist heute durch einen Steinhaufen markiert.

Wenn wir uns in nördlicher Richtung dem Ausgang der Altis zuwenden, gelangen wir nahe der Westmauer zum **Philippeion** 24, einem Rundbau, der seinen Namen vom Auftraggeber Philipp II. von Makedonien erhalten hat. Das Bauwerk war nach dessen Sieg in der Schlacht bei Chaironeia (338 v. Chr.) begonnen und von seinem Sohn Alexander dem Großen fertiggestellt worden. Der äußere Säulengang hatte 18 ionische Säulen, die Cella im Inneren zwölf Halbsäulen mit korinthischen Kapitellen. 2006 wurden auf dem sanierten Fundament drei Original-Säulen und drei weitere Säulenstümpfe wieder aufgestellt und geben seither einen prächtigen Eindruck

Auf die Plätze! Fertig! Los! – Nachwuchsrennen über 600 olympische Fuß

von der Größe des früheren Rundtempels. Der Tempel beherbergte fünf Statuen, die Philipp, seinen Vater, seine Mutter, seine Frau Olympía und Sohn Alexander darstellten.

Nördlich davon endet der Rundgang im **Prytaneion** 25, das als offizielle Residenz der Magistrate und der feierlichen Bewirtung der olympischen Sieger diente. Die Überreste sind kümmerlich. Offenbar hatte aber das griechische Gebäude in römischer Zeit mehrere Umbauten erdulden müssen. Beim Verlassen des Ruinenfeldes kommen wir noch an den Überresten des **römischen Bades ("Kronion-Thermen")** 26 vorbei. In römischer Zeit entstanden über einem zentralen Hof und Bädern aus der hellenistischen Periode Räume mit sehr aufwendig gestalteten Mosaikböden. Im 3. Jh. wurde das Gebäude bei einem Erdbeben weitgehend zerstört. Damit haben wir auch unseren Ausgangspunkt gegenüber dem Gymnasion wieder erreicht.

Wer nach so vielen antiken Ruinen noch Interesse an Grabungsfunden hat, sollte sich einen Besuch des neuen **Museums** nicht entgehen lassen. Jenseits der Querstraße führt ein Weg durch einen erfrischend schattigen Park in nördlicher Richtung zum Museum.

Öffnungszeiten Tägl. 8–20 Uhr, Nov. bis April 8–15 Uhr. Letzter Einlass jeweils 15 Min. vor Schließung. Am 25. März, an Ostern, dem 1. Mai, 25./26. Dez. und 1. Jan. geschlossen. Es gibt *zwei* Wege zum *Eingang* des Museums: gegenüber der Ausgrabung durch eine Parkanlage und aus dem Ort oberhalb des Großparkplatzes (beschildert).

Eintritt 12 €, alle unter 18 J. und Studenten der EU frei, Rentner über 65 J. zahlen 6 €. Zwischen 1.11. und 31.3. kostet das Ticket nur die Hälfte. Freier Eintritt für alle am 6.3., 18.4., 18.5., am letzten Sept.-Wochenende, 28.10. und an jedem ersten Sonntag zwischen 1.11. und 31.3. Das Ticket gilt auch für das archäologische und historische Museum.

Toiletten und einen **Trinkwasserbrunnen** gibt es bei der Abzweigung rechts vor dem Eingang zur Ausgrabung (vom Ort kommend). Gegenüber vom Eingang gibt es einen **Getränke- und Snackautomaten**. An einem Stand neben dem Eingang werden Postkarten und deutschsprachige Literatur mit Plänen und Modellreproduktionen der Ausgrabungsstätte verkauft.

Wer den Weg in den Ort nicht zu Fuß zurücklegen will, kann sich für 2 € von einer Kutsche zur Busstation fahren lassen.

Antike Kostbarkeiten

Archäologisches Museum

Ein Museum von Weltformat! Über ein Jahrtausend griechisches Leben, Kunst und Kultur von Olympía werden hier wieder lebendig. In den zwölf Räumen sind die Kostbarkeiten des panhellenischen Heiligtums, darunter die berühmten Skulpturen des Zeus-Tempels, ausgestellt. Ein Besuch erweitert und erleichtert das Verständnis der antiken Anlage.

Rundgang

Eingangshalle: Information zur Raumaufteilung des Museums und ein Modell der Altis zur Hochzeit Olympias (ein Geschenk von Kaiser Wilhelm II. zur Erinnerung an die deutschen Grabungen). Es vermittelt einen plastischen Eindruck vom ursprünglichen Aussehen, was beim Anblick der Ruinen nur schwer vorstellbar ist.

Saal 1 – Saal der prähistorischen Epoche: an der linken Seite der Eingangshalle, hier beginnt der Rundgang. Kleinfunde von der frühhelladischen Epoche (2800–2000 v. Chr.) bis hin zu Grabbeigaben aus mykenischen Kammergräbern (Funde aus dem Kammergrab B der Kalosakas-Gräbergruppe, im Nordosten des Museums gelegen, 1400–1300 v. Chr.); von großer Kunstfertigkeit zeugt das mykenische Handwerk mit Gefäßen und Werkzeugen des täglichen Gebrauchs, darunter Saumbeschwerer oder Gürtelverzierungen aus Ton oder Steatit. **Saal 2 – Saal der protogeometrischen bis geometrischen Epoche**: vor allem Bronze- und Tonarbeiten. Fantasiereiche Tierfiguren in Gestalt von Greifen, Drachen- und Schlangenköpfen, sog. zoomorphe Aufsätze von Dreifußkesseln (8.–7. Jh. v. Chr.) bezeugen die Existenz eines Zeus-Altars. Nach der Beschreibung des berühmten römischen Reiseschriftstellers Pausanias besaß er einen Sockel mit einem Durchmesser von 37 m, auf welchem dem Gott am vierten Tag der Olympischen Spiele 100 Stiere geopfert wurden. Von dem Altar, der vermutlich zwischen dem Heraion und dem Pelopion lag, fehlt jede Spur, lediglich ein breiter Aschering wurde ausgegraben. Überragend ein tönerner Scheibenakroter vom Ostgiebel des Hera-Tempels. Auch ohne die Farbenpracht des aufgemalten Dekors hat die riesige Tonscheibe noch starke Wirkung auf den Betrachter. Eindrucksvoll sind auch die ausgestellten Bronzeschilde, Helme und Brustpanzer. Olympía besitzt heute weltweit den größten Fundus an antiken Waffen. Das liegt daran, dass die Waffen Geschenke für Zeus waren, der über Sieg oder Niederlage entschieden hatte.**Saal 3 – Saal der archaischen Epoche**: Eines der Schmuckstücke des Saales ist der restaurierte Giebel (6. Jh. v. Chr.) mit einem Teil des Gebälks vom Megarer Schatzhaus. Er zeigt ein beliebtes Sujet der Antike – den Kampf zwischen Göttern und Giganten. Außerdem diverse Fragmente von tönernen Architekturteilen weiterer Schatzhäusern, darunter ein Eckfragment der bemalten Tonverkleidung des Giebels des Schatzhauses von Gela. Bezeichnenderweise waren die blühenden Städte des griechischen Mutterlandes wie Athen, Korinth und Sparta in Olympía nicht mit einem Schatzhaus vertreten.

Saal 4 – Saal der früh- und hochklassischen Epoche: Nicht gerade üppig sind die Statuenfunde aus der Blütezeit von Olympía. Eines der schönsten Stücke ist die Zeus-Gruppe mit Ganymed aus Terrakotta (5. Jh. v. Chr.). Der Göttervater entführte den trojanischen Prinzen Ganymed auf den Olymp, um ihn zum Mundschenk der Götter zu machen und ihm ewige Jugend zu verleihen. In einer Vitrine der Helm des Miltiades.

Seine Inschrift „Miltiades weihte dem Zeus" auf der linken Seite zeigt, dass es sich um ein Geschenk handelte, das der Athener Feldherr bei der legendären Schlacht von Marathon gegen die Perser getragen hatte.

Saal 5 – Saal des Zeus-Tempels: In der Mittelhalle die rekonstruierten Marmorgiebel des Zeus-Tempels (5. Jh. v. Chr.). Der Ostgiebel zeigt den Hauptmythos Olympias, das *Wagenrennen zwischen Pelops und Oinomaos;* demnach forderte Oinomaos, der König von Pisa, der nach einem Orakelspruch wusste, dass er durch den Gatten seiner Tochter Hippodameia sterben würde, die um sie werben den Freier zum Wagenrennen heraus. Der Westgiebel präsentiert den *Kampf der Lapithen gegen die Kentauren.* Nach dem Mythos waren die Kentauren zum Hochzeitsfest des Königs Peirithoos und der Ddeidameia eingeladen gewesen. Mit etwas zu viel Wein im Blut verstießen sie gegen die Gastfreundschaft und versuchten die schönen Lapithinnen zu entführen. Im Zentrum sorgt Gott Apollon wieder für Recht und Ordnung. Die Gestalt misst eine staatliche Größe von 3,09 m. Die zum Teil nur bruchstückhaft erhaltenen Skulpturen waren bemalt, wie Farbspuren beweisen. Zur Ausstattung des prächtigen Tempels gehörten auch die zwölf bekannten Metopen mit den zwölf Heldentaten des Herakles, z. B. der Kampf mit dem nemeischen Löwen und den stymphalischen Vögeln. Sie waren an den Stirnseiten der Cella angebracht und sind jetzt an den Schmalseiten des Saales ausgestellt.

Saal 6 – Nike des Paionios (→ Kasten)

Saal 7 – Werkstatt des Pheidias: Der Saal ist dem Schöpfer der Zeus-Statue, die eines der sieben Weltwunder darstellt, gewidmet. Ein Modell zeigt das frühere Aussehen seiner Werkstatt (ein Blick hinein zeigt die Dimensionen der Monumentalstatue). Ein Gemälde der

Élis

Goldelfenbeinstatue, zahlreiche Matrizen, wie sie z. B. zur Herstellung von Gewandpartien einer Statue verwendet wurden in den Schaukästen. Interessant auch die Fundstücke aus der Werkstatt des Pheidias wie Werkzeuge und das kleine Weinkännchen mit der Inschrift: „Ich gehöre dem Pheidias".

Die Nike des Paionios

Das eindrucksvollste Exponat in Saal 6 ist die – mit Sockel – fast 9 m hohe Marmorstatue der Siegesgöttin Nike, entstanden in den Jahren 425–421 v. Chr. Die Nike befand sich in der Südostecke des Zeustempels von Olympía und wurde dem Gott von den Messeniern zum Dank für den Sieg über die Spartaner bei der Schlacht von Sphakteria (425 v. Chr.) im Peloponnesischen Krieg (431–404 v. Chr.) als Weihegeschenk gestiftet.

Die Statue zeigt Nike, die vermutlich vom Olymp herabschwebt, um den Siegern der Schlacht einen Olivenkranz zu überreichen. Der dargestellte Moment ist der „Abflug" von der Wohnung der Götter hinunter zu den Sterblichen: Nike entfaltet ihre – im Original nur noch fragmentarisch erhaltenen – Flügel, sie ist, wie zum Flug bereit, nach vorne gelehnt, ihr Gewand weht und unter ihrem rechten Fuß ist ein Adler als Symbol für Höhe und Luft zu sehen.

Den Auftrag für dieses bedeutende Werk der klassischen Epoche erhielt der griechische Bildhauer *Paionios von Mende* (Chalkidiki), einer der wichtigsten Vertreter seiner Zunft im 5. Jh. v. Chr. Herausragend an seiner Nike ist sicherlich die Anmut der Bewegung, die er im Moment eingefangen hat, aber auch die Stabilität der nach vorn geneigten Statue, die der Künstler durch Gegengewichte im Rumpf erreichte. Paionios wirkte auch an den Darstellungen des Ostgiebels am Zeustempel mit.

Saal 8 – Hermes des Praxitiles: Hier steht eines der berühmtesten Exponate des Museums, die *Marmorstatue des Hermes*, die von Praxiteles um 330 v. Chr. geschaffen wurde. Die Plastik fand man 1877 an der Stelle, die Pausanias beschrieben hatte: in der Cella des Hera-Tempels. Der Hermes ist eine der besterhaltenen klassischen Statuen überhaupt. Als der Tempel im 3. Jh. n. Chr. durch ein Erdbeben einstürzte, fielen die Lehmziegel der Cellawände auf die Statue und schützten sie anderthalb Jahrtausende vor Zerstörung. Die etwa 2 m große Statue zeigt Hermes, der sich auf einen Baumstamm stützt und den kleinen Dionysos auf dem linken Arm hält. In der rechten Hand hielt er wahrscheinlich ein Bündel Trauben, Symbol des künftigen Gottes des Weines. Die Statue drückt Ruhe und Seligkeit des Gottes aus, wünschenswerte Eigenschaften im von Krisen geschüttelten antiken Griechenland.

Saal 9 – Saal der spätklassischen bis hellenistischen Epoche: vor allem Fragmente von Stein- und Bronzestatuetten, die einst die Altis schmückten. Beachtenswert sind Terrakotta-Architekturteile von der Echohalle und ein rotfiguriger „elischer" Glockenkrater (4. Jh. v. Chr.), der zum Mischen von Wasser und Wein diente.

Saal 10 – Saal der römischen Epoche - Nymphaion: 17 figürliche und meist kopflose Statuen vom Nymphaion-Brunnengebäude, das Herodes Atticus zwischen dem Heraion und dem Metroon erbauen ließ. In der zweistöckigen halbkreisförmigen Rückwand standen in Nischen in hierarchischer Anordnung Statuen, die Mitglieder des antoninischen Kaiserhauses darstellten. Am besten erhalten sind die Statue des Kaisers Hadrian (117–138 n. Chr.), ein Stier mit der Weihinschrift der Gattin des Herodes Atticus und eine Statue der Athenais, Tochter des Herodes Atticus (2. Hälfte des 2. Jh.).

Saal 11 – Statuen der römischen Kaiserzeit: In der frühen Kaiserzeit werden Gebäude der Altis nicht nur großzügig saniert, sondern zum Teil auch umgebaut. Das Metroon wird zu einer Kultstätte des römischen Kaisers Augustus umgewandelt. Eine weitere wichtige Kultstätte bildete der Hera-Tempel. Beachtenswert die Statue des Kaisers Titus (79–81n. Chr)und die intakte Figur der Poppaea Sabina, eine Priesterin und die zweite Gattin des Nero (erste Hälfte des 1. Jh.). Die Bildhauer waren, wie die Inschriften in den Statuenbasen zeigen, in der Regel Griechen.

Saal 12 – Saal der spätantiken bis frühbyzantinischen Zeit: Grabbeigaben aus der Fragonisi-Nekropole (Miraka) bei Olympia. Ausgestellt sind Tonpuppen, geblasene Glasgefäße, Tonkrüge, spätantike Siegelringe und Schmuck. Auf dem Friedhof wurden Athleten und Offizielle des Heiligtums beigesetzt. Zudem ist der Löwenkopf-Wasserspeier vom Dach des Gästehauses Leonidaion hier ausgestellt.

Öffnungszeiten April bis Okt. tägl. 8–20 Uhr (letzter Einlass 15 Min. vor Schließung), im Winter 8–15 Uhr. Eintritt mit dem Kombiticket für das Olympische Gelände (siehe oben)

Foto- (ohne Blitz) und Videoaufnahmen frei. Lobenswerte viersprachige Beschreibung, darunter auch in Deutsch.

Rechts vom Eingang gibt es einen kleinen Museumsshop, der T-Shirts, Souvenirs, Literatur und Postkarten verkauft. ✆ 26240/22517 (Ausgrabung).

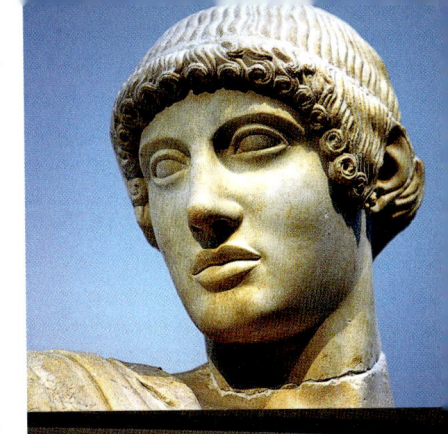

Historisches Museum der Geschichte der Olympischen Spiele

Ein 2004 eröffnetes klassizistisches Gebäude beherbergt Funde, die den Ursprung der Olympischen Spiele dokumentieren. In drei rundum laufenden Gängen und einer weiträumigen zentralen Halle werden sowohl die Geschichte wie auch die Ausstellungsobjekte sehr anschaulich in vier Sprachen, darunter auch auf Deutsch, dargestellt.

Im Vorraum begrüßen den Besucher die Büsten der beiden deutschen Archäologen Ernst Curtius und Wilhelm Dörpfeld. Zudem kann man vier anschauliche Modelle des früheren Aufbaus von Olympía in jeweils unterschiedlichen Jahrhunderten betrachten. Sie veranschaulichen die Veränderungen der Stätte zwischen 600 v. Chr. und 400. n. Chr. **Linker Seitenflügel:** Dargestellt die Themen sind der Ursprung der Olympischen Spiele, der Zeuskult, die Organisation der Spiele, die Vorbereitung der Athleten und das Thema Frauen und der Sport. Gezeigt werden u. a. Vasen, Bronzeurkunden mit den Namen der teilnehmenden Athleten, diverse Reliefs, Diskusscheiben und Sprunggewichte für den Weitsprung (aus dem Stand!).

Stirnseite: der „Saal der Olympiasieger", z. B. mit dem Torso einer Nike als Giebelaufsatz eines Schatzhauses und einem Bodenmosaik.

Zentraler Saal: die Ausstellung der antiken Sportarten und Sportgeräte. Besonders einprägsam ist der Waffenlauf mit sündhaft schweren Bronzeschilden mit einem Durchmesser bis zu 1,30 m!

Rechter Seitenflügel: Siegespreise und Weihegeschenke stehen im Mittelpunkt. Sehenswert besonders ein spektakuläres Bodenmosaik (6 x 2 m) aus einem römischen Haus in Pátras (2./3. Jh.), das plastisch Sieger und Unterlegene darstellt. Weitere Themen sind Zuschauer, Delphí und die Pythischen Spiele, die Nemeischen Spiele und die Panathenäischen Spiele.

Mo–So, 8–15 Uhr. Das Museum liegt am Ende des Ortes direkt oberhalb der Straßenkurve zum Ausgrabungsgelände. Eintritt mit dem Kombiticket für das olympische Gelände (siehe oben).

Das olympische Feuer in Olympía

„Neuanfang" zwischen verkohlten Baumskeletten

Von Asche und Kohle – der Feuersturm von 2007

Als am 20. Juli 2007 nach einer anhaltenden Hitzewelle mit bis zu 45°C in der Nähe von Égio die ersten Brände ausbrachen, konnte noch niemand ahnen, dass der Peloponnes wenig später von der schlimmsten Feuerkatastrophe seit Menschengedenken heimgesucht werden würde. Hatte man sich doch längst daran gewöhnt, dass in Griechenland der Begriff *Waldbrand* überwiegend mit *Grundstückspekulation* oder *selbst entzündeten wilden Müllhalden* gleichzusetzen ist und dies als leidiges Übel unterschwellig toleriert.

Spätestens als die Bilder vom brennenden antiken Olympía um die Welt gingen, horchte man auf: Olympía, das konnte jeder irgendwie lokalisieren. Doch da herrschte schon Ausnahmezustand auf dem Peloponnes. Während vor dem Hintergrund von gelb-braunen Ascheschleiern im Ort Olympía die Fernsehstationen um Interviews mit eilends angereisten griechischen Politikern buhlten, kreisten am Himmel ohne Unterbrechung die Löschhubschrauber. Feuerwehrmänner rückten am Rand des Stadionbereichs mit Gartenschläuchen gegen die Flammen an, weil das Löschsystem der Anlage keinen ausreichenden Wasserdruck erzeugte. Die Kultstätte Olympía, sportlicher Nabel der Welt, sollte vor den Augen der Welt gerettet werden. Denn in Griechenland war Wahlkampf und Versprechen saßen locker – auch für eine schnelle und unbürokratische Finanzhilfe. 3000 Euro sollten Geschädigte vom Staat erhalten, 10.000 Euro gar, wer sein Haus verloren hatte. Die Opposition sprach von Stimmenkauf. Schuldige wurden auch gesucht – und natürlich gefunden. Das Fernsehen vermeldete Festnahmen von vermeintlichen Brandstiftern, darunter ein Rentner und eine 77-jährige Frau. In einigen Regionen wurden Brandbeschleuniger sichergestellt. Der konservative Regierungschef Kostas Karamanlis kündigte bedeutungsvoll „Strukturänderungen" an. Das Wahlvolk sollte Ruhe bewahren. Scheinbar mit Erfolg, die Regierung Karamanlis wurde kurz darauf wiedergewählt.

Fast genau ein Jahr später, wieder in Olympía. Das touristische Prestigeobjekt wird wieder aufgeforstet. Spontane Finanzmittel der Olympiastadt München z. B. werden für die Pflanzung tausender junger Setzlinge verwendet. Als am 25. März 2008 feierlich die Flamme für die Olympischen Spiele in Peking entzündet wurde, waren nur noch hier und da ein paar angesengte Büsche zu entdecken. Dass sich bei der Marmorstele, unter der das Herz Pierre de Coubertins, des Neubegründers der Olympischen Spiele, begraben liegt, ein gewaltiger Pinienhain den Krónos-Hügel hinaufzog, sieht man nur noch auf einigen vergilbten Postkarten im Ort.

Nur rund 3 km Luftlinie weiter nordwestlich liegt die Gemeinde Plátanos. Nur wenige Touristen verirren sich hierher. In der Taverne von Christos Marousopoulos sitzen die alten Männer beim Tavli. Darüber üppiges Grün der Weinranken. Hämmern und Sägen sind jetzt tägliche Geräuschkulisse. Auf den ersten Blick ein idyllischer Ort am Hang. Doch die Menschen scheinen

Gedenken an

traurig, müde, als seien sie es leid, Bilder immer wieder wach zu rufen. Wie ein Feuerregen seien die Funken über den Berg gekommen. Mit dem starken Wind wurden brennende Zapfen wie Feuerbälle über ganze Täler hinweg geschossen. Und das hineinhorchen in die Nacht sei das Schlimmste gewesen, die Geräusche von explodierenden Bäumen, die Asche, die sich wie ein schmieriger Film über alles legte. Nur wenige Schritte weiter liegt mitten im Ort der Hügel mit der ehemaligen Ortskirche. Eine alte Frau schaut skeptisch, als ich den vollkommen verwüsteten Innenraum des ehemaligen Gotteshauses betrete. Das Dach eingestürzt, die Fenster zerborsten von der Hitze der Flammen. Der Altar wurde kürzlich ausgegraben für spätere Verwendung. Überall verkohlte Lampengläser, zerbrochene Keramikfassungen, die Treppe hinauf in den Chorraum endet unter freiem Himmel. Dachziegel auf dem Boden, in den Vorgärten verkohltes Holz, gestapelt für den Winter. Der Blick hinauf auf den Hügel macht die Spur der Verwüstung erst richtig deutlich: ausgebrannte Häuser, leere Ställe, verkohlte Strommasten und Baumgerippe ziehen sich bis hinauf zum Dorffriedhof und weiter ins Hinterland. Auf dem Peloponnes wurden rund 1800 km² Land vom Feuersturm vernichtet, allein die Provinz Élis hatte 70 Tote Menschen zu beklagen und mehr als 2000 zerstörte Gebäude, einige Bergdörfer wie Grékas oder Mákistos wurden fast vollständig zerstört. Wer hier geblieben ist oder bleiben muss, lebt in Wellblechbuden oder Containerwohnungen. Unterhalb von Mákistos erinnert eine Reihe von kleinen Kapellen an zehn Menschen, die hier am 24. August 2007 mit ihren Autos in der Feuerwand umkamen. Sie hatten versucht, sich in die Berge zu retten, als ihnen der Weg zum Meer abgeschnitten wurde.

eine Gruppe von Menschen, die in den Bergen vom Feuer eingekesselt wurde

Trotz der großen Verunsicherung bei Urlaubern durch widersprüchliche Meldungen: einen Großteil der katastrophalen Schäden an der Westküste kann man auf der Fahrt von Pátras entlang der Küste hinunter nach Kiparissía nur noch erahnen. Brandflächen an den Hängen wechseln sich immer wieder ab mit intakter Natur. Dagegen kann man auf den Gebirgsstrecken im Inland – sozusagen in Nahansicht – oft nicht mal mehr Baumgerippe erkennen.

Besonders augenfällig sind die Schäden an der Natur freilich auf der Fahrt durch Kaiáphas (Zacháro), denn hier ist praktisch der gesamte Bestand der geschützten Pinienwälder auf den Dünen vernichtet. Die verkohlten Reste in einem Teil des Waldstreifens wurden schon bald nach dem Brand mit schwerem Gerät gerodet. Schon angelieferte Setzlinge blieben dagegen liegen und waren schon nach kurzer Zeit vertrocknet. Wo nicht gerodet wurde, hat sich inzwischen die Natur ihren Platz teilweise zurück erobert – mit Wildwuchs bis zu 1 m Höhe. Wenn man die Menschen in Zacháro und Umgebung auf die Brände anspricht, vermuten viele gar eine Verschwörung. Denn zum einen plant die Regierung hier den Bau der *Ionia Odos*, einer Weiterführung der Ringautobahn im Süden und Anbindung an einen geplanten Containerhafen in Kalamáta, und Tourismuskonzerne haben ihr Interesse für Ferienanlagen am endlosen Strand von Zacháro angemeldet. Beides scheiterte bisher am Widerstand von Umweltinitiativen, der Tatsache, dass Kaiáphas 2000 zum Naturerbe erklärt wurde, oder an Bauern, die ihr Grundstück einfach nicht aufgeben wollen. Übrigens hat sich Michael Müller mit Spenden an der Wiederaufforstung beteiligt.

Andreas Neumeier

Andrítsena

Stimmungsvolles Ambiente. Ganz im Süden der Élis, an einem hohen Hang, liegt das malerische Landstädtchen mit seinen engen Gassen und schon beinahe baufälligen Holzhäusern. Obwohl es keine 1000 Einwohner mehr zählt, ist Andrítsena dennoch ein lokales Zentrum an der Grenze zum westlichen Arkadien.

Bis heute blieb das Dorf am Fuß des 1420 m hohen *Lykaéon* vom Tourismus weitgehend unberührt, bedingt hauptsächlich durch seine abgeschiedene Lage. Doch wer die gut 60 km von Pírgos nahe der Küste auf sich nimmt, wird es bestimmt

Antiker Kannibalismus auf dem Gipfel des Lykaion?

Der Lykaion bei Andrítsena, zu Deutsch „Wolfsberg", war einst das Reich der Götter. Der 1420 m hohe Berg ist ein uralter Kultplatz. Nach den Berichten von Pausanias (etwa 110–180 n. Chr.) sollen dem Göttervater Zeus hier nicht nur Tiere als Opfer dargebracht worden sein, sondern auch Menschen. „Auf dem obersten Gipfel des Berges befindet sich eine Erdaufschüttung, der Altar des Zeus Lykaios, und der größte Teil des Peloponnes ist von dort aus sichtbar. Vor dem Altar stehen zwei Säulen gegen den Sonnenaufgang, auf ihnen waren früher einmal vergoldete Adler angebracht", berichtet Pausanias. Heute weisen nur zwei tiefe, schwarze Gruben auf den Kultplatz hin. Der Zweitolymp von Zeus ist für die Archäologen eine harte Nuss. Seit 2004 untersuchen Archäologen der University of Pennsylvania die spärlichen Überreste. Der Archäologin, Journalistin und Verlegerin Dr. Waltraud Sperlich schreibt: „Des Nachts schlichen junge Männer auf den Lykaion und aßen aus den Opferkesseln, darin waren auch Stücke von Menschenfleisch. Wer davon aß, so die Legende, wurde in einen Wolf verwandelt. Doch bei den aktuellen Grabungen fanden die Forscher keine Reste von Menschenskeletten. Was nicht heißt, dass Pausanias, der davon berichtet, Unrecht hat." Schließlich waren Menschenopfer so ungewöhnlich nicht. Beispielsweise waren sie im minoischen Kreta durchaus üblich. Auch wenn die Frage des Kannibalismus noch offen ist, eine Sensation förderten die amerikanischen Archäologen unterdessen schon zutage: Sie fanden auf dem Gipfel Weihegaben, die sehr viel älter sind als alles, was bislang entdeckt wurde. Zeus und seine Götter wurden auf dem Lykaion nicht erst von den Hellenen, sondern bereits von sagenumwobenen Mykener verehrt. Mittlerweile ist nachgewiesen, dass bereits im 3. Jt. v. Chr. auf dem Lykaion Kultbetrieb herrschte.

Vom Gipfel führt eine Schotterstraße hinunter zu einem geschützten Gipfelplateau. Dort liegt das von kubischen Marmorblöcken gesäumte Hippodrom. Außerdem gab es unter anderen hier noch ein Xenon (Gästehaus) und eine Stoa.

Mehr Information unter www.lykaionexcavation.org.

nicht bereuen: allein schon die Strecke durch die immer hügeliger werdende, verlassene Landschaft mit ihren wenigen Bauerndörfern ist beeindruckend. Doch der Weg soll hier nicht das Ziel sein, und Andrítsena selbst hat einiges zu bieten: wunderschöner Blick auf die karge Gebirgswelt, ein Spaziergang durch den Ortskern mit seinen Handwerksläden, über die idyllische, unter Pinien gelegene Platia samt Kafenion und Restaurant, ein kleines Museum, die nahen Ruinen von Vassae mit einem der besterhaltenen Tempel Griechenlands ... An der Dorfplatia von Andrítsena geht es beschaulich zu, Griechenland wie aus dem Bilderbuch: alte Männer sitzen mit dem Dorfpopen vorm Kafenion, daneben plätschert ein Brunnen, Katzen dösen faul in der Sonne, und ab und zu rattert ein uralter, vollgeladener Pick-up vorbei. Wer ein paar Tage ohne großen Rummel verbringen möchte, ist in dem ruhigen Gebirgsdorf genau richtig. Die einsame Bergwelt bietet sich für ausgedehnte Wanderungen an.

Der „Bienenkorb" aus Andrítsena

Einer der wichtigsten Vertreter nicht nur des griechischen, sondern des gesamten europäischen Autorenkinos ist der 2012 an den Folgen eines tragischen Verkehrsunfalls ums Leben gekommene *Theo Angelopoulos* (1935–2012). Sein Vater Spiros stammte aus Andrítsena, was den Sohn dazu veranlasste, Teile des Films „O Melissokomos" (Der Bienenzüchter) hier zu drehen. Der 1986 entstandene Film handelt von einem älteren Mann, der nach der Hochzeit seiner Tochter und dem Weggang seines Sohnes zusammen mit seinen Bienenvölkern der „Straße des Frühlings" folgen will. In der Hauptrolle sieht man Marcello Mastroianni als Bienenzüchter, der am Ende des Films unter 15.000 schwirrenden Bienen den Tod findet. Die Bienen wurden übrigens extra aus Italien importiert – sie sollen weniger aggressiv sein als die griechischen. Weitere Filme von Theo Angelopoulos sind u. a. *Anaparastasi* (Die Rekonstruktion, 1970), *Meres tou '36* (Die Tage von '36, 1972), *O Thiasos* (Der Wanderschauspieler, 1974), *I Kynighi* (Der Jäger, 1976/77), *O Megalexandros* (Alexander der Große, 1980), *Chorio ena, katikos enas* (Ein Dorf, ein Bewohner, 1982), *Taxidi sta Kithira* (Reise nach Kythera, 1982/84), *Topio stin omichli* (Landschaft im Nebel, 1988), *To Vlemma tou Odyssa* (Der Blick des Odysseus, 1995) und *Mia Eoniotita ke mia Mera* (Die Ewigkeit und ein Tag, 1998).

Theo Angelopoulos' Filme erhielten u. a. Preise in Venedig, Chicago, Cannes, Brüssel, Paris und Berlin. *O Thiasos* (Der Wanderschauspieler) und *Topio stin omichli* (Landschaft im Nebel) wurden zur Nominierung für den Oscar als bester fremdsprachiger Film vorgeschlagen. 1998 erhielt Angelopoulos für *Mia Eoniotita ke mia Mera* (Die Ewigkeit und ein Tag) die Goldene Palme von Cannes; Begründung der Jury: „Das bewegende Werk konfrontiert mit Unerwartetem, beobachtet sensibel und erschließt so seine eigene Wahrheit."

Der gebürtige Athener wurde 2011 von einem Motorradfahrer bei den Dreharbeiten zu seinem letzten Film mit dem Titel „Das andere Meer" über die griechische Finanzkrise angefahren. Am 24. Januar 2012 erlag der Regisseur, Drehbuchautor und Produzent den Folgen des Unfalls.

Das kleine *Museum* von Andrítsena wurde in einem alten Steinhaus 30 m unterhalb der Kirche untergebracht. Eine überdimensionale Puppenstube! Das gleich einer Wohnung liebevoll eingerichtete Museum ist vollgestopft mit Funden aus der näheren Umgebung. Daneben beherbergt es auch den (nicht ausgestellten) Bücherschatz von *Agathophron Nikolopoulos*, der einst nach Paris emigrierte. Er vererbte die umfangreiche Bibliothek seinem Heimatdorf. Der Bürgermeister machte sich höchstpersönlich auf den Weg, um die wertvolle Fracht, verpackt in 47 Kisten, nach Andrítsena zu begleiten.

Das Museum ist offiziell jeden Vormittag von 9 bis 12 Uhr geöffnet, darauf sollte man sich aber nicht unbedingt verlassen. Frau Tsigouri (betreibt ein Restaurant an der Platia) hat den Schlüssel und schließt Interessierten auf. Eintritt frei.

Information Touristenpolizei, die örtliche Polizei übernimmt deren Aufgaben, gegenüber dem Restaurant Vassae, an der Platia im ersten Stock, ✆ 26260/22209.

Verbindungen Bus, tägl. 2-mal über Megalópolis nach Trípolis (2 Std., 8,60 €), 2-mal tägl. nach Pírgos (ca. 1:30 Std., 5,50 €).

Taxi: hin und wieder an der kleinen Platia zu finden oder ✆ 26260/22300. Eine Fahrt zum Apollon-Tempel von Vassae kostet einfach ca. 20 €, den Preis zurück sollte man aushandeln.

Adressen Bank: an der Durchgangsstraße, Mo–Do 8–14 Uhr, Fr 8–13.30 Uhr.

Erste Hilfe, große Krankenstation am Ortsrand (Richtung Pírgos), Notruf ✆ 26260/22222.

Post: an der Hauptstraße, Mo–Fr 7.30–14 Uhr.

Übernachten *** Hotel Theoxenia, das 35-Zimmer-Hotel liegt am Ortsrand (Straße Richtung Megalópolis). Zimmer mit schönem Ausblick auf die Gebirgslandschaft, ansonsten sehr schlicht, mit Bad und Balkon, Airondition und Sat-TV. Um den Preis kann man bisweilen handeln; gelingt es, dann stimmt auch das Preis-Leistungs-Verhältnis. EZ ab 45 €, DZ ab 55 € (inkl. Frühstück). Geöffnet von März bis Okt. ✆ 26260/22235 oder 22219.

Archontiko, Herrenhaus in traditioneller Steinbauweise aus dem Jahr 1865 mit eigenem Restaurant. Acht Zimmer mit Balkon bzw. Suiten mit Wohnzimmer und offenem Kamin. Alle sind mit Holz- und Steinelementen eingerichtet, haben Sat-TV, Minibar, Wasserkocher, Airondition und kostenloses WLAN. DZ mit Frühstück 65–75 €, Dreier 100 €. Von Kallithéa kommend am unteren Ortsrand nahe der Kirche. ✆ 26260/22401, www.archontiko-andritsenas.gr.

》》》 Lesertipp: Epicurean Apollon, „Pension an der Dorfplatia mit fünf DZ, die wir sehr empfehlen können. Sehr saubere, schlichte Zimmer mit Balkon und Blick auf den Ort" (Horst Lange). Preis für das DZ ab 50 € (inkl. Frühstück). ✆ 26260/22840. **《《《**

Essen & Trinken An der Hauptstraße und der Platia gibt es einige einfache Tavernen.

Vassae

In einer einsamen, kargen Landschaft des Lykaéon-Massivs, hoch über der Schlucht des Néda-Flusses, liegt in einer Mulde der Apollon-Tempel von Vassae. Das Bauwerk zählt zu den besterhaltenen Tempeln auf dem Peloponnes und auch hier lohnt neben der Besichtigung selbst schon die 14 km lange Anfahrt von Andrítsena aus: durch eine steinige, unwirtliche Landschaft windet sich die Straße in Serpentinen hinauf; die große, durch ein Zelt geschützte Tempelruine sieht man erst im letzten Moment. Umfangreiche Restaurierungsarbeiten (unterstützt von der UNESCO) sollen den Tempel bald wieder im neuen alten Glanz erstrahlen lassen. Seit über zwei Jahrzehnten schützt eine Zeltkonstruktion das antike Bauwerk, die Sanierung konnte wegen des altersschwachen Zustandes des Fundamentes erst vor einigen Jahren begonnen werden und wird voraussichtlich erst in mehreren

Jahren abgeschlossen sein. Säulenreihe für Säulenreihe wird – am Nordende beginnend – abgebaut, samt den einzelnen Plattenschichten, die das Fundament bilden. Anschließend wird alles um etwa 1 m versetzt wieder zusammengebaut. Die laufenden Arbeiten können besichtigt werden.

Apollon-Tempel von Vassae

Die Form des Heiligtums mit seinen dorischen Säulen ist klar und einfach. Auf einem dreistufigen Sockel stehen an der Front sechs und an den Längsseiten 15 Säulen. Mit einer Höhe von 6 m besitzen sie eine beeindruckende Größe. Die Abmessungen des Apollon-Tempels betragen 38,57 x 14,60 m. Beim Bau wurden zwei Materialien verwendet: für die Skulpturen, das Dach, die Kassettendecke der Vorhalle sowie für die Kapitelle des Innenraums Marmor; alles andere ist aus hellem Kalkstein, der aus der unmittelbaren Umgebung stammt. Der Tempel weist eine Mischung aus dorischen, ionischen und korinthischen Stilelementen auf.

Aus Sicherheitsgründen darf man das Tempelinnere nicht betreten. Hier finden sich einige Besonderheiten. Nicht nur das Säulenverhältnis ist ungewöhnlich, auch die Cella wurde anders als üblich angelegt. Anstelle der gewohnten Raumaufteilung (zweistöckige Säulenreihe in drei Schiffe unterteilt) springen von jeder Seite der Cella je fünf Zungenmauern in den Raum, deren Enden ionische Halbsäulen bilden. An den Cellawänden gab es ein Relieffries (heute im *British Museum* in London), das die Kämpfe zwischen Griechen und Amazonen sowie der Lapithen und Kentauren darstellt. Das

Der Vassae-Tempel – kein Kunstwerk von Christo

Innere des Tempels teilt sich in einen Vorraum (Pronaos), die Cella und einen rückwärtigen Raum (Opisthodom). Vermutlich diente der Pronaos den Kranken zum Heilschlaf, denn Apollon wurde als Heilgott verehrt. Vor der Rückwand der Cella gab es einen eigenständigen, fast quadratisch wirkenden Raum (Adytons), in dem einst die Kultstatue stand.

Der aus dem Kalkstein der Gegend erbaute Tempel wurde wegen seiner abgeschiedenen Lage in den westpeloponnesischen Bergen erst 1765 entdeckt. Mit der Errichtung des Tempels dankte die Bevölkerung des antiken Phigalia Apoll dafür, dass es während des Peloponnesischen Krieges von der Pest verschont geblieben war. Von Jahr zu Jahr finden immer mehr Besucher den Weg zu dem Tempel in 1130 m

Höhe, schließlich ist er hervorragend erhalten. Unterhalb des Tempels liegen einige Fundamente – die Überreste des antiken Dorfes.

Eine breite, asphaltierte Straße führt von Andrítsena zu der 14 km entfernten Sehenswürdigkeit (bestens beschildert).

Hinweis: Die Strecke von Megalópoli über Lykósoura zum Vássae-Tempel oder nach Andrítsena ist eher etwas für Jeep-Fahrer und/oder Abenteurer. Auch wenn diese Route auf der Karte wie ein Katzensprung aussieht – wer mit einem normalen Pkw unterwegs ist, wird im Schneckentempo die Schlaglöcher umkurven. Als Entschädigung begeistern dafür die zum Teil verlassenen Bergdörfer Líkeo, Néda und Ag. Sostis.

Geschichte

Der Tempel wurde um 420 v. Chr. von den Einwohnern Phigalias errichtet. Er war *Apollon Epikourios* geweiht, einem Heilgott. Das Bauwerk wird dem Architekten Iktinos zugeschrieben, der schon den Parthenon in Athen erbaute.

Um 1805 besuchten zahlreiche Reisende den Tempel. Unter dem Deckmantel der Wissenschaft wurde er 1811/12 von deutschen und britischen Altertumsforschern geplündert. Wie in Ägina hat man die kostbaren Skulpturen abgebrochen. Der wertvolle Fries aus der Cella und einige Metopen wurden in London verkauft. Dabei machten die frühen Archäologen gute Geschäfte. Für die stolze Summe von 19.000 englischen Pfund veräußerten sie die 23 Marmorplatten an das British Museum, wo sie heute noch sind.

Wasserfall Aspera Nera

April bis Okt. tägl. 8–20 Uhr, Nov. bis März 8–18 Uhr. Eintritt 6 €, ermäßigt 3 €, Studenten der EU und Kinder frei. ☎ 26260/22275.

Vassae/Umgebung

Phigalia: Die arkadische Stadt an der Grenze Messeniens zur Élis genoss in der Antike einen denkbar schlechten Ruf. Zauberei und Trunksucht sollen hier geherrscht haben. Der ehemals wichtige arkadische Handelsplatz wurde 659 v. Chr. vom mächtigen Sparta verwüstet.

Inmitten der kahlen, einsamen Berglandschaft

liegt oberhalb des Dorfes *Áno Figalía* – nicht zu verwechseln mit dem rund 20 km weiter westlich gelegenen *Néa Figalía* – die antike *Akropolis* auf einer nach drei Seiten steil abfallenden Terrasse. Später wurde auf ihren Fundamenten eine mittelalterliche Festung erbaut.

Gut erhalten ist die 5,4 km lange Stadtmauer der antiken Stadt. Im Nor-

Vassae/Umgebung

den und Nordosten erreichte sie eine Höhe von max. 6 m. Komplett ausgegraben wurde auch ein Heiligtum der Athena in unmittelbarer Nähe des modernen Dorfes (beschildert). 2 km Fußweg entfernt liegt die Nekropolis des antiken Phigalia, die zum Teil erforscht ist. Hier werden die Toten von Oresthasia vermutet, die bei dem Überfall der Spartaner 659 v. Chr. getötet wurden. Etwa 2 km unterhalb des Dorfes (Gehzeit ca. 1,5 Std.) stößt man auf den *Wasserfall Aspera Nera*, der 40 m tief in den Fluss Néda stürzt. Leider ist das Schauspiel nur vom gegenüberliegenden Hang aus wirklich gut zu sehen. Lohnender sind die Wasserfälle von *Platánia* (→ Kasten).

Anfahrt/Verbindungen Figalía liegt ungefähr 13 km südwestlich von Vassae. Die Straße führt bergab am **Dragógi** vorbei nach **Perivólia**; dort links ab, dann noch 3 km bis Áno Figalía, ab hier ist der Weg zur Akropolis ausgeschildert. 2-mal tägl. gibt es einen **Bus** von und nach **Pírgos** (4,60 €).

Wer zum Wasserfall möchte, biegt nicht rechts ab zur Akropolis, sondern geht bis ins Dorf und durchquert es. Am Ende des Dorfes an einer antiken Brunnenanlage aus dem frühen 3. Jh. v. Chr. (guter, schattiger Parkplatz) der Wegweiser zum Wasserfall. Das letzte Hinweisschild befindet sich ungefähr auf halber Strecke. Einfach weiterlaufen, irgendwann stößt man auf den Bach und kann ihn bis zur Sturzstelle verfolgen. Unspektakulär!

Platánia: Bergdorf auf einem Felsplateau, das nicht schlecht lebt von den Besuchern, die zumindest einen Blick auf die Néda-Schlucht erhaschen wollen. In der Ortsmitte nesteln sich ein Parkplatz und einige einfache *Tavernen* mit vernünftigen Preisen an die lang gestreckte Platia, teils mit Terrassen und Panoramablick. Kaum jemand nimmt die Strapazen einer schattenlosen Wanderung hinunter zur Néda auf sich, auch nur wenige Autos nehmen die holprige Strecke hinunter, die nach der schmalen Ortsdurchfahrt (für Wohnmobile oder Gespanne viel zu eng) kurz vor einem turmartigen Gebäude links abzweigt.

Wasserfälle des Neda-Flusses

Auf der Fahrt von Figalía (nach der Ortschaft dem blauen Schild „cataracts" folgen) zum etwa 6 km entfernten Nachbarort Platánia geht es kurvenreich durch die *Neda-Schlucht*, deren Fluss sich hier im Mittellauf rund 100 m in eine Schlucht eingräbt. Zu erreichen ist die Neda nur über einige schlechte Staubstrecken. Der vermutlich beste Zugang liegt unterhalb des Bergdorfes Platánia. Hier führt eine 3,5 km lange Schotterstrecke (verblichene blaue Hinweisschilder weisen den Weg) bis direkt hinunter zum Fluss und zu einer alten Bogenbrücke (Parkmöglichkeit). Nach der Mythologie war Neda eine Nymphe, in deren Obhut sich Zeus als Kleinkind vor dem aggressiven Vater Kronos befand. Sie entspringt südwestlich des Ortes Néda, wenige Kilometer östlich von Vassae und mündet nach rund 1000 m Höhendifferenz auf 46 km im Golf von Kyparissía. Während die Neda im Sommer ein gemächlich dahin fließendes Flüsschen darstellt, das die Flusstäler mit ausreichend Wasser versorgt, ist sie in den Wintermonaten ein tobendes Gewässer. In der warmen Jahreszeit bieten sich hier schöne Bademöglichkeiten. Ein gut befestigter Pfad beginnt am gegenüberliegenden Brückenkopf. Er führt in 20 Min. und mit wenigen Anstiegen bis zu einer Panagia-Kapelle bzw. kurz davor zu einem kleinen und einem größeren Wasserfall, die sich in ein smaragdgrünes Becken stürzen. Lohnende Fotomotive, aber aufgrund der abenteuerlichen Zufahrt sind hier selbst im Hochsommer nur wenige Besucher anzutreffen.

Die Küste von Élis

Sand, so weit das Auge reicht. Die Küste zwischen Kyparissía und Pírgos ist ein einziger Strand, der von ausländischen Touristen jedoch noch kaum entdeckt wurde.

Hier machen überwiegend Griechen Urlaub, und die Preise in Tavernen und Hotels liegen unter dem durchschnittlichen Niveau. Zugegeben: Die Küstenstädtchen in dieser Gegend sind wenig aufregend und idyllisch, doch erholsam ist ein Zwischenstopp allemal. Der – eigentlich traumhafte – Strand ist hier so groß, dass man sich um den nötigen Freiraum keine Gedanken machen muss. Von hier aus lassen sich bequem antike Sehenswürdigkeiten wie *Olympía* oder der so gut erhaltene *Apollon-Tempel von Vassae* in Tagesausflügen erreichen oder malerische Dörfer wie *Andrítsena* im Landesinneren erkunden.

Eliá/Giannitsochóri/Tholó: Der Tourismus spielt sich an diesem Küstenabschnitt nur unmittelbar entlang der weiten Strände ab, und da die Dörfer etwas zurückversetzt vom Meer liegen, haben sie mit typischen Badeorten nichts gemein. Restaurants und Hotels gibt es in den Orten wenige, dafür überall ein paar Lebensmittelläden. Eine kleine Ausnahme bildet – ziemlich genau in der Mitte zwischen Kyparissía und Pírgos – das Dorf Eliá, an dessen nahe gelegenem Sandstrand sich ein breiter Gürtel mächtiger Kiefern parallel zur Küste erstreckt. Dieser Küstenabschnitt ist ein kleines touristisches Zentrum für Badefans geworden.

Das Areal unter dem schönen Kiefernwald ist ein kleines (halblegales) Camping-Paradies. Pfadfindergruppen lassen sich hier jeden Sommer nieder, und überall stehen interessante Holzkonstruktionen, die in der Freizeit gebastelt wurden. Mehr in

Badegenuss pur am kilometerlangen Sandstrand von Kakovatos

Strandnähe stößt man dann auf Wohnmobile, Caravans und Zelte vorwiegend griechischer Urlauber. Getrübt wird das Idyll nur durch die vielen Abfallberge, die keiner wegträgt – außer dem Wind. Der Strand leidet mittlerweile auch darunter. Um einiges sauberer sind dagegen die nördlich von Eliá gelegenen Strände bei Giannitsochóri und Tholó.

Verbindungen Bus, 3-mal tägl. von Eliá, Giannitsochóri und Tholó über Zacháro nach Pírgos (4 €) und 4-mal tägl. nach Kyparissía (1,40 €).

Übernachten Keine Privatzimmer in Eliá; auch im benachbarten Giannitsochóri sieht es schlecht aus.

Camping Apollo Village, abgelegener, schöner Platz mit Charme: grünes, wild wachsendes Gelände, viel Natur, Kiefern spenden Schatten, 200 m vom Strand. Restaurant, Bar, Mini-Market (nur während der Hochsaison geöffnet), Tischtennis und Billardtische am Platz. Mietwohnwagen und -zelte. Sehr freundlicher Besitzer, sympathischer Service, allerdings einfache sanitäre Einrichtungen. Im Juli/Aug. ein wahrer Ansturm von griechischen Großfamilien, aber auch viele Gäste aus Österreich und Deutschland. Geöffnet Mai bis Okt. Nachteil: eine nahe gelegene Stranddisko mit Beschallung bis spät nachts. Pro Pers. 6 €, Kind 4 €, Auto 4 €, Zelt 5 €, Wohnwagen 6 €, Wohnmobil 8 €, Motorrad 3 €, Strom 5 €. Von der National Road ausgeschildert, aus südlicher Richtung kommend nach dem Ort Giannitsochóri links abbiegen, ✆ 26250/61200, www.apollovillagecamping.gr.

Wenige Kilometer nördlich findet man **Camping Tholó Beach**, besonders bei Motorradfahrern beliebter Platz, wird von den Brüdern Nikos und Tassos Tagaris betrieben. Nikos ist praktischer Arzt von Beruf, der Campingplatz ist sein Hobby. Tassos ist Gärtner, daher ein gut gepflegter, schön bepflanzter Platz mit ausreichend Schatten; Snackbar (Fastfood) und Mini-Market. Gepflegte sanitäre Einrichtungen, 200 m zum nicht immer sauberen Strand (hier diverse Bars). Von der Nationalstraße aus bestens beschildert. Pro Pers. 5,50 €, Auto 4 €, Zelt 5–7 €, Wohnwagen 5,50 €, Wohnmobil 7,50 €, Strom 3 €, Motorrad 2,50 €. Geöffnet 15. April bis 31. Okt. ✆ 26250/61345, www.campingtholo.gr.

Kakóvatos: Etwa 3 km südlich von Zacháro liegt dieser kleine Ort der Gemeinde von Zacháro. Ein hübsches Ensemble von älteren Häusern mit Tavernen und Einkaufsmöglichkeiten, das sich auch im Hochsommer seine Ursprünglichkeit bewahrt hat. Anziehungspunkt ist natürlich auch hier der sehr schöne Sandstrand mit Parkplätzen, Umkleiden, Duschen und Liegen im Schatten, die von den Tavernen gestellt werden. Hauptsächlich Griechen verbringen hier ihren Urlaub.

Übernachten*** Ostria Hotel, weiß gestrichenes Haus mit 24 Zimmern direkt am Ufer. Zimmer mit Balkon und Meerblick. Gutes Frühstücksbuffet. DZ 55–85 €. Dreier 66–90 €. ✆ 26250/31964, www.ostriakakovatos.gr.

Essen & Trinken Taverne Kati Psenetai, man speist ausgezeichnet auf einer idyllisch begrünten Terrasse. Der Koch experimentiert gerne und meist mit Erfolg. Es gibt auch mehrere vegetarische Gerichte. Empfehlenswert sind die panierten Tomatenbällchen und die Fischgerichte. Man muss im Sommer allerdings reservieren, um abends einen Platz zu bekommen. Die zweite der drei Tavernen (vom Strand kommend). ✆ 26250/32147.

Zacháro

Typisch griechisches Städtchen (ca. 6800 Einwohner), umgeben von einem grünen Ring von Olivenbäumen. Aus der Ferne sieht Zacháro wie ein weißer Fleck am Fuße der peloponnesischen Berge aus. Auf dem höchsten Punkt der Stadt steht die Kirche, von der aus man einen hübschen Ausblick auf die Lagune des 5 km nördlich liegenden Kurortes Kaiáphas mit seinen warmen Schwefelquellen hat. Wer auf der Straße Pátras – Kalamáta durch das Städtchen fährt, wird ihm wenig Attraktivität abgewinnen. Doch der herrliche, kilometerlange Sandstrand macht einen

Aufenthalt durchaus lohnend. Über die trostlosen Neubaugebiete in der Unterstadt sollte man freundlich hinwegsehen. Durch die verheerenden Waldbrände im August 2007 wurde der Ort überregional bekannt. Einzelne Dörfer des Gemeindebereichs wurden vollständig ein Raub der Flammen, Zacháro selbst wurde vom Feuer nur gestreift. Was leider fast völlig zerstört wurde, ist der einstmals dichte Pinienwald auf den Sanddünen in Richtung Kaiáphas, der den Strand von der Straße abtrennte.

Basis-Infos

Information Praktische Insider-Informationen zu Sehenswürdigkeiten und Ausflügen in der Umgebung gibt es vor Ort bei Tibulis Puppenstube (→ auch S. 511), etwa 7,5 km südlich von Zacháro in Káto Taxiárches. ✆ 26250/61758 (April bis Okt.).

Verbindungen Bus, 5-mal tägl. Athen (20 €), bis zu 10-mal tägl. Pátras (11,60 €), 2-mal tägl. Kalamáta (6,60 €), 4-mal tägl. Kyparissía (3,20 € via Tholó, Giannitsochóri, Eliá), etwa stündlich nach Pírgos (3,10 €), von dort sehr gute Anschlussmöglichkeiten. Die Busstation (Taverne nebenan) befindet sich in einer Seitenstraße ca. 100 m von der großen Kreuzung, gegenüber der Schule (großes gelb-weißes Gebäude).

Taxi, Station im Zentrum nahe der großen Kreuzung (am Kiosk), zum Strand 4,50 €, nach Kaiáphas 6 €. ✆ 26250/31356.

Adressen Bank, *National Bank of Greece* (mit EC-Automat) im Stadtkern gegenüber der Taxistation, Mo–Do 8–14:30 und Fr 8–14 Uhr.

Post, an der Hauptstraße, Mo–Fr 7.30–14 Uhr.

Übernachten

*** Rex Hotel, am Anfang der Seitenstraße von der Hauptstraße zum Meer. Das Familienhotel und die Terrasse sind liebevoll mit Rattanmöbeln, Antiquitäten und vielen Pflanzen eingerichtet. Sehr gutes Frühstück mit lokalen Produkten und freundlicher Service. EZ 50 €, DZ 55 €, Dreier 60 €, Vierer 70 € (in der Nebensaison 5 € günstiger). ✆ 26250/32537, mobil 6987891951, www.rexhotel-zacharo.gr.

Die meisten **Privatzimmer, Bungalows** und **Apartments** liegen in Strandnähe unweit oder an der Straße von Zacháro zum Strand (Distanz ca. 2 km).

Evelyn's House, an der Straße zwischen Zacháro und dem Strand (500 m davon entfernt), Dimokratía-Straße. Elf Zimmer mit Bad, Balkon und Kühlschrank sowie vier gut ausgestattete Apartments. Familiäre Atmosphäre, sehr gemütlich, Swimmingpool und kleine Bar im Garten. Gutes Preis-Leistungs-Verhältnis: DZ 30–50 €, Vierer-Apartment 40–65 € (ohne Frühstück), für Aug. unbedingt reservieren. ✆ 26250/32537, mobil 6987891951, www.evelynshouse.gr.

Banana Place, 8000 m² großes Grundstück, von Bananenstauden und Orangenbäumen beschattet, ca. 500 m vom Meer, knapp 2 km südlich von Zacháro (an der Straße zum Strand links ab, beschildert). Die schon etwas älteren Apartments verteilen sich auf mehrere Häuser. Zweier-Apartment mit Küche, Bad, Terrasse, Kühlschrank und Küchenbenutzung. Bar und Restaurant vorhanden. Die hilfsbereite, freundliche Besitzerfamilie Bilionis ist um das Wohl ihrer Gäste besorgt. Geöffnet von April bis Okt., für Aug. sollte man auch hier reservieren. 60 €, Vierer-Apartment 60–80 € (Frühstück 5 € pro Pers.) ✆ 26250/34400 oder 26253/00493, www.bananaplace.com.

Wohnmobile und -anhänger können am „Hausstrand" von Zacháro (50 m zum Meer) kostenlos abgestellt werden, Hinweistafeln weisen beiderseits der Straße darauf hin. Allerdings kein Strom, Wasser oder Entsorgungsmöglichkeit.

Am grandiosen Sandstrand mit Duschen, WCs, Umkleiden und Abfalleimern auch zwei Kioske, Tavernen. Liegen unter Strohdächern der Taverne. Kleiner Kinderspielplatz, es weht zu Recht die blaue Flagge.

Ausflüge von Zacháro

Für archäologisch Interessierte bieten sich Touren mit eigenem Fahrzeug zu den neueren Ausgrabungen in der Umgebung von Zacháro an. Unter Leitung des Deutschen Archäologischen Instituts wird seit 2003 die antike Landschaft *Triphylien* (wörtlich: das „Land der drei Stämme"), die in der Antike Sitz des triphylischen Städtebundes war, eingehend erforscht. Dabei werden gezielte Ausgrabungen durchgeführt. Wichtigste antike Orte waren Samikon, Lepreon, Hypana, Typanai, Pyrgos, Aipion, Bolax, Stylangion und Phrixa. Triphylien war häufig von mächtigeren Nachbarn umkämpft, im 3. Jh. v. Chr. befand sich das Land unter der Herrschaft der Eleaten (Aitolischer Bund), wurde im sog. Bundesgenossenkrieg vom Achaiischen Bund und dem Makedonen Philipp V. erobert, die schließlich die Exklave bis zum Beginn der römischen Zeit halten konnten. Die Region Triphylien war geprägt durch eine landwirtschaftlich orientierte Gesellschaft. Großen Einfluss nahmen die nahe Polis Elis und das mächtige Heiligtum von Olympía. Das Projekt des Deutschen Archäologischen Instituts erforscht hauptsächlich, wie sich die politische Organisation des triphylischen Städtebundes auf die Siedlungsstruktur der Region in der Antike ausgewirkt hat. Fragen zur Siedlungsdichte Triphyliens, der Form der Siedlungsstruktur sowie der Ausstattung mit öffentlichen, sakralen Bauten und Befestigungen sollen dabei geklärt werden. Alle unten genannten Ausgrabungen sind frei zugänglich.

Tempel der Athéna von Prasidáki (25 km von Zacháro): nahe dem modernen Ort wurde unter einem klassischen Bau aus dem 5. Jh. v. Chr. ein archaischer Vorgänger freigelegt, mit dem sich die frühe dorische Säulenarchitektur erstmals auch am westlichen Peloponnes nachweisen lassen. Zu besichtigen sind einige hüfthohe Grundmauern und Säulentrommeln, zuletzt jedoch massiv eingezäunt. Nach Prasidáki geht die Verlängerung der Hauptstraße durch den Ort in eine Schotterstraße über, der man folgt bis zu einer Hütte mit Zaun. Links davon befindet sich mitten in einem Olivenhain die Ausgrabung.

Strand ... endlos in Zacháro

„Sugar Town" und „Verbrannte Erde"

Zacháro im Jahr 2006. Ein findiger Bürgermeister stellt in Wahlkampfzeiten fest, dass der männlichen Bevölkerung seines Wahlkreises zu wenige heiratsfähige Frauen gegenüberstehen. Um den ledigen Männern zu helfen, ihr Leben zu ändern, nimmt er mit dem Bürgermeister der russischen Stadt Klin Kontakt auf und organisiert eine gegenseitige Schnuppertour mit zehn Heiratswilligen des Ortes und interessierten Russinnen.

Mit der Real-Doku *Sugar Town* des Regisseurs Kimon Tsakiris (griech.: Οι γαμπροί *I gambri* Die Bräutigame) erlangte der 12.000-Einwohner-Ort in Griechenland und überregional Bekanntheit. Der Film, der im März 2007 u. a. auch bei arte gezeigt wurde, liefert einen ironisch-satirischen Einblick mit gekonnten Abrissen des griechischen Dorflebens. Unweigerlich sucht man als Besucher im Ort Zacháro nach den im Film gezeigten Charakteren. Prädikat: Sehenswert!

Das gilt gleichermaßen für die Fortsetzung *Verbrannte Erde* ("Sugartown – The Day After") unter dem gleichen Regisseur, ein Film der zeigt, wie es nach der Feuerwalze in Zacháro weiterging: Korruption und Unfähigkeit von Seiten der Gemeindeführung und ein Bürgermeister, der sich mit Spendengeldern für den Wiederaufbau vom Roten Kreuz lieber ein neues Rathaus errichten ließ. Bemerkenswert im Film auch einige Live-Mitschnitte, in denen „Sheriff Chronopoulos" seine Stadträte vor laufender Kamera zusammenstaucht. Übrigens wurde Bürgermeister Pantazis Chronopoulos im Oktober 2011 abgesetzt und vom Obersten Griechischen Gerichtshof zu einer Haftstrafe von zehn Monaten verurteilt. Sein Nachfolger Spyros Bilionis war gerade einen Tag im Amt, als ein Generalsekretär feststellte, dass es zu Unregelmäßigkeiten bei seiner Wahl gekommen war, und ihm das Amt aberkannte. Bei den Bürgermeisterwahlen von 2014 wurde Pantazis Chronopoulos mit 50,47 % im ersten Wahlgang wieder gewählt.

Akropolis von Typaneaioder Aipy (ca. 23 km): südlich des modernen Ortes Platiána auf einem Hügel des Berges Lapitha gelegen. Innerhalb eines eindrucksvollen polygonalen Mauerringes mit Ausmaßen von 600 x 200 m (Mauerreste zum Teil bis 5 m Höhe) lassen sich mit archäologischem Spürsinn die „Akropolis", die „Agora" sowie Reste von Toren, einer Zisterne und Verteidigungstürmen erkennen. Lohnenswert vor allem wegen des 360°-Panorama-Blick (der auch durch die massiven Waldbrände in der Region nicht geschmälert wird). Von allen in den letzten Jahren begonnenen Grabungen eine der lohnenswertesten.

Anfahrt: Von Zacháro z. B. über Aríni-Miliá-Chrisohóri nach Platiána. Die Anfahrt zur Ausgrabung ist im Ort Platiána mit braungelben Wegweisern beschildert. Im Zweifelsfall immer bergauf. Abzweig an einer Tafel „Rally" nach links, danach auf einer tadellosen neuen Teerstraße der Beschilderung folgen. Die letzten 900 m über eine ausgewaschene Erdstraße (mit Auto machbar) bis zu einem „Parkplatz" am Fuße des Hügels (eine improvisierte Treppe führt hinauf).

Akropolis von Samikon (10 km): Mit einer polygonalen Mauer mit fast 1500 m Länge (mit einigen gut erhaltenen Toren und Mauerwerk bis zu 5 m Höhe), zahlreichen Häusergrundrissen, öffentlichen Gebäuden und großen Zisternen spielte die antike Stadt am westlichsten Ausläufer des Lapitha-Berges eine wichtige strategische

Der Traum von Tibor: Pantopoleio Museio

Ich traue meinen Augen nicht, als ich zum ersten Mal vorbeifahre. Vor einem alten Bauernhaus an der Straße von Káto Taxiárches (nahe Neochóri) nach Lépreo schiebt ein Pope einen Leyland DAF an, vor dem zwei Touristen sich auf ihrer Strandliege in der Sonne aalen. Vom Balkon winkt eine spärlich bekleidete Brünette den vorbeifahrenden Autos zu. Gut, es ist heiß ohne Aircondition, aber so heiß ...?

Als ich mich langsam an den Anblick gewöhne, schälen sich zwei Menschen aus Fleisch und Blut aus der Schaufensterpuppen-Szenerie und bieten mir eine Erfrischung an. Wir kommen ins Erzählen. Tibor kam 1977 als ungarischer Asylbewerber nach Griechenland, auf der Suche nach einer neuen Heimat. Sein Traum: Leben als Selbstversorger. Ulli, seine deutsche Frau, kam zum ersten Mal 1980 mit Interrail. 2004 entstand die Idee, das alte Steinhaus an der Straße zu kaufen und es als Museum herzurichten. Unter dem traditionell hölzernen Dachgebälk wurden die Lehmwände gerichtet mit dem, was die Umgebung hergibt, bis hin zu Steinen aus dem Bach. „Tibulis Puppenstube", wie die beiden freundlichen Besitzer ihr Schmuckstück nennen, ist auf erfrischende Weise vom Keller bis unters Dach angefüllt mit vergessenen Utensilien aus griechischen Haushalten, landwirtschaftlichen Werkzeugen, dazwischen Flaschen, Hüte, Truhen, Polizeiuniform, Lampen, Uhren und viele Fotos von unbekannten Menschen aus der guten alten Zeit. Für Kitsch ist kein Platz im Haus. Tibor klatscht in die Hände und lässt den chinesischen Plastikvogel in seinem Käfig trällern. Dann setzt er sich wieder auf seinen Stuhl im Schatten, grinst und betätigt mit einer Nylonschnur die Zugvorrichtung, die die Puppe an der Straße winken lässt. Freilich freuen sich die beiden, wenn Leute nicht nur das Museum anschauen kommen, das noch dazu keinen Eintritt kostet, sondern auch von ihrem selbst gemachten Olivenöl kaufen, vom hauseigenen Zipouro, Honig oder Marmelade aus dem eigenen Garten, oder getrockneten Kräutern aus der Umgebung. „Aber wir freuen uns auch so, wenn die Leute nur vorbeikommen und wir im Schatten ins Plaudern kommen", meint Ulli. In zweifacher Hinsicht hatten die beiden Wahlgriechen unbeschreibliches Glück, denn sowohl Museum als auch ihr liebevoll gebautes Wohnparadies (→ S. 512) im nur 2 km entfernten Waldstück blieb beim verheerenden Waldbrand von 2007 wie durch ein Wunder um wenige Meter von den Flammen verschont. Gerade als wir gemütlich im Schatten sitzen, kommt ein Mann vorbei, der gerne einen Esel (mit Sattel) bei Tibuli abgeben möchte, weil die Besitzerin kürzlich gestorben ist. Die Menschen in der Umgebung haben Ulli und Tibor längst in ihr Herz geschlossen; ich bin mir sicher, *Sie* werden das auch.

Andreas Neumeier

Tibulis Puppenstube

Rolle. Sie kontrollierte den schmalen Durchgang zwischen den Berge und dem Golf von Kyparissía auf dem Weg nach Triphylien bzw. weiter nach Messinien. Für Hobby-Archäologen beeindruckende Ausgrabung, zumal mit englischen Informationstafeln versehen. Einige Gebäudereste sind mit Plastikfolien geschützt oder mit Wellblech überdacht. Die Anfahrt von der Küstenstrecke ist kurz nach dem Kaiaphas-See beschildert, der letzte Kilometer muss auf Schotter zurückgelegt werden.

Tipp: Ein lohnenswerter Ausflug führt über 16 km (einfach) zur *Felsenkirche Panagia Smerniótissa*, nahe dem Ort Smérna. Die eindrucksvolle Kirche liegt inmitten der einsamen Berglandschaft. Ihren gesamten Innenraum nimmt eine Felsgrotte ein, die mit Ikonen und Devotionalien reich ausgestattet ist. Grandios ist auch der Ausblick von den zahlreichen Terrassen im Aufgangsbereich, der eigentlich nur noch vom 360°-Rundumblick von einem Aussichtsturm übertroffen wird, zu dem kurz vor der Kirche ein Pfad hinauf führt.

Anfahrt In Zacháro an der Durchgangsstraße (von Pátras kommend) am Laden mit dem Vodafone-Symbol links abbiegen, vorbei am neuen Rathaus (einem rötlichen Bau) und gerade halten. Kurz danach eine Links-Rechts-Kurve auf dem Weg zum Nachbarort Xirochóri. In der Folge der Beschilderung nach *Smérna* folgen (auf kurviger Strecke durch skurrile Waldbrandflächen), unterhalb des Ortes zweigt eine 1,6 km lange Betonpiste zur Felsenkirche ab, an deren Ende eine Wendemöglichkeit und Abstellmöglichkeit für Pkw besteht.

Übernachten „Kleines Wasserschloss", hier haben sich Ulli und Tibor ihren Traum verwirklicht. Traumhaftes Anwesen in völlig eigenwilligem Stil, von Tibor mit viel Kreativität und handwerklichem Geschick selbst erbaut; mit mehreren kleinen Kapellen, schattigen Innenhöfen unter Palmen. Treppen, Torbögen, Brunnen. Dazwischen Hühner, Katzen, Kaninchen und Hunde in trauter Eintracht. „Ich habe von Architektur wenig Ahnung", sagt Tibor. „Ursprünglich habe ich mich am Baustil der Kykladenhäuser orientiert, doch dann ist es außer Kontrolle geraten." Seit 2007 mit einem blitzsauberen Anbau für bis zu fünf Gäste. Mit eigener (kalter) Dusche, Küchennische und WC, seit 2010 auch mit Strom. Urlaub auf dem Bauernhof sozusagen, auch mit Kindern ein besonderer Tipp! Wegen der bisher einfachen Ausstattung kostet das Gästehaus je nach Personenzahl 25–35 €. Vor Ort am besten beim Museum melden, die Zufahrt auf Schotter durch den Wald ist nicht einfach zu finden, ✆ 26250/61758 (im Sommer 10–13.30 und 17.30–20,30 Uhr), mobil 6936223433 (am besten per SMS); weitere Infos unter www.tibulisgreece.de.tl. ∎

》》 Lesertipp: „1,5 km weiter landeinwärts, direkt an der Straße, eine gemütliche **Taverne**, ein Familienbetrieb, an Samstagen mit Livemusik von Künstlern aus der Gegend" (Richard Skowronnek). **《《**

Kaiáphas

Von hohem Schilf und alten Pinien umgeben ist die *Lagune von Kaiáphas*. Das 32 Grad warme Schwefelwasser der Heilquellen von *Loutrá Kaiáphas* hilft insbesondere gegen Hautkrankheiten, Neuralgien und chronischen Katarrh. Das völlig renovierte, aber bescheidene, kleine Thermalzentrum steht von Juni bis Mitte November zur Verfügung, im Winter ist die Anlage völlig verwaist. Das gesundheitsfördernde, gelbliche Wasser kommt aus zwei großen Grotten: der *Höhle der Anigranischen Nymphen* und der *Höhle von Geranion*. Sie liegen an der Bergseite im östlichen Teil der Lagune, sind jedoch nach mehreren Felsabgängen gesperrt. Deshalb wurde die Anlage in einen glasüberdachten Pool verlegt. Das Kurbad hat eine jahrtausendelange Tradition, in der Antike wurden mit dem heilenden Wasser Hautkrankheiten behandelt. Der Name des Bades leitet sich vom jüdischen

Hohepriester *Kaiphas* ab, der an der Küste nordöstlich von Zacháro gestrandet sein soll.

Man erreicht die Quellen mit dem Pkw, indem man ca. 1 km nördlich vom ehemaligen Kurhotel von der Verbindungsstraße Zacháro – Pírgos die Abzweigung nach rechts nimmt (Beschilderung „Thermal Springs of Kaiafas"). Baden kann man nur im kleinen, überdachten Pool, ältere Leute finden im Gebäude spezielle Badewannen und Pfleger/Ärzte. Geöffnet ist das Thermalzentrum von 8 bis 19 Uhr, Eintritt 6,60 €.

Übernachten * **Hotel Olympia**, auf einer Insel inmitten der Lagune, per pedes auf einer schmalen Brücke zu erreichen, befindet sich das Kurhotel – über allem hängt die Aura verblasster Noblesse. EZ ab 45 €, DZ ab 55 €, ohne Frühstück. ✆ 26250/31705.

Übrigens verbergen sich hinter dem spärlich bewachsenen Hügel die dünenartigen Strände von Zacháro und Kaiáphas, die selbst im Hochsommer menschenleer sind.

Verbindungen Die Busse von Zacháro und Pírgos halten auf der Höhe des ehemaligen Kurhotels. Vor dem Thermalzentrum warten Taxis auf die Besucher.

Baden Die Küste von Kaiáphas ist ideal zum Baden. Zwischen dem Meer und der verkehrsreichen Küstenstraße kilometerlanger Sandstrand in Dünenlandschaft, auf dem selbst im Hochsommer kein Gedränge herrscht.

Pírgos

Griechische Städte bieten in der Regel ein wenig ansehnliches Bild. Pírgos macht da keine Ausnahme. Die 29.000-Einwohner-Stadt hat fast nichts zu bieten, was einen Besuch lohnen würde. Durchgangsverkehr und ein zersiedeltes Stadtbild mit modernen Betonhäusern und Hektik prägen das wichtige Agrar- und Handelszentrum des westlichen Peloponnes. Von der historischen Baustruktur ist bis auf eine alte Markthalle an der Platia Eparkiou nichts übrig geblieben, immer wieder fallen reichlich „improvisierte" einstöckige Gebäude auf, die zum Teil nur mit abenteuerlich anmutenden Dachkonstruktionen abgedeckt sind. Blickfang sind die Ortskirche Ágios Nikólaos und die klassizistische Stadthalle mit Säulenfront in einer Seitenstraße der zentralen „Ermou". Hier lohnt ein Spaziergang entlang der vielen kleinen Einzelhandelsgeschäfte. Blumenläden, Cafés, Schuster, chinesische Billigläden, Schneider, es riecht nach Parfüm, Aprikosen, Fisch, Mottenkugeln und Weihrauch. Wer dem Hupkonzert in der schmalen Hauptstraße entgehen will, findet entspannte Atmosphäre in einer kleinen Fußgängerzone. Die meisten Reisenden lernen Pírgos freilich als Durchgangsstation kennen: ein größerer Bahnhof (schönstes Gebäude der Stadt) mit Verbindungen nach Pátras, Athen und Kalamáta sowie eine Stichbahn nach Olympía.

Basis-Infos

Information Touristenpolizei, im ersten Stock des Polizeigebäudes (neben dem Hotel Olympos) untergebracht. Karkavitsa-Straße 4, ✆ 26210/37111.

Verbindungen Bus, von 6–21 Uhr ca. stündl. nach Olympía (2,50 €), 4-mal tägl. Kyllíni-Hafen (4,30 €), 10-mal Pátras (10,60 €), 9-mal über Tripolis und Korínth (22,50 €) nach Athen (30,10€, 5 Std.), 2-mal Kalamáta (10,80 €), 11-mal tägl. Zacháro (3,80 €), 11-mal tägl. Kréstena (2,10 €), 2-mal tägl. Andrítsena (5,30 €), 4-mal tägl. Kyparissía (5,30 €; der Bus hält in Tholó, Giannitsochóri und Eléa), 2-mal tägl. Phigália (4,50 €), 17-mal Amaliáda (3,30 €; hier umsteigen für Kyllíni, Gastouni und Vartholomio) und ca. stündlich nach Katákolon (1,70 €). Am Wochenende deutlich weniger Verbindungen! Die neue Busstation (Café gegenüber) befindet sich in

514　Élis

der Erithroú-Stávrou-Str., nahe der Hauptstraße nach Pátras (Generalrichtung: Fußballstadion).

> Freundlich: Bei einer unserer Recherchen haben wir versehentlich unser Auto an der belebten Hauptstraße im Parkverbot abgestellt. Anstelle des fälligen Strafzettels klemmte ein offizielles Schreiben mit Stempel der Stadt Pírgos unter dem Scheibenwischer: Bonus für 30 Min. freies Parken (aber verlassen Sie sich nicht darauf …!).

Taxi, Taxistände im Zentrum an der Platia und bei der Busstation, ✆ 26210/25000. Eine Fahrt zur Halbinsel Katákolon kostet 10 €, nach Olympía 16 €.

Die **Abzweigung nach Olympía** liegt etwas versteckt am östlichen Stadtrand in Verlängerung der Ermou-Str. (hinter Lidl-Markt) nach links.

Adressen Bank: diverse Banken im Zentrum, z. B. die *National Bank of Greece* an der Platia, mit Geldautomat, Mo–Do 8–14.30 und Fr 8–14Uhr.

》》 Mein Tipp: Werfen Sie einen Blick in die schrullige **Barbierstube** am oberen Ende der Achilleos-Straße (Nr. 2): Der betagte Herr erwartet seine Kundschaft in einem großen Raum mit wildem Durcheinander zwischen Zeitungen, Vogelkäfigen und Raki-Flaschen, die Spiegel schon fast blind. Achtung, im hinteren Teil sind sogar die Holzbretter am Boden morsch! Wer sich traut, kann sich setzen, bis es heißt „Der Nächste, bitte …" 《《

Krankenhaus: am nördlichen Stadtrand an der Straße nach Kyllíni, ✆ 26210/22222.

Polizei: Karkavitsa 4 (neben dem Hotel Olympos), ✆ 26210/33333 oder 81737

Post: im Zentrum, ausgeschildert, Manolopoulou-Straße, Mo–Fr 7.30–14 Uhr.

Übernachten

** **Hotel Olympos**, siebenstöckiges Haus neben der Polizei (200 m vom Bahnhof), zentral gelegen, freundlicher Service, 37 angenehme Zimmer mit Aircondition, Sat-TV, Minibar, freies WLAN und Safe, funktionell eingerichtet. Offiziell EZ ab 65 €, DZ 50–100 €, bei Zögerlichkeit Ihrerseits ist ein Rabatt nicht auszuschließen. Karkavitsa-Str. 2 (Ecke Patron-Str.), ✆ 26210/3365-0 bis -2, www.hotelolympos.gr.

** **Hotel Marily**, beim Bahnhof, nahe dem Hotel Ilida, 27 Zimmer mit Bad und Dusche, Aircondition, TV, Safe, freies WLAN und Mini-Bar. Zimmereinrichtung modern, Lobby etwas altbacken. EZ ab 32 €, DZ ab 58 € (inkl. Frühstück). Deligianni-Str. 48 (Parallelstraße zum Bahnhof)/Ecke Themistokleos-Str, ✆ 26210/28133, www.hotelmarily.gr.

** **Hotel Ilida**, in die Jahre gekommenes Hotel an der Hauptstraße (Patron-Str. 50/ Ecke Deligianni-Str.), wenige Minuten vom Bahnhof, relativ laut. 35 Zimmer. Gut und bequem eingerichtet, mit Bad, Balkon und TV. Freies WLAN. EZ 55–60 €, DZ 60–75 € (inkl. Frühstück). ✆ 26210/2804-6/-7, www.hotelilida.gr.

Camping → „Paloúki".

Katákolon

Der kleine Fischer- und Hafenort ist ein beliebtes Sonntagsausflugsziel für die Bewohner des 11 km entfernten Pírgos. Bewaldete Berghänge fallen steil ab, entlang dem schmalen Ufer sind die Häuser wie Perlen an einer Kette aufgereiht. Die weite Sandbucht mit unzähligen Ferienhäusern vor Katákolon (ca. 6 km entfernt) erfreut sich großer Beliebtheit, am Wochenende herrscht reger Betrieb. Die Landschaft um Katákolon wird intensiv für Obst- und Gemüseanbau genutzt, die landwirtschaftlichen Produkte werden direkt von hier verschifft. Doch die große Marina hat vor allem touristische Bedeutung, bisweilen legen auch Ozeanriesen auf ihrer Fahrt durchs Mittelmeer an – schließlich ist Katákolon der nächstgelegene Hafen für einen Landausflug nach Olympía. In Zukunft dürfte der Trubel noch größer werden, denn Griechenland beginnt mit Erdölbohrungen: Vor der Küste von Katákolon werden bis zu drei Millionen Barrel des Rohstoffes vermutet.

An der Mole reihen sich die Restaurants aneinander, abends ist hier Flanieren angesagt. Die Anwesenheit der zahlreichen Ausflügler belebt das Geschäft, an allen Ecken und Enden schießen Souvenirläden aus dem Boden, Bouzouki-Gedudel erfüllt die Luft. War einst der fangfrische Fisch in den Tavernen fast zum Schnäppchenpreis zu haben, so mehren sich leider inzwischen die Leserstimmen von „unverschämte Kilopreise" bis hin zu „Touristennepp".

Verbindungen Bus, ca. stündlich nach Pírgos (1,70 €).

Der griechische Traum – vom Bootsmann zum Milliardär

Auf vier Milliarden Dollar schätzte die Wirtschaftszeitung „Handelsblatt" das Privatvermögen des im April 2003 verstorbenen Jannis Latsis, des wohl berühmtesten und mit Sicherheit reichsten Sohns, den der bescheidene Hafenort Katákolon je hervorgebracht hat. 1910 wurde er hier als zweiter Sohn armer Fischer geboren, sein erstes Geld verdiente Latsis nach der Schule als Bootsmann. Angefangen hatte die bilderbuchhafte Karriere des Jannis Latsis im Zweiten Weltkrieg. Zwielichtige Geschäfte auf dem Schwarzmarkt und mit den Besatzern wurden ihm nachgesagt, beweisen konnte aber niemand etwas. Latsis kam jedenfalls durch den Krieg zu Geld, und das wusste er in der Folgezeit mit sicherem Gespür zu mehren. Er kaufte ein Ausflugsboot und brachte Menschen von Piräus nach Spétses, dann kaufte er noch eins und brachte Katzen von Zypern nach Rhodos, dann Pilger aus dem Maghreb nach Saudi-Arabien. Latsis machte die Bekanntschaft mit dem saudischen Königshaus und stieg in den Öltransport ein, und so nahm die Entwicklung vom Bootsmann zum Milliardär ihren Lauf ...

Die Firma Latsis ist heute ein Imperium, das neben Reedereien, Werften, Raffinerien und Baugesellschaften auch die zweitgrößte Privatbank Griechenlands *(Eurobank)* besitzt. Seine guten Kontakte zur Politik kamen Latsis, dem Duzfreund von George Bush sen., Michail Gorbatschow und John Major, bei seinem Aufstieg zum Milliardär ebenso zugute wie eine gewisse Anpassungsfähigkeit: „Dem griechischen Diktator Papadopoulos schüttelte er ebenso herzlich die Hand wie dem Linkssozialisten Papandreou", schrieb das „Handelsblatt" 1998, als das griechische Familienimperium durch den Aufkauf verschiedener griechischer Banken (u. a. die *Cretabank)* in der internationalen Wirtschaftspresse von sich reden machte. Dabei machte sich Latsis aber auch als großzügiger Gönner einen Namen: Den griechischen Staat und Parteien, die griechische Minderheit in Albanien und Erdbebenopfer, mittellose Seeleute, besonders aber Bedürftige seiner Heimat Élis bedachte er mit millionenschweren Zuwendungen; seine Luxusjacht „Alexander" stellte er sowohl dem Eherettungsversuch von Prinz Charles und Lady Diana wie auch zu Staatsempfängen zur Verfügung. Bereits einige Jahre vor seinem Tod übergab Latsis die Geschäfte an seinen Sohn Spiros, der als Professor in Harvard und an der London School of Economics tätig ist.

Katákolon/Umgebung

Ágios Andréas: Das winzige Dorf liegt an der nördlichen Seite der Halbinsel von Katákolon (2 km). Trotz der Lage in einer romantischen Bucht mit zwei vorgelagerten Inselchen lockt das an einem Berghang gelegene Dörfchen bisher nur wenige ausländische Besucher an. Der Sandstrand mit seinen dekorativen Felsen ist relativ klein und noch unverbaut. Je nach Jahreszeit können jedoch angeschwemmte Wasserpflanzen die Badefreuden beeinträchtigen.

Der Clou von Ágios Andréas: In der Bucht liegen unter Wasser die Reste der antiken Stadt *Pheia*, die vor zweieinhalbtausend Jahren einem Erdbeben zum Opfer fiel. Oberhalb des Dorfes die Ruine einer fränkischen Burg, die auf eine antike Akropolis zurückgeht.

Übernachten/Essen ** Hotel Vryniotis, direkt am Meer mit kleinem Strand (Einstieg über Felsen). Freundliche Atmosphäre, herrliche Terrasse und kleiner Garten mit Blick auf Zakýnthos,. Sauber, großes Restaurant, schöne Zimmer. Ganzjährig geöffnet. Es werden auch einige Apartments und Privatzimmer vermietet. DZ/Frühstück (mit Bad, Balkon, TV) 60–90 € je nach Blick. In Ágios Andréas, ✆ 26210/41294 oder 26210/41158, www.vriniotis.gr.

Skafídia

Wenig reizvolles Dorf, der Strand ist mittlerweile verbaut und an der Küste steht eine Bettenburg für annähernd 700 Gäste. Einen gewichtigen Grund, Skafídia trotzdem einen Besuch abzustatten, liefert seine sehenswerte *Basilika*. Der weiß getünchte Innenhof (mit Zitronenbäumen) des abseits gelegenen Klosters strahlt Ruhe und Beschaulichkeit aus. Die freundlichen Nonnen schließen das Kirchlein dem interessierten Besucher gerne auf. Hinter dem alten Gemäuer verbergen sich jahrhundertealte byzantinische Fresken, die jedoch stark gelitten haben, sowie eine Bücherei und ein Archiv mit Manuskripten aus der Zeit des Unabhängigkeitskrieges 1821. Mittlerweile hat man sich im Kloster auf die paar Besucher eingerichtet. Am Eingang hängen lange Hosen und Röcke bereit, ein kleiner Andenkenladen bietet Heiligenbilder an.

Anfahrt: Am einfachsten erreicht man Skafídia über Skourohóri (von dort aus beschildert). Hat man Skafídia erreicht, liegt das Kloster auf der rechten Seite nahe der Küste. Tägl. 9–12 und 17–20 Uhr, im Winter 8–13 und 16–18 Uhr.

Paloúki/Kouroúta

Von der Nationalstraße Pírgos – Pátras führen Stichstraßen zu den Dörfern an der Küste. Meist sind diese Dörfer nichts anderes als einzeln stehende Häuser umgeben von Feldern, dazu ein paar Hotels und zwei wirklich empfehlenswerte Campingplätze am Strand. Busverbindung nach Amaliáda. Was beide Orte auszeichnet, ist ein wirklich schöner, kilometerlanger Sandstrand, der von den Gemeinden sauber gehalten wird. Freilich, einsam ist man hier längst nicht mehr – in den Sommermonaten und vor allem an den Wochenenden erholen sich vorrangig Griechen unter Hunderten von Strohschirmen mit Liegestühlen. Zahlreiche Beachbars sind gut besucht, zum wummernden Sound von Techno-Musik zeigt man seinen Körper bis spät am Abend beim Beachvolleyball. Dementsprechend findet man hier vor allem junge Leute, in der Umgebung des Strandes viele „wilde" Parkplätze, aber fast immer überfüllt.

Camping Camping Kourouta, 20 km von Pírgos und 3 km von der großen Straße nach Pátras entfernt (beim gleichnamigen Dorf abbiegen, beschildert). Ruhiger Platz mit herrlichem „Puderzucker"-Sandstrand (seichtes Wasser), vor allem bei Familien

Freizeitstress zwischen Beachball, Techno und Café Frappé

beliebt, mit Bar und Restaurant direkt am Meer – sehr nett. Im Mini-Market gibt es täglich frisches Obst. Die Sanitäranlagen sind gepflegt. Besitzer Konstantin Andriopoulos aus Amaliáda ist sehr hilfsbereit und freundlich (spricht Deutsch). („Duschen leider ab 17 Uhr kalt", Leserbrief von Elisabeth Putre). Pro Pers. 7,50 €, Kind 3,50 €, Auto 3,20 €, Zelt 5–5,50 €, Wohnwagen 7 €, Wohnmobil 7,50 €, Strom 3,80 €. Vermietet werden auch hübsche Studios für max. 4 Pers. (eher für Familien geeignet, die Betten befinden sich auf der Empore) mit Küche, Bad und Balkon für ca. 55 €. April bis Okt. geöffnet. ✆ 26220/22901, www.campingkourouta.gr.

》》 Mein Tipp: **Camping Palouki**, kleiner und äußerst gemütlicher Platz direkt am Strand. Netter, auch Deutsch sprechender Besitzer Herr Stefanos, gepflegte Anlage, sehr saubere sanitäre Einrichtungen, viel Schatten, Waschmaschine, Küche, kleine Bibliothek, Mini-Market, Bar und ein idyllisches Restaurant am Meer – Camping kann kaum schöner sein. Der Platz bietet auch „Entsorgungsmöglichkeit für Reisemobile". Der Strand ist okay, wird in nördliche Richtung aber noch besser. Lage: 18 km nördlich von Pírgos, Ausfahrt Paloúki, dann noch etwa 2,5 km. Pro Pers. 6,50–7,50 €, Auto 3,50 €, Zelt 4,50–5,50 €, Wohnwagen 6,50 €, Wohnmobil 8 €, Strom 4,50 €. Geöffnet April bis Okt. Von der National Road beschildert, ✆ 26220/24942, www.camping-palouki.gr. 《《

Das antike Élis

Das fruchtbare Schwemmland mit seinen sagenumwobenen Viehherden entlang dem Fluss Piniós hieß in der Antike Élis. In der reichen, flachen Kulturlandschaft entstand die gleichnamige Stadt mit ihren imposanten Bauwerken. Vor allem das Theater und das Museum machen einen Besuch lohnenswert.
Bereits 1910 begann ein Team des Österreichischen Archäologischen Instituts in Élis zu graben – mit Erfolg.

Im Juli und Aug. findet hier ein *Theaterfestival* statt, bei dem überwiegend griechische Komödien und Tragödien aufgeführt werden.

Sehenswertes: Das *Theater* stammt aus dem 4. Jh. v. Chr., wurde jedoch von den Römern später umgebaut. Fundamente des Bühnengebäudes sind noch zu sehen. Es liegt auf der linken Straßenseite, 100 m neben dem Museum.

Aus Pausanias' Beschreibungen geht hervor, dass die *Agora* im „alten Stil" erbaut wurde: Straßen verliefen hindurch und der Platz bot genügend Raum für Training mit Pferden und Gespannen. Die Agora erstreckte sich in der Ebene vom Trainingsgelände der Athleten im Westen bis zum Theater.

Gymnasion: Versteckt, unmittelbar neben der Straße wenige Hundert Meter Richtung Gastoúni, sind die Überreste des Gymnasions zu erkennen, das den Sportlern der Olympischen Spiele als Trainingsstätte diente. Genau genommen hatte die Stadt zwei Gymnasien (*Xystos* und *Maltho*), in denen die Sportler und Betreuer aus aller Welt zumindest einen Monat zu verbringen hatten, um die Abläufe und Gepflogenheiten der Olympischen Spiele zu erlernen.

Akropolis: 1 km weiter, auf der rechten Seite bei einem Wasserreservoir, steht ein Teil der Stadtmauer, die 312 v. Chr. zusammen mit der Akropolis auf dem Hügel errichtet wurde. Derzeit wird auf dem gesamten Areal wieder fleißig gegraben und befestigt, auch ein komplett neuer Eingangsbereich wurde angelegt.

Museum: Wen interessiert, wie die Österreicher das antike Élis ausgegraben haben, erfährt es hier. Fotos dokumentieren die Arbeit von anno dazumal. Leider sind die Bildunterschriften nur in griechischer Sprache abgefasst. Daneben zahlreiche Exponate aus dem Ausgrabungsgelände sowie ein Plan der Stätte.

Straße Pátras – Pírgos, aus Norden kommend kurz vor Gastoúni Wegweiser „Ancient Élis", ca. 12 km, Asphaltstraße. Tägl. (außer Mo) 8–15 Uhr. Eintritt frei.

Kyllíni

In Stichworten: kilometerlange, dünenartige Sandstrände, hässlicher Fährhafen, gesundheitsfördernde Heilquellen samt staatlicher Hotelruinen, sportive Club-Atmosphäre des hermetisch abgeriegelten, aber sehr noblen Kyllini Beach-Clubs und ein neues, überdimensionales Resorthotel. Über der Gegend thront majestätisch die – nachts eindrucksvoll beleuchtete – Frankenfestung Chlemutsi.

Die meisten Reisenden lernen lediglich den – unter ästhetischen Gesichtspunkten – völlig missglückten Fährhafen am nördlichen Ende der peloponnesischen Halbinsel kennen. Von hier setzen große Autofähren mehrmals täglich nach Zákynthos und Kefaloniá über. Doch die Gegend um Kyllíni besitzt selbst für einen längeren Badeurlaub genügend Attraktivität: 10 km südlich vom Hafenort liegt *Loutrá Kyllíni* mit seinem kilometerlangen Sandstrand. Für Individualisten eingeschränktes Urlaubsvergnügen durch die neu erbaute Paradehotel-Anlage einer namhaften griechischen Hotelkette, doch der Strand und das Meer bieten Badevergnügen pur.

Übernachten Gute und günstige Übernachtungsmöglichkeiten bieten sich in den umliegenden Orten Glýpha, Arkoúdi und Vartholomió. Man sollte hier allerdings motorisiert sein, die Busverbindungen sind relativ bescheiden.

Kyllíni-Hafen

Kyllíni wird von zwei Faktoren geprägt – dem intensiven Fährverkehr mit den Ionischen Inseln und daneben von dem militäreigenen Wohnareal für die Angehörigen des nahe gelegenen Armee-Flughafens in Andravída.

Der Ort besteht praktisch nur aus zwei Straßen: eine für die An- und eine für die Abfahrt. Moderne Betonskelett-Häuser, ein Sandstrand mit flacher Uferzone, ein paar Tavernen, ein Bankomat und eine Post.

Kyllíni-Hafen

Information Hafenpolizei, ℡ 26230/92211.

Verbindungen Die beiden Anbieter „Ionian Group" (Levante Ferries) und „Kefalonia Lines" setzen mehrmals täglich zu den Ionischen Inseln über. Tickets verkaufen sie in ihren Buden am Hafen oder online. Die Preise zwischen den Anbietern unterscheiden sich nur leicht. Informationen und Abfahrtszeiten unter www.ioniangroup.com und ℡ 26230/92080 bzw. kefalonianlines.com und ℡ 26230/92210.

Zákynthos-Fähren: Zákynthos wird bis Mitte Sept. zwischen 7.15 und 21 Uhr tägl. 11-mal von Kyllíni aus angelaufen (im Winter 7-mal). Die Fahrt dauert etwa 1 Std. Preise einfach (mit Ionian Lines): Pers. 8,90 €, Auto 28,90 €, Motorrad 8,20 oder 12,80 €.

Kefaloniá-Fähren: Diese Insel wird im Sommer zwischen 5.45 und 22 Uhr tägl. 9-mal von Kyllíni nach Póros angefahren (im Winter 8-mal). Fahrtdauer 1:20 Std. Preise einfach (Ionian Lines): Pers. 9,80 €, Auto 38,70 €, Motorrad 9,50 oder 14 €.

Bus: Die Busse nach Pátras fahren meist auf den ankommenden Fähren mit, man kann jedoch zusteigen, wenn Plätze frei sind. Bushaltestelle am Kiosk vor dem Hafeneingang, 5-mal tägl. über Lechaina (2,80 €) nach Pírgos (4,60 €).

Baden Ein sauberer und seichter Strand mit Liegen und Sonnenschirmen (frei zu benutzen bei Getränkebezug) schließt sich unmittelbar an den Fährhafen an; in der Ferne lässt sich Zákynthos erkennen. Die Strände westlich des Hafenortes sind dagegen eher verdreckt.

Übernachten ** Hotel Ionion, 300 m vom Fährhafen, in wenig romantischer Umgebung. Dreistöckiges, leicht orangefarbenes Haus am Strand, 22 Zimmer mit Badewanne oder Dusche. DZ ab 60 € (verhandeln möglich). ℡ 26230/92234, www.hotelionion.gr.

Privatzimmer: Recht schlichte, aber durchaus akzeptable Zimmer werden über dem Restaurant Sea Garden am Hafen vermietet, alle mit Bad, TV, Aircondition, WLAN und z. T. Balkon. DZ ab 35 €, Frühstück 6 € pro Pers. ℡ 26230/92165 (Spiros), www.seagarden.gr.

Essen & Trinken »» Lesertipp: Taverne Ippokampos, das „Seepferdchen", nahe dem Hafen (etwas zurückversetzt). Unsere Leserin Tanja Markert hat hier das beste Souvláki ihrer Griechenlandreise gegessen. Ganztägig geöffnet, sehr empfehlenswert. ℡ 26230/92414. «««

Viele gute **Gíros-Buden** und **Snackbars** in Hafennähe verkürzen die Wartezeit auf Fähre oder Bus.

Surreale Betonwanne für Viehzüchter

Der *Piniós-Stausee* bedeutet Gigantomanie beim Dörfchen Kendron. Eine wuchtige, ungemein breite Betonwand staut das Wasser aus dem Erýmanthos-Massiv. Es dient in erster Linie zur Bewässerung des fruchtbaren Bodens der Élis. In ausbetonierten Gräben (das kostbare Nass würde sonst sofort versickern) wird es über lange Strecken zu den Feldern geleitet. Der weit verzweigte Piniós-Stausee wirkt die meiste Zeit des Jahres, vor allem im Hochsommer, alles andere als idyllisch: ziemlich ausgetrocknet, die Ufer größtenteils verschlickt, das Wasser eine milchig-graue Brühe – zum Baden auf keinen Fall geeignet. Im Frühling dagegen ist er eine Augenweide.

Glücklich über den 1961/62 entstandenen Stausee – ein Werk amerikanischer Ingenieure – sind die Viehzüchter. Sie schätzen ihn als überdimensionale Tränke für ihre Herden. Bei Kendron kann man auf der Dammkrone entlangfahren. Ein surrealistischer Anblick!

6 km östlich vom antiken Élis, auf Asphaltstraße bis zum Dorf Kendron.

Sehenswertes

Moni Vlachernón: im Ortsteil Káto Panagía. Hinweisschilder sind spärlich und auf Griechisch. In der ehemaligen Klosteranlage ist ein Altersheim untergebracht, die

Tür meistens versperrt. Innerhalb der Klosteranlage befindet sich eine dreischiffige Basilika aus dem 12. Jh. mit nachbyzantinischen Fresken aus dem 15. Jh.

Festung Chlemutsi: Herrschaftlich auf einem Berg zwischen Kyllíni und Loutrá Kyllíni thront die mächtige Frankenfestung über dem Dorf Kástro. Die Burg, durch einen hohen äußeren und inneren Mauerring geschützt und hervorragend erhalten, zählt zweifellos zu den Attraktionen dieser Gegend. Bereits in prähistorischer Zeit war der Burghügel wegen seiner günstigen Lage besiedelt. 1220 wurde mit dem Bau der Burg unter *Geoffrey Villehardouin* begonnen. Der Adelsspross finanzierte die enormen Baukosten mit beschlagnahmten Kirchengütern. Darüber war der Papst so empört, dass er den dreisten Aristokraten mit dem Kirchenbann belegte. Die Burg erlebte unter den Franken und Byzantinern eine wechselvolle Geschichte. 1687 wurde Chlemutsi von den Venezianern erobert, die es *Castel Tornese* nannten.

Sonnenlos und Mondlos

Der mächtige König von Paliópoli (dem heutigen Élis) verliebte sich einst in die Königin von Chlemutsi, die seine Liebe auch erwiderte. Doch es befiel beide ein verhängnisvoller Fluch: Wären sie dem Licht ausgesetzt, so würden sie sich auf der Stelle in Marmor verwandeln. Dementsprechend wurde der arme König „Sonnenlos" genannt, seine Liebe „Mondlos". Treffen konnten sie sich freilich über einen langen unterirdischen Tunnel, der Paliópoli und Chlemutsi verband. Auf dem Rückweg von seiner Liebsten wurde Sonnenlos eines Tages von den ersten Sonnenstrahlen getroffen, als er gerade in seinen Palast huschte, und verwandelte sich in eine Marmorsäule. Mondlos hat seither nicht zu klagen aufgehört, in mondlosen Nächten geht sie in der Festung um, und wer genau hinhört, kann sie sogar schluchzen hören ...

Die innere Burg ist eine sechseckige Anlage. Besonders beeindruckend sind die riesigen Gewölbe. Man kann bis aufs Dach hinaufsteigen und genießt einen fantastischen Ausblick auf die Halbinsel und die benachbarten Ionischen Inseln. Zudem gibt es ein Museum. Interessant: In einem Raum wird dargestellt, wie ein Zimmer in der Burg früher ausgesehen hat. Die Burg wird ständig renoviert und das Museum so immer weiter verbessert.

Seine Eindrücke beschreibt der berühmte griechische Schriftsteller *Nikos Kazantzakis* („Alexis Sorbas"), der von Kyllíni zur Festung gewandert war, folgendermaßen:

„Als ich durch das weit aufgesperrte enge Burgtor eintrat und die verwüsteten gotischen Säle und die mit Unkraut bewachsenen Höfe durchschritt und mich an einem wilden Feigenbaum festhielt, um auf die obere Etage zu gelangen und dort auf einen Stein kletterte, spürte ich plötzlich das Bedürfnis, einen schrillen Schrei auszustoßen wie ein Falke. Plötzliche Freude überfiel mich, als hätte in meinem Geist die Zeit einen sehr schnellen Rhythmus angenommen, als wären blitzartig die Franken nach der Peloponnes gekommen, hätten sie erobert, sie mit furchterregenden Burgen und blonden Kindern gefüllt und wären dann wieder verschwunden."

Nikos Kazantzakis: Im Zauber der griechischen Landschaft

In den Sommermonaten Juli und August findet in der Festung ein Musikfestival statt. Einmal wöchentlich werden dann Konzerte gegeben, meist griechische Folklore. Im Dorf Kástro erhält man Informationen über den Spielplan.

April bis 1. Okt. tägl. 8–19 Uhr (Mo 12–20 Uhr), sonst tägl. (außer Mo) 8–15 Uhr. Eintritt 4 €, Nov. bis März 2 €, ab 65 J. 2 €, EU-Studenten und alle unter 18 J. frei. ✆ 26230/95033.

Übernachten Im Dorf Kástro gibt es eine ganze Reihe preiswerter Privatzimmer und Apartments.

Apartmenthotel Catherine ("Chryssi Avgi"), beim Restaurant Castello in der Hauptstraße. Sehr freundliche Besitzer, Catherine Lepida spricht fünf Sprachen und kümmert sich um das Wohl ihrer Gäste, eigentlicher Chef des Hauses ist aber Hund Moritz. Fünf gepflegte Apartments mit voll ausgestatteter Küche, Bad und Balkon, im Haus außerdem ein Fernsehraum und eine kleine Bibliothek für die Gäste. Apartment für 2 Pers. ab 55 €, für 4 Pers. ab 70 €. Im August reservieren. Loutropoleos-Str. 9, ✆ 26230/95224.

Es hängen außerdem zahlreiche Schilder ("Rooms for Rent") aus.

Essen & Trinken »» Lesertipps: **Taverne Castello**, „an der Hauptstraße. Hier isst man frisch, preiswert und wirklich griechisch in netter Atmosphäre. Man sitzt gemütlich unter 600 Jahre alten Olivenbäumen; die griechischen Besitzer sprechen sehr gut Deutsch und sind Anlaufstelle bei Problemen jeglicher Art" (Melanie Berg, Frank Heinen, Nina Moers und Anna Winkels).

Taverne Dionysos, „auch von Einheimischen gut besucht, unaufgesetzt freundlich, beste griechische Küche zu moderaten Preisen. Auch in der Nebensaison gut besucht. Tipp sind die gefüllten Weinblätter" (Michael Schuhmann).

Psistaria Star, „im Zentrum von Kástro, bietet freundlichen Service durch Maria und Nikolaos Papoutsis, eine einfache, aber traditionelle Küche – die Moussaká ein Gedicht, ausgezeichnete Grillspezialitäten und guten Hauswein zu günstigen Preisen. (Rosemarie Hauptmann).

Estiatorio Klodia, „2009 eröffnet von Vassili, der zunächst nur Pizza und Mezedes hatte und seit einiger Zeit eine komplette Speisekarte anbietet. Das Essen ist typisch griechisch, lecker und grundsätzlich frisch zubereitet. Eine Tochter der Familie backt gerne und probiert immer wieder neue Rezepte, die den Gästen dann als kostenloser Nachtisch serviert werden" (Sabine Flügel). «««

Loutrá Kyllíni

Sanddünen, so weit das Auge reicht – das war einmal. Der Küstenstreifen am westlichen Zipfel des Peloponnes bleibt dennoch ein Badeparadies, auch wenn vor Jahren inmitten üppiger Vegetation und von der Landseite gut versteckt eine große Hotelanlage ihre Tore eröffnet hat. Die Dünen wurden zu diesem Zweck größtenteils „neu modelliert" oder abgetragen.

Der lange Sandstrand zählt aber – jetzt mit besagten Einschränkungen – zu den besten des Peloponnes. Durch die stilvollen Hotels stieg Loutrá Kyllíni nun zu einem der gefragtesten Badeorte auf dem Peloponnes auf. Ein Zentrum mit Geschäften und Tavernen gibt es allerdings nicht.

Über Jahre hinweg hielt sich hartnäckig das Gerücht, dass das einstige Parade-Heilbad des griechischen Staates wiederbelebt werden sollte. Doch daraus wurde nichts. Sozusagen aus dem Nichts eröffnete 2004 dann ein Resort, bestehend aus mehreren Hotels der Nobelhotelkette Grecotel. Dabei handelt es sich um ein fast schon kleinstadtähnliches Ensemble. „Gebaut für die Götter" preisen die Betreiber der Grecotel-Kette das Projekt an und betonen vollmundig, dass „das Resort selbst Zeus & Co. vom Olymp an die Küste des Westpeloponnes locken dürfte".

Das riesige Hotelensemble, bestehend aus den 4- und 5-Sterne-Hotels „Olympia Riviera Thalasso", „Mandola Rosa", „Olympia Oasis" und „Ilia Palms" mit zahlreichen verstreuten Satellitengebäuden, ist wirklich schön. Die einzigartige Lage inmitten von Pinienwäldern und Eukalyptusbäumen ist kaum zu übertreffen. Die Hauptattraktion bleibt der kilometerlange Sandstrand. Satte 1,9 Mio. m² wurden von der Gesellschaft im Hinterland überbaut. Die villenartig erbauten Häuser mit bis zu zwei Stockwerken sind zusammen mit dem jeweiligen „Mutterhaus" bestens in die Landschaft eingepasst worden. Eine Poollandschaft mit Brücken und Hunderten von Palmen und Zypressen liegt wie ein Balkon zwischen den Unterkünften und dem Sandstrand. Als wolle man der überlieferten antiken Badekultur feierlich noch eins draufsetzen, wurde in der Mitte des Anwesens ein Spa in mehreren tempelartigen Gebäuden eingerichtet. Das Angebot von Thalassotherapien und Beauty-Anwendungen, ebenso das Programm in Sachen Wassersport kann natürlich mithalten. Auch in den 564 Zimmern, Bungalows und Villen wurde an nichts gespart: Einrichtung mit Insel-Feeling, weiche, natürliche Stoffe, dezente Beleuchtung, gepolsterte Sonnenliegen.

Übernachten im Resort Die Luxushotels Olympia Riviera Thalasso, Olympia Riviera Resort, Olympia Oasis (all inclusive) und Ilia Palms sind über gängige Reiseveranstalter zu buchen. Auskunft auch im zentralen Büro in Kyllíni unter ✆ 26230/64400. Genaue Infos und viele Fotos unter www.grecotel.gr.

Loutrá Kyllíni ist in erster Linie in ganz Griechenland wegen seiner *Heilquellen* bekannt. Unweit vom Meer (rechts am Ortseingang) sprudeln sie seit der Antike und helfen vor allem gegen Asthma, Bronchitis, Hautkrankheiten und Rheumatismus. Aber auch ein bestialischer Geruch nach faulen Eiern sticht in die Nase, wo sich die Besucher mit dem Heilschlamm einschmieren. Neben dem neuen Grecotel sozusagen die „Heilkur für den Otto-Normalverbraucher". In unmittelbarer Umgebung der Badeanlage befinden sich einige interessante Relikte aus der Römerzeit, darunter die Ruinen eines römischen Badehauses und ein kleines Amphitheater.

Der heilende Schlamm von Loutrá Kyllíni

Die Heilquellen von Loutrá Kyllíni sind zu jeder Zeit für jedermann frei zugänglich. In den kleinen Dümpeln baden kann man allerdings nicht. Die Heilung will man stattdessen durch folgende Prozedur erreichen: Man schöpft ein wenig Schlamm aus dem kleinen, schwefelhaltigen Bach und trägt diesen auf der Haut auf. Besonders Mutige schmieren ihren ganzen Körper mit der besonderen Erde ein, andere nur ihre Problemstellen, bei denen man die Heilung beschleunigen will. Anschließend sollte man den Schlamm ungefähr eine Stunde lang einwirken lassen, bis er hellgrau wird. Danach kann man ihn an einer der kalten Duschen abspülen. Die Stammgäste stehen gerne mit Rat und Tat zur Seite und schöpfen Gästen den Schlamm aus dem Bach. Geruchsempfindlich sollte man dabei nicht sein: Der Schwefelgeruch von Loutrá Kyllíni bleibt einem auch nach der Dusche für einige Stunden erhalten.

Übrigens: Nach einem Gesetz muss der Zugang zu öffentlichen Strandabschnitten auch dann gewährleistet sein, wenn ein Hotel den Strandabschnitt einnimmt. In Loutrá Kyllíni ist die Zufahrt zum Sandstrand weiter problemlos möglich, einfach

Loutrá Kyllíni

der Straße in Richtung Grecotel folgen und am Rande des bewachten Areals immer gerade halten (zahlreiche Parkplätze).

Übernachten *** **Apartments Helidonia**, geschmackvolle Ferienwohnungen, auf einer kleinen Anhöhe mit fantastischem Blick über Olivenhaine aufs Meer. Das griechisch-deutsche Hotelier-Ehepaar Gerlinde und Toni vermittelt familiäre und gemütliche Atmosphäre. Es gibt Schwimmbad und einen großen Garten, abends Bar und Fernsehraum. Bei Selbstversorgung oder Abendessen benötigt man ein eigenes Fahrzeug, denn die Apartments liegen sehr schön, aber eben abgelegen. Der feinsandige Strand ist ca. 2 km entfernt. Lage: an der Straße von Varholomió nach Loutrá Kyllíni links abbiegen, beschildert. Preisbeispiel: 2-Pers.-Wohnung im Juli/Aug. ab 45–65 €, für 4 Pers. ab 55–75 € (bei Aufenthalt unter sieben Tagen Aufschlag), Frühstück 6 € extra. Von April bis Okt. geöffnet, für die Hochsaison sollte man frühzeitig buchen, da ein Teil der Apartments Pauschalgästen vorbehalten ist. ✆ 26230/96393, www.helidonia.gr.

»» Lesertipp: Hotel Siskos, „einfaches Hotel, sehr sauber, auf einem großen, gepflegten Grundstück oberhalb des weitläufigen, wunderbaren Strandes mit Blick auf das Meer, Zakýnthos und Kefaloniá. Die Wirtsleute Ranya und Tasso Sisko sprechen fließend Deutsch. Sie bieten preiswert ein gutes Frühstück und Abendessen an. Zu erreichen ist das Hotel von Vartholomió kommend, wenn man nicht nach Loutrá Kyllíni abbiegt, sondern am neuen Grecotel entlang geradeaus über eine kleine Brücke fährt, dann sofort rechts abbiegt und der Beschilderung zum Hotel Siskos folgt, zuletzt über einen befestigten Feldweg" (Klaus Richter). DZ mit Du/WC 37–45 €, Frühstück 7,50 € pro Pers. ✆ 26230/96150, www.hotel-siskos.eu. «««

** **Hotel Paradise**, auf dem Weg zum Kyllini Beach Resort Club und Camping Melissa gelegen (Beschilderung dorthin folgen). Ruhige Lage, entspannende Atmosphäre, mit einladendem Pool, Kinderspielplatz und Tischtennis, was auch immer mehr Pauschalurlauber lockt. Zu Fuß 5 Min. zum „Golden Beach". Alle Zimmer schlicht eingerichtet, mit Bad, TV, Minikühlschrank, Aircondition, WLAN und Balkon, die Preise beinhalten ein (von Lesern als nicht besonders üppig beschriebenes) Frühstück. 10. Mai bis Sept. geöffnet. DZ 50–60 €, Familienzimmer 74 € (inkl. Frühstück). ✆ 26230/95450, www.killiniparadisehotel.com.

Camping »» **Mein Tipp: Camping Melissa**, liegt zwischen Loutrá Kyllíni und der Ortschaft Kástro (beschildert) direkt am traumhaften Strand in Nachbarschaft zum Club Kyllini Beach Resort. Viel Naturschatten, saubere sanitäre Anlagen, der Platz ist gut in Schuss. Mini-Market und kleines Restaurant bis Ende Sept. geöffnet, Strandbar und Beachvolleyball. Der freundliche Herr Pantazis leitet gleichzeitig die Rezeption und den Mini-Markt. Bei geschlossener Schranke dort nachfragen. Pro Pers. 4–4,50 €, Auto 3 €, Zelt 4,50–6 €, Wohnwagen und Wohnmobil 10,50–16 €, geöffnet Mai bis Sept. ✆ 26230/95213, www.campingmelissa.gr. «««

Camping Fournia Beach, ebenfalls empfehlenswert! 2,5 km vom Camping Melissa in nördliche Richtung (einfach der Straße folgen). Relativ kleine Anlage hoch über dem Meer, 115 Stufen führen zur Sandbucht hinunter, die bei starkem Seegang jedoch hin und wieder mal überspült wird. Die Stellplätze sind teilweise mit Matten überdacht. Übernachtung auch in Bungalows (mit Pool) möglich. Herrlicher Blick auf das Kap Vrahos und wunderbarer Blick auf den Sonnenuntergang vom Restaurant. Mini-Market, Bar und Restaurant. In besonderer Lage einige Stellplätze für Zelte auf Terrassen direkt über dem Meer! Ende April bis Ende Sept. Pro Pers. 4,50–5,80 € (Kind ab 2,50 €), Auto 3 €, Wohnwagen 4,60 €, Wohnmobil 5,30–6,20 €, Zelt 3,30–4,50 €. Bungalow für 2 Pers. 50–75 €. Online-Buchung möglich. ✆ 26230/95095 oder 95097, www.fourniabeach.gr.

Baden: kilometerlanger, traumhafter Sandstrand! Hügelige Küstenlandschaft mit Dünen und angrenzenden Pinienwäldern – hier finden auch Einsamkeitssuchende ein passendes Plätzchen. Ständig weht ein leichter, angenehmer Wind, ab und zu hohe Wellen. Unvergesslich bleibt der Eindruck, wenn abends die Sonne ins Meer taucht.

Arkoúdi

Der kleine Ort wirkt fast beschaulich, auch wenn es sich hier wie bei den Anlagen von Loutrá Kyllíni um ein echtes Retortenkind der Tourismuswirtschaft handelt. Quasi jedes Haus ist ein Hotel, „man spricht Deutsch", und der Bauboom in Arkoúdi hält an. Dennoch eine Ferienidylle, der feinsandige, kleine Strand mit Imbissstand wird abends mit Fackeln beleuchtet, schicke Restaurants laden zum romantischen Candle-Light-Dinner ein. Leider sorgt die Gemeinde nicht ausreichend für den Abtransport des Abfalls.

Verbindungen 5-mal tägl. Busse nach Vartholomió (1,20 €), von dort Verbindungen nach Gastoúni und Pírgos. Tickets im Bus.

Übernachten/Essen ** **Brati Arcoudi Hotels**, ca. 500 m vom Strand, am Ortseingang links ab liegen die beiden Schwesterhotels Brati und Arcoudi (jeweils 47 Zimmer). Freundlicher und zuvorkommender Service, einfache, aber sehr gepflegte Zimmer mit Bad und Balkon, Aircondition, Sat-TV, Safe, Kühlschrank; herrlicher Pool in Nierenform mit Poolbar. Sportliche können sich beim Tennis, Basketball, Tischtennis oder Fitnesstraining austoben. EZ 35–50 €, DZ 45–70 € (inkl. Frühstück). Geöffnet Mai bis Okt. ✆ 26230/96350 und 26230/96451, www.brati-hotels.gr.

** **Hotel Lintzi**, zweistöckiger Hotelbau am Ortseingang rechts, mit angeschlossener Taverne und Pool. Freundlicher Service, 43 einfach ausgestattete Zimmer mit Bad, Aircondition, Kühlschrank und Balkon. EZ 35–50 €, DZ 45–70 €, Frühstück inkl. Geöffnet von Mai bis Mitte Okt. ✆ 26230/96483 und 96120, www.lintzi.gr.

Taverne Dougas, schräg gegenüber vom Hotel Lintzi, vier Bungalows, insgesamt 24 DZ, Stellplätze für Wohnmobile, schöne Gartentaverne, nette Atmosphäre. DZ oder Bungalow (je mit Bad und Balkon) ab 40 €. ✆ 26230/96432 und 96432, www.hotel-dougas.com.

** **Soulis Apartments**, in Arkoúdi, nicht zu übersehen, voll ausgestattete, gemütliche Studios (Küche, Bad, Balkon, TV), z. T. mit Blick auf das Meer. Auch von der Terrasse des angeschlossenen Restaurants hat man einen schönen Blick aufs Meer. Geöffnet April bis Okt. Für 2–3 Pers. ab 55 €, für 4–5 Pers. ab 80 €, das DZ (ohne Küche) kostet 45–55 €, Frühstück 6 €. ✆ 26230/96000, www.soulisgroup.com.

Essen & Trinken ≫ Mein Tipp: Taverne Jorgos, gehört mit zum Hotel Lintzi gegenüber. Am Ortseingang links (von Loutrá kommend) mit schönem Garten. Besitzer Jorgos spricht gut Deutsch, hat zwölf Jahre in Deutschland gearbeitet. Bei vielen Lesern ein sehr beliebtes Lokal. Jeden Tag gibt es frisches Gemüse, ein Gericht aus der Küche (Kalbfleisch mit Schafskäse, Zucchini mit Kartoffeln, Garlic-Sauce mit Fisch etc.) und offenen Wein. Auch im Winter geöffnet. ✆ 26230/96297. ≪

≫ **Lesertipps:** Taverne **Hippocampus**, „meine Freunde und ich kehren hier schon seit mehr als zehn Jahren immer wieder ein. Familienbetrieb mit gutem Fisch. Vater und Sohn fahren fast täglich mit ihren zwei kleinen Booten selbst auf das Meer. Man kann sich zeigen lassen, was sie frisch gefangen haben. Auch alle anderen Gerichte sind sehr gut. Sehr nette Bedienung. Von den beiden Terrassen hat man eine fantastische Aussicht auf den Sonnenuntergang. Die vorletzte Taverne am südlichen Ortsende von Arkoúdi, einige Steintreppen Richtung Meer hinunter. In der Hauptsaison sollte man vorher reservieren" (Uli Heineke). ✆ 26230/96026.

Taverne **Elia**, „am Ortsplatz, sehr geschmackvoll eingerichtet; Spezialität sind hier die gefüllten Sardinen" (Frank Scheidt). ≪

RQD Paradise, beliebte Bar in schönem Ambiente mit guter Musik. Auch Restaurant und Zimmervermietung. ✆ 26230/96167.

Glýpha

Die kleine Ortschaft liegt 3,5 km von der Verbindungsstraße Loutrá Kyllíni – Vartholomió entfernt. Die flache Uferlandschaft lädt zum Baden ein. Mit seinen beiden Campingplätzen hat sich Glýpha zu einem beliebten Ziel für Camper entwickelt.

Vartholomió   525

Verbindungen 2-mal tägl. fährt der Bus die Strecke Glýpha – Vartholomió – Gastoúni.

Übernachten Studiohotel Kypriotis, 21 sehr schlichte Zimmer, acht Apartments liegen außerhalb des Hauptgebäudes. Unweit vom Strand (beschildert). Preis für das Studio (Bad, Balkon/Veranda, TV, Aircondition und Kücheneinheit) auf Anfrage. ℡ 26230/96165, http://kipriotis-hotel.gr.

》》》 **Lesertipp:** „Eine gute Wahl ist das **Hotel Ileas Philoxenia** mit top Pool und Waschmaschine in jedem Apartment. Sehr netter Service und schöne Anlage. In der Vor-/Nachsaison kann man das Zimmer dort problemlos bis 17 Uhr belegen." ℡ 26230/96085, www.ileas.gr. 《《《

Camping Camping Aginara Beach, mit kleiner Sandbucht, Strandbar, Beachvolleyball. Badevergnügen pur. Für Leute ohne Zelt gibt es Bungalows am Strand. Gute sanitäre Einrichtungen. Deutschsprachige Leitung, Taverne, Bar und Mini-Market vorhanden. Ganzjährig geöffnet. Am Dorfende rechts, ausgeschildert. Pro Pers. 6 €, Auto 4 €, Zelt 4,50–5 €, Wohnwagen 6 €, Wohnmobil 7 €, Bungalow mit Bad für 2 Pers. ab 32 €, 3 Pers. ab 45 €, für 4 Pers. (zwei Räume) mit Bad und Kochgelegenheit ab 55 €. ℡ 26230/96411, www.camping-aginara.gr.

Camping Ionion Beach, 1 km nach dem Ort Glýpha rechts ab (beschildert), einsam gelegener, moderner und sehr gepflegter Platz, einladender Swimmingpool mit Kinderplanschbecken, herrlicher Sandstrand, schattenspendende Bäume, sehr saubere sanitäre Anlagen, durch Bäume und Hecken abgegrenzte Stellplätze, Kinderspielplatz. Der Platz ist vor allem bei Deutschen beliebt. Sehr freundlicher Service, professionell geführte Anlage, Beachbar, Wassersportmöglichkeiten, Bootsausflüge, Mini-Market, Restaurant. Pro Pers. 6 €, Auto 3,50 €, Zelt 4,50–5,50 €, Wohnwagen 6 €, Wohnmobil 7 €. Ganzjährig geöffnet. Vermietet werden auch gut ausgestattete Bungalows (2 Pers. ab 32 €, 4 Pers. ab 55 €) und Apartments (mit Küche, Bad und Balkon, 2 Pers. ab 50 €, 4 Pers. ab 70 €). ℡ 26230/9639-5/6, www.ionion-beach.gr.

Essen & Trinken 》》》 **Lesertipp:** Taverne Elaionas, „in Griechenland muss man lange suchen, um eine Taverne auf diesem Niveau zu finden – und dazu noch zu fairen Preisen. Sie wird von einem ehemaligen Basketballspieler geführt" (Vera Krail und Frank Scheidt). 《《《

Vartholomió

10 km von Loutrá Kyllíni gelegene, pulsierende Kleinstadt ohne große Reize – das eigentliche Zentrum der Gegend. Vom Tourismus weitgehend unbeachtet und ein wenig von der Krise mitgenommen, lebt das Städtchen dennoch am Abend richtig auf. Ein Grund dafür sind die guten und preiswerten Tavernen.

Verbindungen Bus, 5-mal tägl. nach Gastoúni (1,70 €), und weiter nach Amaliáda (dort Umsteigemöglichkeit in die Busse nach Pátras, Pírgos usw.). Zudem von Vartholomió 1-mal tägl. Pírgos (3,20 €), 2-mal Glýpha und Arkoúdi. Haltestelle vor dem Hotel Fegarognemata.

Taxi: an der Platia, ℡ 26230/41500 oder 26230/41600.

Adressen Bank, gegenüber dem Hotel Fegarognemata, Mo–Do 8–14 und Fr 8–13.30 Uhr.

Post, von der kleinen Platia aus beschildert, Mo–Fr 7.30–14 Uhr.

Erste Hilfe, die nächste Krankenstation findet man in Gastoúni, ℡ 26230/32222. Das nächstgelegene Krankenhaus befindet sich in Amaliáda (dort ausgeschildert), ℡ 26220/28357 oder 26220/22222.

Übernachten ** Hotel Taxiarhis, sehr gepflegtes Hotel mit Restaurant und Swimmingpool, in Vranas (ca. 2 km von Vartholomió Richtung Loutrá Kyllíni) an der Durchgangsstraße. Die freundliche Besitzerin hat zehn Jahre in Deutschland gelebt. 30 geräumige, moderne Zimmer, mit Bad, Kühlschrank, Balkon, TV und Aircondition, gute Betten. WLAN in allen Zimmern. Ganzjährig geöffnet. EZ 35–50 € DZ 40–80 € Dimokratias-Str. 2, ℡ 26230/41440, www.taxiarhis-hotel.gr.

Essen & Trinken Sehr gute Souvláki-Pita gibt es in dem **Fastfood-Restaurant** beim Kirchplatz.

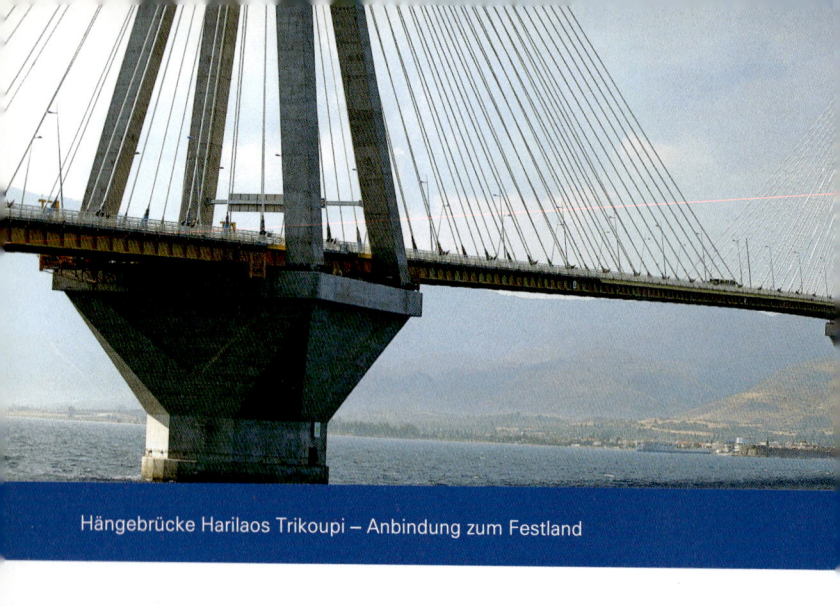

Hängebrücke Harilaos Trikoupi – Anbindung zum Festland

Achaía

Üppige Vegetation kennzeichnet den schmalen Landstrich vor steil abfallenden Berghängen entlang der Nordküste des Peloponnes. Charakteristisch sind die Deltamündungen der zahlreichen Flüsse aus dem Landesinneren. Jedes Fleckchen Erde an der Küste wird landwirtschaftlich genutzt. Daneben gewinnt der Tourismus an Bedeutung. Vor allem Griechen mögen die kleinen Küstenorte zwischen Pátras und Korínth.

Unbestrittenes Zentrum Achaías ist die hektische Industriestadt Pátras, der Haupthafen im griechisch-italienischen Fährverkehr (Venedig, Ancona, Bari, Brindisi, oft mit Zwischenstation Korfu). Pátras ist der Knotenpunkt, von dem aus alle Landesteile per Zug und Bus erreichbar sind. Besonders häufige Verbindungen bestehen nach Korínth – Athen und Pírgos – Kalamáta. Wer nach Mittel- und Nordgriechenland weiterreisen möchte, nimmt die Fähre oder fährt über die Brücke von Ríon nach Antírion. Die Überfahrt dauert dann nicht einmal fünf Minuten.

Der Nordwestteil des Peloponnes ist überwiegend gebirgig. Die Küstenorte liegen daher eindrucksvoll zwischen dem Meer und den sich auftürmenden Bergen. Kaum ein Fremder verirrt sich in das stille Hinterland. Aber gerade hier, fernab der gängigen Routen, lässt sich das peloponnesische Landleben noch in seiner unverfälschten Form genießen. In dem Landstädtchen *Káto Klitória*, in *Psophís*, *Evrostíni* und dem entlegenen *Lambiá* sind Touristen noch lange nicht an der Tagesordnung. Ein außergewöhnliches Bild bietet sich dem Besucher in der *Káto Achaía*, dem westlichsten Teil des Regierungsbezirkes: hier beeindrucken in sumpfiger Landschaft

Achaḯa

der *Strofiliá-Küstenwald,* schwarzweiße Kuhherden und Dünen, die an den bei Pauschalreisenden beliebten, breiten Sandstrand von *Kalógria* angrenzen. Südlich davon zieht sich bis zum *Kap Kounoupéli* ein endloser, kaum besuchter Strand – ideal für Einsamkeitsfanatiker. Nicht entgehen lassen sollten Sie sich auch eine Wanderung zu den *Wasserfällen des Styx* – alpine Kulisse in der abgeschiedenen Bergwelt des Nordpeloponnes.

Für Eisenbahnfreunde lohnt sich ein Ausflug mit der Bergbahn vom Badeort *Diakoftó* durch das enge *Vouraikos-Tal* hinauf in das Bergstädtchen *Kalávryta* oder die Wanderung entlang der Bahntrasse. Die beiden Klöster *Méga Spíleon* (es klebt förmlich an einer Felswand) und *Agía Lávra* sowie die einmalige Berglandschaft mit dem 2341 m hohen *Helmos* bieten genügend Gründe für einen längeren Aufenthalt. Sonnenhungrige Wassersport-Aktivisten können sich an den unzähligen Stränden entlang der Küste nach Korínth austoben. Auch Archäologie-Fans kommen hier auf ihre Kosten; *Delphí* lässt sich beispielsweise bequem in einem Tagesausflug besichtigen.

Es gibt viele Motive für eine Reise nach Achaḯa. Während die einen glänzende Augen bekommen, wenn sie von den romantischen Gebirgstälern erzählen, schwärmen andere von den sauberen Buchten und dem blauen Meer oder begeistern sich an den antiken Schätzen. So unterschiedlich die Interessen auch sein mögen, in einem Punkt herrscht Einigkeit: einen *Achaḯa-Clauss-Wein* muss man getrunken haben. Das berühmte Weingut liegt nur wenige Kilometer von Pátras entfernt. Besucher sind zur Weinprobe immer willkommen.

Pátras

In der 214.000-Einwohner-Stadt, der größten des Peloponnes und drittgrößten Griechenlands, vergeht kaum eine Stunde, in der nicht ein Fährschiff an- oder ablegt, aus Venedig, Ancona, Brindisi, Bari oder ... Für die meisten Reisenden ist Pátras nur Durchgangsstation.

Das Eingangstor des Peloponnes – Verkehrs- und Industriezentrum Westgriechenlands – bietet auf den ersten Blick wenig Sehenswertes. Doch während sich das Geschäftszentrum mit seiner rechtwinkeligen Straßenführung laut, hektisch und eintönig gibt, hat die Oberstadt mit ihren schmucken Gassen durchaus ihre Reize, z. B. die venezianische Festung auf dem Hügel mit schönem Blick über der Stadt und das Odeion, ein typisches Theater aus der Römerzeit. Auch in der Innenstadt entstehen immer mehr Plätze und Fußgängerzonen, wo die Stadt pulsiert. Dafür sorgen vor allem die vielen Studenten. Die große Universität prägt den Ort, jeder vierte Einwohner ist an einer Fakultät immatrikuliert.

An der Fußgängerzone (Ag.-Nikolaou-Str.) und um die Platia Olgas schießen Espresso-Bars und schicke Cafés wie Pilze aus dem Boden, dazwischen findet man zahlreiche moderne Bekleidungsgeschäfte. Speziell in der Nacht füllen sich die Gassen. Die Einwohner sitzen dann draußen an den Tischen der Tavernen, trinken Wein und speisen zu Abend. Die Straße „Ifestou" wird dann zum Treffpunkt der Studentenstadt.

Die Jahrhundert-Brücke

Am 8. August 2004 wurde ein griechischer Traum Wirklichkeit: Die rund 2,2 km lange Hängebrücke *Harilaos Trikoupi*, die den Golf von Korinth an seiner schmalsten Stelle kurz vor Patras zwischen den Orten Rio und Antirio überspannt, wurde feierlich zur Benutzung freigegeben. Benannt ist sie nach ihrem „Erfinder" im Jahr 1880, dem Ministerpräsidenten Trikoupi. Die damaligen Planer befanden zu dieser Zeit, dass eine Realisierung technisch unmöglich sei. Dabei stellten sich damals wie heute die gleichen Herausforderungen: Der Peloponnes driftet jährlich um einige Millimeter vom Festland weg, starke Strömung, eine Wassertiefe bis 65 m und eine erhöhte Erdbebenaktivität sind die maßgeblichen Hindernisse.

Nach umfangreichen Analysen kam schließlich nur eine Schrägseilbrücke in Frage, die Bauarbeiten begannen im Jahr 2000, Kosten 770 Mio. Euro. Mit vier wuchtigen Trägerpylonen, die über 150 m aus dem Golf herausragen und einem Durchmesser von 90 m am Sockel haben, soll die Brücke praktisch durch ihr Eigengewicht stabil gehalten werden. Die Fahrbahn wird lediglich durch einen breiten Fächer von dünnen Eisenkabeln in der Horizontalen getragen. Sie sollen bei einem starken Erdbeben reißen und damit eine freie Schwingung ermöglichen. Die maximale Schmerzgrenze soll bei einer Windstärke von 140 km/h und einem Erdbeben bis zur Stärke 7 auf der Richterscala liegen. Die Brückenmaut mit 13,20 € für den Pkw ist zwar nicht billig, die Fahrt über Europas Super-Brücke dafür ein Vergnügen. Eröffnet wurde das weithin sichtbare Ungetüm übrigens von Otto „Rehakles" Rehhagel, kurz nachdem er mit seinen griechischen Kickern Europameister geworden war.

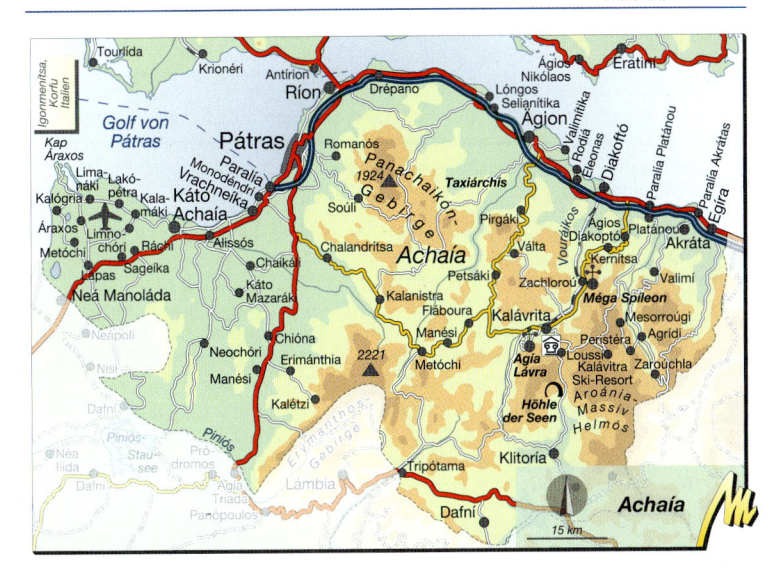

Etwa 3 km außerhalb vom Zentrum liegt der Hafen von Patras. Neben Piräus ist er der wichtigste Fährhafen Griechenlands. Neben dem Geschäft mit den Autofähren aus Italien bilden die vielen Handelsschiffe, die an den modernen Hafenanlagen vor Anker gehen, das wirtschaftliche Rückgrat der Stadt. Die Frachter transportieren vor allem landwirtschaftliche Produkte des Peloponnes wie Olivenöl, Korinthen, Früchte, aber auch enorme Mengen Wein von hier aus in alle Teile der Welt.

Das heute eher eintönige Stadtbild beruht auf einem historischen Ereignis: 1821 ließen die türkischen Besatzer die mittelalterliche Stadt niederbrennen. Bei ihrem späteren Wiederaufbau wurde sie schachbrettmusterartig angelegt. Typisch für Pátras sind die breiten, „verkehrsgerechten" Straßen, der ewige Stau und die ausgedehnten Arkaden im Zentrum.

Wenn man der ausdruckslosen Betonarchitektur und dem Verkehrschaos in Pátras entfliehen möchte, sollte man das malerische Weingut Achaía Clauss vor den Toren der Stadt, am Fuße der kargen peloponnesischen Berge besuchen. Zum Fischessen verlassen auch die Bewohner Pátras' ihre Stadt und fahren beispielsweise ins nur wenige Kilometer südwestlich gelegene Monodéndri. Beliebt sind auch die vielen Fischtavernen östlich von Ríon.

Geschichte

Archäologische Forschungen ergaben, dass das Stadtgebiet bereits zur Zeit der mykenischen Kultur (1200–1000 v. Chr.) besiedelt war. Trotz der strategisch günstigen Lage spielte Pátras in der griechischen Geschichte eine untergeordnete Rolle. Es war *Kaiser Augustus*, der Pátras nach der Schlacht von Aktium im Jahre 31 v. Chr. zum Zentrum Westgriechenlands machte. Zudem profitierte Pátras von der Zerstörung Korinths durch die Römer.

Von Fähren und Flüchtlingen

Der junge Afghane Sayed versteckt sich hinter einem Auto. Immer wieder beugt er sich vor und blickt zum Wagen der Küstenwache, die am Hafen von Patras mit Blaulicht patrouilliert. Nachdem das Auto vorbeigefahren ist, sprinten er und seine Freunde los und verstecken sich hinter dem nächsten Busch.

Sie verfolgen alle dasselbe Ziel: Sie wollen sich auf die Fähre nach Venedig schmuggeln und von dort nach Deutschland weiter reisen. Seitdem auf der Balkanroute Zäune den Weg versperren, stranden hunderte Flüchtlinge am Fährhafen in Patras. Die meisten kommen aus Syrien, dem Irak, Pakistan und Afghanistan. Hier hausen sie in den verfallenen Gebäuden gegenüber vom Hafen zwischen Geröll und immer bedroht vom Einsturz der Decke. Zweimal am Tag versorgt sie die UN mit Essen. Zwischen ihnen und dem Hafengelände wurde ein 2 m hoher Zaun errichtet. Er trennt die Welt ohne Hoffnung von der erträumten Sicherheit im neuen Leben in Nordeuropa. Sayed lebt hier schon seit drei Wochen, andere seit Monaten. Wie oft er schon versucht hat, sich auf eine der Fähren zu schleichen, weiß er nicht mehr.

Eine Stunde bevor die Fähren ablegen, verlassen Sayed und seine Schicksalsgenossen die verfallenen Fabriken, in denen sie hausen. Sie kennen die Fahrpläne. Eine Wasserflasche und ihr Smartphone haben sie sich für die weite Reise mitgenommen. In kleinen Gruppen schleichen sie im Schatten der Gebäude zum Zaun und schwingen sich geübt hinüber. Die einheitlich in schwarz und braun gekleideten Männern schlendern zuerst gemeinsam, gemächlich, scheinbar ohne Ziel über das Hafengelände. Dann plötzlich brechen sie aus und rennen zum nächstbesten Versteck. Einzelne Autos, Büsche oder Toilettenhäuschen bieten kurzzeitigen Sichtschutz.

Die Beamten der Küstenwache beobachten das Geschehen und drehen mit Autos und Mopeds Runden. Sie fahren zu Flüchtlingen, die ihnen zu weit vordringen und fordern diese mit ihrer Sirene zum Umkehren auf. Manche laufen davon, die Polizisten fahren hinterher, selbst wenn es nur im Kreis rund um ein Gebüsch geht. Andere Flüchtlinge kehren zurück zum Zaun und schließen sich einer neuen Gruppe an. Bald darauf versuchen sie wieder, sich als blinder Passagier auf eine Fähre zu schmuggeln. Eine sich ständig wiederholende Szenerie. Es wirkt einstudiert, fast strategisch, wie sich die Flüchtlinge bewegen, um ihre uniformierten Gegenspieler zu verwirren.

Für diese ist es eine Sisyphos-Aufgabe. „Es ist schwer alle aufzuhalten. Einzelne werden es schaffen, unentdeckt nach Italien zu reisen", sagt ein entspannter Polizist, der sich im Schatten erholt. Manchmal findet er Flüchtlinge im Motorraum eines LKWs und die Festnahme kommt einer Lebensrettung gleich. Meistens vertreibt er sie aber nur mit seinem Signalhorn. Festnehmen kann er sie erst, wenn er sie auf der Fähre erwischt. Am Hafengelände darf sich schließlich jeder aufhalten.

Verfallene Gebäude im Hafen von Pátras

Auch Sayed. Doch er will weiter. Auf die Fähre nach Venedig und dann nach Deutschland, wo seine Schwester lebt. In Afghanistan habe er sieben Jahre lang für das US-Militär gearbeitet. Nach dessen Abzug wurde er zur Zielscheibe und musste fliehen, erzählt er in ausgezeichnetem Englisch. Über die Türkei kam Sayed nach Patras. Doch die Stadt hat er bislang kaum gesehen.

So bekommen auch die Bewohner von Patras kaum etwas vom geopolitischen Drama in ihrer Nähe mit. „Ich weiß nicht, was dort unten passiert", sagt eine Frau im 3 km entfernten Stadtzentrum. Erst wenn sie sich vom lebhaften Treiben der Cafés und Bars entfernen und der frisch geteerten Joggingstrecke an der Marina folgen würde, könnte die Frau auf die Flüchtlinge treffen.

Vielleicht würde sie dann Sayed beobachten, wie er sein Herz in die Hand nimmt, sein Versteck verlässt und lossprintet. Den Blick nach vorne, auf die riesigen Fähren gerichtet. Vielleicht hätte es der junge Afghane aber auch bereits geschafft, sich in eines der Schiffe zu schmuggeln und Patras zu verlassen.

Thomas Prager, Tim Dombrowski

Als Reisender sieht man die Flüchtlinge nur bei der An- und Abreise von Patras. Wenn Sie Ihr Auto länger am Parkplatz stehen lassen, sollten Sie es sicherheitshalber noch einmal genau kontrollieren, bevor Sie auf die Fähre fahren. Sonst könnten Sie unfreiwillig zum Schlepper werden.

Zu Beginn des 15. Jh. stellte sich die Stadt unter den Schutz Venedigs, um den imperialistischen Bestrebungen der Türken begegnen zu können. Doch die Eroberungszüge der Osmanen erreichten 1460 auch Pátras; die Stadt wurde eingenommen. Immer wieder gab es Revolten, die blutig und rücksichtslos niedergeschlagen wurden. Diese Epoche endete erst 1828. Die Freiheit hatte einen hohen Preis: Pátras wurde von den Türken dem Erdboden gleichgemacht.

Heute ist Pátras das wirtschaftliche Zentrum des Peloponnes.

George A. Papandreou – ein Leben für die Demokratie

Seine Forderung nach Demokratisierung der Armee und der erneut bevorstehende Wahlsieg seiner Partei namens „Zentrumsunion" wurde ihm 1967 zum Verhängnis. Als die rechten Offiziere putschten und das Parlament auflösten, verhafteten sie George A. Papandreou und seinen Sohn Andreas, den späteren PASOK-Gründer und 1996 verstorbenen Ministerpräsidenten (1981–89 und 1993 bis Ende 1995). Der damals bereits 79-jährige Politiker kam bald aus dem Gefängnis und stand daraufhin unter Hausarrest. Wenige Wochen, nachdem die Militärjunta den Arrest aufgehoben hatte, starb er am 1. November 1968 an einer Magenblutung in einem Athener Krankenhaus. Seine Beerdigung weitete sich zu einer Demonstration für Frieden und Freiheit in einem von rechten Militärs unterdrückten Land aus.

Der politische Werdegang des 1888 in Kalenzi bei Pátras geborenen George A. Papandreou spiegelt wie kaum ein anderer die Wechselhaftigkeit Griechenlands im 20. Jh. wider. Schon früh kehrte er seiner Heimat Achaía den Rücken und studierte in Athen, Berlin und Paris Jura, Staatswissenschaften und Politische Wissenschaft. Bereits in den Zwanzigerjahren bekleidete er verschiedene Ministerämter. Während des Zweiten Weltkriegs gehörte Papandreou der Widerstandsbewegung an. Er wurde von den Italienern gefasst und 1942 ins Gefängnis gebracht, aus dem er zwei Jahre später in den Mittleren Osten fliehen konnte. Bereits 1944 war der unermüdliche Kämpfer Chef der Exilregierung in Kairo und stellte eine berühmt gewordene Gebirgsbrigade auf. Noch im gleichen Jahr arbeitete er das Programm aus, auf dem seine Regierung der „Nationalen Konzentration" basierte, mit der er 1944 in Athen einzog. Höhepunkt seines wechselvollen politischen Lebens war das Amt des Ministerpräsidenten, das er 1963 und 1964/65 bekleidete, nachdem die von ihm gegründete „Zentrumsunion" siegreich aus den Wahlen hervorgegangen war.

Basis-Infos

Im modernen Fährterminal „Gate 6" neben den Ticketschaltern ein Café (im Sommer auch auf der Dachterrasse), ein Souvenirmarkt und Boxen zur Gepäckaufbewahrung (bis 24 Std. 3 €).

Verbindungen Pátras ist der unbestrittene Verkehrsknotenpunkt Westgriechenlands, Tagesausflüge zu den Ausgrabungen von Olympía lassen sich mit öffentlichen Verkehrsmitteln gut organisieren. Achtung: Mietwagen sind in Pátras eher rar (z. B. bei Avance Rent a Car, → „Adressen") und teuer!

Fähren, entlang der Hafenstraße – Othonos Amaliás – hier sind alle Fährlinien mit modernen Buchungsbüros vertreten.

Die großen Gesellschaften wie Minoan Lines, ANEK Lines, Blue Star Ferries und Superfast Ferries unterscheiden sich in der Regel preislich nur wenig. Vergleiche lohnen sich bei der Buchung von Kabinenbetten. Die Fähren verkehren am häufigsten zwischen Juni und September. **Brindisi, Bari, Ancona, Venedig, Ravenna** und **Triest** werden regelmäßig angelaufen. Die Fahrten können meist ohne Aufschlag in Korfu oder Igoumenítsa unterbrochen werden. Vorher sollte man sich jedoch genau erkundigen.

Internationale Fährverbindungen sind detailliert im Kapitel „Anreise" beschrieben. **Achtung: Die meisten Fähren starten vom neuen Hafen südwestlich des Zentrums.** Einige fahren aber noch immer vom zentralen Fährhafen von Pátras (Gate 6), wenige Hundert Meter vom Zentrum (Bahnhof) in Richtung Athen (Ríon). Auskünfte für internationale Fährverbindungen geben die Agenturen entlang der Hafenstraße. Zwischen den Agenturen und den Hauptbüros der jeweiligen Fährlinie keine Preisunterschiede.

Kefaloniá (Sámi) und **Íthaka** (Vathí) kann man von Pátras aus mind. 1-mal tägl. (mittags) mit *Strintzis Ferries* erreichen. www.ferries.gr/strintzis-ferries.

Von Kyllíni starten im Sommer So–Fr 2-mal tägl. (Sa 1-mal) Fähren der Gesellschaft *Ionian Ferries* nach Kefaloniá (Póros). Details → „Kyllíni".

Informationen und Fahrpläne ab Pátras unter ☎ 2610/421500 und 634000.

Ríon – Antírion (Anbindung nach Nordgriechenland): Ríon liegt 8 km vom Stadtzentrum (Richtung Athen), direkt an der Meerenge; Fähren verkehren zurzeit noch 24 Std. am Tag, in der Regel alle 30 Min. oder nach Bedarf, d. h. bei wenig Andrang sollte man sich auf ein paar Minuten Wartezeit einstellen. Auto 6,50 € (Insassen frei), Motorrad 1,90 €. Tickets werden an Bord verkauft. Danach sollte man das Schiff auf keinen Fall mehr verlassen (um z. B. Souvláki an einer Bude am Hafen zu kaufen). Ist das Schiff voll, heißt es nämlich „Leinen los!", und das geht meist sehr schnell. Überfahrt ca. 15 Min. An der Anlegestelle Kioske und diverse Snackbars.

> Die 2,2 km lange Hängebrücke zwischen Ríon und Antírion kostet für die einfache Überfahrt 13,20 € für Pkws. Als Fußgänger kann man gratis über die Brücke spazieren.

Bahn: Die Bahnlinie nach Korínth bzw. Kalamáta wurde 2011 eingestellt. Vom Bahnhof verkehren 6-mal tägl. Schienenersatzbusse bis Kiáto (bzw. von Kiáto Anschluss zum Flughafen Athen mit dem Regionalzug Proastiakós) 18 €.

S-Bahn: einmal pro Stunde fährt ein Zug in die Vororte: von Agios Andreas (der Kirche im Südwesten der Stadt) über den Bahnhof Pátras und Rio nach Agios Vasilios im Osten.

Bus: Es gibt Verbindungen zu allen größeren Orten des Peloponnes, innerhalb eines Tages leicht zu erreichen. Pátras hat zwei Busstationen.

Busstation KTEL N. Achaias „Myloi Agiou Georgiou", Leoforos Othonos-Amalias/Ecke Zaimi (neben *Hotel Patras Palace*); 5–22 Uhr halbstündl. über Ägion (3,60 €), und Isthmos/Korínth (2 Std., 12,60 €) nach Athen (3 Std., 18,90 €); nach Diakoftó nur von Ägion aus; 2-mal tägl. über Kyparissía (15,80 €) nach Kalamáta (4 Std., 22,80 €); ca. stündl. nach Pírgos (2 Std., 9,80 €) mit Anschluss nach Olympía; 2-mal tägl. nach Trípolis (über Isthmos/Korínth) 4 Std., 17 €); 4-mal tägl. Kalávryta (2 Std., 7,80 €); 6–22 Uhr ca. halbstündlich nach Kato Achaia (2,10 €), 6-mal tägl. via Áraxos nach Kalógria (4,20 €); 6-mal tägl. Gastoúni (6,80 €); 2-mal tägl. nach Ioannina in Nordgriechenland (4 Std., 23,20 €) mit Umsteigemöglichkeit nach Igoumenítsa; Mo, Do Fr und So 1-mal Vólos (5:30 Std., 26,80 €); 3-mal tägl. (Sa 2-mal) Thessaloníki (8 Std., 44,20 €). Nach *Árgos/Náfplio* nimmt man von hier den Bus (kein Express!) bis Station Isthmos (Korinth) und steigt dort um. Zwischen Sept. und Juni (während des Universitätsbetriebs) fährt jeden Sonntag um 16.30 Uhr ein direkter Bus über Árgos nach Náfplion.

Hektische Busstation mit Snackbar und Wartehalle, am Wochenende eingeschränkte Verbindungen, ☎ 2610/623886-8.

Übernachten
- 3 Hotel Atlanta
- 4 Hotel Mediterranee
- 6 Hotel Astir
- 7 Primarolia Art Hotel
- 9 Hotel Acropole
- 10 Castello City Hotel
- 11 Jugendherberge

Essen & Trinken
- 1 Aptaliko
- 8 Salumeria Ristorante

Cafés
- 2 Café Cinema
- 12 Molos

Nachtleben
- 5 Magenda

Nach Ríon gelangt man mit dem Stadtbus Nr. 6, zum Weingut Achaía Clauss fährt die Nr. 7. Abfahrt beider Linien auf der Rückseite der Busstation am Bahnhof – Einstieg ändert sich häufig, bitte vor Ort noch mal nachfragen.

Von der zweiten **Busstation in der Hafenstraße** (Amaliás-Str./Ecke Gerokostopoulos-Str.) fahren die Busse nach Kyllíni (Fährhafen für die Inseln Zákynthos und Kefaloniá) ab. 4-mal tägl. zur Fähre nach Zákynthos, 2-mal am Tag für Kefaloniá, die Fahrt nach Kyllíni kostet 8,30 €, Fährtickets extra (können bereits an der Busstation gekauft werden, nur für Personen). Des Weiteren bestehen Verbindungen via Ríon nach Delphi (2-mal tägl., 13,20 €). Die Abfahrtszeiten der Busse sind denen der jeweiligen Fähren angepasst. ✆ 2610/274938.

Taxi: Taxis stehen am Hafen, an der Platia Olgas, an der Platia Simachon und an der Busstation, ✆ 2610/1300. Preisbeispiele: Ríon 8 € (nach Taxameter), Diakoftó ca. 60 €, Flughafen Áraxos ca. 30 € (jeweils nach Absprache), Weingut Achaía Clauss 8 € (Taxameter).

Flughafen: Der Flughafen für Pátras befindet sich 35 km westlich bei Áraxos, eigentlich ein Militärflughafen, der im Sommer von *TUIfly* (aus Deutschland, derzeit von Düsseldorf, Frankfurt, Hannover, Stuttgart und München) und von *Austrian Airlines (von Wien)* angeflogen wird (→ „Áraxos", auch „Ábraxos"). Keine Inlandsflugverbindung nach Áraxos. Es gibt (außer für Ryanair-Flüge) keine Busverbindung zum Flughafen. www.araxos-airport.com.

Adressen Erste Hilfe: Notruf ✆ 166. Das Ag.-Andreas-Hospital (Tsertidou 1, am Stadtrand auf der Straße Richtung Kalávryta/Trípolis und Weingut Achaía Clauss) erreicht man unter ✆ 2610/601000. In Pátras gibt es auch eine **Kinderklinik**, Girokomiou-Str., ✆ 2610/622222, die **Uni-Klinik** befindet sich in Ríon, ✆ 2613/603000.

Banken: *National Bank of Greece* gegenüber vom Bahnhof an der Platia Simachon, mit Geldautomat. Mo–Do 8–14.30 und Fr 8–14 Uhr.

Feuerwehr: ✆ 199.

Hafenbehörde: ✆ 2610/341002.

Konsulat: Das deutsche Honorarkonsulat für Peloponnes und die Ionischen Inseln (ausschließlich Korfu) liegt in der Trion Navarchon 65, 26222 Pátras, ✆ 2610/310210, patras@hk-diplo.de.

Pannendienst: ELPA, 18 km außerhalb vom Zentrum, an der Nationalstraße nach Athen (linke Seite), ✆ 104 (Pannendienst) oder 2610/426416.

Parken: in Pátras ein zunehmendes Problem. Im Zentrum fast überall gebührenpflichtig, oder man fährt gleich ins Parkhaus.

Polizei: Karaiskaki-/Ecke Ermou-Str. 95, ✆ 2610/62306-1 bis -5, Notruf ✆ 100.

Post: Ecke Mezonos-/Zaimi-Str. 23, Mo–Fr 7.30–20.30 Uhr.

Reiseagenturen: z. B. *Fast Travel Keramidas*, Othonos-Amaliás-Str. 12A. Innergriechische und internationale Flüge (z. T. auch Charter), Fährtickets nach Italien, Mietwagen etc. Mo–Fr 9–20 Uhr, Sa/So 9–18 Uhr, ✆ 2610/622500, www.fasttravel.gr.

Autoverleih In der Straße hinter dem Busbahnhof gibt es mehrere kleine Anbieter, etwa **Avance Rent a Car** (Agios Andreou 6). Hier gibt es Mietwagen ab 45 €. ✆2610/621360, www.theocar.com. **Keramidas Fast Travel** vermietet Autos ab 50 €.

Veranstaltungen Internationales Kulturfestival, jedes Jahr von Ende Juni bis Sept., organisiert von der Stadtverwaltung mit nahezu täglichen Veranstaltungen. Das alljährliche Kulturspektakel bietet für jeden Geschmack etwas – vom klassischen Konzert bis zur Avantgardemusik, auch Kunstausstellungen. Programme für das Festival liegen in zahlreichen Geschäften aus.

Übernachten → Karte S. 534/535

Hotels Fast alle Hotels in Pátras leiden unter ihrer lauten Umgebung (Oropax nicht vergessen oder ein Zimmer zum meist grässlichen Hinterhof nehmen), dafür liegen viele zentral und sind relativ preisgünstig. Die meisten Touristen betrachten Pátras ohnehin nur als Durchgangsstation, darauf haben sich die Hoteliers der Stadt eingestellt.

Achtung! Zum Karneval von Pátras liegen die Hotelzimmerpreise bis zu 50 % über den Hochsaisonpreisen. Das braucht aber niemanden zu ärgern, denn die Wahrscheinlichkeit, in dieser Zeit ein Zimmer zu kriegen, ist gleich Null.

***** **Primarolia Art Hotel** 7, neueres Hotel nur wenige Meter vom Hotel Astir entfernt an der Hafenstraße und schräg gegenüber vom Bahnhof, sehr schick und stilvoll. EZ und DZ mit Bad, TV, Aircondition. Preise auf Anfrage. Amaliás-Str. 33, ✆ 2610/624900 und 240740, www.arthotel.gr.

Pátras, ein Häusermeer, ist die größte Stadt des Peloponnes

**** **Hotel Astir** 6, mit vier Sternen unbestritten eines der nobelsten Hotels der Stadt, mit 120 Zimmern auch das größte. Am Fährhafen, unschöner Zweckbau, nicht mehr ganz neu. Innen gediegene Einrichtung, geschäftige Atmosphäre und erstklassiger Service, mit Restaurant, Bar, Pool und Sauna. Mindestaufenthalt zwei Nächte. EZ 65 €, DZ 76–82 €, Dreier 101–111 €, jeweils inkl. Frühstücksbuffet. Agiou Andreou 16, ✆ 2610/277502 oder 2610/276311, www.hotelastirpatras.gr.

*** **Castello City** 10, neues, sauberes und modernes Hotel. zentral gelegen, in der Agiou-Andreou-Straße 118. Elegant eingerichtet. EZ 65 €, DZ 75 €. ✆ 2610/992957, www.castellohotel.gr.

** **Hotel Acropole** 9, alle 27 Zimmer mit Bad, TV, Airconditon, ganzjährig geöffnet. EZ ab 35–60 €, DZ 55–92 € (inkl. Frühstück). Ag.-Andreou-Str. 32, sehr zentral, ✆ 2610/279809, www.acropole.gr.

** **Hotel Mediterranee** 4, 165-Betten-Hotel, großer, unschöner Komplex im Herzen der Stadt (Fußgängerzone, deshalb nicht ganz so laut). Freundlicher Service, für das, was geboten wird, noch relativ preiswert. EZ 34–55 €, DZ 43–85 € (inkl. Frühstück), Zimmer mit Bad, TV, Aircondition, WLAN. Agiou-Nikolaou-Str. 18, ✆ 2610/279602, www.mediterranee.gr.

** **Hotel Atlanta** 3, relativ schlichte Herberge, aber sehr sauber, freundliche Besitzerin, man sollte ein Zimmer zum Hinterhof nehmen, dann ist es hier durchaus auch leise. Zimmer mit Bad, TV und Aircondition. DZ 50–110 €, EZ 35–60 € (Frühstück 7–10 € pro Pers.). Zaimi-Str. 10, ✆ 2610/278627, at landa@pat.forthnet.gr.

Jugendherberge Jugendherberge Pátras 11, günstigste Übernachtungsmöglichkeit in Pátras. Nicht gerade romantisch (ehemaliges Hauptquartier der deutschen Wehrmacht im Zweiten Weltkrieg), aber zweckmäßig, freundliche Herbergsmutter. Kleiner Garten vor dem Haus, etwa 800 m vom Fährhafen, Richtung Ríon entlang der Hafenstraße. Mit dem Bus der Linie 6 in Richtung Ríon zu erreichen. Die Übernachtung im einfachen Mehrbettzimmer kostet 12 €, DZ möglich. Leihbettwäsche 1 €. Waschmaschine und heiße Dusche vorhanden, ebenso ein Parkplatz (!). Iroon-Polytechniou-Str. 62, ✆ 2610/427278 oder 2610/222707, www.patrasrooms.gr/hostel.htm.

Camping → „Ríon/Camping".

Essen & Trinken → Karte S. 534/535

Pátras ist Durchgangsstation für Griechenland-Reisende – das wissen auch die Gastronomen. Wer nach einer idyllischen Taverne Ausschau hält, wird lange suchen, denn es gibt sie im Stadtzentrum fast nicht. Fangfrischen Fisch bekommt man in zwei Tavernen beim Leuchtturm oder außerhalb der Stadt. Relativ preisgünstig verpflegt man sich im Zentrum in den Imbissläden entlang der Agiou-Andreou-Straße (Parallelstraße zum Hafen). In schöner Atmosphäre speisen kann man in der Oberstadt beim Kastro und rund um die Ifestou Straße. Hier gibt es zahlreiche nette Tavernen und Ouzerien.

In Patras »» **Mein Tipp: Aptaliko 1**, freundlicher Service, sehr gute Küche und schmackhafter Hauswein. Ab 21 Uhr füllen Touristen und Einheimische die Tische des Lokals, welche wiederum die Gasse füllen. Ifestou 36. Mit Blick auf die Ausgrabungsstätte eines antiken Hypodroms. Mehrsprachige Speisekarten. ☎ 0261/4000138. «««

Café Cinema 2, gemütlich im Innenhof eines ehemaligen Hinterhofkinos. Unterhalb der Treppe, Gerokostopoulou-Str. 54.

Salumeria Ristorante 8, das kleine Lokal in der Fußgängerzone serviert gutes italienisches Essen zu etwas teureren Preisen. Pantanassis 27, in der Nähe des Rathauses.

Nur kein Stress: Café in Pátras

Viele **Cafés** finden sich an der Agiou Nikolaou Straße sowie um die *Platia Simachon* und *Platia Olgas*, wobei es bei Letzterer um einiges beschaulicher zugeht. In der *Radinou* Straße findet man mehrere Bars.

Magenda 5, hier wird jede Nacht bis in die frühen Morgenstunden gefeiert. Die von außen klein wirkende Bar in der Agiou Nikolaou 11 bietet eine Tanzfläche, ausgelassene Stimmung und laute Musik.

Molos 12, hier kann man seinen Frappé mit Blick auf das Meer und die Berge im Hintergrund genießen. Am Ende der Agiou Nikolaou Straße, am Molos Hafen.

Außerhalb Knapp 10 km westlich von Pátras, im Ort **Monodéndri**, reihen sich die Fischtavernen am Meer auf – verglichen mit der Großstadt das reinste Idyll. Das finden auch die Bewohner von Pátras, die zum Fischessen bevorzugt nach Monodéndri kommen, v. a. am Wochenende ist hier ziemlich viel los, Touristen sieht man selten. An der lang gestreckten Bucht finden sich Cafés und Eiscafés, Musikbars, Ouzerien und natürlich besagte Fischtavernen, von denen die **Psistaria O Giannis** überaus empfehlenswert ist: frischer und sehr guter Fisch, hervorragende Souvláki, das Ganze wirklich günstig. Eckhaus etwa in der Mitte der Bucht, mittags und abends geöffnet, Terrasse am Meer, ☎ 2610/670660. Anfahrt nach Monodéndri: Von der Ausfallstraße Pátras Richtung Pírgos nach ca. 7 km rechts ab (vor den Bahngleisen), beschildert, dann noch ca. 2 km.

Eine ähnliche Auswahl an Fischlokalen bietet sich in der (etwas kleineren) Bucht östlich des East Dock in Ríon, hier der Straße Richtung Aktaio am Meer entlang folgen. Nach ca. 1 km gelangt man zu einer Bucht mit Kiesstrand und zahlreichen Fischtavernen und Cafés, man sitzt in der ersten Reihe am Strand. In den Tavernen, etwa im **Naut-oiko**, wird guter und preiswerter Fisch serviert. Ca. 10 km von Pátras.

Karnevalshochburg Pátras –
Party für Hunderttausende in den Straßen der Hafenstadt

Pátras – das Köln Griechenlands

Die größte Stadt des Peloponnes machen schon ihr Hafen und die zahlreichen Studenten zu einem quirligen Ort, doch der *Patrino Karnabali* sprengt alle Grenzen! Dann nämlich dröhnen über die Lautsprecher der Innenstadt dumpfe Dancefloor-, heiße Lambada- und Sambarhythmen und Plätze, Diskotheken und Cafés der Stadt drohen aus allen Nähten zu platzen. Der Karneval in Pátras hat seinen ganz besonderen Charakter, den man sonst nirgends auf der Welt antrifft und der ständig durch neue Attraktionen bereichert wird. Auch die Finanzkrise, die für Geldknappheit und Arbeitslosigkeit sorgt, konnte den Bewohner den Spaß am Karneval nicht nehmen.

Sehenswert sind schon die Vorbereitungen am Hafen, wenn riesige Pappfiguren auf ihren rollenden Untersätzen für den großen Umzug in Position gebracht werden und die witzigen Figuren, die meist im Zusammenhang mit politischen oder kulturellen Themen stehen, zur Schau gestellt werden.

Rauschender Höhepunkt ist der Faschingssonntag, wenn sich bis zu 40.000 verkleidete Akteure in den Karnevalsumzug stürzen und die rund eine Million (!) Zuschauer entlang der abgesperrten Straßen die Darbietung als Rausch aus Farben, Musik und Tanzvorführung erleben. Von den Balkonen hagelt es geradezu Bonbons, Chipstüten und diverse Leckereien auf die vorbeiziehenden Gruppen. Mit stundenlangen Live-Übertragungen schwappt die Stimmung dieses hervorragend organisierten Mega-Spektakels auch in alle griechischen Wohnzimmer, Bars und Tavernen. Der Schlussakkord findet spät nachts am Hafen statt, wenn die meterhohe Galions-Pappfigur „Karnevallos" brennend ins Hafenbecken gekippt wird. Der in Deutschland populäre Rosenmontag fällt aus. In Pátras gibt es nur einen „sauberen Montag". Die Gläubigen reinigen sich mit Fasten von Sünden und manchen Exzessen.

Wer sich für die Karnevalsveranstaltungen in Pátras interessiert, sollte bedenken, dass die Festivitäten als Auftakt zur vierzigtägigen Fastenzeit in Griechenland durch den orthodoxen Kalender nur selten mit unserer Faschings-/Karnevalszeit zusammenfallen. Den genauen Zeitpunkt erfahren Sie unter www.carnivalpatras.gr.

Imposante Gebäude stehen in Pátras

Sehenswertes

Kástro/Akropolis: Hoch über der Stadt, auf einem Ausläufer des Panachaikon-Gebirges, liegt die antike Akropolis. Die wuchtige Anlage stammt aus den Zeiten der Türken und Venezianer. Vom Plateau der Burg hat man eine schöne Aussicht auf die Meerenge und die umliegenden Bergmassive. Innerhalb der Burgmauern gibt es wenig zu sehen. Das Gelände ist teilweise bewohnt oder wird als Garten genutzt. Von Zeit zu Zeit finden hier auch politische Kundgebungen statt, im Sommer wird das Kástro im Rahmen des Kulturfestivals für Freilichtaufführungen genutzt. Beachtenswert ist der massive Turm an der Westseite und die Bastion an der Nordostecke, in der die Verteidiger Zuflucht fanden. Unterhalb der Festung ein kleiner Aussichtspunkt mit Parkbank, nebenan ein nettes Kafenion. Zu Fuß ist das Kástro über Treppen (Ag.-Nikolaou-Str.) in ca. 15 Min. vom Hafen aus erreichbar. Vom Hafen kommend, den Mauern auf der rechten Seite zum Eingang folgen.

Tägl. (außer Mo) 8–15 Uhr. Eintritt frei. Ausfallstraße Richtung Kalávryta/Trípolis, dann links ab (braunes Schild „Pátras Fortress") und der Beschilderung folgen. ✆ 2610/623390.

Archäologisches Museum: 2009 mit 6000 m² Ausstellungsfläche am nördlichen Stadtrand neu eröffnet – leicht zu erkennen an einem metallischen Kuppelbau, der architektonisch aus dem Rahmen fällt. Ausgestellt werden in drei Räumen Funde der Mykenischen Periode zu drei Themenbereichen: Totenkult, öffentliches und privates Leben (mit Werkzeugen, Kosmetik und Schmuck). Mithilfe der großflächigen Ausstellungsräume können ganze Grundrisse von antiken Wohneinheiten plastisch dargestellt werden. In einem vierten Raum gibt es außerdem monatlich wechselnde temporäre Ausstellungen.

Tägl. (außer Mo) 8.30–15 Uhr. Eintritt 4 €, für Schüler und EU Studenten gratis. Neue Nationalstraße Athen – Pátras 38–40 & Amerikis Str., am nördlichen Eingang der Stadt, Parkmöglichkeit am Museum. www.ampatron.gr, ✆ 2610/616100.

Römisches Odeon

Aus der Kaiserzeit stammt das römische Theater, das noch heute seine Bestimmung erfüllt. Die 28 Sitzreihen wurden 160 n. Chr. erbaut. Der Zuschauerraum hat im unteren Rang vier Sektoren mit 16, im oberen Rang sieben Sektoren mit zwölf Sitzreihen. Als es 1889 entdeckt wurde, war es noch fast vollständig erhalten. Doch den kostbaren Marmor konnten die geschäftstüchtigen Bauunternehmer gut brauchen. Die heutigen Sitzreihen aus weißem Marmor sind rekonstruiert. Auf dem Gelände des römischen Theaters sind auch noch Mosaikreste zu finden …

Tägl. (außer Mo) 8.00–15 Uhr. Eintritt frei. Von der Platáa Ag. Georgiou fünf Häuserblocks auf der Gerokostopoulos-Str. bergan, auf der rechten Seite befindet sich das Odeon, oder Anfahrt wie zum Kástro, das Odeon liegt unübersehbar auf dem Weg dorthin.

Baden: Der Stadtstrand in Pátras ist keinen Besuch wert. Doch in der nahen Umgebung der Stadt locken zahlreiche Bademöglichkeiten. Im Nordosten gibt es mehrere Kiesstrände, z. B. bei *Politechniou (Platz Beach), Psathopyrgos, Rio* und *Agios Vasileios* (11 km von Patras). Sie sind im Sommer aber oft überlaufen. Man kann sie schnell mit dem Auto, dem Stadtbus oder mit der S-Bahn erreichen. Ruhiger sind die Strände im Westen, bei *Kato Achaía* (17 km) sind sie aber oft sehr schmal. Schöner, aber auch deutlich weiter weg ist der Sandstrand bei Kalógria (45 km), → „Westliche Achaía".

Wandern: Zwei große Gebirgsmassive umgeben die Stadt, der *Panachaikon* (1926 m) und der *Erýmanthos* (2224 m). Ersteres lässt sich vom kleinen Dorf *Romanós* (7 km von Pátras) aus kennenlernen. Zum Erýmanthos-Massiv (47 km) nimmt man die Ausfallstraße nach *Ovriá*, nach 36 km, hinter dem Dorf *Chióna*, links abbiegen in Richtung *Kaléndzion*. Von dort ist ein Aufstieg zum Gipfel möglich.

Da das vorhandene Kartenmaterial oft sehr ungenau ist, sollte man sich unbedingt an den *Griechischen Wanderverein* wenden, der auch Schutzhütten unterhält. Kontakt: Pandanassis-Str. 29/V, Pátras, ✆ 2610/273912.

Ríon

An der engsten Stelle zwischen Peloponnes und dem nordgriechischen Festland liegt 8 km nördlich von Pátras die kleine Ortschaft Ríon, ein Vorort mit Fähranbindung und der neu eröffneten Hängebrücke zum Festland. Schon seit vielen Jahrhunderten stellt die Engstelle des Golfes von Korínth eine wichtige Nord-Süd-Verbindung dar. Ständig pendeln die kleinen Fähren auf dem 2 km breiten Kanal zwischen Ríon und Antírion.

Die Brücke Ríon–Antírion bei Nacht

Zwischen West- und Ostdock liegt, von einem Wassergraben umgeben, die Festung des Fährhafens. Sie entstand unter *Sultan Bayazid II.* um 1500 (in Antírion gibt es das Gegenstück mit Namen *Rumelien*). Ein Spaziergang durch die Militäranlage lohnt nicht zuletzt wegen der Aussicht auf die hohen Berge Nordgriechenlands und die neue Superbrücke. Während des Zweiten Weltkriegs kontrollierten hier deutsche Truppen den Schiffsverkehr.

Tägl. 8–15 Uhr. Eintritt 2 €, erm. 1 €, freier Eintritt bis 18 J. und für Studenten. ℡ 2610/990691.

Am östlichen Ortsrand von Ríon gibt es einige Strände, an denen allerdings die Wochenendausflügler aus dem nahen Pátras oft für Gedränge sorgen.

Verbindungen Fähren, nach Antírion legen sie meist am Ostdock ab; im Sommer tagsüber ca. 15- bis 30-minütlicher Pendelverkehr, 24-Std.-Service. Die Überfahrt dauert ca. 15 Min. und kostet 6,50 € (Auto inkl. Insassen, Tickets an Bord). An der Anlegestelle Kiosk und Snackbar.

Bus: mit dem Stadtbus Nr. 6 von und nach Pátras, Haltestelle u. a. direkt an der Fähranlegestelle.

S-Bahn: Jede Stunde (immer 7 Min. nach der vollen Stunde) fährt ein Zug nach Patras (15 Min.). Die Haltestelle liegt im Zentrum.

Weingut Achaía Clauss: schwarze Augen – schwarzer Wein

Behält man den Wein eine Weile im Mund und lässt ihn – im wahrsten Sinne des Wortes – auf der Zunge zergehen, kann man sich nur zu gut das Mädchen vorstellen, das vor über hundert Jahren an der Flaschenabfüllanlage gearbeitet hat. Schwarze Augen und eine pechschwarze Mähne soll sie gehabt haben, die 19-jährige Schönheit namens Daphne, die „Schwarze Daphne", wie sie genannt wurde. Sie wurde Gustav Clauss' erste große Liebe. Er war von dem Mädchen so hingerissen, dass er seinem ersten Wein ihren Namen gab: Mavrodaphne – die „Schwarze Daphne".

Wer einen guten Tropfen schätzt, sollte sich den Besuch des Weinguts nicht entgehen lassen! Von Weitem erkennt man die idyllisch über der Küstenebene gelegene Weinkellerei mit großer Tradition vor den schroffen peloponnesischen Bergen. Eine Zedernallee führt hinaus zu einem Plateau, wo noch heute die historischen Gebäude des bayerischen Firmengründers Gustav Clauss (1825–1908) stehen.

Das geschichtsträchtige Weingut wurde 1861 gegründet. Jährlich werden 25 Millionen Liter Wein produziert, der in 27 Länder exportiert wird; darunter auch einige edle Tropfen, die weltweit Anerkennung finden.

Clauss kam 1854 als Abenteurer nach Pátras, um eine Obstexportfirma zu gründen. Doch bald erkannte er, dass mit dem Wein ein besseres Geschäft zu machen war. Als er 1908 starb, hinterließ er ein vorbildliches Weingut.

1920 übernahm die Familie Antonopoulos die populäre Firma. Noch heute leben 15 Familien auf Achaía Clauss – Nachkommen der ersten Arbeiter. Unter den Abnehmern finden und fanden sich zahlreiche Prominente, angefangen bei Kaiserin Elisabeth von Österreich (1885) bis zur ägyptischen Prinzessin Fazil (1938). Zu den Stammkunden zählten auch Weltraumpionier Wernher von Braun, Bundespräsident Theodor Heuss oder Gary Cooper. Erhalten ist u. a. ein Brief des Komponisten Franz Liszt, der 1882 bei Achaía Clauss zwölf Flaschen seines Lieblingsweines „Mavrodaphne" bestellte.

Ríon

Übernachten **** Hotel Porto Rio, mit Casino, Luxusherberge am Meer (in Ríon bestens ausgeschildert), Luxus pur. Kiesstrand, Pool und edles Restaurant, im Casino können Sie Ihr Geld bei Roulette und Black Jack loswerden. Die 132 überaus komfortablen, noblen Zimmer verfügen über Bad, Veranda, Aircondition und TV. Das EZ kommt auf 85–90 €, das DZ 80–115 €, Suite ab 155 €, je inkl. Frühstücksbuffet. ☎ 2610/992102, www.portoriohotel.gr.

》》 Lesertipp: **** Hotel Florida Blue Bay, etwa 6 km von der Brückenverbindung entfernt im Ort Psathópirgos. „Ein sehr gepflegtes, freundliches Hotel, von einer sehr engagierten Familie geführt. Fiona (Engländerin) und Siros Kapsaskis mit ihren drei Kindern sind immer hilfsbereit zur Stelle. Die Rezeptionisten sprechen gut Deutsch und Französisch. Der Koch zaubert abends für 10 €/Pers. ein Buffet, das sich sehen lassen kann. Moderne Zimmereinrichtung mit Aircondition, Sat-TV und Schreibtisch, vom Balkon Blick hinüber nach Nafpaktos. Gut geeignet für Ausflüge nach Pátras oder Korínth, sehr ruhiger Garten mit Pool und Meerzugang" (Susi Luss). DZ inkl. Frühstück 58–108 €. Angebote für Tauchkurse und Kite-Surfen. ☎ 2610/931279-30, www.floridabluebay.gr. 《《

Essen & Trinken In Psathópirgos gibt es das Feinschmecker-Fischrestaurant **Nautilus** am Dorfeingang, die zweite Taverne am Meer mit hervorragenden Fischgerichten. Der Besitzer ist Belgier. ☎ 2610/931103.

In den letzten Jahren wurde das Sortiment der Weinkellerei kontinuierlich erweitert, sodass Weinliebhaber mittlerweile auf eine beachtliche Auswahl an Rot- und Weißweinen von teilweise höchster Qualität stoßen, z. B. den beliebten „Château Clauss", ein Rotwein aus Mavrodaphne- und Cabernet-Sauvignon-Trauben, oder den weißen „Oinokastro" aus der Gegend um Pátras. Den „Château Clauss" gibt es übrigens schon für knapp 8 €. Doch hat das berühmte Weingut in den letzten Jahren auch Patina angesetzt, eine umfassende Renovierung täte sicherlich gut.

Neben der Weinprobe kann man sich in der Regel auch Gruppenführungen (sofern sie gerade stattfinden) anschließen. Es geht durch die Lagerhallen mit Fässern von knapp 100 hl Fassungsvermögen. Hier finden sich noch Weine aus den Jahren 1873 (der älteste!), 1883 oder 1896. Auch kann man sich selbst mit Weinen (z. T. preiswert) eindecken. Eine Flasche ist ab 5–7 € erhältlich. Für Raritäten wie eine alte „Mavrodaphne", die nur alle 25 Jahre als „Collectors Item" abgefüllt wird, muss man allerdings um einiges tiefer in die Tasche greifen. Aber auch die Investition in eine „nur" 20 Jahre alte „Mavrodaphne" ist sicher kein Fehler.

Und: Nicht jeder Wein, den man bei Achaía Clauss kaufen kann, wird auch ins Ausland exportiert. Lediglich der bekannte „Demestica" ist in vielen deutschen Supermärkten zu finden.

Öffnungszeiten: Die kühle und etwas schummrige Probierstube, in der Briefe und Fotos die Besuche Prominenter dokumentieren, ist täglich zwischen 10.30 und 18.30 Uhr geöffnet (Kellerführung 10–18 Uhr). **Anfahrt:** Achaía-Clauss liegt etwa 7 km vom Stadtzentrum, Ausfallstraße Richtung Stadion, Lagoura, Krini. Von der Hafenstraße beim Zollamt in die Gounari Straße (Wegweiser Richtung Kalávryta/Trípolis) abbiegen, dieser Straße (aber nicht rechts ab nach Kalávryta) und der Beschilderung zum Weingut (ab Stadtrand Pátras) folgen. Der Bus aus Pátras (Nr. 7, Haltestelle an der Ermou Straße) fährt etwa halbstündlich und hält am unteren Tor des Weinguts, die Fahrt dauert allerdings 40 Min. Danach geht man noch 15 Min. hinauf zum Anwesen.

Westliche Achaía

Die meisten lassen den dünn besiedelten Nordwestzipfel des Peloponnes rechts liegen und folgen der *New National Road* schnurstracks Richtung Süden. Vom Individualtourismus wurde die Gegend noch kaum entdeckt, desto mehr von Pauschalreiseveranstaltern. An der westlich von Pátras gelegenen Nordküste des Peloponnes verunzieren einige riesige Hotelbauten die ansonsten einsame Gegend. „Beliefert" werden sie von Charterflugzeugen, die auf dem Flugplatz bei *Áraxos* landen. Es gibt an der Küste aber auch ein paar Campingplätze (in der Nähe von Alissós), Einsamkeit pur findet man am schier endlosen Strand zwischen Kalógria und dem Kap Kounoupéli mit Küstenwald und einigen wenigen, einfachen Tavernen.

Kalógria

Kein richtiger Ort, sondern eher ein Areal, das an einem wunderschönen, gepflegten Sandstrand mit Dünenlandschaft endet. Der Weg dorthin ist geprägt von einer sumpfigen Landschaft mit Lagunen und kleinen Süßwasserseen und dem **Strofiliá-Küstenwald** (hauptsächlich Schirmpinien und Aleppokiefern), dazwischen Herden schwarz-weißer Kühe. Inmitten des flachen Schwemmlandes steigt eine steile, rote Felswand auf (mit offiziellem Klettergarten mit acht Routen), davor eine fotogene kleine Kapelle. Am Ende des Felsmassivs ragt die *Festung Dimi* in die Landschaft, die in den Sommermonaten tägl. von 9 bis 14.30 Uhr für Besucher geöffnet ist. Ein neu gebauter Informationspavillon mit Schautafeln befindet sich am Ende einer 200 m langen Asphaltpiste hinauf zur Burg. Das Festungsareal ist oben kaum mehr als eine verdorrte Fläche, die von den Mauern begrenzt wird, der Blick auf die Lagune und den Küstenwald ist dagegen spektakulär! (Foto- und Videoaufnahmen wegen der Nähe zum Militärstützpunkt strikt verboten). Die Gegend um die nordwestliche Küste Achaías ist landschaftlich sicher eine der ungewöhnlichsten auf dem Peloponnes.

Pinien spenden in der Dünenlandschaft Schatten

Anfahrt Von der Nationalstraße Pátras – Pírgos zum Flughafen Áraxos abbiegen. Der Beschilderung zum *Verde Al Mare Hotel* folgen.

Verbindungen Bus: 6-mal tägl. (Sa/So 5-mal) von Pátras nach Kalógria und retour (einfach 4,20 €).

Übernachten *** **Verde al Mare**, das Hotel „Grünes am Meer" liegt inmitten eines Pinienwalds und nur 5 Min. vom Strand entfernt. Mit Swimmingpool. Schön eingerichtete Zimmer mit Klimaanlage, TV und Terrasse. Das Hotel verkauft auch lokale Produkte. DZ 75 €, Dreier 89 €, inkl. Frühstück. ☎ 26930/31111, www.verdealmare.gr.

** **Hotel Amalia**, zwölf Studios, die z. T. für Pauschalgäste reserviert sind. Alle mit Küchenzeile, Bad, Aircondition, TV und Terrasse. Für die Hochsaison sollte man frühzeitig reservieren. Freundlicher Besitzer, den

Kalógria

man meist in der Taverne Bougainvillea an der Einfahrt zum Hotel antrifft. Ca. 300 m vom Strand, schräg gegenüber vom Kalógria Beach Hotel, ganzjährig geöffnet, schöner Garten. Das Studio für 2 Pers. kostet 52–60 €, Vierbett-Studio 74–90 € inkl. Frühstück, das auf der Terrasse serviert wird. ✆ 26930/31100 und 1762.

Rooms to let Strofiliá (Ntina), auf der linken Seite an der Straße zum Kalógria Beach, ca. 500 m zum Strand. Reihenhaus-ähnlicher Komplex, im Haus auch ein Restaurant und eine Bar. Es werden insgesamt acht relativ kleine DZ vermietet, alle mit Bad, Aircondition, TV, Kühlschrank und Balkon bzw. Terrasse. Bushaltestelle vor der Tür. DZ ab 45 €, Frühstück 5 € pro Pers. ✆ 26930/3178-0 und -1.

Taverne Syrtaki, Richtung Strand auf der rechten Seite, ca. 200 m von den Rooms Strofiliá. Nur vier schlichte, aber sehr saubere DZ mit Bad und kleiner Terrasse um 45 €. ✆ 26930/31758 und 31556.

Essen & Trinken **To Steki tou Emiri**, einfache Taverne mit Schatten unter Maulbeerbäumen, nach dem Ort Aráxos in Richtung Kalógria. 200 m vom Eingang zur Festung Dimi mit schönem Blick.

>>> **Lesertipps: Taverne Panorama**, ca. 100 m von den *Rooms Strofiliá* entfernt, die Wirtin spricht Deutsch und kocht auch Gerichte, die nicht in der Speisekarte stehen. Sehr gut! (Doris Zehrer). <<<

Taverne Koukounari, „Bei Andreas" liegt gleich hinter der Brücke: „griechische Küche, gutes Essen, Spezialität sind die leckeren gegrillten Sardinen" (Burkhard Schulz aus Berlin, dem wir an dieser Stelle für seine zahlreichen Tipps und Anmerkungen zu dieser Gegend danken wollen).

> **Achtung:** Wer in Kalógria übernachtet, sollte sich ausreichend mit Insektenschutzmittel und Moskitonetzen eindecken, da hier eine wahre Stechmückenplage herrscht! (Lesertipp von Irini Kargaki und Eric Kohler).

Baden: Ein herrlicher Sandstrand mit angrenzender Dünenlandschaft, getrübt werden die Badefreuden allerdings hin und wieder von angeschwemmtem Seetang und durch gelegentlich auftauchende Quallen. An den Sommerwochenenden ist der weitläufige Strand bestens besucht.

Wer sich von Kalógria in südliche Richtung bewegt, findet einsamen Sandstrand so weit das Auge reicht. Zum Beispiel auf dem Weg nach Kalógria noch vor den Hotels/Tavernen und direkt vor der kleinen Brücke links ab: nach ca. 1 km auf Asphalt erreicht man einen Parkplatz am Strand. Schöne Dünen, wenig gepflegter, aber endloser Sandstrand, keine Bar o. Ä. Der kilometerlange Strand von Kalógria ist ideal zum Strandwandern.

Flughafen Áraxos: Vor allem Chartermaschinen aus Deutschland und Österreich landen im Sommer mehrmals wöchentlich auf dem 35 km von Pátras entfernten Flughafen. Da ziemlich abgelegen und kein Linienverkehr, haben Individualreisende, die – vor allem am Abend – in Áraxos ankommen, mitunter größere Probleme, hier wegzukommen. Übernachtungsmöglichkeiten im benachbarten Dorf Áraxos sind zwar vorhanden, aber rar, man sollte sich nicht darauf verlassen, hier ein Zimmer zu finden.

Das Kap Áraxos selbst ist militärisches Sperrgebiet. Zwar kann man am riesigen Steinbruch vorbei noch bis zur Lagune fahren, beim Dorf Paralimni ist die Reise dann aber endgültig zu Ende. Unspektakulär!

Achtung Der Zielflughafen „Áraxos" wird in manchen Flugtickets als Zielflughafen „Pátras" angegeben, was mitunter zu Missverständnissen führen kann. (Verbindungen → S. 533). Der Flughafen ist unter ✆ 26930/23598 erreichbar, www.araxos-airport.com.

Verbindungen Bus: Es bestehen 6-mal tägl. Busverbindungen vom Dorf Áraxos (ca. 1,5 km vom Flughafen entfernt) nach Kalógria, Kato Achaía (2,30 €) und Pátras (4,20 €), direkt zum Flughafen gibt es jedoch keine regelmäßigen Verbindungen.

Zubringerbusse nur für Ryanair-Flüge sowie Busse nach Pátras, nachdem Ryanair Flüge angekommen sind.

Taxis: stehen zwar bei Ankunft der Chartermaschinen bereit, sind aber sehr teuer, da Monopolstellung. Selbst ins nur 14 km entfernte Káto Achaía muss man mit mindestens 15 € rechnen, nach Pátras 30 €. Eine Taxifahrt von Kato Achaia zum Flughafen ist ungleich billiger. Die Taxifahrt ins Dorf Áraxos kostet nach Auskunft eines ortsansässigen Taxifahrers 6 €, ✆ 26930/51418.

Übernachten Privatzimmer Gounaridou-Tsafou Ourania, mit fünf Zimmern (zehn Betten). Ein einfaches DZ kostet etwa 40 €. Das Haus liegt ca. 1,5 km vom Flughafen entfernt, an der Straße vom Flughafen nach Áraxos (Straße Richtung Pátras) auf der linken Seite (Schild hängt aus), ✆ 26930/23435 oder 26930/51209.

Die Küste um Káto Achaía

Káto Achaía ist mit Abstand der größte Ort in der zersiedelten Gegend zwischen Pátras und Áraxos. Ein hektisches, kleines Zentrum ohne nennenswerte Sehenswürdigkeiten, aber mit großer und lebhafter Platia. Zum Baden ist der Küstenstreifen hier nicht optimal geeignet: zu schmal und oft nicht sauber. Dafür bietet die Gegend einige nette Hotels und Campingplätze.

Verbindungen von 6–22 Uhr mit dem Bus ca. halbstündlich nach Pátras (2,30 €), 6-mal nach Kalógria und 11-mal nach Pírgos ab der Platia in Káto Achaía, hält mehrfach auf der Strecke, z. B. bei den Campingplätzen.

Übernachten Hotel Castella Beach, bei Alissós (nahe dem Camping), von der Old National Road beschildert. Sehr freundlicher und um die Gäste bemühter Service, schöne Terrasse am Meer (hier wird auch gefrühstückt), schmaler Strand mit Sonnenschirmen und Liegestühlen, empfehlenswertes Restaurant der mittleren Preisklasse. Nette Atmosphäre, viele Katzen und Hunde, relaxt. Einfach eingerichtete, aber saubere Zimmer mit Bad, TV, Aircondition, Kühlschrank und Balkon oder Terrasse. DZ 42–82 €, Dreier ab 55 €, Frühstück inkl. ✆ 26930/71209, www.castella-beach.gr.

*** Hotel Poseidon, nobles Haus mit 47 Zimmern und zwei Suiten, mit Pool auf einer Terrasse über dem Meer, recht schickes Ambiente, ganzjährig geöffnet. Nicht zu verwechseln mit dem 5-Sterne-Hotel Poseidon Palace. Für das Gebotene nicht zu teuer: EZ 48–65 €, DZ 60–90 € inkl. Frühstück. Alle Zimmer mit Bad, TV, Aircondition, WLAN und Balkon. 14 km von Pátras in Kaminia (östlicher Nachbarort von Alissós), von der Durchgangsstraße beschildert, ✆ 2610/671602, www.poseidon-hotels.gr.

Camping Campingplatz Kato-Alissós, der schattige, kleine Platz ist vor allem bei jungen Leuten beliebt. Schön sitzt man in dem netten Gartenrestaurant „Panorama" nebenan unter einem der größten Olivenbäume, die wir auf dem Peloponnes gesehen haben. 100 m zum mäßigen Kiesstrand (bei unserem Besuch viel Seetang), freundliches Personal, familiäre Atmosphäre, Mini-Market. April bis Okt. geöffnet. Pro Pers. 6 €, Kind 3–3,50 €, Zelt 4,80 €, Auto 3,70 €, Wohnwagen 5,30 €, Wohnmobil 7 €, Motorrad 2,50 €, Strom 4 € (Frühbucherpreis: 19 €/2 Pers.). Preisnachlass bei vier Übernachtungen von 10 %, bei fünf Übernachtungen 20 % und kostenlos WLAN. Ca. 20 km westlich von Pátras, an der alten Nationalstraße Richtung Pírgos bei der gleichnamigen Ortschaft gelegen, ✆ 26930/71249, www.camping-kato-alissos.gr.

Camping Golden Sunset, groß angelegtes, ebenes Gelände, allerdings direkt an der Straße (18 km westlich von Pátras, etwas östlich von Alissós). Eukalyptusbäume sorgen für viel Schatten, sehr saubere sanitäre Anlagen, Küche und Waschmaschine vorhanden; Restaurant, Bar, Mini-Market. Der Strand ist nicht besonders attraktiv, dafür insgesamt vier Pools mit mehreren kostenlosen Riesenrutschen, nette Liegewiese, schöne Terrasse (Bar/Restaurant). Mai bis Sept. geöffnet. Pro Pers. 7 €, Kinder 4 €, Wohnwagen 5,50 €, Wohnmobil 7,50 €, Auto 4 €, Zelt 5 €, Motorrad 2 €, Strom 4 €. ✆ 26930/71276, www.goldensunset.gr.

Östliche Achaía und das Landesinnere

Ägion/Égio

Wichtiges Handelsstädtchen, laut und ohne nennenswerte Attraktionen, zwischen Pátras und Korínth. Neben ihrer Bedeutung als Ausfuhrhafen für landwirtschaftliche Produkte besitzt die etwa 19.000 Einwohner zählende Stadt eine bescheidene Möbel- und Holzindustrie. Die Unterstadt besteht aus dem tristen Hafen und einigen Cafés/Restaurants, im oberen Teil der Stadt herrscht Verkehrschaos in engen und zugeparkten Einbahnstraßen – als ortsfremder Autofahrer werden Sie dieser Stadt sicherlich nichts abgewinnen können. Ägion lohnt sich allenfalls als Standquartier für Ausflüge in das einsame *Bergland des Zentralpeloponnes* oder nach *Kalávryta*, aber auch hierfür gibt es durchaus attraktivere Ausgangspunkte, z. B. das nur wenige Kilometer südöstlich gelegene Diakoftó.

Verbindungen Bus, 5.30–22 Uhr etwa stündl. via Korínth nach Athen (2:30 Std., 12,60 €) und Pátras (1 Std., 3,60 €), ebenfalls etwa stündlich nach Diakoftó (1,80 €), 2-mal tägl. Kalávryta (1:30 Std., 4,40 €). K.T.E.L.-Station mit Cafeteria in der Ikonomou-Str. im Zentrum, ✆ 26910/2242-3/4, **Taxistand** davor; weitere Busstation 200 m unterhalb der Platia im Zentrum, hier fahren die (blauen) Busse nach Éleonas ab: 13-mal tägl., 1,80 €.

Adressen Post und Bank rund um die Platia im Zentrum. Die Polizei liegt zentrumsnah in der Mitropoleos-Str. 64, ✆ 26910/22100. Das Hospital ist vom Zentrum aus beschildert, ✆ 26910/26666.

Sehenswertes/Umgebung

Taxiárchis-Kloster: Von außen sieht es recht verlassen, beinahe heruntergekommen aus. Aber die große quadratische Klosteranlage mit dem schönen Innenhof wird noch nicht aufgegeben. Sieben Mönche leben hier und bemühen sich, den Gebäudekomplex wieder herzurichten. Eine Aufgabe, die wohl noch einige Jahre in Anspruch nehmen wird.

Die heutige Klosteranlage stammt aus dem Jahre 1650. Oberhalb davon, in einer steilen Felswand, klebt noch das alte Kloster. Zweimal wurde die ältere Anlage, die ursprünglich aus dem Jahr 1432 stammt, von den Türken zerstört (Mitte des 15. Jh. und 1620), bis sie im 17. Jh. schließlich aufgegeben wurde.

Besonders sehenswert an der neueren Klosteranlage ist die relativ große Kirche im Innenhof mit ihrer reich verzierten Altarwand, die ebenso wie die dunklen Fresken dringend restauriert werden müsste.

Doch ein Anfang ist gemacht. Im ersten Stock des Klosters wurde ein *Museum* eingerichtet, in dem viele Relikte aus dem alten Klostergebäude ausgestellt sind: u. a. Teile der früheren Altarwand, Priestergewänder, mehrere Ikonen aus dem 16. bis 18. Jh. sowie eine recht stattliche Reliquiensammlung, in der auch das beinahe schon obligatorische Stück Holz aus dem Kreuz des Heilands nicht fehlt. Das Kloster ist von Sonnenauf- bis Sonnenuntergang geöffnet.

14 km von Ägion entfernt, vom östlichen Ortsende bis zum Dorf Mavríki nur spärlich beschildert (notfalls nachfragen), ab Mavríki gute Beschilderung. Der Weg zum Taxiárchis Kloster führt durch ein wunderschönes Tal, das allein schon einen Ausflug wert ist. Die Straße ist gut befahrbar.

Helike und das Geheimnis einer verschwundenen Stadt der Antike

„Niemals davor oder danach verschwand eine ganze Stadt", sagte der amerikanische Archäologe Robert Stieglitz der „Süddeutschen Zeitung" zur geheimnisvollen antiken Metropole Helike, südöstlich von Ägion. Was war geschehen? An einem Wintertag im Jahre 373 v. Chr. hatten in Helike zehn große Kriegsschiffe aus Sparta angelegt. Helike war damals die Hauptstadt des Achäischen Bundes und eine Handels- und Kulturmetropole im Golf von Korinth. Die bronzene Poseidon-Figur der strategisch günstig gelegenen Stadt lockte damals viele Pilger an. Helike war also voller Menschen in jener Nacht, in der sich eine der geheimnisvollsten Katastrophen der Antike ereignete. Ein gewaltiges Erdbeben erschütterte den nördlichen Peloponnes.

Und Helike? Die Metropole verschwand wortwörtlich über Nacht. Die Stadt war am nächsten Tag mit Schlamm und mit Wasser bedeckt. Über ein halbes Jahrtausend später will der römische Geschichtsschreiber Pausanias die Stadt unter Wasser noch gesehen haben. Dichtung oder Wahrheit – niemand weiß das so genau, denn die Metropole bleibt bis zum heutigen Tag wie vom Erdboden verschluckt.

Das Geheimnis ließ Generationen von Archäologen nicht ruhen. Vergeblich fahndeten Taucher nach den sagenhaften Schätzen von Helike. 2001 begannen ernsthafte Forschungen. Der Standort von Helike schien relativ klar. Rund 7 km südöstlich von Ägion wurde die Stadt vermutet. Tatsächlich förderten Archäologen unter der Leitung von Dora Kastonopoulou antike Ruinen zutage. Doch die Forscher hatten Pech, denn es handelte sich zweifelsfrei nicht um Helike. Die Überreste waren ein paar Jahrhunderte zu jung.

Helike ist daher noch immer nicht entdeckt. Doch die Ursache des antiken Desasters scheint jetzt klar zu sein: Nach der anerkannten Meinung der Geologen George Ferentinos und George Papatheodorou von der Universität Pátras sei die Stadt durch ein Erdbeben quasi ins Meer gekippt. Die Erdstöße hätten die Fundamente der Gebäude ins Rutschen gebracht und nur einen See hinterlassen. Laut „Süddeutsche Zeitung" hatte in jener Winternacht im Jahr 373 v. Chr. eine 15 m dicke Bodenschicht die Stadt ins Meer geschüttelt. Das wahre Helike liegt heute vermutlich unter einer dicken Schlammschicht am südlichen Ende des Golfs von Korinth. Archäologen haben bereits mit Schallwellen die Küste minuziös abgetastet. Das Ergebnis: nichts. Nach 2500 Jahren bleibt Helike weiter verschwunden. Das Rätsel ist noch immer ungelöst.

Eleónas

Belebtes Ferienzentrum an einer langen Kiesbucht. Vorwiegend Griechen machen in dem Ort kurz vor Diakoftó Urlaub. Die Strandpromenade säumen viele, z. T. auch recht große Gartenrestaurants, Bars und Cafés, Fischerboote dümpeln in der lang gestreckten Bucht, und das Kafenion im Ortskern gleicht noch immer einer Institution der Dorfältesten. Der Abstand zur alten wie auch neuen Nationalstraße ist hier übrigens recht groß, vom lärmenden Durchgangsverkehr bekommt man deshalb nichts mit. Trotz größerer touristischer Beliebtheit hat sich Eleónas seine gemütliche, dörfliche Atmosphäre bewahrt.

Übernachten Es gibt nur eine beschränkte Anzahl an Unterkünften, daher sollte man sich vor allem an den Wochenenden der Hochsaison frühzeitig kümmern.

》》 Mein Tipp: Dimitropoulos Apartments, an der westlichen Strandhälfte (beschildert). Gepflegte, großräumige Apartments, z. T. auch mit separater Küche, alle mit Bad und großen Balkonen. Wer nicht so viel Platz braucht, sollte unbedingt um ein Mansardenzimmer mit Blick aufs Meer bitten. Die Räume unter dem Dach sind zwar sehr klein, aber urgemütlich, weil vollkommen holzverschalt. Geöffnet April bis Sept. Ein DZ kostet 40–55 €, Vierer-Apartment ab 60 €. Bei längerem Aufenthalt kann man mit Andreas über den Preis reden. In der Hochsaison (Juli/Aug.) Mindestaufenthalt eine Woche, frühzeitig buchen. ✆ 26910/41212, www.heleon.gr. 《《

*** Hotel Afrika**, zwar nicht am Meer (ca. 400 m) gelegen, dafür mit Swimmingpool und Poolbar. Schöne und geräumige Zimmer mit Bad, Balkon, Aircondition und Kühlschrank. Ganzjährig geöffnet, in Eleónas ausgeschildert. Für das Gebotene nicht zu teuer: EZ 40–63 €, DZ 45–75 € Vierer 65–80 €, jeweils mit Frühstück. ✆ 26910/43000, www.hotelafrika.gr.

Essen & Trinken In Éleonas gibt es entlang der Uferpromenade zahlreiche Restaurants.

Diakoftó (Diakoptó)

Es grünt und blüht überall. Das stille Städtchen liegt an einer Landzunge, umringt von Orangenhainen, Ölbäumen und Weingärten. Diakoftó ist ein gemütlicher Fischerhafen, der zu einer Pause einlädt.

Der fruchtbare Küstenstreifen mit Obstplantagen zwischen den steilen Berghängen und dem Korinthischen Golf ist schmal. Anziehungspunkt ist der kleine Bahnhof. Er ist Ausgangsort für eine romantische Fahrt mit der Zahnradbahn nach Kalávryta, deren nostalgische Dieselzüge inzwischen durch modernes Gerät (mit Aircondition) ersetzt wurden. Diakoftó ist im Sommer ein beliebter Urlaubsort, in dem sich vor allem Griechen vom Alltag erholen.

Fischerhafen von Diakoftó

Verbindungen Bus, 3-mal täglich nach Kiato: um 8.55, 10.55 und 16.55 Uhr; 3-mal täglich nach Patras: 10.50, 16.50 und 19.50 Uhr. Außerdem etwa stündlich nach Ägion (Sa/So stark eingeschränkt, 1,80 €), von dort Verbindungen nach Athen (via Korínth) und nach Pátras (→ „Ägion/Verbindungen").

Taxi, ✆ 26910/41402. Preisbeispiele: nach Kalávryta ca. 30 €, Méga Spíleon ca. 25 €, Éleonas 7 €, Ägion 12 €.

Post, im Zentrum. Mo–Fr 7.30–14 Uhr.

Baden Diakoftó hat einen hauseigenen, 500 m langen Kiesstrand, der etwa 2 km vor dem Ort (von Pátras kommend) an der Nationalstraße beschildert ist. Blaue Flagge, Duschen, kleine Bars, Papierkörbe.

Weitaus besser geeignet als der 5 m breite Kiesstrand, der neben dem Fischerhafen beginnt und von einer Betonmauer begrenzt wird.

Bank Im Zentrum ein Bankomat, zum Zeitpunkt der Recherchen war dieser jedoch geschlossen.

Einkaufen/Cafés Gegenüber vom Bahnhof einige Supermärkte, ein „Super Mini Markt" und einige gut besuchte Cafés.

Fahrten mit der Zahnradbahn

Mo–Fr verkehren die Züge 3-mal täglich in beide Richtungen, letzte Fahrt von Diakoftó derzeit 14.05 Uhr (Wochenende 15.30 Uhr), ab Kalávryta um 15.28 Uhr (Wochenende 17.23 Uhr); im Sommer an Wochenenden 5-mal täglich. Zwischenstation ist Zachloroú, von hier kann man zum berühmten Kloster Méga Spíleon hinaufwandern. Einfache Fahrt 9,50 € (retour 19 €), Kinder 4,80 € (9,50 €). Die Züge sind manchmal ausgebucht, eine Reservierung oder ein Ticketkauf am Vortag ist daher zu empfehlen. Infos unter ✆ 26910/43206 und www.odontotos.com, www.trainose.gr.

Wandern Von der Mittelstation der Zahnradbahn kann man auch entlang der Bahnschienen zurück nach Diakoftó wandern. Eine leichte Tour über 12 km, die sogar als offizielle Wanderroute markiert ist (die gesamte Strecke liegt auf dem Europawanderweg E 4). Dabei sollte man immer den Fahrplan der Bahn genau im Auge behalten. Kniffelig kann es eigentlich nur in Tunnels oder auf Brücken werden. Auf Letzteren sollte man zudem **schwindelfrei** sein, weil das Geländer nicht mal bis zur Hüfte reicht und man durch die Schwellen in die Tiefe sehen kann. Unterwegs mehrere Bademöglichkeiten im eiskalten Fluss.

Übernachten ** Hotel Chris-Paul, mit 24 Zimmern größtes Hotel von Diakoftó, im Zentrum, mit Swimmingpool. 50 m neben der historischen Zahnradbahn. Sehr freundliche Besitzer. Im Sommer oft restlos ausgebucht, d. h. etwa zwei Wochen vorher anrufen! Alle Zimmer mit Dusche, Balkon, z. T. Aircondition, das Hotel ist größtenteils behindertengerecht ausgestattet. EZ ab 35 €, DZ 48–55 €, Dreier 57–61 €, inkl. Frühstück. ✆ 26910/41715, www.chrispaul-hotel.gr.

》》 Mein Tipp: *** Hotel Alkistis, von der sehr freundlichen Familie Mitropoulou geführtes, ruhiges Hotel in einer Seitenstraße nur etwa 100 m vom Fischerhafen. Zwölf Zimmer (Studios, 3-Bett, Apartments), alle mit Balkon und Terrasse. Sehr geräumige, moderne Bäder, Sat-TV, Aircondition. Ein Zimmer ist behindertengerecht eingerichtet. Frühstücksszimmer, Seminarraum. Drei Gebäudeblöcke, in der Mitte ein Pool und Kleinkinderbecken. Ganzjährig geöffnet. Studio ab 40 €, Dreier-Zimmer ab 50 €, Apartment 60–75 €, Frühstück 5 € pro Pers. Günstiger bei längerem Aufenthalt. Mit Parkplätzen, in einer Seitengasse auf dem Weg zum Hafen (links), nicht von der heruntergekommenen Fassade abhalten lassen, die gehört nicht zum Hotel. Filippopoulou-Str., ✆ 26910/43650-1/2 und mobil 6944589863, www.alkistis-hotel.gr. 《《

* Hotel Lemonies, preiswertes, kleines Hotel, nur zehn schlichte, aber sehr saubere Zimmer (alle mit Bad, TV, Aircondition und Balkon) unter sehr freundlicher Leitung. Ganzjährig geöffnet. EZ 35–40 €, DZ ab 45 €, Frühstück 6 € pro Pers. 400 m vom Meer in Diakoftó der Straße zum Strand folgen), im Erdgeschoss kleine Bar/Taverne mit Terrasse, ✆ 26910/41229.

Camping Keine Möglichkeiten in Diakoftó, empfehlenswerter Platz jedoch in Akráta (14 km von Diakoftó entfernt):

Camping Akráta, schattiger, kleiner Platz, familiäre Atmosphäre, sympathisch. Mit Mini-Market, Café und Bar. Große Teile des Platzes sind ganzjährig von Dauercampern belegt. Der Strand ist okay. Febr. bis Nov. geöffnet. Pro Pers. 4,80–5,60 €, Kinder 2,70–3,40 €, Auto 2,90–3,50 €, Zelt 3,50–4,40 €, Wohnmobil 5,60–6,10 €, Strom 3,60 €. Von der alten Küstenstraße ausgeschildert, direkt am Meer gelegen, ✆ 26960/31988 oder 31067, www.akrata-beach-camping.gr.

Essen & Trinken Restaurant Kostas, mit Terrasse, Eckhaus an der Hauptstraße von Diakoftó, hat sich auf Touristen eingestellt. Mittleres Preisniveau, mittags und abends geöffnet. An der Straße Richtung Bahnhof (von der Küstenstraße kommend) auf der linken Seite, ca. 150 m vor dem Bahnhof.

Am Fischerhafen von Diakoftó (ca. 500 m vom Bahnhof) gibt es die **Fischtaverne Kochyli** mit netter Terrasse samt traditionellen blauen Baststühlen am Meer (von der inzwischen mehrere Leser schwärmten!) und guter Küche. Daneben das **Café Puerto**, in dem man ebenfalls schön am Hafen sitzt, für das Essen aber etwas mehr bezahlt.

Komfortable Reise mit Panoramafenstern und Klimaanlage nach Kalávryta

Odontotos – die Zahnradbahn von Diakoftó nach Kalávryta

Stetig nimmt die kleine Schmalspur-Zahnradbahn ihren Weg von der Küste des Golfs von Korínth. Durch eine unwegsame, zerklüftete Bergwelt mit tief eingeschnittenen Tälern, an einem Fluss entlang, vorbei an schroff abfallenden Felsen und durch unzählige Tunnel geht es nach Kalávryta. Die Zahnradbahn muss auf ihrer 23 km langen Fahrt zu dem Bergstädtchen mit Dieseltraktion über drei Zahnstangenabschnitte rund 800 m Höhendifferenz und Steigungen bis zu 28 % bewältigen. Die Spurbreite beträgt lediglich 75 cm – ein tolles Reiseerlebnis! 1895 wurde die Kalávryta-Bahnlinie nach zehnjähriger Bauzeit eingeweiht, ursprünglich geplant als erste Teilstrecke auf dem Weg nach Trípoli. Erst 1960–62 hat man die Dampflokomotiven durch moderne Diesellocks ersetzt. Mittlerweile wurden auch diese nostalgischen grün-braunen Triebwagen durch neue, größere „Stadler-Züge" mit Klimaanlage ersetzt.

Kloster Méga Spíleon

In unzähligen Serpentinen schlängelt sich die Straße vom Badeort Diakoftó 22 km hinauf zu dem sehenswerten Kloster. In der einsamen Berglandschaft oberhalb des tief eingeschnittenen Vouraikos-Tales klebt es förmlich an einer schroffen Felswand. Das bis zu acht Stockwerke hohe Kloster wurde im Jahre 840 gegründet und gilt noch heute bei vielen Griechen als beliebtes Ausflugsziel.

Der 8. Dezember 1943 ist ein unauslöschliches Datum – nicht nur für die Mönche. Eiskalt und ohne jedes Mitleid brachten deutsche Soldaten 17 Bewohner des Klosters im Alter von 14 bis 88 Jahren um. Eine Gedenktafel erinnert an das Massaker der Faschisten. Damals wurden auch die Gebäude zerstört. Deutsche müssen sich darauf gefasst machen, nicht besonders herzlich willkommen geheißen zu werden – verständlicherweise.

„Méga Spíleon" bedeutet in etwa „Große Höhle". Aufgrund des riesigen Grundbesitzes war es eines der wichtigsten Klöster des Peloponnes. Das Klostergebäude, eine Holzkonstruktion, brannte in seiner Geschichte mehrmals ab.

Der Legende nach soll *Euphrosyne*, eine Hirtin kaiserlichen Gebluts, im 8. Jh. in einer Grotte eine Marien-Ikone gefunden haben. Die beiden Mönche *Symeon* und *Theodor* wurden von ihren Träumen hierher geleitet. Am Fundort des Marienbildnisses errichteten die beiden Priester das erste Kirchlein. Die einzige sehenswerte

Wanderung zu den Wasserfällen des Styx

Dem sagenumwobenen Wasserfall wurden einst Wunderkräfte nachgesagt. Zeus bestimmte, dass die Götter einen hier geschworenen Eid niemals brechen durften, wer es dennoch tat, verfiel für neun Jahre in eine totenähnliche Starre. Alexander der Große soll mit dem bleihaltigen *„mavro nero"*, dem schwarzen Wasser des Styx ermordet worden sein. Und Achill erhielt seine Unverwundbarkeit am Styx, indem ihn seine Mutter als Neugeborenen in den Fluss tauchte; einzig die Ferse, an dem sie ihn festhalten musste, blieb ungeschützt. Später wurde er durch einen gezielten Pfeilschuss in diese „Achillesferse" von dem Trojaner Paris getötet.

In der Mythologie spielt der Styx eine wichtige Rolle, denn er bildet die Grenze zur Unterwelt. Der vielköpfige Höllenhund Kerberos passte auf, dass sie von niemandem illegal überschritten wurde. Nur wer seinen Obolus entrichtet hatte, durfte den Grenzfluss in die Unterwelt mit Charon, dem uralten und übelgelaunten Fährmann, überqueren. Aus diesem Grunde legten die Griechen ihren Toten einst Münzen auf die Zunge.

Der auch oberhalb der Unterwelt sichtbare Teil des mythologischen Flusses, die Wasserfälle des Styx, liegen am nordöstlichen Berghang des 2341 m hohen Helmós, inmitten einer einzigartigen, wilden Landschaft. Das Wasser stürzt eine dunkle, 200 m hohe Felswand in zwei Strömen hinab (im Sommer eher ein Rinnsal). Die Wanderung bis zum Aussichtspunkt bei einer Pinie dauert etwa zwei Stunden und ist auch für wenig geübte – und nicht schwindelfreie – Wanderer gut zu bewältigen. Ein markierter Pfad (gelb-weiß) führt durch eine herrliche, alpin anmutende Bergwelt überwiegend durch den Wald und an einem kurzen Abschnitt auch über Geröll, einmal muss (zumindest im Frühjahr) ein Schneefeld überquert werden. Ab der Aussichtspinie (ideal für ein Picknick) wird die Wanderung schwierig, ungeübten Wanderern sei hiervon dringend abzuraten, zumal der Pfad durch das Geröll vom Regen weggeschwemmt wurde. Der schwierige Teil der Wanderung dauert ab der Pinie nochmals etwa 1:30 Stunden. Vor allem an den Frühlings- und Sommerwochenenden trifft man viele griechische Bergsteiger aus der Region. Eine Überquerung des Flussbettes kann wegen der Wassermassen noch Ende April ein gefährliches Abenteuer bedeuten. Zuweilen versperren auch im Frühjahr noch Schneefelder (Lawinengefahr!) den Weg. Festes Schuhwerk ist notwendig, durstlöschende Quellen finden sich zahlreich auf dem Weg, ein Behältnis zum Abfüllen erweist sich als sinnvoll.

Kloster Méga Spíleon 553

historische Kirche ist das in der Höhle gelegene Gotteshaus der *Panagía Chrisospiliotissa*, durch zahlreiche Weihegaben und Reliquien verschönert. Wertvollstes Exponat ist die schlichte Marien-Ikone (ca. 8./9. Jh.).

Museum: Aus der bedeutenden Klosterbibliothek sind einige seltene Bibel-Ausgaben aus dem 9., 11. und 12. Jh. (oft aufwendig mit Blattgold verziert) ausgestellt; außerdem Priestergewänder, zahlreiche Ikonen, darunter eine 3 x 4 m große Darstellung aus der Ionischen Schule (17. Jh.) sowie zahlreiche Reliquien. Das Kloster wurde 2011 innen vollständig renoviert. Eine kleine Spende in die bereitstehende Truhe mit dem Vorschlag „2 Euro" ist selbstverständlich.

Öffnungszeiten Kloster tägl. geöffnet, 13–14 Uhr Mittagspause, Zutritt nur in angemessener Kleidung, es liegen Röcke und lange Hosen am Eingang bereit. Am Parkplatz gibt es einen kleinen **Souvenirladen**.

Anfahrtsmöglichkeit Mit der Zahnradbahn; von der Station Zachloroú muss man dann noch 1:30 Std. bergauf laufen.

Achtung:
Das Wasser des Styx ist bleihaltig und darf auf keinen Fall getrunken werden!

Wegbeschreibung: Die Wanderung beginnt im Bergdorf *Ano* Mesorroúgi, hier parken und der Schotterstraße zu den (nur griechisch) beschilderten „Idata Styngos" folgen. Ab Ano Mesorroúgi gelangt man nach ca. 20–25 Min. zu einer Quelle mit kleinem Wasserfall, hier links auf einem Pfad weitergehen (weiß-gelbe Markierung). Der Pfad führt kurz darauf an einem leeren Flussbett auf der linken Seite entlang, nach ca. 30 m weist ein Pfeil nach links, das Flussbett überqueren und auf der gegenüberliegenden Seite die ersten Meter steil bergauf kraxeln und dann dem Pfad im Wald hinein folgen. Nach ca. 10 Min. kommt man zu einer kleinen Lichtung/Bergkamm, Wegkreuzung, der Pfad führt von hier geradeaus/halbrechts wieder in den Wald hinein (Markierung beachten!). Nach ca. 30 Min. passiert man ein kleines Flussbett/Wasserfall. Ab hier durch Wald und Geröll hinauf zum Aussichtspunkt an der Pinie, von wo aus der Styx in nördlicher Richtung zu sehen ist. Aufstieg bis hierher ca. 2 Std., Abstieg 1:30 Std., man sollte die weiß-gelben Markierungspunkte nicht aus den Augen verlieren.

Wer noch weiter zum Wasserfall wandern will, muss auf jeden Fall schwindelfrei sein! Ab der Pinie (weiterhin weiß-gelb markiert) geht es an einer Felswand entlang steil bergab, dieser Weg wird regelmäßig durch Erosionen unpassierbar. Zwar hat der griechische Bergsteigerverein jüngst Drahtseile angebracht, trotzdem: Diese Passage ist nur für Geübte! Nach ca. 1:30 Std. gelangt man dann zum Wasserfall, der hier wie ein Nieselregen herunter fällt.

Anfahrt: Von Diakoftó in Richtung Korínth zum Küstenort *Akráta* (14 km). Dort rechts ab in vielen Serpentinen hinauf zum Bergdörfchen Valimí (16 km) mit toller Aussicht auf den Golf von Korínth und weiter Richtung Agrídi/Solós. In Agrídi (30 km von der Küste) eine Taverne mit Dorfquelle, der Asphaltstraße weiter folgen, ca. 600 m nach der Taverne geht es rechts ab nach Zaroúchla, nach der Abzweigung 2 km bergab, dann rechts ab nach Solós, hier führt neuerdings eine breite Asphaltstraße in Serpentinen nach oben. So fährt man nicht mehr durch Peristéra und kann eine 1 km lange Schotterpiste umgehen. Direkt in einer Rechtskurve geht es links ab ins Bergdorf Ano Mesorroúgi. Keine Busverbindung!

Essen & Trinken: Ein Kafenion lädt bei der schattigen Platia im benachbarten Dorf *Peristéra* nach der Wanderung zur Rast ein. Sehr empfehlen möchten wir Ihnen auch die bereits erwähnte kleine Taverne in Agridi. Gekocht wird zwar nur wenig, meist aber Spezialitäten aus der Region, ein Blick in die Töpfe ist selbstverständlich. Von der erhöhten Terrasse herrlicher Blick auf die Berge, herzliche Atmosphäre, einfache, kleine Taverne ohne touristische Ambitionen, preisgünstig. Unterhalb befindet sich eine sehenswerte kleine Mutter-Gottes-Kirche, Schlüssel in der Taverne erfragen.

Zachloroú: Sehr idyllisch gelegene Fünf-Häuser-Ansiedlung an der Zahnradbahnstrecke von Diakoftó nach Kalávryta. Das schattige Dörfchen liegt am oberen Ausgang der Vouraikos-Schlucht und besteht eigentlich nur aus zwei Hotels/Restaurants und einem Kafenion auf der gegenüberliegenden Seite, dazwischen schlängelt sich romantisch der Fluss Vouraikos. Durch die rundum aufragenden Berge und das Wasser ist es hier auch im Hochsommer angenehm kühl.

Anfahrt Von Kalávryta kommend (Richtung Diakoftó) 7 km außerhalb links ab nach Zachlorou (beschildert), dann ca. 3 km auf Asphaltstraße bergab. Alternativ mit der Zahnradbahn von Diakoftó oder Kalávryta an der Station „Méga Spíleon" aussteigen, von hier führt ein steiler Weg hinauf zum Kloster (ca. 1–1:30 Std.).

Übernachten * Hotel Romantzo, ein Idyll am Fluss und direkt am Bahnhof, wirklich herrliche, ruhige Lage. Altmodisch eingerichtete Zimmer, aber sauber und preiswert. Mit Taverne. Unbedingt vorher reservieren. Ein schlichtes DZ kostet ab 45 €. ✆ 26920/22758.

Kalávryta

Die Gegend um das 2000-Einwohner-Dorf erinnert ein wenig an die Alpen. Umgeben von den kahlen, schroffen Bergen des inneren Peloponnes macht Kalávryta einen denkbar „ungriechischen" Eindruck – es liegt in einer Höhe von 700 m, am Fuß des mächtigen 2341 m hohen *Aroania-Massivs*.

In den heißen Sommermonaten bietet der Touristenort wegen seiner kühleren Temperaturen einen angenehmen Aufenthalt und ist ein idealer Ausgangspunkt für Bergwanderungen. Rund um die Platia haben sich neben gemütlichen Cafés und Restaurants auch einige Souvenirshops angesiedelt und in der mit angedeuteten Trambahnschienen und Prellböcken neu gestalteten Fußgängerzone vom Bahnhof bis zum großen Platz geht es vor allem an Wochenenden recht lebhaft zu. In den Wintermonaten ist Kalávryta übrigens ein beliebter Skiort, zur Talstation des Skigebietes am Helmós-Massiv sind es nur 13 km. Nur einige Kilometer östlich von Kalávryta, dessen Name sich vermutlich von „kalá vrýta", der *guten Quelle* herleitet, finden sich auf einer felsigen Anhöhe die Überreste der mittelalterlichen Burg *Kástro Orias*.

Griechen verbinden mit dem Namen Kalávryta das entsetzliche Massaker, das deutsche Truppen am 13. Dezember 1943 anrichteten. Sie ermordeten über 690 männliche Bewohner von Kalávryta und Umgebung im Alter zwischen 14 und 80 Jahren. Am Tag der sinnlosen Gräueltat wurde die Kirchturmuhr angehalten. Sie zeigt bis heute die Todesstunde an.

Die Erinnerung an die Schreckensherrschaft der faschistischen Besatzungstruppen ist auch nach über 70 Jahren lebendig geblieben, hat doch fast jede Familie ein Opfer zu beklagen. Die deutsche Wiedergutmachung muss den Hinterbliebenen wie Hohn erscheinen. In den 50er-Jahren wurden ein paar Dutzend Waisenkinder nach Deutschland geholt, wo sie eine Berufsausbildung erhielten. Das Leid war damit nicht aus der Welt geschafft.

Holocaust-Museum von Kalávryta: Im Januar 2004 eröffnet, feierlich eingeweiht wurde es durch den bis dahin amtierenden griechischen Präsidenten Konstantinos Stephanopoulos. Im Vordergrund steht das Massaker an der Bevölkerung durch die deutsche Wehrmacht 1943, wenngleich im Eingangsbereich das Leben im Ort und der Einfluss der Bahnlinie um 1910 gezeigt werden. In den weiteren Räumen finden sich dann exemplarische Fundstücke wie deutsche Helme und Granaten, Ta-

Das Museum von Kalávryta erinnert an die Verbrechen der Nazis

schenuhren oder Papiere der getöteten Bewohner und Schriftstücke der linken Widerstandsbewegung ELAS. Videodokumentationen von Zeitzeugen (derzeit hat nur ein Video im dritten Raum englische Untertitel) und zahlreiche Fotos unterstützen den schwermütigen Eindruck der Ausstellung. Eine Gedenktafel mit den Namen und Porträts der Exekutierten schließt die sehenswerte Sammlung ab. Nachdenklich macht auch die Skulptur einer trauernden Mutter im Garten des Museums, die ihren toten Mann wegträgt, während ihre beiden Kinder an ihr zerren.

Tägl. (außer Mo) 9–16 Uhr (Sommer 10–17 Uhr). Eintritt 3 €, erm. 1,50 € (℡ 269 20/23646). Die Schautafeln sind auf Griechisch und Englisch beschriftet, eine deutsche Beschriftung soll folgen. Das Museum befindet sich in der alten Volksschule von Kalávryta von 1906 an der 25.-Martiou-Str., einem markanten kastenförmigen Bau wenige Schritte oberhalb des Bahnhofs. www.dmko.gr.

Außerhalb von Kalávryta (1 km) erinnert eine betont schlichte Gedenkstätte mit einem riesigen Kreuz an die Bluttat der Deutschen Wehrmacht. Umgeben von Tannen und Zedern stehen große graue Betonblöcke mit den Namen und dem Alter der Ermordeten. In einem nahezu unterirdischen Kirchlein brennen Kerzen zur Erinnerung an die Opfer der Faschisten, die griechische Flagge weht auf Halbmast. Ein Wandgemälde gegenüber vom Bahnhof ruft zur Versöhnung der Nationen auf.

Verbindungen Zug, 3-mal tägl. (im Sommer an Wochenenden 5-mal) mit der Zahnradbahn nach Diakoftó, einfach 9,50 €, hin und zurück 19 €.

Bus, 2-mal tägl. über Korínth (2 Std., 10 €) nach Athen (3 Std.), an Wochenenden jedoch nicht; 5-mal tägl. Pátras (2 Std., 7,80 €), an Wochenenden 2-mal tägl.; 2-mal Diakoftó (1 Std., 3,10 €) und Ägion (1:30 Std., 4,40 €), an Wochenenden nicht; 1-mal Trípolis (2 Std., 8,20 €) und 3-mal nach Káto Klitória (1 Std., 2,40 €). Die Busstation befindet sich am Ortsrand nahe dem Hotel Filoxenia, ℡ 26920/623888. Die Busse nach Diakoftó/Ägion halten am Kloster Méga Spíleon.

Taxi, ℡ 26920/22127; Preise (hin/zurück): Kloster Agía Lávra ca. 18 €, Kloster Méga Spíleon ca. 20 €. Taxis stehen auch an der Platia bereit.

Das Massaker von Kalávryta

Am 13. Dezember 1943, einem kalten, klaren Wintermorgen, war die 117. deutsche Jägerdivision mit der Bergbahn auf dem Weg nach Kalávryta, im Marschgepäck einen Befehl: das Städtchen und weitere 24 Dörfer der Umgebung dem Erdboden gleichmachen, alle männlichen Bewohner umbringen.

Bereits Mitte Oktober 1943 war es Partisanen der Griechischen Volksbefreiungsarmee ELAS gelungen, eine Hundertschaft Hitler-Soldaten in der Bergregion von Kalávryta in ihre Gewalt zu bringen. Die 81 Deutschen sollten gegen griechische Freiheitskämpfer ausgetauscht werden. Doch der Plan scheiterte, denn am 8. Dezember schickten sich die Besatzer an, ihre gefangenen Kameraden zu befreien. Aber auch diese Rechnung ging nicht auf. Als die deutschen Truppen näher rückten, erschossen die Partisanen ihre Geiseln. Dem ersten Racheakt fielen im Kloster Méga Spíleon, auf dem Weg nach Kalávryta, 17 Kinder und Mönche im Alter von 14 bis 88 Jahren zum Opfer. Am 13. Dezember schlugen die Hitler-Truppen ein zweites Mal zu: über 1300 Menschen, von Kindern bis zu Greisen, wurden zusammengetrieben. Fünf Stunden soll es gedauert haben, bis alle männlichen Einwohner umgebracht waren. Geschäfte und Wohnungen wurden geplündert, alles Brauchbare mit der Bergbahn weggeschafft. Als die Deutschen abzogen, sangen sie „Lilli Marleen".

Georgios Georgantas, einer der wenigen Überlebenden im Ort, erinnert sich: „Es ist fast 10.30 Uhr und schwarzer Rauch fängt an, sich zu verbreiten. In der Stadt sind Schüsse zu hören. Sie bewerfen die Häuser mit Pulver, um sie leichter in Brand setzen zu können. Wohin man auch schaut, Flammen und Rauch. Rauch, Krach und Plünderungen. Häuser, Geschäfte, öffentliche Einrichtungen, Hütten und Scheunen, Kirchen, Besitztümer – die harte Arbeit vieler Jahre – verbrennen gna-

Die Namen der Getöteten des Massakers

Als Erinnerung an die Gräueltat der Deutschen wurde die Kirchturmuhr angehalten

denlos in einem großen schwarzen und roten Feuer ... Der erste Deutsche, der mich wegzog, wurde in der Tat getäuscht. Er dachte ich sei tot und gab mir zur Belohnung einen Tritt. Dann kam ein zweiter Soldat. Ich dachte, dass das Gleiche auch mit ihm passieren würde. Als der erste mich zum ersten Mal schüttelte, fiel mir meine goldene Uhr aus der Tasche, und er hat sich gefreut. Er hat sie zwei- oder dreimal in beide Hände genommen und sich gleichzeitig umgeblickt. Es scheint, dass es ihnen verboten war, die Toten zu beklauen, und er fürchtete, dass ein Offizier ihn sehen würde. Die Uhr blendete ihn und er hat mit ihr „geflirtet". Er hat sie fallen lassen und wieder in die Hand genommen. Irgendwann konnte ich meinen Atem nicht länger anhalten und atmete ein. Da feuerte er mit seiner Pistole auf meinen Nacken und verließ den Ort sofort."

Ganz anders liest sich die Schilderung der Mörder. Im Tagebuch der 117. Jägerdivision heißt es nüchtern: „13. Dezember 1943: Kalávryta als Bandenunterkunft und Sammelpunkt für deutsche Gefangene völlig zerstört. 511 männliche Einwohner erschossen".

Die Bluttat der deutschen Truppen ist bis heute nicht gesühnt. Als die Staatsanwaltschaft Bochum 1972 gegen zwei Wehrmachtsangehörige ermittelte, die an dem Massaker beteiligt waren, kamen die deutschen Richter zu dem schrecklichen Urteil: „In dieser Situation waren Repressalien notwendig und auch zulässige völkerrechtliche Mittel (...) Dass die ergriffenen Repressalien damals in einem unangemessenen Verhältnis zu den vorausgegangen Völkerrechtsverletzungen (Gefangennahme und Erschießung von 81 deutschen Soldaten) standen, haben die Ermittlungen nicht ergeben." Der Name Kalávryta ist in Deutschland kaum ein Begriff, doch in Griechenland gilt er als ein Symbol des Leides, das nicht vergessen werden kann.

Adressen **Post,** an der Platía, geöffnet 7.30–14 Uhr.

Bank, an der Platía, Mo–Do 8–14.30 Uhr, Fr 8–14 Uhr, mit Geldautomat.

Polizei, fünfte Querstraße oberhalb der Platía, ℡ 26920/23333, erkennbar an der griechischen Flagge.

Krankenhaus, am Stadtrand, an der Straße zum Kloster Agía Lávra, ℡ 26920/22363.

Übernachten Alle Hotels in Kalávryta sind ganzjährig geöffnet, die Zimmer mit Heizung ausgestattet. Das Preisniveau ist relativ hoch. Hochsaison ist von Dez. bis April. Alle Hotelpreise sind unter der Woche günstiger als an Wochenenden.

Bald kommt die neue Asphaltstraße

»» Mein Tipp: *** **Hotel Anesis,** am oberen Ende der Platía Petimatziou gelegen (bei der Kirche). 14 sehr moderne, gepflegte und geschmackvoll eingerichtete Zimmer mit Bad und TV, im zweiten Stock auch drei Zimmer mit Kamin und großem Balkon, im Erdgeschoss Taverne. Sympathischer Service, ganzjährig geöffnet. EZ 35–50 €, DZ 45–60 € (an Wochenenden 75–80 €), jeweils inkl. Frühstück. ℡ 26920/23070, www.anesishotel.gr. **«««**

*** **Hotel Filoxenia,** sehr angenehmes, komfortables Hotel, nur 100 m vom Bahnhof in einer Seitenstraße. Alle 26 Zimmer mit schönem Bad, Aircondition, Balkon, TV und Kühlschrank. EZ 42–95 €, DZ 53–120 € (Frühstück inkl.). ℡ 26920/22422 oder 26920/22290, www.hotelfiloxenia.gr.

Hotel Kynaitha, traditionell eingerichtete Zimmer mit Balkon, gutes Frühstück, direkt im Zentrum gelegen. ℡ 26920/22609 www.hotelfiloxenia.gr, http://www.kynaitha.com.

Weitere **Zimmer** und **Apartments** werden auch in den Straßen unterhalb vom Bahnhof vermietet. Gegenüber vom Bahnhof findet man auf einer beleuchteten Infotafel alle Quartiere mit freien Zimmern.

Essen & Trinken In der Fußgängerzone finden sich zahlreiche Lokale und Imbissläden, die preiswerte Gerichte servieren. Sehr gemütlich und angesagt ist derzeit das **Café Slalom** an der Platía Petimazeion.

Nachtleben Zahlreiche Cafés und Musikbars im Zentrum lassen keine Langeweile aufkommen, für Abendunterhaltung ist gesorgt.

Kloster Agía Lávra

Am Rande eines Tales liegt, 6 km südlich von Kalávryta, der über 1000 Jahre alte prächtige Natursteinbau. Agía Lávra gehört zu den berühmtesten Klöstern des Peloponnes.

Die 961 von Athos-Mönchen gegründete Anlage ist heute für viele Griechen eine Art politischer Wallfahrtsort, denn unter der großen Platane vor dem neuen Kloster sollen sich am 25. März 1821 die Freiheitskämpfer unter Leitung des Bischofs von Pátras, *Germanos,* versammelt haben. Das Kloster als Zentrum der Aufständischen

büßte dafür. 1826 ließ es *Ibrahim Pascha* von seinen Truppen dem Erdboden gleichmachen. Ein weiteres, grausames Massaker und die erneute Zerstörung des Gebäudes gehen auf das Konto der deutschen Truppen Ende 1943. Das historische

Datum von 1821 wird durch ein großes Denkmal auf einem 3 km entfernten Berg in Erinnerung gerufen (weithin sichtbar, von dort tolle Aussicht). Der 25. März ist heute Staatsfeiertag.

Der Besuch des von Zedern umgebenen Klosters lohnt sich vor allem wegen des Museums und einer Kreuzkuppelkirche unterhalb davon. Das Hauptgebäude, in Form eines Vierecks angelegt, betritt man durch ein Tor im Glockenturm. Im Inneren der Anlage steht die Klosterkirche aus dem 17. Jh. Hier wurden am 14.12.1943 neun Angehörige des Klosters von Hitlertruppen ermordet.

Skifahren am Helmós-Massiv

Auf der Straße von Kalávryta nach Kastriá geht es nach 8 km links ab (beschildert) und 5 km stetig bergan zu einem der beiden Skizentren auf dem Peloponnes. Den ausschließlich griechischen Wintersportlern stehen drei Schlepplifte, zwei Sessellifte und zehn Pisten mit einer Gesamtlänge von 20 km zur Verfügung. Vor Ort kann man sich auch die Ausrüstung ausborgen (Preis für das Set: mind. 15 € für einen Tag). Auf den beiden Berghütten Übernachtungsmöglichkeiten und ein Restaurant. Auskünfte erteilt das Skizentrum Kalávryta unter ✆ 26920/22661 oder 26920/22174, www.kalavrita-ski.gr.

Im ersten Stock (beim Eingang Treppe rechts) liegt das sehenswerte *Museum*. An den griechischen Freiheitskampf erinnert die berühmte Revolutionsflagge von 1821. In den Regalen finden sich zahlreiche wertvolle Bücher aus der Klosterbibliothek zu den Gebieten Theologie und Geschichte, ferner wertvolle Handschriften aus dem 11.–14. Jh. und türkische Urkunden in arabischer Schrift, die dem Kloster Sonderrechte einräumen.

Mai bis Sept. tägl. 10–13 und 16–17 Uhr; Okt. bis April 10–13 und 15–16 Uhr. Eintritt frei, allerdings wird eine Spende erwartet.

Ausflüge von Kalávryta

Plataniótissa (28 km nördlich von Kalávryta): Lohnenswerter Ausflug zu dem auf etwa 800 m Höhe gelegenen Dorf mit seinen drei Tavernen, in dem vielleicht ein Dutzend Familien leben. Hauptattraktion sind aber die vier gewaltigen Platanen am Dorfplatz, von denen eine mit 23 m Umfang in ihrem hohlen Stamm die Ortskirche (!) beherbergt. Tatsächlich beeindruckend, wie der kleine Innenraum mit seinen Naturwänden mit Tischen, Stühlen, Votivtäfelchen und Ikonen ausgestattet ist. In allen Ritzen stecken „Wunschzettel" der Gläubigen. Kerzen dürfen verständlicherweise nur im Freien angezündet werden.

Hinweis: Sollte die Kirche verschlossen sein, können Sie im Ortszentrum im Kafeníon nach dem Schlüssel fragen.

Antikes Loussi (18,3 km von Kalávryta): Archäologie-Fans sollten sich den Abstecher zum Artemis-Tempel von Loussi, der bereits 1898 freigelegt wurde, nicht entgehen lassen. Von dem im 4. Jh. v. Chr. erbauten Tempel blieb allerdings nicht sehr viel übrig, denn aus dem antiken Baumaterial wurde an gleicher Stelle die Panagía-Kirche errichtet, von der ebenfalls nur noch Ruinen zu sehen sind. Einst soll Loussi eine große antike Stadt gewesen sein. Baurelikte unterhalb des Tempels (in östlicher und südöstlicher Richtung) zeugen bis heute davon. Noch zu erkennen sind das Bouleuterion (das halbkreisförmige Fundament deutet noch die Sitze der Ratsmitglieder an), ein Propylon, eine Zisterne und die Reste einer Polygonalmauer.

Von Kalávryta Richtung Káto Klitória und „Cave Lakes", in Káto Loussí rechts ab Richtung Sigoúni, nach 4 km geht es links ab zu den Ausgrabungen (gut beschildert), 1 km auf Schotterpiste, dann erscheinen linker Hand die eingezäunten Reste des antiken Loussi. 1 km weiter die Fundamente des Artemis-Tempels (auf dem Weg dorthin bereits mehrere Ausgrabungen).

Höhle der Seen

Ein fast 2 km langes, unterirdisches Flussbett gibt es 1,5 km nördlich vom Bergdorf Kastriá am Südhang des Aroania zu entdecken. Im mittleren Teil der Höhle liegen dreizehn terrassenförmig abgestufte Seen, umrahmt von Stalaktiten und Stalagmiten. Im Frühjahr, zur Zeit der Schneeschmelze, verwandeln sie sich in einen unterirdischen Fluss mit natürlichen Wasserfällen. Durch einen Tunnel, der von Menschenhand geschaffen wurde, betritt man das geheimnisvolle Reich. Die eindrucksvolle Höhle wurde erst 1964 von den Dorfbewohnern Kastriás entdeckt und ist seit den 80er-Jahren der Öffentlichkeit zugänglich. Die Führung (überwiegend in griechischer Sprache, aber auch englisch) dauert eine gute halbe Stunde und kostet 9 € pro Person (Kinder 6–16 J., Studenten und Senioren die Hälfte), man kann etwa 500 m weit in die Höhle hineinlaufen.

Anfahrt: Keine **Busverbindung**! Der Weg zur Höhle (ca. 17 km) ist von Kalávryta aus gut beschildert. Tägl. 9.30–16.30 Uhr (in den Sommermonaten 9–17.30 Uhr). Absolutes Fotoverbot! Oberhalb des Eingangs befindet sich ein Café. ✆ 26920/31001, www.kastriacave.gr.

Káto Klitória (27 km südlich von Kalávryta): Ein gemütliches, vom Tourismus völlig unbehelligtes, kleines Landstädtchen, dennoch ist ein Besuch hier lohnenswert. Von den Kafenia um den großen Platz kann man griechisches Landleben pur genießen. Etwa 2 km westlich von Káto Klitória lag die antike Stadt Kleitor, heute ein weit verstreutes Ruinenfeld (keine Beschilderung, die Ausgrabungen sind noch nicht abgeschlossen), das von mehreren Bachläufen durchzogen ist und zum Teil wild überwuchert. Dürfte nur für Archäologie-Spezialisten interessant sein.

Verbindungen 3-mal tägl. mit dem Bus nach Kalávryta (1 Std., 2,60 €).

Übernachten ** Hotel Aroanios, am westlichen Ortsrand an der Straße zum antiken Kleitor links ab, beschildert. Angenehmes und modernes Hotel mit neun Zimmern und zwei großen Apartments, alle mit Bad, TV, WLAN und Balkon. Ganzjährig geöffnet. EZ und DZ je ab 50–70 €, Dreier ab 60 €, jeweils inkl. Frühstück. ✆ 26920/31308, www.aroanioshotel.gr.

Tripótama: Zunächst über einen Pass und dann weiter durch das Aroanios-Tal gelangt man nach Tripótama (= „drei Flüsse", aus deren Mündung der Erýmanthos hervorgeht), ca. 35 km westlich von Káto Klitória. An einem Hügel bei dem kleinen Dorf befinden sich Reste der antiken Stadt Psophis, u. a. auch Teile einer Stadtmauer und das Fundament eines großen Tempels. Weiter westlich (13 km) liegt an einem steilen Hang das abgeschiedene Bergdorf *Lambiá*. Von hier aus führt die Straße über Ag. Triáda in Richtung Norden wieder zur Küste nach Pátras (ab Lambiá 75 km).

Von der Oberstadt von Pátras hat man einen schönen Ausblick auf die Stadt und das nahe Festland

Etwas Griechisch

Keine Panik: Neugriechisch ist zwar nicht die leichteste Sprache, lassen Sie sich jedoch nicht von der fremdartig wirkenden Schrift abschrecken – oft erhalten Sie Informationen auf Wegweisern, Schildern, Speisekarten usw. auch in lateinischer Schrift, zum anderen wollen Sie ja erstmal verstehen und sprechen, aber nicht lesen und schreiben lernen. Dazu hilft Ihnen unser „kleiner Sprachführer", den wir für Sie nach dem Baukastenprinzip konstruiert haben: Jedes der folgenden Kapitel bietet Ihnen Bausteine, die Sie einfach aneinanderreihen können, sodass einfache Sätze entstehen. So finden Sie sich im Handumdrehen in den wichtigsten Alltagssituationen zurecht, entwickeln ein praktisches Sprachgefühl und können sich so nach Lust und Notwendigkeit Ihren eigenen Minimalwortschatz aufbauen und erweitern.

Wichtiger als die richtige Aussprache ist übrigens die Betonung! Ein falsch betontes Wort versteht ein Grieche schwerer als ein falsch oder undeutlich ausgesprochenes. Deshalb finden Sie im Folgenden jedes Wort in Lautschrift und (außer den einsilbigen) mit Betonungszeichen. Viel Spaß beim Ausprobieren und Lernen!

© Michael Müller Verlag GmbH. Vielen Dank für die Hilfe an Dimitrios Maniatoglou!

Das griechische Alphabet

Buchstabe		Name	Lautzeichen	Aussprache
groß	klein			
Α	α	Alpha	a	kurzes a wie in Anna
Β	β	Witta	w	w wie warten
Γ	γ	Gámma	g	g wie Garten (j vor Vokalen e und i)
Δ	δ	Delta	d	stimmhaft wie das englische „th" in the
Ε	ε	Epsilon	e	kurzes e wie in Elle
Ζ	ζ	Síta	s	stimmhaftes s wie in reisen
Η	η	Ita	i	i wie in Termin
Θ	θ	Thíta	th	stimmlos wie englisches „th" in think
Ι	ι	Jóta	j	j wie jagen
Κ	κ	Kápa	k	k wie kann
Λ	λ	Lámbda	l	l wie Lamm
Μ	μ	Mi	m	m wie Mund
Ν	ν	Ni	n	n wie Natur
Ξ	ξ	Xi	x	x wie Xaver
Ο	ο	Omikron	o	o wie offen
Π	π	Pi	p	p wie Papier
Ρ	ρ	Ro	r	gerolltes r
Σ	ς/σ	Sígma	ss	ss wie lassen
Τ	τ	Taf	t	t wie Tag
Υ	υ	Ipsilon	j	j wie jeder
Φ	φ	Fi	f	f wie Fach
Χ	χ	Chi	ch	ch wie ich
Ψ	ψ	Psi	ps	ps wie Psalm
Ω	ω	Omega	o	o wie Ohr

Da das griechische und lateinische Alphabet nicht identisch sind, gibt es für die Übersetzung griechischer Namen in die lateinische Schrift oft mehrere unterschiedliche Schreibweisen, z. B. Chorefton (auf Pilion) - auch Horefto, Horefton, Chorefto; Kalkis - auch Chalkis oder Halkida.

Elementares

Grüße

Guten Morgen/ guten Tag (bis Siesta)	kaliméra
Guten Abend/ guten Tag (ab Siesta)	kalispéra
Gute Nacht	kaliníchta
Hallo! Grüß' Sie!	jássou! oder jássas!
Tschüß	adío
Guten Tag und Auf Wiedersehen	chérete
Alles Gute	stó kaló
Gute Reise	kaló taxídi

Gespräch

Wie geht es Ihnen?	ti kánete?
Wie geht es Dir?	ti kánis?
(Sehr) gut	(polí) kalá
So lala	étsi ki étsi
Und Dir?	ke essí?
Wie heißt Du?	pos se léne?
Ich heiße ...	to ónoma mou íne ...
Woher kommst du?	apo pu ísse?
Ich komme aus ...	íme apo ...
... Deutschland	... jermanía
... Österreich	... afstría
... Schweiz	... elwetía
Sprechen Sie Englisch (Deutsch)?	miláte angliká (jermaniká)?
Ich spreche nicht Griechisch	den miló eliniká
Wie heißt das auf Griechisch?	pos légete aftó sta eliniká?
Ich verstehe (nicht)	(dén) katalawéno
Verstehst du?	katálawes (katalawénis?)
In Ordnung (okay)	endáxi

Minimalwortschatz

Ja	nä
Nein	óchi
Nicht	dén
Danke (vielen Dank)	efcharistó (polí)
Bitte (!)	parakaló(!)
Entschuldigung	sinjómi
groß/klein	megálo/mikró
gut/schlecht	kaló/kakó
viel/wenig	polí/lígo
heiß/kalt	sesstó/krío
oben/unten	epáno/káto
ich	egó
du	essí
er/sie/es	aftós/aftí/aftó
das (da)	aftó
(ein) anderes	állo
Welche(r), welches?	tí?

Fragen und Antworten

Gibt es (hier) ...?	ipárchi (edó) ...?
Wo ist ...?	pu íne ...?
Ich möchte (nach) ...	thélo (stin) ...
Wann geht (fährt, fliegt)?	pote féwgi?
Um wie viel Uhr?	ti óra?
Wann kommt ... an?	póte ftáni ...?

564 Etwas Griechisch

Wie viel Kilometer sind es?	pósa chiliómetra íne?	Von wo...	ápo pu
Wie viel kostet es?	póso káni?	... von Iraklion	...ápo to Iráklio
Wissen Sie...?	xérete ...?	Wie viel(e)...	pósso (póssa) ...
stündlich	aná óra	Wohin...	jia pu ...
um 4 Uhr	tésseris óra	nach /zum ...	tin/stin ...
... der Hafen ...	... to limáni	... nach Athen	... stin Athína
... die Haltestelle	... i stási	links	aristerá
Ich weiß nicht	dén xéro	rechts	dexiá
Haben Sie...?	échete ...?	geradeaus	ísja
... nein, haben wir nicht	dén échoume	die nächste Straße	o prótos drómos
Ja, bitte? (hier, bitte!)	oríste?/!	die 2. Straße	o défteros drómos
Wann	póte	hier	edó
Wo	pu	dort	ekí

Unterwegs

Abfahrt	anachórisis	Straße	drómos
Ankunft	áfixis	Fußweg	monopáti
Gepäckaufbewahrung	apotíki aposkewón	Telefon	tiléfono
Information	pliroforíes	Ticket	isitírio
Kilometer	kiliómetra	Reservierung	fílaxi

Die Religiosität ist echt

Flugzeug/Schiff

Deck	katástroma
Fährschiff	férri-bot
Flughafen	aerodrómio
das (nächste) Flugzeug	to (epómene) aeropláno
Hafen	limáni
Schiff	karáwi
Schiffsagentur	praktorío karawiú

Bus/Eisenbahn

Bahnhof	stathmós
(der nächste) Bus	(to epómene) leoforío
Eisenbahn	ssidiródromos
Haltestelle	stásis
Schlafwagen	wagóni ípnu
U-Bahn	ilektrikós
Waggon	wagóni
Zug	tréno

Auto/Zweirad

Ich möchte ...	thélo ...
Wo ist ...?	pu íne ...?
... die nächste Tankstelle?	... to plisiésteron wensinádiko?
Bitte prüfen Sie ...	parakaló exetásete ...
Ich möchte mieten (für 1 Tag)	thélo na nikiásso (jiá mia méra)
(Die Bremse) ist kaputt	(to fréno) íne chalasméno
Wie viel kostet es (am Tag)?	póso káni (jia mía méra)?
Benzin (super/normal/bleifrei)	wensíni (súper/apli/amóliwdi)
Diesel	petréleo
1 Liter	éna lítro
20 Liter	íkosi lítra
Auto	aftokínito
Motorrad	motossikléta
Moped	motopodílato
Anlasser	mísa
Auspuff	exátmissi
Batterie	bataría
Bremse	fréno
Ersatzteil	andalaktikón
Keilriemen	imándas
Kühler	psijíon
Kupplung	simbléktis
Licht	fos
Motor	motér
Öl	ládi
Reifen	lásticho
Reparatur	episkewí
Stoßdämpfer	amortisér
Wasser (destilliertes)	to (apestagméno) neró
Werkstatt	sinergíon

Bank/Post/Telefon

Post und Telefon sind in Griechenland nicht am selben Ort! Telefonieren kann man in kleineren Orten auch an manchen Kiosken und Geschäften.

Wo ist	pu íne?
... eine Bank	... mia trápesa
... das Postamt	... to tachidromío
... das Telefonamt	to O. T. E.
Ich möchte ...	thélo ...
... ein Tel.-Gespräch	... éna tilefónima
... (Geld) wechseln	... na chalásso (ta chrímata)
Wie viel kostet es (das)?	póso káni (aftó)?
Bank	trápesa
Brief	grámma
Briefkasten	grammatokiwótio
Briefmarke	grammatósima
eingeschrieben	sistiméno
Euro-/Reisescheck	ewrokárta

Geld	ta leftá, ta chrímata	Telefongespräch (anmelden) (nach)	(na anangílo) éna tilefónima (jia)
Karte	kárta	Telefon	tiléfono
Luftpost	aeroporikós	Telegramm	tilegráfima
Päckchen	paketáki	Schweizer Franken	elwetiká fránka
Paket	déma		
postlagernd	post restánd		

Übernachten

Haben Sie?	échete?	Ich möchte mieten (...) für 5 Tage	thélo na nikiásso (...) jia pénde méres
Gibt es ...?	ipárchi ...?	Kann ich sehen ...?	boró na do ...?
Zimmer	domátio	Kann ich haben ...?	boró na écho ...?
Bett	krewáti	ein (billiges/gutes) Hotel	éna (ftinó/kaló) xenodochío
ein Doppelzimmer	éna dipló domátio	Pension	pansión
Einzelzimmer	domátio me éna krewáti	Haus	spíti
mit ...	me ...	Küche	kusína
... Dusche/Bad	dous/bánjo	Toilette	tualétta
... Frühstück	proinó	Reservierung	krátissi
Wo ist?	pu íne?	Wasser (heiß/kalt)	neró (sesstó/krío)
Wie viel kostet es (das Zimmer)?	póso káni (to domátio)?		

Essen & Trinken

Haben Sie?	échete?	(eine) Limonade (Zitrone)	(mia) lemonáda
Ich möchte ...	thélo ...	(eine) Limonade (Orange)	(mia) portokaláda
Wie viel kostet es?	póso káni?	(ein) Kaffee	(éna) néskafe
Ich möchte zahlen	thélo na pliróso	(ein) Mokka	(éna) kafedáki
Die Rechnung (bitte)	to logariasmó (parakaló)	... sehr süß	... varí glikó
Speisekarte	katálogos	... mittel	... métrio
		... rein (ohne Zucker)	skéto
		Tee	tsái
		Milch	gála

Getränke

Glas/Flasche	potíri/boukáli
ein Bier	mía bíra
(ein) Mineralwasser	(mia) sóda
Wasser	neró
(ein) Rotwein	(éna) kókkino krassí
(ein) Weißwein	(éna) áspro krassí
... süß/herb	glikós/imíglikos

Griech. Spezialitäten

Fischsuppe	psaróssupa
Suppe	ssúpa
Garnelen	garídes
Kalamari („Tintenfischchen")	kalamarákia

Fleischklößchen	keftédes	**Sonstiges**	
Hackfleischauflauf mit Gemüse	musakás	*Hähnchen*	kotópulo
Mandelkuchen mit Honig	baklawás	*Kartoffeln*	patátes
Gefüllter Blätterteig	buréki	*Spaghetti (mit Hackfleisch)*	makarónia (me kimá)
Gefüllte Weinblätter (mit Reis & Fleisch)	dolmádes	*Hammelfleisch*	kimás
Nudelauflauf mit Hackfleisch	pastítsio	*Kotelett*	brisóla
		Bohnen	fasólia
Fleischspießchen	suwlákia	*Gemüse*	lachaniká

Einkaufen

Haben Sie?	échete?	*Klopapier*	hartí igías
Kann ich haben?	bóro na écho?	*Kuchen*	glikó
Geben Sie mir	dóste mou	*Marmelade*	marmeláda
klein/groß	mikró/megálo	*Milch*	gála
1 Pfund	misó kiló	*Öl*	ládi
1 Kilo/Liter	éna kiló/lítro	*Orange*	portokáli
100 Gramm	ekató gramárja	*Pfeffer*	pipéri
Apfel	mílo	*Salz*	aláti
Brot	psomí	*Seife*	sapúni
Butter	wútiro	*Shampoo*	sambuán
Ei(er)	awgó (awgá)	*Sonnenöl*	ládi jia ton íljon
Essig	xídi	*Streichhölzer*	spírta
Gurke	angúri	*Tomaten*	domátes
Honig	méli	*Wurst*	salámi
Joghurt	jaoúrti	*Zucker*	sáchari
Käse/Schafskäse	tirí/féta		

Sehenswertes

Wo ist der/die/das?	pu íne to/i/o?	*Burg*	kástro (pírgos)
Wo ist der Weg zum …?	pu íne i ódos jia …?	*Dorf*	chorió
		Eingang	ísodos
Wie viel Kilometer sind es nach …?	póssa chiliómetra íne os to …?	*Fluss*	potamós
		Kirche	eklissiá
rechts	dexiá	*Tempel*	naós
links	aristerá	*Platz*	platía
dort	ekí	*Stadt*	póli
hier	edó	*Strand*	plas
Ausgang	éxodos	*Höhle*	spilíon, spiliá
Berg	wounó	*Schlüssel*	klidí

Hilfe & Krankheit

Gibt es (hier) …?	ipárchi (edó) …?
Haben Sie …?	échete …?
Wo ist (die Apotheke)?	pu íne (to farmakío)?
Arzt	jatrós
Wann hat der Arzt Sprechstunde?	póte déxete o jiatrós?
Ich habe Schmerzen (hier)	écho póno (edó)
Helfen Sie mir bitte!/Hilfe!	woithíste me parakaló!/woíthia!
Ich habe verloren …	échassa …
Deutsche Botschaft	presvía jermanikí
Krankenhaus	nossokomío
Polizei	astinomía
Touristinformation	turistikés plioforíes
Unfall	atíchima
Zahnarzt	odontíatros
Ich bin allergisch gegen …	egó íme allergikós jia …
Ich möchte (ein)…	thélo (éna) …
Abführmittel	kathársio
Aspirin	aspiríni
die „Pille"	to chápi
Kondome	profilaktiká
Penicillin	penikelíni
Salbe	alifí
Tabletten	hapía
Watte	wamwáki
Ich habe …	écho …
Ich möchte ein Medikament gegen …	thélo éna jiatrikó jia …
Durchfall	diária
Fieber	piretós
Grippe	gríppi
Halsschmerzen	ponólemos
Kopfschmerzen	ponokéfalos
Magenschmerzen	stomachóponos
Schnupfen	sináchi
Sonnenbrand	égawma
Verstopfung	diskiljótita
Zahnschmerzen	ponódontos

Καλή όρεξη! Guten Appetit … im Fast-Food-Restaurant in Olympía mit Aircondition und Wi-Fi

Zahlen

½	misó	9	ennéa	60	exínda
1	éna	10	déka	70	efdomínda
2	dío	11	éndeka	80	ogdónda
3	tría	12	dódeka	90	enenínda
4	téssera	13	dekatría	100	ekató
5	pénde	20	íkosi	200	diakósia
6	éxi	30	triánda	300	trakósia
7	eftá	40	sarránda	1000	chília
8	ochtó	50	penínda	2000	dio chiliádes

Zeit

Morgen(s)	proí
Mittag(s)	messiméri
Nachmittag(s)	apógewma
Abend(s)	wrádi
heute	ssímera
morgen	áwrio
übermorgen	méthawrio
gestern	chtés
vorgestern	próchtes
Tag	méra
jeden Tag	káthe méra
Woche	ewdomáda
Monat	mínas
Jahr	chrónos

Uhrzeit

Stunde	óra
Um wie viel Uhr?	piá óra (ti óra)?
Wie viel Uhr (ist es)?	tí óra (íne)?
Es ist 3 Uhr (dreißig)	íne trís (ke triánda)
Stündlich	aná óra
Wann?	póte?

Achtung: nicht éna, tría, téssera óra (1, 3, 4 Uhr), sondern: mía, trís, tésseris óra!! Sonst normal wie oben unter „Zahlen".

Wochentage

Sonntag	kiriakí
Montag	deftéra
Dienstag	tríti
Mittwoch	tetárti
Donnerstag	pémpti
Freitag	paraskewí
Samstag	sáwato

Monate

Ganz einfach: fast wie im Deutschen + Endung „-ios"! (z. B. April = Aprílios).

Ianuários	Januar
Fewruários	Februar
Mártios	März
Aprílios	April
Máios	Mai
Iúnios	Juni
Iúlios	Juli
Awgustos	August
Septémwrios	September
Októwrios	Oktober
Noémwrios	November
Dekémwrios	Dezember

Abruzzen • Ägypten • Algarve • Allgäu • Allgäuer Alpen • Altmühltal & Fränk. Seenland • Amsterdam • Andalusien • Andalusien • Apulien • Australien – der Osten • Azoren • Bali & Lombok • Barcelona • Bayerischer Wald • Bayerischer Wald • Berlin • Bodensee • Bretagne • Brüssel • Budapest • Chalkidiki • Chiemgauer Alpen • Chios • Cilento • Cornwall & Devon • Comer See • Costa Brava • Costa de la Luz • Côte d'Azur • Cuba • Dolomiten – Südtirol Ost • Dominikanische Republik • Dresden • Dublin • Düsseldorf • Ecuador • Eifel • Elba • Elsass • Elsass • England • Fehmarn • Franken • Fränkische Schweiz • Fränkische Schweiz • Friaul-Julisch Venetien • Gardasee • Gardasee • Genferseeregion • Golf von Neapel • Gomera • Gomera • Gran Canaria • Graubünden • Hamburg • Harz • Haute-Provence • Havanna • Ibiza • Irland • Island • Istanbul • Istrien • Italien • Italienische Adriaküste • Kalabrien & Basilikata • Kanada – Atlantische Provinzen Karpathos • Kärnten • Katalonien • Kefalonia & Ithaka • Köln • Kopenhagen • Korfu • Korsika • Korsika Fernwanderwege • Korsika • Kos • Krakau • Kreta • Kreta • Kroatische Inseln & Küstenstädte • Kykladen • Lago Maggiore • Lago Maggiore • La Palma • La Palma • Languedoc-Roussillon • Lanzarote • Lesbos • Ligurien – Italienische Riviera, Genua, Cinque Terre • Ligurien & Cinque Terre • Limousin & Auvergne • Limnos • Liparische Inseln • Lissabon & Umgebung • Lissabon • London • Lübeck • Madeira • Madeira • Madrid • Mainfranken • Mainz • Mallorca • Mallorca • Malta, Gozo, Comino • Marken • Mecklenburgische Seenplatte • Mecklenburg-Vorpommern • Menorca • Midi-Pyrénées • Mittel- und Süddalmatien • Montenegro • Moskau • München • Münchner Ausflugsberge • Naxos • Neuseeland • New York • Niederlande • Niltal • Norddalmatien • Norderney • Nord- u. Mittelengland • Nord- u. Mittelgriechenland • Nordkroatien – Zagreb & Kvarner Bucht • Nördliche Sporaden – Skiathos, Skopelos, Alonnisos, Skyros • Nordportugal • Nordspanien • Normandie • Norwegen • Nürnberg, Fürth, Erlangen • Oberbayerische Seen • Oberitalien • Oberitalienische Seen • Odenwald • Ostfriesland & Ostfriesische Inseln • Ostseeküste – Mecklenburg-Vorpommern • Ostseeküste – von Lübeck bis Kiel • Östliche Allgäuer Alpen • Paris • Peloponnes • Pfalz • Pfälzer Wald • Piemont & Aostatal • Piemont • Polnische Ostseeküste • Portugal • Prag • Provence & Côte d'Azur • Provence • Rhodos • Rom • Rügen, Stralsund, Hiddensee • Rumänien • Rund um Meran • Sächsische Schweiz • Salzburg & Salzkammergut • Samos • Santorini • Sardinien • Sardinien • Schottland • Schwarzwald Mitte/Nord • Schwarzwald Süd • Schwäbische Alb • Schwäbische Alb • Shanghai • Sinai & Rotes Meer • Sizilien • Sizilien • Slowakei • Slowenien • Spanien • Span. Jakobsweg • St. Petersburg • Steiermark • Südböhmen • Südengland • Südfrankreich • Südmarokko • Südnorwegen • Südschwarzwald • Südschweden • Südtirol • Südtoscana • Südwestfrankreich • Sylt • Teneriffa • Teneriffa • Tessin • Thassos & Samothraki • Toscana • Toscana • Tschechien • Türkei • Türkei – Lykische Küste • Türkei – Mittelmeerküste • Türkei – Südägäis • Türkische Riviera – Kappadokien • Umbrien • USA – Südwesten • Usedom • Varadero & Havanna • Venedig • Venetien • Wachau, Wald- u. Weinviertel • Westböhmen & Bäderdreieck • Wales • Warschau • Westliche Allgäuer Alpen und Kleinwalsertal • Wien • Zakynthos • Zentrale Allgäuer Alpen • Zypern

Reisehandbuch   **MM-City**   **MM-Wandern**

MM-Wandern
informativ und punktgenau durch GPS

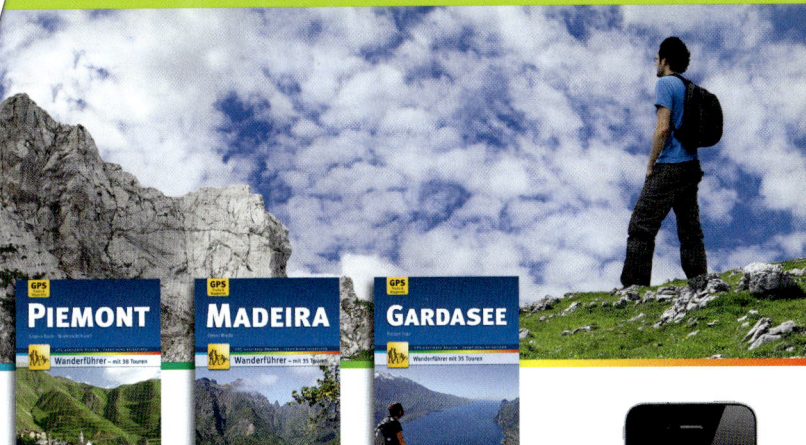

- für Familien, Einsteiger und Fortgeschrittene
- ausklappbare Übersichtskarte für die Anfahrt
- genaue Weg-Zeit-Höhen-Diagramme
- GPS-kartierte Touren (inkl. Download-Option für GPS-Tracks)
- Ausschnittswanderkarten mit Wegpunkten
- Konkretes zu Wetter, Ausrüstung und Einkehr

Übrigens: Unsere Wanderführer gibt es auch als App für iPhone™, WindowsPhone™ und Android™

- Allgäuer Alpen
- Andalusien
- Bayerischer Wald
- Chiemgauer Alpen
- Eifel
- Elsass
- Fränkische Schweiz
- Gardasee
- Gomera
- Korsika
- Korsika Fernwanderwege
- Kreta
- Lago Maggiore
- La Palma
- Ligurien
- Madeira
- Mallorca
- Münchner Ausflugsberge
- Östliche Allgäuer Alpen
- Pfälzerwald
- Piemont
- Provence
- Rund um Meran
- Schwäbische Alb
- Sächsische Schweiz
- Sardinien
- Schwarzwald Mitte/Nord
- Schwarzwald Süd
- Sizilien
- Spanischer Jakobsweg
- Teneriffa
- Toscana
- Westliche Allgäuer Alpen
- Zentrale Allgäuer Alpen

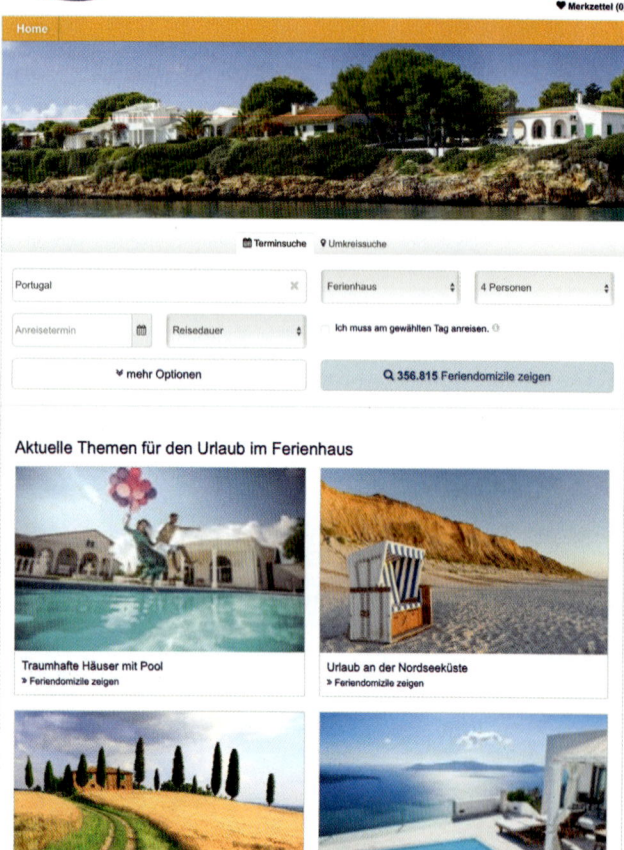

Suchen und gleich buchen
Feriendomizile in über 70 Ländern
www.casa-feria.de
Casa Feria wünscht schöne Ferien

Unser Partner: **e-domizil** Feriendomizile online

NOTIZEN

NOTIZEN

NEZILON

NOTIZEN

NEZILLON

NOTIZEN

NOTIZEN

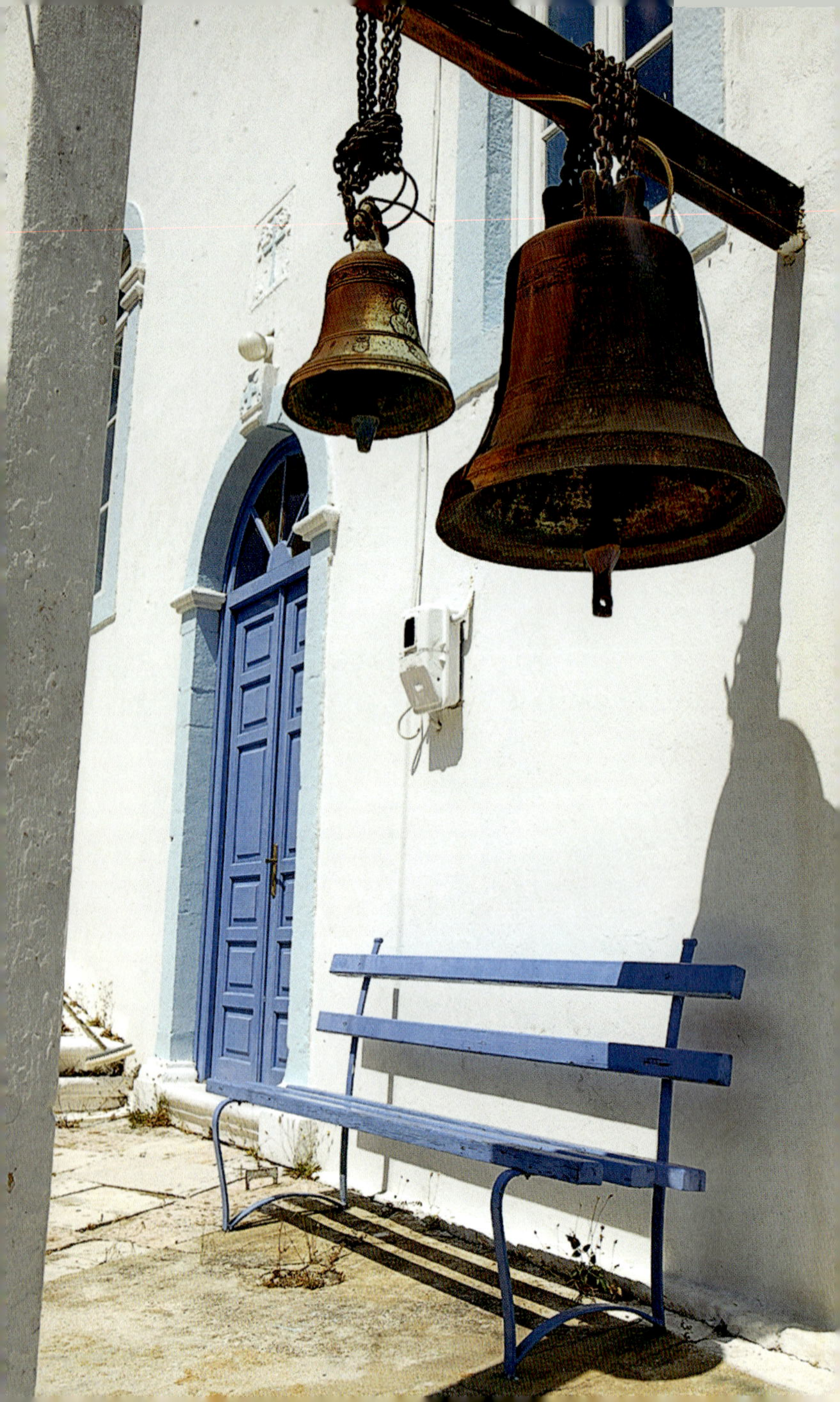

Register

Achäer 33
Achaía 526
Achaía-Clauss-Wein 527
Achíleio 417
Achill 35
Acrogiali-Beach 159
Adler, Friedrich 475
Ag. Varsón (Kloster) 304
Agamemnon 35
Agaven 28
Agéranos 362
Aghiou Nikolaou
 Sintzas (Kloster) 297
Agía Efpraxía (Kloster) 149
Agía Lávra (Kloster) 558
Agia Mariáni (Insel) 453
Agía Matróna (Kloster) 149
Agía Triáda 218
Agía-Marína-Beach 161
Ägion/Égio 547
Ágios
 Andréas 439, 516
Ágios Nikólaos 379
Ágios Nikólaos
 (Máni) 401
Agios Pétros 307
Agios Triados (Kloster) 150
Agnúndos (Kloster) 267
Agora 38
Aipy (Akropolis) 510
Akráta 550
Akrokorinth 176, 184
Akronauplía-Festung
 (Náfplion) 243
Akropolis (Athen) 45
Aleos (König) 306
Alepótrypa-Höhle
 (Pírgos Diroú) 412
Alexander der Große 48
Alexis Sorbas
 (Roman) 399, 401
Aliká 416
Alkibiades 46
Altis (Olympía) 487
Amaliáda 525
Amíkles 352
Amyklae 352
Anagenisis 62

Anárgyri-Beach 160
Andrítsena 500
Angelopoulos, Theo 501
Áno Figalía 504
Ano Mesorroúgi 553
Áno Tríkala 189
Anreise 67
Antigoniden 49
Antikes Korinth 176
Antiquitäten 102
Aphrodite 35
Apollon 35
Apotheken 102
Apsís-Hügel (Árgos) 224
Áraxos 544, 545
Archángelos (Lakónien) 383
Archäologische Stätten 103
Archäologischer Dienst 102
Areopag 41
Areópolis 408
Ares 35
Argolís 204
Árgos 219
Ariána 365
Arkadien 284
Arkadikó 254
Arkadischer Bund 330
Arkoúdi 524
Aroania-Massiv 554
Artemis 35
Ärztliche Versorgung 103
Asea 331
Asine (Argolís) 251
Asklepios 35, 256
Aspera Nera
 (Wasserfall) 505
Ástros 285
Athena 35
Atreus 206
Auslandskranken
 versicherung 104
Ausweispapiere 105
Auto 71
Autovermietung 80
Avlaki Beach 151

Baden 105
Bahnverbindungen 79

Bährend, Rudi 401
Bassae 502
Bekíri-Grotte
 (Spétses) 153, 159
Bergsteigen 118
Bevölkerungsdichte 22
Bier 101
Blaue Flagge 106
Bonaparte, Paul-Marie 460
Botschaften 106
Bouboulina,
 Laskarina 157, 158
Boulári 416
Bouleuterion 39
Boúrtzi (Insel) 243
Briefmarken 117
Brot 98
Bürgerkrieg 58
Busverkehr 78
Byzanz 51

Camping 90
Cella 39
Charoúda 413
Chelonáki (Insel) 460
Chiotis, Manolis 66
Chlemutsi (Festung) 520
Chónika 218
Chónikas 216
Chóra (Messenien) 469
Choúni 225
Chráni 439
Clauss, Gustav 542
Costa Navaríno 462
Coubertin, Baron de 476
Curtius, Ernst 475

Daphnón (Fluss) 293
Datis 42
Delisch-Attischer
 Seebund 44
Demagelos, Nikonas 404
Demeter 35
Dendra 218
Dervéni 193
Deutsche Besatzung 57
Deutschlandbild 125
Diakoftó (Diakoptó) 549

Dídyma 283
Dimi (Festung) 544
Dimitsána 318
Dionysos 35
Doline (Dídyma) 283
Dorer 37
Dörpfeld, Wilhelm 475
Dóxa (See) 195
Dragógi 505
Dragoúni 307
Drákos Selinítsa 402
Drépano 251

E4-Fernwanderweg 120
EAM (Nationale Befreiungsfront) 58
EDES (Griechische Republikanische Liga) 58
Égio/Ägion 547
EHIC (European Health Insurance Card) 104
Ekecheria (Olympischer Friede) 477
Elaéa 383
Elafónisos (Insel) 381
ELAS (Nationale Befreiungsarmee) 58
Eleónas 548
Eliá 506
Elías (Kloster) 149
Elika 378
Élis 474
Élis (Katákolon) 517
Ellinikó 375
Elonís (Kloster) 297
ELPA (griech. Automobilclub) 74
Emialón, Kloster 320
Enosis 61
Epaminondas 47, 433
Epáno Englianós (Berg) 465
Ephoren 335
Epídauros 255
Epídauros Limera 365
Episkopí 306
Erdbeben 23, 424
Erimos 414
Ermäßigungen 107
Ermióni 277
Erýmanthos (Gebirge) 541
Essen 92

Estiatorion 93
EU-Binnenmarkt 124
Eukalyptusbäume 25
Eurótas (Lakonien) 332, 384
Eva (antike Stadt) 289
Evrostíni 195
Éxo Máni 390
Exochóri 397

Fahrrad 79, 118
Fährverbindungen 82
Farantouri, Maria 60
Fauna 29
Feiertage 109
Feigenbäume 28
Ferienwohnungen 89
Fermor, Patrick Leigh 392
Fernwanderweg E4 120
Feste 107
Figalía 504
Filosófou (Kloster) 323, 325
Finikoúnda 444
Fisch 31, 96
Fischfang 118
FKK 106
Fleischgerichte 95
Flomohóri 421
Flora 25
Fotografieren 110
Franchthí-Höhle 282
Frühstück 99

Galatás 276
Géfira 375h
Geld 110
Gemüse 97
Geografie 23
Georg II. 58
Georg, Prinz 55
Geórgios Feneoú (Kloster) 196
Geráki 384
Gerania, antike Stadt 390
Germanos (Erzbischof, Pátras) 318
Geroliménas 415
Geschichte 32
Getränke 99
Giálova (Lagune) 461
Giannitsochóri 506

Glifáda-Höhle (Pírgos Diroú) 411
Glýpha (Élis) 524
Golf 118
Gortynia 318
Gortýs 326
Gregor V. (Patriarch, Konstantinopel) 318
Griechische Zentrale für Fremdenverkehr 113
Gymnasion 39
Gýthion/Gíthio 354

Hades 35, 418
Handeln 111
Haustiere 111
Heilbäder 112
Heilquellen (Loutrá Kyllíni) 522
Helena 35
Helike (antike Stadt) 548
Helmós-Massiv 559
Heloten 40, 336
Hera 35, 216
Heraion 216
Herakles 35, 192
Hermes 35
Herodes-Atticus-Villa 289
Höhle der Seen 560
Homer 33
Hotels 86
Hýdra (Insel) 138
Hýdra-Stadt 151

Information 113
Innozenz III., Papst 51
Inousses (Inselgruppe) 452
Internationale Olympische Akademie 476
Ionier 33
Ionnidis, Dimitrios 61
Iphigenie 35
Ipsoús (Stémnitsa) 322
Íria 251
Istanbul 52
Ísthmia 170
Isthmische Spiele 170
Isthmos (Korínth) 163
Ithóme (Berg) 432, 437
Ítylon 404

Über den Dächern von Monemvasiá

Jagd 118
Johannisbrotbäume 28
Jugendherbergen 90

Kafeníon 93
Kaffee, griechischer 99
Kaiáphas 512
Kaiméni Chóra 270
Kakóvatos 507
Kalamáta 423
Kaláphion (Berg) 390
Kalávryta 57, 554
Kaló Neró 473
Kalógria 398, 544
Kalter Krieg 58
Kamária 448
Kámbos 390
Kamíni 151
Kap Iréon 168
Kap Iréon 169
Kap Koryphásion 460
Kap Kounoupéli 527
Kap Matapan 418
Kapsiá 313
Karamanlis,
 Konstantin 59, 61
Kardamíli 391

Karítena 326
Karneval 539
Karyés 307
Käse 98
Kassandra 35
Kastaniá
 (Tropfsteinhöhle) 379
Kastanien 28
Kastélli-Beach 159
Kástri 307
Kastriá (Achaia) 560
Kástro (Élis) 521
Katafýngi, Höhle 402
Katákolon 514
Káto Achaía 546
Káto Glikóvrissi 383
Káto Klitória 560
Kazantzakis,
 Nikos 399, 401, 520
Kazárma 439
Kefalári 191, 225
Keléfa (Festung) 407
Kenchriaé (Bucht) 171
Kéndro 391
Kentauren 35
Kería 415
Kiáto 187
Kiláda 282

Kinder 114
Kinderausweis 105
Kinderreisepass 105
Kiosk 114
Kiriakí 470
Kíta 415
Kleften 53
Kleisthenes 41
Kleones 203
Klima 24
Klöster 114
Klytämnestra 35
Kókkala 420
Kokkínia 363
Kolokotronis,
 Theodor 53, 326
Komboloí 115
Komboloi 244
Kondome 104
Konsulate 106
Kopanáki 473
Kórfos (Argolís) 268
Korínth 172
Korinthía 162
Korinthischer Bund 48
Koróni 440
Koryphásion (Halbinsel) 460
Kosmás 298

Kósta 279
Kotrónas 421
Koumaródasos-Wald (Insel Sapiéntsa) 453
Kouroúta 516
Kousounos-Beach 161
Krankenhäuser 104
Kronos 35
Kulturfestival (Pátras) 536
Kuppelgrab (Vaphion) 352
Kyklopen 35
Kyllíni 518
Kyparissi 296
Kyparissía 472
Kyravrýsi 170
Kyros (Perserkönig) 42

Ládhonos-Stausee 317
Lágia 420
Lakonien 332
Lakonisch 334
Landkarten 113
Langáda 404
Langádia 316
Lárissa-Berg (Árgos) 224
Latsis, Jannis 515
Lazarétta-Bucht 160
Lechaion 186
Leomonodásos 276
Leonidas 44
Leonídion 293
Leontári 331
Lerna (antike Stadt) 226
Lerna (myth. Figur) 35
Levídi 310
Ligonéri-Beach 159
Ligourió 254
Liménas Géraka 364
Liméni 407
Limonade 99
Linear-B-Schrift 33, 465
Lirá 375
Literatur 115
Livádi (Arkadien) 292
Lokale 93
Loukós (Kloster) 289
Lousíos-Tal (Schlucht) 325
Loussi (antike Stadt) 559
Loutrá Kaiáphas 512
Loutrá Kyllíni 521
Loutráki 166
Loutró Elénis 171
Löwentor (Mykéne) 210
Ludwig I. (König) 336
Lykaéon (Berg) 500

Makedonen 47
Maléas (Kap, Lakonien) 379
Mandráki 151
Máni 386
Mantineia 308
Manuel II. (Kaiser) 345
Marathon 42
Marathópoli 469
Marmári 417
Massaker von Kalávryta 57
Matapan, Kap 418
Mavromáti 432
Mavromichalis, Petros 407
Mavrovoúni 359
Meeresfrüchte 96
Méga Spíleon (Kloster) 551
Megalópoli 328
Ménalon-Gebirge 300
Menelaéon 352
Menelaos 35

Endstation Peloponnes

Register

Mercouri, Melina 60
Mesorráchi 307
Messa Máni 408
Messene 432
Messenien 422
Metaxas, Ioannis 57
Méthana
 (Halbinsel) 269
Methóni 449
Metroon 39
Mézapos 415
Miaoulis, Andreas 150
Michalis, Petros 53
Midéa 218
Mietwagen 80
Miller, Henry 141
Miltiades 42
Minoer 32
Mohammed II.
 (Sultan) 345
Molái 363
Monemvasiá 365
Moní Vlachernón
 (Kloster) 519
Monodéndri 538
Moped- und
 Mofavermietung 81
Motorradfahren 75
Mountainbiking 118
Musik 66
Mussolini, Benito 57
Mykéne 205
Mykenische Kultur 33
Mýli 226
Mystrás 333, 342
Mythen 33

Náfplion (Náuplia) 232
Nationalversammlung 272
NATO-Eintritt 58
Náuplia (Náfplion) 232
ND (Neue Demokratie) 61
Nea Epídauros 255, 266
Neápoli 375
Neda (Fluss) 505
Neméa (Stadt) 202
Nemea, antikes 197
Nemeische Spiele 197, 202
Néo Ítylon 404
Nerántza 186
Nero (röm.
 Kaiser) 50, 164, 479

Nestor 465
Nestor-Grotte 461
Nestor-Palast 465
Neu-Korínth
 (Stadt) 172
Nífi 421
Nikli, antike Stadt 305
Nikolopoulos,
 Agathophron 502
Nomítsis 403
Notruf 117

Obst 98
Ochiá 416
Ochi-Tag 57
Ochsenbauchbucht 464
Odeion 39
Odysseus 36
Öffnungszeiten 117
Oleander 28
Olivenbäume 29
Olivenernte 26
Olivenöl 357
Olympía 475
Olympische Spiele 480
Olympisches Feuer 476
Opisthodom 39
Orangenbäume 28
Orchomenos
 (antike Stadt) 310
Orest 36
Orts-Register:
Ostern 108
Ostrakismos 41
Otto I. (griech. König) 55,
 132, 240, 388
Ouranis, Kostas
 (Schriftsteller) 296
Oúzeri 93

Palamídi-Festung
 (Náfplion) 242
Paleá Epídauros 255, 263
Paleochóri 298
Paleopanagía 354
Paloúki 516
Panachaikón
 (Gebirge) 541
Panagía Kernítsis
 (Kloster) 316
Panagoulis, Alekos 60
Pannenhilfe 74

Papadopoulos,
 Georgios 59
Papandreou, Andreas 62
Papandreou, George A. 532
Papandreou, Georgios 59
Paradise-Beach 161
Parálio Ástros 286
Paraskeví-Beach 160
Paris (myth. Gestalt) 36
Parken 72
Párnon-Gebirge 290
Pascha, Ibrahim 454
PASOK (Panhellenische
 Sozialistische
 Bewegung) 61
Pátras 528
Pausanias 178, 206, 328, 461
Peiréne-Quelle
 (Akrokorinth) 185
Peisistratos 41
Pellana 353
Peloponnesischer
 Bund 336
Peloponnesischer Krieg 46
Pelops 36
Pensionen 88
Periander von
 Korínth 164
Periöken 40, 336
Peristéra 553
Peristeria 473
Perivólia 505
Persephone 36
Perseus 36
Personalausweis 105
Personen-Register:
Petalídi 438
Phigalia 504
Philipp II. 48
Phlius 203
Piniós-Stausee 519
Pírgos 513
Pírgos Diroú 410
Pláaka Beach 151
Pláka (Arkadien) 293, 295
Platanen 28
Platánia (Élis) 505
Platiniótissa 559
Plátsa 402, 403
Plítra 383
Polis (Stadtstaat) 38
Póri Beach 365
Póros (Insel) 129

Pórto Kágio 420
Portochéli 280
Poseidon-Tempel
 (Póros) 135
Post 117
Poúlithra 293, 296
Prasidáki 509
Privatzimmer 89
Proástio 397
Prodrómou
 (Kloster) 323, 325
Profitis Elías (Berg) 353
Profitis Elías (Dorf,
 Lakonien) 379
Profitis Ilias
 (Berg, Spétses) 161
Pronaos 39
Psarotavérna 93
Psathópirgos 543
Psistaría 93
Ptolemäer 49
Pückler-Muskau,
 Herrmann Fürst von 184,
 233, 342, 444
Pýlos 454
Pýrgos 194

Reiten 118
Religion 31
Retsina 99
Rhea 36
Richiá 364
Ríon 541
Ritsos, Jannis 366
Rizómilos 439
Robola
 (Weinsorte) 100
Romanós 541
Römische Thermen
 (Argos) 222
Römische Zeit 49
Roß, Ludwig 480

Saládi-Beach (Argolís) 283
Samikon (Akropolis) 510
Sampatikí 292
Santa Rosa, Santorre di 460
Sapiéntsa (Insel) 452
Sarakíniko-Beach 381
Saratápicho 195
Saronische Inseln 128
Scherbengericht 41

Schíza (Insel) 453
Schliemann,
 Heinrich 35, 148, 208, 352
Schwefelquellen
 (Méthana) 269
Seeschlacht von
 Navaríno 454
Segeln 118
Seleukiden 49
Sikyon 187
Simitis, Kostas 63
Símos-Beach 381
Sisyphos 36, 177
Skafídia 516
Skifahren 119
Skorpione 29
Skourohóri 516
Skoutári 421
Smérna 512
Solon 41
Sparta 40, 333
Spartanisch 334
Spartiaten 40, 335
Spétses (Insel) 152
Spezialitäten 96
Sphaktiría (Insel) 460
Sport 118
Sprache 122
Stadion 39
Stadtstaat (Polis) 38
Stavrí 415
Stémnitsa (Ipsoús) 322
Sterna 169
Stoa 39
Stoúpa 398
Straßengebühren 74
Straßennamen 54
Straßenverhältnisse 76
Strava 169
Strom 122
Stymphalischer See 190
Styx 36, 552
Styx (Wasserfall) 552
Süßes 98

Tal des Asopos 203
Tankstellen 73
Tarifamo-Beach 161
Tauchen 119
Tavernen 93
Tavli 94
Taxi 82

Taxiárchis-Kloster 547
Taÿgetos-Gebirge 353
Tegea 305
Telefonieren 122
Tempel 39
Tennis 120
Thalámes 404
Theater 39
Theaterfestival
 (Epídauros) 257
Themistokles 44
Theodorakis, Mikis (Komponist) 59, 66, 321, 366
Thermisiá 279
Theseus 36, 272
Tholó 507
Tholos 39
Thukydides 308
Tíros 290
Tiryns 227
Titanen 36
Titáni
 (antike Stadt) 203
Tolón/Toló 247
Touristenpolizei 123
Trahíla 403
Trampen 83
Trínisa 363
Triphylien (antike
 Landschaft) 509
Trípolis 300
Tripolitzá 53
Tripótama 560
Trizína/Troizen 271
Troizen/Trizína 271
Trojanischer Krieg 34
Tsakonisch (Sprache) 294
Tsatsíki 95
Tsópakas 413
Türken 52
Typaneai (Akropolis) 510
Tzeláti (Berg) 301

Übernachten 85
Unechte Karettschildkröte
 (Caretta caretta) 360

Vaphion 352
Vartholomió 525
Vasilitsi 443
Vassae 502
Vástas 330